2023 ANTIQUES
AUCTION RECORDS

拍卖年鉴 杂项

2022-01-01～2023-01-01

欣 弘 编

U0139521

CNS | 湖南美术出版社
PUBLISHING & MEDIA

全 国 百 佳 图 书 出 版 单 位
·长 沙·

图书在版编目（CIP）数据

2023古董拍卖年鉴·杂项 / 欣弘编. — 长沙：湖
南美术出版社，2023.2
ISBN 978-7-5356-9997-8

Ⅰ.①2… Ⅱ.①欣… Ⅲ.①历史文物－拍卖－价格－
中国－2023－年鉴 Ⅳ.①F724.787-54

中国版本图书馆CIP数据核字(2022)第246171号

2023古董拍卖年鉴·杂项
2023 GUDONG PAIMAI NIANJIAN · ZAXIANG

出 版 人：黄 啸
编　　者：欣 弘
策　　划：易兴宏　李志文
责任编辑：李 坚
资料统筹：李 倩

湖南美术出版社出版发行(长沙市东二环一段622号)
湖南省新华书店经销
雅昌文化(集团)有限公司制版、印刷
开本：787mm×1092mm　1/16　印张：28
版次：2023年2月第1版　印次：2023年2月第1次印刷
书号：ISBN 978-7-5356-9997-8
定价：268.00元

邮购联系：0731-84787105 邮编：410016
电子邮箱：market@arts-press.com
如有倒装、破损、少页等印装质量问题，请与印刷厂联系斠换。
联系电话：0755-83366138

目　　录

凡 例

1. 《2023古董拍卖年鉴》分瓷器卷、玉器卷、杂项卷、翡翠珠宝卷、书画卷，共五册，收录了纽约、伦敦、巴黎、日内瓦、香港、澳门、台北、北京、上海、广州、昆明、天津、重庆、成都、合肥、南京、西安、沈阳、济南等城市或地区的几十家拍卖公司几百个专场2022年度的拍卖成交记录与拍品图片。

2. 本书内文条目原则上保留了原拍卖记录（由于拍品来自不同的拍卖公司，为便于搜索，对于用词不一致的名称，如"Cartier"与"CARTIER""年年有鱼"与"年年有余"，"水呈"与"水丞"，"安迪·沃荷"与"安迪·沃霍尔"，"三联葫芦瓶"与"三连葫芦瓶"等，均不作统一），按拍品号、品名、估价、成交价、尺寸、拍卖公司名称、拍卖日期等排序，部分原内容缺失或不详的不注明。书画卷内文条目还有作者姓名、作品形式、创作年代等内容。玉器卷中收入了部分非玉器物，如琥珀、菩提子、蜜蜡、水晶、翡翠、碧玺等。拍品尺寸中的"直径"如无特殊说明，均指最大直径。因陶器部分拍品不多，此内容放在了瓷器卷中。

3. 因境外拍卖公司所在地不同，本书拍品估价涉及多个币种：RMB（人民币），USD（美元），EUR（欧元），GBP（英镑），HKD（港币），NTD（新台币），CHF（瑞士法郎）。但本书所有拍品成交价均按汇率转换成RMB（人民币）。

4. 多人合作的作品，条目中仅列出一或两位主要作者的名字。

竹 雕

1201 清 贴簧带板 (一套十四件)
估 价：RMB 280,000~380,000
成交价：RMB 322,000
尺寸不一 保利厦门 2022-10-22

4063 清 竹雕蟾蜍把件
估 价：RMB 30,000~50,000
成交价：RMB 36,800
高2.6cm；长4.8cm 西泠印社 2022-08-21

1760 清乾隆 竹根雕罗汉山子
估 价：RMB 350,000~450,000
成交价：RMB 667,000
高33cm 中贸圣佳 2023-01-01

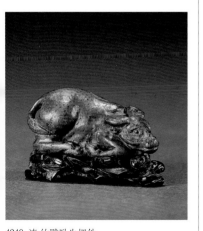

4249 清 竹雕卧牛把件
估 价：RMB 18,000~25,000
成交价：RMB 58,650
高2.3cm；长4.8cm 西泠印社 2022-01-23

2365 清雍正至乾隆 竹雕云蝠纹如意
估 价：RMB 200,000~300,000
成交价：RMB 460,000
长52cm 中贸圣佳 2022-10-27

2512 明早期 竹雕天官赐福
估 价：RMB 60,000
成交价：RMB 69,000
25cm×14.5cm 上海嘉禾 2022-01-01

6956 清早期 竹根雕岩下观音
成交价：RMB 86,250
岩高9.8cm；观音高3.6cm
北京保利 2022-07-29

4509 清中期 竹雕仙人乘槎摆件
估　价：RMB 380,000~580,000
成交价：RMB 437,000
长30cm 中国嘉德 2022-06-26

526 18世纪 竹雕达摩立像
估　价：HKD 100,000~150,000
成交价：RMB 185,331
高22.1cm 香港苏富比 2022-11-25

6918 清 竹雕仙人泛槎
估　价：RMB 600,000~900,000
成交价：RMB 920,000
长29.5cm 北京保利 2022-07-29

4072 清 竹雕寿星童子立像
估　价：RMB 60,000~100,000
成交价：RMB 69,000
高21.4cm 西泠印社 2022-08-21

4246 清 竹雕钟馗坐像
估 价：RMB 190,000~250,000
成交价：RMB 218,500
高11.4cm 西泠印社 2022-01-23

4031 清 竹雕海棠纹杯
估 价：RMB 30,000~50,000
成交价：RMB 43,700
高11.4cm；口径15cm 西泠印社 2022-08-21

1706 民国 潘行庸制竹刻山水围棋罐一对
估 价：RMB 110,000~130,000
成交价：RMB 149,500
高11.1cm×2 中贸圣佳 2022-07-25

2366 清 竹根雕和合二仙摆件
估 价：RMB 100,000~120,000
成交价：RMB 138,000
高34cm 中贸圣佳 2022-10-27

874 17世纪 竹雕瑞兽纹香筒
估 价：USD 8,000~12,000
成交价：RMB 211,438
高22.8cm 纽约佳士得 2022-09-23

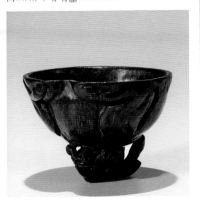

1758 明 竹刻灵羊衔穗杯
估 价：RMB 60,000~70,000
成交价：RMB 69,000
直径8cm；高5.5cm 广东崇正 2022-08-11

234 清早期 竹雕仕女礼佛香筒
估 价：RMB 90,000
成交价：RMB 172,500
高20cm；直径4.7cm 浙江佳宝 2022-03-13

1755 明早期 竹雕"岁寒三友"如意形笔筒
估 价：HKD 50,000~70,000
成交价：RMB 108,156
高13.8cm 中国嘉德 2022-10-08

550 17世纪 竹雕镂空人物故事图笔筒
估　价：HKD 35,000~50,000
成交价：RMB 110,040
高15.1cm 香港苏富比 2022-11-25

1300 清早期 竹雕太白醉酒笔筒
估　价：RMB 120,000~180,000
成交价：RMB 149,500
高15.5cm；直径10.5cm 华艺国际 2022-09-23

1388 清早期 竹雕西园雅集图笔筒
估　价：RMB 180,000~250,000
成交价：RMB 230,000
直径12.6cm；高15.3cm 中贸圣佳 2022-07-25

1096 明 朱三松刻竹雕二乔并读图笔筒
估　价：RMB 300,000~500,000
成交价：RMB 345,000
高15.5cm；直径11cm 保利厦门 2022-10-22

1277 明 竹雕镂空雕松下高士图笔筒
估　价：RMB 120,000~180,000
成交价：RMB 276,000
高15.3cm；直径15cm 广东崇正 2022-08-11

1756 清康熙 沈全林刻老子出关图竹笔筒
估　价：RMB 600,000~800,000
成交价：RMB 1,092,500
直径9.6cm；高13.5cm 中贸圣佳 2023-01-01

525 18世纪 竹雕竹林七贤图笔筒
估　价：HKD 200,000~ 300,000
成交价：RMB 231,664
直径15.1cm 香港苏富比 2022-11-25

1707 清 沈全林制螳螂秋菘图竹笔筒
估　价：RMB 400,000~600,000
成交价：RMB 517,500
口径11.5cm；高14.5cm 中贸圣佳 2022-07-25

2364 清 周芷岩竹雕渔乐图笔筒
估　价：RMB 300,000~400,000
成交价：RMB 368,000
高11.6cm 中贸圣佳 2022-10-27

4350 清 竹雕七贤图
估　价：NTD 10,000
成交价：RMB 189,924
宽14.3cm，高16cm 台北艺珍 2022-06-12

6946 清 竹雕竹林七贤笔筒
估　价：RMB 60,000~80,000
成交价：RMB 115,000
高15.2cm 北京保利 2022-07-29

6919 清早期 竹刻留青"受天百禄"臂搁
估　价：RMB 80,000~120,000
成交价：RMB 184,000
长17.2cm 北京保利 2022-07-29

1704 清道光 方絜刻王乔凫舄图臂搁
估　价：RMB 80,000~120,000
成交价：RMB 333,500
长37cm；宽9cm 中贸圣佳 2022-07-25

1541 清中期 竹雕桐香仕女图臂搁
估 价：RMB 60,000~100,000
成交价：RMB 253,000
长24.5cm 华艺国际 2022-09-23

1754 清 毛西堂款刘海戏金蟾竹臂搁
估 价：RMB 80,000~120,000
成交价：RMB 109,250
长28.1cm；宽7cm 中贸圣佳 2023-01-01

3998 清 竹制云蝠纹鸟笼
成交价：RMB 40,250
高29cm 西泠印社 2022-01-23

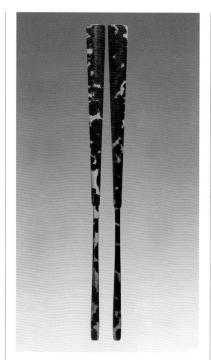

219 清初 湘妃竹扇骨
估 价：RMB 5,000~8,000
成交价：RMB 82,800
长32.5cm 中贸圣佳 2022-10-27

1741 清早期 湘妃竹扇骨
估 价：RMB 180,000~250,000
成交价：RMB 264,500
长42cm 中贸圣佳 2023-01-01

1747 清 韩潮刻金文竹扇骨
估 价：RMB 20,000~30,000
成交价：RMB 287,500
长30.7cm 中贸圣佳 2023-01-01

4492 民国 金西厓刻吴湖帆画梅花诗文扇骨
估 价：RMB 28,000~38,000
成交价：RMB 460,000
长31.5cm 中国嘉德 2022-06-26

木 雕

6917 民国 金西厓刻江寒汀画竹雀、陆抑非画竹虫扇骨
估　价：RMB 1,000,000~1,300,000
成交价：RMB 1,380,000
长31.8cm；板阔2cm 北京保利 2022-07-29

3032 清乾隆 黄花梨雕云龙纹板
成交价：RMB 287,500
128.5cm×75cm 中国嘉德 2022-12-26

1394 清金漆木雕八仙八骑十六子挂件(一对)
估　价：RMB 150,000~180,000
成交价：RMB 172,500
15.5cm×5cm×73cm×2
广东崇正 2022-12-25

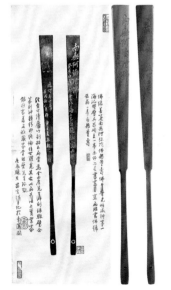

4326 民国 金西厓刻吴昌硕行书王一亭画佛像扇骨
估　价：RMB 60,000~80,000
成交价：RMB 253,000
长32.2cm 中国嘉德 2022-12-25

1750 清中期 伽楠十八子手串
估　价：HKD 600,000~800,000
成交价：RMB 662,184
宽10.6cm；重58g 中国嘉德 2022-10-08

2268 清早期 沉香雕群仙祝寿诗文大山子摆件
估　价：RMB 220,000~280,000
成交价：RMB 368,000
长57cm 中鸿信 2022-09-11

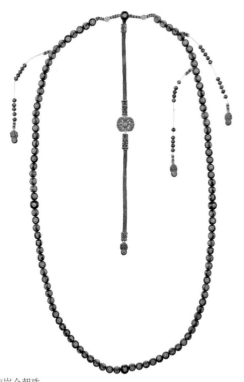

1809 清中期 棋楠嵌金朝珠
估　价：HKD 400,000~600,000
成交价：RMB 441,456
长162cm 中国嘉德 2022-10-08

533 清乾隆 紫檀嵌银丝座龙凤形山子
估　价：RMB 50,000~80,000
成交价：RMB 345,000
宽12cm 北京保利 2022-07-16

3264 唐 木雕彩绘侍女
估　价：HKD 1,000,000~1,800,000
成交价：RMB 974,700
高45.3cm 保利香港 2022-07-14

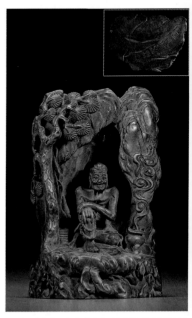

4186 清中期 大清乾隆年制款檀香木镂雕罗
汉山子摆件
估　价：RMB 140,000~160,000
成交价：RMB 161,000
高15cm 西泠印社 2022-01-23

3108 金/元 木雕彩绘水月观音
估　价：HKD 2,800,000~3,500,000
成交价：RMB 1,736,448
高103cm 保利香港 2022-10-10

2358 金至元 木胎漆彩自在菩萨坐像
估　价：RMB 2,000,000~3,200,000
成交价：RMB 3,105,000
高55cm 西泠印社 2022-01-22

769 金/元 彩绘木雕罗汉坐像
估　价：USD 20,000~30,000
成交价：RMB 144,560
高66cm 纽约佳士得 2022-03-25

2375 元 木胎漆彩自在观音菩萨坐像
估　价：RMB 260,000~320,000
成交价：RMB 299,000
高49.5cm 西泠印社 2022-01-22

4089 14—15世纪 木刻罗汉
估　价：NTD 10,000
成交价：RMB 687,000
高130cm 台北艺珍 2022-03-06

1230 明 宫廷木雕漆金大日如来坐像
估 价：RMB 300,000~400,000
成交价：RMB 379,500
高35.5cm 永乐拍卖 2022-07-24

2128 明 观音菩萨坐像
估 价：RMB 1,200,000~1,500,000
成交价：RMB 1,840,000
高85cm 中贸圣佳 2023-01-01

2056 明 关公像
成交价：RMB 471,500
高94cm 中贸圣佳 2022-07-27

2095 明 弥勒佛像
估 价：RMB 600,000~800,000
成交价：RMB 690,000
高56cm 中贸圣佳 2022-07-27

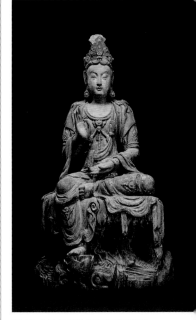

28 明 木雕加彩观世音菩萨半跏像
估 价：HKD 400,000~600,000
成交价：RMB 832,451
高112cm 香港苏富比 2022-10-08

1793 明 木雕彩绘狮吼观音
估　价：RMB 2,200,000~3,200,000
成交价：RMB 2,990,000
高135cm 华艺国际 2022-09-23

2358 明 木胎漆彩阿弥陀佛坐像
估　价：RMB 400,000~500,000
成交价：RMB 460,000
高85cm 西泠印社 2022-08-20

2376 明 木胎漆彩观音坐像
估　价：RMB 450,000~650,000
成交价：RMB 552,000
高125cm 西泠印社 2022-01-22

3017 明 木雕文殊菩萨坐像
估　价：HKD 300,000~500,000
成交价：RMB 637,352
高108cm 佳士得 2022-11-29

2308 明 木胎阿弥陀佛坐像
估　价：RMB 350,000~400,000
成交价：RMB 402,500
高60cm 西泠印社 2022-08-20

2289 明 木胎漆彩罗汉坐像 (一对)
估　价：RMB 700,000~1,000,000
成交价：RMB 920,000
高60cm×2 西泠印社 2022-08-20

2284 明 木胎天王立像 (一组)
估 价: RMB 320,000~420,000
成交价: RMB 448,500
高42cm 西泠印社 2022-01-22

2345 明 木胎接引佛立像
估 价: RMB 1,200,000~1,600,000
成交价: RMB 1,840,000
高134cm 西泠印社 2022-01-22

2335 明 木胎漆彩韦陀立像
估 价: RMB 380,000~450,000
成交价: RMB 506,000
高69cm 西泠印社 2022-08-20

2318 明 木胎狮吼观音坐像
估 价: RMB 350,000~450,000
成交价: RMB 437,000
高46cm 西泠印社 2022-01-22

2317 明 木胎韦陀立像
估 价: RMB 600,000~800,000
成交价: RMB 690,000
高153cm (带座) 西泠印社 2022-08-20

2055 明 胁侍菩萨像两尊
估　价：RMB 650,000~850,000
成交价：RMB 747,500
高72cm×2 中贸圣佳 2022-07-27

2365 明末清初 木胎观音立像
估　价：RMB 350,000~450,000
成交价：RMB 460,000
高74.5cm 西泠印社 2022-01-22

840 明末清初 黄花梨木漆金持卷观音立像
估　价：RMB 300,000~550,000
成交价：RMB 460,000
高37cm 中贸圣佳 2022-12-31

2372 明早期 木胎阿弥陀佛及阿难迦叶 (一组)
估　价：RMB 900,000~1,200,000
成交价：RMB 1,437,500
高83cm；高86cm；高83cm 西泠印社 2022-01-22

2322 清康熙 木胎金漆千手观音立像
估　价：RMB 400,000~500,000
成交价：RMB 552,000
高37cm 西泠印社 2022-01-22

1606 清嘉庆 卢葵生制木雕紫漆自在观音坐像
估　价：RMB 1,200,000~1,600,000
成交价：RMB 1,725,000
高21cm 永乐拍卖 2022-07-25

2305 清 御制木胎髹漆金护法像
估　价：RMB 2,000,000~2,600,000
成交价：RMB 2,760,000
高130cm 西泠印社 2022-01-22

2129 清 雪山大士像
估　价：RMB 500,000~800,000
成交价：RMB 690,000
高70cm 中贸圣佳 2023-01-01

2369 清 木胎加官进爵摆件 (一对)
估　价：RMB 220,000~250,000
成交价：RMB 253,000
高45cm×2 西泠印社 2022-08-20

2373 清 木胎四大天王立像
估　价：RMB 280,000~350,000
成交价：RMB 322,000
高51cm×4 西泠印社 2022-08-20

1133 清/民国 天然硬木"五羊"摆件(带原木座)
估　价：RMB 360,000~400,000
成交价：RMB 414,000
高74cm；直径45cm 广东崇正 2022-12-25

1763 清 尚勋款黄杨木和合二仙乘槎摆件连紫檀座
估　价：RMB 400,000~600,000
成交价：RMB 621,000
长10.4cm；高5.2cm 中贸圣佳 2023-01-01

25 清乾隆 沉香葫芦(一对)
估　价：RMB 200,000
成交价：RMB 308,000
直径15cm×2；高45cm×2
浙江御承 2022-12-17

1540 清乾隆 紫檀描金阳刻云雷纹花插
估　价：RMB 80,000~120,000
成交价：RMB 287,500
高20cm 华艺国际 2022-09-23

1441 当代 李照一作木雕"慈航之舟"摆件
估　价：RMB 460,000~800,000
成交价：RMB 529,000
175cm×68cm×88cm 广东崇正 2022-12-25

1712 明 紫檀嵌八宝梅花图香瓶
估　价：RMB 300,000~400,000
成交价：RMB 345,000
高10.9cm 中贸圣佳 2022-07-25

2653 清早期 紫檀瓜棱香瓶
成交价：RMB 46,000
高11cm 中国嘉德 2022-06-28

227 清乾隆 紫檀雕如意纹香瓶
估　价：RMB 200,000
成交价：RMB 287,500
高21cm；口径11cm 浙江佳宝 2022-03-13

2868 明 紫檀嵌银丝开光山水人物诗文杯
估　价：RMB 150,000~250,000
成交价：RMB 172,500
直径9cm 中国嘉德 2022-06-27

5401 清早期 沉香木包银里瑞兽首来通杯
估 价：RMB 80,000~120,000
成交价：RMB 115,000
高9cm 北京保利 2022-07-28

4007 清 达受铭黄花梨佛钵
估 价：RMB 500,000~800,000
成交价：RMB 632,500
高5.7cm；直径15.5cm 西泠印社 2022-01-23

2038 明末清初 黄花梨整挖大供盘
估 价：HKD 200,000~300,000
成交价：RMB 220,728
53cm×53cm×31.2cm 中国嘉德 2022-10-09

6922 清早期 黄花梨嵌银丝双面棋盘
估 价：RMB 350,000~450,000
成交价：RMB 402,500
49cm×49cm 北京保利 2022-07-29

5694 清早期 紫檀折叠式双面棋盘
估 价：RMB 400,000~600,000
成交价：RMB 713,000
44.5cm×44.5cm 北京保利 2022-07-28

961 清早期 黄花梨围棋罐四只
成交价：RMB 36,800
尺寸不一 中贸圣佳 2022-06-06

5164 清早期 沉香木嵌银丝诗文狮耳炉
估 价：RMB 150,000~250,000
成交价：RMB 172,500
高18.2cm 中国嘉德 2022-05-29

3184 明嘉靖 紫檀百宝嵌胡人戏狮香盒
估 价：RMB 1,000,000~2,000,000
成交价：RMB 2,875,000
直径8.5cm 中国嘉德 2022-12-26

5700 明嘉靖 黄花梨雕天王像方斗
估　价：RMB 350,000~550,000
成交价：RMB 460,000
宽24cm 北京保利 2022-07-28

3082 清乾隆 沉香木雕龙凤纹觥
估　价：HKD 400,000~600,000
成交价：RMB 463,528
高15.2cm 佳士得 2022-11-29

131 17世纪 黄花梨雕玉兰花葵口笔筒
估　价：HKD 200,000~300,000
成交价：RMB 1,139,544
直径25.5cm；高21.6cm 香港苏富比 2022-10-09

177 明末 黄花梨笔筒
估　价：HKD 100,000~150,000
成交价：RMB 433,027
直径23.6cm；高22.4cm
香港苏富比 2022-10-09

1711 明 孙克弘制紫檀错银丝笔筒
估　价：RMB 400,000~500,000
成交价：RMB 494,500
直径15.1cm；高14.7cm 中贸圣佳 2022-07-25

1196 明 "董其昌"款诗文紫檀大笔筒
估　价：RMB 500,000~600,000
成交价：RMB 575,000
高19.5cm；直径26cm 保利厦门 2022-10-22

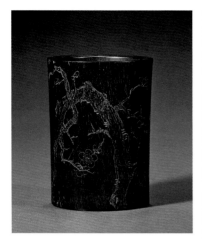

4044 明 张瑞图款紫檀刻梅花图诗文笔筒
估 价：RMB 220,000~450,000
成交价：RMB 322,000
高12.5cm；口径9.5cm 西泠印社 2022-08-21

1710 清早期 黄杨树瘤笔筒
估 价：RMB 350,000~450,000
成交价：RMB 517,500
最大直径18.8cm；高16.5cm
中贸圣佳 2022-07-25

47 清早期 紫檀雕玉兰花形笔筒
估 价：RMB 350,000~450,000
成交价：RMB 402,500
直径15cm；高15.1cm 北京中汉 2022-08-08

1802 明晚期 黄花梨嵌银丝葵花形笔筒
估 价：RMB 250,000~300,000
成交价：RMB 483,000
直径12.4cm；高15.5cm 中贸圣佳 2022-07-25

4558 清早期 黄花梨山水楼阁人物图大笔筒
估 价：RMB 950,000~1,500,000
成交价：RMB 1,092,500
直径24.8cm；高19.2cm 中国嘉德 2022-06-26

1197 清初 沉香木雕罗汉图大笔海
估 价：RMB 400,000~600,000
成交价：RMB 460,000
高23.5cm；宽29cm 保利厦门 2022-10-22

555 清早期 紫檀透雕松下高士图笔筒
估 价：RMB 800,000~1,200,000
成交价：RMB 1,380,000
直径15.5cm；高15cm 华艺国际 2022-07-29

554 清早期 紫檀嵌百宝携琴访友图笔筒
估　价：RMB 400,000~600,000
成交价：RMB 460,000
高17.6cm；直径17.6cm 华艺国际 2022-07-29

28 清乾隆 御题诗黄花梨镶和田玉笔筒
估　价：RMB 300,000
成交价：RMB 550,000
口径16.3cm×19cm；高20.5cm
浙江御承 2022-12-17

2825 17世纪/18世纪 黄花梨笔筒
估　价：HKD 50,000~70,000
成交价：RMB 440,352
口径26.7cm 佳士得 2022-11-29

1709 清 任熊款紫檀面壁图笔筒
估　价：RMB 600,000~800,000
成交价：RMB 805,000
口径11.6cm；高14cm 中贸圣佳 2022-07-25

1097 清乾隆 周芷岩刻张鹏翀题竹石图诗文黄花梨大笔海
估　价：RMB 2,000,000~3,000,000
成交价：RMB 5,750,000
高22cm；直径23cm 保利厦门 2022-10-22

32 清 松鹤延年沉香笔海（原配紫檀底座）
估　价：RMB 200,000
成交价：RMB 242,000
直径23cm×28cm；高35cm
浙江御承 2022-12-17

205 清 松鹤延年沉香笔筒 (原配紫檀底座)
估　价: RMB 200,000
成交价: RMB 460,000
高46cm; 口径39cm; 底径36cm
浙江御承 2022-08-28

4465 民国 弘一款金丝楠木镇纸
估　价: RMB 10,000~20,000
成交价: RMB 149,500
长37cm 中国嘉德 2022-06-26

4265 明至清 黄花梨嵌百宝花鸟纹文具盒
估　价: RMB 360,000~450,000
成交价: RMB 414,000
高9cm; 长24.8cm; 宽14.8cm
西泠印社 2022-01-23

1705 清 周义制黄杨癫瓜葡萄图扇骨
估　价: RMB 100,000~150,000
成交价: RMB 138,000
长29.3cm 中贸圣佳 2022-07-25

2459 清 紫檀镶嵌人物大笔海
估　价: RMB 380,000
成交价: RMB 437,000
38cm×39.5cm 上海嘉禾 2022-01-01

4288 清乾隆 紫檀镂雕宝相花纹印章盒
估　价: RMB 80,000~150,000
成交价: RMB 161,000
高11.5cm; 长12.5cm; 宽9cm
西泠印社 2022-01-23

1394 清 紫檀嵌白玉如意纹扇骨
估　价: RMB 50,000~60,000
成交价: RMB 310,500
长37.8cm 中贸圣佳 2022-07-25

279 清光绪 木漆"性中天"文房匾
估　价：RMB 120,000
成交价：RMB 138,000
长155cm；宽39.5cm 浙江佳宝 2022-03-13

4172 清晚期 伊立勋铭贻谷堂匾额
估　价：RMB 60,000~90,000
成交价：RMB 126,500
长244cm；宽72cm 西泠印社 2022-08-21

4161 近代 于右任铭木制"兰言"匾额
估　价：RMB 50,000~80,000
成交价：RMB 276,000
长212cm；宽72.5cm 西泠印社 2022-08-21

2656 清雍正 御制紫檀雕如意纹宝座构件
成交价：RMB 414,000
97cm×74cm×55cm 中国嘉德 2022-06-28

2419 清 黄铎铭楠木文房匾（一对）
估　价：RMB 120,000~150,000
成交价：RMB 172,500
95cm×19cm×2 中贸圣佳 2022-10-27

2406 沉水 越南芽庄白奇楠
估　价：RMB 3,380,000~4,600,000
成交价：RMB 3,887,000
42cm×8cm×6cm；重466.21g
保利厦门 2022-10-21

角 雕

1722 明 鹿角瘦骨罗汉雕件
估　价：RMB 50,000~80,000
成交价：RMB 57,500
高9.3cm 广东崇正 2022-08-11

石 雕

2801 商/西周早期 石有领璧
估　价：HKD 60,000~80,000
成交价：RMB 86,405
直径11.5cm 佳士得 2022-05-30

6741 清 虎牙天珠
估　价：RMB 100,000~200,000
成交价：RMB 195,500
天珠对孔25.6mm×9.5mm
北京保利 2022-07-29

6743 清 如意双眼天珠
估　价：RMB 600,000~800,000
成交价：RMB 690,000
天珠对孔34.5mm×13mm
北京保利 2022-07-29

2170 九眼天珠吊坠
估　价：RMB 120,000~200,000
成交价：RMB 138,000
主石约46.7mm×12.4mm
保利厦门 2022-10-21

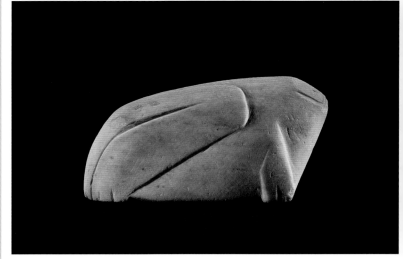

3608 商 大理石雕蛙
估　价：HKD 3,000,000~4,000,000
成交价：RMB 26,055,764
25.8cm×17cm×12cm 香港苏富比 2022-10-09

710 六朝/唐 石雕辟邪
估　价：USD 15,000~25,000
成交价：RMB 120,467
长12cm 纽约佳士得 2022-03-25

161 唐 大理石雕释迦牟尼佛广严城讲经图画像石
估　价：HKD 500,000~700,000
成交价：RMB 740,704
43cm×37cm 香港苏富比 2022-10-09

742 唐 石雕狮子
估　价：USD 40,000~60,000
成交价：RMB 481,867
高17cm 纽约佳士得 2022-03-25

495 隋 白石菩萨立像（带木盒）
估　价：HKD 100,000~150,000
成交价：RMB 102,864
高38cm 中国嘉德 2022-06-05

8 唐 石灰岩雕坐狮
估　价：HKD 2,000,000~3,000,000
成交价：RMB 1,997,881
高34cm 香港苏富比 2022-10-08

709 辽/宋 石雕卧牛
估 价：USD 4,000~6,000
成交价：RMB 96,373
长5.6cm 纽约佳士得 2022-03-25

3976 明 奉圣公府旧藏灵璧石刻铭文鱼形摆件
估 价：RMB 120,000~250,000
成交价：RMB 460,000
架高30.6cm；石鱼长78cm
西泠印社 2022-01-23

3977 明 灵璧石清供大摆件
估 价：RMB 90,000~130,000
成交价：RMB 483,000
带座高39cm；带座长55.5cm
西泠印社 2022-01-23

1188 17世纪 尚均款田黄罗汉
估 价：RMB 3,000,000~4,000,000
成交价：RMB 2,415,000
高5cm；长5.5cm 保利厦门 2022-10-22

2671 清早期 寿山石雕罗汉像
成交价：RMB 149,500
高10cm 中国嘉德 2022-06-28

468 清早期 寿山石文人像
估　价：RMB 35,000
成交价：RMB 40,250
高11.7cm；宽7cm 浙江佳宝 2022-03-13

1166 清康熙 尚均款寿山石圆雕罗汉（带木座）
估　价：RMB 520,000~800,000
成交价：RMB 598,000
高10cm 广东崇正 2022-12-25

1343 清乾隆 松石三足蟾摆件
估　价：RMB 180,000~250,000
成交价：RMB 299,000
长6.5cm 中贸圣佳 2022-07-25

3236 清翟大坤款"瑞云"
估　价：RMB 120,000~180,000
成交价：RMB 189,750
高200cm 北京荣宝 2022-07-24

1777 清 英石山子
估　价：RMB 60,000~80,000
成交价：RMB 218,500
通高23.8cm 中贸圣佳 2023-01-01

3089 清 青金石雕牧童戏牛摆件
估　价：HKD 200,000~300,000
成交价：RMB 231,764
长16.8cm 佳士得 2022-11-29

4220 清 白芙蓉抱子观音像
估　价：NTD 10,000
成交价：RMB 217,056
高30.5cm 台北艺珍 2022-06-12

2299 清 青田石经卷观音立像
估　价：RMB 150,000~180,000
成交价：RMB 172,500
高41cm 西泠印社 2022-08-20

1778 清 白太湖供石
估　价：RMB 180,000~250,000
成交价：RMB 287,500
通高37.4cm 中贸圣佳 2023-01-01

3235 清 红太湖石配汉白玉须弥座
估　价：RMB 88,000~120,000
成交价：RMB 112,700
高220cm 北京荣宝 2022-07-24

3975 清 英石如意形清供摆件
估　价：RMB 80,000~150,000
成交价：RMB 172,500
带座高22.2cm；长49.5cm
西泠印社 2022-01-23

6938 清 崂山石碧远峰研山
估　价：RMB 280,000~380,000
成交价：RMB 529,000
高60cm 北京保利 2022-07-29

6903 清 灵璧石随形研山
估　价：RMB 50,000~80,000
成交价：RMB 103,500
宽22cm 北京保利 2022-07-29

6934 清 太湖石禅云研山
估　价：RMB 150,000~200,000
成交价：RMB 287,500
高36.5cm（带座）北京保利 2022-07-29

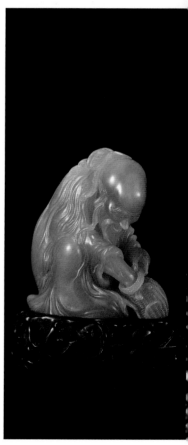

2415 郭懋介寿山善伯石"年年有余"摆件
估　价：RMB 100,000~150,000
成交价：RMB 264,500
高7.9cm 中贸圣佳 2023-01-01

956 潘克照作松鹤同寿昌化羊脂地大红袍鸡血石摆件
估　价：RMB 2,800,000~4,000,000
成交价：RMB 4,370,000
23cm×12cm×7cm 西泠印社 2022-01-21

157 山水篇寿山石雕摆件
估　价：HKD 251,000
成交价：RMB 321,895
高8.7cm 荣宝斋（香港） 2022-11-26

475 齐白石铭"金山银砖"石摆件
估　价：RMB 80,000~120,000
成交价：RMB 891,250
高28.5cm 北京中汉 2022-09-29

4328 周尚均款寿山石雕罗汉坐像
估　价：RMB 60,000~80,000
成交价：RMB 109,250
高12cm 中国嘉德 2022-12-25

4547 明 灵璧石连年有余挂磬
成交价：RMB 51,750
长73cm 中国嘉德 2022-06-26

754 唐 豹斑石高足杯
估　价：USD 4,000~6,000
成交价：RMB 72,280
高4.6cm 纽约佳士得 2022-03-25

4216 明 豹斑石狮形香熏
成交价：RMB 71,300
高19.8cm 西泠印社 2022-01-23

4296 方介堪刻 青田石词六首小序
估　价：RMB 20,000~30,000
成交价：RMB 253,000
13.2cm×4cm×0.7cm 中国嘉德 2022-12-25

1483 清 寿山石雕双龙抢珠纹托及杯
估　价：RMB 60,000~70,000
成交价：RMB 69,000
高7.5cm 朵云轩 2022-12-08

214 清道光 官作行有恒堂制寿山石寿字团菊盒
估　价：RMB 100,000
成交价：RMB 126,500
长14cm；宽10.2cm；高4.3cm
浙江佳宝 2022-03-13

2913 明 汉白玉行书铭文长方形盆
成交价：RMB 1,150,000
长48cm；宽38cm；高211cm 中贸圣佳 2022-07-25

2934 明 汉白玉双龙戏珠纹长方形盆
成交价：RMB 920,000
长77cm；宽44.2cm；高22cm
中贸圣佳 2022-07-25

2930 清乾隆 青白石麒麟长方形盆
成交价：RMB 2,012,500
长106.6cm；宽58cm；高47cm 中贸圣佳 2022-07-25

2921 明 花斑石斛
成交价：RMB 529,000
长21.5cm；高17.8cm
中贸圣佳 2022-07-25

2901 清 白石海马双鹿图长方形盆
成交价：RMB 575,000
长35.3cm；宽18.7cm；高11.4cm 中贸圣佳 2022-07-25

2903 清乾隆 草书铭文长方形盆
成交价：RMB 460,000
39.9cm×39.6cm×9.3cm
中贸圣佳 2022-07-25

2926 清 白石隶书铭文长方形盆
成交价：RMB 598,000
长62.2cm；宽35cm；高11.6cm 中贸圣佳 2022-07-25

731 东汉或以后 彩绘石雕车马纹门楣
估　价：USD 6,000~9,000
成交价：RMB 128,498
长160cm 纽约佳士得 2022-03-25

732 汉 虎纹陶砖
估　价：USD 10,000~15,000
成交价：RMB 160,622
宽48.5cm 纽约佳士得 2022-03-25

其他雕刻

1762 清乾隆 核雕朝珠
估　价：RMB 300,000~400,000
成交价：RMB 368,000
核珠91颗，直径1.4cm，
珊瑚珠30颗，直径1.2cm
中贸圣佳 2023-01-01

958 清 核雕朝珠
成交价：RMB 57,500
通长120cm 中贸圣佳 2022-06-06

104 商代安阳时期 公元前14至前13世纪 骨雕
礼器
估　价：HKD 100,000~150,000
成交价：RMB 341,863
高9.4cm 香港苏富比 2022-10-09

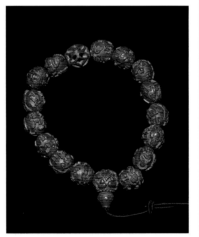

2800 清乾隆 核雕人物故事手串 (15子、隔珠
1个、佛头1个)
估　价：RMB 100,000~120,000
成交价：RMB 115,000
长13cm；直径1.3cm×17
中国嘉德 2022-12-27

2657 清 "谷生" 款核雕人物诗文泛舟摆件
成交价：RMB 25,300
舟长4.5cm；底座长3.6cm
中国嘉德 2022-06-28

钟 表

244 清乾隆 铜鎏金葫芦形西洋钟
估　价：HKD 2,800,000~3,500,000
成交价：RMB 6,180,384
高62.5cm 华艺国际 2022-11-27

6966 清 核雕罗汉配南红玛瑙念珠
成交价：RMB 57,500
长11cm 北京保利 2022-07-29

1383 清 湛谷生制核雕赤壁泛舟摆件（一对）
估　价：RMB 30,000~50,000
成交价：RMB 34,500
长4cm×2 中贸圣佳 2022-07-25

2269 百达翡丽，独一无二，镀金黄铜圆顶座钟
估　价：HKD 1,000,000~2,000,000
成交价：RMB 1,854,115
佳士得 2022-11-27

2381 F.P. JOURNE，罕有，铂金陀飞轮腕表，配动力储存及跳秒功能，TOURBILLON SOUVERAIN RUTHENIUM，限量生产共99枚，约2004年制，附原厂证书及盒子
估　价：HKD 3,200,000~6,500,000
成交价：RMB 3,456,230
佳士得 2022-05-24

2383 F.P. JOURNE，重要及非常罕有，不锈钢大小自鸣三问链带腕表，配动力储存，SONNERIE SOUVERAINE，约2007年制，附原厂证书、盒子及外包装
估　价：HKD 6,500,000~13,000,000
成交价：RMB 5,940,396 佳士得 2022-05-24

2382 F.P. JOURNE，极罕有及重要，铂金陀飞轮腕表，庆祝F.P. JOURNE首间东京专卖店开幕10周年，T10 ANNIVERSARY TOURBILLON MODEL，限量生产共10枚，编号01/10-T10，约2014年制，附原厂证书及盒子
估　价：HKD 6,500,000~13,000,000
成交价：RMB 10,054,956
佳士得 2022-05-24

2161 Gérald Genta（尊达），型号G3221 A黄金及镀金铜制镶钻石、绿宝石、粉红珊瑚及珠母贝万年历座钟，备鸣鸟机关，日期、星期及月相显示，约1980年制
估　价：HKD 2,200,000~3,200,000
成交价：RMB 2,282,464
香港苏富比 2022-04-26

2365 MB&F, 罕有及独特, 钛金属陀飞轮腕表, HOROLOGICAL MACHINE NO.6, HM6, 限量生产共50枚, 约2015年制, 附原厂证书及盒子
估　价: HKD 800,000~1,600,000
成交价: RMB 1,188,079
佳士得 2022-05-24

2217 百达翡丽 型号5971 铂金镶长方形钻石万年历计时腕表, 备日期、星期、月相、24小时及闰年显示, 约2008年制
估　价: HKD 1,200,000~2,000,000
成交价: RMB 1,937,225
香港苏富比 2022-10-05

2268 Greubel Forsey (高珀富斯), Philippe Dufour 及 Michel Boulanger Le Garde Temps- Naissance 'Une Montre Project, " Montre École 全新限量版白金半镂空陀飞轮腕表, 约2016年制
估　价: HKD 4,000,000~8,000,000
成交价: RMB 5,706,162
香港苏富比 2022-04-26

2294 Henry Borrell 珍稀及重要镀金铜制二问鸟鸣音乐活动人偶座钟, 备七款为中国市场而制的乐韵, 由 Henry Borrell 署名, 活动人偶应出自 Jaquet Droz, 瑞士制, 约1810年制
估　价: HKD 1,600,000~3,200,000
成交价: RMB 1,556,226
香港苏富比 2022-04-26

2178 Philippe Dufour Simplicity 编号167 白金腕表, 2011年制
估　价: HKD 3,500,000~5,000,000
成交价: RMB 6,609,355
香港苏富比 2022-10-05

2324 Richard Mille 型号 RM002 All Grey V2
限量版钛金属半镂空陀飞轮腕表，备动力储
备及力矩显示，约2009年制
估　价：HKD 2,400,000~3,200,000
成交价：RMB 2,734,906
香港苏富比 2022-10-05

2257 百达翡丽 Sky Moon Tourbillon "988" 型号5002 铂金双表盘腕表，备12项复杂功能，包
括陀飞轮、大教堂音簧三问、万年历、逆跳日期、恒星时间显示、星体移动苍穹图、月相及月
行轨迹，约2010年制
估　价：HKD 10,000,000~20,000,000
成交价：RMB 11,282,390
香港苏富比 2022-10-05

2326 爱彼，罕有，铂金自动上弦镂空万年
历链带腕表，配月相显示，QUANTIEME
PERPETUEL AUTOMATIQUE，型号
25636PT
估　价：HKD 1,600,000~3,200,000
成交价：RMB 2,808,187
佳士得 2022-05-24

2009 百达翡丽 型号1518 粉红金万年历计时腕表，备月相显示及粉红色表盘，1948年制
估　价：HKD 8,000,000~16,000,000
成交价：RMB 18,740,584
香港苏富比 2022-04-25

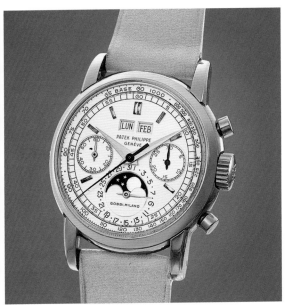

2018 百达翡丽 型号2499 2nd Series，应为独一无二及非常重要粉红
金万年历计时腕表，备月相显示，由 Gobbi Milano发行，1957年制
估　价：HKD 24,000,000~48,000,000
成交价：RMB 49,622,201
香港苏富比 2022-04-25

2021 百达翡丽 型号2499 2nd Series，已知唯一备夜光范例黄金万
年历计时腕表，备月相显示、夜光巴顿式时标及指针，附带原厂证
书，约1958年制
估　价：HKD 6,400,000~12,500,000
成交价：RMB 19,238,741
香港苏富比 2022-04-25

2310 百达翡丽 型号5217全新铂金镶钻石三问瞬跳万年历陀飞轮腕
表，备日期、星期、月相及闰年显示，约2015年制
估　价：HKD 6,000,000~10,000,000
成交价：RMB 14,755,328
香港苏富比 2022-04-26

2519 百达翡丽，非常罕有及华丽，铂金镶长方形切割钻石自动上弦
大教堂钟声三问万年历腕表
估　价：HKD 11,000,000~18,000,000
成交价：RMB 12,553,905
佳士得 2022-11-27

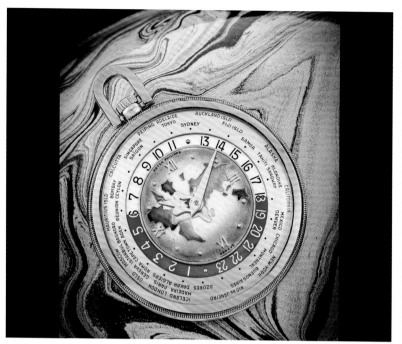

2443 百达翡丽，瑰丽及极罕有，18K金世界时间怀表，配世界地图掐丝珐琅表盘，型号 605HU，1948年制，附后补证书
估　价：HKD 5,000,000~12,000,000
成交价：RMB 13,758,060
佳士得 2022-05-24

2252 梵克雅宝 Midnight Poetic Wish 型号 VCARO30N00 限量版白金镶钻石问腕表，备活动人偶，微绘珠母贝及珐琅表盘，约2016年制
估　价：HKD 1,200,000~2,000,000
成交价：RMB 1,348,729
香港苏富比 2022-04-26

2273 百达翡丽，瞩目、极罕有及高度复杂，18K红金双表盘腕表，配十二项功能，包括大教堂钟声三问功能、陀飞轮、万年历、逆返日历、月行轨迹、恒星时间、星空图、SKY MOON TOURBILLON，型号5002R，约2010年制，附原厂证书、盒子及外包装
估　价：HKD 10,000,000~20,000,000
成交价：RMB 20,958,540
佳士得 2022-05-24

2225 高珀富斯，华丽及特别打造，铂金不对称腕表
估　价：HKD 1,800,000~3,600,000
成交价：RMB 2,665,290
佳士得 2022-11-27

2219 高珀富斯，极罕有及触目，铂金不对称腕表，配斜轴四陀飞轮及动力储存，INVENTION PIECE 2，限量生产共11枚，编号01/11，附原厂证书、盒子及外包装
估　价：HKD 2,200,000~4,400,000
成交价：RMB 3,456,230
佳士得 2022-05-24

2212 江诗丹顿，极罕有及卓越，铂金镂空三问腕表，型号30030/000P，限量生产15枚，约2006年制，附原厂证书、盒子及外包装
估　价：HKD 1,000,000~2,000,000
成交价：RMB 2,160,144
佳士得 2022-05-24

2222 朗格，罕有，铂金陀飞轮万年历自动上弦腕表
估　价：HKD 1,000,000~2,000,000
成交价：RMB 1,622,350
佳士得 2022-11-27

2321 积家 Master Gyrotourbillon 1 型号600.64.06 限量版铂金镶钻石半镂空万年历多轴球形陀飞轮腕表，备8天动力储备、时间等式、逆跳日期、月份、闰年显示及砂金石表盘，约2017年制
估　价：HKD 1,200,000~1,800,000
成交价：RMB 1,253,498
香港苏富比 2022-10-05

2349 朗格，极罕有，铂金镶长形钻石飞返计时腕表，配日历显示及动力储存，为庆祝日本HOUR GLASS 20周年而制，DATOGRAPH UP/DOWN，型号405.836，约2021年制，附原厂证书
估　价：HKD 1,600,000~3,200,000
成交价：RMB 1,944,129
佳士得 2022-05-24

2369 卡地亚，非常罕有，铂金不对称腕表
估　价：HKD 1,200,000~2,400,000
成交价：RMB 2,433,526
佳士得 2022-11-27

939 理查德米勒 型号RM11-03 NTPT碳纤维
自动上弦腕表，备年历、计时功能
估　价：RMB 2,500,000~4,500,000
成交价：RMB 3,335,000
表径50mm×43.5mm 北京保利 2022-02-03

2033 雅典，Locle & Genève 独一无二黄金
双发条三问大自鸣万年历怀表，备月相显
示，于1959年6月23号下订，1961年制及于
1961年9月21号交付，原为 Esmond Bradley
Martin 收藏
估　价：HKD 2,400,000~4,000,000
成交价：RMB 1,348,729
香港苏富比 2022-04-25

2022 劳力士，非常精美罕有，全新玫瑰金镶
钻石及彩色宝石自动链带计时码表，备小秒
针，"Cosmograph Rainbow Daytona"，型
号116595RBOW，年份约2021，附原厂证书
及表盒
估　价：HKD 3,000,000~4,800,000
成交价：RMB 3,255,840
直径40mm 保利香港 2022-10-11

2313 劳力士，非常罕有，18K白金镶钻石及
蓝宝石自动上弦计时腕表
估　价：HKD 1,200,000~2,400,000
成交价：RMB 2,085,879
佳士得 2022-11-27

2260 雅克德罗 The Bird Repeater 型号
J031034200 限量版白金镶钻石三问鸟形活
动人偶腕表，备手绘珠母贝及玛瑙表盘，约
2015年制
估　价：HKD 1,200,000~1,600,000
成交价：RMB 1,244,980
香港苏富比 2022-04-26

铜 器

26 商末至周 中国西南地区青铜人像饰件
估 价：HKD 500,000~800,000
成交价：RMB 610,464
长11.7cm 香港苏富比 2022-10-08

870 东周战国时期至汉 铜错银车轴件
估 价：HKD 60,000~80,000
成交价：RMB 231,664
长33.8cm 香港苏富比 2022-11-25

875 东周战国时期 铜错金银蛇首承弩一对
估 价：HKD 400,000~500,000
成交价：RMB 405,411
长18.1cm×2 香港苏富比 2022-11-25

101 东周战国时期 铜错银虎首饰件
估 价：HKD 300,000~500,000
成交价：RMB 273,491
4.8cm×4.7cm×2.5cm
香港苏富比 2022-10-09

4 东周 铜嵌宝错金银兽首带钩
估 价：HKD 800,000~1,200,000
成交价：RMB 665,960
长11.1cm 香港苏富比 2022-10-08

165 东周战国时期至西汉 铜错银"陵里"铭
车马饰
估 价：HKD 40,000~60,000
成交价：RMB 341,863
长27.1cm 香港苏富比 2022-10-09

1795 春秋 青铜铺首 (一对)
估 价: HKD 150,000~200,000
成交价: RMB 165,546
长13.8cm×2 中国嘉德 2022-10-08

724 战国 公元前5至前4世纪 铜嵌金双虎饰
估 价: USD 7,000~10,000
成交价: RMB 96,373
直径10.5cm 纽约佳士得 2022-03-25

730 西汉 铜鎏金龙首车饰
估 价: USD 150,000~250,000
成交价: RMB 2,088,090
长24.2cm 纽约佳士得 2022-03-25

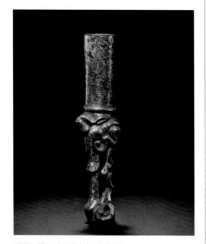

1703 战国 铜错金银龙纹镈
估 价: HKD 80,000~120,000
成交价: RMB 97,120
高14.3cm 中国嘉德 2022-10-08

725 汉 铜错金银嵌玉龙首带钩
估 价: USD 20,000~30,000
成交价: RMB 337,307
长19.9cm 纽约佳士得 2022-03-25

729 汉 铜鎏金嵌玉及玻璃苍龙教子带钩
估 价: USD 80,000~120,000
成交价: RMB 562,178
长14.5cm 纽约佳士得 2022-03-25

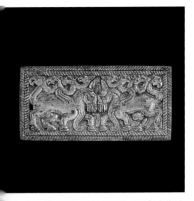

182 公元前2世纪 北方或内蒙古鄂尔多斯鎏
金铜骆驼飞马牌饰
估　价：HKD 60,000~80,000
成交价：RMB 216,513
10.2cm×4.8cm×0.6cm
香港苏富比 2022-10-09

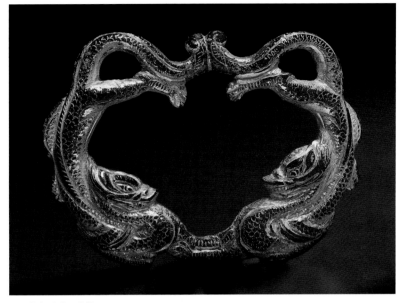

746 唐 铜鎏金双龙饰
估　价：USD 5,000~7,000
成交价：RMB 184,716
宽6cm 纽约佳士得 2022-03-25

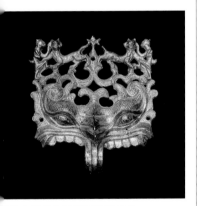

117 北魏 鎏金铜羽人兽面纹铺首
估　价：HKD 100,000~150,000
成交价：RMB 319,072
10.5cm×9.8cm 香港苏富比 2022-10-09

5428 宋 龟鹤仙人图钟形吉语铜牌
估　价：RMB 10,000~30,000
成交价：RMB 28,750
高55.1mm 永乐拍卖 2022-07-25

3120 唐 铜鎏金飞鹤纹香囊
估　价：HKD 350,000~450,000
成交价：RMB 359,100
直径13.5cm 保利香港 2022-07-14

124 周 青铜兽耳
估　价：HKD 100,000~150,000
成交价：RMB 364,654
高12.7cm；高16.7cm（连座）
香港苏富比 2022-10-09

3105 东汉 铜鎏金独角神兽
估　价：HKD 50,000~100,000
成交价：RMB 108,528
高8.4cm 保利香港 2022-10-10

1 汉 青铜辟邪
估　价：HKD 6,000,000~8,000,000
成交价：RMB 31,241,119
长27cm；高18cm 香港苏富比 2022-10-08

744 唐 铜鎏金双飞天立像
估　价：USD 2,000~3,000
成交价：RMB 96,373
高5.3cm 纽约佳士得 2022-03-25

3134 唐 青铜行龙
估　价：HKD 150,000~180,000
成交价：RMB 153,900
长15.2cm 保利香港 2022-07-14

3620 唐 青铜犀牛
估　价：HKD 800,000~1,000,000
成交价：RMB 3,076,769
高12.2cm 香港苏富比 2022-10-09

741 唐 铜鎏金龙
估　价：USD 25,000~35,000
成交价：RMB 281,089
长16.6cm 纽约佳士得 2022-03-25

164 宋至元 鎏金铜钟馗立像
估　价：HKD 60,000~80,000
成交价：RMB 227,909
高8.3cm 香港苏富比 2022-10-09

1365 明早期 铜雕狮子摆件
估　价：RMB 800,000~1,200,000
成交价：RMB 1,035,000
高21.3cm 中贸圣佳 2022-07-25

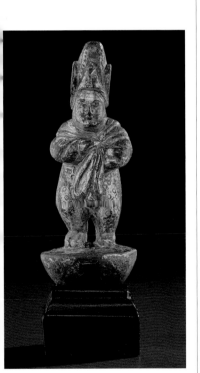

745 唐 铜鎏金童子像
估　价：USD 3,000~4,000
成交价：RMB 80,311
高4.7cm 纽约佳士得 2022-03-25

3133 明末 铜鎏金牛（一对）
估　价：RMB 500,000~1,000,000
成交价：RMB 1,552,500
长18cm×2 中国嘉德 2022-06-28

2330 明 铜老子像
估　价：RMB 300,000~400,000
成交价：RMB 402,500
高35cm 西泠印社 2022-08-20

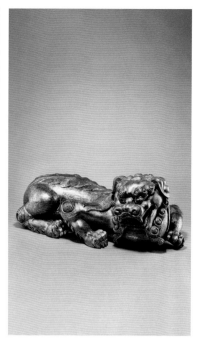

2045 明 卧狮
估　价：RMB 250,000~300,000
成交价：RMB 379,500
长72cm 中贸圣佳 2023-01-01

2223 明 铜鎏金错金银太平有象如意
估　价：RMB 300,000~400,000
成交价：RMB 437,000
长41.5cm 中贸圣佳 2022-10-27

940 明 铜局部鎏金甪端
估　价：RMB 200,000~300,000
成交价：RMB 322,000
高36cm 华艺国际 2022-09-23

4108 明 铜点金太白醉酒香插
估　价：RMB 180,000~250,000
成交价：RMB 218,500
高5.8cm；长12.8cm；重957g
西泠印社 2022-08-21

2861 清早期 红皮原座香筒
估　价：RMB 10,000~50,000
成交价：RMB 483,000
高18.5cm 中国嘉德 2022-06-27

2111 清乾隆 关公坐像
估　价：RMB 1,000,000~1,200,000
成交价：RMB 1,437,500
高31cm 中贸圣佳 2023-01-01

433 清乾隆 铜鎏金设色錾刻老虎
估　价：RMB 200,000
成交价：RMB 287,500
高18.7cm；宽14.5cm 浙江佳宝 2022-03-13

2288 18世纪 关公像
估　价：RMB 350,000~450,000
成交价：RMB 402,500
高23.8cm 中贸圣佳 2022-10-27

838 清乾隆 铜鎏金狮子（一对）
估　价：RMB 500,000~600,000
成交价：RMB 632,500
26cm×18.5cm×33.6cm×2 中贸圣佳 2022-12-31

3925 清 铜鎏金碧玉花景盆
估　价：NTD 10,000
成交价：RMB 137,400
高67cm 台北艺珍 2022-03-06

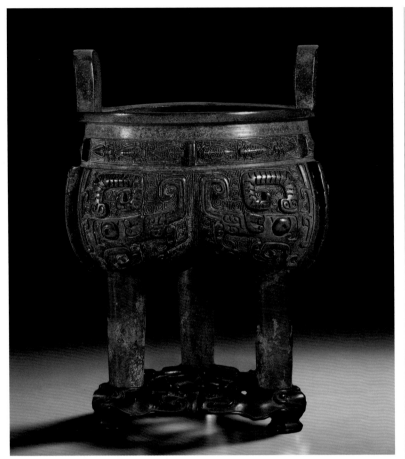

712 晚商 安阳公元前12至前11世纪青铜饕餮纹父丁鬲鼎
估 价：USD 100,000~150,000
成交价：RMB 5,220,224
高19.7cm 纽约佳士得 2022-03-25

2834 商晚期 青铜爵
估 价：HKD 300,000~500,000
成交价：RMB 378,025
高19.6cm 佳士得 2022-05-30

3602 商晚期 显赫收藏青铜彗癸爵
估 价：HKD 700,000~900,000
成交价：RMB 540,036
高21.3cm 香港苏富比 2022-04-29

715 晚商 公元前11世纪青铜受父辛且己簋
估 价：USD 200,000~300,000
成交价：RMB 1,445,601
宽28.1cm 纽约佳士得 2022-03-25

227 商晚期 青铜饕餮纹罐形斝
估 价：HKD 150,000~200,000
成交价：RMB 185,155
高24.7cm 华艺国际 2022-05-29

2833 商晚期 青铜连盖云雷纹觯
估 价：HKD 400,000~600,000
成交价：RMB 259,217
高16cm 佳士得 2022-05-30

3099 商晚期 青铜饕餮纹"母嬶日辛"角
估 价：HKD 700,000~1,000,000
成交价：RMB 933,340
高16.7cm 保利香港 2022-10-10

3100 商晚期 青铜兽面纹方彝
估 价：HKD 8,000,000~12,000,000
成交价：RMB 9,224,880
高27.5cm 保利香港 2022-10-10

152 商 兴觚
估 价：HKD 400,000~600,000
成交价：RMB 797,681
高29.7cm 香港苏富比 2022-10-09

714 晚商/西周早期 青铜饕餮纹盉
估 价：USD 100,000~150,000
成交价：RMB 682,645
高31.1cm 纽约佳士得 2022-03-25

106 商末至西周 冉母尊
估 价：HKD 400,000~600,000
成交价：RMB 626,749
高21.8cm 香港苏富比 2022-10-09

718 西周早期 公元前10至前9世纪青铜员作夹卣
估　价：USD 60,000~80,000
成交价：RMB 1,044,045
高16cm 纽约佳士得 2022-03-25

155 东周战国时期 青铜嵌红铜蟠虺纹铺首环耳扁壶
估　价：HKD 200,000~300,000
成交价：RMB 854,658
高31.1cm 香港苏富比 2022-10-09

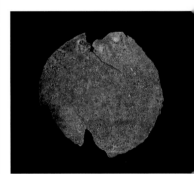

1962 春秋 青铜秦子姬簋盖
估　价：HKD 300,000~500,000
成交价：RMB 331,092
宽16.3cm 中国嘉德 2022-10-09

139 东周 青铜嵌石青竖棱盖壶
估　价：HKD 400,000~600,000
成交价：RMB 1,139,544
高34.4cm 香港苏富比 2022-10-09

4053 春秋 青铜三角云纹铜壶
估　价：NTD 10,000
成交价：RMB 164,880
高47cm 台北艺珍 2022-03-06

3103 春秋 青铜罍
估　价：HKD 350,000~550,000
成交价：RMB 379,848
高27.5cm；宽34cm 保利香港 2022-10-10

1974 战国 青铜信安、长阴侯安君鼎
估　价：HKD 300,000~500,000
成交价：RMB 3,035,010
高18cm；宽21.5cm 中国嘉德 2022-10-09

1964 春秋 秦式青铜盉及盘
估　价：HKD 500,000~800,000
成交价：RMB 551,820
盉高19.7cm，宽22.6cm；
盘高13.6cm，宽33.2cm
中国嘉德 2022-10-09

719 战国 公元前4至前3世纪青铜宴乐狩猎水陆攻战纹方壶
估　价：USD 400,000~600,000
成交价：RMB 17,591,964
高43cm 纽约佳士得 2022-03-25

113 周 羕仲侯匜
估　价：HKD 300,000~500,000
成交价：RMB 1,595,362
长34.9cm 香港苏富比 2022-10-09

3132 唐 铜鎏金花卉纹杯
估　价：HKD 120,000~150,000
成交价：RMB 123,120
高4.3cm；重73g 保利香港 2022-07-14

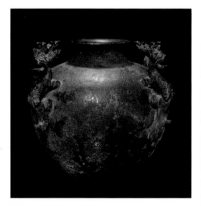

1971 秦 青铜信宫鼎
估　价：HKD 500,000~800,000
成交价：RMB 573,892
高24.6cm；宽34cm 中国嘉德 2022-10-09

109 汉 铜鎏金银狩猎纹铺首衔环盖樽
估　价：HKD 400,000~600,000
成交价：RMB 569,772
高17.8cm；直径18.5cm 香港苏富比 2022-10-09

759 唐 铜碗两件及铜勺
估　价：USD 8,000~12,000
成交价：RMB 104,404
纽约佳士得 2022-03-25

168 西汉 彩绘贴金箔铜错金扣瑞兽云气纹高
足漆杯（一对）
估　价：HKD 400,000~600,000
成交价：RMB 341,863
高16.7cm×2 香港苏富比 2022-10-09

3130 唐 铜鎏金缠枝卷草花卉纹盖盒
估　价：HKD 280,000~450,000
成交价：RMB 287,280
高6.5cm；直径12.8cm 保利香港 2022-07-14

3127 隋 铜净瓶
估　价：HKD 120,000~180,000
成交价：RMB 123,120
高14.3cm 保利香港 2022-07-14

827 青铜乳钉纹方鼎
估　价：USD 80,000~120,000
成交价：RMB 969,091
高19cm 纽约佳士得 2022-09-23

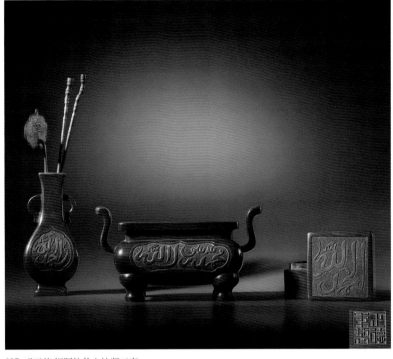

937 明正德 铜阿拉伯文炉瓶三事
估　价：RMB 8,000,000~12,000,000
成交价：RMB 11,442,500
炉高10cm；瓶高14.3cm；盒高5.3m
中贸圣佳 2022-07-26

5697 明宣德 铜鎏金蟠龙瓶
估　价：RMB 500,000~800,000
成交价：RMB 828,000
高19cm 北京保利 2022-07-28

1611 明嘉靖四十五年 东莞学宫铜爵杯
估　价：RMB 60,000~120,000
成交价：RMB 126,500
长19.5cm；高19.2cm 广东崇正 2022-08-11

1206 17世纪/18世纪 铜仿古纹兽耳方壶
估　价：USD 6,000~8,000
成交价：RMB 60,233
高40cm 纽约佳士得 2022-03-25

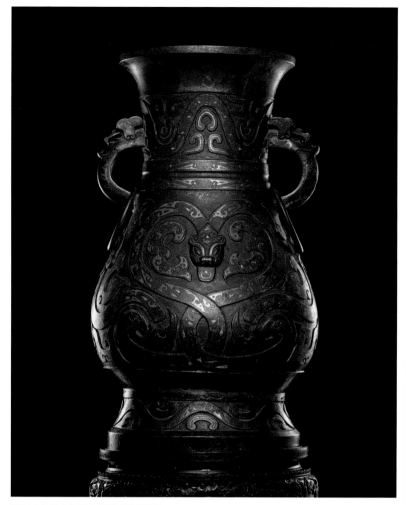

225 明 铜错金银蟠龙纹双耳尊 (配座)
估　价：HKD 1,500,000~2,000,000
成交价：RMB 3,085,920
高48cm 华艺国际 2022-05-29

2882 明 洒金铜饕餮纹爵
估　价：HKD 120,000~180,000
成交价：RMB 172,811
高21.5cm 佳士得 2022-05-30

1612 明 铜局部鎏金浮雕"五岳真形"图花
觚 (一对)
估　价：RMB 500,000~800,000
成交价：RMB 575,000
高40.5cm×2 华艺国际 2022-09-23

3047 明 铜错金银凤首提梁盉壶
估　价：HKD 300,000~500,000
成交价：RMB 461,700
高21.8cm；宽25cm 保利香港 2022-07-14

1203 明 铜错金银兽面壶
估　价：RMB 100,000~280,000
成交价：RMB 253,000
高41cm 广东崇正 2022-08-11

936 明 铜错金银交体龙纹提梁盉
估　价：RMB 500,000~600,000
成交价：RMB 805,000
高19.6cm 中贸圣佳 2022-07-26

2690 明 铜饕餮纹斝
成交价：RMB 402,500
高66cm 中国嘉德 2022-06-28

980 清早期 铜龙耳象首足花觚
估　价：RMB 120,000~180,000
成交价：RMB 184,000
高23.1cm 华艺国际 2022-09-23

1318 清乾隆 铜鎏金福寿桃形杯（一对）
估　价：RMB 80,000~100,000
成交价：RMB 138,000
长7cm×2 华艺国际 2022-09-23

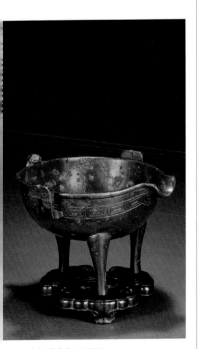

4213 明 铜螭龙把三足匜
估　价：RMB 65,000~80,000
成交价：RMB 80,500
高18cm；重3235g 西泠印社 2022-01-23

2865 清乾隆 铜浮雕云龙纹兽耳衔环瓶
估　价：RMB 1,200,000~2,200,000
成交价：RMB 1,667,500
高42.6cm 中国嘉德 2022-06-27

1086 清乾隆 铜胎漆戗金"紫碧山房"花卉纹花器
估 价：RMB 280,000~500,000
成交价：RMB 322,000
高12.5cm；长14.5cm 广东崇正 2022-12-25

6756 18世纪 铜错金银兽面纹大方壶
估 价：RMB 250,000~350,000
成交价：RMB 368,000
高62cm 北京保利 2022-07-29

2331 清 铜错金银饕餮纹提梁卣
估 价：RMB 150,000~250,000
成交价：RMB 195,500
高36cm 西泠印社 2022-08-20

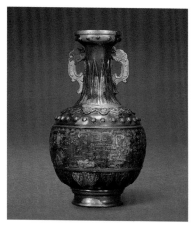

3067 清乾隆 局部洒金铜饕餮纹双耳瓶
估 价：HKD 300,000~500,000
成交价：RMB 405,587
高14.8cm 佳士得 2022-11-29

4453 清光绪 "兰亭集序"大铜缸
成交价：RMB 402,500
高82.5cm；口径76.5cm 中国嘉德 2022-12-25

1129 清乾隆 铜鎏金如意纹双联瓶
估 价：RMB 300,000~400,000
成交价：RMB 345,000
高9.5cm；长11cm 保利厦门 2022-10-22

1178 清光绪 铜茶具
估 价：RMB 300,000~500,000
成交价：RMB 747,500
30cm×10cm 荣宝斋(南京) 2022-12-08

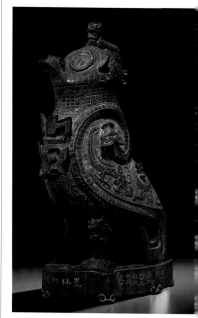

723 仿古青铜枭尊
估 价：USD 40,000~60,000
成交价：RMB 337,307
高36cm 纽约佳士得 2022-03-25

4823 19世纪制 鎏金轻浮雕花卉饰鸟鸣盒
估 价：RMB 120,000~150,000
成交价：RMB 138,000
长9.5cm；宽5.4cm；高3.3cm
西泠印社 2022-08-21

884 元/明早期 铜瑞狮戏球香熏
估 价：RMB 300,000~400,000
成交价：RMB 345,000
长19cm；宽12.5cm；高10.8cm
北京诚轩 2022-08-09

1725 明崇祯 长住丹丘款筒式炉
估 价：RMB 1,500,000~2,000,000
成交价：RMB 2,070,000
直径13.5cm；高10cm 中贸圣佳 2022-07-25

938 明正德 正德年制款阿拉伯文鬲式炉
估 价：RMB 1,200,000~1,500,000
成交价：RMB 1,380,000
口径14.4cm；高8cm 中贸圣佳 2022-07-28

2051 元 狮子香熏
估 价：RMB 400,000~500,000
成交价：RMB 2,070,000
高13.5cm 中贸圣佳 2022-07-27

1364 明正德 阿拉伯文鬲式炉
估 价：RMB 900,000~1,200,000
成交价：RMB 1,380,000
直径12.4cm；高7.6cm 中贸圣佳 2022-07-25

3182 明 大马槽炉
估　价：RMB 2,200,000~3,200,000
成交价：RMB 2,530,000
高11.4cm；宽25cm；直径20.6cm×14.2cm 中国嘉德 2022-12-26

2863 明 马槽炉
估　价：RMB 800,000~1,000,000
成交价：RMB 1,840,000
宽12cm 中国嘉德 2022-06-27

833 明 达庵章氏家藏款冲天耳炉
估　价：RMB 1,200,000~1,500,000
成交价：RMB 1,610,000
口径12.8cm；高8.8cm 中贸圣佳 2022-12-31

942 明 铜冲天耳炉
估　价：RMB 300,000~500,000
成交价：RMB 575,000
直径14cm；重量1023g 华艺国际 2022-09-23

563 明 浮雕云龙纹炉
估　价：RMB 1,200,000~1,600,000
成交价：RMB 1,380,000
直径14.1cm；高8.2cm；重2352g
华艺国际 2022-07-29

620 明 铜鎏金甪端香熏
估　价：RMB 700,000~900,000
成交价：RMB 920,000
高17.8cm 华艺国际 2022-07-29

940 明 局部鎏金海水龙纹方形熏炉
估　价：RMB 900,000~1,200,000
成交价：RMB 1,472,000
高15.2cm 中贸圣佳 2022-07-26

6749 明 铜鎏金鸭熏
估　价：RMB 300,000~500,000
成交价：RMB 391,000
高37.8cm 北京保利 2022-07-29

6747 明 铜鎏金甪端大香熏（一对）
估　价：RMB 1,000,000~1,500,000
成交价：RMB 1,150,000
高60cm×2 北京保利 2022-07-29

2314 明 铜万字纹如意头狮钮象足大熏炉
估　价：RMB 200,000~300,000
成交价：RMB 276,000
高68cm 西泠印社 2022-08-20

2208 明 玉堂清玩款蚰耳炉
估　价：RMB 800,000~1,200,000
成交价：RMB 1,357,000
直径16.5cm；高8.1cm 中贸圣佳 2022-10-27

2214 清早期 冲天耳象足炉
估　价：RMB 800,000~900,000
成交价：RMB 1,115,500
直径17.3cm；通高34.5cm
中贸圣佳 2022-10-27

942 清早期 大明宣德年制款狮耳兽足炉（连座）
估　价：RMB 1,200,000~1,800,000
成交价：RMB 1,495,000
口径25.3cm；高15.8cm（连座）
中贸圣佳 2022-07-26

1366 清初 宣德款鬲式炉
估　价：RMB 1,200,000~1,500,000
成交价：RMB 1,610,000
直径18.8cm；高7.8cm 中贸圣佳 2022-07-25

1591 清早期 铜双龙抱款桥耳三足炉
估　价：RMB 500,000~800,000
成交价：RMB 977,500
直径26.5cm；重量4444g
永乐拍卖 2022-07-25

37 清早期 宣德年制篆书款蚰耳炉连座
估　价：RMB 1,000,000~1,200,000
成交价：RMB 1,380,000
口径21.5cm；炉高10.2cm
中贸圣佳 2022-12-31

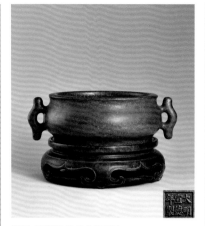

2209 清康熙 雪花金戟耳炉
估　价：RMB 500,000~600,000
成交价：RMB 920,000
直径16.5cm；通高12cm 中贸圣佳 2022-10-27

946 清乾隆 大清乾隆年制款朝冠耳大铜炉
估　价：RMB 1,000,000~1,200,000
成交价：RMB 1,150,000
口径21cm；高35.8cm 中贸圣佳 2022-07-26

6752 清早期 枣皮红大压经炉 (连座)
估　价：RMB 600,000~800,000
成交价：RMB 828,000
高23cm 北京保利 2022-07-29

939 清顺治 高云旗款冲天耳炉
估　价：RMB 1,200,000~1,500,000
成交价：RMB 1,840,000
口径12.5cm；高7.6cm 中贸圣佳 2022-07-26

945 清雍正 镂空苍龙教子手炉
估　价：RMB 800,000~1,200,000
成交价：RMB 1,046,500
口长11cm；口宽9.4cm；高10.4cm 中贸圣佳 2022-07-26

944 清乾隆 奕世流芳款冲天耳炉
估 价：RMB 2,500,000~3,500,000
成交价：RMB 2,875,000
口径13.5cm；高10.5cm 中贸圣佳 2022-07-26

564 清乾隆 洒金饕餮纹簠式炉
估 价：RMB 600,000~800,000
成交价：RMB 747,500
高24.2cm；长43cm 华艺国际 2022-07-29

2862 清乾隆 铜鎏金方熏
估 价：RMB 600,000~800,000
成交价：RMB 1,058,000
高8.7cm 中国嘉德 2022-06-27

621 清乾隆 天下山川兽面盖钮鼎炉
估 价：RMB 6,000,000~8,000,000
成交价：RMB 7,130,000
高62cm 华艺国际 2022-07-29

4562 清 "大明宣德年制" 铜冲天耳炉
估 价：RMB 1,000,000~1,500,000
成交价：RMB 1,150,000
直径33cm；高19cm；重9.9kg
中国嘉德 2022-12-25

169 东汉 丙午神兽纹铜镜
估　价：HKD 20,000~30,000
成交价：RMB 85,466
直径18.4cm 香港苏富比 2022-10-09

2327 清 "宣德年制" 款铜马槽炉
估　价：RMB 1,000,000~1,500,000
成交价：RMB 1,150,000
14.9cm×11cm；重3427g 西泠印社 2022-01-22

2353 清早期 "大明正德年制" 款阿拉伯文鬲式炉
估　价：RMB 580,000~650,000
成交价：RMB 667,000
口径14.8cm；高8.8cm；重1542g
西泠印社 2022-08-20

4786 隋至唐代 仙山盘龙傅山并寿明乐镜
估　价：NTD 10,000
成交价：RMB 51,911
高1.4cm；宽19.5cm 台北艺珍 2022-09-25

752 隋/唐初 6至7世纪铜四神兽十二生肖镜
估　价：USD 7,000~10,000
成交价：RMB 722,800
直径24.2cm 纽约佳士得 2022-03-25

3156 唐 铜黑漆嵌螺钿犀牛宝相花纹镜
估　价: HKD 600,000~800,000
成交价: RMB 615,600
直径30cm 保利香港 2022-07-14

1955 明 "青盖作镜" 铭龙虎羽人饲鹿纹镜
估　价: RMB 80,000
成交价: RMB 115,000
直径13.2cm；厚0.9cm 中贸圣佳 2022-07-26

1929 明 蟾蜍玉兔月宫镜
估　价: RMB 150,000
成交价: RMB 299,000
直径12.5cm；厚0.5cm 中贸圣佳 2022-07-26

833 铜银背狻猊葡萄纹小方镜
估　价: USD 5,000~7,000
成交价: RMB 35,240
长9.2cm 纽约佳士得 2022-09-23

3671 宋 贝氏艺术珍藏青铜风月图方镜
估　价: HKD 70,000~90,000
成交价: RMB 75,605
9.7cm×9.7cm 香港苏富比 2022-04-29

2234 明 "昭明" "清白" 铭双圈铭文镜
估　价: RMB 180,000~280,000
成交价: RMB 264,500
直径15.7cm；厚0.6cm
中贸圣佳 2022-10-27

1925 明 "大吉" 铭双鸾衔绶纹镜
估　价：RMB 1,000,000
成交价：RMB 2,024,000
直径23.2cm；厚0.9cm 中贸圣佳 2022-07-26

1981 明 二仙渡海纹镜
估　价：RMB 200,000~300,000
成交价：RMB 310,500
直径17.1cm；厚0.6cm 中贸圣佳 2022-07-26

775 明 飞龙在天葵形镜
成交价：RMB 287,500
直径15.2cm；厚0.55cm 中贸圣佳 2022-07-12

1966 明 达摩渡海纹镜
估　价：RMB 80,000
成交价：RMB 109,250
直径14.5cm；厚0.7cm 中贸圣佳 2022-07-26

1974 明 动物纹边饰七乳瑞兽纹镜
估　价：RMB 150,000
成交价：RMB 207,000
直径13.5cm；厚0.65cm 中贸圣佳 2022-07-26

1910 明 花叶折叠菱纹镜
估　价：RMB 200,000
成交价：RMB 345,000
直径16.5cm；厚0.7cm 中贸圣佳 2022-07-26

1960 明 菱花形打马球镜
估　价：RMB 50,000
成交价：RMB 132,250
直径19.3cm；厚0.9cm 中贸圣佳 2022-07-26

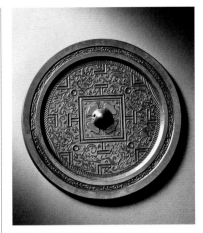

2230 明 瑞兽博局纹镜
估　价：RMB 80,000~100,000
成交价：RMB 138,000
直径16.4cm；厚0.5cm
中贸圣佳 2022-10-27

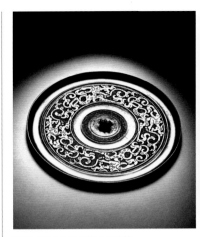

1941 明 四龙持连枝花蕾纹镜
估　价：RMB 380,000
成交价：RMB 517,500
直径16.5cm；厚0.65cm 中贸圣佳 2022-07-26

1947 明 龙虎对峙七乳瑞兽纹镜
估　价：RMB 100,000
成交价：RMB 195,500
直径23.2cm；厚1cm 中贸圣佳 2022-07-26

1939 明 双钮几何纹镜
成交价：RMB 184,000
直径12.2cm；厚0.7cm 中贸圣佳 2022-07-26

2227 明 四神瑞兽博局纹镜
估　价：RMB 100,000~150,000
成交价：RMB 172,500
直径16.6cm；厚0.6cm
中贸圣佳 2022-10-27

1979 明 七乳瑞兽纹镜
估　价：RMB 100,000
成交价：RMB 115,000
直径16.3cm；厚0.6cm 中贸圣佳 2022-07-26

1976 明 双乳单龙纹镜
估　价：RMB 80,000
成交价：RMB 109,250
直径10.8cm；厚0.6cm 中贸圣佳 2022-07-26

1915 明 四神纹边饰瑞兽博局纹镜
估　价：RMB 80,000
成交价：RMB 103,500
直径14.8cm；厚0.55cm 中贸圣佳 2022-07-26

1942 明 五山五叶纹镜
估　价：RMB 58,000
成交价：RMB 86,250
直径12.5cm；厚0.5cm 中贸圣佳 2022-07-26

1959 明 仙山祥云花枝纹镜
估　价：RMB 200,000
成交价：RMB 322,000
直径31.2cm；厚0.85cm 中贸圣佳 2022-07-26

6426 清 十二生肖八兽镜
估　价：RMB 3,500,000~3,800,000
成交价：RMB 4,715,000
直径24.8cm；重量2014g 北京保利 2022-07-28

6425 清 "盛如长安南"铭神人车马画像镜
估　价：RMB 450,000~500,000
成交价：RMB 517,500
直径22.1cm；重量1394g
北京保利 2022-07-28

6436 清 单龙镜
估　价：RMB 50,000~52,000
成交价：RMB 86,250
直径9.7cm；重量316g 北京保利 2022-07-28

6413 清 十日镜
估　价：RMB 45,000~48,000
成交价：RMB 184,000
直径9cm；重量96g 北京保利 2022-07-28

3634 清康熙 御制鎏金铜蒲牢钮八卦纹"太簇"编钟
估　价：HKD 700,000~900,000
成交价：RMB 1,481,407
高30.8cm 香港苏富比 2022-10-09

820 鎏金铜蒲牢钮八卦纹"南吕"编钟
估　价：USD 150,000~300,000
成交价：RMB 880,992
高30.5cm 纽约佳士得 2022-09-23

3617 东周战国时期 铜错银龙首云气纹承弓
器 (一对)
估　价：HKD 300,000~400,000
成交价：RMB 398,840
长23cm×2 香港苏富比 2022-10-09

3612 东周末至西汉初 铜错金银镂空云龙纹剑柄
估　价：HKD 1,500,000~2,000,000
成交价：RMB 5,127,948
长17.5cm 香港苏富比 2022-10-09

188 东周至汉 局部鎏金铜短剑
估　价：HKD 300,000~500,000
成交价：RMB 740,704
长33cm 香港苏富比 2022-10-09

1961 春秋 青铜秦政伯丧戈 (一组两件)
估　价：HKD 200,000~300,000
成交价：RMB 441,456
长20cm；长19.5cm 中国嘉德 2022-10-09

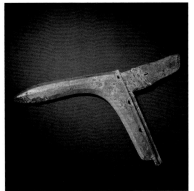

1969 战国 青铜廿一年相邦冉戈
估　价：HKD 150,000~250,000
成交价：RMB 309,019
长24.7cm 中国嘉德 2022-10-09

1975 战国 越王州句铜格铁剑
估　价：HKD 120,000~180,000
成交价：RMB 353,164
长4.9cm 中国嘉德 2022-10-09

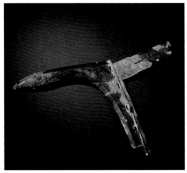

1972 秦 青铜相邦吕不韦戈
估　价：HKD 500,000~800,000
成交价：RMB 573,892
长26.5cm 中国嘉德 2022-10-09

1976 战国 青铜越王州句剑
估　价：HKD 2,000,000~3,000,000
成交价：RMB 2,207,280
长43cm 中国嘉德 2022-10-09

861 汉 镀金青铜剑和黑漆刀鞘
估　价：HKD 60,000~80,000
成交价：RMB 173,748
剑长46.1cm；刀鞘长38.1cm
香港苏富比 2022-11-25

199 东周至汉 青铜剑
估　价：HKD 20,000~30,000
成交价：RMB 182,327
长65.2cm 香港苏富比 2022-10-09

4610 战国 铜龙凤错金银杖首
估　价：NTD 10,000
成交价：RMB 51,911
高11.9cm；宽3.2cm 台北艺珍 2022-09-25

116 东汉或以后 鎏金铜坐龙承足（两件）
估　价：HKD 80,000~120,000
成交价：RMB 364,654
高4.6cm×2 香港苏富比 2022-10-09

15 东周战国时期 青铜驭兽立人灯座
估　价：HKD 500,000~700,000
成交价：RMB 7,769,538
高22.8cm 香港苏富比 2022-10-08

20 东周战国时期 铜错银兽形承足
估　价：HKD 5,000,000~7,000,000
成交价：RMB 6,104,637
高11cm 香港苏富比 2022-10-08

170 汉 青铜羽人形灯
估　价：HKD 100,000~150,000
成交价：RMB 170,932
高14.2cm 香港苏富比 2022-10-09

1973 秦 廿六年始皇诏书铜权
估　价：HKD 1,000,000~2,000,000
成交价：RMB 6,594,249
高3.2cm；宽4.3cm；重量238g 中国嘉德 2022-10-09

4012 汉代 铜鎏金熊形器足
估　价：NTD 10,000
成交价：RMB 54,960
高10cm 台北艺珍 2022-03-06

22 汉 青铜人形驭兽灯座
估　价：HKD 800,000~1,200,000
成交价：RMB 1,331,921
高16.9cm 香港苏富比 2022-10-08

3168 宋 铜鎏金船形锁
估　价：HKD 15,000~30,000
成交价：RMB 56,430
长12.4cm；重157g 保利香港 2022-07-14

1128 明 铜车辖（一对）
估　价：RMB 50,000~80,000
成交价：RMB 69,000
长8cm×2 保利厦门 2022-10-22

2834 清乾隆 御制铜围栏
估　价：RMB 10,000~20,000
成交价：RMB 310,500
宽60.3cm 中国嘉德 2022-12-27

2490 清 太平有象铜鎏金镶银蜡烛台（一对）
估　价：RMB 580,000
成交价：RMB 667,000
39cm×30cm×14cm×2 上海嘉禾 2022-01-01

8847 戴比尔斯镀金铜制沙漏，备浮动钻石，约2000年制
估　价：HKD 30,000~50,000
成交价：RMB 39,946
香港苏富比 2022-10-10

铁　器

2654 明治时期 龟文堂三世波多野正平造波千鸟铁壶
估　价：RMB 40,000~60,000
成交价：RMB 48,300
高16.8cm；长13.3cm 西泠印社 2022-01-22

6965 19世纪（日本） 明珍纪宗春作铁包铜镶银口梅花盖提梁壶
估　价：RMB 30,000~60,000
成交价：RMB 115,000
高18.8cm 北京保利 2022-07-29

3380 清 铁错银花卉香插
估　价：RMB 25,000~30,000
成交价：RMB 28,750
高9cm；直径13.5cm 北京荣宝 2022-07-24

锡　器

5052 清道光 杨彭年制诗句竹石图三镶玉扁圆锡壶
估　价：RMB 38,000~58,000
成交价：RMB 43,700
宽16.8cm 北京保利 2022-07-28

048 清 沈存周制并铭"方珪圆璧"茶诗对
台式锡制茶叶罐
估　价：RMB 50,000~80,000
成交价：RMB 80,500
8cm；重量310g 北京保利 2022-07-28

216 清 朱石梅制刻梅花诗文黄花梨提梁锡壶
古　价：RMB 18,000~35,000
戈交价：RMB 74,750
通高15.5cm；通长11.5cm
西泠印社 2022-08-21

紫　砂

3986 明 紫砂药师佛像
估　价：NTD 10,000
成交价：RMB 68,700
高19cm 台北艺珍 2022-03-06

7229 清 陈鸣远款紫砂百果 (一组)
估　价：RMB 60,000~70,000
成交价：RMB 69,000
尺寸不一 江苏观宇 2022-11-12

2688 明崇祯 陈用卿制并刻紫泥金钱镂空钮
如意纹大圆壶
估　价：RMB 450,000~600,000
成交价：RMB 517,500
高28.5cm；长33.2cm 西泠印社 2022-01-22

2942 当代 何道洪制四方小盆景
估　价：RMB 30,000~35,000
成交价：RMB 34,500
宽18.8cm 中国嘉德 2022-06-28

2267 明末 寒灰老人款四方虚扁壶
估　价：RMB 5,200,000~6,000,000
成交价：RMB 9,315,000
长13cm；高5.5cm 中贸圣佳 2023-01-01

238 明晚期 时大彬制介字宫灯提梁壶
估　价：RMB 4,900,000
成交价：RMB 6,670,000
宽23cm；高22cm 上海嘉禾 2022-11-20

2735 明 时大彬制紫泥平肩素身壶
成交价：RMB 18,400,000
高8.6cm；长16.6cm 西泠印社 2022-01-22

3033 明末清初 "壬子秋日时大彬制" 款紫石
圆僧帽壶
估　价：RMB 300,000~400,000
成交价：RMB 483,000
宽13cm 中国嘉德 2022-06-28

2725 清早期"复堂"款紫泥德钟壶
估　价：RMB 450,000~600,000
成交价：RMB 552,000
高9.5cm；长16.8cm 西泠印社 2022-01-22

2255 清早期 光宝堂紫砂壶
估　价：RMB 600,000~800,000
成交价：RMB 1,495,000
长9cm；高7cm 中贸圣佳 2023-01-01

2719 清早期"馥远亭"款朱泥变体龙蛋壶
估　价：RMB 190,000~250,000
成交价：RMB 218,500
高9.3cm；长11.8cm 西泠印社 2022-01-22

7233 清早期 荆溪郑宁侯制蟾蜍钮紫泥大莲子壶
估　价：RMB 500,000~800,000
成交价：RMB 1,150,000
宽32cm；高16.7cm；容量2300ml 江苏观宇 2022-11-12

2989 清早期 君王多乐事逸公款紫砂文旦壶
估　价：RMB 50,000~55,000
成交价：RMB 471,500
宽11cm 中国嘉德 2022-06-28

2986 清早期 "壬申春日惠孟臣制" 款朱砂君
德壶
估　价：RMB 30,000~35,000
成交价：RMB 322,000
宽12cm 中国嘉德 2022-06-28

2327 清早期 "文九" 款紫泥藏六壶
估　价：RMB 30,000~35,000
成交价：RMB 287,500
宽14.1cm 中国嘉德 2022-12-25

2987 清早期 "辛卯仲秋惠孟臣制" 款朱砂虚
扁壶
估　价：RMB 10,000~15,000
成交价：RMB 437,000
宽11cm 中国嘉德 2022-06-28

2253 清早期 凌波仙子
估　价：RMB 1,800,000~2,000,000
成交价：RMB 2,645,000
长11.5cm；高6.8cm 中贸圣佳 2023-01-01

2281 清早期 "月下助夕吟其中" 款邵其中制
冷金黄扁灯壶
估　价：RMB 100,000~150,000
成交价：RMB 299,000
宽11.2cm 中国嘉德 2022-12-25

2237 清早期 朱泥文旦
估 价：RMB 200,000~250,000
成交价：RMB 310,500
中贸圣佳 2023-01-01

2940 清康熙 陈鸣远为杨中讷制朱泥丁卯壶
估 价：RMB 21,500,000~25,000,000
成交价：RMB 27,600,000
高8.4cm；长15.3cm 西泠印社 2022-08-20

5068 清乾隆 紫泥堆泥山水亭台直流碗灯壶
估 价：RMB 450,000~650,000
成交价：RMB 517,500
宽15.5cm；容量320ml 北京保利 2022-07-28

2323 清康熙 陈砺成 砺成四方束带壶
估 价：RMB 650,000~750,000
成交价：RMB 782,000
长20cm；宽12cm；高8cm
中贸圣佳 2022-07-25

2270 清康熙 段泥洒红浆湘妃竹节壶
估 价：RMB 260,000~300,000
成交价：RMB 299,000
中贸圣佳 2023-01-01

2223 清乾隆 紫泥绿彩山水方壶
估 价：RMB 300,000~400,000
成交价：RMB 345,000
容量300ml 中贸圣佳 2023-01-01

2365 清嘉庆 范述曾 五铢壶
估　价：RMB 500,000~700,000
成交价：RMB 575,000
长15cm；宽6cm；高8cm
中贸圣佳 2022-07-25

2347 清道光 邵大亨 掇只壶
估　价：RMB 350,000~400,000
成交价：RMB 552,000
长16.5cm；高11cm 中贸圣佳 2022-07-25

2282 清道光 万泉 莲子壶
估　价：RMB 260,000~300,000
成交价：RMB 299,000
中贸圣佳 2023-01-01

2281 清道光 杨彭年 山水诗文石瓢壶
估　价：RMB 300,000~400,000
成交价：RMB 402,500
中贸圣佳 2023-01-01

2336 清道光 行有恒堂平盖莲子壶
估　价：RMB 2,600,000~2,800,000
成交价：RMB 7,130,000
长14.5cm；高8.3cm 中贸圣佳 2022-07-25

3041 清中期 陈曼生书杨彭年制 "石萝庵主"
款段泥百衲壶
估　价：RMB 1,800,000~2,000,000
成交价：RMB 2,070,000
宽14cm 中国嘉德 2022-06-28

7136 清中期 瞿子冶制竹翁刻梅生写"罗浮
旧影"梅花图石瓢壶
估　价：RMB 450,000~550,000
成交价：RMB 632,500
容量350ml；宽15cm；高7cm
江苏观宇 2022-11-12

2367 清末 王东石 石钟壶
估　价：RMB 1,000,000~1,200,000
成交价：RMB 1,380,000
长12.6cm；宽11.1cm；高12.1cm 中贸圣佳 2022-07-25

2349 清晚期 何心舟制"日岭山馆"款徐三庚
书铭东坡提梁壶
成交价：RMB 494,500
高16.3cm 中国嘉德 2022-12-25

2361 现代 顾绍培 高风亮节壶
估　价：RMB 300,000~450,000
成交价：RMB 575,000
中贸圣佳 2023-01-01

2364 现代 吕尧臣 玉屏移山壶
估　价：RMB 280,000~300,000
成交价：RMB 414,000
中贸圣佳 2023-01-01

3044 清晚期 黄玉麟制"不远复斋"款紫砂桥
钮匏壶
估　价：RMB 500,000~600,000
成交价：RMB 575,000
宽17.3cm 中国嘉德 2022-06-28

2363 现代 何道洪 盘竹壶
估　价：RMB 450,000~500,000
成交价：RMB 552,000
中贸圣佳 2023-01-01

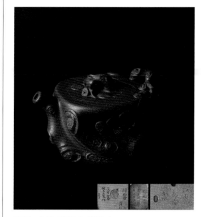

2342 当代 唐彬杰 禅松壶
估　价：RMB 1,200,000~1,500,000
成交价：RMB 2,070,000
中贸圣佳 2023-01-01

2353 当代 高振宇制琮韵壶
估　价：RMB 450,000~500,000
成交价：RMB 632,500
宽14.5cm 中国嘉德 2022-12-25

3042 当代 高振宇制环珠对壶
估　价：RMB 560,000~660,000
成交价：RMB 644,000
宽13.2cm；宽12.1cm 中国嘉德 2022-06-28

2745 当代 唐彬杰制紫泥盘鼓壶
估　价：RMB 550,000~650,000
成交价：RMB 690,000
高9.3cm；长15.6cm 西泠印社 2022-01-22

2787 当代 周洪彬制紫泥大蕴虚扁壶
估　价：RMB 680,000~850,000
成交价：RMB 931,500
高6cm；长13.5cm 西泠印社 2022-01-22

2704 范菊华 葡萄提梁壶
估　价：RMB 380,000
成交价：RMB 667,000
19cm×19.5cm 上海嘉禾 2022-01-01

6904 高旭峰 高虚扁壶
成交价：RMB 517,500
容量330ml 江苏观宇 2022-11-12

6565 顾景舟制四方隐竹壶
估　价：RMB 400,000~500,000
成交价：RMB 747,500
容量480ml 江苏观宇 2022-04-17

6613 壶公冶父款瞿子冶铭双盖石瓢壶 (附顾景舟加盖)
估　价：RMB 3,000,000~3,500,000
成交价：RMB 3,450,000
容量350ml；宽15cm；高7cm 江苏观宇 2022-04-17

2283 黄玉麟 供春壶
估　价：RMB 250,000~350,000
成交价：RMB 575,000
中贸圣佳 2023-01-01

2285 近代 朱可心 鱼化龙壶杯套组
估　价：RMB 600,000~800,000
成交价：RMB 862,500
中贸圣佳 2023-01-01

7184 裴石民制双圈三脚鼎壶
估　价：RMB 300,000~400,000
成交价：RMB 563,500
容量740ml 江苏观宇 2022-11-12

1269 蒋蓉 九头荸荠套壶
估　价：RMB 600,000~800,000
成交价：RMB 977,500
尺寸不一
荣宝斋（南京）2022-12-08

2344 近代 朱可心制芝加哥博览会特优奖款
紫砂巧色三友段竹壶
成交价：RMB 437,000
宽18.3cm 中国嘉德 2022-12-25

6913 唐彬杰 和壶
成交价：RMB 3,105,000
容量150ml 江苏观宇 2022-11-12

6646 唐彬杰制梅花周盘壶
估　价：RMB 280,000~350,000
成交价：RMB 552,000
容量300ml 江苏观宇 2022-04-17

6702 吴震 提梁南瓜壶
成交价：RMB 517,500
容量330ml 江苏观宇 2022-11-12

6921 邹跃君 及盛壶
成交价：RMB 690,000
容量450ml 江苏观宇 2022-11-12

6916 吴界明 瑞月壶
成交价：RMB 747,500
容量260ml 江苏观宇 2022-11-12

6917 吴云峰 洞天一品 律石装饰壶
成交价：RMB 598,000
容量250ml 江苏观宇 2022-11-12

3403 袁野 德钟黑紫砂茶壶
估　价：RMB 300,000~500,000
成交价：RMB 575,000
高8cm；长15cm 北京荣宝 2022-07-24

2250 清康熙 陈鸣远 莲蓬杯
估　价：RMB 1,000,000~1,200,000
成交价：RMB 1,322,500
长6.8cm；高3.8cm 中贸圣佳 2023-01-01

5019 清早期 徐令音款段泥洒红象耳杯
估　价：RMB 35,000~55,000
成交价：RMB 40,250
宽7cm 北京保利 2022-07-28

2222 清康熙 陈砺成 本色堆泥绘贡盘
估　价：RMB 280,000~300,000
成交价：RMB 345,000
长7cm；高3.5cm 中贸圣佳 2023-01-01

2349 清乾隆 天蓝釉紫砂胎莲瓣盘
估　价：RMB 350,000~450,000
成交价：RMB 402,500
中贸圣佳 2022-07-25

6910 律石、听云 一剪梅瓶
成交价：RMB 552,000
高22cm；宽13cm 江苏观宇 2022-11-12

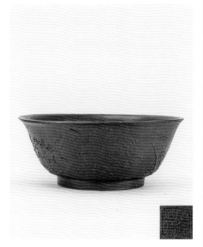

2318 清康熙 陈仙芝 玉兔朝元堆泥绘碗
估　价：RMB 180,000~200,000
成交价：RMB 247,250
中贸圣佳 2022-07-25

318 明 贴塑莲花宜钧釉紫砂梅瓶
估　价：RMB 80,000~120,000
成交价：RMB 161,000
高26.5cm 江苏汇中 2022-08-17

2240 清康熙 陈觐侯 萄葵式龙纹碗
估　价：RMB 280,000~300,000
成交价：RMB 402,500
长20cm；高8.5cm 中贸圣佳 2023-01-01

2795 清早期 宜钧天青釉绘粉彩缠枝莲纹紫
砂胎莲瓣盘
估　价：RMB 480,000~600,000
成交价：RMB 552,000
高4.6cm；直径19.2cm 西泠印社 2022-01-22

7234 清乾隆 本色堆泥绘壁瓶（一对）
估　价：RMB 300,000~350,000
成交价：RMB 345,000
宽8cm×2；15cm×2 江苏观宇 2022-11-12

2354 清中期 紫砂贴塑夔龙双象大吉瓶
估　价：RMB 100,000~120,000
成交价：RMB 126,500
高19.1cm 中贸圣佳 2022-07-25

6632 清晚期 日岭山馆款任伯年刻玉成窑围棋罐
估　价：RMB 120,000~150,000
成交价：RMB 138,000
宽11cm；高6cm 江苏观宇 2022-04-17

2332 明 王世襄旧藏花盆
估　价：RMB 130,000~150,000
成交价：RMB 149,500
直径51.4cm；高34.3cm 中贸圣佳 2022-07-25

2678 明末清初 宜钧蓝灰釉云脚长方形花盆
估　价：RMB 140,000~180,000
成交价：RMB 276,000
高18.4cm；长40.3cm 西泠印社 2022-01-22

7236 清中晚期 胡小山造段泥仿生花盆连托
估　价：RMB 120,000~180,000
成交价：RMB 241,500
宽14cm；高11cm 江苏观宇 2022-11-12

2717 民国 蔡元培赠黄岳渊紫泥竹节花盆
估　价：RMB 55,000~80,000
成交价：RMB 218,500
高16.5cm；直径21cm 西泠印社 2022-01-22

2352 清早期 朱泥鸣远花樽
估　价：RMB 700,000~900,000
成交价：RMB 1,380,000
高13cm；宽9cm 中贸圣佳 2022-07-25

2324 清 陈仲美·陈仲美寿尊
估　价：RMB 300,000~400,000
成交价：RMB 345,000
中贸圣佳 2022-07-25

360 牟家辉2021年作《中国号》紫砂小提琴
估　价：RMB 800,000~2,800,000
成交价：RMB 1,610,000
琴长61.5cm 深圳富诺得 2022-10-05

3992 明 祝公望制蕉叶式古琴
估　价：RMB 220,000~350,000
成交价：RMB 954,500
琴长121.5cm 西泠印社 2022-01-23

漆　器

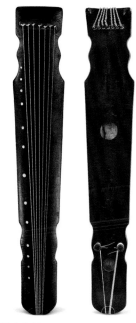

1729 宋至元 凤势式古琴
估　价：RMB 1,800,000~2,200,000
成交价：RMB 2,645,000
琴长119.5cm 中贸圣佳 2022-07-25

4604 清光绪 "山水清音" 仲尼式古琴
估　价：RMB 1,500,000~2,000,000
成交价：RMB 1,725,000
通长130cm 中国嘉德 2022-12-25

4088 清 楠木髹漆接引佛
估 价: RMB 280,000~350,000
成交价: RMB 402,500
高84.6cm 西泠印社 2022-08-21

417 清 剔红开光人物故事图大方瓶连座
估 价: RMB 200,000
成交价: RMB 276,000
高113.2cm 中贸圣佳 2022-07-12

25 宋 黑漆菊瓣盘
估 价: HKD 200,000~300,000
成交价: RMB 310,782
直径17.5cm 香港苏富比 2022-10-08

18 宋 黑漆葵式盘
估 价: HKD 200,000~300,000
成交价: RMB 499,470
直径18.5cm 香港苏富比 2022-10-08

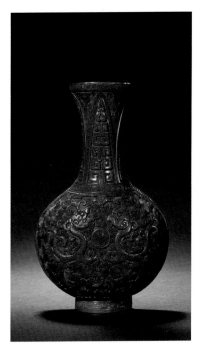

6706 清乾隆 剔红海水螭龙壁瓶
估 价: RMB 300,000~500,000
成交价: RMB 345,000
长18cm 北京保利 2022-07-29

2896 南宋/元 黑漆菱花式盘
估 价: HKD 500,000~800,000
成交价: RMB 540,036
直径18.2cm 佳士得 2022-05-30

3022 宋 朱漆葵瓣盘
估 价: HKD 400,000~600,000
成交价: RMB 405,587
直径17cm 佳士得 2022-11-29

5507 元 剔黑莲花盘
估　价：RMB 300,000~500,000
成交价：RMB 345,000
宽16.8cm 北京保利 2022-07-28

5509 元 黑漆菊瓣式折沿盘
估　价：RMB 1,000,000~1,300,000
成交价：RMB 1,150,000
直径29.8cm；高3cm 北京保利 2022-07-28

839 元 剔红访友图盘
估　价：RMB 400,000~600,000
成交价：RMB 632,500
直径32cm 中贸圣佳 2022-12-31

21 元 剔红穿花双鸟纹盘
估　价：HKD 1,500,000~2,500,000
成交价：RMB 2,441,855
直径.26.3cm 香港苏富比 2022-10-08

2895 元 剔犀如意云纹葵瓣式盘
估　价：HKD 400,000~600,000
成交价：RMB 378,025
长22cm 佳士得 2022-05-30

1516 明宣德 剔红携琴访友图方盘
估　价：RMB 400,000~500,000
成交价：RMB 575,000
边长19.5cm 中贸圣佳 2022-07-25

3633 明嘉靖 剔彩云龙献寿八方盘
估　价：HKD 500,000~700,000
成交价：RMB 540,036
边长17cm 香港苏富比 2022-04-29

2253 明嘉靖 雕填戗金云龙纹碗
估　价：RMB 300,000~400,000
成交价：RMB 575,000
直径25.2cm；高11cm 中贸圣佳 2022-10-27

5506 清乾隆 剔彩双龙捧寿倭角方盘
估　价：RMB 800,000~1,200,000
成交价：RMB 1,380,000
长21cm；宽21cm 北京保利 2022-07-28

5448 明万历 剔红人物高足杯
估　价：RMB 100,000~150,000
成交价：RMB 172,500
直径8.2cm 北京保利 2022-07-28

5510 明 剔犀如意纹盏托
估　价：RMB 800,000~1,200,000
成交价：RMB 920,000
高9.5cm；直径16.5cm 北京保利 2022-07-28

5511 明 剔红"张成造"卷草纹盏托
估　价：RMB 1,400,000~2,000,000
成交价：RMB 1,610,000
高6.3cm；直径16cm 北京保利 2022-07-28

2823 元 剔犀香盒
估　价：RMB 10,000~20,000
成交价：RMB 264,500
直径10cm 中国嘉德 2022-12-27

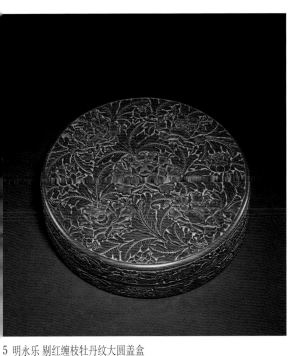

5 明永乐 剔红缠枝牡丹纹大圆盖盒
估　价：HKD 8,000,000~12,000,000
成交价：RMB 6,659,604
直径31.5cm；高9cm 香港苏富比 2022-10-08

5518 明万历 剔黄云龙纹花形四层盖盒
估　价：RMB 3,200,000~4,200,000
成交价：RMB 3,680,000
高14.5cm；宽11.8cm 北京保利 2022-07-28

3037 明 剔红山水人物花卉纹四层盖盒
成交价：RMB 184,000
高13.2cm 中国嘉德 2022-12-26

1755 清乾隆 剔彩"春"字大捧盒
估　价：RMB 500,000~800,000
成交价：RMB 598,000
直径41cm 华艺国际 2022-09-23

1511 清乾隆 剔彩九龙捧盒
估　价：RMB 300,000~400,000
成交价：RMB 517,500
直径28.5cm；高21.7cm 中贸圣佳 2022-07-25

2642 清乾隆 剔红海水龙纹"芬扬翠墨"盒
成交价：RMB 494,500
18cm×13.6cm×10cm 中国嘉德 2022-06-28

1507 清乾隆 剔红葵花宝盒
估　价：RMB 600,000~800,000
成交价：RMB 920,000
直径19.2cm 中贸圣佳 2022-07-25

2899 清乾隆 剔彩春寿桃式宝盒（一对）
估　价：HKD 3,800,000~4,500,000
成交价：RMB 3,564,237
宽45.9cm×2 佳士得 2022-05-30

3185 清乾隆 剔红西番莲蝠纹大捧盒
估　价：RMB 800,000~1,200,000
成交价：RMB 920,000
直径49.2cm 中国嘉德 2022-12-26

1424 清光绪 金漆木雕戏曲人物纹馔盒
估　价：RMB 150,000~180,000
成交价：RMB 172,500
15cm×19.5cm×46cm 广东崇正 2022-12-25

1853 清 剔红锦地龙凤纹长方盒
估　价：RMB 300,000~400,000
成交价：RMB 402,500
长40.8cm；高15.5cm；宽31.5cm
中贸圣佳 2023-01-01

1214 清 竹编加漆大吉葫芦式三层盒
估　价：RMB 400,000~500,000
成交价：RMB 460,000
高64cm 保利厦门 2022-10-22

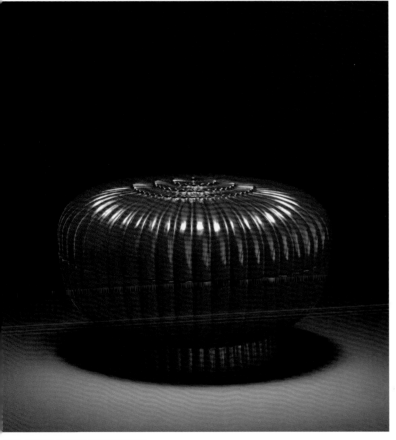

1216 清 脱胎朱漆御题诗菊瓣形盖盒
估　价：RMB 850,000~1,600,000
成交价：RMB 1,483,500
直径15cm 北京银座 2022-09-17

1827 元 黑漆彩绘观音像门板
估　价：RMB 250,000~300,000
成交价：RMB 483,000
80cm×30cm 中贸圣佳 2023-01-01

1854 明早期 红漆戗金鸾凤纹元宝箱
估　价：RMB 800,000~1,200,000
成交价：RMB 1,437,500
83.5cm×51.6cm×60.6cm 中贸圣佳 2023-01-01

1143 清乾隆 老子出关图匏器
估　价：RMB 180,000~300,000
成交价：RMB 207,000
高26.5cm；长15.5cm 广东崇正 2022-12-25

匏　器

1513 清中早期 剔红海水龙纹经匣
估　价：RMB 600,000~800,000
成交价：RMB 851,000
35cm×15cm×13cm 中贸圣佳 2022-07-25

3021 明永乐 朱漆戗金如意宝珠吉祥纹经文
挟板
估　价：HKD 200,000~300,000
成交价：RMB 347,646
长72.8cm 佳士得 2022-11-29

3024 清康熙 匏制团寿龙凤纹碗
估　价：HKD 500,000~800,000
成交价：RMB 579,411
直径11.5cm 佳士得 2022-11-29

949 清乾隆"乾隆赏玩"款匏制西番莲纹高足碗
估　价：RMB 500,000~600,000
成交价：RMB 862,500
高12.2cm 中贸圣佳 2022-07-26

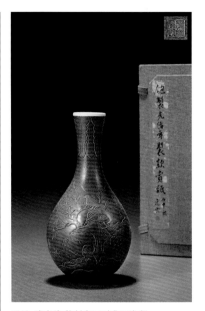

4189 清光绪 匏制安居乐业图赏瓶
估　价：RMB 18,000~30,000
成交价：RMB 20,700
高19.5cm 西泠印社 2022-08-21

485 晚清 一只老葫芦及紫檀莲花托
估　价：RMB 20,000
成交价：RMB 55,200
葫芦45cm×9cm 中贸圣佳 2022-07-13

483 清道光 官模八不正素瓶
估　价：RMB 20,000
成交价：RMB 34,500
23cm×9cm 中贸圣佳 2022-07-13

482 清道光 官模喜字图蝈蝈葫芦
估　价：RMB 20,000
成交价：RMB 48,300
10cm×8cm 中贸圣佳 2022-07-13

3995 清 "三河刘"鸣虫葫芦罐
估　价：RMB 80,000~120,000
成交价：RMB 92,000
高12cm；直径6.9cm 西泠印社 2022-01-23

织 绣

478 民国 鹿角䤹绿本长蛐蛐葫芦
成交价：RMB 63,250
10cm×5cm 中贸圣佳 2022-07-13

2909 明万历 缂丝凤鸣高冈图屏
估　价：HKD 200,000~300,000
成交价：RMB 216,014
56cm×83.5cm 佳士得 2022-05-30

2157 17世纪 织金锦无量寿佛曼荼罗
估　价：RMB 400,000~600,000
成交价：RMB 701,500
92cm×88.5cm 中贸圣佳 2022-10-27

2649 明 顾绣群仙祝寿图轴
估　价：RMB 700,000~900,000
成交价：RMB 897,000
166cm×88cm 中贸圣佳 2022-07-27

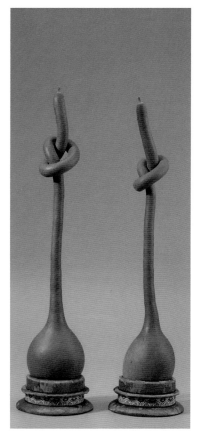

484 民国 绾结葫芦（一对）
估　价：RMB 20,000
成交价：RMB 57,500
46cm×9cm×2 中贸圣佳 2022-07-13

4154 明 刺绣董其昌行书诗文对联
估　价：RMB 120,000~250,000
成交价：RMB 333,500
122cm×28.5cm×2 西泠印社 2022-08-21

4184 明 盘金绣观音像
估　价：RMB 80,000~150,000
成交价：RMB 184,000
114cm×65cm 西泠印社 2022-01-23

5676 明 缂丝八仙祝寿图
估　价：RMB 800,000~1,200,000
成交价：RMB 920,000
137cm×82cm 北京保利 2022-07-28

3660 18世纪 缂丝彩绘松鹿图挂轴
估　价：HKD 250,000~350,000
成交价：RMB 284,886
160cm×80.5cm 香港苏富比 2022-10-09

2652 清乾隆 刺绣麻姑献寿图轴
估　价：RMB 600,000~700,000
成交价：RMB 782,000
177cm×88cm 中贸圣佳 2022-07-27

6758 清乾隆 缂丝福禄寿三星图
估　价：RMB 350,000~550,000
成交价：RMB 402,500
北京保利 2022-07-29

2660 清乾隆 缂丝群仙祝寿
估　价：RMB 280,000~350,000
成交价：RMB 402,500
208cm×96cm 中贸圣佳 2022-07-27

2650 清乾隆 御制缂丝西湖行宫图
估　价：RMB 350,000~450,000
成交价：RMB 494,500
100cm×61cm 中贸圣佳 2022-07-27

2662 清乾隆 缂丝五子折桂图
估　价：RMB 400,000~500,000
成交价：RMB 517,500
208cm×96cm 中贸圣佳 2022-07-27

1211 清乾隆 御制缂丝南海观音纳寿图长卷
估　价：RMB 3,000,000~4,000,000
成交价：RMB 3,967,500
32cm×260cm 永乐拍卖 2022-07-24

1735 清嘉庆 缂丝王杰款仕女册页 (六帧)
估　价：RMB 250,000~350,000
成交价：RMB 379,500
41cm×30cm×6 中贸圣佳 2023-01-01

2664 民国 天香阁款刺绣
估　价：RMB 10,000~20,000
成交价：RMB 63,250
45cm×29.6cm 中贸圣佳 2022-07-27

392 佚名 御制三星图镜心
估　价：HKD 200,000~400,000
成交价：RMB 389,880
217cm×81cm 保利香港 2022-07-12

1709 明中期 金地缂丝白鹇纹官补
估　价：RMB 200,000~300,000
成交价：RMB 287,500
30cm×38cm 中贸圣佳 2023-01-01

848 刺绣麒麟方补
估　价：USD 10,000~15,000
成交价：RMB 440,496
40cm×39cm 纽约佳士得 2022-09-23

852 金地绣武一品麒麟方补 (一对)
估　价：USD 30,000~50,000
成交价：RMB 1,013,141
29.3cm×30.6cm×2 纽约佳士得 2022-09-23

849 金地绣武三品豹子方补
估　价：USD 12,000~18,000
成交价：RMB 528,595
边长30.5cm 纽约佳士得 2022-09-23

1167 18世纪/19世纪 彩绣三品文官孔雀纹补子 (一对)
估　价：USD 12,000~18,000
成交价：RMB 128,498
31.7cm×31.7cm×2 纽约佳士得 2022-03-25

1154 17世纪 蓝丝彩绣二品夫人锦鸡补子
估　价：USD 15,000~25,000
成交价：RMB 385,493
边长32.8cm 纽约佳士得 2022-03-25

855 缂丝文一品白鹤方补
估　价：USD 12,000~18,000
成交价：RMB 123,339
26.2cm×27.2cm 纽约佳士得 2022-09-23

1155 17世纪 金地彩绣三品淑人孔雀补子
(一对)
估　价：USD 10,000~15,000
成交价：RMB 240,933
27.9cm×30.8cm×2 纽约佳士得 2022-03-25

1156 清康熙 金地彩绣一品文官仙鹤补子
估　价：USD 30,000~50,000
成交价：RMB 522,022
35.5cm×34.9cm 纽约佳士得 2022-03-25

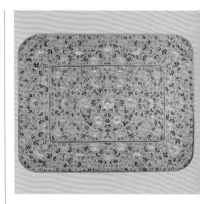

2670 清乾隆 黄地刺绣缠枝莲纹宝座垫
估　价：RMB 200,000~250,000
成交价：RMB 276,000
110cm×145cm 中贸圣佳 2022-07-27

1725 清乾隆 黄缎绣折枝花卉纹坐褥
估　价：RMB 100,000~120,000
成交价：RMB 138,000
101.5cm×129.5cm 中贸圣佳 2023-01-01

1160 18世纪/19世纪 彩绣四品文官云雁补子 (一对)
估　价：USD 8,000~12,000
成交价：RMB 72,280
29.9cm×30.5cm×2 纽约佳士得 2022-03-25

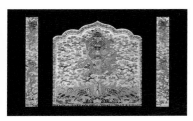

2675 清乾隆 御制皇宫大宝座靠垫
估　价：RMB 300,000~400,000
成交价：RMB 414,000
57cm×63cm；60cm×9cm×2
中贸圣佳 2022-07-27

1166 清道光 蓝地缎绣七品文官鸂鶒纹补子 (一对)
估　价：USD 4,000~6,000
成交价：RMB 30,518
30.2cm×31.8cm×2 纽约佳士得 2022-03-25

1157 清雍正 彩绣五品宜人白鹇补子
估　价：USD 8,000~12,000
成交价：RMB 112,436
22cm×24.2cm 纽约佳士得 2022-03-25

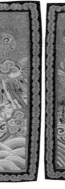

1158 清乾隆 金地缂丝一品文官仙鹤补子 (一对)
估　价：USD 15,000~25,000
成交价：RMB 305,182
27.6cm×30.5cm×2 纽约佳士得 2022-03-25

1165 清乾隆 蓝地缎绣獬豸纹补子
估　价：USD 6,000~8,000
成交价：RMB 192,747
24cm×24.8cm 纽约佳士得 2022-03-25

1153 17世纪 金地彩绣三品武官虎纹补子
估　价：USD 20,000~30,000
成交价：RMB 192,747
32.3cm×36.2cm 纽约佳士得 2022-03-25

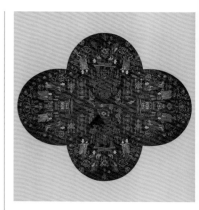

2687 明 红地织锦灯笼仕女纹云肩
估　价：RMB 180,000~200,000
成交价：RMB 207,000
105cm×130cm 中贸圣佳 2022-07-27

1161 18世纪 金地彩绣游龙戏珠圆补
估　价：USD 5,000~7,000
成交价：RMB 30,518
直径24.6cm 纽约佳士得 2022-03-25

2674 清 大红哆罗呢金线绣双狮龙纹桌围、
椅披一套
估　价：RMB 100,000~120,000
成交价：RMB 230,000
160cm×39cm×2；77cm×87cm
中贸圣佳 2022-07-27

2252 清康熙 加金云锦"陀罗尼经被"
估　价：RMB 28,000,000~35,000,000
成交价：RMB 52,900,000
234cm×140cm 中鸿信 2022-09-11

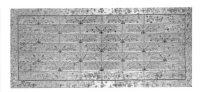

1721 清乾隆 明黄地刺绣五彩云龙纹袈裟
估　价：RMB 200,000~300,000
成交价：RMB 690,000
98cm×225cm 中贸圣佳 2023-01-01

1058 清雍正 御制石青缎绣织金团龙纹仪仗钉甲（一副十件）
估　价：RMB 1,500,000~1,800,000
成交价：RMB 2,070,000
尺寸不一 永乐拍卖 2022-07-24

2682 清嘉庆 蓝地刺绣吉服龙袍
估　价：RMB 200,000~250,000
成交价：RMB 230,000
袖长218cm；衣长140cm
中贸圣佳 2022-07-27

2164 清中期 明黄地刺绣章纹龙袍
估　价：RMB 550,000~650,000
成交价·RMB 724,500
袖长190cm；衣长150cm
中贸圣佳 2022-10-27

2686 清乾隆 缂丝龙袍
估　价：RMB 400,000~450,000
成交价：RMB 517,500
袖长206cm；衣长144cm 中贸圣佳 2022-07-27

2167 清晚期 刺绣蓝地十二章纹御用朝服
估　价：RMB 300,000~400,000
成交价：RMB 345,000
衣长110cm 中贸圣佳 2022-10-27

4111 清 黄地云龙纹龙袍
估 价：RMB 260,000~350,000
成交价：RMB 299,000
衣长138cm；袖长194cm
西泠印社 2022-08-21

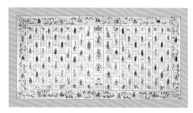

2698 清 袈裟
估 价：RMB 300,000~350,000
成交价：RMB 391,000
124cm×266cm 中贸圣佳 2022-07-27

1209 晚清 丝织金属线如意菱纹地毯
估 价：USD 15,000~25,000
成交价：RMB 120,467
247.7cm×153.7cm 纽约佳士得 2022-03-25

493 清 黄地宝莲八角填花天华锦
估 价：RMB 10,000~20,000
成交价：RMB 115,000
75cm×70cm 西泠印社 2022-01-21

2137 清 明黄地八达晕宋锦匹料
估 价：RMB 100,000~150,000
成交价：RMB 115,000
71cm×1470cm 中贸圣佳 2022-10-27

2173 明晚期 缂丝双龙挂帐
估 价：RMB 500,000~600,000
成交价：RMB 575,000
163cm×130cm 中贸圣佳 2022-10-27

2677 清康熙 红地百鸟朝凤帷帐
估 价：RMB 250,000~350,000
成交价：RMB 322,000
222cm×265cm 中贸圣佳 2022-07-27

2174 清康熙 明黄地织金妆花锦四龙纹天蓬
估 价：RMB 600,000~800,000
成交价：RMB 747,500
219cm×269cm 中贸圣佳 2022-10-27

2673 清中期 红地博古暗八仙帷帐
估　价：RMB 450,000~550,000
成交价：RMB 552,000
100cm×413cm 中贸圣佳 2022-07-27

4344 明 蜻蜓眼手串
估　价：RMB 28,000~35,000
成交价：RMB 32,200
直径1.1—1.8cm 西泠印社 2022-01-23

2154 清中期 石青地刺绣瑶池集庆挂帐
估　价：RMB 200,000~300,000
成交价：RMB 356,500
110cm×283cm 中贸圣佳 2022-10-27

玻璃器

1170 18世纪 红地织锦缎龙纹图屏
估　价：USD 12,000~18,000
成交价：RMB 562,178
长190.5cm 纽约佳士得 2022-03-25

3032 清雍正 黄料饕餮纹奶茶碗
估　价：HKD 1,000,000~1,500,000
成交价：RMB 3,012,937
直径12.8cm 佳士得 2022-11-29

1212 清乾隆 豆青绿玻璃摇铃尊
估　价：USD 50,000~70,000
成交价：RMB 762,956
高20.7cm 纽约佳士得 2022-03-25

2824 清乾隆 料胎珐琅彩四季花鸟岁岁平安图石榴尊
估　价：HKD 700,000~1,000,000
成交价：RMB 1,188,079
高8cm 佳士得 2022-05-30

3163 清乾隆 娇黄料如意头底座
成交价：RMB 41,240
高2.5cm 保利香港 2022-10-10

1210 清乾隆 涅白地套蓝玻璃花卉纹三足炉
估　价：USD 15,000~25,000
成交价：RMB 481,867
直径10.2cm 纽约佳士得 2022-03-25

1211 清乾隆 白地套蓝橘玻璃花卉纹瓶
估　价：USD 18,000~25,000
成交价：RMB 305,182
高8.7cm 纽约佳士得 2022-03-25

1215 清乾隆 蓝玻璃长颈瓶四字楷书刻款
估　价：USD 8,000~12,000
成交价：RMB 104,404
高33.7cm 纽约佳士得 2022-03-25

2670 清乾隆 葡萄紫料海棠形花盆
成交价：RMB 74,750
长20cm 中国嘉德 2022-06-28

1266 清 琉璃三足杯
估　价：RMB 80,000~100,000
成交价：RMB 322,000
5.2cm×4.4cm 荣宝斋 (南京) 2022-12-08

金银器

3122 唐 鎏银狩猎图高足杯
估　价：HKD 300,000~350,000
成交价：RMB 430,920
高4.4cm；直径7.1cm；重82g
保利香港 2022-07-14

3162 北宋 银局部鎏金浮雕双凤纹八方盘
估　价：HKD 100,000~150,000
成交价：RMB 430,920
直径34cm；重1300g 保利香港 2022-07-14

4935 宋代 卷草花卉纹金盆
估　价：NTD 600,000
成交价：RMB 469,269
宽22cm；高2.5cm 台北艺珍 2022-12-04

3158 唐 银鎏金摩羯纹匜
估　价：HKD 280,000~350,000
成交价：RMB 974,700
宽32.6cm 保利香港 2022-07-14

753 唐 银局部鎏金双鸭纹碗
估　价：USD 80,000~120,000
成交价：RMB 562,178
直径20.4cm 纽约佳士得 2022-03-25

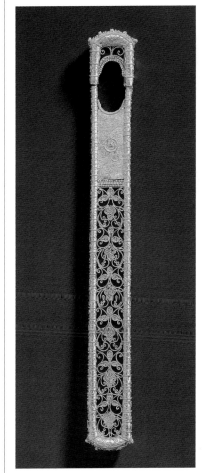

1697 唐 银鎏金团花鸳鸯盖盒
估　价：HKD 150,000~200,000
成交价：RMB 474,565
直径15.1cm 中国嘉德 2022-10-08

3149 宋 银凤纹杯及杯托
估　价：HKD 50,000~80,000
成交价：RMB 328,320
整体高7cm；重300g 保利香港 2022-07-14

771 宋/明 金嵌玻璃花卉纹发簪
估　价：USD 8,000~12,000
成交价：RMB 176,685
长13.5cm 纽约佳士得 2022-03-25

3127 元 银仿剔犀香盒
估　价：HKD 450,000~600,000
成交价：RMB 488,376
直径7cm 保利香港 2022-10-10

1713 明万历 孙克弘制嵌玉错银丝匜
估　价：RMB 1,200,000~1,500,000
成交价：RMB 2,300,000
13.5cm×7.9cm×6.9cm 中贸圣佳 2022-07-25

836 宋/元 银桃式杯
估　价：USD 20,000~30,000
成交价：RMB 211,438
宽9.2cm；重70.3g 纽约佳士得 2022-09-23

1357 明 金锤鍱双狮花草纹盖盒
估　价：RMB 280,000~400,000
成交价：RMB 414,000
5.7cm×5.7cm×2.7cm 中贸圣佳 2022-07-25

5402 明 金弦纹高足杯
估　价：RMB 500,000~700,000
成交价：RMB 575,000
高7cm；直径6cm；重150g
北京保利 2022-07-28

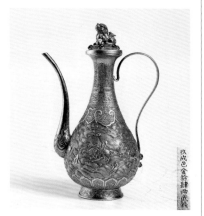

2265 明中期 金錾刻海八怪狮钮执壶
估　价：RMB 800,000~1,200,000
成交价：RMB 943,000
高24cm；重量约530g 中鸿信 2022-09-11

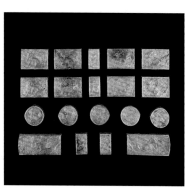

3110 明 金锤鍱麒麟带板 (一套十九件)
估　价：HKD 800,000~1,200,000
成交价：RMB 976,752
尺寸不一 保利香港 2022-10-10

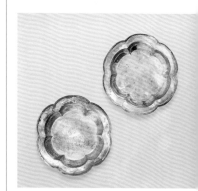

5245 明 银制花口折沿盘 (一对)
估　价：RMB 150,000~200,000
成交价：RMB 172,500
宽12cm×2 北京保利 2022-07-28

1193 明 卷草纹金杯
估　价：RMB 80,000~120,000
成交价：RMB 207,000
10cm×10cm 荣宝斋（南京）2022-12-08

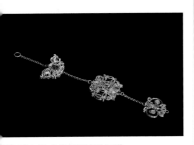

302 清中期 金嵌宝福寿纹压襟
估　价：RMB 60,000
成交价：RMB 69,000
长27cm；宽5.5cm；重283g
浙江佳宝 2022-03-13

1057 清同治五年 银鎏金崇兴寺二龙戏珠纹四足盖鼎
估　价：RMB 3,200,000~3,600,000
成交价：RMB 4,600,000
宽58.4cm 永乐拍卖 2022-07-24

6751 清早期 银质錾刻龙纹八吉祥盖盒
估　价：RMB 400,000~600,000
成交价：RMB 2,012,500
直径16.8cm 北京保利 2022-07-29

1624 清雍正/乾隆 金铸开光式折枝花卉纹盖壶
估　价：RMB 6,000,000~8,000,000
成交价：RMB 9,775,000
高12.5cm 保利厦门 2022-10-22

1613 清光绪 金嵌宝石凤衔牡丹累丝盆景
估 价：RMB 1,000,000~1,500,000
成交价：RMB 1,322,500
高32cm 华艺国际 2022-09-23

2585 清 瓜瓞连绵金镯（一对）
估 价：RMB 80,000~120,000
成交价：RMB 172,500
内径6.6cm×2 中国嘉德 2022-06-27

珐琅器

2858 明早期 掐丝珐琅缠枝花卉纹宫碗
估 价：RMB 10,000~20,000
成交价：RMB 310,500
直径22.7cm 中国嘉德 2022-12-27

1610 19世纪 霰型提梁金壶
估 价：RMB 300,000~350,000
成交价：RMB 414,000
宽15.5cm；重量749.85g 永乐拍卖 2022-07-25

763 南宋 银人物故事图魁星八方盘
估 价：USD 10,000~15,000
成交价：RMB 88,342
宽17.7cm 纽约佳士得 2022-03-25

933 明成化 掐丝珐琅缠枝莲纹朝冠耳炉
估 价：RMB 680,000~880,000
成交价：RMB 828,000
口径13.5cm；高18.3cm 中贸圣佳 2022-07-26

2613 明万历 掐丝珐琅开光花卉灵芝纹圆盒
成交价：RMB 540,500
直径13cm 中国嘉德 2022-06-28

2868 元 掐丝珐琅岁寒三友纹杏叶执壶
估　价：RMB 10,000~20,000
成交价：RMB 2,242,500
高30.5cm 中国嘉德 2022-12-27

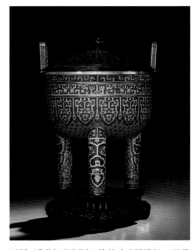

1022 17世纪/18世纪 掐丝珐琅饕餮纹三足鼎
式炉
估　价：USD 30,000~50,000
成交价：RMB 481,867
高42.5cm 纽约佳士得 2022-03-25

611 明 御制铜胎掐丝珐琅缠枝莲纹螭龙耳铺首大凤尾尊
估　价：RMB 4,800,000~6,800,000
成交价：RMB 6,095,000
高105cm 华艺国际 2022-07-29

3061 16世纪/17世纪 掐丝珐琅夔龙纹镜
估　价：HKD 300,000~500,000
成交价：RMB 347,646
直径34.7cm 佳士得 2022-11-29

243 明晚期 铜胎掐丝珐琅番莲纹壶
估　价：HKD 600,000~800,000
成交价：RMB 662,184
高60cm 华艺国际 2022-11-27

813 掐丝珐琅 "柏鹿永寿" "松鹤长春" 图屏
估　价：USD 150,000~250,000
成交价：RMB 7,488,432
137.8cm×71.4cm×2 纽约佳士得 2022-09-23

2853 清康熙 掐丝珐琅饕餮纹方鼎
估　价：RMB 10,000~20,000
成交价：RMB 575,000
高34.3cm 中国嘉德 2022-12-27

819 掐丝珐琅饕餮纹仿古卣
估　价：USD 30,000~50,000
成交价：RMB 281,917
高31.2cm 纽约佳士得 2022-09-23

2338 清乾隆 珐琅嵌玉花觚形花插
估　价：RMB 200,000~300,000
成交价：RMB 322,000
高22cm 中贸圣佳 2022-10-27

1487 清乾隆 珐琅错金玉柄饕餮纹餐刀
估 价：RMB 150,000~250,000
成交价：RMB 345,000
长29cm；重225.5g 中国嘉德 2022-06-26

2880 清乾隆 鎏金铜掐丝珐琅如意式灯挂
估 价：HKD 300,000~400,000
成交价：RMB 432,028
直径26cm 佳士得 2022-05-30

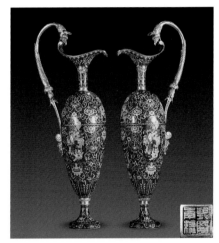

37 清乾隆 景泰蓝花浇
估 价：RMB 800,000
成交价：RMB 990,000
高63cm 浙江御承 2022-12-17

2264 清乾隆 关公像
估 价：RMB 100,000~150,000
成交价：RMB 115,000
高16.3cm 中贸圣佳 2022-10-27

192 清乾隆 景泰蓝锦鸡（一对）
估 价：RMB 800,000
成交价：RMB 2,300,000
59cm×16cm×34cm×2 浙江御承 2022-08-28

3057 清乾隆 掐丝珐琅八方亭式兽吞足盖炉
估　价：HKD 2,500,000~3,500,000
成交价：RMB 2,549,408
高72cm 佳士得 2022-11-29

3059 清乾隆 掐丝珐琅百寿纹双耳长颈瓶
估　价：HKD 800,000~1,200,000
成交价：RMB 695,293
高28.5cm 佳士得 2022-11-29

2609 清乾隆 掐丝珐琅缠枝莲纹奔巴壶
成交价：RMB 517,500
高20cm 中国嘉德 2022-06-28

934 清乾隆 掐丝珐琅缠枝花卉纹五供
估　价：RMB 600,000~800,000
成交价：RMB 1,115,500
花觚高38.5cm；蜡扦高45.8cm；炉高44.5cm
中贸圣佳 2022-07-26

3055 清乾隆 掐丝珐琅螭龙兽面纹小壶
估　价：HKD 200,000~300,000
成交价：RMB 324,470
高9cm 佳士得 2022-11-29

931 清乾隆 掐丝珐琅凤首挂架配白玉刻龙纹宫灯一对
估　价：RMB 800,000~1,200,000
成交价：RMB 1,265,000
挂架长32.5cm×2；灯直径11.9cm×2 中贸圣佳 2022-07-26

2867 清乾隆 掐丝珐琅缠枝莲纹太平有象炉
估　价：RMB 10,000~20,000
成交价：RMB 655,500
高43.5cm 中国嘉德 2022-12-27

2602 清乾隆 掐丝珐琅花钱
成交价：RMB 402,500
直径15.9cm 中国嘉德 2022-06-28

3806 清乾隆 掐丝珐琅夔龙缠枝莲纹双耳三足鼎式炉
估　价：HKD 15,000,000~20,000,000
成交价：RMB 13,471,038
高123cm 香港苏富比 2022-10-09

2864 清乾隆 掐丝珐琅狮子瓶
估　价：RMB 10,000~20,000
成交价：RMB 483,000
高22.5cm 中国嘉德 2022-12-27

3063 清乾隆 掐丝珐琅兽面纹甗式三足盖炉
估　价：HKD 500,000~800,000
成交价：RMB 984,998
高23.5cm 佳士得 2022-11-29

5425 清乾隆 掐丝珐琅英雄独立合卺杯
估　价：RMB 1,500,000~2,500,000
成交价：RMB 2,300,000
高8.6cm 北京保利 2022-07-28

3014 清乾隆 掐丝珐琅仙鹤熏炉
成交价：RMB 1,840,000
高45cm（含座）中国嘉德 2022-12-26

3187 清乾隆 掐丝珐琅御制诗花插
估　价：RMB 1,200,000~2,200,000
成交价：RMB 1,955,000
高16.8cm 中国嘉德 2022-12-26

2872 清乾隆 掐丝珐琅錾花缠枝莲纹烛台
（一对）
估　价：RMB 350,000~450,000
成交价：RMB 805,000
高32cm×2 中国嘉德 2022-06-27

1024 清乾隆 掐丝及錾胎珐琅"万寿无疆"碗
估　价：USD 25,000~35,000
成交价：RMB 602,334
直径15.4cm 纽约佳士得 2022-03-25

1543 清乾隆 铜胎画珐琅黄地开光花鸟纹渣斗
估　价：RMB 100,000~200,000
成交价：RMB 299,000
高7.5cm；直径11cm 保利厦门 2022-10-22

3032 清乾隆 铜胎掐丝珐琅"六合同春"鹿鹤鱼藻纹大缸
估　价：HKD 1,000,000~1,500,000
成交价：RMB 1,026,000
高26cm；直径62cm 保利香港 2022-07-14

53 清乾隆 铜胎画珐琅花盆德化白釉雕梅花摆件（一对）
估　价：RMB 30,000
成交价：RMB 69,000
高26.cm；高26.5cm 中贸圣佳 2022-08-13

399 清乾隆 铜胎珐琅仙灵祝寿纹如意
估　价：RMB 300,000
成交价：RMB 368,000
长42cm；重量790g 浙江佳宝 2022-03-13

21 清乾隆 铜胎掐丝珐琅鹤摆件（一对）
估　价：RMB 1,200,000
成交价：RMB 1,430,000
高52cm×2 浙江御承 2022-12-17

24 清乾隆 铜胎掐丝珐琅鸟笼
估　价：RMB 800,000
成交价：RMB 935,000
直径28cm；高51cm 浙江御承 2022-12-17

1135 清乾隆 铜胎掐丝珐琅仙鹤 (一对)
估　价：RMB 1,200,000~2,200,000
成交价：RMB 1,380,000
高218cm×2 保利厦门 2022-10-22

3121 清乾隆 铜胎掐丝珐琅云龙寿字纹八仙扁瓶
估　价：HKD 1,200,000~1,500,000
成交价：RMB 1,302,336
高31.2cm 保利香港 2022-10-10

609 清乾隆 铜胎掐丝珐琅麒麟送子摆件 (一对)
估　价：RMB 1,300,000~1,800,000
成交价：RMB 1,495,000
高33.5cm×2 华艺国际 2022-07-29

708 清乾隆 铜胎掐丝珐琅狮形摆件 (一对)
估　价：RMB 400,000~600,000
成交价：RMB 632,500
高47cm×2 保利厦门 2022-10-22

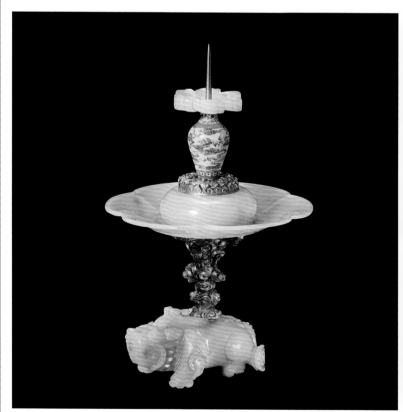

3503 清乾隆 御制白玉嵌北京铜胎珐琅烛台
估　价：HKD 1,000,000~1,500,000
成交价：RMB 9,093,742
高23cm 香港苏富比 2022-10-09

1623 清乾隆 御制铜胎画珐琅皮球花花式盖盒
估 价：RMB 300,000~500,000
成交价：RMB 552,000
直径5cm；高2cm 保利厦门 2022-10-22

5426 清乾隆 御制铜胎掐丝珐琅缠枝莲纹羽
觞杯
估 价：RMB 500,000~800,000
成交价：RMB 667,000
长22.6cm 北京保利 2022-07-28

608 清乾隆 御制铜胎掐丝珐琅牺尊
估 价：RMB 1,000,000~1,500,000
成交价：RMB 1,552,500
长22.5cm；高16.5cm 华艺国际 2022-07-29

2625 清乾隆 錾胎填珐琅嵌玉八宝（两件）
成交价：RMB 253,000
高39.2cm；高37.2cm 中国嘉德 2022-06-28

707 清晚期 掐丝珐琅荷花盆景
估 价：RMB 600,000~800,000
成交价：RMB 690,000
高82cm 保利厦门 2022-10-22

826 清 银鎏金镶茄楠金珠寿字镯（一对）
估 价：RMB 300,000~400,000
成交价：RMB 460,000
直径7.8cm×2 中贸圣佳 2022-12-31

鼻烟壶

2072 乾隆 白玉鼻烟壶
估　价：RMB 80,000~120,000
成交价：RMB 552,000
高7cm 上海嘉禾 2022-01-01

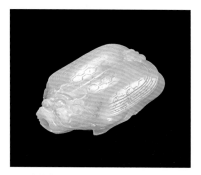

637 清乾隆 白玉龙龟形烟壶
估　价：RMB 120,000
成交价：RMB 253,000
长6.22cm；宽4cm；高1.65cm
浙江佳宝 2022-03-13

1852 清乾隆 白玉四方倭角鼻烟壶
估　价：RMB 200,000~300,000
成交价：RMB 322,000
高6.5cm 永乐拍卖 2022-07-24

1323 清乾隆 翡翠博古纹鼻烟壶
估　价：RMB 100,000~150,000
成交价：RMB 230,000
高5.5cm 广东崇正 2022-12-25

1860 清乾隆 青玉御题诗菊纹鼻烟壶
估　价：RMB 500,000~700,000
成交价：RMB 575,000
高8.1cm 永乐拍卖 2022-07-24

1851 清乾隆 御制玛瑙雕云龙纹鼻烟壶
估　价：RMB 600,000~800,000
成交价：RMB 713,000
高6.5cm 永乐拍卖 2022-07-24

582 清乾隆 御制白玉痕都斯坦式花纹鼻烟壶
估 价：HKD 250,000~350,000
成交价：RMB 440,161
高5.1cm 香港苏富比 2022-11-25

1824 清乾隆 御制青金石梅花诗文鼻烟壶
估 价：RMB 200,000~300,000
成交价：RMB 322,000
高6.3cm 永乐拍卖 2022-07-24

1316 清道光 行有恒堂玛瑙素烟壶
估 价：RMB 220,000~300,000
成交价：RMB 253,000
高6.5cm 广东崇正 2022-12-25

580 清乾隆 御制碧玉痕都斯坦式题诗花卉纹
鼻烟壶
估 价：HKD 350,000~450,000
成交价：RMB 405,411
高5.8cm 香港苏富比 2022-11-25

1847 清 白玉雕四灵图鼻烟壶
估 价：RMB 800,000~1,000,000
成交价：RMB 1,127,000
高7.7cm 永乐拍卖 2022-07-24

533 清 黄玉童子烟壶
成交价：RMB 241,500
高6cm 中贸圣佳 2022-08-14

1601 清乾隆 珐琅彩云龙纹鼻烟壶
估　价：RMB 10,000~20,000
成交价：RMB 253,000
高7.5cm 保利厦门 2022-10-22

1815 清乾隆 青花釉里红龙纹梅瓶
估　价：RMB 140,000~180,000
成交价：RMB 161,000
高8.5cm 永乐拍卖 2022-07-24

2351 清乾隆 瓷画珐琅人物鼻烟壶
估　价：RMB 230,000
成交价：RMB 264,500
高7cm 上海嘉禾 2022-01-01

1841 清乾隆 粉彩三公图鼻烟壶
估　价：RMB 150,000~200,000
成交价：RMB 230,000
高6.2cm 永乐拍卖 2022-07-24

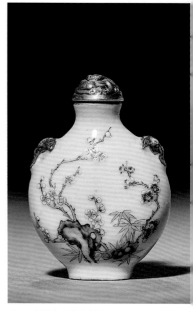

1854 清乾隆 唐英制粉彩花卉诗文鼻烟壶
估　价：RMB 300,000~500,000
成交价：RMB 345,000
高6.1cm 永乐拍卖 2022-07-24

3096 清乾隆 粉彩御题诗花卉鼻烟壶
估　价：HKD 150,000~200,000
成交价：RMB 162,792
高6cm 保利香港 2022-10-10

576 清乾隆 御制红琉璃"螭龙"鼻烟壶
估　价：HKD 150,000~250,000
成交价：RMB 173,748
高6.8cm 香港苏富比 2022-11-25

575 清乾隆 御制黄料螭龙纹鼻烟壶
估　价：HKD 300,000~400,000
成交价：RMB 324,329
高6cm 香港苏富比 2022-11-25

1848 清乾隆 御制涅白地套蓝茶花蝴蝶图鼻
烟壶
估　价：RMB 300,000~400,000
成交价：RMB 368,000
高6cm 永乐拍卖 2022-07-24

1859 清康熙 千花玻璃背壶式鼻烟壶
估　价：RMB 600,000~800,000
成交价：RMB 690,000
高4.7cm 永乐拍卖 2022-07-24

1835 18世纪 蓝金星玻璃鼻烟壶
估　价：RMB 200,000~300,000
成交价：RMB 253,000
高5.1cm 永乐拍卖 2022-07-24

1842 清 清宫御制红玻璃鼻烟壶（八只）
估　价：RMB 800,000~1,000,000
成交价：RMB 1,322,500
尺寸不一 永乐拍卖 2022-07-24

1821 清 清宫造办处红玻璃鼻烟壶（十七只）
估　价：RMB 300,000~400,000
成交价：RMB 552,000
尺寸不一 永乐拍卖 2022-07-24

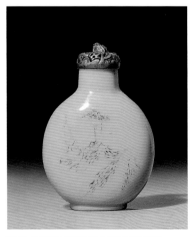

1849 清 周鸿来微雕诗文黄玻璃鼻烟壶
估　价：RMB 200,000~250,000
成交价：RMB 253,000
高6.9cm 永乐拍卖 2022-07-24

1853 清雍正 铜胎画珐琅黄地包袱龙纹鼻烟壶
估　价：RMB 80,000~120,000
成交价：RMB 103,500
高8cm 永乐拍卖 2022-07-24

1965 雍正 黄底铜胎珐琅彩鼻烟壶
估　价：RMB 60,000~120,000
成交价：RMB 218,500
高8cm 上海嘉禾 2022-01-01

1833 清乾隆 沉香高士图鼻烟壶
估　价：RMB 150,000~180,000
成交价：RMB 230,000
高6.7cm 永乐拍卖 2022-07-24

1844 清乾隆 掐丝珐琅双龙捧寿鼻烟壶
估　价：RMB 80,000~120,000
成交价：RMB 92,000
高6.3cm 永乐拍卖 2022-07-24

1822 清乾隆 御制金地飞鸣宿食鼻烟壶
估　价：RMB 350,000~400,000
成交价：RMB 402,500
高7.3cm 永乐拍卖 2022-07-24

537 清 鼻烟壶 (一组五十七个)
成交价：RMB 174,868
最大的高7.5cm 中国嘉德 2022-06-05

1322 清乾隆 御制金胎画珐琅西洋人物纹鼻
烟壶
估　价：RMB 320,000~500,000
成交价：RMB 460,000
高6.5cm 广东崇正 2022-12-25

4321 清 乾隆年制款画珐琅西洋人物鼻烟壶
估　价：RMB 180,000~250,000
成交价：RMB 207,000
高6.5cm 西泠印社 2022-01-23

1811 清 紫砂加彩堆泥双鸽图鼻烟壶
估　价：RMB 30,000~50,000
成交价：RMB 48,300
高7.1cm 永乐拍卖 2022-07-24

古典家具

2815 16世纪/17世纪 黄花梨罗汉床
估　价：HKD 3,000,000~5,000,000
成交价：RMB 6,373,521
高78cm；宽200cm；厚96.5cm 佳士得 2022-11-29

2010 明晚期 黄花梨箭腿四柱架子床
估　价：HKD 12,000,000~22,000,000
成交价：RMB 13,050,543
207cm×111cm×190cm 中国嘉德 2022-10-09

1145 明 海南黄花梨独板围子罗汉床
估　价：RMB 3,200,000~5,000,000
成交价：RMB 4,485,000
210cm×120cm×75cm 广东崇正 2022-12-25

2818 17世纪 黄花梨万字纹围子六柱架子床
估　价：HKD 3,000,000~5,000,000
成交价：RMB 5,562,345
高214.5cm；宽128cm；厚214cm 佳士得 2022-11-29

1609 清中期 黄花梨及黄杨木罗汉床
估　价：RMB 1,200,000~1,800,000
成交价：RMB 1,380,000
长189cm 华艺国际 2022-09-23

1203 19世纪 红木彩绘描金雕云龙纹罗汉床
估　价：USD 50,000~70,000
成交价：RMB 602,334
高107.3cm；长192.4cm；宽153cm
纽约佳士得 2022-03-25

4656 当代 张志龙 紫檀百宝嵌三屏风式有束
腰马蹄足罗汉床及有束腰马蹄足炕桌
估　价：RMB 880,000~1,500,000
成交价：RMB 1,012,000
罗汉床206cm×106cm×83.5cm
炕桌82cm×42cm×22.3cm
中国嘉德 2022-06-26

4004 明至清 奇木大禅座
估　价：RMB 180,000~500,000
成交价：RMB 241,500
高87cm；长119cm；宽76cm
西泠印社 2022-01-23

4678 当代 王洪斌 黄花梨有束腰马蹄足三屏风罗汉床
估　价：RMB 5,500,000~8,500,000
成交价：RMB 6,325,000
210cm×120cm×73cm 中国嘉德 2022-06-26

2807 16世纪/17世纪 黄花梨三弯腿榻
估　价：HKD 1,500,000~2,500,000
成交价：RMB 5,794,110
高52cm；宽212cm；厚114cm 佳士得 2022-11-29

4619 清乾隆 紫檀有束腰嵌仿玉璧纹宝座
估　价：RMB 3,800,000~5,000,000
成交价：RMB 4,370,000
长104cm；宽75cm；高120cm 中国嘉德 2022-06-26

2049 清中期 紫檀剔红有束腰马蹄足龙纹宝座
估　价：HKD 6,000,000~10,000,000
成交价：RMB 33,191,973
109cm×83.5cm×109.8cm 中国嘉德 2022-10-09

187 明末 黄花梨有踏床交杌
估　价：HKD 300,000~500,000
成交价：RMB 1,367,453
54.8cm×36.8cm×49.9cm
香港苏富比 2022-10-09

2900 18世纪/19世纪 御制紫檀嵌黑漆描金硬木云龙纹宝座
估　价：HKD 5,000,000~7,000,000
成交价：RMB 5,076,338
高96cm；宽127cm；深100.3cm 佳士得 2022-05-30

23 明末 黄花梨四出头官帽椅
估　价：HKD 3,000,000~5,000,000
成交价：RMB 3,884,769
61.7cm×53.5cm×115.6cm
香港苏富比 2022-10-08

178 明末 黄花梨如意纹圈椅 (一对)
估 价：HKD 2,000,000~3,000,000
成交价：RMB 4,786,085
67.5cm×62.5cm×102cm×2 香港苏富比 2022-10-09

2814 16世纪/17世纪 黄花梨百宝嵌花鸟纹南官帽椅 （一对）
估 价：HKD 2,000,000~3,000,000
成交价：RMB 15,864,825
61cm×45cm×126cm×2 佳士得 2022-11-29

11 明末 黄花梨圆后背交椅
估 价：HKD 10,000,000~15,000,000
成交价：RMB 109,768,068
71.2cm×67.2cm×102.8cm 香港苏富比 2022-10-08

2811 16世纪/17世纪 黄花梨嵌石板束腰四出头官帽椅
估 价：HKD 2,400,000~3,500,000
成交价：RMB 10,346,625
高115cm；宽67.4cm；厚54.5cm 佳士得 2022-11-29

1018 17世纪末/18世纪 紫檀南官帽椅
估　价：USD 120,000~180,000
成交价：RMB 3,132,134
高92.7cm；长59cm；宽53.5cm 纽约佳士得 2022-03-25

1841 明末清初 黄花梨四出头官帽椅
估　价：RMB 2,600,000~3,200,000
成交价：RMB 3,450,000
座宽60cm；座深49cm；高116.5cm 中贸圣佳 2023-01-01

1842 明末清初 黄花梨南官帽椅（一对）
估　价：RMB 1,500,000~1,800,000
成交价：RMB 2,587,500
60cm×45.5cm×111cm×2 中贸圣佳 2023-01-01

5564 明末清初 黄花梨四出头官帽椅
估　价：RMB 3,500,000~5,500,000
成交价：RMB 4,600,000
长64.5cm；宽49.5cm；高120.5cm 北京保利 2022-07-28

2390 清早期 黄花梨灯挂椅
估 价：RMB 300,000~400,000
成交价：RMB 690,000
长48.2cm；宽39.5cm；高105.5cm
中贸圣佳 2022-10-27

5559 清早期 黄花梨如意双螭纹开光圈椅 （一堂四件）
估 价：RMB 4,500,000~7,500,000
成交价：RMB 7,475,000
长59.5cm；宽45.5cm；高98cm 北京保利 2022-07-28

4561 清早期 黄花梨四出头大禅椅
估 价：RMB 2,000,000~3,000,000
成交价：RMB 2,300,000
69.5cm×69.5cm×94.7cm
中国嘉德 2022-06-26

5557 清早期 黄花梨扇面形矮梳背椅成对
估 价：RMB 1,100,000~1,500,000
成交价：RMB 1,840,000
长60cm；宽46cm；高75cm 北京保利 2022-07-28

1824 清早期 黄花梨南官帽椅 (一对)
估 价：RMB 2,800,000~3,200,000
成交价：RMB 3,910,000
57.8cm×47cm×99cm×2 中贸圣佳 2022-07-25

5553 清早期 黄花梨竹节纹高靠背南官帽椅成对
估 价：RMB 1,200,000~2,200,000
成交价：RMB 1,725,000
座宽53cm；座深42cm；高108cm 北京保利 2022-07-28

791 17世纪/18世纪 黄花梨灯挂椅
估　价：USD 50,000~70,000
成交价：RMB 1,013,141
高110cm；宽49.8cm；厚40.8cm 纽约佳士得 2022-09-23

2006 清中期 紫檀扶手椅成对
估　价：HKD 1,000,000~2,000,000
成交价：RMB 1,103,640
58cm×48cm×94.5cm×2 中国嘉德 2022-10-09

787 17世纪/18世纪 黄花梨圈椅
估　价：USD 200,000~250,000
成交价：RMB 1,761,984
高97.6cm；宽64.7cm；厚60.4cm 纽约佳士得 2022-09-23

2005 清中期 紫檀拐子纹太师椅
估　价：HKD 600,000~900,000
成交价：RMB 662,184
76cm×53cm×106.5cm 中国嘉德 2022-10-09

436 清中期 紫檀三弯腿扶手椅 (一对)
估　价：RMB 600,000
成交价：RMB 1,150,000
58cm×44.5cm×90.7cm×2 中贸圣佳 2022-07-12

1192 19世纪 黄花梨如意纹圈椅 (一对)
估　价：USD 50,000~70,000
成交价：RMB 1,686,534
64.8cm×57.2cm×99.7cm×2 纽约佳士得 2022-03-25

1851 清中期 紫檀事事如意纹卷书搭脑扶手椅 (一对)
估　价：RMB 1,500,000~2,000,000
成交价：RMB 2,162,000
69.2cm×53cm×90.5cm×2 中贸圣佳 2023-01-01

1823 清 黄花梨梳背式玫瑰椅 (一对)
估　价：RMB 500,000~800,000
成交价：RMB 805,000
56cm×42.5cm×88cm×2 中贸圣佳 2022-07-25

3677 清末 显赫家族收藏 紫檀嵌大理石靠背椅及花几 (一组四件)
估 价: HKD 180,000~280,000
成交价: RMB 810,054
椅62cm×48cm×96cm×3；几41.5cm×41.5cm×79cm 香港苏富比 2022-04-29

2632 包天伟手作黄花梨螭龙纹圈椅 (一组三件)
估 价: RMB 750,000
成交价: RMB 1,092,500
椅70cm×62cm×98cm×2；几42cm×36cm×68cm 上海嘉禾 2022-01-01

2631 包天伟手作黄花梨明式沙发组合 (十件套)
估 价: RMB 2,800,000
成交价: RMB 4,025,000
长沙发172cm×54cm×95cm；小炕几30cm×36cm×20cm；
短沙发62cm×54cm×95cm×4；高几42cm×36cm×56cm×2；
花架30cm×30cm×90cm×2 上海嘉禾 2022-01-01

1015 17世纪 黄花梨圈椅 (一对)
估 价: USD 200,000~250,000
成交价: RMB 3,132,134
64.7cm×52.1cm×95.5cm×2
纽约佳士得 2022-03-25

1010 17世纪 黄花梨四出头官帽椅
估 价: USD 80,000~120,000
成交价: RMB 2,569,956
高107.3cm；长62.8cm；宽59.1cm
纽约佳士得 2022-03-25

197 明末 黄花梨束腰方凳
估 价: HKD 100,000~150,000
成交价: RMB 546,981
46.2cm×43cm×49.2cm
香港苏富比 2022-10-09

2803 17世纪 黄花梨交杌
估　价：HKD 800,000~1,200,000
成交价：RMB 3,244,701
高56cm；宽65.4cm；厚47.5cm 佳士得 2022-11-29

2809 17世纪 黄花梨四足三弯腿圆凳
估　价：HKD 800,000~1,200,000
成交价：RMB 2,897,055
高49cm；直径42cm 佳士得 2022-11-29

2817 17世纪 黄花梨长方凳（一组四件）
估　价：HKD 1,500,000~2,500,000
成交价：RMB 2,317,644
高49.5cm；宽49.5cm；厚45cm 佳士得 2022-11-29

5554 清早期 黄花梨裹腿枨双环卡子花方凳
成对
估　价：RMB 600,000~900,000
成交价：RMB 690,000
长59.5cm；宽59.5cm；高52cm
北京保利 2022-07-28

158 17世纪 黄花梨四面平马蹄足长方凳
估　价：HKD 400,000~600,000
成交价：RMB 2,506,997
165.6cm×42cm×49.8cm 香港苏富比 2022-10-09

2389 清早期 黄花梨圆包圆方凳（一对）
估　价：RMB 450,000~550,000
成交价：RMB 759,000
47.5cm×47.5cm×45.5cm×2
中贸圣佳 2022-10-27

1815 清早期 黄花梨罗锅枨大方凳 (一对)
估 价：RMB 800,000~1,200,000
成交价：RMB 1,725,000
59.5cm×59.5cm×52cm×2 中贸圣佳 2022-07-25

2816 17世纪/18世纪 黄花梨夹头榫春凳
估 价：HKD 600,000~800,000
成交价：RMB 1,854,115
高47cm；厚33cm；宽103cm
佳士得 2022-11-29

5560 清早期 紫檀直枨矮佬方凳成对
估 价：RMB 400,000~600,000
成交价：RMB 690,000
长50.2cm；宽42.2cm；高48.6cm 北京保利 2022-07-28

2802 18世纪 黄花梨扇形凳 (一对)
估 价：HKD 500,000~800,000
成交价：RMB 1,042,939
34.3cm×57.2cm×47cm×2
佳士得 2022-11-29

612 清乾隆 御制紫檀西番莲有带托泥大方凳
估 价：RMB 5,500,000~7,500,000
成交价：RMB 7,820,000
52cm×62cm×62cm 华艺国际 2022-07-29

4569 清中期 紫檀高束腰鼓腿彭牙带托泥长方凳成对
估 价：RMB 460,000~660,000
成交价：RMB 770,500
44cm×35cm×47cm×2；
座面38cm×28.5cm×2 中国嘉德 2022-06-26

3963 清 紫檀禅凳 （一对）
估 价：RMB 180,000~450,000
成交价：RMB 644,000
1.高49.8cm；长60.2cm；宽60.2cm；2.高49.9cm；长60.2cm；宽60.2cm
西泠印社 2022-01-23

1830 清乾隆 紫檀镶瓷面西番莲纹鼓墩
估 价：RMB 900,000~1,200,000
成交价：RMB 1,161,500
高45.7cm 中贸圣佳 2022-07-25

196 明末 红木嵌大理石面坐墩 （一对）
估 价：HKD 300,000~500,000
成交价：RMB 2,393,042
高49cm 香港苏富比 2022-10-09

146 17至18世纪 黄花梨嵌大理石面坐墩 （一对）
估 价：HKD 200,000~300,000
成交价：RMB 1,025,590
高41.5cm 香港苏富比 2022-10-09

793 17世纪 黄花梨四开光坐墩 （一对）
估 价：USD 120,000~180,000
成交价：RMB 10,488,000
高46.3cm；直径41.9cm 纽约佳士得 2022-09-23

2827 16世纪晚期/17世纪早期 黄花梨喜鹊石
榴纹三屉炕桌
估 价：HKD 1,200,000~1,800,000
成交价：RMB 1,404,093
高29cm；宽96cm；深25cm
佳士得 2022-05-30

153 明末 黄花梨束腰罗锅枨条桌
估　价：HKD 3,000,000~5,000,000
成交价：RMB 7,976,808
164.5cm×53.5cm×81.3cm 香港苏富比 2022-10-09

1846 清早期 黄花梨裹腿罗锅枨带抽屉书桌
估　价：RMB 3,000,000~4,000,000
成交价：RMB 4,140,000
长134.5cm；宽68.4cm；高83cm 中贸圣佳 2023-01-01

1526 清早期 红漆嵌螺钿霸王枨条桌 (一对)
估　价：RMB 1,800,000~2,800,000
成交价：RMB 2,139,000
106.5cm×76cm×82cm×2 中贸圣佳 2022-07-25

1820 清早期 黄花梨裹腿罗锅枨画桌
估　价：RMB 2,800,000~3,000,000
成交价：RMB 3,703,000
长144cm；宽70cm；高82cm 中贸圣佳 2022-07-25

1818 清早期 黄花梨裹腿直枨方桌
估　价：RMB 1,500,000~1,800,000
成交价：RMB 2,185,000
长86cm；宽86cm；高84cm 中贸圣佳 2022-07-25

1843 清早期 黄花梨罗锅枨条桌
估　价：RMB 800,000~1,200,000
成交价：RMB 1,046,500
长109cm；宽56cm；高88.3cm 中贸圣佳 2023-01-01

2044 清早期 黄花梨有束腰马蹄足卷草纹加
垫角方桌
估 价：HKD 1,200,000~2,200,000
成交价：RMB 1,324,368
97cm×97cm×86cm 中国嘉德 2022-10-09

14 清康熙 黄花梨束腰拐子龙纹画桌
估 价：HKD 6,000,000~8,000,000
成交价：RMB 8,857,450
171cm×89.5cm×86.5cm 香港苏富比 2022-10-08

1014 18世纪/19世纪 黄花梨矮圆桌
估 价：USD 100,000~150,000
成交价：RMB 3,614,001
高33cm；直径85.1cm 纽约佳士得 2022-03-25

2402 清中期 紫檀螭龙纹六抽书桌
估 价：RMB 1,200,000~1,500,000
成交价：RMB 1,495,000
长133cm；宽70.5cm；高83cm
中贸圣佳 2022-10-27

5561 清乾隆 紫檀高束腰西番莲纹方桌
估 价：RMB 4,000,000~6,000,000
成交价：RMB 5,750,000
长87.5cm；宽87.5cm；高88cm 北京保利 2022-07-28

2016 清乾隆 紫檀无束腰瓜棱腿条桌
估　价：HKD 4,800,000~6,800,000
成交价：RMB 5,297,472
159.5cm×55cm×84.5cm 中国嘉德 2022-10-09

3615 18世纪末至19世纪 紫檀雕花草纹八仙桌（一对）
估　价：HKD 8,000,000~12,000,000
成交价：RMB 5,940,396
87cm×87cm×87.5cm×2 香港苏富比 2022-04-29

2409 清 红木嵌瘿木藤纹 鼓形桌连圆凳
估　价：RMB 350,000~400,000
成交价：RMB 552,000
桌高78cm；凳高46cm 中贸圣佳 2022-10-27

113 清中期 黄花梨卷草纹半桌
估　价：RMB 1,000,000~1,500,000
成交价：RMB 1,380,000
长94cm；宽46.5cm；高87cm
北京银座 2022-01-12

1523 清中早期 剔红高束腰饕餮纹条桌
估　价：RMB 800,000~1,000,000
成交价：RMB 1,495,000
长127.5cm；宽40cm；高83.8cm
中贸圣佳 2022-07-25

2813 17世纪 黄花梨折叠式镜台
估 价：HKD 500,000~800,000
成交价：RMB 2,781,172
高27.9cm；宽41.3cm；厚41.3cm
佳士得 2022-11-29

1813 清早期 紫檀螭龙捧寿纹五屏式镜台
估 价：RMB 200,000~250,000
成交价：RMB 724,500
长64.5cm；宽39cm；高77cm
中贸圣佳 2022-07-25

7 明末 黄花梨夹头榫如意云纹平头案
估 价：HKD 3,000,000~4,000,000
成交价：RMB 2,663,842
215cm×50.5cm×84cm
香港苏富比 2022-10-08

2808 17世纪 黄花梨独板翘头案
估 价：HKD 8,000,000~12,000,000
成交价：RMB 31,315,785
高83.5cm；宽274.5cm；厚51.8cm；桌面厚5.8cm 佳士得 2022-11-29

2804 17世纪初 黄花梨三足灯台
估 价：HKD 1,500,000~2,500,000
成交价：RMB 7,879,989
高162cm；宽33cm 佳士得 2022-11-29

1827 清早期 黄花梨螭龙纹独板面翘头案
估 价：RMB 12,000,000~15,000,000
成交价：RMB 27,600,000
长332cm；宽46cm；高97cm 中贸圣佳 2022-07-25

5567 清早期 铁梨木独板面螭龙纹大翘头案
估　价：RMB 1,600,000~2,600,000
成交价：RMB 2,645,000
长416.5cm；宽69.5cm；高96.5cm 北京保利 2022-07-28

6764 清 桦木根雕画案
估　价：RMB 350,000~550,000
成交价：RMB 1,207,500
201cm×61cm×86cm 北京保利 2022-07-29

1831 清中期 紫檀夔龙纹条案
估　价：RMB 1,500,000~2,000,000
成交价：RMB 2,070,000
长204.5cm；宽49.5cm；高87cm 中贸圣佳 2022-07-25

4611 当代 田家青原设计裹圆牙子大画案
估　价：RMB 1,600,000~2,000,000
成交价：RMB 2,127,500
长256cm；宽104cm；高83cm 中国嘉德 2022-06-26

4093 清 黄花梨夹头榫螭龙纹画案
估　价：RMB 1,800,000~2,800,000
成交价：RMB 2,070,000
高82cm；长181.5cm；宽55cm 西泠印社 2022-01-23

4613 当代 铁梨木独板架墩大画案
估　价：RMB 600,000~800,000
成交价：RMB 690,000
长270cm；宽73cm；高84cm 中国嘉德 2022-06-26

1012 17世纪/18世纪 黄花梨平头案
估　价：USD 150,000~250,000
成交价：RMB 3,212,446
高80.6cm；长208.9cm；宽58.7cm 纽约佳士得 2022-03-25

1016 17世纪 黄花梨象面纹翘头案
估　价：USD 800,000~1,200,000
成交价：RMB 13,385,190
高95.5cm；长309.9cm；宽47.6cm 纽约佳士得 2022-03-25

1013 17世纪/18世纪 黄花梨嵌绿石案屏
估　价：USD 120,000~180,000
成交价：RMB 2,810,890
高120.6cm；长74.9cm；宽36.8cm
纽约佳士得 2022-03-25

5687 明崇祯十年（1637）御制 填漆戗金云
龙纹高束腰三弯腿圆香几
估　价：RMB 2,200,000~3,200,000
成交价：RMB 2,645,000
高61.5cm；直径27.5cm 北京保利 2022-07-28

786 16世纪/17世纪 黄花梨高束腰长方香几
估　价：USD 120,000~180,000
成交价：RMB 8,105,126
高78.1cm；宽66.7cm；厚36.2cm 纽约佳士得 2022-09-23

2810 17世纪 黄花梨四足高束腰嵌蛇纹石带托泥长方香几
估　价：HKD 3,500,000~5,500,000
成交价：RMB 22,486,665
高74cm；宽41cm；厚38cm 佳士得 2022-11-29

2414 明 朱漆雕填高束腰五足香几
估　价：RMB 1,000,000~1,200,000
成交价：RMB 1,610,000
高76cm 中贸圣佳 2022-10-27

2806 17世纪 黄花梨五足圆香几
估　价：HKD 6,000,000~10,000,000
成交价：RMB 65,599,901
高97cm；直径41cm 佳士得 2022-11-29

5563 明晚期 项元汴款黄花梨镶大理石带屉板香几
估　价：RMB 8,000,000~12,000,000
成交价：RMB 41,975,000
长54cm；宽42cm；高70cm 北京保利 2022-07-28

836 明末清初 黑漆描金人物故事图几
估　价：RMB 400,000~500,000
成交价：RMB 805,000
长45.5cm；宽43.2cm；高52cm 中贸圣佳 2022-07-25

1522 清早期 雕填戗金石榴花卉纹梅花形香几
成交价：RMB 1,012,000
高90cm 中贸圣佳 2022-07-25

1821 明末清初 黄花梨卷草纹三弯腿方香几
估　价：RMB 7,500,000~8,500,000
成交价：RMB 8,970,000
长53cm；宽53cm；高90.5cm 中贸圣佳 2022-07-25

5565 清早期 黄花梨高束腰三弯腿方香几
估　价：RMB 2,000,000~3,000,000
成交价：RMB 4,370,000
长51.5cm；宽51.5cm；高86.5cm 北京保利 2022-07-28

1007 18世纪/19世纪 黄花梨镂空树根形香几
估　价：USD 30,000~50,000
成交价：RMB 1,284,978
高77.5cm；长54cm；宽45.7cm
纽约佳士得 2022-03-25

4572 清乾隆 紫檀拐子龙纹板足几
估　价：RMB 2,800,000~4,800,000
成交价：RMB 3,220,000
104.5cm×44cm×80cm 中国嘉德 2022-06-26

1852 清乾隆 紫檀绳结纹高束腰方几 (一对)
估　价：RMB 2,600,000~3,200,000
成交价：RMB 2,990,000
41.3cm×41.3cm×88.6cm×2
中贸圣佳 2023-01-01

4633 清中期 紫檀绳拉玉璧纹板足几
估　价：RMB 1,000,000~2,000,000
成交价：RMB 1,150,000
77cm×41cm×31.7cm 中国嘉德 2022-12-25

2374 清早期 黄花梨六足圆座
估　价：RMB 80,000~100,000
成交价：RMB 218,500
腹径25.8cm 中贸圣佳 2022-10-27

1788 清雍正 嵌螺钿八角佛座
估　价：RMB 250,000~350,000
成交价：RMB 368,000
长25cm；宽25cm；高8.9cm
中贸圣佳 2023-01-01

496 清乾隆 紫檀描金"飞鸣宿食"芦雁图器座
成交价：RMB 126,500
直径9.5cm 北京保利 2022-07-16

2655 清乾隆 "乾隆御鉴"款紫檀带暗屉须弥座 (一对)
成交价：RMB 391,000
29cm×18cm×7.2cm×2
中国嘉德 2022-06-28

489 清乾隆 紫檀长方座
成交价：RMB 115,000
长28cm 北京保利 2022-07-16

2829 清道光 红木"五老峰"苏式赏石座
估　价：RMB 10,000~20,000
成交价：RMB 517,500
长24.5cm 中国嘉德 2022-12-27

2817 清道光 红木刻"玉山高并"苏式赏石座
估　价：RMB 10,000~20,000
成交价：RMB 322,000
长26.2cm 中国嘉德 2022-12-27

2830 16世纪晚期/17世纪早期 黄花梨脚踏
估　价：HKD 600,000~800,000
成交价：RMB 756,050
高18cm；宽71cm；深36cm
佳士得 2022-05-30

1855 明万历 红漆彩绘云龙纹万历柜
估　价：RMB 1,200,000~1,500,000
成交价：RMB 1,610,000
长74cm；宽48cm；高124.7cm
中贸圣佳 2023-01-01

4620 明万历 黑漆描金凤纹亮格柜成对
估　价：RMB 2,800,000~3,600,000
成交价：RMB 3,450,000
长63cm；宽47.5cm；高183cm 中国嘉德 2022-06-26

784 17世纪 黄花梨方角炕柜
估　价：USD 40,000~60,000
成交价：RMB 1,585,786
高78.1cm；宽70.5cm；厚40cm
纽约佳士得 2022-09-23

794 17世纪 黄花梨透雕瑞兽花卉纹圆角柜
估　价：USD 300,000~500,000
成交价：RMB 5,990,746
高187.3cm；宽96cm；厚54.6cm 纽约佳士得 2022-09-23

2415 清早期 黑漆嵌螺钿方角柜（一对）
估　价：RMB 2,000,000~2,600,000
成交价：RMB 2,587,500
113cm×59.5cm×209.3cm×2 中贸圣佳 2022-10-27

2812 17世纪 黄花梨圆角柜
估　价：HKD 1,000,000~1,500,000
成交价：RMB 6,952,932
高191cm；宽96cm；厚44cm 佳士得 2022-11-29

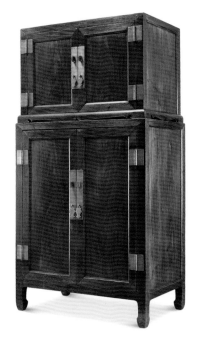

1848 清早期 黄花梨顶箱书柜
估　价：RMB 3,500,000~4,500,000
成交价：RMB 5,060,000
长65.8cm；宽41.3cm；通高126.2cm 中贸圣佳 2023-01-01

1825 清早期 黄花梨马蹄腿方角柜
估　价：RMB 800,000~1,200,000
成交价：RMB 1,127,000
长73cm；宽43cm；高113cm
中贸圣佳 2022-07-25

3039 清乾隆 剔红海水龙纹柜（一对）
成交价：RMB 1,207,500
33.3cm×16.2cm×55cm×2 中国嘉德 2022-12-26

1856 清康熙 黑漆百宝嵌婴戏图方角柜
估　价：RMB 1,200,000~1,500,000
成交价：RMB 2,012,500
长97.1cm；宽43.2cm；高175cm
中贸圣佳 2023-01-01

5562 清乾隆 紫檀高浮雕福庆有余顶箱柜成对
估　价：RMB 12,000,000~22,000,000
成交价：RMB 20,700,000
高210.5cm；宽101cm；进深55.8cm 北京保利 2022-07-28

1832 清乾隆 紫檀云龙纹柜门 (一对)
估　价：RMB 800,000~1,000,000
成交价：RMB 977,500
66cm×152cm×2 中贸圣佳 2022-07-25

3293 现代 黄花梨独板顶箱柜
估　价：RMB 1,100,000~1,200,000
成交价：RMB 1,265,000
120cm×60cm×240cm×2
北京荣宝 2022-07-24

2663 小叶紫檀书柜 (一对)
估　价：RMB 700,000
成交价：RMB 1,150,000
102cm×42cm×83cm×2
上海嘉禾 2022-01-01

1019 晚清 黄花梨方角柜 (一对)
估　价：USD 50,000~70,000
成交价：RMB 1,124,356
105.4cm×52.7cm×145.8cm×2
纽约佳士得 2022-03-25

3031 清 黄花梨龙纹方角柜
估　价：HKD 1,000,000~1,500,000
成交价：RMB 1,738,233
高191.3cm；宽131.8cm；深61.6cm
佳士得 2022-11-29

4653 当代 张志龙 紫檀嵌百宝博古纹大四件柜成对
估　价：RMB 1,980,000~2,800,000
成交价：RMB 2,300,000
108.5cm×59.5cm×176.3cm×2 中国嘉德 2022-06-26

1834 清早期 黄花梨两撞提盒
估 价：RMB 130,000~160,000
成交价：RMB 149,500
长34.4cm；宽18.5cm；高22.1cm
中贸圣佳 2023-01-01

2401 清早期 黄花梨瘿木药橱
估 价：RMB 900,000~1,200,000
成交价：RMB 1,840,000
长75cm；宽38cm；高149.7cm
中贸圣佳 2022-10-27

22 清 黄花梨镶黄杨木百宝盒 和田玉摆件
估 价：RMB 1,000,000
成交价：RMB 1,100,000
直径31cm；高23.5cm 浙江御承 2022-12-17

1548 明末 黄花梨文具箱
估 价：RMB 350,000~550,000
成交价：RMB 402,500
37.5cm×30cm×36cm 华艺国际 2022-09-23

5551 清早期 黄花梨镶瘿木面两屉橱
估 价：RMB 600,000~900,000
成交价：RMB 1,380,000
长77cm；宽45cm；高76.5cm
北京保利 2022-07-28

1193 晚清 黄花梨螭龙纹联三橱
估 价：USD 40,000~60,000
成交价：RMB 1,044,045
高87.6cm；长186.1cm；宽60.3cm
纽约佳士得 2022-03-25

3 17世纪 黄花梨镂雕螭龙纹官皮箱
估 价：HKD 600,000~800,000
成交价：RMB 2,441,855
49.2cm×35cm×41.2cm 香港苏富比 2022-10-08

4163 明 黄花梨浮雕龙纹书箱
估　价：RMB 100,000~300,000
成交价：RMB 345,000
高40.3cm；长27.5cm；宽21.6cm
西泠印社 2022-08-21

1833 清早期 黄花梨百宝嵌花鸟图平顶官皮箱
估　价：RMB 280,000~350,000
成交价：RMB 402,500
长34cm；宽23cm；高33.5cm
中贸圣佳 2023-01-01

1832 清早期 黄花梨文具箱
估　价：RMB 110,000~130,000
成交价：RMB 276,000
长35.5cm；宽25.5cm；高33.2cm
中贸圣佳 2023-01-01

3085 明晚期 黄花梨书箱
估　价：HKD 250,000~450,000
成交价：RMB 1,641,600
长57cm；宽35.3cm；高70cm
保利香港 2022-07-14

1808 清早期 黄花梨大书箱 (一对)
估　价：RMB 1,200,000~1,500,000
成交价：RMB 1,667,500
77cm×49cm×30.5cm×2 中贸圣佳 2022-07-25

1835 明末清初 黑漆厚螺钿牡丹花纹书箱
估　价：RMB 400,000~500,000
成交价：RMB 747,500
长49.2cm；宽32cm；高62cm
中贸圣佳 2022-07-25

5657 清乾隆 紫檀苍龙教子官皮箱
估　价：RMB 2,800,000~3,800,000
成交价：RMB 4,485,000
30cm×40cm×40cm 北京保利 2022-07-28

4527 清 黄花梨嵌百宝婴戏图平顶式官皮箱
估　价：RMB 320,000~500,000
成交价：RMB 598,000
高41.8cm；长42.8cm；宽30.8cm
西泠印社 2022-08-21

2819 17世纪 黄花梨提盒
估　价：HKD 240,000~350,000
成交价：RMB 2,085,879
高39.5cm；宽42cm；厚42cm 佳士得 2022-11-29

3206 清 黄花梨书箱
估　价：RMB 500,000~550,000
成交价：RMB 575,000
62.5cm×37cm×65cm 北京荣宝 2022-07-24

2870 明 黄花梨嵌百宝嵌银丝花鸟图捧盒
估　价：RMB 600,000~800,000
成交价：RMB 747,500
15.9cm×26.1cm×9.7cm
中国嘉德 2022-06-27

1835 明 黄花梨嵌铜丝开光长方大盖盒
估　价：RMB 280,000~320,000
成交价：RMB 529,000
长49cm；宽30cm；高12.2cm
中贸圣佳 2023-01-01

1806 清中期 黑漆百宝嵌桐荫婴戏图平顶官
皮箱
估　价：RMB 200,000~300,000
成交价：RMB 299,000
长36.6cm；宽28.7cm；高39.6cm
中贸圣佳 2022-07-25

1804 明末清初 黄花梨提梁文具盒
估　价：RMB 800,000~1,200,000
成交价：RMB 1,357,000
长37cm；宽22cm；高32.7cm 中贸圣佳 2022-07-25

3136 清早期 竹根雕螃蟹盖盒
估 价：HKD 350,000~500,000
成交价：RMB 379,848
宽10.5cm 保利香港 2022-10-10

1411 清 金漆木雕戏曲人物图宣炉罩
估 价：RMB 280,000~400,000
成交价：RMB 322,000
高39cm；长36cm 广东崇正 2022-12-25

2096 清 阿弥陀佛及佛龛一组
估 价：RMB 500,000~800,000
成交价：RMB 575,000
龛高108.5cm 中贸圣佳 2022-07-27

540 清乾隆 竹贴黄刻云龙御制"度一切诸神
境界智严经"长方匣
估 价：RMB 100,000~200,000
成交价：RMB 230,000
长29.5cm 北京保利 2022-07-16

2263 清乾隆 紫檀嵌铜胎掐丝珐琅僧帽式佛龛
估 价：RMB 120,000~180,000
成交价：RMB 161,000
42cm×44cm×63cm 中鸿信 2022-09-11

105 清 红木镶螺钿佛龛
估 价：RMB 250,000~350,000
成交价：RMB 402,500
长99cm；宽62cm；高110.5cm
北京银座 2022-01-12

953 清乾隆 紫檀内浮雕云龙宝盒
估 价：RMB 600,000~800,000
成交价：RMB 805,000
直径12.3cm；高6cm 中贸圣佳 2022-07-26

1785 清中期 紫檀雕"双清"佛龛
成交价：RMB 218,500
高15.4cm 中贸圣佳 2023-01-01

1246 清 黄花梨明式书架（一对）
估 价：RMB 280,000~480,000
成交价：RMB 483,000
103cm×38.5cm×173cm×2
北京银座 2022-09-17

1524 清中早期 红漆嵌螺钿多宝格
估　价：RMB 600,000~800,000
成交价：RMB 885,500
长70.5cm；宽32.2cm；高166.3cm
中贸圣佳 2022-07-25

1247 民国 紫檀透雕龙纹多宝格（一对）
估　价：RMB 350,000~650,000
成交价：RMB 517,500
100cm×40cm×200cm×2
北京银座 2022-09-17

1814 明末清初 黄花梨可折叠六足矮面盆架
估　价：RMB 800,000~1,200,000
成交价：RMB 1,150,000
高71cm 中贸圣佳 2022-07-25

2805 16世纪/17世纪 黄花梨六足高面盆架
估　价：HKD 2,000,000~3,000,000
成交价：RMB 8,691,165
高178cm；宽55cm；厚48cm 佳士得 2022-11-29

2820 17世纪 黄花梨天平架
估　价：HKD 500,000~800,000
成交价：RMB 1,969,997
高77cm；宽62.3cm；厚22.9cm 佳士得 2022-11-29

951 清乾隆 御制紫檀汉铎架
估　价：RMB 2,800,000~3,200,000
成交价：RMB 4,025,000
长21cm；宽18cm；高54.9cm 中贸圣佳 2022-07-26

2837 清乾隆 粉彩孝事周姜人物故事图瓷板插屏
估　价：RMB 800,000~1,200,000
成交价：RMB 1,380,000
41.7cm×32cm（含框）；高68cm（含座）中国嘉德 2022-06-27

1793 清乾隆 紫檀螭龙纹站牙一对
估　价：RMB 100,000~150,000
成交价：RMB 552,000
高96.5cm×2 中贸圣佳 2023-01-01

2646 清 黄花梨嵌百宝冠架
成交价：RMB 402,500
高39.5cm 中国嘉德 2022-06-28

1395 清中期 紫檀吉庆有余磬架
估　价：RMB 200,000~300,000
成交价：RMB 345,000
高63.6cm 中贸圣佳 2022-07-25

281 清康熙 黄花梨攒金丝楠木婴戏图座屏
估　价：RMB 600,000
成交价：RMB 828,000
高106.8cm；宽47.2cm 浙江佳宝 2022-03-13

556 清乾隆 祁阳石浮雕菊石图插屏
估　价：RMB 850,000~950,000
成交价：RMB 977,500
高55.2cm；宽21.5cm 华艺国际 2022-07-29

1810 清乾隆 紫檀框黄漆地百宝嵌博古图插屏
估 价：RMB 800,000~1,200,000
成交价：RMB 1,150,000
长79.8cm；宽25cm；高69.4cm
中贸圣佳 2022-07-25

2908 清乾隆/嘉庆 粉彩群仙贺寿花鸟纹瓷板
大座屏
估 价：HKD 600,000~800,000
成交价：RMB 972,064
325cm×256cm 佳士得 2022-05-30

2156 清早期 缂丝寿字挂屏
估 价：RMB 500,000~600,000
成交价：RMB 667,000
横61.5cm；纵123cm 中贸圣佳 2022-10-27

2427 清乾隆 粉彩群仙祝寿图瓷板挂屏
估 价：RMB 800,000~1,200,000
成交价：RMB 977,500
83cm×48cm；含框91cm×56cm
中国嘉德 2022-06-27

1146 清 紫檀螺钿框大漆彩绘嵌洋彩福寿如意纹大插屏
估 价：RMB 1,600,000~2,800,000
成交价：RMB 2,415,000
高237cm；长150cm 广东崇正 2022-12-25

841 清乾隆 剔红框紫檀百宝嵌松树凌霄图挂屏
估 价：RMB 800,000~1,000,000
成交价：RMB 1,437,500
长91.7cm；宽49cm 中贸圣佳 2022-12-31

5699 清乾隆 紫檀框黑漆嵌白玉御题诗挂屏
估　价：RMB 800,000~1,200,000
成交价：RMB 1,150,000
113.5cm×73cm 北京保利 2022-07-28

1834 清乾隆 紫檀框黑漆嵌玉御制诗挂屏（一对）
估　价：RMB 600,000~800,000
成交价：RMB 862,500
106.5cm×63cm×2 中贸圣佳 2022-07-25

4559 清中期 黄花梨成亲王描金楷书八言联
估　价：RMB 800,000~1,200,000
成交价：RMB 920,000
191cm×27cm×2 中国嘉德 2022-06-26

2024 清康熙 款彩庭院人物图十二扇屏风
估　价：HKD 1,200,000~2,200,000
成交价：RMB 1,434,732
53.5cm×2cm×264.5cm×12 中国嘉德 2022-10-09

1857 清康熙 黑漆百宝嵌婴戏图围屏（六扇）
估　价：RMB 1,200,000~1,500,000
成交价：RMB 2,012,500
宽40.7cm；高187.5cm 中贸圣佳 2023-01-01

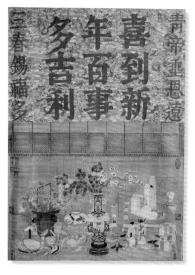

4158 清 缂丝新春清供博古图诗文挂屏
估　价：RMB 75,000~90,000
成交价：RMB 253,000
长119cm；宽85.5cm 西泠印社 2022-08-21

1054 清乾隆 紫檀框嵌瓷青地描金俞宗礼绘十八罗汉八扇屏
估 价：RMB 800,000~1,000,000
成交价：RMB 1,265,000
102cm×28cm×8 永乐拍卖 2022-07-24

5677 清中期 红木雕云龙框盘金粤绣群仙祝寿图十二扇屏风（一套）
估 价：RMB 1,800,000~2,800,000
成交价：RMB 2,530,000
218cm×43cm×12 北京保利 2022-07-28

3629 晚清 邵逸夫爵士收藏 硬木嵌
翠玉四扇围屏
估 价：HKD 2,000,000~3,000,000
成交价：RMB 3,780,252
176cm×32cm×4
香港苏富比 2022-04-29

佛教文物

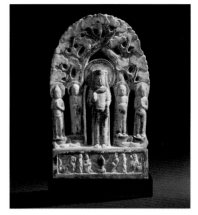

739 北齐 石雕佛五尊立像
估 价：USD 60,000~80,000
成交价：RMB 1,766,845
高33cm 纽约佳士得 2022-03-25

733 北魏 太安三年(457年) 石雕释迦文佛像
估 价：USD 200,000~300,000
成交价：RMB 4,979,291
高41cm 纽约佳士得 2022-03-25

734 北魏 铜佛坐像
估 价：USD 60,000~80,000
成交价：RMB 2,088,090
高18.8cm 纽约佳士得 2022-03-25

3060 辽 彩绘陶塑迦叶涅槃像
估 价：HKD 1,600,000~2,200,000
成交价：RMB 2,667,600
长69.2cm；宽30.5cm；高31.1cm
保利香港 2022-07-14

3608 北魏6世纪初 士绅收藏 石灰岩雕交脚思
维菩萨像
估 价：HKD 9,000,000~12,000,000
成交价：RMB 8,100,540
高61cm 香港苏富比 2022-04-29

743 唐 铜鎏金菩萨立像
估 价：USD 50,000~70,000
成交价：RMB 1,887,312
高21.2cm 纽约佳士得 2022-03-25

3059 辽 石雕罗汉头像
估 价：HKD 900,000~1,500,000
成交价：RMB 2,667,600
整体高66cm 保利香港 2022-07-14

2044 7世纪 思维观音像
估 价：RMB 2,200,000~2,800,000
成交价：RMB 3,565,000
高11.5cm 中贸圣佳 2022-07-27

749 辽 铜鎏金佛坐像
估 价：USD 40,000~60,000
成交价：RMB 722,800
高12cm 纽约佳士得 2022-03-25

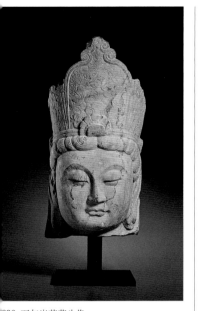

838 石灰岩菩萨头像
估 价：USD 25,000~35,000
成交价：RMB 748,843
高48.3cm 纽约佳士得 2022-09-23

128 11至12世纪 骑狮文殊像
估 价：RMB 2,800,000~5,000,000
成交价：RMB 3,910,000
高8.9cm 北京中汉 2022-12-09

748 11世纪末/12世纪初 大理国铜鎏金观音
立像
估 价：USD 2,000,000~3,000,000
成交价：RMB 16,444,662
高57.1cm 纽约佳士得 2022-03-25

10 11至12世纪 大理国鎏金铜阿嵯耶观世音
菩萨半跏像
估 价：HKD 15,000,000~20,000,000
成交价：RMB 42,965,898
高37.8cm；长41.9cm 香港苏富比 2022-10-08

3062 金 木雕彩绘菩萨立像两尊
估 价：HKD 20,000,000~30,000,000
成交价：RMB 21,546,000
高142cm 保利香港 2022-07-14

1744 11世纪/12世纪 铜鎏金阿嵯耶观音
估　价：RMB 3,000,000~4,500,000
成交价：RMB 9,315,000
高45.3cm 华艺国际 2022-09-23

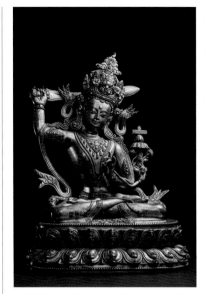

2228 14世纪 文殊菩萨
估　价：RMB 5,000,000~7,000,000
成交价：RMB 6,900,000
高27.5cm 中贸圣佳 2022-07-27

63 14世纪 丹萨替寺供养天人立柱
估　价：RMB 500,000~800,000
成交价：RMB 7,617,600
高38.9cm 浙江当代 2022-01-03

2079 元 摩利支天或斗姆元君像
估　价：RMB 3,000,000~5,000,000
成交价：RMB 4,025,000
高55cm 中贸圣佳 2022-07-27

3139 14世纪 铜鎏金金刚总持像（嵌银嵌宝石）
估　价：RMB 3,500,000~5,500,000
成交价：RMB 9,775,000
高33.8cm 中国嘉德 2022-06-28

2891 元/明初 鎏金铜罗汉坐像（一对）
估　价：HKD 12,000,000~18,000,000
成交价：RMB 20,958,540
高85cm；高87.6cm 佳士得 2022-05-30

208 明永乐 铜鎏金观音造像
估　价：RMB 2,000,000
成交价：RMB 28,750,000
高53cm；底长43cm；底宽28cm
浙江御承 2022-08-28

5659 明永乐 铜鎏金弥勒菩萨（汉藏风格 北京宫廷）
估　价：RMB 3,600,000~5,600,000
成交价：RMB 4,140,000
高21cm 北京保利 2022-07-28

2885 明永乐 鎏金铜金刚总持坐像
估　价：HKD 5,000,000~8,000,000
成交价：RMB 8,820,588
高21.5cm 佳士得 2022-05-30

43 明永乐 无量寿佛
估　价：RMB 9,000,000~12,000,000
成交价：RMB 14,835,000
高39cm 北京中汉 2022-06-28

6723 明永乐 铜鎏金宝冠释迦牟尼
估　价：RMB 2,200,000~3,200,000
成交价：RMB 2,530,000
高18cm 北京保利 2022-07-29

3155 14—15世纪 铜鎏金药师佛
估 价：RMB 2,600,000~3,600,000
成交价：RMB 3,220,000
高33.8cm 中国嘉德 2022-06-28

5663 17世纪 西藏（雪堆白） 合金铜释迦牟
尼立像
估 价：RMB 2,800,000~3,000,000
成交价：RMB 3,220,000
高46.5cm 北京保利 2022-07-28

5661 17世纪（喀尔喀蒙古） 铜鎏金双身金刚持
估 价：RMB 10,000,000~15,000,000
成交价：RMB 20,125,000
高36.5cm 北京保利 2022-07-28

839 铜天王立像
估 价：USD 15,000~25,000
成交价：RMB 836,942
高42cm 纽约佳士得 2022-09-23

841 局部鎏金佛坐像
估 价：USD 30,000~50,000
成交价：RMB 2,819,174
高58.4cm 纽约佳士得 2022-09-23

2349 明 夹纻金漆韦陀立像
估 价：RMB 2,000,000~2,600,000
成交价：RMB 2,990,000
高134cm 西泠印社 2022-01-22

2109 14世纪 密集不动金刚坛城不空成就佛
估　价：RMB 2,200,000~3,200,000
成交价：RMB 3,507,500
高23cm 中贸圣佳 2023-01-01

828 14世纪 西藏中部 金刚总持像
估　价：RMB 2,800,000~3,500,000
成交价：RMB 3,680,000
高33.8cm 中贸圣佳 2022-12-31

3019 明永乐 鎏金铜弥勒佛立像
估　价：HKD 3,500,000~5,000,000
成交价：RMB 4,635,288
高16.5cm 佳士得 2022-11-29

154 明万历十七年（1589年）释迦牟尼说法像
估　价：RMB 2,800,000~4,500,000
成交价：RMB 3,220,000
高35.7cm 北京中汉 2022-12-09

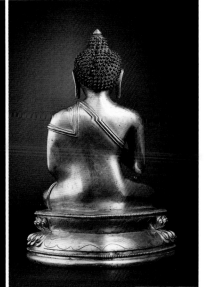

2124 清雍正 大日如来佛像
估　价：RMB 1,000,000~1,200,000
成交价：RMB 1,380,000
高33cm 中贸圣佳 2023-01-01

1778 明 宫廷木胎金漆韦陀
估　价：RMB 2,200,000~3,200,000
成交价：RMB 3,680,000
高133cm 华艺国际 2022-09-23

3123 明 铜鎏金光明佛母（摩利支天）
估　价：RMB 3,000,000~6,000,000
成交价：RMB 4,830,000
高80cm 中国嘉德 2022-06-28

3122 明 铜鎏金宝冠释迦牟尼佛 锤揲工艺鎏金背光及宝座
估　价：RMB 2,000,000~4,000,000
成交价：RMB 2,415,000
53.8cm×42.3cm×23cm 中国嘉德 2022-06-28

414 明 铜泥金宝冠释迦牟尼与胁侍菩萨像
成交价：RMB 8,853,000
佛宽27cm，高62cm（含座）；左侍宽18cm，高53cm（含座）；
右侍宽18cm，高53cm（含座） 浙江佳宝 2022-03-13

623 清雍正 御制铜鎏金绿度母
估　价：RMB 6,000,000~8,000,000
成交价：RMB 10,120,000
高64cm 华艺国际 2022-07-29

2364 大理国 铜金刚杵
估　价：RMB 600,000~800,000
成交价：RMB 690,000
高20.8cm 西泠印社 2022-01-22

32 元 龙凤九股金刚杵
估　价：RMB 600,000~800,000
成交价：RMB 690,000
长27.4cm 北京中汉 2022-06-28

947 清乾隆 大清乾隆癸丑年敬造紫金琍玛无
量寿佛
估　价：RMB 3,000,000~4,000,000
成交价：RMB 4,600,000
高32.5cm 中贸圣佳 2022-07-26

1734 清乾隆 铜鎏金镶百宝佛塔
估　价：RMB 1,200,000~2,000,000
成交价：RMB 2,553,000
高塔172cm；座高40cm 华艺国际 2022-09-23

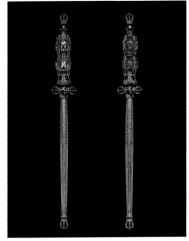

622 16世纪 铜鎏金法杖
估　价：RMB 800,000~1,200,000
成交价：RMB 920,000
长78cm 华艺国际 2022-07-29

6727 清乾隆 御制大威德金刚坛城
估 价：RMB 1,200,000~1,500,000
成交价：RMB 1,380,000
高67cm 北京保利 2022-07-29

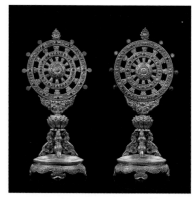

3162 清乾隆 铜鎏金法轮
估 价：RMB 300,000~600,000
成交价：RMB 345,000
高35.3cm 中国嘉德 2022-06-28

1645 15世纪 红阎魔天
估 价：RMB 400,000~600,000
成交价：RMB 632,500
42.5cm×32.5cm 北京荣宝 2022-07-24

2272 清乾隆 御制贴黄嵌铜鎏金塔式佛龛
估 价：RMB 1,200,000~1,800,000
成交价：RMB 1,380,000
高80cm 中鸿信 2022-09-11

3154 13世纪 棉布矿物颜料释迦牟尼佛唐卡
估 价：RMB 600,000~1,200,000
成交价：RMB 1,150,000
71cm×57.5cm 中国嘉德 2022-06-28

2121 15世纪 无量寿佛曼荼罗唐卡
估 价：RMB 700,000~1,200,000
成交价：RMB 1,380,000
纵81.5cm；横55cm 中贸圣佳 2022-07-27

1647 16世纪西藏宫廷 宝帐大黑天
估　价：RMB 1,800,000~2,600,000
成交价：RMB 2,990,000
72cm×53cm 北京荣宝 2022-07-24

1653 18世纪 吉祥天母
估　价：RMB 500,000~1,000,000
成交价：RMB 1,150,000
52cm×37cm 北京荣宝 2022-07-24

1737 17世纪 棉布矿物颜料萨迦派祖师唐卡
估　价：RMB 400,000~600,000
成交价：RMB 690,000
86cm×57cm 华艺国际 2022-09-23

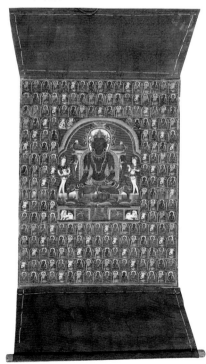

2301 13世纪 阿閦佛唐卡
估　价：RMB 2,800,000~3,200,000
成交价：RMB 3,220,000
53cm×42cm 中贸圣佳 2022-10-27

文房用品

2639 明 剔红穿花龙纹笔
成交价：RMB 115,000
长27cm 中国嘉德 2022-06-28

3613 17世纪 程尚文优俪收藏 寿山石雕陶渊明像笔筒
估　价：HKD 1,200,000~1,500,000
成交价：RMB 756,050
高11.5cm 香港苏富比 2022-04-29

1719 明晚期 剔红人物故事图笔
估　价：RMB 300,000~400,000
成交价：RMB 460,000
长27.2cm 中贸圣佳 2022-07-25

1663 清早期 白玉素工提笔
估　价：RMB 250,000~300,000
成交价：RMB 287,500
长30.3cm 华艺国际 2022-09-23

2792 清早期 杨季初制五彩堆泥绘虚亭雨山图笔筒
估　价：RMB 480,000~600,000
成交价：RMB 575,000
高13cm；直径13cm 西泠印社 2022-01-22

46 清早期 紫檀葵花式大笔海
估　价：RMB 200,000~500,000
成交价：RMB 322,000
直径23.9cm；高19.8cm 北京中汉 2022-08-08

181 紫砂笔筒
估　价：HKD 305,000
成交价：RMB 367,880
高14.3cm 荣宝斋（香港）2022-11-26

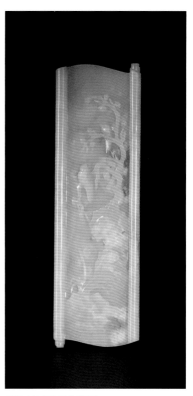

4534 清 喜鹊登梅笔搁
估　价：NTD 10,000
成交价：RMB 186,134
21cm×6.6cm 台北艺珍 2022-08-14

2980 清乾隆 乾隆年制款紫泥炉钧釉根瘤形
笔筒
估　价：RMB 280,000~350,000
成交价：RMB 322,000
高10cm；口径9.1cm 西泠印社 2022-08-20

1674 元 铜山子
估　价：RMB 200,000~300,000
成交价：RMB 253,000
长9cm 华艺国际 2022-09-23

981 清 张辛刻、张廷济为六舟铭花梨木笔筒
估　价：RMB 300,000~500,000
成交价：RMB 460,000
12.3cm×14.3cm 西泠印社 2022-08-19

1724 清乾隆 铜点金笔架
估　价：RMB 300,000~400,000
成交价：RMB 414,000
长25.4cm 中贸圣佳 2022-07-25

4610 当代 紫檀洛可可风格大挂笔架
估　价：RMB 120,000~160,000
成交价：RMB 207,000
长83cm；宽18cm；高88cm
中国嘉德 2022-06-26

2626 明宣德 掐丝珐琅缠枝莲纹水丞
成交价：RMB 1,265,000
高11cm 中国嘉德 2022-06-28

3086 清乾隆 外绿料洒金内松绿料水丞
估　价：HKD 100,000~200,000
成交价：RMB 184,497
高3.3cm；直径4.5cm 保利香港 2022-10-10

216 明 铜鎏金觥匜形水滴
估　价：RMB 120,000
成交价：RMB 172,500
长8.9cm；高8.1cm 浙江佳宝 2022-03-13

67 清雍正 墨竹水盂
估　价：RMB 200,000
成交价：RMB 368,000
高9cm；口径6cm；底径8.5cm
浙江御承 2022-08-28

922 清乾隆 玛瑙巧色喜鹊登梅水丞
估　价：RMB 150,000~200,000
成交价：RMB 207,000
长8.5cm 中贸圣佳 2022-07-26

2348 清早期 "陈鸣远"款茄子水注
估　价：RMB 320,000~500,000
成交价：RMB 368,000
中贸圣佳 2022-07-25

4118 清 乾隆年制款铜胎画珐琅荷塘清趣笔舔
估 价：RMB 80,000~120,000
成交价：RMB 126,500
高0.5cm；长7.4cm；宽4.5cm
西泠印社 2022-01-23

2250 明 珍珠灵璧洗
估 价：RMB 250,000~300,000
成交价：RMB 345,000
长26.4cm 中贸圣佳 2022-10-27

2335 清早期 玛瑙海棠形洗
估 价：RMB 120,000~150,000
成交价：RMB 195,500
长20.7cm；宽15.7cm 中贸圣佳 2022-10-27

935 元 杨世福制满池娇菱口铜洗
估 价：RMB 700,000~1,200,000
成交价：RMB 1,265,000
直径51.8cm 中贸圣佳 2022-07-26

730 明 石雕童子笔洗
估 价：RMB 180,000~250,000
成交价：RMB 368,000
长17cm；宽11cm 深圳富诺得 2022-10-06

2335 清早期 陈鸣远石榴桃洗
估 价：RMB 800,000~1,000,000
成交价：RMB 977,500
中贸圣佳 2022-07-25

1546 清乾隆 活环耳夔龙纹洗
估　价：RMB 420,000~450,000
成交价：RMB 483,000
口径22.7cm 中贸圣佳 2023-01-01

2803 清晚期 陈山农制并刻玉成窑紫泥水洗
估　价：RMB 220,000~280,000
成交价：RMB 253,000
高5.3cm；长15.5cm 西泠印社 2022-01-22

1573 清 双鱼水洗
估　价：RMB 280,000~300,000
成交价：RMB 322,000
长24.9cm；宽5.9cm；高2.3cm
中贸圣佳 2023-01-01

4613 清 翡翠雕葫芦形水洗
估　价：RMB 80,000~150,000
成交价：RMB 126,500
128mm×70mm×32mm 西泠印社 2022-01-23

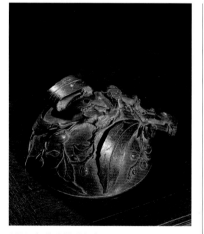

4204 清 紫砂桃形水洗
估　价：RMB 45,000~60,000
成交价：RMB 155,250
高6.7cm；通径14.3cm 西泠印社 2022-08-21

1131 清乾隆 铜胎掐丝珐琅墨床
估　价：RMB 80,000~120,000
成交价：RMB 92,000
长8.5cm 保利厦门 2022-10-22

3618 东周战国时期 铜错金银嵌宝虎噬鹿镇
纸一对
估　价：HKD 240,000~300,000
成交价：RMB 512,795
直径6cm 香港苏富比 2022-10-09

4544 明 铜豹纸镇
估　价：RMB 200,000~300,000
成交价：RMB 230,000
长7.7cm；重221.2g 中国嘉德 2022-06-26

145 汉 铜错银盘虎形镇
估　价：HKD 60,000~80,000
成交价：RMB 159,536
6.5cm×7cm×4.6cm 香港苏富比 2022-10-09

2048 元 骆驼镇
估　价：RMB 450,000~550,000
成交价：RMB 517,500
高5cm；长8cm 中贸圣佳 2022-07-27

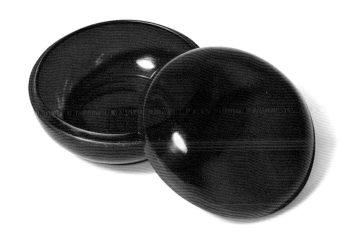

2926 清乾隆 御制透明红料圆印盒
估　价：HKD 450,000~650,000
成交价：RMB 1,242,082
直径6cm 佳士得 2022-05-30

3801 清康熙至雍正初年/乾隆 乾隆帝御宝太狮少狮钮寿山石玺
成交价：RMB 131,437,904
7.8cm×7.8cm×10.7cm
香港苏富比 2022-04-29

2894 清中期 水晶刻竹纹镇尺
估　价：RMB 10,000~20,000
成交价：RMB 138,000
24.1cm×3.5cm×2.2cm
中国嘉德 2022-12-27

1591 清 田黄狮子镇纸
估　价：RMB 600,000~800,000
成交价：RMB 402,500
长4.5cm 华艺国际 2022-09-23

1917 西汉 琉璃覆斗钮家君玺
估　价：HKD 200,000~300,000
成交价：RMB 684,256
2cm×1.9cm×1.4cm 中国嘉德 2022-10-09

1890 战国 铜鼻钮官印
估　价：HKD 120,000~180,000
成交价：RMB 386,274
1.7cm×1.7cm×1.5cm 中国嘉德 2022-10-09

1912 战国 铜柱钮烙印
估　价：HKD 100,000~150,000
成交价：RMB 706,329
2.7cm × 2.7cm × 4.4cm 中国嘉德 2022-10-09

1918 西汉 铜鼻钮印（一组两件）
估　价：HKD 200,000~300,000
成交价：RMB 1,655,460
1.2cm × 1.5cm × 1.2cm；
1.8cm × 1.8cm × 1.3cm 中国嘉德 2022-10-09

1884 秦 铜鱼钮衾尉印
估　价：HKD 300,000~500,000
成交价：RMB 882,912
1.9cm × 2.4cm × 1.5cm 中国嘉德 2022-10-09

1914 西汉 铜蛇钮王凤之印
估　价：HKD 100,000~150,000
成交价：RMB 794,620
2.5cm × 2.5cm × 1.7cm 中国嘉德 2022-10-09

1915 西汉 银龟钮嵌玛瑙印及饰件
估　价：HKD 100,000~150,000
成交价：RMB 662,184
1.5cm × 1.5cm × 1.3cm 中国嘉德 2022-10-09

2744 西汉 玉覆斗钮"曹富居"方印
估　价：HKD 60,000~80,000
成交价：RMB 185,411
1.9cm×1.9cm 佳士得 2022-11-29

2745 西汉 玉桥形钮阴刻白鹿肖形方印
估　价：HKD 150,000~250,000
成交价：RMB 208,587
1.8cm×1.6cm 佳士得 2022-11-29

1942 十六国 铜鎏银龟钮官印
估　价：HKD 150,000~250,000
成交价：RMB 463,528
2.7cm×2.5cm×3cm 中国嘉德 2022-10-09

1925 新莽 铜龟钮万岁三老印
估　价：HKD 50,000~80,000
成交价：RMB 353,164
2.4cm×2.4cm×2.2cm 中国嘉德 2022-10-09

1945 北朝 铜龟钮安陆太守印
估　价：HKD 180,000~280,000
成交价：RMB 551,820
3.1cm×3.1cm×3.6cm 中国嘉德 2022-10-09

1946 唐 铜乌弋道大军之印
估　价：HKD 180,000~280,000
成交价：RMB 441,456
6.3cm×6.7cm×4.6cm 中国嘉德 2022-10-09

1589 明 李渔刻"一片冰心在玉壶"印章
估　价：RMB 500,000~800,000
成交价：RMB 575,000
高7.5cm 华艺国际 2022-09-23

1948 五代 铜"立马弟四都记"印附印匣
估　价：HKD 800,000~1,200,000
成交价：RMB 1,434,732
密封5.9cm×4.8cm×2.2cm；
箱10.8cm×11.2cm×12cm
中国嘉德 2022-10-09

2478 明末清初 官庭兽钮印
估　价：RMB 780,000
成交价：RMB 897,000
6.7cm×9.5cm 上海嘉禾 2022-01-01

1951 南宋 瓷龟钮印
估　价：HKD 100,000~150,000
成交价：RMB 573,892
4.8cm×4.9cm×3.7cm 中国嘉德 2022-10-09

899 明 陈球刻田黄石双螭钮章
估　价：RMB 500,000~800,000
成交价：RMB 805,000
2.6cm×2.2cm×4cm；重51.6g
西泠印社 2022-01-21

2245 清康熙 汉禹刊临安府昌化朱砂石群螭
祝寿方章
估　价：RMB 60,000~80,000
成交价：RMB 575,000
5.3cm×5.5cm×10.6cm 中鸿信 2022-09-11

2927 清康熙 田黄太平景象钮章（39克）
估　价：HKD 1,500,000~2,500,000
成交价：RMB 1,620,108
高4.5cm；重39g 佳士得 2022-05-30

3073 清乾隆 田黄"垂露"玺（39克）
估　价：HKD 2,000,000~3,000,000
成交价：RMB 4,403,523
高4.4cm, 重39g 佳士得 2022-11-29

5654 清乾隆 芙蓉六螭钮方章
估　价：RMB 600,000~800,000
成交价：RMB 828,000
6.25cm×6.25cm；高6.9cm
北京保利 2022-07-28

2866 清乾隆 寿山石雕海水云蝠纹方印
估　价：RMB 10,000~50,000
成交价：RMB 437,000
6.6cm×3.5cm×4.7cm 中国嘉德 2022-06-27

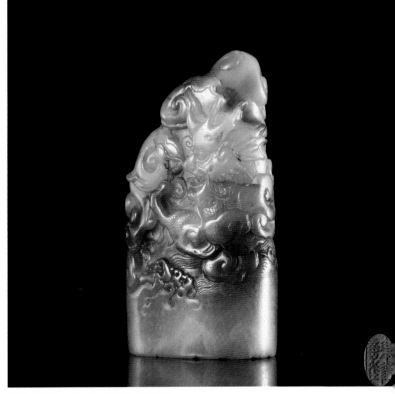

5655 清乾隆 田黄"意在笔先"云龙钮印
估　价：RMB 3,500,000~5,500,000
成交价：RMB 7,245,000
3.4cm×2.1cm×6cm；重59g 北京保利 2022-07-28

4332 清中期 寿山田黄石云龙纹随形章
估　价：RMB 1,000,000~1,200,000
成交价：RMB 1,265,000
5cm×5cm×3.4cm；重136g
中国嘉德 2022-06-26

1590 清中期 赵之琛兽钮田黄章
估　价：RMB 1,600,000~2,000,000
成交价：RMB 2,817,500
高4.3cm；重46.6g 华艺国际 2022-09-23

740 清 陈鸿寿刻寿山芙蓉石古兽钮闲章
估　价：RMB 700,000~900,000
成交价：RMB 1,058,000
2.6cm×2.4cm×3.6cm 西泠印社 2022-01-21

1622 清 陈曼生篆刻章
估　价：RMB 150,000~180,000
成交价：RMB 172,500
1.9cm×1.9cm×4.4cm 朵云轩 2022-12-08

750 清 陈鸿寿刻青田石闲章
估　价：RMB 1,000,000~2,000,000
成交价：RMB 1,955,000
2.7cm×2.7cm×6.9cm 西泠印社 2022-08-19

898 清 龚照瑷自用田黄石山水薄意章
估　价：RMB 500,000~800,000
成交价：RMB 920,000
2.8cm×2.5cm×4.8cm；重73.3g
西泠印社 2022-01-21

1238 清 尚均款田黄对章
估　价：RMB 800,000~1,200,000
成交价：RMB 3,220,000
4.5cm×2.4cm×2.4cm×2；重126g×2
荣宝斋（南京）2022-12-08

1699 清 田黄素方章（61克）
估　价：RMB 700,000~850,000
成交价：RMB 805,000
2.1cm×2cm×5.6cm；重61g
朵云轩 2022-12-08

802 清 吴让之刻古兽钮寿山芙蓉石但明伦自
用印
估　价：RMB 350,000~500,000
成交价：RMB 632,500
3.3cm×3.3cm×6.3cm 西泠印社 2022-01-21

893 清 尚均作田黄石凤钮章
估　价：RMB 600,000~800,000
成交价：RMB 977,500
2.9cm×1.6cm×5.2cm；重25.5g
西泠印社 2022-01-21

3075 清 田黄麒麟钮印（47克）
估　价：HKD 300,000~500,000
成交价：RMB 637,352
宽3.4cm；重47g 佳士得 2022-11-29

1626 清 吴让之刻闲章
估　价：RMB 280,000~350,000
成交价：RMB 333,500
2.5cm×2.5cm×2.8cm 朵云轩 2022-12-08

726 清 杨璐刻寿山石闲章
估　价：RMB 50,000~80,000
成交价：RMB 368,000
2.5cm×2.5cm×6.6cm 西泠印社 2022-01-21

2821 民国 张樾丞刻赠孙瀛洲铜印
估　价：RMB 10,000~20,000
成交价：RMB 253,000
长8cm 中国嘉德 2022-12-27

1625 民国 赵叔孺刻严载如自用印
估　价：RMB 250,000~280,000
成交价：RMB 287,500
2.2cm×2cm×5.2cm 朵云轩 2022-12-08

791 清 赵之谦刻寿山芙蓉石钱式自用印
估　价：RMB 500,000~800,000
成交价：RMB 805,000
1cm×1cm×2.5cm 西泠印社 2022-01-21

1623 民国 易大厂刻徐世昌自用印
估　价：RMB 280,000~350,000
成交价：RMB 322,000
3.5cm×3.5cm×5.9cm 朵云轩 2022-12-08

963 昌化大红袍鸡血石章
估　价：RMB 1,200,000~2,000,000
成交价：RMB 1,380,000
2.5cm×2.5cm×7.5cm 西泠印社 2022-01-21

752 1859年作 钱松刻青田石许乃普自用印
估　价：RMB 300,000~400,000
成交价：RMB 644,000
2.4cm×2.4cm×5.7cm 西泠印社 2022-08-19

208 昌化藕粉冻老坑鸡血金蟾印石
估　价：RMB 1,800,000~2,800,000
成交价：RMB 2,967,000
5cm×5cm×8cm；重402g 上海嘉禾 2022-11-20

961 昌化鸡血石方章
估　价：RMB 800,000~1,200,000
成交价：RMB 1,035,000
3cm×3cm×10cm 西泠印社 2022-01-21

962 昌化鸡血石素方章
估　价：RMB 700,000~1,000,000
成交价：RMB 805,000
2.5cm×2.5cm×11.3cm 西泠印社 2022-01-21

206 昌化藕粉冻老坑鸡血龙凤印石
估　价：RMB 2,000,000~3,000,000
成交价：RMB 3,162,500
5.2cm×5.2cm×11cm；重688g 上海嘉禾 2022-11-20

204 昌化藕粉冻老坑鸡血印石
估　价：RMB 700,000~1,000,000
成交价：RMB 1,127,000
2.5cm×2.5cm×11cm；重166g
上海嘉禾 2022-11-20

4291 方介堪刻 "分田分地真忙" 青田石印章
估　价：RMB 10,000~20,000
成交价：RMB 103,500
2cm×2cm×8.1cm 中国嘉德 2022-12-25

4279 黄士陵刻 "仁举江七 季昭长年" 寿山
石博古钮对章
估　价：RMB 800,000~1,200,000
成交价：RMB 1,725,000
4.5cm×4.5cm×10.7cm×2
中国嘉德 2022-06-26

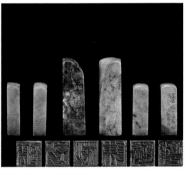

2507 陈少梅自用印六方
估　价：RMB 150,000~180,000
成交价：RMB 172,500
尺寸不一 中贸圣佳 2023-01-01

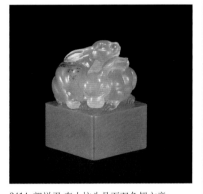

2414 郭祥忍 寿山坑头晶石双兔钮方章
估　价：RMB 150,000~200,000
成交价：RMB 207,000
3.4cm×3.4cm×4.8cm 中贸圣佳 2023-01-01

4322 黄易刻 "梅垞吟屋" 寿山石印章
估　价：RMB 800,000~1,200,000
成交价：RMB 1,035,000
1.7cm×1.7cm×3.2cm 中国嘉德 2022-06-26

2496 陈巨来为张淡秋刻 "淡静堂"
估　价：RMB 220,000~280,000
成交价：RMB 333,500
2.9cm×2.9cm×6.4cm 中贸圣佳 2023-01-01

4341 黄士陵刻 "博士之章" 青田石印章
估　价：RMB 150,000~250,000
成交价：RMB 471,500
1.5cm×1.5cm×4cm 中国嘉德 2022-12-25

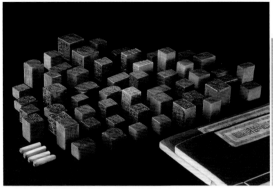
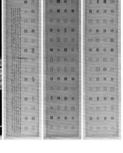

2555 黄鹓(1798—1855) 二十四品印及印谱
估　价：RMB 800,000~1,200,000
成交价：RMB 1,035,000
中贸圣佳 2023-01-01

1709 荔枝洞马钮方章
估　价：RMB 180,000~200,000
成交价：RMB 207,000
3.6cm×3.6cm×7cm 朵云轩 2022-12-08

893 林则徐自用寿山狮钮印章 (一对)
估　价：RMB 1,200,000~1,500,000
成交价：RMB 1,380,000
7.5cm×7.5cm×8.5cm×2 朵云轩 2022-12-09

4228 齐白石刻 "翰墨神仙"青田石印章
估　价：RMB 100,000~150,000
成交价：RMB 230,000
2.4cm×2.4cm×4.1cm 中国嘉德 2022-12-25

2514 齐白石为西哲太郎刻 "杏庵小隐"
估　价：RMB 250,000~350,000
成交价：RMB 448,500
2.6cm×2.3cm×4.2cm 中贸圣佳 2023-01-01

1711 林文举雕香山九老薄意大方章
估　价：RMB 780,000~880,000
成交价：RMB 897,000
3.7cm×3.7cm×25.5cm 朵云轩 2022-12-08

4309 齐白石及门人刻青田石五面印
估　价：RMB 700,000~900,000
成交价：RMB 1,035,000
3.5cm×2.6cm×2.8cm 中国嘉德 2022-06-26

627 台静农 1961年作 台静农刻"志洁物芳"
估　价：NTD 30,000~60,000
成交价：RMB 870,528
10cm×4cm×4cm 罗芙奥 2022-12-03

4145 王福庵刻 "生涯长在水云村" 寿山石
印章
估　价：RMB 20,000~30,000
成交价：RMB 310,500
2.7cm×2cm×7.6cm 中国嘉德 2022-12-25

4301 魏植刻 青田石套印（一套五件）
估　价：RMB 20,000~30,000
成交价：RMB 368,000
4.5cm×4.5cm×4.5cm 中国嘉德 2022-12-25

1700 田黄王中王十八尊者图薄意特大随形章（2071克）
估　价：RMB 1,800,000~3,000,000
成交价：RMB 3,220,000
11.5cm×7.5cm×17.5cm 朵云轩 2022-12-08

4113 童衍方刻昌化石八仙肖形套印（一套八
件）
估　价：RMB 60,000~80,000
成交价：RMB 368,000
尺寸不一 中国嘉德 2022-12-25

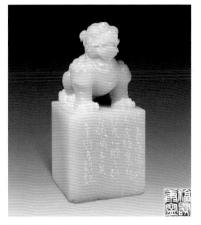

1608 童衍方刻闲章
估　价：RMB 200,000~300,000
成交价：RMB 230,000
3.6cm×3.6cm×7.5cm 朵云轩 2022-12-08

4306 吴昌硕刻 "迪纯盦" 寿山石印章
估　价：RMB 800,000~1,200,000
成交价：RMB 1,150,000
2.2cm×2.2cm×3cm 中国嘉德 2022-06-26

4305 吴让之刻 青田石六面印
估 价：RMB 3,000,000~5,000,000
成交价：RMB 7,820,000
4.4cm×4.4cm×4cm 中国嘉德 2022-06-26

2942 明万历 叶玄卿制青麟髓漱金墨
估 价：RMB 50,000~80,000
成交价：RMB 264,500
7.2cm×1.8cm×0.9cm；重16.7g
西泠印社 2022-01-22

2523 吴昌硕为沈卫刻"就里沈卫"章
估 价：RMB 200,000~300,000
成交价：RMB 494,500
1.6cm×1.4cm×2.9cm 中贸圣佳 2023-01-01

2546 赵次闲为曹若采刻自用对章"曹若采
印、子伯"
估 价：RMB 200,000~300,000
成交价：RMB 517,500
1.5cm×1.5cm×5.1cm×2
中贸圣佳 2023-01-01

2946 明 程君房制天府御香墨
估 价：RMB 40,000~60,000
成交价：RMB 540,500
101cm×3.3cm×1.5cm；重41.2g
西泠印社 2022-01-22

2943 明 朱一涵制青麟髓墨
估　价：RMB 20,000~30,000
成交价：RMB 483,000
8.9cm×2.5cm×1cm；重26.8g
西泠印社 2022-01-22

5085 清中期 光被四表墨（一套八方）
估　价：RMB 25,000~35,000
成交价：RMB 218,500
长9cm 中国嘉德 2022-05-29

1772 清乾隆 春华秋实墨
估　价：RMB 180,000~250,000
成交价：RMB 230,000
长18cm；宽8.7cm；厚2.2cm
中贸圣佳 2023-01-01

1721 清乾隆 黼黻昭文墨
估　价：RMB 400,000~600,000
成交价：RMB 575,000
长17.1cm；宽8.9cm；高2.5cm
中贸圣佳 2022-07-25

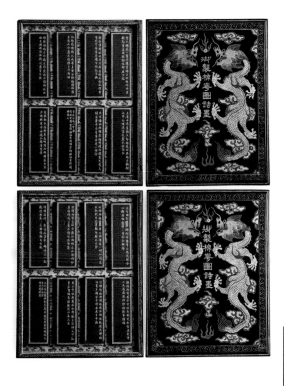

1722 清 胡子卿制棉花图诗墨两盒
估　价：RMB 200,000~300,000
成交价：RMB 345,000
单枚长11.5cm；宽3.7cm；厚1.1cm
中贸圣佳 2022-07-25

3836 红星牌四尺净皮龟纹
估　价：RMB 50,000~80,000
成交价：RMB 92,000
138cm×69cm 中贸圣佳 2022-07-27

3833 红星牌四尺棉料单宣
估　价：RMB 50,000~80,000
成交价：RMB 86,250
138cm×69cm 中贸圣佳 2022-07-27

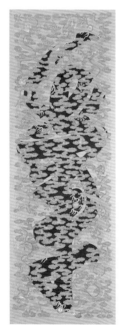

2247 黄地云龙纹寿字绢
成交价：RMB 69,000
164.5cm×58.5cm 中国嘉德 2022-06-27

3818 笺纸
成交价：RMB 86,250
尺寸不一 中贸圣佳 2022-07-27

3802 明黄色万字纹花绫
估　价：RMB 9,000~10,000
成交价：RMB 138,000
86cm×1165cm 中贸圣佳 2022-07-27

1306 明 端石宋坑马肝色文徵明、蒯光典铭
文人砚（带老盒）
估　价：RMB 200,000~400,000
成交价：RMB 437,000
4.5cm×12.5cm×8cm 广东崇正 2022-08-11

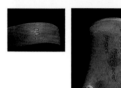

4013 明 吕道人制风字形澄泥砚
估　价：RMB 700,000~1,200,000
成交价：RMB 805,000
高2.4cm；长17.9cm；宽13.5cm
西泠印社 2022-01-23

978 明 温如玉、高凤翰铭随形端砚
估　价：RMB 250,000~350,000
成交价：RMB 460,000
17.3cm×15.1cm×2.3cm
西泠印社 2022-08-19

2852 清康熙 御铭赐张照祥云捧日纹松花石砚
估　价：RMB 300,000~500,000
成交价：RMB 632,500
16cm×10.8cm×1.8cm 西泠印社 2022-01-22

4477 明晚期 王铎铭长方形"松鹿同春"端砚
估　价：RMB 1,800,000~2,800,000
成交价：RMB 2,070,000
16.5cm×10.7cm×3.1cm 中国嘉德 2022-06-26

983 清康熙 御铭赐孙勷竹节麒麟纹松花石砚
估　价：RMB 2,000,000~2,800,000
成交价：RMB 2,932,500
14.5cm×10cm×1.5cm 西泠印社 2022-08-19

982 清康熙 御铭门字形松花石砚
估　价：RMB 350,000~500,000
成交价：RMB 517,500
12.8cm×7.9cm×1.8cm 西泠印社 2022-08-19

1208 清乾隆 端石仿青铜"宜子孙"石渠方砚（带供箱）
估 价：RMB 420,000~600,000
成交价：RMB 483,000
高7.2cm；长14.5cm 广东崇正 2022-12-25

1768 清乾隆 高凤翰铭尼山石隐泉砚
估 价：RMB 350,000~450,000
成交价：RMB 517,500
长16cm；宽14.6cm 中贸圣佳 2023-01-01

4291 清乾隆 楠文夫旧藏青田石镂雕双龙争珠砚
估 价：RMB 220,000~350,000
成交价：RMB 425,500
高5.8cm；长34cm；宽21cm
西泠印社 2022-01-23

5689 清乾隆 紫檀漆金盒松花石琴形砚
估 价：RMB 1,000,000~1,500,000
成交价：RMB 1,150,000
长18cm 北京保利 2022-07-28

1723 清《沈氏砚林》著录 沈石友藏 周药坡蕉白砚
估 价：RMB 900,000~1,200,000
成交价：RMB 1,437,500
长15.2cm；宽10.9cm；高2.5cm 中贸圣佳 2022-07-25

4290 清 康熙宸翰款蕈纹松花砚
估　价：RMB 220,000~380,000
成交价：RMB 448,500
砚高1.2cm；长13.5cm；宽9.2cm
西泠印社 2022-01-23

2858 清 顾二娘作多子多福荔枝纹子石端砚
估　价：RMB 800,000~1,200,000
成交价：RMB 1,207,500
20.5cm×14.3cm×5cm 西泠印社 2022-01-22

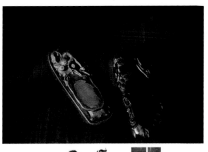

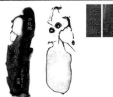

2848 清 黄易铭老龙鳞端砚
估　价：RMB 150,000~250,000
成交价：RMB 552,000
16.1cm×5.2cm×1.8cm 西泠印社 2022-01-22

980 清 六舟自铭小绿天庵主人六舟书画砚，
姚羲民藏，高均儒铭，高行信篆，明俭刻砚
匣，吴朴堂刻王福庵题砚铭
估　价：RMB 1,200,000~1,800,000
成交价：RMB 2,990,000
18cm×15.7cm×3.2cm 西泠印社 2022-08-19

2870 清 盛支焯藏长方云月端砚
估　价: RMB 250,000~400,000
成交价: RMB 402,500
21cm×14.2cm×3.4cm 西泠印社 2022-01-22

2857 清 周芷岩作啸月长方高眼端砚
估　价: RMB 600,000~800,000
成交价: RMB 977,500
8.3cm×5.7cm×1.1cm 西泠印社 2022-01-22

2239 清 宋荦 查慎行 冯敏昌 载熙铭宝砚堂藏
一双青眼砚
估　价: RMB 400,000~600,000
成交价: RMB 575,000
长22.5cm；宽15.4cm；高2.8cm
中贸圣佳 2022-10-27

51 旧藏 李鸿章款暗八仙纹松花石暖砚
估　价: RMB 150,000
成交价: RMB 176,000
直径15.5cm；高13.5cm 浙江御承 2022-12-17

757 唐 豹斑石龟式盖砚
估　价: USD 6,000~8,000
成交价: RMB 112,436
长11.5cm 纽约佳士得 2022-03-25

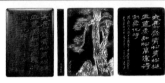

2867 唐云画、白书章作云松纹老坑端砚
估　价：RMB 400,000~600,000
成交价：RMB 575,000
23.8cm×16.8cm×2.7cm
西泠印社 2022-01-22

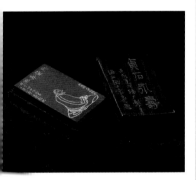

990 袁克文、谭天淇为吕海寰贺寿作无量寿
佛平板端砚
估　价：RMB 250,000~350,000
成交价：RMB 414,000
10cm×5.3cm×1.6cm 西泠印社 2022-08-19

钱 币

5127 战国 "平台十二铢" 三孔布
估　价：RMB 150,000~500,000
成交价：RMB 368,000
高55mm 永乐拍卖 2022-07-25

5122 战国 "百涅" 大型锐角布
估　价：RMB 50,000~120,000
成交价：RMB 115,000
高71mm 永乐拍卖 2022-07-25

5136 战国 "一少朱" 圜钱
估　价：RMB 50,000~150,000
成交价：RMB 126,500
直径33.5mm 永乐拍卖 2022-07-25

1004 战国时期齐"节墨之大刀"背"日"五
字刀一枚
估　价：RMB 80,000~90,000
成交价：RMB 92,000
高186.7mm 北京诚轩 2022-08-12

5758 新莽 中布六百
估　价：RMB 88,000~120,000
成交价：RMB 368,000
46.2mm×2.7mm 中国嘉德 2022-06-28

5149 新莽 "一刀平五千"
估　价：RMB 70,000~150,000
成交价：RMB 138,000
高75.7mm 永乐拍卖 2022-07-25

5722 三国·蜀 世平百钱
估　价：RMB 46,000~80,000
成交价：RMB 97,750
28.9mm×2.1mm 中国嘉德 2022-06-28

5759 新莽 第布八百
估　价：RMB 100,000~180,000
成交价：RMB 230,000
53.4mm×2.5mm 中国嘉德 2022-06-28

5157 唐 "顺天元宝"背上月镇库大钱
估　价：RMB 100,000~300,000
成交价：RMB 253,000
直径40.8mm 永乐拍卖 2022-07-25

5172 唐 "乾封泉宝" 背 "天府" 铜钱
估　价：RMB 100,000~300,000
成交价：RMB 276,000
直径41.8mm 永乐拍卖 2022-07-25

5427 六朝 "四灵图案" 合背挂花
估　价：RMB 50,000~150,000
成交价：RMB 161,000
高52.1mm 永乐拍卖 2022-07-25

5165 五代 "永安一千" 大字版大样铜品
估　价：RMB 150,000~300,000
成交价：RMB 667,000
直径60.3mm 永乐拍卖 2022-07-25

5178 北宋 "至和重宝" 折三铁母
估　价：RMB 100,000~200,000
成交价：RMB 230,000
直径34.6mm 永乐拍卖 2022-07-25

762 北宋 "淳化元宝" 供养钱三枚
估　价：USD 12,000~18,000
成交价：RMB 1,284,978
宽2.3cm 纽约佳士得 2022-03-25

5275 南宋 "临安府行用" 背 "准贰伯(佰)文省" 铜钱牌
估　价：RMB 280,000~350,000
成交价：RMB 368,000
通长62.4mm；厚2.2mm 中国嘉德 2022-12-27

5213 南宋 "临安府行用 准叁伯（佰）文省" 钱牌
估　价：RMB 300,000~1,000,000
成交价：RMB 943,000
高约66.4mm 永乐拍卖 2022-07-25

243 辽天庆元宝折十
估　价：RMB 370,000~700,000
成交价：RMB 425,500
直径41.1mm 西泠印社 2022-01-21

5232 西夏 "大安通宝"
估　价：RMB 100,000~300,000
成交价：RMB 299,000
直径25.4mm 永乐拍卖 2022-07-25

1010 元 "至正之宝" 背 "吉 权钞 伍钱" 一枚
估　价：RMB 200,000~250,000
成交价：RMB 230,000
直径80.5mm 北京诚轩 2022-08-12

5770 金·伪齐 阜昌通宝篆书
估　价：RMB 20,000~60,000
成交价：RMB 89,700
30.1mm×2.0mm 中国嘉德 2022-06-28

255 南明隆武通宝大钱
估　价：RMB 200,000~400,000
成交价：RMB 230,000
直径58.7mm 西泠印社 2022-01-21

80826 清 咸丰元宝当千背星月
估　价：RMB 160,000~250,000
成交价：RMB 235,750
直径60.5mm 华艺国际 2022-08-06

5719 清 富寿康宁宫钱
估　价: RMB 380,000~450,000
成交价: RMB 437,000
54.7mm×9.0mm 中国嘉德 2022-06-28

107 清 康熙重宝宝泉龙凤大型花钱
估　价: RMB 200,000~400,000
成交价: RMB 230,000
直径58.5mm 西泠印社 2022-08-19

270 清 王亢元旧藏咸丰重宝当五十宽缘勾咸
缶宝呈样钱
估　价: RMB 600,000~1,200,000
成交价: RMB 690,000
直径57.86mm 西泠印社 2022-01-21

261 清 光绪通宝天下太平宫钱
估　价: RMB 250,000~500,000
成交价: RMB 287,500
直径46.8mm 西泠印社 2022-01-21

106 清 顺治通宝、重宝花钱一组三枚
估　价: RMB 450,000~900,000
成交价: RMB 517,500
直径54-68.5mm 西泠印社 2022-08-19

278 清 咸丰元宝宝巩当千
估　价: RMB 550,000~900,000
成交价: RMB 632,500
直径64mm 西泠印社 2022-01-21

152 清 军饷通行足纹贰钱
估　价: RMB 670,000~900,000
成交价: RMB 770,500
直径22.4mm 西泠印社 2022-01-21

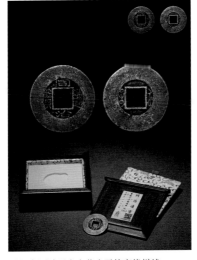

266 清 同治通宝宝苏小平特宽缘样钱
估　价: RMB 450,000~800,000
成交价: RMB 517,500
直径28.1mm 西泠印社 2022-01-21

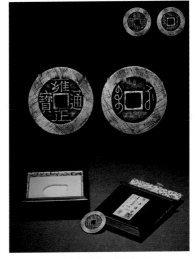

262 清 雍正通宝宝苏小平宽缘样钱
估　价: RMB 300,000~600,000
成交价: RMB 345,000
直径29.7mm 西泠印社 2022-01-21

6142 民国二十五年（1936年）广东省造壹仙
五羊图铜币
估　价：RMB 350,000~650,000
成交价：RMB 483,000
中国嘉德 2022-06-29

282 清 咸丰重宝宝浙当百
估　价：RMB 950,000~1,200,000
成交价：RMB 1,092,500
直径69.6mm 西泠印社 2022-01-21

5482 宋 "福寿富贵"背荷花图手雕金质花钱
估　价：RMB 100,000~300,000
成交价：RMB 253,000
直径56.5mm；重13.8g 永乐拍卖 2022-07-25

1014 清宝泉局 "咸丰元宝"当千样钱一枚
估　价：RMB 100,000~200,000
成交价：RMB 322,000
直径63.7mm 北京诚轩 2022-08-12

153 民国 福建通宝五文
估　价：RMB 260,000~500,000
成交价：RMB 299,000
直径29mm 西泠印社 2022-01-21

5481 宋 "长命富贵"手雕金质花钱
估　价：RMB 100,000~300,000
成交价：RMB 287,500
直径69.8mm；重35.8g 永乐拍卖 2022-07-25

5283 辽 千秋万岁鎏金花钱
估 价：RMB 350,000~500,000
成交价：RMB 402,500
直径41.5mm；厚2.4mm 中国嘉德 2022-12-27

5710 清 状元及第背福禄八角形苏炉花钱
估 价：RMB 300,000~400,000
成交价：RMB 345,000
48.5mm×2.7mm 中国嘉德 2022-06-28

215 民国 中央造币厂五两金条
估 价：RMB 260,000~400,000
成交价：RMB 299,000
通长70.8mm；重量157.2g
西泠印社 2022-01-21

218 辽 福德长寿背星月花钱
估 价：RMB 100,000~200,000
成交价：RMB 115,000
直径60.2mm 西泠印社 2022-01-21

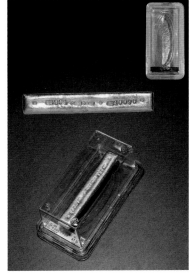

207 清 老凤祥十两金条
估 价：RMB 240,000~500,000
成交价：RMB 276,000
通长126.9mm；重量315g
西泠印社 2022-01-21

80726 元 蒙山课银 至正八年元字号五十两
银铤
估 价：RMB 300,000~750,000
成交价：RMB 494,500
重1885.5g 华艺国际 2022-08-06

5825 明 张天师骑虎背八卦纹花钱
成交价：RMB 207,000
80.8mm×2.4mm 中国嘉德 2022-06-28

5590 清 "龙凤呈祥"背"麒麟送子"花钱
母钱
估 价：RMB 100,000~300,000
成交价：RMB 253,000
永乐拍卖 2022-07-25

5456 民国上海"聚兴正记""足赤十两金条"
估 价：RMB 180,000~250,000
成交价：RMB 207,000
重312.6g 中国嘉德 2022-12-28

80781 元 至正三年山泽所产炼成足色白银
五十两银铤
估 价：RMB 200,000~300,000
成交价：RMB 437,000
重1940g 华艺国际 2022-08-06

1113 明"广东广州府倾解椒木军饷银壹锭
重伍拾两正 银匠陈信"五十两银锭一枚
估　价：RMB 300,000~400,000
成交价：RMB 414,000
重1846.1g 北京诚轩 2022-08-12

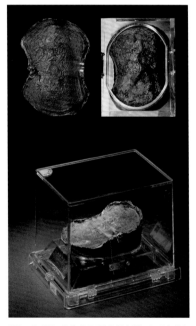

189 明 浙江金华东阳县完银伍拾两正匠邓文
银锭
估　价：RMB 340,000~700,000
成交价：RMB 391,000
重1840.3g 西泠印社 2022-01-21

80409 清 辛未同治十年弥勒佛背双龙值念五
两金牌，NGC UNC DETAILS
估　价：RMB 200,000~500,000
成交价：RMB 759,000
华艺国际 2022-08-07

5080 清 "万年县 光绪贰拾伍年伍月 长庐 伍
拾两匠余顺"五十两方宝
估　价：RMB 200,000~500,000
成交价：RMB 483,000
重1873g 永乐拍卖 2022-07-25

80795 清 江西光绪三十四年八月江西官银号
五十两方宝银锭 方干评级AU 58
估　价：RMB 250,000~500,000
成交价：RMB 460,000
重1871g 华艺国际 2022-08-06

80805 清 江西乾隆五十八年六月进贤县匠刘
顺五十两方宝银锭
估　价：RMB 250,000~500,000
成交价：RMB 402,500
重1859.4g 华艺国际 2022-08-06

1183 清 江苏"沛县 万春银炉 万春银炉"
五十两银锭一枚
估　价：RMB 150,000~250,000
成交价：RMB 678,500
重1864.3g 北京诚轩 2022-08-12

1122 清 江苏"十四年七月 丹阳县 孙节勋 钱
天丰"五十两银锭一枚
估　价：RMB 260,000~360,000
成交价：RMB 425,500
重1874.8g 北京诚轩 2022-08-12

1158 清 山东"光绪年月日 潍县 匠张造五"
五十两银锭一枚
估　价：RMB 150,000~200,000
成交价：RMB 402,500
重1888.4g 北京诚轩 2022-08-12

1167 清 山东"聚泰炉 招财童子至 利市仙官来"五十两开炉吉语锭一枚
估 价：RMB 350,000~450,000
成交价：RMB 483,000
重1884.2g 北京诚轩 2022-08-12

2306 1902年 安徽省造光绪元宝方孔十文铜币试铸样币一枚
估 价：RMB 280,000~380,000
成交价：RMB 460,000
保利诚轩 2022-08-11

2347 1906年 丙午户部大清铜币中心"宁"黄铜五文一枚
估 价：RMB 180,000~250,000
成交价：RMB 575,000
保利诚轩 2022-08-11

2373 1906年 丙午户部大清铜币中心"淮"二十文样币一枚
估 价：RMB 1,800,000~3,000,000
成交价：RMB 5,175,000
保利诚轩 2022-08-11

1815 1913年 袁世凯像共和纪念十文铜币样币一枚
估 价：RMB 800,000~1,500,000
成交价：RMB 3,565,000
保利诚轩 2022-08-10

2121 1914年 中华民国共和纪念双旗嘉禾图
"L.GIORGI" 签字版十文铜币红铜样币一枚
估　价：RMB 100,000~200,000
成交价：RMB 540,500
保利诚轩 2022-08-10

2120 1916年 中华民国开国纪念二十文铜币
样币一枚
估　价：RMB 280,000~380,000
成交价：RMB 989,000
保利诚轩 2022-08-10

2266 民国二十五年 广东省造五羊图壹仙铜
币一枚
估　价：RMB 160,000~250,000
成交价：RMB 632,500
保利诚轩 2022-08-11

2709 民国廿二年山东省造贰拾文铜元样币一枚
估　价：RMB 150,000~300,000
成交价：RMB 1,207,500
保利诚轩 2022-08-11

11403 1897年 无纪年江南省造光绪元宝库平
七钱二分银币一枚
估　价：RMB 2,000,000~4,000,000
成交价：RMB 4,485,000
北京保利 2022-07-29

2716 1932年 中华民国河南双旗嘉禾伍百文铜币样币一枚
估　价：RMB 300,000~500,000
成交价：RMB 1,207,500
保利诚轩 2022-08-11

80491 1898年 江南省造光绪元宝戊戌错置库
平七钱二分 PCGS XF45
估　价：RMB 1,000,000~3,000,000
成交价：RMB 4,830,000
华艺国际 2022-08-07

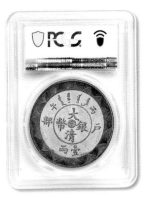

2558 1903年 癸卯奉天省造光绪元宝库平七钱二分银币一枚
估　价：RMB 2,000,000~3,000,000
成交价：RMB 4,945,000
保利诚轩 2022-08-11

1713 1906年 丙午户部大清银币"中"字壹两样币一枚
估　价：RMB 1,500,000~3,000,000
成交价：RMB 8,395,000
保利诚轩 2022-08-10

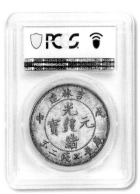

2546 1908年 戊申吉林造光绪元宝中心满文库平七钱二分银币一枚
估　价：RMB 7,000,000~10,000,000
成交价：RMB 8,050,000
北京诚轩 2022-08-11

2562 1903年 癸卯奉天省造光绪元宝库平银一两银币样币一枚
成交价：RMB 46,575,000
保利诚轩 2022-08-11

1803 1914年 袁世凯像共和纪念"冲天冠"版壹圆银币样币一枚
估　价：RMB 1,000,000~2,000,000
成交价：RMB 4,312,500
保利诚轩 2022-08-10

80509 1923年曹锟戎装像宪法成立纪念银币
PCGS MS63+PL，PCGS唯一获得PL评分
估　价：RMB 1,500,000~3,500,000
成交价：RMB 3,450,000
华艺国际 2022-08-07

2274 清光绪三十年湖北省造大清银币库平一两一枚
估　价：RMB 4,000,000~5,000,000
成交价：RMB 4,715,000
保利诚轩 2022-08-11

80490 1929年 中华民国十八年帆船壹圆样币 PCGS SP64
估　价：RMB 1,300,000~2,500,000
成交价：RMB 3,450,000
华艺国际 2022-08-07

1718 清宣统年造大清银币壹圆"$1"一枚
估　价：RMB 1,600,000~3,000,000
成交价：RMB 4,830,000
保利诚轩 2022-08-10

1723 清光绪二十九年户部光绪元宝库平一两银币样币一枚
估　价：RMB 6,000,000~10,000,000
成交价：RMB 23,000,000
保利诚轩 2022-08-10

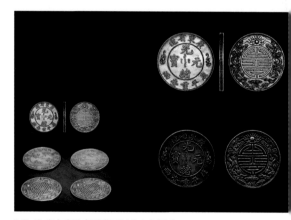

149 清广东省造库平壹两双龙寿字银币
成交价：RMB 8,050,000
直径41.2mm；重34.4g 西泠印社 2022-01-21

2397 清 台湾 "道光年铸 库平柒贰 足纹银饼" 一枚
估　价：RMB 500,000~1,000,000
成交价：RMB 3,852,500
保利诚轩 2022-08-11

80505 民国二十五年 孙中山像背帆船壹圆银币样币大字版马定祥旧
藏 PCGS SP Genuine AU DETAILS
估　价：RMB 1,500,000~3,500,000
成交价：RMB 4,140,000
华艺国际 2022-08-07

80514 民国十八年 孙中山像背嘉禾图贰角银
币试铸样币 PCGS SP63
估　价：RMB 2,500,000~5,000,000
成交价：RMB 3,622,500
华艺国际 2022-08-07

1819 民国三年 袁世凯侧面像壹圆银币样币一枚
估　价：RMB 5,500,000~7,000,000
成交价：RMB 6,555,000
保利诚轩 2022-08-10

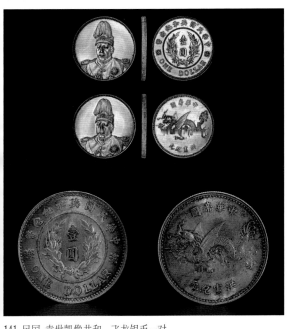

141 民国 袁世凯像共和、飞龙银币一对
估　价：RMB 900,000~1,500,000
成交价：RMB 3,795,000
直径39.1mm×2；重26.9g；重26.5g 西泠印社 2022-01-21

2072 民国十二年造龙凤壹圆银币一枚
估　价：RMB 800,000~1,500,000
成交价：RMB 3,910,000
保利诚轩 2022-08-10

1790 民国十年 徐世昌像仁寿同登纪念银币金质样币一枚
估　价：RMB 2,800,000~3,800,000
成交价：RMB 4,082,500
保利诚轩 2022-08-10

150 清 光绪丁未年造大清金币库平壹两
估　价：RMB 1,700,000~3,500,000
成交价：RMB 1,955,000
直径39mm 西泠印社 2022-01-21

80496 1921年 徐世昌中华民国十年九月仁寿同登纪念金币 PCGS
SP62
估　价：RMB 2,000,000~5,000,000
成交价：RMB 4,082,500
华艺国际 2022-08-07

1800 民国十六年 张作霖戎装像背龙凤黼黻图伍拾圆金币样币一枚
估　价：RMB 3,800,000~5,800,000
成交价：RMB 34,500,000
保利诚轩 2022-08-10

80192 清 大清丙午金币龙面钦差北洋大臣商勋 附原盒
估　价：RMB 350,000~800,000
成交价：RMB 1,115,500
华艺国际 2022-08-07

80536 1927年 张作霖像背嘉禾金质纪念章 张作霖赠顾维钧 附原盒
估　价：RMB 1,000,000~3,000,000
成交价：RMB 4,772,500
华艺国际 2022-08-07

1789 民国十年 徐世昌像仁寿同登无"纪念币"加刻英文姓名银币一枚
估　价：RMB 250,000~350,000
成交价：RMB 862,500
保利诚轩 2022-08-10

80510 1936年 张学良赠合金纪念章 PCGS MS63（评级冠军分）
估　价：RMB 600,000~1,500,000
成交价：RMB 1,840,000
华艺国际 2022-08-07

6191 民国二十九年（1940年）冀南银行滏西贰角
估　价：RMB 5,000~30,000
成交价：RMB 126,500
中国嘉德 2022-12-28

6152 民国时期冀南银行伍角
估　价：RMB 5,000~30,000
成交价：RMB 126,500
中国嘉德 2022-12-28

6286 民国八年（1919年）黎元洪像纪念金章（LM950）
估　价：RMB 900,000~2,000,000
成交价：RMB 3,910,000
中国嘉德 2022-06-29

1985 民国十年 徐世昌像仁寿同登无"纪念币"银币一枚
估　价：RMB 200,000~300,000
成交价：RMB 2,357,500
保利诚轩 2022-08-10

11052 1941年 陕甘宁边区银行拾圆山村树图一枚
估　价：RMB 150,000~200,000
成交价：RMB 287,500
北京保利 2022-07-29

11128 1948年 第一版人民币壹仟圆双马耕地
狭长版七位数豹子号一枚
估　价：RMB 100,000~200,000
成交价：RMB 414,000
北京保利 2022-07-29

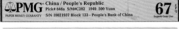

11117 1949年 第一版人民币伍佰圆收割机一枚
估　价：RMB 80,000~150,000
成交价：RMB 264,500
北京保利 2022-07-29

11136 1949年 第一版人民币伍仟圆耕地机一枚
估　价：RMB 200,000~300,000
成交价：RMB 460,000
北京保利 2022-07-29

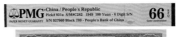

11105 1949年 第一版人民币壹佰圆红轮船6
位数版一枚
估　价：RMB 200,000~300,000
成交价：RMB 483,000
北京保利 2022-07-29

1591 1949年 第一版人民币壹万圆"双马耕
地"一枚
估　价：RMB 180,000~220,000
成交价：RMB 218,500
保利诚轩 2022-08-12

1592 1950年 第一版人民币伍万圆"收割
机"一枚
估　价：RMB 280,000~320,000
成交价：RMB 322,000
保利诚轩 2022-08-12

11137 1951年 第一版人民币伍仟圆蒙古包
一枚
估　价：RMB 300,000~400,000
成交价：RMB 529,000
北京保利 2022-07-29

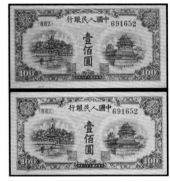

5481 民国三十八年（1949年）中国人民银
行发行第一版人民币壹佰圆蓝色"北海与角
楼"一组二枚同号
估　价：RMB 50,000~100,000
成交价：RMB 253,000
中国嘉德 2022-06-29

6379 利兰·斯坦福 亲笔签名股票
估　价：RMB 12,000~32,000
成交价：RMB 103,500
框72cm×46cm 中国嘉德 2022-12-09

80199 清"福州船政成功·大清御赐金牌"一枚
估　价：RMB 1,500,000~3,500,000
成交价：RMB 3,852,500
华艺国际 2022-08-07

80183 清 御赐双龙宝星三等第一级金质勋章
裘天宝款（第一版）大型珐琅彩含原盒绶带
估　价：RMB 80,000~150,000
成交价：RMB 324,300
华艺国际 2022-08-07

邮 品

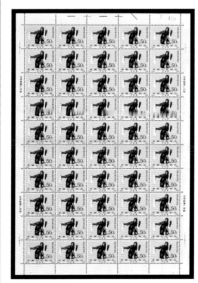

5177　★ 纪94（8-8）50分梅兰芳有齿邮票
五十枚全张
估　价：RMB 150,000~300,000
成交价：RMB 598,000
中国嘉德 2022-06-29

5186　★ 1949—1967年老纪特邮票大全套
估　价：RMB 120,000~200,000
成交价：RMB 264,500
中国嘉德 2022-06-29

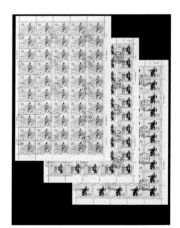
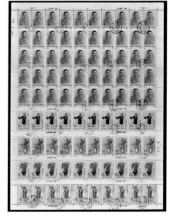

5179　○ 纪94梅兰芳有齿邮票五十枚全张八全
估　价：RMB 150,000~400,000
成交价：RMB 437,000
中国嘉德 2022-06-29

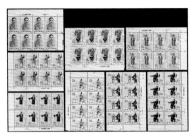

5189 ★ 纪94梅兰芳有齿邮票八方连八全
估　价：RMB 350,000~600,000
成交价：RMB 402,500
中国嘉德 2022-12-27

5209 ★ 文字邮票大全套
估　价：RMB 50,000~100,000
成交价：RMB 172,500
中国嘉德 2022-06-29

414 1880年 北京寄英国大龙封，贴薄纸大
龙叁分银不规则方连带左纸边，"模号1-6-
11/23"，销北京蓝色中文戳，北京海关总署
1880年12月2日戳，经上海中转贴法国35丁省
一枚
估　价：RMB 350,000~500,000
成交价：RMB 517,500
北京保利 2022-08-28

5225 ★ 特61牡丹邮票十四枚
估　价：RMB 20,000~50,000
成交价：RMB 97,750
中国嘉德 2022-06-29

64 1877年 万年有象图伍厘银有齿黑色样票
横双连
估　价：RMB 150,000~200,000
成交价：RMB 534,750
北京保利 2022-08-28

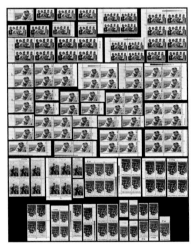

5212 ★ 文18保边疆邮票一百四十三枚
估　价：RMB 20,000~50,000
成交价：RMB 161,000
中国嘉德 2022-06-29

74 1878年 薄纸大龙伍分银试模无齿样票一枚
估　价：RMB 300,000~500,000
成交价：RMB 437,000
北京保利 2022-08-28

170 1897年 红印花加盖当壹分新票全格
二十五枚
估　价：RMB 350,000~500,000
成交价：RMB 402,500
北京保利 2022-08-28

681 1916年 洪宪开国纪念加盖"限新省贴用"无齿样票全套三枚
估　价：RMB 30,000~50,000
成交价：RMB 161,000
北京保利 2022-08-28

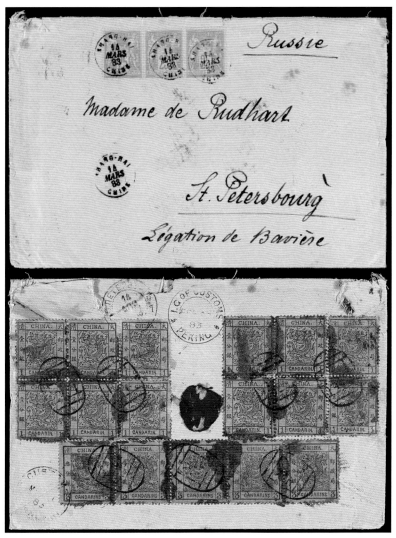

415 1883年 北京寄俄国大型西式封
估　价：RMB 1,300,000~1,800,000
成交价：RMB 1,495,000
北京保利 2022-08-28

1792 1960年 特44菊花新票全套四方连
估　价：RMB 100,000~200,000
成交价：RMB 218,500
北京保利 2022-08-29

政郵清大　政郵清大
貳洋暫　貳洋暫
分銀作　分銀作
2 cents.　2 cents.

161 1897年 红印花小2分试盖印样横双连
估　价：RMB 150,000~200,000
成交价：RMB 172,500
北京保利 2022-08-28

167 1897年 红印花加盖小字4分旧票一枚
估　价：RMB 250,000~300,000
成交价：RMB 287,500
北京保利 2022-08-28

5137 C 1945年 左右山东莒县寄天津封
估　价：RMB 150,000~200,000
成交价：RMB 218,500
中国嘉德 2022-12-27

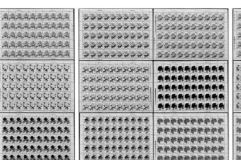
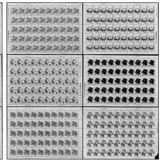

1884 1964年 特61牡丹新票全套版张，共50套
估　价：RMB 800,000~1,200,000
成交价：RMB 1,322,500
北京保利 2022-08-29

509 清二次邮资双片1900年梧州寄德国来回
实寄
估　价：RMB 100,000~150,000
成交价：RMB 115,000
北京保利 2022-08-28

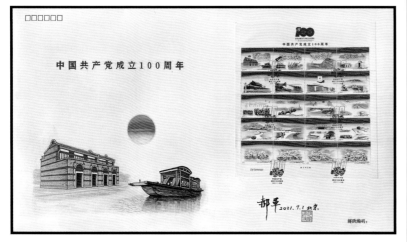

5161 FDC 2021年中国共产党成立100周年大型手绘封
估　价：RMB 50,000~100,000
成交价：RMB 241,500
中国嘉德 2022-06-29

5146 PS 1992年JP32中国友好观光年邮资明
信片"大阿福"（未发行）一枚
估　价：RMB 90,000~150,000
成交价：RMB 184,000
中国嘉德 2022-12-27

492 清一次邮资片1898年杭州寄上海
估　价：RMB 120,000~150,000
成交价：RMB 207,000
北京保利 2022-08-28

5116 C 1967年文2北京寄日本航空印刷品封
估　价：RMB 50,000~100,000
成交价：RMB 310,500
中国嘉德 2022-06-29

69 大龙壹分银无齿黑色样票一枚
估　价：RMB 220,000~300,000
成交价：RMB 253,000
北京保利 2022-08-28

1166 苏维埃邮政1932年工农图10分无齿旧票
一枚
估　价：RMB 100,000~150,000
成交价：RMB 115,000
北京保利 2022-08-29

1163 苏维埃邮政1932年红军长征图30分新票
一枚
估　价：RMB 150,000~200,000
成交价：RMB 172,500
北京保利 2022-08-29

142 1953年作 康生 手抄《脉望馆校钞本古今杂剧》二百零八页 线装一册二百零八页
估　价：HKD 2,500,000~3,500,000
成交价：RMB 18,001,200
40cm×25.5cm×208 华艺国际 2022-05-29

1162 苏维埃邮政1932年红军长征图8分新票
一枚
估　价：RMB 120,000~150,000
成交价：RMB 138,000
北京保利 2022-08-29

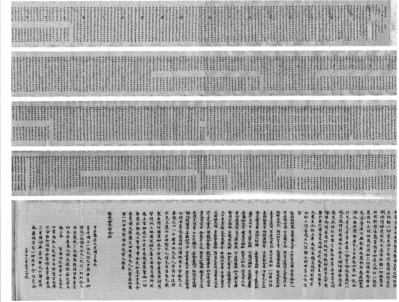

古籍善本

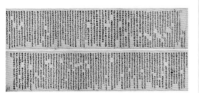

503 北宋初写本 佛教论议文 手卷
估　价：RMB 1,000,000~1,200,000
成交价：RMB 1,782,500
28.5cm×260cm 华艺国际 2022-07-29

1270 佛说如来智印经
估　价：RMB 1,300,000~1,500,000
成交价：RMB 2,300,000
26cm×990cm 中贸圣佳 2022-10-27

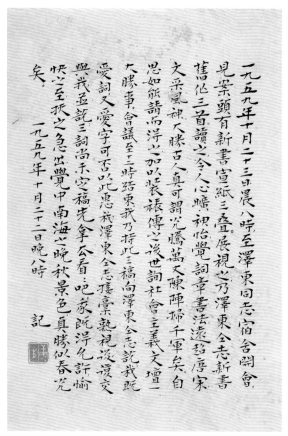

140 1959年作 康生 1959年10月22日日记 镜心
估　价：HKD 200,000~300,000
成交价：RMB 3,805,968
29.5cm×19.5cm 华艺国际 2022-05-29

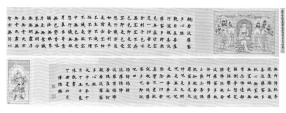

343 溥儒 丁丑（1937年）作 临裴休书《般若波罗蜜多心经》卷 手卷
估　价：HKD 1,200,000~2,200,000
成交价：RMB 3,421,284
书法21.5cm×250cm 中国嘉德 2022-10-07

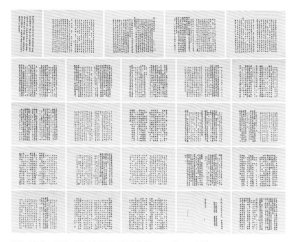

141 康生 手抄《苏子瞻风雪贬黄州》二十四页 镜心
估　价：HKD 700,000~800,000
成交价：RMB 3,188,784
25.5cm×35.5cm×24 华艺国际 2022-05-29

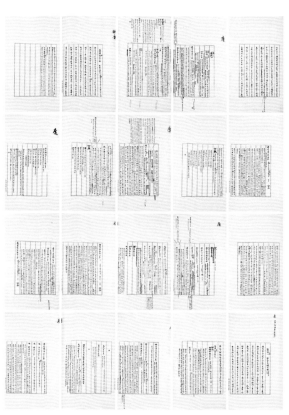

527 民国间写本 梁启超《中国图书大辞典 薄录之部》手稿 线装
估　价：RMB 2,200,000~3,200,000
成交价：RMB 2,932,500
38cm×26cm 华艺国际 2022-07-29

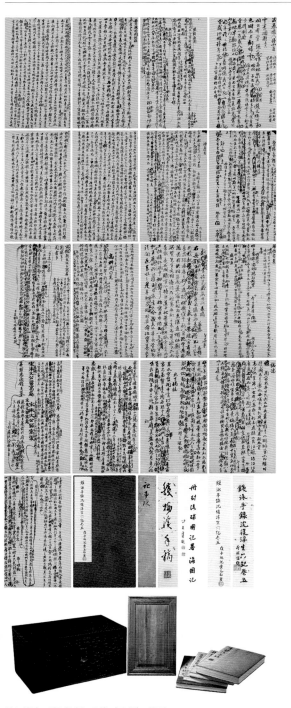

3002 宋《王文公文集》卷第十七第二页 宋人佚简·向沟《覆问起居札》
估　　价：RMB 2,800,000~3,800,000
成交价：RMB 4,255,000
版心20.6cm×15cm 永乐拍卖 2022-07-25

664 钱泳《记事珠》手稿（五册）册页
估　　价：RMB 10,000,000~15,000,000
成交价：RMB 12,650,000
25cm×30cm×5 朵云轩 2022-12-08

1149 王国维 陆宗舆 叶恭绰 致竹本多吉诗词稿四种
估　　价：RMB 400,000~600,000
成交价：RMB 2,208,000
31.5cm×31cm；31.5cm×36.5cm；27cm×17cm×4
西泠印社 2022-08-20

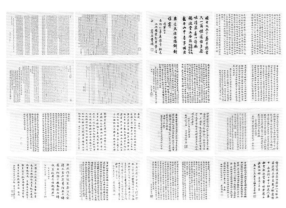

147 文徵明 1545年作 小楷离骚经 册页
估　价：HKD 2,000,000~3,000,000
成交价：RMB 8,331,984
经文18.5×9.8cm×9 华艺国际 2022-05-29

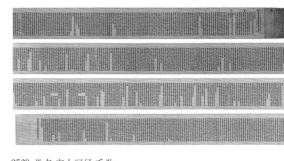

2569 佚名 宋人写经 手卷
估　价：HKD 3,000,000~6,000,000
成交价：RMB 10,570,809
31.5cm×1118.6cm 香港苏富比 2022-04-27

852 吴湖帆 手稿十册 册页
估　价：RMB 5,000,000~6,000,000
成交价：RMB 6,670,000
31cm×20cm 中贸圣佳 2022-07-23

1163 章钰 俞平伯 谢国桢 范景中 张兰思 《柳如是遗集》稿本册
估　价：RMB 900,000~1,500,000
成交价：RMB 1,955,000
31.5cm×18cm（册）西泠印社 2022-08-20

656 严复 批点 《古文辞类纂》十二册
估　价：RMB 2,800,000~5,800,000
成交价：RMB 4,485,000
31cm×18.5cm×12 朵云轩 2022-12-08

1261 朱赓 王士禛 等 内阁首辅期间 罕见密札手稿 册页
估　价：RMB 600,000~800,000
成交价：RMB 1,207,500
画心35.5cm×25cm×11；25cm×17.5cm×2 西泠印社 2022-01-22

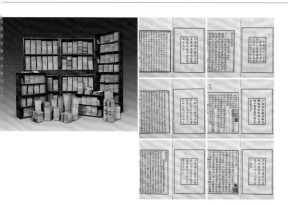

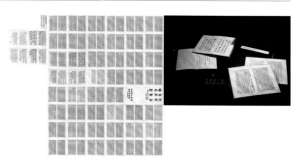

2216 四部丛刊 三编 附二十四史
估　价：RMB 200,000~600,000
成交价：RMB 920,000
尺寸不一 中国嘉德 2022-06-27

801 姜宸英 1673、1674年作 《选诗类钞》未刊稿 册页
（四册一百零六开）
估　价：RMB 300,000~500,000
成交价：RMB 2,415,000
30cm×17.5cm 中贸圣佳 2022-07-23

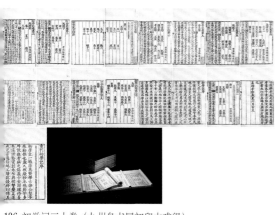

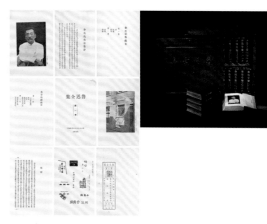

136 初学记三十卷（九州岛书屋初印本难得）
估　价：RMB 700,000~800,000
成交价：RMB 2,024,000
28.6cm×19cm 北京保利 2022-07-27

1309 鲁迅全集二十卷附录一卷（纪念编号本第172号）
估　价：RMB 850,000~900,000
成交价：RMB 977,500
19cm×13.5cm 中贸圣佳 2022-10-27

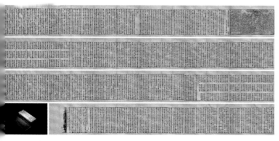

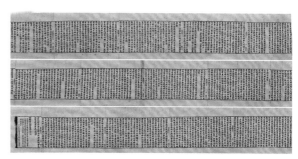

4255 大萨遮尼干子受记经 卷十
估　价：RMB 450,000~550,000
成交价：RMB 1,265,000
30.5cm×11.4cm 永乐拍卖 2022-07-25

806 金代贞元元年（1153年）耀州富平县刻 《瑜伽师地论》卷第
六十八
估　价：RMB 13,000,000~18,000,000
成交价：RMB 14,950,000
35cm×638cm 中贸圣佳 2022-07-23

1717 戊午1258年《泉石润公禅师语录》和宋版《大慧普觉禅师语录》
估　价：RMB 8,000,000~12,000,000
成交价：RMB 9,200,000
22.5cm×14.5cm 北京荣宝 2022-07-24

1716 释宗仰等编 频伽大藏
估　价：RMB 1,500,000~1,800,000
成交价：RMB 2,070,000
29cm×17.5cm 北京荣宝 2022-07-24

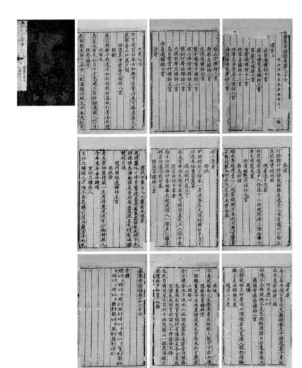

515 南宋嘉定四年杭州净慈寺刻本 福井崇兰馆旧藏 宋刻孤本《嘉泰普灯录》存卷第二十七 线装
估　价：RMB 1,800,000~2,000,000
成交价：RMB 2,300,000
24.3cm×16.5cm 华艺国际 2022-07-29

3044 汤右曾、王澍旧藏《二王帖》二卷
估　价：RMB 600,000~800,000
成交价：RMB 1,150,000
33.5cm×22.5cm 永乐拍卖 2022-07-25

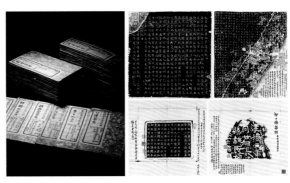

3045 党晴梵旧藏《六朝墓志》百种
估　价：RMB 500,000~1,000,000
成交价：RMB 1,012,000
尺寸不一 永乐拍卖 2022-07-25

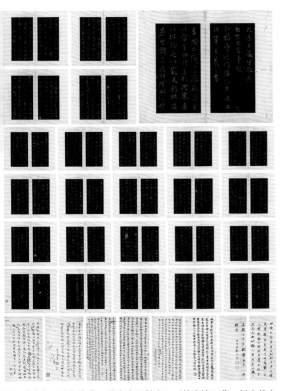

343 北宋拓《唐怀仁集王羲之书圣教序》（韩逢禧旧藏、杨宾等七家题跋）
估　价：RMB 3,000,000~5,000,000
成交价：RMB 13,915,000
32cm×19cm 西泠印社 2022-01-21

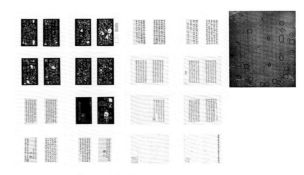

3041 顾文铣旧藏《玉版十三行》
估　价：RMB 500,000~800,000
成交价：RMB 1,552,500
17.2cm×12.3cm 永乐拍卖 2022-07-25

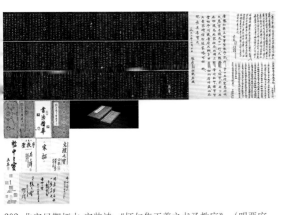

202 北宋早期拓本 宋装裱 《怀仁集王羲之书圣教序》（明晋府、莫文骅旧藏）
估　价：RMB 5,000,000~6,000,000
成交价：RMB 12,650,000
30cm×768cm 北京保利 2022-07-27

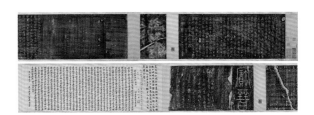

2537 旧拓《兰亭集序》手卷
估　价：HKD 200,000~300,000
成交价：RMB 2,165,134
香港苏富比 2022-10-09

3042 刘师慎旧藏《隋董美人墓志》
估 价: RMB 600,000~900,000
成交价: RMB 1,035,000
34.8cm×17.8cm 永乐拍卖 2022-07-25

814 明拓本 李旦《顺陵碑》四册页（共二百九十三开）
估 价: HKD 400,000~600,000
成交价: RMB 2,376,158
23.5×15.2cm×293 佳士得 2022-05-28

3802 清乾隆 御制国朝二十五宝皇史宬本《宝谱》
估 价: HKD 800,000~1,200,000
成交价: RMB 7,344,489
38cm×31cm×2.6cm 香港苏富比 2022-04-29

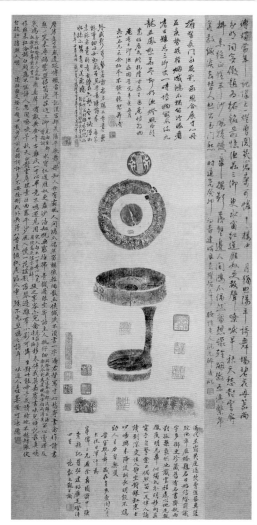

805 阮元 黄易 翁方纲 汤贻汾 程雪坪 吴让之 张廷济等鉴题
乾嘉间全角拓 建昭三年雁足灯 立轴
估 价: RMB 800,000~1,200,000
成交价: RMB 1,035,000
101cm×49cm 中贸圣佳 2022-07-23

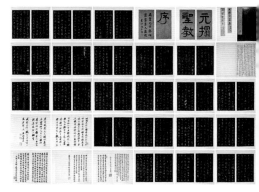

803 唐怀仁集王书圣教序 南宋拓本 纸本
估 价: RMB 800,000~1,200,000
成交价: RMB 1,380,000
29.5cm×17.5cm 中贸圣佳 2022-07-23

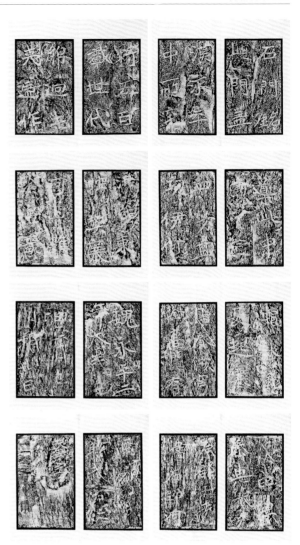

930 吴昌硕刻赤乌七年砖砚、赤乌砖砚拓本并金心兰墨梅吴昌硕
行书赠水野疏梅诗合卷 手卷
估　价：RMB 2,800,000~3,200,000
成交价：RMB 3,680,000
砚高5cm，长16cm，宽9cm；墨梅本幅25cm×116cm；
吴昌硕行书本幅26.5cm×130cm 中贸圣佳 2022-07-26

3043 吴云旧藏《北魏石门铭》
估　价：RMB 500,000~800,000
成交价：RMB 1,150,000
32.2cm×18.2cm 永乐拍卖 2022-07-25

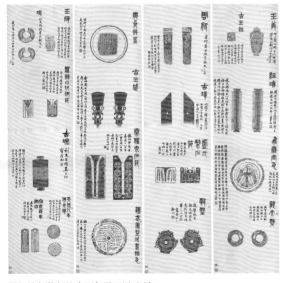

595 吴大澂 拓注金石各器四屏 立轴
估　价：RMB 2,800,000~3,800,000
成交价：RMB 4,715,000
177cm×44.5cm×4 华艺国际 2022-07-29

3040 谢谷旧藏《秦泰山刻石》二十九字本
估　价：RMB 800,000~1,500,000
成交价：RMB 2,070,000
137.5cm×35cm 永乐拍卖 2022-07-25

1800 叶氏平安馆藏金石小品十种 卷轴
估　价：RMB 1,200,000~1,600,000
成交价：RMB 1,840,000
69cm×20cm 北京荣宝 2022-07-24

360 文彭 致吴东原先生手札 手卷
估　价：HKD 800,000~1,200,000
成交价：RMB 2,872,800
28cm×156.5cm 保利香港 2022-07-12

882 丁敬 蒋仁 黄易 奚冈 清书札四通 散册页
八开
估　价：HKD 1,000,000~2,000,000
成交价：RMB 8,343,518
尺寸不一 佳士得 2022-12-03

477 徐志摩、郁达夫、张铁铮、郭沫若、许
广平与周作人往来通信、与公元寺公一通
信、与周作人通信信封 镜心
估　价：HKD 200,000~400,000
成交价：RMB 1,795,500
尺寸不一 保利香港 2022-07-12

361 文嘉、文从简 致吴东原先生手札、致鲁王世子手札 手卷
估　价：HKD 800,000~1,200,000
成交价：RMB 2,565,000
30cm×110cm 保利香港 2022-07-12

148 恽日初、恽寿平 恽氏父子书札 书札十八通三十五纸
估　价：HKD 2,000,000~3,000,000
成交价：RMB 3,908,832
尺寸不一 华艺国际 2022-05-29

634 徐悲鸿 1953年作 致周扬信札一通一纸 镜心
估　价：RMB 1,200,000~1,800,000
成交价：RMB 3,220,000
28cm×187cm 开拍国际 2022-01-07

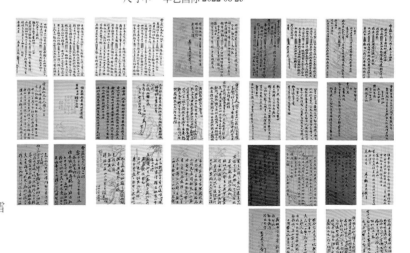

3080 左宗棠 吴大澂 张曜 卫荣光 潘霨 等 致胡雪岩信札 十通十七开册
估　价：HKD 80,000~160,000
成交价：RMB 1,134,075
23cm×12.5cm×34 香港苏富比 2022-04-30

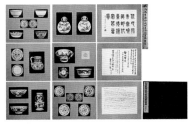

5627 1943年 仇氏抗希斋珍藏明景德镇窑器
留真（吴湖帆题签）
估　价：RMB 500,000~800,000
成交价：RMB 920,000
33cm×40cm 北京保利 2022-07-28

324 林语堂 林语堂原版著作及题字（共47本）
成交价：RMB 684,256
尺寸不一 中国嘉德 2022-10-07

1116 民国 仇焱之藏书一批
成交价：RMB 402,500
尺寸不一 中贸圣佳 2022-07-26

40 苏富比、佳士得拍卖图录
成交价：RMB 678,500
中贸圣佳 2022-08-13

74 中国书画杂志名家题字原稿
估　价：RMB 300,000~600,000
成交价：RMB 437,000
尺寸不一 北京银座 2022-09-16

5371 19世纪40年代 中国买办肖像银版照片
估　价：RMB 150,000~300,000
成交价：RMB 575,000
银版8cm×7cm；外径15.5cm×12cm
中贸圣佳 2022-07-27

5315 1926年 瑞典实业家赖格雷利藏 瑞典王储
来华访问北京、山西等地精美相册（524张照
片、25张明信片、44张名片、15件菜单等）
估　价：RMB 400,000~600,000
成交价：RMB 632,500
小10.5cm×6.5cm；大18.5cm×42.5cm
中贸圣佳 2022-07-27

5069 1890—1910年 清末流失海外中国古董
文物相册十册（646张）
估　价：RMB 550,000~700,000
成交价：RMB 632,500
小8.5cm×5cm；大22.5cm×28cm
中贸圣佳 2022-12-31

佳 酿

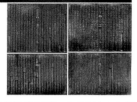

172 《十三经性理参翼》《反身录》书板
五十五块（正反面刊刻）
估　价：RMB 100,000~110,000
成交价：RMB 115,000
18cm×26cm 北京保利 2022-07-27

5359 谢满禄 1882—1884年 镜头下的清末北
京城（486张）
估　价：RMB 1,000,000~1,500,000
成交价：RMB 1,150,000
11.5cm×16.5cm 中贸圣佳 2022-07-27

91 敦煌三窟 千手千眼观世音菩萨
估　价：HKD 1,200,000~2,200,000
成交价：RMB 1,345,054
156.5cm×170cm 香港贞观 2022-06-18

604 1958年金轮牌贵州茅台酒（全棉纸绿美人）1瓶
估　价：RMB 800,000~1,500,000
成交价：RMB 1,276,500
约540ml 西泠印社 2022-01-21

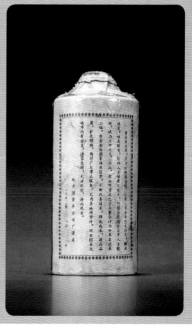

603 1959年贵州茅台酒（土陶瓶）1瓶
估　价：RMB 800,000~1,500,000
成交价：RMB 1,380,000
约540ml 西泠印社 2022-01-21

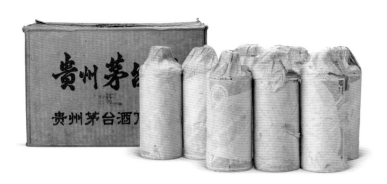

3315 1983年产（原箱）五星牌黄酱茅台酒 8瓶
估　价：RMB 1,000,000~1,800,000
成交价：RMB 2,875,000
540ml/瓶 中国嘉德 2022-06-26

3209 1984年产原箱飞天牌黄酱茅台酒 12瓶（1箱×12瓶）
估　价：RMB 1,800,000~3,500,000
成交价：RMB 4,025,000
540ml/瓶 中国嘉德 2022-12-26

3257 1993年产汉帝茅台酒 1瓶
估　价：RMB 1,000,000~2,000,000
成交价：RMB 1,150,000
500ml 中国嘉德 2022-12-26

3245 1986—1996年产铁盖珍品茅台酒套装 11瓶
估　价：RMB 200,000~300,000
成交价：RMB 425,500
500ml/瓶 中国嘉德 2022-12-26

1052 2005年贵州茅台酒（原箱）12瓶
估　价：RMB 135,000~160,000
成交价：RMB 155,250
500ml/瓶 北京保利 2022-02-03

3201 1966年产飞天牌全棉纸茅台酒 1瓶
估　价：RMB 10,000~20,000
成交价：RMB 575,000
540ml 中国嘉德 2022-12-26

3318 1985年产原箱飞天牌茅台酒 12瓶（1箱×12瓶）
估　价：RMB 360,000~550,000
成交价：RMB 862,500
540ml/瓶 中国嘉德 2022-06-26

3264 2013年产原箱特殊茅台酒（半吨）
1062瓶/500ml（151箱×6瓶/13箱×12瓶）
估　价：RMB 10,000,000~20,000,000
成交价：RMB 11,500,000
中国嘉德 2022-12-26

5150 1998年产沱牌曲酒特制珍品（五十年陈酿）6瓶
估　价：RMB 8,000
成交价：RMB 13,800
750ml/瓶 中鸿信 2022-09-12

656 1999年五粮液（原箱）12瓶
估　价：RMB 38,000~50,000
成交价：RMB 43,700
500ml/瓶 西泠印社 2022-01-21

660 1980年董酒（红城牌火炬董）1瓶
估　价：RMB 60,000~100,000
成交价：RMB 74,750
约500ml 西泠印社 2022-01-21

5147 2002年产郎酒二十年陈酿（文房四宝）4瓶
估　价：RMB 45,000
成交价：RMB 69,000
500ml/瓶 中鸿信 2022-09-12

655 1987年汾酒（原箱）24瓶
估　价：RMB 70,000~90,000
成交价：RMB 86,250
500ml/瓶 西泠印社 2022-01-21

2072 20世纪70年代产出口装塔牌绍兴加饭酒6坛
估　价：RMB 95,000~120,000
成交价：RMB 115,000
1625ml/坛 北京荣宝 2022-07-24

5152 20世纪80年代产小盖竹叶青 8瓶
估　价：RMB 10,000
成交价：RMB 13,800
500ml/瓶 中鸿信 2022-09-12

503 DRC 拉塔希 干红1990 3瓶
估　价：HKD 375,000~450,000
成交价：RMB 514,320
1500ml/瓶 华艺国际 2022-05-29

507 DRC 罗曼尼康帝 干红1999 1瓶
估　价：HKD 290,000~380,000
成交价：RMB 298,305
1500ml 华艺国际 2022-05-29

504 DRC 拉塔希 干红1999 3瓶
估　价：HKD 345,000~495,000
成交价：RMB 354,880
1500ml/瓶 华艺国际 2022-05-29

516 OWC6 里鹏庄园红 干红2000 12瓶
估　价：HKD 420,000~468,000
成交价：RMB 432,028
750ml/瓶 华艺国际 2022-05-29

5186 20世纪90年代产古越龙山绍兴花雕酒
（天女散花、嫦娥奔月）1坛
估　价：RMB 40,000
成交价：RMB 46,000
50斤 中鸿信 2022-09-12

2083 20世纪90年代产山西特产海眼井牌陈醋
（山西酿醋第一村）2箱40瓶
估　价：RMB 12,000~22,000
成交价：RMB 13,800
450ml/瓶 北京荣宝 2022-07-24

518 OWC12 柏翠庄园红 干红1982 12支
估　价：HKD 468,000~540,000
成交价：RMB 720,048
750ml/支 华艺国际 2022-05-29

2727 阿贝 Ardbeg 1993年单桶 一桶
估　价：RMB 4,200,000~4,800,000
成交价：RMB 5,175,000
预计瓶数235瓶 中贸圣佳 2023-01-01

3561 柏翠酒庄大瓶装（1.5L）2014年份6支
估　价：RMB 150,000~350,000
成交价：RMB 437,000
1500ml/支 中国嘉德 2022-06-26

3950 柏翠酒庄大瓶装（1.5L）2017年份6支
估　价：RMB 220,000~480,000
成交价：RMB 253,000
1500ml/支 中国嘉德 2022-12-26

3893 百富1937 50年首版纯麦苏格兰威士忌1支
估　价：RMB 310,000~400,000
成交价：RMB 356,500
750ml 中国嘉德 2022-06-27

3453 百富1937 50年首版纯麦苏格兰威士忌1支
估　价：RMB 300,000~350,000
成交价：RMB 345,000
中国嘉德 2022-12-25

3562 柏翠酒庄大瓶装（3L）2015年份1支
估　价：RMB 60,000~150,000
成交价：RMB 448,500
3000ml 中国嘉德 2022-06-26

2738 波特艾伦单一麦芽威士忌 17支
估 价：RMB 500,000~600,000
成交价：RMB 632,500
中贸圣佳 2023-01-01

3659 碧莎酒庄依瑟索特级园干红2012年份4支
估 价：RMB 250,000~275,000
成交价：RMB 287,500
750ml/支 中国嘉德 2022-06-26

3896 波摩1966-50年艾雷岛单一麦芽威士忌1支
估 价：RMB 330,000~400,000
成交价：RMB 379,500
700ml 中国嘉德 2022-06-27

1780 格兰花格家族桶 1954—1996年套组
估 价：RMB 900,000~1,200,000
成交价：RMB 1,058,000
保利厦门 2022-10-21

1131 高登&麦克菲尔私人珍藏：林克伍德
1956年单一麦芽威士忌1支
估 价：RMB 400,000~520,000
成交价：RMB 460,000
700ml 北京保利 2022-02-03

3412 绝响50年 1套两瓶
估　价：RMB 1,250,000~1,450,000
成交价：RMB 1,437,500
700ml/瓶 北京保利 2022-07-28

3757 勒桦酒庄伏旧特级园红葡萄酒2011年份2支
估　价：RMB 200,000~280,000
成交价：RMB 230,000
750ml/支 中国嘉德 2022-12-26

3669 勒桦夏山-蒙哈榭一级园干白1982年份 12支
估　价：RMB 220,000~235,000
成交价：RMB 253,000
750ml/支 中国嘉德 2022-06-26

3856 拉菲古堡1982年份 12支
估　价：RMB 560,000~750,000
成交价：RMB 644,000
750ml/支 中国嘉德 2022-12-26

3475 拉菲古堡1982年份 6支
估　价：RMB 290,000~320,000
成交价：RMB 425,500
750ml/支 中国嘉德 2022-06-26

3824 罗曼尼·康帝酒庄罗曼尼·康帝特级园
2007年份 1支
估　价：RMB 230,000~350,000
成交价：RMB 264,500
750ml 中国嘉德 2022-12-26

3706 罗曼尼·康帝特级园套装2017年份12支
估　价：RMB 400,000~430,000
成交价：RMB 1,564,000
750ml/支 中国嘉德 2022-06-26

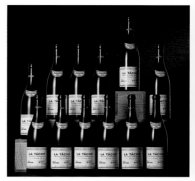

7933 罗曼尼·康帝酒庄踏雪特级园干红2006
年份12支
估　价：RMB 850,000~950,000
成交价：RMB 977,500
750ml/支 永乐拍卖 2022-07-26

3705 罗曼尼·康帝踏雪特级园1998年份6支
估　价：RMB 340,000~360,000
成交价：RMB 759,000
750ml/支 中国嘉德 2022-06-26

7422 麦卡伦1992—2004典雅12年雪莉桶单一麦芽威士忌（400支）(原箱 部分周转箱)
估　价：RMB 2,600,000~3,000,000
成交价：RMB 3,105,000
1000ml/支 永乐拍卖 2022-07-26

7936 罗曼尼·康帝2008年份臻品收藏套装
（共15支）
估　价：RMB 1,030,000~1,200,000
成交价：RMB 1,184,500
永乐拍卖 2022-07-26

3821 麦卡伦SIX PILLARS系列55年高地单一麦芽威士忌 1支
估　价：RMB 620,000~800,000
成交价：RMB 989,000
700ml 中国嘉德 2022-06-27

509 乔治·鲁米耶 蜜思妮 干红1999 1瓶
估　价：HKD 220,000~250,000
成交价：RMB 308,592
1500ml 华艺国际 2022-05-29

2717 麦卡伦传奇之初系列首部曲 70年 单一麦芽威士忌 一支
估　价：RMB 800,000~900,000
成交价：RMB 977,500
700ml 中贸圣佳 2023-01-01

3814 轻井泽1963 50年单桶麦芽威士忌 1支
估　价：RMB 650,000~800,000
成交价：RMB 1,150,000
700ml 中国嘉德 2022-06-27

7259 轻井泽艺伎1970年&1971年单一麦芽威士忌（各一支）
估　价：RMB 450,000~700,000
成交价：RMB 1,213,250
700ml/支 永乐拍卖 2022-07-26

2643 山崎1986水楢业主单桶单一麦芽威士忌
一支
估　价：RMB 150,000~200,000
成交价：RMB 241,500
700ml 中贸圣佳 2023-01-01

3813 轻井泽1965单一麦芽威士忌1支
估　价：RMB 320,000~400,000
成交价：RMB 828,000
700ml 中国嘉德 2022-06-27

2648 日本丸业主单桶山崎 白州 余市单一麦
芽威士忌 四支
估　价：RMB 250,000~350,000
成交价：RMB 345,000
中贸圣佳 2023-01-01

3370 响"人间国宝三代德田八十吉·碧阳耀
彩瓶"35年调和威士忌1支
估　价：RMB 600,000~700,000
成交价：RMB 690,000
700ml 中国嘉德 2022-12-25

2695 轻井泽 能 兰陵王单一麦芽威士忌1支
估　价：RMB 250,000~350,000
成交价：RMB 391,000
700ml 中贸圣佳 2023-01-01

6001 山崎 The Yamazaki 35 Year Old 43.0
abv NV（1 BT70）
估　价：HKD 800,000~1,100,000
成交价：RMB 904,400
香港苏富比 2022-10-04

3653 伊曼纽尔·鲁热酒庄沃恩罗曼尼一级园
巴郎图干红2012年份9支
估　价：RMB 270,000~320,000
成交价：RMB 310,500
750ml/支 中国嘉德 2022-06-26

2669 羽生/秩父游戏系列单一麦芽威士忌 8支
估　价：RMB 450,000~550,000
成交价：RMB 575,000
中贸圣佳 2023-01-01

2100 1993年产北京同仁堂特殊参茸药酒（非
卖品）12瓶
估　价：RMB 150,000~230,000
成交价：RMB 172,500
500ml/瓶 北京荣宝 2022-07-24

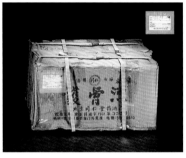

668 1995年同仁堂旅游装护骨药酒（原箱）
24瓶
估　价：RMB 110,000~150,000
成交价：RMB 126,500
323ml/瓶 西泠印社 2022-01-21

2084 20世纪80年代产出口装鹿头牌北京灵芝
补酒 24瓶
估　价：RMB 80,000~98,000
成交价：RMB 92,000
500ml/瓶 北京荣宝 2022-07-24

3371 羽生扑克牌大小王一套单一麦芽威士忌
（各一支）
估　价：RMB 450,000~550,000
成交价：RMB 517,500
700ml/支 中国嘉德 2022-12-25

3894 云顶1919 50年首版坎贝尔镇纯麦威士
忌 1支
估　价：RMB 470,000~600,000
成交价：RMB 540,500
700ml 中国嘉德 2022-06-27

671 20世纪80年代同仁堂李时珍牌日本回流
参茸药酒 12瓶
估　价：RMB 100,000~150,000
成交价：RMB 115,000
647ml/瓶 西泠印社 2022-01-21

茗 茶

2294 民国 百年宋聘号 1片
估　价：RMB 1,200,000~1,500,000
成交价：RMB 1,610,000
中贸圣佳 2023-01-01

2279 民国 同昌号 1筒
估　价：RMB 1,800,000~2,000,000
成交价：RMB 2,070,000
中贸圣佳 2023-01-01

3628 号级茶 可以兴茶砖 1砖
估　价：RMB 580,000~900,000
成交价：RMB 862,500
中国嘉德 2022-12-27

4070 印级茶 大红印圆茶 1片
估　价：RMB 400,000~800,000
成交价：RMB 920,000
重328.8g（带玻璃纸）中国嘉德 2022-06-28

2275 20世纪70年代七子饼 6片
估　价：RMB 500,000~600,000
成交价：RMB 667,000
中贸圣佳 2023-01-01

4074　号级茶 双狮同庆号圆茶 1片
估　价：RMB 1,450,000~1,650,000
成交价：RMB 1,667,500
重344.5g（带玻璃纸）中国嘉德 2022-06-28

4075　号级茶 同兴号·向质卿圆茶 1片
估　价：RMB 1,280,000~1,480,000
成交价：RMB 1,472,000
重321.3g（带玻璃纸）中国嘉德 2022-06-28

4067　20世纪80年代 厚纸8582青饼 1筒7片
估　价：RMB 1,250,000~1,450,000
成交价：RMB 1,495,000
重2475g（带竹壳）中国嘉德 2022-06-28

5206　20世纪70年代末普洱熟饼（熟茶）7饼
成交价：RMB 1,265,000
357g/饼 中鸿信 2022-09-12

3669　20世纪80年代末 八八青饼 1筒7片
估　价：RMB 800,000~1,800,000
成交价：RMB 920,000
重2395g（带竹壳）中国嘉德 2022-12-27

5215　1980年易武麻黑散料（生茶）
估　价：RMB 50,000
成交价：RMB 575,000
重5000g 中鸿信 2022-09-12

4065 20世纪80年代末 八八青饼 1筒7片
估　价：RMB 800,000~1,100,000
成交价：RMB 1,437,500
重2363g（带竹壳）中国嘉德 2022-06-28

3640 1996年 "真淳雅"号圆茶
估　价：RMB 210,000~420,000
成交价：RMB 690,000
中国嘉德 2022-12-27

5216 2001年商检饼7542（生茶）14饼
估　价：RMB 50,000
成交价：RMB 920,000
357g/饼 中鸿信 2022-09-12

2262 1984年 雪印青饼（A）1筒
估　价：RMB 1,200,000~1,500,000
成交价：RMB 1,380,000
中贸圣佳 2023-01-01

1942 1994年 凤凰单枞 600盒
估　价：RMB 480,000~700,000
成交价：RMB 690,000
40g/盒 保利厦门 2022-10-21

5214 2003年易武正山昌达号（生茶）42饼
估　价：RMB 100,000
成交价：RMB 1,035,000
400g/饼 中鸿信 2022-09-12

5201 2004年景迈茶王何仕华监制（生茶）
14饼
成交价：RMB 632,500
357g/饼 中鸿信 2022-09-12

5204 2004年南糯古树茶（生茶）7饼
成交价：RMB 690,000
400g/饼 中鸿信 2022-09-12

3254 2003年五星孔雀班章生态茶、2003年五星孔雀白茶 1筒7片
估　价：RMB 2,000,000~3,500,000
成交价：RMB 2,990,000
重2800g 北京保利 2022-07-27

2277 20世纪50年代大红印 1片
估　价：RMB 700,000~800,000
成交价：RMB 805,000
中贸圣佳 2023-01-01

2274 20世纪70年代黄印同期美术字内飞7542 1筒
估　价：RMB 1,200,000~1,500,000
成交价：RMB 1,380,000
中贸圣佳 2023-01-01

246 20世纪20年代 同庆号茶庄 龙马同庆号圆茶
估　价：RMB 3,000,000~3,800,000
成交价：RMB 3,450,000
重302g 上海嘉禾 2022-11-20

2261 20世纪80年代8582商检青饼 1筒
估　价：RMB 1,000,000~1,200,000
成交价：RMB 1,265,000
中贸圣佳 2023-01-01

1217 大益 2002年特制精品班章 大白菜 1筒
共7片
估　价：RMB 660,000~900,000
成交价：RMB 759,000
重约2500g 北京保利 2022-02-03

2763 20世纪50年代 美术字铁饼（生茶）一片
估　价：RMB 550,000~650,000
成交价：RMB 632,500
重325.4g 西泠印社 2022-01-22

239 四十二年陈台湾冻顶乌龙（一）
估　价：RMB 620,000~720,000
成交价：RMB 713,000
重18—20斤 上海嘉禾 2022-11-20

乐 器

音 响

6154 美国施坦威钢琴
估　价：RMB 600,000~900,000
成交价：RMB 920,000
永乐拍卖 2022-07-26

4849 1897年制 瑞士斯特拉（STELLA）
胡桃木铁质唱机
估　价：RMB 120,000~180,000
成交价：RMB 149,500
长81cm；宽46cm；高178cm
西泠印社 2022-08-21

5024 19世纪制 瑞士单轴人偶饰八音盒
估　价：RMB 150,000~200,000
成交价：RMB 172,500
长70cm；宽38cm；高35cm
西泠印社 2022-01-23

尚 品

7329 Louis Vuitton COURRIER LOZINE 110
限定鸡尾酒旅行箱
估　价：RMB 1,200,000~2,200,000
成交价：RMB 1,150,000
110cm×48cm×55cm 北京保利 2022-07-28

2741 爱马仕 2020 罕见雾面白色喜马拉雅鳄鱼皮25厘米柏金包附银色金属配件
估　价：HKD 1,000,000~2,000,000
成交价：RMB 1,692,900
25cm×18cm×13cm
保利香港 2022-07-11

2147 爱马仕 2019 特别定制雾面黑色及国旗红色短吻鳄鱼皮25厘米柏金包附雾面金色金属配件
估　价：HKD 450,000~550,000
成交价：RMB 488,376
25cm×20cm×13cm
保利香港 2022-10-11

2738 爱马仕 2020 罕见雾面白色喜马拉雅鳄鱼皮25厘米内缝凯莉包 附银色金属配件
估　价：HKD 1,000,000~2,000,000
成交价：RMB 1,641,600
25cm×18cm×10cm
保利香港 2022-07-11

2166 爱马仕 2020 罕见雾面白色喜马拉雅尼罗鳄鱼皮25厘米柏金包附银色金属配件
估　价：HKD　1,000,000~2,000,000
成交价：RMB　1,736,448
25cm×18cm×13cm
保利香港 2022-10-11

2151 爱马仕 2021 限量版马鞍红色SWIFT小牛皮及柳条25厘米PICNIC柏金包附银色金属配件
估　价：RMB　500,000~800,000
成交价：RMB　542,640
25cm×20cm×13cm
保利香港 2022-10-11

2689 爱马仕 2021 限量版雾面及亮面卢梭绿色及黑色鳄鱼皮 28 厘米外缝凯莉包附银色金属配件
估　价：HKD　550,000~650,000
成交价：RMB　564,300
28cm×21cm×11cm
保利香港 2022-07-11

7702 爱马仕白色亚光尼罗鳄皮25厘米喜马拉雅Retourné内缝凯莉包，配镀钯金属件，2021年
估　价：HKD　1,000,000~1,500,000
成交价：RMB　1,712,151
香港苏富比 2022-10-13

2146 爱马仕 2022 雾面黑色短吻鳄鱼皮25厘米内缝凯莉包附金色金属配件
估　价：HKD　380,000~580,000
成交价：RMB　531,787
25cm×18cm×10cm
保利香港 2022-10-11

7710 爱马仕限量版奶油白色Swift小牛皮拼
帆布25厘米Birkin Cargo柏金包，配镀钯金
属件，2021年
估　价：HKD 220,000~320,000
成交价：RMB 273,944
香港苏富比 2022-10-13

7701 爱马仕白色亚光尼罗鳄皮30厘米喜马拉
雅柏金包，配镀钯金属件，2020年
估　价：HKD 900,000~1,200,000
成交价：RMB 1,084,362
香港苏富比 2022-10-13

7768 爱马仕限量版海水蓝色、黑色、奶
茶色及金色拼大象灰色Swift小牛皮30厘米
Colormatic柏金包，配镀钯金属件，2022年
估　价：HKD 150,000~300,000
成交价：RMB 296,773
香港苏富比 2022-10-13

7728 爱马仕限量版浅褐色Barenia Faubourg
皮革拼编织柳条20厘米迷你野餐凯莉包，配
镀钯金属件，2021年
估　价：HKD 320,000~450,000
成交价：RMB 456,574
香港苏富比 2022-10-13

7830 爱马仕限量版黑色Box小牛皮拼帆布
40厘米Cargo HAC柏金包，配镀钯金属件，
2021年
估　价：HKD 260,000~320,000
成交价：RMB 296,773
香港苏富比 2022-10-13

7706 爱马仕限量版奶油白色Swift小牛皮25
厘米Retourne内缝In & Out凯莉包，配镀钯
金属件，2021年
估　价：HKD 180,000~260,000
成交价：RMB 205,458
香港苏富比 2022-10-13

7715 爱马仕限量版自然沙色Chamonix小牛
皮拼Vibrato 32厘米外缝凯莉包，配镀金属
件，2001年
估　价：HKD 80,000~100,000
成交价：RMB 136,972
香港苏富比 2022-10-13

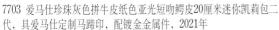

7703 爱马仕珍珠灰色拼牛皮纸色亚光短吻鳄皮20厘米迷你凯莉包二代，具爱马仕定制马蹄印，配镀金金属件，2021年
估　价：HKD 400,000~500,000
成交价：RMB 1,369,721
香港苏富比 2022-10-13

8305 白色亚光尼罗河鳄鱼皮30厘米喜马拉雅柏金包，配镀钯金属件，2014年
估　价：HKD 900,000~1,200,000
成交价：RMB 1,404,093
30cm×22cm×16cm 香港苏富比 2022-04-15

3928 罕见黄褐色BARÉNIA小牛皮及沼泽橡木22厘米木制凯莉包附钯金配件
估　价：HKD 600,000~800,000
成交价：RMB 1,296,086
22cm×19cm×8.5cm 佳士得 2022-05-23

3915 罕见雾面白色喜马拉雅尼罗鳄鱼皮25厘米柏金包附钯金配件
估　价：HKD 1,000,000~1,500,000
成交价：RMB 1,512,100
25cm×19cm×14cm 佳士得 2022-05-23

3897 罕见雾面白色喜马拉雅尼罗鳄鱼皮25厘米内缝凯莉包附钯金配件
估　价：HKD 1,000,000~1,800,000
成交价：RMB 1,506,468
25cm×19cm×9cm 佳士得 2022-11-26

3968 罕见雾面海军蓝色鳄鱼皮，深蓝色MADAME, 橙色SWIFT, 靛蓝色及深渊蓝色SOMBRERO及粉笔白色EPSOM牛皮20厘米外缝FAUBOURG柏金包附钯金配件
估　价：HKD 800,000~1,200,000
成交价：RMB 1,080,072
20cm×16cm×11cm 佳士得 2022-05-23

3916 罕见雾面白色喜马拉雅尼罗鳄鱼皮25厘米内缝凯莉包附钯金配件
估　价：HKD 1,000,000~1,500,000
成交价：RMB 1,404,093
25cm×19cm×9cm 佳士得 2022-05-23

3856 罕见雾面水泥灰色鳄鱼皮，白色TOGO，SWIFT及SOMBRERO小牛皮，橙色及奶昔白色SWIFT小牛皮及雾霾蓝色CHEVRE山羊皮20厘米外缝FAUBOURG柏金包附钯金配件
估　价：HKD 1,400,000~2,200,000
成交价：RMB 2,317,644
20cm×16cm×11cm 佳士得 2022-11-26

3888 亮面火红色POROSUS湾鳄皮20厘米迷你凯莉包附黄金配件
估　价：HKD 200,000~280,000
成交价：RMB 604,840
20cm×18cm×14cm 佳士得 2022-05-23

3929 罕见雾面黄褐色BARÉNIA鳄鱼皮30厘米柏金包附钯金配件
估　价：HKD 400,000~500,000
成交价：RMB 702,046
30cm×22cm×15cm 佳士得 2022-05-23

3976 亮面深绿色鳄鱼皮18厘米迷你CONSTANCE包附钯金配件
估　价：HKD 180,000~260,000
成交价：RMB 183,612
18cm×15cm×5cm 佳士得 2022-05-23

8307 金属银色拼古铜色山羊皮25厘米柏金包，配镀钯金属件，2005年
估　价：HKD 400,000~600,000
成交价：RMB 918,061
25cm×20cm×13cm 香港苏富比 2022-04-15

3884 亮面紫玫瑰色尼罗鳄鱼皮25厘米外缝凯莉包附钯金配件
估　价：HKD 350,000~450,000
成交价：RMB 345,623
25cm×19cm×9cm 佳士得 2022-05-23

3958 限量版北方蓝色SWIFT小牛皮及柳条
迷你PICNIC凯莉包附钯金配件
估　价：HKD 240,000~320,000
成交价：RMB 918,061
18.5cm×13.5cm×7cm
佳士得 2022-05-23

3825 特别定制雾面黑色鳄鱼皮及鲜红色SWIFT小牛皮QUELLE IDOLE包附钯金配件
估　价：HKD 600,000~800,000
成交价：RMB 1,404,093
15cm×12cm×6cm 佳士得 2022-05-23

3887 限量版覆盆子色SWIFT小牛皮及柳条
25厘米PICNIC柏金包附钯金配件
估　价：HKD 400,000~500,000
成交价：RMB 648,043
25cm×19cm×14cm
佳士得 2022-05-23

8373 摩洛哥马赛克蓝及玛瑙蓝 Swift 小牛皮
Quelle Idole Kelly Doll 包，配镀钯金属件，
2019年
估　价：HKD 300,000~400,000
成交价：RMB 518,434
16cm×12cm×7cm 香港苏富比 2022-04-15

3806 特别定制MONOGRAM腕表收藏箱
估　价：HKD 350,000~550,000
成交价：RMB 518,434
55cm×114cm×55cm
佳士得 2022-05-23

3957 限量版雾霾蓝色SWIFT小牛皮及柳条
迷你PICNIC凯莉包附钯金配件
估　价：HKD 240,000~320,000
成交价：RMB 540,036
18.5cm×13.5cm×7cm 佳士得 2022-05-23

中成药

1078 20世纪50年代 新会陈皮
估　价：HKD 150,000~280,000
成交价：RMB 195,350
重666g 保利香港 2022-10-11

692 1991年天津长城牌出口装海马丸 2盒
估　价：RMB 70,000~90,000
成交价：RMB 143,750
12瓶/盒 西泠印社 2022-08-19

689 1993年同仁堂苏合香丸（原箱）50盒
估　价：RMB 130,000~190,000
成交价：RMB 149,500
10丸/盒 西泠印社 2022-01-21

681 20世纪80年代天津长城牌出口装牛黄清心丸 50盒
估　价：RMB 300,000~400,000
成交价：RMB 345,000
10丸/盒 西泠印社 2022-01-21

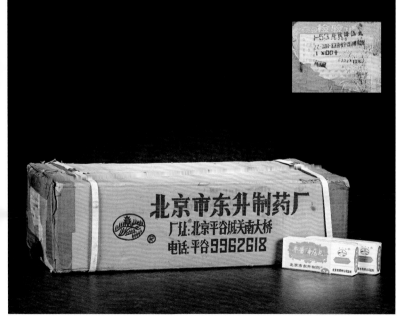

695 1993年北京东升药厂牛黄降压丸（原箱）100盒
估　价：RMB 190,000~300,000
成交价：RMB 218,500
10丸/盒 西泠印社 2022-01-21

5068 葛根（现代）
估　价：RMB 60,000
成交价：RMB 115,000
长160cm，宽120cm，高62cm
中鸿信 2022-09-11

3294 20世纪60年代新会老树陈皮
估　价：RMB 80,000~100,000
成交价：RMB 92,000
北京保利 2022-07-27

滋补品

705 1989年同仁堂鹿角胶（原箱）80盒
估　价：RMB 320,000~500,000
成交价：RMB 368,000
250g/盒 西泠印社 2022-01-21

704 20世纪70年代出口装李时珍牌极品阿胶
20盒
估　价：RMB 200,000~300,000
成交价：RMB 230,000
300g/盒 西泠印社 2022-01-21

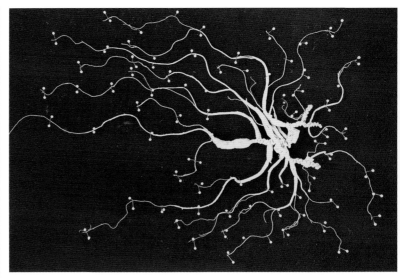

5003 百年野山参——干参（参龄150年以上）1支
估　价：RMB 1,800,000
成交价：RMB 3,450,000
中鸿信 2022-09-11

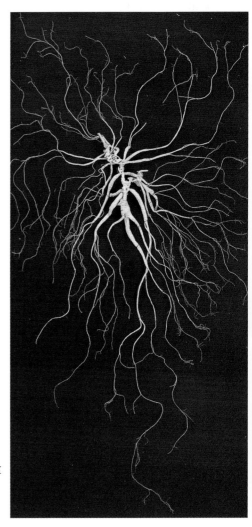

5001 野生人参（百年）1盒
估　价：RMB 1,200,000
成交价：RMB 2,507,000
重22.3g 中鸿信 2022-09-11

704 约25—30年巨大鳘鱼胶 1个
估 价：RMB 160,000~200,000
成交价：RMB 299,000
重约1065g 西泠印社 2022-08-19

海产品

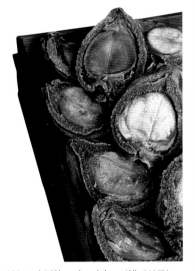

1883 日本网鲍二头二十年：1罐（41只）
估 价：RMB 180,000~220,000
成交价：RMB 207,000
重约5930g 保利厦门 2022-10-21

5063 2019年天马燕窝臻品 1盒
估 价：RMB 48,000
成交价：RMB 75,900
80g/盒 中鸿信 2022-09-11

摄影器材

5065 2021年生产同仁堂冬虫夏草（等级：一公斤1800条）
估 价：RMB 60,000
成交价：RMB 103,500
重200g 中鸿信 2022-09-11

5384 1940—1942年 徕卡250记者专用限量款相机
估 价：RMB 60,000~80,000
成交价：RMB 86,250
19.5cm×7cm×5.5cm 中贸圣佳 2022-07-27

5201 1996年作 徕卡M-6包金蜥蜴皮文莱苏丹生日定制款相机（1996年6月15日原包装盒）
估 价：RMB 100,000~120,000
成交价：RMB 161,000
22cm×16.5cm×11.5cm 中贸圣佳 2022-12-31

5386 2003年 徕卡MP爱马仕限量款相机（原包装礼盒）
估 价：RMB 100,000~150,000
成交价：RMB 172,500
14cm×8cm×4cm 中贸圣佳 2022-07-27

7376 阿尔帕ALPA标识，型号IQ150
估 价：RMB 60,000~80,000
成交价：RMD 172,500
北京保利 2022-07-28

1280 徕卡相机
估 价：RMB 20,000~30,000
成交价：RMB 457,700
荣宝斋（南京）2022-12-08

其他工艺品

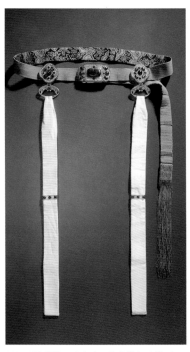

868 明黄丝带配鎏金金属嵌宝带扣及带环
估　价：USD 8,000~10,000
成交价：RMB 246,678
长10.2cm 纽约佳士得 2022-09-23

505 清 御制镂空龙纹马具
成交价：RMB 35,650
长42cm 中贸圣佳 2022-08-14

5672 2008北京奥运火炬
估　价：RMB 10,000~20,000
成交价：RMB 138,000
长72cm 中国嘉德 2022-06-26

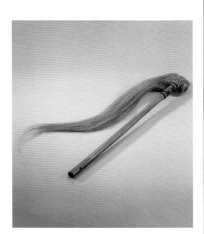

493 清 王世襄旧藏拂尘
成交价：RMB 46,000
长53cm 中贸圣佳 2022-07-13

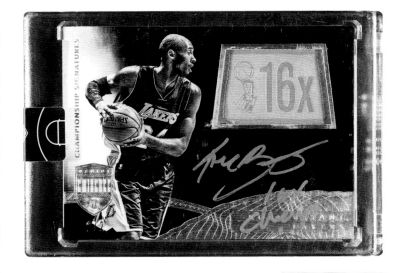

10111 2014—2015赛季 Panini Eminence系列 科比·布莱
恩特（Kobe Bryant）总冠军Tag铭文签字球星卡，限量2张
估　价：RMB 1,000,000~2,000,000
成交价：RMB 4,082,500
8.8cm×6.3cm 北京保利 2022-07-28

6462 NBA球星科比、乔丹、詹姆斯 三人亲
笔签名球衣
估　价：RMB 150,000~300,000
成交价：RMB 230,000
尺寸不一 中国嘉德 2022-12-09

10086 2015—2016赛季 Panini National Treasures系列 科比·布莱恩特（Kobe Bryant）
Logoman球衣实物球星卡，限量3张
估　价：RMB 500,000~1,000,000
成交价：RMB 1,173,000
8.8cm×6.3cm 北京保利 2022-07-28

2613 NIKE DUNK LOW 巴黎限定
估　价：RMB 500,000~600,000
成交价：RMB 575,000
保利厦门 2022-10-21

10121 2020—2021赛季 Panini Prizm系列 勒
布朗·詹姆斯（LeBron James）金折球星
卡，限量10张，BGS评级9分
估　价：RMB 300,000~600,000
成交价：RMB 816,500
8.8cm×6.3cm 北京保利 2022-07-28

7377 WILSONXDIGIWAY亲签联名篮球套装 DIGIWAY亲签 WILSON X DIGIWAY by WHYSTOP "致胜之境" 联名系列篮球套装
估　价：RMB 80,000~100,000
成交价：RMB 120,750
北京保利 2022-07-28

8118 一套八件打火机，约2000年制
估　价：HKD 10,000~15,000
成交价：RMB 41,042
香港苏富比 2022-04-15

5569 巴菲特 亲笔签名人物模型
估　价：RMB 10,000~20,000
成交价：RMB 149,500
17.5cm×6.5cm 中国嘉德 2022-06-26

7385 克里斯蒂亚诺·罗纳尔多CRISTIANO RONALDO 2002—2003 PANINI FUTEBOL PORTUGAL STICKER 贴纸
估　价：RMB 600,000~800,000
成交价：RMB 299,000
北京保利 2022-07-28

2022杂项拍卖成交汇总
(成交价RMB：1万元以上)

竹雕

拍品名称	物品尺寸	成交价RMB	拍卖公司	拍卖日期
清 贴簧带板（一套十四件）	尺寸不一	322,000	保利厦门	2022-10-22
清 竹雕蜻蜓把件	高2.6cm；长4.8cm	36,800	西泠印社	2022-08-21
清 竹雕兔把件	高3.3cm	13,800	西泠印社	2022-01-23
清 竹雕卧牛把件	高2.3cm；长4.8cm	58,650	西泠印社	2022-01-23
清乾隆 竹根雕金螭把件	高23cm；长85cm；宽75cm	28,750	西泠印社	2022-08-21
清乾隆 竹根雕罗汉山子	高33cm	667,000	中贸圣佳	2023-01-01
清雍正至乾隆 竹雕云蝠纹如意	长52cm	460,000	中贸圣佳	2022-10-27
清 苍润铭竹根雕随形如意	长36cm	32,200	中贸圣佳	2022-10-27
明早期 竹雕天官赐福	25cm×14.5cm	69,000	上海嘉禾	2022-01-01
清 竹雕罗汉像	高8.5cm；宽11.5cm	34,500	浙江佳宝	2022-03-13
清早期 竹雕和合二仙	长6.5cm	63,250	华艺国际	2022-09-23
清早期 竹雕人物摆件	高10cm	57,500	西泠印社	2022-08-21
清早期 竹根雕岩下观音	岩高9.8cm；观音高3.6cm	86,250	北京保利	2022-07-29
18世纪 竹雕达摩立像	高22.1cm	185,331	香港苏富比	2022-11-25
清中期 竹雕和合二仙	长5cm；高4.5cm	22,159	台北艺珍	2022-12-04
清中期 竹雕仙人乘槎摆件	长30cm	437,000	中国嘉德	2022-06-26
清 竹雕刘海戏金蟾像	高5.5cm；长6.4cm	20,700	西泠印社	2022-08-21
清 竹雕麻姑献寿	高39cm	34,500	浙江佳宝	2022-03-13
清 竹雕麻姑献寿摆件	高12cm；长22.5cm	32,200	中贸圣佳	2022-10-27
清 竹雕弥勒佛像	高10cm	18,449	保利香港	2022-10-10
清 竹雕执荷童子	高22.5cm	10,872	罗芙奥	2022-06-04
清 竹雕七贤图	宽11cm；高16cm	189,924	台北艺珍	2022-06-12
清 竹雕神农氏坐像	高15.7cm；长10.5cm；宽9.6cm	10,350	西泠印社	2022-08-21
清 竹雕寿星	高14cm；宽10.5cm	13,800	广东崇正	2022-04-17
清 竹雕寿星童子立像	高21.4cm	69,000	中贸圣佳	2022-07-25
清 竹雕仙人泛槎	长29.5cm	920,000	北京保利	2022-07-29
清 竹雕钟馗坐像	高11.4cm	218,500	西泠印社	2022-08-21
清 竹根雕和合二仙摆件	高34cm	138,000	中贸圣佳	2022-10-27
明晚期 竹雕瑞兽	5cm×5.5cm×2.8cm	51,750	中国嘉德	2022-06-26
清 竹雕"岁岁平安"摆件	高8.3cm	11,500	中国嘉德	2022-12-25
清 竹雕鹿衔灵芝摆件	高6.4cm；长7cm	17,250	西泠印社	2022-08-21
明至清 竹雕仿太湖石供石小摆件	高7.2cm；长9.3cm	33,350	西泠印社	2022-08-21
18世纪至20世纪初 竹根荒编提梁花篮	34.6cm×40cm×4.4cm	17,250	上海嘉禾	2022-01-01
孤禽图(老煤竹)	18cm×7cm	11,500	上海嘉禾	2022-01-01
细密龟甲编唐物提梁花篮	17cm×47.2cm	16,100	上海嘉禾	2022-01-01
栈道行旅图	12.5cm×15.5cm	11,500	上海嘉禾	2022-01-01
明 竹刻灵羊衔穗杯	直径5cm；高8cm	69,000	广东崇正	2022-01-01
清 竹雕海棠纹杯	高11.4cm；口径15cm	43,700	西泠印社	2022-08-21
清 理顺款斑竹锡叶茶叶罐	宽5.5cm；高7cm	11,500	江苏观宇	2022-11-12
清 竹黄花卉纹茶叶罐一对	10.5cm×7.8cm×2	51,750	中国嘉德	2022-12-26
民国潘行甫制竹刻山水围棋罐一对	高11.1cm×2	149,500	中贸圣佳	2022-08-17
清 红木嵌黄泪湘妃竹茶炉	长36cm；宽7cm；高34cm	20,700	江苏汇中	2022-08-17
清 文竹双耳三足炉	高11cm	25,300	北京保利	2022-07-16
清 竹黄仿剔犀如意纹盒	直径7.6cm	20,700	中国嘉德	2022-06-28
17世纪 竹雕兽纹香筒	高22.8cm	211,438	纽约佳士得	2022-09-23
清初 竹镂空雕西厢记香筒	高20cm	69,000	华艺国际	2022-09-23
清早期 竹雕鹿母生莲香筒	高17.5cm；直径3.5cm	92,000	浙江佳宝	2022-03-13
清早期 竹雕仕女礼佛香筒	高20cm；直径4.7cm	172,500	浙江佳宝	2022-03-13
清早期 竹雕西厢记香筒	高23.8cm	82,800	华艺国际	2022-09-23
清中期 竹雕西厢记香筒	高20cm	80,500	中国嘉德	2022-06-28
清 王之羽款竹雕西厢记香筒	高20cm；直径4cm	92,000	西泠印社	2022-01-23
清 竹雕对弈图香筒	20cm×4cm	115,000	荣宝斋(南京)	2022-12-08
清 竹雕人物香筒	高25cm	36,002	罗芙奥	2022-06-05
清 竹雕透雕芭蕉仕女香筒	直径3cm；高20.8cm	20,700	中国嘉德	2022-06-28
明 张希黄竹雕留青山竹色图茶量	高10cm；长4.8cm	92,000	广东崇正	2022-12-25
明早期 竹雕"岁寒三友"如意灵形笔筒	高13.8cm	108,156	中国嘉德	2022-10-08
17世纪 竹雕镂空人物故事图笔筒	高15.1cm	110,040	香港苏富比	2022-11-25
明末三松制竹雕一乔抹额图笔筒	高15.5cm；直径11cm	345,000	保利厦门	2022-10-22
明 竹雕镂空雕松下高士图笔筒	高15.3cm；直径15cm	276,000	广东崇正	2022-08-11
明 竹雕赏画图笔筒	高14.2cm；直径10.3cm	43,700	中贸圣佳	2022-07-25
清 竹雕王乔凫舄图笔筒	高15cm	51,750	中国嘉德	2022-12-25
明末清初 竹雕雕玩雅集笔筒	直径12.1cm；高15.7cm	126,500	中国嘉德	2022-06-28
清初 竹雕镂空携琴访友图笔筒	高15.5cm	92,000	华艺国际	2022-09-23
清早期 米芾款诗文竹刻笔筒	高11.5cm	66,700	中贸圣佳	2022-10-27
清早期 吴之璠竹雕松鹤笔筒	高14.6cm；口径6.7cm	17,250	浙江佳宝	2022-03-13
清早期 竹雕八仙人物笔筒	高13.5cm	64,400	中国嘉德	2022-06-28
清早期 竹雕虎溪三笑图笔筒	直径13cm；高15.8cm	207,000	中国嘉德	2022-12-25
清早期 竹雕三老玩月笔筒	直径11cm；高15cm	345,000	中贸圣佳	2022-07-25
清早期 竹雕太白醉酒图笔筒	高15cm；直径15.6cm	149,500	华艺国际	2022-09-23
清早期 竹雕太白醉酒图笔筒	高14.7cm；直径11.3cm	32,200	中贸圣佳	2022-07-25
清早期 竹雕西园雅集图笔筒	直径12.6cm；高15cm	230,000	中贸圣佳	2022-07-25
清早期 竹雕芝岩款翠竹图笔筒	直径6.7cm；高12.2cm	54,264	保利香港	2022-10-10
清早期 竹雕宗玉款三子拜月图笔筒	直径8.2cm；高15.3cm	34,728	保利香港	2022-10-10
清康熙 沈全林刻老子出关图竹笔筒	直径9.6cm；高13.5cm	1,092,500	中贸圣佳	2023-01-01
18世纪 竹雕竹林七贤图笔筒	直径15.1cm	231,664	香港苏富比	2022-11-25
清乾隆 于黉甡款竹刻诗文笔筒	直径5.9cm；高12cm	109,250	中贸圣佳	2022-07-25
清乾隆 竹雕山水纹笔筒	高13cm	49,663	华艺国际	2022-11-27
清道光 竹雕诗文笔筒	高14.5cm	14,950	广东崇正	2022-08-11
清中期 康田款竹雕村庄镇集图笔筒	直径12.7cm；高16.7cm	51,750	中国嘉德	2022-12-25
清中期 瑞松款竹雕雅集图笔筒	16.2cm×12cm	46,000	中国嘉德	2022-06-28
清中期 王恒款竹雕后赤壁图笔筒	高15.3cm；直径10.9cm	20,700	中贸圣佳	2022-07-12
清中期 奚冈款竹雕山居图笔筒	直径12cm；高15.7cm	51,750	中国嘉德	2022-12-25
清中期 小窗款竹雕琴棋访友笔筒	口径7cm；高12.2cm	11,500	浙江佳宝	2022-03-13
清中期 竹雕"霸桥诗思"笔筒	高12.3cm；直径6.3cm	11,500	广东崇正	2022-08-11
清中期 竹雕"赤壁怀古"笔筒	直径6.5cm；高12.8cm	23,000	北京中汉	2022-08-08
清中期 竹雕赤壁夜游图笔筒	高16cm	253,000	中国嘉德	2022-12-27
清中期 竹雕镂刻松下高士图笔筒	高17cm；直径7.8cm	11,500	广东崇正	2022-08-11
清中期 竹雕麻姑献寿图笔筒	直径6.2cm；高11.6cm	27,132	保利香港	2022-10-10
清 竹雕龙纹笔筒	高17cm	92,000	北京保利	2022-07-29
清中期 竹浮雕山水人物纹笔筒	口径15.5cm；高17cm	92,000	浙江佳宝	2022-03-13
清 "封氏"云生"款竹雕夜游赤壁笔筒	直径13.8cm；高16cm	11,500	江苏汇中	2022-08-17
清 杓亭山人款山水人物笔筒	高11.5cm；口径5cm	25,300	西泠印社	2022-08-21
清 顾宗玉款竹节诗文笔筒	高26.4cm；高12.7cm	103,500	中贸圣佳	2023-01-01
清 康田制竹雕虞美人诗文笔筒	高11.8cm；口径5.5cm	32,200	西泠印社	2022-08-21
清 沈全林制螳螂秋菘图竹笔筒	口径11.5cm；高14.5cm	517,500	中贸圣佳	2022-07-25
清 松岩山人款竹雕山水人物图笔筒	高11.6cm；口径6cm	43,700	西泠印社	2022-08-21
清 吴之璠仕女笔筒	直径8.2cm；高15.7cm	287,500	中贸圣佳	2023-01-01
清 徐渭冗藏老桐款竹雕诗文笔筒	高11cm；口径5.2cm	109,250	中贸圣佳	2022-10-27
清 周芷岩竹雕渔乐图笔筒	高11.6cm	368,000	中贸圣佳	2022-10-27
清 竹雕"沧螺"款赤壁夜游图笔筒	直径16cm；高17cm	37,984	保利香港	2022-10-10
清 竹雕高士纹菊图笔筒	高14.8cm	14,456	纽约佳士得	2022-03-25
清 竹雕后赤壁赋"笏谷主人"笔筒	高15.5cm；直径10cm	18,400	广东崇正	2022-08-11
清 竹雕留青笔筒	直径6cm；高12.3cm	16,100	中国嘉德	2022-09-26
清 竹雕拟古铭笔筒	135cm×10.3cm×16.5cm	28,750	中国嘉德	2022-12-25
清 竹雕三友图笔筒	8.5cm×13cm	103,500	荣宝斋(南京)	2022-12-08
清 竹雕仕女人物诗文笔筒	高15.2cm	25,300	北京荣宝	2022-07-17
清 竹雕螳螂笔筒	高14.5cm；口径8.4cm	32,200	西泠印社	2022-08-21
清 竹雕文房笔筒	高18.5cm	28,750	浙江御承	2022-07-25
清 竹雕集图笔筒	16cm×13cm	103,500	荣宝斋(南京)	2022-12-08
清 竹雕周笠款雅士图笔筒	高15cm	77,556	台北艺珍	2022-08-14
清 竹雕浴马图笔筒	高16.3cm；口径10.5cm	74,750	西泠印社	2022-08-21
清 竹雕竹林七贤笔筒	高15.2cm	115,000	北京保利	2022-07-29
清 竹减低浮雕洞石虫花纹笔筒	高14.5cm；直径8.5cm	20,700	广东崇正	2022-12-25
民国 竹雕梅花纹笔筒	直径6cm；高15cm	11,500	广东崇正	2022-08-11
民国 竹雕衡山笔筒	高15.3cm；直径12cm	57,500	广东崇正	2022-08-11
民国 竹雕山水纹笔筒	高14.8cm；直径11.5cm	40,250	广东崇正	2022-08-11
罗汉竹雕笔筒	高13.2cm	20,700	上海嘉禾	2022-01-01
张梅如 罗又竹刻高山流水笔筒	直径7cm；高13cm	92,000	江苏汇中	2022-08-17
清早期 竹刻留青"爱天百禄"臂搁	长17.2cm	184,000	北京保利	2022-07-29
清嘉庆 王子章刻双面雕品茗图竹臂搁	长20cm；宽4.8cm	92,000	中贸圣佳	2022-07-25
清道光 方絜刻王乔凫舄图臂搁	长37cm；宽9cm	333,500	中贸圣佳	2022-07-25
清中期 竹雕留青山水图臂搁	长24.5cm	253,000	华艺国际	2022-09-23
清 笏竹山人款诗文竹臂搁	长23.7cm；宽6cm	10,350	西泠印社	2022-08-21
清 毛西堂款罗海戏金蟾竹臂搁	长28.1cm；宽7cm	109,250	中贸圣佳	2023-01-01
清 松岩款竹刻行书臂搁	长31cm；宽5.6cm	34,500	中贸圣佳	2023-01-01
清 云岩款竹刻山水图臂搁	长17.8cm	28,750	西泠印社	2022-08-21
清 竹雕仕女诗文臂搁（双面诗文）	宽6cm；长30cm	59,690	台北艺珍	2022-06-12
清 竹诗文臂搁	直径10.6cm	16,100	广东崇正	2022-08-11
近现代 徐孝穆刻诗词竹臂搁	长16.5cm	36,800	华艺国际	2022-09-23
范遥青 留青深刻浅刻双面雕兰花、草虫臂搁	23.6cm×10.3cm	11,500	江苏汇中	2022-08-17
近代 来楚生书沈觉初刻诗文竹臂搁	长24cm；宽6.2cm	34,500	西泠印社	2022-08-21
近代 吴南敏刻诗词竹臂搁	长22.3cm；宽7.1cm	13,800	西泠印社	2022-01-23
清 竹根雕琵琶床	长6cm	46,000	北京保利	2022-07-29
清乾隆 竹戒尺(董浩款兰亭序)	长40.8cm	13,800	上海嘉禾	2022-01-01
清 竹雕西园雅集诗笼	10cm×9.8cm×15cm	24,280	中国嘉德	2022-10-09
仿雕龙形笔架紫檀底座	长17.5cm	24,150	上海嘉禾	2022-01-01
清 竹制万字锦纹鸟笼	高22.5cm；长19cm；宽19cm	13,800	西泠印社	2022-01-23
清 竹制万字锦纹鸟笼	高22.8cm；长20.5cm；宽20.5cm	26,450	西泠印社	2022-08-21
清 竹制云蝠纹鸟笼	高29cm	40,250	西泠印社	2022-08-21
清初 湘妃竹扇骨	长32.5cm	82,800	中贸圣佳	2022-10-27
清早期 湘妃竹扇骨	长42cm	264,500	中贸圣佳	2023-01-01
清早期 湘妃竹扇骨	长40.5cm	253,000	中贸圣佳	2023-01-01
清嘉庆 留青雕龙凤纹包袱头大扇骨	长34.3cm	57,500	中国嘉德	2022-06-26
清晚期 孙渠刻金石文字、王礼画放鹤图合背扇骨	长32.5cm	23,000	中国嘉德	2022-06-26
清晚期 于子云、于子安刻金石文字扇骨	长31.2cm；长30.8cm	10,350	中国嘉德	2022-06-26
清晚期 朱竹楼刻吴彩鸾跨虎成仙扇骨	长32.2cm；板阔2cm	36,800	北京保利	2022-07-29
清晚期 棕竹扇骨、漆画"四书"款扇骨（两件）	长34.5cm；长30.8cm	17,250	中国嘉德	2022-06-26
晚清 紫竹湘妃	长25cm	17,250	中贸圣佳	2022-10-27
清 伯侯款竹刻诗文扇骨	长34cm	28,750	中国嘉德	2022-06-28
清 各式扇骨（六把）	尺寸不一	11,500	北京保利	2022-07-29
清 韩潮刻金文竹扇骨	长30.7cm	287,500	中贸圣佳	2023-01-01
清 胡钧渔刻仕女图竹扇骨	长28.9cm	126,500	中贸圣佳	2023-01-01

2022杂项拍卖成交汇总(续表)
(成交价RMB: 1万元以上)

拍品名称	物品尺寸	成交价RMB	拍卖公司	拍卖日期
清 僧六舟刻赠镕嶷上人乌木梅花诗文扇骨	长32cm	57,500	中贸圣佳	2023-01-01
清汪士慎画杨灏刻诗文花卉竹扇骨	长32.5cm; 档数16档	57,500	西泠印社	2022-08-21
清 吴待秋款竹雀图竹扇骨	长32cm	23,000	中贸圣佳	2023-01-01
清 湘妃和鸣头扇骨	长31.5cm	218,500	中贸圣佳	2023-01-01
清 湘妃扇骨	长34cm	43,700	中贸圣佳	2023-01-01
清 竹刻兰亭序扇骨	长33.5cm	17,250	中国嘉德	2022-06-28
清末 王竹广刻王一亭题诗文竹扇骨	长31.2cm	20,700	中国嘉德	2022-06-06
民国 陈巨来刻张大千画高士并谢稚柳行书诗文扇骨	长31.8cm	40,250	中国嘉德	2022-12-25
民国 大风堂定制张大千专用书画扇面等(四件)	长23cm×4	40,250	华艺国际	2022-09-23
民国 丁二仲刻古瓦汉钱图扇骨及余伯雨刻高士图扇骨	长31cm; 长30.5cm	34,500	中国嘉德	2022-12-25
民国 黄山泉刻花鸟、菊花诗文扇骨	长30.5cm; 板阔2cm	82,800	北京保利	2022-07-29
民国 吴东溪刻拱北画竹梅双清扇骨	长31cm	20,700	中国嘉德	2022-12-25
民国 金西厓刻摹周了和刻本古图扇骨	长31.2cm	230,000	中国嘉德	2022-12-25
民国 金西厓刻吴湖帆画梅花诗文扇骨	长31.5cm	460,000	中国嘉德	2022-06-26
民国 金西厓刻江寒汀画竹雀、陆抑非画竹虫扇骨	长31.8cm; 板阔2cm	1,380,000	北京保利	2022-07-29
民国 金西厓刻吴昌硕书并王一亭画侍女图扇骨	长33.2cm	218,500	中国嘉德	2022-06-26
民国 商衍鎏、张大千绘支慈庵刻扇骨 吴华源绘墨竹黄菊书法扇面	长31.5cm	75,900	中贸圣佳	2023-01-01
民国 盛丙云刻吴湖帆画山水又行书诗文扇骨	长30.8cm	25,300	中国嘉德	2022-12-25
民国 盛丙云刻张石园画竹并江寒汀画鱼趣图扇骨	长31cm	11,500	中国嘉德	2022-12-25
民国 吴迪生刻王羽簇、寿石工、钱达根书画湘妃贴片扇骨	长33cm	20,700	中国嘉德	2022-06-26
民国 吴湖帆山居图并溥儒行书诗文稿扇骨	长33.2cm	11,500	中国嘉德	2022-12-25
民国 湘妃竹扇骨(二把)	尺寸不一	23,000	朵云轩	2022-12-08
民国 湘妃扇骨(三把)	尺寸不一	78,200	朵云轩	2022-12-08
民国 湘妃竹折扇	排口12.5cm; 长33cm	25,300	北京荣宝	2022-07-24
民国 湘妃竹折扇	排口12.0cm; 长31cm	17,250	北京荣宝	2022-07-24
民国 于子安刻"千秋""曾申甫""已焚""元命天"等铭文扇骨两副;佚名刻铭文扇骨(两副)	每幅 高31cm; 宽17mm	22,790	保利香港	2022-10-12
民国张大千画稿支慈庵镌刻扇骨		178,250	中贸圣佳	2023-01-01
民国 张谔之刻马晋画芍药、金文书法扇骨	长38.8cm; 板阔3cm	28,750	北京保利	2022-07-29
民国 张爰书竹雕荷叶纹扇骨	长31cm; 扇面展开435cm	11,500	广东崇正	2022-04-17
民国 张志鱼刻竹铭图、刘春霖楷书诗文扇骨	长31cm; 板阔2cm	57,500	北京保利	2022-07-29
民国 支慈庵刻吴湖帆书画"初跃"诗画扇骨	长31cm	23,000	中国嘉德	2022-06-26
民国 支慈庵刻"古泉锈市"扇骨	长31cm	17,250	中国嘉德	2022-06-26
清末民国时期刻狄子祥画梅花诗文扇骨及金城师徒袁克文楷书诗文稿扇骨	长33.2cm; 长30.5cm	46,000	中国嘉德	2022-12-25
各式扇骨(一组20把)	高约32cm	138,000	中贸圣佳	2022-06-27
胡鼻山刻费丹旭书画扇骨	长31cm	23,000	中贸圣佳	2022-10-27
民国 金西厓刻吴昌硕书 王一亭画佛像扇骨	长32.2cm	253,000	中国嘉德	2022-12-25
近代 毕谷云上款韩潮刻诗文竹扇骨	长33.5cm; 档数16档	26,450	西泠印社	2022-08-21
近代 蔡铣、汤岱山画竹刻蜻蜓芙蓉苕花图扇骨	长31cm; 档数16档	14,950	西泠印社	2022-08-21
近代 唐云画沈觉初刻荷塘清趣扇骨	长32cm	63,250	中贸圣佳	2023-01-01
马企周、吴南愚刻留青扇骨	长32cm	13,800	中贸圣佳	2022-10-27
梅鹿扇骨竹雕	高31.5cm; 排口12.4cm	10,350	北京诚轩	2022-08-08
清早期西原刻双面梅花扇骨竹雕	高31.2cm; 排口12.4cm	36,800	北京诚轩	2022-08-08
王世襄旧藏竹制髹漆扇骨五件	尺寸不一	43,700	中国嘉德	2022-12-13
徐素白1940年作刻自作画扇骨竹雕	高30.6cm; 排口2cm	23,000	北京诚轩	2022-08-08
张志鱼刻留青荷花、玉米扇骨	高31cm	80,500	中贸圣佳	2022-10-27
容桂三刻书画扇骨	高32cm	28,750	中贸圣佳	2022-10-27
清中期 竹刻"独乐园记"书法挂匾	长122cm	69,000	保利厦门	2022-10-22
民国 玉屏箫(一组两件)	尺寸不一	11,500	西泠印社	2022-08-21
民国 张合山制竹箫	长60.3cm	11,500	中贸圣佳	2022-08-06
民国 竹雕承庶、咊厂等人铭文拐杖	长90.9cm	47,150	广东崇正	2022-08-11
20世纪 竹笛、箫各一把	长64.5cm; 长61cm	17,250	中国嘉德	2022-05-29

木雕

拍品名称	物品尺寸	成交价RMB	拍卖公司	拍卖日期
清 沉香雕三阳开泰牌	长6.3cm; 宽4.1cm; 总重约29g	43,700	西泠印社	2022-01-23
清 沉香挂件	珠径0.7cm; 坠长6cm; 坠宽3.5cm; 坠厚2cm	11,500	浙江御承	2022-08-28
清 金漆木雕秀公沈记松下三老图挂件	38cm×16.5cm×16.5cm	23,000	广东崇正	2022-08-06
沉水 达拉干沉香 并蒂同心吊坠	重量13.43g; 50mm×34.6mm×13.9mm	11,500	保利厦门	2022-10-21
沉水 柬埔寨沉香 净瓶观音吊坠	重量7.36g; 48.5mm×23.8mm×9.3mm	13,800	保利厦门	2022-10-21
沉水 越南沉香 度母吊坠	重量4.12g; 56.3mm×29.5mm×108mm	18,400	保利厦门	2022-10-21
沉水 越南沉香 普贤菩萨吊坠	重量9.62g; 60mm×30.9mm×7.7mm	11,500	保利厦门	2022-10-21

拍品名称	物品尺寸	成交价RMB	拍卖公司	拍卖日期
沉水 越南芽庄白奇楠空谷幽谷吊坠	重量4.42g; 48mm×20.8mm×13mm	43,700	保利厦门	2022-10-21
沉水 越南芽庄鸾歌绿奇楠荷花吊坠	重量1.69g; 33mm×16.8mm×8.6mm	20,700	保利厦门	2022-10-21
九分沉越南芽庄白奇楠襄金随形吊坠	重量9g(含金、绳); 41.9mm×25.3mm×14.3mm	18,400	保利厦门	2022-10-21
明万历 沉香挂牌	长102mm; 宽5mm; 厚2.4mm	13,800	浙江御承	2022-08-28
清 "白蕉"款沉香诗文挂牌	长6cm; 宽4cm; 厚1cm	11,500	浙江御承	2022-08-28
清 沉香雕高士人物图牌	长6cm; 宽4.5cm; 厚1cm; 重26.8g	34,500	广东崇正	2022-04-17
清 沉香千手观音牌	长10cm; 宽5cm; 厚1cm	24,200	浙江御承	2022-12-17
清 沉香人物挂牌	长6cm; 宽5cm; 厚1cm	28,750	浙江御承	2022-08-28
清 乌木镂雕牌	5cm×4cm×1cm	11,500	广东崇正	2022-04-17
清 中书舍人令牌	长14cm	34,500	广东崇正	2022-08-11
沉水 老挝沉香 无事牌	重量31.56g; 61.8mm×42.2mm×11.7mm	66,700	保利厦门	2022-10-21
文莱沉香 老虎牌	框架纯金重17g; 虎重12g; 沉香牌重11g; 5.1cm×3.6cm×1cm	51,750	保利厦门	2022-10-21
清中期沉香寿字纹手串	直径1.3cm	25,300	永乐拍卖	2022-07-25
清中期 棋楠嵌金朝珠	长162cm	441,456	中国嘉德	2022-10-08
清中期 伽楠十八子手串	宽10.6cm; 重58g	662,184	中国嘉德	2022-10-08
清 沉香108子佛珠	珠径约12mm; 盘重93g	34,500	西泠印社	2022-08-21
清 沉香配水晶朝珠	长109cm; 重253g	22,400	上海联合	2022-08-13
清 沉香十八子持珠	珠径1.8cm; 总重123g	13,800	西泠印社	2022-01-23
清 沉香手串	珠径约12mm; 总重214g	20,700	西泠印社	2022-08-21
清 核雕无双谱人物珠串	总长31cm; 单颗直径1.4cm	126,500	中贸圣佳	2022-10-27
清 奇楠朝珠	直径1.5cm; 总长90cm; 重197g	36,800	广东崇正	2022-04-17
沉水 文莱沉香 手串	重量138.47g; 直径12mm×108颗	287,500	保利厦门	2022-10-21
沉水 越南沉香 老料手串	重量13.04g; 直径10mm×19颗	29,900	保利厦门	2022-10-21
沉水 文莱沉香 手串	重量20.08g; 直径12mm×17颗	36,800	保利厦门	2022-10-21
沉水 越南沉香 老料手串	重量28.81g; 直径14mm×15颗	80,500	保利厦门	2022-10-21
沉水 惠安沉香 瘤疤手串	重量39.75g; 直径16mm×14颗	126,500	保利厦门	2022-10-21
沉水 越南沉香 老料手串	重量13.45g; 直径4mm×216颗	19,550	保利厦门	2022-10-21
沉水 惠安沉香 手串	重量12.52g; 直径5mm×108颗	17,250	保利厦门	2022-10-21
沉水 惠安沉香 手串	重量20.95g; 直径6mm×108颗	29,900	保利厦门	2022-10-21
沉水 文莱沉香 手串	重量19.61g; 直径6mm×108颗	26,450	保利厦门	2022-10-21
沉水 文莱沉香 手串	重量8.52g; 直径8mm×22颗	23,000	保利厦门	2022-10-21
沉水 惠安沉香 节节高升手串	重量11.79g; 17mm×10mm×10颗	13,800	保利厦门	2022-10-21
沉水 越南芽庄白奇楠 鼓珠	重量6.71g; 7mm×8mm×23颗	57,500	保利厦门	2022-10-21
沉水 越南芽庄白奇楠 桶珠	重量49g;6mm×8mm×21颗	34,500	保利厦门	2022-10-21
沉香木朝珠	长80cm	11,500	中国嘉德	2022-06-01
沉香木朝珠、手串各一串	长94cm; 长14cm	10,350	中国嘉德	2022-06-01
沉香木嵌红宝石手串	长15.5cm	13,800	中国嘉德	2022-06-01
沉香木嵌鎏金珠手串	长18cm	13,800	中国嘉德	2022-06-01
沉香木手串	长16cm	17,250	中国嘉德	2022-06-01
沉香嵌鎏金提珠	珠径1.3cm	11,500	北京保利	2022-07-16
沉香团寿纹108子朝珠	珠径1cm; 总重60g	16,100	西泠印社	2022-01-23
伍佰艺奇楠一号沉水沉香手串	单颗直径0.8cm	226,000	北京伍佰艺	2022-10-28
伍佰艺奇楠一号沉水随形沉香手串		128,000	北京伍佰艺	2022-10-28
清 108颗沉香刻花佛珠	珠径1.7cm	34,500	浙江御承	2022-08-28
清 108颗沉香念珠	珠径1.5cm	23,000	浙江御承	2022-08-28
清 白奇楠108大佛珠	直径2cm×108	34,500	广东崇正	2022-08-11
沉香木佛珠	长48cm	17,250	中国嘉德	2022-06-01
沉香木佛珠	长64cm	20,700	中国嘉德	2022-06-01
沉香木佛珠	长87cm	17,250	中国嘉德	2022-06-01
清金漆木雕八仙八骑十六子挂件(一对)	155cm×5cm×73cm×2	172,500	广东崇正	2022-12-25
清 金漆木雕博古人物纹楼阁	30cm×20.5cm×3cm	23,000	广东崇正	2022-12-25
清 金漆木雕梅开五福纹花板	33.5cm×3cm×2cm	43,700	广东崇正	2022-12-25
清 金漆木雕戏曲人物图花板	11cm×4cm×63cm	23,000	广东崇正	2022-12-25
清 金漆木雕戏曲人物图花板(一对)	19cm×3cm×18cm×2	23,000	广东崇正	2022-12-25
清 金漆木雕鱼虾蟹纹花板	149cm×3cm×16cm	23,000	广东崇正	2022-12-25
清乾隆 黄花梨雕云龙纹板	128.5cm×75cm	287,500	上海嘉禾	2022-12-26
清沉香福寿扳指一只	直径3cm	13,800	上海嘉禾	2022-12-25
清沉香暖手	高8.3cm; 宽8.2cm	11,500	上海嘉禾	2022-01-01
清 黄杨木人物故事纹香囊	宽5.2cm; 高9.8cm	11,500	浙江佳宝	2022-03-13
20世纪沉香寿字金钉扳指手镯(三对六件)	镯径8.5cm; 扳指径4cm	13,440	上海联合	2022-08-13

2022杂项拍卖成交汇总(续表)

（成交价RMB：1万元以上）

拍品名称	物品尺寸	成交价RMB	拍卖公司	拍卖日期
沉香木嵌鎏金珠镯 (一对)	内径5.8cm×2	13,800	中国嘉德	2022-06-01
清 沉香犀牛摆件	长29cm; 高11cm	93,500	浙江御承	2022-12-17
清 京造金漆木雕瑞狮摆件	35cm×16cm×18cm	66,700	广东崇正	2022-12-25
当代李得农作金漆木雕"花篮"摆件	42cm×29cm×19cm	184,000	广东崇正	2022-12-25
明 乌木山子	通高30.5cm	115,000	中贸圣佳	2023-01-01
清早期沉香雕群祝寿诗文大山子摆件	长57cm	368,000	中鸿信	2022-09-11
清早期 沉香文房山子	高9.5cm	43,700	北京保利	2022-07-17
清乾隆 紫檀嵌银丝座龙凤形山子	宽12cm	345,000	北京保利	2022-07-16
清中期 大清乾隆年制款檀香木镂雕罗汉山子摆件	高15cm	161,000	西泠印社	2022-01-23
清 沉香"垂云"山子摆件	高22.2cm; 重约200g	34,500	西泠印社	2022-08-21
清 沉香案头山子	宽15.5cm; 高14cm	23,000	浙江佳宝	2022-03-13
清 顾珏款檀香木母子牛山子	长14.8cm; 宽3.8cm	69,000	江苏汇中	2022-08-17
清 黄花梨雕太湖石形山子	高12.3cm	23,000	北京中汉	2022-04-27
清 黄杨木溪山访友山子摆件	高11.6cm	55,200	西泠印社	2022-08-21
清 三观沉香山子	高4.6cm; 宽35.5cm; 长37cm	69,000	中国嘉德	2022-12-25
清 树根仿供石山子	长13cm	21,763	罗芙奥	2022-12-03
清 吴云藏柏木山子	长12cm	36,800	中国嘉德	2022-06-28
沉香木山子摆件	长20cm; 宽12cm; 高39cm	34,500	北京银座	2022-01-16
明 方古林款鹿角如意	长46cm	28,750	中国嘉德	2022-06-25
18世纪 黄杨木雕如意	长46.8cm	69,499	香港苏富比	2022-11-25
清乾隆 白檀木雕灵芝纹如意	长42cm	43,700	中国嘉德	2022-11-26
清乾隆 御制紫檀百宝嵌"吉祥如意"太平有象纹如意	长48cm	322,000	中国嘉德	2022-12-26
清乾隆 紫檀高浮雕会昌九老图御题诗三镶如意	长46.4cm	299,000	中贸圣佳	2022-10-27
清乾隆 紫檀镂雕寿桃如意	长38.5cm	109,250	华艺国际	2022-09-23
清乾隆 紫檀嵌白玉雕八骏图如意	长48.3cm	253,000	中国嘉德	2022-12-26
清乾隆 紫檀三镶白玉雕太平有象博古纹如意	长48.5cm×2	345,000	中国嘉德	2022-12-26
清嘉庆 御制紫檀嵌银绳编玉宝象图瓦子如意	长37cm	51,750	北京保利	2022-07-29
清 沉香雕如意摆件	长37cm; 总重126g	46,000	西泠印社	2022-01-23
清 红木镂雕灵芝纹如意摆件	长34.6cm	13,800	西泠印社	2022-08-21
清 红木嵌宝如意	长32.5cm; 宽7.7cm	23,000	浙江佳宝	2022-03-13
清 红木三镶白玉雕石榴图如意	长55cm	92,000	北京保利	2022-07-29
清 红木三镶玉福寿纹如意	长44.6cm	47,150	西泠印社	2022-08-21
清 黄杨木雕双龙福寿如意摆件	长43cm	103,500	西泠印社	2022-08-21
清 黄杨木灵芝如意摆件	长44.5cm	40,250	西泠印社	2022-08-21
清 黄杨木灵芝形如意	长33cm	176,913	香港福羲国际	2022-12-28
清 黄杨木如意	长41.3cm	49,374	中国嘉德	2022-06-05
清 檀香木镶黄杨木螭龙纹如意	长53.7cm	23,000	西泠印社	2022-08-21
清 紫檀嵌金星石福寿图如意	长49.5cm	92,000	北京保利	2022-07-29
清 紫檀三镶白玉福寿纹如意摆件	长43cm	43,700	西泠印社	2022-08-21
印度迈索尔老山檀香事如意摆件	155㎜×375㎜×85㎜	14,950	保利厦门	2022-10-21
唐 木雕彩绘侍女	高45.3cm	974,700	保利香港	2022-07-14
金元 彩绘木雕罗汉坐像	高66cm	144,560	纽约佳士得	2022-03-25
金元 木雕彩绘水月观音	高103cm	1,736,448	保利香港	2022-10-10
金至元 木胎漆彩自在菩萨坐像	高55cm	3,105,000	西泠印社	2022-01-22
元 木雕罗汉像	高29cm	15,573	台北艺珍	2022-09-25
元 木胎彩绘水月观音	高60cm	253,000	华艺国际	2022-09-23
元 木胎大日如来坐像	高28cm	218,500	西泠印社	2022-08-20
元 木胎漆彩自在观音菩萨坐像	高49.5cm	299,000	西泠印社	2022-01-22
元 木胎文殊菩萨 普贤菩萨 (一组)	高21cm	126,500	西泠印社	2022-01-22
元 木天尊像	高44cm; 宽25cm	11,500	浙江佳宝	2022-03-13
明早期 木雕风格永宣木胎释迦立像	高23cm	14,950	西泠印社	2022-01-22
元末明初 木胎阿弥陀佛坐像	高36cm	218,500	西泠印社	2022-01-22
14—15世纪 木刻罗汉	高130cm	687,000	台北艺珍	2022-03-06
明天顺四年 木雕姜维坐像	高112cm	322,000	西泠印社	2022-08-20
明末 樟木佛像	高27cm; 宽16cm	18,400	上海嘉禾	2022-01-01
明 彩绘木雕水月观音		30,109	中国嘉德	2022-10-08
明 沉香木加彩阿难立像	高9.0cm; 重299.3g	287,500	广东崇正	2022-04-17
明 沉香木加彩普萨立像	高33cm; 重318g	287,500	广东崇正	2022-04-17
明宫廷木雕漆金大日如来坐像	高35.5cm	379,500	永乐拍卖	2022-07-24
明 关公立像	高52.2cm	115,000	中贸圣佳	2022-10-27
明 关公像	高94cm	471,500	中贸圣佳	2022-07-27
明 关公像	高85cm	166,750	中贸圣佳	2023-01-01
明 观音菩萨坐像	高85cm	1,840,000	中贸圣佳	2023-01-01
明 京造木雕漆护法坐像	高68cm	368,000	西泠印社	2022-01-22
明 弥勒佛像	高56cm	690,000	中贸圣佳	2022-07-27
明 木雕彩绘狮吼观音	高135cm	2,990,000	华艺国际	2022-09-23
明 木雕加彩观世音菩萨半跏像	高112cm	832,451	香港苏富比	2022-10-08
明 木雕文殊菩萨像	高108cm	637,352	佳士得	2022-11-29
明 木胎阿弥陀佛坐像	高60cm	402,500	西泠印社	2022-08-20
明 木胎关公立像	高53cm	92,000	西泠印社	2022-08-20
明 木胎关公头像	高42cm	172,500	西泠印社	2022-08-20
明 木胎关公像	高86cm	92,000	西泠印社	2022-08-20
明 木胎接引佛立像	高134cm	1,840,000	西泠印社	2022-08-20
明 木胎金漆释迦坐像	高65cm	115,000	西泠印社	2022-08-20
明 木胎龙女立像	高78cm	161,000	西泠印社	2022-08-20
明 木胎菩萨坐像	高31cm	80,500	西泠印社	2022-08-20
明 木胎普贤菩萨坐像	高50cm	92,000	西泠印社	2022-01-22
明 木胎漆彩阿弥陀佛坐像	高85cm	460,000	西泠印社	2022-08-20
明 木胎漆彩观音坐像	高125cm	552,000	西泠印社	2022-01-22
明 木胎漆彩罗汉坐像 (一对)	高60cm×2	920,000	西泠印社	2022-08-20
明 木胎漆彩送子观音立像	高32.5cm	63,250	西泠印社	2022-01-22
明 木胎漆彩韦陀立像	高69cm	506,000	西泠印社	2022-01-22
明 木胎漆彩协侍菩萨立像	高29.5cm	20,700	西泠印社	2022-01-22
明 木胎漆彩坐像	高43cm	184,000	西泠印社	2022-01-22
明 木胎狮吼观音坐像	高46cm	437,000	西泠印社	2022-01-22
明 木胎释迦牟尼坐像	高68cm	97,750	保利厦门	2022-10-22
明 木胎释迦坐像	高47cm	161,000	西泠印社	2022-01-23
明 木胎释迦坐像	高64.5cm	287,500	西泠印社	2022-08-20
明 木胎水月观音坐像	高52cm	126,500	西泠印社	2022-01-23
明 木胎天王立像 (一组)	高42cm	448,500	西泠印社	2022-01-22
明 木胎韦陀立像	高153cm(带座)	690,000	西泠印社	2022-08-20
明 木胎韦陀坐像	高100cm	253,000	西泠印社	2022-01-22
明 木胎武财神赵公明坐像	高56cm	299,000	西泠印社	2022-08-20
明 木制释迦牟尼坐像	高31.8cm	55,200	西泠印社	2022-01-23
明 漆金木雕关公立像	通高65cm; 像高52.3cm	172,500	永乐拍卖	2022-07-24
明 泗州大士像	高6.7cm	10,350	西泠印社	2022-01-22
明 檀香木阿弥陀佛坐像	高28cm	103,500	西泠印社	2022-08-20
明 胁侍菩萨像两尊	高72cm×2	747,500	中贸圣佳	2022-07-27
明 朱漆观音坐像	高30.2cm	23,000	中贸圣佳	2022-07-12
明 紫檀雕观音像	高27.5cm	74,750	西泠印社	2022-01-22
明至清 木雕漆金释迦牟尼及迦叶阿难 (一组三件)	尺寸不一	63,250	西泠印社	2022-01-23
明早期 木胎阿弥陀佛像及阿难迦叶(一组)	高85cm; 高86cm; 高83cm	1,437,500	西泠印社	2022-01-22
明末清初 黄花梨木雕漆金持卷观音像	高37cm	460,000	中贸圣佳	2022-12-31
明末清初 木胎观音立像	高74.5cm	460,000	西泠印社	2022-08-20
明末清初 木胎漆金男相经师佛坐像	高26cm	126,500	西泠印社	2022-08-20
清早期 黄杨木雕释迦像	高43.5cm	287,500	北京保利	2022-07-29
清早期 木胎释迦立像	高31cm	43,700	中国嘉德	2022-06-28
清早期 檀香木漆金地藏菩萨坐像	高28.5cm; 宽18.2cm	94,300	广东崇正	2022-04-17
清康熙 木胎金漆千手观音立像	高37cm	552,000	西泠印社	2022-08-20
清乾隆 沉香木雕观音	高9.5cm	166,750	永乐拍卖	2022-07-24
清乾隆 黄杨木雕自在坐地藏菩萨坐像	高22.5cm	207,000	西泠印社	2022-01-22
清乾隆 黄杨木雕阿弥陀佛像	高20.5cm	205,200	保利香港	2022-10-10
清乾隆 京造木胎金漆明王立像	高43.5cm	218,500	西泠印社	2022-08-20
18世纪 大红命主三尊像	尺寸不一	69,000	中贸圣佳	2022-07-27
18世纪 木胎释迦立像	高62cm	57,500	西泠印社	2022-08-20
18世纪 紫檀木上师佛	高12cm	55,200	中贸圣佳	2023-01-01
清嘉庆 卢葵生制木雕紫檀自在观音坐像	高21cm	1,725,000	永乐拍卖	2022-07-24
清 彩绘木雕水月观音	高142.3cm	337,307	纽约佳士得	2022-03-25
清 沉香雕笑颜观音菩萨像	高9cm; 重107g	115,000	西泠印社	2022-01-22
清 沉香高士游山图摆件	高10cm; 长15cm; 重242g	21,850	西泠印社	2022-08-20
清 沉香木装佛祖坐像	高25cm	36,800	江苏汇中	2022-08-17
清 沉香木雕观音坐像	高40cm	69,000	浙江御承	2022-08-28
清 沉香水月观音坐像	高59cm	13,800	江苏汇中	2022-08-17
清 红木笑狮罗汉	高62.5cm	17,250	中贸圣佳	2022-07-27
清 黄杨八仙人物像	高28.5cm	51,750	中国嘉德	2022-12-25
清 黄杨木雕观音像	高20cm	51,750	北京保利	2022-07-29
清 黄杨木雕持经观音站像	高73cm	230,000	北京文奥	2022-01-14
清 黄杨木雕济公立像	通高18cm	113,150	香港福羲国际	2022-09-26
清 黄杨木雕瘦骨罗汉摆件	高30.5cm	10,350	中贸圣佳	2022-09-26
清 黄杨木铁拐李	高31.5cm	51,750	华艺国际	2022-09-23
清 木雕地藏菩萨像	高46cm	161,000	西泠印社	2022-08-21
清 木胎大日如来坐像	高24cm	63,250	西泠印社	2022-08-21
清 木胎漆金地藏菩萨坐像	高31cm	195,500	西泠印社	2022-08-20
清 木漆金观音坐像	高20.5cm; 宽14.5cm	40,250	广东崇正	2022-04-17
清 木胎观音菩萨立像	高33cm	195,500	西泠印社	2022-08-20
清 木胎加官进爵摆件 (一对)	高45cm×2	253,000	西泠印社	2022-08-20
清 木胎金漆大壮弥勒坐像	高62cm	149,500	西泠印社	2022-08-20
清 木胎金漆王灵官立像	高80cm	126,500	西泠印社	2022-08-20
清 木胎金漆文官坐像	高34cm	48,300	西泠印社	2022-08-20
清 木胎金漆坐像	高48cm	184,000	西泠印社	2022-08-20
清 木胎漆金韦陀像	高35cm	63,250	中贸圣佳	2023-01-01
清 木胎释迦说法像	高24cm	149,500	西泠印社	2022-08-20
清 木胎四大天王立像	高51cm×4	322,000	西泠印社	2022-08-20
清 木胎寿山十一面观音	高17cm	23,000	西泠印社	2022-08-20
清 木胎鱼篮观音菩萨立像	高63cm	138,000	西泠印社	2022-08-20
清 木胎自在观音坐像	高33cm	178,250	西泠印社	2022-08-20
清 木胎自在观音坐像	高40.5cm	138,000	西泠印社	2022-08-20
清尚勋款黄杨木和合二仙乘槎摆件连紫檀座	长10.4cm; 高5.2cm	621,000	中贸圣佳	2023-01-01
清 水月观音像	高22cm	253,000	中贸圣佳	2022-07-27
清 檀木雕关公祖像	高26cm; 高21cm; 高19.5cm	69,000	华艺国际	2022-09-23
清 檀香木金漆提篮菩萨坐像	高33cm	207,000	西泠印社	2022-08-20
清 檀香木漆金观音坐像	高33cm; 带座高39cm	207,000	西泠印社	2022-01-22
清 雪山大士像	高70cm	690,000	中贸圣佳	2023-01-01
清 御制木胎髹漆金护法像	高130cm	2,760,000	西泠印社	2022-01-22

2022杂项拍卖成交汇总(续表)

(成交价RMB：1万元以上)

拍品名称	物品尺寸	成交价RMB	拍卖公司	拍卖日期
清 紫檀雕莲花手菩萨像	高21.6cm	38,778	台北艺珍	2022-08-14
清 紫檀观音摆件（镶嵌寿山芙蓉石）	高28cm；底长18cm；底宽12.5cm	63,250	浙江御承	2022-08-28
沉水 惠安沉香 镶金如意观音吊坠	6.6mm×21mm×13mm	14,950	保利厦门	2022-10-21
沉水 文莱软丝小奇楠沉香 如意观音摆件	165cm×79cm×52cm	437,000	保利厦门	2022-10-21
沉水 越南沉香 翠山访友图摆件	重量79.78g；15cm×10.6cm×7.9cm	74,750	保利厦门	2022-10-21
沉水 越南沉香 四臂观音吊坠	重量18.98g；56.7mm×29.7mm×14.3mm	28,750	保利厦门	2022-10-21
沉香木神仙人物像	高25.5cm	13,800	中国嘉德	2022-06-01
沉香木寿星像	高11.5cm	11,500	中国嘉德	2022-06-01
马泥涝沉香 竹林七贤摆件	133cm×46cm×25cm	69,000	保利厦门	2022-10-21
木镶玉骑犼观音	高44cm	32,200	北京保利	2022-07-17
小叶紫檀佛头摆件	24cm×44cm	11,500	上海嘉禾	2022-01-01
印度迈索尔老山檀香八仙贺寿摆件	27cm×94cm×22cm	253,000	保利厦门	2022-10-21
印度迈索尔老山檀香净瓶观音摆件	97cm×41cm×30.5cm	172,500	保利厦门	2022-10-21
樟木水月观音	高71cm	10,350	上海嘉禾	2022-01-01
清早期 紫檀镇宅双狮	高40cm	24,418	台北艺珍	2022-06-12
清 沉香刘海戏金蟾	高16cm	28,750	北京保利	2022-07-17
清 龙眼木麒麟兽	高35.5cm	10,350	中国嘉德	2022-12-25
清民国 天然硬木"五羊"摆件（带原木座）	高74cm；直径45cm	414,000	广东崇正	2022-12-25
紫檀镠狮	6.3cm×3.5cm	14,950	上海嘉禾	2022-01-01
清乾隆 沉香葫芦（一对）	直径15cm之2；高45cm之2	308,000	浙江御承	2022-12-17
清中期 沉香雕玉兰摆件	9.1cm×88cm×38cm；重3lg	40,250	中国嘉德	2022-06-26
清早期 紫檀花插	高10.7cm	11,500	中国嘉德	2022-12-25
清乾隆 黄花梨鎏金花插	高12.4cm	23,000	广东崇正	2022-08-11
清乾隆 描金阳刻云雷纹花插	高20cm	287,500	华艺国际	2022-09-24
清 沉香佛手花插	高12cm	20,700	北京荣宝	2022-07-29
清 宫廷芝仙祝寿盆景	高50cm	48,300	中国嘉德	2022-12-26
清 黄花梨倭角方形花插	高17.7cm	17,250	北京荣宝	2022-07-29
清 奇木随形大花插	高46cm；通径19.5cm	43,700	西泠印社	2022-08-21
清 随形根瘤花插	高50cm	36,800	中国嘉德	2022-12-27
清 体和殿润款紫檀仿根瘤花插	高17cm	33,350	西泠印社	2022-08-21
清 瘿木随形花插	高47.5cm	13,800	中贸圣佳	2022-06-06
清 紫檀雕玉兰花插	高11.5cm	17,250	北京荣宝	2022-07-29
清 紫檀象耳花插	高17.5cm	11,500	中鸿信	2022-09-11
民国 黄杨木圆雕知足纹花插	高10cm；长4.2cm	13,800	广东崇正	2022-04-17
清 沉香镂雕山石松鹿摆件	高52cm；长10cm；重28g	28,750	保利厦门	2022-01-23
清 黄杨木雕品茗图	12cm×14cm	23,000	荣宝斋(南京)	2022-12-08
清 瘿木仿残荷随形摆件	高6cm；长18.5cm	10,350	中国嘉德	2022-12-25
民国 "荷塘翠归" 木摆件	高200cm	26,450	中鸿信	2022-09-11
当代 李照一作木雕 "慈航之舟" 摆件	175cm×68cm×88cm	529,000	广东崇正	2022-12-25
2021年 沉香龙骨摆件		280,000	北京伍佰艺	2022-09-17
沉水 达拉干沉香 丝绸之路摆件	重量220.89g；10cm×27.5cm×8cm	161,000	保利厦门	2022-10-21
沉水 越南沉香 松下对弈摆件	重量69g；9.6cm×21.3cm×7.3cm	49,450	保利厦门	2022-10-21
独钓寒江雪	23cm×55cm×5.7cm；重量57.9g	322,000	上海嘉禾	2022-01-01
马泥涝沉香 湖光山色摆件	68cm×45.5cm×21cm	46,000	保利厦门	2022-10-21
松下雅集	105cm×70cm×10cm；重量362g	138,000	上海嘉禾	2022-01-01
文莱沉香 时空之梭摆件	21.5cm×88cm×18cm	69,000	保利厦门	2022-10-21
越南芽庄沉香 金盘叠翠摆件	63cm×60cm×40cm	115,000	保利厦门	2022-10-21
朱铭2004作 人间系列（两件一组）	尺寸不一	163,080	罗芙奥	2022-06-05
明 黄花梨赏瓶	高24.8cm	55,200	中贸圣佳	2022-07-25
明 紫檀瓶八宝梅花图香瓶	高10.9cm	345,000	中贸圣佳	2022-07-25
清早期 黄花梨香瓶	高10.5cm	36,800	中国嘉德	2022-12-27
清早期 紫檀梅花瓶	高46cm	46,000	中国嘉德	2022-12-27
清乾隆 紫檀雕如意纹香瓶	高21cm；口径11cm	287,500	浙江佳宝	2022-03-13
清 脂角倭口香瓶	高9.5cm	13,800	西泠印社	
唐云、白蕉、徐孝穆刻剔明紫檀香瓶	高10cm	161,000	华艺国际	2022-09-24
明 紫檀嵌银丝文杯	直径9cm	46,000	广东崇正	2022-12-25
明 紫檀嵌银杯	长7.5cm；高4cm	92,000	朵云轩	2022-12-08
明 紫檀嵌银丝开光山水人物诗文杯	直径9cm	172,500	广东崇正	2022-12-25
明 紫檀嵌玉匜杯	长13.5cm；宽7.9cm；高7cm	57,500	江苏汇中	2022-08-17
清早期 紫檀木包银里瑞兽首来通杯	高9cm	115,000	北京保利	2022-07-28
清早期 紫檀梅花杯	宽11cm；高5cm	20,700	中贸圣佳	
清 紫檀仿犀角雕螭龙纹爵杯	高9.5cm；口径5.5cm	32,200	西泠印社	2022-08-21
清 达摩铭黄花梨佛钵	高5.7cm；直径15.5cm	632,500	西泠印社	2022-01-23
清 黄花梨净水碗	高3.5cm；直径15cm	18,400	中贸圣佳	2022-07-12
清 紫檀整挖碗	直径15cm；高5.5cm	28,750	中国嘉德	2022-12-25
明 黄花梨嵌百宝博古纹香盘	直径24.8cm	172,500	华艺国际	2022-09-23
明 黄花梨香盘	长16.5cm	69,000	广东崇正	2022-08-11
明 紫檀嵌银丝香盘	152cm×30.2cm	69,000	广东崇正	2022-12-25
清 黄花梨香盘	直径12.1cm；高2cm	43,700	广东崇正	2022-12-25
明末清初 黄花梨整挖大供盘	53cm×53cm×31.2cm	220,728	中国嘉德	2022-10-09
清早期 红木嵌白玉双欢香盘	长玉cm；直径14.5cm	19,550	保利厦门	2022-10-22
清早期 黄花梨嵌银丝双面棋盘	49cm×49cm	402,500	北京保利	2022-07-29
清早期 紫檀海棠彩小盘	16.6cm×12.3cm×4cm	32,200	中国嘉德	2022-06-26
清早期 紫檀楠木嵌黄花梨棋盘	高2cm；长48cm；宽48cm	32,200	西泠印社	2022-01-23
清早期 紫檀折叠式双面棋盘	44.5cm×44.5cm	713,000	北京保利	2022-07-28
清乾隆 紫檀大漆描金文盆满雕龙纹	33cm×25cm	23,000	中贸圣佳	2022-07-13
清乾隆 紫檀莲花座束腰圆盘	直径25.8cm；高16.5cm	138,000	中贸圣佳	2023-01-01
清乾隆 紫檀镂雕卷草纹承盘	高4.5cm；长40.7cm；宽40.7cm	43,700	西泠印社	2022-08-21
清乾隆 紫檀如意纹文盘	18.3cm×23.3cm	34,500	广东崇正	2022-08-11
清晚期 黄花梨都承盘	32.5cm×32.5cm×7.5cm	36,002	中国嘉德	2022-06-04
清 黄花梨方形都承盘	27.5cm×27.5cm×7cm	15,429	中国嘉德	2022-06-04
清 黄花梨镂雕灵芝纹贡盘	高1.8cm；长22.5cm；宽16.3cm	51,750	西泠印社	2022-08-21
清 黄花梨双层带抽屉文盘	9.2cm×42.3cm×29.8cm	51,750	广东崇正	2022-08-11
清 黄杨木雕荷叶盘	34cm×20cm×2cm	20,700	荣宝斋(南京)	2022-12-08
清 龙眼木荷叶边托盘	30.6cm×30.5cm×3.5cm	46,000	北京保利	2022-07-28
清 紫檀嵌叶式香盘	长14.5cm；宽1cm；厚26cm	25,300	广东崇正	2022-04-17
清 紫檀嵌银丝香盘	长15.7cm；宽9.4cm	138,000	中贸圣佳	2022-07-12
清 紫檀嵌云石香盘	长25cm；宽25cm；高42cm	57,500	中国嘉德	2022-09-26
清末民国 红木方形带屉都承盘	35cm×35cm×7cm	12,343	中国嘉德	
清末民国 红木方形带屉都承盘	34.5cm×34.5cm×5cm	12,343	中国嘉德	
明 紫檀蛐蛐罐	12.5cm×14.5cm	46,000	上海嘉禾	2022-01-01
清早期 黄花梨围棋罐四只	尺寸不一	36,800	中贸圣佳	
清早期 紫檀围棋罐一只	高8.3cm	10,350	中贸圣佳	
清 黄花梨围棋罐	直径12cm；高6.8cm	13,800	中贸圣佳	
清 任薰款刻沉木刻牡丹诗文盖罐	高9cm；腹径11.8cm	52,900	西泠印社	2022-08-21
清 一品清廉紫檀木围棋罐（一对）	高19.5cm之2	13,800	浙江御承	2022-08-28
清 柞榛木围棋罐一对	直径13.5cm之2	17,250	中贸圣佳	
越南黄花梨围棋罐一对（同料出）	直径12cm之2	28,000	中贸国际	2022-07-31
清早期 沉香木嵌银丝诗文狮耳炉	高18.2cm	172,500	中国嘉德	2022-05-29
清 沉香瑞狮香盒摆件	高18cm；长20cm；宽12cm	51,750	浙江御承	2022-08-28
清 沉香兽面香薰炉	高22cm；宽17cm	34,500	浙江御承	2022-08-28
清 大清乾隆年制款黄花梨蚰耳炉	高6.6cm；通径19cm；口径14cm	43,700	西泠印社	2022-01-23
清 红木雕随形炉	11cm×15cm	51,750	荣宝斋(南京)	2022-12-08
清 金漆木雕太狮少狮大香炉	14.5cm×31.5cm×14.5cm	23,000	广东崇正	2022-08-11
清 奇木三足晶式炉	高13.7cm；通径8.3cm	80,500	西泠印社	2022-08-21
清 酸枝木如意耳香炉	高30cm	17,250	广东崇正	2022-12-25
清 沉香木三足炉	高11.5cm	46,000	上海嘉禾	2022-01-01
清 紫檀木童子献寿香薰摆件（原配黄花梨底）	高16cm；底径17cm	17,250	浙江御承	2022-08-28
明嘉靖 紫檀百宝嵌胡人戏狮香盒	直径8.5cm	2,875,000	中国嘉德	2022-12-26
清早期 紫檀百宝嵌瓜形盖盒	长11.2cm	46,000	中国嘉德	2022-12-26
清乾隆 紫檀御题册页板、楠木铜鎏金蟠夔百宝盒铜钩两件	长34.5cm；宽18.1cm	28,750	中国嘉德	2022-12-27
清早期 黄杨木嵌百宝香盒	直径8.9cm	80,500	中国嘉德	2022-12-26
清中期 紫檀携琴访友图六方盒	25cm×25cm×14cm	46,000	中国嘉德	
19世纪 紫檀云龙纹册页盒	长35.5cm	92,000	广东崇正	2022-12-25
清乾隆剔红藏徐攻款仿古小品壶藏木盒	15.5cm×14.7cm×9.6cm	36,800	广东崇正	2022-12-25
清 金漆木雕双龙福寿纹果盒	35cm×22cm×17cm	34,500	广东崇正	2022-12-25
清 紫檀嵌瘿木花口香盒	直径7.6cm；高4.7cm	20,700	广东崇正	2022-12-25
清 紫檀绳纹香盒	高6cm；直径14cm	69,000	广东崇正	2022-12-25
民国 邓尔雅题若泽怀杯红木盒	22cm×14.8cm×11.3cm	25,300	广东崇正	2022-12-25
民国 红木葵花盒	直径30cm；高10cm	11,500	朵云轩	2022-12-08
民国 金梁题楠木画盒	长100cm	23,000	中国嘉德	2022-12-27
18世纪/19世纪 紫檀树根形香插及铁梨木人物图香筒	香插高14.5cm；香筒高11.9cm	24,093	纽约佳士得	2022-03-25
清 黄花梨松虫香插	高12.4cm	20,700	中国嘉德	
清 黄杨木雕鹌鹑香重	高16.5cm；底径9.5cm	20,700	浙江御承	
清 紫檀木镂空雕玉兰花香筒	高27.1cm	11,500	中国嘉德	
清 黄杨木透雕一路连科香筒	高27.5cm	16,800	上海联合	2022-08-13
清 金漆木雕瓜棱绵绵纹香筒	15cm×14cm×36cm	11,500	广东崇正	
1863年 清 莫友芝制黄花梨双面竹刻诗文香筒	高40cm	25,300	江苏汇中	2022-08-17
明嘉靖 黄花梨雕天王像方斗	宽24cm	460,000	北京保利	2022-07-28
明末清初 黄花梨葫芦壶瓶	高29cm	230,000	北京保利	2022-07-28
清早期 紫檀茶筒	22.5cm×18cm×24.2cm	35,316	中国嘉德	2022-10-09
清乾隆 沉香木雕盏托	高7cm；直径14.3cm	90,850	广东崇正	2022-08-11
清乾隆 沉香木雕龙凤纹舰	高15.2cm	463,528	佳士得	2022-11-29
清 树瘤随形花器	高34.5cm；直径20.3cm	34,500	浙江佳宝	2022-03-13
约翰·列侬与小野洋子亲笔签名木勺	67cm×55cm	126,500	中国嘉德	2022-06-26
明末 黄花梨笔筒	直径23.6cm；高22.4cm	433,027	香港苏富比	2022-10-09
17世纪 黄花梨雕玉兰花葵口笔筒	直径25.5cm；高21.6cm	1,139,544	香港苏富比	2022-10-09
明 "童其昌" 款诗文紫檀大笔筒	高19.5cm；直径26cm	575,000	保利厦门	2022-12-12
明 黄花梨大笔筒	45cm×41cm×29cm	74,750	中国嘉德	2022-12-25
明 黄花梨大笔筒	高15.6cm；口径18.7cm	207,000	浙江佳宝	2022-03-13
明 旧玉素笔筒	直径11.8cm	207,000	北京保利	2022-07-29
明 孙灭弘制剔紫檀嵌银丝笔筒	高径15cm；直径14cm	494,500	北京保利	2022-07-29
明 乌木整挖笔筒	高18.5cm；口径14cm	34,500	西泠印社	2022-08-21
明张瑞图款诗紫檀刻梅花图诗文笔筒	高12.5cm；口径9.5cm	322,000	西泠印社	2022-08-21
清 紫檀雕螭龙江口笔筒	高12.5cm；口径10.5cm	157,365	台北艺珍	2022-06-12
明 紫檀整挖笔筒	直径15.5cm；高16.1cm	310,500	中贸圣佳	2022-10-27

拍品名称	物品尺寸	成交价RMB	拍卖公司	拍卖日期
明至清 黄花梨瓜棱形笔筒	高16cm；口径15.5cm	41,400	西泠印社	2022-08-21
明至清 紫檀葵口笔筒	高12.8cm；口径15.2cm	37,950	西泠印社	2022-01-23
明晚期 黄花梨笔筒	直径19.5cm；高18cm	46,000	中国嘉德	2022-06-26
明晚期 黄花梨根瘤笔筒	直径20cm；高18.8cm	69,000	中国嘉德	2022-06-26
明晚期 黄花梨嵌银丝葵花形笔筒	直径12.4cm；高15.5cm	483,000	中贸圣佳	2022-07-25
明末清初 沉香浮雕松树纹笔筒	高12.8cm；通径9.8cm；总重182g	287,500	西泠印社	2022-08-21
明末清初 庄款黄花梨昆阳城赋笔筒	高16.5cm；直径15.5cm	345,000	中国嘉德	2022-12-25
明末清初 黄花梨树瘤形大笔筒	高20cm；宽23cm	287,500	浙江佳宝	2022-03-13
明末清初 紫檀笔筒	直径13.6cm；高14.7cm	48,300	中贸圣佳	2022-07-25
明晚清早期 黄杨木雕"松鹤延年"笔筒	高16.2cm	97,120	中国嘉德	2022-10-08
清初 沉香木雕罗汉图大笔海	高23.5cm；宽29cm	460,000	保利厦门	2022-10-22
清初 黄花梨笔筒	高13cm	437,721	哈布斯堡	2022-12-18
清初 黄花梨木镂洞石花卉纹笔筒	高25cm；直径14cm	92,000	华艺国际	2022-10-22
清初 黄花梨起收线笔筒	高18cm	14,950	华艺国际	2022-09-23
清初 紫檀雕玉兰花纹随形盖笔筒	高13.5cm；直径10.5cm	92,000	保利厦门	2022-08-12
清早期 虎皮竹雕弦纹三足笔筒	直径12.5cm；高11.7cm	25,300	北京中汉	2022-08-08
清早期 黄花梨"文王访贤"笔筒	直径9.5cm；高12.8cm	43,700	中国嘉德	2022-06-26
清早期 黄花梨笔筒	直径9.8cm 高12.6cm	23,000	中贸圣佳	2022-07-12
清早期 黄花梨笔筒	高22.3cm；直径16cm	109,250	中国嘉德	2022-07-29
清早期 黄花梨笔筒	高15.5cm	17,250	北京保利	2022-07-29
清早期 黄花梨笔筒	22cm×24cm	207,000	荣宝斋(南京)	2022-07-25
清早期 黄花梨螭纹玉兰花形笔筒	直径14.7cm；高16.7cm	339,250	中贸圣佳	2022-07-25
清早期 黄花梨瓜棱形笔筒	直径；直径15.5cm	51,750	中贸圣佳	2022-06-06
清早期 黄花梨山水楼阁人物图大笔筒	直径24.8cm；高19.2cm	1,092,500	中国嘉德	2022-06-26
清早期 黄花梨束腰刻诗文笔筒	高11.2cm；口径7.4cm	36,800	西泠印社	2022-08-21
清早期 黄花梨玉兰花笔筒	高17.6cm；直径17.3cm	90,498	中国嘉德	2022-10-09
清早期 黄杨木笔筒	高12cm；口径7.5cm	18,400	中国嘉德	2022-06-26
清早期 黄杨树瘤笔筒	最大直188cm 高16.5cm	517,500	中贸圣佳	2022-07-25
清早期 金农款紫檀刻梅花诗文笔筒	高13cm；口径12.5cm	103,500	西泠印社	2022-08-21
清早期 紫檀雕玉兰花形笔筒	直径15cm；高15.1cm	402,500	北京中汉	2022-08-08
清早期 紫檀雕百宝鹿纹笔筒	高12cm；口径6.8cm	69,000	保利厦门	2022-08-12
清早期 紫檀嵌百宝携琴访友图笔筒	高17.6cm；直径17.6cm	460,000	华艺国际	2022-07-29
清早期 紫檀树瘤形笔筒	高14.5cm；宽16cm	115,000	浙江佳宝	2022-03-13
清早期 紫檀透雕松下高士图笔筒	直径15.5cm；高15cm	1,380,000	华艺国际	2022-07-29
清早期 紫檀弦纹笔筒	直径12.1cm；高11.8cm	17,250	北京中汉	2022-08-08
清早期 紫檀玉兰花笔筒	高13.8cm	115,000	华艺国际	2022-07-29
清早期 紫檀整挖舟字型笔海	直径24.5cm	218,500	中鸿信	2022-09-11
清雍正 沉香笔海(原配紫檀底座)	口径22cm；高25cm	220,000	浙江御承	2022-12-17
18世纪/19世纪 黄花梨树根形笔筒	高17cm	56,218	纽约佳士得	2022-03-25
清乾隆 周芷岩刻张鹏翀题竹石图诗文黄花梨大笔海	高22cm；直径23cm	5,750,000	保利厦门	2022-10-22
清乾隆 黄花梨镶八宝笔筒	长17cm；高18cm	132,000	浙江御承	2022-12-17
清乾隆 御题诗黄花梨嵌和田玉笔筒	口径163cm×19cm 高205cm	550,000	浙江御承	2022-12-17
清乾隆 紫檀浮雕玉兰花纹笔筒	高14cm；直径10.7cm	92,000	广东崇正	2022-08-11
18世纪 紫檀葵口笔筒	外径14.7cm	104,404	纽约佳士得	2022-03-25
17世纪/18世纪 黄花梨笔筒	直径26.7cm	440,352	佳士得	2022-11-29
17世纪/18世纪 黄花梨笔筒	直径25.4cm	254,940	佳士得	2022-11-29
17世纪/18世纪 黄花梨笔筒	高21.3cm	98,499	佳士得	2022-11-29
17世纪/18世纪 黄花梨竹形笔筒	直径17.8cm	139,058	佳士得	2022-11-29
黄花梨笔筒	高13.6cm	114,529	纽约佳士得	2022-09-23
清道光 姚远之书法黄花梨笔筒	直径18.8cm 高17.5cm	356,500	中贸圣佳	2023-01-01
清中期 黄杨木山水高士图笔筒	高12.7cm	149,500	北京保利	2022-07-16
清中期 黄杨木雕梅花笔筒	直径15cm	20,700	中鸿信	2022-09-11
清中期 菊人款紫檀诗文笔筒	直径12.1cm 高13.7cm	345,000	中贸圣佳	2023-01-01
清中期 紫檀笔筒	高10cm	24,280	中国嘉德	2022-10-09
清中期 紫檀梅桩笔筒	高13cm	10,350	华艺国际	2022-09-23
清中期 紫檀嵌云石方笔筒(内壁嵌沉香)	高13.3cm 长13.2cm	14,950	广东崇正	2022-08-11
清中期 紫檀三友图笔筒	10cm×10cm×10.5cm	15,429	中国嘉德	2022-06-04
清中期 紫檀树根形笔筒	直径10cm；高11.6cm	23,000	浙江佳宝	2022-03-13
清中期 紫檀素面笔筒	高14cm；口径14cm	149,500	浙江佳宝	2022-03-13
清中期 紫檀饕餮纹笔筒	高8.8cm	25,716	中国嘉德	2022-06-05
18世纪/19世纪 鸡翅木笔筒	直径26.8cm	22,017	佳士得	2022-11-29
晚清 王云铭黄花梨刻诗文笔筒	高13.8cm；口径15cm	89,700	西泠印社	2022-08-21
清 "文在"款紫檀笔筒	高13cm；直径14.2cm	13,800	广东崇正	2022-08-11
清 沉香八仙过海笔筒(原配紫檀木底座)	高32cm；口径31cm；底径26cm	115,000	浙江御承	2022-08-28
清 沉香高浮雕山水人物笔筒	高12cm；口径13cm；重约205g	43,700	西泠印社	2022-08-21
清 沉香木雕山水人物笔筒	通高15.5cm	343,997	香港福羲国际	2022-12-18
清 沉香山水纹笔筒	长11cm；宽10cm；高11cm	57,500	北京银座	2022-09-17
清 沉香喜鹊登梅笔筒(镶嵌紫檀底座)	高20cm；口径20cm；底径17cm	63,250	浙江御承	2022-08-28
清 富贵同春沉香笔筒	高18cm；口径17.5cm；底径16.5cm	34,500	浙江御承	2022-08-28
清 郭宗仪款黄花梨诗文笔筒	直径13.6cm；高14.7cm	105,800	中贸圣佳	2022-06-06
清 海南黄花梨大笔海	高23cm；直径24cm	23,000	广东崇正	2022-12-25
清 黄花梨笔海	高22.5cm；直径22.5cm	126,500	西泠印社	2022-08-21
清 黄花梨笔筒	高19.2cm 直径19.9cm	51,750	中贸圣佳	2022-06-06
清 黄花梨笔筒	直径25cm；高22cm	120,750	中贸圣佳	2022-07-25
清 黄花梨笔筒	高16cm；口径15.8cm	11,500	西泠印社	2022-01-23
清 黄花梨笔筒	直径20.5cm；高19.4cm	17,250	中贸圣佳	2022-09-26
清 黄花梨笔筒	22.2cm×21.2cm	63,250	上海嘉禾	2022-01-01
清 黄花梨笔筒	高13.5cm；直径11.5cm	23,000	华艺国际	2022-09-23
清 黄花梨笔筒	18cm×17cm	172,500	荣宝斋(南京)	2022-12-08
清 黄花梨笔筒	21cm×20cm	20,700	荣宝斋(南京)	2022-12-08
清 黄花梨笔筒	高13.5cm	23,000	朵云轩	2022-12-08
清 黄花梨大笔海	高26.4cm；直径26.5cm	92,000	广东崇正	2022-08-11
清 黄花梨高土图笔筒	高16cm	20,700	广东崇正	2022-12-25
清 黄花梨刻行书诗文笔筒	高15.5cm	34,500	北京保利	2022-07-29
清 黄花梨葵口笔筒	高23cm；直径16cm	242,800	中国嘉德	2022-10-09
清 黄花梨嵌百宝博古图三足笔筒	直径15.3cm	57,500	中鸿信	2022-09-11
清 黄花梨嵌百宝梅花丹升图笔筒	高14.7cm；口径14.5cm	149,500	西泠印社	2022-08-21
清 黄花梨嵌丝铭文笔筒	高11.5cm；直径10.5cm	55,200	广东崇正	2022-08-11
清 黄花梨诗文笔筒	直径16.2cm；高16.4cm	29,900	广东崇正	2022-08-11
清 黄花梨束腰笔筒	直径20cm；高18.5cm	74,750	中贸圣佳	2022-06-06
清 黄花梨树瘤笔筒	高11cm；直径9.4cm	10,350	广东崇正	2022-08-11
清 黄花梨素笔筒	高17cm；口径17cm	17,250	广东崇正	2022-04-17
清 黄花梨素面笔筒	高15.2cm；口径11cm	13,800	浙江佳宝	2022-03-13
清 黄花梨洗象图笔筒	高16.9cm；直径16.6cm	24,280	中国嘉德	2022-10-09
清 黄花梨刻诗文笔筒一组2只	高10.5cm；高10cm	35,650	中贸圣佳	2022-08-14
清 黄花梨菱花形笔筒	高16.5cm；直径16.2cm	74,750	北京保利	2022-07-29
清 黄杨木雕品茗图笔筒	12.5cm×13cm	115,000	荣宝斋(南京)	2022-12-08
清 黄杨木浮雕梅花纹笔筒	高11.2cm；口径8cm	17,250	西泠印社	2022-08-21
清 黄杨木根瘤笔筒	高12.8cm；口径10cm	13,800	中国嘉德	2022-01-23
清 黄杨木随形小笔筒	高10cm；口径约4cm	13,800	西泠印社	2022-08-21
清 金农铭鸟木刻梅花诗文笔筒	高11.8cm；口径8cm	195,500	西泠印社	2022-01-23
清 眉公款黄花梨嵌银丝诗文笔筒	高13.7cm；口径11.2cm	57,500	西泠印社	2022-08-21
清 楠木随形笔筒	高29.8cm；宽19.8cm	273,491	香港苏富比	2022-10-09
清 任熊款紫檀面壁图笔筒	口径11.6cm；高14cm	805,000	中贸圣佳	2022-07-25
清 沈树镛款随形根瘤笔筒	高13cm；直径13.5cm	13,800	中贸圣佳	2022-07-25
清 桦木雕随形笔筒	直径21cm；高20.5cm	17,250	中国嘉德	2022-12-25
清 松鹤延年沉香笔筒(原配紫檀底座)	直径28cm×28cm 高26cm	242,000	浙江御承	2022-12-17
清 松鹤延年沉香笔筒(原配紫檀底座)	高46cm；口径39cm；底径36cm	460,000	浙江御承	2022-09-28
清 随形木笔筒一对	高117.2cm；高215cm	17,250	中贸圣佳	2022-09-26
清 随形木爵禄封侯笔筒	高17.7cm	10,350	中贸圣佳	2022-09-26
清 王私款黄花梨刻刻丛竹诗文笔筒	高14.7cm；口径13.7cm	34,500	西泠印社	2022-08-21
清 吴之璠款黄杨木雕(赤壁赋)诗文笔筒	高14.2cm；直径13.4cm	19,550	北京中汉	2022-12-09
清 亦痴款黄花梨刻山水人物笔筒	高14.3cm；直径11.5cm	92,000	西泠印社	2022-01-23
清 硬木兰花笔筒	高20.5cm	11,500	北京保利	2022-07-17
清 周芷岩款紫檀竹石纹笔筒	高11.7cm；直径6.2cm	20,700	中贸圣佳	2022-09-26
清 周芷岩制款紫檀竹石纹笔筒	高11.7cm；直径9.2cm	345,000	中贸圣佳	2022-07-25
清 朱本款紫檀笔筒	直径15.4cm；高16cm	20,700	中贸圣佳	2022-07-25
清 子冶款黄花梨双清图笔筒	直径15.1cm；高14.4cm	345,000	中贸圣佳	2022-07-25
清 紫檀嵌百宝错银丝腊梅御制诗图笔筒	高9.5cm	259,217	佳士得	2022-05-30
清 紫檀笔筒	直径19cm；高18.5cm	35,650	广东崇正	2022-08-11
清 紫檀笔筒	直径12.5cm；高12.8cm	11,500	朵云轩	2022-12-08
清 紫檀根瘤笔海	17.5cm×32cm	184,000	上海嘉禾	2022-01-01
清 紫檀花口弦纹笔筒	高19.5cm；直径20cm	40,250	西泠印社	2022-08-21
清 紫檀刻诗文梅竹笔筒	高12.3cm；直径11.9cm	25,300	中贸圣佳	2022-09-26
清 紫檀木雕梅兰竹菊笔筒	高口径16.5cm；底径15.5cm	23,000	浙江御承	2022-08-28
清 紫檀木文房笔筒	口径12cm；高14.5cm	71,500	浙江御承	2022-12-17
清 紫檀嵌百宝笔筒	高18cm；直径16cm	55,200	北京银座	2022-09-17
清 紫檀素面笔筒	长16cm；宽13cm；高16.5cm	69,000	北京银座	2022-09-11
清 紫檀镶银人物大笔海	38cm×39.5cm	437,000	上海嘉禾	2022-01-01
清 紫檀敷忙竹筒	高16.5cm	11,500	北京保利	2022-07-29
民国至近代 林思进款紫檀诗文笔筒	高13.2cm；口径9.9cm	207,000	西泠印社	2022-01-23
海南黄花梨 笔筒	高16cm	33,600	中鸿国际	2022-07-12
黄花梨笔筒	直径32.1cm 高24.6cm	207,000	中贸圣佳	2022-07-12
黄花梨笔筒	高25cm；直径26.2cm	10,350	上海嘉禾	2022-01-01
黄花梨笔筒	16cm×16cm	55,200	上海嘉禾	2022-01-01
近代 日桓款红木诗文小笔筒	高10.7cm；口径4.4cm	13,800	西泠印社	2022-08-21
严群旧藏紫檀玉兰葵口笔筒	13cm×12.5cm×14cm	63,250	中国嘉德	2022-12-13
清曹世楷刻熊绘黄花梨刻雕鱼纹诗文臂搁	高23.2cm；长5.4cm	52,900	中国嘉德	2022-01-23
清 张鹏画仁斋刻王木芦雁图卷几式臂搁	高13cm；长27cm；宽4.7cm	46,000	西泠印社	2022-08-21
清 紫檀螭明月松间照臂搁	高24cm×6.5cm×0.7cm	17,250	荣宝斋(南京)	2022-12-08
当代 张欣或攀刻王福庵铁线篆臂搁	25.8cm×6cm	13,800	中国嘉德	2022-06-26
紫檀"蝉鸣官柳"臂搁	长33cm	32,200	江苏汇中	2022-08-17
清乾隆 如意纹墨床	长5.8cm	23,000	北京保利	2022-07-16
清 紫檀雕花卉纹几式墨床	高25cm；长10cm；宽4cm	20,700	中贸圣佳	2022-12-25
瘿木小墨床	高3cm；长11cm；宽4cm	24,150	中国嘉德	2022-12-25
清 曹世楷楷格并刻乌木诗文镇尺	长29.8cm；宽2.9cm	32,200	中国嘉德	2022-01-23
清丁敬款紫檀玉残刻诗文紫檀镇纸	长30.5cm；宽46cm；高2.6cm	23,000	江苏汇中	2022-08-17
清 褚篆款黄花梨刻诗文书镇	高6cm；长×13cm	63,250	中贸圣佳	2022-07-25
民国 弘一款金丝楠木镇纸	长37cm	149,500	中国嘉德	2022-06-26
明 黄花梨印章盒	9cm×8.5cm×8.5cm	13,800	朵云轩	2022-12-08
明至清 黄花梨嵌百宝花鸟纹文具盒	高9cm；长24.8cm；宽14.8cm	414,000	西泠印社	2022-01-23

2022杂项拍卖成交汇总(续表)

(成交价RMB: 1万元以上)

拍品名称	物品尺寸	成交价RMB	拍卖公司	拍卖日期
清乾隆 紫檀黄花梨仿古玉璧纹印盒	高11.5cm；长30cm；宽10cm	103,500	西泠印社	2022-01-23
清乾隆 紫檀镂雕宝相花纹印章盒	高11.5cm；长12.5cm；宽9cm	161,000	北京保利	2022-07-29
清中期紫檀图章盒	14cm×11cm×10cm	40,250	北京荣宝	2022-07-24
清红木瓜形砚配佛手形砚盒	宽6.6cm；长8cm	17,250	中国嘉德	2023-01-01
清红木文房盒带铜钥匙	27.7cm×38.7cm×15.5cm	17,250	广东崇正	2022-08-11
清红木砚盒	长34.5cm；宽2cm；高7.1cm	13,800	朵云轩	2022-12-08
清红木印盒 (周炼霞)	木高12.3cm；宽直径7.1cm	46,000	华艺国际	2022-09-23
清 黄花梨四方印盒	高12.7cm；长14.6cm；宽14.6cm	43,700	西泠印社	2022-08-21
清 文房一组四件 (带老锦盒)	尺寸不一	253,000	广东崇正	2022-12-25
清 紫檀镶百宝嵌文具盒	14cm×9.3cm	138,000	北京保利	2022-07-29
清 紫檀满工印玺盒	15.5cm×15.5cm×11.5cm	40,250	西泠印社	2022-08-20
15世纪 木质护经板	68.8cm×26.8cm	51,750	中国嘉德	2022-06-26
清早期 黄花梨僧帽式笔筒	直径7.9cm；高17.5cm	34,500	中国嘉德	2022-06-26
清康熙 御笔"中秋日闻海上捷音" 黄花梨仿青铜盒	高21.5cm	195,500	北京保利	2022-07-16
清乾隆 黄花梨御制制雏城敬书面板	长29cm	79,350	北京保利	2022-07-16
清乾隆 乾隆御题诗紫檀册页板	长28cm	23,000	北京保利	2022-07-16
清乾隆 爨木刻"御制仲秋汴"册页天地板	长12.3cm；宽3cm	63,250	中国嘉德	2022-12-27
清乾隆 紫檀御题诗春帖子面板	长30.5cm	80,500	北京保利	2022-07-16
清乾隆 紫檀御题诗和田玉春面板	长27cm	92,000	北京保利	2022-07-16
清乾隆 紫檀御题诗文木板 (两件)	长30.5cm	59,800	北京保利	2022-07-16
清乾隆 紫檀御制和江文通杂拟诗三十首板	长20cm	57,500	北京保利	2022-07-16
清晚期 邓石如款黄杨木整挖诗文小诗筒	直径6.2cm；高9.8cm	80,500	中国嘉德	2022-06-26
清 黄花梨画斗	高25cm	230,000	北京保利	2022-07-29
清 天然木随形卷筒	高45cm	13,800	北京保利	2022-07-29
维多利亚时期铜鎏金及碧玉瓷板装饰桃木书挡	高17cm；长5.1cm；宽14cm	32,200	西泠印社	2022-01-23
瘿木大画筒	长52cm	20,700	中国嘉德	2022-06-01
清 紫檀嵌骨鸟笼	20.5cm×20.5cm×38cm	48,300	中国嘉德	2022-12-25
清 紫檀嵌竹丝鸟笼	高38cm；长22.5cm；宽19.5cm	55,200	西泠印社	2022-01-23
花梨木大鸟笼 (一对)	高62cm×2	13,800	中国嘉德	2022-06-01
清 扇骨 (一组十二把)	尺寸不一	28,750	广东崇正	2022-08-21
清 周义制黄杨瘤瓜葡萄图扇骨	长29.3cm	138,000	中贸圣佳	2022-10-27
清 紫檀嵌白玉如意纹扇骨	长37.8cm	310,500	中贸圣佳	2022-10-27
清 紫檀扇骨	高31cm	32,200	中贸圣佳	2022-10-27
金之骏刻乌木扇骨	高32cm	20,700	中贸圣佳	2022-10-27
明嘉靖 楠木"高朋满座"匾	长193cm；宽43cm	57,500	浙江佳宝	2022-03-13
清康熙 景日畛款红豆杉"致远"匾	155.5cm×46cm×3cm	86,250	中国嘉德	2022-12-25
清康熙 楠木"无事此静坐"文房匾	长115.5cm；高48cm	57,500	浙江佳宝	2022-03-13
清乾隆 "万家生佛"大漆描金匾额	123cm×40.5cm×3.5cm	69,000	中国嘉德	2022-12-25
清乾隆 初彩款款"甘拜下风"匾额	177cm×52.5cm×3cm	103,500	中国嘉德	2022-12-25
清乾隆 紫檀堆漆"白塔山记"匾	93cm×53.5cm	92,000	北京保利	2022-07-16
清道光 吴忠洗款"滋兰堂"大漆描金匾额	163cm×55.5cm×3cm	74,750	中国嘉德	2022-12-25
清中期 鞣漆赵子昂款"克明峻德"匾	235cm×56cm	57,500	中国嘉德	2022-06-26
清咸丰 蓝钵"款"书升有道"大漆匾	218.5cm×64.5cm×4.5cm	92,000	中国嘉德	2022-12-25
清同治 赵之谦款"学古斋书室"文房匾	长114.7cm；宽22.7	74,750	西泠印社	2022-08-21
清光绪 "听泉"大漆描金书方匾	110.5cm×42.5cm×4cm	115,000	西泠印社	2022-08-21
清光绪 木漆"性中天"文房匾	长155cm；宽39.5cm	138,000	浙江佳宝	2022-03-13
清晚期 "满溪小筑"匾额	40cm×163cm	46,000	永乐拍卖	2022-07-25
清晚期 黄思永款"听雨轩"匾额	106.5cm×46.5cm	69,000	中国嘉德	2022-06-26
清晚期 伊立勋铭贻合堂匾额	长244cm；宽72cm	126,500	西泠印社	2022-08-21
清晚期张祖翼马陆雅书鸡翅木"妙庐"匾	58cm×20.2cm	40,250	中贸圣佳	2022-05-29
清 "忠恕堂"匾	长192.6cm；宽62.8cm	63,250	中贸圣佳	2022-07-25
清 "敬德堂"牌匾	长169.4cm；宽61.6cm	34,500	中贸圣佳	2022-07-25
清 "静观"描金花蝶纹书房匾	88.5cm×40.8cm×2cm	46,000	中国嘉德	2022-12-25
清方濬颐款"德馨堂"匾额	149cm×63cm	43,700	广东崇正	2022-12-25
清 傅展猷锦木制"横经"书房匾	长98.5cm；宽53.5cm	50,600	广东崇正	2022-12-25
清广东布政使延福匾"桥梓齐芳"匾额	长180cm；宽63cm	34,500	广东崇正	2022-12-25
清怀昆主人款木胎黑漆描金奉天匾	长123cm；宽38cm	51,750	西泠印社	2022-08-21
清 黄铎铭楠木文房匾 (一对)	95cm×19cm×2	172,500	中贸圣佳	2022-10-27
清 金漆木雕雀梅图牌匾托 (一对)	28cm×12cm×14cm×2	23,000	广东崇正	2022-12-25
清 金漆木雕中秋月饼招牌 (双面工)	长40cm；高79cm	23,000	广东崇正	2022-12-25
清 金漆仁记、合记招牌 (两件)	73cm×14cm×2	25,300	广东崇正	2022-12-25
清适意轩匾额	长86cm；宽43cm	92,000	中贸圣佳	2022-10-27
清 姚元之款竹制横匾	长86cm；宽19.6cm	51,750	西泠印社	2022-08-21
清 邦泰题"望重乡间"匾额	长204cm；高73cm	34,500	广东崇正	2022-12-25
清 赵之谦款"了了不了了之室"匾额	39cm×211.5cm	57,500	永乐拍卖	2022-07-25
民国华重协"寿芬居"楠木匾	96.8cm×38.8cm×2.2cm	11,500	中国嘉德	2022-06-26
民国楠木"贫而乐"匾 (三件)	105cm；宽33cm	69,000	浙江佳宝	2022-03-13
民国(1929年)许夏间款"退思"匾额	长84cm；宽26.5cm	34,500	广东崇正	2022-12-25
董其昌"三思疏"匾	长179.5cm；宽57cm	46,000	北京银座	2022-09-17
近代 于右任铭木制"兰言"匾额	长212cm；宽72.5cm	276,000	西泠印社	2022-08-21
吴昌硕款"器云"匾	长178.5cm；宽55.5cm	54,050	北京银座	2022-09-17
清乾隆 檀香木神龛抱柱楹联	长17.8cm	10,350	北京保利	2022-07-16
清何绍基款木制诗文对联	尺寸不一	23,000	西泠印社	2022-08-21
清 金漆大寿联 (一对)	高237cm×2	57,500	广东崇正	2022-12-25
清早期黄花梨扁柜	长16cm	31,050	中贸圣佳	2022-07-12
清早期黄花梨金刚橛	长45.7cm	69,000	中贸圣佳	2023-01-01
清早期紫檀罗汉床腿	长49.5cm	12,650	北京保利	2022-07-16
清雍正 御制紫檀雕如意宝座构件	97cm×74cm×55cm	414,000	中国嘉德	2022-06-28

拍品名称	物品尺寸	成交价RMB	拍卖公司	拍卖日期
清乾隆 酸枝木高士枕	13.3cm×13.5cm×20cm	23,000	广东崇正	2022-12-25
清乾隆 云龙纹紫檀柄	长12.5cm	11,500	北京保利	2022-07-16
清乾隆 紫檀雕如意捧花纹构件	长19cm；宽19cm；高1.5cm	23,000	北京诚轩	2022-08-09
清乾隆 紫檀雕云蝙纹牙板、紫檀雕夔龙纹户口构件两件	长55cm；长14.7cm	63,250	中国嘉德	2022-12-20
晚清 红木围棋带棋子一对	12cm×9cm×2	17,250	中贸圣佳	2022-07-13
清 黄花梨大戥子一套	长42cm	40,250	中贸圣佳	2022-10-27
清黄花梨仿树根雕刻玉配玉勒子	木长36.5cm；玉5cm	13,800	华艺国际	2022-09-23
清 金漆木雕博古花鸟人物纹宣炉罩	直径28cm；高33.5cm	115,000	广东崇正	2022-12-25
清 金漆木雕博古纹纸媒筒	15cm×8cm×20cm	11,500	广东崇正	2022-12-25
清 金漆木雕多层楼宇梅菊凤凰图对联	140cm×24.5cm×2	161,000	广东崇正	2022-12-25
清 金漆木雕花鸟人物纹大轿围 (一对)	31cm×6cm×42cm×2	34,500	广东崇正	2022-12-25
清 金漆木雕天官赐福图挂件	47cm×12cm×26cm	23,000	广东崇正	2022-12-25
当代 蔡志忠 小叶紫檀鱼纹摆件	67.5cm×26cm×17cm	78,200	中国嘉德	2022-06-26
当代 蔡朝忠 小叶紫檀"濛溪闲想"	长157cm	207,000	中国嘉德	2022-06-26
当代 蔡朝忠 小叶紫檀"濛溪"	68cm×31cm×14cm	78,200	中国嘉德	2022-06-26
当代 陈新付 小叶紫檀 太湖石	35cm×22cm×59cm	48,300	中国嘉德	2022-06-26
当代 陈智矿 紫檀 "一苇渡江"达摩	高39.9cm	29,900	中国嘉德	2022-06-26
当代 陈智矿 紫檀 罗睺罗	高40cm	55,200	中国嘉德	2022-06-26
爱马仕 木质腕表转表器	长32cm；高16cm；直径25cm	20,700	北京保利	2022-07-28
沉水 霸王岭沉香 包头材料	重量20.19g；6.5cm×4.5cm×2.6cm	40,250	保利厦门	2022-10-21
沉水 富森红土沉香 材料	重量2624g；6.6cm×28cm×1.9cm；6.2cm×3.7cm×2.5cm	52,900	保利厦门	2022-10-21
沉水 广西鹧鸪斑沉香 包头材料	重量39.1g；最小28.5mm×20.5mm×14.5mm；9.5mm×40mm×28mm	40,250	保利厦门	2022-10-21
沉水 国香五指山 包衣	重量11.63g；4cm×5.5cm×5cm	11,500	保利厦门	2022-10-21
沉水 加里曼丹沉香 材料	重量36.06g；4.5cm×10.5cm×4.5cm	32,200	保利厦门	2022-10-21
沉水 尖峰岭沉香 包头材料	重量11.51g；9cm×7cm×3.5cm	11,500	保利厦门	2022-10-21
沉水 尖峰岭沉香 包头材料	重量17.12g；10cm×6cm×2.5cm	23,000	保利厦门	2022-10-21
沉水 尖峰岭沉香 包头材料	重量29.56g；5.8cm×10cm×3.5cm	57,500	保利厦门	2022-10-21
沉水 老挝安沉香 瘤疤结	重量2954g；8cm×7cm×4cm	29,900	保利厦门	2022-10-21
沉水 越南沉香 材料	重量15.83g；4.5cm×3.8cm×3.3cm	19,550	保利厦门	2022-10-21
沉水 越南芽庄白奇楠	4.2cm×8cm×6cm；重4662.1g	3,887,000	保利厦门	2022-10-21
沉水 越南芽庄奇楠	重量30.7g；60mm×41.8mm×24mm	402,500	保利厦门	2022-10-21
沉香木摆件	高40cm；宽13cm；厚度3cm	2,984,467	哈布斯堡	2022-12-18
沉香木原木	重量536g	2,984,467	哈布斯堡	2022-12-18
沉香香料	高37cm；长17cm；重约100g	32,200	西泠印社	2022-08-21
富森红土沉香 线香	重量200g/桶；1.2mm；长度20.5mm	11,500	保利厦门	2022-10-21
富森红土沉香 线香	重量20g(管)×3；直径1.5mm；长度20.5mm	11,500	保利厦门	2022-10-21
天然树根	49cm×26cm×55cm	13,800	上海嘉禾	2022-01-01
伍佰艺奇楠一号树心油带皮原材		221,000	北京伍佰艺	2022-10-28
芽庄沉香 线香	重量200g/桶；直径1.4mm；长度20.5mm	14,950	保利厦门	2022-10-21
芽庄沉香 线香	重量200g(桶)×5；直径1.5mm；长度20.5mm	10,350	保利厦门	2022-10-21
芽庄沉香 线香	重量200g(桶)×3；直径1.35mm；长度20.5mm	10,350	保利厦门	2022-10-21
越南芽庄 奇楠碎块	约10g	40,250	保利厦门	2022-10-21
越南芽庄 奇楠粉	约20g	57,500	保利厦门	2022-10-21
角雕				
明 鹿角瘦骨罗汉雕件	高9.3cm	57,500	广东崇正	2022-08-11
犀角杯	高10.5cm；宽15.3cm；重量539g	1,631,508	哈布斯堡	2022-12-18
石雕				
商/西周早期 石有领璧	直径11.5cm	86,405	佳士得	2022-05-30
辟邪	5.2cm×2.5cm	17,250	上海嘉禾	2022-01-01
田黄挂件	2cm×1.5cm×1.5cm；重11.7g	17,250	朵云轩	2022-12-08
清 虎牙天珠	天珠对孔1.256mm×9.5mm	195,500	北京保利	2022-07-29
清 蜜蜡天珠耳环 (一对)	珠径1.6cm×2	23,000	浙江御承	2022-08-28
清 如意双眼天珠	天珠对孔3.45mm×13mm	690,000	北京保利	2022-07-29
清 如意双眼天珠	天珠对孔3.22mm×11.7mm	402,500	北京保利	2022-07-29
藏地殊胜九眼天珠		13,800	荣宝斋(南京)	2022-12-08
九眼天珠吊坠	主石约46.7mm×12.4mm	138,000	保利厦门	2022-10-21
天珠手串	珠径约19.5—20.0mm；主石47.9mm×13.8mm	69,000	保利厦门	2022-10-21
镶独天珠一串		36,800	永乐拍卖	2022-07-25
寿山田黄石狮子戏球把件	5.2cm×4.5cm×3.2cm	34,500	中贸圣佳	2023-01-01
元 米芾拜石山子	高11cm；宽5cm	49,464	台北艺珍	2022-03-06

2022杂项拍卖成交汇总（续表）

（成交价RMB：1万元以上）

拍品名称	物品尺寸	成交价RMB	拍卖公司	拍卖日期
明 胡浚款灵璧山子"丛云"	高47.7cm（带座）	126,500	中贸圣佳	2022-07-12
清乾隆 御题诗进呈图高山风寿山石山子	高14cm	575,000	深圳富诺得	2022-10-06
清乾隆 御制诗题田黄山子连座	高24.2cm	230,000	上海嘉禾	2022-01-01
清中期 崂山绿立峰山子	高21.8cm	69,000	中国嘉德	2022-06-26
清 白灵璧山子摆件	带座宽27cm；长3lcm	51,750	西泠印社	2022-08-21
清 翟大坤款"瑞云"	高200cm	189,750	北京荣宝	2022-07-24
清 蝶砚庐藏太湖石山子摆件	带座高335cm；长43cm	43,700	西泠印社	2022-08-21
清 绫绢锦地嵌寿山石人物故事册页（一组六件）	30cm×23.5cm×6	184,000	西泠印社	2022-01-23
清 秦孝仪款太湖山子	高57.1cm（带座）	149,500	中贸圣佳	2022-07-25
清 寿山石山水人物山子摆件	带座高10cm；长18cm	25,300	西泠印社	2022-08-21
清田黄石赤璧夜游薄意随形摆件	6.1cm×3.1cm×38cm；重98g	402,500	西泠印社	2022-01-23
清田黄石花鸟薄意摆件（两方）	尺寸不一	43,700	广东崇正	2022-12-25
清田黄小摆件连黄花梨盒	田黄高4cm，长6.5cm，重64g，外盒长9.8cm，高2.53cm	57,500	上海嘉禾	2022-01-01
清皖螺石山子	高20cm	11,500	北京中汉	2022-12-09
清 银包金田黄石松下高士薄意摆件	25cm×29cm×4.1cm；重344g	43,700	广东崇正	2022-12-25
清 英石山子	通高23.8cm	218,500	中贸圣佳	2023-01-01
清 英石山子	通高20.2cm	126,500	中贸圣佳	2023-01-01
清 英石山子	高28.4cm	149,500	中贸圣佳	2023-01-01
陈益锦 春江泛舟		430,000	北京传世	2022-07-13
陈益锦 竹韵		460,000	北京传世	2022-07-13
陈益锦 禅悟	7.0cm×12.9cm×3.5cm	580,000	北京传世	2022-07-13
郭懋介 寿山石善伯石"年年有余"摆件	高7.9cm	264,500	中国嘉德	2022-12-25
郭卓林作寿山田黄石薄意山居即景摆件	24cm×17cm×46cm；重228g	32,200	中国嘉德	2022-12-25
潘克照作松鹤同寿昌化羊脂地大红袍鸡血石摆件	23cm×12cm×7cm	4,370,000	西泠印社	2022-01-21
山水高峰山石雕摆件	高8.7cm	321,895	荣宝斋（香港）	2022-11-26
寿山田黄石"童趣"薄意摆件	3cm×3cm×6.5cm	11,500	中贸圣佳	2023-01-01
寿山田黄石薄意摆件（一组八件）	尺寸不一；总重574g	23,000	中国嘉德	2022-12-25
寿山田黄石薄意岁寒三友摆件（一组三件）	尺寸不一	10,350	中国嘉德	2022-12-25
20世纪50至60年代叶守足 青田石雕《中国有了毛主席，老牛要换换拉机》	长39.1cm；高12cm	120,750	中贸圣佳	2023-01-01
钟乳石（自然形成）		23,000	中鸿信	2022-09-11
北齐 白石佛头像（带木座）	高15.5cm	72,004	中国嘉德	2022-06-05
北齐至隋白石菩萨半身像（带木座）	高15.8cm	113,150	中国嘉德	2022-06-05
隋 白石菩萨立像（带木盒）	高38cm	102,864	中国嘉德	2022-06-05
唐 大理石雕释迦牟尼佛严城讲经图画像石	43cm×37cm	740,704	香港苏富比	2022-10-09
16世纪 白石四臂观音	高11.3cm	36,800	华艺国际	2022-09-23
明 尚均款田黄罗汉	高5cm；长5.5cm	2,415,000	保利厦门	2022-10-22
明末清初 芙蓉石彩绘观音	高43cm（连座）	92,000	华艺国际	2022-09-23
清早期 白芙蓉雕寿眉罗汉	高12.5cm	36,800	中国嘉德	2022-12-26
清早期 寿山石雕罗汉像	高10cm	149,500	中国嘉德	2022-06-28
清早期 寿山石雕送子观音	高19.2cm	13,800	广东崇正	2022-08-11
清早期 寿山石文人像	高11.7cm；宽7cm	40,250	浙江佳宝	2022-03-13
清康熙尚均款寿山石雕观音（带木座）	高10cm	598,000	广东崇正	2022-06-28
18世纪 寿山石雕罗汉坐像	高10.2cm	33,109	中国嘉德	2022-10-08
18世纪 寿山石罗汉坐像	高16.5cm	35,650	华艺国际	2022-09-23
清 "子秀"款芙蓉石加彩送子观音坐像	高17cm	18,975	江苏汇中	2022-08-17
清 白芙蓉抱子观音像	高30.5cm	217,056	台北艺珍	2022-06-12
清 绿松石雕麻姑献寿小像两件	高8.7cm；高7cm	11,500	中国嘉德	2022-09-29
清 青金石雕牧童戏牛摆件	长16cm	231,764	纽约佳士得	2022-11-29
清 青田石经卷观音立像	高41cm	172,500	西泠印社	2022-01-23
清 寿山石彩绘童戏图摆件	15cm×28cm×15cm	117,942	香港福羲国际	2022-12-28
清 寿山石雕观音	整体高16.4cm	61,560	保利香港	2022-07-14
清 寿山石雕童子拜观音摆件	高34cm	23,000	深圳富诺得	2022-10-06
清 寿山石观音像	通高13.6cm	235,730	香港福羲国际	2022-04-17
清 寿山石加彩罗汉像	8cm×8cm×10cm	34,500	荣宝斋（南京）	2022-12-08
清 寿山石罗汉摆件	连座高6.8cm	34,500	西泠印社	2022-01-21
清 寿山石描金观音佛像	高16.5cm	74,750	上海嘉禾	2022-01-01
清 寿山石送子观音	高26.4cm	26,450	北京瀚文	2022-09-29
清 寿山田黄勒佛造像	高11cm；宽12cm	79,051	哈布斯堡	2022-07-30
20世纪 寿山石罗汉	高12.8cm	10,350	北京中汉	2022-09-29
陈谷传折褶罗汉（寿山红田黄石）	重量8.8g	552,000	观古国际	2022-01-14
佛问	52cm×72cm×32cm	11,500	上海嘉禾	
寿山石罗汉摆件	高8.6cm	17,250	中贸圣佳	2023-01-01
寿山石罗汉摆件	5.2cm×6.7cm	20,700	中贸圣佳	2023-01-01
寿山石松下高士摆件	高11cm	17,250	北京保利	2022-07-17
双色寿山石降龙罗汉	宽8cm；高10cm	41,386	荣宝斋（香港）	2022-11-26
周尚均款 寿山石雕罗汉坐像	高12cm	14,950	中国嘉德	2022-12-25
商 大理石雕蛙	25.8cm×17cm×12cm	26,055,764	香港苏富比	2022-10-09
六朝唐石雕辟邪	长12cm	120,467	纽约佳士得	2022-03-25
灵璧石供	高38.3cm	32,124	纽约佳士得	2022-03-25
唐石雕狮子	高17cm	481,867	纽约佳士得	2022-03-25
唐石灰岩雕坐狮	高34cm	1,997,881	香港苏富比	2022-10-08
辽/宋 石雕卧牛	长5.6cm	96,373	纽约佳士得	2022-03-25
明寿山斑石子母瑞兽摆件	高18cm；直径11.5cm	28,750	广东崇正	2022-08-11
明奉圣公府旧藏灵璧石刻铭文鱼形摆件	架高30.6cm；石鱼长78cm	460,000	西泠印社	2022-01-23
明岩青蛙摆件（带紫檀座）	高5.3cm；长8.5cm	11,500	广东崇正	2022-08-11
清乾隆 松石三足蟾摆件	长6.5cm	299,000	中贸圣佳	2022-07-25
18世纪 青金石雕松鼠葡萄摆件	高21.5cm	11,500	花地艺拍	2022-05-22
清各式宝石玉石雕十二生肖、仙人摆件	高16cm	34,500	江苏汇中	2022-08-17
清 黄寿山石太狮少狮	高54cm(含座),高63cm(不含底),长65cm	19,466	台北艺珍	2022-09-25
清 火山石蛙形摆件	带座高5cm；宽4cm	32,200	西泠印社	2022-01-23
秋韵·十全十美	32cm×20cm×20cm	57,500	上海嘉禾	2022-01-01
五龙戏珠（田黄冻）	18mm×12mm；重量145g	57,500	上海嘉禾	2022-01-01
玉石瑞兽（十件）	尺寸不一	10,350	中国嘉德	2022-06-01
张纯连作作 寿山水洞高山石灵猴献寿摆件	高11.5cm	103,500	中国嘉德	2022-06-26
清海山仙馆藏砚贴王铎盘山赋贴石	35.5cm×94.5cm×5cm	172,500	广东崇正	2022-08-11
1953年作 邓散木刻寿田石"赵古泥传"	8.4cm×6cm×0.6cm	149,500	西泠印社	2022-01-21
石雕狮子一对	高28cm×2	96,373	纽约佳士得	2022-03-25
明 豹皮石佛塔	高17.25cm	17,250	中贸圣佳	2022-09-26
明 灵璧带汉白玉盆赏石	高63cm；宽44.5cm	24,150	广东崇正	2022-04-17
明 灵璧石清供	高38.3cm（带座）	29,900	中贸圣佳	2022-09-26
明 灵璧石横瑕小研山	宽12cm	92,000	北京保利	2022-07-29
明 灵璧石清供大摆件	带座高39cm；带座长555cm	483,000	北京保利	2022-07-29
明 灵璧小赏石（带原紫檀座）	高4.5cm；长6cm	10,350	广东崇正	2022-08-11
明 青玉摆石山子	长34cm；宽7cm；高1.2cm	63,250	北京诚轩	2022-08-09
明 赏石立峰	高77cm	46,000	中国嘉德	2022-06-26
明 太湖石赏石	高61cm	54,264	保利香港	2022-10-10
明 英石"天切"供石摆件	1.带座高21cm；2.带座高18.8cm	51,750	西泠印社	2022-01-23
明 英石供石摆件	带座高29.6cm	20,700	西泠印社	2022-08-21
明 玉璺石案石（带铜座）	高43cm（带座）；长6cm	32,200	广东崇正	2022-12-25
明 张士保款灵璧石卧峰	长51cm	138,000	中国嘉德	2022-12-25
清中期 灵璧石江卿涧游研山山及题刻全形拓	高54cm	109,250	北京保利	2022-07-29
清中期 灵璧石飞来峰研山	高20cm	86,250	北京保利	2022-07-29
清中期 灵璧石横峰山子	长23cm	92,000	中国嘉德	2022-06-26
清中期 灵璧石锁云山子	宽32cm	57,500	永乐拍卖	2022-07-24
清晚期 英石横峰	长30cm	25,300	中国嘉德	2022-12-25
清 "碧远峰" 太湖石	高190cm	40,250	北京银座	2022-01-12
清 "层云" 幽兰石	高66cm	25,300	北京荣宝	2022-07-24
清 "出岫" 灵璧石	高60cm	32,200	北京荣宝	2022-07-24
清 "出岫" 英石	高31cm	14,950	中鸿信	2022-09-11
清 "朵云" 英石供石摆件	带座高43cm；宽31.5cm	92,000	西泠印社	2022-08-21
清 "朵云" 英石清供摆件	带座高43cm；宽31.5cm	109,250	西泠印社	2022-01-23
清 "飞来峰" 灵璧石	高50cm	32,200	北京荣宝	2022-07-24
清 "飞来峰" 灵璧石	高65cm	28,750	中鸿信	2022-09-11
清 "拱翠" 款崂山绿招峰	长27cm	40,250	中国嘉德	2022-12-25
清 "孤峰玄岫" 英石	高53cm	17,250	北京银座	2022-09-17
清 "孤峰玄岫" 英石	高50cm	20,700	中鸿信	2022-09-11
清 "孤云峰" 英石	高23cm	25,300	中鸿信	2022-09-11
清 "谷川郑篮"款"听风吟" 栖霞石配石座	高253cm	57,500	北京荣宝	2022-07-24
清 "观岚" 灵璧石	长35cm	11,500	北京银座	2022-09-17
清 "观月" 灵璧石	高12cm	10,350	北京银座	2022-09-17
清 "横梁" 红太湖石	高113cm	23,000	北京荣宝	2022-07-24
清 "绘月" 白太湖石	高32cm	14,950	中鸿信	2022-09-11
清 "隽瘦" 灵璧石	高166cm	59,800	中鸿信	2022-09-11
清 "夔峰" 淄博文石	高43cm	14,950	北京荣宝	2022-07-24
清 "空山远影" 太湖石	高100cm	20,700	北京银座	2022-01-12
清 "嶙峋幽骨" 英石	高64cm	13,800	中鸿信	2022-09-11
清 "玲珑" 太湖石	高67cm	18,400	北京银座	2022-09-17
清 "凌霄" 灵璧石	高60cm	23,000	北京银座	2022-07-24
清 "片云" 英石	高55cm	17,250	中鸿信	2022-09-11
清 "片云" 英石	高52cm	13,800	北京荣宝	2022-07-24
清 "齐云峰" 灵璧石	长57cm	34,500	中鸿信	2022-09-11
清 "祁连峰" 英石	长40cm	31,050	北京银座	2022-01-12
清 "千寻" 英石	高65cm	13,800	北京荣宝	2022-07-24
清 "青莲朵" 灵璧石	高193cm	109,250	北京荣宝	2022-07-24
清 "青卿" 淄博文石	高65cm	11,500	中鸿信	2022-09-11
清 "清玄" 灵璧石	长42cm	25,300	北京荣宝	2022-07-24
清 "清石" 灵璧石配青石雕花盆	高101cm	32,200	北京荣宝	2022-07-24
清 "沈爆" 款"齐云峰" 灵璧石	长57cm	20,700	北京荣宝	2022-07-24
清 "石丈" 灵璧石	高70cm	34,500	中鸿信	2022-09-11
清 "松风岑" 灵璧石	高235cm	43,700	北京荣宝	2022-07-24
清 "探幽" 幽兰石	高45cm	23,000	中鸿信	2022-09-11
清 "探云" 英石	高53cm	21,850	北京银座	2022-09-17
清 "听风吟" 太湖石	高180cm	51,750	北京银座	2022-09-17
清 "婉云" 鄠县青石配青石座	高64cm	13,800	中鸿信	2022-09-11
清 "危岩峰" 灵璧石	高171cm	74,750	北京银座	2022-09-17
清 "问道" 太湖石	高58cm	10,350	北京荣宝	2022-07-24
清 "吴霖" 款"云艺岫" 灵璧石	高45cm	11,500	北京荣宝	2022-07-24
清 "吴滔" 款"洞天岫" 太湖石	高193cm	36,800	北京荣宝	2022-07-24
清 "羲之爱" 太湖石	高64cm	13,800	中鸿信	2022-09-11
清 "小沧浪" 太湖石	长55cm	20,700	中鸿信	2022-09-11
清 "小方壶" 灵璧石、崂山石	高17cm×2	28,750	北京荣宝	2022-07-24
清 "崖台" 灵璧石	高40cm	13,800	北京荣宝	2022-07-24
清 "烟云窟" 太湖石	长112cm	23,000	中鸿信	2022-09-11
清 "佑灵峰" 灵璧石	高68cm	24,150	北京荣宝	2022-07-24
清 "玉玲珑" 太湖石	高125cm	23,000	北京银座	2022-01-12
清 "月照昆冈" 昆石	高42cm	13,800	北京银座	2022-01-12

2022杂项拍卖成交汇总(续表)

(成交价RMB：1万元以上)

拍品名称	物品尺寸	成交价RMB	拍卖公司	拍卖日期
清 “褶云”英石	高35cm	11,500	中鸿信	2022-09-11
清 “皱云峰”英石	高47cm	34,500	北京银座	2022-01-12
清 白太湖供石	通高37.4cm	287,500	中贸圣佳	2023-01-01
清 “碧远峰”太湖石	高190cm	39,100	北京荣宝	2022-07-24
清 陈经款太湖石山子	通高66.3cm(带座)	149,500	中贸圣佳	2022-10-27
清 戈壁小赏石(带紫檀座)	高7cm；长9.5cm	25,300	广东崇正	2022-12-25
清 戈壁石山子及紫檀几(一组三件)	尺寸不一	23,000	西泠印社	2022-01-23
清 翰生藏“岚岫”英石	高cm	10,350	中鸿信	2022-09-11
清 红太湖石配汉白玉须弥座	高220cm	112,700	北京荣宝	2022-07-24
清 胡公寿款灵璧供石“万里江岩”	高19cm(带座)	345,000	中贸圣佳	2022-07-25
清 黄蜡石摆件带紫檀蕉叶纹座	长8cm	40,250	广东崇正	2022-08-11
清 黄蜡石清供	通高36cm	149,500	中贸圣佳	2023-01-01
清 黄灵璧石山子(原配底座)	带座高21.5cm	40,250	华艺国际	2022-09-23
清 卷云灵璧石	高9.8cm	22,072	中国嘉德	2022-10-08
清 奎元款“岱雪”太湖石	高206cm	178,250	北京银座	2022-09-17
清 昆石山子	高31.5cm	20,700	中贸圣佳	2022-09-26
清 崂山石碧远峰研山	高60cm	529,000	北京保利	2022-07-29
清 老乌木座赏石(带原座)	高39cm；长19cm	36,800	广东崇正	2022-08-11
清 梁清标款“溪山烟云”灵璧石	高155cm	75,900	北京银座	2022-09-17
清 灵璧石供石摆件	带座高43cm；长45cm	86,250	西泠印社	2022-01-23
清 灵璧“洞天一品”摆件	宽65cm；高41cm	30,645	浙江佳宝	2022-03-13
清 灵璧“凤鸣岐山”赏石(带原座)	高13cm(带座)；长7cm	13,800	广东崇正	2022-08-11
清 灵璧供石	高20.4cm	92,000	中贸圣佳	2022-07-25
清 灵璧赏石(带红木座)	高24cm；长27cm	34,500	广东崇正	2022-12-25
清 灵璧石“凤鸣”研山	高31cm	161,000	北京保利	2022-07-29
清 灵璧石“林泉高致”	高24cm	20,700	中鸿信	2022-09-11
清 灵璧石“石钟山”研山	高39cm	115,000	北京保利	2022-07-29
清 灵璧石“云肩”供石摆件	长17.5cm	17,250	西泠印社	2022-01-23
清 灵璧石案台赏石(带老红木座)	高23cm(带座)；宽145cm	25,300	广东崇正	2022-04-17
清 灵璧石苍虬研山	宽21cm	46,000	北京保利	2022-07-29
清 灵璧石飞来峰山子(带座)	长36cm	126,500	华艺国际	2022-09-23
清 灵璧石供	长32cm	32,200	北京荣宝	2022-07-24
清 灵璧石横风赏石	高8.5cm；宽30cm	25,300	广东崇正	2022-04-17
清 灵璧石立峰	高66.5cm	11,500	中国嘉德	2022-12-25
清 灵璧石磬	32cm×19.5cm×50cm；长22.5cm	51,750	北京保利	2022-07-29
清 灵璧石磬及红木双龙戏珠磬架(一组两件)	尺寸不一	25,300	西泠印社	2022-01-23
清 灵璧石山子	长40.5cm；高18cm	32,200	中贸圣佳	2022-09-26
清 灵璧石随形研山	宽22cm	103,500	北京保利	2022-07-29
清 灵璧石卧峰	长75cm	51,750	中国嘉德	2022-12-25
清 灵璧石小横风赏石	高11cm；宽19cm	17,250	广东崇正	2022-04-17
清 灵璧石玉立研山	高40cm	92,000	北京保利	2022-07-29
清 灵璧研山	高17cm	11,500	中鸿信	2022-09-11
清 绿石人物祝寿供石摆件	带座高26.5cm	13,800	西泠印社	2022-08-21
清 青州石山子	高19cm	13,800	中鸿信	2022-09-11
清 石山子两件	长112.7cm；长211.4cm	13,800	中贸圣佳	2022-09-26
清 石舟款“晓雾山横”太湖石	高120cm	32,200	北京银座	2022-09-17
清 树滋堂珍藏款崂山绿供石摆件	带座高35.5cm	43,700	西泠印社	2022-01-23
清 水石横峰山子摆件	长10cm	92,000	西泠印社	2022-08-21
清 松花石三节盒	长6cm；宽5cm；高7cm	43,700	北京银座	2022-09-17
清 太湖赏石	高85cm(连座)	32,200	广东崇正	2022-04-17
清 太湖石“出岫”	高48cm	46,000	北京荣宝	2022-07-24
清 太湖石“窟岩”清供摆件	带座高39cm	69,000	西泠印社	2022-01-23
清 太湖石“岚岫”清供摆件	带座高40.9cm	34,500	西泠印社	2022-01-23
清 太湖石禅云研山	高36.5cm(带座)	287,500	北京保利	2022-07-29
清 太湖石供石大摆件	带座高39cm；带座长29cm	11,500	西泠印社	2022-08-21
清 太湖石配汉白玉须弥座	高210cm	72,450	北京银座	2022-09-17
清 太湖石配汉白玉座	高97cm	27,600	北京荣宝	2022-07-24
清 “探云”灵璧石	高157cm	13,800	北京荣宝	2022-07-24
清 皖螺灵璧石	高43cm	34,500	北京荣宝	2022-07-24
清 汪昉款“滴露”灵璧石	高30cm	11,500	北京银座	2022-09-17
清 王梦庚款“卧云起”太湖石	长94cm	11,500	北京银座	2022-09-17
清 文泉款“太华千寻”栖霞石	高228cm	41,400	北京银座	2022-09-17
清 文石供	高58cm	28,750	北京荣宝	2022-07-24
清 纹石岩高峻极研山及题铭全角拓	高60cm	89,700	北京保利	2022-07-29
清 五彩戈壁石供石摆件	带座高6.3cm	23,000	西泠印社	2022-01-23
清 小赏石山子	长17.1cm	25,300	北京保利	2022-07-29
清 欣未清玩款珍珠灵璧石供石摆件	带座高11.5cm；带座长15.5cm	25,300	西泠印社	2022-01-23
清 绣谷款“云岫浮岚”灵璧石	高181cm	46,000	北京荣宝	2022-07-24
清 杨守敬款来宾石小九华横峰摆件	带座高23cm；带座长35cm	195,500	西泠印社	2022-01-23
清 英石“簇云”供石摆件	带座高26cm；长33cm	28,750	西泠印社	2022-01-23
清 英石“飞瀑”供石摆件	带座高25.8cm	13,800	西泠印社	2022-01-23
清 英石“奇峰”供石摆件	带座高24cm	20,700	西泠印社	2022-01-23
清 英石“潜龙”供石摆件	带座高23.8cm；高17cm	20,700	西泠印社	2022-01-23
清 英石供	长24cm	17,250	中鸿信	2022-09-11
清 英石供	长20cm	13,800	中鸿信	2022-09-11
清 英石供石摆件	带座高40.5cm	109,250	西泠印社	2022-08-21
清 英石供石摆件	带座高23.2cm	25,300	西泠印社	2022-08-21

拍品名称	物品尺寸	成交价RMB	拍卖公司	拍卖日期
清 英石及戈壁石山子摆件(一组两件)	尺寸不一	28,750	西泠印社	2022-01-23
清 英石立峰	高48cm	23,000	中国嘉德	2022-12-25
清 英石群峰供石摆件	带座高26cm；长33cm	14,950	西泠印社	2022-08-21
清 英石如意形清供摆件	带座高22.2cm；长49.5cm	172,500	西泠印社	2022-01-23
清 英石山子	长21.5cm 高13.5cm	46,000	中贸圣佳	2022-07-12
清 英石山子	高24cm；宽6.5cm	34,500	浙江佳宝	2022-03-13
清 英石山子摆件	长20cm；高14cm(带座)	41,400	中贸圣佳	2022-08-14
清 英石山子摆件(竖峰)	高39cm(带座)	46,000	中贸圣佳	2022-08-14
清 英石山子楠木座	高38cm	80,500	浙江佳宝	2022-03-13
清 英石赏石	高7.7cm	22,072	中国嘉德	2022-10-08
清 英石赏石(带原座)	高23cm(连座)；长13cm	10,350	广东崇正	2022-12-25
清 英石竖峰供石摆件	带坐高56cm	49,450	西泠印社	2022-01-23
清 英石探月摆件	带座高52cm	20,700	西泠印社	2022-01-23
清 英石砚山	长31cm	20,700	中鸿信	2022-09-11
清 英石砚山	长22cm	11,500	中鸿信	2022-09-11
清 张廷济款“凤秀丹丛”太湖石	长143cm	59,800	北京荣宝	2022-07-24
清 珍珠灵璧案头赏石	高6cm；宽10cm	13,800	广东崇正	2022-04-17
清 郑簠款“云芝岫”英石	高40cm	20,700	北京银座	2022-09-17
清 周芷岩款寿山芙蓉石山水纹摆件	7.6cm×3cm×11.6cm	21,850	西泠印社	2022-01-21
民国 “洞天福地”太湖供石	高25cm	20,700	北京保利	2022-07-29
现代 寿山田黄冻“梅花图”	1.4cm×1.5cm×6.7cm	25,300	北京荣宝	2022-07-24
齐白石铭“金山银砖”石摆件	高28.5cm	891,250	北京中汉	2022-09-29
石山子(两件)	高85cm(含座)；高73cm(含座)	20,700	中国嘉德	2022-06-01
太湖石“冠云”	高48cm	11,500	北京保利	2022-07-17
鹦鹉螺石	30cm×35cm×20cm	69,947	华艺国际	2022-05-29
明 灵璧石连年有余挂磬	长73cm	51,750	中国嘉德	2022-06-26
方介堪刻青田石词六首小序	13.2cm×4cm×0.7cm	253,000	中国嘉德	2022-12-25
清光绪 虎睛石兽面纹赏瓶	高15.5cm；宽7.5cm	23,000	浙江佳宝	2022-03-13
清道光官作行有恒堂制寿山石寿字团菊盒	长14cm；宽10.2cm；高4.3cm	126,500	浙江佳宝	2022-03-13
清晚期 松花石雕松枝回纹香盒	6cm×5cm×3.7cm	23,000	中国嘉德	2022-12-25
清 石古款寿山石松下高士图香盒	带座高5cm；高3.7cm；长5.8cm；宽5cm	13,800	西泠印社	2022-08-21
唐 豹斑石高足杯	高4.6cm	72,280	纽约佳士得	2022-03-25
唐代 石雕子母狮莲瓣座熏炉	高23.3cm	46,926	台北艺珍	2022-12-04
明 豹斑石狮形香熏	高19.8cm	71,300	西泠印社	2022-01-23
明 豹斑石兽式香熏	高14.5cm；长12cm	14,950	广东崇正	2022-12-25
清 茶晶松石花插	高12cm	11,500	华艺国际	2022-09-23
清 老坑端石四方文盘	长29cm；宽29cm	17,250	中贸圣佳	2022-06-06
清 老坑端石四方文盘	长29cm；宽29cm	17,250	中贸圣佳	2022-09-26
清 乾隆年制款寿山石饕餮纹花觚	带座高13.5cm；高12.7cm	23,000	西泠印社	2022-01-23
清 石雕树桩凤纹花插	高13.2cm	13,800	北京保利	2022-07-17
清 寿山石雕山水人物杯	13.5cm×9cm×8cm	63,250	荣宝斋(南京)	2022-12-08
清 寿山石雕双龙抢珠纹托及杯	高7.5cm	69,000	朵云轩	2022-12-08
20世纪初 法国汉白玉轻浮雕圣杯	高47cm；直径28cm	40,250	西泠印社	2022-08-21
青金石雕三足冲天耳炉	17cm×10cm	48,000	香港贞观	2022-01-16
唐 豹斑石三足炉	宽17.2cm	36,140	纽约佳士得	2022-03-25
明万历 汉白玉楷书铭文长方盆	长47cm；宽311.3cm；高23cm	425,500	中贸圣佳	2022-07-25
明白石隶书铭文长方形盆	长72.2cm；宽38.3cm；高18.7cm	345,000	中贸圣佳	2022-07-25
明白石行书铭文长方形盆	长79cm；宽36.5cm；高19cm	402,500	中贸圣佳	2022-07-25
明白石长方形盆	长41.2cm；宽26.2cm；高9.5cm	241,500	中贸圣佳	2022-07-25
明汉白玉花卉纹长方形盆	长89.5cm；宽45cm；高23.2cm	460,000	中贸圣佳	2022-07-25
明汉白玉双龙戏珠纹长方形盆	长77cm；宽44.2cm；高22cm	920,000	中贸圣佳	2022-07-25
明汉白玉椭圆菱花形盆	长76.1cm；宽44.4cm；高24.2cm	414,000	中贸圣佳	2022-07-25
明汉白玉行书铭文长方形盆	长48cm；宽38cm；高211cm	1,150,000	中贸圣佳	2022-07-25
明汉白玉长方形盆	长89.5cm；宽48cm；高25cm	230,000	中贸圣佳	2022-07-25
明 花斑石斛	长21.5cm；高17.8cm	529,000	中贸圣佳	2022-07-25
清乾隆 草书铭文长方形盆	69.9cm×39.6cm×9.3cm	460,000	中贸圣佳	2022-07-25
清乾隆 青白石麒麟长方形盆	长106.6cm；宽58cm；高47cm	2,012,500	中贸圣佳	2022-07-25
清道光 黔县青铭文长方形盆	41.8cm×29cm×18.8cm	115,000	中贸圣佳	2022-07-25
清宣统 白石隶书铭文长方形盆	长49.6cm；宽26.8cm；高10cm	460,000	中贸圣佳	2022-07-25
清宣统 青白石篆书铭文长方形盆	长55.9cm；宽26.5cm；高10.2cm	115,000	中贸圣佳	2022-07-25
清 “倦游窠主”款黟县青配青石盆	高80cm	32,200	中鸿信	2022-09-11
清 白石海马双鹿图长方形盆	长35.3cm；宽18.7cm；高11.4cm	575,000	中贸圣佳	2022-07-25
清 白石花卉纹长方形盆一对	20.6cm×11.8cm×8.5cm×2	103,500	中贸圣佳	2022-07-25
清 白石隶书铭文长方形盆	长62.2cm；宽35cm；高11.6cm	598,000	中贸圣佳	2022-07-25

(成交价RMB：1万元以上)

拍品名称	物品尺寸	成交价RMB	拍卖公司	拍卖日期
清 白石内画长方形盆	长46.4cm; 宽22cm; 高5cm	241,500	中贸圣佳	2022-07-25
清 白石书铭文长方形盆	长22cm; 宽13cm; 高7cm	345,000	中贸圣佳	2022-07-25
清 白石树猴图长方形盆	长26cm; 宽16cm; 高15.5cm	126,500	中贸圣佳	2022-07-25
清 白石双獅绣球图长方形盆	长36cm; 宽21cm; 高11cm	345,000	中贸圣佳	2022-07-25
清 白石长方形盆	长50cm; 宽26cm; 高10.2cm	241,500	中贸圣佳	2022-07-25
清 白石长方形盆	长43cm; 宽24.8cm; 高7cm	92,000	中贸圣佳	2022-07-25
清 豆青石行书铭文长方形盆	长28.4cm; 宽15cm; 高5.4cm	86,250	中贸圣佳	2022-07-25
清 汉白玉书卷形盆	长50.8cm; 宽25.8cm; 高6.6cm	230,000	中贸圣佳	2022-07-25
清 汉白玉长方形盆一对	19.6cm×10.1cm×8.3cm×2	46,000	中贸圣佳	2022-07-25
清 汉白玉波浪口长方形盆	长29.5cm; 宽16.3cm; 高8.9cm	195,500	中贸圣佳	2022-07-25
清 汉白玉波浪形盆	长46.5cm; 宽28cm; 高8.8cm	230,000	中贸圣佳	2022-07-25
清 汉白玉长方形盆	长100.2cm; 宽45.8cm; 高20.2cm	529,000	中贸圣佳	2022-07-25
清 龙纹四方石盆	边长22.8cm; 高8.5cm	101,200	中贸圣佳	2023-01-01
清 青白石菱花形盆	长41cm; 宽32cm; 高16cm	103,500	中贸圣佳	2022-07-25
清 青白石草书铭文长方形盆	长55.5cm; 宽29.6cm; 高8cm	402,500	中贸圣佳	2022-07-25
清 青石十字形盆	长22.5cm; 宽17.8cm; 高8.6cm	115,000	中贸圣佳	2022-07-25
清 青石长方形盆	长78.3cm; 宽48.4cm; 高22.3cm	230,000	中贸圣佳	2022-07-25
清 青石长方形盆	长87.3cm; 宽42.3cm; 高20.3cm	115,000	中贸圣佳	2022-07-25
清 紫石行书铭文长方形盆	长66cm; 宽33.2cm; 高13.5cm	425,500	中贸圣佳	2022-07-25
清 刻诗文"平岗石坡"云石板	边长58cm	79,350	中贸圣佳	2022-09-26
清 刻诗文"秋林经霜"云石板	边长58cm	28,750	中贸圣佳	2022-09-26
清 灵璧石摆件	通高44.2cm; 石高37.5cm	23,000	中贸圣佳	2022-09-26
清 灵璧石山子	长41cm; 通高39cm(带座)	92,000	中贸圣佳	2022-10-27
清 英石山子	通高34cm(带座)	74,750	中贸圣佳	2022-10-27
东汉或以后 彩绘石雕车马纹门楣	长160cm	128,498	纽约佳士得	2022-03-25
汉 虎纹陶砖	宽48.5cm	160,622	纽约佳士得	2022-03-25
文化期 石斧（三件）	最大的高17.8cm	25,716	中国嘉德	2022-06-05
文化期 石斧（四件）	最大的高15.6cm	41,145	中国嘉德	2022-06-05
文化期 石斧（四件）	最大的高11.3cm	28,801	中国嘉德	2022-06-05
文化期 石凿（三件）	最大的长16.3cm	25,716	中国嘉德	2022-06-05
文化期 石凿（四件）	最大的长50.2cm	41,145	中国嘉德	2022-06-05
明 豹斑石龙纹灯座	高13cm; 直径12cm	23,000	广东崇正	2022-08-11
玉石小件（二十件）	尺寸不一	23,000	中国嘉德	2022-06-01
其他雕刻				
商代安阳时期 公元前14至前13世纪 骨雕礼器	高9.4cm	341,863	香港苏富比	2022-10-09
16世纪 西藏 宁玛派上师像	高10.2cm	32,200	中贸圣佳	2022-06-07
清乾隆 核雕朝珠	核珠91颗,直径1.4cm; 珊瑚珠30颗,直径1.2cm	368,000	中贸圣佳	2023-01-01
清乾隆 核雕人物故事手串(15子、隔珠1个、佛头1个)	长13cm; 直径1.3cm×17	115,000	中国嘉德	2022-12-27
清中期 核雕钟馗坠	高2.8cm	11,500	北京诚轩	2022-08-09
清中期 椰壳雕八仙人物杯	直径6.8cm; 高8.2cm	23,000	华艺国际	2022-09-23
清 "谷生"款核雕人物诗文泛舟摆件	舟长4.5cm; 底座长3.6cm	25,300	中国嘉德	2022-06-28
清 核雕朝珠	通长120cm	57,500	中贸圣佳	2022-06-06
清 核雕罗汉配南红玛瑙念珠	长11cm	57,500	北京保利	2022-07-29
清 椰壳浮雕山水人物碗	高4cm; 直径12.3cm	17,250	西泠印社	2022-08-21
清湛谷生制核雕赤壁泛舟摆件(一对)	长4cm×2	34,500	中贸圣佳	2022-07-25
清中期 核雕人物动物纹十八子手串	珠子直径1.3cm	23,000	中国嘉德	2022-12-27
清 松子雕兰亭序手串(19子)、松子雕钟鼎纹手串(19子)[illegible]	长17.5cm; 长15cm	103,500	中国嘉德	2022-12-27
清中期 龙涎香卷荷式小山子	高15.5cm	109,250	中国嘉德	2022-06-26
民国 核雕"赤壁赋"小舟摆件	舟长4.4cm; 座长3.4cm	36,800	中国嘉德	2022-12-27
钟 表				
清乾隆 铜鎏金葫芦形西洋钟	高62.5cm	6,180,384	华艺国际	2022-11-27
19世纪早期 法国洛可可风格铜鎏金壁炉钟	36cm×27cm×20cm	34,500	中国嘉德	2022-06-28
清 群仙祝寿纹广式钟连座	通高154cm	103,500	中贸圣佳	2022-07-12
20世纪晚期 瑞士积家铜鎏金单金桥台钟	高15cm	17,250	中国嘉德	2022-06-28
1860年制哥特风格珐琅彩绘鎏金三件套钟	钟长26cm, 宽16.5cm, 高46cm; 赏瓶长14cm, 宽11.5cm, 高37.5cm	51,750	西泠印社	2022-01-23
1860年制 文森特（VINCENTI & CIE）卷叶花卉饰鎏金三件套钟	钟长26cm; 宽16.5cm, 高37cm; 烛台长18cm, 宽18cm, 高22cm	32,200	西泠印社	2022-01-23
1880年制 杰皮弗雷斯(JAPY FRERES)玛瑙石镶嵌珐琅鎏金四鸣钟	长24cm; 宽18cm; 高36cm	25,300	西泠印社	2022-01-23
1880年制 亨利·皮卡德拿破仑三世风格鎏金四鸣钟	长35cm; 高74cm; 宽25cm	126,500	西泠印社	2022-08-21

拍品名称	物品尺寸	成交价RMB	拍卖公司	拍卖日期
1880年制 亨利·皮卡德小天使饰珐琅彩绘鎏金三件套钟	钟长16cm, 宽10cm, 高33cm; 赏瓶长18cm, 宽18cm, 高22cm	80,500	西泠印社	2022-08-21
1880年制 掐丝珐琅鎏金两问马车钟	长10cm; 宽9cm; 高20cm	126,500	西泠印社	2022-08-21
1900年制 蒂芙尼(TIFFANY&CO)马修诺曼(MATTHEW NORMAN)机芯三问月相马车钟	长13cm; 宽10cm; 高19cm	43,700	西泠印社	2022-01-23
1900年制 雷宾（L' EPEE）多功能两问鎏金马车钟	长10cm; 宽9cm; 高20cm	36,800	西泠印社	2022-08-21
1930年制 伊姆霍夫（IMHOF）彩绘珐琅方形马车钟	长19cm; 宽7cm; 高26cm	28,750	西泠印社	2022-08-21
1950年制 名家绘画珐琅彩绘马车钟	长13cm; 宽6cm; 高15cm	17,250	西泠印社	2022-01-23
1960年制 肯宁家（Kieninger）胡桃木音乐台钟	长35cm; 宽23cm; 高51cm	28,750	西泠印社	2022-08-21
BAZELEY CHELTENHAM, 非常罕有特别, 限量版镀金和桃花心木外壳钢珠重力钟, 限量生产999枚, 年份约1960	210mm×210mm×350mm	22,572	保利香港	2022-07-11
HALCYON, 精美, 一组两件, 铜质珐琅机械小台钟, 年份约1980	80mm×120mm×65mm	20,520	保利香港	2022-07-11
JAEGER – LECOULTRE 积家, 精美罕有单金桥"世间太平"台钟	20.5cm×5cm×15.5cm	17,250	保利厦门	2022-10-21
MB&F Sherman 型号76.6001 限量版钯金属涂层铜制机械人型座钟, 约2016年制		82,998	香港苏富比	2022-04-26
MB&F×L' ÉPÉE 1839, 不锈钢, 铜及黑色PVD涂层"慢速"跳时机器人时钟		162,235	佳士得	2022-11-27
Medusa Green 型号73.6000/134 限量版手工吹制玻璃、精钢及铜制座钟, 约2019年制		165,997	香港苏富比	2022-04-26
Melchior 限量版精钢及铜制座钟, 备动力储备显示, 约2015年制		176,372	香港苏富比	2022-04-26
RENE LALIQUE 爱情鸟欧泊玻璃座钟		57,500	永乐拍卖	2022-07-26
爱彼 Code 11.59 精钢闹钟, 备木制展示座, 约2019年制		23,761	香港苏富比	2022-04-15
爱彼 皇家橡树离岸型系列精钢闹钟, 约2017年制		12,554	香港苏富比	2022-10-10
爱彼 精美, 精钢八角形闹钟桌钟, 备木底座, 皇家橡树离岸型系列, 型号MG.CD.AC.AP0100.011.1, 年份约2010, 附原厂证书及表盒	直径65mm	22,572	保利香港	2022-07-11
爱马仕及积家, 特别及罕有, 白色珐琅及水晶空气钟		521,469	佳士得	2022-11-27
百达翡丽 Golden Ellipse系列铜镀金壁挂钟	约为49cm×42cm×4.5cm	40,250	北京保利	2022-07-28
百达翡丽 铜镀金壁挂钟	约为30.5cm×27.5cm×5cm	25,300	北京保利	2022-02-03
百达翡丽 Naviquartz系列 Ref.E1200铜镀金及木质经典船钟, 约1970年		34,500	中国嘉德	2022-12-15
百达翡丽 Golden Ellipse系列经典椭圆形铜镀金小台钟, 约1990年		57,500	中国嘉德	2022-12-15
百达翡丽, 独一无二, 镀金黄铜圆顶座钟		1,854,115	佳士得	2022-11-27
百达翡丽, 镀金黄铜太阳能座钟, 配珐琅表盘, 型号811, 约1969年制, 附后补证书		194,412	佳士得	2022-05-24
百达翡丽Golden Ellipse系列经典铜鎏金虎头标壁挂钟		50,600	永乐拍卖	2022-07-26
蒂芙尼 铜鎏金钥匙上弦马车钟, 备年历功能、月相显示	约为10.0cm×9.0cm×13.5cm	28,750	北京保利	2022-07-28
蒂芙尼（TIFFANY&CO.）乌拉维尼（HOUR LAVIGNE）两问定制台钟	长13cm; 宽8cm; 高15.5cm	23,000	西泠印社	2022-08-21
法贝热神秘钟	约为18cm×8cm×23cm	57,500	北京保利	2022-0[illegible]
法国铜鎏金洛可可风格钥匙上弦挂钟, 备报时功能	约为26.5cm×14.0cm×[illegible]	11,500	北京保利	2022-07-28
积家, 大使馆特别定制铜质经典温差动力空气钟, 红色火焰表盘纹	约为18cm×10.5cm×21.5cm	32,200	北京保利	2022-07-28
积家, 罕见及精美, 铜镀金温差动力空气钟	高度约为27cm	69,000	北京保利	2022-07-28
积家 罕见及精美, 铜镀金温差动力空气钟, 中国田园生活风格, 限量款	约为21cm×14.5cm×27.3cm	69,000	北京保利	2022-07-28
积家 黑漆、绿漆路灯钟一组两只, 8天动力储备	高度约为28cm	20,700	北京保利	2022-07-28
积家 铜鎏金温差动力空气钟	高度约为22.5cm	43,700	北京保利	2022-07-28
积家 铜质单金桥小台钟	高度约为15cm	13,800	北京保利	2022-02-03
积家&爱马仕铜鎏金温差动力空气钟		59,800	永乐拍卖	2022-07-26
积家, 卓越及极罕有, 木镶嵌及镶黄色宝石空气钟		1,100,880	佳士得	2022-11-27
江诗丹顿 铜及木质表冠上弦航海钟	约12cm×11cm×6.3cm	28,750	北京保利	2022-07-28
劳力士 Inducta Manufacture, 为劳力士制作, 金属挂墙钟, 约2010年制		48,603	香港苏富比	2022-04-15
瑞士GUBELIN古柏林铜质手动上弦小台钟	10cm×6.5cm×15cm	13,800	保利厦门	2022-10-21
瑞士LOOPING复古铜镀金龟形小闹钟	12cm×9cm×5cm	11,500	保利厦门	2022-10-21
瑞士 MATTHEW NORMAN 铜质镶碧玉钥匙上弦小台钟, 备闹铃功能、日期、星期、月相、月龄显示	高度约为22.5cm	28,750	北京保利	2022-07-28
尚美 铜鎏金嵌母贝, 碧玉手动上弦台钟	约为30cm×15cm×33cm	126,500	北京保利	2022-07-28
19世纪制 雷戈·菲尔斯神话人物饰铜鎏金三件套钟	钟长60cm, 宽30cm, 高50cm; 烛台长20cm, 宽20cm, 高75cm	195,500	西泠印社	2022-08-21

2022杂项拍卖成交汇总(续表)

(成交价RMB:1万元以上)

拍品名称	物品尺寸	成交价RMB	拍卖公司	拍卖日期
19世纪制 德尼埃(DENIERE)双天使饰鎏金座钟	长45cm;宽19cm;高58cm	66,700	西泠印社	2022-01-23
19世纪制 哥特风格卷叶纹饰鎏金座钟	长37cm;宽20cm;高70cm	138,000	西泠印社	2022-08-21
19世纪制 格拉克丝·马里(GRAUX MARLY)神话人物饰鎏金三件套钟	钟长50cm,宽20cm,高65cm;烛台长24cm,宽33cm,高69cm	126,500	西泠印社	2022-01-23
19世纪制 杰皮弗雷斯(JAPY FRERES)希腊神庙神话人物饰三件套钟	钟长31cm,宽15cm,高38cm;雕塑长135cm,宽10cm,高32cm	28,750	西泠印社	2022-08-21
19世纪制 太阳神饰双天使鎏金座钟	长42cm,宽20cm,高70cm	172,500	西泠印社	2022-01-23
19世纪制 小天使饰鎏金三件套钟	钟长28cm,宽22cm,高48cm;烛台长14cm,宽34cm,高43cm	69,000	西泠印社	2022-01-23
水法铜鎏金及青铜多功能座钟		63,250	永乐拍卖	2022-07-26
铜鎏金轮岛涂工艺嵌螺钿人物绘东方艺术风格差动力空气钟		96,600	永乐拍卖	2022-07-26
限量千禧克林(FRANKLIN MINT)地球仪钟	座钟长18cm;宽18cm;高32cm	23,000	西泠印社	2022-01-23
伊姆霍夫&宝齐莱铜质手动上弦小台钟	约12cm×55cm×20cm	11,500	北京保利	2022-02-03
伊姆霍夫铜鎏金活动人偶台钟,备报时功能	高度约为25.5cm	11,500	北京保利	2022-07-28
伊姆霍夫(IMHOF)限量版地球仪气象钟	长21cm,宽21cm,高27cm	43,700	西泠印社	2022-08-21
约1880年 法国铜鎏金嵌人物瓷板座钟	52cm×32cm×16cm	109,250	中国嘉德	2022-06-28
约1890年 法国铜鎏金及瓷板带底座大白鸥旅行钟	高22.5cm	34,500	中国嘉德	2022-12-27
约1970年 瑞士家家旅行钟造型机械台钟	高16.5cm	40,250	中国嘉德	2022-12-27
约1970年 瑞士家家鎏金巴黎路灯式台钟	高28.5cm	23,000	中国嘉德	2022-06-28
约1980年 瑞士家家经典温差空动力钟	高22cm	32,200	中国嘉德	2022-06-28
清乾隆 铜胎画珐琅西洋人物怀表	长7.5cm	80,500	中国嘉德	2022-12-26
F.P. Journe Octa Réserve de Marche 早期铂金腕表,备日期、动力储备显示及铜制机芯,约2002年制		1,659,974	香港苏富比	2022-04-26
劳力士 Day-Date 型号118238 黄金镶钻石链带腕表,备日期及星期显示,约2009年制		228,246	香港苏富比	2022-04-26
劳力士 Cosmograph Daytona 型号116528 黄金计时钻链带腕表,约2008年制		290,495	香港苏富比	2022-04-26
劳力士 Day-Date 型号18346 铂金镶钻石及蓝宝石链带腕表,备日期及星期显示,约1995年制		674,364	香港苏富比	2022-04-26
劳力士 GMT-Master 'Fat Lady' 型号16760 精钢两地时间链带腕表,备日期显示,约1988年制		114,123	香港苏富比	2022-04-26
劳力士 GMT-Master 'Long E' 型号1675 精钢两地时间链带腕表,备日期显示,约1970年制		197,121	香港苏富比	2022-04-26
劳力士 Submariner "Kermit" 型号16610LV 精钢链带腕表,备日期显示,约2004年制		124,498	香港苏富比	2022-04-26
劳力士 Submariner "Kermit" 型号16610LV 全新精钢链带腕表,备日期显示,约2007年制		207,496	香港苏富比	2022-04-26
欧米茄 超霸系列 Schumacher Racing Reduced 型号3510 一套三件精钢计时链带腕表,约1996年制		103,748	香港苏富比	2022-04-26
1880年 瑞士百达翡丽银质高浮雕珐琅怀表	直径3.3cm	115,000	中国嘉德	2022-06-28
1880年制 百达翡丽(PATEK PHILIPPE)18K黄金怀表	表径50mm	57,500	西泠印社	2022-01-23
1880年制 毕格罗·肯纳德(BIGELOW KENNARD&CO.)18K黄金怀表	表径50mm	51,750	西泠印社	2022-01-23
1880年制 法国贵族专属定制18K金二问艺麻钟怀表	表径60mm	63,250	西泠印社	2022-01-23
18K白金及钻石ARCEAU H DÉCO自动上链手表,附珍珠母贝盘及雾面一色鳄鱼皮表带	表壳直径34mm;手腕130~155mm;镶660颗钻石	118,807	佳士得	2022-05-23
18K玫瑰金及钻石小码HEURE H手表,附孔雀石表盘及亮面深绿色鳄鱼皮表带		40,558	佳士得	2022-11-26
1901年制 哈蒙德(SHAMMOND&CO)18K黄金三问怀表	表径50mm	55,200	西泠印社	2022-01-23
1940年制 劳力士(ROLEX)古董女表	表径22mm	13,800	西泠印社	2022-01-23
1950年制 劳力士(ROLEX)手链式钻石腕表	表径15mm	28,750	西泠印社	2022-08-21
1960年制 劳力士(ROLEX)简约系列古董女士腕表	表径22mm	17,250	西泠印社	2022-01-23
1970年制 百达翡丽(PATEK PHILIPPE)18K白金镶钻钻石欧泊珐琅表盘女士腕表	表径23mm	345,000	西泠印社	2022-08-21
1970年制 百达翡丽(PATEK PHILIPPE)18K黄金镶钻石女士腕表	表径19mm×23mm	115,000	西泠印社	2022-08-21
1970年制 伯爵(PIAGET)18K黄金镶嵌钻石女士腕表	表径20mm	115,000	西泠印社	2022-08-21
1970年制 江诗丹顿(VACHERON CONSTANTIN)18K黄金镶嵌钻石及红宝石女士腕表	表径16mm	115,000	西泠印社	2022-08-21
1980年制 百达翡丽(PATEK PHILIPPE)18K黄金镶嵌钻石青金石表盘女士腕表	表径28mm×26mm	253,000	西泠印社	2022-08-21

拍品名称	物品尺寸	成交价RMB	拍卖公司	拍卖日期
20世纪90年代ELITAM金瓷工宝石手表		43,700	西泠印社	2022-01-23
Aerodyn Trophee 限量版黄金腕表,约2006年制		18,261	香港苏富比	2022-10-10
ALAIN SILBERSTEIN,非常罕有及独特,水晶自动上弦计时腕表		115,882	佳士得	2022-11-27
Biretro Chronographe 型号7000 CCB精钢计时腕表,备逆跳秒及计时小表盘,约2000年制		34,562	香港苏富比	2022-04-15
Cartier Tank Française, Reference 2303 A stainless steel chronograph wristwatch with date and bracelet, Circa 2000		14,040	香港苏富比	2022-04-15
Chronograph II 限量版精钢计时腕表,备日期显示,约2021年制		34,562	香港苏富比	2022-04-15
CHRONOSWISS, 18K白金跳时腕表		40,558	佳士得	2022-11-27
Cintree Curvex 型号2852 SC BAG 黄金镶钻石链带腕表,约1999年制		68,478	香港苏富比	2022-10-10
Color Dreams 型号1002 QZ N D CD 白金镶钻石腕表,约2016年制		68,478	香港苏富比	2022-10-10
Color Dreams, Reference 1000 SC D 白金镶钻石腕表,约2013年制		62,772	香港苏富比	2022-04-15
Compass 型号BR01-92-S限量版PVD涂层处理精钢腕表,约2011年制		22,826	香港苏富比	2022-10-10
Conquistador Cortez 型号10000L 精钢腕表,约2011年制		19,441	香港苏富比	2022-04-15
Conquistador 型号8005 L SC 白金腕表,备日期显示,约2005年制		21,601	香港苏富比	2022-04-15
Cupidon 型号M 102 STR 精钢腕表,备逆跳秒,约2008年制		21,601	香港苏富比	2022-04-15
Dandy 型号W11183-20H 白金镶钻石腕表,约2005年制		75,605	香港苏富比	2022-04-15
DANIEL ROTH, 18K白金腕表		115,882	佳士得	2022-11-27
DE BETHUNE, 18K白金计时腕表,配用份及日历显示,DB12WT,附原厂证书及盒子		486,032	佳士得	2022-05-21
DE BETHUNE, 18K白金万年历腕表,配3D旋转用相及年中显示,DB15WT,约2006年制,附原厂证书及盒子		540,036	佳士得	2022-05-21
De-Witt Twenty-8-Eight限量版白金镶钻石镂空陀飞轮腕表,附带白金镶长方形钻石袖扣及圆珠笔,约2010年制		364,654	香港苏富比	2022-10-05
Dragon Myth 型号3540 QZ DRG 2 D CD 粉红金镶石腕表,备龙纹图腾,约2018年制		125,544	香港苏富比	2022-10-10
Endeavour Centre Seconds限量版粉红金腕表,备7天动力储备显示,约2016年制		118,807	香港苏富比	2022-04-15
Endeavour Cylindrical Tourbillon 型号1810-1202限量版精钢左手圆柱形陀飞轮腕表,备三维间间显示,与MB&F为纪念两家品牌创立15周年合制,约2020年制		674,364	香港苏富比	2022-04-26
Endurance 24 限量版精钢计时腕表,约1995年制		51,843	香港苏富比	2022-10-10
Endurance 限量版精钢计时链带腕表,约1997年制		34,239	香港苏富比	2022-10-10
Evolution 9 型号SLGA009G 全新精钢spring drive链带腕表,备日期及动力储备显示,约2022年制		36,522	香港苏富比	2022-10-10
Excellence La Semaine Louis Erard x Alain Silberstein 型号75357T TO2 BT188限量版钛金属腕表,备日期及星期显示,与Alain Silberstein 合制,约2021年制		45,652	香港苏富比	2022-04-15
F.P. Journe Black Label Centigraphe Souverain 限量版铂金计时腕表,备百分一秒、二十秒及十分钟小表盘及摇板式按钮,约2013年制		1,253,498	香港苏富比	2022-10-05
F.P. Journe Octa Lune 粉红金腕表,备日期、月相、动力储备显示及铜制机芯,约2003年制		569,772	香港苏富比	2022-10-05
F.P. Journe 铂金腕表,备日期、动力储备显示及铜制机芯,约2002年制		797,681	香港苏富比	2022-10-05
F.P. JOURNE, 18K红金自动上弦链带腕表		927,057	佳士得	2022-11-27
F.P. JOURNE, 铂金腕表		370,823	佳士得	2022-11-27
F.P. JOURNE, 铂金自动上弦万年历腕表		753,234	佳士得	2022-11-27
F.P. JOURNE, 吸引,铂金镶钻石及蓝宝石女装腕表		405,587	佳士得	2022-11-27
F.P. JOURNE, 吸引,钛金属及粉红色陶瓷镶钻石女装腕表		208,587	佳士得	2022-11-27
F.P. Journe Centigraphe Souverain Anniversaire Hong Kong 限量版钛金属及粉红金计时腕表,备百分一秒、二十秒及十分钟小表盘及摇板式按钮,为纪念F.P. Journe香港专门店10周年而制,约2016年制		1,971,219	香港苏富比	2022-04-26
F.P. Journe Centigraphe Souverain 粉红金计时腕表,备百分一秒、二十秒及十分钟小表盘及摇板式按钮,约2009年制		1,244,980	香港苏富比	2022-04-26

拍品名称	物品尺寸	成交价RMB	拍卖公司	拍卖日期
F.P. Journe Centigraphe Souverain 粉红金计时腕表, 备百分一秒、二十秒及十分钟小表盘及摇板式按钮, 约2010年制		911,635	香港苏富比	2022-10-05
F.P. Journe Chronomètre Bleu Byblos 限量版钽金属半镂空腕表, 约2014年制		1,763,722	香港苏富比	2022-04-26
F.P. Journe Chronomètre Holland & Holland 限量版精钢腕表, 备大马士革纹表盘, 约2017年制		1,504,351	香港苏富比	2022-04-26
F.P. Journe élégante 钛金属镶钻石腕表, 约2015年制		296,281	香港苏富比	2022-10-05
F.P. Journe Octa Automatique Lune France-China 限量版铂金腕表, 备日期、月相及动力储备显示, 为纪念法国及中国建交50周年而制, 约2015年制		1,244,980	香港苏富比	2022-04-26
F.P. Journe Octa Divine 铂金腕表, 备日期、月相及动力储备显示, 约2010年制		674,364	香港苏富比	2022-04-26
F.P. Journe Octa Divine 粉红金腕表, 备日期、月相及动力储备显示, 约2007年制		497,992	香港苏富比	2022-04-26
F.P. Journe Octa Jour et Nuit Ruthenium 限量版铂金腕表, 备日期、动力储备、昼夜显示, 钌金属表盘及机芯, 约2002年制		1,139,544	香港苏富比	2022-10-05
F.P. Journe Octa Lune 铂金腕表, 备日期、月相及动力储备显示, 约2019年制		797,681	香港苏富比	2022-10-05
F.P. Journe Octa Lune 粉红金腕表, 备日期、月相及动力储备显示, 约2015年制		726,238	香港苏富比	2022-10-05
F.P. Journe Octa Lune 早期粉红金腕表, 备日期、月相、动力储备显示及铜制机芯, 约2004年制		1,141,232	香港苏富比	2022-10-05
F.P. Journe Octa Perpétuelle Anniversaire Tokyo 限量版钛金属及粉红金万年历腕表, 备逆跳日期、二问时钟年显示及钌金属表盘, 为纪念F.P. Journe东京专门店5周年而制, 约2010年制		1,424,430	香港苏富比	2022-10-05
F.P. Journe Octa Réserve de Marche 早期铂金腕表, 备日期、动力储备显示及铜制机芯, 约2002年制		1,037,484	香港苏富比	2022-04-26
F.P. Journe Octa Sport PVD 涂层处理钛金属链带腕表, 备数字日期、动力储备及昼夜显示, 约2014年制		331,994	香港苏富比	2022-04-26
F.P. Journe Octa UTC 粉红金两地间腕表, 备日期及动力储备显示, 约2012年制		683,726	香港苏富比	2022-10-05
F.P. Journe Tourbillon Souverain Ruthenium 限量版铂金陀飞轮腕表, 备恒定动力装置, 动力储备显示, 钌金属表盘及机芯, 约2008年制		3,190,723	香港苏富比	2022-10-05
F.P. JOURNE, 18K红金及银质飞轮腕表		2,781,172	佳士得	2022-11-27
F.P. JOURNE, 18K红金人体工学计时腕表, 配百分一秒、二十秒及十分钟计时显示, CENTIGRAPHE SOUVERAIN, 约2009年制, 附原厂证书、盒子及外包装		1,080,072	佳士得	2022-05-24
F.P. JOURNE, 铂金腕表, 配动力储存, CHRONOMÈTRE SOUVERAIN, 约2013年制, 附原厂证书、盒子及外包装		432,028	佳士得	2022-05-24
F.P. JOURNE, 罕有, 18K红金自动上弦腕表, 配日历显示、月相、动力储存及尾贝表盘, OCTA AUTOMATIQUE LUNE NACRE, 约2020年制, 附原厂证书、盒子及外包装		1,080,072	佳士得	2022-05-24
F.P. JOURNE, 罕有, 铂金陀飞轮腕表, 配动力储存及跳秒功能, TOURBILLON SOUVERAIN RUTHENIUM, 限量生产共99枚, 约2008年制, 附原厂证书及皮盒		3,456,230	佳士得	2022-05-24
F.P. JOURNE, 罕有, 铂金自动上弦年历腕表		984,998	佳士得	2022-11-27
F.P. JOURNE, 罕有铂金两地时腕表, 配共振式双独立擒纵系统及动力储存, RESONANCE RUTHENIUM, 限量生产共99枚, 约2008年制, 附原厂证书及盒子		2,592,172	佳士得	2022-05-24
F.P. JOURNE, 极罕有及重要, 铂金陀飞轮腕表, 庆贺F.P. JOURNE首间东京专卖店开幕10周年, T10 ANNIVERSARY TOURBILLON MODEL, 限量生产共10枚, 编号01/10-T10, 约2014年制, 附原厂证书及盒子		10,054,956	佳士得	2022-05-24
F.P. JOURNE, 吸引, 18K红金镶钻石女装腕表, ÉLÉGANTE 40, 约2021年制, 附厂证书、盒子及外包装		378,025	佳士得	2022-05-24
F.P. JOURNE, 吸引, 铂金镶钻石女装腕表, ÉLÉGANTE 40, 约2021年制, 附原厂证书、盒子及外包装		345,623	佳士得	2022-05-24
F.P. JOURNE, 重要及非常罕有, 不锈钢大小自鸣三问链带腕表, 配动力储存, SONNERIE SOUVERAINE, 约2007年制, 附原厂证书、盒子及外包装		5,940,396	佳士得	2022-05-24
Fabergé Compliquée Peacock, 型号1542/9 铂金镶钻石及宝石腕表, 备逆跳分钟及回转珠母贝时标环, 约2016年制		197,121	香港苏富比	2022-04-26
Franck Muller Janus Chronograph Monopusher 铂金单按钮计时腕表, 备昼夜显示、脉搏计刻度及双表盘, 约1990年制		674,364	香港苏富比	2022-04-26
Gérald Genta Octagonal, 型号G2539.4 白金半镂空万年历腕表, 备日期、星期、青金石月相及闰年显示, 约1995年制		207,496	香港苏富比	2022-04-26
Gérald Genta (尊达) 型号G3221 A 黄金及镀金铜制镶钻石、绿宝石、粉红珊瑚及珠母贝万年历座钟, 备七鸣机关, 日期、星期及月相显示, 约1980年制		2,282,464	香港苏富比	2022-04-26
GERALD GENTA, 18K白金自动上弦万年历腕表		185,411	佳士得	2022-11-27
GERALD GENTA, 18K白金自动上弦腕表		150,646	佳士得	2022-11-27
GERALD GENTA, 铂金半镂空自动上弦陀飞轮万年历腕表		301,293	佳士得	2022-11-27
GERALD GENTA, 不锈钢自动上弦腕表		115,882	佳士得	2022-11-27
GERALD GENTA, 不锈钢自动上弦腕表		139,058	佳士得	2022-11-27
GERALD GENTA, 不锈钢自动上弦腕表		104,293	佳士得	2022-11-27
GERALD GENTA, 不锈钢自动上弦腕表		63,735	佳士得	2022-11-27
GERALD GENTA, 非常罕有, 18K白金自动上弦跳时腕表		115,882	佳士得	2022-11-27
GERALD GENTA, 钛金属自动上弦计时腕表		150,646	佳士得	2022-11-27
Grand Seiko Heritage Collection 型号SBGA421 限量版钛金属 spring drive 链带腕表, 备动力储能、日期显示及 snowflake 表盘, 为庆祝AJHH六十周年而制, 约2020年制		41,499	香港苏富比	2022-04-26
GRAND SEIKO, 不锈钢自动上弦链带腕表, 配中心秒针及日历显示, 编号1028/1200, 附盒子及外包装		25,921	佳士得	2022-05-24
Greubel Forsey (高珀富斯), Philippe Dufour 及 Michel Boulanger Le Garde Temps- Naissance d'Une Montre Project, "Montre École 全新限量版白金半镂空陀飞轮腕表, 约2016年制		5,706,162	香港苏富比	2022-04-26
H. Moser & Cie Endeavour 型号345.505 白金腕表, 备动力储备显示, 约2010年制		72,623	香港苏富比	2022-04-26
H. Moser & Cie Mayu 型号322.504 粉红金腕表, 备动力储备显示, 约2015年制		72,623	香港苏富比	2022-04-26
H. Moser & Cie Streamliner Flyback Chronograph 型号6902-1201 精钢飞返计时链带腕表, 约2020年制		319,072	香港苏富比	2022-10-05
H. Moser & Cie Streamliner Perpetual Calendar 型号6812-1200 精钢万年历链带腕表, 备日期、动力储备及闰年显示, 约2021年制		341,863	香港苏富比	2022-10-05
Henry Borrell 珍稀及重要镀金铜制二问鸟鸣音乐活动人偶座钟, 备七款为中国市场而制的乐韵, 由 Henry Borrell 署名, 活动人偶应由自 Jaquet Droz, 瑞士制, 约1810年制		1,556,226	香港苏富比	2022-04-26
Hours of Love 限量版粉红金腕表, 备隐藏式春宫活动人偶, 约2000年制		43,370	香港苏富比	2022-10-10
IKEPOD, 钛金属自动上弦计时链带腕表, 配24小时及日历显示, MEGAPODE, 马克·纽森设计, 限量生产共9999枚, 附原厂证书、盒子及外包装		45,363	佳士得	2022-05-24
Infinity Color Dreams 型号3735 QZ R COL DRM D3 粉红金镶钻石腕表, 备珠母贝表盘, 约2011年制		79,892	香港苏富比	2022-10-10
Infinity Color Dreams 型号3740 QZ COL DRM A D4 CD 白金镶钻石腕表, 约2011年制		57,065	香港苏富比	2022-10-10
Infinity Dragon 型号3740 QZ DRG 2 D CD 白金镶钻石腕表, 备龙纹图案, 约2018年制		62,772	香港苏富比	2022-10-10
Infinity Dragon 型号3740 QZ DRG 2 D CD 白金镶钻石腕表, 备龙纹图案, 约2018年制		62,772	香港苏富比	2022-10-10
Infinity Dragon 型号3740 QZ R AL 精钢镶钻石腕表, 备龙纹图案, 约2011年制		54,783	香港苏富比	2022-10-10
Infinity Safari 型号3640 QZ SAFARI D CD 白金镶钻石及黑钻腕表, 约2009年制		47,935	香港苏富比	2022-10-10
Infinity 型号3735 QZ R AL 精钢镶钻石腕表, 备珠母贝表盘, 约2011年制		25,109	香港苏富比	2022-10-10
JACOB & CO., 白色金属及钻石两地时间沙漏时计, 附盒子及外包装		59,403	佳士得	2022-05-24
Krono Bauhaus 2 限量版精钢计时腕表, 备日期、星期、月相及昼夜显示, 约2008年制		108,007	香港苏富比	2022-04-15

2022杂项拍卖成交汇总(续表)

(成交价RMB：1万元以上)

拍品名称	物品尺寸	成交价RMB	拍卖公司	拍卖日期
Lady Radiant 铂金镶钻石链带腕表,备约 80.945 卡钻石,约1991年制		913,046	香港苏富比	2022-10-10
Laurent Ferrier Galet 限量版白金腕表,备珐琅表盘,为纪念 Kamine 110 周年而制,约2016年制		394,243	香港苏富比	2022-04-26
LAURENT FERRIER, 18K白金自动上弦腕表, GALET MICRO-ROTOR,附原厂证书、盒子及外包装		259,217	佳士得	2022-05-24
Liberty 型号7421 B S6 精钢腕表,约2010年制		18,361	香港苏富比	2022-04-15
Long Island Crazy Hours 型号1200 CH 粉红金腕表,备跳时针,约2011年制		51,359	香港苏富比	2022-10-10
M.A.D. EDITIONS, 不锈钢自动上弦半镂空腕表		44,035	佳士得	2022-11-27
MB&F, 非常罕有, 18K红金及钛金属长方形半镂空自动上弦腕表,配跳时、月相、逆返日历及分钟显示, HOROLOGICAL MACHINE NO. 2, HM2, 限量生产,附原厂证书、盒子及外包装		237,615	佳士得	2022-05-24
MB&F, 非常罕有, 18K红金腕表,配独立两地时及小模型垂直动力储存, LEGACY MACHINE NO.1, 夏航版,限量生产,附原厂证书、盒子及外包装		777,651	佳士得	2022-05-24
MB&F, 罕有, 18K红金半镂空万年历腕表,配逆返闰年显示及动力储存, LEGACY MACHINE PERPETUAL, 限量生产共25枚,约2016年制,附原厂证书、盒子及外包装		842,456	佳士得	2022-05-24
MB&F, 罕有及独特, 18K红金及黑色珐琅自动上弦陀飞轮腕表, HOROLOGICAL MACHINE NO. 7, HM7, 限量生产,附盒子		410,427	佳士得	2022-05-24
MB&F, 罕有及独特, 钛金属陀飞轮腕表, HOROLOGICAL MACHINE NO. 6, HM6, 限量生产共50枚,约2015年制,附原厂证书及盒子		1,188,079	佳士得	2022-05-24
MB&F, 罕有钛金属及不锈钢腕表,配侧面时间显示及双向跳时, HOROLOGICAL MACHINE NO. 10, HMX BLACK, 限量生产,约2015年制,附原厂证书、盒子及外包装		216,014	佳士得	2022-05-24
MB&F, 极独特及罕有, 钛金属腕表,配两个独立平衡摆轮, HOROLOGICAL MACHINE NO. 9, HM9 FLOW TI AIR EDITION, 限量生产,约2018年制,附原厂证书、盒子及外包装		972,064	佳士得	2022-05-24
MB&F及M.A.D. GALLERY, 不锈钢半镂空自动上弦腕表, M.A.D.1, 约2021年制,附盒子		86,405	佳士得	2022-05-24
Montre Cintree Curvex 型号1750 S6 PM BAG 白金镶钻石腕表,约2000年制		86,405	香港苏富比	2022-04-15
PASHA DE CARTIER SKELETON PANTHER DECOR, 约2010年制,附原厂证书、盒子及外包装		432,028	佳士得	2022-05-24
Patek Philippe Nautilus 型号 3800 精钢链带腕表,备日期显示,约1982年制		435,743	香港苏富比	2022-04-26
百达翡丽 型号5971 铂金镶长方形钻石万年历计时腕表,备日期、星期、月相、24小时及闰年显示,约2008年制		1,937,225	香港苏富比	2022-10-05
Philippe Dufour Simplicity 编号167 白金腕表, 2011年制		6,609,355	香港苏富比	2022-10-05
Reference 5850 SC HO 精钢腕表,约2016年制		25,109	香港苏富比	2022-10-10
Reference G.3550.7 型号G.3550.7 精钢计时腕表,备日期显示,约1996年制		12,554	香港苏富比	2022-10-10
Reference SBGH297 全新限量版精钢链带腕表,备日期显示,约2022年制		97,011	香港苏富比	2022-10-10
Regent Brain Orgy 型号RM 859 精钢腕表,备日期、星期显示表盘,约2005年制		30,242	香港苏富比	2022-04-15
RESSENCE, 不锈钢自动上弦腕表		104,293	佳士得	2022-11-27
Retro BiRetro 型号G.3754 精钢跳时腕表,备逆跳分钟及日期显示,约2008年制		41,042	香港苏富比	2022-04-15
Retro Fantasy Mickey Mouse, Reference G.3499.7 型号G.3499.7 精钢腕表,备米奇老鼠珠母贝表盘,约1995年制		34,239	香港苏富比	2022-10-10
RETRO 复古时期(1940—1960年) VACHERON CONSTANTIN 江诗丹顿 18K黄金腕表	表盘27mm×31.6mm; 表链长20cm	46,000	保利厦门	2022-10-21
Retro, Reference G.3634 型号G.3634 精钢镶钻石跳时腕表,备逆跳分钟,约2000年制		31,957	香港苏富比	2022-10-10
REUGE 独特精美,镀金开面机械怀表,备音乐活动人偶及响闹功能,年份约2012,附原厂钥匙及表盒	直径56mm	16,416	保利香港	2022-07-11
Richard Mille Felipe Massa 型号RM011 限量版粉红金及DLC涂层处理钛金属半镂空年历飞返计时腕表,约2011年制		1,659,974	香港苏富比	2022-04-26

拍品名称	物品尺寸	成交价RMB	拍卖公司	拍卖日期
Richard Mille 型号RM010 白金半镂空腕表,备日期显示,约2013年制		881,861	香港苏富比	2022-04-26
Richard Mille 型号 RM002 All Grey V2 限量版钛金属半镂空陀飞轮腕表,备动力储备及力矩显示,约2009年制		2,734,906	香港苏富比	2022-10-05
Richard Mille 型号 RM67-02 "Wayde van Niekerk" 碳纤维及石英碳纤维镂空腕表,约2021年制		2,051,179	香港苏富比	2022-10-05
Richard Mille 型号RM007 AF WG 白金镶钻石及蓝宝石半镂空腕表,备日期显示,约2005年制		933,735	香港苏富比	2022-04-26
Richard Mille 型号RM007 白金镶钻石半镂空腕表,备日期显示,约2010年制		1,082,567	香港苏富比	2022-10-05
Richard Mille 型号RM011 "Felipe Massa" 粉红金钛金属镶钻石及黑钻半镂空年历飞返计时腕表,备日期显示,约2013年制		1,709,316	香港苏富比	2022-10-05
Richard Mille 型号RM11-01 "Roberto Mancini" 钛金属半镂空年历飞返计时腕表,备日期显示,约2014年制		1,709,316	香港苏富比	2022-10-05
Richard Mille 型号RM11-02 AO Ti GMT 钛金属半镂空年历两地时间飞返计时腕表,约2015年制		1,659,974	香港苏富比	2022-04-26
RICHARD MILLE, 18K红金镶钻石自动上弦半镂空腕表		1,274,704	佳士得	2022-11-27
RICHARD MILLE, 18K红金自动上弦半镂空腕表,配中心秒针及日历显示,型号RM010		1,026,068	佳士得	2022-05-24
RICHARD MILLE, 极罕有,碳纳米管酒桶形自动上弦半镂空腕表,配飞返计时功能及年历显示, FELIPE MASSA, 限量生产,编号GP 00/30,型号RM011 AM CA, 约2014 年制,附原厂证书、盒子及外包装		2,160,144	佳士得	2022-05-24
Romain Gauthier Prestige HM 限量版铂金腕表,约2009年制		311,245	香港苏富比	2022-04-26
Sport 型号 SLGA001 限量版钛金属spring drive链带腕表,备日期及动力储备显示,约2020年制		36,522	香港苏富比	2022-10-10
Sport 型号SBGE265 限量版精钢两地时间spring drive链带腕表,备日期及动力储备显示,约2020年制		45,652	香港苏富比	2022-10-10
Sport 型号SLGA003 限量版钛金属spring drive腕表,备日期及动力储备显示,约2020年制		47,935	香港苏富比	2022-10-10
Sunset 型号6850 SC 白金镶钻石腕表,约2011年制		43,370	香港苏富比	2022-10-10
Transamerica 型号2000L 精钢链带腕表,备日期显示,约2000年制		21,601	香港苏富比	2022-04-15
URWERK, 不锈钢及钛金属盾形自动上弦腕表,配旋转时针、数字显示秒及动力储存显示,限量生产共50枚, UR-105 CT STREAMLINER, 约2022年制,附原厂证书、盒子及外包装		410,427	佳士得	2022-05-24
Vianney Halter Classic 白金腕表,备铜色表盘,约2007年制		497,992	香港苏富比	2022-04-26
VOUTILAINEN, 非常罕有, 18K红金腕表, VINGT-8, 约2012年制,附原厂证书、盒子及外包装		918,061	佳士得	2022-05-24
White Croco 型号SC WHT CRO PVD 涂层处理精钢腕表,约2013年制		25,109	香港苏富比	2022-10-10
阿加西黄金世界时间怀表,约1950年制		124,498	香港苏富比	2022-04-25
爱彼皇家橡树系列 型号5402 精钢链带腕表,备棕色表盘及日期显示, 1978年制		954,485	香港苏富比	2022-04-26
爱彼 Carnegie 型号14944BA/Z/1032BA/01 黄金镶钻石链带腕表,约2005年制		43,370	香港苏富比	2022-10-10
爱彼 Code 11.59 Tourbillon Openwork 型号26600OR 全新粉红金镂空陀飞轮腕表,备黑漆时标环,附带粉红金袖扣及圆珠笔,约2020年制		1,400,603	香港苏富比	2022-04-26
爱彼 Code 11.59 Tourbillon Openworked 型号26600OR 全新粉红金镂空陀飞轮腕表,备黑漆时标环,附带粉红金袖扣及圆珠笔,约2020年制		683,726	香港苏富比	2022-10-05
爱彼 Code 11.59 精钢闹钟,备木制展示座,约2019年制		10,272	香港苏富比	2022-10-10
爱彼 Code 11.59 型号26393CR 双色金飞返计时腕表,备日期及黑漆时标环,约2019年制		250,700	香港苏富比	2022-10-05
爱彼 Edward Piguet Tourbillon 型号 26006BC.OO.D002CR.01 白金陀飞轮腕表,备动力储备显示,约1997年制		207,496	香港苏富比	2022-04-26

拍品名称	物品尺寸	成交价RMB	拍卖公司	拍卖日期
爱彼 Millenary Starlit Sky 白金镶钻石腕表，备动力储备、月相、日期显示及珠母贝表盘，约2010年制		207,496	香港苏富比	2022-04-26
爱彼 Tourbillon Automatique 黄金陀飞轮腕表，约1990年制		162,010	香港苏富比	2022-04-15
爱彼 白金链带腕表，备玛瑙表盘，约1980年制		25,921	香港苏富比	2022-04-15
爱彼 白金腕表，约1990年制		19,402	香港苏富比	2022-10-10
爱彼 白金镶钻石怀表，约1970年制		17,120	香港苏富比	2022-10-10
爱彼 白金钻石腕表，约1970年制		16,201	香港苏富比	2022-04-15
爱彼 皇家橡树离岸型系列限量版NO.02/60 18K白金自动上弦镶钻腕表，备计时功能、日期显示	表径41mm	517,500	北京保利	2022-07-28
爱彼 皇家橡树离岸型系列 "Michael Schumacher" 型号26668M.OO.A004CA.01限量版钛金属计时腕表，备日期显示，约2013年制		273,491	香港苏富比	2022-10-05
爱彼 皇家橡树离岸型系列 "Michael Schumacher" 型号265680M 限量版粉红金计时腕表，备日期显示，约2013年制		455,818	香港苏富比	2022-10-05
爱彼 皇家橡树离岸型系列 QE II Cup 2018 型号26474TI.OO.1000TI.01限量版钛金属计时链带腕表，备日期显示，约2018年制		331,994	香港苏富比	2022-04-26
爱彼 皇家橡树离岸型系列型号15708ST. OO.A002CA.01精钢腕表，备日期显示，约2012年制		170,932	香港苏富比	2022-10-10
爱彼 皇家橡树离岸型系列型号26048SK. ZZ.D066CA.01 精钢镶钻石计时腕表，备日期显示，约2013年制		182,327	香港苏富比	2022-10-10
爱彼 皇家橡树离岸型系列型号26470OR. OO.A125CR.01 粉红金计时链带腕表，备日期显示，约2007年制		512,795	香港苏富比	2022-10-05
爱彼 皇家橡树女装系列精钢镶钻腕表，约2010年制		74,185	香港苏富比	2022-10-10
爱彼 皇家橡树女装系列型号38.69.16 精钢链带腕表，备日期显示，约2000年制		62,772	香港苏富比	2022-10-10
爱彼 皇家橡树系列 "Nick Faldo" Championship Edition 型号56175TT.OO.0789TT.01 限量版钽金属及精钢链带腕表，备日期显示，约1990年制		134,872	香港苏富比	2022-04-26
爱彼 皇家橡树系列 "Nick Faldo" Championship Edition 型号56175TT.OO.0789TT.01 限量版钽金属及精钢链带腕表，备日期显示，约1990年制		124,498	香港苏富比	2022-04-26
爱彼 皇家橡树系列 Quantieme Perpetual 型号25654BA 黄金万年历链带腕表，备日期、星期及月相显示，约1990年制		829,987	香港苏富比	2022-04-26
爱彼 皇家橡树系列 Rectangular Quartz 型号6005ST.0.0477ST.01 精钢链带腕表，约1980年制		91,305	香港苏富比	2022-10-10
爱彼 皇家橡树系列白金镶钻石、黄色蓝宝石及蓝宝石镶钻腕表，约1998年制		364,654	香港苏富比	2022-10-05
爱彼 皇家橡树系列精钢镶钻石链带腕表，约2000年制		51,359	香港苏富比	2022-10-10
爱彼 皇家橡树系列型号139886 精钢链带腕表，约1990年制		41,042	香港苏富比	2022-04-15
爱彼 皇家橡树系列型号15300ST精钢链带腕表，约2012年制		290,495	香港苏富比	2022-04-26
爱彼 皇家橡树系列 型号26318BC.ZZ. 1256BC.01限量版白金镶钻石计时链带腕表，备日期显示，约2020年制		1,595,362	香港苏富比	2022-10-05
爱彼 皇家橡树系列型号26331ST精钢计时链带腕表，备日期显示，约2018年制		435,743	香港苏富比	2022-04-26
爱彼 皇家橡树系列型号5402精钢链带腕表，备日期显示，约1975年制		674,364	香港苏富比	2022-04-26
爱彼 皇家橡树系列型号56175精钢链带腕表，备日期显示，约2000年制		114,123	香港苏富比	2022-04-26
爱彼 皇家橡树系列型号56175SA. O.0789SA.01 黄金及精钢链带腕表，备日期显示，约1986年制		103,748	香港苏富比	2022-04-26
爱彼 皇家橡树系列型号56308SA 黄金及精钢镶钻石链带腕表，约1990年制		75,605	香港苏富比	2022-04-15
爱彼 皇家橡树系列型号6008.424 黄金及精钢链带腕表，约1990年制		81,005	香港苏富比	2022-04-15
爱彼 皇家橡树系列 型号67075ST/O/1100ST/02 精钢链带腕表，约1997年制		74,185	香港苏富比	2022-10-10
爱彼 皇家橡树系列型号67370SA 黄金及精钢链带腕表，约2001年制		75,605	香港苏富比	2022-04-15
爱彼 皇家橡树系列型号8638SA黄金及精钢链带腕表，约1980年制		67,436	香港苏富比	2022-04-26
爱彼 黄金链带腕表，备日期显示及青金石表盘，约1975年制		296,740	香港苏富比	2022-10-10
爱彼 黄金链带腕表，约1960年制		31,957	香港苏富比	2022-10-10
爱彼 黄金腕表，备日期显示，约1990年制		18,261	香港苏富比	2022-10-10
爱彼 黄金镶钻石怀表，配上由 Gabriella Rivalta 绘制，Edgar Degas 款的微绘珐琅，约1880年制		660,936	香港苏富比	2022-10-05
爱彼 精美 精钢自动链带腕表，备日期显示，"皇家橡树系列"，"Jumbo"，型号15202ST. OO.0944ST.01，年份约2007，附原厂证书及表盒	直径40mm	260,467	保利香港	2022-10-11
爱彼 型号BA35713 黄金钻石猎壳怀表，约1993年制		74,185	香港苏富比	2022-10-10
爱彼 非常重要罕有，限量版玫瑰金八角自动链带腕表，备中文日历显示，1997年为纪念****限量发行，"皇家橡树离岸型系列"，型号 25852OR.O/0110OR/01，限量生产19枚，年份约1997，附原厂证书及表盒	直径38mm；长约180mm	328,320	保利香港	2022-07-11
爱彼 瑰丽罕有，黄金镶钻石及蓝宝石镀钯机械怀表，年份约1986，附原厂后补证书	直径44mm	266,760	保利香港	2022-07-11
爱彼 罕有精致，女装白金镶钻石及祖母绿酒桶形机械链带腕表，备珠母贝表盘，"Carnegie"，型号7932SBC/E/9070BC.01，年份约2016，附原厂证书及表盒	20mm×28mm；长约190mm	153,900	保利香港	2022-07-11
爱彼 精美，黄金方形机械腕表，备日期显示，年份约2000	25mm×33mm	15,390	保利香港	2022-07-11
爱彼 精美，精钢自动链带腕表，备日期显示，"皇家橡树系列"，"Jumbo"，型号16202ST.OO.1240ST.01，附原厂证书及表盒，年份约2019	直径39mm；长约185mm	769,500	保利香港	2022-07-11
爱彼 精致，女装白金镶钻石及蓝宝石椭圆形链带腕表，型号BC56455/G/0856，年份约1980，附原厂表盒	30mm×33mm；长约175mm	35,910	保利香港	2022-07-11
爱彼，18K白金镶钻石及绿宝石女装链带腕表		254,940	佳士得	2022-11-27
爱彼，18K白金镶钻石及青金石自动上弦链带腕表		139,058	佳士得	2022-11-27
爱彼，18K白金镶钻石自动上弦链带腕表		173,823	佳士得	2022-11-27
爱彼，18K红金链带腕表，配日历显示，皇家橡树离岸型，型号25940K，附原厂证书、盒子及外包装		237,615	佳士得	2022-05-24
爱彼，18K金链带腕表，配日历显示，皇家橡树系列，型号6048.424，约1985年制，附原厂证书		108,007	佳士得	2022-05-24
爱彼，18K金镂空怀表		115,882	佳士得	2022-11-27
爱彼，18K金三问怀表		231,764	佳士得	2022-11-27
爱彼，18K金自动上弦计时链带腕表，配日历显示、皇家橡树系列，型号26022BA，附原厂证书、盒子及外包装		259,217	佳士得	2022-05-24
爱彼，18K金自动上弦两地时间链带腕表，配日历显示及动力储存，皇家橡树系列，型号25730BA		259,217	佳士得	2022-05-24
爱彼，不锈钢超薄自动上弦腕表		63,735	佳士得	2022-11-27
爱彼，不锈钢及18K金自动上弦链带腕表		196,999	佳士得	2022-11-27
爱彼，不锈钢自动上弦链带腕表		278,117	佳士得	2022-11-27
爱彼，不锈钢自动上弦链带腕表		185,411	佳士得	2022-11-27
爱彼，不锈钢自动上弦链带腕表，配日历显示及雌色表盘，ROYAL OAK, JUBILEE EDITION，型号14802ST，限量生产1000枚，约1999年制，附原厂证书、盒子及外包装		1,080,072	佳士得	2022-05-24
爱彼，不锈钢自动上弦链带腕表，配中心秒针及日历显示，皇家橡树系列，型号15400ST，附原厂证书、盒子及外包装		518,434	佳士得	2022-05-24
爱彼，稀品，非常复杂及珍贵罕有，铂金自动上弦腕表，配三问功能、万年历、追针计时功能、星期周数、闰年及月相显示，JULES AUDEMARS GRAND COMPLICATION，型号25866PT，约2004年制，附原厂证书、转动装盒及外包装		1,512,100	佳士得	2022-05-24
爱彼，锻造碳、钛金属及陶瓷自动上弦计时腕表，配日历显示，皇家橡树离岸型GRAND PRIX，型号26290IO，限量生产1750枚，约2010年制，附原厂证书、盒子及外包装		453,630	佳士得	2022-05-24
爱彼，非常罕有，铂金镶钻石自动上弦万年历链带腕表，配月相显示，型号25700PT，1990年于香港售出		453,630	佳士得	2022-05-24
爱彼，罕有，18K白金超薄腕表		127,470	佳士得	2022-11-27
爱彼，罕有，铂金自动上弦镂空万年历链带腕表，配月相显示，QUANTIEME PERPETUEL AUTOMATIQUE，型号25636PT		2,808,187	佳士得	2022-05-24
爱彼，罕有，不锈钢自动上弦链带腕表		811,175	佳士得	2022-11-27
爱彼，罕有及非常复杂，18K红金三问陀飞轮计时腕表		927,057	佳士得	2022-11-27
爱彼，罕有及时尚，18K霜金自动上弦链带腕表		579,411	佳士得	2022-11-27
爱彼，罕有及早期，不锈钢自动上弦链带腕表，配日历显示及热带棕色表盘，皇家橡树系列，A-SERIES，型号5402，附盒子及外包装		1,404,093	佳士得	2022-05-24

2022杂项拍卖成交汇总(续表)

(成交价RMB：1万元以上)

拍品名称	物品尺寸	成交价RMB	拍卖公司	拍卖日期
爱彼、钛金属及陶瓷自动上弦计时腕表		324,470	佳士得	2022-11-27
爱彼、吸引、不锈钢自动上弦链带腕表		231,764	佳士得	2022-11-27
爱马仕 Arceau Petite Lune 型号AR7.A30 精钢镶钻石及蓝宝石腕表，备日期、月相显示及珠母贝表盘，约2021年制		43,370	香港苏富比	2022-10-10
爱马仕 2015 精钢MEDOR腕表配大象灰色SWIFT牛皮表带	表盘20mm×20mm；表带长20cm	16,279	保利香港	2022-10-11
爱马仕 2016年 MEDOR系列双圈金色牛皮精钢女士腕表	表盘16mm	17,250	北京保利	2022-07-28
爱马仕 2021年 18K金满镶嵌钻石福宝FAUBOURG女士腕表	表盘直径2cm；长17.5cm	207,000	北京保利	2022-07-28
爱马仕Cape Cod Grandes Heures精钢腕表，备变速小时，约2014年制		14,040	香港苏富比	2022-04-15
爱马仕 H-hour型号HH4.271 粉红金镶钻石腕表，约2020年制		45,652	香港苏富比	2022-10-10
爱马仕 Kelly 镀金腕表，约2000年制		10,260	香港苏富比	2022-04-15
爱马仕限量版Arceau Ecuyère Automatique 34毫米18K玫瑰金及白金钻石腕表，约2020年制		45,657	香港苏富比	2022-10-13
爱马仕限量版Arceau L'Heure De La Lune 43毫米18K白金腕表，约2022年制		205,458	香港苏富比	2022-10-13
百达翡丽 型号5711 精钢链带腕表，备日期显示，约2018年制		797,681	香港苏富比	2022-10-05
百达翡丽 175周年纪念、型号5575G-001 18K白金自动上弦腕表，备世界时功能，月相显示	表径40mm	747,500	北京保利	2022-07-28
百达翡丽 175周年纪念、型号7175R-001 18K玫瑰金自动上弦镶钻腕表，备世界时功能	表径38mm	747,500	北京保利	2022-07-28
百达翡丽 18K白金、备表冠上弦怀表	表径45mm	11,500	北京保利	2022-07-28
百达翡丽 18K黄金二十美金币怀表	表径35mm	115,000	北京保利	2022-02-03
百达翡丽 18K黄金手动上弦腕表	表径30.5mm；全表长约17.5cm	40,250	北京保利	2022-07-28
百达翡丽 18K黄金表冠上弦怀表	表径46mm	25,300	北京保利	2022-07-28
百达翡丽 Aquanaut Chronograph 型号5968 精钢飞返计时腕表，备日期显示，约2018年制		1,025,590	香港苏富比	2022-10-05
百达翡丽 Aquanaut Chronograph 型号5968 全新白金飞返计时腕表，备日期显示，约2022年制		1,025,590	香港苏富比	2022-10-05
百达翡丽 Aquanaut Luce 型号5067 精钢镶钻石腕表，备日期显示，约2006年制		273,914	香港苏富比	2022-10-10
百达翡丽 Aquanaut Luce 型号5068 粉红金镶钻石腕表，备日期显示，约2012年制		319,072	香港苏富比	2022-10-05
百达翡丽 Aquanaut Luce 型号5087 精钢镶钻石链带腕表，备日期显示，约2010年制		227,909	香港苏富比	2022-10-05
百达翡丽 Aquanaut Travel Time 型号5164 精钢两地时间腕表，备日期及昼夜显示，约2017年制		569,772	香港苏富比	2022-10-05
百达翡丽 Aquanaut 型号5060 精钢腕表，约1997年制		311,245	香港苏富比	2022-04-26
百达翡丽 Aquanaut 型号5066 精钢链带腕表，备日期显示，约2002年制		269,745	香港苏富比	2022-04-26
百达翡丽 Aquanaut 型号5167 粉红金腕表，备日期显示，约2011年制		478,608	香港苏富比	2022-10-05
百达翡丽 Aquanaut 型号5167 精钢腕表，备日期显示，约2009年制		518,434	香港苏富比	2022-04-26
百达翡丽 Aquanaut 型号5167 全新精钢腕表，备日期显示，约2018年制		570,616	香港苏富比	2022-04-26
百达翡丽 Aquanaut 型号5168 白金腕表，备日期显示，约2017年制		774,890	香港苏富比	2022-10-05
百达翡丽 Aquanaut 型号5168 白金腕表，备日期显示，约2020年制		774,890	香港苏富比	2022-10-05
百达翡丽 AQUANAUT系列、型号5167A 精钢自动上弦腕表，备日期显示	表径40mm；全表长约20.2cm	299,000	北京保利	2022-07-28
百达翡丽 Calatrava Pilot Travel Time 型号5524 白金两地时间腕表，备日期及昼夜显示，约2016年制		273,491	香港苏富比	2022-10-05
百达翡丽 Calatrava Pilot Travel Time 型号7234 白金两地时间腕表，备日期及昼夜显示，约2021年制		250,700	香港苏富比	2022-10-05
百达翡丽 Calatrava Weekly Calendar 型号5212 精钢腕表，备月份、日期显示及星期历，约2019年制		363,119	香港苏富比	2022-04-26
百达翡丽 Calatrava 型号3593 白金腕表，备日期显示，由Gübelin发行，约1980年制		91,305	香港苏富比	2022-10-10
百达翡丽 Calatrava 型号3802/200 粉红金腕表，备日期显示，约1993年制		93,373	香港苏富比	2022-04-26
百达翡丽 Calatrava 型号3998 铂金镶钻石腕表，备日期显示，约1997年制		145,247	香港苏富比	2022-04-26
百达翡丽 Calatrava 型号6000 白金腕表，备日期显示，约2007年制		124,498	香港苏富比	2022-04-26
百达翡丽 Celestial 型号5102 铂金及粉红金天文腕表，备星体运行及相盈亏显示，约2010年制		1,823,270	香港苏富比	2022-10-05
百达翡丽 Chronometro Gondolo 型号5098 铂金腕表，原厂未开封，约2008年制		162,010	香港苏富比	2022-04-15
百达翡丽 Cortina Jubilee 型号5057 限量版粉红金腕表，备日期、动力储备及月相显示，约1997年制		186,747	香港苏富比	2022-04-26
百达翡丽 Golden Ellipse 型号3838 黄金链带腕表，备双色表盘，约1990年制		74,185	香港苏富比	2022-10-10
百达翡丽 Golden Ellipse 型号4830 黄金腕表，约2000年制		62,772	香港苏富比	2022-04-26
百达翡丽 Gondolo Cabriolet 型号5099 双色金腕表，备隐藏式表盘，约2000年制		96,861	香港苏富比	2022-10-05
百达翡丽 Les Grecques 型号3775 黄金链带腕表，约1985年制		51,874	香港苏富比	2022-04-26
百达翡丽 Mini Pendulette "Crystal Chandeliers" 型号10005M-001 Baccarat水晶座钟，约2017年制		1,481,407	香港苏富比	2022-10-05
百达翡丽 Nautilus 型号3700 黄金及精钢链带腕表，备日期显示，约1980年制		466,867	香港苏富比	2022-04-26
百达翡丽 Nautilus 型号3710 精钢链带腕表，备日期及动力储备显示，约2005年制		1,080,072	香港苏富比	2022-04-15
百达翡丽 Nautilus 型号3712 '3 dots' 精钢链带腕表，备日期、月相及动力储备显示，2005年制		854,658	香港苏富比	2022-10-05
百达翡丽 Nautilus 型号3800 精钢链带腕表，备黑色日期盘显示，1982年制		455,818	香港苏富比	2022-10-05
百达翡丽 Nautilus 型号3800 精钢链带腕表，备日期显示，约1996年制		341,863	香港苏富比	2022-10-05
百达翡丽 Nautilus 型号3800 精钢链带腕表，备日期显示，约1996年制		414,993	香港苏富比	2022-04-26
百达翡丽 Nautilus 型号3900 黄金链带腕表，备日期显示，由Tiffany & Co.发行，1991年制		331,994	香港苏富比	2022-04-26
百达翡丽 Nautilus 型号3900 精钢链带腕表，备日期显示，由Gübelin发行，1984年制		280,120	香港苏富比	2022-04-26
百达翡丽 Nautilus 型号5711 精钢链带腕表，备日期显示，约2007年制		1,037,484	香港苏富比	2022-10-05
百达翡丽 Nautilus 型号5712 白金腕表，备日期、月相及动力储备显示，约2010年制		660,936	香港苏富比	2022-10-05
百达翡丽 Nautilus 型号5712 精钢链带腕表，备日期、月相及动力储备显示，约2010年制		1,141,232	香港苏富比	2022-10-05
百达翡丽 Nautilus 型号5712 精钢链带腕表，备日期、月相及动力储备显示，约2017年制		1,188,079	香港苏富比	2022-04-15
百达翡丽 Nautilus 型号5726 精钢年历链带腕表，备日期、星期、月相及24小时显示，约2014年制		854,658	香港苏富比	2022-10-05
百达翡丽 Nautilus 型号5726 精钢年历链带腕表，备日期、星期、月相及24小时显示，约2020年制		854,658	香港苏富比	2022-10-05
百达翡丽 Nautilus 型号5726 精钢年历链带腕表，备日期、星期、月相及24小时显示，约2010年制		726,238	香港苏富比	2022-04-26
百达翡丽 Nautilus 型号5740 白金万年历链带腕表，备日期、星期、月相、24小时及闰年显示，约2020年制		1,823,270	香港苏富比	2022-10-05
百达翡丽 Nautilus 型号5980 粉红金飞返计时链带腕表，备日期显示，由Tiffany & Co. 发行，约2020年制		4,149,936	香港苏富比	2022-04-26
百达翡丽 Nautilus 型号5980 精钢飞返计时链带腕表，备日期显示，约2007年制		985,609	香港苏富比	2022-10-05
百达翡丽 Nautilus 型号5980 精钢飞返计时链带腕表，备日期显示，约2013年制		854,658	香港苏富比	2022-10-05
百达翡丽 Nautilus 型号5990 精钢两地时间飞返计时链带腕表，备日期及昼夜显示，约2015年制		911,635	香港苏富比	2022-10-05
百达翡丽 Nautilus 型号5990 精钢两地时间飞返计时链带腕表，备日期及昼夜显示，约2018年制		1,141,232	香港苏富比	2022-10-05
百达翡丽 Nautilus 型号7008 精钢镶钻石链带腕表，备日期及珠母贝表盘，约2013年制		319,072	香港苏富比	2022-10-05
百达翡丽 Nautilus 型号7118 粉红金镶钻石链带腕表，备日期显示，约2021年制		592,563	香港苏富比	2022-10-05
百达翡丽 Nautilus 型号7118 精钢链带腕表，备日期显示，由Tiffany & Co.发行，约2005年制		364,654	香港苏富比	2022-10-05
百达翡丽 Nautilus 型号7118 精钢镶钻石链带腕表，备日期显示，约2020年制		296,281	香港苏富比	2022-10-05
百达翡丽 Pilot Travel Time 型号7234 全新限量版精钢两地时间腕表，备日期及昼夜显示，为新加坡钟表艺术大型展览会而制，约2020年制		466,867	香港苏富比	2022-04-26

拍品名称	物品尺寸	成交价RMB	拍卖公司	拍卖日期
百达翡丽 Sky Moon Tourbillon "988" 型号5002 铂金双表盘腕表, 备12项复杂功能, 包括陀飞轮、大教堂音簧三问、万年历、逆跳式时间、恒星时间显示、星体移动苍穹图、月相及月行轨迹, 约2010年制		11,282,390	香港苏富比	2022-10-05
百达翡丽 The Hour Circle 型号25000M–010 限量版精钢及透明珐琅座钟, 备石英岩表盘, 约2021年制		497,992	香港苏富比	2022-04-26
百达翡丽 Travel Time 型号4864 粉红金两地时间腕表, 备24小时显示, 约2000年制		96,861	香港苏富比	2022-10-05
百达翡丽 Travel Time 型号4864 粉红金两地时间腕表, 备24小时显示, 约2000年制		81,005	香港苏富比	2022-04-15
百达翡丽 Travel Time 型号7134 白金镶钻石两地时间腕表, 备24小时显示, 原未开封, 约2013年制		145,247	香港苏富比	2022-04-26
百达翡丽 Twenty~4 型号4908 粉红金镶钻石链带腕表, 约2001年制		97,011	香港苏富比	2022-10-10
百达翡丽 超级复杂功能时计系列, 型号5159G–001 白金自动上弦腕表, 备万年历功能、月相显示	表径38mm	333,500	北京保利	2022-07-28
百达翡丽 超级复杂功能时计系列, 型号5970G–001 18K白金手动上弦腕表, 备万年历及计时功能、月相及24小时显示	表径37.5mm	1,265,000	北京保利	2022-07-28
百达翡丽 粉红金金猎壳怀表, 备珐琅表盘, 约1900年制		18,261	香港苏富比	2022-10-10
百达翡丽 粉红金三问猎壳怀表, 备珐琅表盘, 由Tiffany & Co.发行, 约1920年制		129,608	香港苏富比	2022-04-15
百达翡丽 复杂功能时计系列, 型号5396R 18K黄金自动上弦腕表, 备年历功能、24小时及月相显示	表径38.5mm	230,000	北京保利	2022-07-28
百达翡丽 复杂功能时计系列, 型号5396R–012 18K玫瑰金自动上弦腕表, 备年历功能、月相及24小时显示	表径38.5mm	230,000	北京保利	2022-07-28
百达翡丽 复杂功能系列, 型号5230R 18K玫瑰金自动上弦腕表, 备世界时间显示	表径38mm	230,000	北京保利	2022-02-03
百达翡丽 黄金怀表, 备白色珐琅表盘, 由Chronometro Gondolo发行, 约1902年制		37,802	香港苏富比	2022-04-15
百达翡丽 黄金怀表, 备珐琅表盘, 由C. Wehrle, Kiew 发行, 约1900年制		25,109	香港苏富比	2022-10-10
百达翡丽 黄金怀表, 备珐琅表盘, 约1880年制		18,261	香港苏富比	2022-10-10
百达翡丽 黄金猎壳怀表, 备珐琅表盘, 约1900年制		51,359	香港苏富比	2022-10-10
百达翡丽 黄金猎壳怀表, 备珐琅表盘, 约1910年制		57,065	香港苏富比	2022-10-10
百达翡丽 精细、精钢自动链带腕表, 备日期及小秒针, "Nautilus", 型号3800/1, 年份约1980, 附百达翡丽后补证书	直径32mm	347,289	保利香港	2022-10-11
百达翡丽 精致罕有, 白金年历自动腕表, 备日期、星期、月份显示及三针一线表盘, "复杂功能时计", 型号5235G, 年份约2015, 附原厂证书	直径40.5mm	282,172	保利香港	2022-10-11
百达翡丽 型号2526 粉红金链带腕表, 备珐琅炭光表盘, 品相优良, 1957年制		1,037,484	香港苏富比	2022-04-25
百达翡丽 型号3588/7 白金镶钻石链带腕表, 1976年制		186,747	香港苏富比	2022-04-25
百达翡丽 型号3625/1 白金镶钻石链带腕表, 备玛瑙表盘, 约1985年制		248,996	香港苏富比	2022-04-25
百达翡丽 型号4861 白金镶钻石腕表, 约2000年制		97,206	香港苏富比	2022-04-15
百达翡丽 型号5074 粉红金三问万年历腕表, 备大教堂音簧、日期、星期、月相、24小时及闰年显示, 约2008年制		4,876,174	香港苏富比	2022-04-26
百达翡丽 型号5079 黄金三问腕表, 备大教堂音簧及珐琅表盘, 2002年制		1,971,219	香港苏富比	2022-04-26
百达翡丽 型号5100 限量版粉红金腕表, 备10天动力储备显示, 为庆祝千禧年而制, 约2000年制		290,495	香港苏富比	2022-04-26
百达翡丽 型号5940 白金万年历腕表, 备日期、星期、月相、24小时及闰年显示, 约2016年制		290,495	香港苏富比	2022-04-26
百达翡丽 型号5975限量版铂金多刻度计时腕表, 2014年为庆祝品牌175周年而制, 原厂未开封, 约2014年制		1,025,590	香港苏富比	2022-10-05
百达翡丽 型号706 粉红金怀表, 备粉红色双色表盘, 1943年制, 原为Esmond Bradley Martin 收藏		57,061	香港苏富比	2022-04-25
百达翡丽 型号7200 黄金腕表, 约2014年制		125,350	香港苏富比	2022-10-05
百达翡丽 型号130 黄金计时腕表, 1988年制		269,745	香港苏富比	2022-04-26
百达翡丽 型号130 黄金计时腕表, 备双色sector表盘, 由Astma, Torino 发行, 1937年制		933,735	香港苏富比	2022-04-25
百达翡丽 型号1463 黄金计时腕表, 附带原证书, 由Guillermin & Mollet, Paris 发行, 品相极佳, 1962年制		3,631,194	香港苏富比	2022-04-25
百达翡丽 型号1463 精钢计时腕表, 备宝珀式时标, 1962年制		6,328,652	香港苏富比	2022-04-25
百达翡丽 型号1491 粉红金腕表, 备间接中心秒针、珐琅字表盘及卷状表耳, 品相优良, 1947年制		165,997	香港苏富比	2022-04-25
百达翡丽 型号1509 粉红金腕表, 备水滴形表耳, 1945年制		155,622	香港苏富比	2022-04-25
百达翡丽 型号1518 粉红金年历计时腕表, 备日相显示及粉色表盘, 1948年制		18,740,584	香港苏富比	2022-04-25
百达翡丽 型号1526 粉红金万年历腕表, 备月相显示, 约1947年制		1,141,232	香港苏富比	2022-04-25
百达翡丽 型号1569 粉红金腕表, 1945年制		136,957	香港苏富比	2022-10-10
百达翡丽 型号1579 粉红金计时腕表, 1950年制		797,681	香港苏富比	2022-10-05
百达翡丽 型号2415 黄金腕表, 1947年制		311,245	香港苏富比	2022-10-10
百达翡丽 型号2416 粉红金腕表, 约1950年制		165,997	香港苏富比	2022-04-25
百达翡丽 型号2441 粉红金腕表, 1949年制		414,993	香港苏富比	2022-04-25
百达翡丽 型号2482 黄金腕表, 备双色表盘, 品相优良, 1955年制		165,997	香港苏富比	2022-04-25
百达翡丽 型号2499 2nd Series, 应为独一无二及非常重要粉红金万年历计时腕表, 备月相显示, 由Gobbi Milano 发行, 1957年制		49,622,201	香港苏富比	2022-04-25
百达翡丽 型号2499 2nd Series, 已知唯一备夜光范例黄金万年历计时腕表, 备月相显示、夜光巴顿式时标及指针, 附带原厂证书, 约1958年制		19,238,741	香港苏富比	2022-04-25
百达翡丽 型号2499 3rd Series 黄金万年历计时腕表, 备月相显示, 1965年制		7,262,388	香港苏富比	2022-04-25
百达翡丽 型号2499 4th Series 黄金万年历计时腕表, 备月相显示、原厂证书及盒子, 品相出众, 约1984年制		6,224,904	香港苏富比	2022-04-25
百达翡丽 型号2503 粉红金腕表, 备别致雕刻表耳, 1959年制		414,993	香港苏富比	2022-04-25
百达翡丽 型号2508 精钢腕表, 1956年制		569,772	香港苏富比	2022-10-05
百达翡丽 型号2526 粉红金腕表, 备珐琅表盘, 由Serpico Y Laino 发行, 1957年制		466,867	香港苏富比	2022-04-25
百达翡丽 型号2526 黄金腕表, 备珐琅表盘, 品相优良, 1958年制		394,243	香港苏富比	2022-04-25
百达翡丽 型号2526 黄金腕表, 备黑色珐琅表盘, 品相出众, 约1953年制		933,735	香港苏富比	2022-04-25
百达翡丽 型号3276 白金镶钻石链带腕表, 约1970年制		36,522	香港苏富比	2022-10-10
百达翡丽 型号3428 黄金腕表, 备珐琅表盘, 品相出众, 1962年制		466,867	香港苏富比	2022-04-25
百达翡丽 型号3435 黄金腕表, 由Gübelin 发行, 1966年制		155,622	香港苏富比	2022-04-25
百达翡丽 型号3445 黄金腕表, 备日期显示, 1969年制		91,806	香港苏富比	2022-04-15
百达翡丽 型号3506 白金镶钻石链带腕表, 约1970年制		113,954	香港苏富比	2022-10-05
百达翡丽 型号3574 精钢腕表, 1970年制		74,185	香港苏富比	2022-10-10
百达翡丽 型号3598–1 黄金链带腕表, 约1970年制		62,772	香港苏富比	2022-10-10
百达翡丽 型号3729 白金链带腕表, 备玛瑙表盘, 约1976年制		102,606	香港苏富比	2022-04-15
百达翡丽 型号3940 铂金三针腕表, 备月相、24小时及闰年显示, 约2000年制		778,113	香港苏富比	2022-04-25
百达翡丽 型号3940 限量版万年历腕表, 备月相、星期、月相、闰年显示及香槟色表盘, 为纪念Chronometrie Beyer 225周年而制, 1985年制		2,489,961	香港苏富比	2022-04-26
百达翡丽 型号3944 白金腕表, 备日期显示, 约1993年制		43,370	香港苏富比	2022-10-10
百达翡丽 型号3970 黄金万年历计时腕表, 备月相、24小时及闰年显示, 约1992年制		829,987	香港苏富比	2022-04-25
百达翡丽 型号3970 全新限量版粉红金万年历计时腕表, 备月相、星期、月相、24小时、闰年显示、12时宝玑式时标及特制黑色测速表盘, 为庆祝品牌175周年而制, 约2016年制		4,672,130	香港苏富比	2022-10-05
百达翡丽 型号3978 黄金腕表, 约1993年制		75,605	香港苏富比	2022-04-15
百达翡丽 型号4265/1 白金链带腕表, 约1976年制		108,007	香港苏富比	2022-04-15
百达翡丽 型号4347 黄金镶钻石腕表, 备绿松石表盘, 约1980年制		182,609	香港苏富比	2022-10-10
百达翡丽 型号4385 双色腕表, 约1978年制		37,802	香港苏富比	2022-10-10
百达翡丽 型号4675 限量版粉红金镶钻石多刻度计时腕表, 2014年为庆祝品牌175周年而制, 原厂未开封, 约2016年制		394,243	香港苏富比	2022-04-26
百达翡丽 型号4819 黄金腕表, 约1993年制		39,946	香港苏富比	2022-10-10

2022杂项拍卖成交汇总(续表)

(成交价RMB：1万元以上)

拍品名称	物品尺寸	成交价RMB	拍卖公司	拍卖日期
百达翡丽 型号4852 黄金镶钻石及绿宝石腕表, 约2014年制		74,070	香港苏富比	2022-10-05
百达翡丽 型号4856 黄金腕表, 备月相显示, 约1998年制		91,806	香港苏富比	2022-04-15
百达翡丽 型号4858 黄金镶钻石腕表, 备月相显示, 约2003年制		74,070	香港苏富比	2022-10-05
百达翡丽 型号4858 黄金镶钻石腕表, 约2003年制		155,622	香港苏富比	2022-04-26
百达翡丽 型号4936 黄金镶钻石年历腕表, 备日期、星期、月相显示及珠母贝表盘, 约2007年制		186,747	香港苏富比	2022-04-26
百达翡丽 型号4947 粉红金镶钻石年历腕表, 备日期、星期、月相显示, 约2007年制		341,863	香港苏富比	2022-10-05
百达翡丽 型号4968 粉红金镶钻石及红宝石腕表, 备月相显示, 约2016年制		341,863	香港苏富比	2022-10-05
百达翡丽 型号5004 白金万年历追针计时腕表, 备日期、星期、月相、24小时及闰年显示, 约2009年制		2,489,961	香港苏富比	2022-04-26
百达翡丽 型号5012 黄金腕表, 备日显示, 约1993年制		176,372	香港苏富比	2022-04-25
百达翡丽 型号5016, 应为独一无二白金三问万年历陀飞轮腕表, 备逆跳日期、星期、月相、闰年显示, 黑色表盘及红色镶刻, 约2012年制		8,279,287	香港苏富比	2022-04-26
百达翡丽 型号5034 粉红金两地时间腕表, 备24小时显示, 约2001年制		91,806	香港苏富比	2022-04-15
百达翡丽 型号5036 黄金年历链带腕表, 备日期、星期、月相及动力储备显示, 约2000年制		248,996	香港苏富比	2022-04-26
百达翡丽 型号5039 粉红金万年历腕表, 备日期、星期、月相、闰年及24小时显示, 约1997年制		269,745	香港苏富比	2022-04-26
百达翡丽 型号5050 粉红金万年历腕表, 备逆跳日期、星期、月相及闰年显示, 约2000年制		269,745	香港苏富比	2022-04-26
百达翡丽 型号5054 粉红金腕表, 备日期、月相及动力储备显示, 约2008年制		155,622	香港苏富比	2022-04-26
百达翡丽 型号5056 铂金年历腕表, 备日期、星期、月相及动力储备显示, 约2003年制		197,121	香港苏富比	2022-04-26
百达翡丽 型号5070 铂金计时腕表, 约2008年制		1,139,544	香港苏富比	2022-10-05
百达翡丽 型号5070 铂金计时腕表, 约2009年制		1,659,974	香港苏富比	2022-04-26
百达翡丽 型号5070 粉红金计时腕表, 约2006年制		570,616	香港苏富比	2022-04-26
百达翡丽 型号5070 黄金计时腕表, 约1999年制		622,490	香港苏富比	2022-04-25
百达翡丽 型号5077 铂金镶黄色蓝宝石腕表, 备日本武士招丝珐琅表盘, 约2012年制		683,726	香港苏富比	2022-10-05
百达翡丽 型号5078 粉红金三问腕表, 备珐琅表盘, 约2014年制		2,386,213	香港苏富比	2022-04-26
百达翡丽 型号5089 白金腕表, 备细木雕嵌表盘, 为纪念百达翡丽175周年而制, 约2014年制		933,735	香港苏富比	2022-04-26
百达翡丽 型号5100 限量版黄金腕表, 备10天动力储备显示, 为庆祝千禧年而制, 原厂未开封, 约2001年制		269,745	香港苏富比	2022-04-26
百达翡丽 型号5110 白金世界时间腕表, 约2002年制		228,246	香港苏富比	2022-04-26
百达翡丽 型号5110 粉红金世界时间腕表, 约2001年制		186,747	香港苏富比	2022-04-26
百达翡丽 型号5115 白金腕表, 备珐琅表盘, 约2004年制		118,807	香港苏富比	2022-04-15
百达翡丽 型号5115 粉红金腕表, 备珐琅表盘, 约2007年制		79,892	香港苏富比	2022-10-10
百达翡丽 型号5130 铂金世界时间腕表, 约2009年制		269,745	香港苏富比	2022-04-26
百达翡丽 型号5131 白金世界时间腕表, 备掐丝珐琅表盘, 约2015年制		797,681	香港苏富比	2022-04-26
百达翡丽 型号5131 粉红金世界时间腕表, 备掐丝珐琅表盘, 原厂未开封, 约2016年制		797,681	香港苏富比	2022-04-26
百达翡丽 型号5131 全新黄金世界时间腕表, 备掐丝珐琅表盘, 约2003年制		674,364	香港苏富比	2022-04-26
百达翡丽 型号5134 限量版粉红金两地时间腕表, 备24小时显示, 由Gübelin发行, 约2004年制		207,496	香港苏富比	2022-04-26
百达翡丽 型号5140 白金万年历腕表, 备日期、星期、24小时及闰年显示, 约2008年制		341,863	香港苏富比	2022-10-05
百达翡丽 型号5146 粉红金年历腕表, 备日期、星期、月相及动力储备显示, 约2008年制		182,327	香港苏富比	2022-10-05
百达翡丽 型号5146 粉红金年历腕表, 备日期、星期、月相及动力储备显示, 约2020年制		216,513	香港苏富比	2022-10-05
百达翡丽 型号5160 白金万年历腕表, 备逆跳日期、星期、月相、闰年显示及手绘表壳, 约2020年制		1,367,453	香港苏富比	2022-10-05
百达翡丽 型号5170 铂金镶钻石计时腕表, 约2019年制		774,890	香港苏富比	2022-10-05
百达翡丽 型号5170 黄金计时腕表, 备脉搏计刻度, 约2011年制		319,566	香港苏富比	2022-10-10
百达翡丽 型号5170 黄金计时腕表, 备脉搏计刻度, 约2011年制		363,119	香港苏富比	2022-04-26
百达翡丽 型号5172 白金计时腕表, 约2021年制		455,818	香港苏富比	2022-04-26
百达翡丽 型号5205 白金年历腕表, 备日期、星期、月相及24小时显示, 约2019年制		341,863	香港苏富比	2022-10-05
百达翡丽 型号5217 全新铂金镶钻石三问瞬跳万年历陀飞轮腕表, 备日期、星期、月相及闰年显示, 约2015年制		14,755,328	香港苏富比	2022-10-05
百达翡丽 型号5230 粉红金世界时间腕表, 约2016年制		273,491	香港苏富比	2022-10-05
百达翡丽 型号5235 白金年历腕表, 备日期、星期显示及三针一线表盘, 约2014年制		248,996	香港苏富比	2022-04-26
百达翡丽 型号5235 白金年历腕表, 备日期、星期显示及三针一线表盘, 约2015年制		319,072	香港苏富比	2022-04-26
百达翡丽 型号5235 粉红金年历腕表, 备日期、星期显示及三针一线表盘, 约2021年制		273,491	香港苏富比	2022-10-05
百达翡丽 型号530 特大粉红金计时腕表, 1951年制		1,659,974	香港苏富比	2022-04-25
百达翡丽 型号5327 白金万年历腕表, 备日期、星期、月相、24小时及闰年显示, 约2021年制		433,027	香港苏富比	2022-10-05
百达翡丽 型号5339 粉红金三问陀飞轮腕表, 备珐琅表盘, 约2014年制		2,506,997	香港苏富比	2022-10-05
百达翡丽 型号5370 铂金追针计时腕表, 备黑色珐琅表盘, 原厂开封, 约2017年制		1,367,453	香港苏富比	2022-10-05
百达翡丽 型号596 白金年历腕表, 备日期、星期、月相及24小时显示, 约2021年制		296,281	香港苏富比	2022-10-05
百达翡丽 型号596 粉红金年历腕表, 备日期、星期、月相及24小时显示, 约2008年制		228,246	香港苏富比	2022-04-26
百达翡丽 型号596 粉红金年历腕表, 备日期、星期、月相及24小时显示, 约2008年制		216,014	香港苏富比	2022-04-15
百达翡丽 型号5539 白金三问陀飞轮腕表, 备黑色珐琅表盘, 约2014年制		2,734,906	香港苏富比	2022-10-05
百达翡丽 型号570 粉红金腕表, 品相极佳, 1954年制		1,141,232	香港苏富比	2022-04-25
百达翡丽 型号5951 铂金万年历追针单按钮计时腕表, 备日期、星期、月相、昼夜及闰年显示, 约2013年制		2,506,997	香港苏富比	2022-04-26
百达翡丽 型号5960 精钢年历飞返计时链带腕表, 备日期、星期、动力储备及昼夜显示, 约2015年制		497,992	香港苏富比	2022-04-26
百达翡丽 型号5961 铂金镶钻石年历飞返计时腕表, 备动力储备及昼夜显示, 原厂未开封, 约2015年制		1,139,544	香港苏富比	2022-10-05
百达翡丽 型号5970 白金万年历计时腕表, 备日期、星期、月相、24小时及闰年显示, 约2006年制		1,139,544	香港苏富比	2022-10-05
百达翡丽 型号5970 铂金万年历计时腕表, 备日期、星期、月相及闰年显示, 原厂未开封, 约2009年制		2,165,134	香港苏富比	2022-10-05
百达翡丽 型号5971 铂金镶长方形钻石万年历计时腕表, 备日期、星期、月相、24小时及闰年显示, 约2009年制		2,697,458	香港苏富比	2022-04-26
百达翡丽 型号5975 限量版黄金多刻度计时腕表, 2014年为庆祝品牌175周年而制, 原厂未开封, 约2014年制		622,490	香港苏富比	2022-04-26
百达翡丽 型号605 粉红金世界时间怀表, 备粉红色表盘, 由Gübelin发行, 1946年制		2,074,968	香港苏富比	2022-04-25
百达翡丽 型号6102P 铂金自动上弦天文腕表, 备星空表盘、月相及月竞轨道显示、天狼星、月亮中天及日期显示	表径44mm	2,530,000	北京保利	2022-07-28
百达翡丽 型号655/1, 非常重要, 应为独一无二黄金及发条轻触式三问百线万年历怀表, 备月相显示, 由Tiffany & Co.发行, 约1957年制, 原为Esmond Bradley Martin收藏		2,904,955	香港苏富比	2022-04-25

2022杂项拍卖成交汇总(续表)

成交价RMB: 1万元以上

拍品名称	物品尺寸	成交价RMB	拍卖公司	拍卖日期
百达翡丽 型号703 粉红金怀表, 备粉红色表盘, 由Eberhard Milan 发行, 1999年制		51,874	香港苏富比	2022-04-25
百达翡丽 型号7071 粉红金镶钻石计时腕表, 约2013年制		353,259	香港苏富比	2022-10-05
百达翡丽 型号7099 白金镶钻石腕表, 约2014年制		364,654	香港苏富比	2022-10-05
百达翡丽 型号725/4 黄金自线万年历怀表, 备月相显示, 约1972年制		394,243	香港苏富比	2022-04-25
百达翡丽 型号839 独一无二黄金三问万年历猎壳怀表, 备用相显示, 机芯于1874年制于于1875年售, 于1962年应特别要求安装新表壳		1,037,484	香港苏富比	2022-04-25
百达翡丽 型号844 黄金三问自线万年历怀表, 备月相显示, 由Chronomette Beyer Zurich 发行, 1977年制		1,296,855	香港苏富比	2022-04-25
百达翡丽 运动优雅系列, 型号5712R-001 18K金自动上弦腕表, 备日期、月相及动力存储显示	表径38mm	552,000	北京保利	2022-07-28
百达翡丽 运动优雅系列, 型号5980/1A-001 精钢自动上弦腕表, 备计时功能、日期显示	表径38.5mm; 全表长约18cm	1,023,500	北京保利	2022-07-28
百达翡丽 运动优雅系列, 型号7010/1R-001 18K玫瑰金女款镶钻腕表, 备日期显示	表径31mm; 全表长约16cm	253,000	北京保利	2022-07-28
百达翡丽 Ref.3351/1 18K白金女款手动上弦镶钻腕表, 约1970年制		36,800	中国嘉德	2022-12-15
百达翡丽 Ref.5110J 18K黄金自动上弦世界时腕表, 约2000年制		184,000	中国嘉德	2022-12-15
百达翡丽 Ref.5975J 18K黄金自动上弦限量计时腕表, 全新未开封, 百达翡丽建厂175周年特别定制款, 约2014年制		557,750	中国嘉德	2022-12-15
百达翡丽 Ref.866/140 18K黄金表冠上弦珐琅怀表, 约1974年制		2,875,000	中国嘉德	2022-12-15
百达翡丽 非常精美, 精钢圆八角自动链带腕表, 备日期显示, "Nautilus", 型号5711/1A, 年份约2021, 附原厂证书及表盒	直径40mm; 长约190mm	3,898,800	保利香港	2022-07-11
百达翡丽 复古精美 黄金正方形机械链带腕表, 型号3430/12, 年份约1970	26mm×26mm	20,520	保利香港	2022-07-11
百达翡丽 精美 黄金自动链带腕表, 备日期显示, 型号3445, 年份约1970	直径35mm; 长约160mm	32,832	保利香港	2022-07-11
百达翡丽 罕有精细, 白金万年历自动腕表, 备日期、星期、月份、闰年、24小时及月相显示, "超级复杂功能时计", 型号3941G, 年份约1990, 附原厂后补证书	直径36mm	389,880	保利香港	2022-07-11
百达翡丽 怀旧精致, 女装白金镶钻石机械链带腕表, 型号3266/14, 年份约1970	直径17mm; 长约155mm	41,040	保利香港	2022-07-11
百达翡丽 经典典雅, 玫瑰金世界时间自动腕表, "复杂功能时计", 型号5230R, 年份约2020, 附原厂证书及表盒	直径38mm	338,580	保利香港	2022-07-11
百达翡丽 精美, 黄金两地时间机械腕表, 备小秒针, "Travel Time", 型号5034J, 附原厂后补证书, 年份约1999	直径34mm	61,560	保利香港	2022-07-11
百达翡丽 精美 玫瑰金自动腕表, 备日期、月相, 动力储存显示及小秒针, "复杂功能时计", 型号5054R, 附原厂后补证书	直径36mm	133,380	保利香港	2022-07-11
百达翡丽 精细, 精钢圆八角自动链带腕表, 备日期、月相, 动力储存显示及小秒针, "Nautilus", 型号5712/1A, 年份约2020, 附原厂证书及表盒	直径40mm; 长约170mm	872,100	保利香港	2022-07-11
百达翡丽 精钢雕饰纹, 白金三问自动腕表, 备珐琅表盘及小秒针, "超级复杂功能时计", 型号5078G, 年份约2020, 附原厂证书、备用表背盖及表盒	直径38mm	3,693,600	保利香港	2022-07-11
百达翡丽 精致罕有 白金世界时间自动上链腕表, 备计时功能, 24小时及昼夜显示, 型号5930G, 年份约2016, 附原厂证书及表盒	直径39.5mm	666,900	保利香港	2022-07-11
百达翡丽 亮丽精美, 精钢镶钻石圆八角自动链带腕表, 备日期显示, "Nautilus", 型号5711/1300A, 年份约2021, 附原厂证书及表盒	直径40mm; 长约190mm	6,258,600	保利香港	2022-07-11
百达翡丽 拍场年度重磅登场, 极度精美、重要及罕有, 铂金镶红宝石圆八角自动链带腕表, 备日期显示, "Nautilus", 型号5711/112P, 年份约2020, 附原厂证书及表盒	直径40mm; 长约195mm	7,182,000	保利香港	2022-07-11
百达翡丽 优美精致, 女装黄金链带腕表, 型号4830, 年份约1994, 附原厂证书及表盒	直径22mm; 长约145mm	49,248	保利香港	2022-07-11
百达翡丽 Calatrava系列 Ref.3338/1 18K白金女款手动上弦镶钻腕表, 约1970年制		57,500	中国嘉德	2022-12-15
百达翡丽 Calatrava系列 Ref.6000R 18K玫瑰金自动上弦腕表, 备日期显示, 约2018年制		155,250	中国嘉德	2022-12-15
百达翡丽 Calatrava系列 Ref.7200R 18K玫瑰金自动上弦腕表, 约2015年制		126,500	中国嘉德	2022-12-15

拍品名称	物品尺寸	成交价RMB	拍卖公司	拍卖日期
百达翡丽 Complications系列 Ref.4936G 18K白金女款自动上弦镶钻腕表, 备年历及月相显示, 约2017年制		276,000	中国嘉德	2022-12-15
百达翡丽 Complications系列 Ref.7130G-015 18K白金女款自动上弦世界时腕表, 2017纽约钟表艺术展特别款, 全球限量75只, 约2017年制		437,000	中国嘉德	2022-12-15
百达翡丽 Gondolo系列 Ref.4824G 18K白金女款腕表, 约2000年制		36,800	中国嘉德	2022-12-15
百达翡丽 Gondolo系列 Ref.5099GR 18K白金及玫瑰金手动上弦腕表, 表壳为开合设计, 手工雕佛纹, 约2008年制		80,500	中国嘉德	2022-12-15
百达翡丽 Grand Complication系列 Ref.5078R 18K玫瑰金自动上弦珐琅腕表, 具三问功能, 约2015年制		2,760,000	中国嘉德	2022-12-15
百达翡丽 Grand Complication系列 Ref.5160G-001 18K白金自动上弦手工雕花翁官式腕表, 备万年历及月相显示, 约2011年制		1,840,000	中国嘉德	2022-12-15
百达翡丽 Grand Complication系列 Ref.5216R 18K玫瑰金手动上弦腕表, 备万年历、三问陀飞轮、月相显示, 约2012年制		6,210,000	中国嘉德	2022-12-15
百达翡丽 Nautilus系列 Ref.7010/1R-012 18K玫瑰金女款镶钻腕表, 备日期显示, 约2020年制		299,000	中国嘉德	2022-12-15
百达翡丽 Ref.7131/175R, 175周年特别定制款, 18K白金女款自动上弦镶钻世界时特别限量版腕表, 表盘为日内瓦港珐琅盘, 全球限量20只, 2014年制		3,680,000	中国嘉德	2022-12-15
百达翡丽 Twenty~4系列 Ref.4910/49G 18K白金女款镶钻腕表, 约2010年制		224,250	中国嘉德	2022-12-15
百达翡丽(PATEK PHILIPPE)古典男士腕表	表径35mm	69,000	西泠印社	2022-01-23
百达翡丽, 18K白金计时腕表, 配脉搏计刻度及宝玑数字, 型号5170G-001, 约2013年制, 附原厂证书、盒子及外包装		324,021	佳士得	2022-05-24
百达翡丽, 18K金自动上弦腕表		127,470	佳士得	2022-11-27
百达翡丽, 18K白金自动上弦腕表, 配万年历、中心秒针、逆返日历, 月相及闰年显示, 型号5160J, 约2012年制, 附原厂证书、转动表盖及外包装		1,080,072	佳士得	2022-05-24
百达翡丽, 18K白金超薄腕表		75,323	佳士得	2022-11-27
百达翡丽, 18K白金计时腕表, 配黑色表盘及宝玑数字, 型号5170G-010, 约2015年制, 附原厂证书、盒子及外包装		378,025	佳士得	2022-05-24
百达翡丽, 18K白金计时腕表, 配脉搏计刻度, 型号5170G, 约2013年制, 附原厂证书、盒子及外包装		518,434	佳士得	2022-05-24
百达翡丽, 18K白金酒桶形腕表, 型号5124G, 约2015年制, 附原厂证书及外包装		129,608	佳士得	2022-05-24
百达翡丽, 18K白金镂空自动上弦链带腕表, 型号5180/1G, 约2010年制, 附原厂证书及盒子		432,028	佳士得	2022-05-24
百达翡丽, 18K白金万年历计时腕表, 配月相、24小时及闰年显示, 型号5970G		972,064	佳士得	2022-05-24
百达翡丽, 18K白金万年历计时腕表		753,234	佳士得	2022-11-27
百达翡丽, 18K白金万年历计时腕表, 配月相、闰年及夜间显示, 型号5270G-001, 约2013年制, 附原厂证书、额外底盖、盒子及外包装		810,054	佳士得	2022-05-24
百达翡丽, 18K白金万年历计时腕表, 备月相、闰年及日夜显示, 配蓝色表盘及测速圈, 型号5270G-014, 约2014年制, 附原厂证书、额外底盖、盒子及外包装		1,296,086	佳士得	2022-05-24
百达翡丽, 18K白金镶钻石女装腕表		139,058	佳士得	2022-11-27
百达翡丽, 18K白金镶钻石女装腕表, 配月相显示, 型号4857G, 约1999年制, 附原厂证书		81,005	佳士得	2022-05-24
百达翡丽, 18K白金长方形腕表		115,882	佳士得	2022-11-27
百达翡丽, 18K白金自动上弦多重刻度计时功能腕表, 型号5975G, 约2014年制, 为纪念百达翡丽175周年而限量生产, 共400枚, 附原厂证书、盒子及外包装		453,630	佳士得	2022-05-24
百达翡丽, 18K白金自动上弦飞返计时腕表, 配世界时间, 型号5930G, 约2017年制, 附原厂证书、盒子及外包装		561,637	佳士得	2022-05-24
百达翡丽, 18K白金自动上弦计时腕表, 配日历显示, AQUANAUT, 型号5968C, 约2021年制, 附原厂证书、盒子及外包装		1,512,100	佳士得	2022-05-24
百达翡丽, 18K白金自动上弦年历链带腕表, 配中心秒针、月相及24小时显示, 型号5396/1G, 约2013年制, 附原厂证书、盒子及外包装		410,427	佳士得	2022-05-24
百达翡丽, 18K白金自动上弦年历腕表		324,470	佳士得	2022-11-27

2022杂项拍卖成交汇总(续表)

(成交价RMB: 1万元以上)

拍品名称	物品尺寸	成交价RMB	拍卖公司	拍卖日期
百达翡丽,18K白金自动上弦年历腕表,配标准表盘,型号5235G,约2014年制,附原厂证书、盒子及外包装,单表品相		345,623	佳士得	2022-05-24
百达翡丽,18K白金自动上弦世界时间腕表		231,764	佳士得	2022-11-27
百达翡丽,18K白金自动上弦万年历腕表,配用相、24小时显示、闰年显示及宝玑数字,型号5327G,约2016年制,附原厂证书、额外底盖、转动表盒及外包装		486,032	佳士得	2022-05-24
百达翡丽,18K白金自动上弦万年历腕表,配中心秒针、逆返日历、月相及闰年显示,型号5089G-001,约2003年制,附原厂证书、盒子及外包装		237,615	佳士得	2022-05-24
百达翡丽,18K白金自动上弦万年历腕表,配中心秒针、日夜显示、月相及闰年显示,型号5320G,约2017年制,附原厂证书、额外底盖、盒子及外包装		518,434	佳士得	2022-05-24
百达翡丽,18K白金自动上弦万年历腕表,配中心秒针、闰年显示、逆返日历、月相,型号5159G-001,约2008年制,附原厂证书、盒子及外包装		410,427	佳士得	2022-05-24
百达翡丽,18K白金自动上弦腕表		173,823	佳士得	2022-11-27
百达翡丽,18K白金自动上弦腕表,配两地时间、中心秒针、日夜及日历显示,CALATRAVA PILOT TRAVEL TIME,型号5524G,约2017年制,附原厂证书、盒子及外包装		345,623	佳士得	2022-05-24
百达翡丽,18K白金自动上弦腕表,配年历、中心秒针、月相及显示,型号5396G,约2012年制,附原厂证书、转动表盒及外包装		205,213	佳士得	2022-05-24
百达翡丽,18K白金自动上弦腕表,配日历显示,CALATRAVA,型号6000G,附原厂证书、盒子及外包装		140,409	佳士得	2022-05-24
百达翡丽,18K白金自动上弦腕表,配手工雕刻黑色珐琅表盘,型号5738/51G,约2021年制,附原厂证书、盒子及外包装		378,025	佳士得	2022-05-24
百达翡丽,18K白金自动上弦腕表,配万年历、中心秒针、月相及闰年显示、逆返日历、月相及闰年显示,型号5160G,约2013年制,附原厂证书、盒子及外包装		918,061	佳士得	2022-05-24
百达翡丽,18K红金酒桶自动上弦万年历腕表,配用相、24小时及闰年显示,型号5040R,约2009年制,附原厂证书、额外底盖、转动表盒及外包装		259,217	佳士得	2022-05-24
百达翡丽,18K红金猎壳怀表		86,911	佳士得	2022-11-27
百达翡丽,18K红金世界时间腕表		208,587	佳士得	2022-11-27
百达翡丽,18K红金万年历追针计时链带腕表,配用相、日夜及闰年显示,型号5204/1R,约2017年制,附原厂证书、额外底盖、盒子及外包装		1,728,115	佳士得	2022-05-24
百达翡丽,18K红金腕表		139,058	佳士得	2022-11-27
百达翡丽,18K红金腕表,配万年历、计时功能、月相、闰年及日夜显示,型号5270R,约2015年制,附原厂证书、额外底盖、盒子及外包装		918,061	佳士得	2022-05-24
百达翡丽,18K红金枕形自动上弦万年历腕表,配用相、24小时显示、闰年显示及宝玑数字,型号5940R,约2017年制,附原厂证书、额外底盖、转动表盒及外包装		378,025	佳士得	2022-05-24
百达翡丽,18K红金自动上弦多重刻度计时功能腕表,型号5975R,约2015年制,为纪念百达翡丽175周年而限量生产共400枚,附原厂证书、盒子及外包装		486,032	佳士得	2022-05-24
百达翡丽,18K红金自动上弦计时腕表,配日历显示,NAUTILUS,型号5980R,约2012年制,附原厂证书、盒子及外包装		918,061	佳士得	2022-05-24
百达翡丽,18K红金自动上弦年历腕表,配中心秒针、月相及24小时显示,型号5205R,约2014年制,附原厂证书、盒子及外包装		345,623	佳士得	2022-05-24
百达翡丽,18K红金自动上弦年历腕表,配规范式指针表盘,型号5235/50R,约2019年制,附原厂证书、盒子及外包装		280,818	佳士得	2022-05-24
百达翡丽,18K红金自动上弦万年历腕表,配用相、24小时显示、闰年显示及宝玑数字,型号5327R,约2016年制,附原厂证书、额外底盖、转动表盒及外包装		324,021	佳士得	2022-05-24
百达翡丽,18K红金自动上弦腕表,配年历、中心秒针、月相、24小时显示及双色银表盘,型号5396R,约2013年制,附原厂证书、盒子及外包装		237,615	佳士得	2022-05-24
百达翡丽,18K红金自动上弦枕形年历腕表,配中心秒针、24小时及用相显示,型号5135R,约2006年制,附原厂证书		172,811	佳士得	2022-05-24

拍品名称	物品尺寸	成交价RMB	拍卖公司	拍卖日期
百达翡丽,18K黄金万年历腕表,配计时功能、月相、闰年及24小时显示,型号5970J,约2009年制,单封品相,附原厂证书、额外底盖、盒子及外包装		1,620,108	佳士得	2022-05-24
百达翡丽,18K黄金自动上弦多重刻度计时功能腕表,型号5975J,约2015年制,为纪念百达翡丽175周年而限量生产共400枚,附原厂证书、盒子及外包装		378,025	佳士得	2022-05-24
百达翡丽,18K金不对称怀表		185,411	佳士得	2022-11-27
百达翡丽,18K金怀表		115,882	佳士得	2022-11-27
百达翡丽,18K金怀表		220,176	佳士得	2022-11-27
百达翡丽,18K金腕表		104,293	佳士得	2022-11-27
百达翡丽,18K金镶钻石自动上弦链带腕表,配中心秒针及日历显示,NAUTILUS,型号3800/3,1988年制,附后补证书、盒子及外包装		518,434	佳士得	2022-05-24
百达翡丽,18K金枕形自动上弦万年历腕表,配用相、24小时显示、闰年显示及宝玑数字,型号5940J,约2013年制,附原厂证书、额外底盖、转动表盒及外包装		237,615	佳士得	2022-05-24
百达翡丽,18K金自动上弦链带腕表		92,705	佳士得	2022-11-27
百达翡丽,18K金自动上弦腕表,配掐丝珐琅表盘,型号513U,约2014年制,附原厂证书、盒子及外包装		648,043	佳士得	2022-05-24
百达翡丽,18K金自动上弦腕表		86,911	佳士得	2022-11-27
百达翡丽,18K金自动上弦腕表		127,470	佳士得	2022-11-27
百达翡丽,18K金自动上弦腕表,配中心秒针、日历显示,型号5227J,约2013年制,附原厂证书、盒子及外包装		151,210	佳士得	2022-05-24
百达翡丽,保存极好,18K金计时腕表		984,998	佳士得	2022-11-27
百达翡丽,铂金计时腕表,型号5070P,约2009年制,附原厂证书、盒子及外包装		1,296,086	佳士得	2022-05-24
百达翡丽,铂金酒桶形腕表,型号5098P,约2008年制,附原厂证书、盒子及外包装		129,608	佳士得	2022-05-24
百达翡丽,铂金万年历计时腕表		2,085,879	佳士得	2022-11-27
百达翡丽,铂金万年历计时腕表		1,622,350	佳士得	2022-11-27
百达翡丽,铂金万年历追针计时腕表,配用相、日夜及闰年显示,型号5204P,约2013年制,附原厂证书、额外底盖、盒子及外包装		1,620,108	佳士得	2022-05-24
百达翡丽,铂金万年历追针计时腕表,配用相、日夜及闰年显示,型号5204P-011,约2015年制,附原厂证书、额外底盖、转动表盒及外包装		1,728,115	佳士得	2022-05-24
百达翡丽,铂金腕表,配万年历、计时功能、月相、闰年及24小时显示,型号5970P,约2011年制,附原厂证书、额外底盖、盒子及外包装		2,052,136	佳士得	2022-05-24
百达翡丽,铂金腕表,配追针计时功能、黑色珐琅表盘及宝玑数字,型号5370P-001,约2019年制,附原厂证书、额外底盖、盒子及外包装		1,404,093	佳士得	2022-05-24
百达翡丽,铂金镶钻怀表		46,352	佳士得	2022-11-27
百达翡丽,铂金镶钻石计时腕表,配测速计刻度,型号5170P,约2017年制,附原厂证书、盒子及外包装		810,054	佳士得	2022-05-24
百达翡丽,铂金镶钻石自动上弦年历显示腕表,配中心秒针、24小时显示、月相显示,型号5135P,约2008年制,附原厂证书、盒子及外包装		259,217	佳士得	2022-05-24
百达翡丽,铂金追针计时腕表		1,506,468	佳士得	2022-11-27
百达翡丽,铂金自动上弦并排显示万年历腕表,配闰年、日夜及月相显示,型号5236P,约2021年制,附原厂证书、转动表盒及外包装		972,064	佳士得	2022-05-24
百达翡丽,铂金自动上弦年历腕表,配飞返计时功能、动力储存及日夜显示,型号5960P,约2008年制,附原厂证书、盒子及外包装		432,028	佳士得	2022-05-24
百达翡丽,铂金自动上弦世界时间腕表,型号5110P,约2004年制,附原厂证书、盒子及外包装		280,818	佳士得	2022-05-24
百达翡丽,铂金自动上弦万年历腕表		521,469	佳士得	2022-11-27
百达翡丽,铂金自动上弦万年历腕表,配月相、24小时显示及闰年显示,型号5140P,约2013年制,附原厂证书、额外底盖、转动表盒及外包装		453,630	佳士得	2022-05-24

2022杂项拍卖成交汇总(续表)

(成交价RMB：1万元以上)

拍品名称	物品尺寸	成交价RMB	拍卖公司	拍卖日期
百达翡丽,铂金自动上弦万年历腕表,配中心秒针、逆跳日历,月相及闰年显示,型号5496P,约2016年制,附原厂证书,额外底盖、转动表盒及外包装		410,427	佳士得	2022-05-24
百达翡丽,铂金自动上弦腕表		1,506,468	佳士得	2022-11-27
百达翡丽,铂金自动上弦腕表,配手工雕刻黑色内填珐琅表盘,型号5088P,约2013年制,附原厂证书、盒子及外包装		594,039	佳士得	2022-11-27
百达翡丽,铂金万年历追针计时腕表,配月相,24小时及闰年显示,型号5004P,约2003年制,附原装证书、盒子及外包装		3,024,201	佳士得	2022-11-27
百达翡丽,不锈钢及18K红金自动上弦飞返计时链带腕表		753,234	佳士得	2022-11-27
百达翡丽,不锈钢自动上弦链带腕表		75,323	佳士得	2022-11-27
百达翡丽,不锈钢自动上弦链带腕表		278,117	佳士得	2022-11-27
百达翡丽,不锈钢自动上弦链带腕表		231,764	佳士得	2022-11-27
百达翡丽,不锈钢自动上弦链带腕表		405,587	佳士得	2022-11-27
百达翡丽,不锈钢自动上弦链带腕表		486,705	佳士得	2022-11-27
百达翡丽,不锈钢自动上弦链带腕表,配年历、中心秒针、月相及24小时显示,NAUTILUS,型号5726/1A,约2013年制,附原厂证书,盒子及外包装		864,057	佳士得	2022-05-24
百达翡丽,不锈钢自动上弦链带腕表,配日历显示、月相及动力储存,NAUTILUS,型号5712/1A,约2013年制,附原厂证书,盒子及外包装		918,061	佳士得	2022-05-24
百达翡丽,不锈钢自动上弦链带腕表,配中心秒针及日历显示,NAUTILUS,型号3800/1,附盒子及外包装		324,021	佳士得	2022-05-24
百达翡丽,不锈钢自动上弦链带腕表,配中心秒针及日历显示,NAUTILUS,型号5711/1A,附原厂证书,盒子及外包装		918,061	佳士得	2022-05-24
百达翡丽,不锈钢自动上弦两地间链带腕表,配飞返计时功能,日夜及日历显示,NAUTILUS,型号5990/1A,原厂双封,约2015年制,附原厂证书,盒子及外包装		1,080,072	佳士得	2022-05-24
百达翡丽,不锈钢自动上弦年历计时链带腕表,配日夜显示功能及绿色表盘,型号5905/1A-001,约2022年制,附原厂证书,盒子及外包装		864,057	佳士得	2022-05-24
百达翡丽,不锈钢自动上弦腕表,配中心秒针及日历显示,AQUANAUT,型号5060,约1998年制,附原厂证书		280,818	佳士得	2022-05-24
百达翡丽,不锈钢自动上弦腕表,配中心秒针及日历显示,AQUANAUT,型号5066/1A,2003年制,附原厂证书,百达翡丽后补证书		259,217	佳士得	2022-05-24
百达翡丽,不锈钢自动上弦周历腕表,型号5212A,约2020年制,附原厂证书,盒子及外包装		345,623	佳士得	2022-05-24
百达翡丽,超绝,18K红金自动上弦腕表		1,158,822	佳士得	2022-11-27
百达翡丽,超卓,18K红金腕表		150,646	佳士得	2022-11-27
百达翡丽,超卓,极罕有及高度重要,18K金世界时间怀表		7,184,696	佳士得	2022-11-27
百达翡丽,超卓及非常罕有,18K金世界时间腕表		1,738,233	佳士得	2022-11-27
百达翡丽,触目及非常罕有,铂金镶红宝石万年历计时腕表		4,055,877	佳士得	2022-11-27
百达翡丽,触目及非常罕有,铂金镶蓝宝石万年历计时腕表		3,939,994	佳士得	2022-11-27
百达翡丽,触目及罕有,铂金镶长形切割钻石自动上弦链带腕表,配中心秒针及日历显示,NAUTILUS,型号5711/110P,约2019年制,附原厂证书,盒子及外包装		4,536,302	佳士得	2022-05-24
百达翡丽,独特,18K金镶钻石及虎眼石女装链带腕表		139,058	佳士得	2022-11-27
百达翡丽,独特及罕有,18K金方形腕表		57,941	佳士得	2022-11-27
百达翡丽,独一无二,镀金黄铜太阳能拾丝珐琅圆顶座钟		918,061	佳士得	2022-05-24
百达翡丽,非常罕有,18K金自动上弦万年历腕表		521,469	佳士得	2022-11-27
百达翡丽,非常罕有,18K金自动上弦腕表		811,175	佳士得	2022-11-27
百达翡丽,非常罕有,18K白金世界时间自动上弦腕表		1,854,115	佳士得	2022-11-27
百达翡丽,非常罕有,18K白金镶长方形钻石计时腕表,配测速跑,型号5071G,约2007年制,附原厂证书,盒子及外包装		5,292,352	佳士得	2022-05-24
百达翡丽,非常罕有,18K白金镶钻石及青金石链带腕表		254,940	佳士得	2022-11-27
百达翡丽,非常罕有,18K白金镶钻石自动上弦链带腕表		463,528	佳士得	2022-11-27
百达翡丽,非常罕有,18K白金自动上弦万年历腕表,配中心秒针、闰年显示、逆跳日历、月相及宝玑数字,型号5159G-012,约2016年制,2015年在伦敦专门店限量发售共80枚,附原厂证书,盒子及外包装		702,046	佳士得	2022-05-24
百达翡丽,非常罕有,18K红金怀表		278,117	佳士得	2022-11-27
百达翡丽,非常罕有,18K红金万年历计时腕表		1,158,822	佳士得	2022-11-27
百达翡丽,非常罕有,18K金酒桶形自动上弦三问万年历腕表,配逆跳日历,月相,闰年显示,黑色表盘及宝玑数字,型号5013J-001,1999年制,附原厂证书,后补证书,盒子及外包装		1,836,122	佳士得	2022-05-24
百达翡丽,非常罕有,18K双色金怀表		110,088	佳士得	2022-11-27
百达翡丽,非常罕有,铂金及18K红金自动上弦万年历腕表,配月相,24小时及闰年显示,Slimwar材质擒纵轮,Spiromax摆轮游丝,Pulsomax擒纵装置,ADVANCED RESEARCH,限量生产300枚,型号5550P,约2012年制,附原厂证书,额外底盖,盒子及外包装		1,296,086	佳士得	2022-05-24
百达翡丽,非常罕有,铂金镶长形切割钻石万年历计时腕表,配月相,日夜及闰年显示,型号5271P-001,约2015年制,附原厂证书,额外底盖,盒子及外包装		2,052,136	佳士得	2022-05-24
百达翡丽,非常罕有及典雅,铂金三问陀飞轮腕表		3,012,937	佳士得	2022-11-27
百达翡丽,非常罕有及华丽,铂金镶长方形切割钻石自动上弦大教堂钟声三问万年历腕表		12,553,905	佳士得	2022-11-27
百达翡丽,非常罕有及吸引,18K金计时腕表		718,469	佳士得	2022-11-27
百达翡丽,非常罕有及优雅,18K白金三问陀飞轮腕表		4,635,288	佳士得	2022-11-27
百达翡丽,瑰丽及极罕有,18K金世界时间怀表,配世界地图拾丝珐琅表盘,型号605HU,1948年制,附后补证书		13,758,060	佳士得	2022-05-24
百达翡丽,罕有,18K金自动上弦腕表		579,411	佳士得	2022-11-27
百达翡丽,罕有,18K白金镶钻石自动上弦计时链带腕表,配日历显示,NAUTILUS,型号5976/1G,约2017年制,为庆祝百达翡丽NAUTILUS 40周年而制,附原厂证书,盒子及外包装		6,480,432	佳士得	2022-05-24
百达翡丽,罕有,18K白金长方形腕表,配10天动力储存显示,限量生产共450枚,为纪念千禧年而制,型号5100G,约2001年制,附原厂证书及盒子		259,217	佳士得	2022-05-24
百达翡丽,罕有,18K白金自动上弦三问万年历腕表,配闰年显示,逆跳日历,月相,型号5213G,约2013年制,附原厂证书,转动表盒及外包装		3,240,216	佳士得	2022-05-24
百达翡丽,罕有,18K白金自动上弦世界时间腕表		753,234	佳士得	2022-11-27
百达翡丽,罕有,18K白金自动上弦世界时间腕表,配月相显示,为纪念百达翡丽175周年而限量生产共1300枚,型号5575G,约2014年制,附原厂证书,盒子及外包装		910,001	佳士得	2022-05-24
百达翡丽,罕有,18K白金自动上弦天文腕表,配星空图表,月相及月亮轨迹显示,天狼星及月亮中天,CELESTIAL,型号5102G,约2008年制,附原厂证书,盒子及外包装		2,376,158	佳士得	2022-05-24
百达翡丽,罕有,18K白金自动上弦万年历链带腕表,配闰年,月相及24小时显示,NAUTILUS,型号5740G,约2019年制,附原厂证书,盒子及外包装		1,836,122	佳士得	2022-05-24
百达翡丽,罕有,18K白金自动上弦万年历腕表		1,158,822	佳士得	2022-11-27
百达翡丽,罕有,18K白金自动上弦腕表		127,470	佳士得	2022-11-27
百达翡丽,罕有,18K白金自动上弦腕表,配两地时间,中心秒针、日历及日夜显示,AQUANAUT ADVANCED RESEARCH,型号5650G,约2017年制,附原厂证书,盒子及外包装		4,536,302	佳士得	2022-05-24
百达翡丽,罕有,18K红金万年历计时腕表		1,158,822	佳士得	2022-11-27
百达翡丽,罕有,18K红金镶钻石女装腕表		86,911	佳士得	2022-11-27
百达翡丽,罕有,18K红金镶钻石女装自动上弦计时腕表,型号4675R,约2015年制,纪念百达翡丽175周年而限量生产共150枚,附原厂证书、盒子及外包装		453,630	佳士得	2022-05-24

2022杂项拍卖成交汇总(续表)

(成交价RMB：1万元以上)

拍品名称	物品尺寸	成交价RMB	拍卖公司	拍卖日期
百达翡丽，罕有，18K红金镶钻石自动上弦世界时间腕表，配月相显示，为庆祝百达翡丽175周年而制，限量生产共450枚，型号7175R，约2014年制，附原厂证书、盒子及外包装		756,050	佳士得	2022-05-24
百达翡丽，罕有，18K红金长方形腕表，配陀飞轮及10天动力储存，型号5101R，约2009年制，附原厂证书、盒子及外包装		918,061	佳士得	2022-05-24
百达翡丽，罕有，18K红金自动上弦大教堂钟声三问万年历腕表		3,476,466	佳士得	2022-11-27
百达翡丽，罕有，18K红金自动上弦年历腕表		405,587	佳士得	2022-11-27
百达翡丽，罕有，18K红金自动上弦三问腕表，配珐琅表盘，型号5078R，约2015年制，附原厂证书、额外底盖、盒子及外包装		2,052,136	佳士得	2022-11-27
百达翡丽，罕有，18K黄金自动上弦教堂声三问万年历腕表，配月相、24小时及闰年显示，型号5074J，约2007年制，附原厂证书、额外底盖、转动表盒及外包装		4,536,302	佳士得	2022-11-27
百达翡丽，罕有，18K金腕表		115,882	佳士得	2022-11-27
百达翡丽，罕有，18K金自动上弦腕表		139,058	佳士得	2022-11-27
百达翡丽，罕有，18K双色自动上弦腕表		637,352	佳士得	2022-11-27
百达翡丽，罕有，铂金万年历计时腕表，配月相、24小时、闰年显示及黑色表盘，型号3970EP，2002年制，附百达翡丽后补证书、盒子及外包装		864,057	佳士得	2022-05-24
百达翡丽，罕有，铂金腕表，配追针计时功能、蓝色珐琅表盘及宝玑数字，型号5370P-011，约2020年制，附原厂证书、额外底盖、盒子及外包装		1,728,115	佳士得	2022-05-24
百达翡丽，罕有，铂金镶蓝宝石自动上弦腕表		695,293	佳士得	2022-11-27
百达翡丽，罕有，铂金镶长方形切割钻石万年历计时腕表		2,085,879	佳士得	2022-11-27
百达翡丽，罕有，铂金镶长方形钻石万年历计时腕表		2,317,644	佳士得	2022-11-27
百达翡丽，罕有，铂金镶长形切割钻石万年历计时腕表，配月相、24小时及闰年显示，型号5971P，约2009年制，附原厂证书、额外底盖、盒子及外包装		2,808,187	佳士得	2022-05-24
百达翡丽，罕有，铂金镶长形切割钻石自动上弦链带腕表		3,476,466	佳士得	2022-11-27
百达翡丽，罕有，铂金枕形万年历单按钮追针计时腕表，配月相、日夜及闰年显示、白漆表盘及黑色宝玑数字，型号5981P-012，约2015年制，附原厂证书、额外底盖、盒子及外包装		2,376,158	佳士得	2022-05-24
百达翡丽，罕有，铂金自动上弦腕表，配大教堂钟声三问功能、万年历、月相、24小时及闰年显示，型号5074P，约2011年制，附原厂证书、额外底盖、盒子及外包装		5,940,396	佳士得	2022-05-24
百达翡丽，罕有，不锈钢自动上弦链带腕表		370,823	佳士得	2022-11-27
百达翡丽，罕有，不锈钢自动上弦链带腕表，配日历显示，NAUTILUS，型号3700/1		756,050	佳士得	2022-05-24
百达翡丽，罕有，不锈钢自动上弦腕表		185,411	佳士得	2022-11-27
百达翡丽，罕有及超绝，铂金自动上弦腕表		811,175	佳士得	2022-11-27
百达翡丽，罕有及典雅，铂金自动三问腕表		2,201,761	佳士得	2022-11-27
百达翡丽，罕有及华丽，18K白金自动上弦腕表		1,390,586	佳士得	2022-11-27
百达翡丽，罕有及华丽，18K红金世界时间自动上弦腕表		880,704	佳士得	2022-05-24
百达翡丽，罕有及华丽，18K金杯表		231,764	佳士得	2022-11-27
百达翡丽，罕有及美丽，18K金世界时间自动上弦腕表		869,116	佳士得	2022-05-24
百达翡丽，罕有及吸引，18K白金世界时间自动上弦腕表		869,116	佳士得	2022-05-24
百达翡丽，罕有及吸引，18K红金镶钻石自动上弦腕表		811,175	佳士得	2022-11-27
百达翡丽，罕有及吸引，18K红金镶钻石自动上弦腕表		1,216,763	佳士得	2022-11-27
百达翡丽，罕有及优雅，铂金镶钻石长方形腕表		139,058	佳士得	2022-11-27
百达翡丽，罕有及瞩目，铂金世界时间自动上弦链带腕表		1,100,880	佳士得	2022-11-27
百达翡丽，罕有及瞩目，不锈钢杯表		231,764	佳士得	2022-11-27
百达翡丽，极罕有，18K白金镶长形切割钻石自动上弦腕表，配中心秒针及日历显示，AQUANAUT，型号5167/300G-010，约2019年制，附原厂证书、盒子及外包装		3,132,208	佳士得	2022-05-24
百达翡丽，极罕有，18K黄金自动上弦腕表，配万年历、逆返历、月相及闰年显示、黑色表盘及宝玑数字，型号5050J-024，约2015年制，附原厂证书、额外底盖、盒子及外包装		702,046	佳士得	2022-05-24
百达翡丽，极罕有，18K黄金自动上弦腕表，配万年历、逆返历、月相及闰年显示、灰色表盘及宝玑数字，型号5050J-023，约2016年制，附原厂证书、额外底盖、盒子及外包装		810,054	佳士得	2022-05-24
百达翡丽，极罕有，铂金追针计时年历腕表		3,824,112	佳士得	2022-11-27
百达翡丽，极罕有，铂金自动上弦链带腕表		4,867,052	佳士得	2022-11-27
百达翡丽，极罕有，不锈钢自动上弦腕表，配中心秒针、日历显示及卡其绿表盘，AQUANAUT，型号5167A-010，约2015年制，附原厂证书、盒子及外包装		2,376,158	佳士得	2022-05-24
百达翡丽，极罕有及重要，铂金腕表，配三问功能、万年历、陀飞轮、逆返日历及月相显示、黑色表盘及宝玑数字，型号5016P-018，约2011年制，附原厂证书、额外底盖、盒子及外包装		6,480,432	佳士得	2022-05-24
百达翡丽，极罕有及重要，不锈钢腕表，配万年历、追针计时功能、月相、24小时及闰年显示，型号5004A，约2012年制，附原厂证书、额外底盖、盒子及外包装		5,292,352	佳士得	2022-05-24
百达翡丽，精细，18K白金腕表，配心秒针，型号570，1963年制，附原厂证书及后补证书		205,213	佳士得	2022-05-24
百达翡丽，具有历史意义，18K金陀飞轮观测得奖怀表		5,446,463	佳士得	2022-11-27
百达翡丽，漂亮及大装，18K金长方形腕表		92,705	佳士得	2022-11-27
百达翡丽，应为独一无二，18K金怀表		127,470	佳士得	2022-11-27
百达翡丽，应为独一无二，18K金猎壳怀表		324,470	佳士得	2022-11-27
百达翡丽，应为独一无二及唯一已知，18K白金自动上弦腕表，配万年历、中心秒针、逆返日历、月相、闰年显示及玫瑰色表盘，型号5059G-018，约2014年制，附原厂证书、盒子及外包装		1,512,100	佳士得	2022-05-24
百达翡丽，应为独一无二及唯一已知，18K红金万年历计时腕表，配月相、闰年、24小时、日夜显示及黑色表盘，型号5970R-019，约2016年制，附原厂证书、额外底盖、盒子及外包装		3,456,230	佳士得	2022-05-24
百达翡丽，应为独一无二及唯一已知，18K黄金枕形万年历腕表，配月相、24小时及闰年显示、棕色表盘及宝玑数字，型号5020J-016，约2018年制，附原厂证书、额外底盖、盒子及外包装		2,700,180	佳士得	2022-05-24
百达翡丽，应为独一无二及优雅，18K白金镶钻石及蓝宝石女装链带腕表		556,234	佳士得	2022-11-27
百达翡丽，重要及非常复杂，铂金三问单按钮计时过时万年历自动上弦腕表		9,242,985	佳士得	2022-11-27
百达翡丽，重要及非常罕有，铂金三问怀表，配宝玑数字		345,623	佳士得	2022-05-24
百达翡丽，重要及应为独一无二，18K金追针计时万年历腕表		5,330,581	佳士得	2022-11-27
百达翡丽，瞩目，极罕有及高度复杂，18K红金双表盘腕表，配十二项功能，包括大教堂钟声三问功能、陀飞轮、万年历、逆返日历、月行轨迹、恒星时间、星空图，SKY MOON TOURBILLON，型号5002R，约2010年制，附原厂证书、盒子及外包装		20,958,540	佳士得	2022-05-24
百达翡丽，瞩目及非常罕有，铂金镶宝石万年历计时腕表，配月相、闰年和日夜显示，型号5271/11P-001，约2015年制，附原厂证书、额外底盖、盒子及外包装		5,076,338	佳士得	2022-05-24
百达翡丽，瞩目及罕有，18K白金自动上弦腕表		869,116	佳士得	2022-11-27
百达翡丽，瞩目及罕有，18K白金自动上弦腕表		1,100,880	佳士得	2022-11-27
百达翡丽，瞩目及极罕有，18K红金镶钻石金世界时间自动上弦女装腕表		2,549,408	佳士得	2022-11-27
百达翡丽，卓越及非常罕有，18K金世界时间腕表，型号1415，1949年制，附后补证书		3,132,208	佳士得	2022-11-27
百达翡丽，卓越及非常罕有，铂金整点鸣音报时腕表，配跳时、分及秒功能，限量生产共175枚，为庆祝百达翡丽175周年而制，型号5275P，约2014年制，附原厂证书、额外底盖、盒子及外包装		5,724,381	佳士得	2022-05-24
百达翡丽，卓越及应为独一无二，18K红金链带腕表		324,470	佳士得	2022-11-27
百达翡丽，PP18K金三问打簧怀表		78,200	上海嘉禾	2022-11-20
百达翡丽，珐琅皇冠表冠上弦怀表		27,600	永乐拍卖	2022-07-26
百达翡丽，徽章表冠上弦怀表		17,250	永乐拍卖	2022-07-26
百达翡丽，法国制，四条金链带，三条由百达翡丽打造，一条未署名，约1950到1960年制		414,993	香港苏富比	2022-04-25

拍品名称	物品尺寸	成交价RMB	拍卖公司	拍卖日期
百年灵 Aerospace 型号F75362 黄金及钛金属多功能链带腕表, 约2008年制		10,842	香港苏富比	2022-10-10
百年灵 Super Chronomat 44 Four-Year Calendar 型号U19320 粉红金及精钢年历计时腕表, 备月、星期及月相显示, 约2021年制		79,892	香港苏富比	2022-10-10
百年灵 Transocean Chronographe 型号 AB0152 精钢计时腕表, 备日期显示, 约2020年制		30,242	香港苏富比	2022-04-15
百年灵 超级海洋计时系列 型号 A13341 精钢计时链带腕表, 备日期约2010年制		13,696	香港苏富比	2022-10-10
宝格丽 Berries 型号BE P 40 G R 粉红金镶钻石及多彩宝石跳时腕表, 备逆跳分钟, 约2019年制		148,370	香港苏富比	2022-10-10
宝格丽 Divas 型号102420 粉红金镶钻石、蓝宝石及白石腕表, 备珠母贝表盘, 约2021年制		102,559	香港苏富比	2022-10-05
宝格丽 Gérald Genta 型号GBS.Y.98 铜制及钛金属跳时腕表, 备逆跳分钟及日期, 约2012年制		45,363	香港苏富比	2022-04-15
宝格丽 Octo Finissimo S Chronograph GMT 型号103467 精钢两地时间计时链带腕表, 约2021年制		79,892	香港苏富比	2022-10-10
宝格丽 Octo Finissimo Tattoo Aria 型号BGO 40 TXT限量版钛金属链带腕表, 为Chronopassion 而制,约2021年制		296,281	香港苏富比	2022-10-05
宝格丽 Tourbillon 型号 BB W 38 GL TB 限量版白金陀飞轮腕表, 备动力储备显示, 约2005年制		172,811	香港苏富比	2022-04-15
宝格丽 型号BB 30 DGL 黄金镶钻石腕表, 约2000年制		10,260	香港苏富比	2022-04-15
宝格丽 型号SP35BSS 精钢手镯腕表, 约2017年制		34,239	香港苏富比	2022-10-10
宝玑 Classic 型号3300 黄金腕表, 备月相显示, 约1990年制		45,363	香港苏富比	2022-04-15
宝玑 Crazy Flower Reine de Naples 型号 GJE25BB20.8989/D3L 精致白金镶钻石腕表, 备长方形钻石活动花瓣, 约2015年制		1,084,243	香港苏富比	2022-10-10
宝玑 Hora Mundi 型号3700 黄金世界时间腕表, 备日期显示, 约1995年制		81,005	香港苏富比	2022-04-15
宝玑 Reine de Naples 型号8908 白金镶钻石腕表, 备月相、动力储备显示及珠母贝表盘, 约2004年制		114,131	香港苏富比	2022-10-10
宝玑 Reine de Naples 型号8928白金镶钻石腕表, 备珠母贝表盘, 约2010年制		91,305	香港苏富比	2022-10-10
宝玑 Tradition 型号7027BA/11/9U6 黄金半镂空腕表, 备动力储备显示, 约2006年制		97,206	香港苏富比	2022-04-15
宝玑 Type XX-Transatlantique 型号4820 精钢计时链带腕表, 备日期显示, 约2000年制		27,391	香港苏富比	2022-10-10
宝玑 那不勒斯皇后系列, 型号8928 18K黄金女款镶钻自动上弦腕表	表径33mm×25mm	207,000	北京保利	2022-02-03
宝玑 型号8670 黄金腕表, 约2000年制		45,652	香港苏富比	2022-10-10
宝玑,18K白金半镂空腕表		104,293	佳士得	2022-11-27
宝玑,18K白金自鸣铃自动上弦腕表, 配两地时、24小时及日历显示, REVEIL DU TSAR MODEL, 型号5707, 约2005年制,附原厂证书, 盒子及外包装		108,007	佳士得	2022-06-04
宝玑,18K白金镶钻石自动上弦女装腕表		98,499	佳士得	2022-11-27
宝玑,18K红金半镂空两地时间腕表		150,646	佳士得	2022-11-27
宝玑,18K红金计时腕表		185,411	佳士得	2022-11-27
宝玑,18K红金陀飞轮腕表		301,293	佳士得	2022-11-27
宝玑,18K红金自动上弦世界时间腕表		185,411	佳士得	2022-11-27
宝玑, 18K金半镂空腕表		104,293	佳士得	2022-11-27
宝玑,18K金自动上弦万年历腕表, 配月相及闰年显示, 附盒子及外包装		102,606	佳士得	2022-05-24
宝珀,罕有, 铂金半镂空腕表, 配万年历、陀飞轮, 闰年显示及追返日历, 型号3755, 约2008年制,附原厂证书、盒子及外包装		594,039	佳士得	2022-05-24
宝珀 Leman Flyback 型号238SF限量版精钢飞返计时腕表, 备日期显示, 约2010年制		27,391	香港苏富比	2022-10-10
宝珀 Léman Réveil GMT 粉红金两地时间腕表, 备闹铃装置、日期、24小时及动力储备显示, 约2016年制		70,204	香港苏富比	2022-04-15
宝珀 Villeret Chronograph 型号1185-1418-55 黄金计时腕表, 备日期显示, 约1995年制		43,202	香港苏富比	2022-04-15
宝珀 Villeret 型号0095-1127-10 精钢链带腕表, 备日期显示, 约1987年制		25,921	香港苏富比	2022-04-15
宝珀 Villeret 型号1186 黄金追针计时腕表, 备日期显示, 约1992年制		41,042	香港苏富比	2022-04-15
宝珀 精美, 黄金及精钢万年历自动链带腕表, 备日期、星期, 月份及月相显示, "Villeret Quantieme", 年份约2008	直径34mm; 长约175mm	24,624	保利香港	2022-07-11
宝珀,18K红金自动上弦腕表, 配完飞轮、日历及动力储存, 型号6025-3642-55B, 约2003年制,附原厂证书、盒子及外包装		140,409	佳士得	2022-05-24
宝珀, 18K金自动上弦三问腕表		185,411	佳士得	2022-11-27
宝珀, 铂金三问链带腕表		237,615	佳士得	2022-05-24
宝齐莱 独特精美, 玫瑰金方形腕跳小时机械腕表, 备小秒针, "Archimedes", 型号1727-001,年份约2000, 附原厂证书及表盒	25mm×40mm	10,260	保利香港	2022-07-11
宝石 "Lady Diamond" 腕表		32,447	佳士得	2022-11-28
播威 Récital 26 Brainstorm Chapter One 限量版蓝宝石水晶及钛金属镂空陀飞轮腕表, 备日期、月相及动力储备显示, 约2019年制		626,749	香港苏富比	2022-10-05
伯爵 18K白金镶钻手动上弦腕表	表径40mm; 全表长约20.5cm	115,000	北京保利	2022-07-28
伯爵 18K黄金手动上弦腕表	表径22mm×22mm; 全表长约20cm	51,750	北京保利	2022-02-03
伯爵 18K黄金女款手动上弦腕表	表径24mm×23mm; 全表长约17cm	32,200	北京保利	2022-07-28
伯爵 Altiplano系列, 型号G0A34114 18K白金手动上弦腕表	表径40mm	34,500	北京保利	2022-07-28
伯爵 Black Tie 型号G0A33060 白金镶钻石腕表, 备日期、逆跳秒及动力储备显示, 约2010年制		148,370	香港苏富比	2022-10-10
伯爵 Dancer 型号15217K81 黄金链带腕表, 约1990年制		10,842	香港苏富比	2022-10-10
伯爵 Limelight Fringe 型号P10277 白金镶钻石链带腕表, 约2008年制		342,392	香港苏富比	2022-10-10
伯爵 Limelight Funny Heart 型号 P10397 白金镶钻石链带腕表, 备珠母贝表盘, 约2012年制		273,914	香港苏富比	2022-10-10
伯爵 Limelight 型号G0A30110 白金镶钻石腕表, 约2010年制		79,892	香港苏富比	2022-10-10
伯爵 Mini Dancer 型号5964AK81 黄金镶钻石链带腕表, 约2000年制		19,402	香港苏富比	2022-10-10
伯爵 Polo S型号G0A45005限量版精钢链带腕表, 备日期显示, 约2020年制		68,478	香港苏富比	2022-10-10
伯爵 黄金镶钻石及蓝宝石链带腕表, 约1995年制		251,088	香港苏富比	2022-10-10
伯爵 型号12343 D2 白金镶钻石链带腕表, 备玛瑙表盘, 约1970年制		68,478	香港苏富比	2022-10-10
伯爵 型号20102 黄金镶钻石腕表, 备珠母贝表盘, 约1998年制		19,402	香港苏富比	2022-10-10
伯爵 型号3656 N38 黄金镶钻石及珊瑚腕表, 约1970年制		62,772	香港苏富比	2022-10-10
伯爵 型号9154 黄金镶钻石链带腕表, 约1995年制		125,544	香港苏富比	2022-10-10
伯爵 型号924 白金镶钻石链带腕表, 备蛋白石表盘, 约1970年制		194,022	香港苏富比	2022-10-10
伯爵 型号934 P50 黄金镶钻石链带腕表, 备玛瑙表盘, 约1985年制		51,843	香港苏富比	2022-04-15
伯爵 型号9751 白金镶钻石及红宝石链带腕表, 约1980年制		342,392	香港苏富比	2022-10-10
伯爵 型号9701311KJ 白金镶钻石链带腕表, 备青金石表盘, 约1980年制		331,994	香港苏富比	2022-04-26
伯爵 型号9902 黄金镶钻石及红宝石链带腕表, 约1980年制		136,957	香港苏富比	2022-10-10
伯爵 钻石腕表		79,892	香港苏富比	2022-10-12
伯爵 瑰丽, 女装白金镶钻石心形腕表, "Limelight Funny Heart", 型号G0A30095, 年份约2005, 附原厂证书及表盒	28mm×25mm	46,170	保利香港	2022-07-11
伯爵 简约, 白金机械腕表, 型号9021, 年份约1990	直径32mm	26,676	保利香港	2022-07-11
伯爵 精美, 女装白金镶钻石酒桶形腕表, 备珍珠母贝表盘, "Limelight", 型号P10100, 年份约2010	18mm×28mm	18,468	保利香港	2022-07-11
伯爵 优雅, 女装黄金镶钻石机械链带腕表, "Dancer", 型号90563, 年份约1995,附原厂表盒	直径23mm; 长约185mm	31,293	保利香港	2022-07-11
伯爵,18K白金链带腕表, 配青金石、蛋白石及镶钻石表盘		32,402	佳士得	2022-05-24
伯爵,18K金椭圆形吊坠表, 配项链及玛瑙表盘, 约1971年制		162,010	佳士得	2022-05-24
布契拉提 优雅, 女装玫瑰金镶钻石腕表, "Anthochron", 型号W0800471, 年份约2015,附原厂证书及表盒	直径28mm	48,837	保利香港	2022-10-11
戴比尔斯, 铜及钻石沙漏时计		75,605	佳士得	2022-05-24

2022杂项拍卖成交汇总(续表)

(成交价RMB：1万元以上)

拍品名称	物品尺寸	成交价RMB	拍卖公司	拍卖日期
帝舵 Black Shield 型号42000C 黑色陶瓷计时腕表, 备日期显示, 约2015年制		20,544	香港苏富比	2022-10-10
帝舵 Prince Date 型号79280 精钢计时腕表, 备日期显示, 约2012年制		25,921	香港苏富比	2022-04-15
帝舵 Tiger Prince Date 型号79263 黄金精钢计时腕表, 备日期显示, 约1999年制		36,522	香港苏富比	2022-10-10
帝舵, 不锈钢自动上弦计时链带腕表, 配日历显示, HERITAGE CHRONO, 型号70330N, 约2011年制, 附原厂证书, 盒子及外包装		20,521	佳士得	2022-05-24
帝舵, 罕有, 不锈钢计时链带腕表		463,528	佳士得	2022-11-27
帝舵, 青铜自动上弦腕表		18,541	佳士得	2022-11-27
法穆兰 18K白金自动上弦镶钻腕表	表径34.5mm×25mm	23,000	北京保利	2022-07-28
梵克雅宝 Lady Arpels Papillon 型号VCARO8PN00 白金镶钻石及蓝宝石活动人偶腕表, 备多种珐琅工艺珠母贝表盘, 约2020年制		1,244,980	香港苏富比	2022-04-26
梵克雅宝 Midnight in Paris 型号VCARF80700 粉红金腕表, 备星期、月份及回转表盘, 约2008年制		290,495	香港苏富比	2022-04-26
梵克雅宝 Midnight Poetic Wish 型号VCARO30N00 限量版白金镶钻石问腕表, 备活动人偶, 微绘珠母贝及珐琅表盘, 约2016年制		1,348,729	香港苏富比	2022-04-26
梵克雅宝 独一无二白金镶钻石腕表, 备多彩珐琅表盘, 由Dominque Baron绘制, 约2015年制		311,245	香港苏富比	2022-04-26
梵克雅宝, 典雅, 18K白金镶钻石双逆返显示女装腕表		324,470	佳士得	2022-11-27
梵克雅宝, 独一无二及优雅, 18K白金镶钻石女装腕表		324,470	佳士得	2022-11-27
梵克雅宝, 优雅, 18K白金镶钻石长方形女装腕表		150,646	佳士得	2022-11-27
粉红金三问猎壳怀表, 备珐琅表盘, 约1910年制		36,522	香港苏富比	2022-10-10
粉红金五分问单按钮计时怀表, 备珐琅表盘, 约1900年制		81,005	香港苏富比	2022-04-15
弗朗克 穆勒, 18K白金自动上弦三历腕表		63,735	佳士得	2022-11-27
弗朗克 穆勒, 大复, 18K白金酒桶形自动上弦腕表		69,529	佳士得	2022-11-27
弗朗克 穆勒, 大复, PVD涂层不锈钢酒桶形自动上弦腕表		27,811	佳士得	2022-11-27
弗朗克 穆勒, 极罕有, 大复, 不锈钢酒桶形自动上弦腕表		23,176	佳士得	2022-11-27
高珀富斯, 触目及特别打造, 铂金不对称腕表		2,201,761	佳士得	2022-11-27
高珀富斯, 华丽及特别打, 铂金不对称腕表		2,665,290	佳士得	2022-11-27
高珀富斯, 极罕有, 18K白金腕表, 配30度倾斜双飞轮及动力储存, 限量生产共11枚, 编号7/11, 约2007年制, 附原厂证书, 盒子及外包装		1,296,086	佳士得	2022-05-24
高珀富斯, 极罕有及触目, 铂金不对称腕表, 配涂铂珊瑚蓝宝飞轮及动力储存, INVENTION PIECE 2, 限量生产共1枚, 编号01/11, 附原厂证书, 盒子及外包装		3,456,230	佳士得	2022-05-24
格拉苏蒂 Pano 型号1-66-06-04-22-50 精钢半镂空腕表, 备动力储备显示, 约2012年制		47,935	香港苏富比	2022-10-10
格拉苏蒂 PanoGraph 精钢飞返计时腕表, 备数字日期显示, 约2007年制		64,804	香港苏富比	2022-10-05
格拉苏蒂 PanoReserve 限量版铂金腕表, 备数字日期及动力储备显示, 约2003年制		97,206	香港苏富比	2022-04-15
格拉苏蒂 Sport Evolution 型号39-21-01-02-04 精钢腕表, 备日期显示, 约2014年制		19,402	香港苏富比	2022-10-10
格拉苏蒂 Tourbillon Regulateur 型号46-02-03-03-04 限量版铂金陀飞轮逆跳腕表, 约2011年制		227,909	香港苏富比	2022-10-05
格拉苏蒂 精细, 精钢世界间间动臻带腕表, 备夏令时间, 昼夜显示, 动力储存及大日历显示, "Senator Cosmopolite", 型号1-89-02-08-02-70, 年份约2020, 附原厂证书及表盒	直径44mm; 长约175mm	87,210	保利香港	2022-07-11
格拉苏蒂, 原创, 铂金飞返计时自动上弦腕表		127,470	佳士得	2022-11-27
格拉苏蒂, 原创, 罕有, 18K红金陀飞轮镂空腕表不锈钢阿里, 配逆返腕时显示, JULIUS ASSMANN 4, 限量生产25枚		237,615	佳士得	2022-05-24
海瑞温斯顿 Avenue Dual Time 型号350/LQTZR 粉红金镶钻石两地时间腕表, 备珠母贝表盘, 约2015年制		79,892	香港苏富比	2022-10-10
海瑞温斯顿 Avenue 型号330/UMW 白金镶钻石腕表, 备珠母贝表盘, 约2010年制		85,598	香港苏富比	2022-10-10
海瑞温斯顿 Ocean Perpetual Calendar Chronograph 型号200-MCAPC38P 限量版铂金万年历计时腕表, 备日期、星期、月相及闰年显示, 约2003年制		124,498	香港苏富比	2022-04-26
海瑞温斯顿 Premier Excenter Timezone 200 型号200-MMTZ39W 限量版铂金逆跳两地间腕表, 备日期、动力储备、昼夜显示及珠母贝表盘, 约2015年制		228,246	香港苏富比	2022-04-26
海瑞温斯顿 铂金半镂空万年历链带腕表, 备双逆跳星期及日期、月相及闰年显示, 约1990年制		129,608	香港苏富比	2022-04-15
海瑞温斯顿, 18K白金镶钻石长方形女装链带腕表		115,882	佳士得	2022-11-27
海瑞温斯顿, 18K白金镶钻石长方形女装链带腕表		139,058	佳士得	2022-11-27
海瑞温斯顿, JEAN-MARC WIEDERRECHT 及 ERIC GIROUD, 非常罕有及独特, 18K白金镶钻石及白榴石特大正方形自动上弦腕表, 配腕带式间间显示, OPUS 9, 限量生产, 附盒子及外包装		648,043	佳士得	2022-05-24
皇家橡树离岸型精钢闹钟, 备木制展示座, 约2015年制		13,696	香港苏富比	2022-10-10
黄金万年历三问怀表, 备月相、闰年显示及珐琅表盘, 约1890年制		183,612	香港苏富比	2022-04-15
黄金镶钻石、红色珐琅及红宝石链带腕表, 约1990年制		27,391	香港苏富比	2022-10-10
黄金镶钻石及红宝石链带腕表, 约2000年制		159,783	香港苏富比	2022-10-10
积家 Amvox 1 'Aston Martin' 型号190.T.97 限量版钛金属腕表, 备闹铃装置及日期显示, 约2005年制		51,843	香港苏富比	2022-04-15
积家 Amvox 2 Chronograph 'Aston Martin' 型号192.T4.40 限量版钛金属直触发计时腕表, 备日期显示, 约2007年制		97,206	香港苏富比	2022-04-15
积家 Grande GMT Reverso 型号240.8.18 精钢可翻转两地时间链带腕表, 备日期、昼夜、24小时及动力储备显示, 约2008年制		59,403	香港苏富比	2022-04-15
积家 Master Compressor 型号148.2.60 粉红金镶钻石腕表, 备日期显示, 约2008年制		68,373	香港苏富比	2022-10-05
积家 Master Date 型号140.2.87 粉红金全日历腕表, 备日期及星期显示, 约2000年制		34,562	香港苏富比	2022-04-15
积家 Master Gyrotourbillon 1 型号600G.6406 限量版铂金镶钻石半镂空万年历多轴陀飞轮腕表, 备天动储备、时间等式、逆跳日期、月份、闰年显示及砂金石表盘, 约2007年制		1,253,498	香港苏富比	2022-10-05
积家 Master Memovox 型号144.8.94 精钢腕表, 备闹铃装置, 约1996年制		29,674	香港苏富比	2022-10-10
积家 Master Ultra Thin Squelette 型号145.3.79.S 限量版白金镂空腕表, 约2010年制		114,123	香港苏富比	2022-04-26
积家 Memovox 黄金腕表, 备日期显示及闹铃装置, 约1965年制		16,201	香港苏富比	2022-04-15
积家 Polaris Memovox 型号9038180 精钢链带腕表, 备闹铃装置及日期显示, 约2021年制		91,305	香港苏富比	2022-10-10
积家 Reverso Répétition Minutes 型号270.2.73 限量版粉红金可翻转三问腕表, 约1994年制		290,495	香港苏富比	2022-04-26
积家 Reverso 型号260.1.08 黄金可翻转腕表, 约1998年制		31,957	香港苏富比	2022-04-15
积家 Reverso 型号261.8.86 精钢可翻转腕表, 约1995年制		21,601	香港苏富比	2022-04-15
积家 Reverso 型号270.1.54 黄金可翻转两地时间腕表, 备24小时显示, 约2012年制		51,359	香港苏富比	2022-04-15
积家 Reverso 型号270.1.62 黄金可翻转腕表, 约2000年制		51,359	香港苏富比	2022-04-15
积家 白金链带腕表, 约1970年制		17,120	香港苏富比	2022-10-10
积家 翻转系列, 型号Q3202421 18K玫瑰金手动上弦镶钻腕表	表径40mm×24mm	46,000	北京保利	2022-07-28
积家 非常精美, 镀金黄铜及树脂玻璃空气钟, "Atmos", 年份约1961, 附原厂证书及盒子	145mm×130mm×255mm	26,676	保利香港	2022-07-11
积家致罕有, 镀金黄铜及树脂玻璃空气钟, 备鱼儿图案, "Marina", 年份约1970	180mm×135mm×235mm	17,442	保利香港	2022-07-11
积家 型号280.3.70 白金镶钻石链带腕表, 约2000年制		70,204	香港苏富比	2022-04-15
积家 型号281.3.70 白金镶钻石腕表, 约2017年制		45,363	香港苏富比	2022-04-15
积家 型号E-2644 精钢时间腕表, 约1960年制		45,652	香港苏富比	2022-10-10
积家 型号Q256.34.70 白金镶钻石两地时间可翻转腕表, 约2003年制		51,843	香港苏富比	2022-04-15

拍品名称	物品尺寸	成交价RMB	拍卖公司	拍卖日期
积家 非常精致，限量版玫瑰金镂空三问机械表，备动力储存及扭矩显示，"超卓复杂腕表系列"，型号Q1642450，限量生产175枚，年份约2010，附原厂证书及表盒	直径43mm	513,000	保利香港	2022-07-11
积家，铂金镶小型角切陀飞轮万年历腕表		231,764	佳士得	2022-11-27
积家，不锈钢自动上弦两面反转腕表，配两地时间，日历及昼夜显示，REVERSO SQUADRA HOMETIME，型号230.8.77，约2006年制，附原厂证书，盒子及外包装		37,802	佳士得	2022-05-24
积家，非常罕有及触目，铂金半镂空腕表，配双陀飞轮，24小时动力储存显示，REVERSO GYROTOURBILLON 2，限量生产共75枚，约2008年制，附原厂证书，盒子及外包装		1,188,079	佳士得	2022-05-24
积家，罕有，铂金半镂空腕表，配三问功能，15天动力储存及发条扭矩显示，MASTER MINUTE REPEATER，限量生产共200枚，编号8/200，约2010年制，附原厂证书，盒子及外包装		345,623	佳士得	2022-05-24
积家，罕有，铂金自动上弦闹铃腕表		110,088	佳士得	2022-11-27
积家，华丽及极罕有，铂金可翻转镂腕表		869,116	佳士得	2022-11-27
积家，华丽及极罕有，铂金可翻转腕表		753,234	佳士得	2022-11-27
简·杜南 独一无二，精美罕见，18K金飞行陀飞轮机械腕表，备动力储存，月相显示及化石表盘，"Tourbillon Oobital"，型号10.1894，附原厂证书及表盒，年份约2012	直径45mm	328,320	保利香港	2022-07-11
江诗丹顿 1972 Prestige 型号25520黄金镶钻石腕表，约2002年制		36,522	香港苏富比	2022-10-10
江诗丹顿 222 型号46003 精钢超薄链带腕表，备日期显示，约1980年制		331,994	香港苏富比	2022-04-26
江诗丹顿 Harmony 型号5300S 限量版粉红金单按钮计时腕表，备脉搏计刻度，为纪念江诗丹顿 260 周年而制，约2015年制		273,491	香港苏富比	2022-10-05
江诗丹顿 Historiques American 1921 型号82033粉红金腕表，约2016年制		159,783	香港苏富比	2022-10-10
江诗丹顿 Jalousie 型号10002粉红金腕表，备隐藏式表盘，约1995年制		68,478	香港苏富比	2022-10-10
江诗丹顿 Jubilee 240 型号47240 黄金腕表，备日期及动力储备显示，为庆祝江诗丹顿240周年而制，约1995年制		62,249	香港苏富比	2022-04-26
江诗丹顿 Les Historiques Chronograph 型号49002铂金计时腕表，备日期及珐琅表盘，约1991年制		125,544	香港苏富比	2022-10-10
江诗丹顿 Malte Tourbillon 型号30669 铂金镶钻石陀飞轮腕表，备日期及动力储备显示，约2005年制		1,253,498	香港苏富比	2022-10-05
江诗丹顿 Malte Tourbillon 型号30670铂金镶钻石陀飞轮腕表，备日期及动力储备显示，约2004年制		1,037,484	香港苏富比	2022-04-26
江诗丹顿 Malte Tourbillon 型号30672 独一无二铂金镶钻石及蓝宝石镂空陀飞轮腕表，备日期及动力储备显示，约2005年制		1,766,293	香港苏富比	2022-10-05
江诗丹顿 Mercator 型号43050限量版粉红金跳跳腕表，备内填珐琅表盘，为庆祝香港回归而制，约1997年制		296,281	香港苏富比	2022-10-05
江诗丹顿 Overseas Chronograph 型号 5500V/110A-B148精钢防磁链带计时腕表，备日期显示，约2020年制		331,994	香港苏富比	2022-10-05
江诗丹顿 Overseas Perpetual Calendar Ultra-Thin 型号 4300V/120G-B945 全新白金镶钻防磁万年历万年链带腕表，备月相、星期及闰年显示，约2022年制		985,609	香港苏富比	2022-05-24
江诗丹顿 Overseas 型号42042/423A精钢链带腕表，约1999年制		86,405	香港苏富比	2022-04-15
江诗丹顿 Patrimony 型号30050黄金陀飞轮腕表，备动力储备显示，约1994年制		364,654	香港苏富比	2022-10-05
江诗丹顿 Patrimony 型号4000U000R-B110粉红金腕表，备逆跳日期及星期显示，约2020年制		148,141	香港苏富比	2022-10-05
江诗丹顿 Royal Eagle 型号49145/339A精钢计时链带腕表，备数字日期显示，约2005年制		51,359	香港苏富比	2022-10-10
江诗丹顿白金镶钻石链带腕表，约1970年制		57,065	香港苏富比	2022-10-10
江诗丹顿白金镶钻石链带腕表，约1975年制		91,164	香港苏富比	2022-10-05
江诗丹顿传奇系列，型号82172/000R-9382 18K玫瑰金手动上弦腕表	表径38mm	74,750	北京保利	2022-07-28
江诗丹顿 粉红金怀表，备珐琅表盘，约1880年制		14,837	香港苏富比	2022-10-10
江诗丹顿 黄金镶钻石链带腕表，约1980年制		29,674	香港苏富比	2022-10-10
江诗丹顿 型号10550/000J 黄金镶钻石腕表，约2000年制		43,202	香港苏富比	2022-04-15
江诗丹顿 型号43502/000J-0 黄金镶钻石镂空腕表，约1990年制		97,206	香港苏富比	2022-04-15
江诗丹顿 型号47052 黄金全历腕表，备日期、星期、月相及52周显示，约1990年制		85,598	香港苏富比	2022-10-10
江诗丹顿 型号51463 精钢怀表，备双色表盘，约1950年制		29,674	香港苏富比	2022-10-10
江诗丹顿 型号6346 白金镶钻石及绿宝石怀表，约1960年制		28,081	香港苏富比	2022-04-15
江诗丹顿艺术大师系列，型号86073/000R-9831 18K玫瑰金自动上弦腕表，备日期及星期显示	表径40mm	483,000	北京保利	2022-07-28
江诗丹顿 精美，黄金自动链带腕表，备日期显示，年份约1990	直径32mm；长约180mm	30,780	保利香港	2022-07-11
江诗丹顿 精美，女装精钢自动链带腕表，"Overseas"，型号1060/423A，年份约1997，附原厂证书及表盒	直径24mm；长约145mm	35,910	保利香港	2022-07-11
江诗丹顿，18K白金链带腕表，配青金石表盘，约1976年制		30,242	佳士得	2022-05-24
江诗丹顿，18K白金镶钻石酒桶形女装腕表，型号25541/000G，约2005年制，附原厂证书、盒子及外包装		64,804	佳士得	2022-05-24
江诗丹顿，18K白金自动上弦链带腕表		34,764	佳士得	2022-11-27
江诗丹顿，铂金18K时针腕表		405,587	佳士得	2022-11-27
江诗丹顿，触目及极罕有，18K白金自动上弦腕表		382,411	佳士得	2022-11-27
江诗丹顿，触目及极罕有，18K红金自动上弦腕表		393,999	佳士得	2022-11-27
江诗丹顿，触目及极罕有，18K金自动上弦腕表		463,528	佳士得	2022-11-27
江诗丹顿，触目及极罕有，铂金自动上弦腕表		486,705	佳士得	2022-11-27
江诗丹顿，罕有，不锈钢自动上弦两地时间链带腕表		208,587	佳士得	2022-11-27
江诗丹顿，极罕有，铂金枕形单按钮追针计时腕表，配动力储存，HARMONY，限量生产10枚，型号5400S，约2015年制，附原厂证书、盒子及外包装		972,064	佳士得	2022-05-24
江诗丹顿，极罕有及卓越，铂金镂空三问腕表，型号30030/000P，限量生产5枚，约2006年制，附原厂证书、盒子及外包装		2,160,144	佳士得	2022-05-24
江诗丹顿，瞩目，18K白金镶长方形钻石链带腕表，LORD KALLA，型号3871I，约1989年制		1,026,068	佳士得	2022-05-24
江诗丹顿，瞩目，18K金镶长方形钻石链带腕表，LORD KALLA，型号3871I，约1989年制		864,057	佳士得	2022-05-24
江诗丹顿18K怀表		46,000	上海嘉禾	2022-11-20
江诗丹顿手表		69,000	荣宝斋（南京）	2022-12-08
金挂表（DEROY）	4.3cm×2.3cm	43,700	上海嘉禾	2022-01-01
精钢ARCEAU GRANDE LUNE自动上链手表附蓝色表盘及深渊蓝色鳄鱼皮表带	直径43mm	25,494	佳士得	2022-11-26
精钢及钻石小码HEURE H手表附黑曜石表盘及雾面石墨色鳄鱼皮表带	外壳21mm×21mm	41,042	佳士得	2022-05-23
卡地亚 Baignoire Mini 型号2369 白金镶钻石链带腕表，约2001年制		273,491	香港苏富比	2022-10-05
卡地亚 Mini Baignoire Panther Spots 钻石配珐琅彩腕表		68,478	香港苏富比	2022-10-12
卡地亚 Mini Tank Allongée 钻石腕表		31,039	香港苏富比	2022-10-12
卡地亚 Mini Tonneau 钻石腕表		25,109	香港苏富比	2022-10-12
卡地亚 Panthère de Cartier K金腕表		47,935	香港苏富比	2022-10-12
卡地亚 Tank Américaine钻石腕表		43,370	香港苏富比	2022-10-12
卡地亚 Tortue钻石腕表		51,359	香港苏富比	2022-10-12
卡地亚 Trinity钻石腕表		22,826	香港苏富比	2022-10-12
卡地亚 CPCP Tortue Monopoussoir型号2714白金单按钮计时腕表，约2005年制		269,745	香港苏富比	2022-04-26
卡地亚 18K黄金女款镶钻腕表	表径24mm；全表长约16cm	43,700	北京保利	2022-07-28
卡地亚 Baignoire S 型号3248粉红金镶钻石腕表，约2013年制		311,245	香港苏富比	2022-04-26
卡地亚 Baignoire Allongée 型号2605 黄金腕表，约2004年制		91,164	香港苏富比	2022-10-05
卡地亚 Cartier d'art Tortue 型号2496限量版黄金腕表，备龙纹掐丝珐琅表盘，约2004年制		205,435	香港苏富比	2022-10-10
卡地亚 Clé de Cartier 型号3867 精钢腕表，备日期显示，约2016年制		13,696	香港苏富比	2022-10-10
卡地亚 Cougar 型号887904C黄金及精钢链带腕表，备日期显示，约1995年制		13,696	香港苏富比	2022-10-10
卡地亚 Crash黄金腕表，约1991年制		1,556,226	香港苏富比	2022-04-26
卡地亚 Crash白金镶钻石腕表，约2000年制		854,658	香港苏富比	2022-10-10
卡地亚 Crash 型号2463 粉红金腕表，约2000年制		1,595,362	香港苏富比	2022-10-05
卡地亚 Mini Baignoire 型号2369白金镶粉红色蓝宝石腕表，约2002年制		68,478	香港苏富比	2022-10-10

2022杂项拍卖成交汇总(续表)

(成交价RMB: 1万元以上)

拍品名称	物品尺寸	成交价RMB	拍卖公司	拍卖日期
卡地亚, Panthère Joaillerie 型号2209 黄金镶钻石及绿宝石腕表, 约2000年制		124,498	香港苏富比	2022-04-26
卡地亚, Panthère 型号315AF 白金镶钻石、蓝宝石及绿宝石手镯腕表, 约2011年制		2,282,464	香港苏富比	2022-04-26
卡地亚, Pasha de Cartier 型号2528 白金镶钻石腕表, 备日期显示, 约2008年制		32,402	香港苏富比	2022-04-15
卡地亚, Pasha GMT 型号2377 精钢两地时间链带腕表, 备日期显示, 约2000年制		18,261	香港苏富比	2022-10-10
卡地亚, Pasha 精钢腕表, 备日期显示, 约1992年制		18,261	香港苏富比	2022-10-10
卡地亚, Pasha 型号1033 黄金及精钢腕表, 备日期及动力储备显示, 约1990年制		29,674	香港苏富比	2022-10-10
卡地亚, Pasha 型号1035 黄金链带腕表, 备日期显示, 约1996年制		48,603	香港苏富比	2022-04-15
卡地亚, Promenade d'une Panthère 型号HPI00684 粉红金镶钻石腕表, 备旋转功能及珠母贝表盘, 约2021年制		398,840	香港苏富比	2022-10-05
卡地亚, RONDE DE CARTIER系列 18K玫瑰金女款腕表	表径29mm	23,000	北京保利	2022-07-28
卡地亚, Santos 型号26415 黄金及精钢链带腕表, 约1990年制		27,391	香港苏富比	2022-10-10
卡地亚, Tank Américaine 型号1713 白金腕表, 约2007年制		21,685	香港苏富比	2022-10-10
卡地亚, Tank Américaine 型号2505 粉红金腕表, 备日期显示, 约2015年制		43,370	香港苏富比	2022-10-10
卡地亚, Tank Basculante 限量版黄金可翻转腕表, 约1997年制		145,247	香港苏富比	2022-04-26
卡地亚, Tank Basculante 型号2386 精钢可翻转腕表, 约1999年制		20,521	香港苏富比	2022-04-15
卡地亚, Tank Basculante 型号2390 精钢可翻转腕表, 约2002年制		91,164	香港苏富比	2022-04-15
卡地亚, Tank Déployante 型号2270 限量版黄金腕表, 约1997年制		51,843	香港苏富比	2022-04-15
卡地亚, Tank Divan 型号2600 精钢腕表, 约2005年制		11,413	香港苏富比	2022-04-15
卡地亚, Tank Française 型号2302 精钢链带腕表, 备日期显示, 约2002年制		21,601	香港苏富比	2022-04-15
卡地亚, Tortue 型号W1580048 白金半镂空万年历腕表, 备日期、逆跳星期及闰年显示, 约2014年制		170,932	香港苏富比	2022-10-05
卡地亚, 黄金镶珐琅及钻石项链怀表, 约1910年制		45,652	香港苏富比	2022-10-10
卡地亚, 型号2390 精钢可翻转腕表, 约1999年制		75,605	香港苏富比	2022-04-15
卡地亚, 型号2808 限量版铂金陀飞轮腕表, 备逆跳小时及分钟, 约2008年制		228,246	香港苏富比	2022-04-26
卡地亚, 精美, 女装玫瑰金及精钢镶蓝宝石链带腕表, 备珍珠母贝表盘, "Ballon Bleu de Cartier", 型号W6920033, 附原厂表盒, 年份约2015	直径36mm; 长约185mm	19,494	保利香港	2022-07-11
卡地亚, 精致, 玫瑰金镶蓝宝石方形镂空机械腕表, "Tank", 型号W5310040, 年份约2016	35mm×40mm	82,080	保利香港	2022-07-11
卡地亚, 优雅罕见, 女装黄金镶钻石及黄色宝石自动腕表, "Pasha de Cartier", 型号2726, 年份约2013, 附原厂证书及盒盖	直径42mm	164,160	保利香港	2022-07-11
卡地亚, 18K白金酒桶形单按钮计时腕表		405,587	佳士得	2022-11-27
卡地亚, 18K白金两地时间腕表		150,646	佳士得	2022-11-27
卡地亚, 18K白金镶钻石长方形镂空腕表		150,646	佳士得	2022-11-27
卡地亚, 18K红金酒桶形两地时间腕表		63,735	佳士得	2022-11-27
卡地亚, 18K红金陀飞轮单按钮计时腕表, TORTUE XL TOURBILLON CHRONOGRAPHE MONOPOUSSOIR "CPCP", 型号2758, 限量生产共80枚, 附原厂证书, 盒子及外包装		453,630	佳士得	2022-05-24
卡地亚, 18K红金镶钻石腕表, BAIGNOIRE, 型号3031		140,409	佳士得	2022-05-24
卡地亚, 18K红金长方形两地时间腕表		139,058	佳士得	2022-11-27
卡地亚, 18K红金正方形腕表		55,623	佳士得	2022-11-27
卡地亚, 18K红金正方形腕表		44,035	佳士得	2022-11-27
卡地亚, 18K金酒桶形单按钮计时腕表		231,764	佳士得	2022-11-27
卡地亚, 18K金酒桶形腕表		63,735	佳士得	2022-11-27
卡地亚, CRASH 18K金镶钻石不对称腕表		810,054	佳士得	2022-05-24
卡地亚, 18K金自动上弦链带腕表		55,623	佳士得	2022-11-27
卡地亚, 18K金自动上弦腕表		57,941	佳士得	2022-11-27
卡地亚, 铂金镶钻石镂空自动上弦腕表		231,764	佳士得	2022-11-27
卡地亚, 别致, 18K红金镶钻石不对称女装腕表		370,823	佳士得	2022-11-27
卡地亚, 铂金酒桶形腕表		139,058	佳士得	2022-11-27
卡地亚, 铂金镶钻石不对称镂空腕表, CRASH, 限量生产, 约2015年制, 附原厂证书、盒子及外包装		1,512,100	佳士得	2022-05-24
卡地亚, 非常罕有, 铂金不对称腕表		2,433,526	佳士得	2022-11-27
卡地亚, 罕有, 铂金不对称腕表		521,469	佳士得	2022-11-27
卡地亚, 罕有, 18K白金镂空陀飞轮腕表		208,587	佳士得	2022-11-27
卡地亚, 罕有, 18K白金镶钻石不对称腕表, CRASH, 庆祝巴黎专卖店重新开幕, 限量生产50枚, 附盒子及外包装		1,296,086	佳士得	2022-05-24
卡地亚, 18K金不对称腕表		370,823	佳士得	2022-11-27
卡地亚, 罕有, 18K长方形可翻转腕表		185,411	佳士得	2022-11-27
卡地亚, 罕有, 18K金自动上弦半镂空陀飞轮万年历腕表		347,646	佳士得	2022-11-27
卡地亚, 吸引, 18K白金镶钻石、绿宝石及黑玛瑙女装腕表		370,823	佳士得	2022-11-27
卡地亚, 吸引, 18K白金镶钻石、绿宝石及玛瑙女装链带腕表, HIGH JEWELLERY PANTHÈRE CAPTIVE DE CARTIER, 附原厂证书、盒子及外包装		594,039	佳士得	2022-05-24
卡地亚及 European Watch & Clock Company 铂金、黄金、珐琅及白水晶镶钻石怀表, 约1916年制		113,954	香港苏富比	2022-10-05
昆仑 黄金二十美元金币表, 约2000年制		34,562	香港苏富比	2022-04-15
昆仑 型号55400 黄金链带腕表, 约1990年制		31,957	香港苏富比	2022-10-10
昆仑 独特精美, 黄金自动腕表, 备日期显示表盘, 型号88.450.56, 年份约1990, 附原厂证书	直径36mm	12,312	保利香港	2022-07-11
昆仑 罕见精美, 黄金镶钻石十二边形链带腕表, "Admiral's Cup", 型号64.810.65, 年份约2000	直径30mm; 长约175mm	10,260	保利香港	2022-07-11
朗格 1815 200th Anniversary F. A. Lange 型号236049 限量版铂金腕表, 为纪念 F. A. Lange 200周年诞辰而制, 约2015年制		296,281	香港苏富比	2022-10-05
朗格 1815 Homage to F.A Lange 1815 Moonphase 型号212.050/LS2126AA 限量版蜜糖金腕表, 备月相显示, 于2010年为纪念品牌165周年诞辰而制, 约2011年制		394,243	香港苏富比	2022-04-26
朗格 Arkade 型号103.027 白金腕表, 备数字日期显示, 约2002年制		81,005	香港苏富比	2022-04-15
朗格 Arkade 型号106.027 白金腕表, 备数字日期显示, 约2003年制		140,409	香港苏富比	2022-04-15
朗格 Datagraph Perpetual 型号410.025 铂金万年历飞返计时腕表, 备数位日期、星期、月相、闰年及昼夜显示, 约2010年制		626,749	香港苏富比	2022-10-05
朗格 Datagraph Perpetual 型号410.030FE 白金万年历飞返计时腕表, 备数位日期、星期、月相、闰年及昼夜显示, 约2009年制		726,238	香港苏富比	2022-04-26
朗格 Datagraph Up/Down "Lumen" 型号405.034 限量版铂金半镂空飞返计时腕表, 备数字日期及动力储备显示, 约2017年制		1,595,362	香港苏富比	2022-10-05
朗格 Datograph 型号403.035F 铂金飞返计时腕表, 备日期显示, 约2005年制		455,818	香港苏富比	2022-10-05
朗格 Lange 1 Time Zone 型号116.032 粉红金世界时间腕表, 备数字日期、动力储备及昼夜显示, 约2015年制		227,909	香港苏富比	2022-10-05
朗格 Lange 1 Time Zone 型号116.039 白金世界时间腕表, 备数字日期、动力储备及昼夜显示, 约2014年制		273,491	香港苏富比	2022-10-05
朗格 Lange 1 Zeitzone 型号116.025 铂金世界时间腕表, 备数字日期、动力储备及昼夜显示, 约2007年制		269,745	香港苏富比	2022-04-26
朗格 Lange 1 Zeitzone 型号116.039 白金世界时间腕表, 备数字日期、动力储备及昼夜显示, 约2018年制		248,996	香港苏富比	2022-04-26
朗格 Lange 1 白金腕表, 备数字日期及动力储备显示, 约2000年制		259,217	香港苏富比	2022-04-15
朗格 Lange 1 型号101.030/LS1013AG 白金腕表, 备数字日期及动力储备显示, 约2005年制		248,996	香港苏富比	2022-04-26
朗格 Lange 1 型号101.039 白金腕表, 备数字日期及动力储备显示, 约2009年制		176,629	香港苏富比	2022-10-05
朗格 Langematik Perpetual 型号310.032 粉红金万年历腕表, 备数位日期、星期、月相、24小时、闰年显示及归零装置, 约2008年制		296,281	香港苏富比	2022-04-26
朗格 Langematik Perpetual 型号310.221 黄金万年历链带腕表, 备数位日期、星期、月相、闰年、24小时显示及归零装置, 约2004年制		466,867	香港苏富比	2022-04-26
朗格 Little Lange 1 型号813.035/LS1133WY 限量版白金镶钻石腕表, 备数字日期、动力储备显示及珠母贝表盘, 约2005年制		269,745	香港苏富比	2022-04-26

拍品名称	物品尺寸	成交价RMB	拍卖公司	拍卖日期
朗格 Odysseus 型号363088白金腕表，备数字日期及星期显示，约2020年制		398,840	香港苏富比	2022-10-05
朗格 Six-O-Mat Langematik Perpetual 型号310.025 铂金万年历腕表，备数位日期、星期、月相、24小时、闰年显示及归零装置，约2006年制		363,119	香港苏富比	2022-04-26
朗格 Saxonia Double Split 型号404.035 铂金双追针飞返计时腕表，备动力储备显示，约2007年制		570,616	香港苏富比	2022-04-26
朗格 Saxonia Thin 型号205.086白金腕表，备copper-blue表盘，约2020年制		170,932	香港苏富比	2022-10-05
朗格 Zeitwerk 型号140.029白金腕表，备跳字及动力储备显示，约2018年制		364,654	香港苏富比	2022-10-05
朗格 黄金表冠上弦怀表	表径47mm	23,000	北京保利	2022-07-28
朗格 萨克森T990铂金万年历腕表，备数位日期、星期、月相、24小时、闰年显示及归零装置	表径38.5mm；表壳厚度9.8mm	402,500	上海嘉禾	2022-11-20
朗格，18K 白金腕表		440,352	佳士得	2022-11-27
朗格，18K白金腕表		278,117	佳士得	2022-11-27
朗格，18K红金飞返计时腕表		440,352	佳士得	2022-11-27
朗格，18K红金世界时间及两地时间腕表		289,705	佳士得	2022-11-27
朗格，铂金飞返计时腕表		521,469	佳士得	2022-11-27
朗格，铂金万年历追针计时腕表		1,042,939	佳士得	2022-11-27
朗格，铂金腕表		139,058	佳士得	2022-11-27
朗格，铂金腕表，配月相、动力储存及日历显示，GRAND LANGE 1 MOON PHASE LUMEN，型号139.035F，编号166/200，约2017年制，附原厂证书、盒子及外包装		1,188,079	佳士得	2022-05-24
朗格，非常罕有，18K 蜂蜜金自动上弦万年历腕表		556,234	佳士得	2022-11-27
朗格，非常罕有，18K白金腕表		405,587	佳士得	2022-11-27
朗格，非常罕有，18K金自动上弦腕表		278,117	佳士得	2022-11-27
朗格，非常罕有，铂金腕表		984,998	佳士得	2022-11-27
朗格，罕有，18K白金万年历飞返计时腕表		811,175	佳士得	2022-11-27
朗格，罕有，18K蜂蜜金腕表		556,234	佳士得	2022-11-27
朗格，罕有，18K红金腕表		254,940	佳士得	2022-11-27
朗格，罕有，铂金半镂空腕表		1,216,763	佳士得	2022-11-27
朗格，罕有，铂金半镂空腕表，配动力储存及特大日历显示，GRAND LANGE 1 LUMEN，限量生产200枚，型号117.035，约2013年制，附原厂证书、盒子及外包装		1,080,072	佳士得	2022-05-24
朗格，罕有，铂金追针飞返计时动能表		579,411	佳士得	2022-11-27
朗格，罕有，铂金陀飞轮万年历自动上弦腕表		1,622,350	佳士得	2022-11-27
朗格，罕有，铂金长方形陀飞轮腕表		869,116	佳士得	2022-11-27
朗格，极罕有，18K白金腕表，配日历显示及动力储存，为庆祝LANGE 1诞生20周年而制，LANGE 1 20TH ANNIVERSARY，型号101.063，编号15/20，约2015年制，附原厂证书		842,456	佳士得	2022-05-24
朗格，极罕有，18K白金镶钻石腕表，配日历显示及动力储存，为庆祝LANGE 1诞生20周年而制，编号15/20，LANGE 1 20TH ANNIVERSARY, THE LITTLE LANGE 1，型号811.063，约2015年制，附原厂证书		518,434	佳士得	2022-05-24
朗格，极罕有，铂金镶长形钻石飞返计时腕表，配日历显示及动力储存，为庆祝HOUR GLASS 20周年而制，DATOGRAPH UP/DOWN，型号405.836，约2021年制，附原厂证书		1,944,129	佳士得	2022-05-24
朗格，极罕有，铂金镶长形钻石自动上弦腕表，配日历显示，为庆祝HOUR GLASS 20周年而制，LANGE 1 DAYMATIC，型号320.836，约2021年制，附原厂证书		1,458,097	佳士得	2022-05-24
朗格，极罕有，铂金镶长形钻石自动上弦腕表，配日历及星期显示，为庆祝日本HOUR GLASS 20周年而制，LANGE 1 DAYMATIC，型号320.836，约2021年制，附原厂证书		1,404,093	佳士得	2022-05-24
浪琴 Lindbergh Hour Angle 型号674.5233 黄金计时腕表，备日期、星期显示及珠母贝表盘，约1990年制		23,761	香港苏富比	2022-04-15
浪琴(LONGINES)18K白金镶嵌蓝宝石及钻石女士腕表	表径23mm×23mm；全长17.6cm；总重量约57.8g	69,000	西泠印社	2022-01-23
劳力士 & AET 迪通拿 & oneX 涂鸦蓝宝石水晶自动上弦腕表	表径40mm	483,000	北京保利	2022-02-03
劳力士 & AET 迪通拿 & 中国熊猫限量5只，蓝宝石水晶自动上弦腕表，备计时功能	表径40mm	690,000	北京保利	2022-07-28
劳力士 Air-King 型号116900 全新精钢链带腕表，约2021年制		62,772	香港苏富比	2022-10-10
劳力士 Cellini 型号5179 黄金镶钻石及粉红色蓝宝石链带腕表，备碧玉表盘，约1995年制		79,892	香港苏富比	2022-10-10
劳力士 Cellini 型号5310 白金镶钻石腕表，备珠母贝表盘，约1999年制		28,081	香港苏富比	2022-04-15
劳力士 Cellini 一套三件黄金及白金腕表，约1976年制		51,359	香港苏富比	2022-10-10
劳力士 Cosmograph Daytona "Beach" 型号116519 白金计时腕表，备绿松石表盘，约2001年制		512,976	香港苏富比	2022-04-26
劳力士 Cosmograph Daytona "Beach" 型号116519 白金计时腕表，备粉红色珠母贝表盘，约2000年制		478,608	香港苏富比	2022-10-05
劳力士 Cosmograph Daytona "Beach" 型号116519 白金计时腕表，备黄色珠母贝表盘，约2005年制		478,608	香港苏富比	2022-10-05
劳力士 Cosmograph Daytona "Beach" 型号116519 白金计时腕表，备绿玉髓表盘，约2000年制		478,608	香港苏富比	2022-10-05
劳力士 Cosmograph Daytona "Paul Newman" 型号6239 精钢计时链带腕表，约1966年制		1,037,484	香港苏富比	2022-04-26
劳力士 Cosmograph Daytona "Beach" 型号116519 白金计时腕表，备黄色珠母贝表盘，约2000年制		497,992	香港苏富比	2022-04-26
劳力士 Cosmograph Daytona 型号116520 精钢计时链带腕表，备棕色表盘，约2000年制		466,867	香港苏富比	2022-04-26
劳力士 Cosmograph Daytona 型号116500LN 精钢计时链带腕表，约2017年制		269,745	香港苏富比	2022-04-15
劳力士 Cosmograph Daytona 型号116500LN 精钢计时链带腕表，约2020年制		302,420	香港苏富比	2022-04-15
劳力士 Cosmograph Daytona 型号116500LN 全新精钢计时链带腕表，约2021年制		311,245	香港苏富比	2022-04-26
劳力士 Cosmograph Daytona 型号116505 全新永恒玫瑰金计时链带腕表，约2017年制		398,840	香港苏富比	2022-10-05
劳力士 Cosmograph Daytona 型号116505 永恒玫瑰金计时链带腕表，约2008年制		466,867	香港苏富比	2022-04-26
劳力士 Cosmograph Daytona 型号116505 永恒玫瑰金计时链带腕表，约2013年制，原为Eric Clapton, CBE收藏		341,863	香港苏富比	2022-10-05
劳力士 Cosmograph Daytona 型号116505 永恒玫瑰金计时链带腕表，约2015年制		296,281	香港苏富比	2022-10-05
劳力士 Cosmograph Daytona 型号116505 永恒玫瑰金计时链带腕表，约2015年制		486,032	香港苏富比	2022-04-15
劳力士 Cosmograph Daytona 型号116506 铂金镶钻石计时链带腕表，约2019年制		854,658	香港苏富比	2022-10-05
劳力士 Cosmograph Daytona 型号116509 白金计时链带腕表，备阴石表盘，约2011年制		478,608	香港苏富比	2022-10-05
劳力士 Cosmograph Daytona 型号116509 白金计时链带腕表，约2005年制		248,996	香港苏富比	2022-10-05
劳力士 Cosmograph Daytona 型号116509 白金计时链带腕表，约2011年制		273,491	香港苏富比	2022-10-05
劳力士 Cosmograph Daytona 型号116515 永恒玫瑰金计时腕表，约2014年制		273,491	香港苏富比	2022-10-05
劳力士 Cosmograph Daytona 型号116519 白金计时腕表，备阴石表盘，约2007年制		364,654	香港苏富比	2022-10-05
劳力士 Cosmograph Daytona 型号116520 精钢计时链带腕表，备"APH'表盘，约2008年制		186,747	香港苏富比	2022-04-26
劳力士 Cosmograph Daytona 型号116520 精钢计时链带腕表，约2007年制		182,327	香港苏富比	2022-10-05
劳力士 Cosmograph Daytona 型号116528 黄金计时链带腕表，约2002年制		227,909	香港苏富比	2022-10-05
劳力士 Cosmograph Daytona 型号116528 黄金计时链带腕表，约2002年制		290,495	香港苏富比	2022-04-26
劳力士 Cosmograph Daytona 型号116568BR 黄金镶钻石计时链带腕表，备珠母贝表盘，约2009年制		934,426	香港苏富比	2022-10-05
劳力士 Cosmograph Daytona 型号116589 白金镶蓝宝石计时腕表，备方钠石表盘，约2007年制		1,481,407	香港苏富比	2022-10-05
劳力士 Cosmograph Daytona 型号116589 白金镶蓝宝石计时腕表，备阴石表盘，约2008年制		911,635	香港苏富比	2022-10-05
劳力士 Cosmograph Daytona 型号116599RBR 白金镶钻石计时腕表，约2014年制		512,795	香港苏富比	2022-10-05

2022杂项拍卖成交汇总(续表)

(成交价RMB：1万元以上)

拍品名称	物品尺寸	成交价RMB	拍卖公司	拍卖日期
劳力士 Cosmograph Daytona 型号16520 黄金及精钢计时链带腕表, 备porcelain 表盘及悬浮标志,由Tiffany & Co.发行,约1988年制		1,037,484	香港苏富比	2022-04-26
劳力士 Cosmograph Daytona 型号16523 黄金及精钢计时链带腕表, 约1998年制		125,544	香港苏富比	2022-10-10
劳力士 Cosmograph Daytona 型号16528 黄金计时链带腕表, 备porcelain 表盘及悬浮标志, 约1988年制		933,735	香港苏富比	2022-04-26
劳力士 Cosmograph Daytona 型号6240 精钢计时链带腕表, 备棕色表盘及 big logo, 约1966年制		933,735	香港苏富比	2022-04-26
劳力士 Cosmograph Daytona 型号6263 精钢计时链带腕表, 约1973年制		455,818	香港苏富比	2022-10-05
劳力士 Cosmograph Daytona, 型号16520 精钢计时链带腕表, 备 porcelain 表盘及悬浮标志, 约1989年制		985,609	香港苏富比	2022-04-26
劳力士 Date 型号1505 黄金及精钢腕表, 备日期显示, 约1979年制		21,601	香港苏富比	2022-04-15
劳力士 DateJust 型号116201 黄金及精钢镶钻石链带腕表, 备日期显示及珠母贝表盘, 约2005年制		51,843	香港苏富比	2022-04-15
劳力士 DateJust 型号116234 精钢链带腕表, 备日期显示及白金表圈, 约2013年制		62,772	香港苏富比	2022-04-15
劳力士 DateJust 型号1601 精钢腕表, 备日期显示, 约1964年制		21,685	香港苏富比	2022-04-15
劳力士 DateJust 型号16013 黄金及精钢链带腕表, 备日期显示, 约1986年制		31,957	香港苏富比	2022-04-15
劳力士 DateJust 型号16014 精钢链带腕表, 备白金表圈及日期显示, 约1978年制		51,359	香港苏富比	2022-04-15
劳力士 DateJust 型号16014 精钢链带腕表, 备日期显示及白金表圈, 约1987年制		27,391	香港苏富比	2022-04-15
劳力士 DateJust 型号16018 黄金链带腕表, 备日期显示, 为沙特阿拉伯皇家警部而制, 约1980年制		96,861	香港苏富比	2022-10-05
劳力士 DateJust 型号16234 精钢及白金镶钻石链带腕表, 备日期显示, 为纪念西雅图水手投手佐佐木主浩获得美国职棒大联盟年度最佳新人奖而制, 约2000年制		70,204	香港苏富比	2022-04-15
劳力士 DateJust 型号16234精钢镶钻石链带腕表, 备白金表圈及日期显示, 为纪念西雅图水手投手佐佐木主浩获得美国职棒大联盟年度最佳新人奖而制, 约2000年制		62,772	香港苏富比	2022-10-10
劳力士 DateJust 型号16234精钢镶钻石链带腕表, 备日期显示及方钠石表盘, 约2000年制		88,186	香港苏富比	2022-04-26
劳力士 DateJust 型号6605黄金腕表, 备日期显示, 约1956年制		31,957	香港苏富比	2022-10-10
劳力士 DateJust 型号69173黄金及精钢链带腕表, 备日期显示, 约1991年制		27,391	香港苏富比	2022-10-10
劳力士 DateJust 型号69173黄金及精钢链带腕表, 备日期显示及木制表盘, 约1996年制		34,562	香港苏富比	2022-04-15
劳力士 DateJust 型号69173黄金及精钢镶钻石链带腕表, 备日期显示, 约1988年制		25,109	香港苏富比	2022-10-10
劳力士 DateJust 型号69178 黄金镶钻石链带腕表, 约1983年制		45,363	香港苏富比	2022-04-15
劳力士 DateJust 型号69308黄金镶钻石及粉红色蓝宝石链带腕表, 备日期显示, 约1995年制		148,370	香港苏富比	2022-04-15
劳力士 DateJust 型号79278 黄金镶钻石链带腕表, 备日期显示, 约1999年制		68,478	香港苏富比	2022-04-15
劳力士 Day-Date 型号1803 白金腕表, 备日期及星期显示, 约1967年制		86,405	香港苏富比	2022-04-15
劳力士 Day-Date 型号1803粉红金镶钻链带腕表, 备日期及星期显示, 由卡地亚发行, 约1974年制		341,863	香港苏富比	2022-10-05
劳力士 Day-Date 型号1803黄金链带腕表, 备日期及星期显示, 约1975年制		136,745	香港苏富比	2022-10-10
劳力士 Day-Date 型号18238黄金镶钻石链带腕表, 备日期显示, 约1985年制		86,405	香港苏富比	2022-04-15
劳力士 Explorer II 型号16570 精钢链带腕表, 备日期及24小时显示, 约1989年制		59,403	香港苏富比	2022-04-15
劳力士 Explorer II 型号16570 精钢链带腕表, 备日期及24小时显示, 约1993年制		114,131	香港苏富比	2022-10-10
劳力士 Explorer II 型号216570 全新精钢链带腕表, 备日期及24小时显示, 约2017年制		79,892	香港苏富比	2022-10-10
劳力士 Explorer II 型号226570 全新精钢链带腕表, 备日期及24小时显示, 约2022年制		85,598	香港苏富比	2022-10-10

拍品名称	物品尺寸	成交价RMB	拍卖公司	拍卖日期
劳力士 Explorer 型号1016精钢链带腕表, 约1972年制		103,748	香港苏富比	2022-04-26
劳力士 GMT-Master "Long E" 型号1675 精钢两地时间链带腕表, 备日期显示, 约1966年制		113,954	香港苏富比	2022-10-05
劳力士 GMT-Master II "Pepsi Stick Dial" 型号16710 全新精钢两地时间链带腕表, 备日期显示, 约2008年制		125,350	香港苏富比	2022-10-05
劳力士 GMT-Master II 型号116710 精钢两地时间链带腕表, 备日期显示, 约2007年制		91,164	香港苏富比	2022-10-05
劳力士 GMT-Master II 型号116759SANR 白金镶钻石及黑色蓝宝石两地时间链带腕表, 备日期显示, 约2008年制		683,726	香港苏富比	2022-10-05
劳力士 GMT-Master II 型号126710BLNR 精钢两地时间链带腕表, 备日期显示, 约2019年制		136,957	香港苏富比	2022-10-10
劳力士 GMT-Master II 型号16710 精钢两地时间链带腕表, 备日期显示, 约2005年制		114,123	香港苏富比	2022-04-26
劳力士 GMT-Master 型号1675 精钢两地时间链带腕表, 备日期显示, 约1966年制		124,498	香港苏富比	2022-04-26
劳力士 GMT-Master 型号1675 精钢两地时间链带腕表, 备日期显示, 约1967年制		151,210	香港苏富比	2022-04-15
劳力士 GMT-Master 型号642 精钢两地间链带腕表, 备胶木表盘及日期显示, 由Tiffany & Co.发行, 约1988年制, 原为藤原浩收藏		797,681	香港苏富比	2022-10-05
劳力士 Milgauss 型号1019 精钢防磁链带腕表, 约1964年制		136,745	香港苏富比	2022-10-05
劳力士 Milgauss 型号116400GV 精钢防磁链带腕表, 备绿色蓝宝石水晶玻璃, 约2008年制		74,185	香港苏富比	2022-10-10
劳力士 Oyster Perpetual 型号76080 精钢链带腕表, 约1999年制		21,601	香港苏富比	2022-04-15
劳力士 Oysterquartz DateJust 型号17013 黄金及精钢链带腕表, 备日期显示, 约1980年制		31,957	香港苏富比	2022-10-10
劳力士 Sea-Dweller 型号116600 精钢链带腕表, 备日期显示, 约2015年制		91,164	香港苏富比	2022-10-10
劳力士 Sea-Dweller 型号16600 精钢链带腕表, 备日期显示, 约1991年制		68,478	香港苏富比	2022-10-10
劳力士 Sky-Dweller 型号326135 永恒玫瑰金年历两地时间腕表, 备日期显示, 约2013年制		296,281	香港苏富比	2022-10-05
劳力士 Sky-Dweller 型号326934 精钢年历两地时间链带腕表, 备白金表圈及日期显示, 约2018年制		159,783	香港苏富比	2022-10-05
劳力士 Submariner "Hulk" 型号116610LV 全新精钢链带腕表, 备日期显示, 约2020年制		216,849	香港苏富比	2022-10-10
劳力士 Submariner "Kermit Flat 4" 型号16610LV 精钢链带腕表, 备日期显示, 约2003年制		216,513	香港苏富比	2022-10-05
劳力士 Submariner "Single Red" 型号1680 精钢链带腕表, 备日期显示, 约1973年制		159,536	香港苏富比	2022-10-05
劳力士 Submariner "Kermit Flat 4"型号16610LV 全新早期精钢链带腕表, 备日期显示, 约2003年制		290,495	香港苏富比	2022-04-26
劳力士 Submariner "Double Red Sea-Dweller" 型号1665 精钢链带腕表, 约1976年制		228,246	香港苏富比	2022-04-26
劳力士 Submariner 型号116613 黄金及精钢镶钻石链带腕表, 备日期显示, 约2015年制		114,131	香港苏富比	2022-10-10
劳力士 Submariner 型号126613LN 黄金及精钢链带腕表, 备日期显示, 约2021年制		125,350	香港苏富比	2022-10-10
劳力士 Submariner 型号16610 精钢链带腕表, 备日期显示, 约1994年制		68,478	香港苏富比	2022-10-10
劳力士 Tridor DateJust 型号69149 三色金镶钻石链带腕表, 备日期显示, 约1987年制		64,804	香港苏富比	2022-04-15
劳力士 Tridor Day-Date 型号18039 三色金镶钻石链带腕表, 备日期及星期显示, 约1987年制		151,210	香港苏富比	2022-04-15
劳力士 Yacht-Master II 型号116688 黄金赛艇倒计时链带腕表, 约2008年制		296,740	香港苏富比	2022-10-10
劳力士 Yacht-Master II 型号116689 白金赛艇倒计时链带腕表, 约2007年制		363,119	香港苏富比	2022-04-26
劳力士 Yacht-Master 型号169622 精钢链带腕表, 备日期显示及铂金表圈, 约1999年制		59,403	香港苏富比	2022-04-15

拍品名称	物品尺寸	成交价RMB	拍卖公司	拍卖日期
劳力士 迪通拿系列，型号116515 18K玫瑰金自动上弦腕表，备计时功能	表径40mm	322,000	北京保利	2022-02-03
劳力士 独特精致白金珍珠母贝表盘自动链带计时码表，备小秒针，"Cosmograph Daytona Beach"，型号116519，年份约2001，附原厂维修书	直径40mm	325,584	保利香港	2022-10-11
劳力士，非常精美罕有，全新玫瑰金镶钻石及彩色宝石自动链带计时码表，备小秒针，"Cosmograph Rainbow Daytona"，型号116595RBOW，年份约2021，附原厂证书及表盒	直径40mm	3,255,840	保利香港	2022-10-11
劳力士 粉红金猎壳怀表，备珐琅表盘及 Dennison Watch Case Co. Ltd 表壳，约1920年制		34,239	香港苏富比	2022-10-10
劳力士 女装日志型系列，型号116201 18K间金自动上弦腕表，备日期显示	表径36mm；全表长约18.8cm	46,000	北京保利	2022-07-28
劳力士 女装日志型系列，型号179173 18K黄金金款动上弦腕表，备日期显示	表径26mm；全表长约16.4cm	46,000	北京保利	2022-07-28
劳力士 切利尼系列 18K黄金手动上弦腕表	表径33mm×29mm	17,250	北京保利	2022-07-28
劳力士 切利尼，型号4243/9-BIC 18K双色金手动上弦腕表	表径38mm	40,250	北京保利	2022-02-03
劳力士 日志系列，型号16233 间金自动上弦腕表，备日期显示	表径36mm	40,250	北京保利	2022-02-03
劳力士 日志型系列，型号116233 18K间金自动上弦腕表，备日期显示	表径35mm；全表长18.8cm	55,200	北京保利	2022-07-28
劳力士 型号6062 粉红金全日历腕表，备月相显示，约1955年制		1,659,974	香港苏富比	2022-04-26
劳力士 宇宙计型迪通拿系列型号116519-0107 18K白金自动上弦腕表，备计时功能	表径40mm	920,000	北京保利	2022-07-28
劳力士 非常精美罕有，铂金镶钻石自动链带计时码表，备小秒针及测速计，"Cosmograph Daytona"，"全新"型号116506，年份约2022，附原厂国际保证卡及表盒	直径40mm；长约180mm	1,026,000	保利香港	2022-07-11
劳力士 复古精美，白金不对称形机械腕表，"Cellini"，年份约1970	28mm×26mm	20,520	保利香港	2022-07-11
劳力士 罕有，黄金及精钢镶钻石自动链带腕表，备日期显示，"Datejust"，型号16233，年份约1995	直径36mm；长约180mm	66,690	保利香港	2022-07-11
劳力士 怀日精美，女装黄金椭圆形机械链带腕表，"Orchid"，年份约1985	20mm×24cm；长约165mm	15,390	保利香港	2022-07-11
劳力士 精美，精钢自动链带腕表，备日期显示，"Submariner"，"Kermit"，型号16610LV，年份约2008，附原厂国际保证卡及表盒	直径41mm；长约190mm	133,380	保利香港	2022-07-11
劳力士 精细罕见，精钢自动链带计时码表，备小秒针及测速计，P字头，"Cosmograph Daytona"，型号16520，年份约2007，附原厂证书	直径40mm；长约185mm	328,320	保利香港	2022-07-11
劳力士 时尚，精钢及精钢镶钻石自动链带腕表，备日期显示及珍珠母贝表盘，"Datejust"，型号16234NG，年份约2008	直径36mm；长约165mm	51,300	保利香港	2022-07-11
劳力士 Submariner系列 精钢自动上弦腕表，约2010年制		55,200	中国嘉德	2022-12-15
劳力士 Yacht-Master系列Ref.226679TBR 18K白金自动上弦镶钻腕表，备日期显示，全新，约2021年制		874,000	中国嘉德	2022-12-15
劳力士（ROLEX）DATE JUST系列 18K黄金孔雀石表盘女士腕表	表径26mm	207,000	西泠印社	2022-08-21
劳力士，18K白金怀表		63,735	佳士得	2022-11-27
劳力士，18K白金镶钻石自动上弦计时码腕表		486,705	佳士得	2022-11-27
劳力士，18K白金自动上弦计时链带腕表		637,352	佳士得	2022-11-27
劳力士，18K白金自动上弦计时腕表		324,470	佳士得	2022-11-27
劳力士，18K白金自动上弦计时腕表		324,470	佳士得	2022-11-27
劳力士，18K白金自动上弦两地间时链带腕表		370,823	佳士得	2022-11-27
劳力士，18K红金镶钻石自动链带腕表		254,940	佳士得	2022-11-27
劳力士，18K红金自动上弦计时码腕表，DAYTONA，型号116515LN，约2016年制，附原厂证书、盒子及外包装		237,615	佳士得	2022-05-24
劳力士，18K红金自动上弦年历显示腕表，配两地时间及中心秒针，SKY-DWELLER，型号326135，约2013年制，附原厂证书、盒子及外包装		280,818	佳士得	2022-05-24
劳力士，18K红金自动上弦腕表，配中心秒针及日历显示，YACHT-MASTER，型号116655，约2017年制，附原厂证书、盒子及外包装		172,811	佳士得	2022-05-24
劳力士，18K黄金及不锈钢自动上弦链带腕表，配中心秒针及日历显示，SEA-DWELLER，型号126603，约2019年制，附原厂证书、盒子及外包装		118,807	佳士得	2022-05-24
劳力士，18K金20美元硬币表		110,088	佳士得	2022-11-27
劳力士，18K金镶钻石自动上弦链带腕表		139,058	佳士得	2022-11-27
劳力士，18K金镶钻石自动上弦链带腕表		440,352	佳士得	2022-11-27
劳力士，18K金镶钻石自动上弦链带腕表		196,999	佳士得	2022-11-27
劳力士，18K金镶钻石自动上弦装链带腕表		98,499	佳士得	2022-11-27
劳力士，18K金镶钻石自动上弦腕表		301,293	佳士得	2022-11-27
劳力士，18K金自动上弦计时链带腕表，迪通拿系列，型号116508，约2022年制，附原厂证书、盒子及外包装		1,080,072	佳士得	2022-05-24
劳力士，18K金自动上弦链带腕表，配中心秒针及日历显示，SUBMARINER DATE，型号16618，约1991年制		172,811	佳士得	2022-05-24
劳力士，18K金自动上弦链带腕表，配中心秒针及日历显示，SUBMARINER DATE，型号1680		237,615	佳士得	2022-05-24
劳力士，不锈钢及18K红金自动上弦链带腕表		104,293	佳士得	2022-11-27
劳力士，不锈钢及18K金自动上弦链带腕表		115,882	佳士得	2022-11-27
劳力士，不锈钢计时链带腕表		463,528	佳士得	2022-11-27
劳力士，不锈钢自动上弦计时链带腕表		556,234	佳士得	2022-11-27
劳力士，不锈钢自动上弦计时链带腕表		278,117	佳士得	2022-11-27
劳力士，不锈钢自动上弦计时链带腕表，DAYTONA，型号116500LN，约2017年制，附原厂证书、盒子及外包装		280,818	佳士得	2022-05-24
劳力士，不锈钢自动上弦链带腕表		92,705	佳士得	2022-11-27
劳力士，不锈钢自动上弦链带腕表，配中心秒针，OYSTER PERPETUAL，型号124300，约2020年制，附原装证书、盒子及外包装		280,818	佳士得	2022-05-24
劳力士，不锈钢自动上弦链带腕表，配中心秒针、日历显示及热带棕色表盘，SUBMARINER DATE，型号1680		313,220	佳士得	2022-05-24
劳力士，不锈钢自动上弦链带腕表，配中心秒针及日历显示，DEEPSEA，型号126660，约2019年制，附原厂证书、盒子及外包装		91,806	佳士得	2022-05-24
劳力士，不锈钢自动上弦链带腕表，配中心秒针及日历显示，SUBMARINER DATE，型号16610LV，Y-SERIES WITH FLAT 4 BEZEL INSERT，约2003年制，附原厂证书、盒子及外包装		205,213	佳士得	2022-05-24
劳力士，不锈钢自动上弦两地时链带腕表		185,411	佳士得	2022-11-27
劳力士，不锈钢自动上弦两地时间链带腕表，配中心秒针及日历显示，GMT-MASTER II，型号126710BLNR，约2019年制，附原厂证书、盒子及外包装		118,807	佳士得	2022-05-24
劳力士，非常罕有，18K白金镶蓝宝石自动上弦计时腕表		1,854,115	佳士得	2022-11-27
劳力士，非常罕有，18K白金镶钻石及蓝宝石自动上弦计时腕表		2,085,879	佳士得	2022-11-27
劳力士，非常罕有，18K金自动上弦两地时间腕表		370,823	佳士得	2022-11-27
劳力士，非常罕有，不锈钢自动上弦计时链带腕表，配跌字表盘		811,175	佳士得	2022-11-27
劳力士，罕有，18K白金镶钻石、红宝石及蓝宝石自动上弦两地间时链带腕表		811,175	佳士得	2022-11-27
劳力士，罕有，18K金计时腕表		1,042,939	佳士得	2022-11-27
劳力士，罕有，18K金自动上弦腕表		110,088	佳士得	2022-11-27
劳力士，罕有，不锈钢及18K金自动上弦计时链带腕表		139,058	佳士得	2022-11-27
劳力士，罕有，不锈钢计时链带腕表		1,796,174	佳士得	2022-11-27
劳力士，罕有，不锈钢自动上弦链带腕表，配中心秒针及日历显示，DATEJUST，型号16240，由蒂芙尼销售，附原厂证书、盒子及外包装		86,405	佳士得	2022-05-24
劳力士，罕有，不锈钢自动上弦链带腕表，配中心秒针及日历显示，SEA-DWELLER，由蒂芙尼销售，型号1600，约1991年制，附原厂证书、盒子及外包装		345,623	佳士得	2022-05-24
劳力士，早期，不锈钢自动上弦链带腕表		231,764	佳士得	2022-11-27
里查德米尔，精致，玫瑰金镶钻石酒桶形自动链带腕表，备珍珠母贝表盘，型号RM007 AG PG，年份约2011，附原厂证书及表盒	直径31mm	542,640	保利香港	2022-10-11
理查德米勒 型号RM11-03 NTPT碳纤维自动上弦腕表，备年历、计时功能	表径50mm×43.5mm	3,335,000	北京保利	2022-02-03
路易威登，Tambour Slim Tourbillon 38 型号Q1G61 粉红金镶钻石陀飞轮腕表，备珠母贝表盘，约2018年制		216,014	香港苏富比	2022-04-15
路易威登，非常罕有，18K白金镶钻石及绿色宝石自动上弦腕表		162,235	佳士得	2022-11-27
罗杰杜彼，Excalibur Spider Pirelli MB 型号DBEX 0746 限量版 DLC 涂层处理钛金镂空腕表，约2021年制		319,072	香港苏富比	2022-10-05
罗杰杜彼，Excalibur The 12 Animal Heads 型号DBEX0738 限量版铜制腕表，备微绘十二生肖雕像及珐琅表盘，约2017年制		1,244,980	香港苏富比	2022-04-26

2022杂项拍卖成交汇总(续表)

(成交价RMB：1万元以上)

拍品名称	物品尺寸	成交价RMB	拍卖公司	拍卖日期
罗杰杜彼 Hommage Chronograph 型号H37限量版白金计时腕表，备SECTOR及脉搏计表盘，约1998年制		197,121	香港苏富比	2022-04-26
罗杰杜彼 La Monegasque 型号86300精钢计时腕表，约2015年制		57,065	香港苏富比	2022-10-10
罗杰杜彼 Sympathie Bi-Retro Perpetual 型号S405632限量版白金万年历计时腕表，备珠母贝表盘，双逆跳星期及日期、闰年、月相显示，约2002年制		414,993	香港苏富比	2022-04-26
罗杰杜彼 限量版白金钻石腕表，约2000年制		51,843	香港苏富比	2022-04-15
名仕18K黄金女款镶钻及祖母绿腕表	表径20mm×16mm；全表链长约17.5cm	25,300	北京保利	2022-07-28
名仕18K黄金女款镶钻及祖母绿腕表	表径27mm；全表长约16cm	17,250	北京保利	2022-07-28
摩凡陀(MOVADO)玫瑰金男士腕表	表径35mm	10,350	西泠印社	2022-01-23
欧米茄 "De Ville" K金腕表		15,978	香港苏富比	2022-10-12
欧米茄 Louis Brandt 型号175.0300黄金万年历腕表，备日期、星期、月相及闰年显示，约1990年制		36,522	香港苏富比	2022-10-10
欧米茄 博物馆系列 型号5703.30.01 限量版粉红金腕表，约2004年制		41,042	香港苏富比	2022-04-15
欧米茄 超霸系列 Apollo 11 40th Anniversary 型号31130.42.30.01.002 限量版精钢计时链带腕表，约2009年制		34,239	香港苏富比	2022-04-15
欧米茄 超霸系列 Day-Date 型号3321.30.00 黄金及精钢全日历计时链带腕表，备日期、星期及24小时显示，约2000年制		17,281	香港苏富比	2022-04-15
欧米茄 超霸系列 Professional 型号145.012 精钢计时链带腕表，约1968年制		43,370	香港苏富比	2022-10-10
欧米茄 超霸系列 Professional 型号310.20.42.50.01.001 限量版精钢计时链带腕表，约2020年制		91,806	香港苏富比	2022-10-10
欧米茄 超霸系列 Reduced 型号3510.50.00 精钢计时链带腕表，约2004年制		18,361	香港苏富比	2022-04-15
欧米茄 超霸系列 Reduced 型号3513-33 精钢计时链带腕表，备日期显示，约1996年制		15,978	香港苏富比	2022-04-15
欧米茄 超霸系列 Reduced 型号3534.79.00 精钢计时腕表，备珠母贝表盘，约2005年制		20,521	香港苏富比	2022-04-15
欧米茄 超霸系列 Schumacher Racing Reduced 型号3510 精钢计时腕表，约1996年制		18,261	香港苏富比	2022-10-10
欧米茄 超霸系列 Schumacher Racing Reduced 型号3810.61.41 精钢计时链带腕表，约1995年制		25,109	香港苏富比	2022-04-15
欧米茄 超霸系列 型号2998-4 精钢腕表，约1960年制		165,997	香港苏富比	2022-04-26
欧米茄 超霸系列专业月球表型号3570.50 精钢链带计时腕表，约2004年制		33,199	香港苏富比	2022-04-26
欧米茄 超霸系列星期日历型号3520.50.00 精钢全日历计时链带腕表，备日期、星期及24小时显示，约2003年制		20,544	香港苏富比	2022-04-15
欧米茄 超霸系列专业月球表 Japan Racing 型号3570.40 限量版精钢计时链带腕表，约2005年制		97,206	香港苏富比	2022-04-15
欧米茄 海马系列 "Ploprof" 精钢链带腕表，备日期显示，约1970年制		36,522	香港苏富比	2022-04-15
欧米茄 海马系列 300 米潜水计时型号2598.20.00 精钢计时链带腕表，备日期显示，约2002年制		15,121	香港苏富比	2022-04-15
欧米茄 海马系列 Aqua Terra 150米 型号522.10.41.21.04.001 全新精钢链带腕表，备日期显示，为纪念2022北京冬季奥运会而制，约2021年制		25,109	香港苏富比	2022-04-15
欧米茄 海马系列 潜水 300米 型号522.30.42.20.03.001 精钢链带腕表，备日期显示，为纪念2022北京冬季奥运会而制，约2021年制		31,957	香港苏富比	2022-04-15
欧米茄 海马系列 潜水300米 "007 Edition" 型号210.90.42.20.01.001 限量版钛金属链带腕表，约2020年制		62,772	香港苏富比	2022-10-10
欧米茄 限量版黄金镂空腕表，约1990年制		51,359	香港苏富比	2022-10-10
欧米茄 星座系列 北京奥运会特别版 2008 型号111.20.36.10.52.001 限量版黄金及精钢镶钻石链带腕表，约2008年制		15,121	香港苏富比	2022-10-10
欧米茄 星座系列，北京奥运会限量888只 精钢自动上弦镶钻腕表，备日期显示	表径35.5mm；全表链长约20.8cm	17,250	北京保利	2022-07-28
欧米茄 怀日精致，黄金及珐琅开面机械怀表，年份约1985	直径44mm	28,728	保利香港	2022-07-11
欧米茄 精美,精钢镶钻石自动计时码表，备小秒针及珍珠母贝盘表，"Speedmaster"，型号3857.036，年份约2013	直径36mm	12,312	保利香港	2022-07-11
欧米茄 精美，限量版精钢机械链带计时码表，备 "史努比" 表盖底、测速计及小秒针，"Speedmaster"，型号3578.51.00，限量生产5441枚，年份2006，附原厂证书及表盒	直径42mm；长约180mm	97,470	保利香港	2022-07-11
欧米茄 精美罕有，限量版玫瑰金酒桶形自动腕表，备小秒针，"The Omega Museum Collection"，"Petrograd Watch 1915"，型号57.03.3001，限量生产1915枚，年份约2003，附原厂证书及表盒	32mm×50mm	30,780	保利香港	2022-07-11
欧米茄，不锈钢及18K黄金计时链带腕表，限量生产6069枚，纪念阿波罗11号登月50周年，型号 310.20.42.50.01.001，约2020年制，附原厂证书，盒子及外包装		59,403	佳士得	2022-05-24
欧米茄，瞩目，18K白金镶钻石自动上弦女装链带腕表		417,175	佳士得	2022-11-27
帕玛钱宁 Tonda Metrographe 型号PFC274-0002400-HE6042 精钢计时腕表，备日期显示，约2020年制		31,957	香港苏富比	2022-10-10
沛纳海 Luminor Base Logo 型号PAM000 精钢腕表，约2015年制		25,921	香港苏富比	2022-04-15
沛纳海 Luminor Luna Rossa GMT 型号PAM01036 DLC涂层处理钛金属两地间腕表，备日期显示，约2020年制		54,783	香港苏富比	2022-10-10
沛纳海 Luminor Marina 型号PAM00359 精钢腕表，备日期显示，约2011年制		22,826	香港苏富比	2022-10-10
沛纳海 Luminor Rattrapante 1950 型号PAM00213 精钢追针计时腕表，约2006年制		48,603	香港苏富比	2022-04-15
沛纳海 Luminor Regatta Chrono Flyback 型号PAM00526 限量版钛金属飞返倒计时腕表，为 Classic Yachts Challenge Series 2014 而制，约2014年制		70,204	香港苏富比	2022-04-15
沛纳海 Luminor Submersible 型号PAM00682 精钢腕表，备日期显示，约2018年制		27,391	香港苏富比	2022-10-10
沛纳海 Luminor 型号PAM00499 精钢腕表，备日期显示，约2005年制		27,391	香港苏富比	2022-04-15
沛纳海 Luminor 型号PAM01110 精钢计时链带腕表，约2021年制		51,359	香港苏富比	2022-10-10
沛纳海 Radiomir 型号PAM00515 粉红金腕表，备日期显示，约2013年制		85,598	香港苏富比	2022-10-10
沛纳海 精美，限量版腕表枕形自动腕表，备日期显示及小秒针，"Luminor Submersible"，型号PAM000024，限量生产1300枚，年份约2008，附原厂证书	43mm×45mm	22,572	保利香港	2022-07-11
儒纳 "Octa" 系列，型号343-AL 铂金自动上弦腕表，备5天动力储存功能及日期，月相显示	表径40mm	920,000	北京保利	2022-07-28
瑞士18K黄金表冠上弦怀表，备三项功能	表径46mm	17,250	北京保利	2022-07-28
瑞士18K黄金珐琅表冠上弦表，备三项功能	表径46mm	34,500	北京保利	2022-07-28
瑞士制黄金镶珐琅、钻石及珍珠三问猎壳怀表，备珐琅表盘，约1900年制		70,204	香港苏富比	2022-04-15
19世纪制 18K黄金双发条定制怀表	表径55mm	55,200	西泠印社	2022-01-23
19世纪制 鲍勃·博迪克(Bowler & Burdick Co)14K黄金双追针跑马怀表	表径50mm	32,200	西泠印社	2022-01-23
19世纪制 江诗丹顿(VACHERON CONSTANTIN)18K黄金怀表	表径46mm	43,700	西泠印社	2022-08-21
19世纪制 江诗丹顿(Vacheron Constantin)14K黄金雕花怀表	表径40mm	34,500	西泠印社	2022-01-23
泰格豪雅 卡莱拉系列 型号CAR5A8Z PVD涂层处理钛金属及陶瓷陀飞轮计时腕表，约2019年制		85,598	香港苏富比	2022-10-10
泰格豪雅 卡莱拉系列 型号CV2A11 精钢计时链带腕表，备日期及星期显示，约2011年制		12,554	香港苏富比	2022-10-10
泰格豪雅 摩纳哥系列 Sixty-Nine 型号CW9110 精钢可翻转腕表，备跳字显示，约2005年制		29,674	香港苏富比	2022-10-10
万宝龙 Nicolas Rieusser Monopusher Chronograph 型号102335限量版黄金单按钮计时腕表，备日期及动力储备显示，约2009年制		59,403	香港苏富比	2022-04-15
万国 Portuguese Regulator 型号IW5444-03 限量版铂金腕表，备三针一线表盘，约2008年制		88,186	香港苏富比	2022-04-26
万国 GST Chrono Rattrapante 型号3715 钛金属追针计时链带腕表，备日期及星期显示，约2000年制		25,109	香港苏富比	2022-10-10

拍品名称	物品尺寸	成交价RMB	拍卖公司	拍卖日期
万国 Pilot Top Gun Mojave Desert 型号IW389103 限量版陶瓷计时腕表, 备日期及星期显示, 约2019年制		129,608	香港苏富比	2022-04-15
万国 白金镶钻石及玛瑙链带腕表, 备玛瑙表盘, 约1980年制		51,359	香港苏富比	2022-10-10
万国 达文西系列 型号3751限量版铂金万年历追针计时腕表, 备日期、星期、月相及数字年份显示, 约1997年制		183,612	香港苏富比	2022-04-15
万国 大型飞行员系列型号IW503601 限量版青铜万年历腕表, 备日期、星期、月相、数字年份及7天动力储备显示, 约2019年制		159,783	香港苏富比	2022-10-10
万国 葡萄牙追针计时系列 型号IW371202 精钢追针计时腕表, 约2007年制		36,522	香港苏富比	2022-10-10
万国, 18K金自动上弦链带腕表		81,117	佳士得	2022-11-27
万国, 不锈钢自动上弦链带腕表		32,447	佳士得	2022-11-27
万国, 不锈钢自动上弦链带腕表		32,447	佳士得	2022-11-27
万国, 著名, 不锈钢自动上弦链带腕表		139,058	佳士得	2022-11-27
万国 精细, 玫瑰金年历自动腕表, 备日期、星期、月份, 动力储存显示及小秒针, "Portugieser", 型号IW503504, 年份约2017	直径44mm	70,543	保利香港	2022-10-11
万国 精细, 黄金万年历追针自动计时码表, 备日期、星期、月份、闰年、月相显示及小秒针, "Da Vinci", 型号3751, 年份约1998, 附原厂证书及表盒	直径39mm	66,690	保利香港	2022-07-11
万国 精细, 玫瑰金万年历自动计时码表, 备日期、星期、月份、闰年、月相显示及小秒针, "Da Vinci", 型号IW392101, 年份约2016, 附原厂表盒	直径43mm	76,950	保利香港	2022-07-11
万国 全新精美, 钛金属自动计时码表, 备小秒针及测速计, "Ingenieur Chronograph AMG", 型号IW372504, 年份约2008, 附原厂证书及表盒	直径42mm	25,650	保利香港	2022-07-11
万国 全新精美, 钛金属自动链带计时码表, 备小秒针及测速计, "Ingenieur Chronograph AMG", 型号IW372503, 年份约2008, 附原厂证书及表盒	直径42mm; 长约170mm	25,650	保利香港	2022-07-11
万国, 不锈钢自动上弦腕表, 配中心秒针, 日历显示及8天动力储存, BIG PILOT, 型号IW500401, 约2007年制, 附原厂证书、盒子及外包装		30,242	佳士得	2022-05-24
万希泉 Dynamic Series限量版粉红金涂层陀飞轮镂空腕表, 为Nsquare 而制, 约2018年制		41,042	香港苏富比	2022-04-15
万希泉 经典精美, 玫瑰金陀飞轮机械腕表, "旅行者系列", 型号MO0511, 年份约2017, 附原厂证书及表盒	直径41mm	11,938	保利香港	2022-10-11
万希泉 精美, 钢陀飞轮机械腕表, "星球大战系列——凯罗·忍", 型号SW1217, 年份约2018, 附原厂证书及表盒	直径43mm	10,852	保利香港	2022-07-11
万希泉 精美, 限量版精钢半镂空陀飞轮机械腕表, "变形金刚系列——柯柏文", 型号HB06026, 限量生产50枚, 年份约2014, 附原厂表盒	直径43mm	11,286	保利香港	2022-07-11
万希泉 精致, 镀玫瑰金精钢两地时间陀飞轮机械腕表, 备昼夜显示, 型号MO1001G, 年份约2010, 附原厂表盒	直径42mm	10,260	保利香港	2022-07-11
香奈儿 "J12" 陶瓷腕表		13,696	香港苏富比	2022-10-12
香奈儿 Camélia 白金镶钻石及蓝宝石腕表, 约2010年制		45,652	香港苏富比	2022-10-10
香奈儿 J12 Marine 型号H2559 黑色陶瓷腕表, 备日期显示, 约2010年制		14,837	香港苏富比	2022-10-10
香奈儿 J12 黑陶瓷镶红宝石链带腕表, 备日期显示, 约2006年制		96,861	香港苏富比	2022-10-05
香奈儿 J12限量版陶瓷镶粉红色蓝宝石计时链带腕表, 约2008年制		85,598	香港苏富比	2022-10-10
香奈儿 J12 型号H2030 陶瓷镶钻石及玛瑙链带腕表, 约2011年制		159,783	香港苏富比	2022-10-10
香奈儿 J12 型号H2137 限量版黑色陶瓷镶钻石计时链带腕表, 备日期显示, 约2018年制		125,544	香港苏富比	2022-10-10
香奈儿 Mademoiselle J12 型号H5242 限量版黑色陶瓷链带腕表, 备Coco 漆制表盘, 约2017年制		114,131	香港苏富比	2022-10-10
香奈儿 Mademoiselle Privé Coromandel La Puissance du Phoenix 独一无二白金镶钻石腕表, 备多彩珐琅凤凰表盘, 约2017年制		136,957	香港苏富比	2022-10-10
香奈儿 Première Rock 型号H5320 限量版黑色陶瓷链带腕表, 约2016年制		20,544	香港苏富比	2022-10-10
香奈儿, 白色瓷镶钻石链带腕表		23,176	佳士得	2022-11-27
香奈儿, J12, 白色陶瓷镶钻石自动上弦链带腕表, 配中心秒针及日历显示, 约2003年制, 附原厂证书、盒子及外包装		43,202	佳士得	2022-05-24
香奈儿 黑色陶瓷镶钻石自动上弦链带腕表		37,082	佳士得	2022-11-27
香奈儿, J12, 黑色陶瓷镶钻石自动上弦链带腕表, 配中心秒针及日历显示, 约2002年制, 附原厂证书、盒子及外包装		45,363	佳士得	2022-05-24
香奈儿, 吸引, 18K白金镶钻石女装腕表, 配玛瑙及母贝表盘, MADEMOISELLE PRIVÉ		86,405	佳士得	2022-05-24
香奈儿, 吸引, 18K红金, 镶珍珠及钻石女装腕表, MADEMOISELLE PRIVÉ		97,206	佳士得	2022-05-24
肖邦 非常精致, 玫瑰金自动腕表, 备时绘表盘, "月照麒麟", 型号161902-5045, 年份约2014, 附原厂证书及表盒	直径40mm	71,820	保利香港	2022-07-11
肖邦 精美, 女装白金镶钻石链带腕表, 备珍珠母贝表盘, "Happy Diamonds", 年份约2010	直径23mm; 长约145mm	32,832	保利香港	2022-07-11
肖邦 "Dual Tec" 钻石腕表		45,652	香港苏富比	2022-10-12
肖邦 1000 Miglia 型号1194 黄金计时腕表, 约1995年制		20,544	香港苏富比	2022-10-10
肖邦 1000 Miglia 型号1194 黄金计时腕表, 约1995年制		25,921	香港苏富比	2022-04-15
肖邦 Diamond Traditional Heart 白金镶钻石链带腕表, 约2000年制		91,305	香港苏富比	2022-10-10
肖邦 Happy Diamonds 型号4097/1 白金镶钻石链带腕表, 约2000年制		182,609	香港苏富比	2022-10-10
肖邦 Ice Cube 粉红金镶钻石及红宝石腕表, 约2000年制		216,849	香港苏富比	2022-10-10
肖邦 L.U.C. Tourbillon 型号16/91901 限量版铂金半镂空陀飞轮腕表, 备8天动力储备显示, 约2004年制		207,496	香港苏富比	2022-04-26
肖邦 L.U.C 1937 Twist 型号8527限量版精钢腕表, 备日期显示, 约2013年制		29,674	香港苏富比	2022-10-10
肖邦 Mille Miglia GT XL Chrono 型号8459 精钢计时腕表, 备日期显示, 约2008年制		23,761	香港苏富比	2022-04-15
肖邦 Mille Miglia 型号8331 精钢计时腕表, 备日期显示, 约2003年制		18,261	香港苏富比	2022-10-10
肖邦 Montres Dame Cat Eye 白金镶钻石及粉红色蓝宝石腕表, 约2008年制		79,892	香港苏富比	2022-10-10
肖邦 Pushkin 白金镶钻石腕表, 约2008年制		79,892	香港苏富比	2022-10-10
肖邦 白金链带腕表, 备玛瑙表盘, 为前沙特阿拉伯国王哈立德而制作, 约1970年制		45,652	香港苏富比	2022-10-10
肖邦 型号139063 白金镶钻石及蓝宝石腕表, 约2014年制		136,745	香港苏富比	2022-10-05
肖邦 (CHOPARD) HAPPY DIAMONDS系列18K黄金镶嵌钻石心形女士腕表	表径23mm	63,250	西泠印社	2022-08-21
雅典 Anchor Tourbillon 型号1780-133 独一无二白金陀飞轮腕表, 备动力储备显示及拾纹珐琅表盘, 约2018年制		273,491	香港苏富比	2022-10-05
雅典 Dual Time 型号223-22 限量版精钢镶钻石两地时间腕表, 备数字日期显示及珠母贝表盘, 约2000年制		19,402	香港苏富比	2022-10-10
雅典 Freak Diavolo 型号2080-115 白金卡罗素飞行陀飞轮腕表, 备硅质擒纵系统, 约2010年制		433,027	香港苏富比	2022-10-05
雅典 San Marco 型号131-77-9 黄金腕表, 备日期显示及内填珐琅表盘, 约2000年制		43,202	香港苏富比	2022-04-15
雅典 黄金腕表, 约1950年制		14,040	香港苏富比	2022-04-15
雅典 精致, 精钢双追针自动计时腕表, 备小秒针, "Berlin 1907", 型号573-22, 年份约2010	直径38mm	22,572	保利香港	2022-07-11
雅典, 18K金自动上弦两地时间腕表		139,058	佳士得	2022-11-27
雅典, Locle & Genève 独一无二黄金双发条三问大自鸣万年历怀表, 备月相显示, 于1959年6月23号下订, 1961年制成于1961年9月21号交付, 原为Esmond Bradley Martin 收藏		1,348,729	香港苏富比	2022-04-25
雅典, 不锈钢自动上弦腕表		34,764	佳士得	2022-11-27
雅典, 罕有, 18K红金自动上弦万年历腕表		63,735	佳士得	2022-11-27
雅典, 罕有, 铂金自动上弦腕表		75,323	佳士得	2022-11-27
雅克德罗 The Bird Repeater 型号J031034200 限量版白金镶钻石三问鸟形活动人偶腕表, 备手绘珠母贝及玛瑙表盘, 约2015年制		1,244,980	香港苏富比	2022-04-26
由百达翡丽出售, 认为是CHARLES ABRAHAM BRUGUIER THE YOUNGER之作品, 非常精细及罕有, 镀金, 珐琅及珐琅盒子, 配鸣装置, 原厂盒子及说明书, 约1880年制		702,046	佳士得	2022-05-24

2022杂项拍卖成交汇总(续表)

(成交价RMB：1万元以上)

拍品名称	物品尺寸	成交价RMB	拍卖公司	拍卖日期
宇舶 Big Bang Ferrari Unico Magic Gold 型号402.MX.0138.WR 限量版黄金及钛金属半镂空飞返计时腕表，备日期显示，约2019年制		148,370	香港苏富比	2022-10-10
宇舶 Big Bang King Power 型号708OM6912.HR.FMC12限量版粉红金及钛金属计时腕表，备日期显示，约2012年制		108,007	香港苏富比	2022-04-15
宇舶 Big Bang Unico Sang Bleu II 型号418.HX.2001.RX.MXM21 限量版陶瓷及钛金属半镂空飞返计时腕表，备日期显示，约2021年制		136,745	香港苏富比	2022-10-05
宇舶 Big Bang Unico Sapphire 型号411.JX.1170.RX限量版蓝宝石半镂空飞返计时腕表，备日期显示，约2016年制		414,993	香港苏富比	2022-04-26
宇舶 Big Bang系列 型号441.JX.4802.RT 全球限量500只蓝宝石水晶及钛金属自动上弦腕表，备日期显示，计时功能	表径42mm	287,500	北京保利	2022-07-28
约1810年 英国18K黄金高浮雕表壳怀表	直径5cm	36,800	中国嘉德	2022-06-28
约1970年 BAUME & MERCIER 名仕18K白金手动上弦女款镶钻腕表	表径26mm；长18cm	34,500	保利厦门	2022-10-21
约1970年 VACHERON CONSTANTIN 江诗丹顿 18K白金手动上弦女款镶钻表带腕表	表径22mm；长15—16cm(长度可调)	51,750	保利厦门	2022-10-21
约1970年 瑞士上旋转五面开光多功能时计	高8.5cm	20,700	中国嘉德	2022-12-27
约1980年 AUDEMARS PIGUET 爱彼 18K双色金手动上弦女款腕表	表径23mm×27mm；长18cm	39,100	保利厦门	2022-10-21
约1980年 BAUME & MERCIER 名仕 18K黄金石英女款腕表	表径22mm；全表长16cm	13,800	保利厦门	2022-10-21
约20世纪中期 积家18K金镶黄金机械女士腕表		55,200	西泠印社	2022-08-21
约20世纪中期 积家白金钻石女表		46,000	西泠印社	2022-08-21
约20世纪80年代 AERNI AFRNI品牌金镶嵌钻石手表		32,200	西泠印社	2022-08-21
珍达斐(Jean d'Eve)钻石镶嵌扇面逆跳式男士腕表	30mm×35mm	11,500	西泠印社	2022-01-23
珍贯时计系列 格拉苏蒂原创钻石女士腕表	表径36mm；表壳厚度10.2cm	78,200	西泠印社	2022-01-23
真力时 Chronomaster A385 Revival, 型号03.A384.400/385.C855 精钢计时腕表，备日期显示，约2021年制		34,239	香港苏富比	2022-10-10
真力时 Chronomaster Sport 型号03.3100.3600 精钢十分一秒计时链带腕表，备日期显示，约2021年制		64,804	香港苏富比	2022-04-15
真力时 Defy Inventor Yoshida Special Edition 型号9590.02.9100限量版钛金属及 Aeronith 半镂空腕表，约2019年制		68,478	香港苏富比	2022-10-10
真力时 Defy Inventor Yoshida Special Edition 型号9590.02.9100限量版钛金属及 Aeronith 半镂空腕表，约2019年制		97,206	香港苏富比	2022-04-15
真力时 Defy Zero G Yoshida Special Edition 型号10.9001.8812/78.R916 限量版锻碳镂空陀飞轮腕表，备有自动调节重力控制模块及动力储备显示，约2019年制		290,495	香港苏富比	2022-04-26
真力时 El Primero Grande Class 型号03.0520.4100 精钢全历计时腕表，备日期、星期及月相显示，约2010年制		21,685	香港苏富比	2022-10-10
真力时 精美，精钢方形自动计时码表，备日期及50小时动力储存显示，"PORT ROYAL"型号03.0560.4039/21.C647，年份约2008	40mm×60mm	20,520	保利香港	2022-07-11
真力时表冠上弦怀表		13,800	永乐拍卖	2022-07-26
芝柏 1966 The World, Reference 49534 限量版红金镶黄金腕表，备掐丝珐琅表盘，约2014年制		86,405	香港苏富比	2022-04-15
芝柏 Laureato Absolute Gold Fever 型号81060限量版PVD涂层处理钛金属计时腕表，备日期显示，约2022年制		91,305	香港苏富比	2022-10-10
芝柏 Laureato 型号81010-11-431-11A 精钢链带腕表，备日期显示，约2022年制		74,185	香港苏富比	2022-10-10
芝柏 Minute Repeater Tri-Axial Tourbillon 型号99830 钛金属镂空三问三维陀飞轮腕表，约2018年制		797,681	香港苏富比	2022-10-05
芝柏 Neo Bridges "Earth to Sky" 型号84000 DLC 涂层处理钛金属半镂空腕表，约2019年制		85,466	香港苏富比	2022-10-05
芝柏 WW. TC World Time 型号49870-52-703SBACA 限量版粉红金世界时间腕表，备内填珐琅表盘，为香港市场而制，约2008年制		97,206	香港苏富比	2022-04-15
芝柏 粉红金猎壳怀表，备三金桥板及珐琅表盘，约1886年制		186,747	香港苏富比	2022-04-26
芝柏 猫眼系列 型号80480 粉红金镶钻石腕表，备日期、动力储备显示及珠母贝表盘，约2012年制		36,522	香港苏富比	2022-10-10
钻石 "Anthochron" 腕表		162,235	佳士得	2022-11-28
钻石 "Santos 100" 腕表		139,058	佳士得	2022-11-28
钻石及红宝石 "Tambour Spin Time" 腕表		208,587	佳士得	2022-11-28
钻石镶嵌小码MEDOR手表附雾面白色鳄鱼皮表带	表盘1.5cm×1.5cm	34,562	佳士得	2022-05-23
尊达，不锈钢及金跳时女装腕表，配逆返分钟及母贝表盘，MINNIE MOUSE RETRO FANTASY, DISNEY, 型号3622 700 AAB, 约1998年制，附原厂证书，盒子及外包装		64,804	佳士得	2022-05-24
尊达，不锈钢自动上弦跳时腕表，配逆返分钟及母贝表盘，MICKEY MOUSE RETRO FANTASY		237,615	佳士得	2022-05-24
尊达，不锈钢自动上弦腕表，配逆返分钟及母贝表盘，RETRO FANTASY, 唐老鸭		216,014	佳士得	2022-05-24

铜器

拍品名称	物品尺寸	成交价RMB	拍卖公司	拍卖日期
商末至周 中国西南地区青铜人像饰件	高11.7cm;	610,464	香港苏富比	2022-10-08
西周 青铜神兽面具	高18.6cm	48,649	香港苏富比	2022-11-25
西周 青铜兽面马冠饰一对	长22.2cm×2	86,874	香港苏富比	2022-11-25
东周 铜鎏金银盘龙纹饰件	高6cm	127,415	香港苏富比	2022-11-25
东周 铜嵌宝镂金银兽首带钩	长11.1cm	665,960	香港苏富比	2022-10-08
东周铜银错金带钩	长7.2cm	104,249	香港苏富比	2022-11-25
东周战国时代 铜错金银宝带钩、铜金铜兽面纹带钩及铜错金银带钩	最长12.9cm	75,291	香港苏富比	2022-11-25
东周战国时期 青铜虎形銴	9.2cm	62,675	香港苏富比	2022-10-09
东周战国时期铜错金银车马端饰两件	每个长10.2cm	40,541	香港苏富比	2022-11-25
东周战国时期 铜错金银车马饰两件	长14.5cm	25,483	香港苏富比	2022-11-25
东周战国时期铜错金银车马饰两件	每个长11.2cm	23,166	香港苏富比	2022-11-25
东周战国时期 铜错金银车马饰一对	长7.9cm×2	34,750	香港苏富比	2022-11-25
东周战国时期 铜银错金车马弩一对	长18.1cm×2	405,411	香港苏富比	2022-11-25
东周战国时期 铜错银虎首饰件	4.8cm×4.7cm×2.5cm	273,491	香港苏富比	2022-10-09
东周战国时期至汉 铜错金银车马饰两件	最大高6.3cm	55,599	香港苏富比	2022-11-25
东周战国时期至汉 铜错金银车马饰四件	最大长10.7cm	231,664	香港苏富比	2022-11-25
东周战国时期至汉 铜错银兽首饰件	长23.7cm	18,533	香港苏富比	2022-11-25
东周战国时期至汉 铜错银车马饰	长11.4cm	17,375	香港苏富比	2022-11-25
东周战国时期至汉 铜错银车轴件	长33.8cm	231,664	香港苏富比	2022-11-25
东周战国时期至汉 铜错银绿松石车马饰一对	高8.2cm×2	81,082	香港苏富比	2022-11-25
东周战国时期至西汉 铜错银"陵里"铭车马饰	长27.1cm	341,863	香港苏富比	2022-10-09
春秋 青铜铺首(一对)	长13.8cm×2	165,546	中国嘉德	2022-10-08
战国 错金镶松石龙凤纹带钩	长19cm	19,552	台北艺珍	2022-12-04
战国 公元前5至前4世纪 铜镶金双虎饰	直径10.5cm	96,373	纽约佳士得	2022-03-25
战国 铜错金银猴型带钩	长11.3cm;高11.5cm	27,480	台北艺珍	2022-03-06
战国 铜错金银龙纹鐏	高14.3cm	97,120	中国嘉德	2022-10-08
战国 铜鎏金虎符	长11.8cm	196,570	香港福義国际	2022-12-28
西汉 铜错银"陵里"铭车马端饰一对	长7.6cm×2	173,748	香港苏富比	2022-11-25
西汉 铜错银"陵里郭氏"铭车马饰一对 及 铜错银车马饰一件	最大长7.4cm	44,016	香港苏富比	2022-11-25
西汉 铜错银"陵里郭氏"铭车马饰一组三件	最大直径4.2cm	127,415	香港苏富比	2022-11-25
西汉 铜鎏金龙首车饰	长24.2cm	2,088,090	纽约佳士得	2022-03-25
汉 玛瑙兽面纹带钩	长6cm	34,750	香港苏富比	2022-11-25
汉 铜错金银嵌玉龙首带钩	长19.9cm	337,307	纽约佳士得	2022-03-25
汉 铜鎏金凤凰铺首(一对)	长21cm×2	52,974	华艺国际	2022-11-27
汉 铜鎏金嵌玉及玻璃蓝龙教子带钩	长14.5cm	562,178	纽约佳士得	2022-03-25
汉代 青铜铺首(一对)	高12.5cm×2	12,209	台北艺珍	2022-06-12
公元前2世纪 北方或内蒙古鄂尔多斯鎏金铜铜骆驼飞马牌饰	10.2cm×4.8cm×0.6cm	216,513	香港苏富比	2022-10-09
2至4世纪 欧亚大草原区域 银嵌宝鸟形饰	长6.8cm	68,264	纽约佳士得	2022-03-25
北魏 鎏金铜羽人兽面纹铺首	10.5cm×9.8cm	319,072	香港苏富比	2022-10-09
公元前6世纪 内蒙古中南部鄂尔多斯青铜兽纹带扣	3.9cm×6.9cm	27,349	香港苏富比	2022-10-09
唐 铜鎏金飞鹤纹香囊	直径13.5cm	359,100	保利香港	2022-07-14
鎏金铜鎏金双龙纹珠纹带扣	长14.6cm	70,479	纽约佳士得	2022-09-23
明 铜错金银鸟首钩形器成对	高0.6cm; 长7.3cm; 每件重约72.5g	92,000	中鸿信	2022-09-11
明 铜错银虎符	长9.5cm	23,000	北京保利	2022-07-29
唐 铜鎏金双龙饰	宽6cm	184,716	纽约佳士得	2022-03-25
18世纪 银镶铁、鋄金龙纹带扣	长9.5cm	11,500	华艺国际	2022-09-23
鎏金铜嵌宝如意式带扣	长8.6cm	61,669	纽约佳士得	2022-09-23
鎏金铜嵌玉带扣	长14.6cm	35,240	纽约佳士得	2022-09-23
鎏金铜嵌玉及珊瑚文一品带环	高6.2cm	83,694	纽约佳士得	2022-09-23
鎏金铜嵌玉带扣	长15cm	35,240	纽约佳士得	2022-09-23

(成交价RMB: 1万元以上)

拍品名称	物品尺寸	成交价RMB	拍卖公司	拍卖日期
清 铜鎏金嵌宝石带扣一组	尺寸不一	26,450	中国圣佳	2022-06-06
清 铜角端香囊	高25.5cm	28,750	中国嘉德	2022-09-29
错金银虎首配件	长78cm;宽48m;高5cm	25,852	台北艺珍	2022-08-14
滇国文化 双人盘舞铜扣饰	长11.8cm;宽6.5cm	32,976	台北艺珍	2022-03-04
青铜鎏金带钩	长17.5cm	20,681	台北艺珍	2022-08-14
宋 龟鹤仙人图钟形吉语铜牌	高55.1mm	28,750	永乐拍卖	2022-07-25
鎏金铜带钩	长23cm	11,679	中国嘉德	2022-09-25
铜铺首(一对)	41cm×30cm×2	11,500	荣宝斋(南京)	2022-12-08
五代 青铜雕天王像	长55.5cm	10,852	台北艺珍	2022-06-12
明至清 铜山子摆件	带座高6.5cm;高5cm;长19.8cm	11,500	西泠印社	2022-01-23
唐 铜鎏金双飞天立像	高5.3cm	96,373	纽约佳士得	2022-03-25
宋至元 鎏金铜钟馗立像	高8.3cm	227,909	香港苏富比	2022-10-09
元 道教天官像	高35cm	92,000	中贸圣佳	2023-01-01
元 胡人献宝像	高18.5cm	51,750	中贸圣佳	2023-01-01
元 铜鎏金狮子坐像	高6cm	46,000	北京中汉	2022-06-28
元 铜鎏金狮子坐像	高4.7cm	36,800	北京中汉	2022-06-28
14世纪/15世纪铜鎏金文殊菩萨坐像	高12cm	127,415	香港苏富比	2022-11-25
明万历元年(1573年) 关公立像	高21cm	51,750	北京中汉	2022-04-27
明 铜鎏金童子像	高4.7cm	80,311	纽约佳士得	2022-03-25
明 高士童子坐像	带座高21cm	119,600	中贸圣佳	2022-06-26
明 刘钧离像	高41.5cm	172,500	中贸圣佳	2022-09-26
明 鎏金铜观音菩萨坐像	高22.1cm	173,748	香港苏富比	2022-11-25
明 铜宾柳树精铜像	高16.8cm	35,075	中贸圣佳	2022-08-06
明 天官像	高35.5cm	155,250	中贸圣佳	2022-07-27
明 天官像	高30cm	55,200	中贸圣佳	2023-01-01
明 铜老子像	高35cm	402,500	西泠印社	2022-08-20
明 铜鎏金胡人像	高13.3cm(含座)	69,000	中国嘉德	2022-12-26
明 铜鎏金铁拐李像	高26.6cm(含座)	126,500	中国嘉德	2022-12-26
明 铜鎏金胡人献宝摆件	高32.5cm	69,000	江苏汇中	2022-08-17
明 铜文官立像	高25cm	16,100	北京中汉	2022-09-29
明 文官像	高37.5cm	63,250	中贸圣佳	2022-08-06
明 文官像	高33cm	41,400	中贸圣佳	2023-01-01
明至清 铜牛生像	高33cm;重2794g	28,750	西泠印社	2022-08-21
明至清 铜贤者立像	高33cm	13,800	西泠印社	2022-01-23
明 铜子像一对	高35.5cm×2	143,750	中贸圣佳	2022-06-07
清早期 关公像	高3.5cm	11,500	北京中汉	2022-04-27
清早期 铜错金老子骑牛像	高20.5cm	97,750	中贸圣佳	2022-04-26
清早期 铜童子持莲香压	高24cm	48,300	中国嘉德	2022-06-28
清雍正 太子爷像	高23cm	58,650	北京中汉	2022-12-09
清乾隆 关公坐像	高31cm	1,437,500	中贸圣佳	2023-01-01
清乾隆 漆金铜喇嘛坐像	高16.3cm	57,916	香港苏富比	2022-11-25
清乾隆 铜鎏金明妃双修像	高16.6cm;重2121g	115,000	西泠印社	2022-08-21
17至18世纪 镀金青铜鱼摆件	高8.7cm	127,415	香港苏富比	2022-11-25
18世纪 关公像	高23.8cm	402,500	中贸圣佳	2022-10-27
19世纪 "石叟" 款铜刘海像	高34cm	20,700	北京中汉	2022-04-27
清 铜胡人摆件	高19cm	25,300	广东崇正	2022-08-11
清 铜铁拐李像	长22cm	13,800	中国嘉德	
清 铜文官像	高13.5cm	13,800	中国嘉德	2022-09-29
荷兰艺术家van Goor作京师大学堂校长许景澄铜镀银浮雕像(一尊)	30cm×24cm	299,000	中鸿信	2022-09-12
铜鎏金胜乐金刚与金刚亥母	高30cm	69,000	朵云轩	2022-12-08
春秋 兽头(两对)	最大的宽7.4cm	10,286	中国嘉德	2022-06-05
周 青铜兽耳	高12.7cm;高16.7cm(连座)	364,654	香港苏富比	2022-10-09
西汉 青铜马	长29cm	173,748	香港苏富比	2022-11-25
东汉 铜鎏金独角神兽	高8.4cm	108,528	保利香港	2022-10-10
汉 青铜辟邪	长27cm;高18cm	31,241,119	香港苏富比	2022-10-08
汉代 铜锅	高5cm;长10.5cm	16,114	台北艺珍	2022-03-06
唐 青铜犀牛	高12.2cm	3,076,769	香港苏富比	2022-11-25
唐 青铜行龙	长15.2cm	153,900	保利香港	2022-07-14
唐 铜鎏金龙	长16.6cm	281,089	纽约佳士得	2022-03-25
明早期 青铜犬	宽6.7cm	32,200	永乐拍卖	2022-07-25
明早期 铜雕狮子摆件	高23.1cm	1,035,000	中贸圣佳	2022-08-06
明末 铜鎏金牛(一对)	长18cm×2	1,552,500	中国嘉德	2022-06-28
明 铜局部鎏金角端	高36cm	322,000	华艺国际	2022-09-23
明 铜鎏金蟠龙摆件	长6.3cm;高10cm	25,300	广东崇正	2022-08-11
明 铜鎏金蟠龙摆件	高26.5cm;长55cm	138,000	西泠印社	2022-08-11
明 铜鎏金狮子摆件(带铜座)	31cm×16.5cm×26cm	155,250	广东崇正	2022-08-11
明 铜鎏金行龙摆件	长13cm;高7.6cm	34,500	广东崇正	2022-08-11
明 铜瑞兽(一组)	尺寸不一	69,000	华艺国际	2022-09-23
明 铜狮	高13.5cm	13,800	华艺国际	2022-09-23
明 铜狮(一组二件)	尺寸不一	10,992	台北艺珍	2022-03-06
明 铜制龙首摆件	高约7cm;长约11cm	17,250	西泠印社	2022-08-21
明 铜卧兽	长72cm	379,500	中贸圣佳	2023-01-01
明至清 青铜兽面纹甲大牛	55cm×2cm	12,209	台北艺珍	2022-06-12
清乾隆 铜鎏金麒麟	68cm×42cm×92cm;重36kg	34,500	中国嘉德	2022-12-25
清乾隆 铜鎏金设色錾刻老虎	高18.7cm;宽14.5cm	287,500	浙江佳宝	2022-03-13
清乾隆 铜鎏金狮子(一对)	26cm×18.5cm×33.6cm×2	632,500	中贸圣佳	2022-12-31
清乾隆 铜漆金彩绘马王真识护法像	总高22cm	104,249	香港苏富比	2022-11-25
清乾隆 造办处作铜辟邪	长15cm;宽8cm;高16cm;重量1734.4g	207,000	浙江佳宝	2022-03-13
清中期 铜大鹏金翅鸟	高16cm	24,559	台北艺珍	2022-08-14
清 铜鹤一对	高22.7cm;高22cm	28,750	中国嘉德	2022-09-29
清 铜鎏金锤镍云龙捧珠珠件	长40cm;宽17.5cm	17,250	浙江佳宝	2022-03-13
清 铜鎏金吐宝鼠	长15cm	25,300	保利厦门	2022-10-22
清 铜鎏金瑞兽	高15.6cm×2	23,000	北京中汉	2022-12-09
清 铜瑞兽摆件	高75cm	115,000	西泠印社	2022-08-20
清 铜狮子(一对)	高14.5cm×2	40,250	上海嘉禾	2022-01-01
错金铜卧虎	高3cm;长12cm	12,366	台北艺珍	2022-03-06
青铜鼓	宽42cm	30,859	中国嘉德	2022-06-05
铜鎏金狮子	高6cm;长9cm	26,070	台北艺珍	2022-12-04
铜鎏金太平有象(一对)	高28.5cm(含座)×2	13,800	中国嘉德	2022-06-01
清 铜鎏金碧玉花景盆	高67cm	137,400	台北艺珍	2022-03-06
明 胡人香插	高28cm	18,400	北京中汉	2022-04-27
明 铜点金太白醉酒香插	高58cm;长128cm;重957g	218,500	西泠印社	2022-08-21
明 铜鎏金错金银太平有象如意	长41.5cm	437,000	中国圣佳	2022-10-27
明 喜禄封侯香插	高9.5cm	11,500	中国嘉德	2022-09-29
明 铜制瑞兽香插	高45cm;长65cm;重28g	32,200	西泠印社	2022-08-21
清早期 红皮原座香筒	高18.5cm	483,000	中国嘉德	2022-06-27
清早期 铜凤凰竹型香插	高12cm	86,250	华艺国际	2022-09-23
清 铜如意	长27cm	149,500	西泠印社	2022-01-22
清 铜香插(一组两件)	高113.1cm;高28cm	17,250	广东崇正	2022-08-11
清乾隆 仿古铜豆器盖(一对)	直径16cm×2	86,250	中国嘉德	2022-06-28
商 青铜四方鼎式炉	通高23cm	1,474,275	香港福羲国际	2022-12-28
商 青铜饕餮双耳鼎	通高20.8cm	245,712	香港福羲国际	2022-12-28
晚商 安阳公元前12至前11世纪 青铜饕餮父丁鬲鼎	高19.7cm	5,220,224	纽约佳士得	2022-03-25
西周 龙纹三足鼎	高17cm;直径17.5cm	10,340	台北艺珍	2022-08-14
西周 青铜龙纹三足鼎	高17cm;宽17.5cm	15,642	台北艺珍	2022-12-04
西周 三足铜鼎	高13cm;宽14.1cm	10,340	台北艺珍	2022-12-04
春秋 蟠虺纹鼎	20cm×22.5cm	18,992	台北艺珍	2022-06-12
春秋 青铜蟠虺纹三足鼎	高21.5cm;宽26.5cm	16,803	台北艺珍	2022-08-14
春秋 青铜蟠虺纹三环带盖三足鼎	高17.8cm;高17cm	10,852	台北艺珍	2022-12-04
战国 蟠螭纹鼎(烹饪器)	宽15.3cm;高19.5cm	48,837	台北艺珍	2022-06-12
战国 青铜鼎	高21.3cm;宽22.5cm	72,997	台北艺珍	2022-06-12
战国 青铜信安、长胡侯安君鼎	高18cm;宽21.5cm	3,035,010	中国嘉德	2022-10-09
周或以后 饕餮纹三足鼎	高11cm	97,120	华艺国际	2022-11-27
汉 青铜兽面双耳盖鼎	高5.5cm;重180g	153,900	保利香港	2022-07-14
汉代 青铜弦纹三足鼎	17cm×14cm	12,366	台北艺珍	2022-08-14
汉代 铜鎏金带口三足鼎	高13cm;宽16cm	31,022	台北艺珍	2022-08-14
青铜乳钉纹方鼎	高19cm	969,091	纽约佳士得	2022-09-23
青铜饕餮纹鬲鼎	高21cm	704,794	纽约佳士得	2022-09-23
明 铜弦纹四足鼎	口径长22cm,宽17.8cm;通高18.7cm	17,250	中贸圣佳	2022-09-26
清早期 铜错金银饕餮纹鼎	高12.5cm	13,800	北京保利	2022-07-29
清乾隆 铜仿春秋蟠螭龙纹方鼎	高24cm;长14.5cm	195,500	广东崇正	2022-08-11
清乾隆 铜夔凤纹铭文三足鼎	高15cm;口径14.2cm;重911.5g	10,350	广东崇正	2022-04-17
清乾隆 铜鎏金兽面纹鼎式香薰	高22.5cm	172,500	中鸿信	2022-09-11
清 铜鎏金兽面纹三足鼎	高17.5cm	23,000	中贸圣佳	2022-06-06
清 铜鎏金钮鼎式香薰	高12cm	13,800	台北艺珍	2022-08-14
乳纹青铜鼎	11cm×11cm	450,000	香港贞观	2022-01-16
铜错金银斜口鼎	高9.5cm;宽12.8cm	64,620	台北艺珍	2022-08-14
晚商 公元前11世纪青铜受父辛己簋	宽28.1cm	1,445,601	纽约佳士得	2022-03-25
西周 青铜簋	宽23cm;高13cm	264,073	台北艺珍	2022-11-27
西周 双龙耳青铜簋	高35cm;宽19.3cm	197,856	台北艺珍	2022-12-04
唐? 青铜桑子姬簋盖	宽16.3cm	331,092	中国嘉德	2022-10-09
明 铜错金银瓶	直径12.5cm;高21cm;重量1101.9g	40,250	广东崇正	2022-08-11
商代 青铜兽面纹鬲	高19.5cm;宽17cm	44,319	台北艺珍	2022-12-04
商晚期 青铜兽面纹鬲	高7cm	86,822	保利香港	2022-10-10
商晚期 青铜饕餮纹罐形斝	高24.7cm	185,155	华艺国际	2022-05-29
战国 青铜鎏金银十牛双系罐	高9.5cm;直径9cm	99,067	台北艺珍	2022-12-04
战国 青铜错金银云龙纹盖罐	高11cm;直径4.3cm	39,105	台北艺珍	2022-12-04
汉代 青铜战争图腾双兽耳罐	高34.3cm;宽11.9cm	46,179	台北艺珍	2022-09-25
清 铜刻花鸟诗文大茶叶罐	高35.5cm	10,350	北京保利	2022-07-17
清 铜鎏金四系罐	口径15.5cm;高27.5cm	23,000	西泠印社	2022-08-21
商代 青铜夔纹尊	宽8.2cm;高28.3cm	108,528	台北艺珍	2022-12-04
商末至西周 冉母尊	高21.8cm	626,749	香港苏富比	2022-10-09
西周 青铜猪形尊	长22cm;高10.9cm	31,284	台北艺珍	2022-12-04
战国 青铜龙纹青铜樽	高10.9cm;宽11.8cm	52,141	台北艺珍	2022-12-04
明 铜错金银蟠龙纹双耳尊(配座)	高48cm	3,085,920	华艺国际	2022-05-29
明 铜错金银双羊尊	65cm×29cm×69cm;重196g	101,200	中国嘉德	2022-12-25
明 紫斑铜鎏金仿古凤鸟纹尊	高17cm;口径16.5cm;重量1767.9g	57,500	浙江佳宝	2022-03-13
清乾隆 铜仿古卧蚕纹铺首尊	高30.5cm	172,500	中国嘉德	2022-06-28
清乾隆 铜夔龙纹双螭耳汉壶尊	高39.5cm	172,500	中鸿信	2022-09-11

2022杂项拍卖成交汇总(续表)

(成交价RMB: 1万元以上)

拍品名称	物品尺寸	成交价RMB	拍卖公司	拍卖日期
清乾隆 铜嵌银丝方尊	高34.5cm；宽17cm；重量1503.9g	184,000	浙江佳宝	2022-03-13
清中期 铜海水龙纹铺首尊	高23.5cm	69,000	中国嘉德	2022-12-27
清 铜错银兽面纹铺首尊	高16cm	11,500	中国嘉德	2022-06-01
清 铜错银铺兽耳尊	高30.8cm	16,100	北京中汉	2022-04-27
清 铜龙纹双耳尊	高30cm	20,700	华艺国际	2022-09-23
清 铜嵌银丝兽面纹兽耳小尊	高9.7cm	23,000	中国嘉德	2022-09-29
清 铜洒金双兽首耳尊	通高33.5cm	540,567	香港福羲国际	2022-12-28
清 铜弦纹鲢式尊	口径15.6cm；高23.9cm	17,250	中贸圣佳	2022-09-26
清 铜制兽面纹出戟四方尊	高20.5cm；长15cm；宽15cm	28,750	西泠印社	2022-08-21
仿古青铜枭尊	高36cm	337,307	纽约佳士得	2022-03-25
青铜龙凤纹尊	高28.6cm	18,515	台北艺珍	2022-06-05
铜鎏金蟠虎回纹四足尊	16.4cm×5.4cm×7.3cm	183,940	荣宝斋(香港)	2022-11-26
铜兽尊	高16cm；长14cm；宽7cm	275,910	荣宝斋(香港)	2022-11-26
西周早期 提梁壶	高32cm	72,675	台北艺珍	2022-09-25
西周中期 波曲纹圆壶 (一对)	高35cm×2	72,997	台北艺珍	2022-12-04
东周 青铜嵌石青竖棱盖壶	高34.4cm	1,139,544	香港苏富比	2022-10-09
东周早期 蟠龙纹铜壶	高40cm	46,926	台北艺珍	2022-12-04
东周战国时期 青铜嵌红铜蟠虺纹铺首环耳扁壶	高31.1cm	854,658	香港苏富比	2022-10-09
春秋 青铜三角云纹铜壶	高47cm	164,880	台北艺珍	2022-03-06
战国 公元前4至前3世纪青铜宴乐狩猎水陆攻战纹方壶	高43cm	17,591,964	纽约佳士得	2022-03-25
战国 青铜壶	高25.5cm；宽10.2cm	38,778	台北艺珍	2022-08-14
汉 青铜弦纹铺首衔环壶 (一对)	高30cm×2	51,432	华艺国际	2022-05-29
汉代 青铜双兽耳环壶	高30cm	65,176	台北艺珍	2022-12-04
铜仿古饕餮纹象耳壶	高24cm	19,382	纽约佳士得	2022-09-23
元 铜鎏金銮凤耳小壶	高5.5cm	34,500	中贸圣佳	2023-01-01
明 铜错金银凤首提梁盉壶	高21.8cm；宽25cm	461,700	保利香港	2022-07-14
明 铜错金银兽面壶	高41cm	253,000	广东崇正	2022-08-11
明 铜鎏金鱼化龙纹执壶	高24.8cm	57,500	北京中汉	2022-12-09
明 铜嵌银山水海兽纹投壶	高45.5cm	78,200	广东崇正	2022-08-11
明 铜双劲球状投壶	高43cm	28,750	北京保利	2022-07-29
清早期 铜错金仿古铺首耳壶	高31.5cm	63,250	北京保利	2022-07-29
清早期 铜重环城螭耳壶	高26.6cm	23,000	中国嘉德	2022-12-27
清乾隆 青铜凤纹簋(带红木盖)	高18cm；长27cm	34,500	广东崇正	2022-12-25
清乾隆 造办处铜鎏金执壶	高31.5cm	46,000	广东崇正	2022-08-11
18世纪 铜错金银兽面纹大方壶	高62cm	368,000	北京保利	2022-07-29
清中期 铜鎏金鏊花执壶、爵杯两件	高19.2cm；高10cm	51,750	中国嘉德	2022-06-28
清中期 铜描金饕餮纹提梁壶	高41cm	63,250	中国嘉德	2022-12-27
清 铜仿汉铺首衔环方壶	高19.5cm；长18cm；重2206g	13,800	广东崇正	2022-04-17
清 铜蕉叶纹铺首耳壶	口径6cm；高24.5cm；重量1091.4g	40,250	浙江佳宝	2022-03-13
清 铜鎏金铺首衔环仿古汉壶	高12.5cm	28,750	广东崇正	2022-12-25
清 铜龙耳壶	高30cm；腹径23cm	51,750	广东崇正	2022-12-25
清 铜错铜纹壶、荸荠瓶各一件	瓶高28.5cm	10,350	中国嘉德	2022-06-01
商晚期 青铜爵	高19.6cm	378,025	佳士得	2022-05-30
商晚期 青铜夔龙纹大圆爵(一脚有残修)	高24cm	59,690	台北艺珍	2022-06-12
商晚期 显赫收藏青铜彗癸爵	高21.3cm	540,036	香港苏富比	2022-04-29
晚商 公元前12至前11世纪青铜珊爵	高22.2cm	144,560	纽约佳士得	2022-03-25
西周 青铜觚杯	高19.5cm	52,141	台北艺珍	2022-12-04
西汉 彩绘贴金箔铜错金扣瑞兽云气纹高足漆杯 (一对)	高16.7cm×2	341,863	香港苏富比	2022-10-09
汉 青铜羽觞杯	长8.9cm；重74g	56,430	保利香港	2022-07-14
唐 青铜弦纹高足杯 (一对)	高6cm；高4cm	61,560	保利香港	2022-07-14
唐 铜鎏金花卉纹杯	高4.3cm；重73g	123,120	保利香港	2022-07-14
明嘉靖二十年(1541年) 广州府学宫铜爵	高15cm	55,200	广东崇正	2022-12-25
明嘉靖四十五年 东莞学宫铜爵杯	长19.5cm；高19.2cm	126,500	广东崇正	2022-08-11
明 嘉靖传世东莞学宫铜爵	高20cm	80,500	深圳富诺得	2022-10-06
明 洒金铜饕餮纹爵	高21.5cm	172,811	佳士得	2022-05-30
明 铜雕凤纹觚爵杯	通高15.5cm	196,570	香港福羲国际	2022-12-28
明 铜鎏金耳杯	高28cm；长9.2cm；宽7cm	59,800	华艺国际	2022-09-23
明 子远作铜爵	宽33cm；高46cm	25,300	浙江佳宝	2022-03-13
清早期 铜鎏金箔古纹螭耳杯	长10cm；高4.8cm	31,050	中贸圣佳	2022-08-06
清早期铜洒金爵杯	直径15cm	92,000	永乐拍卖	2022-04-23
清乾隆 铜鎏金福寿桃形杯(一对)	长7cm×2	138,000	广东崇正	2022-09-23
约1880年 法国手提式铜鎏金及玻璃醒酒器与酒杯(一套)	30cm×28.5cm×18.5cm	13,800	中国嘉德	2022-12-25
商代 青铜觯	高19.8cm；宽9.5cm	81,396	台北艺珍	2022-06-12
商晚期 青铜连盖云雷纹觯	高16cm	259,217	佳士得	2022-05-30
西周早期 酒觯	高22cm	109,013	台北艺珍	2022-09-25
商晚期 青铜饕餮纹"母癸日辛"角	高16.7cm	933,340	保利香港	2022-10-10
清"御制锦堂春词"铜四方倭角如意足香盈	14.2cm×14.2cm×1.4cm；重544.1g	17,250	中国嘉德	2022-12-25
明 青铜仿古兽面纹觥	高39.5cm	897,000	北京保利	2022-07-28
商 兴瓿	高29.7cm	797,681	香港苏富比	2022-10-09
商代 青铜花瓿	高26.5cm	76,944	台北艺珍	2022-03-06
商晚期 "亚弜父己" 青铜瓿	通高30cm	641,185	香港福羲国际	2022-04-17
商晚期 青铜出戟花瓿	高30cm	21,974	台北艺珍	2022-08-14
西周 青铜瓿	高24.6cm；宽13cm	65,176	台北艺珍	2022-12-04
明 胡文明款部鎏金铜花瓿	高19.5cm	80,500	中贸圣佳	2022-10-27
明 饕餮纹出戟花瓿	高38.9cm	94,300	中贸圣佳	2022-07-12
明 铜古纹出戟花瓿	高33.5cm	10,350	北京中汉	2022-12-09
明 铜花瓿(一对)	高42cm×2	34,500	广东崇正	2022-08-11
明 铜局部鎏金浮雕"五岳真形"图花瓿(一对)	高40.5cm×2	575,000	华艺国际	2022-09-23
清 铜鎏金兽面纹花瓿	高30cm	10,350	中贸圣佳	2022-06-06
清早期 铜螭龙纹花瓿 (一对)	高22cm×2	74,750	中贸圣佳	2022-06-28
清早期 铜错金银兽面纹出戟瓿	高30.5cm	74,750	永乐拍卖	2022-06-28
清早期 铜夔龙耳象首足花瓿	高23.1cm	184,000	华艺国际	2022-09-23
清早期 铜饕餮纹出戟大花瓿	高39.5cm	10,350	中贸圣佳	2022-09-26
清 胡文明款铜鎏金兽面纹花瓿	高19.5cm；重646g	86,250	西泠印社	2022-01-23
清 铜蕉叶纹花瓿	高31.4cm	28,750	中贸圣佳	2022-05-29
清 铜蕉叶纹花瓿	通高27cm	80,593	香港福羲国际	2022-12-28
清 铜象耳花瓿	高35.5cm	20,700	中国嘉德	2022-09-29
商晚期 青铜兽面纹方彝	高27.5cm	9,224,880	保利香港	2022-10-10
西周早期 公元前10至前9世纪青铜员作卣	高16cm	1,044,045	纽约佳士得	2022-03-25
明 铜螭龙纹提梁卣	高31cm	92,000	保利厦门	2022-10-22
清中期 铜饕餮纹提梁卣	高29.5cm；重2577.2g	69,000	中国嘉德	2022-06-28
清 铜错金银饕餮纹提梁卣	高36cm	195,500	西泠印社	2022-01-22
春秋 青铜罍	高27.5cm；宽34cm	379,848	保利香港	2022-10-10
秦 青铜信宫罍	高24.6cm；宽34cm	573,892	中国嘉德	2022-10-09
清 铜错金错银罍	31cm×19cm×36.5cm	92,000	西泠印社	2022-01-22
商 青铜罘	高35cm	52,141	台北艺珍	2022-12-04
明 饕餮纹罘	高66cm	402,500	中国嘉德	2022-06-28
晚商/西周早期 青铜饕餮纹盉	高31.1cm	682,645	纽约佳士得	2022-03-25
东周 青铜鸟首盉	长24.5cm；高23.3cm	170,932	香港苏富比	2022-10-09
春秋 秦式青铜盉及盘	盉高19.7cm，宽22.6cm；盘高13.6cm，宽33.2cm	551,820	中国嘉德	2022-10-09
战国 青铜龙口提梁盉	高20cm	164,582	华艺国际	2022-05-29
明 铜错金银交体龙纹提梁盉	高19.6cm	805,000	中贸圣佳	2022-07-26
清 仿古铜金银盉	长18cm；高13.5cm	35,650	中贸圣佳	2022-07-26
西周 青铜龙柄匜	直径18.8	735,477	香港福羲国际	2022-04-17
春秋 青铜盘、青铜匜	盘高37.5cm，高10.9cm；匜长31.5cm，高15.9cm	93,853	台北艺珍	2022-12-04
明 铜螭龙把耳三足匜	高18cm；重3235g	80,500	西泠印社	2022-01-23
清中期 铜局部鎏金龙纹鉴	宽66cm；高23cm	17,250	浙江佳宝	2022-03-13
周 蔡仲侯匜	长34.9cm	1,595,362	香港苏富比	2022-10-09
汉 铜鎏金狩猎纹铺首衔环盖樽	高17.8cm；直径18.5cm	569,772	香港苏富比	2022-10-09
汉代 铜鎏金刻龙盆	高7cm；宽19.5cm	11,731	台北艺珍	2022-12-04
明早期 铜菱口兽足火盆	直径50cm	17,250	中国嘉德	2022-09-29
15世纪 牛首来通杯	高8.5cm	36,800	中贸圣佳	2023-01-01
明 胡文明风格八宝纹杯一对	直径6.2cm×2	10,350	中贸圣佳	2022-07-10
明 铜错金银鸭形器	高13.2cm	109,250	中贸圣佳	2022-12-27
清乾隆 铜胎掐丝珐琅"紫磁山房花卉纹花器	高12.5cm；长14.5cm	322,000	广东崇正	2022-12-25
清光绪 "兰亭集序" 大铜缸	高82.5cm；口径76.5cm	402,500	中国嘉德	2022-12-25
清光绪 铜茶具	30cm×10cm	747,500	荣宝斋(南京)	2022-12-08
当代 吴震制铭书画铜紫砂巧色青铜尊	宽11.5cm	11,500	保利香港	2022-06-28
隋 铜净瓶	高14.3cm	123,120	保利香港	2022-07-14
明宣德 铜鎏金螭龙瓶	高19cm	828,000	北京保利	2022-07-28
明正德 铜阿拉伯文炉瓶三事	炉高10cm；瓶高14.3cm；盒高5.3cm	11,442,500	中贸圣佳	2022-07-26
明正德 铜阿拉伯文瓶	高14.3cm	63,250	中国嘉德	2022-06-26
明正德 铜阿拉伯文如意耳瓶	高15.5cm	161,000	中贸圣佳	2023-01-01
明 六方座铜梅瓶	高23.3cm	27,025	中贸圣佳	2022-06-26
明 嵌金银兽面纹铜瓶	高6cm	105,800	中贸圣佳	2022-08-06
明 双活环耳瓶	高32cm	115,000	中贸圣佳	2022-08-06
明 铜缠枝莲纹铜小扁瓶	高15.2cm	11,500	中国嘉德	2022-05-29
明 铜错金银兽面纹双耳瓶	高18.7cm	158,700	中贸圣佳	2022-06-06
明 铜夔龙纹铜耳瓶	高11.5cm	25,300	中贸圣佳	2022-08-06
明 铜嵌银丝夔龙纹花口瓶	高10.5cm	138,000	中鸿信	2022-09-11
明 铜如意铺首四方瓶	高48cm	69,000	西泠印社	2022-08-20
明 铜兽面纹兽耳衔环瓶	高29.2cm	13,800	中国嘉德	2022-05-29
明 铜兽足炉、兽耳含环盘口瓶三供	瓶高39.5cm；炉高45.5cm，口径24.8cm	172,500	中贸圣佳	2022-07-12
明 铜饕餮纹贯耳瓶	直径8cm；高30cm	10,350	广东崇正	2022-12-25
明 铜箸瓶、花瓿一组三件	尺寸不一	48,300	中贸圣佳	2022-06-06
明治时代 日本错金银掐丝工花鸟瓶(一对)	高24cm×2	19,389	台北艺珍	2022-08-14
明治时期 铜花鸟精工对瓶	高24cm	14,218	台北艺珍	2022-08-14
明末清初 铜制小梅瓶	高8.4cm	253,000	中贸圣佳	2022-07-12
明 铜制 双龙耳四方瓶	高28cm	28,750	中贸圣佳	2022-07-12
清早期 铜阿拉伯文双耳瓶	直径14.5cm；重量888g	115,000	华艺国际	2022-09-23
清早期 铜鎏金双耳瓶	直径16cm；重365g	23,000	华艺国际	2022-09-23
清早期 铜鎏金螭龙香瓶	高10.5cm	51,750	中国嘉德	2022-12-25
清早期 铜嵌银丝龙首瓶	高12.7cm；重量505g	46,000	中国嘉德	2022-12-25
清早期 铜象耳象足瓶一对	高22.1cm；高22.5cm	20,700	中国嘉德	2022-12-26
清雍正 鎏金铜拐子龙纹方胜式瓶	高18cm	370,823	佳士得	2022-11-29

2022杂项拍卖成交汇总（续表）

（成交价RMB：1万元以上）

拍品名称	物品尺寸	成交价RMB	拍卖公司	拍卖日期
清乾隆 局部洒金铜饕餮纹双耳瓶	高14.8cm	405,587	佳士得	2022-11-29
清乾隆 铜浮雕云龙纹兽耳衔环瓶	高42.6cm	1,667,500	中国嘉德	2022-06-27
清乾隆 铜鎏金开光团雕花卉四时瓶三式	尺寸不一	103,500	浙江佳宝	2022-03-13
清乾隆 铜鎏金如意纹双联瓶	高9.5cm；长11cm	345,000	保利厦门	2022-10-22
清乾隆 铜鎏金云蝠纹双联瓶	高12.2cm	69,000	北京中汉	2022-09-23
清乾隆 铜龙耳饕餮纹香瓶	高10cm；重量222g	11,500	广东崇正	2022-08-11
清中期 铜嵌银丝缠枝花卉长颈瓶	高24.5cm	23,000	中贸圣佳	2022-06-06
清 "珍玩" 款铜铺首活环瓶	高14.5cm	18,400	北京中汉	2022-04-27
清 蝠鹿图错银兽铜瓶	高15.8cm	11,500	中贸圣佳	2022-06-26
清 双兽耳铜香瓶	高14.7cm	24,418	台北艺珍	2022-06-12
清 铜错金银兽面纹双耳瓶	高39cm	11,500	中贸圣佳	2022-12-27
清 铜雕铺首耳缠枝莲纹双瓶、水盂	尺寸不一	11,500	中贸圣佳	2022-06-12
清 铜花卉纹梅竹双清橄榄瓶	高37cm	17,250	西泠印社	2022-08-20
清 铜龙凤纹赏瓶（二件）	通高28.5cm×2	98,285	香港福羲国际	2022-12-28
清 铜嵌金饕餮纹瓶	高25.5cm	23,000	深圳富诺得	2022-10-06
清 铜狮子驮瓶花插（一对）	高24.8cm；高25.3cm	29,900	华艺国际	2022-09-23
清 铜兽面纹兽耳衔环方瓶	高18cm	11,500	中国嘉德	2022-09-23
民国 铜香瓶、香篆、香勺（一组三件）	尺寸不一	13,800	广东崇正	2022-08-11
17世纪/18世纪 铜仿古纹兽耳方壶	高40cm	60,233	纽约佳士得	2022-03-25
清 铜鎏金人物故事提梁壶	高10cm；腹径10cm；底径5.5cm	57,500	浙江御承	2022-08-28
唐 铜碗	宽24cm	76,296	纽约佳士得	2022-03-25
唐 铜白铜方盏	两件及铜勺	104,404	纽约佳士得	2022-03-25
唐 铜鎏金缠枝草花卉纹盖盒	高6.5cm；直径12.8cm	287,280	保利香港	2022-07-14
宋 铜嵌金凤纹盖盒	高4.2cm；直径10cm	68,700	台北艺珍	2022-09-05
明 "胡文明" 款铜鎏金芝兰献寿铜香盒	直径5.2cm	11,500	北京中汉	2022-04-27
明吉金铜件一组五件（带原包装盒）	尺寸不一	92,000	广东崇正	2022-12-25
明 铜鎏金凤鸟龟纹桃形香盒	高7.5cm；直径9.5cm；重180g	23,000	西泠印社	2022-01-23
明 铜鎏金花卉纹香盒	直径8.2cm；高3.8cm	97,750	华艺国际	2022-09-23
明 铜如意三足香盒	直径7cm；重量478g	57,500	华艺国际	2022-09-23
清乾隆 铜鎏金夔龙献寿兽面纹盖盒	7.2cm×5.9cm×4.4cm；重563.1g	57,500	中国嘉德	2022-12-25
清乾隆 铜鎏金錾刻云虎纹香盒	高3.5cm；直径8.7cm	20,700	广东崇正	2022-09-23
清中期 铜鎏金花鸟纹香盒	直径7.5cm；重量419g	11,500	华艺国际	2022-09-23
清 鎏金铜制桃源问津图长方盒	长8.5cm；宽26cm；高3.5cm	37,950	深圳富诺得	2022-10-06
清 绿端雕锦地菊花方盒	长62cm；宽58cm；高36cm	23,000	华艺国际	2022-09-23
民国方盖盒	长123cm；宽10cm；高6cm	18,400	中国嘉德	2022-06-28
19世纪 鎏金轻浮雕花卉饰鸣盒	长95cm；宽54cm；高33cm	138,000	西泠印社	2022-08-21
铜鎏金云龙纹方盖盒	124cm×124cm×3cm	18,249	台北艺珍	2022-12-04
约1900年 瑞士黑森林青铜及着色木制雪茄盒	19cm×24cm×18cm	13,800	中国嘉德	2022-06-28
春秋 铜鎏金双耳三足盘	宽42cm；高23cm	54,264	台北艺珍	2022-06-12
明 铜香盘	直径19cm	63,250	中国嘉德	2022-09-23
清 大明宣德年制款铜如意足香盘	高28cm；直径13cm；重538g	55,200	西泠印社	2022-01-23
清 铜鎏金嵌料算盘	18cm×9.8cm×1.5cm	570,053	香港福羲国际	2022-12-28
清 铜鎏金莲瓣大花盆（连座，一对）	直径31.5cm×2	11,500	中国嘉德	2022-09-29
春秋晚期 蟠蛇纹铜匏壶	高27cm	39,105	台北艺珍	2022-12-04
汉代 青铜博山炉	高26cm	41,220	台北艺珍	2022-03-06
汉代 青铜博山炉	高19cm	31,022	台北艺珍	2022-08-14
汉代 青铜朱雀博山炉	高22.6cm	14,218	台北艺珍	2022-08-14
宋 铜三足炉	直径42.5cm	59,661	中国嘉德	2022-06-05
元 雷纹鼎式三足炉	口径12cm；高10.2cm	40,250	中贸圣佳	2022-06-06
元 狮子香熏	高13.5cm	2,070,000	中贸圣佳	2022-07-27
元 铜饕餮纹四方鼎式炉	通高22.5cm	245,712	香港福羲国际	2022-12-28
元/明早期 铜瑞狮戏球香熏	长19cm；宽12.5cm；高10.8cm	345,000	北京诚轩	2022-08-09
明宣德 冲天耳铜炉（原配沉香盖、紫檀底座）	高18cm；口径14cm；腹径16cm	43,700	浙江御承	2022-08-28
明宣德 铜炉	直径23cm；高16.5cm（不含座）；重5.3kg	2,990,000	深圳富诺得	2022-10-06
明宣德 香熏	15cm×13cm	92,000	上海嘉禾	2022-01-01
明宣德 吴邦佐制 铜胎开窗错金瑞兽纹双耳炉	高8.5cm；口径15cm	30,000	山东海纳	2022-11-19
明正德 阿拉伯文鬲式炉	直径12.4cm；高7.6cm	1,380,000	中贸圣佳	2022-07-25
明正德 阿拉伯文筒式方炉	长8cm；宽7.4cm；高149cm	1,150,000	中贸圣佳	2022-10-27
明正德 铜阿拉伯文冲天耳炉	高11cm；重量1158.6g	230,000	广东崇正	2022-08-11
明正德 正德年制款阿拉伯文鬲式炉	口径14.4cm；高8cm	1,380,000	中贸圣佳	2022-07-25
明嘉靖 铜雕群仙祝寿纹铜战耳铜山式大熏炉	通高58cm；通径34cm	97,750	西泠印社	2022-01-23
明崇祯 崇祯东珍藏款蚰耳炉	口径10.3cm；高5.5cm	1,150,000	中贸圣佳	2022-10-27
明崇祯 长住丹丘款筒式炉	直径13.5cm；高10cm	2,070,000	中贸圣佳	2022-07-25
明末 "大明崇祯张氏家琛" 冲耳炉	高7.8cm；长12.4cm；重量988g	69,000	广东崇正	2022-08-11
明末 "聚元堂制" 铜戟耳炉	高5.6cm；直径8cm；重量803.6g	69,000	广东崇正	2022-08-11
17世纪 显赫收藏局部鎏金铜嵌银开光花鸟纹象足熏炉	高28cm	432,028	香港苏富比	2022-04-29

拍品名称	物品尺寸	成交价RMB	拍卖公司	拍卖日期
明 "大明宣德年制" 款兽耳炉	高25cm；重3620g	57,500	西泠印社	2022-01-22
明 "大明宣德年制" 款铜天鸡耳法盏炉	口径14.8cm；高8.1cm；重1608g	402,500	西泠印社	2022-01-22
明 "三江堂" 款铜蚰耳炉	口径11.5cm；高6.5cm；重量1901g	655,500	广东崇正	2022-08-11
明 "大明崇祯年制" 款蚰耳炉	口径108cm；高6cm；重662g	575,000	西泠印社	2022-08-20
明 扁足凤纹双耳炉	口径13.4cm；高17.2cm	57,500	中贸圣佳	2022-06-26
明 钵式炉	口径10.8cm；高7.8cm	184,000	中贸圣佳	2023-01-01
明 成化年制款桥耳炉连座	口径28.9cm；炉高16.5cm；通高22.5cm	1,380,000	中贸圣佳	2022-12-31
明 冲天炉	直径9.6cm；高5cm	195,500	中国嘉德	2022-12-27
明 冲天耳炉	口径13.8cm；高6.5cm	105,800	中国嘉德	2022-09-26
明 达庵章氏家藏款冲天耳炉	口径12.8cm；高6.8cm	1,610,000	中贸圣佳	2022-12-31
明 大马槽炉	高11.4cm；宽25cm；直径20.6cm×14.2cm	2,530,000	中国嘉德	2022-06-27
明 大明崇祯年制款铜冲耳炉	高7.8cm；口径10.5cm；重1041g	195,500	西泠印社	2022-08-21
明 大明宣德年制款铜冲耳炉	高6.5cm；口径9.8cm；通径10.7cm；重808g	32,200	西泠印社	2022-01-23
明 大明宣德年制款铜冲耳炉	高8.5cm；口径16cm；重1159g	80,500	西泠印社	2022-01-23
明 大明正德年制款铜阿拉伯文筒式炉	高63cm；口径9.5cm；重672g	92,000	西泠印社	2022-01-23
明 大蚰龙耳炉	直径34.5cm	230,000	中国嘉德	2022-06-28
明 仿古错金银三足鼎	高17.1cm；口径7cm	184,000	中贸圣佳	2023-01-01
明 浮雕云龙纹炉	直径14.1cm；高8.2cm；重2352g	1,380,000	华艺国际	2022-07-29
明 鬲鼎式炉	口径7cm；高4.3cm	13,800	中国嘉德	2022-09-26
明 鬲式炉	高6cm；直径15cm	28,750	中国嘉德	2022-10-27
明 官上加官香熏	高17.5cm	63,250	中国嘉德	2022-06-28
明 海八怪篮式炉	口径15.9cm；高9.2cm	172,500	中贸圣佳	2022-06-06
明 胡文明款铜鎏金博古纹瓿式炉	口径9.8cm；高2.3cm	63,250	中贸圣佳	2023-01-01
明 胡文明制款铜鎏金婴戏海兽纹手炉	14.5cm×11cm×12cm；重712g	212,750	广东崇正	2022-08-11
明 戟耳法盏炉	直径15.6cm；宽19.6cm；高10cm	172,500	中国嘉德	2022-12-27
明 局部鎏金海水龙纹方形兽炉	高15.2cm	1,472,000	中贸圣佳	2022-07-26
明 莲瓣钮小铜炉四件套	7cm×6cm	27,600	中贸圣佳	2022-07-13
明 马槽炉	宽12cm	1,840,000	中贸圣佳	2022-06-27
明 骑鹿寿星铜香薰	高33.8cm	50,025	中贸圣佳	2022-07-10
明 清闻阁款压经炉	口径12.6cm；高6cm	920,000	中贸圣佳	2022-12-31
明 瑞兽铜香薰	高29cm；高25cm（不含座）	21,974	台北艺珍	2022-08-14
明 狮钮朝冠耳炉	口径20.7cm；高42.2cm	94,300	中贸圣佳	2022-07-12
明 十字金刚杵款莲瓣纹钵式炉	口径15.5cm；高6.3cm	1,380,000	中贸圣佳	2022-12-31
明 双兽耳洒金小盏炉	口径6.7cm；高3.1cm	115,000	中贸圣佳	2022-07-10
明 四方出戟狮钮铜香熏	高378cm；口径158cm	48,300	中贸圣佳	2022-07-10
明 天鸡耳法盏炉	高8cm；直径14.6cm	667,000	中贸圣佳	2022-10-27
明铜 "松竹山房" 款戟耳筒式炉	高8.7cm；重898g	690,000	华艺国际	2022-09-23
明铜 "挹尹家藏" 款蚰龙耳炉	高9.2cm；重805g	690,000	华艺国际	2022-07-29
明铜 "逸轩" 款鬲式炉	直径8.2cm；高4.4cm；重量536g	230,000	广东崇正	2022-08-11
明 铜阿拉伯文筒式炉	直径12.7cm；高10.2cm；重1095g	517,500	华艺国际	2022-09-23
明 铜八宝缠枝纹葵口三足熏炉	高66cm	253,000	西泠印社	2022-01-22
明 铜宝鸭形香薰	高38.7cm	35,650	中贸圣佳	2022-09-26
明 铜苍龙教子洗式炉	高14.5cm；重2353g	80,500	西泠印社	2022-08-20
明 铜冲耳三足炉	直径11.8cm；高7cm	18,400	北京中汉	2022-12-09
明 铜冲天耳炉	直径11.8cm；重量1023g	575,000	华艺国际	2022-09-23
明 铜冲犬耳炉	口径12.4cm；高5.4cm；重952g	287,500	西泠印社	2022-01-22
明 铜冲天耳炉	直径14.5cm；重1518g	178,250	华艺国际	2022-09-23
明 铜冲天耳炉	宽12.5cm	11,500	北京保利	2022-07-17
明 铜冲天三足炉	直径12.8cm	4,717,680	香港福羲国际	2022-12-28
明 铜错金银篮式炉	口径9.8cm；重量664g	172,500	华艺国际	2022-09-23
明 铜错金银三足鼎式炉	口径10cm；高18.5cm；重量777.5g	46,000	浙江佳宝	2022-03-13
明 铜错金银饕餮纹鼎式炉	15.4cm	74,750	中国嘉德	2022-06-28
明 铜点金蟠龙纹手炉	直径11cm	63,250	华艺国际	2022-09-23
明 铜仿古龙耳篮式炉（带木座）	高5.5cm；重875g	11,500	广东崇正	2022-08-11
明 铜仿古龙耳篮式炉（带木盖座）	直径8.8cm；高7.5cm	20,700	广东崇正	2022-08-11
明 铜仿古三足鼎式炉（带座盖）	直径9.4cm；高11.3cm；重量431g	17,250	广东崇正	2022-08-11
明 铜仿古饕餮纹鼎式炉	高37cm；重量64323g	55,200	中国嘉德	2022-12-27
明 铜仿古卧蚕纹盘	高26cm	161,000	中国嘉德	2022-12-27
明 铜仿古小鼎式炉	高6cm；高25cm；重56g	11,500	广东崇正	2022-12-25
明 铜鬲式炉	直径13cm；高4.4cm；重量1236g	40,250	广东崇正	2022-08-11
明 铜鬲式炉	直径11.8cm；高5.3cm；重量909.9g	57,500	广东崇正	2022-08-11
明 铜鬲式炉	直径13.5cm；高5.5cm；重1535g	28,750	广东崇正	2022-12-25

2022杂项拍卖成交汇总(续表)

(成交价RMB: 1万元以上)

拍品名称	物品尺寸	成交价RMB	拍卖公司	拍卖日期
明 铜古冲耳鼎式炉	31cm×34cm	11,200	上海联合	2022-08-13
明 铜观音香熏	高19.5cm	46,000	中国嘉德	2022-09-29
明 铜海棠式天鸡耳炉	宽27.5cm;高13.8cm;重量3400g	130,233	保利香港	2022-10-10
明 铜胡人博山炉	高28cm、直径13cm	138,000	广东崇正	2022-08-11
明 铜局部鎏金双龙耳簋式炉	长16.5cm	80,500	中鸿信	2022-09-11
明 铜开光海兽纹龙耳炉	长24cm	25,300	中国嘉德	2022-09-29
明 铜葵口四面开窗炉	直径11.3cm;高8.6cm	17,250	广东崇正	2022-08-11
明 铜鎏金鼎式炉(带座盖)	长8.8cm;高17.5cm;重量918g	51,750	广东崇正	2022-08-11
明 铜鎏金胡文明式簋式炉带盖	口径12.5cm;高14.2cm;重1198g	115,000	西泠印社	2022-08-20
明 铜鎏金角端大香熏(一对)	高60cm×2	1,150,000	北京保利	2022-07-29
明 铜鎏金角端香熏	高17.8cm	920,000	华艺国际	2022-07-29
明 铜鎏金四方朝冠耳炉	口径长10.6cm;口径宽8.7cm;高8.9cm	1,150,000	中贸圣佳	2022-12-31
明 铜鎏金仙人乘麒麟香熏	20cm×8.7cm×24.5cm	253,000	华艺国际	2022-07-29
明 铜鎏金仙人乘麒麟香熏	20cm×8.7cm×24.5cm	20,700	华艺国际	2022-09-23
明 铜鎏金鸭熏	高37.8cm	391,000	北京保利	2022-07-29
明 铜鎏金群花群仙祝寿图铺首炉	直径12.2cm	55,200	中国嘉德	2022-06-28
明 铜角端香熏	高16.5cm	28,750	中国嘉德	2022-05-29
明 铜梅枝纹耳三足熏炉	高17cm;宽12cm;重量897.8g	13,800	浙江佳宝	2022-03-13
明 铜洒金兽耳婴戏香熏	高17.5cm	28,750	中国嘉德	2022-09-29
明 铜狮香熏(六件组)	尺寸不一	31,022	台北艺珍	2022-08-14
明 铜狮熏	高64cm	460,000	西泠印社	2022-01-22
明 铜狮子戏球香熏摆件(带座)	高22cm;长34cm;通高26cm	39,100	广东崇正	2022-08-11
明 铜兽面纹鼎式炉	高14.2cm	28,750	中国嘉德	2022-09-29
明 铜双耳鬲式炉	宽57cm;高42cm	69,000	浙江佳宝	2022-03-13
明 铜台几式琴炉(带木盖木座)	高4cm;总高8.3cm;重量126.4g	78,200	广东崇正	2022-08-11
明 铜饕餮纹三足炉	高14.5cm	20,700	华艺国际	2022-09-23
明 铜万字纹龙首狮钮象足大熏炉	高68cm	276,000	西泠印社	2022-08-20
明 铜仙人骑瑞兽香熏	带座高37.5cm;高31cm	356,500	西泠印社	2022-01-23
明 铜仙人骑瑞兽香熏	带座高37.5cm;高31cm	287,500	西泠印社	2022-08-21
明 铜行炉	长26.5cm	25,300	中国嘉德	2022-05-29
明 铜行炉	38cm	10,350	上海嘉禾	2022-01-01
明 铜绣狮踩球戏炉	高19cm;宽27cm;重量2233g	33,600	浙江佳宝	2022-03-13
明 铜鸭香熏	高15cm	13,800	广东崇正	2022-08-11
明 铜蚰形香熏	高20cm	230,000	北京保利	2022-07-29
明 铜蚰耳鬲式炉	直径13.5cm;重1955g	230,000	华艺国际	2022-09-23
明 铜鸳鸯香熏(一对)	高22cm×2	74,750	西泠印社	2022-08-21
明 铜圆鼎式琴炉(带座盖)	直径6.4cm;高8.5cm;重量421g	17,250	广东崇正	2022-08-11
明 铜息园款戟耳炉	直径8.7cm;高6cm;重843g	69,000	广东崇正	2022-12-25
明 宣德款铜点金冲耳炉	高10.3cm;炉重1769g;底座重863g	115,000	西泠印社	2022-08-21
明 玉堂清玩款压经炉	口径12.4cm;高6.2cm	460,000	中贸圣佳	2022-12-31
明 玉堂清玩款蚰耳炉	直径16.5cm;高8.1cm	1,357,000	中贸圣佳	2022-10-27
明 正德ი文耳炉	直径9cm	115,000	深圳富诺得	2022-10-06
明 紫珊款鬲式炉	直径102cm;高8cm;重744g	75,900	中国嘉德	2022-12-26
明至清 彩绘戏熏铜香熏	宽26.3cm	88,291	中国嘉德	2022-10-08
明至清 大明宣德年制款铜如意耳炉	高4.5cm;通径12.7cm;口径9.2cm;重949g	19,550	西泠印社	2022-01-23
明至清 铜错金银云雷纹三足香熏	高21.8cm;口径11cm;重101g	11,500	西泠印社	2022-01-23
明至清 永存珍玩款铜狮耳浮雕走兽纹三足炉	高5.8cm;通径17.2cm;重1127g	43,700	西泠印社	2022-08-21
明至清 赵德甫制款铜海棠形手炉	高8.3cm;长13.5cm;宽11cm;重444g	97,750	西泠印社	2022-08-21
明晚期 大明宣德年制款铜海冲耳炉	高7.5cm;通径14cm;口径12.7cm;重951g	287,500	西泠印社	2022-08-21
明晚期 鬲式炉	直径13.4cm;高5cm	126,500	中国嘉德	2022-12-26
明晚期 铜木雕仿古香炉	高15cm	69,000	深圳富诺得	2022-10-06
明晚期 铜局部鎏金八宝纹双耳炉	宽14.5cm	40,250	北京保利	2022-07-29
明晚期 铜鎏金百鸟朝凤纹式炉	直径15.6cm;高11.2cm	63,250	中国嘉德	2022-12-27
明晚期 铜鎏金錾刻龙纹体式炉	高10cm;宽7cm;重442.7g	59,800	广东崇正	2022-04-17
明晚期 铜龙纹四方香熏(带铭文)	高13.5cm;长19cm;宽14cm;重2570g	23,000	广东崇正	2022-04-17
明晚期 铜嵌银丝龙凤纹熏耳炉	长13.5cm	28,750	中国嘉德	2022-09-29
明晚期 铜私家款马槽炉	高6.8cm;宽13.7cm;重1648.8g	112,700	广东崇正	2022-04-17
明晚期 錾花鎏金海八怪纹簋式炉	直径15.5cm;宽23cm;高8.9cm	74,750	中国嘉德	2022-12-27
晚明 铜錾银开光花鸟纹三足炉	高20cm	278,117	佳士得	2022-11-29
明末清初 大明宣德年制款马槽炉	直径8.5cm;高8.2cm;高6.7cm	448,500	中贸圣佳	2022-07-25
明末清初 大清宣德款红铜天鸡耳炉	高7.4cm;通径13.3cm;口径9.5cm;重140g	184,000	西泠印社	2022-08-21
明末清初 戟耳炉	宽10.3cm;高6cm	28,750	中国嘉德	2022-12-27

拍品名称	物品尺寸	成交价RMB	拍卖公司	拍卖日期
明末清初 天凤耳炉	直径13.2cm;宽12.7cm;高9.5cm	218,500	中国嘉德	2022-12-26
明末清初 铜"蕉林秘玩"筒式炉	高7.5cm;直径10.3cm;重1533.8g	59,800	广东崇正	2022-08-11
明末清初 拙居氏家藏款冲天耳炉	口径14.5cm;高9cm	1,242,000	中贸圣佳	2022-12-31
清初 胡文明制筒式炉	口径10.2cm;高8.2cm	71,300	中贸圣佳	2022-07-12
清初 六字款冲天耳炉	口径14.8cm;高10.7cm	71,300	中贸圣佳	2022-07-12
清初 铜冲耳三足炉	直径14cm;高8.9cm	23,000	北京中汉	2022-12-09
清初 铜鬲式炉	高5.5cm;直径13cm;重1135g	57,500	保利厦门	2022-10-22
清初 铜绳纹耳三足炉	高27cm;直径29.5cm;重8780g	287,500	保利厦门	2022-10-22
清初 宣德款鬲式炉	直径18.8cm;高7.8cm	1,610,000	中贸圣佳	2022-07-25
清早期 "大明宣德年制"罗汉炉	直径18m;宽2m;重1377g	80,500	中国嘉德	2022-06-26
清早期 "大明宣德年制"铜狮耳三足炉	直径14m;高5m;重747g	25,300	中国嘉德	2022-12-25
清早期 "大明宣德年制"铜蚰龙耳炉(带老木座)	高6cm;直径11.6cm;重1217g	69,000	广东崇正	2022-08-11
清早期 "慎吾清元"马槽炉	高6.4cm;长7.4cm;重898g	34,500	广东崇正	2022-08-11
清早期 "宣德年制"铜鬲式炉	直径20cm;高6.5cm;重10802g	115,000	中国嘉德	2022-12-25
清早期 "宣德年制"铜压经炉	直径13.4cm;高6.8cm;重1292g	287,500	中国嘉德	2022-12-25
清早期 "一斋"铜蚰龙耳炉	直径13cm;高6.5cm;重1771.8g	97,750	中国嘉德	2022-12-25
清早期 "玉堂珍玩"铜蚰耳炉	直径14.2cm;高6.2cm;重1241.3g	57,500	中国嘉德	2022-06-26
清早期 "白云深处吾家款"蚰耳炉	口径10.5cm;高5.6cm;重1130g	368,000	中贸圣佳	2023-01-01
清早期 "不为俗情所得"款蚰龙耳炉连座	直径15.2cm;高11cm	414,000	中贸圣佳	2022-07-25
清早期 朝天耳炉	直径12cm;高8.8cm	40,250	中国嘉德	2022-12-27
清早期 陈赢家藏款压经炉	口径12.1cm;高6.5cm	207,000	中贸圣佳	2023-01-01
清早期 冲天耳炉	直径13.5cm;高12.4cm	92,000	中国嘉德	2022-06-06
清早期 冲天耳象足炉	直径17.3cm;通高34.5cm	1,115,500	中贸圣佳	2022-10-27
清早期 错银丝缠龙纹鼎式炉	直径18.2cm;高29cm	80,500	中国嘉德	2022-12-27
清早期 错银丝莲花纹朝冠耳炉	直径9.2cm;高4.8cm	41,400	中国嘉德	2022-07-10
清早期 大马槽炉	长21.1cm;宽11.5cm;高10.5cm	253,000	中国嘉德	2022-12-27
清早期 大明宣德年制款铜狮耳兽足炉(连座)	口径25.3cm;高15.8cm(连座)	1,495,000	中贸圣佳	2022-07-26
清早期 大明宣德年制款铜蚰耳炉	直径13.3cm;高6.6cm	161,000	中贸圣佳	2023-01-01
清早期 凤江款铜圆形手炉	高6cm;口径7.4cm;重82g	43,700	西泠印社	2022-08-21
清早期 福寿康宁铭仰钟式炉	口径13.6cm;高13.4cm	57,500	中国嘉德	2022-09-26
清早期 工部戟耳炉	高19.4cm;高8.2cm	98,900	中国嘉德	2022-09-25
清早期 槐堂清玩款冲天耳炉	口径11.9cm;高6.6cm	345,000	中贸圣佳	2023-01-01
清早期 戟耳簋式炉	口径12.7cm;高9.5cm	101,200	中国嘉德	2022-06-06
清早期 戟耳桶式炉连座	通高8.2cm(带座);直径13cm	621,000	中贸圣佳	2022-10-27
清早期 局部鎏金蚰耳炉	口径11.9cm;高5.2cm	161,000	中贸圣佳	2023-01-01
清早期 卷云纹冲耳炉	直径11cm;高14cm(含盖含座)	51,750	中国嘉德	2022-06-28
清早期 龙耳炉	直径12.3cm;宽22.7cm;高18.2cm	253,000	中国嘉德	2022-12-26
清早期 炉瓶箸铲(一组四件)	炉直径10.5cm,高6.5cm,重456g;瓶直径9cm	17,250	广东崇正	2022-12-25
清早期 马槽炉	长11.7cm;宽9.9cm;高12.2cm(带座)	253,000	中国嘉德	2022-12-27
清早期 摩羯耳琮式炉	口径长22.9cm,宽5cm;高15.9cm;重4470g	161,000	中贸圣佳	2023-01-01
清早期 蟹耳压经三足炉	直径12.3cm;高8.1cm	92,000	中贸圣佳	2022-07-12
清早期 桥耳带底座铜方炉	宽17cm;高21.5cm	92,000	深圳富诺得	2022-10-06
清早期 桥耳炉	直径10.2cm	161,000	中国嘉德	2022-06-28
清早期 洒金蚰耳炉连座	口径9.5cm;通高6.7cm	63,250	中贸圣佳	2023-01-01
清早期 施家古制款压经炉	口径10.9cm;高8.2cm	977,500	中贸圣佳	2022-12-31
清早期 双螭耳洗式炉	口径长18.7cm,宽11.5cm;高9.5cm	212,750	中贸圣佳	2022-06-06
清早期 水月居款铜蚰耳炉	高4cm;直径11.7cm;重量907.1g	57,500	浙江佳宝	2022-03-13
清早期 四字篆款桥耳炉连座	直径20cm;高22.7cm	690,000	中贸圣佳	2022-12-27
清早期 索甲橘囊炉	直径15.8cm;高8.8cm	161,000	中国嘉德	2022-12-27
清早期 铜"垂绿堂清玩"炉座	直径17cm;高4.1cm;重量1427.3g	63,250	广东崇正	2022-08-11
清早期 铜钵式炉	直径10cm;高8cm;重180g	632,500	华艺国际	2022-07-29
清早期 铜朝天耳炉	直径11cm	28,750	中国嘉德	2022-09-29
清早期 铜螭龙耳象足鼎式熏炉	高28.3cm;重量6407g	40,250	广东崇正	2022-08-11
清早期 铜螭龙纹四方熏炉	宽10.5cm;重量356.1g	23,000	浙江佳宝	2022-03-13
清早期 铜冲天耳炉	直径18cm;高63cm;重8903g;口径10.5cm	149,500	中国嘉德	2022-12-25
清早期 铜冲天耳三足炉	直径18cm	25,300	北京中汉	2022-08-08
清早期 铜错银角端香熏	高16cm	57,500	保利厦门	2022-10-22

2022杂项拍卖成交汇总(续表)

(成交价RMB: 1万元以上)

拍品名称	物品尺寸	成交价RMB	拍卖公司	拍卖日期
清早期 铜点金冲耳炉	直径12.5cm	74,750	中国嘉德	2022-12-26
清早期 铜点金冲耳炉	直径12.5cm;重量1064g	36,800	华艺国际	2022-09-23
清早期 铜点金狮耳炉	直径11cm;高7.5cm;重量1004.7g	66,700	广东崇正	2022-08-11
清早期 铜点金双螭龙耳炉	直径10cm;重量826g	58,650	华艺国际	2022-09-23
清早期 铜点金双龙写象狮钮香熏炉	高29cm;宽34cm	137,400	台北艺珍	2022-03-06
清早期 铜仿古螭耳炉	高9.3cm;高4.5cm;重量284.1g	13,800	广东崇正	2022-08-11
清早期 铜仿古瑞兽耳炉	宽15cm	166,750	北京保利	2022-07-29
清早期 铜高式琴炉	直径42cm;重量202g	46,000	华艺国际	2022-09-23
清早期 铜戟式三足炉	直径21.5cm	11,500	北京保利	2022-07-19
清早期 铜戟耳篆式炉	宽15.7cm	11,500	北京保利	2022-07-29
清早期 铜局部鎏金狮耳法盏炉	直径9.8cm;重643g	138,000	华艺国际	2022-09-23
清早期 铜局部鎏金双耳熏炉	宽13cm;高6cm;重量406.1g	39,725	浙江佳宝	2022-03-13
清早期 铜开光人物故事蝴耳炉	直径13.9cm;高8.3cm	40,250	广东崇正	2022-08-11
清早期 铜开光珍珠地花卉纹龙耳炉	长9cm	20,700	中国嘉德	2022-03-06
清早期 铜老子出关香熏	高34cm	115,000	永乐拍卖	2022-07-24
清早期 铜莲瓣朝冠耳炉	直径7.8cm;高6.7cm;重414g	28,750	广东崇正	2022-12-25
清早期 铜莲瓣纹三足炉	直径10cm;重量1104g	241,500	华艺国际	2022-09-23
清早期 铜莲瓣纹三足炉	直径108cm;重量543g	46,000	华艺国际	2022-09-23
清早期 铜莲瓣纹钵式炉	高79cm;宽75cm;重109g	17,250	广东崇正	2022-04-17
清早期 铜鎏金鸭熏成对	高35cm,重1.79kg;长35cm,重2.37kg	63,250	中国嘉德	2022-12-25
清早期 铜鎏金蝴耳炉	宽19cm	17,250	北京保利	2022-07-17
清早期 铜甪端香熏	高14.5cm	86,250	华艺国际	2022-09-23
清早期 铜棋子桥耳炉	直径10cm;高6cm;重684g	20,700	广东崇正	2022-08-11
清早期 铜桥耳炉	高8.4cm;直径16cm;重量1770.8g	13,800	浙江佳宝	2022-03-13
清早期 铜桥耳洒金宣德炉	直径11.5cm;高6cm;重量539.3g	115,000	浙江佳宝	2022-03-13
清早期 铜洒金三足鼓式炉	长8cm,高5.5cm;重量840g	195,500	华艺国际	2022-09-23
清早期 铜洒金海棠形天鸡耳炉	直径13.6cm	23,000	华艺国际	2022-09-23
清早期 铜洒金双耳炉	高6.7cm;重量1.1kg	43,411	保利香港	2022-10-10
清早期 铜洒金熊足法盏炉	直径12.2cm;高9.6cm;重量855g	69,000	广东崇正	2022-12-25
清早期 铜双耳三足狮钮熏炉	宽22cm;高25cm;重3131.7g	16,100	浙江佳宝	2022-03-13
清早期 铜双龙抱款桥耳三足炉	直径26.5cm;重量444g	977,500	永乐拍卖	2022-07-25
清早期 铜双蝴耳炉	直径17cm	11,500	北京保利	2022-07-17
清早期 铜双蝴耳炉	高18.5cm	32,200	北京保利	2022-07-17
清早期 铜双螭耳炉	直径17cm	13,800	北京保利	2022-07-17
清早期 铜四方天鸡耳琮式琴炉	长5cm;重量165g	28,750	华艺国际	2022-09-23
清早期 铜狻猊耳三足如意纹炉	直径10.2cm;重量695g	29,900	华艺国际	2022-09-23
清早期 铜饕餮纹兽耳篆式炉	高25cm	80,500	北京中汉	2022-06-28
清早期 铜天鸡耳法盏炉	口径13.5cm;高7.5cm;重量658.5g	25,300	浙江佳宝	2022-03-13
清早期 铜天鸡耳三足炉	高14.5cm	11,500	北京保利	2022-07-17
清早期 铜筒式耳素炉	高9.5cm	322,000	北京保利	2022-07-17
清早期 铜洗式炉	直径13.5cm	51,750	中国嘉德	2022-06-28
清早期 铜小桥耳炉	直径9.7cm	25,300	中国嘉德	2022-05-29
清早期 铜压经炉	宽18.5cm	17,250	北京保利	2022-07-17
清早期 铜蝴耳炉	长12.5cm	13,800	中国嘉德	2022-09-29
清早期 铜蝴耳炉	高13.5cm;重37cm;重9000g	66,690	保利香港	2022-07-14
清早期 铜蝴龙耳炉	宽20.5cm;重量634g	736,000	永乐拍卖	2022-07-25
清早期 铜蝴龙耳炉	直径12.8cm;高6cm;重量1353g	17,250	广东崇正	2022-08-11
清早期 铜蝴龙耳炉	直径13.5cm;长18cm;高7.8cm;重量7844g	23,000	广东崇正	2022-08-11
清早期 铜圆中式压经炉	直径6.4cm;重量408g	189,750	华艺国际	2022-09-23
清早期 铜长毛天鸡耳炉	高7.8cm;重量1058.9g	92,000	广东崇正	2022-08-11
清早期 筒式炉	直径7.8cm;高13.3cm(含盖含座)	86,250	中国嘉德	2022-06-28
清早期 弦纹钵式炉	口径13.6cm;高10.5cm	207,000	中贸圣佳	2022-06-06
清早期 弦纹朝冠炉	9.3cm x 113cm;重1397g	172,500	上海嘉禾	2022-01-01
清早期 宣德年制款马槽炉	口径9cm;宽7cm;高58cm	80,500	中贸圣佳	2023-01-01
清早期 宣德年制款象足法盏炉	直径18.9cm;高14cm	184,000	中贸圣佳	2022-07-25
清早期 宣德年制款压经炉	直径13.4cm;高7.8cm	138,000	中贸圣佳	2022-09-26
清早期 宣德年制篆书款蝴耳炉	口径12.5cm;高5.9cm	109,250	中贸圣佳	2022-09-26
清早期 宣德年制篆书款蝴耳炉连座	口径21.5cm;炉高10.2cm	1,380,000	中贸圣佳	2022-12-31
清早期 宣德四字篆书款冲天耳炉	直径23.2cm;高13.8cm	207,000	中贸圣佳	2022-10-27
清早期 压经耳炉	直径16.9cm;高8.5cm	61,525	中贸圣佳	2022-08-06
清早期 压经炉	直径12.3cm;宽17.5cm;高5.6cm	345,000	中国嘉德	2022-12-27
清早期 玉堂清玩款蝴耳炉	口径12.7cm;高7.2cm	170,200	中贸圣佳	2022-07-25
清早期 臧六题字款铜蝴耳炉	高18.3cm	172,500	北京保利	2022-07-29
清早期 枣红皮象耳炉	宽19cm	253,000	中国嘉德	2022-12-26
清早期 枣皮红大压经炉(连座)	高23cm	828,000	北京保利	2022-07-29
清早期 张鸣岐制款铜团花纹手炉	高7.7cm;长12cm;宽8.2cm;重385g	48,300	西泠印社	2022-08-21
清顺治 "顺治癸巳年制" 铜冲天耳炉	高6.4cm;直径10.5cm;重量597.4g	71,300	广东崇正	2022-08-11
清顺治 高云旗款冲天耳炉	直径12.5cm;高7.6cm	1,840,000	中贸圣佳	2022-07-26
清康熙 "宣德制" 横写三字篆书款官铸枣红皮象耳篆式炉	连耳直径20.5cm;高8.3cm;重量2502g	713,000	江苏汇中	2022-08-17
清康熙 "康熙六十年" 款象足炉	口径12cm;高10cm;重408g	276,000	西泠印社	2022-08-20
清康熙 铜鎏金太狮少狮熏炉	长38cm;宽20cm;高32.1cm	100,800	浙江佳宝	2022-03-13
清康熙 宣德年制款蝴耳炉连座	口径13.7cm;高10.5cm(带座)	287,500	中贸圣佳	2022-07-26
清康熙 雪花金戟耳炉	直径16.5cm;通高12cm	920,000	中贸圣佳	2022-10-27
清康熙二十年(1681年) 铜云龙纹狮钮熏炉	高32.5cm	23,000	中国嘉德	2022-05-29
清雍正 钵式炉	口径23cm;高18.7cm	310,500	中贸圣佳	2022-06-06
清雍正 镂空苍龙教子手炉	口长11cm;高9.4cm;高10.4cm	1,046,500	中贸圣佳	2022-07-26
清雍正 铜洒金桃形熏炉	高19cm;重5236g	149,500	西泠印社	2022-08-20
清雍正至乾隆 积堂款冲天耳炉	直径10.5cm;高7.8cm	644,000	中贸圣佳	2022-07-25
铜蕉叶纹大三足炉	高35.5cm	440,496	纽约佳士得	2022-09-23
清乾隆 "大清乾隆年制" 款铜局部鎏金拐子龙香炉	直径16.5cm;高16.9cm;重544g	575,000	西泠印社	2022-01-22
清乾隆 "宣德年制" 款铜玉耳荷塘清趣鎏金三足熏炉	高41cm	69,000	西泠印社	2022-08-20
清乾隆 大清乾隆年制款朝冠耳大铜炉	直径21cm;高35.8cm	1,150,000	中贸圣佳	2022-07-26
清乾隆 洒金饕餮纹篆式炉	高24.2cm;长43cm	747,500	华艺国际	2022-07-29
清乾隆 寿字龙纹鼎式炉	长13.8cm;宽12.8cm;高18cm	149,500	中国嘉德	2022-12-27
清乾隆 饕餮纹鼎式炉	高15.7cm;高20.2cm(含盖含座)	149,500	中国嘉德	2022-06-28
清乾隆 天下山川兽面盖钮鼎炉	高62cm	7,130,000	华艺国际	2022-07-29
清乾隆 铜 "宣德" 款窝式炉(带原配红木座)	高14cm(连座);直径13.2cm(含座)	56,350	广东崇正	2022-12-25
清乾隆 铜八宝纹鱼耳炉	直径10cm;长7.5cm;重887g	402,500	华艺国际	2022-09-23
清乾隆 铜钵式炉	直径13.5cm;重量1014g	138,000	保利厦门	2022-10-22
清乾隆 铜错金银兽面纹三足鼎式炉	高19.4cm;通径15.4cm;重1963g	253,000	西泠印社	2022-08-21
清乾隆 铜鬲式炉	直径14cm;高7.5cm;重量2336g	71,300	广东崇正	2022-08-11
清乾隆 铜官作鬲式炉(带原铜座)	炉座直径35cm;炉高75cm;直径14cm;总高11cm;炉重量2071.7g;总重量3117g	184,000	广东崇正	2022-08-11
清乾隆 铜局部鎏金太平有象香熏	高37cm	138,000	永乐拍卖	2022-07-25
清乾隆 铜鎏金 "乾隆御览之宝,郊坛享祀,设祭观象" 款九龙钵式炉	直径36cm;高20cm;重9400g	517,500	西泠印社	2022-01-22
清乾隆 铜鎏金八宝纹鼎式炉	高17cm;直径13cm;重量1230g	115,000	保利厦门	2022-10-22
清乾隆 铜鎏金方熏	高8.7cm	1,058,000	中国嘉德	2022-06-27
清乾隆 铜鎏金开光小炉	高10.5cm	172,500	北京保利	2022-07-29
清乾隆 铜鎏金瑞兽双龙炉	宽17.5cm	25,300	北京保利	2022-07-17
清乾隆 铜甪端大香熏	高36cm;长26cm	299,000	广东崇正	2022-08-11
清乾隆 铜嵌宝太平有象三足熏炉	高34cm;宽29cm;重6129g	92,000	浙江佳宝	2022-03-13
清乾隆 铜桥耳炉连座	高9.5cm;直径13.5cm;整高13cm;炉重160g;座重960g	172,500	保利厦门	2022-10-22
清乾隆 铜洒金螭龙耳三足炉	长29.5cm	63,250	中国嘉德	2022-05-29
清乾隆 铜筒式炉	直径10.5cm	195,500	朵云轩	2022-12-08
清乾隆 铜压经耳炉	直径11cm;重量1467g	59,800	华艺国际	2022-09-23
清乾隆 铜蝴耳双龙炉	高5.8cm;直径14cm;重量780.5g	11,500	广东崇正	2022-08-11
清乾隆 铜鸳鸯香薰摆件(带木座)	长15cm;高18.8cm	32,200	广东崇正	2022-08-11
清乾隆 乌铜嵌金寿老骑鹿熏炉	高27.7cm	218,500	永乐拍卖	2022-07-25
清乾隆 奕世流芳款冲耳炉	直径13.5cm;高20.8cm	2,875,000	中贸圣佳	2022-07-26
清乾隆宫廷 "乾隆岁次甲申□□□敬造" 款朝冠耳炉	口径12cm;高18.5cm;重3830g	172,500	西泠印社	2022-01-22
17世纪/18世纪 局部鎏金铜寿字莲纹镂空香熏	高40.7cm	748,843	纽约佳士得	2022-09-23
17世纪/18世纪 铜三足炉	宽17.7cm	132,149	纽约佳士得	2022-09-23
清道光 "大清道光年制" 篆书款铜夔龙纹出戟鼎炉	高18cm;重1352g	172,500	西泠印社	2022-08-20
清中期 "大明宣德年制" 铜蝴龙耳炉	直径10.8cm;高7cm;重895.7g	43,700	中国嘉德	2022-12-25
清中期 "飞云轩" 方蝴耳炉	高7cm;长15cm;重1227.9g	27,600	广东崇正	2022-08-11
清中期 朝冠耳三足炉	直径11.7cm;高8.3cm	11,500	中贸圣佳	2022-07-12
清中期 冲天耳炉	口径10.7cm;高8cm	16,100	中贸圣佳	2022-06-06
清中期 冲天耳炉	口径15cm;高10.8cm	34,500	中贸圣佳	2022-06-06
清中期 错银丝篆耳炉	直径11.4cm;高8.9cm	13,800	中贸圣佳	2022-07-12
清中期 浮雕缠枝花卉纹小炉	直径4.3cm;高3.6cm	20,700	中贸圣佳	2022-07-12

2022杂项拍卖成交汇总(续表)

(成交价RMB:1万元以上)

拍品名称	物品尺寸	成交价RMB	拍卖公司	拍卖日期
清中期 鬲式炉	口径12.2cm;高5.9cm	34,500	中贸圣佳	2022-06-06
清中期 鬲式炉	直径10.2cm;高5.2cm	11,500	中贸圣佳	2022-07-12
清中期 鬲式炉	直径13cm;高6cm	34,500	中贸圣佳	2022-07-12
清中期 鬲式炉	口径10.4cm;高5.7cm	11,500	中贸圣佳	2022-07-12
清中期 六字款冲天耳炉	口径9.2cm;高6.9cm	17,250	中贸圣佳	2022-07-12
清中期 龙耳炉	直径13.5cm;高6.9cm	28,750	中国嘉德	2022-12-27
清中期 龙纹错银丝象耳衔环炉	口径16.5cm;高16cm	58,075	中贸圣佳	2022-06-26
清中期 桥耳炉	直径13.5cm;高9.5cm	20,700	中贸圣佳	2022-06-06
清中期 琴书侣款铜鬲式炉	口径12.3cm;高6cm;重量1468.7g	103,500	浙江佳宝	2022-03-13
清中期 如意耳小琴炉	直径4.6cm;高3.4cm	24,150	中贸圣佳	2022-06-26
清中期 洒金钵式炉	宽17.8cm;高9.7cm	115,000	中国嘉德	2022-12-27
清中期 洒金冲天炉	直径11.5cm	43,700	中国嘉德	2022-06-28
清中期 洒金三菱足鼎式炉	高15.6cm;直径10.8cm	103,500	中贸圣佳	2023-01-01
清中期 洒金天鸡法盏炉	直径13.2cm;高7.5cm	97,750	中国嘉德	2022-12-27
清中期 狮耳莲瓣筒式炉	直径10cm;高4.8cm	51,750	中国嘉德	2022-12-27
清中期 狮耳炉	直径11.5cm;高5.1cm	11,500	中贸圣佳	2022-07-12
清中期 识文描金仿古蝉纹香炉	高17.5cm	138,000	中国嘉德	2022-12-27
清中期 索耳鬲式三足炉	直径15.2cm;高12.7cm	11,500	中贸圣佳	2022-07-12
清中期 铜朝天耳炉	直径12.8cm	36,800	中国嘉德	2022-09-29
清中期 铜冲耳炉	直径13cm;高7.6cm;重量1078.5g	34,500	浙江佳宝	2022-03-13
清中期 铜冲天耳炉	直径14cm;重量2425g	109,250	华艺国际	2022-09-23
清中期 铜冲天耳三足炉	直径12.7cm;高8cm;重量971g	13,800	北京保利	2022-05-28
清中期 铜鬲式炉	直径8.5cm	11,500	中国嘉德	2022-05-29
清中期 铜鬲式炉	高4cm;直径10cm;重量489.1g	20,700	广东崇正	2022-08-11
清中期 铜鼓钉冲天耳炉	直径12cm;高8cm;重量84g	36,800	华艺国际	2022-09-23
清中期 铜戟耳炉	直径13.3cm;重量1900g	23,000	华艺国际	2022-09-23
清中期 铜金玉满堂图耳足炉	长21.2cm	11,500	中国嘉德	2022-09-29
清中期 铜锦纹天鸡耳炉	口径10cm;高6.5cm	17,250	中贸圣佳	2022-06-06
清中期 铜卷云纹兽耳小炉	长12.5cm	23,000	中国嘉德	2022-05-29
清中期 铜鎏金朝冠耳熏	口径长9cm;宽6.8cm;高19.6cm	18,400	中贸圣佳	2022-07-12
清中期 铜鎏金瑞兽香熏	宽23.8cm	46,288	中国嘉德	2022-06-05
清中期 铜铺首衔环钵式炉	直径52cm;重量243g	23,000	华艺国际	2022-09-23
清中期 铜洒金冲天耳炉	直径10.2cm	25,300	华艺国际	2022-09-23
清中期 铜三足洗式炉	直径22.6cm;重量1557g	13,800	华艺国际	2022-09-23
清中期 铜三足洗式炉	直径23cm;重量1550g	13,800	华艺国际	2022-09-23
清中期 铜狮耳炉	直径12cm	34,500	华艺国际	2022-09-23
清中期 铜狮耳法盏炉	直径9.5cm;重量252g	11,500	华艺国际	2022-09-23
清中期 铜狮耳炉	长17cm	13,800	中国嘉德	2022-05-29
清中期 铜狮耳炉	口径14.7cm;高7.8cm	28,175	中贸圣佳	2022-08-06
清中期 铜狮耳炉	直径12cm;高6.9cm	23,000	华艺国际	2022-09-23
清中期 铜狮耳炉	直径13.5cm;重量1652g	34,500	华艺国际	2022-09-23
清中期 铜狮耳钮香熏	高30.5cm	13,800	中国嘉德	2022-09-29
清中期 铜双狮耳衔环凤纹簋式炉	宽33.2cm	322,000	永乐拍卖	2022-07-25
清中期 铜双耳宣德炉	口径21cm;高6.5cm;重量1415.7g	12,650	浙江佳宝	2022-03-13
清中期 铜簋犯耳炉	直径11.5cm;重量1200g	63,250	华艺国际	2022-09-23
清中期 铜簋犯耳炉	直径8.5cm;重量273g	13,800	华艺国际	2022-09-23
清中期 铜簋犯耳三足鼓式炉	直径12.8cm;重量319g	11,500	华艺国际	2022-09-23
清中期 铜簋犯耳筒式炉	直径11cm;重量733g	40,250	华艺国际	2022-09-23
清中期 铜桃形熏炉带铜座	高11.4cm	17,250	中贸圣佳	2022-07-10
清中期 铜压经炉	直径13.5cm;重量1652g	69,000	华艺国际	2022-09-23
清中期 铜蚰耳炉	长18cm	11,500	中国嘉德	2022-09-29
清中期 铜蚰耳炉	直径20.5cm	34,500	中国嘉德	2022-09-29
清中期 铜蚰耳炉、象耳莲纹炉一组两件	瓶高16.5cm;炉口径7.5cm;高5.1cm	17,250	中贸圣佳	2022-06-06
清中期 铜蚰耳雪花金三足炉带原座	高12cm;宽22cm;重量1890.5g(炉);重量1215.1g(座)	172,500	浙江佳宝	2022-03-13
清中期 铜蚰龙耳炉	直径10.5cm;高6cm	25,300	广东崇正	2022-08-11
清中期 铜鱼耳炉	直径10.6cm;重量736g	17,250	华艺国际	2022-09-23
清中期 象耳香炉	口径9.8cm;高5cm	34,500	中贸圣佳	2022-08-06
清中期 宣德年款铜桥耳炉	带座高14.5cm;高15cm;口径13.5cm;重257g	55,200	西泠印社	2022-01-23
清中期 蚰耳炉	口径8.7cm;高5.7cm	13,225	中贸圣佳	2022-08-06
清中期 蚰龙耳炉	高12.6cm;宽18.2cm;高6.9cm	161,000	中国嘉德	2022-12-27
清光绪 铜鎏金水月宫香炉	长41.5cm;宽26.5cm;高14.3cm	23,000	北京中汉	2022-04-27
清光绪十六年(1890)普宁方氏家庙铜簋	通高23.5cm;口径236cm;耳距31.5cm;重609g	241,500	广东崇正	2022-12-21
17世纪局部鎏金铜花蝶纹香炉	肩宽15.5cm	192,747	纽约佳士得	2022-03-25
清 "大明宣德年制" 铜冲天炉	直径33cm;高19cm;重99g	1,150,000	中国嘉德	2022-12-25
清 "献贤氏藏" 铜点金戟耳炉	高5.8cm;直径8cm;重量438g	71,300	广东崇正	2022-08-11
清 "宣德年制" 款铜鬲式炉	高5cm;直径10.6cm;重量883.9g	17,250	广东崇正	2022-08-11
清 "宣德年制" 款铜马槽炉	14.9cm×11cm;重3427g	1,150,000	西泠印社	2022-01-22

拍品名称	物品尺寸	成交价RMB	拍卖公司	拍卖日期
清 "张鸣岐制" 款手炉	12.7cm×10cm×7.8cm;重668g	46,000	西泠印社	2022-01-22
清 "张鸣岐制" 款提梁炉	13.5cm×8.5cm×7cm;重566g	46,000	西泠印社	2022-01-22
清 "张鸣岐制" 款手炉	长13.5cm;高9.5cm	97,750	中国嘉德	2022-12-27
清 钵式铜炉	12cm×10cm;重1072g	190,440	浙江当代	2022-01-03
清 朝官耳三足香炉带木盖	高16cm;长13cm	42,550	广东崇正	2022-08-11
清 冲耳炉	直径6.5cm;直径9.3cm	11,500	中贸圣佳	2022-10-27
清 大明宣德年制款耳炉	直径13.8cm;高9.1cm	44,850	中贸圣佳	2023-01-01
清 大明宣德年制款铜冲耳炉	高9.5cm;口径12.8cm;重1152g	32,200	西泠印社	2022-01-23
清 大明宣德年制款铜冲耳炉	高7.1cm;带座高9.1cm;直径10.6cm;重625g	19,550	西泠印社	2022-08-21
清 大明宣德年制款铜海棠形炉	高5.3cm;通径16.9cm;重639g	57,500	西泠印社	2022-01-23
清 大明宣德年制款铜竹节耳炉	高8cm;口径13.9cm;重187g	46,000	西泠印社	2022-08-21
清 大明宣德年制款铜竹节耳炉	高7.5cm;口径12.3cm;重66g	57,500	西泠印社	2022-01-23
清 大清雍正年制款铜鬲式炉	高8.5cm;口径22.7cm;重5744g	23,000	西泠印社	2022-01-23
清 澹翁珍藏款铜戟耳炉	高7cm;通径12.9cm;重10.1cm;重1306g	80,500	西泠印社	2022-08-21
清 点金耳重炉	口径6.8cm;高13.1cm	27,600	中贸圣佳	2022-09-26
清 蝴蝶耳四方炉	边长11cm;高6.4cm	72,450	中贸圣佳	2022-06-06
清 金质龙纹熏香炉	通高18.8cm	5,700,530	香港福羲国际	2022-12-28
清 九思筒式炉	口径11.5cm;高6cm	10,350	中贸圣佳	2022-09-26
清 康熙年制款篝式炉	口径22.9cm;高14.3cm	322,000	中贸圣佳	2023-01-01
清 马槽炉	10.9cm×7.9cm×6.3cm	21,850	浙江当代	2022-01-03
清 桥耳炉	高6cm;宽13.5cm	20,610	台北艺珍	2022-03-06
清 如意耳莲瓣纹三足炉	口径8.9cm;高6cm	20,700	中贸圣佳	2022-06-06
清 洒天象耳法盏炉	口径11cm;高9.1cm	57,500	中贸圣佳	2022-06-26
清 洒金蚰耳炉	直径12cm;通高11.1cm(带座)	103,500	中贸圣佳	2022-10-27
清 三足象形香熏炉	高23cm×9cm	28,750	上海嘉禾	2022-01-01
清 狮耳篝式炉	直径11.8cm;高6cm	10,350	中贸圣佳	2022-06-06
清 狮耳鬲式炉	口径18.4cm;高7.4cm	18,400	中贸圣佳	2022-09-26
清 狮耳炉	直径17.5cm;重量1885g	13,800	北京保利	2022-07-28
清 狮耳马槽炉、戟耳方炉(一组两件)	直径12.7cm;宽7cm;重130lg;重2035g	11,500	北京保利	2022-07-28
清 兽耳炉、冲耳炉 (一组两件)	直径15.5cm;宽18.6cm;重1440g;重1482g	13,800	北京保利	2022-07-28
清 双耳筒式炉、马槽炉(一组两件)	直径13.5cm;宽6cm	13,800	北京保利	2022-07-28
清 积翠堂款 双螭龙耳铜炉	高6cm;宽15.5cm	108,578	台北艺珍	2022-08-14
清 松月侣蚰龙耳铜炉	高9cm(含座);宽11.5cm	186,134	台北艺珍	2022-08-14
清 饕餮纹鼎式炉	口径24cm;高38.5cm	57,500	西泠印社	2022-01-22
清 天鸡耳如意三足炉	直径7.7cm;高6cm	55,200	中贸圣佳	2022-10-27
清 天象耳篝式炉	直径9.7cm;高6.1cm	10,350	中贸圣佳	2022-09-26
清 铜 "大明宣德年制" 款如意耳炉	17.5cm×7.5cm;重1869g	92,000	西泠印社	2022-01-22
清 铜 "侣园" 款海棠形炉	宽16.3cm;高7.5cm	16,279	保利香港	2022-10-10
清 铜 "湛氏之炉" 款马槽炉	宽7.2cm;宽13.5cm	16,279	保利香港	2022-10-10
清 铜阿拉伯文如意足法盏炉	直径10.5cm;高5.6cm	12,650	北京中汉	2022-12-09
清 铜钵式炉	宽16.5cm	23,000	北京保利	2022-07-17
清 铜钵式炉	高4.5cm;直径7.5cm;重量320g	23,000	广东崇正	2022-08-11
清 铜钵式双耳炉	高11.5cm;宽12cm;重量2560g	69,000	保利厦门	2022-10-22
清 铜缠枝莲纹太平有象三足炉	高23.8cm	18,400	中贸圣佳	2022-09-26
清 铜朝冠耳炉	直径13.4cm;高7.6cm;重量578g	17,250	广东崇正	2022-08-11
清 铜朝天耳炉	长16cm	17,250	中国嘉德	2022-09-29
清 铜螭耳六方炉	长25cm	196,570	香港福羲国际	2022-12-28
清 铜螭龙耳炉	直径15.7cm;高13.5cm	11,500	广东崇正	2022-08-11
清 铜螭龙耳三足炉	高34cm;直径64cm	46,000	西泠印社	2022-08-11
清 铜螭龙纹洗式炉	直径17cm;高10.5cm	32,200	广东崇正	2022-08-11
清 铜冲耳炉	宽14cm	97,750	北京保利	2022-07-17
清 铜冲耳炉(带原配木盖)	高7.5cm(连盖);口径14.3cm;重817.8g	40,250	广东崇正	2022-04-17
清 铜冲耳三足炉	直径14cm	10,350	北京中汉	2022-09-29
清 铜冲天耳香炉	高9.6cm;口径17cm;重2065g	40,250	广东崇正	2022-04-17
清 铜冲天耳炉带座	口径17cm;高15cm;重307g	92,000	西泠印社	2022-01-22
清 铜崇祯款阿拉伯文双耳炉	宽15cm;高24cm	18,449	保利香港	2022-10-10
清 铜棕式象耳炉	3.9cm×3.7cm×3.7cm;重量91.9g	14,950	广东崇正	2022-08-11
清 铜错金银兽面纹篝式炉	长6.39cm	40,250	中国嘉德	2022-09-29
清 铜错银丝花卉纹手炉	高9.5cm;宽13cm;重4902g	28,750	广东崇正	2022-08-11
清 铜错银饕餮纹绳耳炉	高27cm;宽18.5cm	115,000	西泠印社	2022-08-20
清 铜点金篝式炉	口径23cm;高17.3cm	230,000	西泠印社	2022-01-22
清 铜点金蚰耳炉	高6cm;直径10cm;重量734.3g	23,000	广东崇正	2022-08-11
清 铜雕螭龙耳三足炉	直径27.5cm;高16.2cm;通高26.6cm	21,850	北京中汉	2022-12-09
清 铜雕龙纹朝天耳炉	通高38cm	609,367	香港福羲国际	2022-12-28
清 铜法盏三足炉	直径10.5cm	29,900	北京中汉	2022-08

拍品名称	物品尺寸	成交价RMB	拍卖公司	拍卖日期
清铜仿古朝冠耳炉	高63cm	57,500	西泠印社	2022-01-22
清铜仿古簋式炉	直径11.7cm;高9.8cm;重量832.4g	13,800	广东崇正	2022-08-11
清铜鬲式炉	高10.5cm;宽19cm(不含座)	21,984	台北艺珍	2022-03-06
清铜鬲式炉	直径15cm	34,500	北京保利	2022-07-17
清铜鬲式炉	直径15.4cm;高7.6cm;重2877g	57,500	广东崇正	2022-12-25
清铜鬲式宣德炉	口径10.1cm;高6cm;重量858.5g	13,800	浙江佳宝	2022-03-13
清铜官造桥耳炉	直径13.3cm;高11.3cm;重2944g	51,750	广东崇正	2022-12-25
清铜海兽纹龙首耳炉	直径16.5cm	245,712	香港福羲国际	2022-12-28
清铜回首狮形香熏	高15.8cm;长23.5cm	20,700	西泠印社	2022-08-21
清铜戟耳炉	长13cm	23,000	中鸿信	2022-09-11
清铜开光花鸟瑞兽纹兽耳三足炉	高26cm	17,250	北京荣宝	2022-06-28
清铜夔纹龙兽耳熏炉	高24cm	115,000	西泠印社	2022-08-20
清铜老子出关香熏	高24cm	25,300	西泠印社	2022-12-09
清铜鎏金螭龙耳象足熏炉	高22.5cm	28,750	北京中汉	2022-12-09
清铜鎏金花鸟纹簋式炉及铜三足鬲式炉(一组两件)	尺寸不一	17,250	西泠印社	2022-08-21
清铜鎏金开光花鸟戟铺首三足熏炉	宽11cm;高9cm	138,000	深圳富诺得	2022-10-06
清铜鎏金嵌玉荷塘雨景图熏炉	直径9.4cm	78,200	北京中汉	2022-04-27
清铜鎏金兽面纹出戟鼎式炉	高11.5cm	11,500	中贸圣佳	2022-06-08
清铜鎏金双狮耳筒式炉	直径10cm	10,350	北京保利	2022-08-08
清铜鎏金太狮少狮香熏	高24cm;长30cm	20,700	广东崇正	2022-12-25
清铜鎏金压经炉	宽19cm	13,800	北京保利	2022-07-17
清铜龙耳瑞钮四足香熏	高31.5cm	43,700	江苏汇中	2022-08-21
清铜龙纹带盖香熏	高14.5cm	99,067	台北艺珍	2022-12-04
清铜炉	尺寸不一	10,428	台北艺珍	2022-12-04
清铜炉一组四个	尺寸不一	17,250	中贸圣佳	2022-09-26
清铜用端香熏	高10.5cm	11,500	中国嘉德	2022-09-29
清铜用端熏炉	高11.5cm	21,850	西泠印社	2022-08-20
清铜马槽炉	长14cm	10,350	中鸿信	2022-09-11
清铜马槽炉	宽13.7cm	11,500	北京保利	2022-07-17
清铜炉	宽23cm;高16cm	12,650	台北艺珍	2022-06-12
清铜蟠虺纹冲耳炉	高11.5cm;长16cm	18,400	北京中汉	2022-12-09
清铜麒麟香熏	高16.5cm;长13.5cm	34,500	保利厦门	2022-10-22
清铜嵌宝太平有象三足炉	口径7.2cm;高14.7cm	39,100	中贸圣佳	2022-10-06
清铜嵌银墩式双耳三足炉	高11cm;直径24cm	43,411	保利香港	2022-10-10
清铜嵌银丝龙纹狮耳炉	直径24cm;通高24.3cm	46,000	北京中汉	2022-12-09
清铜嵌银丝兽面纹簋式炉	长16.7cm	11,500	中国嘉德	2022-09-29
清铜桥耳炉	长12.2cm	46,000	中国嘉德	2022-06-01
清铜桥耳炉	高11cm;直径11.4cm;重量1493g	20,700	广东崇正	2022-08-11
清铜桥耳炉	直径11.6cm;高7.5cm;重量812g	11,500	广东崇正	2022-08-11
清铜桥耳炉	13.5cm×8cm	51,750	荣宝斋(南京)	2022-12-08
清铜如意耳筒式炉	高7.3cm;直径9.2cm;重量383.7g	13,800	广东崇正	2022-08-11
清铜瑞兽香炉	高8cm	46,000	中鸿信	2022-09-11
清铜洒金花瓣形桥耳三足炉	高5.5cm;直径9.5cm	32,200	广东崇正	2022-04-27
清铜洒金桥耳炉	高4cm;宽11cm;重465g	32,200	广东崇正	2022-04-17
清铜洒金双龙耳炉	高15.7cm;重量2.7kg	59,690	保利香港	2022-10-10
清铜洒金蚰耳炉	高5cm;宽9.8cm;重462g	40,250	广东崇正	2022-04-17
清铜三乳足冲天耳炉	高12.5cm;直径13.7cm;重1297g	20,700	广东崇正	2022-12-25
清铜绳耳炉	10cm×9cm×5cm	33,350	荣宝斋(南京)	2022-12-08
清铜狮耳戈足炉	直径11.5cm;高6.6cm;重179.9g	25,300	广东崇正	2022-08-11
清铜蚰蚊式炉	高6cm;直径13cm;重1127g	20,700	广东崇正	2022-08-11
清铜狮钮炉	长14cm	46,000	中国嘉德	2022-09-29
清铜球盖香熏	长22cm	48,000	中国嘉德	2022-09-29
清铜手炉、仿古觚(一组两件)	尺寸不一	11,500	广东崇正	2022-08-11
清铜兽面纹出戟鼎式炉	高31cm	25,300	中国嘉德	
清铜兽面纹麒麟钮朝冠耳炉	高33cm	10,350	中国嘉德	
清铜双耳炉	高6cm;直径14cm	16,488	台北艺珍	2022-03-06
清铜双耳筒式炉	直径16cm	69,000	朵云轩	2022-12-08
清铜双凤纹楼阁式香熏	高44cm;重量3150g	11,500	西泠印社	2022-08-20
清铜双龙耳炉	宽33cm	32,200	北京保利	2022-07-17
清铜双耳大炉	口径21.6cm;高11cm	94,300	中贸圣佳	2022-09-26
清铜双狮耳炉	直径18cm	1,474,275	香港福羲国际	2022-12-28
清铜双狮耳香炉	高83cm;宽19.5cm;重1276g	25,300	广东崇正	2022-04-17
清铜双象耳太平有象三足炉	通高62cm;口径27cm	58,650	中贸圣佳	2022-09-26
清铜四方锦边天鸡耳炉	9cm×7.4cm×6.5cm;重量482.8g	25,300	广东崇正	2022-08-11
清铜四方倭角炉	高6.5cm	34,500	北京中汉	2022-12-09
清铜锁耳炉	高8.8cm;直径10.2cm;重量431.4g	13,800	广东崇正	2022-08-11
清铜台式方炉	高8cm;重1433.5g	11,500	广东崇正	2022-12-25
清铜太狮少狮钮龙纹龙耳四方熏炉	高23.5cm;直径23.8cm	24,150	北京中汉	2022-12-09
清铜饕餮纹簋式炉	直径16.4cm;高10.5cm;通高15.6cm	11,500	北京中汉	2022-12-09
清铜天鸡耳琮式炉	5.7cm×3.9cm×9cm;重134g	36,800	中国嘉德	2022-12-25
清铜天鸡耳三足炉	高6.8cm;直径13.8cm	13,800	北京中汉	2022-08-08
清铜天象耳炉	直径14.3cm;高7cm;重量1119g	23,000	广东崇正	2022-08-11
清铜涡纹鼎式炉	直径10.6cm	11,500	北京中汉	2022-05-29
清铜弦纹大香炉(带红木座)	口径25.2cm;重5389.6g	69,000	广东崇正	2022-04-17
清铜小方鬲炉	高4cm;重94g	17,250	广东崇正	2022-12-25
清铜压经炉	宽16.5cm	11,500	北京保利	2022-07-17
清铜一帆风顺熏炉	高14cm;长18cm;重量545g	11,500	浙江佳宝	2022-03-13
清铜蚰耳炉	高6.5cm;直径11.3cm;重1223g	20,700	广东崇正	2022-12-25
清铜蚰耳炉	长13cm	13,800	中国嘉德	2022-09-29
清铜蚰龙耳簋式炉	直径20cm;高8.1cm;1663.2g;口径13.8cm	13,800	中国嘉德	2022-12-25
清铜云龙纹熏炉	42cm×21.5cm×32cm	92,000	西泠印社	2022-01-22
清铜制狮首马槽炉	长19cm;宽13.7cm;重267g	32,200	西泠印社	2022-08-21
清铜制狮耳马槽炉	长17.5cm;宽9.6cm;高28cm;重量2016.2g	11,500	浙江佳宝	2022-03-13
清桶形炉	高10cm	19,236	台北艺珍	2022-03-06
清乌铜四季花卉纹四方斗式炉	高4.8cm;通高8.8cm	10,350	北京中汉	2022-12-09
清弦纹九思炉	高6.5cm;直径11.6cm	20,700	中贸圣佳	2022-10-27
清象儿腿铜香炉	直径11.5cm	11,500	上海嘉禾	2022-01-01
清宣德铜花式炉、朝冠耳炉(一组两件)	尺寸不一	51,750	西泠印社	2022-01-22
清宣德年款鬲式炉	直径15.5cm;通高16.4cm	460,000	中贸圣佳	2022-10-27
清宣德年制款铜马槽炉	口径8.6cm;宽7.1cm;高6.8cm	48,300	中贸圣佳	2022-09-26
清宣德年制款铜鬲式炉	高7.5cm;口径17.5cm;重2401g	97,750	西泠印社	2022-01-23
清宣德篆书款马槽炉	高7.3cm;直径15.2cm	63,250	中贸圣佳	2022-10-27
清蚰耳篆式炉	直径11cm;高5.9cm	11,500	中贸圣佳	2022-10-27
清蚰耳炉	直径15cm;高8.4cm	17,250	中贸圣佳	2022-07-12
清玉堂清玩款铜象首耳炉	高6.2cm;直径13.5cm;重1077g	20,700	西泠印社	2022-08-21
清张鸣岐款铜彩绘花鸟纹手炉	长20cm	17,250	中国嘉德	2022-06-01
清竹节香炉	口径19.5cm;通高23.6cm	120,750	中贸圣佳	2022-06-06
清早期宣德年制篆书款压经炉	高8cm;口径14cm;重2014g	172,500	西泠印社	2022-08-21
清早期"大明正德年制"款阿拉伯文高式炉	口径14.8cm;高8.8cm;重1542g	667,000	西泠印社	2022-08-20
现代 庆松款四方小香炉	高6.8cm;腹长5.2cm;腹宽4cm	17,250	浙江御承	2022-08-28
冲耳乳足铜炉	高6.5cm;宽11.5cm	12,926	台北艺珍	2022-08-14
大明宣德年制款四方盆式炉	12cm×8.39cm×7.4cm	368,000	上海嘉禾	2022-01-01
大明正德年制六字三行楷书篆身耳铜炉	23.5cm×13cm	161,000	上海嘉禾	2022-01-01
梵文款双蚰龙耳炉	宽18.5cm	91,246	台北艺珍	2022-12-04
康熙御制款铜胎双龙戏珠纹双耳三足香熏炉	32cm×35cm	35,000	香港贞观	2022-01-16
明宣德年款朝耳炉	11.8cm×8cm×6.3cm	632,500	上海嘉禾	2022-01-01
明宣德年制篆书款朝耳炉	16.6cm×9.3cm	345,000	上海嘉禾	2022-01-01
明宣德年制款狮耳炉	11.5cm×8.6.3cm	55,200	上海嘉禾	2022-01-01
明宣德年制款铜洗式炉	14.6cm×10cm×15cm	253,000	上海嘉禾	2022-01-01
手炉	尺寸不一	11,500	中国嘉德	2022-06-01
私藏款四足琴炉	7.5cm×6.5cm×6cm	28,750	上海嘉禾	2022-01-01
铜朝天耳炉	长14.5cm	11,500	中国嘉德	2022-06-01
铜炉(四件)	尺寸不一	23,000	中国嘉德	2022-06-01
铜耳炉	长9.6cm	13,000	中国嘉德	2022-06-01
东汉 丙午神兽纹铜镜	直径18.4cm	85,466	香港苏富比	2022-10-09
汉 二星月瑞兽青铜镜	直径20.5cm	660,044	香港福羲国际	2022-04-17
隋至唐代 仙山盘龙傅山并寿明乐镜	高1.4cm;宽19.5cm	51,911	台北艺珍	2022-09-25
隋/唐 约6至7世纪铜四神兽十二生肖镜	直径24.2cm	722,800	纽约佳士得	2022-03-25
唐 伏兽钮海兽葡萄镜	直径17.8cm	3,439,975	香港福羲国际	2022-12-28
唐 铜黑漆嵌螺钿犀牛宝相花纹镜	直径30cm	615,600	保利香港	2022-07-14
唐代 青铜镜(三件组)	尺寸不一	16,871	台北艺珍	2022-09-25
铜银背煅苑葡萄纹小方镜	长9.2cm	35,240	纽约佳士得	2022-09-23
宋 贝氏艺术珍藏青铜风月图方镜	9.7cm×9.7cm	75,605	香港苏富比	2022-04-24
明 "大吉" 铭双鹊衔绶纹镜	直径23.2cm;厚0.9cm	2,024,000	中贸圣佳	2022-07-26
明 "侯氏作镜" 铭六乳瑞兽镜	直径17.7cm;厚0.9cm	10,350	中贸圣佳	2022-07-26
明 "家常贵富" 铭连弧纹镜	直径17.5cm;厚0.5cm	10,350	中贸圣佳	2022-07-26
明 "青盖作镜" 铭龙虎羽人伺鹿纹镜	直径13.2cm;厚0.9cm	17,250	中贸圣佳	2022-07-26
明 "山鬼" 铭符箓纹镜	直径9.9cm;厚0.5cm	28,750	中贸圣佳	2022-07-26
明 "尚方" 铭瑞兽博局纹镜	直径15.2cm;厚0.42cm	17,250	中贸圣佳	2022-07-26
明 "尚方御镜" 铭七乳瑞兽纹镜	直径14.2cm;厚0.5cm	74,750	中贸圣佳	2022-07-26
明 "宜子孙" 铭七乳四神瑞兽纹镜	直径13.7cm;厚0.5cm	87,400	中贸圣佳	2022-07-26
明 "昭明" 铭清白 铭文圈铭镜	直径15.7cm;厚0.6cm	264,500	中贸圣佳	2022-10-27
明 "昭明" 铭单圈铭文镜	直径11.8cm;厚0.7cm	16,100	中贸圣佳	2022-07-26
明 "真子飞霜" 人物故事镜	直径16.2cm;厚0.6cm	82,800	中贸圣佳	2022-07-26
明 "至氏作镜" 铭四乳瑞兽镜	直径17.5cm;厚0.7cm	11,500	中贸圣佳	2022-07-26
明 "作佳镜" 铭四神瑞兽博局纹镜	直径13.8cm;厚0.6cm	57,500	中贸圣佳	2022-07-26
明 "作君无他" 铭七柄镜	长20.3cm;厚0.5cm	24,150	中贸圣佳	2022-07-26
明白光双龙纹镜	直径20.7cm;厚0.4cm	20,700	中贸圣佳	2022-07-26

2022杂项拍卖成交汇总(续表)

(成交价RMB：1万元以上)

拍品名称	物品尺寸	成交价RMB	拍卖公司	拍卖日期
明 宝珠钮双龙纹镜	直径121.8cm；厚0.3cm	11,500	中贸圣佳	2022-06-09
明 博山钮星云(龙凤)纹镜	直径16cm；厚0.55cm	13,800	中贸圣佳	2022-07-26
明 蟾蜍玉兔月宫镜	直径12.5cm；厚0.5cm	299,000	中贸圣佳	2022-07-26
明 达摩渡海纹镜	直径12.5cm；厚0.7cm	109,250	中贸圣佳	2022-07-26
明 单圈铭文镜	直径13.8cm；厚0.6cm	16,100	中贸圣佳	2022-06-09
明 单圈铭文镜	直径10.5cm；厚0.5cm	20,700	中贸圣佳	2022-07-26
明 单圈铭文镜	直径10.2cm；厚0.5cm	13,800	中贸圣佳	2022-07-26
明 动物纹边饰七乳瑞兽纹镜	直径15cm；厚0.65cm	207,000	中贸圣佳	2022-07-26
明 二仙渡海纹镜	直径17.1cm；厚0.6cm	310,500	中贸圣佳	2022-07-26
明 方形宝相花弦纹素镜	边长9.3cm；厚0.8cm	26,450	中贸圣佳	2022-07-26
明 飞鹤纹博局镜	直径12.5cm；厚0.57cm	28,750	中贸圣佳	2022-07-26
明 飞龙在天葵形镜	直径12.9cm；厚0.6cm	287,500	中贸圣佳	2022-07-12
明 凤鸟挂镜	高6.9cm；厚0.45cm	11,500	中贸圣佳	2022-07-26
明 龟钮八卦纹镜	直径11.4cm；厚0.62cm	12,650	中贸圣佳	2022-06-09
明 龟钮十二生肖八卦纹镜	直径15.1cm；厚0.6cm	83,950	中贸圣佳	2022-07-26
明 贵妇婴戏人物故事镜	直径20.3cm；厚0.9cm	42,550	中贸圣佳	2022-07-26
明 花卉纹镜	直径26cm；厚0.6cm	10,350	中贸圣佳	2022-07-26
明 花叶折叠菱纹镜	直径16.5cm；厚0.7cm	345,000	中贸圣佳	2022-07-26
明 几何纹边饰四乳瑞兽纹镜	直径13.1cm；厚0.45cm	23,000	中贸圣佳	2022-06-09
明 菊花纹镜	直径9.9cm；厚0.3cm	11,500	中贸圣佳	2022-07-26
明 菱花形打马球镜	直径19.3cm；厚0.6cm	132,250	中贸圣佳	2022-07-26
明 菱花形雀鸟花枝纹镜	直径11.1cm；厚0.53cm	11,500	中贸圣佳	2022-07-26
明 菱花形双龙祥云纹镜	直径18.1cm；厚0.63cm	63,250	中贸圣佳	2022-07-26
明 菱纹间凤纹四凤纹镜	直径10cm；厚0.3cm	57,500	中贸圣佳	2022-07-26
明 虎纹宝鼎纹镜	直径14cm；厚0.55cm	25,300	中贸圣佳	2022-07-26
明 虎虎对峙七乳瑞兽纹镜	直径23.2cm；厚1cm	195,500	中贸圣佳	2022-07-26
明 铭文镜	直径9.1cm；厚0.72cm	36,800	中贸圣佳	2022-06-09
明 盘龙双鹊月宫镜	直径17.2cm；厚0.6cm	80,500	中贸圣佳	2022-07-26
明 七乳瑞兽纹镜	直径16.3cm；厚0.6cm	115,000	中贸圣佳	2022-07-26
明 七乳瑞兽纹镜	直径11.9cm；厚0.6cm	18,400	中贸圣佳	2022-06-09
明 七乳四神瑞兽纹镜	直径16.6cm；厚0.6cm	11,500	中贸圣佳	2022-07-26
明 圈带叠压四龙纹镜	直径17.2cm；厚0.4cm	57,500	中贸圣佳	2022-07-26
明 鹊鸟花卉纹小手镜	直径5.3cm；厚0.7cm	58,650	中贸圣佳	2022-07-26
明 瑞兽博局纹镜	直径16.4cm；厚0.6cm	138,000	中贸圣佳	2022-10-27
明 瑞兽葡萄纹镜	直径13.3cm；厚0.9cm	17,250	中贸圣佳	2022-06-09
明 瑞兽葡萄纹镜	直径9.8cm；厚1.2cm	25,300	中贸圣佳	2022-07-26
明 瑞兽葡萄纹镜	直径10cm；厚1.2cm	25,300	中贸圣佳	2022-07-26
明 瑞兽纹镜	直径10.5cm；厚0.6cm	17,250	中贸圣佳	2022-07-26
明 双龙双虎纹镜	直径12cm；厚0.45cm	14,950	中贸圣佳	2022-07-26
明 双钮几何纹镜	直径12.2cm；厚0.7cm	184,000	中贸圣佳	2022-07-26
明 双圈铭文镜	直径13.1cm；厚0.46cm	40,250	中贸圣佳	2022-07-26
明 双乳单龙纹镜	直径10.8cm；厚0.6cm	109,250	中贸圣佳	2022-07-26
明 双鱼铜镜	直径21.7cm；厚0.9cm	57,500	中贸圣佳	2022-07-12
明 四龙持连枝花蕾纹镜	直径16.5cm；厚0.65cm	517,500	中贸圣佳	2022-07-26
明 四凤瑞兽纹镜	直径14.2cm；厚0.6cm	35,650	中贸圣佳	2022-07-26
明 四神博局纹镜	直径11.2cm；厚0.45cm	28,750	中贸圣佳	2022-07-26
明 四神博局纹镜	直径11cm；厚0.45cm	28,750	中贸圣佳	2022-07-26
明 四神瑞兽博局纹镜	直径16.6cm；厚0.6cm	172,500	中贸圣佳	2022-10-27
明 四神瑞兽博局纹镜	直径14.2cm；厚0.6cm	23,000	中贸圣佳	2022-07-26
明 四神瑞兽博局纹镜	直径14.6cm；厚0.4cm	16,100	中贸圣佳	2022-06-09
明 四神瑞兽博局纹镜	直径14.8cm；厚0.6cm	23,000	中贸圣佳	2022-06-09
明 四神瑞兽纹镜	直径11.5cm；厚0.35cm	11,500	中贸圣佳	2022-07-26
明 四神纹边饰瑞兽博局纹镜	直径14.8cm；厚0.55cm	103,500	中贸圣佳	2022-07-26
明 四兽镜	直径9.5cm；厚0.5cm	40,250	中贸圣佳	2022-07-26
明 唐王游月宫纹镜	直径17.1cm；厚0.45cm	33,350	中贸圣佳	2022-07-26
明 铜鎏金犀牛望月镜架	长17.6cm；高7.6cm	63,250	中贸圣佳	2022-07-26
明 铜仙人福禄镜	直径27cm	25,300	西泠印社	2022-08-21
明 五山五叶纹镜	直径12.5cm；厚0.6cm	86,250	中贸圣佳	2022-07-26
明 仙山祥云花枝纹镜	直径13.2cm；厚0.85cm	322,000	中贸圣佳	2022-07-26
明 星云纹镜	直径11.1cm；厚0.6cm	13,800	中贸圣佳	2022-06-09
明 星云纹镜	直径15.7cm；厚0.6cm	28,750	中贸圣佳	2022-07-26
明 云气纹博局纹镜	直径11cm；厚0.4cm	31,050	中贸圣佳	2022-07-26
明 云气纹规矩纹镜	直径11.8cm；厚0.5cm	13,800	中贸圣佳	2022-07-26
明 錾刻不空成就佛铜镜	直径14.1cm；厚0.5cm	92,000	中贸圣佳	2022-07-12
清中期 铜鎏金鎏花画珐琅钮镜	长30.3cm	36,800	中国嘉德	2022-06-26
清晚期 铜鎏金烧蓝云龙纹玉柄手镜	长22.5cm	11,500	中国嘉德	2022-05-29
清 "边则太一" 神兽镜	直径10cm；重量181g	25,300	北京保利	2022-07-28
清 "盛如长安笥" 铭神人车马画像镜	直径22.1cm；重量1394g	517,500	北京保利	2022-07-28
清 蛊龙镜	直径6.8cm；重量61g	20,700	北京保利	2022-07-28
清 单龙镜	直径9.7cm；重量316g	86,250	北京保利	2022-07-28
清 单龙镜	直径8.8cm；重量151g	74,750	北京保利	2022-07-28
清 对置式神兽镜	直径10.7cm；重量241g	46,000	北京保利	2022-07-28
清 花卉纹方镜	直径12.7cm；重量45g	34,500	北京保利	2022-07-28
清 环状乳神兽镜	直径12.7cm；重量347g	51,750	北京保利	2022-07-28
清 菱花形五岳禽鸟铭文镜	直径24.9cm；厚1.3cm	20,700	中贸圣佳	2022-07-26
清 乾隆五十年魁星点斗镜	直径36cm	216,227	香港福羲国际	2022-12-28
清 磬形镜	直径14.5cm；重量335g	17,250	北京保利	2022-07-28
清 三乳镜	直径8.8cm；重量55g	25,300	北京保利	2022-07-28
清 十二生肖八兽镜	直径24.8cm；重量2014g	4,715,000	北京保利	2022-07-28
清 十日镜	直径9cm；重量96g	184,000	北京保利	2022-07-28
清 双凤镜	直径6cm；重量63g	11,500	北京保利	2022-07-28
清 双雀葡萄镜	直径4.7cm；重量63g	57,500	北京保利	2022-07-28
清 双鱼镜	直径21.8cm；重量1687g	34,500	北京保利	2022-07-28
清 羽状底纹镜	直径7.4cm；重量84g	13,800	北京保利	2022-07-28
清 准提镜	直径6.4cm；重量110g	57,500	北京保利	2022-07-28
东周春秋时期 青铜钟	高19cm	98,457	香港苏富比	2022-11-25
鎏金铜蒲牢钮八卦纹"南吕"编钟	高30.5cm	880,992	纽约佳士得	2022-09-23
清乾隆 "乾隆辛酉年" 铜镈	高40cm(连座)	34,500	广东崇正	2022-08-11
19世纪 银局部鎏金嵌宝钢唢呐	长53.2cm	11,500	华艺国际	2022-09-23
清 铜编钟摆件	通高34.3cm；钟高20cm；宽10cm；重900g	23,000	西泠印社	2022-08-21
清 铜狮子戏球云龙纹钟	高34cm	57,500	西泠印社	2022-08-20
清康熙 御制鎏金铜蒲牢钮八卦纹"太簇"编钟	高30.8cm	1,481,407	香港苏富比	2022-10-08
东周末至西汉初 铜错金银镂空云龙纹剑柄	长17.5cm	5,127,948	香港苏富比	2022-10-09
东周战国时期 巴蜀文化青铜虎蝉纹矛头	长30cm	125,350	香港苏富比	2022-10-09
东周战国时期 青铜变形龙纹矛头	长19.1cm	159,536	香港苏富比	2022-10-09
东周战国时期 铜错龙首云气承弓器一对	长23cm×2	398,840	香港苏富比	2022-10-09
东周战国时期至汉 青铜剑	长70cm	193,722	香港苏富比	2022-10-09
东周至汉 局部鎏金青铜短剑	长33cm	740,704	香港苏富比	2022-10-09
春秋 青铜工吴大叔戈	长18.8cm	55,182	中国嘉德	2022-10-09
春秋 青铜秦政伯丧戈(一组两件)	长20cm；长19.5cm	441,456	中国嘉德	2022-10-09
春秋 青铜秦子戈	长20.5cm	165,546	中国嘉德	2022-10-09
春秋 青铜有司伯丧矛(一组两件)	每个长15.9cm	110,364	中国嘉德	2022-10-09
战国 青铜巴蜀符号戈	长23.6cm	68,425	中国嘉德	2022-10-09
战国 青铜菱格纹错金银剑	长59cm	48,837	台北艺珍	2022-06-12
战国 青铜廿八年晋阳戟	长23.1cm	176,582	中国嘉德	2022-10-09
战国 青铜廿一年相邦冉戈	长24.7cm	309,019	中国嘉德	2022-10-09
战国 青铜嵌玉剑	长50cm	687,995	香港福羲国际	2022-12-28
战国 青铜卅二年相邦冉戈	匕首斧头长25.5cm；帽高8.5cm	331,092	中国嘉德	2022-10-09
战国 青铜卅年诏事戈	长26cm	176,582	中国嘉德	2022-10-09
战国 青铜十七年相邦冉戈	长26cm	242,800	中国嘉德	2022-10-09
战国 青铜十四年口平匽氏戟	长21.8cm	66,218	中国嘉德	2022-10-09
战国 青铜四年成阳高夫戟	长24cm	38,627	中国嘉德	2022-10-09
战国 青铜王八年内史操戈	长20.6cm	88,291	中国嘉德	2022-10-09
战国 青铜王廿三年冢丞戈	长23.6cm	88,291	中国嘉德	2022-10-09
战国 青铜五年邢命戟	长22.8cm	55,182	中国嘉德	2022-10-09
战国 青铜玄翏夫吕戈	匕首斧头长21.5cm；锤高15.5cm；帽高2.1cm	110,364	中国嘉德	2022-10-09
战国 青铜越王州句剑	长43cm	2,207,280	中国嘉德	2022-10-09
战国 越王州句铜格铁剑	长4.9cm	353,164	中国嘉德	2022-10-09
战国时期 错银龙纹铜弩机	16cm×12cm；4.5cm×4.5cm×2.8cm	26,070	台北艺珍	2022-12-04
秦 青铜相邦吕不韦戈	长26.5cm	573,892	中国嘉德	2022-10-09
汉 镀金青铜剑和黑漆刀鞘	剑长46cm；刀鞘长38cm	173,748	香港苏富比	2022-11-25
汉 铜错金弩扳机	高19.6cm	52,124	香港苏富比	2022-11-25
东周至汉 青铜剑	长65.2cm	182,327	香港苏富比	2022-11-25
东周战国时期 青铜双兽立人灯座	高22.8cm	7,769,538	香港苏富比	2022-10-08
东周战国时期 铜错银兽形承足	高11cm	6,104,637	香港苏富比	2022-10-08
战国 铜龙凤错金银机首	高11.9cm；宽3.2cm	51,911	台北艺珍	2022-09-25
秦 廿六年始皇诏书铜权	高3.2cm；宽4.3cm；重量238g	6,594,249	中国嘉德	2022-10-09
东汉或以后 鎏金铜坐龙床足(两件)	高24.6cm	364,654	香港苏富比	2022-10-09
汉 青铜人形双兽灯座	高16.9cm	1,331,921	香港苏富比	2022-10-08
汉 青铜羽人形灯	高14.2cm	170,932	香港苏富比	2022-10-08
汉代 铜错银三足座	直径11.5cm	115,832	香港苏富比	2022-10-08
汉代 铜鎏金熊形器足	高10cm	54,960	台北艺珍	2022-03-06
宋 铜鎏金船形锁	长12.4cm；重157g	56,430	保利香港	2022-07-14
明 铜车辖(一对)	长8cm×2	69,000	保利厦门	2022-10-22
明 铜错银水禽形戈帽	长7.5cm	13,800	北京中汉	2022-04-27
清康熙 铜鎏金宫门丁大锁	长21cm	11,500	深圳富诺得	2022-09-24
清乾隆 铜鎏金宫灯罩一对、紫檀高浮雕葫芦万代框	灯罩直径16cm×2	11,500	中国嘉德	2022-06-26
清雍正 铜鎏金云龙纹家具铜插(一组七件)	尺寸不一	69,000	广东崇正	2022-08-11
清乾隆 御制铜围栏	宽60.3cm	310,500	中国嘉德	2022-12-27
清太平象鎏金铜鑲银蜡烛台(一对)	39cm×30cm×14cm×2	667,000	上海嘉禾	2022-01-01
清 铜鎏金下山虎案供	5cm×12.5cm	16,800	上海联合	2022-08-13
清 铜鎏金嵌宝石水晶灯座	高50cm	34,500	中贸圣佳	2022-07-12
清 铜鎏金油灯	长11.5cm；高8.8cm	66,000	浙江御承	2022-12-17
清 铜嵌银丝云蝠纹大烛台	高56cm	25,300	中国嘉德	2022-05-29
清 铜烛台	高11.5cm	13,800	中国嘉德	2022-09-29
Royal 皇家 镀金沙漏时计配浮动绿色宝石	高15.5cm；直径7cm	28,750	保利厦门	2022-10-21
戴比尔斯镀金铜制沙漏，备浮动钻石，约2000年制		39,946	香港苏富比	2022-10-10
19世纪制 铜鎏金铜饰繁花理石底座	高128cm；台面32cm×32cm	63,250	西泠印社	2022-01-23
19世纪制 铜鎏金铜理石四柱式罗马柱	高103cm；宽35cm×34cm	46,000	西泠印社	2022-08-21
19世纪制 铜鎏金小天使油台灯(一对)	42cm×20cm×70cm×2	69,000	西泠印社	2022-01-23
限量版镀金铜制沙漏，备浮动钻石，约2000年制		54,003	香港苏富比	2022-04-15
铁器				
明 铁错金、银信筒	长37.2cm	24,657	台北艺珍	2022-09-25

2022杂项拍卖成交汇总(续表)

（成交价RMB：1万元以上）

拍品名称	物品尺寸	成交价RMB	拍卖公司	拍卖日期
明治时期 龟文堂三世波多野正平造波千鸟铁壶	高16.8cm; 长13.3cm	48,300	西泠印社	2022-01-22
明治时期十三代大西清右卫门净长造铁壶	高16.7cm; 长13.3cm	23,000	西泠印社	2022-01-22
19世纪(日本)明珍纪宗春作铁包铜镶银口梅花盖提梁壶	高18.8cm	115,000	北京保利	2022-07-29
清 铁错银花卉香插	高9cm; 直径13.5cm	28,750	北京荣宝	2022-07-24
清 铁错银经筒	长39.3cm	11,500	中贸圣佳	2022-07-12
江户时期 龙文堂造布袋式铁壶	高21.2cm; 长16.3cm	13,800	西泠印社	2022-01-22
昭和时期角谷莎村造竹兰独釆形铁壶	高18.5cm; 长18.2cm	12,650	西泠印社	2022-01-22
锡器				
清道光 杨彭年制诗句竹石图三镶玉扁圆锡壶	宽16.8cm	43,700	北京保利	2022-07-28
清中期 方湖铭诗句二镶玉抹钟式锡壶	宽15.8cm	23,000	北京保利	2022-07-28
清中期 朱石梅制锡"仿闵父癸尊"公道杯	宽9.3cm	10,350	北京保利	2022-07-28
清晚期 朱石梅款兰石诗文锡壶	通高10.2cm	10,350	中贸圣佳	2022-07-25
清 "走笔谢孟谏议寄新茶"茶诗锡罐	高14cm; 重量650g	31,050	北京保利	2022-07-28
清蔡锡恭款刻林克瑞制菊花诗文锡罐	直径9cm; 高8.5cm	10,350	广东崇正	2022-04-17
清蔡锡恭款刻林克瑞制兰竹诗文锡罐	直径9cm; 高8.5cm	11,500	广东崇正	2022-04-17
清藏六制锡罐制诗文茶叶罐	高16cm	20,700	西泠印社	2022-01-23
清 邓符生款菊花图诗文锡罐	直径7.5cm; 高7.5cm	10,350	广东崇正	2022-08-11
清 邓符生款蟹图诗文锡罐	直径7.5cm; 高7.5cm	10,350	广东崇正	2022-08-11
清 邓符生款刻菊蟹诗文锡罐	直径7cm; 高7.5cm	14,950	广东崇正	2022-08-11
清范禄曾制杨彭年刻诗文三镶锡壶	长14.5cm	29,924	罗芙奥	2022-12-03
清 黄易款刻菊花诗文茶壶	直径7.5cm; 高11cm	10,350	广东崇正	2022-04-17
清存周款刻玩堂铜制供诗文茶叶罐	直径6.5cm; 高10cm	18,400	广东崇正	2022-08-11
清存周款刻玩堂铜制叶竹诗文茶叶罐	直径7.5cm; 高10.5cm	17,250	广东崇正	2022-08-11
清 沈存周款诗文锡罐	直径8cm; 高8cm	10,350	广东崇正	2022-08-11
清沈存周款刻聚源斯梅菊诗文锡罐	直径5.8cm; 高11.5cm	10,350	广东崇正	2022-08-11
清沈存周款英祥堂铜高上图诗文锡对罐	直径6.5cm×2; 高10.5cm×2	23,000	广东崇正	2022-08-11
清 沈存周制并铭"方珪圆璧"茶诗对合式锡制茶叶罐	高8cm; 重量310g	80,500	北京保利	2022-07-28
清时大彬铭款茂号制青铜杂宝锦灰堆纹诗文锡罐	直径8.5cm×2; 高11cm×2	11,500	广东崇正	2022-08-11
清吴云山款刻颜和顺制叔双清诗文锡罐	直径6.5cm; 高11cm	11,500	广东崇正	2022-04-17
清 锡制刻诗文鼎式炉	高10.5cm; 通径16.5cm	13,800	西泠印社	2022-01-23
清 锡制一品当朝花鸟纹盒盒	高16cm; 通径38cm	25,300	西泠印社	2022-08-21
清 杨彭年款紫砂胎锡壶	高9.8cm	20,700	广东崇正	2022-12-25
清 御藏屋款锡制大茶叶罐(一组两件)	1.高35cm; 2.高35cm	20,700	西泠印社	2022-01-23
清 朱石梅款刻锡诗文茶叶罐	直径7cm; 高9.5cm	13,800	广东崇正	2022-04-17
清 朱石梅制锡梅花诗文黄花梨提梁锡壶	通高15.5cm; 通长11.5cm	74,750	广东崇正	2022-08-11
民国 锡寿桃嵌翠一品锅18件整套	高19cm; 宽36cm	43,700	广东崇正	2022-08-21
清末至民国 锡制三耳茶罐及刻竹石诗文茶趣罐(一组三件)	1.高7.2cm; 2.高7.2cm; 3.高10.2cm	13,800	西泠印社	2022-08-21
乾隆款锡制罐	高11.5cm	21,984	台北艺珍	2022-03-06
紫砂				
明 紫砂胎绞泥弥勒坐像	高15cm	89,700	江苏汇中	2022-08-17
明 紫砂药师佛像	高19cm	68,700	台北艺珍	2022-03-06
清 陈鸣远款紫砂百果(一组)	尺寸不一	69,000	江苏观宇	2022-11-12
民国 裴石民制仿生花生(一组)	宽4.5cm×7	20,700	江苏观宇	2022-04-17
当代 何道洪制四方小盆景	宽18.8cm	34,500	中国嘉德	2022-06-28
吴东瑾制朱泥梨式小品	容量150ml	13,800	江苏观宇	2022-04-17
明末 陈用卿制朱泥筒(四香亭)		287,500	中贸圣佳	2023-01-01
明崇祯 陈用卿制并刻紫泥金钱镂空钮如意绞大圆壶	高28.5cm; 长33.2cm	517,500	西泠印社	2022-01-22
明末 寒灰老人款四方虚扁壶	长13cm; 高5.5cm	9,315,000	中贸圣佳	2023-01-01
明 "时鹏"款紫砂壶	高12cm; 腹径13cm; 底径10.5cm	13,800	浙江御承	2022-08-28
明 "文银"款三足宫灯壶	高10.5cm; 腹径12.5cm; 底径7.5cm	17,250	浙江御承	2022-08-28
明 时大彬制紫泥平眉紊旻壶	高0.6m; 宽	18,400,000	西泠印社	
明晚期时大彬制介子宫灯式提梁壶	宽23cm; 高22cm	6,670,000	上海嘉禾	2022-11-20
明末清初 "壬子秋日时大彬制"款紫砂圆僧帽壶	宽13	483,000	中国嘉德	2022-06-28
清早期 陈子畦 半月壶	长12.8cm; 高6.6cm	828,000	中贸圣佳	2023-01-01
清早期 陈子畦 南瓜朱泥		195,500	中贸圣佳	2023-01-01
清早期 "鸣远"款朱泥莲子壶	宽11.5cm; 高8.2cm; 容量180ml	172,500	北京保利	2022-07-28
清早期 伴山水之文人款汉珍制紫泥兽纹扁钮椭圆壶	宽21.8cm	13,800	中国嘉德	2022-12-25
清早期 宝玩款朱泥君德壶	宽12.5cm	55,200	中国嘉德	2022-06-28
清早期 "不与俗人同,文旦"款朱砂文旦壶	宽13.5cm	322,000	中国嘉德	2022-06-28
清早期 陈荫千制紫泥绞竹提梁壶	容量1200ml; 宽20cm; 高22cm	36,800	江苏观宇	2022-11-12
清早期 春水堂款朱泥平盖圆壶	容量220ml; 宽12.5cm; 高8cm	36,800	江苏观宇	2022-04-17
清早期 大彬款紫泥宫灯壶	容量1100ml; 宽22cm; 高13cm	92,000	江苏观宇	2022-04-17
清早期凤首流嘴满工回纹段泥鸳式壶	宽12.7cm	36,800	中国嘉德	2022-12-25
清早期 "复变"款紫泥德钟壶	宽9.5cm; 长16.8cm	552,000	西泠印社	2022-01-22
清早期 "馥远亭"款朱泥变体龙蛋壶	宽9.3cm; 长11.8cm	218,500	西泠印社	2022-01-22

拍品名称	物品尺寸	成交价RMB	拍卖公司	拍卖日期
清早期 "馥远亭"款紫泥大文旦壶	容量600ml; 宽17cm; 高12cm	126,500	江苏观宇	2022-04-17
清早期 高文旦款朱泥壶		287,500	中贸圣佳	2023-01-01
清早期 光宝堂紫砂壶	长9cm; 高7cm	1,495,000	中贸圣佳	2023-01-01
清早期 海涛幼宝字款朱泥君德壶	宽10cm	17,250	中国嘉德	2022-06-28
清早期 荷叶杯	长7.4cm; 高3cm	34,500	中贸圣佳	2023-01-01
清早期 花香国宝款朱砂钮式壶	宽11cm	17,250	中国嘉德	2022-12-25
清早期 惠逸公制朱泥梨式壶	高6cm; 长10.3cm	55,200	西泠印社	2022-01-22
清早期 甲申秋月逸公款朱砂将军帽盖小龙旦壶	宽12.3cm	57,500	中国嘉德	2022-12-25
清早期 荆溪邵茂中制朱砂古莲子壶	宽20.5cm	230,000	中国嘉德	2022-12-25
清早期 荆溪郑宁侯制蟾蜍钮制紫泥大莲子壶	宽32cm; 高16.7cm; 容量2300ml	1,150,000	江苏观宇	2022-11-12
清早期 静远斋款段泥印方壶	容量600ml; 宽18cm; 高11cm	287,500	江苏观宇	2022-04-17
清早期 君王多乐事逸公款紫砂文旦壶	宽11cm	471,500	中国嘉德	2022-06-28
清早期 凌波仙子	长11.5cm; 高6.8cm	2,645,000	中贸圣佳	2023-01-01
清早期 孟臣款朱泥圆壶	高5.9cm; 长10.6cm	138,000	西泠印社	2022-01-22
清早期 潘沂宝制公层绞高灯壶(仅身筒)	宽14.1cm	20,700	中国嘉德	2022-12-25
清早期 乾隆年制款朱泥梨形壶	宽12.5cm	69,000	中国嘉德	2022-06-28
清早期 清鹿堂款点彩宫灯壶(身桶)	容量560ml; 宽18cm; 高9.5cm	10,350	江苏观宇	2022-04-17
清早期 清香美玉款朱泥平盖具轮珠壶	宽12cm	86,250	中国嘉德	2022-06-28
清早期 "壬申仲冬逸公款朱泥君德壶	宽12cm	322,000	中国嘉德	2022-06-28
清早期 壬午仲冬日逸公款朱砂君德壶	宽12cm	74,750	中国嘉德	2022-06-28
清早期 山水之中作主人款紫泥平盖壶	宽20cm	13,800	中国嘉德	2022-12-25
清早期 邵恒昌制紫泥虚扁壶	容量480ml; 宽19.5cm; 高8cm	43,700	江苏观宇	2022-04-17
清早期 邵圣德制朱泥扁灯壶	宽14.2cm; 容量230ml	57,500	北京保利	2022-07-28
清早期 诗句公盈款紫泥扁灯壶	容量300ml; 宽7cm; 高8cm	13,800	江苏观宇	2022-11-12
清早期 士英款朱泥橄榄壶(身桶)	容量600ml; 宽17cm; 高10.5cm	18,400	江苏观宇	2022-04-17
清早期 渭成款四方祥狮壶	容量750ml; 宽20cm; 高12cm	13,800	江苏观宇	2022-04-17
清早期 "文九"款紫泥藏六壶	宽14.1cm	287,500	中国嘉德	2022-12-25
清早期 无款段泥贴紫泥葡萄纹大壶	容量1300ml; 宽24cm; 高13cm	34,500	江苏观宇	2022-11-12
清早期 无款朱泥束竹壶	容量250ml; 宽8.5cm; 高9cm	69,000	江苏观宇	2022-11-12
清早期 无款朱砂贴花宫灯壶	容量150ml; 宽11.5cm; 高7cm	57,500	江苏观宇	2022-11-12
清早期 无款紫泥风卷葵壶	容量420ml; 宽18cm; 高8cm	69,000	江苏观宇	2022-11-12
清早期 无款紫泥龙戏海海涛宫灯壶	容量620ml; 宽18cm; 高12cm	57,500	江苏观宇	2022-11-12
清早期 无款紫泥绘御制诗文壶	容量350ml; 宽14cm; 高12cm	172,500	江苏观宇	2022-04-17
清早期 无款紫泥四方炉鼎壶	容量880ml; 宽21cm; 高13cm	21,850	江苏观宇	2022-04-17
清早期 无款紫泥贴花直筒壶	容量500ml; 宽18cm; 高12.5cm	32,200	江苏观宇	2022-04-17
清早期 香归沾人来允公款朱砂笼式竺帽壶	宽14.2cm	184,000	中国嘉德	2022-12-25
清早期 "辛卯仲秋惠孟巨制"款朱砂扁瓜壶	宽11cm	437,000	中国嘉德	2022-06-28
清早期 信卿款紫泥大魁方壶	容量1200ml; 宽21cm; 高15cm	460,000	江苏观宇	2022-04-17
清早期 徐恒茂制诗句朱泥蛋形壶	宽11cm; 容量120ml	92,000	北京保利	2022-07-28
清早期 徐恒茂制朱泥古莲子壶	高7.5cm; 长12.5cm	322,000	西泠印社	2022-01-22
清早期 徐汝成胸制魔龙辨叶纹红泥贡匜	直径22cm	23,000	中国嘉德	2022-12-25
清早期 逸公制诗句朱泥壶	宽13cm; 容量180ml	21,850	北京保利	2022-07-28
清早期 逸公款诗句朱泥盏式	容量280ml; 宽12cm; 高10cm	253,000	江苏观宇	2022-04-17
清早期 "月下助夕吟其中"款郎其中制冷金黄扁灯壶	宽11.2cm	299,000	中国嘉德	2022-12-25
紫泥文旦壶		310,500	中贸圣佳	2023-01-01
清早期 朱砂大珠钮接球壶	宽13cm	69,000	中贸圣佳	2022-12-25
清早期 紫泥大莲子壶(身筒)	宽32cm; 容量2980ml	11,500	北京保利	2022-07-28
清早期 紫泥大桑扁壶	高10.2cm; 长20.5cm	25,300	西泠印社	2022-08-20
清早期 紫砂瓜棱壶	宽22.5cm	102,864	保利香港	2022-06-05
清早期 紫砂五鼠运财壶	宽14cm	25,300	中国嘉德	2022-06-28
清早期 逸公款方壶		74,750	中贸圣佳	2023-01-01
清康熙 陈鸣远 朱泥一粒珠		345,000	中贸圣佳	2023-01-01
清康熙 陈砺成 砺成四方带帽壶	长20cm; 宽12cm; 高8cm	782,000	中贸圣佳	2023-01-01
清康熙 陈砺成 紫砂方壶(王铭款配盖)	长13cm; 宽7.6cm; 高7.8cm	253,000	中国嘉德	2022-07-25
清康熙 陈鸣远为杨州伯制朱泥丁字壶	高8.4cm; 长15.3cm	27,600,000	西泠印社	2022-08-20
清康熙 段泥酒红浆湘红竹节壶		299,000	中国嘉德	2022-12-25
清康熙 惠逸公制朱泥梨形壶	容量80ml; 宽10cm; 高5.5cm	264,500	江苏观宇	2022-11-12
清康熙 十六竹		287,500	中贸圣佳	2023-01-01
清康熙 松竹梅		92,000	中贸圣佳	2023-01-01
清康熙 外俏焦叶纹一粒珠壶	长14.5cm; 高9.8cm	40,250	中贸圣佳	2023-01-01
清康熙 邵元麒 贴花石瓢壶		23,000	中贸圣佳	2023-01-01
清雍正 紫砂心经钵	长15.5cm; 高9.2cm	138,000	中国嘉德	2022-06-28
清乾隆 孟臣 雪满山中朱泥壶		264,500	中贸圣佳	2023-01-01
清乾隆 成松柏成款朱泥梨形壶	宽12.2cm; 容量120ml	48,300	北京保利	2022-07-28

2022杂项拍卖成交汇总(续表)

(成交价RMB:1万元以上)

拍品名称	物品尺寸	成交价RMB	拍卖公司	拍卖日期
清乾隆 大方款紫泥八卦壶	容量450ml;宽17.5cm;高10cm	149,500	江苏观宇	2022-04-17
清乾隆 大清乾隆年制款紫泥描金宫灯壶	容量300ml;宽14.5cm;高10cm	253,000	江苏观宇	2022-11-12
清乾隆 珐琅彩婴戏图僧帽壶	高22.5cm;腹径24cm;底径11cm	115,000	浙江御承	2022-08-28
清乾隆 黄泥提梁紫砂壶	高15.5cm;宽19cm;厚6cm	17,250	浙江御承	2022-08-28
清乾隆 继玩款朱泥扁圆壶	高5.8cm;长11.4cm	356,500	西泠印社	2022-01-22
清乾隆 孟臣款朱泥合欢壶	高5.8cm;长12.5cm	51,750	西泠印社	2022-01-22
清乾隆 孟臣款朱泥梨式壶	高5.1cm;长9.8cm	51,750	西泠印社	2022-01-22
清乾隆 孟臣款莲子朱泥壶		69,000	中贸圣佳	2023-01-01
清乾隆 乾隆年制朱泥壶	宽11cm;容量100ml	89,700	北京保利	2022-07-28
清乾隆 青云堂朱泥梨式壶	长10.2cm;高6.5cm	126,500	北京保利	2023-01-01
清乾隆 清香美玉款朱泥扁灯壶	高5cm;长11.5cm	230,000	西泠印社	2022-01-22
清乾隆 邵瑞元款紫泥如意纹莲子壶	容量900ml;宽22cm;高12cm	20,700	江苏观宇	2022-11-12
清乾隆 邵圣和制"大清乾隆年制"款朱泥半月壶	高5.8cm;长11.3cm	34,500	西泠印社	2022-01-22
清乾隆 诗句逸公款朱泥宫灯壶	容量200ml;宽12cm;高8cm	101,200	江苏观宇	2022-11-12
清乾隆 思亭款朱泥思亭壶	容量160ml;宽12cm;高8cm	40,250	江苏观宇	2022-04-17
清乾隆 肆筵设席款朱泥梨形壶	宽11cm;容量110ml	287,500	北京保利	2022-07-28
清乾隆 文池款朱泥梨形壶	宽12.8cm;容量160ml	51,750	北京保利	2022-07-28
清乾隆 瓮形壶		172,500	中贸圣佳	2023-01-01
清乾隆 无款朱泥菊瓣壶	容量200ml;宽12cm;高9cm	69,000	江苏观宇	2022-11-12
清乾隆 一龙款朱泥瓮形壶	高7cm;长10.7cm	241,500	西泠印社	2022-01-22
清乾隆 玉璜黄流朱泥壶	长10cm;宽8cm;高6.2cm	184,000	中贸圣佳	2022-07-25
清乾隆 玉珍之玩款朱泥半月壶	容量100ml;宽9.5cm;高6cm	40,250	江苏观宇	2022-04-17
清乾隆 玉字款朱泥变体梨形壶	容量130ml;宽11cm;高6cm	80,500	江苏观宇	2022-04-17
清乾隆 元洲款紫泥半月壶	容量120ml;宽11.5cm;高5.5cm	80,500	江苏观宇	2022-04-17
清乾隆 致和斋款紫泥炉钧釉侧角汉方壶	高22.1cm;长23.5cm	230,000	西泠印社	2022-01-22
清乾隆 仲美款紫泥高身执壶	容量250ml;宽14cm;高12cm	63,250	江苏观宇	2022-11-12
清乾隆 周盘祥莲子壶		218,500	中贸圣佳	2023-01-01
清乾隆 周盘祥紫泥周盘壶	容量220ml;宽15cm;高6cm	161,000	江苏观宇	2022-11-12
清乾隆 朱泥君德壶	长9cm;高5.5cm	138,000	中贸圣佳	2022-07-25
清乾隆 朱泥龙旦壶	宽19.6cm	207,000	北京保利	2022-07-29
清乾隆 紫泥堆塑山水亭台直流碗灯壶	高15.5cm;容量320ml	517,500	北京保利	2022-07-28
清乾隆 紫泥合菊壶	宽18cm;容量500ml	80,500	北京保利	2022-07-28
清乾隆 紫泥绿彩山水方壶	容量300ml	345,000	中贸圣佳	2023-01-01
清乾隆 二十四年 乾隆己卯年(1759年)制紫泥瓜棱壶	宽19.5cm;容量740ml	69,000	北京保利	2022-07-28
清乾隆 邵基祖 朱泥梨式壶		322,000	中贸圣佳	2023-01-01
18世纪 紫砂加彩六方壶	高16.5cm	11,633	台北艺珍	2022-08-14
清嘉庆 范边曾 五铢壶	长15cm;宽6cm;高8cm	575,000	中贸圣佳	2022-07-25
清嘉庆 紫泥加彩山水壶	宽16cm	23,000	北京保利	2022-07-17
清道光 大亨款撮只壶	长16.5cm;高11cm	552,000	中贸圣佳	2022-07-25
清道光 邵景南制紫泥八卦一捆竹壶	宽18cm;容量410ml	40,250	北京保利	2022-07-28
清道光 行有恒堂平盖莲子壶	长14.5cm;高8.3cm	7,130,000	中贸圣佳	2022-07-25
清道光 朱石梅 石瓢	长15.5cm;宽12cm;高7cm	414,000	中贸圣佳	2022-07-25
清道光 大亨 莲子壶		299,000	北京保利	2022-07-28
清道光 杨彭年 山水诗文石瓢		402,500	中贸圣佳	2023-01-01
清中期 陈曼生书杨彭年制"石梦庵主"款段泥百衲壶	宽14cm	2,070,000	中国嘉德	2022-06-28
清中期 风花款大亨孟臣制款紫泥朱泥梨形壶	宽10cm	25,300	中国嘉德	2022-06-28
清中期 庚寅中秋孟臣仿古款朱泥君德壶	宽11.8cm	48,300	中国嘉德	2022-12-25
清中期 和兴制朱泥壶	长10.5cm;宽7cm;高5.5cm	46,000	中贸圣佳	2022-07-25
清中期 和义制朱泥笠帽钵式壶	宽10.3cm	80,500	中国嘉德	2022-06-28
清中期 胡小山制段泥井栏壶	高7.1cm;长16.5cm	253,000	西泠印社	2022-01-22
清中期 惠孟臣制款朱泥君德壶	宽13.5cm	86,250	中国嘉德	2022-06-28
清中期 江上韵诗远公石制朱泥扁圆壶	宽11.5cm	34,500	中国嘉德	2022-12-25
清中期 况君谈笑奇才孟臣制款朱泥梨式壶	宽13.5cm	11,500	中国嘉德	2022-06-28
清中期 炉钧釉扁灯壶	宽18.2cm	287,500	北京保利	2022-07-29
清中期 孟臣款朱泥扁灯壶	高4.4cm;长10.2cm	36,800	西泠印社	2022-01-22
清中期 孟臣款朱泥高梨壶	高8.7cm;长10.9cm	17,250	西泠印社	2022-01-22
清中期 孟臣款朱泥鼓腹壶	高6.7cm;长11.9cm	43,700	西泠印社	2022-01-22
清中期 孟臣款朱泥壶盖墩式壶	宽11.5cm	287,500	中国嘉德	2022-06-28
清中期 孟臣款朱泥圆壶	高6.8cm;长10.3cm	32,200	西泠印社	2022-01-22
清中期 孟臣铭诗句朱泥壶	宽10.5cm;容量110ml	17,250	北京保利	2022-07-28
清中期 孟臣诗句款朱泥梨形壶	宽11.5cm;容量120ml	28,750	北京保利	2022-07-28
清中期 孟臣诗句款朱泥壶	宽10.5cm	74,750	中国嘉德	2022-06-28
清中期 孟臣诗句款朱泥小梨形壶	宽9cm;容量65ml	17,250	北京保利	2022-07-28
清中期 明清风落诗句琥珀款朱泥僧帽壶	宽12cm	40,250	中国嘉德	2022-12-25
清中期 明月一天凉如水孟臣制款朱泥小宫灯壶	宽10cm	43,700	中国嘉德	2022-06-28
清中期 潘款朱砂矮潘壶	宽10cm	46,000	中国嘉德	2022-06-28
清中期 谦六款朱泥调砂高潘壶	容量100ml;宽9.5cm;高7cm	74,750	江苏观宇	2022-11-12
清中期 乾隆年制大亨款朱水滴钮朱泥大亨撮只壶	宽17cm	32,200	中国嘉德	2022-12-25
清中期 清泉石上流孟臣制款紫砂君德壶	宽12.5cm	28,750	中国嘉德	2022-06-28
清中期 瞿子冶刻月壶款朱泥石瓢壶	高5.2cm;长12cm	230,000	西泠印社	2022-01-22
清中期 瞿子冶制竹翁刻梅生写"罗浮旧影"梅花图石瓢壶	容量350ml;宽15cm;高7cm	632,500	江苏观宇	2022-11-12
清中期 "日见孤峰水上浮" 孟臣诗句款紫砂扁灯壶	宽13.5cm	51,750	中国嘉德	2022-06-28
清中期 邵亮生制朱泥圆壶	高4.5cm;长10.2cm	161,000	西泠印社	2022-01-22
清中期 邵顺昌制加彩双狮图紫泥笠帽壶	宽16.7cm;容量370ml	26,450	北京保利	2022-07-28
清中期 邵正来制紫泥高宫灯壶	宽14.5cm	149,500	中国嘉德	2022-06-28
清中期 诗句君德款朱泥矮君德壶	容量70ml;宽10.5cm;高4cm	51,750	江苏观宇	2022-04-17
清中期 诗句款朱泥文旦壶(海捞)	容量50ml;宽16cm;高6.5cm	57,500	江苏观宇	2022-11-12
清中期 诗句孟臣款朱泥方拙壶	容量100ml;宽8.5cm;高6.5cm	34,500	江苏观宇	2022-04-17
清中期 诗句孟臣款朱泥梨形壶	容量130ml;宽12cm;高6.5cm	20,700	江苏观宇	2022-04-17
清中期 诗句孟臣款朱泥梨形壶	容量70ml;宽12cm;高7cm	34,500	江苏观宇	2022-11-12
清中期 诗句孟臣款朱泥莲子壶	容量130ml;宽10.5cm;高7cm	51,750	江苏观宇	2022-04-17
清中期 诗句孟臣款朱泥莲子壶		69,000	江苏观宇	2022-11-12
清中期 诗句孟臣款朱泥秋水壶	容量120ml;宽10cm;高7.5cm	40,250	江苏观宇	2022-04-17
清中期 诗句逸公款朱泥宫灯壶	容量180ml;宽11.5cm;高7.5cm	69,000	江苏观宇	2022-04-17
清中期 诗句逸公款朱泥圆梨壶	容量120ml;宽10.5cm;高6cm	51,750	江苏观宇	2022-04-17
清中期 文采风流今尚存孟臣制款朱泥古莲子壶	宽13cm	92,000	中国嘉德	2022-06-28
清中期 无款紫泥掇球壶(身桶)	容量480ml;宽15.5cm;高8cm	18,400	江苏观宇	2022-04-17
清中期 无款紫泥合梅壶	容量70ml;宽15cm;高5cm	23,000	江苏观宇	2022-04-17
清中期 无款紫泥菊瓣壶	容量950ml;宽21cm;高13cm	16,100	江苏观宇	2022-04-17
清中期 无款紫泥菊瓣壶	容量400ml;宽15cm;高10cm	32,200	江苏观宇	2022-11-12
清中期 闲中清正山水主人款紫砂瓢灯壶	宽11.5cm	138,000	中国嘉德	2022-06-28
清中期 小蚬春暗送六安孟臣款朱泥虚扁壶	宽12.4cm	17,250	中国嘉德	2022-12-25
清中期 逸公款朱泥铭诗句紫泥虚扁壶	宽16cm	25,300	中国嘉德	2022-12-25
清中期 逸公款朱泥直流圆壶	宽9.6cm;容量80ml	55,200	北京保利	2022-07-28
清中期 逸公偏制款朱泥大古莲子壶	宽25.8cm	23,000	北京保利	2022-07-28
清中期 用霖制段泥杨桃壶	宽9cm;容量65ml	52,900	北京保利	2022-07-28
清中期 朱泥矮潘壶	容量80ml;宽10cm;高4.5cm	17,250	江苏观宇	2022-04-17
清中期 朱泥高潘壶	容量120ml;宽10cm;高7cm	34,500	江苏观宇	2022-04-17
清中期 朱泥君德壶	容量120ml;宽10cm;高7cm	42,550	江苏观宇	2022-11-12
清中期 朱泥君德壶	高5.5cm;长11.2cm	36,800	西泠印社	2022-01-22
清中期 朱泥六方思亭壶	宽9.7cm	63,250	中国嘉德	2022-06-28
清中期 朱泥秋水式菊瓣壶	宽11.8cm	69,000	中国嘉德	2022-12-25
清中期 紫泥矮潘壶	容量100ml;宽11.5cm;高4.5cm	172,500	江苏观宇	2022-04-17
清中期 紫泥葫芦式子母壶	高16cm	40,250	中国嘉德	2022-12-25
清中期 紫泥巧色泥绘四方壶	宽13.5cm	13,800	中国嘉德	2022-12-25
清中期 紫砂彩釉蝾螈曼生铭恩胆壶	高11cm;宽15cm(含盖)	27,480	台北艺珍	2022-03-06
清中期 紫砂笠帽泥直壶	宽12.5cm	63,250	中国嘉德	2022-06-28
清道丰 邵景南制子冶款段泥合欢壶	高7.5cm;长17.3cm	28,750	西泠印社	2022-01-22
清光绪 和记款四方鼓腹朱泥壶	高5.5cm;长9.2cm	23,000	西泠印社	2022-01-22
清晚期 柏亭款段泥半月壶	容量100ml;宽11cm;高6cm	25,300	江苏观宇	2022-11-12
清晚期 闭"即是深山"款紫泥汉钟壶	宽18.3cm	20,700	中国嘉德	2022-12-25
清晚期 昌记制君德诗句款朱泥君德壶	宽10cm	36,800	中国嘉德	2022-06-28
清晚期 昌记制雍正二年甲辰惠孟臣款朱泥思亭壶	宽9.2cm	23,000	中国嘉德	2022-12-25
清晚期 陈柏亭制紫泥圆腹壶	容量350ml;宽18cm;高6cm	17,250	江苏观宇	2022-11-12
清晚期 大亨款石泉铭书画大亨掇球壶	宽17cm	23,000	中国嘉德	2022-12-25
清晚期 大亨款紫泥掇球壶	宽15.6cm	40,250	中国嘉德	2022-12-25
清晚期 德合如记款段泥六方思亭壶	宽10.2cm	13,800	中国嘉德	2022-12-25
清晚期 福记款朱泥扁腹壶	容量60ml;宽9cm;高6cm	32,200	江苏观宇	2022-04-17
清晚期 福记顺陶款朱泥乐乐壶(盖墙倒角)	宽12.5cm	51,750	江苏观宇	2022-11-12
清晚期 耕山督制款朱泥钟形壶	容量120ml;宽10cm;高6.5cm	23,000	江苏观宇	2022-04-17
清晚期 贡局款段泥磨光水平壶	容量200ml;宽12.5cm;高6.5cm	12,650	江苏观宇	2022-04-17
清晚期 贡局款泥竹节三足水平壶	容量150ml;宽12cm;高8cm	23,000	江苏观宇	2022-04-17
清晚期 贡局款朱泥宫灯壶	宽12.1cm	17,250	中国嘉德	2022-06-28
清晚期 何心舟制桥钮井栏壶	容量350ml;宽15cm;高8cm	149,500	江苏观宇	2022-04-17
清晚期 何心舟制"日岭山馆"款徐三庚书铭朱坡提梁壶	高16.3cm	494,500	中国嘉德	2022-12-25
清晚期 怀古氏款朱泥圆腹壶	容量280ml;宽7cm;高5cm	48,300	江苏观宇	2022-11-12
清晚期 怀古氏款紫泥扁腹壶	容量400ml;宽12cm;高6cm	23,000	江苏观宇	2022-04-17
清晚期 黄玉麟制"不远复斋"款紫砂桥钮匏瓜壶	宽17.3cm	575,000	中国嘉德	2022-06-28
清晚期 黄玉麟制紫泥仿古壶	容量500ml;宽18cm;高9cm	460,000	江苏观宇	2022-04-17
清晚期 鉴泉制海水龙印款寿石钮紫泥三叉提梁壶	高13.2cm	23,000	中国嘉德	2022-12-25

2022杂项拍卖成交汇总（续表）

（成交价RMB：1万元以上）

拍品名称	物品尺寸	成交价RMB	拍卖公司	拍卖日期
清晚期蒋贞祥制朱泥提梁高宫灯壶	宽18.2cm	17,250	中国嘉德	2022-12-25
清晚期 金士恒制紫泥合欢壶	容量50ml;宽9cm;高3.5cm	69,000	江苏观宇	2022-04-17
清晚期 锦宝发记款朱泥竹段壶	高5.8cm;长11.1cm	11,500	西泠印社	2022-01-22
清晚期 菊轩款朱砂半月壶	高9.7cm	11,500	中国嘉德	2022-12-25
清晚期 乐陶堂款段泥三兽壶	高8.8cm;长17.8cm	17,250	西泠印社	2022-01-22
清晚期 李宝珍制柿林别款诗句段泥传炉壶	宽19.5cm;容量640ml	13,800	北京保利	2022-07-28
清晚期 曼生书铭段泥乳鼎壶	宽15.3cm	97,750	中国嘉德	2022-12-25
清晚期 孟臣槐记款朱泥芭乐壶	高9.8cm	10,350	中国嘉德	2022-12-25
清晚期 孟臣款朱泥调砂巨轮珠壶	容量150ml;宽10ml;高7.5cm	23,000	江苏观宇	2022-11-12
清晚期 孟臣款紫泥梨式壶（一对）	宽11.5cm;高10.6cm	13,800	中国嘉德	2022-06-28
清晚期 鸣成款朱泥三足莲子壶	宽11.5cm	34,500	中国嘉德	2022-12-25
清晚期 铭心经一首紫砂托钵	直径14.8cm	48,300	中国嘉德	2022-12-25
清晚期 铭远款段泥覆斗壶	宽18cm	23,000	中国嘉德	2022-12-25
清晚期 培锦款特大汲直壶	容量3300ml;宽30cm;高22cm	92,000	江苏观宇	2022-04-17
清晚期 荣卿款紫泥三足矮莲子壶	容量550ml;宽9cm;高9cm	11,500	江苏观宇	2022-04-17
清晚期 邵权寅制紫泥小井栏壶	宽12.3cm;容量120ml	23,000	北京保利	2022-07-28
清晚期 邵顺唱制二泉书铭紫泥汲直壶	宽14.5cm	43,700	中国嘉德	2022-12-25
清晚期 诗句孟臣款朱泥梨形壶	容量80ml;宽9cm;高6cm	18,400	江苏观宇	2022-11-12
清晚期 诗句孟臣款朱泥梨形壶	容量100ml;宽10.5cm;高6cm	34,500	江苏观宇	2022-11-12
清晚期 诗句孟臣款紫泥圆壶	容量120ml;宽12.5cm;高6cm	13,800	江苏观宇	2022-04-17
清晚期 鼠印款朱泥扁灯壶	宽15.9cm	17,250	中国嘉德	2022-12-25
清晚期 王东石制款朱泥圆壶	容量100ml;宽9.5cm;高6cm	28,750	江苏观宇	2022-11-12
清晚期 王东石制子勤仿古款玉成窑朱泥东坡石铫壶	高16.8cm	230,000	中国嘉德	2022-12-25
清晚期 王东石制款朱泥铺砂小圆珠壶	容量60ml;宽5cm;高5cm	63,250	江苏观宇	2022-04-17
清晚期 无款紫泥调砂小汉瓦壶（一对）	9.5cm×4cm×2	17,250	江苏观宇	2022-04-17
清晚期 无款紫泥朱泥轮珠壶	容量120ml;宽20.5cm;高5cm	11,500	江苏观宇	2022-11-12
清晚期 杨彭年造款朱泥太极鼓壶	容量150ml;宽20.5cm;高6cm	23,000	江苏观宇	2022-04-17
清晚期 杨彭年柿石梅花福段泥乳鼎壶	宽15.8cm	115,000	中国嘉德	2022-12-25
清晚期 一片幽香出品臣款朱泥匏瓜壶	宽9.6cm	13,800	中国嘉德	2022-12-25
清晚期 一勺十八斗孟臣款朱泥笠帽井栏壶	宽11.5cm	48,300	中国嘉德	2022-06-28
清晚期 逸公款款紫泥梨式壶	宽10.7cm	11,500	中国嘉德	2022-06-28
清晚期 袁义和款朱泥调砂思亭壶	容量80ml;宽9cm;高7cm	36,800	江苏观宇	2022-11-12
清晚期 袁义和制池水正含春孟臣款朱泥笠帽壶子壶	高9.5cm	25,300	中国嘉德	2022-12-25
清晚期 袁义和款朱泥三足高梨壶	容量200ml;宽12cm;高9cm	20,700	江苏观宇	2022-11-12
清晚期 赵松亭制段泥宫灯壶	容量150ml;宽11.5cm;高7cm	13,800	江苏观宇	2022-11-12
清晚期 朱泥微型对壶	尺寸不一	17,250	江苏观宇	2022-11-12
清晚期 朱砂文旦壶		13,800	中国嘉德	2022-06-28
清晚期 竹溪制闽曼陀室款段泥瓢棱壶	宽16.5cm	43,700	中国嘉德	2022-12-25
清晚期 子冶刻款段泥百果壶及钦州窑蔡如笛制紫泥半瓜壶	高11.2cm,长15.5cm(百果壶);高5.9cm,长14.7cm(半瓜壶)	19,550	西泠印社	2022-01-22
清晚期 紫泥巨轮珠壶（一对）	高8.3cm;高4.7cm	12,650	西泠印社	2022-01-22
清晚期 玉成窑 东石秦权壶		287,500	中贸圣佳	2023-01-01
清 陈鸣远 莲蓬摆件	长9cm,高4cm	201,250	中贸圣佳	2023-01-01
清 陈鸣远 茄子水注	长8.7cm;高5.5cm	184,000	中贸圣佳	2023-01-01
清 大彬 平盖钵王壶		345,000	中贸圣佳	2023-01-01
清 "东石" 款紫砂加彩牛盖壶	高8cm;腹径19cm;底径6.5cm	34,500	浙江御承	2022-08-28
清 "葛明昌" 包袱壶	长14.5cm;高7.5cm	66,000	浙江御承	2022-12-17
清 "荆溪汉文" 款竹节海棠提梁壶	高15.5cm;宽13cm;底长10cm,高7.8cm	34,500	浙江御承	2022-08-28
清 "孟臣" 款紫砂壶	高7.5cm;腹径14cm;底长6.5cm	25,000	浙江御承	2022-08-28
清 "乾隆年制" 款六方提梁壶	高14cm;腹径13cm;底长9.5cm,底宽7cm	40,250	浙江御承	2022-08-28
清 "邵恒昌" 款鼠形紫砂壶	高10.5cm;腹径16cm;底	11,500	浙江御承	2022-08-28
清 "邵赦大" 款风穿牡丹紫砂壶	高11cm;腹径16cm;底长9cm,底宽4.5cm	11,500	浙江御承	2022-08-28
清 "杨凤年" 款荷叶紫砂壶	高11.7cm;腹径11cm;底径7.5cm	25,300	浙江御承	2022-08-28
清 "杨季初" 款紫泥绘梅花六方摆球壶	高8.5cm;腹径14.5cm;底径8cm	23,000	浙江御承	2022-08-28
清 "杨季初" 款紫泥绘山水六方紫砂壶	高8.5cm;腹径14cm;底径8cm	36,800	浙江御承	2022-08-28
清 "杨季初" 款紫泥绘紫砂壶	高8cm;腹径14.5cm;底径9.5cm	17,250	浙江御承	2022-08-28
清 "杨彭年" "陈曼生" 款石瓢壶	高6.5cm;腹径13cm;底径10cm	34,500	浙江御承	2022-08-28
清 "杨彭年" "陈曼生" 款窑变紫砂壶	高7.5cm;腹径14.5cm;底长9cm;底宽8cm	34,500	浙江御承	2022-08-28
清 阿曼陀堂铟合壶	长13.5cm;高6cm	33,000	浙江御承	2022-12-17
清 阿曼陀堂提梁壶	长10cm;高12cm	66,000	浙江御承	2022-12-17

拍品名称	物品尺寸	成交价RMB	拍卖公司	拍卖日期
清 白泥陈曼生款匏瓜壶	宽16.5cm	80,500	北京保利	2022-07-29
清 陈鸣远款朱砂君德壶	长11cm;高6.6cm	34,500	深圳富诺得	2022-10-06
清 程(陈)寿珍制少亦刻款紫泥仿古壶	宽19cm;容量620ml	28,750	北京保利	2022-07-28
清 高朋满座款朱泥壶	长12cm;宽5cm;高6cm	34,500	中贸圣佳	2022-07-25
清 惠孟臣款朱砂瓷形壶	高10cm;宽13cm(含盖)	13,740	台北艺珍	2022-03-06
清 库印式锡包砂壶	长12.6cm;高10.1cm	36,800	中贸圣佳	2022-07-25
清 兰陵永记款狮球钮款紫泥微型壶	宽5cm;容量180ml	13,800	北京保利	2022-07-28
清 孟臣款诗句紫泥扁圆壶	宽16.7cm;容量300ml	48,300	北京保利	2022-07-28
清 孟臣款朱泥壶	高7cm;宽12cm(含盖)	12,366	台北艺珍	2022-03-06
清 孟臣款朱泥圆壶	高7.5cm;长12.5cm	34,500	西泠印社	2022-01-22
清 孟臣款朱泥高潘壶	高8cm;长10.1cm	322,000	西泠印社	2022-01-22
清 孟臣款紫泥梨式壶及龙印款朱泥笠帽壶（一组两件）	尺寸不一	32,200	西泠印社	2022-08-20
清 孟臣款紫砂宫灯壶	长16cm;高11cm	34,500	深圳富诺得	2022-10-06
清 孟臣款朱泥摄珠壶	宽11cm;容量120ml	10,350	北京保利	2022-07-28
清 孟臣诗句款朱泥大梨形壶	宽21cm;容量650ml	10,350	北京保利	2022-07-28
清 鸣远款朱泥龙蛋壶	高12cm;宽13cm(含盖)	21,984	台北艺珍	2022-03-06
清 若干·朱泥壶一组五件	尺寸不一	46,000	中贸圣佳	2022-07-25
清 三畏斋西施型壶	高7cm	10,340	台北艺珍	2022-08-14
清 三镶玉锡包款朱砂六方壶	长16cm;高6.5cm	71,500	浙江御承	2022-12-17
清 邵景南款四方紫砂壶	长13.5cm;高7.5cm	66,000	浙江御承	2022-12-17
清 石生、杨彭年年款雕刻梅花诗文三镶锡壶及竹隐款刻诗文锡包钧釉紫砂杯（一组两件）	尺寸不一	40,250	西泠印社	2022-01-23
清 时大彬款紫泥铺砂直汲壶	宽15cm;容量520ml	14,950	北京保利	2022-07-28
清 时大彬款紫泥直汲壶	宽16cm;容量650ml	23,000	北京保利	2022-07-28
清 松石绿釉款紫砂壶或哪珊红釉款紫砂壶	高7.5cm;高6.5cm	16,945	台北艺珍	2022-12-04
清 万宝款紫泥巨轮珠壶	高6.7cm;长10.7cm	17,250	西泠印社	2022-08-20
清 万丰顺记款铺砂具钮珠壶（一对）	容量120ml;110ml	11,500	北京保利	2022-07-28
清 王东石款朱泥具轮珠壶	宽8.5cm;容量70ml	12,650	北京保利	2022-07-28
清 杨彭年制壶	长18cm;高8cm	34,500	广东崇正	2022-08-21
清 杨彭年制款王蓉刻款紫砂胎包锡镶玉六方壶	宽18.3cm;高9cm	32,558	保利香港	2022-10-10
清 宜兴茶壶（三件）	最大的宽14.5cm	12,343	中国嘉德	2022-06-05
清 逸公款朱泥君德壶	高6.5cm;长12.8cm	25,300	西泠印社	2022-01-22
清 逸公款印款朱泥加蓝彩风纹梨形壶	宽6.8cm;容量25ml	34,500	北京保利	2022-07-28
清 友泉款鬲鼎壶	长11.6cm;高11.2cm	333,500	中贸圣佳	2023-01-01
清 朱泥金砂潘壶万宝款	高6.5cm;宽13cm	15,114	台北艺珍	2022-03-06
清 朱石梅铭诗句梅花图朱泥壶	宽9.7cm;容量60ml	51,750	北京保利	2022-07-28
清 紫泥菊瓣壶、安吉款方钟壶（共两把）	宽18cm,容量800ml;宽16cm,容量510ml	32,200	北京保利	2022-07-28
清 紫泥刻诗文扁石壶	口径7cm;通高8cm	786,280	香港福羲国际	2022-12-28
清 紫泥小周盘壶两只	宽12.3cm,容量100ml;宽13cm,容量180ml	14,950	北京保利	2022-07-28
清 紫砂清德堂款梨形壶	高9cm;宽12.3cm(含盖)	15,114	台北艺珍	2022-03-06
清 紫砂石瓢壶及圆壶（一组两件）	尺寸不一	14,950	西泠印社	2022-08-21
清 紫砂清德堂平盖壶	高5cm;宽11.5cm	16,488	台北艺珍	2022-03-06
清 紫砂铜锡包壶	16cm×10cm×7cm	14,950	荣宝斋(南京)	2022-12-08
清嘉道 潘壶		69,000	中贸圣佳	2023-01-01
清嘉道 周永福·朱泥莲子壶	长10cm;宽5cm;高7cm	57,500	中贸圣佳	2022-07-25
清末 冯炳林·松鼠葡萄壶	长19cm;宽12.5cm;高11cm	161,000	中贸圣佳	2022-07-25
清末 胡小山·胡小山江致仙配盖合欢壶		207,000	中贸圣佳	2023-01-01
清末 王东石·石钟壶	长12.6cm;宽11.1cm;高12.1cm	1,380,000	中贸圣佳	2022-07-25
清乾嘉 厚(葛子厚)款朱泥梨式壶	高5.8cm;长10cm	172,500	西泠印社	2022-01-22
清雍乾 "惠孟臣制于桂林盟"款朱泥圆壶	高4.9cm;长5cm	368,000	西泠印社	2022-01-22
清雍乾 孟臣款朱泥福圆壶	高4.5cm;长10.6cm	437,000	西泠印社	2022-01-22
清中晚期 姑苏甫佩款紫泥合欢壶	容量180ml;宽14cm;高6.5cm	31,050	江苏观宇	2022-04-17
清中晚期 俊卿款紫泥德钟壶	容量480ml;宽16cm;高10cm	28,750	江苏观宇	2022-04-17
清中晚期 邵大赦制段泥竹段壶	容量500ml;宽18.5cm;高9cm	32,200	江苏观宇	2022-04-17
清中晚期 邵恒昌制紫泥虚扁壶	容量300ml;宽14cm;高6cm	13,800	江苏观宇	2022-11-12
清中晚期 邵权衡制段泥瓢钮扁桃壶	容量600ml;宽18cm;高9.5cm	23,000	江苏观宇	2022-11-12
清中晚期 申锡制段泥粉彩南瓜壶	容量550ml;宽16cm;高10cm	172,500	江苏观宇	2022-04-17
清中晚期 诗句孟臣款朱泥扁圆壶	容量100ml;宽9.5cm;高4.5cm	34,500	江苏观宇	2022-04-17
清中晚期 诗句孟臣款朱泥梨式壶	容量60ml;宽9cm;高5cm	25,300	江苏观宇	2022-04-17
清中晚期 无款段泥潘壶	容量120ml;宽11cm;高7.5cm	11,500	江苏观宇	2022-04-17
清中晚期 雪宝款紫泥刻竹石瓢	容量50ml;宽12cm;高10.5cm	57,500	江苏观宇	2022-11-12
清中晚期 竹坪刻晚裕泰制双圈汲直壶	容量430ml;宽14cm;高10.5cm	36,800	江苏观宇	2022-04-17
清嘉道 杨彭年 松柟	长7.2cm;高3.2cm	120,750	中贸圣佳	2023-01-01
清康乾 玉珍制 堆泥绘屏风	长(含底座)14.8cm;宽9.2cm	71,300	中贸圣佳	2023-01-01
清末民初 储铭制朱泥线圆壶	容量400ml;宽18.6cm;高7cm	55,200	江苏观宇	2022-11-12

2022杂项拍卖成交汇总(续表)

(成交价RMB: 1万元以上)

拍品名称	物品尺寸	成交价RMB	拍卖公司	拍卖日期
清末民初 云石刻制紫泥汉君壶	容量380ml; 宽18.5cm; 高6cm	11,500	江苏观宇	2022-04-17
清末民国 程(陈)寿珍制紫泥仿古壶	容量650ml; 宽20cm; 高10cm	18,400	江苏观宇	2022-04-17
民国 大亨款汪宝根制段泥大传炉壶	容量1300ml; 宽23cm; 高13cm	69,000	江苏观宇	2022-11-12
民国 范大生制段泥牛墩壶	容量980ml; 宽22cm; 高12cm	57,500	江苏观宇	2022-04-17
民国 范大生制段泥竹节壶	宽20cm; 容量500ml	23,000	北京保利	2022-07-28
民国 范大生制紫泥四方竹塔壶	容量600ml; 宽16.5cm; 高12cm	11,500	江苏观宇	2022-11-12
民国 冯桂林制、吴汉文刻徐方幹赠吴觉农紫泥线圆套壶	高7.1cm, 长18.7cm(壶);高5.7cm,口径6.6cm(杯)	126,500	西泠印社	2022-01-22
民国 冯桂林制紫泥六瓣梅壶	容量450ml; 宽9cm; 高8cm	11,500	江苏观宇	2022-04-17
民国 顾德根制朱泥三足周盘壶	容量150ml; 宽13cm; 高5cm	11,500	江苏观宇	2022-11-12
民国 顾德根制朱泥碗灯壶	容量150ml; 宽12.5cm; 高8cm	28,750	江苏观宇	2022-04-17
民国 瓜形壶	口径6.5cm; 通高9.3cm	442,282	香港福羲国际	2022-12-28
民国 江案卿制紫泥狮球壶及胡记款段泥砖方壶 (一组两件)	高9cm, 长17.3cm(狮球);高9cm, 长17.3cm(砖方)	17,250	西泠印社	2022-01-22
民国 李宝珍制紫泥上合桃壶	高10.7cm, 长18.3cm	51,750	西泠印社	2022-01-22
民国 李宝珍制紫泥小传炉壶	容量400ml; 宽15.5cm; 高9cm	23,000	江苏观宇	2022-04-17
民国 李宝珍制紫泥鱼化龙壶	容量680ml; 宽20cm; 高10cm	92,000	江苏观宇	2022-04-17
民国 利用公司出品程(陈)寿珍制潜陶刻段泥片栏壶	高7.2cm, 长17.7cm	69,000	西泠印社	2022-01-22
民国 沈孝陆制赛璐珞狮球壶	高8.5cm, 长15.5cm	10,350	西泠印社	2022-01-22
民国 施福生制紫泥扁鱼化龙壶	容量400ml; 宽16.5cm; 高12cm	17,250	江苏观宇	2022-04-17
民国 汪宝根制段泥塔竹壶	容量1000ml; 宽19cm; 高14cm	11,500	江苏观宇	2022-11-12
民国 王寅春·仿古壶		149,500	中贸圣佳	2022-07-25
民国 王寅春制朱泥小宫灯壶	容量100ml; 宽10cm; 高6cm	11,500	江苏观宇	2022-04-17
民国 王寅春制紫泥汉君壶(身桶)	容量850ml; 宽22cm; 高7.5cm	28,750	江苏观宇	2022-04-17
民国 吴云根制铁画轩款段泥提梁壶	高11.9cm, 长12cm	20,700	西泠印社	2022-01-22
民国 星辰款段泥大提梁壶	容量2200ml; 宽22cm; 高16cm	69,000	江苏观宇	2022-04-17
民国 许立成制紫泥四方壶	容量440ml; 宽17cm; 高7.5cm	11,500	江苏观宇	2022-11-12
民国 雪壶款紫泥石瓢壶	容量50ml; 宽8.5cm; 高4cm	13,800	江苏观宇	2022-04-17
民国 杨阿时制紫泥圆壶	容量450ml; 宽17cm; 高10cm	13,800	江苏观宇	2022-11-12
民国 俞国良·碗灯壶		57,500	中贸圣佳	2022-07-25
民国 俞国良制玉屏刻段泥传炉壶	容量1100ml; 宽22cm; 高13cm	97,750	江苏观宇	2022-04-17
民国 俞国良制紫泥圆竹壶	容量400ml; 宽19cm; 高10cm	69,000	江苏观宇	2022-04-17
民国 支慈庵定制、吴康身制蟋宜监制款紫泥扁鼓壶	容量300ml; 宽15cm; 高6cm	36,800	江苏观宇	2022-04-17
民国 裴石民 悟奇壶		63,250	中贸圣佳	2023-01-01
清/民国 紫砂铭刻泥绘镶金各式鼻烟壶 (三件)	尺寸不一	11,500	中国嘉德	2022-06-28
清及民国 巨轮珠十一式	尺寸不一	86,250	西泠印社	2022-08-20
清末及民国 福记款紫泥水平壶及青花缠枝莲纹卧足杯(一组)	尺寸不一	23,000	西泠印社	2022-01-22
清末民国 程(陈)寿珍制紫泥半桃壶	高6.8cm, 长17.3cm	34,500	西泠印社	2022-01-22
清末民国 范顺甫制紫泥粉浆汉君壶	高8cm, 长17.2cm	10,350	西泠印社	2022-01-22
清末民国 范庄农家款紫泥传炉壶	高10.7cm, 长17.2cm	28,750	西泠印社	2022-01-22
清末民国 范庄农家款紫泥桃纽扭门壶	高10.2cm, 长19.1cm	28,750	西泠印社	2022-01-22
清末民国 怀古氏款品泉刻紫泥合欢壶	高7.8cm, 长17.5cm	20,700	西泠印社	2022-01-22
清末民国 李宝珍制紫泥传炉壶	高12.5cm, 长21.5cm	13,800	西泠印社	2022-01-22
清时国瑭款紫泥菊瓣壶及龙漆魏祥敬珍藏款朱泥石瓢壶(各一件)	尺寸不一	23,000	西泠印社	2022-01-22
现代 陈国良 朱泥园壶		46,000	中贸圣佳	2023-01-01
现代 葛陶中 汉画石方壶	长15cm; 高7cm	103,500	中贸圣佳	2023-01-01
现代 顾绍培 高风亮节		575,000	中贸圣佳	2023-01-01
现代 何道洪 盘竹壶		552,000	中贸圣佳	2023-01-01
现代 弘文 玉权		17,250	中贸圣佳	2023-01-01
现代 华健 六方逸公	长17.7cm; 高8.5cm	92,000	中贸圣佳	2023-01-01
现代 黄芸芸 寄相思		149,500	中贸圣佳	2023-01-01
现代 籍大鑫 风卷葵		184,000	中贸圣佳	2023-01-01
现代 江洪军 瓮		40,250	中贸圣佳	2023-01-01
现代 江佳萍 幽赏		20,700	中贸圣佳	2023-01-01
现代 江建翔 葡萄壶		184,000	中贸圣佳	2023-01-01
现代 蒋国庆 山水描金德钟		40,250	中贸圣佳	2023-01-01
现代 李涵鸣 松鼠葡萄		345,000	中贸圣佳	2023-01-01
现代 李寒勇 丙申壶		345,000	中贸圣佳	2023-01-01
现代 李秋婷 大彬汲泉		13,800	中贸圣佳	2023-01-01
现代 李志刚 三足奁		40,250	中贸圣佳	2023-01-01
现代 刘庆忠 琼枝		51,750	中贸圣佳	2023-01-01
现代 陆毅 合欢		97,750	中贸圣佳	2023-01-01
现代 吕尧臣 玉屏移山		414,000	中贸圣佳	2023-01-01
现代 马亦斐 慰风		51,750	中贸圣佳	2023-01-01
现代 毛彬彬 凌寒		43,700	中贸圣佳	2023-01-01
现代 潘加龙 龙旦		17,250	中贸圣佳	2023-01-01
现代 钱成 彭年石瓢		17,250	中贸圣佳	2023-01-01
现代 钱鹏 仙叙		43,700	中贸圣佳	2023-01-01
现代 施小马、徐维明 方壶		379,500	中贸圣佳	2023-01-01
现代 孙康 莲子壶		46,000	中贸圣佳	2023-01-01
现代 陶长辉 青玉案		109,250	中贸圣佳	2023-01-01
现代 吴浩 瓮形壶		34,500	中贸圣佳	2023-01-01
现代 夏磊 莲池宫灯		25,300	中贸圣佳	2023-01-01
现代 陈国良 一粒珠	长12cm; 宽8cm; 高6.5cm	32,000	中贸圣佳	2022-07-25
现代 任备安 现代牛盖	长17.2cm; 宽11.7cm; 高7.5cm	34,500	中贸圣佳	2022-07-25
现代 袁小强 宝菱	长16.5cm; 宽11cm; 高7.5cm	48,300	中贸圣佳	2022-07-25
现代 徐汉棠 祥云石瓢壶	长15.7cm; 高7.5cm	57,500	中贸圣佳	2022-07-25
现代 许博 宝顶宫灯		13,800	中贸圣佳	2023-01-01
现代 许洪媛 泛舟		34,500	中贸圣佳	2023-01-01
现代 应志远 文旦		17,250	中贸圣佳	2023-01-01
现代 张大明 井宁		51,750	中贸圣佳	2023-01-01
现代 章杰 明式葵芳壶		40,250	中贸圣佳	2023-01-01
现代 周呈飞 匏尊		69,000	中贸圣佳	2023-01-01
现代 周立军 汉圆		25,300	中贸圣佳	2023-01-01
现代 周宇晨 高龙旦		17,250	中贸圣佳	2023-01-01
现代 朱志喆 大亨鼓腹		40,250	中贸圣佳	2023-01-01
现代 邹跃君 锦上添花		172,500	中贸圣佳	2023-01-01
现代 邹跃君 寿星		414,000	中贸圣佳	2023-01-01
现代 邹跃君 提梁		195,500	中贸圣佳	2023-01-01
现代 邹跃君 云福		230,000	中贸圣佳	2023-01-01
当代 唐彬杰 禅松壶		2,070,000	中贸圣佳	2023-01-01
当代 曾浩 紫砂壶—2009.10.24	宽17cm	11,500	中国嘉德	2022-12-25
当代 鲍正兰制四足如意壶	宽16.7cm	11,500	中国嘉德	2022-06-28
当代 鲍正兰制天笠紫砂壶	宽16.4cm	11,500	中国嘉德	2022-06-28
当代 鲍正兰制朱泥仿古壶	宽14.8cm	11,500	中国嘉德	2022-06-28
当代 鲍志强款"般若波罗蜜多心经"王佛壶	宽19.5cm; 容量820ml	40,250	北京保利	2022-07-28
当代 鲍志强制铭钅中洞行乐人石瓢壶	宽16.5cm	80,500	中国嘉德	2022-12-25
当代 鲍志强制铭书法和谐壶	宽17.2cm	69,000	中国嘉德	2022-12-25
当代 鲍志强制铭书画涤心壶	宽17.3cm	46,000	中国嘉德	2022-12-25
当代 鲍志强制铭尕林诗乐人石瓢壶	宽16.5cm	63,250	中国嘉德	2022-12-25
当代 鲍仲临监制础庭博缺仿瓷犀皮四方壶	宽16cm; 容量430ml	23,000	北京保利	2022-07-28
当代 曹婉芬制"童心"壶	宽13.6cm; 容量340ml	11,500	北京保利	2022-07-28
当代 曹婉芬制范建军铭荷花壶	宽16.6cm	25,300	中国嘉德	2022-12-25
当代 曹婉芬制范建军铭博碗莲壶	宽17.2cm	17,250	中国嘉德	2022-12-25
当代 曹婉芬制造奕明措双罐罐桶壶	宽17.2cm	32,200	中国嘉德	2022-06-28
当代 曹婉芬制嵌银丝无瑕桑	宽17.6cm	32,200	中国嘉德	2022-06-28
当代 曹婉芬制逸仙壶	宽16.6cm	34,500	中国嘉德	2022-12-25
当代 陈国良制君竹壶	宽17.7cm	115,000	中国嘉德	2022-12-25
当代 陈国良制其园壶	宽14.3cm	126,500	中国嘉德	2022-12-25
当代 陈国良制咸仲英刻画段泥钟盏壶	宽15.7cm	57,500	中国嘉德	2022-12-25
当代 陈洪平制梅瓣柿子壶	宽17.7cm	20,700	中国嘉德	2022-12-25
当代 陈佩秋刻吴幼波、刘蓉萍制紫砂壶 (一组两件)	尺寸不一	23,000	西泠印社	2022-01-22
当代 丁洪顺制纪汉生书画硕果累累大壶	宽30.8cm	11,500	中国嘉德	2022-06-28
当代 丁萍制金玲子壶	宽14.2cm	74,750	中国嘉德	2022-12-25
当代 范洪泉制大竹节壶	宽20.6cm	32,200	中国嘉德	2022-12-25
当代 范洪泉制梅桩壶、何挺初制双鱼壶 (共两把)	宽13.2cm, 容量210ml; 宽12cm, 容量200ml	17,250	北京保利	2022-07-28
当代 范洪泉制铭泉壶	宽15cm	23,000	中国嘉德	2022-06-28
当代 范洪泉制巧色鸟远梅桩壶	宽13cm	20,700	中国嘉德	2022-06-28
当代 范洪泉制鱼翔壶	宽12.1cm	11,500	中国嘉德	2022-06-28
当代 范洪泉制钟梅壶	宽19.3cm	20,700	中国嘉德	2022-06-28
当代 范泽锋制朱泥理德壶	宽15cm	32,200	中国嘉德	2022-12-25
当代 范泽锋制紫砂炙觉香炉	宽21.5cm	20,700	中国嘉德	2022-06-28
当代 高建芳制大荸荠壶	宽21.9cm	32,200	中国嘉德	2022-06-28
当代 高建芳制荷塘清趣壶	宽22.8cm	11,500	中国嘉德	2022-12-25
当代 高建芳制橘子壶	宽14.7cm	20,700	中国嘉德	2022-06-28
当代 高建芳制巧色南瓜壶	宽14.6cm	28,750	中国嘉德	2022-06-28
当代 高建芳制巧色南瓜壶	宽13.6cm	11,500	中国嘉德	2022-12-25
当代 高建芳制巧色西瓜壶	宽17.3cm	11,500	中国嘉德	2022-12-25
当代 高建芳制青蛙荷叶壶	宽14.5cm	20,700	中国嘉德	2022-06-28
当代 高建芳制双线竹段壶	宽14.8cm	11,500	中国嘉德	2022-06-28
当代 高建芳制松鼠核桃壶	宽14.8cm	11,500	中国嘉德	2022-12-25
当代 高建芳制小红帽壶	宽13cm	11,500	中国嘉德	2022-06-28
当代 高建芳制紫泥南瓜壶	宽15.6cm	11,500	中国嘉德	2022-06-28
当代 高丽君制仿生南瓜壶	宽17.2cm	28,750	中国嘉德	2022-06-28

2022杂项拍卖成交汇总(续表)

（成交价RMB：1万元以上）

拍品名称	物品尺寸	成交价RMB	拍卖公司	拍卖日期
当代 高湘君制玉笠壶	宽13.8cm	11,500	中国嘉德	2022-06-28
当代 高振宇制琮韵壶	宽14.5cm	632,500	中国嘉德	2022-12-25
当代 高振宇制环珠对壶	宽13.2cm;宽12.1cm	644,000	中国嘉德	2022-06-28
当代 葛军制"飞天"壶	宽16.5cm;容量430ml	11,500	北京保利	2022-07-28
当代 葛陶中制乐人刻六方小壶	宽10cm;容量110ml	17,250	北京保利	2022-07-28
当代 葛陶中制三脚水平壶	宽15.4cm	40,250	中国嘉德	2022-12-25
当代 葛陶中制为紫云轩作款半月壶	宽13.5cm	40,250	中国嘉德	2022-12-25
当代 顾绍培书画顾婷制莲蓬贡壶	宽14.2cm	43,700	中国嘉德	2022-06-28
当代 顾绍培书画顾婷制盘钟壶	宽16.3cm	28,750	中国嘉德	2022-06-28
当代 顾绍培制福泉三足壶	宽14.9cm	97,750	中国嘉德	2022-06-28
当代 顾绍培制何忍君群刻紫泥妙泉壶	高9cm;长15.2cm	69,000	西泠印社	2022-08-20
当代 顾绍培制铭魏征句璧泉壶	宽16.3cm	80,500	中国嘉德	2022-12-25
当代 顾绍培制仿汉牛铭小匏轮神帅壶	宽13.8cm	86,250	中国嘉德	2022-12-25
当代 顾绍培制汉泥书铭高日圆壶	宽18.3cm	138,000	中国嘉德	2022-06-28
当代 顾绍培制韵流壶	宽14.6cm	103,500	中国嘉德	2022-06-28
当代 顾绍培制紫泥仿古壶	高8.3cm;长17.3cm	89,700	西泠印社	2022-01-22
当代 顾婷、汤杰合作祥龙福虎壶	宽17.8cm	11,500	中国嘉德	2022-12-25
当代 顾婷制建刚书画秦权壶	宽13.8cm	20,700	中国嘉德	2022-06-28
当代 顾婷制锦云壶	宽18.6cm	23,000	中国嘉德	2022-12-25
当代 顾婷制静源壶	宽18.5cm	51,750	中国嘉德	2022-06-28
当代 顾婷制一带一路紫玉金砂提梁壶	高17.7cm	40,250	中国嘉德	2022-06-28
当代 顾婷制智源壶	宽18.4cm	23,000	中国嘉德	2022-06-28
当代 何挺初制大一枝梅壶	宽18.7cm	28,750	中国嘉德	2022-12-25
当代 何挺初制圆印包壶	宽15.8cm	23,000	中国嘉德	2022-12-25
当代 胡朝君制葵六方壶	宽17.8cm	11,500	中国嘉德	2022-06-28
当代 胡家硕制段泥供春壶	宽17cm;容量540ml	29,900	北京保利	2022-07-28
当代 华健制寒越书画片方壶	宽16.3cm	51,750	中国嘉德	2022-06-28
当代 华健制谭泉海书画四方折角壶	宽18.6cm	48,300	中国嘉德	2022-06-28
当代 季益顺制碧玉宝菱壶	宽13.5cm	43,700	中国嘉德	2022-12-25
当代 季益顺制称心如意壶	宽16.3cm	43,700	中国嘉德	2022-12-25
当代 季益顺制纯手工制款国色天香壶	宽16.8cm	51,750	中国嘉德	2022-12-25
当代 季益顺制代代有福壶	宽17.5cm	36,800	中国嘉德	2022-06-28
当代 季益顺制吉祥如意壶	宽17.5cm	48,300	中国嘉德	2022-06-28
当代 季益顺制铭书画中华壶	高22.1cm	57,500	中国嘉德	2022-06-28
当代 季益顺制三友报春壶	宽18.2cm	36,800	中国嘉德	2022-06-28
当代 季益顺制朱泥顺风竹壶	宽14cm	40,250	中国嘉德	2022-12-25
当代 江建翔制铭书画圆珠壶	宽12cm	34,500	中国嘉德	2022-06-28
当代 蒋淦勤制荷塘月色壶	宽21cm	20,700	中国嘉德	2022-06-28
当代 蒋蓉制蛤蟆万寿壶	宽16.7cm	92,000	中国嘉德	2022-06-28
当代 蒋彦制汉君壶	宽13.8cm	13,800	中国嘉德	2022-06-28
当代 孔小明制金龟出水壶	宽16.8cm	138,000	中国嘉德	2022-06-28
当代 乐泉生制焦越砂绘"牧牛童子"井栏壶	宽16cm;容量570ml	17,250	北京保利	2022-07-28
当代 李碧芳制毛国强书画无量寿佛壶	宽19.9cm	17,250	中国嘉德	2022-06-28
当代 李昌鸿、沈遽华合作玉柱壶	宽15cm	51,750	中国嘉德	2022-12-25
当代 李昌鸿制高摄钟壶	宽18.1cm	20,700	中国嘉德	2022-06-28
当代 李昌鸿制瓜菱壶	宽12.5cm;容量160ml	14,950	北京保利	2022-07-28
当代 李昌鸿制何家英书画雪华壶	宽16.5cm	86,250	中国嘉德	2022-06-28
当代 李昌鸿制对壶	宽17.7cm	63,250	中国嘉德	2022-06-28
当代 李昌鸿制铭书画高升灯壶	宽17.7cm	63,250	中国嘉德	2022-06-28
当代 李昌鸿制铭书画神韵壶	宽16.5cm	43,700	中国嘉德	2022-06-28
当代 李昌鸿制铭书画思源紫砂壶	宽19.5cm	55,200	中国嘉德	2022-06-28
当代 李碧鸣制降坡泥风卷葵壶	高9cm;宽17cm	184,000	西泠印社	2022-08-20
当代 李寒勇制新件铭刻心经水平壶	宽15.6cm	32,200	中国嘉德	2022-12-25
当代 李寒勇制紫泥景舟大满瓢壶	高7.6cm;长15.9cm	345,000	西泠印社	2022-08-20
当代 李霞制钰玉铜裤桑宝安窑段泥升壶	宽12.5cm;容量125ml	18,400	北京保利	2022-07-28
当代 凌锡苟制紫砂合之菱壶	宽18.6cm	13,800	中国嘉德	2022-12-25
当代 刘建平制二泉壶	宽18.3cm	17,250	中国嘉德	2022-12-25
当代 卢语心制朱泥高莲子壶	高8cm;长11cm	23,000	西泠印社	2022-01-22
当代 芦昕健制朱泥云谷壶	高6.2cm;长11.6cm	253,000	西泠印社	2022-08-20
当代 陆严少制高家制降八仙壶(八件)	尺寸不一	161,000	中国嘉德	2022-06-28
当代 吕俊杰制步步高壶	宽14.7cm	103,500	中国嘉德	2022-06-28
当代 吕俊杰制卧犀壶	宽12.5cm	46,000	中国嘉德	2022-06-28
当代 吕俊杰制紫泥一团和气壶及紫泥神韵壶(一组两件)	尺寸不一	78,200	西泠印社	2022-08-20
当代 吕尧臣(早期)款紫泥扁腹壶	宽173cm;容量380ml	57,500	北京保利	2022-07-28
当代 吕尧臣制巧色水乡壶	宽16.2cm	195,500	中国嘉德	2022-12-25
当代 吕尧臣制紫泥竹鼓壶	高10.3cm;长19.4cm	103,500	西泠印社	2022-01-22
当代 毛国强制书格鹤顶丹珠壶	宽17cm	34,500	中国嘉德	2022-12-25
当代 那哲制"山居图"紫泥壶	宽14.7cm;容量380ml	40,250	北京保利	2022-07-28
当代 那哲制段泥明式壶	宽14cm;容量300ml	36,800	北京保利	2022-07-28
当代 倪顺生制甜椒壶茶具五头	宽(壶)14.3cm;宽(杯)9.5cm	20,700	中国嘉德	2022-12-25
当代 潘持平制段泥魁方壶	宽17.8cm	92,000	中国嘉德	2022-06-28
当代 潘持平制紫泥新魁壶	高12.6cm;长16.6cm	86,250	西泠印社	2022-08-20
当代 潘小忠制紫泥书画茄段壶	宽15cm	11,500	中国嘉德	2022-06-28
当代 潘晓敏制紫泥云桥壶	高7cm;长14.3cm	25,300	西泠印社	2022-01-22
当代 潘晓敏制紫泥圣思壶鼎盅	高8.3cm;长14.1cm	34,500	西泠印社	2022-01-22
当代 邵顺生制一脉相通壶	宽17.5cm	17,250	中国嘉德	2022-12-25
当代 沈汉生(石羽)制书画制铭"国色天香"壶	宽15cm;容量280ml	17,250	北京保利	2022-07-28
当代 沈汉生制春秋壶	宽14.6cm	13,800	中国嘉德	2022-06-28
当代 沈汉生制合和升升壶	宽18cm	17,250	中国嘉德	2022-06-28
当代 沈汉生制猴王献寿壶	宽15.5cm	36,800	中国嘉德	2022-06-28
当代 沈汉生制马上封侯壶	宽16.3cm	13,800	中国嘉德	2022-06-28
当代 沈汉生制台笠壶	宽16cm	11,500	中国嘉德	2022-06-28
当代 沈汉生制玉佛壶	宽19.3cm	11,500	中国嘉德	2022-06-28
当代 沈建强制徐秀棠书画道共集思壶	宽18.6cm	34,500	中国嘉德	2022-12-25
当代 施小马制六方井栏壶	宽15.2cm	161,000	中国嘉德	2022-06-28
当代 孙俊杰制瑞韵壶	宽14.2cm	97,750	中国嘉德	2022-06-28
当代 谭泉海铭刻范增嵩刻艺款拨球壶	宽14.8cm	10,350	中国嘉德	2022-12-25
当代 谭泉海书铭谭尧煦制琵琶行壶	宽17.2cm	55,200	中国嘉德	2022-06-28
当代 谭泉海书铭谭尧煦制壶盖莲子壶	宽18.3cm	36,800	中国嘉德	2022-06-28
当代 谭泉海、谭晓君合作花弼壶	宽17cm	20,700	中国嘉德	2022-12-25
当代 汤鸣制聚花二式壶	高10.2cm;长11.6cm	23,000	西泠印社	2022-01-22
当代 唐彬杰制段泥乾坤葫芦壶	高11.8cm;长16.9cm	138,000	西泠印社	2022-01-22
当代 唐彬杰制紫泥盘鼓壶	高9.3cm;长15.6cm	690,000	西泠印社	2022-01-22
当代 唐云画顾海制井刻紫泥云海壶	高6.9cm;长14.2cm	34,500	西泠印社	2022-01-22
当代 唐志平制松桩壶	宽19.6cm	40,250	中国嘉德	2022-06-28
当代 汪寅仙监制惠逸苍捻吴寅萍制佩壶	高13.6cm	11,500	中国嘉德	2022-12-25
当代 王阿朋制紫泥魁方壶	高11.7cm;长15.3cm	25,300	中国嘉德	2022-12-25
当代 王国南制韩敏书画日纳壶	宽14cm	11,500	中国嘉德	2022-06-28
当代 吴界明制紫泥绞底报球壶	高10.3cm;长15.7cm	126,500	中国嘉德	2022-06-28
当代 吴群祥制汲古养性款紫泥钟壶	宽15cm	13,800	中国嘉德	2022-06-28
当代 吴群祥制朱泥笑樱壶	宽17cm	23,000	中国嘉德	2022-12-25
当代 吴曙峰制紫泥"不居"壶	高7cm;长13.3cm	103,500	西泠印社	2022-01-22
当代 吴云根制任淦庭、徐秀棠合作任淦庭赠傅抱石紫泥梅竹报春壶	高15cm;长24.5cm	253,000	西泠印社	2022-01-22
当代 吴震制段泥风影壶	高8.9cm;长19cm	172,500	西泠印社	2022-01-22
当代 咸仲英制紫砂济公壶	宽15.8cm	17,250	中国嘉德	2022-06-28
当代 谢曼伦制福禄壶	宽15.6cm	13,800	中国嘉德	2022-06-28
当代 谢曼伦制乐意壶	宽15cm	17,250	中国嘉德	2022-06-28
当代 谢曼伦制梅花壶	宽16.8cm	20,700	中国嘉德	2022-06-28
当代 谢曼伦制阴干式提梁壶	高15.3cm	51,750	中国嘉德	2022-06-28
当代 谢曼伦制紫泥竹节壶	高16cm;容量360ml	17,250	北京保利	2022-07-28
当代 徐达明制冰梅石瓢壶	宽15cm	25,300	中国嘉德	2022-06-28
当代 徐达明制仿莫悟奇式壶	宽13cm	13,800	中国嘉德	2022-06-28
当代 徐达明制仿悟奇提梁壶	高13.3cm	17,250	中国嘉德	2022-06-28
当代 徐达明制金蟾对壶	宽11.8cm	20,700	中国嘉德	2022-12-25
当代 徐达明制马镫壶	宽13.6cm	28,750	中国嘉德	2022-06-28
当代 徐达明制巧色圆趣壶	宽14.5cm	17,250	中国嘉德	2022-12-25
当代 徐达明制树瘿壶	宽17cm	20,700	中国嘉德	2022-12-25
当代 徐达明制谭泉海书画铭石瓢壶	宽16.8cm	69,000	中国嘉德	2022-06-28
当代 徐达明制万石粮仓壶	宽14.2cm	23,000	中国嘉德	2022-12-25
当代 徐汉棠与王庭梅合制微型壶(四把)	高6.5cm;宽5cm;宽6cm;宽6.5cm	11,500	北京保利	2022-07-28
当代 徐汉棠制矮石瓢壶	宽16cm	126,500	中国嘉德	2022-12-25
当代 徐汉棠制线血壶	宽16.7cm	115,000	中国嘉德	2022-06-28
当代 徐汉棠制虚扁壶	宽17.3cm	138,000	中国嘉德	2022-12-25
当代 徐维明制四方开片壶	宽14.1cm	13,800	中国嘉德	2022-12-25
当代 徐秀棠制寅春式裙花提梁壶	宽14.5cm	28,750	中国嘉德	2022-12-25
当代 徐秀棠款紫泥铺砂仿古枭尊壶	高23cm;容量110ml	25,300	北京保利	2022-07-28
当代 徐雪制紫泥巧心竹段壶	宽19cm;容量500ml	23,000	北京保利	2022-07-28
当代 袁小强制梅花周盘壶	宽18cm	55,200	中国嘉德	2022-06-28
当代 张红华制松鼠壶	宽18.2cm	20,700	中国嘉德	2022-06-28
当代 张红华制汪更新书画道慧壶	宽15.5cm	13,800	中国嘉德	2022-06-28
当代 张红华制更新书画铭石瓢壶	宽15.3cm	17,250	中国嘉德	2022-12-25
当代 张红华制朱泥仿古如意壶	宽16.2cm	13,800	中国嘉德	2022-06-28
当代 张红华制朱泥兰壶	宽16.2cm	17,250	中国嘉德	2022-06-28
当代 张静制紫泥僧帽壶	宽15.5cm;容量350ml	11,500	北京保利	2022-07-28
当代 郑剑制紫泥隐元式壶	高8.6cm;长12.5cm	20,700	西泠印社	2022-01-22
当代 周星飞制朱泥天笠壶	高9.6cm;长13.5cm	55,200	西泠印社	2022-01-22
当代 周桂珍制壶初期八卦抽角壶	宽21.2cm	57,500	中国嘉德	2022-06-28
当代 周桂珍制汉大彬壶壶	宽18.2cm	149,500	中国嘉德	2022-06-28
当代 周桂珍制汉瓦壶	宽16.8cm	138,000	中国嘉德	2022-06-28
当代 周桂珍制绿泥大彬帽壶	宽13cm	218,500	中国嘉德	2022-06-28
当代 周桂珍制绿云闪口小壶	宽13.6cm	69,000	中国嘉德	2022-06-28
当代 周桂珍制紫砂八卦抽角壶	宽21cm	55,200	中国嘉德	2022-12-25
当代 周洪彬制紫泥大蕴虚扁壶	高6cm;长13.5cm	931,500	西泠印社	2022-01-22
当代 周尊严制制事亲如壶	宽17.8cm	11,500	中国嘉德	2022-06-28
当代 朱江龙制紫泥坐忘壶	高10.3cm;长15cm	115,000	西泠印社	2022-01-22
当代 朱晓东制朱泥钵壶	宽16cm	17,250	中国嘉德	2022-06-28
当代 朱晓东制朱泥团菊宫灯壶	宽12.7cm	20,700	中国嘉德	2022-06-28
当代 庄玉林制六方醒晓壶	宽13.1cm	25,300	中国嘉德	2022-06-28
清/当代 朱泥壶三式(三件)	宽11.8cm;宽16cm;宽22cm	17,250	中国嘉德	2022-12-25
清及当代 周发祥款紫泥丁壶盖壶及墨缘斋意堂制款朱泥水平壶	高6.8cm,长12.5cm;高5.9cm,长9.7cm	10,350	西泠印社	2022-01-22
当代 岳敏君 紫砂壶·迷宫系列	宽16.7cm	28,750	中国嘉德	2022-12-25
当代 岳敏君 紫砂壶·三友图#1	宽16cm	23,000	中国嘉德	2022-12-25
当代 岳敏君 紫砂壶·三友图#2	宽16cm	28,750	中国嘉德	2022-12-25
伴读	14.5cm×10.7cm	66,700	上海嘉禾	2022-01-01
鲍庭博制如意锦箱壶	容量400ml	36,800	江苏观宇	2022-04-17
鲍志强刻并制红樱壶	容量150ml	43,700	江苏观宇	2022-04-17
鲍志强刻并制金闽浪花壶	容量500ml	109,250	江苏观宇	2022-04-17

2022杂项拍卖成交汇总(续表)

(成交价RMB: 1万元以上)

拍品名称	物品尺寸	成交价RMB	拍卖公司	拍卖日期
鲍志强刻并制小掇只壶	容量150ml	40,250	江苏观宇	2022-04-17
鲍志强陶缘壶	容量420ml	80,500	江苏观宇	2022-04-17
蔡海平 鸿运九洲 范小君装饰	高17cm;宽16cm;容量约1700ml(茶叶罐)	34,500	江苏观宇	2022-11-12
蔡佳吟 汉瓦 蜀山紫砂	容量170ml	28,750	江苏观宇	2022-11-12
曹婉芬制闻秀觅意壶	容量400ml	46,000	江苏观宇	2022-04-17
曹婉芬制小报春壶	容量130ml	10,350	江苏观宇	2022-11-12
曹振江 仿鼓如意	容量350ml	20,700	江苏观宇	2022-11-12
查越 梨花巧壶	高18.5cm;宽12.5cm	23,000	江苏观宇	2022-11-12
陈德华 熙	容量220ml	69,000	江苏观宇	2022-11-12
陈国良制大天池壶(制于2007年)	容量500ml	218,500	江苏观宇	2022-04-17
陈国良制千禧壶	容量630ml	161,000	江苏观宇	2022-04-17
储之剑并制圆茗壶	容量200ml	10,350	江苏观宇	2022-04-17
大方斗紫砂壶	21cm×10.5cm×12cm	40,250	上海嘉禾	2022-01-01
戴耀军制思亭壶	容量250ml	10,350	江苏观宇	2022-11-12
董文武 影月	容量300ml	80,500	江苏观宇	2022-11-12
范国华 醉翁	容量300ml	92,000	江苏观宇	2022-11-12
范洪泉制梅桩壶	容量300ml	13,800	江苏观宇	2022-11-12
范建军刻并制双线盘扁壶	容量200ml	16,100	江苏观宇	2022-11-12
范建军刻并制小河床壶	容量250ml	20,700	江苏观宇	2022-11-12
范建军制曹婉芬制祥瑞壶	容量300ml	34,500	江苏观宇	2022-04-17
范菊华 葡萄提梁壶	19cm×19.5cm	667,000	上海嘉禾	2022-01-01
范阳波 德钟	容量340ml	57,500	江苏观宇	2022-11-12
范泽锋制禅墩·锦葵	容量320ml	57,500	江苏观宇	2022-11-12
范卓敏·同德	容量130ml	23,000	江苏观宇	2022-06-11
仿古如意		41,400	上海嘉禾	2022-01-01
仿古如意紫砂壶	口径42cm;通高25cm	2,948,550	香港福羲国际	2022-12-28
冯其庸书画范建军刻曹婉芬制书扁壶	容量300ml	43,700	江苏观宇	2022-04-17
福禄壶	8cm×13.6cm	20,700	上海嘉禾	2022-01-01
富贵花开	16cm×12.5cm×10	11,500	上海嘉禾	2022-01-01
高峰 云溪 王翔装饰	容量220ml	230,000	江苏观宇	2022-11-12
高建芳制百果壶	容量300ml	13,800	江苏观宇	2022-11-12
高建华制牛盖腰圆壶	容量300ml	25,300	江苏观宇	2022-11-12
高建华制小高梨壶	容量190ml	10,350	江苏观宇	2022-11-12
高凌云 持莲	容量230ml	126,500	江苏观宇	2022-11-12
高木圣雨书画范建军刻并制方钟壶	容量300ml	16,100	江苏观宇	2022-11-12
高木圣雨书画范建军刻曹婉芬制四方瓢壶	容量400ml	48,300	江苏观宇	2022-04-17
高木圣雨书画范建军刻范建华制匏尊壶	容量350ml	10,350	江苏观宇	2022-11-12
高旭峰 高瘦扁	容量330ml	517,500	江苏观宇	2022-11-12
葛陶中、李慧芳合制四方茶壶套组	容量425ml	78,200	江苏观宇	2022-04-17
葛陶中制圆锥壶	容量400ml	126,500	江苏观宇	2022-11-12
高鑫鑫 瓢棱 王翔装饰 静山堂	容量280ml	71,300	江苏观宇	2022-11-12
顾景舟制四方隐竹壶	容量480ml	747,500	江苏观宇	2022-04-17
顾绍培 紫泥矮石瓢壶	宽18.5cm;高8.5cm;380ml	89,700	江苏汇中	2022-08-17
顾绍培制伴君常乐壶	容量150ml	40,250	江苏观宇	2022-04-17
海南黄花梨一鸣惊人	12.2cm×11cm×2.6cm	28,750	上海嘉禾	2022-01-01
海上双宝腰圆德钟	16.5cm×11.5cm	92,000	上海嘉禾	2022-01-01
何涛制金砂子冶石瓢壶	容量250ml	17,250	江苏观宇	2022-06-11
何挺初制梅桩壶	容量660ml	10,350	江苏观宇	2022-11-12
胡朝君 得水 吴东元装饰	容量260ml	172,500	江苏观宇	2022-11-12
胡珂 观自在 蜀山紫砂	高65cm;宽16cm	138,000	江苏观宇	2022-11-12
壶公冶父款瞿子冶铭双盖石瓢壶(附顾景舟加盖)	容量350ml,宽15cm;高7cm	3,450,000	江苏观宇	2022-04-17
华健制方钟壶	容量520ml	70,150	江苏观宇	2022-11-12
华健制僧帽壶	容量330ml	90,850	江苏观宇	2022-11-12
黄洁 春水高瓢	容量320ml	25,300	江苏观宇	2022-11-12
黄士宏 莲子 蜀山紫砂	容量200ml	52,900	江苏观宇	2022-11-12
黄士宏 满瓢 蜀山紫砂	容量250ml	51,750	江苏观宇	2022-11-12
黄玉麟 供春壶		575,000	中贸圣佳	2023-01-01
黄玉麟 寿桃壶		195,500	中贸圣佳	2023-01-01
季益顺制三脚如意壶	容量350ml	44,850	江苏观宇	2022-11-12
季益顺制上竹段壶	容量380ml	46,000	江苏观宇	2022-11-12
季益顺制五蝠慈桃壶	容量350ml	43,700	江苏观宇	2022-11-12
蒋蓉 九头荸荠套壶	尺寸不一	977,500	荣宝斋(南京)	2022-12-08
蒋蓉制万寿桩壶	容量300ml	184,000	江苏观宇	2022-04-17
蒋彦制楚汉雄风壶	容量550ml	13,800	江苏观宇	2022-04-17
蒋彦制古井风韵壶	容量550ml	16,100	江苏观宇	2022-11-12
蒋彦制中华至尊壶	容量480ml	17,250	江苏观宇	2022-11-12
蒋志伟 明式合欢 慕源居监制	容量200ml	10,350	江苏观宇	2022-11-12
金莉娜 道尊		40,250	上海嘉禾	2022-01-01
近代"顾景舟"款六方僧帽壶	高9.5cm;腹径13cm;底径6cm	97,750	浙江御承	2022-08-28
近代"顾景舟"款紫砂壶	高11cm;腹径16.5cm;底径11cm	69,000	浙江御承	2022-08-28
近代 陈光明制紫砂四方笠帽壶	宽16.5cm	17,250	中国嘉德	2022-12-25
近代 程寿珍制段泥仿古壶	宽23cm	23,000	中国嘉德	2022-12-25
近代 程寿珍制立型陶作品款紫泥扁壶	宽20.2cm	34,500	中国嘉德	2022-12-25
近代 范福寿制瘦石铭绘书画狮钮壶	宽17.9cm	13,800	中国嘉德	2022-06-28
近代 范静安制段泥佛手壶	宽23cm	17,250	中国嘉德	2022-12-25
近代 汉西制汤涤书陈韶铭段泥鲍瓜壶	宽17.3cm	20,700	中国嘉德	2022-12-25
近代 胡耀庭制玉屏铭刻段泥牛盖方壶配炉座	高21.8cm(二器);宽16cm(壶)	28,750	中国嘉德	2022-12-25
近代 锦甫制金陶铭段金鼎商标款紫泥四方段竹壶	宽18.6cm	10,350	中国嘉德	2022-06-28
近代 唐凤芝制紫泥掇球壶	宽17cm	13,800	中国嘉德	2022-06-28
近代 陶淦生制艺莱款紫泥传炉壶	宽23.3cm	11,500	中国嘉德	2022-06-28
近代 吴云根制紫泥四方瓢棱壶	宽17.9cm	86,250	中国嘉德	2022-12-25
近代 吴芝莱制访雪山人款泉石主人铭段泥瓢菱壶	宽21.3cm	34,500	中国嘉德	2022-06-28
近代 旭顾款王宝根制段泥瓷仿古壶	宽19.6cm	36,800	中国嘉德	2022-12-25
近代 朱可心制芝加博博览会特优奖款紫砂巧色三友段竹壶	宽18.3cm	437,000	中国嘉德	2022-12-25
旧藏 闭门即是深山紫砂壶	长15.5cm;高7.5cm	44,000	浙江御承	2022-12-17
李涵鸣制十里蛙声	宽30cm	402,500	江苏观宇	2022-04-17
李洁 铺首陶板	高135cm;宽60cm	207,000	江苏观宇	2022-11-12
李强 韩湘子	高20cm;宽12cm	437,000	江苏观宇	2022-11-12
李小龙 僧帽	容量400ml	34,500	江苏观宇	2022-11-12
李友宝 南瓜	容量550ml	34,500	江苏观宇	2022-11-12
李渊一鼓 刘庆忠装饰	容量180ml	57,500	江苏观宇	2022-11-12
林秀明 六竹居士 青墨装饰	容量150ml	46,000	江苏观宇	2022-11-12
刘建平制共鸣壶	容量680ml	48,300	江苏观宇	2022-11-12
刘庆忠 三友	容量280ml	63,250	江苏观宇	2022-11-12
六方君玉		20,700	上海嘉禾	2022-01-01
龙狮壶	14cm×6.5cm×8.5cm	55,200	上海嘉禾	2022-01-01
龙吟潘壶		28,750	上海嘉禾	2022-01-01
芦昕健 秋水 王翔装饰	容量180ml	138,000	江苏观宇	2022-11-12
陆彬 腰圆井栏 张重庆装饰	容量270ml	101,200	江苏观宇	2022-11-12
陆虹炜 道心	容量280ml	78,200	江苏观宇	2022-11-12
陆爱 星河	容量200ml	161,000	江苏观宇	2022-11-12
陆俊制朱泥扁钟壶	容量180ml	27,600	江苏观宇	2022-04-17
陆泽萱 文在居士	容量230ml	43,700	江苏观宇	2022-11-12
吕俊杰制风华壶	容量380ml	126,500	江苏观宇	2022-11-12
吕俊杰制风华壶	容量380ml	71,300	江苏观宇	2022-11-12
吕盘军制汉瓦壶	容量230ml	17,250	江苏观宇	2022-11-12
吕尧臣制扁腹壶	容量400ml	97,750	江苏观宇	2022-04-17
吕尧臣制年年有余壶	容量300ml	126,500	江苏观宇	2022-11-12
律石、听云 一剪梅	高22cm;宽13cm	552,000	江苏观宇	2022-11-12
马璟辉 合欢	容量180ml	218,500	江苏观宇	2022-11-12
马璟辉制玉梨三式壶	容量240ml	34,500	江苏观宇	2022-11-12
马梦瑶 吟松	容量360ml	20,700	江苏观宇	2022-11-12
曼生十八式		23,000	上海嘉禾	2022-01-01
毛国强刻并制涤尘提梁壶	容量430ml	70,150	江苏观宇	2022-04-17
毛国强并制诗沁壶	容量520ml	41,400	江苏观宇	2022-04-17
毛国强刻陈国良制潘壶	容量250ml	28,750	江苏观宇	2022-11-12
毛国强刻刘建平制童心壶	容量400ml	12,650	江苏观宇	2022-11-12
描金人物紫砂壶	高11.8cm;直径6.95cm;直径6.8cm	64,379	荣宝斋(香港)	2022-11-26
倪顺生制枇杷壶	容量380ml	13,800	江苏观宇	2022-11-12
欧鹏程 合斗 王翔装饰 静山堂	容量380ml	51,750	江苏观宇	2022-11-12
欧咪·妙心	容量330ml	34,500	江苏观宇	2022-11-12
潘持平制青狮壶	容量250ml	89,700	江苏观宇	2022-04-17
潘涛制晨钟壶	容量320ml	13,800	江苏观宇	2022-11-12
潘涛制雄狮壶	容量260ml	11,500	江苏观宇	2022-11-12
裴琳 砑山·燕廷 刘景装饰	容量100ml	97,750	江苏观宇	2022-11-12
裴石民制双圈三脚鼎壶	容量740ml	563,500	江苏观宇	2022-11-12
钱琳琳 光明石墨 蜀山紫砂	容量170ml	28,750	江苏观宇	2022-11-12
钱正 古鉴旭帽 蜀山装饰	容量320ml	17,250	江苏观宇	2022-11-12
钱正 寿星 黄松装饰	容量390ml	36,800	江苏观宇	2022-11-12
强丽娜 湘妃丽影 黄松装饰	容量230ml	69,000	江苏观宇	2022-11-12
钦欣 六方梨形	容量130ml	23,000	江苏观宇	2022-11-12
秦权		20,700	上海嘉禾	2022-01-01
裙花提梁壶		23,000	上海嘉禾	2022-01-01
任备安制大通壶	容量450ml	103,500	江苏观宇	2022-11-12
佘永锋卧春	容量270ml	126,500	江苏观宇	2022-11-12
沈汉生刻并制大茗香壶	容量600ml	28,750	江苏观宇	2022-11-12
沈汉生刻制马上封侯壶	容量330ml	20,700	江苏观宇	2022-11-12
沈觉初刻掇只壶	容量550ml	19,550	江苏观宇	2022-11-12
圣地红	长16.5cm;宽12cm;高12cm	23,000	上海嘉禾	2022-01-01
圣桃套壶	7.5cm×14.7cm	28,750	上海嘉禾	2022-01-01
施小马 合菱(五件套)	宽16.5cm;高7.8cm	201,250	江苏汇中	2022-08-17
施小马 雀提壶	宽14cm;高15.6cm;容量350ml	189,750	江苏汇中	2022-08-17
施小马 紫彧壶	宽12.8cm;高7cm;容量150ml	74,750	江苏汇中	2022-08-17
施小马制珏提壶	容量550ml	207,000	江苏观宇	2022-04-17
施小马制留香壶	容量330ml	149,500	江苏观宇	2022-11-12
施小马制六方提梁壶	容量200ml	20,700	江苏观宇	2022-11-12
施小马制六方铜铊壶	容量430ml	97,750	江苏观宇	2022-04-17
石伟 四方虚扁	容量180ml	63,250	江苏观宇	2022-11-12
松鼠葡萄紫砂壶	16cm×11cm	44,275	上海嘉禾	2022-01-01
松桩	14cm×6.5cm×8.5cm	13,800	上海嘉禾	2022-01-01

拍品名称	物品尺寸	成交价RMB	拍卖公司	拍卖日期
苏大鹏 梅花周盘 胤真堂	容量260ml	51,750	江苏观宇	2022-11-12
岁寒三友		345,000	上海嘉禾	2022-01-01
孙超 壬寅 刘庆忠装饰	容量570ml	57,500	江苏观宇	2022-11-12
孙长书 无相相 刘伟涛装饰	容量500ml	80,500	江苏观宇	2022-11-12
谈雄飞制紫泥合璧壶	容量270ml	13,800	江苏观宇	2022-11-12
谭泉海刻潘持平制晨钟壶	容量330ml	115,000	江苏观宇	2022-06-11
谭泉海刻谭晓君制花翎壶	容量500ml	17,250	江苏观宇	2022-06-11
谭泉海刻谭晓燕制高宫灯壶	容量750ml	20,700	江苏观宇	2022-06-11
谭泉海刻万亚钧制龙蛋壶	容量1200ml	13,800	江苏观宇	2022-11-12
汤超 思源	容量160ml	241,500	江苏观宇	2022-11-12
唐彬杰 和	容量150ml	3,105,000	江苏观宇	2022-11-12
唐彬杰制梅花周盘壶	容量400ml	552,000	江苏观宇	2022-04-17
陶长辉 鸣远香菱 刘伟涛装饰	容量150ml	126,500	江苏观宇	2022-11-12
汪寅仙 小腰圆牛盖壶	宽13.6cm;高5.7cm;容量125ml	34,500	江苏汇中	2022-08-17
汪寅仙制段泥包袱壶	容量600ml	149,500	江苏观宇	2022-04-17
汪寅仙制紫泥扁南瓜壶	容量520ml	322,000	江苏观宇	2022-04-17
王欢 岚之山	容量120ml	57,500	江苏观宇	2022-11-12
王景融 弯把梅桩 胤真堂	容量500ml	207,000	江苏观宇	2022-11-12
王克克 风卷葵	容量450ml	28,750	江苏观宇	2022-11-12
王强 汉扁	容量180ml	92,000	江苏观宇	2022-11-12
王强制瓜语壶	容量250ml	57,500	江苏观宇	2022-04-17
王强制君德壶	容量350ml	63,250	江苏观宇	2022-11-12
王石耕制高四方壶	容量380ml	17,250	江苏观宇	2022-11-12
王溪石 汲古 查越装饰	容量250ml	36,800	江苏观宇	2022-11-12
王翔 寒玉	高14cm;宽10cm	103,500	江苏观宇	2022-11-12
王翔刻石瓢壶、合欢壶	容量200ml、250ml	40,250	江苏观宇	2022-04-17
王亚强 莲子 陆相山房	容量320ml	92,000	江苏观宇	2022-11-12
王燕春 棋食 王翔装饰 静山堂	容量260ml	36,800	江苏观宇	2022-11-12
王寅春制高四方宫灯壶	容量650ml	109,250	江苏观宇	2022-11-12
王运东 魁圆 慕源居监制	容量150ml	11,500	江苏观宇	2022-11-12
王振飞 砺成春炉 陆相山房	容量280ml	109,250	江苏观宇	2022-11-12
邢安 大亨德钟 胤真堂	容量340ml	40,250	江苏观宇	2022-11-12
韦明海 云石·峙隐 刘庆忠装饰	容量220ml	28,750	江苏观宇	2022-11-12
吴东元 礤盘	容量210ml	460,000	江苏观宇	2022-11-12
吴东元刻并制汉风壶	容量450ml	115,000	江苏观宇	2022-04-17
吴东元刻吴东瑾制碗灯壶	容量250ml	17,250	江苏观宇	2022-04-17
吴东元刻朱勤勇制子冶小石瓢壶	容量130ml	253,000	江苏观宇	2022-04-17
吴东元制儒行壶	容量320ml	51,750	江苏观宇	2022-04-17
吴浩 执壶	容量330ml	97,750	江苏观宇	2022-11-12
吴健 子冶石瓢 黄松装饰	容量280ml	51,750	江苏观宇	2022-11-12
吴界明 瑞月	容量260ml	747,500	江苏观宇	2022-11-12
吴界明·玲珑	容量310ml	368,000	江苏观宇	2022-04-17
吴鸣制四方壶	容量350ml	48,300	江苏观宇	2022-11-12
吴群祥制大彬六方壶	容量400ml	63,250	江苏观宇	2022-04-17
吴群祥制千禧龙凤壶	容量800ml	103,500	江苏观宇	2022-04-17
吴群祥制石瓢壶	容量350ml	28,750	江苏观宇	2022-04-17
吴群祥制一乐壶	容量400ml	17,250	江苏观宇	2022-11-12
吴曙明 葵帽	容量220ml	46,000	江苏观宇	2022-11-12
吴优良 大智	容量600ml	46,000	江苏观宇	2022-11-12
吴云峰 洞天一品 律石装饰	容量250ml	598,000	江苏观宇	2022-11-12
吴云根 紫砂梅桩壶	高7cm	13,800	荣宝斋(南京)	2022-12-08
吴振 六方玉尊	容量580ml	178,250	江苏观宇	2022-11-12
吴震 提梁南瓜	容量330ml	517,500	江苏观宇	2022-11-12
谢曼伦制大桑宝壶	容量520ml	65,550	江苏观宇	2022-11-12
信秉震 古式 刘庆忠装饰	容量180ml/110ml	66,700	江苏观宇	2022-11-12
徐达明制龙蛋紫檀木提梁壶	容量800ml	65,550	江苏观宇	2022-11-12
徐达明制马镫壶	容量550ml	32,200	江苏观宇	2022-04-17
徐达明制虚扁壶	容量320ml	25,300	江苏观宇	2022-06-11
徐栋 石铫提梁 王翔装饰 静山堂	容量330ml	55,200	江苏观宇	2022-11-12
徐义棠制提只壶	容量450ml	109,250	江苏观宇	2022-11-12
徐金根制大口扁腹壶	容量380ml	23,000	江苏观宇	2022-11-12
徐俊伟 沐莲		138,000	江苏观宇	2022-11-12
徐维明制段泥裙花提梁壶	容量350ml	34,500	江苏观宇	2022-04-17
徐维明制紫泥裙花提梁壶	容量350ml	34,500	江苏观宇	2022-04-17
徐秀棠刻并制高瞻壶	容量330ml	138,000	江苏观宇	2022-11-12
徐秀棠刻并制盉风壶	容量350ml	59,800	江苏观宇	2022-11-12
徐秀棠刻并制井栏壶	容量350ml	58,650	江苏观宇	2022-11-12
徐秀棠刻并制葵翔壶	容量280ml	46,000	江苏观宇	2022-11-12
徐秀棠刻并制皮包壶	容量380ml	94,300	江苏观宇	2022-11-12
徐秀棠制呈祥壶	容量300ml	78,200	江苏观宇	2022-11-12
徐元明制大彬提梁壶	容量700ml	43,700	江苏观宇	2022-11-12
徐元明制特大好友提梁壶	容量1680ml	92,000	江苏观宇	2022-11-12
徐志峰·鸣远四方	容量150ml	23,000	江苏观宇	2022-11-12
徐志峰·上合梅	容量200ml	23,000	江苏观宇	2022-11-12
许成权制笑樱壶	容量420ml	11,500	江苏观宇	2022-11-12
许福军制梅壶		13,800	江苏观宇	2022-11-12
许艳春制大彬如意壶	容量480ml	23,000	江苏观宇	2022-11-12
许艳春制绿泥凤鸣壶	容量500ml	11,500	江苏观宇	2022-11-12
许艳春制天球茗壶(制于2011年)	容量500ml	20,700	江苏观宇	2022-04-17
许艳春制小六方如意壶	容量190ml	17,250	江苏观宇	2022-11-12
许云超 金瓜	容量220ml	34,500	江苏观宇	2022-11-12
雪花	14.4cm×10.6cm×7.2cm	138,000	上海嘉禾	2022-01-01
亚明刻邵毓芬制鱼罩壶	容量450ml	11,500	江苏观宇	2022-04-17
杨挺 古权	容量230ml	112,700	江苏观宇	2022-11-12
杨云斐 四方正冠	容量160ml	55,200	江苏观宇	2022-11-12
尹旭峰 清韵	容量270ml	69,000	江苏观宇	2022-11-12
应乐 奎方	容量200ml	25,300	江苏观宇	2022-11-12
勇辰飞 玉炉	容量150ml	46,000	江苏观宇	2022-11-12
余仲华 同春	容量320ml	402,500	江苏观宇	2022-11-12
袁俊制石瓢壶	容量450ml	28,750	江苏观宇	2022-11-12
袁可强 葫芦 王翔装饰 静山堂	容量280ml	48,300	江苏观宇	2022-11-12
袁小强制玉菱壶	容量400ml	78,200	江苏观宇	2022-11-12
袁野 德钟黑紫砂茶壶	高8cm;长15cm	575,000	北京荣宝	2022-07-24
张春兴 素玉 张重庆装饰	容量260ml	138,000	江苏观宇	2022-11-12
张杰 挚榴 张勇装饰	容量230ml	51,750	江苏观宇	2022-11-12
张亮 柱础 敬文装饰 静山堂	容量220ml	17,250	江苏观宇	2022-11-12
张六设书画吴东元制高旭峰制高德钟壶	容量720ml	253,000	江苏观宇	2022-06-11
张茂业 曼殊 周峰装饰	容量300ml	69,000	江苏观宇	2022-11-12
张听金 瑶池·琼华	容量260ml	172,500	江苏观宇	2022-11-12
张寅 昌炽	容量115ml	172,500	江苏观宇	2022-11-12
张勇 怀古	高21cm;宽19.5cm	82,800	江苏观宇	2022-11-12
张宇峰 禾月	容量120ml	40,250	江苏观宇	2022-11-12
张正中督造周界制供春壶	容量250ml	20,700	江苏观宇	2022-04-17
张正中督造周界制韵石壶	容量350ml	20,700	江苏观宇	2022-04-17
张正中制树段壶	容量250ml	126,500	江苏观宇	2022-04-17
张智豪 汉瓦 刘伟涛装饰	容量200ml	63,250	江苏观宇	2022-11-12
赵珈 宫灯	容量330ml	115,000	江苏观宇	2022-11-12
周伯其刻任玉林制六六大吉壶	容量550ml	40,250	江苏观宇	2022-11-12
周趣 旻云	容量150ml	51,750	江苏观宇	2022-11-12
周达平 潘壶	容量220ml	25,300	江苏观宇	2022-11-12
周桂珍制海珍壶(盖墙小磕)	容量250ml	48,300	江苏观宇	2022-04-17
周桂珍制黑绂壶	容量320ml	46,000	江苏观宇	2022-04-17
周桂珍制僧帽壶	容量255ml	189,750	江苏观宇	2022-11-12
周桂珍制紫泥调砂僧帽壶	容量250ml	138,000	江苏观宇	2022-04-17
周国强 行运提梁	容量330ml	40,250	江苏观宇	2022-11-12
周洪彬制喜瓢壶	容量190ml	86,250	江苏观宇	2022-11-12
周界制云竹壶	容量270ml	23,000	江苏观宇	2022-11-12
周陶君 鹩鸪提梁 黄松装饰	容量180ml	34,500	江苏观宇	2022-11-12
周文涛 六方柿圆 胤真堂	容量400ml	46,000	江苏观宇	2022-11-12
周新兵 石瓢 敬文装饰 静山堂	容量280ml	17,250	江苏观宇	2022-11-12
周宇杰 魁瓜 王翔装饰 静山堂	容量450ml	460,000	江苏观宇	2022-11-12
周宇律 扁石 刘伟涛装饰 静山堂	容量280ml	13,800	江苏观宇	2022-11-12
周渊制南瓜壶	容量300ml	10,350	江苏观宇	2022-11-12
周尊严制色乐壶	容量300ml	10,350	江苏观宇	2022-04-17
朱建东 鹩鸪提梁 刘庆忠装饰陆相山房	容量190ml	34,500	江苏观宇	2022-11-12
朱勤勇制朱泥掇只壶	容量450ml	40,250	江苏观宇	2022-11-12
朱勤勇制朱泥鼓墩壶	容量480ml	97,750	江苏观宇	2022-11-12
朱天聪 合欢 敬文装饰 静山堂	容量280ml	23,000	江苏观宇	2022-11-12
朱晓东制葵仿数壶	容量650ml	48,300	江苏观宇	2022-11-12
朱轩林 明式镂空钮执壶	容量1450ml	66,700	江苏观宇	2022-11-12
朱云舒 汲直 吴东元装饰	容量150ml	126,500	江苏观宇	2022-11-12
柱础		11,500	上海嘉禾	2022-01-01
庄玉林、陈依群合制六六大顺壶	容量370ml	10,350	江苏观宇	2022-11-12
紫砂壶	高10.5cm;长13.5cm	57,021	荣宝斋(香港)	2022-11-26
紫砂壶	10cm×17cm	517,500	荣宝斋(南京)	2022-12-08
紫砂提梁壶	高14.5cm	23,062	台北艺珍	2022-06-1?
自怡轩款任淦庭刻双线竹节壶	宽17.5cm;高...容量325ml	207,000	江苏汇中	2022-08-17
邹成程 实方	容量380ml	92,000	江苏观宇	2022-11-12
邹大吉 八方僧帽 胤真堂	容量480ml	57,500	江苏观宇	2022-11-12
邹跃君 及盛	容量450ml	690,000	江苏观宇	2022-11-12
清早期 徐令音款段泥洒红象耳杯	宽7cm	40,250	北京保利	2022-07-28
清早期 紫泥葡萄杯及寿纹白泥方杯(一组两件)	尺寸不一	17,250	西泠印社	2022-01-22
清康熙段泥杯、连瓣杯	长6.8cm;高3.8cm	1,322,500	中贸圣佳	2023-01-01
清中期 竹坪刻段泥茶杯	宽8cm;高6cm	32,200	江苏观宇	2022-04-17
清 紫砂桃形杯	宽10.5cm	138,000	北京保利	2022-07-17
近现代 顾景洲制紫泥杯(一只)	容量100ml	34,500	江苏观宇	2022-04-17
现代 倪顺生 17件什锦杯		51,750	中贸圣佳	2022-01-01
当代 三漤窑黄雄竟题绖绖胎文盏(一对)	口径9.4cm×2	13,800	西泠印社	2022-01-22
现代 曹亚麟 青铜套组		161,000	中贸圣佳	2023-01-01
现代 陈岗 行豢四方套组		78,200	中贸圣佳	2023-01-01
现代 陈叶君 梅桩套组		126,500	中贸圣佳	2023-01-01
现代 张正中 星际套组		172,500	中贸圣佳	2023-01-01
当代 鲍瓘华制"锦尿"茶具(一组九件)	尺寸不一	11,500	北京保利	2022-07-28
当代 高建芳制匀色西瓜茶具六头组	壶宽18.5cm;盘宽27.3cm	25,300	中国嘉德	2022-06-28
当代 何挺初制梅浪花提梁茶具五头组	壶宽19cm;杯宽9.5cm×2;盘宽12.2cm×2	23,000	中国嘉德	2022-06-28
当代 徐达明制石泥盘筑茶具六头组	尺寸不一	34,500	中国嘉德	2022-06-28
当代 朱黎强制莲花僧帽三头套组	宽15.1cm(壶);直径7.2cm(杯)	57,500	中国嘉德	2022-12-25

2022杂项拍卖成交汇总(续表)

(成交价RMB：1万元以上)

拍品名称	物品尺寸	成交价RMB	拍卖公司	拍卖日期
葛明仙制五头瑰宝茶具套组(五件)	壶容量350ml	20,700	江苏观宇	2022-11-12
何挺初制簪篓茶具套组(五件)	壶容量420ml	34,500	江苏观宇	2022-04-17
江建翔制额颜茶具套组	壶容量550ml	149,500	江苏观宇	2022-04-17
孙茂琦 六方铜坨茶具套组	壶容量200ml	46,000	江苏观宇	2022-11-12
吴亚亦制竹提茶具套组(五件)	壶容量230ml	20,700	江苏观宇	2022-11-12
近代 朱可心 鱼化龙套组		862,500	中贸圣佳	2023-01-01
清民初墨缘斋意堂制款朱泥水平套组	容量60ml	11,500	江苏观宇	2022-04-17
清康熙 陈鸣远 菱花口簋叶纹碗	长26cm;高8.5cm	230,000	中贸圣佳	2023-01-01
清康熙 陈觐侯 菊葵式龙纹碗	长20cm;高8.5cm	402,500	中贸圣佳	2023-01-01
清康熙 陈砺成 本色堆泥绘瓷盘	长7cm;高3.5cm	345,000	中贸圣佳	2023-01-01
清早期 宜钧天蓝釉紫砂胎碗	直径18.3cm	92,000	北京保利	2022-07-28
清康熙 陈仙芝·玉兔朝元堆泥绘碗		247,250	中贸圣佳	2022-07-25
清晚期 宾文氏仿古刻金文内挂釉碗(一组四只)	直径16.5cm×4	23,000	北京保利	2022-07-28
清早期 宜钧砂胎赏盘	高4.8cm;盘口直径30cm	97,750	西泠印社	2022-01-22
清早期 宜钧天青釉绘粉彩缠枝莲纹紫砂胎莲瓣盘	高4.6cm;直径19.2cm	552,000	西泠印社	2022-01-22
清乾隆 三省堂·供盘(附原装盒)	长27.5cm;高3.5cm	34,500	中贸圣佳	2022-07-25
清乾隆 天蓝釉紫砂胎莲瓣盘		402,500	中贸圣佳	2022-07-25
清中期 孟臣制紫泥竹叶贩赏盘(一对)	直径12cm×2	23,000	江苏观宇	2022-04-17
清 邵孟湖小盘	直径11.5cm	48,300	中贸圣佳	2022-07-25
清 紫砂加彩瑞兽纹九子攒盘	直径14.5cm;长12cm	20,700	中国嘉德	2022-09-28
民国任淦庭刻铭丹监制款紫泥赏盘	高2cm;直径26.2cm	23,000	西泠印社	2022-01-22
范正根制段泥鱼化龙赏盘	高28.3cm	17,250	江苏观宇	2022-04-17
近代 金鼎商标朝娇陶铭书画紫砂赏盘	宽19.5cm	11,500	中国嘉德	2022-06-28
邵云如制紫砂胎油画挂盘	长25.6cm;宽19.5cm;高3.6cm	11,500	江苏汇中	2022-08-17
吴湖帆画刻壮牛美术公司制赏盘	直径22.8cm	23,000	江苏汇中	2022-08-17
清早期 赵子玉造澄泥蟋蟀罐	直径10.8cm;高9.3cm	138,000	中国嘉德	2022-12-25
清早期 朱泥八宝纹盘		57,500	中贸圣佳	2023-01 01
清中期 王南林制紫泥原配盖茶叶罐	高15.2cm	17,250	中国嘉德	2022-12-25
清晚期 陈光明制紫泥竹节大景盆	高22cm	34,500	江苏观宇	2022-12-25
清晚期 赦紫梅花水仙盆	宽21cm	17,250	江苏观宇	2022-12-25
清晚期 紫砂砖瓦文瓶	高26cm	13,800	江苏观宇	2022-12-25
现代 顾绍培 紫砂花盆一对		51,750	中贸圣佳	2023-01-01
当代 徐汉棠制铺砂方斗式景盆	宽11cm	25,300	中贸圣佳	2023-01-01
当代 周春芽 紫砂钵·桃花系列	高11cm;直径22.5cm	48,300	中贸圣佳	2023-01-01
明 贴塑莲花宜钧釉紫砂梅瓶	高26.5cm	161,000	江苏汇中	2022-08-17
清早期 紫砂胎仿哥釉瓜棱贯耳瓶	高16cm	57,500	中国嘉德	2022-05-30
清乾隆 本色堆泥绘壁瓶(一对)	宽8cm×2;高15cm×2	345,000	江苏观宇	2022-11-12
清中期 石泉刻汪泥绘紫砂大海棠瓶	宽40cm;高63cm	299,000	江苏观宇	2022-11-12
清中期 紫砂贴塑夔龙双象大吉瓶	高19.1cm	126,500	中贸圣佳	2022-07-25
清中期 紫砂贴塑夔龙双象大吉瓶	高19.1cm	86,250	中贸圣佳	2022-09-26
清晚期 无款紫泥耳宜钧柳叶瓶	宽9cm;高23cm	20,700	江苏观宇	2022-04-17
清 葛明祥 宜钧釉窑变四方瓶	长15cm;宽10cm;高35.5cm	20,700	江苏汇中	2022-08-17
清 葛明祥制宜钧灰蓝釉砂胎花瓶	高29.5cm;长18cm	28,750	西泠印社	2022-01-22
民国生林氏刻觯缶监制款段泥兽耳花瓶	高24.1cm;长17.5cm	20,700	西泠印社	2022-01-22
民国 紫砂仿古盘口瓶	高46.5cm	11,500	广东崇正	2022-08-11
傅跃 祥瑞梅瓶	高27cm;宽18cm	40,250	江苏观宇	2022-11-12
何道洪制嵌泥如意对瓶	11cm×9cm×2	632,500	江苏观宇	2022-11-12
清中期 无款紫泥宜钧釉浦榄尊(附底座)	宽27cm;高29cm	17,250	江苏观宇	2022-11-12
清中期 无款紫泥宜钧釉尊	宽27cm;高32cm	13,800	江苏观宇	2022-11-12
潘柏寿制舜之窑段绞陶监制段泥尊	宽25cm;高23cm	20,700	江苏汇中	2022-08-17
明 朱泥调砂大茶叶罐	高21.3cm;长19.6cm	97,750	西泠印社	2022-01-22
清中期 紫砂茶叶罐	高10.4cm	11,500	中国嘉德	2022-06-28
清晚期日钧山窑款任伯年刻玉成窑围棋罐	宽11cm;高6cm	138,000	江苏观宇	2022-04-17
碗清 玉成窑王胜长制蟋蟀罐	直径12cm	34,500	中鸿信	2022-09-11
明 王世襄旧藏花盆	直径51.4cm;高34.3cm	149,500	中贸圣佳	2022-07-25
清末清初宜钧蓝灰釉z脚长方形花盆	高18.4cm;长40.3cm	276,000	西泠印社	2022-01-22
清中期 无款宜钧釉三足六方盆	宽31cm;高15cm	13,800	江苏观宇	2022-11-12
清中期 紫砂方壶窑变钧釉大盆	直径61.6cm	17,250	中国嘉德	2022-06-28
清晚期胡儿山邃段泥仿生花盆连托	宽14cm;高11cm	241,500	江苏观宇	2022-11-12
民国蔡元培赠黄岳渊紫泥竹节花盆	高16.5cm;直径21cm	218,500	西泠印社	2022-01-22
民国 铁画轩制段泥水仙盆	宽20.5cm;高14.5cm	17,250	江苏观宇	2022-04-17
民国 无款宜钧粉紫泥梅桩盆	宽16cm;高28.5cm	24,150	江苏观宇	2022-04-17
近代 紫砂爱内老人制柏寿款束腰浦仑口海棠盆	宽33cm	10,350	中国嘉德	2022-06-28
近代 紫砂吴德盛制顺源款云足撇口椭圆盆	宽29.5cm	28,750	中国嘉德	2022-06-28
邵仲和 海椿双色微盆	直径11cm;高21cm	12,650	江苏汇中	2022-08-17
吴贱陶 段泥刻诗文、山水兰花盆(一对)	高14.5cm×2	46,000	江苏汇中	2022-08-17
清早期 宜钧釉白泥胎渣斗	高11cm	34,500	北京保利	2022-07-28
清早期 宜钧釉砂胎鬲式炉	高9.5cm	17,250	北京保利	2022-07-28
清早期 朱泥诡泣花樽	高13cm;宽9cm	1,380,000	中贸圣佳	2022-07-25
清中期 无款白泥宜钧釉饕餮纹大香炉(附底座)	宽26cm;高29cm	23,000	江苏观宇	2022-11-12
清晚期 少山款紫泥风炉	宽13cm;高18.5cm	17,250	江苏观宇	2022-11-12
清陈仲美		345,000	江苏观宇	2022-11-12
清中晚期 葛明祥制宜钧段瓜头尊	宽21cm;高33cm	20,700	江苏观宇	2022-11-12
民国 宾aniensis氏刻紫砂诗文六方盖筒	高32cm	55,200	江苏汇中	2022-08-17
鲍七强刻并制薰香炉	高9cm;宽11cm	23,000	江苏观宇	2022-11-12
蒋岳良刻并制三星盉	容量300ml	69,000	江苏观宇	2022-04-17

拍品名称	物品尺寸	成交价RMB	拍卖公司	拍卖日期
牟家辉2021年作《中国号》紫砂小提琴	琴长61.5cm	1,610,000	深圳富诺得	2022-10-05
漆器				
宋至元 凤势式古琴	琴长119.5cm	2,645,000	中国圣佳	2022-07-25
明万历 黑漆仲尼式琴	长123.5cm;宽18.3cm	488,376	保利香港	2022-10-10
明末 "雪夜冰" 仲尼式古琴	通长117.8cm;肩宽18.3cm;尾宽13.3cm	920,000	中国嘉德	2022-12-25
明 "沧海龙吟" 仲尼式古琴	通长123.5cm;肩宽20cm;尾宽13.7cm	805,000	中国嘉德	2022-12-25
明 大漆蕉林听雨蕉叶琴	长122cm	13,440	上海联合	2022-08-13
明 文物商店旧藏及出版"时平"仲尼式古琴	琴长109cm;隐间100.5cm;肩宽18.7cm;额宽18.2cm;尾宽13.5cm	920,000	西泠印社	2022-01-23
明 仲尼式"灵趣"古琴	长122cm;宽10.5cm	5,520,000	深圳富诺得	2022-10-06
明 祝公望制蕉叶式古琴	琴长121.5cm	954,500	西泠印社	2022-01-23
明至清田翔千旧藏赵王私宝仲尼式古琴	琴长122.7cm;隐间114cm;肩宽17.7cm;额宽17.4cm;尾宽12.5cm	460,000	西泠印社	2022-01-23
清光绪 "山水清音" 仲尼式古琴	通长130cm	1,725,000	中国嘉德	2022-12-25
清光绪 黑漆仲尼式古琴	通长120.8cm;肩宽19.2cm;尾宽14.2cm	368,000	中国嘉德	2022-06-26
清晚期 张静芗制仲尼式古琴	通长120.3cm;肩宽18.3cm;尾宽12.5cm	345,000	中国嘉德	2022-06-26
民国 宝音斋古琴	通长134.3cm;肩宽18.3cm	74,750	中国嘉德	2022-12-25
饶宗颐 风入松琴、题字、拓片(一组)	书法直径31cm;拓片83cm×33cm;琴长123cm	460,000	华艺国际	2022-09-23
明 木漆金释迦牟尼坐像	高38cm;宽25cm	69,000	浙江佳宝	2022-03-13
清早期 木漆金思维罗汉像	高22cm	46,000	浙江佳宝	2022-03-13
清早期 朱漆金观音像	高24.3cm	69,000	中国嘉德	2022-12-27
清康熙 夹芝漆金弥勒佛坐像	高50cm;宽40cm;宽25cm	483,000	广东崇正	2022-04-17
清乾隆 漆金彩绘法轮	高55.5cm	13,800	中国嘉德	2022-06-28
清乾隆 剔彩八仙庆寿纹如意	长40.2cm	74,750	中国嘉德	2022-12-25
清乾隆 剔彩博古仙人如意	长39cm	86,250	中国嘉德	2022-12-25
清乾隆 剔红博古图如意	长39.6cm	138,000	中国嘉德	2022-06-27
清乾隆 剔红雕漆 "鹤鹏同春" 图如意	长40.5cm	149,500	保利厦门	2022-10-22
清乾隆 剔红祝寿如意	36cm×5cm	115,000	中贸圣佳	2022-07-25
清中期 庚午年陈南章名家漆画	高7cm;长197cm	23,000	广东崇正	2022-12-25
清 木漆金释迦牟尼坐像	高23cm	48,300	西泠印社	2022-08-21
清 木胎夹纻释迦坐像	高21.5cm	155,250	西泠印社	2022-08-21
清 楠木髹漆接引佛	高84.6cm	402,500	西泠印社	2022-08-21
清 脱胎大漆描金仕女	高50cm	92,000	中贸圣佳	2022-07-25
民国 金漆木雕潮油人名人漆画(一对)	长55cm×2;高206cm×2	120,750	广东崇正	2022-12-25
清乾隆 剔红海水蟠龙壁瓶	长18cm	345,000	北京保利	2022-07-29
18世纪宫廷御制剔红山水人物海棠式瓶	高31cm	109,250	保利厦门	2022-10-22
清 开光花卉纹漆雕对瓶	45.5cm×20cm×2	13,800	荣宝斋(南京)	2022-12-08
清晚期剔红开光人物故事图大方瓶连座	高113.2cm	276,000	中贸圣佳	2022-07-12
漆艺花器"脱胎犀皮漆梅瓶"	直径128mm;高290mm	11,500	上海嘉禾	2022-01-01
南宋/元 黑漆葵花式盘	直径18.2cm	540,036	佳士得	2022-05-30
宋 黑漆菊瓣盘	直径17.5cm	310,782	香港苏富比	2022-10-08
宋 黑漆葵式盘	直径18.5cm	499,470	香港苏富比	2022-10-08
宋 乌漆葵式盘	直径14.6cm	205,213	香港苏富比	2022-04-29
宋 朱漆葵瓣盘	直径16.8cm	405,587	佳士得	2022-11-29
元 黑漆菊瓣式折沿盘	直径29.8cm;高3cm	1,150,000	北京保利	2022-07-25
元 黑漆嵌螺钿菊瓣盘	直径27cm	322,000	中贸圣佳	2023-01-01
元 剔黑莲花盘	宽16.8cm	345,000	北京保利	2022-07-25
元 剔红穿花双鸟纹盘	直径26.3cm	2,441,855	香港苏富比	2022-10-08
元 剔红访友图盘	直径22cm	632,500	中贸圣佳	2022-07-25
元 剔犀如意云纹葵瓣式盘	边长22cm	378,025	佳士得	2022-05-30
明宣德 剔红携琴访友图方盘	边长19.5cm	575,000	中贸圣佳	2022-07-25
明嘉靖 剔彩云龙献寿万寿盘	边长17cm	540,036	香港苏富比	2022-04-29
明万历 戗金填漆集萃之爱梅图梅式盘	15.3cm	170,932	香港苏富比	2022-10-09
明 黑漆嵌螺钿花卉纹长方盘	41.5cm×26.5cm×46cm	23,000	中国嘉德	2022-12-25
明 黑漆嵌螺钿游园图花口盘	直径26.7cm	138,000	北京保利	2022-07-25
明 黑漆釉盘	长34.4cm	253,000	北京保利	2022-07-25
明 剔黑漆地凤穿牡丹长方盘	40.5cm×28.3cm	126,500	北京保利	2022-07-25
明 剔犀如意云头纹葵式大盘	直径38.7cm;高42cm	86,250	中国嘉德	2022-12-25
清早期 黑漆嵌百宝香盘一对	长14.4cm×2	34,500	中贸圣佳	2022-07-25
清早期 黑漆嵌百宝香盘一对	直径12.6cm×2	11,500	中贸圣佳	2023-01-01
清康熙 黑漆嵌螺钿"山水楼阁"倭盘一组十件及木盒	宽11.2cm;盒高11.2cm	54,264	保利香港	2022-10-10
清乾隆 剔彩双龙捧寿倭角方盘	边长21cm	1,380,000	北京保利	2022-07-25
清乾隆 剔红百花不落地大盘	直径33.5cm	48,300	中鸿信	2022-09-11
清乾隆 剔红西番莲捧寿盘	边长25cm	241,500	保利厦门	2022-10-22
清乾隆 铜胎剔红八宝花卉纹盘	高4.5cm;直径30.5cm	86,250	西泠印社	2022-01-23
清乾隆 朱漆地刀刻填彩花鸟大盘	直径54.5cm;宽6.5cm	40,250	中国嘉德	2022-12-25
清中期 剔红雕喜上眉梢图盘	长36cm	40,250	北京保利	2022-07-29
清中晚期 剔红牡丹花流水纹香盘、剔红牡丹纹香盒两件	直径18cm;直径6cm	20,700	中国嘉德	2022-12-27
清 大清乾隆年制款铜胎剔红双龙戏珠菱花形盘	高2.2cm;直径19.8cm	57,500	西泠印社	2022-01-23
清 黑漆嵌螺钿葵口盘	直径13.8cm	23,000	中贸圣佳	2022-07-25

拍品名称	物品尺寸	成交价RMB	拍卖公司	拍卖日期
清 金漆十三行人物庭院纹大漆盘(一套12件)	高2cm×12；直径155cm×12	23,000	广东崇正	2022-12-25
清 卢葵生制剔红海棠盘	长47.2cm；宽39cm	20,700	北京中汉	2022-04-27
清 木胎大漆描金鱼化龙纹贡盘	直径33.5cm	10,350	北京中汉	2022-06-28
清 漆绘凤穿牡丹纹都承盘	长66.5cm；宽66.5cm；高5cm	149,500	中贸圣佳	2023-01-01
清 剔红锦地开光如意形香盘	长18.7cm	23,000	中国嘉德	2022-12-25
清 剔红携琴访友图盘	高3.8cm；直径31.8cm	20,700	广东崇正	2022-08-11
江户 高时绘御所车纹大盘	长19cm	43,700	中贸圣佳	2022-09-28
明嘉靖 剔填戗金云龙纹盌	直径25.2cm；高11cm	575,000	中贸圣佳	2022-10-27
清 剔犀如意云纹碗	直径17.5cm；高8.5cm	23,000	朵云轩	2022-12-08
江户 高台寺莳绘龟鹤同寿高足碗	高10cm	13,800	中贸圣佳	2022-09-28
明 茶叶罐一对	高11cm×2	59,800	中贸圣佳	2022-07-25
明万历 剔红人物高足杯	直径8.2cm	172,500	北京保利	2022-07-25
明 剔红"张成造"卷草纹盏托	高6.3cm；直径16cm	1,610,000	北京保利	2022-07-25
明 剔犀如意云纹盏托	高9.5cm；直径16.5cm	920,000	北京保利	2022-07-25
清早期 剔红大吉大利龙柄执杯	12cm×6.4cm×4.2cm	13,800	中国嘉德	2022-12-25
元 大漆锡丝花盖盒	17.2cm×10cm×9.4cm	34,500	中国嘉德	2022-12-25
元 黑漆嵌螺钿人物故事图八方盖盒	直径24.7cm；高14.2cm	43,700	中国嘉德	2022-12-25
元 剔红菊花纹香盒	直径5cm	172,500	中贸圣佳	2022-07-25
元 剔红人物故事图八方捧盒	直径22.5cm；高10.5cm	287,500	中贸圣佳	2022-07-25
元 剔犀双层方盒	高6.6cm	27,591	中国嘉德	2022-10-08
元 剔犀香盒	高10cm	264,500	中贸圣佳	2022-12-27
明永乐 剔红缠枝牡丹纹大圆盖盒	直径31.5cm；高9cm	6,659,604	香港苏富比	2022-10-08
明嘉靖 丁酉年(1537) 黑漆嵌螺钿三顾茅庐图长方盖盒	宽22cm；深11.5cm；高9cm	432,028	佳士得	2022-05-30
明中期 剔红雕西番莲四狮戏球棒盒	直径21.8cm	207,000	华艺国际	2022-09-23
明中期 剔红莲纹盖盒	直径6.9cm	35,910	保利香港	2022-07-14
明中期 剔红人物图银锭形香盒	3.7cm×3.1cm×2cm	23,000	中国嘉德	2022-12-25
明15至16世纪 剔红四季花卉纹长方盖盒	16.5cm×10.1cm×9.5cm	341,863	香港苏富比	2022-10-09
明万历 剔黄云龙纹花形四层盖盒	高14.5cm；宽11.8cm	3,680,000	北京保利	2022-07-25
剔犀如意云纹立体圆盖盒	高15.5cm	61,669	纽约佳士得	2022-09-23
明 剔彩水仙花香盒	直径6.6cm	184,000	北京保利	2022-07-25
明 剔红荸荠纹香盒	直径4.9cm；高4cm	28,750	广东崇正	2022-08-11
明 剔红博古葵枝纹香盒	直径7.6cm；高4.1cm	51,750	中贸圣佳	2022-10-27
明 剔红鉴古图长方盒	长24.7cm；宽15.5cm；高9cm	241,500	中贸圣佳	2022-07-25
明 剔红荔枝纹香盒	直径7.7cm	63,250	中国嘉德	2022-06-28
明 剔红罗汉图香盒	直径5cm	57,500	华艺国际	2022-09-23
明 剔红人物香盒	直径6cm；高2cm	16,100	江苏汇中	2022-08-17
明 剔红人物花卉纹四层盖盒	高13.2cm	184,000	中贸圣佳	2022-12-26
明 剔红戏狮牡丹纹香盒	高2.3cm；口径4.3cm	74,750	西泠印社	2022-08-21
明 剔犀云纹捧盒	直径18.8cm	57,500	中贸圣佳	2022-07-25
明 锡胎剔犀香盒	直径5.2cm	36,800	中国嘉德	2022-12-27
明/清 雕漆香盒一组十件	尺寸不一	494,500	中贸圣佳	2022-07-25
明或以后 雕漆之观鹅提梁四重盒	高19cm；长16cm	154,509	华艺国际	2022-11-27
明晚期 黑漆嵌螺钿高士图扛撞盒	122mm×122mm×204mm	51,750	华艺国际	2022-07-25
明晚期 剔红婴戏图香盒	直径8.1cm	69,000	北京保利	2022-07-29
明末清初 剔彩银锭形花卉纹盖盒	高2.9cm；宽5.4cm	48,300	西泠印社	2022-01-23
清早期 黑漆描金花鸟图果盒	高18cm；宽44cm	46,000	浙江佳宝	2022-03-13
清早期 黑漆嵌螺钿纹仿小盖盒(一对)	直径3.8cm×2	155,250	北京保利	2022-07-29
清早期 黑漆嵌螺钿云龙纹盖盒	直径16cm；高5.9cm	126,500	中国嘉德	2022-12-25
清早期 剔红云纹	高口径7.8cm	69,000	浙江佳宝	2022-03-13
清康熙 大漆嵌螺钿山水人物方盒	26.2cm×11.2cm×38.2cm	80,500	中国嘉德	2022-12-27
清康熙 剔红竹节描金福禄盖盒	35cm×20.5cm×13.8cm	86,250	中国嘉德	2022-12-25
清雍正 黑漆描金缠枝花卉纹方形盖盒	14cm×14cm×7.7cm	20,700	中国嘉德	2022-12-25
清乾隆 莲花雕漆雕提梁宝盒	高6cm；直径16cm	92,000	保利厦门	2022-10-22
清乾隆 关烟山水御题诗景饼(带漆盒)	直径16.3cm	253,000	广东崇正	2022-12-25
清乾隆 剔彩"春"字大捧盒	直径41cm	598,000	华艺国际	2022-09-23
清乾隆 剔彩春寿桃式宝盒(一对)	宽45.9cm×2	3,564,237	佳士得	2022-05-30
清乾隆 剔彩云龙捧盒	直径28cm；高21.7cm	517,500	中贸圣佳	2022-07-25
清乾隆 剔彩群仙贺寿图花形盒	宽44cm	115,000	北京保利	2022-07-25
清乾隆 剔红八仙故事图梅花式棒盒	宽32.6cm	483,000	中国嘉德	2022-06-27
清乾隆 剔红大棒盒	直径40cm；高22.6cm	32,200	中国嘉德	2022-12-25
清乾隆 剔彩雕漆人仙祝寿捧盒	直径18.5cm	51,750	北京保利	2022-07-25
清乾隆 剔红海水龙纹"芬扬翠雾"盒	18cm×13.6cm×10cm	494,500	中贸圣佳	2022-07-25
清乾隆 剔红海棠形山水人物纹捧盒	长32.3cm	63,250	中贸圣佳	2022-07-25
清乾隆 剔红开光人物山水花瓣六角盖盒	宽27.5cm	143,473	中国嘉德	2022-10-08
清乾隆 剔红葵花宝盒	直径19.2cm	920,000	中贸圣佳	2022-07-25
清乾隆 剔红落花流水纹宝盒	长12.5cm；高5cm	51,750	中贸圣佳	2022-07-25
清乾隆 剔红牡丹花卉纹香盒	8cm×8cm×4.4cm	115,000	中贸圣佳	2022-12-25
清乾隆 剔红山水人物梅花形棒盒	直径25.5cm	103,500	中国嘉德	2022-12-25
清乾隆 剔红狩猎图方盒	9.8cm×9.8cm×4.7cm	23,000	中贸圣佳	2022-12-25
清乾隆 剔红松下人物故事图圆盖盒	直径13.2cm	69,000	中鸿信	2022-09-11
清乾隆 剔红西番莲纹大捧盒	直径49.2cm	920,000	中贸圣佳	2022-07-25
清乾隆 剔红献寿西王母瑶池宝盒	直径28.8cm	432,028	香港苏富比	2022-04-29
清乾隆 剔红云龙宝盒	直径11cm	97,750	中贸圣佳	2022-12-25
清乾隆 剔红铜胎錾花人物故事图香盒	直径5.7cm；高3cm	40,250	中国嘉德	2022-12-25
清乾隆 锡胎剔红罐含漆盒	高15.7cm；直径19.5cm	103,500	中贸圣佳	2022-10-27
清乾隆 许汉卿旧藏剔彩漆盒	11.5cm×4.5cm	57,500	中贸圣佳	2022-07-13
剔红百子图圆盒	直径14.8cm	396,446	纽约佳士得	2022-09-23
剔红群仙祝寿图桃式大盒	宽43.4cm	440,496	纽约佳士得	2022-09-23

拍品名称	物品尺寸	成交价RMB	拍卖公司	拍卖日期
清中期 剔红法轮海水纹四方盖盒	高33cm；长7.1cm；宽7.1cm	48,300	西泠印社	2022-08-21
清中期 剔红高士图盖盒	直径18.2cm	17,250	华艺国际	2022-09-23
清中期 剔红山水人物盒	18cm×12.7cm×7.5cm	23,000	中国嘉德	2022-12-25
清中期 剔红松下高士图捧盒	直径25.5cm	172,500	中鸿信	2022-09-11
清中期 填漆戗金穿花龙纹鼓式盒	宽44cm；高12cm	51,750	中贸圣佳	2022-06-28
清中期 填漆戗金穿花狮纹鼓式盒	直径42.8cm	40,250	中国嘉德	2022-12-27
清光绪 胡子卿陶晋斋毅古氏制墨一盒四匠(带原漆盒)	11.4cm×10.5cm	10,350	广东崇正	2022-12-25
清光绪 金漆木雕戏曲人物纹食馔盒	45cm×19.5cm×46cm	172,500	广东崇正	2022-12-25
清晚期 剔红盒(三件)	长14.7cm；高11cm；长10.2cm	13,800	中国嘉德	2022-05-29
清 大漆描金八卦盒	直径6.7cm；高2.2cm	17,250	中贸圣佳	2022-07-12
清 黑漆描金加彩龙纹官绢盒	长52cm；宽2cm	92,000	中贸圣佳	2022-07-12
清 红漆彩绘大提盒一对	高67cm×2	48,300	中贸圣佳	2022-07-12
清 老墨一组九筠(带原漆盒)	尺寸不一	25,300	广东崇正	2022-12-25
清 漆制如意云纹四方盒	高8cm；长18.7cm	34,500	西泠印社	2022-01-23
清 剔红锦地龙凤纹长方盒	长40.8cm；高15.5cm；宽31.5cm	402,500	中贸圣佳	2023-01-01
清 剔红菊花纹人物图捧盒	通高18.5cm	540,567	香港福羲国际	2022-12-28
清 剔红人物盒	14cm×9cm×5cm	46,000	荣宝斋(南京)	2022-12-08
清 剔犀如意纹五层盖盒(带老楠木盒)	高25cm	32,200	广东崇正	2022-04-17
清 脱胎朱漆御题诗菊瓣形盖盒	直径15cm	1,483,500	北京银座	2022-09-17
清 竹编加漆大吉葫芦式三层盒	高64cm	460,000	保利厦门	2022-10-22
清或以后 剔红上贤士图捧盒	直径21cm	86,083	华艺国际	2022-11-27
清中期 剔红黑漆描金云龙纹捧盒	直径57cm	43,700	中贸圣佳	2022-07-25
清早中期 剔红爱莲捧盒	直径28cm；高20.3cm	69,000	中贸圣佳	2022-07-25
清早中期 剔红赤壁图捧盒	直径17.6cm	149,500	中贸圣佳	2022-07-25
创外汇时期麻将一套带黑漆人物盒	盒子245mm×175mm×18mm；尺305×395	17,250	保利厦门	2022-10-22
清乾隆款漆器镶嵌盒	26cm×14cm	172,500	上海嘉禾	2022-01-01
清乾隆 铜胎剔红夔凤纹鼎式熏炉	高158cm；长10cm；宽7cm	78,200	浙江佳宝	2022-03-13
清 铜胎大漆饕餮纹双耳衔玉环三足鼎	高30.5cm	46,000	中鸿信	2022-09-11
清早期 剔红松山访友图四足炉(带漆盒)	高25.5cm；口径8.5cm	11,500	浙江佳宝	2022-03-13
清康熙 大漆夹纻达摩多罗尊者	高13.5cm	57,500	北京中汉	2022-09-29
清雍正 大漆描金菊瓣海棠盒	25cm×19cm×8.8cm	13,800	中国嘉德	2022-12-25
江户 德川纲吉御用莳绘果子器	宽24cm；长40cm	66,700	中贸圣佳	2022-09-28
元 黑漆彩绘御用扁	高80cm×80cm	483,000	中贸圣佳	2023-01-01
明早期 红漆戗金鸾凤纹元宝箱	83.5cm×51.6cm×60.6cm	1,437,500	中贸圣佳	2023-01-01
明治 金钿绘漆金花卉经卷卷	28cm×11cm×8.5cm	11,500	广东崇正	2022-12-25
清早期 黑漆书箱	39cm×21.5cm×15cm	4,414	中国嘉德	2022-10-09
清乾隆 犀皮漆三层方匣	高26.5cm	26,450	北京保利	2022-07-16
清 木胎大漆竹节式书箱	49.8cm×30.5cm×22.4cm	36,800	中国嘉德	2022-12-25
清早中期 黑漆描金花卉纹座托一对	39.4cm×30cm×2	48,300	中贸圣佳	2023-01-01
清早中期 剔红海水龙纹经匣	35cm×15cm×13cm	851,000	中贸圣佳	2022-07-25
明水朱漆鎏金御宝玺珠祥纹理文挟板	长72.8cm	347,646	佳士得	2022-11-29
清早期 剔红香山九老图扇骨	长35.6cm	138,000	中贸圣佳	2022-07-25
18世纪 剔红雕漆"双龙赶珠"纹手镯	直径8cm	11,500	保利厦门	2022-10-22
清中期 漆制文房用具一套八件	尺寸不一	132,250	中贸圣佳	2022-07-25
清中期 剔红花卉纹扇骨	长34cm	103,500	中贸圣佳	2022-07-25
清 菠萝漆扇骨	高32cm	28,750	中贸圣佳	2022-07-25
清 菠萝漆扇骨	长31.5cm	17,250	朵云轩	2022-08-08
清 剔红山水人物图扇骨两把	长34.5cm；长33.2cm	161,000	中国嘉德	2022-12-27
匏器				
清康熙 匏制团寿龙凤纹碗	直径11.5cm	579,411	佳士得	2022-11-29
清乾隆 老子出关图匏器	高26.5cm；长15.5cm	207,000	广东崇正	2022-12-25
清乾隆 "乾隆赏玩" 款匏制棕番莲绞高足碗	高12.2cm	862,500	中贸圣佳	2022-07-26
清道光 匏制小口素瓶	宽23cm×9cm	34,500	中贸圣佳	2022-07-13
清道光 官模喜子图蝈蝈葫芦	高10cm×9cm	40,100	中央...	2022...
清光绪 匏制官尽吊乐业图贵瓶	高19.5cm	20,700	西泠印社	2022-08-21
清晚期 官模子莲花纹黑漆三足炉式匏器	直径15.8cm；高7.6cm；口径13cm	36,800	中国嘉德	2022-06-26
晚清 倒栽蛐蛐葫芦	9cm×6cm	11,500	中贸圣佳	2022-07-13
晚清 花模葫芦四只	10cm×7cm×4	46,000	中贸圣佳	2022-07-13
晚清 天然葫芦(配红木底座)	高42cm	10,925	中贸圣佳	2022-08-14
晚清 押花寒江独钓蛐蛐葫芦	9cm×6cm	40,250	中贸圣佳	2022-07-13
晚清 葫芦挂饰一对	长65cm×10cm×2	11,500	中贸圣佳	2022-07-13
晚清 一只老葫芦及紫檀莲花托	葫芦45cm×9cm	55,200	中贸圣佳	2022-07-13
清 "三河刘" 鸣虫葫芦罐	高12cm；直径6.9cm	92,000	西泠印社	2022-01-23
清 阴刻松下高士图葫芦鸣虫罐	高12cm；口径6cm	17,250	西泠印社	2022-01-01
民国 鹿角鲼绿本长蛐蛐葫芦	10cm×5cm	63,250	中贸圣佳	2022-07-13
民国 瓦楞和尚头黑虫葫芦	10cm×7cm	11,500	中贸圣佳	2022-07-13
民国 结绣葫芦一对	46cm×9cm×2	57,500	中贸圣佳	2022-07-13
民国 纸模蝈蝈葫芦	10cm×7cm	11,500	中贸圣佳	2022-07-13
当代 各式葫芦六只	尺寸不一	17,250	中贸圣佳	2022-07-13
织绣				
明万历 缂丝凤鸣高冈图屏	56cm×83.5cm	216,014	佳士得	2022-05-30
17世纪 织金锦无量寿佛曼茶罗	92cm×88.5cm	701,500	中贸圣佳	2022-10-27
明 刺绣其且行诗文对联	122cm×28.5cm×2	333,500	中贸圣佳	2022-08-21
明 顾绣群仙祝寿图轴	166cm×88cm	897,000	中贸圣佳	2022-07-25
明 缂丝八仙祝寿图	137cm×82cm	920,000	北京保利	2022-07-28
明 盘金绣观音像	114cm×65cm	184,000	西泠印社	2022-01-23
明晚期 刺绣琴棋书画童子一组	横63cm；纵33cm	48,300	中贸圣佳	2023-01-01

2022杂项拍卖成交汇总(续表)

(成交价RMB：1万元以上)

拍品名称	物品尺寸	成交价RMB	拍卖公司	拍卖日期
清早期 海水龙纹织锦（一对）	21cm×107cm×2	34,500	中贸圣佳	2022-10-27
清早期 花卉寿石绣屏	57cm×114.5cm	74,750	中国嘉德	2022-12-25
清康熙 龙纹绣片	41cm×59.5cm	63,250	中贸圣佳	2022-10-27
18世纪 缂丝彩绘松鹿图挂轴	160cm×80.5cm	284,886	香港苏富比	2022-10-09
清乾隆 刺绣麻姑献寿图轴	177cm×88cm	782,000	中贸圣佳	2022-10-27
清乾隆 缂丝福禄寿三星图		402,500	北京保利	2022-07-29
清乾隆 缂丝五子折桂图	208cm×96cm	517,500	中贸圣佳	2022-10-27
清乾隆 缂丝群仙祝寿	208cm×96cm	402,500	中贸圣佳	2022-10-27
清乾隆 御窑琛水考龙纹绣品（三件）	尺寸不一	32,200	北京保利	2022-07-16
清乾隆 御制缂丝南海观音纳寿图长卷	32cm×260cm	3,967,500	永乐拍卖	2022-07-24
清乾隆 御制缂丝西湖行宫图	100cm×61cm	494,500	中贸圣佳	2022-10-27
金线纱绣双蟠园寿	直径33.6cm	140,959	纽约佳士得	2022-09-23
清嘉庆 缂丝王太款仕女册页（六帧）	41cm×30cm×6	379,500	中贸圣佳	2023-01-01
清道光 苏绣博古图	45cm×82cm	32,200	中贸圣佳	2022-07-27
清同治 白色双面缎绣百禽争春图漆柄宫扇一对	直径25cm×2	57,500	中贸圣佳	2022-07-27
清晚期 缂丝花鸟纹/缂丝魁星图		32,976	台北艺珍	2022-03-06
清 刺绣蝴蝶花卉挽袖一对	9cm×60.3cm×2	10,925	中贸圣佳	2022-07-11
清 刺绣文官补	外框62.5cm×62.5cm；绣心25.5cm×27cm	11,500	保利厦门	2022-10-22
清 花卉双矩龙纹锦瓶心镶嵌地花卉绣边	85cm×67cm	25,300	西泠印社	2022-01-21
清 缂丝八仙庆寿图	长149cm；宽81cm	74,750	朵云轩	2022-12-08
清 缂丝白度母像	长86cm；宽70.5cm(不含框)	20,349	台北艺珍	2022-06-12
清 缂丝关公绣心	95cm×50.5cm	13,800	北京中汉	2022-07-27
清 缂丝花卉图	长54.5cm；宽34cm	115,000	朵云轩	2022-12-09
清 缂丝花木兰图	135cm×72cm	13,035	台北艺珍	2022-12-04
清 缂丝黄地御制咏诗句对屏	尺寸不一	86,250	西泠印社	2022-08-21
清 缂丝龙幡一对	长630.5cm×2	57,500	中贸圣佳	2022-07-16
清 缂丝麻姑献寿图	121cm×69.5cm	13,035	台北艺珍	2022-12-04
清 缂丝勒佛图	112cm×70cm	13,035	台北艺珍	2022-12-04
清 缂丝清供图	24.8cm×39.4cm	104,650	中贸圣佳	2022-09-26
清 缂丝云龙纹挂屏	横79.5cm；纵49cm	25,300	中贸圣佳	2023-01-01
清 刘墉款刺绣诗文对联	尺寸不一	34,500	西泠印社	2022-08-21
清 吕纪款花鸟缂丝	91cm×167cm	138,000	中贸圣佳	2022-07-27
清 怒海苍鹰图	120cm×180cm	23,000	中贸圣佳	2022-07-27
清 秋云史纹绣团花	直径24.5cm	63,250	中贸圣佳	2022-07-27
清 群仙祝寿绣片	70cm×155cm	126,500	中贸圣佳	2022-07-27
清 双如意形宫廷团用补	长38.5cm	13,800	北京保利	2022-07-16
清 苏绣金萱耄耋图	横47.3cm；纵102.9cm	10,350	中贸圣佳	2023-01-01
清 粤绣镜屏	框33cm×48cm；镜心24cm×19cm	36,800	中贸圣佳	2022-07-11
民国 天香阁款刺绣	45cm×29.6cm	63,250	中贸圣佳	2022-07-27
民国 湘绣翁同龢对联	200cm×40cm×2	57,500	中贸圣佳	2022-07-27
1647年作 蔡含 花鸟绣品	63cm×35cm	32,200	江苏汇中	2022-07-27
郭俊 云锦《蟹肥荷香》	52cm×60cm	168,000	北京伍佰艺	2022-10-28
郭俊、周双喜 云锦《九龙图》	250cm×40cm	328,600	北京伍佰艺	2022-10-28
缂丝老子说道图 镜片	92cm×51cm	109,250	广东崇正	2022-08-10
伍佰艺沉楠一号沉茶(五年窖藏收藏级)		16,300	北京伍佰艺	
杨玉柱 云锦《紫禁麒麟》尊享版	锦面尺寸42cm×42cm；画框尺寸66cm×66cm	28,600	北京伍佰艺	2022-10-28
佚名 刺绣藏族姑娘绣片	74cm×44.5cm	57,500	西泠印社	2022-01-22
佚名 御制三星图镜心	217cm×81cm	389,880	保利香港	2022-07-12
周双喜 云锦《黄底正龙方补》	43cm×43cm	86,800	北京伍佰艺	2022-10-28
明中期 金地缂丝白鹇纹官补	38cm×30cm	287,500	中贸圣佳	2023-01-01
刺绣麒麟方补	40cm×39cm	440,496	纽约佳士得	2022-09-23
16世纪/17世纪 缂丝六品安女鸳鸯补子	32.7cm×29.2cm	176,685	纽约佳士得	2022-03-25
明 缂丝双夔文官补	42.5cm×42cm	333,500	中贸圣佳	2022-07-11
明 石青地刺绣状元及第团补	直径40cm	92,000	中贸圣佳	2023-01-01
金地缂丝三品孔雀方补	34.5cm×33.8cm	308,347	纽约佳士得	2022-09-23
金地缂丝武二品豹子方补	边长39cm	528,555	纽约佳士得	2022-09-23
金地缂丝武一品麒麟方补（一对）	29.3cm×30.6cm×2	1,013,141	纽约佳士得	2022-09-23
清康熙 平金缂丝羽绣一品文官补	27cm×28cm	138,000	中贸圣佳	2022-07-27
清康熙 平金缂丝 二品锦鸡文官补	横32cm；纵33cm	115,000	中贸圣佳	2023-01-01
清康熙 一品当朝刺绣补子一对	48cm×56cm×2	126,500	中贸圣佳	2022-07-27
17世纪 蓝丝彩绣一品夫人锦鸡补子	边长32.8cm	385,493	纽约佳士得	2022-03-25
黑缎地缂丝三品孔雀方补	24cm×24.4cm	105,719	纽约佳士得	2022-09-23
黑缎地缂丝四品云雁方补	22.5cm×23.6cm	79,289	纽约佳士得	2022-09-23
金地缂丝文七品白鹇方补	27.2cm×27.5cm	70,479	纽约佳士得	2022-09-23
17世纪 金地彩绣三品淑人孔雀补子(一对)	27.9cm×30.8cm×2	240,933	纽约佳士得	2022-09-23
织锦文五品白鹇方补	23cm×24cm	61,669	纽约佳士得	2022-09-23
18世纪/19世纪 彩绣二品文官云豹补子一对	31.7cm×31.7cm×2	128,498	纽约佳士得	2022-09-23
刺绣锦鸡方补	29.2cm×28.2cm	83,694	纽约佳士得	2022-09-23
黑纱地缂丝文九品鹭鸶方补	26.5cm×28cm	42,288	纽约佳士得	2022-09-23
缂丝文一品白鹤方补	26.2cm×27.2cm	123,339	纽约佳士得	2022-09-23
清康熙 金地彩绣一品文官仙鹤补子	35.5cm×34.9cm	522,022	纽约佳士得	2022-03-25
清乾隆 刺绣锦蟒方补（两件）	49.5cm×49.5cm×2	40,250	北京保利	2022-07-17
清乾隆 刺绣团龙补一对	直径28cm×2	28,750	中贸圣佳	2023-01-01
清乾隆 红色妆花云龙纹桌围	横89cm；纵79cm	75,900	中贸圣佳	2023-01-01
清乾隆 黄地刺绣缠枝莲纹宝座垫	110cm×145cm	276,000	中贸圣佳	2022-07-27
清乾隆 黄地刺绣五龙纹宝座垫面	98cm×122.5cm	74,750	保利厦门	2022-10-22
清乾隆 黄缎绣折枝花卉纹坐褥	101.5cm×129.5cm	138,000	中贸圣佳	2023-01-01
清乾隆 金银线绣文官补一个	26cm×25cm	34,500	中贸圣佳	2022-07-27
清乾隆 蓝地彩绣五品宜人白鹇补子	26.5cm×27.2cm	48,187	纽约佳士得	2022-03-25
清乾隆 平金纳纱绣章纹团龙补	直径27cm	80,500	中贸圣佳	2022-07-27
清乾隆 平金绣二品文官补	24.5cm×24.5cm	46,000	中贸圣佳	2022-07-27
清乾隆 御制皇宫大宝座靠垫	57cm×63cm；60cm×9cm×2	414,000	中贸圣佳	2022-07-27
清乾隆 织金正龙纹皇帷	93cm×75cm	109,250	中贸圣佳	2022-07-27
清雍正 彩绣五品宜人白鹇补子	22cm×24.2cm	112,436	纽约佳士得	2022-03-25
19世纪 蓝地刺绣团夔纹圆补	直径29.8cm	56,218	纽约佳士得	2022-03-25
石青缎地缂文三品孔雀方补	27.1cm×28.3cm	28,192	纽约佳士得	2022-09-23
清嘉庆 缂丝一品麒麟方补	横29cm；纵29cm	71,300	中贸圣佳	2023-01-01
清嘉庆 纳纱团龙一个	直径30cm	25,300	中贸圣佳	2022-07-27
18世纪/19世纪 蓝地彩绣游龙戏珠纹圆补三件	尺寸不一	72,280	纽约佳士得	2022-03-25
清道光 花卉团扇一对	直径30cm×2	23,000	中贸圣佳	2022-07-27
清中期 缂丝卷草缠枝莲纹坐靠垫	横59cm；纵61.5cm	74,750	中贸圣佳	2022-10-27
清中期 石青地缂丝二品文官补	横29cm；纵28cm	161,000	中贸圣佳	2023-01-01
清中期 石青地缂丝正龙团补	直径28cm	34,500	中贸圣佳	2023-01-01
清中期 通体打籽绣文官补一对	30cm×30cm×2	103,500	中贸圣佳	2023-01-01
清中期 三龙纹绣金靠枕	67cm×30cm×16cm	20,700	中国嘉德	2022-06-26
18世纪/19世纪 彩绣四品文官云豹补子(一对)	29.9cm×30.5cm×2	72,280	纽约佳士得	2022-03-25
清道光 蓝地缎绣七品文官鹌鹑纹补子一对	30.2cm×31.8cm×2	30,518	纽约佳士得	2022-03-25
清乾隆 金地缂丝一品文官仙鹤补子(一对)	27.6cm×30.5cm×2	305,182	纽约佳士得	2022-03-25
清乾隆 蓝地缎绣鸂鶒多纹补子	24cm×24.8cm	192,747	纽约佳士得	2022-03-25
18世纪 金地彩绣游龙戏珠圆补	直径24.6cm	30,518	纽约佳士得	2022-03-25
清 补子（三幅）	高30cm×3	198,655	中国嘉德	2022-10-08
清 刺绣荷包、扇套一组5件	尺寸不一	19,550	中贸圣佳	2022-08-14
清 刺绣盘金绣椅披	外框89cm×219cm；绣心25.5cm×27cm	28,750	保利厦门	2022-10-22
清 刺绣石青地缠枝莲宝座褥	横132cm；纵132cm	126,500	中贸圣佳	2022-10-27
清 刺绣太平有象悬帐	长89.5cm；宽82.5cm	51,750	西泠印社	2022-08-21
清 刺绣文官补子（一对）	宽30.5cm×2	22,630	中国嘉德	2022-06-05
清 刺绣武官二品花豹补子一对	31cm×29cm×2	50,600	中贸圣佳	2022-07-27
清 打籽绣暗八仙纹挽袖一对	9cm×50cm×2	12,650	中贸圣佳	2022-07-27
清 大红哆罗呢金线绣双狮龙纹桌围、椅披一套	160cm×39cm×2；77cm×87cm	230,000	中贸圣佳	2022-07-27
清 花鸟纹双面刺绣绣挽一对	绣心28cm×83cm×2	17,250	保利厦门	2022-10-22
清 黄地刺绣西番莲纹坑垫	长160cm；宽124.5cm	103,500	西泠印社	2022-01-23
清 黄色五彩妆花花卉团龙纹缎	横160cm；纵210cm	51,750	中贸圣佳	2023-01-01
清 金地打籽满文官补	横28.5cm；纵27cm	28,750	中贸圣佳	2022-10-27
清 金银线绣荷包、打籽绣荷包、纳纱绣荷包与织绵扇套（一组四件）	长31.5cm	46,352	中国嘉德	2022-10-08
清 缂丝八仙挽袖（一对）	9cm×46cm×2	43,700	中贸圣佳	2022-10-27
清 缂丝文官四品云雁补一对	32cm×30.5cm×2	16,100	中贸圣佳	2022-07-11
清 缂丝文官补一对	29cm×28cm×2	40,250	中贸圣佳	2022-07-27
清 缂丝武官二品狮子补	31cm×26.5cm×2	34,500	中贸圣佳	2022-07-27
清缂丝武官四品虎纹补子与文官五品仙鹤补子	38cm×38cm；37.5cm×36cm	17,250	浙江佳宝	2022-03-13
清 拉锁绣玉堂富贵绵结连理挽袖（一对）	8.5cm×47cm×2	25,300	中贸圣佳	2022-07-27
清 拉锁绣华封三祝挽袖（一对）	9cm×50cm×2	23,000	中贸圣佳	2022-07-11
清 拉锁绣庭院仕女图挽袖（一对）	9cm×50cm×2	29,900	中贸圣佳	2022-07-27
清 蓝地缎金打籽瓶片富贵挽袖（一对）	9cm×48cm×2	23,000	中贸圣佳	2022-07-11
清 明黄地佛教八宝坐褥	160cm×150cm	161,000	中贸圣佳	2022-07-27
清 纳纱绣福寿桃纹官补（一对）	横32cm×29.5cm×2	57,500	中贸圣佳	2022-07-27
清 纳纱绣文官五品白鹇补	30.8cm×28.5cm	17,250	中贸圣佳	2022-07-27
清 盘金打籽福寿三多纹挽袖（一对）	9.5cm×50cm×2	25,300	中贸圣佳	2022-07-27
清 盘金打籽蝴蝶花卉挽袖一对	9cm×50cm×2	25,300	中贸圣佳	2022-07-27
清 盘金打籽绣"高堂富贵"挽袖一对	9cm×47cm×2	10,350	中贸圣佳	2022-07-27
清 盘金打籽绣琴棋书画挽袖一对	9.5cm×55cm×2	18,400	中贸圣佳	2022-07-27
清 盘金拉锁绣鹿鹤同春挽袖一对	9.5cm×50cm×2	17,250	中贸圣佳	2022-07-27
清 平金绣花鸟挽袖一对	8cm×40cm×2	10,350	中贸圣佳	2022-07-11
清 平金细打籽平框花鸟凤凰挽袖一对	10cm×49.5cm×2	13,800	中贸圣佳	2022-07-27
清 打籽绣清供图挽袖	9cm×50cm	11,500	中贸圣佳	2022-07-27
清 人物绣片一组	横25cm，纵32cm；横28cm，纵32cm	23,000	中贸圣佳	2022-10-27
清 扇套一组		21,850	中贸圣佳	2022-07-11
清 石青地缎刺绣三品豹纹官补	横28cm，纵27.5cm	97,750	中贸圣佳	2022-07-27
清 石青地缂丝方辫补	横31cm，纵31cm	89,700	中贸圣佳	2023-01-01
清 石青地平金绣团龙补一对	直径30cm×2	69,000	中贸圣佳	2023-01-01
清 苏绣人物故事图挽袖一对	8cm×55cm×2	23,000	中贸圣佳	2022-07-27
清 苏绣一路连科挽袖	8.5cm×49cm×2	10,350	中贸圣佳	2022-07-11
清 苏绣戏戏图挽袖一对	8.5cm×57cm×2	36,800	中贸圣佳	2022-07-27
清 五彩绣鱼戏图挽袖一对	8.5cm×50cm×2	17,250	中贸圣佳	2022-07-27
清 香色地刺绣百花坐褥	85cm×80cm	80,500	中贸圣佳	2022-07-27
清 刺绣孔雀补子、缂丝绣改制手包、织绵改制手镜（四件）	尺寸不一	17,250	中国嘉德	2022-05-29
17世纪 金地彩绣三品武官熊补子	32.3cm×36.2cm	192,747	纽约佳士得	2022-03-25
明 红地织锦灯笼仕女纹云肩	105cm×130cm	207,000	深圳世浩	2022-01-17
明 黄地缂丝五之尊龙袍	长170.5cm，高130.5cm	105,800,000	深圳世浩	2022-01-17
明 黄地缂丝十二章龙袍	长170.5cm，高130.5cm	105,800,000	深圳世浩	2022-01-17
清康熙 加金云锦"陀罗尼经被"	234cm×140cm	52,900,000	中鸿信	2022-09-11
清雍正 御制石青缎绣织金团龙纹仪仗钉甲（一副十件）	尺寸不一	2,070,000	永乐拍卖	2022-07-24

(成交价RMB：1万元以上)

拍品名称	物品尺寸	成交价RMB	拍卖公司	拍卖日期
清雍正 妆花缎龙袍下摆	长71.5cm; 宽60.5cm	66,700	北京银座	2022-09-17
清乾隆 缂丝龙袍	袖长206cm; 衣长144cm	517,500	中贸圣佳	2022-07-27
清乾隆 明黄地刺绣五彩云龙纹袈裟	98cm×225cm	690,000	中贸圣佳	2023-01-01
清乾隆 杏黄色地五彩金龙纹龙袍	袖长200cm; 衣长130cm	287,500	中贸圣佳	2022-10-27
清嘉庆 蓝地刺绣吉服龙袍	袖长218cm; 衣长140cm	230,000	中贸圣佳	2022-07-27
清道光 明黄地吉服袍	袖长216cm; 衣长140cm	218,500	中贸圣佳	2022-07-27
清中期 龙袍	177cm×127.5cm	37,950	华艺国际	2022-09-23
清中期 龙袍	177cm×134cm	46,000	华艺国际	2022-09-23
清中期 明黄地刺绣章纹龙袍	袖长190cm; 衣长150cm	724,500	中贸圣佳	2022-10-27
石青地文一品白鹤补服	108.6cm×167.3cm	28,192	纽约佳士得	2022-09-23
清晚期 刺绣蓝地十二章纹御用朝服	衣长110cm	345,000	中贸圣佳	2022-10-27
清晚期 红地福蝶纹缂丝氅衣	衣长156cm; 袖长144cm	184,000	中贸圣佳	2022-07-27
19世纪晚期石青地一品文官绣仙鹤纹补服	宽187.3cm	64,249	纽约佳士得	2022-03-25
清 贵妇礼服一套	衣142cm×112cm; 裙高88cm; 鞋10.7cm	103,500	中贸圣佳	2022-07-27
清 红色彩绣龙袍	宽160cm	13,243	中国嘉德	2022-10-08
清 黄地云龙纹龙袍	衣长138cm; 袖长194cm	299,000	西泠印社	2022-08-21
清 袈裟	124cm×266cm	391,000	中贸圣佳	2022-07-27
清 酱色缂丝龙袍	宽211.5cm	132,436	中国嘉德	2022-10-08
清 蓝地打籽绣团花人物对襟女褂	110cm×124cm	20,700	中贸圣佳	2022-07-11
清 蓝地织锦龙袍	连袖长206cm; 衣长148cm	172,500	西泠印社	2022-01-23
清 蓝地织锦龙袍	连袖长143.5cm; 衣长143cm	138,000	西泠印社	2022-01-23
清 满工蝶恋花女士氅衣	127cm×136cm	20,700	中贸圣佳	2022-07-11
清 明黄地缎绣十二章纹龙袍	高130cm; 长236cm	172,500	中鸿信	2022-09-11
清 石青纱地纳纱绣团鹤八团女褂	袖长160cm; 衣长137cm	92,000	中贸圣佳	2022-10-27
清 四团花卉女褂	袖长100cm; 衣长64cm	23,000	中贸圣佳	2022-07-27
清 月白地通景人物刺绣女褂	袖长136cm; 衣长112cm	92,000	中贸圣佳	2022-10-27
清 织锦五爪龙龙袍	长176cm	66,700	北京银座	2022-09-17
清 紫地云龙纹织锦龙袍	163cm×135cm	47,150	中贸圣佳	2022-07-11
清 紫色暗纹花罗镶边女旗服	衣长140cm; 袖长125cm	69,000	中贸圣佳	2022-07-27
顾维钧任北洋外交部部长时所用礼服帽子一顶及白手套 含顾维钧英文名字缩写铭牌铁盒(k、o、o)实用物品，珍贵无比		34,500	华艺国际	2022-08-07
清早期 米黄地万字缠枝莲纹禅毯	54.5cm×51cm	10,350	中国嘉德	2022-12-25
清中期 黄地万字流水纹宁夏毯	300cm×83cm	69,000	中国嘉德	2022-06-26
清中期 木红地团寿纹宁夏毯	316cm×80cm	69,000	中国嘉德	2022-06-26
清中期 棕地雪狮纹栽绒宁夏毯	230cm×69cm	69,000	中国嘉德	2022-12-25
清中期 棕黄地龙纹靠背毯	66cm×63cm	25,300	中国嘉德	2022-12-25
清晚期 米黄地团龙纹包头毯	162cm×99cm	34,500	中国嘉德	2022-12-25
清 藏传活佛金刚杵纹宝座坐毯	长91.5cm; 宽91.5cm	36,800	西泠印社	2022-08-21
清约1900年 御用云龙追珠纹地毯	约264cm×189.4cm	98,457	香港苏富比	2022-11-25
清中晚 黄地龙纹八宝纹龙抱柱宁夏毯	235cm×81cm	92,000	中国嘉德	2022-06-26
蓝地博古团花纹地毯	240cm×300cm	126,500	上海嘉禾	2022-01-01
2021年作 六角彩子"魔法之手 六角彩子作品展"地毯	直径190cm	69,878	日本伊斯特	2022-03-13
晚清 丝织金属线如意菱纹地毯	247.7cm×153.7cm	120,467	纽约佳士得	2022-03-25
清乾隆 宫廷织金布料（一组六卷）	尺寸不一	92,000	保利厦门	2022-10-22
清乾隆 绿地妆花鸾凤牡丹纹缎	横144cm; 纵216cm	59,800	中贸圣佳	2023-01-01
清中期 龟如意纹匣锦	73cm×928cm	46,000	中贸圣佳	2022-07-27
清中期 蓝色曲水地双龙团寿球路纹锦	68cm×340cm	46,000	中贸圣佳	2022-07-27
清中期 秋香色百花纹八达晕锦	横70cm; 纵166cm	34,500	中贸圣佳	2023-01-01
清中期 云鹤纹妆花缎	横66cm; 纵112cm	23,000	中贸圣佳	2023-01-01
清中期 织锦龙纹匹料	324cm×34.5cm	13,800	中国嘉德	2022-05-29
清晚期 蝴蝶繁花纹广式锦缎	72cm×2cm×205cm	23,000	中贸圣佳	2022-07-27
晚清 福寿祥云纹锦	68cm×60.5cm	25,300	西泠印社	2022-01-21
晚清 龟背纹花卉织锦	294cm×68cm	43,700	西泠印社	2022-01-21
晚清 黄地福寿祥云织锦	259cm×42cm	92,000	西泠印社	2022-01-21
晚清 龙凤寿字花卉四达晕锦	75cm×59cm	[illegible]	西泠印社	2022-01-21
晚清 绿地八吉如意四达晕织锦	251cm×63cm	25,300	西泠印社	2022-01-21
晚清 双龙四合如意四达晕锦	76cm×70cm	13,800	西泠印社	2022-01-21
晚清 童子侍茶山中对弈图织锦边镶四合如意四达晕锦	150cm×89cm	11,500	西泠印社	2022-01-21
清 茶色地双狮滚绣球春绸	横80cm; 纵760cm	36,800	中贸圣佳	2023-01-01
清 缠枝牡丹纹织锦、黄地云纹覆背	198cm×145cm	109,250	西泠印社	2022-01-21
清 龟背纹织锦	172cm×65cm	63,250	西泠印社	2022-01-21
清 红地如意天华锦	74cm×31cm	11,500	西泠印社	2022-01-21
清 黄地宝莲八角填花天华锦	75cm×70cm	115,000	西泠印社	2022-01-21
清 黄地福寿云纹织锦、蓝地八合如意四达晕锦等二种	尺寸不一	40,250	西泠印社	2022-01-21
清 黄地双矩折枝花卉织锦	212cm×34.5cm	43,700	西泠印社	2022-01-21
清 蓝地团龙纹织锦镶八宝边	89cm×89cm	11,500	西泠印社	2022-01-21
清 龙纹缂丝	129cm×75cm	16,803	台北艺珍	2022-08-14
清 明黄地八达晕宋锦匹料	71cm×1470cm	115,000	中贸圣佳	2022-10-27
清 明黄色五彩妆花云龙纹缎	横68cm; 纵268cm	11,500	中贸圣佳	2023-01-01
清 双矩红地蝴蝶花卉织锦残片	94cm×114cm	11,500	西泠印社	2022-01-21
清 双矩菱形铜钱地六合如意四达晕织锦	115cm×135cm	25,300	西泠印社	2022-01-21
清 四合如意龙凤团纹四达晕锦	160cm×74cm	69,000	西泠印社	2022-01-21
清 宋锦四卷		40,250	华艺国际	2022-09-23
清 银褐色铜镜纹春绸	横70cm; 纵760cm	36,800	中贸圣佳	2023-01-01
清 云锦云肩	74cm×74cm	28,750	西泠印社	2022-01-21
清 织锦龙纹布料两块	143cm×216cm; 105cm×134cm	55,200	中贸圣佳	2022-07-27
民国 蓝地折枝花卉织锦两件	211cm×76cm; 214cm×74cm	11,500	西泠印社	2022-01-21
民国 蓝卍字地多子多福织锦两件	168cm×38cm; 170cm×38cm	11,500	西泠印社	2022-01-21
民国卍字地多子多福多寿花卉织锦	430cm×74cm	25,300	西泠印社	2022-01-21
民国卍字地多子多福多寿花卉织锦两件	220cm×74cm×2	34,500	西泠印社	2022-01-21
红地云纹如意凤凰锦方巾等二种	尺寸不一	11,500	西泠印社	2022-01-21
秋霞一色	152cm×238cm	69,000	上海嘉禾	2022-01-01
宋式锦集锦册 清末民国间织锦	尺寸不一	63,250	西泠印社	2022-01-21
云龙纹织锦布三卷	尺寸不一	18,400	广东崇正	2022-12-25
明晚期 缂丝双龙挂帐	163cm×130cm	575,000	中贸圣佳	2022-10-27
清康熙 红地百鸟朝凤帷帐	222cm×265cm	322,000	中贸圣佳	2022-07-27
清康熙明黄地织金妆花锦四龙纹天蓬	219cm×269cm	747,500	中贸圣佳	2022-10-27
清康熙 铺金地五彩龙纹刺绣帷幔	横195cm; 纵25cm	115,000	中贸圣佳	2023-01-01
清乾隆 黄色缎刺绣云龙纹挂帐	横210cm; 纵57cm	172,500	中贸圣佳	2023-01-01
清中期 红地博古暗八仙帷帐	100cm×413cm	552,000	中贸圣佳	2022-07-27
清中期 缂丝龙纹寿字幔帐		55,200	保利厦门	2022-10-22
清中期 石青地刺绣瑶池集庆挂帐	110cm×283cm	356,500	中贸圣佳	2022-10-27
清 刺绣花卉纹挂帐	144cm×170cm	16,100	中贸圣佳	2022-07-11
清 蓝地缂丝龙纹挂屏	78cm×48cm	10,350	北京保利	2022-07-17
清 山水人物特大帐围	264cm×302cm	63,250	中贸圣佳	2022-07-11
清 小活计一组六件	尺寸不一	17,250	中贸圣佳	2022-07-11
清 小活计一组三件	尺寸不一	16,100	中贸圣佳	2022-07-11
顾维钧任北洋外交部部长时使用的国书刺绣封册一本		34,500	华艺国际	2022-08-07
18世纪 红地织锦缎龙纹图屏	长190.5cm	562,178	纽约佳士得	2022-03-25
玻璃器				
西汉 玻璃蝉	长6.3cm	48,670	佳士得	2022-11-29
明 蜻蜓眼手串	直径1.1—1.8cm	32,200	西泠印社	2022-01-23
清雍正 黄料饕餮纹奶茶碗	直径12.8cm	3,012,937	佳士得	2022-11-29
18世纪/19世纪 涅白玻璃雕暗八仙纹蟋蟀罐	高11.4cm	24,093	纽约佳士得	2022-03-25
清乾隆 豆青绿玻璃摇铃尊	高20.7cm	762,956	纽约佳士得	2022-03-25
清乾隆 粉色琉璃托青玉盏	直径8.74cm; 高8.22cm（连座）	80,500	浙江佳宝	2022-03-13
清乾隆 黄料莲瓣碗（一对）	直径12cm×2	115,000	华艺国际	2022-09-23
清乾隆 娇黄料如意头底座	高2.5cm	41,240	保利香港	2022-10-10
清乾隆 蓝玻璃长颈瓶四字楷书刻款	高33.7cm	104,404	纽约佳士得	2022-03-25
清乾隆 蓝料矾红彩画眉纹瓶（一对）	高25.5cm×2	18,400	北京保利	2022-07-17
清乾隆 料胎珐琅彩四季花鸟岁岁平安图石榴尊	高8cm	1,188,079	佳士得	2022-05-30
清乾隆 料胎画珐琅婴戏图笔筒	高12.5cm; 直径9.5cm	36,800	浙江御承	2022-08-28
清乾隆 涅白地套蓝玻璃花卉纹三足炉	直径10.2cm	481,867	纽约佳士得	2022-03-25
清乾隆 葡萄紫料海棠形花盆	长20cm	74,750	中国嘉德	2022-06-28
清中期 蓝地黄彩凤纹套料瓶	高21.3cm	20,700	华艺国际	2022-09-23
清乾隆 白地套蓝橘玻璃花卉纹瓶	高8.7cm	305,182	纽约佳士得	2022-03-25
清 白料杯	高6.6cm（不含座）; 高9.2cm（含座）	31,022	台北艺珍	2022-08-14
清 蓝料山子摆件	带座高5.5cm; 高4cm; 长10.5cm	23,000	西泠印社	2022-08-21
清 琉璃帽铜	高24cm; 直径10cm	23,000	上海嘉禾	2022-01-01
清 琉璃三足杯	5.2cm×4.4cm	322,000	荣宝斋（南京）	2022-12-08
清 套红料蓝地花鸟纹盖盒	直径7.5cm	34,500	北京保利	2022-07-29
RENE LALIQUE 长尾鹦鹉白色欧泊玻璃花瓶		69,000	永乐拍卖	2022-07-26
金银器				
战国 金制龙首佩饰（七件组）	尺寸不一	32,558	台北艺珍	2022-06-12
金刻蠵龟花鸟纹小圆盖盒	2.9cm; 重16.3g	334,777	纽约佳士得	2022-09-23
唐 金珠地花卉纹板耳杯	直径4.9cm; 高4.3cm; 重[illegible]	[illegible]	保利香港	2022-07-14
唐 鎏金兔（一对）	宽3.5cm×2	12,343	中国嘉德	2022-06-05
唐 鎏金银匜	长26.4cm	88,291	中国嘉德	2022-10-08
唐 鎏银狩猎图高足杯	高4.4cm; 直径7.1cm; 重82g	430,920	保利香港	2022-07-14
唐 嵌绿松石金手镯（一对）	直径7cm×2; 重157g×2	205,200	保利香港	2022-07-14
唐 银缠枝纹杯（一对）	直径4cm×2; 重27g×2	225,720	保利香港	2022-07-14
唐 银花卉纹扳耳杯	高4.4cm; 宽7cm; 重62g	359,100	保利香港	2022-07-14
唐 银花卉纹盖盒	直径4.4cm; 重31g	246,240	保利香港	2022-07-14
唐 银花卉纹剪刀及簪（一组）	长14.5cm; 长13.4cm; 重54g	41,040	保利香港	2022-07-14
唐 银局部鎏金鸳鸯纹高足碗	宽15.1cm; 重119g	41,040	保利香港	2022-07-14
唐 银鎏金花卉纹高足杯	高6.7cm	246,240	保利香港	2022-07-14
唐 银鎏金莲瓣花鸟纹高足杯	高4.3cm; 直径6.8cm; 重131g	328,320	保利香港	2022-07-14
唐 银鎏金摩羯纹匜	宽32.6cm	974,700	保利香港	2022-07-14
唐 银鎏金团花鸳鸯盖盒	直径15.1cm	474,565	中国嘉德	2022-10-08
唐 银鎏金鸳鸯纹盖盒	直径3.3cm; 重7g	205,200	保利香港	2022-07-14
唐 银象首长颈净瓶	高20.8cm; 重456g	102,600	保利香港	2022-07-14
唐 银錾刻花卉纹盖盒	直径2.5cm	28,109	纽约佳士得	2022-03-25
唐 银长柄象首流三足壶	长30cm	123,120	保利香港	2022-07-14
唐 银质珍珠地花卉纹花口盘	宽18.2cm	121,400	中国嘉德	2022-10-08
唐 银珠地花鸟纹八棱杯	高4.7cm; 重60g	87,210	保利香港	2022-07-14
唐 珍珠地纯金六瓣粉盒	宽5cm; 重34.1g	110,364	中国嘉德	2022-10-08
唐代 银鎏金鸳鸯粉盒	长5cm; 高1.5cm	19,236	台北艺珍	2022-03-06
晚唐/辽 9至12世纪 贝壳小盒连银盖	宽5cm	88,342	纽约佳士得	2022-03-25
银莲瓣花鸟纹高足杯	直径6.7cm	352,397	纽约佳士得	2022-09-23
唐8世纪下半叶 局部鎏金银錾花小圆盖盒	直径3.7cm; 高2.1cm	113,954	香港苏富比	2022-10-09

2022杂项拍卖成交汇总(续表)

(成交价RMB：1万元以上)

拍品名称	物品尺寸	成交价RMB	拍卖公司	拍卖日期
北宋 银局部鎏金浮雕双凤纹八方盘	直径34cm；重1300g	430,920	保利香港	2022-07-14
唐 银局部鎏金双鸭纹碗	直径20.4cm	562,178	纽约佳士得	2022-03-25
宋 纯金捶镍庭院图八方盘	宽16cm；重93g	154,509	中国嘉德	2022-10-08
宋 银鎏金海水龟纹龙首衔环画	宽12.1cm；重71g	123,120	保利香港	2022-07-14
宋 金鏨刻鱼化龙海兽纹碗	长9.4cm；重113g	307,800	保利香港	2022-07-14
宋 银凤纹杯及杯托	整体高7cm；重300g	328,320	保利香港	2022-07-14
宋 银浮雕螭龙杯	直径8.6cm；重158g	51,300	保利香港	2022-07-14
宋 银荷叶形杯及杯托 (一套)	杯直径11.6cm；碟直径20cm；总重量257g	66,690	保利香港	2022-07-14
宋 银花卉纹花口盘 (一组四件)	宽11.5cm；总重量218g	38,988	保利香港	2022-07-14
宋 银花口杯	高45cm；直径8.1cm；重66g	30,780	保利香港	2022-07-14
宋 银局部鎏金莲子形杯及盖	高6.3cm；重132g	307,800	保利香港	2022-07-14
宋 银卷草纹三足盘	直径18cm；重198g	123,120	保利香港	2022-07-14
宋 银莲花形盘	直径16.1cm；重103g	51,300	保利香港	2022-07-14
宋 银素面玉壶春瓶	高31.8cm；重468g	97,470	保利香港	2022-07-14
宋 银鎏金瑞兽纹盘	直径17.5cm；重152g	41,040	保利香港	2022-07-14
宋 银鏨刻云雀纹梅瓶连盖	高20.8cm；重272g	277,020	保利香港	2022-07-14
宋 珍珠地刻花卉纹银盘	直径16.6cm	44,145	中国嘉德	2022-10-08
宋/元 银瓜形带盖执壶	高12.2cm；重192g	105,719	纽约佳士得	2022-09-23
宋 金制帽冠	帽高7cm，宽5.8cm；簪长15.7cm	129,260	台北艺珍	2022-08-14
宋 卷草花卉纹金盆	宽22cm；高2.5cm	469,269	台北艺珍	2022-12-04
唐 银鎏金缠枝葡萄纹高足杯	高6.8cm	240,933	纽约佳士得	2022-03-25
辽 纯金捶镍鹦鹉海兽花口盖盏	宽5.8cm；重31g	46,170	保利香港	2022-07-14
宋明 金嵌玻璃花卉纹发簪	长13.5cm	176,685	纽约佳士得	2022-03-25
元 仿漆雕银制梅瓶	高20.7cm	54,264	台北艺珍	2022-06-12
元 银仿剔犀香盒	直径7.2cm	488,376	纽约佳士得	2022-10-10
宋/元 银桃式杯	宽9.2cm；重70.3g	211,438	纽约佳士得	2022-09-23
明中期 金鏨刻海八怪狮钮扒执壶	高24cm；重量约530g	943,000	中鸿信	2022-09-11
明万历 孙克弘制嵌玉错银丝画	135cm×79cm×69cm	2,300,000	中贸圣佳	2022-07-25
明 "供御" 银兔毫碗	直径20cm；高8.5cm	920,000	深圳富诺得	2022-10-06
明 纯金鎏刻四神捣白带玉杯	高6.5cm；口径6.5cm；重2229g(不带件)	149,500	广东崇正	2022-04-17
明 金锤碟双狮花草纹盖盒	5.7cm×5.7cm×2.7cm	414,000	中贸圣佳	2022-07-25
明 金锤碟麒麟兽带板 (一套十九件)	尺寸不一	976,752	保利香港	2022-10-10
明 金孔雀穿花壁	8.7cm×6cm；重32g	12,320	上海联合	2022-08-13
明 金累丝花盏、摩羯耳饰一组四件		51,750	中贸圣佳	2022-06-06
明 金弦纹高足杯	高7cm；直径6cm；重150g	575,000	北京保利	2022-07-28
明 草纹金杯	10cm×10cm	207,000	荣宝斋(南京)	2022-12-08
明 银鏨刻花鸟纹高足杯	高6cm；口径7.9cm；重约86g	552,000	广东崇正	2022-04-17
明 银制口折沿盘 (一对)	宽12cm×2	172,500	北京保利	2022-07-28
明治时期 绍美制铁打出把手银壶	高19cm；长16cm	103,500	西泠印社	2022-01-22
明治时期 小林制纯银镶金镶嵌茶叶罐、建水 (一组)	高9.7cm，长8.7cm(茶叶罐)；高6.7cm，长11.2cm(建水)	57,500	西泠印社	2022-01-22
清早期 金镶红宝石朝冠顶	高9.5cm	115,000	永乐拍卖	2022-07-25
清早期 银鎏鏨刻龙纹八古吉祥盖盒	直径16.8cm	2,012,500	北京保利	2022-07-28
清雍正元廊隆 鎏金开光式折枝花卉纹盖壶	高12.5cm	9,775,000	保利厦门	2022-10-22
清乾隆 铜鎏金双龙戏珠纹锁	长20.5cm	172,500	保利厦门	2022-10-22
清乾隆 镶鎏金鎏刻花卉纹嵌宝石圆盖盒	高14cm；长14.5cm；重量1730g	74,750	广东崇正	2022-08-11
18世纪 日本制金嵌宝香盒	直径7.7cm，高8.4cm	184,000	中贸圣佳	2022-07-25
清中期 金嵌宝福寿纹压襟	长27cm；重5.5cm；重283g	69,000	浙江佳宝	2022-03-13
清同治 银鎏金鎏刻龙纹执壶	高26cm	138,000	中鸿信	2022-09-11
清同治五年 银鎏金崇兴寺二龙戏珠纹四足盖鼎	宽58.4cm	4,600,000	永乐拍卖	2022-07-24
清光绪 金嵌宝石凤雀牡丹纹累丝盆景	高32cm	1,322,500	华艺国际	2022-09-23
18至19世纪 金镶绿松石金翅鸟胸饰	长7.9cm；重158g	184,680	保利香港	2022-07-14
19世纪 戴罪叶犁盒	宽15.5cm；重量749g	414,000	保利香港	2022-10-10
南宋 银人物故事图魁星八方盘	宽17.7cm	88,342	纽约佳士得	2022-03-25
清 北村静香造银制茶则	长99cm；宽42cm；重84g	10,350	西泠印社	2022-01-23
清 纯金镂刻花鸟纹香熏球	直径5cm；重54.7g	36,800	广东崇正	2022-04-17
清 银嵌钿白玉执壶	高39.5cm	48,300	广东崇正	2022-04-17
清 瓜瓞连绵金镯 (一对)	内径6.6cm×2	172,500	中国嘉德	2022-06-27
清 金凤纹香囊	重130g；直径7.1cm	207,000	上海嘉禾	2022-01-01
清 金龙凤冠	宽34cm；重754.8g	345,000	北京保利	2022-07-29
清 金绶带凤衔花缠丝镯 (一对)	宽23cm×2，重488g×2	22,440	上海联合	2022-08-13
清 银菊纹盏	直径11cm	10,350	北京中汉	2022-05-16
清 银鎏金花丝嵌宝莲花盒盒	5.5cm×10cm	16,800	上海联合	2022-08-13
清 银鎏金累丝花篮 (一对)	高27cm×2；重2000g	32,200	广东崇正	2022-04-17
清 银烧蓝嵌宝石柄镜	直径8.6cm；重160g	10,350	中贸圣佳	2022-06-16
清 银烧蓝嵌玉手柄镜	直径125cm；长253cm	23,000	中贸圣佳	2022-06-16
清 银胎鎏金嵌百宝花卉纹香盒	宽15.8cm	287,500	永乐拍卖	2022-07-25
清 银庭园人物纹炉	直径8.7cm；重量3259g	11,500	广东崇正	2022-08-11
清 银制口吹雪熏炉	长10.6cm；宽2cm	17,250	浙江佳宝	2022-03-13
清 御制金瑞昌祥云杯 (一对)	7.2cm×2；重302.6g×2	56,000	上海联合	2022-08-13
清早 鎏金佛像	21cm×15cm×33cm	28,750	上海嘉禾	2022-01-01
民国 银器茶具一组十二件	尺寸不一	32,200	中贸圣佳	2022-09-26
20世纪70年代翡翠银胎嵌宝石茶叶罐	高11cm	17,250	中贸圣佳	2022-06-26
1834年制 三叶草花卉饰纯银南瓜壶	直径18cm；高16cm；总重量约714g	10,350	西泠印社	2022-08-21
1850年制 鎏金鸟笼造型鸟鸣盒	长85cm；宽5cm；高14cm	184,000	西泠印社	2022-01-23
1862年制 埃尔金斯顿(Elkinton&Co)皇室定制银质棕榈双骏摆件	高38cm；重量约2.642kg	92,000	西泠印社	2022-08-21
1870年制 奥迪欧(Odiot)纯银美人鱼饰水晶酒壶	高36cm；重量约1581g	51,750	西泠印社	2022-08-21
1890年制 亨利·苏夫洛(Henri Soufflot)纯银水晶酒壶	高29cm；重量约835g	17,250	西泠印社	2022-08-21
1930年制 蒂芙尼(TIFFANY&CO.)三叶草花卉饰纯银果盘	直径12cm；高6cm；总重量约406g	10,350	西泠印社	2022-08-21
1946年制 梅森·艾斯赫(Maison Eschwége)纯银小鸟盐盅七件套	高3.5cm；宽4.2cm；总重量约199g	20,700	西泠印社	2022-08-21
1973年制 伊丽莎白女王定制(MAPPIN&WEBB)纯银鎏金酒杯套组	口径7.5cm；高12cm；总重量约984g	13,800	西泠印社	2022-08-21
ADLER、万宝龙 精致，一组两对，白金镶钻石及蓝宝石袖扣附纯银袖扣，附万宝龙原厂证书及盒子		15,390	保利香港	2022-07-11
爱马仕 2016 18K玫瑰金NILOTICUS OMBRE戒指及18K玫瑰金NILOTICUS OMBRE手环	戒指尺寸5；周长14cm	11,938	保利香港	2022-10-11
爱马仕 2020 18K玫瑰金CHAINE D'ANCRE PASSERELLE戒指及18K玫瑰金CHAINE D'ANCRE PASSERELLE手环	戒指尺寸5；周长14cm	18,449	保利香港	2022-10-11
爱马仕 2021银质餐具 (一组十八件)		12,312	保利香港	2022-07-11
百达翡丽精致, 玫瑰金袖扣一对, 附原装盒子		18,468	保利香港	2022-07-11
纯金嵌宝石富贵吉祥手镯 (一对)	内径6.2cm×2；重量198.5g×2	218,500	广东崇正	2022-08-11
翠钮浮雕鎏金银壶	高22cm；重554g	28,750	北京保利	2022-02-03
古罗马共和时期 太阳神阿波罗和山林之神马西亚斯银币吊坠项链		34,500	保利厦门	2022-10-21
古罗马时期 大首斯塔娜皇后银币手镯		17,250	保利厦门	2022-10-21
江户时期 初代秦藏六造普首银壶	高19cm；长13.3cm	138,000	保利厦门	2022-01-22
金制双凤蔓草纹佩饰	长15.5cm	27,132	台北艺珍	2022-06-12
局部鎏金双凤纹银首银壶	高21cm；重629g	23,000	北京保利	2022-02-03
刻锦地钱纹银壶	高20.5cm；重615g	20,700	北京保利	2022-02-03
鎏金牡丹纹银壶	高19.8cm；重518g	23,000	北京保利	2022-02-03
鎏金葡萄纹银壶	高21.8cm；重565g	20,700	北京保利	2022-02-03
民国 安南贸易金片一组	重62.4g	29,900	华艺国际	2022-08-07
民国 "大中华茶叶股份有限公司"赠杜月笙开业银质酒瓶一对		20,700	北京保利	2022-07-29
清 北洋水师靖远舰下水纪念定制龙纹银器一座(汉娜根旧藏)		24,150	华艺国际	2022-08-07
清 北洋水师来远兵船银制哨子及腰带扣饰一件		29,900	华艺国际	2022-08-07
清 "以马利内"基督教金质挂牌		80,500	永乐拍卖	2022-07-25
清朝末年款 纯银腾龙"福寿双全"拐杖头	长28.7cm；直径1.3cm；重量约111g	13,800	西泠印社	2022-08-21
清李春款 欧洲回流海南黄花梨纯银精准秤组	盒长30cm，宽约9cm；秤盘5.5cm×5.5cm；重量22.89g	25,300	西泠印社	2022-01-23
三年袁像中圆银质挂饰		16,100	中国嘉德	2022-06-29
19世纪制 奥迪欧(ODIOT)花卉饰纯银餐盘	直径24cm；重量约605g	10,350	西泠印社	2022-01-23
19世纪制 纯银花卉饰烛台 (一对)	高52cm×2；总重量3610g×2	43,700	西泠印社	2022-01-23
19世纪制 浪花饰银质水晶酒具套组	酒杯口径3.5cm，高5cm；酒壶底径6cm，高20cm；托盘长40cm，宽27cm；总重量约1409g(不含水晶)	11,500	西泠印社	2022-08-21
19世纪制 洛可可风格纯银鎏金咖啡杯 (一对)	杯口径8.5cm；碟直径16cm，总重量约574g	16,100	西泠印社	2022-08-21
铜包银壶	高16cm；重565g	86,250	北京保利	2022-02-03
晚清民国 汉口金叶三组共15片		29,900	华艺国际	2022-08-07
晚清民国 汉口金叶三组共15片		34,500	华艺国际	2022-08-07
晚清民国 汉口金叶三组共15片		34,500	华艺国际	2022-08-07
细胞目纹口打出银壶	直径17cm；重量434g	20,700	北京保利	2022-07-28
香奈儿约1980年代 镀金链式项链 (一组三条)	长62cm、80cm、98cm	22,572	保利香港	2022-07-11
镶金包银壶	高17cm；重566g	78,200	北京保利	2022-02-03
镶嵌银币龙纹银盘		43,700	中国嘉德	2022-06-29
银鎏金锦地开光螭龙纹兽耳衔环炉	长19cm	20,700	中国嘉德	2022-06-01
银鎏金累丝烧蓝酒杯、歇翔山盘 (一套两件)	杯高12.5cm；歇翔山盘直径19.5cm	17,250		2022-06-01
银香熏	高12cm；直径9.5cm；重264.7g	13,800	广东崇正	2022-04-17

拍品名称	物品尺寸	成交价RMB	拍卖公司	拍卖日期
银錾刻龙纹嵌宝石执壶带座	高38cm；长23cm；重量2225.9g	115,000	广东崇正	2022-08-11
猿猴戏蜂银壶	高21.5cm	34,500	北京保利	2022-02-03
约78年英国乔治时期纯银鎏金奖杯花瓶	高28cm；宽31cm；瓶口直径18cm；总重约1374g	21,850	保利厦门	2022-10-21
约1807年 法国塞弗尔窑厂苹果绿描金花卉带盖汤盆	28.5cm×18cm×14cm	13,800	保利厦门	2022-10-21
约1880年 法国皇家银器制造商Odiot出品98纯银镀金水晶酒壶（一对）	高31cm×2	34,500	保利厦门	2022-10-21
錾刻牡丹纹拱金银壶	高20.8cm；重539g	28,750	北京保利	2022-02-03
装饰艺术时期(ART DECO)蒂芙尼(TIFFANY&CO.)纯银茶具三件套组	茶壶直径13cm，高13cm；奶壶直径9cm，高6.5cm；糖壶直径11cm，高6cm；总重量约1652g	47,150	西泠印社	2022-08-21
辽 金鱼纹耳环一对	长5.2cm；长23cm	63,707	香港苏富比	2022-11-25
明 纯金卧羊琴轮钗	长9cm；重145.4g	138,000	广东崇正	2022-12-25
清 纯金喜字手镯（一对）	长65mm×2 重121.6g×2	109,250	广东崇正	2022-12-25
明 银龙首灯挑	长45cm	29,485	香港福羲国际	2022-12-28
唐代 莲瓣纹银碗	高4.5cm；宽12cm	15,642	台北艺珍	2022-12-04
唐代 绿釉地鸳鸯戏荷银盏	高3.7cm	20,856	台北艺珍	2022-12-04
15世纪 银鎏金护摩勺	长71cm；长76.8cm	26,070	台北艺珍	2022-12-04
明 凤穿牡丹纹捧盒	36cm×20cm	103,500	荣宝斋(南京)	2022-12-08
明 银鎏金六曲葵口盘	20cm×1.3cm	11,500	荣宝斋(南京)	2022-12-08
清19世纪 外销银錾刻耳活环瓶	高38.8cm	48,649	香港苏富比	2022-11-25
清 银鎏金桃式香盒	长7cm；重80.9g	11,500	广东崇正	2022-12-25
清 银鎏金錾刻梅花灵芝纹执杯	长9.5cm；重162.6g	23,000	广东崇正	2022-12-25
清 银烧蓝寿字杯盒	高98cm；直径255cm	138,000	广东崇正	2022-12-25
银壶	20cm×20cm×19cm	26,070	台北艺珍	2022-12-04
当代 金瓯永固杯	高13cm	23,000	北京保利	2022-07-17

珐琅器

拍品名称	物品尺寸	成交价RMB	拍卖公司	拍卖日期
元 掐丝珐琅岁寒三友纹杏叶执壶	高30.5cm	2,242,500	中国嘉德	2022-12-27
明早期 掐丝珐琅缠枝花卉纹直颈碗	直径22.7cm	310,500	中国嘉德	2022-12-27
明早期 掐丝珐琅缠枝花卉纹贯耳瓶	高12.7cm	126,500	中贸圣佳	2022-07-25
明早期 掐丝珐琅葡萄纹冲天炉	直径11.8cm；高9.7cm	195,500	中贸圣佳	2022-07-25
明早期 掐丝珐琅葡萄纹香炉	高16cm	517,500	中国嘉德	2022-06-01
明成化 掐丝珐琅缠枝莲纹朝冠耳炉	口径18cm；高18.3cm	828,000	中国嘉德	2022-09-27
明 掐丝珐琅缠枝莲纹碗	直径12.8cm	13,800	中国嘉德	2022-09-29
明中期 掐丝珐琅花卉纹盒	直径8cm	34,500	中国嘉德	2022-09-29
明万历 掐丝珐琅花卉纹香盘	高4cm；直径13.8cm	20,700	广东崇正	2022-08-11
明万历 掐丝珐琅开光花卉纹圆盒	直径13cm	540,500	中国嘉德	2022-06-28
17世纪/18世纪 掐丝珐琅饕餮纹三足鼎式炉	高42.5cm	481,867	纽约佳士得	2022-03-25
16/17世纪 掐丝珐琅夔龙纹镜	直径34.7cm	347,646	佳士得	2022-11-29
掐丝珐琅双龙戏珠纹多穆壶	高60.3cm	105,719	纽约佳士得	2022-09-23
明 景泰蓝盖盒	9.5cm×20cm	57,500	上海嘉禾	2022-01-01
明 景泰蓝油灯	高82cm	138,000	上海嘉禾	2022-01-01
明 掐丝珐琅宝相花纹盆	直径19.8cm	36,002	中国嘉德	2022-06-05
明 掐丝珐琅缠枝菊纹筒式炉	高9.8cm	126,500	中国嘉德	2022-06-28
明 掐丝珐琅缠枝莲花纹三足盘	直径15.6cm	10,350	中贸圣佳	2022-06-06
明 掐丝珐琅缠枝莲纹葫芦瓶	高12cm	103,500	中国嘉德	2022-06-28
明 铜胎珐琅葡萄纹炉	直径11.8cm	92,000	北京中汉	2022-06-28
明 铜胎珐琅牺耳尊	高14cm；口径6.8cm；重量604g	39,100	浙江佳宝	2022-03-13
明 铜胎掐丝珐琅凤纹折沿盘	高6cm；直径29cm	41,220	台北艺珍	2022-03-06
明 铜胎掐丝珐琅盖罐	高53cm	230,000	北京保利	2022-07-25
明 铜胎掐丝珐琅莲瓣纹三足炉	腹径143cm；高11.2cm	115,000	中贸圣佳	2022-07-25
明 铜胎掐丝珐琅兽面盖盒	直径12.5cm	10,350	中鸿信	2022-09-11
明 铜胎掐丝珐琅镶嵌龙涎缠枝莲梅瓶	高31.2cm	667,000	北京保利	2022-07-25
明 铜鎏胎珐琅马形熏（带座）	高30.5cm	92,000	华艺国际	2022-09-23
明 御制铜胎掐丝珐琅缠枝莲纹螭龙耳铺首十钮尾尊	高10.5cm	6,095,000	华艺国际	2022-09-23
明晚期 掐丝珐琅缠枝花卉纹天鸡耳炉	直径16cm	51,750	中国嘉德	2022-09-27
明晚期 掐丝珐琅出戟方觚	高37.2cm	161,000	中贸圣佳	2022-07-25
明晚期 铜胎掐丝珐琅番莲纹壶	高60cm	662,184	华艺国际	2022-11-27
明晚期 铜胎掐丝珐琅双龙戏珠江崖海水图铺首耳炉	高53cm；腹深32cm	402,500	广东崇正	2022-04-17
清初 铜胎画珐琅"山隐图"盘	高3cm；宽15.5cm	28,750	保利厦门	2022-10-22
清早期 掐丝珐琅画海马纹铺首尊	高32.5cm	13,800	中国嘉德	2022-09-29
清早期 铜胎珐琅嵌玉镶钉耳活式炉	高24cm	322,000	中鸿信	2022-09-11
清康熙 掐丝珐琅缠枝莲纹盘龙大烛台	高12.5cm	207,000	中国嘉德	2022-06-28
清康熙 掐丝珐琅缠枝莲纹盘龙长颈瓶	高20.5cm	322,000	中贸圣佳	2022-07-26
清康熙 掐丝珐琅螭龙纹出戟花觚	高27cm	63,250	中国嘉德	2022-06-28
清康熙 掐丝珐琅饕餮纹方鼎	高34.3cm	575,000	中国嘉德	2022-12-27
清康熙 掐丝珐琅蕉叶纹三足炉	高14.9cm	103,500	北京中汉	2022-06-28
清雍正 御制铜胎柠檬黄地珐琅莲纹花式香插	直径8cm	483,000	保利厦门	2022-10-22
金属胎画珐琅贝形象鼻烟盒及勺	宽7.3cm；长10cm	74,884	纽约佳士得	2022-09-23
金属胎画珐琅西洋人物烟壶及鼻烟盒	宽7.5cm	39,645	纽约佳士得	2022-09-23
掐丝珐琅"柏鹿永寿"松鹤长春"图屏	137.8cm×71.4cm×2	7,488,432	纽约佳士得	2022-09-23
掐丝珐琅饕餮纹仿古卣	高31.2cm	281,917	纽约佳士得	2022-09-23
乾隆 掐丝珐琅香炉	高49cm	69,000	上海嘉禾	2022-01-01
清乾隆 碧玉景泰蓝烛台（一对）	高27cm×2	1,150,000	深圳富诺693	2022-10-06

拍品名称	物品尺寸	成交价RMB	拍卖公司	拍卖日期
清乾隆 珐琅错金玉柄饕餮纹餐刀	长29cm；重225.5g	345,000	中国嘉德	2022-06-26
清乾隆 珐琅嵌玉花瓸形花插	高22cm	322,000	中贸圣佳	2022-10-27
清乾隆 关公像	高16.3cm	115,000	中国嘉德	2022-12-27
清乾隆 画珐琅瓯雕西番莲纹器座	直径15cm	36,800	北京保利	2022-07-16
清乾隆 景泰蓝花瓬浇	高63cm	990,000	浙江御承	2022-12-17
清乾隆 景泰蓝锦鸡（一对）	59cm×16cm×34cm×2	2,300,000	浙江御承	2022-08-28
清乾隆 景泰蓝六面开光人物花盆	长28cm；宽18cm；高115cm	94,300	深圳富诺承	2022-10-06
清乾隆 景泰蓝掐丝珐琅西洋花浇摆件	高63cm	920,000	浙江御承	2022-08-28
清乾隆 鎏金铜掐丝珐琅如意式灯挂	直径26cm	432,028	佳士得	2022-05-30
清乾隆 掐丝珐琅"万寿无疆"盆景（一对）	直径9.5cm×2	368,000	中国嘉德	2022-12-27
清乾隆 掐丝珐琅八方亭式诗舒三足薰	高72cm	2,549,408	中国嘉德	2022-11-29
清乾隆 掐丝珐琅百寿纹双耳长颈瓶	高28.5cm	695,293	佳士得	2022-11-29
清乾隆 掐丝珐琅缠枝花卉纹龙耳瓶	高16.8cm	86,250	中国嘉德	2022-06-28
清乾隆 掐丝珐琅缠枝花卉纹五供	花觚高38.5cm；蜡扦高458cm；炉高44.5cm	1,115,500	中贸圣佳	2022-07-26
清乾隆 掐丝珐琅缠枝花卉纹香盒	直径10.9cm	126,500	中国嘉德	2022-06-28
清乾隆 掐丝珐琅缠枝莲开光蟋龙纹盒	直径6.9cm	46,000	中国嘉德	2022-05-29
清乾隆 掐丝珐琅缠枝莲纹奔巴壶	高20cm	517,500	中国嘉德	2022-12-27
清乾隆 掐丝珐琅缠枝莲纹四方火盆	宽13.7cm	96,373	纽约佳士得	2022-03-25
清乾隆 掐丝珐琅缠枝莲纹太平有象炉	高43.5cm	655,500	中国嘉德	2022-12-27
清乾隆 掐丝珐琅缠枝莲纹香瓶	高14.3cm	195,500	中国嘉德	2022-12-27
清乾隆 掐丝珐琅缠枝寿字龙纹斗笠碗（一对）	15.5cm×13cm×2	126,500	中国嘉德	2022-06-28
清乾隆 掐丝珐琅螭龙兽面纹小壶	高9cm	324,470	佳士得	2022-11-29
清乾隆 掐丝珐琅螭纹小方瓶	高10.7cm	63,250	中国嘉德	2022-06-28
清乾隆 掐丝珐琅冲耳三足灯	高20.5cm；直径156cm	138,000	广东崇正	2022-08-11
清乾隆 掐丝珐琅凤首挂架配白玉刻龙纹宫灯一对	挂架长32.5cm×2；灯直径11.9cm×2	1,265,000	中贸圣佳	2022-07-26
清乾隆 掐丝珐琅瓜瓞绵绵纹抱月瓶	高23.3cm	368,000	中国嘉德	2022-06-28
清乾隆 掐丝珐琅瓜瓞纹瓶三件	尺寸不一	69,000	中国嘉德	2022-06-28
清乾隆 掐丝珐琅花蝶纹瓶	高19.6cm	17,250	中国嘉德	2022-06-28
清乾隆 掐丝珐琅花卉纹铺首方瓶	高23.2cm	28,750	中国嘉德	2022-06-28
清乾隆 掐丝珐琅花卉纹扇形香盒	长8.4cm	63,250	中国嘉德	2022-06-28
清乾隆 掐丝珐琅花钱	直径15.9cm	402,500	中国嘉德	2022-06-28
清乾隆 掐丝珐琅夔龙缠枝莲纹双耳三足鼎式炉	高123cm	13,471,038	香港苏富比	2022-10-09
清乾隆 掐丝珐琅莲花八吉祥纹香筒一对	高37.56cm×2	109,250	北京诚轩	2022-08-09
清乾隆 掐丝珐琅莲瓣纹海棠式花插	高10cm	80,500	中国嘉德	2022-06-28
清乾隆 掐丝珐琅皮球花纹镂空象足炉	直径46cm	287,500	中国嘉德	2022-06-28
清乾隆 掐丝珐琅扇形盒	高6.5cm；直径203cm	69,000	广东崇正	2022-08-11
清乾隆 掐丝珐琅狮子炉	高22.5cm	483,000	中国嘉德	2022-12-27
清乾隆 掐丝珐琅兽面纹出戟方瓶	高15.8cm	97,750	中国嘉德	2022-12-27
清乾隆 掐丝珐琅兽面纹簋式三足盖炉	高23.5cm	984,998	佳士得	2022-11-29
清乾隆 掐丝珐琅饕餮纹出戟鼎式炉	高28cm；宽16.5cm	207,000	中国嘉德	2022-06-28
清乾隆 掐丝珐琅团花纹开光小天球瓶	高27cm	17,250	中国嘉德	2022-06-28
清乾隆 掐丝珐琅熏炉	高45cm（含座）	1,840,000	中国嘉德	2022-06-28
清乾隆 掐丝珐琅香瓶	高11.2cm	57,500	中国嘉德	2022-06-28
清乾隆 掐丝珐琅小香瓶	高14cm	76,944	台北艺珍	2022-03-06
清乾隆 掐丝珐琅英雄独立合卺杯	高8.6cm	2,300,000	北京保利	2022-07-28
清乾隆 掐丝珐琅御题咏梅诗转颈插	高37.5cm	702,046	佳士得	2022-05-30
清乾隆 掐丝珐琅御制诗花插	高16.8cm	1,955,000	中国嘉德	2022-12-27
清乾隆 掐丝珐琅云蝠纹瓶	高20.5cm	48,300	北京保利	2022-07-17
清乾隆 掐丝珐琅繁花缠绕纹烛台（一对）	高32cm×2	805,000	中国嘉德	2022-06-27
清乾隆 掐丝珐琅"万寿无疆"碗	高15.4cm	602,334	纽约佳士得	2022-03-25
清乾隆 乾隆年制款掐丝珐琅香盘	高4.2cm；直径10.5cm	12,000	西泠山社	2022-01-23
清乾隆 铜珐琅盒鲤阳地戗珐琅胭脂红瓷刻御题诗盆	直径17.5cm	184,000	中国嘉德	2022-06-28
清乾隆 铜胎珐琅彩福寿盖盒	高5cm；直径15cm	287,500	浙江御承	2022-08-28
清乾隆 铜胎珐琅瓶造火烧玉香亭一对	高37.5cm×2	552,000	中贸圣佳	2022-08-28
清乾隆 铜胎珐琅仙灵祝寿纹如意	长42cm；重量790g	368,000	浙江佳宝	2022-03-13
清乾隆 铜胎画珐琅大吉璧瓶	高34.9cm	126,500	中贸圣佳	2022-07-25
清乾隆 铜胎画珐琅花盆套画化白釉雕梅花摆件一对	高26cm；高26.5cm	69,000	中贸圣佳	2022-08-13
清乾隆 铜胎画珐琅黄地开光龙纹渣斗	高7.5cm；直径11cm	299,000	保利厦门	2022-10-21
清乾隆 铜胎画珐琅锦地瓜瓞绵绵开光花鸟九方尊	高32.8cm	442,750	华艺国际	2022-09-29
清乾隆 铜胎画珐琅罗汉碗	直径12cm	23,000	保利厦门	2022-10-22
清乾隆 铜胎画珐琅云蝠纹杯	高6.5cm；长7.5cm	11,500	保利厦门	2022-10-22
清乾隆 铜胎掐丝珐琅"六合同春"鹿鹤鱼藻大缸	高26cm；直径62cm	1,026,000	保利香港	2022-07-14
清乾隆 铜胎掐丝珐琅缠枝莲纹双鱼耳盖碗	高7.5cm；宽10.5cm	86,822	保利香港	2022-10-10
清乾隆 铜胎掐丝珐琅缠枝莲纹朝冠耳三足炉	高35.7cm	483,000	华艺国际	2022-07-29
清乾隆 铜胎掐丝珐琅缠枝莲纹盖瓶盒二式	炉直径10cm；瓶高14.6cm；盒盖直径7cm	690,000	永乐拍卖	2022-07-25
清乾隆 铜胎掐丝珐琅缠枝莲纹小盖罐	高8cm	26,046	保利香港	2022-10-10
清乾隆 铜胎掐丝珐琅鹤摆件（一对）	高52cm×2	1,430,000	浙江御承	2022-12-17
清乾隆 铜胎掐丝珐琅葫芦形纹饰对	高70cm×2	287,500	中鸿信	2022-09-11
清乾隆 铜胎掐丝珐琅九思弦纹炉	高9cm	36,800	中鸿信	2022-09-11
清乾隆 铜胎掐丝珐琅莲托梵文高足碗	直径14cm	46,000	中鸿信	2022-09-11

2022杂项拍卖成交汇总(续表)

(成交价RMB:1万元以上)

拍品名称	物品尺寸	成交价RMB	拍卖公司	拍卖日期
清乾隆 铜胎掐丝珐琅炉瓶盒(原配盒、座)(一套)	尺寸不一	345,000	华艺国际	2022-09-23
清乾隆 铜胎掐丝珐琅鸟笼	直径28cm;高51cm	935,000	浙江御承	2022-12-17
清乾隆 铜胎掐丝珐琅麒麟送子摆件(一对)	高33.5cm×2	1,495,000	华艺国际	2022-07-29
清乾隆 铜胎掐丝珐琅三足鼎	高35.5cm	575,000	北京保利	2022-07-28
清乾隆 铜胎掐丝珐琅狮形摆件(一对)	高47cm×2	632,500	保利厦门	2022-10-22
清乾隆 铜胎掐丝珐琅四龙光花卉梅大瓶	直径78cm	230,000	保利厦门	2022-07-28
清乾隆 铜胎掐丝珐琅饕餮纹螭龙耳狮纽方炉	高292cm;宽243cm;长6cm	389,880	保利香港	2022-07-14
清乾隆 铜胎掐丝珐琅西番莲纹小瓶	高10.2cm	23,000	中鸿信	2022-09-11
清乾隆 铜胎掐丝珐琅仙鹤(一对)	高218cm×2	1,380,000	保利厦门	2022-10-22
清乾隆 铜胎掐丝珐琅小尊(一对)	高13.5cm×2	264,500	保利厦门	2022-10-22
清乾隆 铜胎掐丝珐琅云龙寿字纹八仙瓶	高31.2cm	1,302,336	保利香港	2022-10-10
清乾隆 御制白玉嵌掐丝珐琅铜胎珐琅烟台	高23cm	9,093,742	香港苏富比	2022-10-09
清乾隆 铜胎掐丝珐琅黄地粉彩洋花图碗	直径17cm	816,500	永乐拍卖	2022-07-24
清乾隆 铜胎掐丝珐琅西式盖盒	高5cm;高2cm	552,000	保利厦门	2022-07-28
清乾隆 铜胎掐丝珐琅西洋人物额珠罐	宽16cm;高15cm	3,220,000	深圳富诺得	2022-10-06
清乾隆 铜胎掐丝珐琅缠枝莲纹羽觞杯	长22.6cm	667,000	北京保利	2022-07-28
清乾隆 御制铜胎掐丝珐琅珐琅彩瓶尊	长22.5cm;高16.5cm	1,552,500	华艺国际	2022-07-29
清乾隆 錾胎填珐琅莲纹瓶瓶	高26.3cm×2	441,456	中国嘉德	2022-10-07
清乾隆 铜胎珐琅珐琅瑞祥五玉宝两件	高39.2cm;高37.2cm	253,000	中国嘉德	2022-06-26
18世纪 仿掐丝珐琅花鸟纹盖罐	高24.5cm	40,250	保利厦门	2022-10-22
18世纪 铜珐琅画珐琅内莲池鸳鸯外黄地缠枝花卉纹盘	直径26cm×2	51,750	保利厦门	2022-10-22
18世纪 铜胎掐丝珐琅螭双全大尊(一对)	高98cm×2	575,000	永乐拍卖	2022-07-25
18世纪 铜胎掐丝珐琅吉羊(一对)	长17.5cm×2	23,000	保利厦门	2022-10-22
鎏金铜嵌画珐琅欧洲人物带环	高7.6cm	61,669	纽约佳士得	2022-09-23
清嘉庆 御制铜胎珐琅缠枝花卉纹小胆瓶	高10cm	713,000	保利厦门	2022-07-28
清道光 铜胎珐琅双如意天球瓶	高18.8cm	13,800	中国嘉德	2022-09-29
清道光 铜胎掐丝珐琅碗(一对)	直径12.6cm×2	20,700	华艺国际	2022-09-23
清中期 景泰蓝夔龙方瓶	高12.5cm	11,500	中贸圣佳	2022-08 06
清中期 掐丝珐琅八吉祥"万寿无疆"纹碗	直径195cm;高105cm	25,300	江苏汇中	2022-08-17
清中期 掐丝珐琅缠枝花卉纹香盒、掐丝珐琅冰梅纹捻指盒两件	直径11.3cm	126,500	中国嘉德	2022-06-28
清中期 掐丝珐琅缠枝开光剔铜间春鹊壮罐	高25.5cm	11,500	中国嘉德	2022-05-29
清中期 掐丝珐琅荷塘图碗	直径15.5cm	11,500	中国嘉德	2022-05-29
清中期 掐丝珐琅花卉纹象足炉(一对)	高34cm×2	92,000	中国嘉德	2022-06-26
清中期 掐丝珐琅花卉纹瓶	高48.5cm	13,800	中国嘉德	2022-05-29
清中期 铜鉴金掐丝珐琅镂空宫灯	高30cm	353,164	中国嘉德	2022-10-08
清中期 铜鉴金珐琅缠枝莲纹葵形水仙盆	宽19.2cm;高8cm;重量612.2g	23,000	浙江佳宝	2022-03-13
清中期 铜画珐琅瓶插(一套五件)	高29.3cm	207,000	北京保利	2022-07-29
清中期 铜画珐琅仕女婴戏图大盘	直径22.8cm	25,300	中国嘉德	2022-05-29
清中期 铜画珐琅太平有象抱月瓶	高33.6cm	13,800	中国嘉德	2022-05-29
清中期 铜胎掐丝珐琅古纹大瓶	直径74.5cm	230,000	北京保利	2022-07-29
清中期 铜胎珐琅寿龙首纹烛台(一对)	高46cm×2	55,182	中国嘉德	2022-10-08
清中期 铜胎掐丝珐琅瓶	高26cm	69,000	华艺国际	2022-09-23
清中期 透明画珐琅缠枝花卉喜字纹盒	直径10.4cm	36,800	中国嘉德	2022-05-29
清中期 铜胎掐丝珐琅天鸡尊忍冬大尊	高70cm	66,700	永乐拍卖	2022-07-29
清咸丰 掐丝珐琅花卉纹棒槌瓶	高43.5cm	40,250	广东崇正	2022-04-17
清19世纪 鎏金铜掐丝珐琅嵌宝太平有象	51cm×31cm×89cm	341,863	香港苏富比	2022-10-09
掐丝珐琅宫灯	高33cm	132,149	纽约佳士得	2022-09-23
清晚期 景泰蓝瓶	高23.7cm	17,825	中贸圣佳	2022-08-06
清晚期 掐丝珐琅百花纹瓶(两件)	高25.5cm;高23cm	11,500	中国嘉德	2022-05-29
清晚期 掐丝珐琅荷花盆景	高82cm	690,000	保利厦门	2022-10-22
清晚期 掐丝珐琅花蝶纹八棱罐一对	直径20cm×2	11,500	中国嘉德	2022-05-29
清晚期 掐丝珐琅花卉纹瓶(两件)	高32.6cm;高28.5cm	17,250	中国嘉德	2022-05-29
清晚期 掐丝珐琅花卉纹箫头瓶一对	高13cm×2	13,800	中国嘉德	2022-05-29
清晚期 掐丝珐琅花鸟福寿纹棒盒	直径18.5cm	11,500	中国嘉德	2022-05-29
清晚期 掐丝珐琅花鸟纹瓜棱缸	直径45cm	23,000	中国嘉德	2022-05-29
清晚期 掐丝珐琅梅花纹瓶一对	高16.4cm×2	10,350	中国嘉德	2022-05-29
清晚期 掐丝珐琅忍冬纹瓶(一对)	高34.2cm×2	11,500	中国嘉德	2022-05-29
清晚期 掐丝珐琅云龙纹杯盏(一对)	杯直径7.1cm;盏托直径9.4cm	34,500	中国嘉德	2022-05-29
清晚期 掐丝珐琅云龙纹瓶	高23cm×2	10,350	中国嘉德	2022-06-01
清晚期 掐丝珐琅杂宝纹方瓶一对	高24.5cm×2	11,500	中国嘉德	2022-05-29
清晚期 剔红掐丝珐琅龙凤纹杖	长94.5cm	11,500	中国嘉德	2022-05-29
清晚期 铜胎画珐琅花卉纹盘(一对)	直径15.8cm×2	17,250	中国嘉德	2022-05-29
清 大清乾隆年制铜胎掐丝珐琅什女图执壶	高38.5cm;通座27cm	161,000	西泠印社	2022-01-23
清 画珐琅开光教子图执壶	高20.8cm	264,500	中贸圣佳	2022-07-27
清 景泰年制款铜胎掐丝珐琅筒炉	高11.5cm;口径11.7cm;重1366g	92,000	西泠印社	2022-08-21
清 掐丝珐琅缠枝莲纹朝冠耳三足炉	高49.5cm	40,250	中贸圣佳	
清 掐丝珐琅缠枝莲纹盖盅	直径11.8cm	20,700	中国嘉德	
清 掐丝珐琅缠枝莲纹瓶瓶一对	高35cm×2	20,700	中贸圣佳	
清 掐丝珐琅缠枝莲纹开光嵌膛纹瓶	高31.9cm	13,800	中国嘉德	
清 掐丝珐琅缠枝莲纹瓶	高34.2cm	20,700	中贸圣佳	
清 掐丝珐琅福寿多宝纹如意	直径445cm;重量758g	17,250	北京保利	2022-07-28
清 掐丝珐琅花蝶纹小盖罐一对	高21.5cm×2	11,500	中贸圣佳	2022-06-06
清 掐丝珐琅花卉纹杯	高6.5cm	17,250	中国嘉德	2022-06-01

拍品名称	物品尺寸	成交价RMB	拍卖公司	拍卖日期
清 掐丝珐琅花卉纹龙耳鹤足大香炉	高142.5cm	345,000	中贸圣佳	2022-09-26
清 掐丝珐琅花鸟纹六方板	长70cm	34,500	中贸圣佳	2022-09-26
清 掐丝珐琅梅纹瓶(一对)	连座通高53cm×2	92,000	北京荣宝	2022-07-24
清 掐丝珐琅龙纹烛台(一对)	高34cm×2	13,800	北京保利	2022-07-16
清 掐丝珐琅瑞兽纹瓜棱手炉(一对)	高19.3cm×2	264,500	中国嘉德	2022-06-28
清 掐丝珐琅兽面纹提梁卣	高39.5cm	74,750	中贸圣佳	2022-09-26
清 掐丝珐琅双如意耳瓶	高38cm	57,500	北京荣宝	2022-07-29
清 掐丝珐琅凤云龙纹转心瓶	高33.9cm	18,400	中贸圣佳	2022-09-26
清 掐丝珐琅仙鹤一对及香炉	鹤高19cm;炉宽20cm	34,500	中贸圣佳	2022-07-13
清 掐丝珐琅小笔筒	10cm×6cm	25,300	中贸圣佳	2022-07-13
清乾隆年制款铜鎏金画珐琅人物故事香盒	高42cm;长51cm;宽41cm	322,000	西泠印社	2022-01-23
清 乾隆年制铜胎画珐琅福寿纹盖瓶(一对)	通高84cm;通座8cm	17,250	西泠印社	2022-01-23
清 铜鎏金掐丝珐琅象钮四方鼎式小熏炉	高12cm;长85cm;宽62cm	17,250	广东崇正	2022-04-17
清 铜鎏金填珐琅狮摆件	长19cm	20,700	中国嘉德	2022-09-29
清 铜胎珐琅象足炉、铜胎嵌百宝海棠盆(一组两件)	直径255cm;直径18cm	25,300	北京中汉	2022-06-28
清 铜胎画珐琅八仙图瓷碗、西洋人物纹盘各一只	直径115cm;直径9cm	10,350	中国嘉德	2022-06-01
清 铜胎画珐琅百鸟朝凤盘	直径26.5cm	11,500	北京保利	2022-07-17
清 铜胎画珐琅茶组	杯高33cm;盘宽12cm	25,852	台北艺珍	2022-08-14
清 铜胎画珐琅缠枝莲纹折沿高足盘	直径19cm	23,000	中国嘉德	2022-06-28
清 铜胎画珐琅佛塔	高20.5cm;重量626g	46,000	浙江佳宝	2022-03-13
清 铜胎画珐琅花卉纹茶盖碗(带老楠木盒)(十只一套)	高7.5cm(带盖);直径11.5cm	29,900	广东崇正	2022-04-17
清 铜胎画珐琅花卉香瓶	高8cm	40,250	北京荣宝	2022-07-24
清 铜胎画珐琅五蝠祥云纹碗一对	直径12.4cm×2	13,800	中贸圣佳	2022-06-06
清 铜胎景泰蓝博古纹三足矮空玛瑙钮木盖	直径175cm;高263cm	23,000	广东崇正	2022-08-11
清 铜胎掐丝珐琅宝相花花盆	长24.5cm	74,750	中鸿信	2022-09-11
清 铜胎掐丝珐琅扁足出戟饕餮面鼎式炉	高22.8cm;长15.2cm;宽12.7cm;重1916g	115,000	西泠印社	2022-01-23
清 铜胎掐丝珐琅缠枝莲纹贯耳瓶	高14cm	92,000	保利厦门	2022-10-22
清 铜胎掐丝珐琅凤纹瓶	高32.5cm	19,236	台北艺珍	2022-03-06
清 铜胎掐丝珐琅铺首尊	高28.5cm	109,250	保利厦门	2022-10-22
清 铜胎掐丝珐琅仙鹤延年图绣球大碗	直径26cm	92,000	中鸿信	2022-09-11
清 铜胎掐丝珐琅兽面纹鼎式炉	高21.5cm	11,500	北京保利	2022-07-29
清 铜胎掐丝珐琅兽面纹熏炉(一对)	高14cm×2	32,976	台北艺珍	2022-03-06
清 银鎏金珐琅彩铅镜	长40cm;宽18.5cm	23,000	深圳富诺得	2022-10-06
清 银鎏金镶珀楠金珠珐琅寿字镯	直径7.8cm×2	460,000	中贸圣佳	2022-12-31
民国 掐丝珐琅折枝花卉纹瓶一对	高23cm×2	13,800	中国嘉德	2022-09-29
20世纪 掐丝珐琅牦尊(一对)	长15cm×2	11,500	中国嘉德	2022-06-01
现代 掐丝珐琅锦地对联一对	118cm×33cm×2	10,350	中国嘉德	2022-09-29
现代 掐丝珐琅松鹤延年图欧瓶一对	高51cm	13,800	中国嘉德	2022-09-29
现代 铜鎏金嵌掐丝珐琅百宝花卉盆景	高50cm	10,350	中国嘉德	2022-09-29
现代 铜鎏金嵌掐丝珐琅太平有象一对	高38cm×2	17,250	中国嘉德	2022-09-29
1880年制 珐琅彩鎏金鸟鸣盒	长105cm;宽75cm;高5cm	149,500	西泠印社	2022-01-23
法贝热 铜鎏金及珐琅皇家多米诺骨牌	长39mm×22mm×7mm;骨牌4.5mm×24mm	17,250	保利厦门	2022-10-21
法贝热 铜鎏金及珐琅皇家多米诺骨牌	尺寸约为34mm×17mm×6cm(含盒子)	11,500	北京保利	2022-02-03
法贝热 宝石镶嵌珐琅国际象棋	棋盘长42cm;宽42cm;高8cm	40,250	西泠印社	2022-01-23
珐琅椅	70cm×70cm×140cm	149,500	上海嘉禾	2022-01-01
掐丝珐琅棒盒	直径38cm	41,145	中国嘉德	2022-06-05
掐丝珐琅缠枝莲纹五供	高26.8cm;高26.5cm×2、高26.26cm	20,700	中国嘉德	2022-06-01
掐丝珐琅多穆壶	高52cm	15,429	中国嘉德	2022-06-05
掐丝珐琅福寿纹鼓墩(一对)	高48.5cm×2	11,500	中国嘉德	2022-06-01
掐丝珐琅花卉纹三鹤炉(一对)	高72cm×2	13,800	中国嘉德	
掐丝珐琅九桃葫芦瓶	高72cm×2	13,800	中国嘉德	
掐丝珐琅盘嵌百宝寿桃盆景(一对)	高72cm×2	10,350	中国嘉德	
掐丝珐琅喜字烛台(一对)	长22cm×2	10,350	中国嘉德	
掐丝珐琅云龙纹抱月瓶	高37.5cm×2	10,350	中国嘉德	
乾隆年制款掐丝珐琅图双耳瓶(一对)	高29.5cm×2	667,000	江苏汇中	2022-08-17
清光绪(1908年) 清政府赠美国大白舰队国礼:景泰蓝、碟子一套共3件		41,400	华艺国际	2022-08-07
19世纪制 迪蒙斯奥克斯(MDEMONCEAUX)宫廷珐琅彩手绘赏瓶	长22cm;宽22cm;高68cm	40,250	西泠印社	2022-01-23
19世纪制 意大利皇室定制薄金工艺珐琅彩绘珠宝套组	项链长4cm,重量211g;胸针42cm×19cm,重量662g;耳环75mm×2cm,重量1009g	126,500	西泠印社	2022-01-23
铜胎画珐琅茶壶	宽14.2cm	12,343	中国嘉德	2022-06-05
一套五件彩色珐琅手镯		18,361	香港苏富比	2022-04-15
约1880年 法国铜掐丝珐琅及雕花玻璃花瓶(一对)	高30cm	34,500	中国嘉德	2022-06-28
约19世纪 俄罗斯 法贝热 银胎珐琅宫廷咖啡杯	咖啡杯6cm×73cm;碟13cm×25cm,杯98mm×2cm,总重909g	23,000	保利厦门	2022-10-21

拍品名称	物品尺寸	成交价RMB	拍卖公司	拍卖日期
清中期 掐丝珐琅一束莲纹抱月瓶 (一对)	高54.5cm×2	138,000	广东崇正	2022-12-25
明早期 掐丝珐琅缠枝葡萄纹活环耳兽足炉	口径12.2cm; 高14.5cm	172,500	中贸圣佳	2023-01-01
明中期 掐丝珐琅缠枝莲纹轴头罐	高6.7cm	17,250	中国嘉德	2022-12-27
明中期 掐丝珐琅摩羯纹渣斗	直径13.8cm	51,750	中国嘉德	2022-12-27
明万历 掐丝珐琅松竹梅纹盘	直径14.5cm	23,000	中国嘉德	2022-12-27
明 掐丝珐琅缠枝花卉纹贯耳瓶	高15.3cm	20,700	中国嘉德	2022-12-27
明 掐丝珐琅瑞兽纹大碗	直径23.5cm	23,000	中国嘉德	2022-12-27
明 掐丝珐琅云鹤纹筒式炉	直径12.5cm	63,250	中国嘉德	2022-12-27
明 铜胎掐丝珐琅海八怪纹碗	直径22.5cm	511,082	香港福羲国际	2022-12-28
明 竹节形刻斯瓶	长4cm	40,250	中国嘉德	2022-12-27
明末清初 掐丝珐琅宝相花纹螭龙耳炉	宽26cm	48,300	中国嘉德	2022-12-26
清早期 掐丝珐琅缠枝花卉纹凤尾尊	高39.6cm	57,500	中国嘉德	2022-12-26
清康熙 掐丝珐琅缠枝莲纹炉	高10cm; 宽14.5cm	92,000	中国嘉德	2022-12-26
清康熙 掐丝珐琅莲花纹小铺首尊	高21.5cm	63,250	中国嘉德	2022-12-26
清康熙 掐丝珐琅龙纹海棠形花盆	长23.9cm; 宽16.3cm; 高9.3cm	34,500	中贸圣佳	2023-01-01
清康熙 掐丝珐琅兽面纹鼎式炉	高27.2cm	36,800	中国嘉德	2022-12-27
清乾隆 缠枝花卉纹掐丝珐琅香盒	高4.6cm; 带座高6.5cm	276,000	中贸圣佳	2023-01-01
清乾隆 琉璃摇铃尊	口径3.3cm; 高16.5cm; 底径6.6cm	132,000	浙江御承	2022-12-17
清乾隆 鎏金掐丝珐琅托盘	宽25.2cm	38,627	华艺国际	2022-11-27
清乾隆 掐丝珐琅花卉纹螭冠果一对	高31.3cm×2	103,500	中国嘉德	2022-12-26
清乾隆 掐丝珐琅莲纹耳小炉	直径7.3cm	207,000	中国嘉德	2022-12-26
清乾隆 掐丝珐琅莲纹盖盒	直径11cm	103,500	中国嘉德	2022-12-26
清乾隆 掐丝珐琅莲纹铺首小罐	直径5.8cm	57,500	中国嘉德	2022-12-26
清乾隆 掐丝珐琅缠枝莲纹烛台一对	高26.5cm×2	276,000	中国嘉德	2022-12-26
清乾隆 掐丝珐琅缠枝莲纹桶式炉	口径8.6cm; 高9.3cm	103,500	中贸圣佳	2023-01-01
清乾隆 掐丝珐琅螭龙纹香插	直径1cm; 高38cm; 重397g	57,500	中国嘉德	2022-12-27
清乾隆 掐丝珐琅蝠寿花卉纹如意	长35cm	230,000	中国嘉德	2022-12-27
清乾隆 掐丝珐琅海水龙纹盖盒	直径22.6cm	40,250	中国嘉德	2022-12-27
清乾隆 掐丝珐琅莲纹炉	直径6.7cm	207,000	中国嘉德	2022-12-27
清乾隆 掐丝珐琅夔龙耳缠枝花卉纹乘炉	高27.2cm	241,500	中国嘉德	2022-12-27
清乾隆 掐丝珐琅如意云纹方形香盒	高5.4cm	138,000	中国嘉德	2022-12-27
清乾隆 掐丝珐琅五福捧寿八宝纹如意	长48.5cm	172,500	中贸圣佳	2023-01-01
清乾隆 掐丝珐琅兽耳狮钮兽面纹炉	高26.5cm	126,500	中国嘉德	2022-12-27
清乾隆 铜鎏金填珐琅双鱼宫灯一对	高63cm (含链)×2	57,500	中国嘉德	2022-12-27
清乾隆 铜胎画珐琅花卉纹橄榄瓶	高17.3cm	17,250	中国嘉德	2022-12-27
清乾隆 铜胎画珐琅开光松鹿莲池鸳鸯花卉纹海棠形手炉	长18cm	126,500	中国嘉德	2022-12-26
清乾隆 錾胎填珐琅象托宝瓶一对	高29cm×2	310,500	中国嘉德	2022-12-27
清中期 掐丝珐琅福庆长寿风纹灯笼瓶	高41cm	230,000	中国嘉德	2022-12-27
清中期 掐丝珐琅夔龙夔凤纹狮耳大香熏	高97cm; 直径75cm	230,000	中国嘉德	2022-12-27
清中期 掐丝珐琅太平有象	高34.5cm	287,500	中国嘉德	2022-12-27
清中期 錾胎填珐琅石榴形盖盒	宽10.2cm; 高9cm	20,700	中国嘉德	2022-12-27
清咸丰 掐丝珐琅兽面纹花觚	高64cm	287,500	中国嘉德	2022-12-27
清 黄地铜胎画珐琅缠枝花卉纹盖碗	直径12cm	51,108	香港福羲国际	2022-12-28
清 掐丝珐琅开光荷花纹三足香炉	高50cm; 直径38cm	92,000	广东崇正	2022-12-25
清 掐丝珐琅金錾花松鼠葡萄纹执壶	长12cm	34,500	中国嘉德	2022-12-27
清 铜胎画珐琅西洋人物盘	直径36.5cm; 高5cm; 重1502g	17,250	中国嘉德	2022-12-27
清 铜胎掐丝珐琅缠枝花卉纹帽架 (二件)	通高31.8cm	294,855	香港福羲国际	2022-12-28
清 铜胎掐丝珐琅莲纹盖盒	直径7.5cm	245,712	香港福羲国际	2022-12-28
清 铜胎掐丝珐琅嵌玉诗文壁瓶	高16cm; 重738.7g	103,500	中国嘉德	2022-12-27
清 铜胎掐丝珐琅戏球纹双耳瓶	通高19.5cm	196,570	香港福羲国际	2022-12-28
清 银鎏金烧蓝花卉纹酒壶 (一套)	尺寸不一	196,570	香港福羲国际	2022-12-28
清 银烧蓝花卉纹玉壶春	通高20.5cm	98,285	香港福羲国际	2022-12-28
20世纪初 英国镀银坎钳纳水酒器一对	27×24cm×2	20,700	中国嘉德	2022-12-27
景泰蓝熏炉	高70cm	202,334	荣宝斋(香港)	2022-11-26
铜胎掐丝珐琅山水纹琮式瓶 (一对)	32.5cm×9.3cm×12	55,200	荣宝斋(南京)	2022-12-08

鼻烟壶

拍品名称	物品尺寸	成交价RMB	拍卖公司	拍卖日期
明 白玉胡人烟壶	直径3.0cm; 高8.1cm	80,500	北京鸿盛祥	2022-07-21
清早期 黄玉光素鼻烟壶	高7.1cm	97,750	永乐拍卖	2022-07-24
清早期 黄玉旭日东升鼻烟壶	高7.6cm	57,500	永乐拍卖	2022-07-24
乾隆 白玉鼻烟壶	高7cm	552,000	上海嘉禾	2022-01-01
清乾隆 白翠仿古纹鼻烟壶	高6.5cm	25,300	华艺国际	2022-09-23
清乾隆 白玉堆百宝荷塘放仰图鼻烟壶	高6.5cm	149,500	华艺国际	2022-09-23
清乾隆 白玉瓜瓞鼻烟壶	高6.4cm	230,000	永乐拍卖	2022-07-24
清乾隆 白玉龙龟形烟壶	高6.22cm; 宽2.4cm; 厚0.5cm	253,000	浙江佳宝	2022-03-13
清乾隆 白玉木炭火描金梅花诗文烟壶	长3.7cm; 宽2.7cm; 高5.8cm	149,500	浙江佳宝	2022-03-13
清乾隆 白玉铺首龙凤纹方形烟壶	长4.1cm; 高7.2cm	40,250	北京鸿盛祥	2022-07-21
清乾隆 白玉四方倭角鼻烟壶	高6.5cm	322,000	永乐拍卖	2022-07-24
清乾隆 白玉云龙号款鼻烟壶	高7cm	55,200	北京保利	2022-07-16
清乾隆 白玉饕餮纹鼻烟壶	9.5cm×6cm×3cm	169,725	香港福羲国际	2022-04-17
清乾隆 白玉提油双福大利鼻烟壶	高7cm	28,750	永乐拍卖	2022-07-24
清乾隆 百花不落地铺首鼻烟壶	高5.5cm	57,500	永乐拍卖	2022-07-24
清乾隆 茶晶珊瑚山水纹折方鼻烟壶	高7.7cm	11,500	永乐拍卖	2022-07-24
清乾隆 茶晶阴刻达摩图烟壶	宽5cm; 高7.3cm	89,700	浙江佳宝	2022-03-13
清乾隆 翡翠博古纹鼻烟壶	高5.5cm	230,000	广东崇正	2022-12-25
清乾隆 和田白玉皮金玉满堂御制廊角纹壶	高3.5cm; 长9cm	92,000	广东崇正	2022-12-25
清乾隆 黄玉鼻烟壶	高8.4cm	230,000	永乐拍卖	2022-07-24
清乾隆 黄玉刻御题诗文花卉纹鼻烟壶	长6.5cm	80,500	中国嘉德	2022-06-28
清乾隆 黄玉双联鼻烟壶	4.8cm×4.8cm×2.8cm	57,500	中贸圣佳	2022-07-13
清乾隆 黄玉提色花果纹鼻烟壶	高8.2cm	32,200	北京中汉	2022-04-27
清乾隆 青玉御题诗菊纹鼻烟壶	高8.1cm	575,000	永乐拍卖	2022-07-24
清乾隆 青玉御制诗文扁形鼻烟壶	高6.8cm	230,000	永乐拍卖	2022-07-24
清乾隆 御制白玉仿古兽面鼻烟壶	高7.7cm	130,233	保利香港	2022-10-10
清乾隆 御制红玉痕都斯坦式花纹鼻烟壶	高5.1cm	440,161	香港苏富比	2022-11-25
清乾隆 御制碧玉痕都斯坦式题诗花卉纹鼻烟壶	高5.8cm	405,411	香港苏富比	2022-11-25
清乾隆 御制玛瑙雕云龙纹鼻烟壶	高6.5cm	713,000	永乐拍卖	2022-07-24
清乾隆 御制青金白梅花诗文鼻烟壶	高6.3cm	322,000	永乐拍卖	2022-07-24
清道光 行有恒堂玛瑙素烟壶	高6.5cm	253,000	广东崇正	2022-12-25
清中期 白玉雕连年有余鼻烟壶	高9.7cm	17,250	北京中汉	2022-04-27
清中期 白玉双骏图烟壶	高7.5cm	40,250	北京保利	2022-07-16
清中期 白玉童子烟壶	高7cm	82,800	北京保利	2022-07-16
清中期 茶晶双龙纹鼻烟壶	高7.2cm	11,500	永乐拍卖	2022-07-24
清中期 黄玉带皮和气呈祥鼻烟壶	高7cm	218,500	北京保利	2022-07-16
清中期 玛瑙巧雕双骏鼻烟壶	高7.2cm	23,000	永乐拍卖	2022-07-24
清中期 玛瑙巧作鼻烟壶、琥珀光素鼻烟壶两件	高6cm; 高5.3cm	13,800	中国嘉德	2022-06-28
清中期 青花加紫三阔开泰图鼻烟壶	高8.7cm	34,500	永乐拍卖	2022-07-24
清中期 玉烟壶 (三件)	尺寸不一	34,500	北京保利	2022-07-16
清咸丰 青花釉里红西楚霸王鼻烟壶	高9.2cm	97,750	永乐拍卖	2022-07-24
18世纪/19世纪 白玉素面鼻烟壶	高6.8cm	172,811	佳士得	2022-05-30
清晚期 马少宣宣画宣统皇帝水晶鼻烟壶	高7.5cm	92,000	广东崇正	2022-12-25
清 白玉安居乐业烟壶	高6cm	13,800	北京保利	2022-07-16
清 白玉鼻烟壶	高6cm	17,250	中鸿信	2022-09-11
清 白玉带皮刻寿星鼻烟壶	高7.5cm	28,750	中贸圣佳	2022-07-25
清 白玉雕蟠龙戏珠纹鼻烟壶	50mm×28mm×22mm	13,800	西泠印社	2022-01-23
清 白玉茄形烟壶	长8cm	18,992	台北艺珍	2022-06-12
清 白玉雕四灵图鼻烟壶	高7.7cm	1,127,000	永乐拍卖	2022-07-24
清 白玉雕松下三老鼻烟壶	5.3cm×4.7cm×1.5cm	23,000	荣宝斋(南京)	2022-12-08
清 白玉方形烟壶	高6.5cm	10,350	北京保利	2022-07-16
清 白玉瓜虫烟壶	高6cm	20,700	北京保利	2022-07-16
清 白玉瓜形烟壶	高7cm	40,250	北京保利	2022-07-16
清 白玉瓜形烟壶	高5.5cm	17,250	北京保利	2022-07-16
清 白玉痕都斯坦西番莲鼻烟壶	高7cm	57,500	永乐拍卖	2022-07-24
清 白玉葫芦形烟壶	高7.7cm	25,300	北京保利	2022-07-16
清 白玉花卉烟壶	高5.5cm	13,800	北京保利	2022-07-16
清 白玉兰花烟壶	高6cm	11,500	北京保利	2022-07-16
清 白玉留皮随形烟壶	高8cm	25,300	北京保利	2022-07-16
清 白玉留皮随形烟壶	高7cm	10,350	北京保利	2022-07-16
清 白玉留皮随形烟壶	高7cm	20,700	北京保利	2022-07-16
清 白玉留皮竹节烟壶	高7cm	28,750	北京保利	2022-07-16
清 白玉留皮竹纹烟壶	高7.5cm	40,250	北京保利	2022-07-16
清 白玉蟠螭耳方烟壶	高5.5cm	34,500	中国嘉德	2022-06-27
清 白玉炮仗筒烟壶	高7cm	50,600	中贸圣佳	2022-08-14
清 白玉瓶形烟壶	高5.5cm	11,500	北京保利	2022-07-16
清 白玉笾箩竹烟壶	高5.2cm	43,700	北京保利	2022-07-29
清 白玉山水人烟壶	高6.5cm	13,800	北京保利	2022-07-16
清 白玉寿字纹烟壶	高6.9cm	36,800	中贸圣佳	2022-07-25
清 白玉寿字烟壶	高6.2cm	10,350	北京保利	2022-07-16
清 白玉双狮耳烟壶	高4.7cm	23,000	北京保利	2022-07-16
清 白玉双狮烟壶	高5.3cm	48,300	北京保利	2022-07-16
清 白玉双狮耳烟壶	高6cm	13,800	北京保利	2022-07-16
清 白玉双兽耳烟壶	高5.8cm	10,350	北京保利	2022-07-16
清 白玉牯竹梅烟壶	高7cm	40,250	北京保利	2022-07-16
清 白玉素面烟壶	高6cm	20,700	北京保利	2022-07-16
清 白玉素面烟壶	高6cm	36,800	北京保利	2022-07-16
清 白玉素面烟壶	高5.5cm	32,200	北京保利	2022-07-16
清 白玉素面烟壶	高6.6cm	34,500	北京保利	2022-07-16
清 白玉素面烟壶	高5.7cm	10,350	北京保利	2022-07-16
清 白玉随形刻御制梅花诗文烟壶	高7.4cm	80,500	中贸圣佳	2022-07-25
清 白玉童子戏蝶诗文鼻烟壶	长6cm	43,700	北京保利	2022-07-16
清 白玉兔形烟壶	高6.5cm	25,300	北京保利	2022-07-16
清 白玉席纹烟壶	高5.2cm	26,450	北京保利	2022-07-16
清 白玉献寿烟壶	高5.2cm	25,300	北京保利	2022-07-16
清 白玉烟壶	高6.8cm	32,200	中贸圣佳	2023-01-01
清 白玉烟壶	高5.2cm	13,800	北京保利	2022-07-16
清 白玉烟壶	高4.8cm	17,250	北京保利	2022-07-16
清 白玉鱼藻纹烟壶	高6cm	10,350	北京保利	2022-07-16
清白玉料铺皮山水人物纹随形鼻烟壶	长6.45cm; 宽2.4cm; 高6cm	46,000	江苏汇中	2022-08-17
清 碧玺雕高士图鼻烟壶	高7.2cm	25,300	北京保利	2022-07-16
清 缠丝云龙纹玛瑙烟壶	高6.5cm	12,650	中贸圣佳	2022-08-14
清 翡翠鼻烟壶	高6cm	138,000	北京保利	2022-07-16
清 翡翠龙纹烟壶	高5.5cm	49,450	中贸圣佳	2022-08-14
清 翡翠阑绿喜上眉梢烟壶	宽4.5cm; 高6.75cm	80,500	浙江佳宝	2022-03-13
清 黑白玉鹰纹烟壶	高5cm	10,350	北京保利	2022-07-16
清 红玛瑙一路连科鼻烟壶	高6.5cm	80,500	永乐拍卖	2022-07-24

2022杂项拍卖成交汇总（续表）

(成交价RMB：1万元以上)

拍品名称	物品尺寸	成交价RMB	拍卖公司	拍卖日期
清 黄玉抱琴图鼻烟壶	高8.3cm	126,500	永乐拍卖	2022-07-24
清 黄玉鼻烟壶	73mm×48mm×20mm	28,750	西泠印社	2022-01-23
清 黄玉雕松寿纹鼻烟壶	高8cm; 重量114.8g	34,500	江苏汇中	2022-08-17
清 黄玉花蝶烟壶	高5.3cm	63,250	北京保利	2022-07-16
清 黄玉巧雕鼻烟壶	8cm×6cm×2.5cm	34,500	荣宝斋(南京)	2022-12-08
清 黄玉三阳开泰烟壶	长5.2cm; 高6.7cm	89,700	北京鸿盛祥	2022-07-21
清 黄玉童子烟壶	高6cm	241,500	中贸圣佳	2022-08-14
清 黄玉烟壶	高5.2cm	42,550	北京保利	2022-07-16
清 黄玉烟壶	高6.9cm	103,500	中贸圣佳	2023-01-01
清 黄玉延年益寿烟壶	高6.7cm	46,000	北京保利	2022-07-16
清 鸡油黄料弦纹鼻烟壶	高6cm	28,750	西泠印社	2022-08-21
清 玛瑙花篮烟壶	高6cm	11,500	北京保利	2022-07-16
清 玛瑙巧雕人物烟壶	高6.8cm	13,800	北京保利	2022-07-16
清 玛瑙巧雕太狮少狮烟壶	高6cm	13,800	北京保利	2022-07-16
清 玛瑙巧雕童子、翡翠烟壶各一件	高6.7cm; 高6.5cm	28,750	中国嘉德	2022-12-27
清 玛瑙巧作柳荫马烟壶	高6.5cm	49,450	中贸圣佳	2022-08-14
清 玛瑙巧作延年益寿鼻烟壶	高7.8cm	56,350	永乐拍卖	2022-07-24
清 玛瑙俏色夜游赤壁烟壶	高7.5cm	97,750	中贸圣佳	2022-07-25
清 玛瑙双狮耳烟壶	高6.5cm	11,500	北京保利	2022-07-16
清 玛瑙素面烟壶	高6cm	10,350	北京保利	2022-07-16
清乾隆年制款玛瑙巧雕蝈蝈鼻烟壶	高7.2cm	17,250	西泠印社	2022-01-23
清 水晶磨棱烟壶	高7cm	49,450	中贸圣佳	2022-08-14
清 苏作玛瑙扼虎图鼻烟壶	高6.7cm	80,500	永乐拍卖	2022-07-24
清 玉雕花鸟烟壶	高6.5cm	17,250	北京保利	2022-07-16
1730—1820年白玉雕双喜临门鼻烟壶	高5cm	25,700	纽约佳士得	2022-03-25
18K金镶红宝石翡翠鼻烟壶		57,500	西泠印社	2022-08-21
Artdeco时期（1910—1930）法国古董品牌Lacloche Frères 的和田玉鼻烟壶黄金珐琅彩紫藤花摆件		207,000	西泠印社	2022-08-21
清早期 素三彩松鼠葡萄烟壶	长8.2cm	51,750	中国嘉德	2022-09-27
清康熙 青花釉里红八骏图烟壶	高9cm	11,500	中国嘉德	2022-09-27
清雍正 青花加紫浮雕开光犀牛望月图鼻烟壶	高8.2cm	86,250	永乐拍卖	2022-07-24
清乾隆 贝氏艺术珍藏 粉彩图鼻烟壶	高6.2cm	97,206	香港苏富比	2022-04-29
清乾隆 瓷画珐琅人物鼻烟壶	高7cm	264,500	上海嘉禾	2022-01-01
清乾隆 斗彩缠枝花卉开光粉彩仕女图烟壶	高5.5cm	32,200	中国嘉德	2022-05-30
清乾隆 珐琅彩云龙纹鼻烟壶	高7.5cm	253,000	保利厦门	2022-10-22
清乾隆 粉彩百子婴戏图鼻烟壶	高7.1cm; 直径5.3cm	25,300	北京中汉	2022-04-27
清乾隆 粉彩雕瓷罗汉烟壶	高8.5cm	17,250	北京保利	2022-07-16
清乾隆 粉彩雕瓷狮纹烟壶	高6.5cm	23,000	北京保利	2022-07-16
清乾隆 粉彩花卉纹鼻烟壶	壶高7cm	57,500	保利厦门	2022-10-22
清乾隆 粉彩花卉纹烟壶	高6.1cm	10,286	中国嘉德	2022-06-04
清乾隆 粉彩开光折枝花卉纹鼻烟壶	高6.5cm	36,800	保利厦门	2022-10-22
清乾隆 粉彩三公图鼻烟壶	高6.2cm	230,000	永乐拍卖	2022-07-24
清乾隆 粉彩婴戏烟壶	高5.3cm	34,500	北京保利	2022-07-16
清乾隆 粉彩御题诗花卉鼻烟壶	高6cm	162,792	保利香港	2022-10-10
清乾隆 金彩福禄万代葫芦形鼻烟壶	高5.7cm	32,200	西泠印社	2022-01-22
清乾隆 苹果绿地粉彩缠枝莲纹鼻烟壶	高5.3cm	23,000	西泠印社	2022-01-22
清乾隆 青花矾红洪福齐天鼻烟壶	高8.2cm	46,000	永乐拍卖	2022-07-24
清乾隆 青花矾红云龙纹烟壶	高8cm	63,250	中国嘉德	2022-09-28
清乾隆 青花粉彩百子图鼻烟壶	高5.9cm; 宽5.2cm	10,350	西泠印社	2022-01-22
清乾隆 青花釉里红龙纹梅瓶	高8.5cm	161,000	永乐拍卖	2022-07-24
清乾隆 唐英制粉彩花卉诗文鼻烟壶	高6.1cm	345,000	永乐拍卖	2022-07-24
清乾隆 御制矾红彩洪福齐天鼻烟壶	高7.6cm	40,250	永乐拍卖	2022-07-24
清乾隆 御制剔彩西厢记人物鼻烟壶	高7.8cm	74,750	永乐拍卖	2022-07-24
清嘉庆 粉彩开光九秋图鼻烟壶	高8cm	97,470	保利香港	2022-07-14
清嘉庆 粉彩描金海水红龙纹鼻烟壶	高8cm	48,300	保利厦门	2022-10-22
清嘉庆 珊瑚红雕瓷仿剔红狮球图烟壶	高8cm	11,500	中国嘉德	2022-05-30
清道光 粉彩鸽犬图烟壶	高8.5cm	11,500	中国嘉德	2022-09-29
清道光 粉彩蝈蝈图烟壶	高6.4cm	14,950	中贸圣佳	2022-09-28
清道光 粉彩松鹤及花卉纹鼻烟壶两件	高17.2cm; 高25.4cm	19,550	中贸圣佳	2022-09-28
清道光 青花釉里红十二生肖图鼻烟壶	高11.7cm	25,300	北京中汉	2022-09-29
清道光 窑变釉烟壶	高7cm	25,300	中国嘉德	2022-09-28
清道光 釉里红山水高士图鼻烟壶	高7.8cm	34,500	永乐拍卖	2022-07-24
清中期 粉彩瑞兽烟壶	高8cm	11,500	北京保利	2022-07-16
清中期 青花鼻烟壶（一组三件）	尺寸不一	11,500	北京羿趣国际	2022-03-26
清中期 青花鼻烟壶·釉里红鼻烟壶（一组二件）	尺寸不一	11,500	华艺国际	2022-09-23
清中期 青花釉里红云龙纹烟壶	高10.2cm	20,700	北京保利	2022-07-17
清光绪 粉彩仿生荷花虫草鼻烟壶	高6.8cm	34,500	华艺国际	2022-09-23
清光绪 粉彩京巴三友图烟壶	高10cm	80,500	北京保利	2022-07-29
19世纪 粉彩十八罗汉图鼻烟壶	直径5.6cm	10,350	北京羿趣国际	2022-04-28
清晚期 粉彩钟馗嫁妹图烟壶	高6cm	13,800	中国嘉德	2022-09-30
清晚期 各式瓷质烟壶（五件）	尺寸不一	20,700	北京保利	2022-07-29
清晚期青花釉里红人物纹花卉纹烟壶十只	尺寸不一	46,000	中国嘉德	2022-09-30
清 陈国治制瓷胎雕云龙戏珠鼻烟壶	高7.6cm	25,300	西泠印社	2022-01-22
清 陈鸣远款紫砂田螺式鼻烟壶	高6cm	13,800	广东崇正	2022-12-25
清 矾红诗文鼻烟壶	通高6.5cm	589,710	香港福羲国际	2022-12-28
清 粉彩百子图鼻烟壶	通高6.8cm	117,942	香港福羲国际	2022-12-28
清 粉彩鼻烟壶一组十二件	尺寸不一	115,000	中贸圣佳	2022-07-26
清 粉彩雕瓷人物烟壶	高6.5cm	28,750	北京保利	2022-07-16
清 粉彩开光花卉纹鼻烟壶	高5.5cm	23,000	华艺国际	2022-09-23

拍品名称	物品尺寸	成交价RMB	拍卖公司	拍卖日期
清 粉彩模印十八罗汉鼻烟壶	高8.7cm	34,500	永乐拍卖	2022-07-24
清 粉彩山水人物烟壶	高6cm	25,300	北京保利	2022-07-16
清 粉彩太平有象鼻烟壶	通高5.6cm	29,485	香港福羲国际	2022-12-28
清 蓝地紫砂加彩瑞狮鼻烟壶	通高8.5cm	49,142	香港福羲国际	2022-12-28
清 绿地粉彩开光花卉纹鼻烟壶	高7.2cm	17,250	华艺国际	2022-09-23
清 墨彩御题诗鼻烟壶	6.3cm×1.7cm	86,250	荣宝斋(南京)	2022-12-08
清 青花矾红云蝠鼻烟壶	通高8cm	54,689	香港福羲国际	2022-04-17
清 青花婴戏大烟壶	高11cm	10,350	北京保利	2022-07-16
清 青花釉里红包公审案烟壶	高8cm	17,250	北京保利	2022-07-16
清 青花釉里红海八怪烟壶	高6cm	11,500	北京保利	2022-07-16
清 青花釉里红山水渔翁烟壶	高8.7cm	17,250	北京保利	2022-07-16
清 青花釉里红狮子戏球烟壶	高9cm	13,800	北京保利	2022-07-16
清 青花釉里红五爪龙纹鼻烟壶	高8.2cm	11,500	中贸圣佳	2022-07-10
清 青花釉里红婴戏人物鼻烟壶（一组）	高9.5cm; 高8.2cm	20,700	华艺国际	2022-09-23
清 青花釉里红云龙纹烟壶	高8cm	17,250	北京保利	2022-07-16
清 珊瑚红雕瓷狮子戏球烟壶	高7.5cm	10,350	北京保利	2022-07-16
清 五彩官员人物鼻烟壶	高9.5cm	13,800	广东崇正	2022-12-25
清 釉里红龙纹烟壶	高8cm	11,500	北京保利	2022-07-16
18世纪 铜胎画珐琅内画云龙外画高士图碗	直径18.5cm	40,250	北京保利	2022-07-29
清晚期 马少宣画锦徽堆图水晶鼻烟壶	高8.3cm	69,000	广东崇正	2022-12-25
清晚期 叶仲三画童子闹学图水晶鼻烟壶	高7cm	57,500	广东崇正	2022-12-25
清 水晶内画人物鼻烟壶	通高6cm	117,942	香港福羲国际	2022-12-28
高东升 内画《清明上河图》鼻烟壶	高15cm	9,250,000	中藏艺盛	2022-12-07
近代 内画草虫烟壶	高6cm	11,500	北京保利	2022-07-16
清康熙 千花玻璃背壶式鼻烟壶	高4.7cm	690,000	永乐拍卖	2022-07-24
18世纪 白玉梅兰纹铺首耳鼻烟壶	高5.5cm	57,916	香港苏富比	2022-11-25
乾隆 红料鼻烟壶	高7.5cm	25,300	上海嘉禾	2022-01-01
清乾隆 白套蓝玻璃兰花纹鼻烟壶	高6.4cm	11,500	永乐拍卖	2022-07-24
清乾隆 玻璃仿黄玉夔龙纹鼻烟壶	高6.5cm	138,000	永乐拍卖	2022-07-24
清乾隆 涅白地套蓝仿古兽面纹鼻烟壶	高6.9cm	51,750	永乐拍卖	2022-07-24
清乾隆 浅绿套白料荷花纹鼻烟壶	6.5cm×4.5cm×2cm	23,000	广东崇正	2022-12-25
清乾隆 御制宝蓝玻璃花篮鼻烟壶	高6.1cm	162,165	香港苏富比	2022-11-25
清乾隆 御制红琉璃“螭龙”鼻烟壶	高6.8cm	173,748	香港苏富比	2022-11-25
清乾隆 御制黄料螭龙纹鼻烟壶	高6cm	324,329	香港苏富比	2022-11-25
清乾隆 御制绿料螭龙纹鼻烟壶	高6.4cm	173,748	香港苏富比	2022-11-25
清乾隆 御制涅白地套蓝茶花蝴蝶图鼻烟壶	高6cm	368,000	永乐拍卖	2022-07-24
清乾隆 御制套红料双龙捧寿鼻烟壶	高6.5cm	92,000	永乐拍卖	2022-07-24
清乾隆 紫玻璃梅花诗文鼻烟壶	高6.5cm	11,500	永乐拍卖	2022-07-24
18世纪 蛋青地套四色玻璃三多纹鼻烟壶	高6cm	172,500	永乐拍卖	2022-07-24
18世纪 飞雪地套红玻璃九鼎鼻烟壶	高7.3cm	172,500	永乐拍卖	2022-07-24
18世纪 黑金星玻璃扁壶形鼻烟壶	高5.2cm	57,500	永乐拍卖	2022-07-24
18世纪 黄套蓝玻璃鸳鸯纹鼻烟壶	高5.7cm	149,500	永乐拍卖	2022-07-24
18世纪 蓝金星玻璃鼻烟壶	高5.1cm	253,000	永乐拍卖	2022-07-24
18世纪 绿金星玻璃卵圆形鼻烟壶	高6.4cm	57,500	永乐拍卖	2022-07-24
清中期 红料器茄子式鼻烟壶	高9cm	13,800	广东崇正	2022-12-25
清中期 葫芦形套料鼻烟壶	高6.5cm	10,350	北京保利	2022-07-16
清中期 涅白地套蓝玻璃麒麟送书鼻烟壶	高4.7cm	23,000	永乐拍卖	2022-07-24
清中期 涅蓝料折方铺首鼻烟壶	高6.3cm	11,500	永乐拍卖	2022-07-24
清中期 套红料龙纹鼻烟壶	高6.2cm	25,300	永乐拍卖	2022-07-24
清18至19世纪初 白套绿粉料对弼图鼻烟壶	高5.8cm	173,748	香港苏富比	2022-11-25
清 “同治年制”款蓝料烟壶	高8cm	32,200	中贸圣佳	2022-08-14
清 红料烟壶	高8cm	13,800	中贸圣佳	2022-08-14
清 料胎画珐琅花卉纹古月轩款鼻烟壶	高6.5cm	25,300	永乐拍卖	2022-07-24
清 绿料福瓜纹烟壶	高6.5cm	13,800	中贸圣佳	2022-08-14
清 七色套料鼻烟壶	高7cm	11,500	上海嘉禾	2022-01-01
清 乾隆年制款金星玻璃烟碟及鼻烟壶（一组两件）	尺寸不一	25,300	西泠印社	2022-01-23
清 清宫御制红玻璃鼻烟壶（八只）	尺寸不一	1,322,500	永乐拍卖	2022-07-24
清 清宫造办处红玻璃鼻烟壶（十七只）	尺寸不一	552,000	永乐拍卖	2022-07-24
清 周鸿来微雕诗文黄玻璃鼻烟壶	高6.9cm	253,000	永乐拍卖	2022-07-24
清雍正 铜胎画珐琅黄地包袱龙纹鼻烟壶	高8cm	103,500	永乐拍卖	2022-07-24
清雍正 铜胎画珐琅双鹿图鼻烟壶	高6cm	26,450	北京保利	2022-07-16
清雍正 黄底铜胎珐琅彩鼻烟壶	高8cm	218,500	上海嘉禾	2022-01-01
清乾隆 沉香高士图鼻烟壶	高6.7cm	230,000	永乐拍卖	2022-07-24
清乾隆 匏器鼻烟壶(带嵌银丝木盖)	高8cm	9,200	广东崇正	2022-12-25
清乾隆 掐丝珐琅八宝“吉”字屏	宽22.5cm	34,500	北京保利	2022-07-16
清乾隆 掐丝珐琅双龙捧寿鼻烟壶	高6.3cm	92,000	永乐拍卖	2022-07-24
清乾隆 铜鎏金博古纹烟壶	高7.2cm	13,800	中贸圣佳	2022-09-26
清乾隆 御制金地飞鸣宿食鼻烟壶	高7.3cm	402,500	永乐拍卖	2022-07-24
清乾隆 御制金胎画珐琅西洋人物纹鼻烟壶	高6.5cm	460,000	广东崇正	2022-12-25
清道光 官造料画珐琅梅花纹鼻烟壶	高6.8cm	207,000	广东崇正	2022-12-25
清光绪 白料画珐琅花卉纹鼻烟壶	高5.2cm	29,900	广东崇正	2022-12-25
清 鼻烟（一瓶）	高18cm	16,554	中国嘉德	2022-10-08
清 鼻烟壶（一组五十七个）	最大的高7.5cm	174,868	中国嘉德	2022-06-05
清 乾隆年制款画珐琅西洋人物鼻烟壶	高6.5cm	207,000	西泠印社	2022-01-23
清 剔红雕漆人物鼻烟壶	高6cm	11,500	保利厦门	2022-10-22
清 铜胎剔红十八罗汉鼻烟壶	带座高12.3cm; 高8.7cm	40,250	西泠印社	2022-08-21
清 紫砂加彩堆泥双鸽图鼻烟壶	高7.1cm	48,300	永乐拍卖	2022-07-24
古典家具				
16世纪/17世纪 黄花梨罗汉床	高78cm; 宽200cm; 厚96.5cm	6,373,521	佳士得	2022-11-29

拍品名称	物品尺寸	成交价RMB	拍卖公司	拍卖日期
17世纪 黄花梨万字纹围子六柱架子床	高214.5cm;宽128cm;厚214cm	5,562,345	佳士得	2022-11-29
明 海南黄花梨独板围子罗汉床	210cm×120cm×75cm	4,485,000	广东崇正	2022-12-25
明晚期 黄花梨箭腿四柱架子床	207cm×111cm×190cm	13,050,543	中国嘉德	2022-10-09
清早期 大漆三弯腿四柱架子床	213cm×116cm×207cm	207,000	中国嘉德	2022-12-25
清早期 王士禛铭竹制通体海梨罗汉床	201cm×86cm×68cm	10,350	中鸿信	2022-09-11
17世纪/18世纪 黄花梨及乌木六柱架子床	高246.4cm;宽204cm;厚127cm	1,390,586	佳士得	2022-11-29
清中期 红木雕博古图大罗汉床	207cm×128cm×115cm	161,000	北京保利	2022-07-29
清中期 黄花梨及黄杨木罗汉床	长189cm	1,380,000	华艺国际	2022-09-23
19世纪 红木彩绘描金雕云龙纹罗汉床	高107.3cm;长192.4cm;宽153cm	602,334	纽约佳士得	2022-03-25
清 红木嵌云石罗汉床	长211cm;宽123cm;高110cm;座宽112cm;座长198.5cm	529,000	中贸圣佳	2022-10-27
清 黄花梨草龙纹三弯腿罗汉床	长210cm;宽104.5cm;高87cm	460,000	北京银座	2022-01-12
清 黄花梨龙纹罗汉床	长196cm;宽110cm;高68cm	747,500	北京银座	2022-09-17
清 金漆木雕献寿图浮雕梅鹊纹罗汉床	212cm×148cm×102cm	667,000	广东崇正	2022-12-25
当代 王洪斌 黄花梨有束腰马蹄足三屏风罗汉床	210cm×120cm×73cm	6,325,000	中国嘉德	2022-06-26
当代 张志龙 紫檀百宝嵌三屏风式有束腰马蹄足罗汉床及有束腰马蹄足炕桌	罗汉床206cm×106cm×83.5cm;炕桌42cm×42cm×223cm	1,012,000	中国嘉德	2022-06-26
张丽诗 手作雀友罗汉床	204cm×114cm×93cm	920,000	上海嘉禾	2022-01-01
16世纪/17世纪 黄花梨三弯腿榻	高52cm;宽212cm;厚114cm	5,794,110	佳士得	2022-11-29
18世纪 榉木罗锅帐榻	高49.5cm;宽194.9cm;厚69.9cm	48,455	纽约佳士得	2022-09-23
清 红木嵌大理石罗汉榻	212cm×98cm×88cm	57,500	北京荣宝	2022-07-24
民国 红木嵌云石席面美人榻	长181cm;宽90cm;高25cm	40,250	北京银座	2022-01-12
明至清 奇木大禅座	高87cm;长119cm;宽76cm	241,500	西泠印社	2022-01-01
清乾隆 紫檀有束腰嵌仿玉璧纹宝座	长104cm;宽75cm;高120cm	4,370,000	中国嘉德	2022-06-26
清中期 紫檀雕仿竹束腰马蹄足龙纹宝座	120cm×83.5cm×109cm	33,191,973	中国嘉德	2022-10-09
18世纪/19世纪 御制紫檀嵌黑漆描金硬木云龙纹宝座	高96cm;宽127cm;深100.3cm	5,076,338	佳士得	2022-05-30
现代 紫檀雕云龙纹宝座	长99cm;宽79cm;高104cm	805,000	永乐拍卖	2022-07-25
当代 张志龙 紫檀黑漆描金拐子纹宝座	78cm×60.3cm×103.7cm	322,000	中国嘉德	2022-06-26
明末 黄花梨如意云纹圈椅(一对)	67.5cm×62.5cm×102cm×2	4,786,085	香港苏富比	2022-10-09
明末 黄花梨四出头方材官帽椅(一对)	59.5cm×46cm×108cm×2	2,885,828	香港苏富比	2022-10-08
明末 黄花梨四出头官帽椅	61.7cm×53.5cm×115.6cm	3,884,769	香港苏富比	2022-10-08
明末 黄花梨四出头官帽椅(一对)	59.8cm×53cm×116.5cm×2	3,418,632	香港苏富比	2022-10-08
明末 黄花梨有踏床交机	54.8cm×36.8cm×49.9cm	3,097,463	香港苏富比	2022-10-08
明末 黄花梨圆后背交椅	71.2cm×67.2cm×102.8cm	109,768,068	香港苏富比	2022-10-08
16世纪/17世纪 黄花梨百宝嵌花鸟纹南官帽椅(一对)	61cm×45cm×126cm×2	15,864,825	佳士得	2022-11-29
16世纪/17世纪 黄花梨嵌石板束腰四出头官帽椅	高115cm;宽67.4cm;厚54.5cm	10,346,625	佳士得	2022-11-29
17世纪 黄花梨圈椅	高101.9cm	1,042,486	香港苏富比	2022-11-25
17世纪末/18世纪 紫檀南官帽椅	高92.7cm;长59cm;宽53.5cm	3,132,134	纽约佳士得	2022-03-25
明 黄花梨圈椅(一对)	59cm×45.5cm×98cm×2	172,500	西泠印社	2022-08-21
明 黄花梨四出头官帽椅	63.5cm×60.5cm×118cm	3,734,830	香港福羲国际	2022-12-28
晚明 黄花梨四出头官帽椅	高99.1cm;宽52.1cm;深50.8cm	594,039	佳士得	2022-05-30
明末清初 黄花梨南官帽椅(一对)	42.5cm×56cm×91cm×2	2,387,616	保利香港	2022-10-10
明末清初 黄花梨南官帽椅(一对)	60cm×45.5cm×111cm×2	2,587,500	中贸圣佳	2023-01-01
明末清初 黄花梨四出头官帽椅	座宽60cm;座深49cm;高116.5cm	3,450,000	中贸圣佳	2023-01-01
明末清初 黄花梨四出头官帽椅	长64.5cm;宽49.5cm;高120.5cm	4,600,000	北京保利	2022-07-28
清早期 黄花梨螭龙纹圈椅	67.5cm×64cm×100cm	493,747	中国嘉德	2022-06-04
清早期 黄花梨灯挂椅	长48.2cm;宽39.5cm;高105.5cm	690,000	中贸圣佳	2022-10-27
清早期 黄花梨南官帽椅(一对)	57.8cm×47cm×98cm×2	3,910,000	中贸圣佳	2022-10-27
清早期 黄花梨圈椅	长59cm;宽45cm;高100cm	862,500	中贸圣佳	2022-07-25
清早期 黄花梨圈椅	60cm×46.5cm×98.5cm	1,035,000	中国嘉德	2022-06-26
清早期 黄花梨圈椅(一对)	1.高105cm;椅面长50.7cm;椅面宽59.5cm; 2.高105cm;椅面长59.5cm;椅面宽46cm	1,104,000	西泠印社	2022-01-23
清早期 黄花梨如意双螭纹开光圈椅(一堂四件)	长59.5cm;宽45.5cm;高98cm	7,475,000	北京保利	2022-07-28
清早期 黄花梨扇面形矮梳背椅成对	长60cm;宽46cm;高75cm	1,840,000	北京保利	2022-07-28
清早期 黄花梨四出头大禅椅	69.5cm×69.5cm×94.7cm	2,300,000	中国嘉德	2022-06-26
清早期 黄花梨四出头官帽椅成对	57.5cm×47cm×117.5cm×2	2,207,280	中国嘉德	2022-10-09
清早期 黄花梨竹节纹高靠背南官帽椅成对	座宽53cm;座深42cm;高108cm	1,725,000	北京保利	2022-07-28
18世纪 黄花梨马蹄背扶手椅(一对)	高100.7cm;高100cm	1,100,402	香港苏富比	2022-11-25
17世纪/18世纪 黄花梨灯挂椅	高110cm;宽49.8cm;厚40.8cm	1,013,141	纽约佳士得	2022-09-23
17世纪/18世纪 黄花梨圈椅	高97.6cm;宽64.7cm;厚60.4cm	1,761,984	纽约佳士得	2022-09-23
17世纪/18世纪 黄花梨圈椅	高101cm;宽62.5cm;厚62.2cm	722,413	纽约佳士得	2022-09-23
17世纪/18世纪 榆木红黑漆南官帽椅	高98.4cm;宽55.2cm;厚48.9cm	88,099	纽约佳士得	2022-09-23
18世纪 铁梨木嵌绿石面椅	高92.1cm;宽67.3cm;厚59.1cm	440,496	纽约佳士得	2022-09-23
清中期 柞榛木扶手椅成对	63.5cm×50cm×95cm×2	115,000	中国嘉德	2022-12-25
清中期 紫檀扶手椅成对	58cm×48cm×94.5cm×2	1,103,640	中国嘉德	2022-10-09
清中期 紫檀罗汉纹太师椅	76cm×53cm×106.5cm	662,184	中国嘉德	2022-10-09
清中期 紫檀三弯腿扶手椅(一对)	58cm×44.5cm×90.7cm×2	1,150,000	中贸圣佳	2022-07-12
清中期 紫檀事事如意纹卷草镂雕扶手椅(一对)	69.2cm×53cm×90.5cm×2	2,162,000	中贸圣佳	2023-01-01
清中期 紫檀团螭纹方材南官帽椅	座宽60cm;座深48.5cm;高100cm	322,000	中贸圣佳	2023-01-01
清19世纪 紫檀雕"与天无极"瓦当纹灯挂椅四张成对堂	(82cm)高,(52.5cm)宽,(44cm)深	231,764	佳士得	2022-11-29
19世纪 红木彩绘描金云龙纹扶手椅(一组三件)	尺寸不一	361,400	纽约佳士得	2022-03-25
19世纪 黄花梨如意纹圈椅(一对)	64.8cm×57.2cm×99.7cm×2	1,686,534	纽约佳士得	2022-03-25
清18世纪/19世纪 黄花梨圈椅	高100.3cm;宽64.1cm;厚60.3cm	528,595	纽约佳士得	2022-09-23
清18世纪/19世纪 铁梨木南官帽椅	高113cm;宽70.5cm;厚59.1cm	572,645	纽约佳士得	2022-09-23
清19世纪 黄花梨四出头官帽椅	高101.6cm;宽61cm;厚64.8cm	748,843	纽约佳士得	2022-09-23
清 红木博古纹三人椅	长176cm;宽57cm;高80cm	23,000	北京银座	2022-01-12
清 红木福右眼前圆椅	60cm×45cm×高	216,227	香港福羲国际	2022-12-28
清 红木勾云纹靠背椅及茶几(一组三件)	尺寸不一	46,000	西泠印社	2022-01-23
清 红木龙纹玫瑰椅(一对)	尺寸不一	172,500	西泠印社	2022-08-21
清 红木嵌螺钿三色石面面扶手椅(一对)	尺寸不一	19,550	中贸圣佳	2022-07-12
清 红木嵌瘿木南官帽椅四张连两几	尺寸不一	414,000	中贸圣佳	2022-10-27
清 红木梳背椅四张	座高89cm;座宽54.2cm;座深45.5cm	322,000	中贸圣佳	2022-10-27
清 红木云纹太师椅(一套)	尺寸不一	276,000	北京银座	2022-01-12
清 黄花梨交椅	长77.5cm;宽75cm;高102cm	195,500	北京银座	2022-09-17
清 黄花梨梳背式玫瑰椅(一对)	56cm×42.5cm×88cm×2	805,000	中贸圣佳	2022-07-25
清 黄花梨梳背式玫瑰椅(一对)	座宽56cm;座深43cm;高88.5cm	759,000	中贸圣佳	2022-07-25
清 黄花梨四出头官帽椅(一对)	高121cm×2	126,500	广东崇正	2022-04-17
清 黄花梨四出头官帽椅(一对)	长55cm;宽45cm;高109cm	540,500	北京银座	2022-09-17
清 黄花梨团螭纹圈椅	座宽60cm;座深47.5cm;高100cm	920,000	中贸圣佳	2023-01-01
清 黄花梨团龙纹席面圈椅(一对)	57.5cm×45.5cm×99cm×2	253,000	北京银座	2022-01-12
清 黄杨木禅椅	89cm×57cm×111cm	322,000	中国嘉德	2022-12-25
清 榉木藤靠背南官帽椅	座宽61cm;座深52.1cm;高103.2cm	517,500	北京保利	2022-07-28
清 铁梨木福寿如意云八椅四几(一组)	尺寸不一	36,800	北京保利	2022-07-17
清 铁梨木圈椅(一对)	座深45.7cm;座宽58.5cm;高99.5cm	28,750	中贸圣佳	2022-07-26
清 湘妃竹玫瑰椅(一对)	座深48cm;深39.5cm;高90cm	86,250	中贸圣佳	2022-09-26
清 竹嵌黄花梨梳背椅、几一套三件	尺寸不一	11,500	中贸圣佳	2022-09-26
清 紫檀镶嵌木南官帽椅(一对)	长60cm;宽46.5cm;高97.5cm	143,750	北京银座	2022-01-12
清末 显赫家族收藏 紫檀嵌十二玑石事肖椅及花几(一组四件)	椅62cm×48cm×96cm×3;几41.5cm×41.5cm×79cm	810,054	香港苏富比	2022-04-29
民国 红木三人椅	188cm×60cm×78cm	17,250	北京保利	2022-07-17
民国 黄花梨草龙纹圈椅(一套)	尺寸不一	322,000	北京银座	2022-09-17
民国 黄花梨禅椅	长90cm;宽63cm;高85cm	345,000	北京银座	2022-09-17
民国 黄花梨寿字纹玫瑰椅(四只)	长60cm;宽46cm;高9cm	138,000	北京银座	2022-01-12
19世纪/20世纪 黄花梨四出头官帽椅	高115.6cm;宽68.6cm;厚26.8cm	396,446	纽约佳士得	2022-09-23
当代 红酸枝灯挂椅六只,有束腰画桌、扶手椅成对并几一套十件 辉煌胡艺	尺寸不一	63,250	中国嘉德	2022-06-26
当代 黄花梨四出头冰梅派官椅(一对)	56cm×47cm×111cm×2	345,000	中鸿信	2022-09-11
当代 缅甸花梨梳背椅红酸枝红庑对	59cm×47cm×108.5cm×2	11,500	中国嘉德	2022-06-26
当代 硬木苏式南官帽椅(一对)	58cm×48cm×118cm×2	11,500	中鸿信	2022-09-11
1870年制 文艺复兴风格胡桃木人物雕刻卡萨盘卡长椅	长170cm;宽50cm;高255cm	92,000	西泠印社	2022-08-21
1930年制 法式藤叶饰餐桌配六椅	尺寸不一	36,800	西泠印社	2022-01-23
爱马仕 2021 大象灰色EVERLISSE TAURILLON牛皮、木及钢材椅子(一组两件)	54cm×82.2cm×56.5cm×2	59,508	保利香港	2022-07-11
爱马仕 2021 金色TAURILLON小牛皮及核桃木椅子(一对)	60cm×55cm×83.5cm×2	76,950	保利香港	2022-07-11
20世纪八九十年代 黄花梨圈椅(一对)	61cm×47cm×102cm×2	172,500	北京荣宝	2022-07-24
包天伟手作黄花梨螭龙纹圈椅(一组三件)	椅70cm×62cm×98cm×2;几42cm×36cm×68cm	1,092,500	上海嘉禾	2022-01-01

2022杂项拍卖成交汇总(续表)

(成交价RMB：1万元以上)

拍品名称	物品尺寸	成交价RMB	拍卖公司	拍卖日期
包天伟手作黄花梨明式沙发组合（十件套）	长沙发172cmx54cmx95cm; 小炕几30cmx96cmx20cm; 短沙发62cmx54cmx95cmx4; 茶几42cmx36cmx56cmx2; 花架架30cmx30cmx90cmx2	4,025,000	上海嘉禾	2022-01-01
包天伟手作小叶檀麒麟纹交椅	68cmx65.5cmx101cm	195,500	上海嘉禾	2022-01-01
高靠背南官帽椅	61cmx53cmx116.5cm	34,500	上海嘉禾	2022-01-01
花梨南官帽椅	高104.1cm; 宽59.7cm; 厚55.9cm	969,091	纽约佳士得	2022-09-23
金棕色CLÉMENCE小牛皮及灰色橡木居家沙发座椅	198.1cmx74.5cmx91cm	324,470	佳士得	2022-11-26
19世纪制 高浮雕双天使花卉饰胡桃木靠椅（一对）	长45cm; 宽55cm; 高20cm	43,700	西泠印社	2022-08-21
17世纪 黄花梨圈椅（一对）	64.7cmx52.1cmx95.5cmx2	3,132,134	纽约佳士得	2022-03-25
17世纪 黄花梨四出头官帽椅	高107.3cm; 长62.8cm; 宽59.1cm	2,569,956	纽约佳士得	2022-03-25
17世纪 黄花梨圆椅	高94.6cm; 长65.4cm; 宽65.4cm	1,124,356	纽约佳士得	2022-03-25
小叶紫檀 南官帽椅（一对）	63cmx52cmx96cmx2	172,500	上海嘉禾	2022-01-01
小叶紫檀交椅	69cmx64cmx110cm	126,500	上海嘉禾	2022-01-01
硬木云龙纹鹿角椅	100cmx92cmx114cm	23,000	中国嘉德	2022-06-01
硬木长方桌、靠背椅（一套七件）	尺寸不一	11,500	中国嘉德	2022-06-01
约1840年 英国维多利亚时期蔷薇木沙发	109cmx206cmx87cm	34,500	中国嘉德	2022-06-26
张丽诗手作笔杆椅桌套装	桌145cmx69cmx81cm; 椅60cmx46cmx100cmx3	92,000	上海嘉禾	2022-01-01
张丽诗手作崇景办公桌连椅	桌204cmx89cmx80cm; 椅65cmx55cmx108cm	460,000	上海嘉禾	2022-01-01
张丽诗手作新月茶桌椅套装	桌17lcmx55cmx68cm; 椅65cmx47cmx68cmx4	92,000	上海嘉禾	2022-01-01
明末 黄花梨束腰方凳	46.2cmx43cmx49.2cm	546,981	香港苏富比	2022-10-09
17世纪 黄花梨交杌	高56cm; 宽65.64cm; 厚47.5cm	3,244,701	佳士得	2022-11-29
17世纪 黄花梨四足三弯腿圆凳	高49cm; 直径42cm	2,897,055	佳士得	2022-11-29
17世纪 黄花梨长方凳（一组四件）	高49.5cm; 宽49.5cm; 厚45cm	2,317,644	佳士得	2022-11-29
17世纪 红木束腰方凳（一对）	54.2cmx54.2cmx51.5cmx2	341,863	香港苏富比	2022-10-09
17世纪 红木束腰方凳（一对）	54.2cmx54.2cmx51.5cmx2	227,909	香港苏富比	2022-10-09
17世纪 黄花梨四面平马蹄足长方凳	165.6cmx42cmx49.8cm	2,506,997	香港苏富比	2022-10-09
清早期 黄花梨二人凳	长110cm; 宽62cm	575,000	中贸圣佳	2022-10-27
清早期 黄花梨（一对）	高50cm; 长51.5cm; 宽39.5cm	552,000	中贸圣佳	2022-10-27
清早期黄花梨螭翅纹双卡卡子花方凳成对	长59.5cm; 宽9.5cm; 高52cm	690,000	北京保利	2022-07-28
清早期 黄花梨罗锅枨大方凳（一对）	59.5cmx59.5cmx52cmx2	1,725,000	中贸圣佳	2022-07-25
清早期 黄花梨有束腰马蹄足禅凳	长59.5cm; 宽44cm; 高48.7cm	195,500	中贸圣佳	2023-01-01
清早期 黄花梨圆包圆方凳（一对）	47.5cmx47.5cmx45.5cmx2	759,000	中贸圣佳	2022-10-27
清早期 榉木二人凳	长110cm; 高46.7cm; 宽34.5cm	253,000	中贸圣佳	2022-10-27
清早期 榉木夹头榫条凳成对	106cmx14cmx43cmx2	13,800	中国嘉德	2022-12-25
清早期 紫檀直枨矮方凳佬成对	长50.2cm; 宽42.2cm; 高48.6cm	690,000	北京保利	2022-07-28
18世纪 黄花梨罗锅枨长方凳（一对）	高49.2cm; 宽47cm; 深43.5cm	280,818	佳士得	2022-05-30
清17世纪/18世纪 黄花梨禅凳	高42.5cm; 宽79.5cm; 深64.5cm	486,032	佳士得	2022-05-30
清乾隆 御制紫檀西番莲有带托泥大方凳	52cmx62cmx62cm	7,820,000	华艺国际	2022-01-23
17世纪/18世纪 黄花梨夹头榫春凳	高47cm; 厚33cm; 宽103cm	1,854,115	佳士得	2022-11-29
18世纪 黄花梨杌	高45.7cm; 宽41.3cm; 厚31.4cm	211,438	纽约佳士得	2022-09-23
18世纪 黄花梨扇形凳（一对）	343cmx572cmx47cmx2	1,042,939	佳士得	2022-05-30
清中期 紫檀高束腰鼓腿彭牙带托泥长方凳成对	44cmx35cmx47cmx2; 座面38cmx28.5cmx2	770,500	中国嘉德	2022-06-26
清晚期 黄花梨香炉脚春凳	112cmx29cmx37.7cm	113,150	中国嘉德	2022-06-04
清 红木鼓凳	高46cm	25,300	中贸圣佳	
清 黄花梨龙纹禅凳	长56.5cm; 宽56.5cm; 高45.5cm	92,000	北京银座	2022-01-12
清 黄花梨嵌瘿木面小方凳	长27.5cm; 宽27.5cm; 高25cm	28,750	中贸圣佳	
清 金漆木雕仿珓珺纹四方凳（一对）	高53cm; 边长38cm	23,000	广东崇正	2022-12-25
清 紫檀禅凳（一对）	尺寸不一	644,000	西泠印社	2022-01-23
清 紫檀面面二人凳	长93cm; 宽43cm; 高49cm	69,000	北京银座	2022-01-12
清 紫檀有束腰马蹄足席面长方凳	长59.5cm; 宽45.5cm; 高49cm	92,000	北京银座	2022-01-12
当代 黄花梨夔龙纹交杌	56cmx49.5cmx50.5cm	57,500	中鸿信	2022-09-11
当代 缅甸花梨夹头榫条凳红桥红成对	121cmx35cmx48.4cmx2	11,500	中国嘉德	2022-06-26
大红酸枝 藤面方凳	35cmx43cmx48.5cmx2	28,750	上海嘉禾	
黄褐色TAURILLON H牛皮及胡桃木LES NÉCESSAIRES D'HERMÈS "CARRÉ D'ASSISE" 矮凳	65cmx32.5cmx65cm	44,035	佳士得	2022-11-26
明末 红木嵌大理石面坐墩（一对）	高49cm	2,393,042	香港苏富比	2022-10-09
17世纪 黄花梨四开光坐墩（一对）	高46.3cm; 直径41.9cm	10,488,000	纽约佳士得	2022-09-23
清乾隆 紫檀镶瓷面西番莲纹鼓墩	高45.7cm	1,161,500	中贸圣佳	2022-07-25
17至18世纪 黄花梨嵌大理石面坐墩（一对）	高41.5cm	1,025,590	香港苏富比	2022-10-09
清 紫檀福寿纹鼓墩（一对）	高52cm	207,000	北京荣宝	2022-07-29
剔红亭台高士诗文图炕桌	高30.2cm; 长88cm; 宽36cm	64,249	纽约佳士得	2022-03-25
16世纪晚期/17世纪早期 黄花梨喜鹊石榴纹三屉炕桌	高29cm; 宽96cm; 深25cm	1,404,093	佳士得	2022-05-30
16世纪晚期/17世纪早期 黄花梨束腰炕桌	高30cm; 宽96cm; 深68cm	1,404,093	佳士得	2022-05-30
明末 黄花梨束腰罗锅枨长桌	164.5cmx53.5cmx81.3cm	7,976,808	香港苏富比	2022-10-09
明末清初、17世纪 黄花梨束腰长方桌	高82cm; 宽119cm; 深40.5cm	486,032	佳士得	2022-05-30
明 黄花梨束腰画案	224.5cmx74cmx87cm	386,274	中国嘉德	2022-10-09
明晚期 瀰觽木攒牙子打洼画案	205cmx70cmx83cm	115,000	中国嘉德	2022-12-25
明末清初 黄花梨马蹄腿画桌	长86.5cm; 宽62cm; 高80cm	862,500	北京保利	2022-07-28
明末清初黄花梨嵌瘿木卷草纹三弯腿炕桌	长78.6cm; 宽50.5cm; 高28cm	218,500	中贸圣佳	2023-01-01
明末清初 黄花梨有束腰三弯腿炕桌	长94cm	230,000	华艺国际	2022-09-23
明末清初 硬木圆裹圆画案	194cmx86cmx82.5cm	441,456	中国嘉德	2022-10-09
清早期黑漆嵌螺钿花卉纹有束腰案上桌	453cmx21.3cmx19cm	115,000	中国嘉德	2022-12-25
清早期红漆嵌螺钿福王栱条案（一对）	106.5cmx76cmx82cmx2	2,139,000	中贸圣佳	
清早期 黄花梨平桌	长102cm; 宽49.5cm; 高84.5cm	770,500	中贸圣佳	2022-10-27
清早期 黄花梨螭龙纹方桌	长95cm; 宽95cm; 高84.5cm	1,610,000	中贸圣佳	2022-10-27
清早期 黄花梨高束腰四屉棋桌	82.5cmx82.5cmx84.8cm	920,000	中国嘉德	2022-06-26
清早期黄花梨裹腿罗锅枨带抽屉书桌	长134.5cm; 宽68.4cm; 高83cm	4,140,000	中贸圣佳	2023-01-01
清早期 黄花梨裹腿罗锅枨画案	长144cm; 宽70cm; 高82cm	3,703,000	中贸圣佳	2022-07-25
清早期 黄花梨裹腿罗锅枨画案	长86cm; 宽96cm; 高84cm	2,185,000	中贸圣佳	2022-07-25
清早期 黄花梨卷草龙纹十字枨折叠方桌（可拆卸）	长94.5cm	575,000	华艺国际	2022-09-23
清早期 黄花梨罗锅枨条桌	长109cm; 宽56cm; 高88.3cm	1,046,500	中贸圣佳	2023-01-01
清早期黄花梨束腰一弯腿螭龙卷草纹炕桌	长97cm; 宽61.5cm; 高30cm	410,400	保利香港	2022-07-14
清早期 黄花梨罗锅枨马蹄腿长条桌	长179cm; 宽52cm; 高87cm	989,000	永乐拍卖	2022-07-25
清早期 黄花梨有束腰马蹄足卷草纹加坠角方桌	97cmx97cmx86cm	1,324,368	中国嘉德	2022-10-09
清早期硬木有束腰罗锅枨马蹄足条桌成对	108.8cmx57cmx...	28,750	中国嘉德	2022-12-25
清早期 黄花梨卷草纹炕几	83cmx45.5cmx27.5cm	49,374	中国嘉德	2022-06-04
清康熙 黄花梨束腰拐子龙画桌	17lcmx89.5cmx86.5cm	8,857,450	香港苏富比	2022-10-08
17世纪/18世纪 黄花梨拼镶杨木炕桌	高33cm; 宽52.7cm	385,493	纽约佳士得	2022-03-25
18世纪/19世纪 黄花梨矮圆桌	高33cm; 直径85.1cm	3,614,001	纽约佳士得	2022-03-25
17世纪/18世纪 黄花梨有束腰画桌	高86cm; 宽59cm; 深93cm	972,064	佳士得	2022-05-30
清乾隆 紫檀镶西番莲纹炕桌	高32.7cm; 长86cm; 宽30cm	345,000	中国嘉德	2022-12-27
清乾隆 黄花梨高束腰西番莲纹方桌	高87.5cm; 宽87.5cm; 高88cm	5,750,000	北京保利	2022-07-28
清乾隆 黄花梨无束腰瓜棱腿条桌	159.5cmx84.5cm	5,297,472	中国嘉德	2022-10-09
清18世纪 黄花梨长方形桌	高33cm; 宽157.8cm; 宽33.7cm	120,467	纽约佳士得	2022-03-25
18世纪 黄花梨如意云纹矮桌	高46.4cm; 宽94.6cm	722,800	纽约佳士得	2022-03-25
17世纪/18世纪 后经改装 黄花梨三屉书桌	高89.5cm; 宽132.1cm; 厚65.4cm	308,347	纽约佳士得	2022-09-23
18世纪 后经改装 黄花梨条桌	高92.1cm; 宽181.6cm; 厚64.8cm	1,409,587	纽约佳士得	2022-09-23
18世纪末至19世纪 紫檀雕花草纹八仙桌	87cmx87cmx87.5cmx2	5,940,396	香港苏富比	2022-04-29
清中期桂隋木高束腰龙纹带托泥四足半圆桌	116cmx57.5cmx86cm	103,500	中国嘉德	2022-12-25
清中期 红木高束腰展腿条桌	201cmx50.5cmx97cm	165,546	中国嘉德	2022-10-09
清中期黄花梨四面平管脚枨小案上桌	42cmx20.5cmx14.5cm	88,291	中国嘉德	2022-10-09
清中期 黄花梨圆包圆画案	178cmx76cmx85cm	517,500	北京荣宝	2022-07-24
清中期 紫檀螭龙纹六抽书桌	长133cm; 宽70.5cm; 高88cm	1,495,000	中贸圣佳	2022-10-27
清中期 紫檀蝠纹长条桌	150cmx68cmx81cm	115,000	北京保利	2022-07-16
19世纪 黄花梨及花梨书桌	高50.6cm; 长174.6cm; 宽112.4cm	305,182	纽约佳士得	2022-03-25
19世纪 黄花梨酒桌	高77.5cm; 长80.9cm; 宽40.5cm	522,022	纽约佳士得	2022-03-25
19世纪漆器围棋罐带漆器松瘿桌子（一套）	35cmx32cmx28cm	11,500	保利厦门	2022-10-22
19世纪 剔花卉纹围棋罐带漆器桌子（一套）	45cmx42cmx27cm	23,000	保利厦门	2022-10-22
清18世纪/19世纪 黄花梨桌	高78.7cm; 宽92.7cm; 厚91.4cm	1,145,290	纽约佳士得	2022-09-23
晚清 彩漆花纹半月桌	高82.6cm; 宽80cm; 厚40cm	70,479	纽约佳士得	2022-09-23
晚清 黄花梨半桌	高85.1cm; 宽77.5cm; 厚48.3cm	114,529	纽约佳士得	2022-09-23
晚清黄花梨及花梨螭龙纹半桌（一对）	高83.9cm; 长87.8cm; 宽43.8cm	803,111	纽约佳士得	2022-03-25
清大漆描金拐子纹嵌大理石面方桌	长79.3cm; 宽79.2cm; 高85.5cm	11,500	中贸圣佳	2022-07-12
清大漆描金拐子纹嵌大理石面条桌	长188.5cm; 宽37.5cm; 高114.3cm	17,250	中贸圣佳	2022-07-12
清 红木雕回纹半桌（一对）	103cmx90cmx87cm	23,000	北京保利	2022-07-17
清 红木方桌	88cmx90cmx86cm	11,500	北京保利	2022-07-17
清 红木拐子龙纹小画桌	长88cm; 长123.5cm; 宽53.6cm	172,500	西泠印社	2022-08-21
清 红木拐子纹半桌	长95cm; 宽47.5cm; 高87cm	34,500	北京银座	2022-01-12
清 红木拐子纹条桌	长99.5cm; 宽49.6cm; 高83.3cm	40,250	中贸圣佳	2022-09-26

拍品名称	物品尺寸	成交价RMB	拍卖公司	拍卖日期
清 红木卷草纹方桌	90cm×90cm×87cm	23,000	北京保利	2022-07-16
清 红木拉法桌	长100cm;宽50cm;高82cm	32,200	中贸圣佳	2022-09-26
清 红木满唰镂空卷草纹半桌	长96cm;宽50cm;高82cm	23,000	北京银座	2022-09-17
清 红木牌桌	95cm×94cm×83cm	11,500	北京保利	2022-07-24
清 红木嵌瘿木藤纹 鼓形桌连圆凳	桌高78cm;凳高46cm	552,000	中贸圣佳	2022-10-27
清 红木嵌云石福寿纹半桌(一套)	尺寸不一	57,500	西泠印社	2022-01-23
清 红木三屉账桌	长109cm;宽46.5cm;高84.5cm	25,300	北京银座	2022-01-12
清 红木束腰仿古铜钱枨子八仙桌	长93cm;宽93cm;高84.5cm	29,900	中贸圣佳	2022-07-12
清 红木镶龙纹瓷板圆桌	直径86cm;高90cm	115,000	北京银座	2022-09-17
清 红木镶楠木槛桌	长92cm;宽92cm;高80cm	63,250	北京银座	2022-01-12
清 黄花梨霸王枨半桌	长107cm;宽86cm;高83cm	517,500	北京银座	2022-09-17
清 黄花梨霸王枨内翻老虎腿方桌	长84cm;宽84cm;高83cm	747,500	北京银座	2022-09-17
清 黄花梨罗锅枨方桌	长91.5cm;宽91.5cm;高86cm	598,000	中贸圣佳	2023-01-01
清 黄花梨罗锅枨小条桌	69cm×40cm×76cm	34,500	北京保利	2022-07-17
清 黄花梨镶瘿木面三弯腿炕桌	长84.6cm;宽51.7cm;高28.2cm	345,000	中贸圣佳	2023-01-01
清 龙眼木罗锅枨条桌	107.3cm×37.1cm×87.9cm	276,000	北京保利	2022-07-29
清 瘿木面红杉木圆桌	直径85cm;高75cm	46,000	浙江佳宝	2022-03-13
清 云石圆桌板	直径93.5cm	437,000	中贸圣佳	2022-07-25
清 紫檀嵌黄杨万字纹束腰条桌	长125.5cm;宽42cm;高83.7cm	172,500	北京银座	2022-01-12
清中 黄花梨龙纹圆抱圆角桌	长84cm;宽84cm;高82cm	483,000	北京银座	2022-01-12
清中期 黄花梨卷草纹半桌	长94cm;宽46.5cm;高83cm	1,380,000	中贸圣佳	2022-07-25
清早中期 黑漆描金髹枝莲龙纹炕桌	长89cm;宽43cm;高35cm	345,000	中贸圣佳	2022-07-25
清早中期 剔红高束腰饕餮纹条桌	长127.5cm;宽40cm;高83.8cm	1,495,000	中贸圣佳	2022-07-25
民国 红木嵌瘿木"福在眼前"琴桌	长124cm;宽40cm;高82cm	23,000	北京银座	2022-09-17
民国 红木竹节半桌	长106cm;宽50cm;高82cm	21,850	北京银座	2022-09-17
现代 紫檀有束腰西番莲云螭纹大条桌	长194cm;宽92cm;高93cm	943,000	永乐拍卖	2022-07-25
当代 "田"字桌模型	长70cm;宽70cm;高40cm	74,750	中国嘉德	2022-06-26
当代 当代风格玻璃面方桌	长100cm;宽100cm;高80cm	184,000	中国嘉德	2022-07-25
当代 红木镶云石圆桌一套	尺寸不一	82,800	北京银座	
当代 黄花梨夹头榫带顺枨酒桌	长72cm;宽34.5cm;高90.5cm	92,000	北京银座	2022-01-12
当代 黄花梨有束腰西番莲纹条桌	176cm×50cm×88cm	460,000	中鸿信	2022-09-11
当代 缅甸花梨一腿三牙云石面书桌,缅甸花梨木一腿三牙木面书桌红桥红	106.8cm×67.5cm×86.5cm×2	23,000	中国嘉德	2022-06-26
1880年制 保罗·索玛尼设计路易十五风格黑檀木多功能桌	长89cm;宽45cm;高78cm;展开边长85cm×85cm	36,800	西泠印社	2022-08-21
20世纪八九十年代酸枝嵌玻璃小琴桌	125cm×39.5cm×84.5cm	17,250	北京荣宝	2022-07-24
20世纪八九十年代 血檀嵌玉琴桌	133cm×44cm×83cm	13,800	北京荣宝	2022-07-24
花梨雕螭龙纹条桌	高85.7cm;宽153.7cm;厚57.8cm	114,529	纽约佳士得	2022-09-23
黄褐色TAURILLON H牛皮及天然色枫木EQUIPAGES D'HERMÈS置物边桌	45.4cm×55.2cm	86,911	佳士得	2022-11-26
硬木螭龙纹条桌	150cm×45cm×82cm	13,800	中国嘉德	2022-06-01
硬木嵌填漆戗金云龙纹条桌	130cm×58cm×81cm	10,350	中国嘉德	2022-06-01
约1840年 英国维多利亚时期蔷薇木图书馆大写字桌	74.2cm×197cm×91.5cm	86,250	中国嘉德	
约1870年 法国铜鎏金及青铜雕塑大理石面圆桌	69cm×62cm	218,500	中国嘉德	2022-06-26
约1880年 法国铜鎏金及桃花心木中央桌	74cm×86.5cm	230,000	中国嘉德	2022-12-27
约1910年 英国红木八方小桌	74cm×60cm	10,350	中国嘉德	2022-12-27
张丽诗手作君子竹节桌(一套)	尺寸不一	92,000	上海嘉禾	2022-01-01
张丽诗手作明式圆桌(一套)	尺寸不一	80,500	上海嘉禾	2022-01-01
17世纪 黄花梨折叠式镜台	高27.9cm;宽41.3cm;厚41.3cm	2,781,172	佳士得	2022-11-29
17世纪初 黄花梨三足灯台	高162cm;宽33cm	7,879,909	佳士得	2022-11-29
清早期 紫檀螭蟠棒春纹五屏式镜台	长85cm;宽90cm;高77cm	724,500	中贸圣佳	2022-07-25
清中期 黄花梨花卉纹折叠式镜台	长28.5cm;宽26.5cm;高16cm	40,250	浙江佳宝	2022-03-13
清中期 黄花梨喜上眉梢镜台	42cm×23cm×49cm	419,383	中国嘉德	2022-10-09
清 黄花梨嵌云石台座	高17.5cm;长27cm;宽12.5cm	46,000	西泠印社	
清 金漆木雕胡人献宝烛台(一对)	11cm×36cm×21cm×2	23,000	广东崇正	2022-12-25
清 金漆木雕喜鹊登梅图独台	23cm×14.5cm×20cm	34,500	广东崇正	2022-12-25
清 嵌粉彩瓷面五足扇形台座	长38cm	38,085	罗芙奥	2022-12-03
民国 红木镶云石台	长168cm;宽92cm;高60cm	57,500	北京银座	2022-01-12
1900年制 保罗·莱利·莱登图 神话人物饰鎏金台灯(一对)	长17cm;宽7cm;高53cm	74,750	西泠印社	2022-08-21
江户 德川将军御用时绘吉野山工台台	高12.6cm 长64cm	78,200	中贸圣佳	2022-09-28
江户 罪绘鹌鸣九皋漆茶台	高20cm	49,450	中贸圣佳	2022-09-23
19世纪前期 卷叶花卉饰鎏金墨水台	长54cm;宽22cm;高6cm	23,000	西泠印社	
约1890年 法国路易十六风格铜鎏金桃花心木大理石面台帮	高90cm	115,000	中国嘉德	2022-06-28
约1890年 法国路易十六风格铜鎏金桃花心木台帮	高102cm	103,500	中国嘉德	2022-06-28
明末 黄花梨夹头榫如意云纹平头案	215cm×50.5cm×84cm	2,663,842	香港苏富比	2022-10-08
17世纪 黄花梨独板插翘头案	高83.5cm;宽274.5cm;厚51.8cm;桌面厚5.8cm	31,315,785	佳士得	2022-11-29
17世纪 黄花梨嵌桦木磬头案	高80.6cm;宽194.3cm;厚54cm	1,673,885	纽约佳士得	2022-09-23
17世纪 黄花梨夹头榫平头案	95.8cm×42.7cm×83.4cm	1,025,590	香港苏富比	2022-10-09
明 大漆带托泥长方束腰案几	高60.5cm;长35.9cm;宽15.6cm	149,500	中贸圣佳	2023-01-01
明 黄花梨香案	高75cm;长76.2cm;宽41cm	195,500	西泠印社	2022-08-21
明晚期 黄花梨独板翘头案	114cm×31.3cm×76.3cm	1,986,552	中国嘉德	2022-10-09
明末清初 黄花梨带屉平头案	长75cm;宽36cm;高61.5cm	724,500	中贸圣佳	2022-07-25
清早期 红牙夹头榫镶瘿面带托子翘头案	200cm×51.5cm×90.5cm	207,000	中国嘉德	2022-07-25
清早期 黄花梨案上几	长36cm;宽16.5cm;高10cm	126,500	中国嘉德	2023-01-01
清早期 黄花梨螭龙纹瓷板画翘头案	长332cm;宽46cm;高97cm	27,600,000	中贸圣佳	2022-07-25
清早期 黄花梨独板面卷云纹翘头案	长129cm;宽32cm;高97cm	1,955,000	北京保利	2022-07-28
清早期 黄花梨独板面小翘头案	48cm×14cm×14cm	172,500	中国嘉德	2022-12-25
清早期 黄花梨夹头榫大画案	高80cm;长213cm;宽64cm	1,736,500	华艺国际	2022-09-23
清早期 黄花梨夹头榫平头案	长207.3cm;宽62.5cm;高85cm	1,128,000	保利香港	2022-07-14
清早期 黄花梨卷草纹三弯腿插肩榫炕案	长79.5cm;宽46.5cm;高22.5cm	644,000	中贸圣佳	2022-07-25
清早期 黄花梨卷云纹带屉平头案	长76cm;宽36cm;高72cm	782,000	北京保利	2022-07-28
清早期 黄花梨如意云头独面案	长84.5cm;高80cm	1,495,000	中贸圣佳	2022-10-27
清早期 黄花梨如意云头平头案	长199.5cm;高82cm;宽53.2cm	1,380,000	中贸圣佳	2022-10-27
清早期 黄花梨镶瘿木面平头案	长105.5cm;宽44.2cm;高80.6cm	1,495,000	中贸圣佳	2022-10-27
清早期 榉木夹头榫螭纹牙头平头案	132.5cm×63cm×81.5cm	287,500	中国嘉德	2022-06-04
清早期 榉木夹头榫独板面平头案	201.5cm×58.5cm×80.7cm	184,000	中国嘉德	2022-12-25
清早期 铁梨木独板面螭龙纹大翘头案	长416.5cm;宽69.5cm;高96.5cm	2,645,000	北京保利	2022-07-28
清早期 铁梨木独板翘头案	226cm×40cm×91cm	36,002	中国嘉德	2022-06-04
清早期 铁梨木香炉型独板面翘头案	263cm×47cm×93cm	609,500	中贸圣佳	2022-06-26
清早期 瀿鹡木对卷云瓜棱腰平头案	长100.7cm;宽50cm;高78cm	322,000	中贸圣佳	2022-07-25
清早期 硬木束腰香案	高79.5cm;长69.5cm;宽37.3cm	86,250	西泠印社	2022-01-23
清康熙 雕填漆花卉龙纹画案	188cm×87cm×77cm	1,380,000	北京保利	2022-01-12
18世纪/19世纪 黄花梨小平头案	高76.2cm;长105.4cm;宽43.2cm	401,556	纽约佳士得	2022-03-25
清乾隆 大漆描金五福拱寿条案	190cm×46cm×120cm	115,000	广东崇正	2022-12-25
清乾隆 红榉木卷草龙纹翘头供案	高约91cm;长256cm;宽45cm	287,500	西泠印社	2022-08-21
清18/19世纪 黄花梨二屉平头案	高79.1cm;长127.3cm;宽55.9cm	883,423	纽约佳士得	2022-03-25
17世纪/18世纪 黄花梨夹头榫平头案	高78.7cm;宽131.4cm;厚48.3cm	748,843	纽约佳士得	2022-03-25
17世纪/18世纪 黄花梨夹头榫平头案	高81.28cm;宽199.39cm;厚48.26cm	880,992	纽约佳士得	2022-03-25
清中期 黄花梨独板夹头榫带托子翘头案	191cm×42cm×87cm	575,000	北京荣宝	
清中期 紫檀卷龙纹条案	长204.5cm;宽49.5cm;高87cm	2,070,000	中贸圣佳	
19世纪 黄花梨螭纹翘头案	高约8cm;长187cm;宽8cm	602,334	纽约佳士得	2022-03-25
清 红木夹头平头案	143cm×47cm×83cm	36,800	中鸿信	2022-09-11
清 红木嵌瘿木条案	长110cm;宽32.5cm;高78cm	48,300	中贸圣佳	2022-09-26
清 桦木根雕画案	长91cm;宽49.7cm;高32.5cm	20,700	北京保利	2022-09-26
清 榉木根雕画案	201cm×41cm×84cm	1,207,500	北京保利	2022-07-29
清 黄花梨案上冰盆架	50cm×40cm×24.6cm	287,500	华艺国际	2022-09-23
清 黄花梨案上顶柜箱	38cm×20cm×62cm×2	287,500	北京荣宝	2022-07-24
清 黄花梨案上小书柜	高42.5cm;长36.8cm;宽25.3cm	115,000	西泠印社	2022-08-21
清 黄花梨独板夹头榫连带托子案几桌	长19cm;宽42cm;高87cm	414,000	北京银座	2022-01-12
清 黄花梨独板面插肩榫小翘头案	472cm×19cm×16.3cm	345,000	北京保利	2022-07-29
清 黄花梨独板翘头案上案	43.5cm×17.5cm×21cm	74,750	北京荣宝	2022-07-24
清 黄花梨可字翘头案	长200cm;宽44cm;高80cm	287,500	北京保利	2022-07-28
清 黄花梨夹头榫螭龙纹画案	长82cm;宽181.5cm;高22cm	2,070,000	西泠印社	2022-01-12
清 黄花梨架几案	长176.5cm;宽27.8cm;高90cm	1,322,500	中贸圣佳	2022-01-12
清 黄花梨卷草纹条案	长153cm;宽32cm;高82cm	230,000	北京银座	2022-01-12
清 黄花梨龙纹画案	长154cm;宽81cm;高84cm	977,500	北京银座	2022-01-12
清 黄花梨嵌瘿木束腰霸王枨小画案	高80.9cm;长106.5cm;宽66cm	368,000	西泠印社	2022-01-12
清 黄花梨如意头平头案	长182cm;宽32cm;高80cm	276,000	北京银座	2022-01-12
清 黄花梨如意云头平头案	长182cm;宽45.5cm;高86cm	241,500	北京银座	2022-01-12
清 黄花梨如意云头平头案	长10cm;宽50cm;高86cm	230,000	北京银座	2022-01-12
清 黄花梨小翘头案	长35cm;宽17.5cm;高10cm	48,300	北京银座	2022-01-12
清 黄花梨束腰霸王枨小案上案	长55cm;宽15cm;高10cm	34,500	中鸿信	2022-09-11
清 黄花梨圆抱圆画案	178cm×76cm×85cm	644,000	北京保利	2022-07-28
清 紫檀云头饕餮纹平头案	长125cm;宽41cm;高80cm	172,500	北京银座	2022-01-12
清 紫檀有束腰马蹄斗拱式画案	长160cm;宽72cm;高85cm	287,500	北京银座	2022-01-12
民国 红木雕花束腰平头案	长182cm;宽48cm;高85cm	36,800	北京银座	2022-01-12
民国 红木拉钱纹大画案	长164cm;宽80cm;高82cm	39,100	北京银座	2022-01-12
民国 红木万字锦地透雕花卉纹平头案	长197.5cm;宽51.5cm;高86cm	63,250	北京银座	2022-09-17
民国 黄花梨独板小翘头案	117cm×32.5cm×34cm	138,000	北京保利	2022-02-03

(成交价RMB: 1万元以上)

拍品名称	物品尺寸	成交价RMB	拍卖公司	拍卖日期
民国 黄花梨平头案	72cm×34cm×91cm	115,000	北京保利	2022-07-16
民国 紫檀夔龙纹条案	219cm×52cm×93.5cm	690,000	北京保利	2022-07-29
近现代 硬木翘头案	长127cm;宽38cm;高84cm	23,000	中贸圣佳	2022-09-26
现代 黄花梨独板翘头案	200cm×42cm×83cm	230,000	北京荣宝	2022-07-24
现代 老料紫檀嵌黄花梨大画案	长220cm;宽65cm;高80cm	747,500	永乐拍卖	2022-07-25
现代 紫檀梅花锦地纹平头案	长175cm;宽44.5cm;高84cm	690,000	永乐拍卖	2022-07-25
现代 黄花梨云纹炎案	长138cm;宽22cm;高84cm	322,000	永乐拍卖	2022-07-25
当代 黄花梨独板画案	219cm×69cm×84.5cm	690,000	中鸿信	2022-09-11
当代 黄花梨明式如意头圆腿画案	153cm×61.5cm×82cm	379,500	中鸿信	2022-09-11
当代 黄花梨明式四平画案	165cm×61.5cm×86.5cm	207,000	中鸿信	2022-09-11
当代 黄花梨圆抱圆双环卡子花画案	长147.8cm;宽79cm;高81.5cm	207,000	北京银座	2022-01-12
当代 黄花梨圆抱圆鱼门洞画案	长160cm;宽77.5cm;高85.5cm	402,500	北京银座	2022-01-12
当代 田家青原设计裹圆牙子大画案	长236cm;宽104cm;高83cm	2,127,500	中国嘉德	2022-06-26
当代 铁梨木独板架墩大画案	长270cm;宽82cm;高84cm	690,000	中国嘉德	2022-06-26
当代 紫檀插肩榫大画案	长204.5cm;宽100cm;高83cm	460,000	北京银座	
当代 紫檀缠枝莲纹架几案	长308cm;宽47cm;高80cm	414,000	北京银座	
当代 王洪斌黄花梨夹头榫樇风纹牙头画案	154cm×96cm×82.7cm	920,000	中国嘉德	2022-06-26
17世纪/18世纪 黄花梨平头案	高80.6cm;长208.9cm;宽58.7cm	3,212,446	纽约佳士得	2022-03-25
17世纪/18世纪 黄花梨嵌绿石案屏	高120.6cm;长74.9cm;宽36.8cm	2,810,890	纽约佳士得	2022-03-25
包天伟手作黄花梨明式圆包圆条案	136cm×40cm×76cm	552,000	上海嘉禾	2022-01-01
包天伟手作小叶紫檀卷云纹平头小条案	102cm×38cm×82cm	138,000	上海嘉禾	2022-01-01
海黄小画案	137.5cm×73.5cm×84.5cm	483,000	上海嘉禾	2022-01-01
黄花梨小条案	139cm×37cm×82cm	598,000	上海嘉禾	2022-01-01
18世纪 铁梨木夹头榫如意云纹翘头案	高85.1cm;长128.3cm;宽32.4cm	1,766,845	纽约佳士得	2022-03-25
17世纪 黄花梨象面纹翘头案	高95.5cm;长309.9cm;宽32.4cm	13,385,190	纽约佳士得	2022-03-25
小叶紫檀画案	190cm×80cm×83.5cm	402,500	上海嘉禾	2022-01-01
明崇祯十年(1637年)御制 填漆戗金云龙纹高束腰三弯腿圆香几	高61.5cm;直径27.5cm	2,645,000	北京保利	2022-07-28
明末 黄花梨螭龙纹炕几	88.5cm×43.5cm×39.3cm	512,795	香港苏富比	2022-10-09
16世纪/17世纪 黄花梨高束腰长方香几	高78.1cm;宽66.7cm;厚36.2cm	8,105,126	纽约佳士得	2022-09-23
17世纪 黄花梨四足高束腰嵌蛇纹石带托泥长方香几	高74cm;宽41cm;厚38cm	22,486,665	佳士得	2022-11-29
17世纪 黄花梨五足圆香几	高97cm;直径41cm	65,599,901	佳士得	2022-11-29
明 大漆云足台几	长60.4cm;宽28.7cm;高8.5cm	34,500	中贸圣佳	2022-07-25
明 黄花梨马蹄足长方几	38.6×4cm;高82cm	713,000	中贸圣佳	2022-10-27
明 朱漆雕填高束腰五足香几	高76cm	1,610,000	中贸圣佳	
明 紫檀方几	32cm×18cm×9.7cm	57,500	广东崇正	2022-12-25
明至清 漆彩山水隐逸图书卷形香几	高133cm;长51cm;宽235cm	109,250	西泠印社	2022-01-23
明晚期项元汴款黄花梨镶大理石带福结香几	长54cm;宽22cm;高31cm	41,975,000	北京保利	2022-07-28
明末清初 黑漆描金人物故事图几	长45.5cm;宽43.2cm;高52cm	805,000	中贸圣佳	2022-07-25
明末清初黄花梨卷草纹三弯腿方香几	长53cm;宽53cm;高90.5cm	8,970,000	中贸圣佳	
清早期填漆戗金石榴花卉纹梅花形香几	高90cm	1,012,000	中贸圣佳	
清早期 黑漆描金海棠式小几	高14cm	57,500	中贸圣佳	
清早期黑描金山水楼阁人物纹小翘头几	34.5cm×14.5cm×12cm	28,750	中国嘉德	2022-06-26
清早期 黑漆无束腰罩金花卉纹几	61cm×52cm×80.5cm	97,750	中国嘉德	2022-06-26
清早期 黄花梨螭龙纹翘头案几	高27cm;长35cm;高64cm	92,000	西泠印社	2022-08-21
清早期 黄花梨高束腰三弯腿方香几	长51.5cm;宽51.5cm;高86.5cm	4,370,000	北京保利	2022-07-28
清早期 黄花梨四平开光小几	长26.3cm;宽13cm;高8cm	63,250	中贸圣佳	2022-07-12
清早期 黄花梨有束腰马蹄足展腿王棕香几	长167cm;宽95cm;高26cm	322,000	北京银座	2022-01-12
清早期 黄杨木嵌竹梅木卷书几	50.5cm×19cm×16.8cm	28,750	中国嘉德	2022-12-25
清早期 黄杨木四平案几	32cm×16cm×7.5cm	69,000	北京保利	2022-07-29
清早期黄杨木镶楼木四面平式小几	长257cm;宽256cm;高10cm	69,000	中贸圣佳	2023-01-01
清早期 榉木有束腰壶门外翻马蹄足带托泥五足香几	直径53cm;高79cm	161,000	中国嘉德	2022-12-25
清早期 紫檀高束腰马蹄足长方几	92cm×35.5cm×35cm	209,691	中国嘉德	2022-10-09
清康熙 黑漆螺钿四方小几	长21.4cm;高36.4cm	109,250	中贸圣佳	2022-10-27
清康熙 硬木嵌石百宝雕嵌龙纹长方几	90.5cm×44cm×27.5cm	253,000	北京保利	2022-07-29
18世纪/19世纪 黄花梨镂空树根形香几	高77.5cm;长54cm;宽45.7cm	1,284,978	纽约佳士得	2022-03-25
清乾隆 漆雕人物故事几	9cm×40cm	184,000	荣宝斋(南京)	2022-12-08
清乾隆 朱漆填彩三羊开泰香几	48cm×31cm×31.5cm	80,500	中国嘉德	2022-06-26
清乾隆 紫檀拐子龙炕几	104.5cm×44cm×80cm	3,220,000	中贸圣佳	2022-06-26
清乾隆 紫檀卷舒云龙高束腰方几(一对)	41.3cm×41.3cm×86cm×2	2,990,000	中贸圣佳	2023-01-01
18世纪 剔红锦地龙纹几	高3.5cm;长19cm	92,000	保利厦门	2022-10-22
清中期 红木拐子龙纹炕几	高28.5cm;长82.4cm;宽49.2cm	34,500	西泠印社	2022-08-21
清中期 红木直束腰带托泥案几	40cm×22cm×13cm	34,500	北京保利	2022-07-29
清中期 楠木香几	46cm×83cm	57,500	中鸿信	2022-09-11
清中期 剔红缠枝莲纹香几	30.5cm×30.5cm×16.7cm	32,200	中国嘉德	2022-12-27
清中期 硬木文房小几	长22.7cm;宽7.5cm;高4.1cm	11,500	中贸圣佳	2022-09-26
清中期紫檀高束腰拉玉璧纹马蹄足凭几	75cm×22cm×31.5cm	69,000	中国嘉德	2022-06-26
清中期 紫檀嵌云石圆几	直径27cm;高16cm	57,500	浙江佳宝	2022-03-13
清中期 紫檀绳拉玉璧纹支板足几	77cm×41cm×31.7cm	1,150,000	中国嘉德	2022-06-26
清中期 紫檀四面平四平璧纹炕几	71cm×36cm×81cm	309,019	中国嘉德	2022-10-09
19世纪红木经绘描金雕扭龙纹长几(一对)	高81.9cm;宽46.4cm	72,280	纽约佳士得	2022-03-25
清晚期红木高束腰拐子纹四足高几成对	44.5cm×44.5cm×128cm×2	28,750	中国嘉德	2022-06-26
清晚期 红木拐子纹双几成对	34cm×34cm×128cm×2	195,500	中国嘉德	2022-06-26
清晚期 红木四面平方小几	55.5cm×27.2cm×16.5cm	46,000	北京保利	2022-07-29
清 大漆漆金福庆有余纹炕几	73.5cm×38cm×32cm	34,500	广东崇正	2022-12-25
清 仿竹根紫檀香几	高78cm	55,182	中国嘉德	2022-10-08
清 黑漆描金嵌瓷板香几	高90.5cm	345,000	中贸圣佳	2022-09-23
清 红木雕龙纹四腿花几	高76cm	18,400	中鸿信	2022-09-11
清 红木灵芝龙纹牙板下卷几	长137cm;宽40cm;高25cm	28,750	中贸圣佳	2022-09-26
清 红木镂雕牙板案几	长97cm;宽53.5cm;高34cm	20,700	中贸圣佳	2022-09-26
清 红木嵌爆木几	长92.2cm;宽44cm;高98cm	34,500	中贸圣佳	2022-09-23
清 红木嵌云石小方几	高11.4cm;长18cm	10,350	广东崇正	2022-12-25
清 红木嵌云石小方几	高9.5cm;长14.5cm	12,650	广东崇正	2022-12-25
清 花梨螭龙纹案上几	高13cm;长43.2cm;宽16.5cm	43,700	西泠印社	2022-08-21
清 花梨梨高束腰圆香几	44cm×44cm×88.5cm	231,764	中国嘉德	2022-10-09
清 花梨裹腿帐案上几	长33cm;宽21.7cm;高11.7cm	21,850	中贸圣佳	
清 花梨纹影子木炕几(一对)	长51.5cm;宽41.5cm;高82cm	368,000	北京银座	2022-09-17
清 花梨翘头几	长48cm	20,700	中国嘉德	
清 黄杨木随形瘤根花几	高53.5cm	48,300	北京保利	
清 黄杨木随形小几	高10cm;长21cm;宽13cm	10,350	西泠印社	2022-01-23
清 黄杨木文房小几	长29cm;宽9.4cm;高53cm	32,200	中贸圣佳	
清明式黄花梨高束腰六足香几(一对)	高78cm;直径50cm	747,500	广东崇正	2022-12-25
清 楠木随形几	高67.5cm;宽64cm	34,500	浙江佳宝	2022-03-13
清 奇木随形花几	高100.8cm	112,700	西泠印社	
清 青琅玕馆款紫檀竹节小几	高12.2cm;长38.1cm;宽10.8cm	57,500	西泠印社	2022-08-21
清 酸枝方几	73cm×39cm×17cm	46,000	华艺国际	2022-09-23
清 酸枝镂雕几座	长113cm×16.8cm×76cm	43,700	华艺国际	
清 剔红牡丹双凤纹花几(一对)	40cm×40cm×70cm×2	103,500	中鸿信	2022-09-11
清 剔红人物故事图花卉纹几	30.2cm×23.8cm;重45g	57,500	中国嘉德	2022-12-25
清 剔红五色纹几	高49.7cm	230,000	中贸圣佳	2022-07-25
清 天然木香几	高34cm	322,000	中贸圣佳	2022-07-25
清乌木嵌黄花梨夹头榫小翘头几上几	63.5cm×23cm×17cm	52,974	中国嘉德	2022-10-09
清 贻燊堂款黄花梨卷几式小摆件	高2.7cm;长17.2cm;宽45cm	20,700	西泠印社	
清 瘿木面随形花几	高21cm	11,500	中国嘉德	2022-06-28
清 硬木"胡太谷"凭几	长11cm	34,500	华艺国际	
清 柞榛木小案几	高10cm;长35cm;宽12cm	23,000	西泠印社	2022-08-21
清 紫檀错银丝方卷几	长28cm;宽18.7cm;高13cm	178,250	中贸圣佳	2022-07-25
清 紫檀雕龙纹案上卷几	42cm×16.5cm×7cm	92,000	北京荣宝	2022-07-24
清 紫檀几	长40cm	34,500	华艺国际	
清 紫檀龙纹几	39cm×20cm×11cm	82,800	广东崇正	2022-04-17
清 紫檀龙纹大案几	高14cm;长61cm;宽24cm	23,000	西泠印社	2022-01-23
清 紫檀马蹄足小方几	长20.5cm;宽13.7cm;高10.5cm	20,700	中贸圣佳	2022-09-26
清 紫檀木楼雕六方小几	高10.5cm;通径10cm	28,750	西泠印社	2022-08-21
清 紫檀嵌云石带托泥几	高12cm;长6.8cm;宽26.3cm	57,500	西泠印社	2022-01-23
清 紫檀嵌云石方几	长28.3cm;宽28.3cm;高11.5cm	92,000	中贸圣佳	2022-07-12
清 紫檀嵌云石几	高23cm;长37.5cm;宽20cm	46,000	中贸圣佳	2022-07-12
清 紫檀如意头小几	高14cm;长6cm;宽11.8cm	23,000	西泠印社	2022-01-23
清 紫檀小几	长34.5cm;宽9.7cm;高9cm	51,750	中贸圣佳	2022-10-27
清 紫檀云龙纹花几(一对)	长45cm;宽45cm;高95cm	414,000	北京银座	2022-01-12
清早中期 紫檀凹弦纹方几	长39cm;宽39cm;高33cm	287,500	中贸圣佳	2022-07-25
民国 红木卷几	长51.5cm;宽26.5cm;高10.5cm	11,500	中贸圣佳	2022-08-06
民国 红木倭角花几(一对)	直径42cm;高97cm	29,900	北京银座	2022-01-12
民国 黄花梨香几	长79.5cm;宽24cm;高79cm	207,000	北京银座	2022-09-17
民国 黄花梨随形花几	高87.6cm	86,250	中贸圣佳	2022-09-26
民国 螺钿四方香几	33cm×48cm×14cm	23,000	广东崇正	2022-08-11
民国 天然奇木随形香几	高122cm	23,000	中鸿信	2022-09-11
当代 红木镶云石面卷草纹三弯腿香几(一对)	长49cm;宽49cm;高93cm	55,200	北京银座	2022-09-17
当代 红酸枝高束腰暗屉带托泥四足高香几成对 辉煌仙艺	47.5cm×47.5cm×96.4cm×2;面402cm×402cm	25,300	中国嘉德	2022-06-26
1860年制 加布里埃尔·维亚多胡桃木理石小几	长35cm;宽28cm;高100cm	40,250	西泠印社	2022-01-23
1880年制 米莱公司制作路易十五风格桃花心木铜鎏金小几	长46cm;宽34cm;高75cm	57,500	西泠印社	2022-01-23
黄花梨雕龙纹长方几一对	高87.6cm;长48.9cm;宽41.9cm	722,800	纽约佳士得	2022-03-25
19世纪制 胡桃木理石台面小几(一对)	长48cm;宽48cm;高90cm	40,250	西泠印社	2022-01-23
19世纪制 胡桃木细木镶嵌拼花小几(一对)	长50cm;宽34cm;高71cm	34,500	西泠印社	2022-01-23
19世纪制 加布里埃尔·维尔多风格罗马柱式展示小几	直径45cm;高130cm	40,250	西泠印社	2022-08-21
19世纪制 路易十六风格硕果仙子饰鎏金圆几	桌面直径60cm;高68cm	109,250	西泠印社	2022-01-23
19世纪制 细木镶嵌拼花梳妆小几	长52cm;宽32cm;高73cm	57,500	西泠印社	2022-08-21
有束腰带托尼香几	50cm×35cm×72cm	25,300	上海嘉禾	2022-01-01

拍品名称	物品尺寸	成交价RMB	拍卖公司	拍卖日期
约1900年 法国新艺术运动时期细木拼花茶几四件套	高72cm	69,000	中国嘉禾	2022-06-28
张丽诗手作海棠香几（三件套）	尺寸不一	69,000	上海嘉禾	2022-01-01
张丽诗手作爨木炕几	45cm×25cm×11cm	17,250	上海嘉禾	2022-01-01
明 黄花梨达摩坐像 带红木嵌大理石座	高172cm；总高223cm	57,500	广东崇正	2022-08-11
明 黄花梨底座	直径9.5cm；高3.5cm	11,500	朵云轩	2022-12-08
清初 黄花梨嵌大理石方倭角座	高3.5cm；长15cm	11,500	保利厦门	2022-10-22
清早期 黄花梨六足圆座	腹径25.8cm	218,500	中贸圣佳	2022-10-21
清雍正 竹螺钿八角座	长25cm；宽25cm；高9cm	368,000	中贸圣佳	2023-01-01
清乾隆 "乾隆御鉴" 款紫檀带暗屉须弥座（一对）	29cm×18cm×72cm×2	391,000	中国嘉德	2022-06-28
清乾隆 各式器座（一组五件）	尺寸不一	36,800	北京保利	2022-07-16
清乾隆 宫廷紫檀莲花纹碗座	高11cm	28,750	保利厦门	2022-10-22
清乾隆 红木仿古纹座	直径35.5cm	43,700	北京保利	2022-07-16
清乾隆 黄花梨底座	直径19.5cm；内径直径16.5cm；高5cm	23,000	广东崇正	2022-12-25
清乾隆 乌木 "汉兽环洗" 器座	直径32.6cm	48,300	北京中汉	2022-08-08
清乾隆 乌木嵌银丝座	直径13.5cm	71,300	北京保利	2022-07-16
清乾隆 紫檀 "汉犓首匜" 六方器座	直径20.3cm	69,000	北京中汉	2022-08-08
清乾隆 紫檀错金银丝宫廷器座四件		80,500	中国嘉德	2022-12-27
清乾隆 紫檀底座	直径16.5cm；高4.5cm	23,000	广东崇正	2022-08-11
清乾隆 紫檀官款底托两件	20cm×20cm、20cm×20cm	48,300	中贸圣佳	2022-07-13
清乾隆 紫檀海棠形座	长22cm	46,000	北京保利	2022-07-16
清乾隆 紫檀疙瘩斯坦风格玉器座	直径18.5cm	71,300	北京保利	2022-07-16
清乾隆 紫檀卷草纹座	高5.5cm；直径12.5cm	12,650	广东崇正	2022-12-25
清乾隆 紫檀葵口座	直径18.5cm	59,800	北京保利	2022-07-16
清乾隆 紫檀六方座（一对）	高15.5cm	46,000	北京保利	2022-07-16
清乾隆 紫檀镂雕龙座	直径13.4cm；高4cm	63,250	中贸圣佳	2023-01-01
清乾隆 紫檀描金 "飞鸣宿食" 芦雁图器座	直径9.5cm	126,500	北京保利	2022-07-16
清乾隆 紫檀器座	宽15cm	63,250	北京保利	2022-07-16
清乾隆 紫檀器座	宽16.5cm	34,500	北京保利	2022-07-16
清乾隆 紫檀嵌金银丝海棠形座	直径14.5cm	69,000	北京保利	2022-07-16
清乾隆 紫檀嵌金银丝座	直径12.8cm	57,500	北京保利	2022-07-16
清乾隆 紫檀嵌银丝扁瓶座	宽14cm	32,200	北京保利	2022-07-16
清乾隆 紫檀椭圆形座	长14.4cm	59,800	北京保利	2022-07-16
清乾隆 紫檀三足龙纹器座	宽24.5cm	69,000	北京保利	2022-07-16
清乾隆 紫檀长方座	长28cm	115,000	北京保利	2022-07-16
清乾隆 紫檀整挖器座	宽11cm	94,300	北京保利	2022-07-16
清乾隆 紫檀座	直径25.7cm	63,250	北京保利	2022-07-16
18世纪 龙纹木束腰方座	高19.7cm；宽29.2cm；高...	28,109	纽约佳士得	2022-03-25
清道光 红木 "五老峰" 苏式赏石座	长24.5cm	517,500	中国嘉德	2022-12-27
清道光 红木刻 "玉山高井" 苏式赏石座	长26.2cm	322,000	中国嘉德	2022-12-27
清中期 剔红缠枝花卉纹器座（三个）	尺寸不一	86,250	中国嘉德	2022-06-28
清中期 剔红锦地纹器座（两个）	尺寸不一	36,800	中国嘉德	2022-06-28
清中期 紫檀莲花形佛座	长34.5cm；高10.3cm	94,300	中贸圣佳	2022-09-26
19世纪 紫檀陶座	高45.7cm	74,750	华艺国际	2022-09-23
清 沉香木山子 带紫檀座	长15cm；高6.5cm	57,500	广东崇正	2022-08-11
清 根雕随形器物座	长60cm；宽45cm；高75cm	10,925	北京银座	2022-09-17
清 红木底座	直径22.5cm；内径10.9cm	16,100	广东崇正	2022-08-11
清 红木佛手配红木座	长23cm	13,800	中贸圣佳	2022-09-26
清 红木随形赏石座	长64cm；高40.5cm	28,750	中贸圣佳	2022-09-26
清 红木下卷座	长48cm	27,204	罗芙奥	2022-12-03
清 黄花梨莲花纹托座	直径13cm；高8.5cm	28,750	中国嘉德	2022-12-25
清黄杨木路路通山子摆件（原配紫檀底座）	高41cm	17,250	浙江御承	2022-08-28
清 黄杨木竹节纹器座	高25cm；直径18cm	23,000	浙江御承	2022-08-28
清 金漆木佛座	27cm×21.5cm×28cm	172,500	广东崇正	2022-12-25
清 金漆木雕人物纹大轿座	高106cm；高39cm	437,000	广东崇正	2022-12-25
清 器座、器盖一组11件		20,700	中贸圣佳	2022-09-26
清 器座一组10件	尺寸不一	28,750	中贸圣佳	2022-09-26
清 器座一组10件	尺寸不一	20,700	中贸圣佳	2022-09-26
清 器座一组10件	尺寸不一	28,750	中贸圣佳	2022-09-26
清 器座一组10件	尺寸不一	18,000	中贸圣佳	2022-09-26
清 器座一组10件	尺寸不一	28,750	中贸圣佳	2022-09-26
清 器座一组10件		23,000	中贸圣佳	2022-09-26
清 器座一组9件	尺寸不一	20,700	中贸圣佳	2022-09-26
清 竹雕东方朔摆件（带老红木座）	高6.5cm	28,750	广东崇正	2022-04-17
清 竹雕东方朔摆件（配红木座）	高6.5cm	32,200	华艺国际	2022-09-23
清 紫檀莲瓣纹小座	18cm×10cm×8.5cm	11,500	广东崇正	2022-08-11
清 紫檀镂雕螭龙纹器座	高17cm；直径29cm；内径20cm	74,750	西泠印社	2022-01-23
清 紫檀镂雕贯套如意纹器座	直径20.9cm	19,550	北京中汉	2022-06-28
清 紫檀如意套三足座	长18cm；高5cm	23,000	中贸圣佳	2022-12-25
清 紫檀束腰雕螭纹龙纹方座	高40cm；宽36.2cm	52,202	纽约扬子	2022-09-29
清、民国 木座35件	尺寸不一	13,800	中国嘉德	2022-09-29
旧瓷、木座等杂件（一组）	尺寸不一	25,300	朵云轩	2022-08-08
双线回纹紫檀座	35cm×16.5cm×5cm	10,350	荣宝斋（南京）	2022-12-08
16世纪晚期/17世纪早期黄花梨脚踏	高18cm；宽71cm；高24cm	756,050	佳士得	2022-05-30
16世纪/17世纪 黄花梨井字面脚踏	高19cm；厚29.5cm	984,998	佳士得	2022-11-29
清中期 榉梼木太师椅成对 、几及脚踏（一组五件）	尺寸不一	437,000	中国嘉德	2022-12-25
明万历 黑漆描金凤纹格柜成对	长63cm；宽47.5cm；高183cm	3,450,000	中国嘉德	2022-06-26
明万历 红漆彩绘云龙纹万历柜	高74cm；宽48cm；高124.7cm	1,610,000	中贸圣佳	2023-01-01
17世纪 黄花梨方角炕柜	高78.1cm；宽70.5cm；厚40cm	1,585,786	纽约佳士得	2022-09-23
17世纪 黄花梨透雕瑞兽花卉纹圆角柜	高187.3cm；宽96cm；厚54.6cm	5,990,746	纽约佳士得	2022-09-23
17世纪 黄花梨圆角柜	高191cm；宽96cm；厚44cm	6,952,932	佳士得	2022-11-29
清早期 黑漆嵌螺钿方角柜（一对）	113cm×59.5cm×209.3cm×2	2,587,500	中贸圣佳	2022-10-27
清早期 黄花梨螭龙方角柜	长66.5cm；宽38cm；高88.5cm	644,000	中贸圣佳	2023-01-01
清早期 黄花梨顶箱书柜	长65.8cm；宽42.3cm；通高126.2cm	5,060,000	中贸圣佳	2023-01-01
清早期 黄花梨马蹄腿方角柜	长73cm；宽43cm；高113cm	1,127,000	中贸圣佳	2022-07-25
清早期 黄花梨面条柜	长90.5cm；宽47.8cm；高144.2cm	598,000	中贸圣佳	2022-10-27
清早期 黄花梨小方角柜	长71cm；宽37.4cm；高87.1cm	460,000	中贸圣佳	2022-07-25
清康熙 黑漆百宝嵌婴戏图方角柜	长97.1cm；宽43.2cm；高175cm	2,012,500	中贸圣佳	2023-01-01
18世纪 黄花梨方角炕柜	高56.2cm；长46cm；宽30.8cm	361,400	纽约佳士得	2022-03-25
清乾隆 剔红海水龙纹柜（一对）	333cm×16.2cm×55cm×2	1,207,500	中国嘉德	2022-12-26
清乾隆 紫檀高浮雕福庆有余顶箱柜成对	高210.5cm；宽101cm；进深55.8cm	20,700,000	北京保利	2022-07-28
清乾隆 紫檀满工高浮雕传世宫廷首饰柜	高25cm；长34cm；宽22cm	115,000	浙江御承	2022-12-17
清乾隆 紫檀书柜	长93.6cm；宽43.5cm；高172.2cm	897,000	中贸圣佳	2022-10-27
清乾隆 紫檀云龙纹柜门（一对）	66cm×152cm×2	977,500	中贸圣佳	2022-07-25
18世纪 黄花梨圆角柜	高96.5cm；宽68cm；厚41.3cm	616,694	纽约佳士得	2022-09-23
18世纪 黄花梨圆角柜	高167cm；宽83.5cm；厚41.2cm	528,595	纽约佳士得	2022-09-23
清中期 楠木贴黄花梨皮苍龙教子柜门（一组五件）	117cm×69cm；44cm×20cm	25,300	中国嘉德	2022-06-28
清中期 紫檀雕福磬如意纹柜一对	72.5cm×40cm×185cm	207,000	中国嘉德	2022-12-26
18世纪/19世纪 木质彩绘内供额藏柜	99.5cm×74cm×27cm	172,500	中国嘉德	2022-06-28
清18世纪/19世纪 鸡翅木嵌楠木书柜	高181.6cm；宽85.7cm；厚32.4cm	211,438	纽约佳士得	2022-09-23
晚清 黄花梨方角柜（一对）	105.4cm×52.7cm×145.8cm×2	1,124,356	纽约佳士得	2022-03-25
晚清 紫檀圆角柜（一对）	高120.3cm；长76.8cm；宽43.2cm	562,178	纽约佳士得	2022-03-25
晚清黄花梨圆角柜	高113cm；长81.3cm；宽43.8cm	481,867	纽约佳士得	2022-03-25
清 红木螭龙纹小亮格柜	高52.7cm；长34.7cm；宽23cm	17,250	西泠印社	2022-08-21
清 红木雕花卉博古柜	高39cm；宽28cm	48,837	保利香港	2022-10-10
清 红木嵌螺钿博古柜	高59.4cm；长49.8cm；宽16cm	149,500	西泠印社	2022-01-23
清 红木嵌楠木多宝柜	高62.7cm；长36.2cm；宽13.5cm	34,500	西泠印社	2022-01-23
清 红木万历柜（一组四件）	尺寸不一	287,500	西泠印社	2022-01-23
清 红木西番莲纹朝服柜	长124cm；宽54cm；高194cm	437,000	北京银座	2022-01-12
清 黄花梨镶嵌古玉大顶箱柜	160cm×60cm×272cm	460,000	北京保利	2022-07-16
清 黄花梨书柜	长65.5cm；宽90cm	517,500	北京银座	2022-09-17
清 黄花梨龙纹方角柜	高191.3cm；宽131.8cm；深61.6cm	1,738,233	佳士得	2022-11-29
清 黄花梨嵌端石小方角柜	42cm×21cm×59cm	92,000	中鸿信	2022-09-11
清 黄花梨柜	83cm×43.5cm×184cm	402,500	北京保利	2022-07-17
清 鸡翅木嵌黄杨攒格子书柜（一对）	长86cm；宽52.5cm；高147.8cm	63,250	中贸圣佳	2022-09-26
清 剔红人物故事图柜箱柜	高60.3cm；宽35cm；宽157cm	40,250	中贸圣佳	2022-10-24
清 硬木嵌百宝柜	高26.5cm	161,163	香港苏富比	2022-11-25
清 紫檀满工雕龙纹小立柜	高66cm；长45cm；宽34cm	126,500	浙江御承	2022-12-17
清 紫檀满工雕龙纹小立柜	高67cm；长46cm；宽34cm	275,000	浙江御承	2022-12-17
清 紫檀镶朱砂漆小万历柜	长40.5cm；宽20cm；高54cm	43,700	北京银座	2022-09-17
清 紫檀镶八宝首饰柜	高60cm；宽36cm；高85cm	880,000	浙江御承	2022-12-17
清 紫檀云龙纹小顶箱柜（一对）	长39cm；宽22cm；高66cm	195,500	北京银座	2022-09-17
民国 红木龙纹书柜（一对）	长98cm；宽45cm；高208cm	82,800	北京银座	2022-09-17
民国 红木明式书柜（一对）	长98cm；宽40cm；高193cm	83,950	北京银座	2022-09-17
民国 黄花梨裁嵌螺钿书小书柜（一对）	长96cm；宽36cm；高168cm	391,000	北京银座	2022-09-17
现代 红木雕西番莲纹柜	48cm×25.5cm×49cm	28,750	保利厦门	2022-10-22
现代 黄花梨独板顶箱柜	120cm×60cm×240cm×2	1,265,000	北京荣宝	2022-07-24
当代 黄花梨式五面独板面柜（一对）	48cm×26cm×63cm×2	92,000	中鸿信	2022-09-11
当代 张志龙 紫檀嵌百宝博古纹大四件柜成对	108.5cm×59.5cm×176.3cm×2	2,300,000	中国嘉德	2022-06-26
1850年制 胡桃木与西阿拉黄檀木细木镶嵌花卉饰展示柜（一对）	长182cm；宽55cm；高148cm	322,000	西泠印社	2022-01-23
1860年制 哥特风格神兽人物雕刻胡桃木高柜	长185cm；宽65cm；高280cm	126,500	西泠印社	2022-01-23
1860年制 让莱尼姆·戈丁家族定制彩绘雕神话人物细木镶嵌展示柜	长120cm；宽59cm；高234cm	138,000	西泠印社	2022-01-23
1866年制 查尔斯·约瑟姆·迪尔设计拿破仑三世风格铜鎏金细木镶拉边柜	长145cm；宽51cm；高124cm	138,000	西泠印社	2022-01-23
1880年制 哥特风格人物雕刻品橱高柜	长150cm；宽45cm；高230cm	92,000	西泠印社	2022-08-21
1880年制 加布里埃尔·维尔多罗风格胡桃木卧龙饰多宝柜	长195cm；宽45cm；高168cm	287,500	西泠印社	2022-01-23

2022杂项拍卖成交汇总(续表)

(成交价RMB：1万元以上)

拍品名称	物品尺寸	成交价RMB	拍卖公司	拍卖日期
1880年制 加布里埃尔·维尔多风格胡桃木展示高柜	长140cm;宽50cm;高245cm	230,000	西泠印社	2022-08-21
1880年制 库尔蒙(COURMONT)铜鎏金细木镶嵌花卉饰展示柜	长135cm;宽46cm;高173cm	184,000	西泠印社	2022-01-23
1880年制 罗尔斯哥特建筑风格胡桃木人偶饰餐边柜	长81cm;宽46cm;高178cm	74,750	西泠印社	2022-08-21
1880年制 迈松·克里格公司设计法国路易十五风格鎏金饰边柜	长164cm;长100cm;高38cm	172,500	西泠印社	2022-08-21
1880年制 迈松·克里格设计铜鎏金莨苕叶饰阿列柯拉黄檀木细木镶嵌酒柜	长80cm;宽45cm;高128cm	115,000	西泠印社	2022-08-21
1890年制 迈松·克里格设计胡桃木雕刻神兽饰书柜	长130cm;宽57cm;高230cm	80,500	西泠印社	2022-08-21
1900年制 雷吉纳(REGINA)胡桃木细木镶嵌音乐柜	长58cm;宽53cm;高103cm	172,500	西泠印社	2022-01-23
1910年制 乔治·盖林艺术风格铜鎏金立体雕刻夔宵花叶饰酒柜	长95cm;宽43cm;高170cm	178,250	西泠印社	2022-08-21
1920年制 达勒姆(DURHAM)轻浮雕花卉饰胡桃木餐边柜	长98cm;宽50cm;高172cm	69,000	西泠印社	2022-08-21
黄花梨方角柜(一对)	729cm×578cm×104cm	911,635	香港苏富比	2022-10-09
黄花梨小圆角柜	140.5cm×24cm×59cm	97,750	北京保利	2022-07-17
19世纪制 法国鎏金花卉饰胡桃木展示边柜	长115cm;宽43cm;高154cm	92,000	西泠印社	2022-08-21
19世纪制 法国羊首饰胡桃木雕刻曲面玻璃展示柜	高177cm;长88cm;宽45cm	69,000	西泠印社	2022-08-21
19世纪制 弗拉维安家族设计新艺术风格神话人物饰高柜	高260cm;长96cm;宽53cm	115,000	西泠印社	2022-08-21
19世纪制 高浮雕神话人物立柜	长98cm;宽50cm;高197cm	66,700	西泠印社	2022-01-23
19世纪制 哥特建筑风格胡桃木人物饰立柜	长120cm;宽36cm;高172cm	97,750	西泠印社	2022-01-23
19世纪制 劳尔斯(TLauwers)立体雕刻画作文艺复兴风格人物饰高柜	长17cm;宽60cm;高230cm	264,500	西泠印社	2022-01-23
19世纪制 莫布林斯艺术工坊设计哥特风格人偶乐饰胡桃木雕刻边柜	长78cm;宽40cm;高173cm	74,750	西泠印社	2022-01-23
19世纪制 藤复花卉饰胡桃木展示柜	长70cm;宽45cm;高200cm	80,500	西泠印社	2022-08-21
19世纪制 铜鎏金神话人物饰细木镶嵌展示柜	长82cm;宽40cm;高182cm	161,000	西泠印社	2022-01-23
小叶紫檀书柜(一对)	102cm×42cm×83cm×2	1,150,000	上海嘉禾	2022-01-01
硬木顶箱柜(一对)	100cm×58cm×220cm×2	10,350	中国嘉德	2022-06-01
约1850年 法国拿破仑三世时期嵌瓷板边柜(一对)	99.5cm×94cm ×40.5cm×2	51,750	中国嘉德	2022-12-27
约1870年 英国椴木细木拼花嵌珐致活瓷板边柜	90cm×120cm	57,500	中国嘉德	2022-06-28
约1880年 法国西阿拉黄檀木细木镶嵌及铜鎏金抽屉柜	72cm×76cm×33cm	115,000	中国嘉德	2022-12-27
约1885年 法国洛可可风格铜鎏金桃花芯木玻璃展柜	152cm×70cm	207,000	中国嘉德	2022-06-28
约1890年 法国铜鎏金西阿拉黄檀木及蔷薇木开光马丁漆边柜	116cm×132cm×47cm	575,000	中国嘉德	2022-06-28
约1900年 法国铜鎏金大理石顶面桃花芯木边柜	高152cm	36,800	中国嘉德	2022-06-28
约1910年 英国新艺术运动时期拼花镶玻璃展柜	168cm×140cm×48cm	63,250	中国嘉德	2022-12-27
张丽诗手作大红酸枝书香华庭柜	98cm×40cm×200cm	138,000	上海嘉禾	2022-01-01
清早期 黄花梨两撞提盒	长34.4cm;宽18.5cm;高22.1cm	149,500	中贸圣佳	2023-01-01
清早期 黄花梨提盒	长21cm	80,500	中国嘉德	2022-12-26
清早期 黄花梨镶瘿木面两屉橱	长74cm;宽76.5cm;高76.5cm	1,380,000	北京保利	2022-07-28
清早期 黄花梨瘿木药橱	长75cm;宽8cm;高49.7cm	1,840,000	中贸圣佳	2022-10-27
晚清 黄花梨螭龙纹联三橱	高87.6cm;长186.1cm;宽60.3cm	1,044,045	纽约佳士得	2022-03-25
清 黄花梨镶黄杨木百宝盒 和田玉摆件	直径31cm;高23.5cm	1,100,000	浙江御承	2022-12-17
清 金漆木雕戏曲人物幺茶箱	75cm×39cm×92cm	172,500	广东崇正	2022-12-25
20世纪八九十年代 黄花梨三闷橱	176cm×46cm×85cm	322,000	北京荣宝	2022-07-24
明末 黄花梨书箱	长73.8cm	208,497	香港苏富比	2022-11-25
明末 黄花梨文具箱	37.5cm×30cm×36cm	402,500	华艺国际	2022-09-23
17世纪 黄花梨镂雕螭龙纹官皮箱	49.2cm×35cm×41.2cm	2,441,855	香港苏富比	2022-10-08
明 黑漆镶铜拉长方书箱	长55cm;宽35cm;高45.5cm	253,000	中贸圣佳	2022-07-25
明 黄花梨"六螭捧寿"纹饰全铜包活轿箱	45.7cm×26.2cm×25.7cm	350,750	上海嘉禾	2022-01-01
明 黄花梨浮雕龙纹书箱	高40.3cm;长27.5cm;高21.6cm	345,000	西泠印社	2022-08-21
明 黄花梨小箱	长23cm;宽42cm;高8.2cm	17,250	中贸圣佳	2022-10-27
明治 金时绘古图册纹砚箱	20.5cm×18.7cm×4cm	28,750	广东崇正	2022-12-25
明治 金时绘嵌螺钿细凤鸟纹砚箱	32cm×24cm×9cm	48,300	广东崇正	2022-12-25
晚明 黄花梨官皮箱	长75cm;宽53cm;高20cm	1,641,600	保利香港	2022-07-14
明末清初 黑漆厚螺钿钿十月花纹书箱	长49.2cm;宽39cm;高62cm	747,500	中贸圣佳	2022-07-25
明末清初 黄花梨书箱	长41.5cm;宽40cm;高46.2cm	517,500	中贸圣佳	2022-07-25
明末清初 紫檀嵌楠木瘿药箱	28.2cm×17.5cm	230,000	北京保利	2022-07-29
清早期 黄花梨百宝嵌花鸟图平顶官皮箱	长34cm;宽23cm;高33.5cm	402,500	中贸圣佳	2023-01-01
清早期 黄花梨大书箱	45cm×25cm×18.5cm	72,004	中国嘉德	2022-06-04
清早期 黄花梨大书箱(一对)	77cm×49cm×30.5cm×2	1,667,500	中贸圣佳	2022-07-25
清早期 黄花梨喜鹊登梅官箱	长33cm;宽26.6cm;高32cm	379,500	中贸圣佳	2022-07-12
清早期 黄花梨官皮箱	32cm×23.5cm×32cm	80,500	中国嘉德	2022-12-27
清早期 黄花梨轿箱	56cm×17cm×10cm	123,436	中国嘉德	2022-06-04
清早期 黄花梨盝顶官皮箱	23cm×31cm×32cm	63,775	中国嘉德	2022-06-04
清早期 黄花梨轿箱	长64.3cm;宽17.3cm;高12cm	195,500	浙江佳宝	2022-03-13
清早期 黄花梨书箱	39cm×21.5cm×17cm	39,088	中国嘉德	2022-06-04
清早期 黄花梨书箱	35cm×13.5cm×18.5cm	49,663	中国嘉德	2022-10-09
清早期 黄花梨冰箱	38cm×20.5cm×14cm	63,250	中国嘉德	2022-12-25
清中期 黄花梨文房箱	24.5cm×14cm×18.2cm	57,500	中鸿信	2022-09-11
清早期 黄花梨文具箱	长35.5cm;宽25.5cm;高33.2cm	276,000	中贸圣佳	2023-01-01
清早期 黄花梨小提箱	长17.9cm;宽12.5cm;高21.3cm	149,500	中贸圣佳	2022-10-27
清早期 紫檀"雍正御笔经卷"箱	31.7cm×19cm×10.3cm	30,901	中国嘉德	2022-10-09
清乾隆 紫檀苍龙教子官箱	30cm×40cm×40cm	4,485,000	北京保利	2022-07-28
清中期 黄花梨官箱	32cm×24cm×34.5cm	172,500	保利厦门	2022-10-22
清中期 黄花梨文房箱	26cm×17cm×18cm	63,250	北京荣宝	2022-07-24
清中期 黄花梨文房箱	长34.8cm;宽19.5cm;高14.3cm	34,500	浙江佳宝	2022-03-13
清中期 紫檀官箱	34cm×25cm×37cm	287,500	保利厦门	2022-10-22
清18世纪/19世纪 紫檀雕云龙纹小箱	高15.2cm;宽37.4cm;厚20.6cm	308,347	纽约佳士得	2022-09-23
清 褚德彝彝铭红木刻诗文书箱	高26.5cm;长36.7cm;宽23cm	34,500	西泠印社	2022-08-21
清 高野侯铭红木刻博古图书箱	高62.5cm;长46.8cm;宽28cm	86,250	西泠印社	2022-01-23
清 黑漆嵌百宝官皮箱	长35cm;宽28cm;高34cm	34,500	中贸圣佳	2022-06-06
清 红木题刻"清风徐来"成扇箱	38.4cm×37cm×20.5cm	55,200	中国嘉德	2022-12-27
清 黄花梨冰箱	36cm×36cm×34.5cm	184,000	中鸿信	2022-09-11
清 黄花梨多格带屉收纳箱	51.5cm×38cm×18.5cm	80,500	中国嘉德	2022-12-25
清 黄花梨官皮箱	长33cm;宽22.5cm;高31.5cm	126,500	北京银座	2022-09-17
清 黄花梨官皮箱	长27.8cm;W22.2cm;高28.2cm	25,300	中贸圣佳	2022-06-06
清 黄花梨官皮箱	19.2cm×40.6cm×26.5cm	40,250	广东崇正	2022-08-11
清 黄花梨木大书箱	长51.2cm;高26cm;宽27.7cm	31,146	台北艺珍	2022-09-25
清 黄花梨嵌百宝婴戏图平顶式官皮箱	高41.8cm;长42.8cm;宽30.8cm	598,000	西泠印社	2022-08-21
清 黄花梨书箱	62.5cm×37cm×65cm	575,000	北京荣宝	2022-07-24
清 黄花梨书箱	长40cm;宽26.5cm;高27.9cm	45,581	保利香港	2022-10-10
清 黄花梨双向风箱	长37.5cm	378,025	佳士得	2022-05-30
清 黄花梨铜什官皮箱	通高33cm	142,065	香港福羲国际	2022-08-20
清 黄花梨小书箱	31cm×15.4cm×8.6cm	23,000	广东崇正	2022-08-11
清 黄花梨小提箱	高16.3cm;长13cm;宽11cm	34,500	西泠印社	2022-08-21
清 黄花梨衣箱	长69.2cm;宽39.3cm;高36.5cm	690,000	北京保利	2022-07-28
清 金漆十三行朝贺图珠宝箱	34cm×28cm×20cm	23,000	广东崇正	2022-12-25
清 邵章款红木扇箱	高19.5cm;长37.9cm;宽37.7cm	23,000	西泠印社	2022-08-21
清 铁梨木盝顶式官箱	长32.5cm;宽25cm;高31.5cm	10,350	中贸圣佳	2022-09-26
清 吴大澂藏瓷硬木箱	38cm×32cm×26cm	10,350	华艺国际	2022-09-23
清 御制贴黄西番莲纹文房箱	34cm×17.5cm×33cm	57,500	北京荣宝	2022-07-24
清 紫檀官皮箱	35cm×31cm×33cm	36,800	中国嘉德	2022-06-28
清 紫檀小官箱	长22cm;宽26cm;高8cm	13,800	中贸圣佳	2022-09-26
清中期 黑漆百宝嵌铜荫婴戏图平顶官皮箱	高36.6cm;宽28.7cm;高39.6cm	299,000	中贸圣佳	2022-07-25
民国 红木扇箱,红木箱(二件)	37cm×23cm×24cm; 36cm×23cm×16cm	46,000	朵云轩	2022-12-08
[送礼佳品]2009年 纪念酒 原箱		184,000	上海嘉禾	2022-01-01
江户 德川将军御用招绘吉野山纸箱	宽22cm 长25cm	66,700	中贸圣佳	2022-09-28
江户 德川将军御用莳绘三重箱	高26cm	20,700	中贸圣佳	2022-09-28
书箱	48cm×29.5cm×13.5cm	40,250	北京保利	2022-07-27
汪逢春(泊庐)自用藏书箱	尺寸不一	63,250	中贸圣佳	2022-07-27
约1860年 德国枫木贴皮雪茄箱	27cm×29.5cm×21cm	11,500	中国嘉德	2022-12-27
约1860年 法国开合式酒具箱	30.4cm×25.6cm×22.5cm	10,350	中国嘉德	2022-12-27
约1880年 英国维多利亚时期苏格兰胡桃木及椴木旅行酒箱	23.5cm×23cm×20.5cm	126,500	中国嘉德	2022-06-28
约1880年 英国乌木旅行酒箱	33cm×37cm×25cm	34,500	中国嘉德	2022-06-28
17世纪 黄花梨提盒	高39.5cm;宽42cm;厚42cm	2,085,879	佳士得	2022-11-29
明 黄花梨螭龙纹提梁盒	36cm×26.2cm×48.5cm	253,000	华艺国际	2022-09-23
明 黄花梨捧盒	长31.3cm;宽17.4cm;高23cm	253,000	中贸圣佳	2022-09-26
明 黄花梨嵌百宝嵌银丝花鸟捧盒	15.9cm×26.1cm×9.7cm	747,500	中国嘉德	2022-06-27
明 黄花梨嵌铜丝开光长方大盖盒	长49cm;宽30cm;高12.1cm	529,000	中贸圣佳	2023-01-01
明 黄花梨提盒	高48.5cm;宽27cm;深18cm	34,500	浙江御承	2022-03-13
明 黄花梨螭龙纹捧盒	直径36.3cm;高18cm	28,750	中贸圣佳	2022-03-13
明 紫檀整挖月华纹香盒	直径7.7cm;高4.4cm	178,250	中贸圣佳	2022-07-25
明至清 黄花梨镂雕双龙戏珠纹画匣	高55cm;宽76cm;深20.5cm	115,000	西泠印社	2022-01-23
明末清初 黄花梨嵌百宝花鸟纹长方盒	高58cm;宽20.5cm;高8cm	86,250	西泠印社	2022-01-23
明末清初 黄花梨提梁文具盒	长37cm;宽22cm;高32.7cm	57,500	江苏汇中	2022-08-17
明末清初 黄花梨提梁文具盒	长37cm;宽22cm;高32.7cm	1,357,000	中贸圣佳	2022-07-27
明至清早期 黄花梨三层提盒	长35.5cm;宽19.7cm;高22.5cm	130,233	保利香港	2022-10-10
清早期 黄花梨宝子形盖盒	口径11.5cm;高16.5cm	11,500	浙江佳宝	2022-03-13

拍品名称	物品尺寸	成交价RMB	拍卖公司	拍卖日期
清早期 黄花梨螭龙纹捧盒	直径25cm	80,500	中鸿信	2022-09-11
清早期 黄花梨提盒	高16cm	43,700	中国嘉德	2022-12-26
清早期 黄花梨整挖朝珠盒	直径13.5cm;高17.5cm	48,300	中国嘉德	2022-06-26
清早期 竹根雕螃蟹盖盒	宽10.5cm	379,848	保利香港	2022-10-10
清早期 紫檀挖涡云风卷葵纹六方盖盒	直径7.8cm	64,400	北京中汉	2022-08-08
清早期 紫檀竹节香盒	直径5.7cm	23,000	中贸圣佳	2022-06-06
清17世纪/18世纪 紫檀花三层提梁盒	长37.5cm	172,811	佳士得	2022-05-30
清乾隆 御赏和风双扇紫檀盒	长43.8cm	43,700	北京保利	2022-07-16
清乾隆 竹根雕瓢瓜形香盒	长9.2cm;高5cm	207,000	中贸圣佳	2022-07-25
清乾隆 竹黄刻黄纹云龙御制"度一切诸神境界智严经"长方册	长29.5cm	230,000	北京保利	2022-07-16
清乾隆 紫檀雕缠枝莲捧寿方盒	宽25.5cm;高8.1cm	59,690	保利香港	2022-10-10
清乾隆 紫檀雕西洋花卉纹方盒	9cm×9cm	34,500	保利厦门	2022-10-22
清乾隆 紫檀浮雕缠枝莲纹三层捧盒	高31.6cm;长29.5cm;宽29.5cm	287,500	西泠印社	2022-01-23
清乾隆 紫檀莲花形香盒	长12.5cm;高3.8cm	184,000	中贸圣佳	2022-08-21
清乾隆 紫檀内浮雕云龙宝盒	直径12.3cm;高6cm	805,000	中贸圣佳	2022-07-25
清18世纪/19世纪 黄花梨三层提盒	高22.5cm;长31.2cm;宽15.2cm	128,498	纽约佳士得	2022-03-25
17世纪/18世纪 黄花梨双层提梁盒	高22.9cm;宽34.3cm;厚18.4cm	440,352	佳士得	2022-11-29
清中期黄花梨木镶椰壳雕八宝寿字纹圆盒	高11cm;直径18.5cm	30,387	保利香港	2022-10-10
清中期 紫檀错银丝嵌白玉清趣纹如意(带原楠木包装盒、木托)	长50cm	287,500	广东崇正	2022-04-17
清中期 紫檀雕锦地绶带双向抽盒	长35.5cm	59,690	保利香港	2022-08-21
清中期 紫檀盖盒	高9cm;长13cm;宽10cm	57,500	西泠印社	2022-08-21
清中期 紫檀嵌黄杨木双层提盒	高44cm	70,543	保利香港	2022-08-21
清中期 紫檀嵌银香盒	高6.5cm	13,800	广东崇正	2022-08-11
清中期 紫檀香盒	7cm×7cm×3.6cm	27,591	中国嘉德	2022-10-09
清18/19世纪 紫檀菱花式盖盒	19.4cm(across)	132,149	纽约佳士得	2022-09-23
清沉香十八粒手持连玛瑙包金盒	珠子直径1.5cm;盒高3.8cm;长8.5cm	51,750	上海嘉禾	2022-01-01
清 黄花梨大提盒	57.8cm×36.7cm×51.4cm	575,000	华艺国际	2022-09-13
清 黄花梨浮雕螭龙纹提梁盒	高23cm;长33cm	43,700	广东崇正	2022-08-11
清 黄花梨浮雕花卉纹大提盒	高30.5cm;长33.4cm;高18cm	161,000	西泠印社	2022-08-21
清 黄花梨镂雕龙纹提盒	高29cm;长30cm;宽19.5cm	138,000	西泠印社	2022-01-23
清 黄花梨木帖盒	19cm×11.5cm×5cm	13,035	台北艺珍	2022-12-04
清 黄花梨棋盘附黄花梨棋盘(两件)	盘45.5cm×49cm	92,000	中鸿信	2022-09-11
清黄花梨嵌玉盒,紫檀玉带钩(一组三件)	镇纸长23.5cm;盒直径11.4cm;高2.5cm	13,800	广东崇正	2022-08-11
清 黄花梨嵌百宝六角盒	高19.5cm	69,000	中鸿信	2022-09-11
清 黄花梨嵌大吉图小香盒	高2.7cm;直径5cm	69,000	西泠印社	2022-08-21
清 黄花梨嵌瘿木方胜形提梁盒	高5cm	57,500	北京保利	2022-02-03
清 黄花梨手卷盒	高6cm;长27.5cm;宽6.8cm	71,300	中贸圣佳	2022-08-23
清 黄花梨提盒	高16.2cm;长17.5cm;宽12.5cm	37,950	西泠印社	2022-01-23
清 黄花梨提盒	长18cm;宽11.4cm;高14.5cm	18,400	中贸圣佳	2022-09-26
清 黄花梨小提盒	高15.3cm;长18.2cm	51,750	中贸圣佳	2022-09-26
清 鸡翅木满雕云龙纹书盒	长47cm;宽24cm;高20cm	322,000	北京银座	2022-09-11
清 金漆木雕戏曲人物图宣炉罩	高39cm;长36cm	322,000	广东崇正	2022-12-25
清奇楠合香十八子手串带诗文橄盒	直径18cm×18;重37.2g	11,500	广东崇正	2022-08-11
清磬山山人款黄杨木鞘豆形香盒	高29cm;长15.7cm;宽4.7cm	17,250	西泠印社	2022-08-21
清 贴黄寿字型盒	直径21cm	34,500	北京荣宝	2022-07-24
清王世襄旧藏藤屉竹编花卉篓纹提盒	高31.5cm;长25.3cm;宽14.5cm	13,800	西泠印社	2022-01-23
清 药沉手串连锡盒	盒长14.8cm;单颗1.6cm×16颗	11,500	中贸圣佳	2022-10-27
清 硬木盖盒	高8.7cm;直径13.8cm	69,000	中贸圣佳	2022-10-27
清 云龙纹紫檀盒	直径21.5cm;高9cm	112,000	中都国际	2022-07-30
清 竹雕留青连锁盒文昌盒	高8cm;直径7.8cm	23,000	华艺国际	2022-09-23
清 竹贴黄螭纹三层盖盒	高11.7cm	25,300	中鸿信	2022-09-23
清 紫檀缠枝花卉纹多宝盒	直径21cm;高7.6cm	120,750	中贸圣佳	2022-09-21
清 紫檀雕夔凤纹琴式盒	长23.5cm	26,046	保利香港	2022-10-10
清 紫檀雕夔凤纹盒	长40cm;宽23cm;长18.5cm	41,240	保利香港	2022-10-10
清 紫檀浮雕夔凤绳纹盖盒	直径13.5cm;高7.5cm	86,822	保利香港	2022-10-10
清 紫檀葵口香盒	直径6.8cm	120,750	广东崇正	2022-08-11
清 紫檀龙纹长方盖盒	宽28.1cm	90,520	中国嘉德	2022-06-05
清 紫檀浅浮雕拐子龙纹长方盒	长17.3cm;高2cm;高7.4cm	19,535	保利厦门	2022-10-22
清 紫檀嵌白玉镂雕龙纹香盒	高5.1cm;长9.3cm;宽9cm	17,250	广东崇正	2022-08-21
清 紫檀嵌黄杨卯页盒	高7.5cm;长17.5cm;宽11.2cm	20,700	西泠印社	2022-08-21
清 紫檀提盒	高16cm;长19.5cm;宽12.5cm	138,000	西泠印社	2022-01-23
民国 檀香木雕楼阁人物名片盒	长11.5cm;宽7.5cm	23,000	西泠印社	2022-08-11
民国 文人硬木雕蘑菇、栗子摆件(带老红木盒)(一组四件)	尺寸不一	29,900	广东崇正	2022-08-11
张志龙 当代 紫檀黑漆描金、嵌黄花梨三层提盒	34cm×20.5cm×26cm	112,700	中国嘉德	2022-12-26
【送礼佳品】2008年 贵宾特制 红木礼盒 带2个金皂杯	重1042g;重1055g	80,500	上海嘉禾	2022-01-01
爱马仕 木质腕表收纳盒	32cm×12cm×23cm	23,000	北京保利	2022-07-28
爱马仕 自然色非洲桃花心木、白胡桃木及玛瑙瑞木马赛克雪茄盒	32cm×12cm×23cm	20,700	北京保利	2022-07-28
百达翡丽 木制自动上弦表盒,约2018年制		27,391	香港苏富比	2022-10-10
百达翡丽 皮制旅行盒子,可存放四枚腕表,约2015年制		18,261	香港苏富比	2022-10-10
百达翡丽 皮制自动上弦盒子,约2020年制		21,685	香港富艺斯	2022-10-10
黄花梨长方盒	宽28.2cm	20,572	中国嘉德	2022-06-05
近代 吴湖帆梅景书屋定制红木臂搁	长33.3cm×8.5cm×8cm	40,250	北京保利	2022-07-29
木制表盒,约2005年制		62,772	香港富艺斯	2022-10-10
清晚末年制 欧洲回流红木梳妆盒	长29cm;宽22cm;高16cm	11,500	西泠印社	2022-01-23
约1880年 法国西阿尔拉黄檀木及桃花心木雪茄盒	21cm×26cm	28,750	中国嘉德	2022-06-28
清早期 黑漆描金皮球花风纹佛龛	高40.5cm	178,250	中贸圣佳	2022-07-25
清乾隆 紫檀嵌珊瑚拾丝玻璃僧帽式佛龛	42cm×44cm×63cm	161,000	中鸿信	2022-09-11
清道光(1845年) 红酸枝枝鹤纹楼仔	37cm×20cm×46cm	92,000	广东崇正	2022-12-25
清中期 紫檀雕"双清"佛龛	高15.4cm	218,500	中贸圣佳	2023-01-01
清 阿弥陀佛及佛龛	龛高108.5cm	575,000	中贸圣佳	2022-01-22
清 红木镶螺钿佛龛	长90cm;宽62cm;高110.5cm	402,500	北京银座	2022-01-12
清 黄花梨根瘤佛龛&紫檀观音(一组)	龛53cm×26cm×13cm;像29cm	172,500	上海嘉禾	2022-01-01
清 金漆木雕博古花鸟纹楼仔	37cm×18cm×45cm	69,000	广东崇正	2022-12-25
清 金漆木雕博古纹神龛	高37cm	11,500	北京保利	2022-08-11
清 金漆木雕三星拱福纹楼仔	36cm×17cm×46cm	115,000	广东崇正	2022-12-25
清 木雕拐子龙四扇门佛龛	长81.4cm;宽53.3cm;高105.2cm	103,408	台北艺珍	2022-08-14
清 木胎金漆释迦牟尼像带佛龛	高86cm	207,000	西泠印社	2022-01-22
清 紫檀佛龛	高23cm	23,000	北京中汉	2022-09-29
清 紫檀梜格柜式佛龛	高39cm;长30.8cm;宽15.2cm	32,200	西泠印社	2022-08-21
清 紫檀梜格柜式佛龛	长30.8cm;高39cm;宽15.2cm	40,250	北京银座	2022-09-11
清 紫檀镂空雕"事事如意"佛龛	38.5cm×18cm×47cm	55,200	中鸿信	2022-09-11
清 紫檀镶黄杨木九目葫芦形佛龛	长8.5cm;宽21.5cm;高63cm	40,250	北京银座	2022-09-11
清中期 金丝楠木多宝格	57cm×34.5cm×111cm	25,300	中国嘉德	2022-12-25
清 红木博古架(四件组)	尺寸不一	25,775	台北艺珍	2022-06-12
清 红木缠枝纹博古架(一只)	长111cm;宽47cm;高215cm	97,750	北京银座	2022-09-11
清 红木多宝格(一对)	长53.5cm;宽16cm;高77cm	115,000	中贸圣佳	2022-09-26
清 花梨木书架	宽40.2cm	32,916	中国嘉德	2022-06-05
清 黄花梨明式书架(一对)	103cm×35cm×173cm×2	483,000	北京银座	2022-09-11
清早中期 红漆嵌螺钿细多宝格	长70.5cm;宽32.2cm;高166.3cm	885,500	中贸圣佳	2022-07-25
民国 红木多宝格	长49.5cm;宽21cm;高71.8cm	48,300	中贸圣佳	2022-09-26
民国 红木吉庆有余多宝格(一对)	长75cm;宽92cm;高280cm×2	51,750	北京银座	2022-01-12
民国 红木满雕龙纹花卉多宝格	长94cm;宽90cm;高213cm	43,700	北京银座	2022-01-12
民国 红木团寿纹博古架(一对)	长90cm;宽96cm;高190cm	43,700	北京银座	2022-01-12
民国 紫檀雕回纹宝相花小多宝格	57cm×19.4cm×62.5cm	48,300	北京保利	2022-02-03
民国 紫檀木多宝格多宝格	100cm×40cm×200cm×2	517,500	北京银座	2022-01-12
当代 黄花梨万字格书架(一对)		184,000	中鸿信	2022-09-11
当代 黄花梨书架	78cm×35cm×151cm	69,000	中鸿信	2022-09-11
二十世纪八九十年代 白酸枝多宝格	99.5cm×38cm×190cm×2	34,500	北京荣宝	2022-07-24
五至十五件配器御制陈心多宝格		29,900	江苏汇中	
张丽诗手作冰裂博古架(一对)	43cm×22cm×68cm×2	34,500	上海嘉禾	2022-01-01
张丽诗手作博古架	55cm×23cm×63cm	11,500	上海嘉禾	2022-01-01
张丽诗手作学士书架	90cm×38cm×92cm	17,250	上海嘉禾	2022-01-01
16世纪/17世纪 黄花梨六足高面盆架	高7.8cm;宽65cm;厚48cm	8,691,165	佳士得	2022-11-29
17世纪 黄花梨天平架	高72.62.3cm;厚22.9cm	1,969,997	佳士得	2022-11-29
明末清初黄花梨可折叠六足矮面盆架	高71cm	1,150,000	中贸圣佳	2022-07-25
清乾隆 御制紫檀雕海棠式铎架	长21cm;宽18cm;高54.9cm	4,025,000	中贸圣佳	2022-07-25
清乾隆 紫檀铜龙纹站牙(一对)	高96.5cm	552,000	北京保利	2023-01-01
清乾隆 紫檀画框	长114cm;宽80cm	103,500	中国嘉德	2022-12-27
清中期 红木自鸣架(一对)	高26.7cm	57,500	北京保利	
清中期 竹制雕燕式可升降灯台(一对)	高30.2cm	43,700	北京保利	
清中期 紫檀吉庆有余磬架	高63.6cm	345,000	北京保利	
清 红木茶棚	宽66cm;高33cm	17,250	江苏观宇	2022-11-12
清 黄花梨镂空雕鹤鹊登梅衣架	长77cm;宽34cm;高138cm	138,000	北京银座	2022-09-11
清 黄花梨嵌玉宝芝架	高39.5cm	402,500	中国嘉德	2022-06-28
清 黄花梨檀香木物事万历柜式小茶棚	37.5cm×18cm×55cm	103,500	中国嘉德	2022-06-28
清 黄杨木雕双凤牡丹吊灯座	高22cm	253,000	中鸿信	2022-09-11
清 金漆木雕牡丹朝凤纹帐顶	107cm×3cm×197cm	57,500	广东崇正	2022-12-25
清 乌木嵌螺钿方镜	长31.6cm	55,200	中贸圣佳	2022-07-12
清 黄花梨透雕拐子龙如意头衣架	106cm×28cm×145cm	80,500	北京保利	2022-09-11
清 紫檀小画叉	长82.5cm	43,700	西泠印社	2022-08-21
民国 黄杨木涧窝刻、广建赠竹画权	长93.5cm	23,000	广东崇正	2022-08-11
民国(1936年) 龚心钊款红木画盘架	高51.3cm;长36.3cm;宽27.3cm	101,200	北京中汉	2022-12-09
当代 红酸枝灵芝纹衣架 辉煌仙艺	141.5cm×36cm×163cm	13,800	中国嘉德	2022-06-26
黄杨木雕随形鸟笼架	高89cm;长54cm	50,600	西泠印社	2022-08-21
19世纪初 胡桃木建筑风格雕刻罗马柱	长40cm;宽40cm;高100cm	23,000	西泠印社	2022-01-23
19世纪初 黄花梨叶卷草纹饰装饰	长40cm;高184cm	40,250	西泠印社	2022-01-23
19世纪初 木鋈金雕刻印叶蔓枝饰装饰	长113cm;高180cm	40,250	西泠印社	2022-01-23
湘妃竹茶棚	高41cm;长46cm;宽27.5cm	20,700	西泠印社	2022-01-23
约1900年 奥地利镜墙式榉木伞帽架	200cm×68cm	17,250	中国嘉德	2022-12-27

2022杂项拍卖成交汇总（续表）
（成交价RMB：1万元以上）

拍品名称	物品尺寸	成交价RMB	拍卖公司	拍卖日期
约1900年法国新艺术运动++桃花心木画架	200cm×70cm	28,750	中国嘉德	2022-12-27
约1900年英国镀银搅梁式酒瓶架	33cm×41cm	13,800	中国嘉德	2022-12-27
张莉诗手作提斗挂衣架	68cm×53cm×173cm	184,000	上海嘉禾	2022-01-01
明天启 李竹懒款祁阳石制混元一气图圆屏	直径62cm;带框直径70.5cm	264,500	中贸圣佳	2023-01-01
明 紫檀木云石插屏	54cm×20.5cm×61.7cm	46,000	中国嘉德	2022-12-25
明 紫檀嵌云石插屏	高36.7cm;长34.9cm;宽16.5cm	74,750	西泠印社	2022-01-23
清早期戗金填彩龙凤纹屏风（一对）	195cm×66cm×3cm×2	109,250	中国嘉德	2022-06-28
清康熙 黄花梨嵌金丝楠木婴戏图座屏	高106.8cm;宽47.2cm	828,000	浙江佳宝	2022-03-13
清康熙 青花山水花鸟纹双面插屏	板长25cm 宽164cm;带座高29.5cm 长31cm 宽193cm	94,300	中贸圣佳	2022-06-07
清康熙 青花山水人物图插屏	插屏长49cm 宽20cm 高6cm;瓷板长31.6cm 宽32cm	155,250	中贸圣佳	2022-07-13
清康熙 青花朦王阁诗文瓷砖插屏	长33cm;瓷板26cm×16.5cm	40,250	中国嘉德	2022-05-30
清康熙 五彩花鸟人物瓷圆形插屏	直径20cm	46,000	中贸圣佳	2022-09-25
清康熙 五彩花鸟纹瓷板插屏	高30.5cm;瓷板25cm×16.5cm	32,200	中国嘉德	2022-09-27
清康熙 五彩仕女图瓷板插屏	高46.5cm、24cm×24cm	43,700	中贸圣佳	2022-05-31
清雍正 粉彩高士观太极图插屏	高36.8cm;瓷板直径14.2cm	86,250	中国嘉德	2022-09-27
清乾隆 粉彩花卉纹瓷板插屏	长37.3cm;瓷板28cm×17cm	20,700	中国嘉德	2022-09-28
清乾隆 粉彩竹石插屏	瓷板高27.3cm;高54.5cm	28,750	北京中汉	2022-09-27
清乾隆 粉彩山水西洋人物纹瓷板插屏	高35.5cm;瓷板21cm×16.4cm	48,300	中国嘉德	2022-09-27
清乾隆 粉彩孝事周姜人物故事图瓷板插屏	41.7cm×32cm(含框);高(含座)52cm	1,380,000	中国嘉德	2022-06-27
清乾隆 祁阳石浮雕菊石图插屏	高55.2cm;宽21.5cm	977,500	华艺国际	2022-09-23
清乾隆 狮立百宝嵌博古图插屏	高56.5cm;宽58cm	333,500	中贸圣佳	2022-12-26
清乾隆 御题承德避暑山庄紫檀嵌百宝松竹延年图插屏	带座高60.8cm;长52cm;屏芯长52cm;宽42.8cm;厚3cm	805,000	西泠印社	2022-08-21
清乾隆 紫檀百宝嵌插屏	91cm×61cm×22.5cm	276,000	中国嘉德	2022-12-27
清乾隆 紫檀苍龙教子纹屏	27.3cm×25cm×1.6cm	57,500	中国嘉德	2022-12-25
清乾隆 紫檀框黄漆地百宝嵌博古图插屏	长79.8cm;宽25cm;高69.4cm	1,150,000	中贸圣佳	2022-07-25
清乾隆 紫檀铜漆地百宝嵌博古图座屏	57.5cm×22cm×65.5cm	598,000	北京保利	2022-07-29
清乾隆 紫檀嵌云石螭龙纹座屏	石板长43cm 宽37cm 框长59.3cm;宽21.5cm 高26cm	310,500	中贸圣佳	2022-07-12
清乾隆/嘉庆 粉彩群仙贺寿花鸟纹瓷板大座屏	325cm×256cm	972,064	佳士得	2022-05-30
清嘉庆 粉彩佛供香阁丽景图座屏	长38cm;宽24.5cm	207,000	北京中汉	2022-04-27
清中期 和合二仙人物小插屏	高13.6cm	18,400	中贸圣佳	2022-06-26
清中期 黑漆嵌百宝一品清廉小座屏（一对）	高27cm;宽21.8cm	820,800	保利香港	2022-07-14
清中期 红木嵌黄杨木浮雕胡人献宝插屏	高16cm;长15cm;宽11.8cm	25,300	西泠印社	2022-01-23
清中期 红木狮子绣球大座屏	132.5cm×60cm×200cm	138,000	中国嘉德	2022-12-25
清中期 祁阳石花卉座屏	11.6cm×16.9cm	34,500	华艺国际	2022-09-23
清中期 祁阳石山水图插屏	宽15.9cm;高41.2cm	17,250	中国嘉德	2023-01-01
清中期 祁阳石亭台楼阁座屏	高68cm;宽52cm	115,000	浙江佳宝	2022-03-13
清中期 硬木嵌青花苍龙教子图插屏	高70.2cm;瓷板直径25cm	32,200	中国嘉德	2022-05-30
清中期 紫檀百宝嵌人物楼阁座屏	71cm×22cm×67cm	230,000	北京保利	2022-07-29
19世纪白玉镂雕花纹插屏	高(通高)158cm×柱高29.5cm	20,700	北京中汉	2022-12-09
清晚期 粤绣五伦图插屏	72cm×55cm×21cm	17,250	北京保利	2022-07-07
清"徐元文"款魁星点斗独占鳌头端石插屏(原配红木底座)	高40cm	43,700	浙江御承	2022-08-28
清 碧玉雕山水人物御制诗文插屏	长19cm;宽13.6cm	46,000	北京中汉	2022-12-09
清 大清乾隆年制款铜鎏金掐丝珐琅大吉座屏	高56.5cm;宽35cm	80,500	广东崇正	2022-04-17
清 端石博古图插屏	宽27cm;高52cm	11,500	浙江佳宝	2022-03-13
清 端石插屏(陈希祖款)	27.5cm×48cm×11.5cm	207,000	上海嘉禾	2022-01-01
清 和田玉瓷空雕八卦人物插屏(一对)	高21cm	40,250	北京荣宝	2022-07-24
清 红木框灵髭玳瑁插屏	宽29cm;高109.5cm	32,200	中贸圣佳	2022-09-26
清 红木嵌白玉镂雕螭龙纹插屏	高23.3cm;长19.3cm;宽9.6cm	59,800	西泠印社	2022-01-23
清 红木嵌白玉镂雕高士游山图插屏	高29cm;长16cm;宽13cm	25,300	西泠印社	2022-08-21
清 红木嵌翡翠山水人物图插屏	屏心直径21cm	40,250	西泠印社	2022-08-21
清 红木嵌祁阳石石榴纹插屏	宽10.4cm;高24.5cm	28,750	中贸圣佳	2022-09-26
清 红木嵌铜雕三英战吕布座屏	高28cm;高79.2cm	11,500	中贸圣佳	2022-09-26
清 红木嵌云石插屏	高55cm;长62.5cm;宽9cm	80,500	西泠印社	2022-01-23
清 红木嵌云石刻诗文插屏	长44.5cm;宽27cm	51,750	中贸圣佳	2022-09-26
清 红木嵌云石云石如意纹插屏	高4cm;长12cm;宽30cm	36,800	西泠印社	2022-08-21
清 红木嵌云石墨书插屏	高305cm;长36cm;宽56cm	11,500	西泠印社	2022-08-21
清 花梨小插屏镶白玉瓦子	高25.2cm;宽15cm	13,800	广东崇正	2022-04-17
清 黄花梨嵌云石清供御题诗大屏风	高79cm;长72.5cm;宽4.7cm	322,000	西泠印社	2022-01-23
清 黄花梨嵌大理石插屏	高42cm	46,000	中贸圣佳	2022-09-27
清 祁阳石雕插屏	27cm×31cm×14cm	49,450	荣宝斋(南京)	2022-12-08
清 祁阳石俏色浮雕菊花洞石图插屏	长38.5cm	92,000	广东崇正	2022-12-25
清 掐丝珐琅珠塘清趣裙插屏	高33.5cm	69,000	中贸圣佳	2022-07-12
清 乌木嵌银丝嵌百宝博古图插屏	58cm×48cm	80,500	中国嘉德	2022-12-27

2022杂项拍卖成交汇总
（成交价RMB：1万元以上）

拍品名称	物品尺寸	成交价RMB	拍卖公司	拍卖日期
清 硬木描金山水百宝嵌太平有象图插屏	60.5cm×51cm×22cm	11,500	北京保利	2022-07-29
清 袁枚藏黄易铭款紫檀嵌云石插屏	高54.5cm;长433cm;宽22cm	253,000	西泠印社	2022-08-21
清 紫檀螭龙纹嵌大理石插屏	长45.7cm;宽76cm;高429cm	207,000	中贸圣佳	2023-01-01
清 紫檀螺钿框大漆彩绘嵌洋彩福寿如意纹大插屏	高237cm;长150cm	2,415,000	广东崇正	2022-12-25
清 紫檀镶嵌和田玉插屏	25.5cm×12cm×30.5cm	92,000	上海嘉禾	2022-01-01
民国 姜筠 粉彩青绿山水瓷板插屏	瓷板长34cm;宽23cm	218,500	中贸圣佳	2023-01-01
民国 粉彩牡丹春燕图座屏	瓷板25.7cm×37.8cm	23,000	北京中汉	2022-04-27
民国 粉彩童子采莲图瓷板插屏	高57.8cm	46,000	中国嘉德	2022-09-28
民国 粉青采绣纹插屏	宽12.5cm;高37.2cm	16,100	中贸圣佳	2022-09-25
民国 红木山水诗文地屏	126.5cm×42cm×114cm	10,080	上海联合	2022-08-13
民国 溥心畬款天蓝釉雕瓷岁岁平安图瓷板插屏	高48.5cm	63,250	中国嘉德	2022-05-31
民国二十一年(1932年) 粉彩松鹤延年诗文插屏	高51.3cm	46,000	中国嘉德	2022-05-30
民国 汪野亭 粉彩山水图瓷板插屏	宽22cm;高67cm	57,500	中贸圣佳	2022-07-26
现代 白玉雕松鹿高士插屏	玉15cm×10.5;厚1cm	46,000	北京荣宝	2022-07-24
和田玉白玉人物插屏摆件	7.5cm×14.5cm	78,400	中都国际	2022-07-30
填漆戗金嵌雕漆山水纹大插屏	高154cm	11,500	中国嘉德	2022-06-01
1941年 徐仲南 粉彩竹景春雨图瓷板插屏	宽17cm;高55.2cm	759,000	中贸圣佳	2022-07-26
紫檀嵌云石缠枝莲纹座屏	石板长41cm 宽58cm	115,000	中贸圣佳	2022-07-12
明 黄花梨雕龙嵌云石砚屏	54.5cm×20.6cm×51.7cm	402,500	华艺国际	2022-09-23
清初 青田石雕"指日高升"图砚屏	高14.5cm	32,200	保利厦门	2022-10-22
清早期 木雕嵌螺钿人物云母砚屏	高13.2cm	23,000	北京保利	2022-07-29
清早期 紫檀嵌云石砚屏	长191cm;宽119cm;高244cm	149,500	中贸圣佳	2023-01-01
清乾隆 仿珊瑚釉洗马图砚屏	15.1cm×0.6cm×11.2cm	115,000	华艺国际	2022-09-23
晚清 铁画种品茗读书图刻瓷砚屏	瓷板长22.7cm;宽16cm	23,000	中国嘉德	2022-06-26
清 白宝嵌玉石砚屏	高22.8cm	11,500	北京中汉	2022-12-26
清 碧玉雕第六世达赖尊者砚屏	长20cm	43,700	华艺国际	2022-09-23
清 翠玉浮雕山中访友松石红木砚屏	高9cm;长133cm;宽9.3cm	74,750	西泠印社	2022-07-12
清 红木框嵌祁阳石岁寒三友砚屏	41.6cm×19.5cm×61cm	172,500	北京保利	2022-07-29
清 描金漆黄杨雕兰草桌屏	80cm×27cm×45cm	207,000	北京保利	2022-07-29
清 三色翡翠大吉砚屏带原配紫檀座	高23cm(连座);宽11cm	37,950	广东崇正	2022-04-17
清 铜胎画珐琅行乐图砚屏	21.7cm×29.2cm	149,500	永乐拍卖	2022-07-26
清 紫檀嵌黄杨砚屏座	8cm×7.7cm×16cm	20,700	中国嘉德	2022-12-25
民国 珐琅彩八喜阖春图砚屏	长23.2cm;宽14.4cm	161,000	中贸圣佳	2022-07-26
民国 钱大钧款砚屏	25cm×15cm	17,250	荣宝斋(南京)	2022-12-08
明万历 红缎地玫花 五毒行龙纹挂屏	横62cm;纵18cm	78,200	中贸圣佳	2023-01-01
明万历 缂丝孔雀云凤大挂屏	208cm×115cm	149,500	北京保利	2022-07-29
明 顾绣 指日封侯挂屏	横46.7cm;纵120cm	368,000	中贸圣佳	2022-10-27
明 红缎地麒麟送子刺绣挂屏	横53cm;纵135.8cm	101,200	中贸圣佳	2023-01-01
明 钧窑瓷片嵌硬木挂屏（一对）	81cm×43cm×2	264,500	广东崇正	2022-12-25
明 缂丝婴戏图屏	横41cm;纵76.5cm	92,000	中贸圣佳	2022-10-27
明 鲁绣神仙人物挂屏	180cm×55cm	195,500	中贸圣佳	2022-07-27
清早期 黄花梨高凤翰"道德安乐"隶书十言联	115cm×9cm×2	57,500	中国嘉德	2022-06-26
清早期 缂丝寿字挂屏	横61.5cm;纵123cm	667,000	中贸圣佳	2022-07-25
清康熙 红木框癭木面嵌青花瓷板挂屏一组四件	高98.5cm	112,436	纽约佳士得	2022-03-25
清乾隆 "唐英"制大漆嵌白瓷书法对联（一对）	142cm×29.5cm×2	402,500	保利厦门	2022-10-22
清乾隆 百宝嵌博古图挂屏	101.8cm×70.5cm	126,500	中国嘉德	2022-12-26
清乾隆 粉彩高士图瓷板挂屏	52.5cm×44cm	46,000	中贸圣佳	2022-07-25
清乾隆 粉彩群仙祝寿图瓷板挂屏	83cm×48cm	977,500	中国嘉德	2022-06-27
清乾隆 宫廷盘金绣 御用灯笼挂屏	横59cm;纵78cm	109,250	中贸圣佳	2022-07-25
清乾隆 黄花梨框镶八宝耄耋挂屏（一对）	高96cm;宽37.5;厚3.5cm	715,000	浙江御承	2022-12-17
清乾隆 缂丝太师少狮挂屏	52cm×51cm	115,000	中贸圣佳	2022-07-25
清乾隆 漆地嵌八宝 竹石纹紫檀挂屏（一对）	长128.4cm;宽35.4cm	92,000	中贸圣佳	2022-07-25
清乾隆 群仙祝寿缂丝挂屏	横91cm;纵167cm	483,000	中贸圣佳	2022-07-25
清乾隆 识文描金花卉御题诗挂屏	104cm×56cm×2cm	69,000	中贸圣佳	2022-06-28
清乾隆 苏绣 冠上加冠挂屏	横34cm;纵66cm	78,200	中贸圣佳	2023-01-01
清乾隆 苏绣 荷塘鸳鸯挂屏	横36cm;纵62cm	69,000	中贸圣佳	2023-01-01
清乾隆 苏绣 鹤寿图挂屏	横71cm;纵140.5cm	460,000	中贸圣佳	2022-07-25
清乾隆 剔红框紫檀百宝嵌松树凌霄图挂屏	长91.7cm;宽49cm	1,437,500	中贸圣佳	2022-12-31
清乾隆 吴省兰款紫檀框剔犀文房对联	长110.5cm;宽31.5cm	506,000	中贸圣佳	2022-07-25
清乾隆 御制咏诗鸡翅木嵌黄杨木秋山楼阁挂屏	长3cm高98.5cm宽7.5cm	651,168	保利香港	2022-10-10
清乾隆 紫檀百宝嵌梅瓶图挂屏	57.5cm×103cm	241,500	中国嘉德	2022-06-26
清乾隆 紫檀框挂屏缂丝迎祥	32cm×66cm	276,000	中贸圣佳	2022-07-27
清乾隆 紫檀框黑漆嵌玉御题诗挂屏	113.5cm×73cm	1,150,000	北京保利	2022-07-28
清乾隆 紫檀银嵌玉御题诗挂屏一对	106.5cm×63cm×2	862,500	中贸圣佳	2022-07-25
清乾隆 紫檀框银御笔青松诗挂屏	107.5cm×58cm	632,500	北京保利	2022-07-16
清中期 百宝嵌挂屏	长61cm;宽110cm	143,750	中贸圣佳	2022-07-25
清中期 粉彩山水楼阁图挂屏	62cm×25.5cm	48,300	中国嘉德	2022-09-30
清中期 粉彩山水人物纹瓷板挂屏	45cm×31cm	17,250	中国嘉德	2022-09-30

2022杂项拍卖成交汇总（续表）

（成交价RMB：1万元以上）

拍品名称	物品尺寸	成交价RMB	拍卖公司	拍卖日期
清中期 红木嵌犀群仙祝寿图大挂屏成对	140cm×94cm×2cm	126,500	中国嘉德	2022-12-25
清中期 黄花梨恕亲王描金楷书八言联（一对）	191cm×27cm×2	920,000	中国嘉德	2022-06-26
清中期 红木嵌刘墉书法对联	长135cm；宽34.6cm	356,500	中贸圣佳	2022-05-30
清中期 青花穿花夔凤纹瓷板挂屏	54.8cm×54.5cm	17,250	中国嘉德	2022-05-30
清中期 青花诗文瓷板挂屏	47cm×20.2cm	11,500	北京中汉	2022-04-27
清中期 唐英风格黑漆地嵌粉彩牡丹纹挂屏	长94cm；宽67.5cm	322,000	永乐拍卖	2022-07-25
清中期 硬木嵌螺钿八仙人物博古图挂屏四方	63.5cm×34.5cm	74,750	中国嘉德	2022-05-31
清中期 粤绣花鸟挂屏（一对）	横38cm；纵27cm	126,500	中贸圣佳	2023-01-01
清中期 云石挂屏	直径63cm	23,000	中贸圣佳	2022-12-27
清中期 云石挂屏	直径60cm	57,500	中贸圣佳	2022-12-27
清中期 紫檀框嵌玉松竹梅图挂屏	119cm×63cm	184,000	中国嘉德	2022-06-28
清光绪(1896年)漆金"眉寿万年益作宝鼎"挂屏（一对）	32.5cm×35cm×66cm×2	34,500	广东崇正	2022-12-25
清晚期 粉彩八破图瓷板挂屏	瓷板39cm×25.2cm×2	23,000	中国嘉德	2022-09-27
清晚期 粉彩人物故事图瓷板挂屏	64cm×44cm	13,800	中国嘉德	2022-09-28
清晚期 吴昌硕石鼓文五言对联	长170.5cm；宽36.5cm	287,500	中贸圣佳	2022-07-25
清晚期 五彩十八学士图大瓷板挂屏	85cm×36cm	57,500	中国嘉德	2022-05-30
清 八宝纹刺绣挂屏（一对）	绣心25.5cm×27cm×2	11,500	保利厦门	2022-10-22
清 百鸟朝凤图刺绣挂屏（一对）	绣心36cm×43.5cm×2	126,500	保利厦门	2022-10-22
清 刺绣东坡诗文四条屏	长110.5cm；宽38.7cm	57,500	西泠印社	2022-08-21
清 刺绣九龙纹龙字挂屏	长180.5cm；宽123.5cm	32,200	西泠印社	2022-08-21
清 刺绣麻姑献寿挂轴	横71.5cm；纵147cm	218,500	中贸圣佳	2022-07-11
清 刺绣团龙挂屏	直径29.3cm	34,500	中贸圣佳	2022-07-11
清 大理石刻董其昌行书王氏祖训挂屏	34.5cm×30cm	138,000	北京保利	2022-07-29
清 海水江崖 福螺团团花缂丝挂屏	横73cm；纵168cm	46,000	西泠印社	2022-08-21
清 红木百宝镶嵌博古挂屏	长72cm；高58cm	101,200	北京银座	2022-09-17
清 红木大漆百宝嵌挂屏（两对）	63.5cm×38.5cm×2.5cm×4	63,250	中国嘉德	2022-12-25
清 红木框花鸟"吉祥如意"挂屏（一对）	83cm×42cm×2	94,300	西泠印社	2022-01-22
清 红木嵌铜人物故事挂屏（一对）	102cm×27cm×2	20,700	西泠印社	2022-01-22
清 红木镶螺钿法琅三阳开泰挂屏	长54cm；高98cm	36,800	北京银座	2022-09-17
清 花鸟刺绣挂轴（一对）	92cm×35cm×2	20,700	保利厦门	2022-10-22
清 花乌挂屏	69cm×113.5cm	92,000	中贸圣佳	2022-07-27
清 黄地福寿纹纳纱绣挂屏	直径82cm	103,500	中贸圣佳	2022-07-27
清 金漆木雕八仙人物挂屏 已装框（一组八件）	尺寸不一	51,750	广东崇正	2022-08-11
清 金漆木雕博古图挂屏	36cm×71cm	69,000	广东崇正	2022-12-25
清 金漆木雕加矿彩对弈图挂屏	45cm×3cm×21cm	23,000	广东崇正	2022-12-25
清 金漆木雕万字纹挂屏	长35cm；高78cm	17,250	广东崇正	2022-12-25
清 金漆木雕文王访贤图挂屏	91cm×5cm×27cm	34,500	广东崇正	2022-12-25
清 钧瓷挂屏（一对）	98.8cm×35.5cm×2	46,000	中贸圣佳	2022-12-25
清 缂丝 观音挂轴	横39.5cm；纵91cm	195,500	中贸圣佳	2022-07-27
清 缂丝 戏曲人物挂屏	横80.5cm；纵15.2cm	23,000	中贸圣佳	2023-01-01
清 缂丝福寿团花挂屏	直径28.5cm	21,965	中贸圣佳	2022-07-11
清 缂丝新春供博古图诗文挂屏	长119cm；宽85.5cm	253,000	西泠印社	2022-01-22
清 蓝瑛款云石天圆地方式挂屏	长71.4cm；高136.3cm	36,800	中贸圣佳	2022-07-11
清 刘海戏金蟾刺绣挂轴	26cm×19cm	34,500	保利厦门	2022-10-22
清 刘墉书法木对联	长178cm；宽29.5cm	94,300	中贸圣佳	2022-07-27
清 木对联（一对）	152cm×31cm×2	46,000	中贸圣佳	2022-07-27
清 楠木花花介挂屏	长108cm；宽38cm	11,500	浙江佳宝	2022-03-13
清 漆雕福禄寿纹挂屏	长64cm；高46cm	23,000	广东崇正	2022-12-15
清 嵌云石红木挂屏	云石屏心52cm×52cm	184,000	中国嘉德	2022-06-28
清 青花瓷填朱漆对联（一对）	135cm×24.3cm×2	18,400	中贸圣佳	2022-09-26
清 杉木漆金诗文挂屏（一对）	高102cm×2	11,500	浙江佳宝	2022-03-13
清 青缎地织锦 妆花龙纹袍料挂屏	上横61cm；下横79cm；纵120cm	138,000	中贸圣佳	2022-07-11
清 苏绣湖石花卉挂屏	横31.5cm；纵118cm	40,250	中贸圣佳	2022-10-27
清 苏绣百鸟挂屏	57cm×110cm	11,500	中贸圣佳	
清 汪昱款云石刻诗文挂屏（一对）	直径57cm	57,500	中贸圣佳	2022-07-27
清 吴山樵款布袋和尚诗文挂屏	长140cm；宽51.5cm	86,250	西泠印社	2022-08-21
清 吴大澂竹黄书房联（一对）	高102cm×2	34,500	华艺国际	2022-09-23
清 徐世昌款诗文挂屏	长88cm；宽19cm	14,950	中国嘉德	2022-01-23
清 徐世昌仪款红漆诗文挂屏（一对）	74cm×35.7cm×2	51,750	西泠印社	2022-01-22
清 硬木百宝嵌绶带鸟挂屏	61cm×102cm	63,250	中国嘉德	2022-06-26
清 粤绣百鸟朝凤挂屏	107cm×134cm	126,500	中贸圣佳	2022-07-27
清 粤绣花鸟闹春屏	直径36cm	55,200	中贸圣佳	2022-07-11
清 粤绣花鸟挂屏	52.3cm×69.5cm	44,850	中贸圣佳	2022-07-11
清 粤绣花鸟挂屏	绣芯57cm×45cm	32,200	中贸圣佳	2022-07-11
清 粤绣黎食莲款"屏开富贵"图挂屏	100cm×73cm	253,000	中贸圣佳	2022-07-27
清 粤绣翔山水挂屏（两幅）	横40cm；纵125cm	287,500	中贸圣佳	2022-07-27
清 云石"翠峰霞影"挂屏	长71.5cm；宽72cm	115,000	中贸圣佳	2022-07-11
清 紫檀框嵌地嵌沉香木玉指山东升挂屏	长24cm宽57cm；高7cm厚24cm	241,500	广东崇正	2022-04-17
清 紫檀嵌云石挂屏	挂屏高109cm；盘52cm；厚2.6cm	92,000	浙江御承	2022-08-28
民国 粉彩精忠报国人物故事诗文瓷板挂屏	44cm×31cm	11,500	中国嘉德	2022-09-28
民国 粉彩狩猎诗文瓷板挂屏	53cm×40cm	20,700	中国嘉德	2022-09-28
民国 王步风格青花山水人物瓷板挂屏一对	瓷板38cm×25cm×2	230,000	中国嘉德	2022-12-26
民国 吴昌硕款"万物静观自得"匾	177cm×35cm	19,550	保利厦门	2022-10-22
民国 湘绣山水人物挂屏（一对）	21.5cm×90cm×2	33,350	中贸圣佳	2022-07-11
当代 李得浓作木雕"游戏三昧"挂屏	38cm×88cm×10cm	276,000	广东崇正	2022-12-25
20世纪六七十年代 木雕 愉快的假日公园一景挂屏	长102cm；宽50.3cm	74,750	中贸圣佳	2023-01-01
20世纪六七十年代 漆雕救火英雄挂屏	长128cm；宽89cm	402,500	中贸圣佳	2023-01-01
清早期 款彩楼阁人物挂屏四幅	204cm×3cm×182cm×4	57,389	中国嘉德	2022-10-09
清康熙 黑漆百宝嵌婴戏图围屏（六扇）	高40.7cm；高187.5cm	2,012,500	中贸圣佳	2023-01-01
清康熙 红木嵌五彩人物图瓷板四联地屏	高141.4cm；长约166.8cm	86,250	西泠印社	2022-01-23
清康熙 款彩庭院人物屏十二扇围屏	535cm×2cm×2645cm×12	1,434,732	中国嘉德	2022-10-09
清康熙 御制刺绣 耕织图屏（两扇）	横34cm；纵130cm	517,500	中贸圣佳	2022-10-27
清乾隆 紫檀框嵌宽青地描金愉宗礼盒十八罗汉八扇屏	102cm×28cm×8	1,265,000	永乐拍卖	2022-07-24
清中期 黑漆地螺钿山水纹屏绣六扇	长136cm；宽91cm(6扇)	74,750	中贸圣佳	2022-07-25
清中期 红木雕云龙框盘金粤绣群仙祝寿图十二扇屏风（一套）	218cm×43cm×12	2,530,000	北京保利	2022-07-28
清中期 青花粉彩神仙人物纹瓷板八扇屏	136cm×82cm	32,200	中国嘉德	2022-09-29
清中期 粤绣 屏风一组配红木嵌螺钿外框	纵124cm	322,000	中贸圣佳	2022-10-27
清19世纪 紫檀嵌宝高士图四扇屏风	高210.2cm；长56.5cm	572,645	纽约佳士得	2022-09-23
晚清 邵逸夫爵士收藏 硬木嵌翠玉四扇围屏	176cm×32cm×4	3,780,252	香港苏富比	2022-04-29
清 红木八仙人物纹屏风十二扇	长660cm；高337cm	632,500	北京银座	2022-09-17
清 红木绣花鸟四屏风	长222cm；高175cm	287,500	北京银座	2022-09-17
清 金漆十三行宴游图大屏风（六屏）	336cm×2.5cm×203cm	230,000	广东崇正	2022-12-25
清 缂丝三国故事四屏	23cm×101cm	28,750	中贸圣佳	2022-07-11
清 漆地百宝嵌婴戏图屏风一组六扇	187cm×40.7cm×6	80,500	中贸圣佳	2022-06-06
当代 红酸枝瑞兽纹小围屏六扇 辉煌仙艺	49.5cm×205.5cm×6	74,750	中国嘉德	2022-06-26
当代 林文锋 大漆六扇立式屏风《六爻》	48cm×210.5cm×6	322,000	中国嘉德	2022-06-26
当代 魏光泽 青花山水图四条屏	112.5cm×31cm×4	28,750	中国嘉德	2022-06-26
创汇期 剔红镶百宝人物故事花卉四屏风	长176cm；高191cm	138,000	北京银座	2022-09-17
张丽诗手作鹰雄鹤寿四条屏	85cm×50cm×2.5cm	345,000	上海嘉禾	2022-01-01

佛教文物

拍品名称	物品尺寸	成交价RMB	拍卖公司	拍卖日期
2—3世纪 犍陀罗佛立像	高92cm	551,820	中国嘉德	2022-10-08
东魏 天平四年(537年)灰石佛三尊立像	高28.7cm	112,436	纽约佳士得	2022-03-25
东魏 铜鎏金菩萨	高12cm	128,498	纽约佳士得	2022-03-25
北齐 石雕佛五尊立像	高33cm	1,766,845	纽约佳士得	2022-03-25
北魏 太安三年(457年)石雕释迦文佛像	高41cm	4,979,291	纽约佳士得	2022-03-25
北魏 铜佛坐像	高18.8cm	2,088,000	纽约佳士得	2022-03-25
北魏 铜鎏金佛像	高3.9cm	128,498	纽约佳士得	2022-03-25
北魏 永光三年(530年)铜菩萨立像	高14.5cm	385,493	纽约佳士得	2022-03-25
北魏水龙纪年(528—530年)铜释迦像	高19.5cm	974,700	保利香港	2022-07-14
北齐 白石双菩萨像	高31cm	16,554	中国嘉德	2022-10-08
北齐 白石思维菩萨	高23.2cm	35,316	中国嘉德	2022-10-08
北齐 菩萨手	高12cm	53,489	中贸圣佳	2022-07-25
北齐 石灰岩释迦牟尼佛首	高30cm	10,340	台北艺珍	2022-08-14
隋代 白石一佛二胁侍	高33.1cm	24,280	中国嘉德	2022-10-08
北魏6世纪初 士绅收藏 石灰岩雕交脚思维菩萨像	高61cm	8,100,540	香港苏富比	2022-04-29
唐 鎏金铜袖珍菩萨坐像	5.2cm	136,745	香港苏富比	2022-10-09
唐 鎏金铜袖珍菩萨坐像两尊	高5.5cm直径5.9cm	319,072	香港苏富比	2022-10-09
唐 铜鎏金观音立像	高14cm	152,591	纽约佳士得	2022-03-25
唐 铜鎏金佛坐像	高21.2cm	1,887,712	纽约佳士得	2022-03-25
唐 铜鎏金七世佛像	高11.2cm	80,311	纽约佳士得	2022-03-25
唐 铜鎏金释迦牟尼坐像	高7.5cm	153,900	保利香港	2022-07-14
唐代 白石彩绘天王像	高39cm	551,820	中国嘉德	2022-10-08
唐代 砂岩石雕释迦牟尼佛像	高48cm；宽22cm	20,610	台北艺珍	2022-03-06
唐咸亨(670—674年)石灰岩雕四面造像碑	高66.8cm	432,028	佳士得	2022-05-30
唐永隆元年(680年)释迦牟尼佛成道像佛龛	高11cm；宽6.4cm；厚0.4—1.8cm不等	1,207,500	中贸圣佳	2022-07-25
7世纪 弥勒菩萨	高13.5cm	1,725,000	中贸圣佳	2022-07-25
7世纪 思维观音像	高11.5cm	3,565,000	中贸圣佳	2022-07-25
五代 铜菩萨坐像	高29.5cm	1,725,000	西泠印社	2022-07-22
五代 铜释迦牟尼佛像	高9cm	90,482	台北艺珍	2022-08-14
五代 叶根重臣藏青铜漆金观音头像	高25cm	885,500	西泠印社	2022-07-22
北宋 铜文殊菩萨像	高12.7cm	208,809	纽约佳士得	2022-03-25
大理国(宋代)金制阿嵯耶观音像	高6.8cm(不含座)	285,510	台北艺珍	2022-09-25
宋代 铜释迦佛像	高12cm	12,366	台北艺珍	2022-08-14
辽 彩绘陶塑迦叶涅槃像	长692cm；宽705cm；高130cm	2,667,600	保利香港	2022-07-14
辽 石雕罗汉头像	整体高66cm	2,667,600	保利香港	2022-07-14
辽 铜鎏金佛坐像	高12cm	722,800	纽约佳士得	2022-03-25
石灰岩菩萨头像	高48.3cm	748,843	纽约佳士得	2022-09-23
铜佛小坐像	高9cm	74,884	纽约佳士得	2022-09-23
10至11世纪 合金铜一佛二菩萨立像	高20cm	827,264	台北艺珍	2022-08-14
10至11世纪 文殊菩萨	高17.5cm	1,403,000	中贸圣佳	2022-07-25
11世纪 莲花手菩萨像	高17cm	57,500	中贸圣佳	2022-07-27

2022杂项拍卖成交汇总(续表)

(成交价RMB：1万元以上)

拍品名称	物品尺寸	成交价RMB	拍卖公司	拍卖日期
11世纪 毗湿奴像	高4.9cm	46,000	中贸圣佳	2022-10-27
11世纪 释迦牟尼	高9.5cm	908,500	中贸圣佳	2022-07-27
11世纪末/12世纪初 大理国鎏金铜观音立像	高57.1cm	16,444,662	纽约佳士得	2022-03-25
11—12世纪 大理国鎏金铜阿嵯耶观世音菩萨半跏像	高37.8cm，长41.9cm	42,965,898	香港苏富比	2022-10-08
金 木雕彩绘菩萨立像两尊	高142cm	21,546,000	保利香港	2022-07-14
11—12世纪 莲花手菩萨像	高16cm	264,500	中贸圣佳	2022-07-27
11世纪/12世纪 铜鎏金阿嵯耶观音	高45.3cm	9,315,000	华艺国际	2022-09-23
12世纪 佛头	高15.5cm	80,500	中贸圣佳	2022-07-27
12世纪 合金铜错银错红铜四臂观音	高15.8cm	1,552,500	华艺国际	2022-09-23
12世纪 合金铜四臂观音	高9.8cm	172,500	华艺国际	2022-09-23
12世纪 莲花手菩萨像	高24.5cm	299,000	中贸圣佳	2022-07-27
12世纪 释迦牟尼	高13cm	287,500	中贸圣佳	2022-07-27
大理风格 元 迦诺迦跋黎堕阇尊者像	高23cm	78,200	中贸圣佳	2022-06-07
元 大日如来像	高32cm	172,500	中贸圣佳	2022-10-27
元 佛立像	高8.6cm	460,000	北京中汉	2022-06-28
元 佛手	高31cm	586,500	中贸圣佳	2022-07-27
元 观音菩萨像	高13.5cm	138,000	中贸圣佳	2022-07-27
元 观音菩萨像	高11.5cm	126,500	中贸圣佳	2022-07-27
元 观音菩萨像	高8.5cm	32,200	中贸圣佳	2022-07-27
元 观音菩萨像	高9.5cm	28,750	中贸圣佳	2022-07-27
元 观音菩萨坐像	高23.5cm	402,500	中贸圣佳	2022-07-27
元 胡人骑狮熏炉	通高23.5cm，鬣长21.5cm	178,250	中贸圣佳	2022-07-27
元 交脚天王	高6.9cm	230,000	北京中汉	2022-06-28
元 老子像	高14.1cm	138,000	中贸圣佳	2022-07-27
元 密教明王像	高11.5cm	782,000	北京中汉	2022-06-28
元 摩利支天或斗姆元君像	高55cm	4,025,000	中贸圣佳	2022-10-27
元 菩萨像	高18.3cm	414,000	北京中汉	2022-06-28
元 菩萨像	高14.5cm	40,250	中贸圣佳	2022-07-27
元 菩萨像两尊	高17.5cm	172,500	中贸圣佳	2022-07-27
元 菩萨像	高10.5cm	805,000	中贸圣佳	2022-07-27
元 入定观音像	高32cm	178,250	中贸圣佳	2022-07-27
元 释迦牟尼佛像	高11cm	1,748,000	北京中汉	2022-07-27
元 释迦牟尼像	高8cm	149,500	中贸圣佳	2022-07-27
元 释迦太子诞生像	高26cm	207,000	中贸圣佳	2022-07-27
元 释迦太子诞生像	高13cm	25,300	中贸圣佳	2022-07-27
元 水月观音像	高57cm	690,000	中贸圣佳	2022-10-27
元 水月观音像	高24.5cm	161,000	中贸圣佳	2022-07-27
元 水月观音像	高22cm	23,000	中贸圣佳	2022-07-27
元 天王像	高9cm	46,000	北京中汉	2022-04-27
元 铁漆金菩萨像	高22.8cm	92,000	北京中汉	2022-09-29
元 铜阿弥陀佛坐像	高23.5cm	207,000	西泠印社	2022-08-20
元 铜观音坐像	高17cm	10,350	北京中汉	2022-09-29
元 铜局部鎏金释迦牟尼	高40.3cm	805,000	华艺国际	2022-09-23
元 铜鎏金如意观音像	高20.2cm	207,000	西泠印社	2022-08-21
元 铜鎏金摩利支天	高17.5cm	322,000	华艺国际	2022-09-23
元 铜鎏金释迦牟尼坐像	高13.8cm	402,500	西泠印社	2022-08-21
元 铜漆金阿难迦叶	高215.5cm	23,000	北京中汉	2022-09-29
元 铜释迦坐像	高7cm	460,000	西泠印社	2022-01-22
元 铜释迦坐像	高9cm	230,000	西泠印社	2022-01-22
元 铜狮子坐像	高9cm	207,000	西泠印社	2022-01-22
元 铜狮子坐像	高9cm	69,000	西泠印社	2022-01-22
元 铜自在坐送子观音像	高31cm	34,500	保利厦门	2022-10-22
元 童子拜观音像	高32cm	517,500	西泠印社	2022-08-20
元至明 铜鎏金"钱塘陈彦清造"款地藏菩萨坐像	高25.5cm	575,000	西泠印社	2022-01-22
元 中原 阿难像	高19.5cm	57,500	中贸圣佳	2022-06-07
元 中原 地藏菩萨立像	高19.4cm	69,000	中贸圣佳	2022-06-07
13世纪 不动明王	高13cm	747,500	中贸圣佳	2022-07-27
13世纪 合金玛玛不动明王像	高15.3cm	172,500	永乐拍卖	2022-07-24
13世纪 合金铜黄财神像	高7.3cm	241,500	中国嘉德	2022-06-28
13世纪 合金铜四臂观音坐像	高41cm	667,000	西泠印社	2022-08-20
13世纪 黄财神像	高11cm	368,000	中贸圣佳	2022-07-27
13世纪 金刚手(带座)	长17cm	115,000	华艺国际	2022-07-27
13世纪 释迦牟尼	高25cm	230,000	中贸圣佳	2022-07-27
13世纪 铜合金金刚手像	高16cm	46,533	台北艺珍	2022-08-14
13世纪 铜鎏金财续佛母	高20cm(连座)	437,000	华艺国际	2022-09-23
13世纪 铜漆金观音坐像	高22cm；宽11cm	25,300	浙江佳宝	2022-03-13
西藏 13世纪 噶当塔	高16cm	66,700	中贸圣佳	2022-06-07
西藏 13世纪 无量寿佛像	高15.5cm	55,200	中贸圣佳	2022-06-07
13世纪/14世纪 木雕三祜主护经板	长72.5cm	92,000	华艺国际	2022-09-23
14世纪 藏传铜鎏金 不动佛坐像	高24cm；宽18cm	115,000	浙江佳宝	2022-03-13
14世纪 护法神	高21cm	207,000	中古陶	2022-08-21
14世纪 绰曲坚赞	高11cm	977,500	中贸圣佳	2022-07-27
14世纪 弥勒菩萨	高20.5cm	920,000	中贸圣佳	2022-07-27
14世纪 那烂陀菩萨坐像	高20cm	207,000	西泠印社	2022-07-27
14世纪 释迦牟尼	高16.5cm	517,500	中贸圣佳	2022-07-27
14世纪 释迦牟尼	高14cm	1,150,000	中贸圣佳	2022-07-27
14世纪 释迦牟尼	高25cm	747,500	中贸圣佳	2022-07-27
14世纪 铜阿閦佛坐像	高13.4cm	57,500	浙江佳宝	2022-03-13
14世纪 铜弥勒佛坐像	高45cm	2,070,000	西泠印社	2022-01-22
14世纪 铜鎏金宝冠释迦牟尼佛	高11cm	575,000	中国嘉德	2022-06-28
14世纪 铜鎏金宝冠释迦牟尼佛像	高30cm	271,320	台北艺珍	2022-06-12
14世纪 铜鎏金 不动佛坐像	高22.5cm	322,000	西泠印社	2022-01-22
14世纪 铜鎏金 金刚总持像(嵌银嵌宝石)	高33.8cm	9,775,000	中国嘉德	2022-06-28
14世纪 铜鎏金上乐金刚	高17.5cm	517,500	华艺国际	2022-09-23
14世纪 铜鎏金站姿莲花手观音	高20cm	1,610,000	华艺国际	2022-09-23
14世纪 铜嵌银嵌红铜金铜母哈母	高17.5cm	34,500	广东崇正	2022-08-11
14世纪 文殊菩萨	高27.5cm	6,900,000	中贸圣佳	2022-07-27
14世纪 止贡巴·仁钦贝像	高25cm	1,633,000	中贸圣佳	2022-07-27
14世纪北京(大都风格) 释迦牟尼像	高15.2cm	55,200	中贸圣佳	2022-06-07
14世纪 丹萨替寺供养天人立柱	高38.9cm	7,617,600	浙江当代	2022-01-03
14世纪 金刚瑜伽母	高9.1cm	13,800	北京中汉	2022-06-07
14世纪 西藏 释迦牟尼佛像	高11.6cm	48,300	中贸圣佳	2022-07-27
明早期 释迦太子诞生像	高25cm	253,000	中贸圣佳	2022-07-27
明早期 释迦太子诞生像	高38cm	94,300	北京中汉	2022-07-27
明早期 铜漆金释迦牟尼	高42cm	1,081,000	华艺国际	2022-09-23
明早期 铜释迦牟尼	高32.5cm	345,000	中贸圣佳	2022-07-27
元/明初 鎏金铜罗汉坐像(一对)	高85cm；高87.6cm	20,958,540	佳士得	2022-05-30
明永乐 鎏金铜金刚总持坐像	高21.5cm	8,820,588	佳士得	2022-05-30
明永乐 铜鎏金宝冠释迦牟尼	高18cm	2,530,000	北京保利	2022-07-29
明永乐 铜鎏金观音造像	高53cm；底长43cm；底宽28cm	28,750,000	浙江御承	2022-01-22
明永乐 铜鎏金弥勒佛	高15cm；底长14cm；底宽11cm	172,500	浙江御承	2022-01-22
明永乐 铜鎏金弥勒菩萨(汉藏风格北京宫廷)	高21cm	4,140,000	北京保利	2022-07-28
明永乐 铜鎏金释迦牟尼佛像	高18cm	954,500	广东崇正	2022-08-11
明永乐 文殊菩萨	高14.5cm	1,127,000	北京中汉	2022-06-28
明永乐 无量佛	高39cm	14,835,000	北京中汉	2022-06-28
明永乐(1403—1424年) 释迦牟尼佛像	高18.5cm	1,610,000	中贸圣佳	2022-07-27
明永乐(1403—1424年)时期 菩萨	高12cm	1,322,500	中贸圣佳	2022-07-27
明永乐(1403—1424年)时期 欲帝明王	高5.5cm	920,000	中贸圣佳	2022-07-27
明宣德 铜鎏金无量寿佛	高17.5cm；长11cm	13,800	广东崇正	2022-08-11
明宣德 铜鎏金药师佛坐像	通高39.5cm	2,828,760	香港福羲国际	2022-04-17
明宣德(1426—1435年) 观音菩萨像	高10cm	540,500	中贸圣佳	2022-07-27
明宣德风格(1426—1435年) 地藏王菩萨像	高27.5cm	598,000	中贸圣佳	2022-07-27
明正统丁卯年 铜鎏金观音菩萨坐像	高40cm	820,800	保利香港	2022-07-14
明成化元年(1465年) 铜文殊菩萨骑狮坐像	高30.5cm	324,021	佳士得	2022-05-30
15世纪 六臂具背光	高41cm；宽27.8cm	59,800	北京中汉	2022-04-27
15世纪 四臂观音	高(佛)17.5cm	172,500	北京中汉	2022-07-27
14—15世纪 铜鎏金佛塔	高12cm	69,000	中国嘉德	2022-06-28
14—15世纪 铜鎏金释迦牟尼佛	高22.6cm	253,000	中国嘉德	2022-06-28
14—15世纪 铜鎏金药师佛	高33.8cm	3,220,000	中国嘉德	2022-06-28
15世纪 财续佛母	高15.5cm	920,000	中贸圣佳	2022-07-27
15世纪 催破金刚	高23cm	230,000	中贸圣佳	2022-07-27
15世纪 合金铜财宝天王像	高18.3cm	1,150,000	中国嘉德	2022-06-28
15世纪 合金铜错银眼四臂观音	高21.8cm	690,000	华艺国际	2022-09-23
15世纪 合金铜二臂大黑天	高16.5cm	172,500	中国嘉德	2022-06-28
15世纪 合金铜胜乐金刚	高19.5cm	368,000	中国嘉德	2022-09-23
15世纪 合金铜无量寿佛	高22cm	805,000	华艺国际	2022-09-23
15世纪 金刚总持像	高21.3cm	287,500	中贸圣佳	2022-10-27
15世纪 空行母像	高10cm	109,250	中贸圣佳	2022-07-27
15世纪 绿度母	高10cm	92,000	中古陶	2022-08-21
15世纪 密集金刚	高20.5cm	977,500	中贸圣佳	2022-07-27
15世纪 那若空行母像	高28cm	172,500	中贸圣佳	2022-07-27
15世纪 上乐金刚	高19cm	230,000	中贸圣佳	2022-07-27
15世纪 上师像	高14cm	517,500	中贸圣佳	2022-07-27
15世纪 释迦牟尼	高31cm	920,000	中贸圣佳	2022-07-27
15世纪 释迦牟尼像	高22cm	1,012,000	中贸圣佳	2022-07-27
15世纪 铜佛手	高18.5cm	57,500	永乐拍卖	2022-07-27
15世纪 铜鎏金阿閦佛坐像	高22.5cm	207,000	西泠印社	2022-08-20
15世纪 铜鎏金宝冠释迦牟尼	高30cm	621,000	永乐拍卖	2022-07-27
15世纪 铜鎏金黑财神像	高10cm	172,500	中国嘉德	2022-06-28
15世纪 铜鎏金红阎魔敌	高10.5cm	103,500	中国嘉德	2022-06-28
15世纪 铜鎏金金刚手	高11.5cm	89,700	华艺国际	2022-09-23
15世纪 铜鎏金莲花手观音母立像	高26.3cm；宽12cm	172,500	浙江佳宝	2022-03-13
15世纪 铜鎏金绿度母像	高13.3cm；宽8.5cm	115,000	浙江佳宝	2022-03-13
15世纪 铜鎏金菩萨	高16.4cm	184,000	华艺国际	2022-09-23
15世纪 铜鎏金胜乐金刚像	高24.8cm	230,000	中贸圣佳	2022-07-27
15世纪 铜鎏金释迦牟尼	高10.6cm	155,250	永乐拍卖	2022-07-27
15世纪 铜鎏金释迦牟尼	高15.9cm	230,000	华艺国际	2022-09-23
15世纪 铜鎏金药师佛	高14.5cm	172,500	华艺国际	2022-09-23
15世纪 铜鎏金宗喀巴	高15.6cm	143,750	永乐拍卖	2022-07-27
15世纪 铜鎏金宗喀巴	高30.5cm	287,500	中贸圣佳	2022-07-27
15世纪 文殊菩萨	高20.5cm	920,000	中贸圣佳	2022-07-27
15世纪 药师八如来佛像	高12.2cm	253,000	中贸圣佳	2022-07-27
15世纪 银质佛塔	高19cm	218,500	中国嘉德	2022-06-28
鎏金铜菩萨坐像	高21.2cm	229,058	纽约佳士得	2022-

2022杂项拍卖成交汇总(续表)

(成交价RMB：1万元以上)

拍品名称	物品尺寸	成交价RMB	拍卖公司	拍卖日期
明早期(15世纪) 铜鎏金释迦牟尼佛	高10.2cm	28,750	北京诚轩	2022-08-09
西藏 15世纪 大日如来像	高15.1cm	89,700	中贸圣佳	2022-06-07
西藏 15世纪 释迦牟尼佛像	高15.2cm	36,800	中贸圣佳	2022-06-07
明正德(1506—1521年) 贡嘎宁波像	高20.5cm	667,000	中贸圣佳	2022-10-27
明正德(1506—1521年) 无量寿佛像	高10cm	195,500	中贸圣佳	2022-07-27
明嘉靖 铜鎏金卧佛	长35cm	287,500	华艺国际	2022-09-23
明万历 铜观音坐像	高44cm；长23cm	345,000	广东崇正	2022-08-11
明万历四十四年(1616年) 祖师像	高86cm	1,840,000	中贸圣佳	2022-07-27
15—16世纪 宝生佛像	高19cm	109,250	中贸圣佳	2022-07-27
15—16世纪 合金铜莲华生大师与二明妃	高26.5cm	1,725,000	中国嘉德	2022-06-28
15—16世纪 铜鎏金向敦羌贝巴像	高28cm	575,000	中国嘉德	2022-06-28
16世纪 藏宁·赫鲁迦	高11cm	517,500	中贸圣佳	2022-07-27
16世纪 伐罗婆斯却者像	高15.5cm	161,000	中贸圣佳	2022-07-27
16世纪 合金铜错银错红铜法王像	高15.3cm	115,000	华艺国际	2022-09-23
16世纪 曼达拉瓦	高13cm	747,500	中贸圣佳	2022-07-27
16世纪 弥勒佛像	高22.5cm	287,500	中贸圣佳	2022-07-27
16世纪 木斯塘风格菩萨像	高21.5cm	64,630	台北艺珍	2022-08-14
16世纪 七俱胝佛母像	高23cm	149,500	中贸圣佳	2022-07-27
16世纪 萨迦派上师绛钦旺杰像	高13.5cm	172,500	中贸圣佳	2022-10-27
16世纪 铜鎏金金刚总持双身像	高34.8cm	920,000	华艺国际	2022-09-23
16世纪 铜鎏金罗汉像	18.5cm×14cm×9.5cm	53,489	华艺国际	2022-05-29
16世纪 铜鎏金绿度母与救八难度母	高29.5cm	1,150,000	北京保利	2022-07-29
16世纪 铜鎏金弥勒像	高11.5cm	11,500	保利厦门	2022-10-22
16世纪 铜鎏金嵌宝石大成就者	通高15cm；佛高11.4cm	230,000	永乐拍卖	2022-07-24
16世纪 铜鎏金文殊坐像	高20cm	138,000	西泠印社	2022-08-20
16世纪 铜四臂观音擦模	高10.5cm	13,800	华艺国际	2022-09-23
16世纪 铜鎏金银嘎鸟	高21.8cm；宽16.5cm	97,750	浙江佳宝	2022-03-13
16世纪 香巴拉法王像	高15.5cm	97,750	中贸圣佳	2022-07-27
16世纪 扎什伦布寺风格铜鎏金嵌宝石曼达拉瓦佛像	高7.8cm	57,500	永乐拍卖	2022-07-24
16世纪南亚地区 青铜无量寿佛	高52cm	51,704	台北艺珍	2022-08-14
16—17世纪 合金铜红财神	高16.5cm	483,000	中国嘉德	2022-06-28
17世纪 阿旺·洛桑嘉措像	高25cm	2,012,500	中贸圣佳	2022-07-27
17世纪 白度母	高20cm	920,000	中贸圣佳	2022-07-27
17世纪 不空成就佛像	高25cm	71,300	中贸圣佳	2022-07-27
17世纪 纯金藏文经书经板	长21.9cm	32,832	保利香港	2022-07-14
17世纪 大威德金刚	高19.5cm	1,403,000	中贸圣佳	2022-10-27
17世纪 第司·桑结嘉措像	高13.8cm	575,000	中贸圣佳	2022-10-27
17世纪 合金铜大威德金刚像	高15.3cm	115,000	中国嘉德	2022-06-28
17世纪 合金铜金刚总持像	高15.5cm	46,533	台北艺珍	2022-08-14
17世纪 合金铜尊胜母擦擦	高16.9cm	57,500	中国嘉德	2022-06-28
17世纪 隆钦饶绛巴像	高11cm	69,000	中贸圣佳	2022-07-27
17世纪 释迦牟尼佛	高10.5cm	11,500	中古陶	2022-08-21
17世纪 铜鎏金大红司命主	高18.8cm	115,000	中贸圣佳	2022-10-27
17世纪 铜鎏金佛首	高14.2cm	15,114	台北艺珍	2022-03-06
17世纪 铜鎏金莲华生像	通高29.3cm	92,000	中国嘉德	2022-06-28
17世纪 铜鎏金莲师像	高20cm	51,704	台北艺珍	2022-08-14
17世纪 铜鎏金玛尔巴像	高17.3cm	138,000	中国嘉德	2022-06-28
17世纪 铜鎏金弥勒佛像	高16.6cm	218,500	中国嘉德	2022-06-28
17世纪 铜鎏金未来佛像	高23cm	258,520	台北艺珍	2022-08-14
17世纪 铜鎏金上师像	高23.8cm	168,218	台北艺珍	2022-06-12
17世纪 铜鎏金上师像	高14cm	87,936	台北艺珍	2022-03-06
17世纪 铜鎏金上师像	高22.3cm	56,874	台北艺珍	2022-08-14
17世纪 铜鎏金事业王护法像	高11cm；宽9.2cm	115,000	浙江佳宝	2022-03-13
17世纪 铜鎏金释迦牟尼	高22cm	943,000	华艺国际	2022-07-29
17世纪 铜鎏金释迦牟尼佛像	高21cm	103,101	台北艺珍	2022-06-12
17世纪 铜鎏金无量寿佛	高16.6cm；宽11cm	34,500	浙江佳宝	2022-03-13
17世纪 铜漆彩无量寿佛	高18cm	23,000	浙江佳宝	2022-03-13
17世纪 铜鎏金释迦牟尼佛像、立姿菩萨像(雪堆白)	高17cm；高32cm	31,022	台北艺珍	2022-08-14
17世纪 铜宗喀巴擦模	长21cm	32,200	华艺国际	2022-09-23
17世纪 无量寿佛	高19.5cm	437,000	中贸圣佳	2022-07-27
17世纪 西藏(雪堆白) 合金铜释迦牟尼立像	高46.5cm	3,220,000	北京保利	2022-07-28
17世纪 扎什巴扎尔铜鎏金释迦牟尼	高21.8cm	862,500	永乐拍卖	2022-07-24
17世纪 旃檀佛像	高22.5cm	184,000	中贸圣佳	2022-07-27
17世纪 宗喀巴像	高13.7cm	57,500	中贸圣佳	2022-07-27
17世纪(吐尔扈特蒙古) 铜鎏金双身金刚持	高36.5cm	20,125,000	北京保利	2022-07-28
17世纪 清顺治(1643—1666年) 白度母擦擦和大威德金刚擦擦两尊	大威德金刚擦擦高10cm；白度母擦擦高9.5cm	230,000	中贸圣佳	2022-07-27
清初(17世后半) 铜鎏金释迦牟尼	高12.5cm	25,300	北京诚轩	2022-08-09
17世纪 铜鎏金佛立像	高9.5cm	13,800	北京中汉	2022-09-29
17世纪 西藏铜鎏金普巴忿怒莲师	高5.5cm	20,700	北京中汉	2022-09-29
17世纪 象身财神	高29.4cm	13,800	北京保利	2022-06-28
铜天王立像	高42cm	836,942	纽约佳士得	2022-09-23
局部鎏金佛坐像	高58.4cm	2,819,174	纽约佳士得	2022-09-23
明 "正德八年" 款铜观音菩萨坐像	高31cm	25,300	西泠印社	2022-01-22
明 白衣观音像	高50cm	402,500	中贸圣佳	2022-10-27
明 宝冠弥勒佛像	高37.7cm	212,750	中贸圣佳	2022-10-27

拍品名称	物品尺寸	成交价RMB	拍卖公司	拍卖日期
明 宝冠释迦牟尼佛像	高30cm	287,500	中贸圣佳	2022-10-27
明 藏佛	11.5cm×8.5cm	138,000	上海嘉禾	2022-01-01
明 纯金释迦牟尼佛	高5.1cm；重11.8g	34,500	广东崇正	2022-08-11
明 地藏菩萨像	高34.5cm	345,000	中贸圣佳	2022-10-27
明 地藏菩萨像	高28cm	195,500	中贸圣佳	2022-07-27
明 供养人像	高17.5cm	253,000	中贸圣佳	2022-07-27
明 宫廷木胎金漆韦陀	高133cm	3,680,000	华艺国际	2022-09-23
明 观音菩萨像	高51.8cm	402,500	中贸圣佳	2022-10-27
明 观音菩萨像	高10cm	34,500	中贸圣佳	2022-07-27
明 观音菩萨像	高12cm	23,000	中贸圣佳	2022-07-27
明 观音坐像	高20.9cm	13,800	中贸圣佳	2022-07-12
明 广目天王像	高41cm	322,000	中贸圣佳	2022-07-27
明 合金铜持瓶童子立像(一对)	高28cm	57,500	西泠印社	2022-08-20
明 合十印佛像	高34cm	345,000	中贸圣佳	2022-10-27
明 夹纻阿弥陀佛坐像	高56.8cm	483,000	西泠印社	2022-08-20
明 夹纻金漆关公坐像	高36cm	115,000	中贸圣佳	2022-10-27
明 夹纻金漆韦陀立像	高134cm	2,990,000	西泠印社	2022-01-22
明 夹纻男相观音菩萨坐像	高39cm	264,500	西泠印社	2022-08-20
明 夹纻菩萨坐像	高35cm	149,500	中贸圣佳	2022-07-27
明 夹纻菩萨坐像	高32cm	218,500	西泠印社	2022-08-20
明 夹纻漆金释迦坐像	高83cm	575,000	西泠印社	2022-01-22
明 夹纻药师佛坐像	高40cm	138,000	西泠印社	2022-08-20
明 京造木胎漆金男相观音三尊	尺寸不一	287,500	华艺国际	2022-09-23
明 净瓶观音菩萨像	高23cm	92,000	中贸圣佳	2022-07-27
明 净瓶观音菩萨像	高34.6cm	115,000	中贸圣佳	2022-10-27
明 净瓶观音像	高27cm	138,000	中贸圣佳	2022-10-27
明 孔子像	高35.5cm	437,000	中贸圣佳	2022-07-27
明 魁星点斗	高24.7cm	20,700	中贸圣佳	2022-07-12
明 卢舍那佛像	高18cm	287,500	中贸圣佳	2022-07-27
明 弥勒佛像	高50.5cm	1,380,000	北京中汉	2022-06-28
明 弥勒菩萨像	佛高24cm；通高32cm	92,000	中贸圣佳	2022-07-27
明 普贤菩萨像	高26.5cm	391,000	中贸圣佳	2022-10-27
明 普贤菩萨像	高34.5cm	218,500	中贸圣佳	2022-10-27
明 普贤菩萨像	高21.5cm	115,000	中贸圣佳	2022-07-27
明 千手观音佛龛	高15.5cm	115,000	北京中汉	2022-06-28
明 青斗石佛像	高71cm	1,380,000	保利厦门	2022-07-27
明 入定观音像	高18.5cm	69,000	中贸圣佳	2022-07-27
明 善财童子	高19.6cm	26,450	北京中汉	2022-04-27
明 释迦牟尼像	高31.5cm	402,500	北京中汉	2022-06-28
明 释迦牟尼像	高30.5cm	379,500	北京中汉	2022-06-28
明 释迦牟尼像	高31cm	138,000	中贸圣佳	2022-10-27
明 释迦牟尼与二弟子像一组	主尊高46.5cm；弟子高34.5cm	1,748,000	中贸圣佳	2022-10-27
明 双身玛哈嘎拉像(带嘎乌盒)	高11cm	230,000	中古陶	2022-08-21
明 水月观音像	高28cm	115,000	中贸圣佳	2022-10-27
明 送子观音像	高22cm	172,500	中贸圣佳	2022-10-27
明 铁制菩萨头像	高16cm	13,800	西泠印社	2022-01-22
明 铜阿弥陀佛坐像	高29cm	1,495,000	西泠印社	2022-08-20
明 铜阿难像	高19cm	32,200	西泠印社	2022-01-22
明 铜宝冠释迦坐像	高42cm	368,000	西泠印社	2022-01-22
明 铜彩绘狮吼观音	高44.7cm	920,000	华艺国际	2022-07-29
明 铜彩绘自在观音	高36.5cm	1,058,000	华艺国际	2022-09-23
明 铜凤帽观音坐像	高50cm	1,092,500	西泠印社	2022-08-20
明 铜佛坐像	高31cm	92,000	北京中汉	2022-09-29
明 铜关帝像	高37cm；长23cm	13,800	广东崇正	2022-08-11
明 铜关公像	高26.5cm	40,250	北京保利	2022-07-17
明 铜关公坐像	高24.5cm	57,500	西泠印社	2022-01-22
明 铜观音立像	高33.5cm	80,250	广东崇正	2022-08-11
明 铜观音菩萨坐像	高20cm；高17.5cm	46,000	浙江佳宝	2022-03-13
明 铜观音坐像	高20cm	25,300	中国嘉德	2022-09-29
明 铜观音坐像	高24cm	10,350	北京中汉	2022-09-29
明 铜观音坐像	高24cm；宽14.5cm	172,500	广东崇正	2022-04-17
明 铜观音坐像	高8.5cm；长6.5cm	126,500	广东崇正	2022-08-11
明 铜观音坐像	高15.9cm	80,500	中贸圣佳	2022-07-12
明 铜鎏金 "三殿宋帝王麻爷" 立像	高48.5cm	575,000	西泠印社	2022-01-22
明 铜鎏金阿弥陀佛立像	高39cm	805,000	北京保利	2022-07-27
明 铜鎏金阿弥陀佛坐像	高11.3cm	299,000	中国嘉德	2022-06-28
明 铜鎏金白度母像	高14cm	72,675	台北艺珍	2022-09-25
明 铜鎏金白度母坐像	高16cm	57,500	西泠印社	2022-01-23
明 铜鎏金宝冠释迦牟尼佛 锤鍱工艺鎏金背光及宝座	53.8cm×42.3cm×23cm	2,415,000	中国嘉德	2022-06-28
明 铜鎏金财神像	高14.5cm	25,300	北京保利	2022-07-17
明 铜鎏金佛手摆件	佛手长20.5cm	36,800	西泠印社	2022-08-21
明 铜鎏金关公坐像	高33cm	2,070,000	西泠印社	2022-08-20
明 铜鎏金关公坐像	高25cm	1,495,000	西泠印社	2022-08-20
明 铜鎏金观世音菩萨坐像	高54cm	1,150,000	西泠印社	2022-08-20
明 铜鎏金观音	高39.5cm	575,000	华艺国际	2022-09-23
明 铜鎏金观音立像	高11cm	36,800	北京中汉	2022-09-29
明 铜鎏金观音菩萨坐像	高53.5cm	1,725,000	永乐拍卖	2022-07-24
明 铜鎏金观音坐像(配座)	高25.5cm	63,250	华艺国际	2022-09-23
明 铜鎏金光明佛母像(摩利支天)	高80cm	4,830,000	中国嘉德	2022-06-28

2022杂项拍卖成交汇总(续表)

(成交价RMB：1万元以上)

拍品名称	物品尺寸	成交价RMB	拍卖公司	拍卖日期
明 铜鎏金金刚萨埵像	高12.7cm	69,000	广东崇正	2022-08-11
明 铜鎏金龙王立像	高49.5cm	575,000	西泠印社	2022-01-22
明 铜鎏金麻姑献寿	高28cm；长13.8cm	25,300	广东崇正	2022-08-11
明 铜鎏金弥勒像	高9.4cm	92,000	浙江佳宝	2022-03-13
明 铜鎏金嵌宝度母像	高11.6cm；宽7cm	11,500	浙江佳宝	2022-03-13
明 铜鎏金上乐金刚像	高30.2cm	149,941	台北艺珍	2022-08-14
明 铜鎏金十一面四臂观音	高25.3cm；长8.8cm	322,000	广东崇正	2022-08-11
明 铜鎏金释迦牟尼	高19cm	46,000	保利厦门	2022-10-22
明 铜鎏金释迦牟尼坐像	通高28cm	867,486	香港福羲国际	2022-04-17
明 铜鎏金释迦牟尼佛像	高14cm	13,740	台北艺珍	2022-03-06
明 铜鎏金释迦牟尼坐像	高41.5cm	1,380,000	西泠印社	2022-08-20
明 铜鎏金释迦	高15cm	17,250	北京保利	2022-07-17
明 铜鎏金四臂观音像	高14.5cm	21,974	台北艺珍	2022-08-14
明 铜鎏金天官立像	高33.5cm	287,500	永乐拍卖	2022-07-24
明 铜鎏金天冠弥勒像	宽27cm；高34cm	517,500	浙江佳宝	2022-03-13
明 铜鎏金天王立像	高34.5cm	368,000	西泠印社	2022-08-20
明 铜鎏金文殊菩萨	高18.9cm	35,316	中国嘉德	2022-10-08
明 铜鎏金雪山大士像	高18.5cm	92,000	中贸圣佳	2022-07-12
明 铜鎏金杨柳菩萨立像	高11.5cm	138,000	浙江佳宝	2022-03-13
明 铜鎏金药师佛坐像	高20cm	207,000	中鸿信	2022-09-11
明 铜鎏金药师佛坐像	高44cm	920,000	华艺国际	2022-08-20
明 铜六祖像	21.5cm×20.5cm×18cm	86,250	广东崇正	2022-08-11
明 铜弥勒佛	高25cm；长18cm	34,500	广东崇正	2022-08-11
明 铜泥金宝冠释迦牟尼与胁侍菩萨像	像宽27cm,高62cm(含座);左侍宽18cm,高53cm(含座);右侍宽18cm,高53cm(含座)	8,853,000	浙江佳宝	2022-03-13
明 铜泥金托塔护法像	高35.4cm；宽17cm	13,440	浙江佳宝	2022-03-13
明 铜普菩萨	高28.8cm；长16.5cm	32,200	广东崇正	2022-08-11
明 铜普贤菩萨小像	高13cm(含座)	28,750	中国嘉德	2022-09-29
明 铜普贤菩萨坐像	高26cm	92,000	西泠印社	2022-01-22
明 铜鎏金阿弥陀佛立像	高51cm	575,000	西泠印社	2022-01-22
明 铜漆金地藏王菩萨	高42.5cm	690,000	华艺国际	2022-09-23
明 铜漆金地藏王菩萨	高21cm	287,500	华艺国际	2022-09-23
明 铜漆金关公关平周仓(一组)	高36cm;高27cm;高28.5cm	897,000	西泠印社	2022-01-22
明 铜漆金观音像	高29.7cm	20,700	中国嘉德	2022-09-29
明 铜漆金观音像	高29cm	28,750	中国嘉德	2022-09-29
明 铜漆金观音像	高29cm；长17.5cm	13,800	广东崇正	2022-08-11
明 铜漆金观音像	高25cm；长15cm	11,500	广东崇正	2022-08-11
明 铜漆金观音坐像	高30.3cm	46,000	北京中汉	2022-09-29
明 铜漆金经卷观音坐像	高25.5cm	17,250	西泠印社	2022-01-22
明 铜漆金魁星点斗立像	高43cm；宽18cm	11,500	广东崇正	2022-04-17
明 铜漆金镂空观音	高27cm；长13.2cm	23,000	广东崇正	2022-08-11
明 铜漆金弥勒佛	高45cm	575,000	华艺国际	2022-09-23
明 铜漆金菩萨像	高30.3cm	12,977	台北艺珍	2022-09-25
明 铜漆金释迦牟尼说法像	高23cm	17,250	北京保利	2022-07-17
明 铜漆金诸葛亮坐像	高13cm	28,750	西泠印社	2022-01-22
明 铜漆金坐姿关公	高27.5cm	437,000	华艺国际	2022-09-23
明 铜骑鹿寿星	高23cm	43,700	华艺国际	2022-09-23
明 铜善财童子	高25cm	149,500	华艺国际	2022-09-23
明 铜释迦牟尼坐像	高56cm	115,000	北京中汉	2022-09-29
明 铜释迦牟尼像	高33cm	38,933	台北艺珍	2022-09-25
明 铜释迦牟尼佛像、男相普贤观音像	高25.5cm；高26cm	77,556	台北艺珍	2022-08-14
明 铜释迦牟尼苦行僧坐像	高23cm	287,500	北京保利	2022-07-29
明 铜释迦牟尼说法像	高63cm	43,700	北京保利	2022-07-17
明 铜释迦说法坐像	高8.3cm	80,500	西泠印社	2022-01-22
明 铜水月观音及铜鎏式台座	高24cm	920,000	北京保利	2022-07-29
明 铜水月观音坐像	高21.4cm	36,800	中国嘉德	2022-06-01
明 铜送子观音(带座)	高40.5cm(带座)；长20.5cm	48,300	广东崇正	2022-08-11
明 铜托塔天王立像	高37cm	57,500	北京保利	2022-07-29
明 铜韦陀天王像	高47cm；长18.5cm	23,000	北京保利	2022-07-17
明 铜韦陀立像	高26cm	57,500	西泠印社	2022-01-22
明 铜韦陀站像	通高28cm	113,150	香港福羲国际	2022-04-17
明 铜杨柳菩萨像	高25.5cm	69,000	浙江佳宝	2022-03-13
明 铜药师佛	高24cm	40,250	北京保利	2022-07-17
明 铜药师佛像(带木座)	高43cm(带座)；长21cm	55,200	广东崇正	2022-08-11
明 铜自在观音坐像	宽17cm；高24cm	27,600	浙江佳宝	2022-03-13
明 铜自在观音坐像	通高19.5cm	188,584	香港福羲国际	2022-04-17
明 铜韦陀像	高26cm	138,000	中贸圣佳	2022-07-27
明 铜韦陀像	高43.3cm	74,750	中贸圣佳	2022-10-27
明 吴越国风格观音坐像	高24cm	437,000	西泠印社	2022-08-20
明 雪山大士	高14cm	425,500	北京中汉	2022-06-28
明 杨柳观音	高12.7cm	34,500	北京中汉	2022-04-27
明 药师佛像	高22.3cm	55,200	中贸圣佳	2022-10-27
明 真武大帝像	高34cm	230,000	中贸圣佳	2022-07-27
明 真武大帝像	高38.5cm	207,000	中贸圣佳	2022-07-27
明 准提佛母像	高54.5cm	471,500	中贸圣佳	2022-10-27
明 自在观音	高30.5cm	253,000	北京中汉	2022-06-28
明 自在观音像	高11cm	40,250	中贸圣佳	2022-07-27
明清 铁佛首	高47cm	224,871	纽约佳士得	2022-03-25
明-清 铜佛(一组四件)	尺寸不一	34,500	江苏汇中	2022-08-17

拍品名称	物品尺寸	成交价RMB	拍卖公司	拍卖日期
明永宣 铜坐姿菩萨	高27.5cm	402,500	华艺国际	2022-09-23
中原 明白衣观音像	高10cm	20,700	中贸圣佳	2022-06-07
中原 明白衣观音像	高18.6cm	51,750	中贸圣佳	2022-06-07
中原 明地藏菩萨像	高24cm	34,500	中贸圣佳	2022-06-07
中原 明地藏菩萨与二弟子像	高46cm	471,500	中贸圣佳	2022-06-07
中原 明飞天像	高6.5cm	94,300	中贸圣佳	2022-06-07
中原 明关平像	高9.7cm	12,650	中贸圣佳	2022-06-07
中原 明观音菩萨像	高30.3cm	116,150	中贸圣佳	2022-06-07
中原 明花神像一对	高27cm	71,300	中贸圣佳	2022-06-07
中原 明骑狮文殊菩萨像	高21.9cm	138,000	中贸圣佳	2022-06-07
中原 明释迦牟尼佛像	高5.2cm	13,800	中贸圣佳	2022-06-07
中原 明药师佛像	高22cm	59,800	中贸圣佳	2022-06-07
明末清初 夹纻自在观音像	高27cm	138,000	浙江佳宝	2022-03-13
明末清初 铜鎏金木板凳佛	40cm×40cm	322,000	上海嘉禾	2022-01-01
清早期 石叟款铜嵌银观音立像	整体高55cm	112,860	保利香港	2022-07-14
清早期 铜关公立像	高116cm	345,000	中鸿信	2022-09-11
清早期 铜鎏金宝冠释迦牟尼佛	高16cm	172,500	保利厦门	2022-10-22
清早期 铜鎏金弥勒佛	宽17cm；高21.8cm	86,250	浙江佳宝	2022-03-13
清早期 铜鎏金童子拜观音	高21cm	23,000	北京保利	2022-07-29
清早期 铜引洞宾像	高22cm	126,500	永乐拍卖	2022-07-24
清早期 铜骑象罗汉像	高21cm	46,000	中国嘉德	2022-09-29
清早期 铜嵌银丝渡海观音像	高40.5cm	437,000	永乐拍卖	2022-07-24
清早期 雪堆白风格铜弥勒像	高40.5cm(含座)	241,500	中国嘉德	2022-09-29
清顺治 铜鎏金观音	高24cm	322,000	北京保利	2022-07-29
清康熙 阿弥陀佛接引像	高32.8cm	138,000	北京中汉	2022-06-28
清康熙 宫廷夹纻扎纳巴扎尔像	高31.5cm	287,500	西泠印社	2022-08-20
清康熙 宫廷漆金夹纻绿度母坐像	高32.8cm	626,750	永乐拍卖	2022-07-24
清康熙 官造铜鎏金四臂观音像	高20cm；宽14.3cm	368,000	浙江佳宝	2022-03-13
清康熙 夹纻金漆菩萨像(一对)	高88cm	517,500	华艺国际	2022-09-23
清康熙 夹纻弥勒像	高27.5cm	230,000	西泠印社	2022-01-22
清康熙 木胎夹纻漆金释迦坐像	高22.5cm	287,500	西泠印社	2022-08-21
清康熙 释迦像	高15.5cm	92,000	中古陶	2022-08-21
清康熙 铜鎏金白度母	高18cm	230,000	华艺国际	2022-09-23
清康熙 铜鎏金除盖障菩萨	高13.5cm	126,500	永乐拍卖	2022-07-24
清康熙 铜鎏金黄财神	高15.8cm；重1725g	345,000	华艺国际	2022-09-23
清康熙 铜鎏金金刚总持坐像	高36cm	897,000	西泠印社	2022-08-20
清康熙 铜鎏金男相观音像	高15cm	368,000	中国嘉德	2022-06-28
清康熙 铜鎏金上师像	高17.2cm	115,000	北京保利	2022-07-29
清康熙 铜鎏金十一面观音	高16.5cm	195,500	西泠印社	2022-08-20
清康熙 铜鎏金释迦牟尼立像	高25.3cm	564,300	保利香港	2022-07-14
清康熙 铜鎏金释迦坐像	高40.5cm	1,092,500	西泠印社	2022-01-22
清康熙(1662—1722年) 莲花手观音像	高22.5cm	1,012,000	中贸圣佳	2022-07-27
清康熙(1662—1722年) 宗喀巴像	高11.5cm	149,500	中贸圣佳	2022-07-27
清康熙(1662—1722年) 时期 宗喀巴大师	高15.5cm	149,500	中贸圣佳	2022-07-27
清康熙宫廷 金漆夹纻菩萨坐像	高31cm	207,000	西泠印社	2022-08-21
清雍正(1723—1735年) 北京 绿度母像	高19.5cm	105,800	中贸圣佳	2022-06-07
清雍正 黑漆嵌宝八吉祥纹佛龛	高60cm	667,000	中贸圣佳	2022-10-27
清雍正 御制铜鎏金绿度母	高64cm	10,120,000	华艺国际	2022-07-29
清雍正(1723—1735年) "果亲王诚造"款斗战胜佛像	高13.6cm	517,500	中贸圣佳	2022-07-27
北京 清乾隆(1736—1795年) 上师像	高19cm	40,250	中贸圣佳	2022-06-07
北京宫廷 清乾隆(1736—1795年) 无量寿佛像	高19cm	82,800	中贸圣佳	2022-06-07
清 乾隆 随身佛(后镶嵌宝石)	高7cm；宽4.5cm	67,200	中都国际	2022-07-30
清乾隆 大清乾隆癸丑年敬造紫金琍玛无量寿佛	高32.5cm	4,600,000	中贸圣佳	2022-07-26
清乾隆 大威德金刚像	高16.5cm	287,500	中贸圣佳	2022-10-27
清乾隆 二世章嘉呼图克图嘉奖司旺廷培蒙藏双语法诰	188cm×77.5cm	402,500	北京保利	2022-07-29
清乾隆 宫廷铜鎏金观音菩萨立像	高55cm	1,955,000	西泠印社	2022-08-20
清乾隆 宫廷铜鎏金菩萨立像	高35cm	1,610,000	西泠印社	2022-08-20
清乾隆 宫廷紫金琍玛铜格萨尔王像	高17cm	862,500	西泠印社	2022-08-20
清乾隆 合金铜白玛哈嘎拉像	高24.8cm	126,500	中国嘉德	2022-06-28
清乾隆 合金铜黄财神像	高17.2cm	437,000	中国嘉德	2022-06-28
清乾隆 夹纻佛塔	高35.6cm	575,000	北京保利	2022-07-29
清乾隆 夹纻弥勒菩萨	高35.6cm	920,000	北京中汉	2022-06-28
清乾隆 木漆金摩擦佛	8cm×6cm×5cm	16,100	广东崇正	2022-08-11
清乾隆 身明王护法像	高22cm	230,000	中贸圣佳	2022-10-27
清乾隆 十一面观音	高24.1cm	104,650	北京中汉	2022-06-28
清乾隆 十一面观音菩萨像	高43cm	345,000	广东崇正	2022-08-11
清乾隆 铜度母像	高11cm；重366g	23,000	广东崇正	2022-08-11
清乾隆 铜局部鎏金嵌金宗喀巴	高16.3cm	230,000	华艺国际	2022-09-23
清乾隆 铜莲华生小像	高10.5cm	25,300	中贸圣佳	2022-07-27
清乾隆 铜鎏金白度母像	高20.3cm	402,500	北京保利	2022-07-29
清乾隆 铜鎏金宝冠释迦	高7.5cm	13,800	北京诚轩	2022-08-09
清乾隆 铜鎏金宝冠释迦	高7cm	10,350	北京保利	2022-07-29
清乾隆 铜鎏金财宝天王	高17.2cm	333,500	华艺国际	2022-09-23
清乾隆 铜鎏金财宝天王	高5cm	63,250	北京诚轩	2022-08-09
清乾隆 铜鎏金财宝天王	高13.2cm；宽9.6cm	89,700	浙江佳宝	2022-03-13
清乾隆 铜鎏金财宝天王	高10.7cm	230,000	华艺国际	2022-09-23
清乾隆 铜鎏金财宝天王像	高16.3cm	345,000	中国嘉德	2022-06-28

(成交价RMB：1万元以上)

拍品名称	物品尺寸	成交价RMB	拍卖公司	拍卖日期
清乾隆 铜鎏金锤鍱释迦牟尼佛	高46.5cm	253,000	中国嘉德	2022-06-28
清乾隆 铜鎏金关圣帝君像	高16.8cm	632,500	中国嘉德	2022-06-28
清乾隆 铜鎏金观音	高24.5cm	230,000	华艺国际	2022-09-23
清乾隆 铜鎏金黄财神	高11cm；长9cm	11,500	广东崇正	2022-08-11
清乾隆 铜鎏金黄财神（一组两尊）	高7.2cm	109,250	中国嘉德	2022-06-28
清乾隆 铜鎏金吉祥天母	高15cm；宽11cm；重949g	23,000	广东崇正	2022-04-17
清乾隆 铜鎏金将军宝	高10.6cm	218,500	中国嘉德	2022-06-28
清乾隆 铜鎏金六品佛楼善名称功德佛	高16.5cm；重1946g	552,000	西泠印社	2022-08-21
清乾隆 铜鎏金罗汉组像（五件）	尺寸不一	517,500	华艺国际	2022-07-29
清乾隆 铜鎏金绿度母像	高17cm	34,500	西泠印社	2022-01-23
清乾隆 铜鎏金马头金刚	高18cm	59,800	华艺国际	2022-09-23
清乾隆 铜鎏金弥勒坐像	高18.5cm	80,500	西泠印社	2022-01-22
清乾隆 铜鎏金能食空行母	高5.5cm	29,900	华艺国际	2022-09-23
清乾隆 铜鎏金骑狼护法	高19cm	97,750	中国嘉德	2022-06-28
清乾隆 铜鎏金骑羊护法像	高14.3cm	126,500	永乐拍卖	2022-07-24
清乾隆 铜鎏金燃灯佛像	高15.5cm	27,480	台北艺珍	2022-03-06
清乾隆 铜鎏金三面八臂尊胜佛母像	宽14cm；高17.5cm	103,500	浙江佳宝	2022-03-13
清乾隆 铜鎏金上乐金刚	高16.8cm	517,500	华艺国际	2022-09-23
清乾隆 铜鎏金上师像	高16cm	207,000	中国嘉德	2022-06-28
清乾隆 铜鎏金上师像及铜彩绘周仓像（一组两尊）	上师10cm；周仓15.5cm	63,250	中国嘉德	2022-06-28
清乾隆 铜鎏金胜乐金刚	高24cm	437,000	广东崇正	2022-08-11
清乾隆 铜鎏金释迦牟尼	高16cm	71,300	华艺国际	2022-09-23
清乾隆 铜鎏金释迦牟尼佛坐像	通高18.5cm	452,601	香港福羲国际	2022-04-17
清乾隆 铜鎏金释迦牟尼佛坐像	高30.5cm	322,000	江苏汇中	2022-08-17
清乾隆 铜鎏金释迦牟尼佛坐像	高46cm	2,070,000	中鸿信	2022-09-11
清乾隆 铜鎏金释迦说法像	高33cm	345,000	西泠印社	2022-08-20
清乾隆 铜鎏金双身胜乐金刚	宽11.7cm；高18cm	57,500	浙江佳宝	2022-03-13
清乾隆 铜鎏金文殊菩萨、弥勒菩萨(原装紫檀佛龛)	高4.8cm；高4.8cm	1,380,000	北京保利	2022-07-28
清乾隆 铜鎏金无量寿佛	高12.5cm；重663g	115,000	中国嘉德	2022-12-25
清乾隆 铜鎏金无量寿佛像	高17.5cm	25,300	中国嘉德	2022-09-29
清乾隆 铜鎏金无量寿佛小像	高11cm	17,250	中国嘉德	2022-09-29
清乾隆 铜鎏金镶百宝佛塔	高塔172cm；座高40cm	2,553,000	华艺国际	2022-09-23
清乾隆 铜鎏金真武大帝	高15.5cm	103,500	华艺国际	2022-09-23
清乾隆 铜鎏金宗喀巴	通高32.5cm；佛高18.2cm	161,000	永乐拍卖	2022-07-24
清乾隆 铜鎏金宗喀巴、度母、文殊菩萨（一组）	尺寸不一	149,500	华艺国际	2022-09-23
清乾隆 铜泥金金刚佛母	高23cm	92,000	中鸿信	2022-09-11
清乾隆 铜泥金金刚语菩萨像	高17.5cm	207,000	中鸿信	2022-09-11
清乾隆 铜泥金六品佛楼燃灯佛	高20.5cm	690,000	北京保利	2022-07-29
清乾隆 铜漆金文殊菩萨	高18cm	101,200	华艺国际	2022-09-23
清乾隆 铜漆金无量寿佛	高18cm	10,350	北京中汉	2022-09-29
清乾隆 铜胜利金刚环抱明妃	高10.5cm；长7.3cm	13,800	广东崇正	2022-08-11
清乾隆 铜尊胜佛母	高16.5cm	74,750	华艺国际	2022-09-23
清乾隆 无量寿佛	高14.9cm	16,100	北京中汉	2022-04-27
清乾隆 无量寿佛	高10.2cm	28,750	北京中汉	2022-06-28
清乾隆 象鼻天财神	高33cm	989,000	广东崇正	2022-08-11
清乾隆 增长天王	高10.7cm	89,700	北京中汉	2022-06-28
清乾隆 紫檀描金十一面观音像	高30.5cm	86,250	永乐拍卖	2022-07-24
清乾隆 宗喀巴	高15.5cm	75,900	北京中汉	2022-06-28
清乾隆(1736—1795年)布袋和尚像	高15.5cm	212,750	中贸圣佳	2022-07-27
清乾隆(1736—1795年)大威德金刚像	高17.5cm	598,000	中贸圣佳	2022-07-27
清乾隆(1736—1795年)金刚持双身像	高17cm	126,500	中贸圣佳	2022-07-27
清乾隆(1736—1795年) 狮面女像	高16cm	115,000	中贸圣佳	2022-07-27
清乾隆(1736—1795年)释迦牟尼佛像	高32cm	1,633,000	中贸圣佳	2022-07-27
清乾隆(1736—1795年)释迦牟尼佛像	高33cm	304,750	中贸圣佳	2022-07-27
清乾隆(1736—1795年)太乙天尊像	高16cm	109,250	中贸圣佳	2022-07-27
清乾隆(1736—1795年)无量寿佛像	高10cm	287,500	中贸圣佳	2022-07-27
清乾隆(1736—1795年)阎魔敌像	高17cm	166,750	中贸圣佳	2022-07-27
清乾隆(1736—1795年)尊胜佛母像	高36.5cm	1,472,000	中贸圣佳	2022-07-27
18世纪 无量寿佛	高23.6cm	40,250	北京中汉	2022-04-27
18世纪 西藏紫檀地藏王菩萨	高14.7cm	10,350	北京中汉	2022-09-29
17—18世纪 白度母像	高15.5cm	69,000	中贸圣佳	2022-07-27
17—18世纪 金刚橛铜擦及嘎乌盒一套	像高6.3cm；嘎乌盒高9.5cm	55,200	中贸圣佳	2022-07-27
17—18世纪 莲花手菩萨像	高36.5cm	276,000	中贸圣佳	2022-07-27
18世纪 白玛哈嘎拉像	高27.5cm	575,000	中贸圣佳	2022-07-27
18世纪 宝装释迦牟尼佛像	高21.5cm	218,500	中贸圣佳	2022-10-27
18世纪 大成就者宗比巴像	高13cm	55,200	中贸圣佳	2022-07-27
18世纪 大红司命像	高17cm	86,250	中贸圣佳	2022-10-27
18世纪 观音菩萨与善财童子龙女像	观音高17.5cm；二胁侍高11.5cm	189,750	中贸圣佳	2022-10-27
18世纪 合金铜长寿宝瓶一件及镶翅海螺（局部鎏金、银）（一对）	尺寸不一	115,000	中国嘉德	2022-06-28
18世纪 金黄财神	高3.4cm；宽3cm；重38.5g	11,500	浙江佳宝	2022-03-13
18世纪 释迦牟尼佛像	高16cm	63,250	中贸圣佳	2022-07-27
18世纪 铜错金银金刚萨埵	高11cm	57,500	华艺国际	2022-09-23
18世纪 铜鎏金大黑天	高17.5cm	17,250	北京保利	2022-07-29
18世纪 铜鎏金大随求佛母	高6.2cm	11,500	华艺国际	2022-09-23
18世纪 铜鎏金护经板	长73cm；直径24cm	92,000	广东崇正	2022-08-11

拍品名称	物品尺寸	成交价RMB	拍卖公司	拍卖日期
18世纪 铜鎏金绿度母	高4cm	11,500	华艺国际	2022-09-23
18世纪 铜鎏金十一面观音（带座）	高19.5cm	69,000	华艺国际	2022-09-23
18世纪 铜鎏金四臂观音	高32cm	1,840,000	保利厦门	2022-10-22
18世纪 铜千手观音擦模	长16.6cm	20,700	华艺国际	2022-09-23
北京 18世纪 大红司命主像	高17cm	93,150	中贸圣佳	2022-06-07
北京 18世纪 四面八臂佛母像	高23.5cm	103,500	中贸圣佳	2022-06-07
清中期 局部鎏金骑虎护法	高16cm；宽13cm	87,936	台北艺珍	2022-03-06
清中期 铜鎏金六臂玛哈嘎拉像	高35cm	69,000	中鸿信	2022-09-11
清中期 铜嵌银丝观音坐像	高37cm	299,000	北京保利	2022-07-29
清中期 铜十一面观音	高24.5cm；宽16.8cm	103,500	浙江佳宝	2022-03-13
19世纪 合金铜象鼻财神八件	尺寸不一	11,500	北京中汉	2022-09-29
19世纪 象鼻财神像	高23cm	55,200	中贸圣佳	2022-07-27
晚清 铜观音	20cm×12cm×28cm	17,250	上海嘉禾	2022-01-01
清 阿弥陀佛立像	高10.3cm	69,000	北京中汉	2022-04-27
清 禅宗祖师	高11cm	12,650	北京中汉	2022-04-27
清 地藏菩萨像及佛龛一组	像高12cm；龛高23cm	57,500	中贸圣佳	2022-07-27
清 佛立像	高11.2cm	69,000	北京中汉	2022-06-28
清 佛坐像	高7.3cm	28,750	北京中汉	2022-06-28
清 过去七佛	高8.2cm	27,600	北京中汉	2022-06-28
清 合香弥勒佛及佛龛一套	佛高6.3cm；佛龛长9.5cm；宽9.5cm；高16cm	17,250	中贸圣佳	2022-09-26
清 夹纻胁侍立像	高91cm	138,000	西泠印社	2022-01-22
清 鎏金度母佛像	高18cm	138,000	上海嘉禾	2022-01-01
清 木胎金漆观音菩萨立像	高85cm	207,000	西泠印社	2022-08-20
清 毗湿奴	高18.8cm	46,000	北京中汉	2022-06-28
清 释迦牟尼	高6.6cm	46,000	北京中汉	2022-06-28
清 铜持钵罗汉坐像	高25cm	46,000	西泠印社	2022-08-20
清 铜错银观音立像	高48.5cm	51,750	中贸圣佳	2022-09-26
清 铜错银弥勒坐像	高32cm	138,000	中鸿信	2022-09-11
清 铜错银石叟款书卷观音	高30cm	80,500	西泠印社	2022-08-20
清 铜大威德金刚像	高21.8cm	11,500	中国嘉德	2022-09-29
清 铜观音立像	高20cm	28,750	中贸圣佳	2022-09-26
清 铜观音像	高13.5cm	25,300	西泠印社	2022-08-21
清 铜经卷观音	高15cm	20,700	华艺国际	2022-09-23
清 铜鎏金 六臂观音像	高17cm	44,800	中都国际	2022-07-30
清 铜鎏金 南亚释迦牟尼像	高35cm	168,000	中都国际	2022-07-30
清 铜鎏金 十一面观音像	高53cm	123,200	中都国际	2022-07-30
清 铜鎏金白财神	高12.3cm	149,500	中国嘉德	2022-06-28
清 铜鎏金宝冠释迦牟尼	高19cm	20,700	北京中汉	2022-09-29
清 铜鎏金藏师像	高30cm	23,000	江苏汇中	2022-08-17
清 铜鎏金沉思佛	高13.8cm；长9.6cm	24,150	广东崇正	2022-08-11
清 铜鎏金持莲观音立像	高16.2cm	34,500	中贸圣佳	2022-07-12
清 铜鎏金大白伞盖随身佛	高3.9cm	13,800	中国嘉德	2022-09-29
清 铜鎏金大威德抱明妃	高13.5cm；长8.5cm	10,350	广东崇正	2022-08-11
清 铜鎏金度母坐像	通高28cm	899,745	香港福羲国际	2022-08-20
清 铜鎏金风帽观音	高19cm	57,500	西泠印社	2022-08-20
清 铜鎏金佛	22cm×16.5cm	207,000	上海嘉禾	2022-01-01
清 铜鎏金关公像	高17.6cm	31,022	台北艺珍	2022-08-14
清 铜鎏金黄财神	高23.8cm；长16.8cm	19,550	广东崇正	2022-08-11
清 铜鎏金黄财神像	高12cm	32,200	中国嘉德	2022-06-01
清 铜鎏金金刚持	高18cm；长12.5cm	82,800	广东崇正	2022-08-11
清 铜鎏金莲华生坐像	高14.50cm；长10.5cm	13,800	广东崇正	2022-08-11
清 铜鎏金罗汉坐像	高12cm	44,850	北京中汉	2022-09-29
清 铜鎏金绿度母	高28.5cm	74,750	广东崇正	2022-04-17
清 铜鎏金绿度母随身佛	高3.9cm	10,350	中国嘉德	2022-09-29
清 铜鎏金绿度母像	高12.5cm	17,250	中国嘉德	2022-06-01
清 铜鎏金绿度母像	高23cm	138,000	中鸿信	2022-09-11
清 铜鎏金摩利支天	高17cm；长14.3cm	25,300	广东崇正	2022-08-11
清 铜鎏金千手观音像	高17.8cm	36,800	中国嘉德	2022-09-29
清 铜鎏金嵌宝石无量寿坐佛	高29cm	48,300	中鸿信	2022-09-11
清 铜鎏金上师像	高11cm	16,100	中贸圣佳	2022-09-26
清 铜鎏金十一面观音立像	通高32.5cm	189,420	香港福羲国际	2022-08-20
清 铜鎏金释迦牟尼坐像	高17.8cm	59,800	西泠印社	2022-01-23
清 铜鎏金释迦牟尼佛	高16cm	66,700	中贸圣佳	2022-08-14
清 铜鎏金释迦牟尼佛像	宽17cm；高28cm	115,000	北京银座	2022-09-17
清 铜鎏金释迦牟尼像	高12cm；长8.5cm	25,300	广东崇正	2022-08-11
清 铜鎏金释迦像	高16.5cm	51,750	中国嘉德	2022-06-01
清 铜鎏金释迦像	高19cm	55,200	中国嘉德	2022-06-01
清 铜鎏金四臂观音坐像	通高21.8cm	3,583,096	香港福羲国际	2022-04-17
清 铜鎏金文殊菩萨小像	高11.5cm	17,250	中国嘉德	2022-09-29
清 铜鎏金无量寿佛像	高14cm	46,000	中国嘉德	2022-06-01
清 铜鎏金无量寿佛像	高18cm	25,300	中国嘉德	2022-09-29
清 铜鎏金无量寿佛坐像	通高23.5cm	520,905	香港福羲国际	2022-08-20
清 铜鎏金小财神像两尊及杨仁恺行书	高3.2cm；高2.8cm；31cm×21cm	34,500	北京保利	2022-07-29
清 铜鎏金药师佛	高18cm	58,650	江苏汇中	2022-08-17
清 铜鎏金药师像	高23.5cm；长15.3cm	28,750	广东崇正	2022-08-11
清 铜鎏金旃檀佛立像	高25cm	1,610,000	西泠印社	2022-08-20
清 铜鎏金长寿佛像	高17.5cm	18,992	台北艺珍	2022-06-12
清 铜鎏金长寿佛像	高21cm	67,215	台北艺珍	2022-08-14

2022杂项拍卖成交汇总(续表)

(成交价RMB：1万元以上)

拍品名称	物品尺寸	成交价RMB	拍卖公司	拍卖日期
清 铜鎏金宗喀巴上师像(缺肩花)	高35cm	232,668	台北艺珍	2022-08-14
清 铜鎏金宗喀巴随身佛	高4cm	17,250	中国嘉德	2022-09-29
清 铜鎏金宗喀巴像	高8.9cm	32,200	西泠印社	2022-01-23
清 铜鎏金萨像·财宝天王像	高17cm;高24cm	31,022	台北艺珍	2022-08-14
清 铜嵌宝石无量寿(佛)	高21.5cm;长14.5cm	23,000	广东崇正	2022-08-11
清 铜烧古增长天王	高16.3cm	46,000	北京中汉	2022-09-29
清 铜释迦牟尼佛头	高12.8cm	20,700	西泠印社	2022-08-21
清 铜胎掐丝珐琅佛龛	长575cm;宽345cm;高535cm	230,000	华艺国际	2022-09-23
清 铜小佛像三件	高12cm;高12cm;高10cm	13,800	中国嘉德	2022-09-29
清 铜长寿三尊像	高35cm;高4cm;高36cm	10,350	北京中汉	2022-09-29
清 文殊菩萨	直径11.2cm	18,400	北京中汉	2022-04-27
清 文殊菩萨像	高34.9cm	517,500	中贸圣佳	2022-10-27
中原 清 少狮太狮摆件	宽11.5cm	40,250	中贸圣佳	2022-06-07
中原 清 释迦牟尼诞生像	高19.4cm	39,100	中贸圣佳	2022-06-07
中原 清 释迦牟尼佛像	高30cm	32,200	中贸圣佳	2022-06-07
民国 铜观音	21cm×13cm×28cm	17,250	上海嘉禾	2022-01-01
民国 铜鎏金大威德金刚	高22cm	34,500	广东崇正	2022-08-11
20世纪 克米尔风格莲花手菩贤萨立像	宽44cm;高121cm	33,600	浙江佳宝	2022-03-13
20世纪 日本纯金普贤菩萨像	10cm×10cm×20cm	276,000	北京保利	2022-07-29
大理 纯银鎏金释迦牟尼像	高24cm	172,500	西泠印社	2022-01-22
大理 铜阿弥陀佛坐像	高33cm	460,000	西泠印社	2022-01-22
大理国 铜鎏金大鹏金翅鸟	高13cm;宽7cm	16,488	台北艺珍	2022-03-06
鎏金如来佛像	32cm×23cm	900,000	香港贞观	2022-01-16
六祖发财	高12cm;直径8.5cm	230,000	中国嘉德	2022-06-01
龙坝纹祥云佛龛	80cm×48cm×208cm	450,000	北京兴雅	2022-04-19
18世纪铜鎏金骑羊护法一尊		14,950	北京诚轩	2022-08-12
18世纪铜鎏金尊胜佛母一尊		10,350	北京诚轩	2022-08-12
释迦牟尼铜像	高28cm	17,250	瑞士博乐	2022-09-08
四臂像	11mm×25cm	150,000	香港贞观	2022-01-16
铜文冠弥勒像	高32cm	23,000	中国嘉德	2022-06-01
铜佛 铜观音像	29cm×14cm	19,090	浙江当代	2022-01-03
铜观音像	高37cm	23,000	中国嘉德	2022-06-01
铜林苦主佛造像	高26cm	23,000	北京保利	2022-07-17
铜绿度母像	高49cm	10,350	台北艺珍	2022-06-01
铜漆金佛塔	高51cm	10,350	中国嘉德	2022-06-01
铜漆金文殊菩萨	高23.5cm	25,300	北京荣宝	2022-07-07
铜释迦牟尼	高24cm	20,700	北京保利	2022-07-17
铜四臂观音像	高15.5cm	13,800	中国嘉德	2022-06-01
10世纪 金刚杵	长18cm;宽3.3cm	72,800	中都国际	2022-07-30
大理国 铜金刚杵	高20cm	690,000	西泠印社	2022-01-22
元 龙凤九股金刚杵	长27.4cm	690,000	北京中汉	2022-06-28
元 铁错银八股金刚杵	宽39cm	76,944	台北艺珍	2022-03-06
14世纪 合金铜佛塔	高12.6cm	25,300	华艺国际	2022-09-23
14世纪 铁鎏金金刚法钩	13.5cm×6.5cm	28,000	中都国际	2022-07-30
14世纪/明 铜鎏金九股金刚杵	长20cm	20,700	北京中汉	2022-09-29
16世纪 铜鎏金金法杖	长78cm	920,000	华艺国际	2022-09-23
16世纪/17世纪 铜鎏金金刚杵	长17cm	34,500	华艺国际	2022-09-23
明 九股金刚杵	长15.2cm	46,000	北京保利	2022-07-17
明 铜鎏金九股金刚杵	长18cm	396,026	香港福羲国际	2022-04-17
清乾隆 铜鎏金法轮	高35.3cm	345,000	中国嘉德	2022-06-28
清乾隆 御制大威德金刚坛城	高67cm	1,380,000	北京保利	2022-07-29
清乾隆 铜制胎黄嵌铜鎏金塔式佛龛	高80cm	1,380,000	中鸿信	2022-09-11
清乾隆 造办处作乾隆四十五年嵌宝法螺	长16cm	92,000	浙江佳宝	2022-03-13
18世纪 铜鎏金九股金刚杵、金刚铃(一套)	高20cm;长15cm	920,000	保利厦门	2022-10-22
19世纪 佛冠饰件	高9.2cm	82,800	北京中汉	2022-12-09
19世纪 铜鎏金金刚橛	长42cm	36,800	北京中汉	2022-12-09
19世纪 铜鎏金普尔金刚杆	高25.8cm(连座)	12,650	华艺国际	2022-09-23
清 木胎漆金佛供(一组三件)	高52cm;高72cm;高72.5cm	115,000	西泠印社	2022-01-22
清 铜佛手、信简,法器(一组)	尺寸不一	18,400	华艺国际	2022-09-23
清 铜鎏金金刚杵	长11.9cm	17,250	中国嘉德	2022-09-29
清 铜金刚铃、金刚杵各(一对)	高18cm;长12cm	10,350	中国嘉德	2022-06-01
9—10世纪 贝叶经护经板	纵5cm;横55cm	195,500	中贸圣佳	2022-07-27
12世纪 千手观音唐卡	42cm×36cm	230,000	北京荣宝	2022-07-24
12世纪 十向菩萨刺画	纵116cm;横51.5cm	517,500	中贸圣佳	2022-07-27
13世纪 18世纪 黑财神像及唐卡一套	佛像高9cm;唐卡纵61cm,横34cm	109,250	中贸圣佳	2023-01-01
13世纪 阿閦佛唐卡	53cm×42cm	3,220,000	上国嘉德	2022-10-27
13世纪 棉布矿物颜料释迦牟尼佛唐卡	71cm×57.5cm	1,150,000	上国嘉德	2022-06-28
13世纪 释迦牟尼佛唐卡	纵51.5cm;横34.5cm	322,000	中贸圣佳	2023-01-01
13世纪 释迦牟尼佛唐卡(局部)	纵46.5cm;横39cm	126,500	中贸圣佳	2022-07-27
元(13世纪后半至14世纪前半) 普巴金刚唐卡	高21.8cm;宽21cm(画心)	57,500	北京诚轩	2022-08-09
13—14世纪 四臂文殊菩萨唐卡	纵27cm;横20.5cm	172,500	中贸圣佳	2022-07-27
14世纪 大轮金刚手唐卡	32cm×22.5cm	48,300	中古陶	2022-08-21
14世纪 大日如来唐卡	29cm×18cm	20,700	北京荣宝	2022-07-24
14世纪 金刚手唐卡	47.5cm×39cm	517,500	永乐拍卖	2022-07-24
14世纪 释迦牟尼佛	21.5cm×17.5cm	184,000	北京荣宝	2022-07-24
14世纪 夜叉财神扎卡一组	单幅12cm×10.5cm	115,000	北京荣宝	2022-07-24
14世纪 长寿佛(阿弥陀佛)报乐界	39cm×34.5cm	333,500	北京荣宝	2022-07-24
明成化元年(1465年) 道教众神水陆画	纵119.5cm;横49.5cm	195,500	中贸圣佳	2022-07-27
14—15世纪 五佛冠	高19cm;宽10cm	86,250	中贸圣佳	2022-07-27
15世纪 二上师对坐唐卡	39cm×25.5cm	230,000	北京荣宝	2022-07-24
15世纪 红阎魔天	42.5cm×32.5cm	632,500	中贸圣佳	2022-07-27
15世纪 无量寿佛曼荼罗唐卡	纵81.5cm;横55cm	1,380,000	中贸圣佳	2022-07-27
15—16世纪供养天女佛卡(一组四幅)	纵21cm;横16cm	36,800	中贸圣佳	2022-07-27
16世纪 三祖师唐卡	58cm×42.5cm	391,000	永乐拍卖	2022-07-24
16世纪 释迦牟尼佛唐卡	65cm×43cm	92,000	中古陶	2022-08-21
16世纪 西藏宫廷 宝帐大黑天	72cm×53cm	2,990,000	北京荣宝	2022-07-24
16—17世纪 噶举派上师唐卡	纵48.5cm;横41.5cm	109,250	中贸圣佳	2022-07-27
17世纪 八罗汉唐卡	纵81.5cm;横60.5cm	57,500	北京荣宝	2022-07-24
17世纪 大日如来坛城	32.5cm×32.5cm	80,550	北京荣宝	2022-07-24
17世纪 金刚亥母	49cm×32cm	322,000	北京荣宝	2022-07-24
17世纪 棉布矿物颜料萨迦派祖师唐卡	86cm×57cm	690,000	华艺国际	2022-09-23
17世纪 十世噶玛巴却英多吉唐卡	纵58cm;横46cm	109,250	中贸圣佳	2022-07-27
17世纪 坛城唐卡	65cm×94cm	10,340	台北艺珍	2022-08-14
17世纪 唐卡(五件组)	尺寸不一	15,511	台北艺珍	2022-08-14
17世纪 西藏 四罗汉唐卡	60cm×43cm	154,296	华艺国际	2022-05-29
明 白度母唐卡	长73cm;宽52cm	32,200	浙江佳宝	2022-03-13
清乾隆 释迦牟尼佛唐绣唐卡	纵127cm;横45cm	460,000	中贸圣佳	2023-01-01
清乾隆(1736—1795年) 吉祥天母唐卡	纵64cm;横45cm	253,000	中贸圣佳	2022-07-27
18世纪 双身无量寿唐卡	73cm×49cm	13,800	北京中汉	2022-06-03
18世纪 四臂观音唐卡	72cm×56.5cm	10,350	北京中汉	2022-06-03
18世纪 西藏大威德坛城唐卡	25cm×25cm	11,500	北京中汉	2022-06-03
18世纪 西藏六长寿唐卡	110cm×75cm	11,500	北京中汉	2022-09-29
18世纪 阿弥陀佛极乐净土图	78cm×53cm	138,000	永乐拍卖	2022-07-24
18世纪 白六臂财神唐卡	52cm×37.5cm	23,000	中古陶	2022-08-21
18世纪 宝杖枯主	49.5cm×37.5cm	92,000	北京荣宝	2022-07-24
18世纪 苯教虎交明王唐卡	纵95cm;横60cm	126,500	中贸圣佳	2022-07-27
18世纪 达摩多罗尊者唐卡	104cm×73cm	230,000	北京保利	2022-07-29
18世纪 大成就者唐卡	纵51.5cm;横33.5cm	460,000	中贸圣佳	2022-07-27
18世纪 大日如来坛城卡	纵105cm;横35cm	43,700	北京荣宝	2022-07-24
18世纪 大威德金刚坛城	70cm×50cm	34,500	北京荣宝	2022-07-24
18世纪 敦巴辛饶米沃佛唐卡	98cm×58cm	120,750	中古陶	2022-08-21
18世纪 佛传故事唐卡	纵76cm;横50cm	112,700	中贸圣佳	2022-07-27
18世纪 佛传故事唐卡	纵80cm;横50cm	149,500	中贸圣佳	2022-07-27
18世纪 护法秘供唐卡	33cm×108cm	138,000	北京荣宝	2022-07-24
18世纪 吉祥天母	52cm×37cm	1,150,000	北京荣宝	2022-07-24
18世纪 迦诺迦伐蹉等四尊者	53cm×38cm	69,000	北京荣宝	2022-07-24
18世纪 降龙文殊	33cm×23cm	74,750	北京荣宝	2022-07-24
18世纪 金甲衣护法金刚	48cm×34cm	23,000	北京荣宝	2022-07-24
18世纪 莲华生大师	45cm×33cm	11,500	北京荣宝	2022-07-24
18世纪 罗汉阿氏多尊者黑卡	45cm×33cm	16,100	中古陶	2022-08-21
18世纪 马头明王唐卡	纵78cm;横53.5cm	109,250	中贸圣佳	2022-07-27
18世纪 棉布矿物颜料阿閦佛坛城唐卡	54cm×41cm	80,550	中国嘉德	2022-06-28
18世纪 棉布矿物颜料八骏财神唐卡	88cm×59cm	368,000	中国嘉德	2022-06-28
18世纪 棉布矿物颜料八世噶玛巴米炯多杰唐卡	58cm×37cm	437,000	中国嘉德	2022-06-28
18世纪 棉布矿物颜料克乌原译师唐卡	85cm×61.5cm	138,000	中国嘉德	2022-06-28
18世纪 棉布矿物颜料莲师八大之忿怒金刚唐卡	56cm×39cm	161,000	中国嘉德	2022-06-28
18世纪 棉布矿物颜料绿度母金卡	76cm×50cm	402,500	中国嘉德	2022-06-28
18世纪 棉布矿物颜料米拉日巴唐卡	60.5cm×38cm	437,000	中国嘉德	2022-06-28
18世纪 棉布矿物颜料释迦牟尼和十八罗汉唐卡	101cm×63.7cm	460,000	华艺国际	2022-09-23
18世纪 棉布矿物颜料四世嘉查扎巴顿珠唐卡	58cm×38cm	460,000	中国嘉德	2022-06-28
18世纪 棉布矿物颜料喜金刚唐卡	57.5cm×40.5cm	97,750	华艺国际	2022-09-23
18世纪 那若空行母唐卡	纵60.7cm;横45cm	78,200	中贸圣佳	2023-01-01
18世纪 上师唐卡	47cm×34cm	92,000	北京荣宝	2022-07-24
18世纪 释迦皈依境 立轴	75cm×51cm	57,500	北京荣宝	2022-07-24
18世纪 唐卡(四幅)	画心86cm×25cm	23,000	西泠印社	2022-01-22
18世纪 五守舍神	48cm×33cm	34,500	北京荣宝	2022-07-24
18世纪 香巴拉王唐卡	纵52cm;横36cm	74,750	中贸圣佳	2022-07-27
18世纪 药师八佛唐卡	43cm×31cm	11,500	中古陶	2022-08-21
18世纪 药师佛唐卡	105cm×68cm	103,500	永乐拍卖	2022-07-24
18世纪 云丹嘉措像	尺幅72cm×45cm	287,500	中贸圣佳	2022-07-27
清乾隆—嘉庆 18世纪—19世纪 五世班布尔丹巴宫廷唐卡 镜心	106cm×206cm	517,500	中鸿信	2022-09-12
清道光 跋陀罗尊者唐卡	长225.5cm;宽115cm	138,000	北京保利	2022-10-27
18—19世纪 二十一度母唐卡	纵48cm;横36cm	16,100	中贸圣佳	2022-07-27
18—19世纪 吉祥天母唐卡	纵46cm;横31.5cm	115,000	中贸圣佳	2022-07-27
18—19世纪 西方极乐世界唐卡	纵70cm;横55cm	32,200	中贸圣佳	2022-07-27
18—19世纪 香巴拉王唐卡	纵86cm;横60.5cm	69,000	中贸圣佳	2022-07-27
18—19世纪 一瞥佛母唐卡	纵83cm;横54cm	230,000	中贸圣佳	2022-07-27
18世纪 苯教桑庆彭赤唐卡	纵89cm;横51cm	109,250	中贸圣佳	2022-07-27
18世纪 佛本生故事唐卡	纵85cm;横57cm	172,500	中贸圣佳	2022-07-27
19世纪 噶举金蔓传承之帝洛巴和那洛巴唐卡两张	65cm×45cm×2	253,000	中古陶	2022-08-21
19世纪 噶举派上师唐卡像(一套五件组)	尺寸不一	12,209	台北艺珍	2022-06-12
19世纪 黑袍金刚唐卡	纵58cm;横47cm	20,700	中贸圣佳	2022-07-27

2022杂项拍卖成交汇总(续表)

(成交价RMB: 1万元以上)

拍品名称	物品尺寸	成交价RMB	拍卖公司	拍卖日期
19世纪 吉祥天母黑唐	纵82cm;横56.5cm	23,000	中贸圣佳	2023-01-01
19世纪 莲华生大师	54cm×40cm	46,000	北京荣宝	2022-07-24
19世纪 莲师旧光唐卡	纵55cm;横36.5cm	43,700	中贸圣佳	2022-07-27
19世纪 绿度母唐卡	纵59cm;横40cm	89,700	中贸圣佳	2022-07-27
19世纪 棉布堆绣释迦牟尼及十六罗汉唐卡一堂十七张	尺寸不一	207,000	中国嘉德	2022-06-28
19世纪 棉布矿物颜料香巴拉海胜法王唐卡	76.5cm×50cm	230,000	中国嘉德	2022-06-28
19世纪 千手观音	102cm×66cm	230,000	北京荣宝	2022-07-24
19世纪 释迦牟尼佛与十八罗汉唐卡	纵57.5cm;横41cm	25,300	中贸圣佳	2023-01-01
19世纪 唐卡十一面观音	长60.5cm×42.8cm	57,500	北京保利	2022-07-29
19世纪 五攻汉唐卡	纵53.5cm;横39cm	46,000	北京荣宝	2022-07-27
19世纪 辛饶米沃大师唐卡	74cm×51.5cm	34,500	北京荣宝	2022-07-24
18—19世纪 藏东大成就者阿跋迦罗唐卡	画心尺寸52cm×32.5cm	46,000	中贸圣佳	2022-06-07
19世纪 苯教双身金刚唐卡	画心尺寸90cm×47.5cm	138,000	中贸圣佳	2022-06-07
19世纪 藏东米拉扣巴传记唐卡一组(5幅)	尺寸不一	345,000	中贸圣佳	2022-06-07
19世纪 西藏 大威德金刚唐卡	画尺寸113cm×130cm	59,800	中贸圣佳	2022-06-07
清 白度母唐卡	画心长56.5cm;宽40cm	74,750	西泠印社	2022-01-23
清 藏王松赞干布唐卡	54cm×35cm	196,570	香港福羲国际	2022-12-28
清 达摩多罗尊者像唐卡	39cm×29cm	196,570	香港福羲国际	2022-12-28
清 棉布矿物颜料红象鼻财神唐卡	60cm×40.8cm	172,500	中国嘉德	2022-06-28
清 千手观音唐卡	75cm×105cm	14,218	台北艺珍	2022-08-14
清 织锦堆绣仲敦巴唐卡	79cm×60cm	506,000	永乐拍卖	2022-07-24
清 织锦唐卡上师像	总长352cm;宽173cm	57,500	西泠印社	2022-08-21
清 宗喀巴唐卡	47cm×34.5cm	60,950	北京中汉	2022-06-28
丹增 八马财神唐卡	93cm×69cm	632,500	北京银座	2022-09-17
千手观音像缂丝唐卡	长106cm;宽77.2cm	14,275	台北艺珍	2022-09-25
千手千眼观音唐卡	85cm×59cm	17,250	朵云轩	2022-12-08
唐卡	273.5cm×168cm	4,256,500	香港贞观	2022-06-18
无量寿佛唐卡	50cm×30cm	23,000	北京保利	2022-07-17
长寿佛唐卡	80cm×57cm	13,800	朵云轩	2022-12-08
唐代 石灰岩雕释迦牟尼说法像	高62cm;宽30cm	10,428	台北艺珍	2022-12-04
唐代 辽代 佛像	高10cm;高8.3cm;高8.3cm	18,249	台北艺珍	2022-12-04
8世纪 莲花手观音像	高21cm	517,500	中贸圣佳	2023-01-01
8世纪 四臂观音像	高17.5cm	690,000	中贸圣佳	2023-01-01
8—9世纪 中爪哇佛立像	高43cm	195,500	中贸圣佳	2023-01-01
辽宋或以后 大理石雕双菩萨碑(一对)	高47cm×2	463,528	佳士得	2022-11-29
11世纪 莲花手菩萨像	高18.5cm	115,000	中贸圣佳	2023-01-01
11至12世纪 骑狮文殊像	高8.9cm	3,910,000	北京中汉	2022-12-09
元 阿难尊者像	高34cm	80,500	中贸圣佳	2023-01-01
元 禅定观音像	高24cm	57,500	中贸圣佳	2023-01-01
元 禅定观音像	高35cm	172,500	中贸圣佳	2023-01-01
元 观音菩萨像	高22cm	40,250	中贸圣佳	2023-01-01
元 菩萨坐像	高13.6cm	34,500	北京中汉	2022-12-09
元 普贤菩萨像	高32cm	1,322,500	中贸圣佳	2023-01-01
元 骑犼观音像	高13cm	230,000	中贸圣佳	2023-01-01
元 释迦牟尼诞生像	高18cm	69,000	中贸圣佳	2023-01-01
元 铜释迦像	通高15cm	275,198	香港福羲国际	2022-12-28
元 准提佛母像	高52cm	736,000	中贸圣佳	2023-01-01
元宫廷风格 地藏菩萨像	高40cm	1,265,000	中贸圣佳	2023-01-01
12世纪/13世纪 合金释迦牟尼佛	高26cm;宽20cm	331,092	华艺国际	2022-11-27
12世纪/13世纪 菩萨像	高14.2cm	198,655	华艺国际	2022-11-27
12—13世纪 阿弥陀佛像	高12.5cm	287,500	中贸圣佳	2023-01-01
13世纪 大日如来佛像	高40cm	828,000	中贸圣佳	2023-01-01
13世纪 金刚力士像	高27cm	172,500	中贸圣佳	2023-01-01
13—14世纪 绿度母像	高15cm	575,000	中贸圣佳	2023-01-01
13—14世纪 释迦牟尼佛像	高18cm	920,000	中贸圣佳	2023-01-01
14世纪 阿弥陀佛像	高20cm	48,300	中贸圣佳	2023-01-01
14世纪 绿度母佛像	高22cm	690,000	中贸圣佳	2023-01-01
14世纪 密集不动金刚坛城不穷戒赫僳	高20cm	3,507,500	中贸圣佳	2023-01-01
14世纪 阿閦金刚手像	高18cm	78,200	中贸圣佳	2023-01-01
14世纪 竹巴噶举派上师央衮巴像	高14cm	155,250	中贸圣佳	2023-01-01
14世纪 绿度母	高7cm	63,250	北京中汉	2022-12-09
14世纪 西藏中部 金刚总持像	高33.8cm	3,680,000	中贸圣佳	2022-12-31
明永乐 鎏金铜弥勒立像	高16.5cm	4,635,288	佳士得	2022-11-29
明永乐 铜鎏金观音坐像(系香港私人藏家提供)	高28cm;宽21.5cm	1,760,000	浙江御承	2022-12-17
明永乐 铜鎏金弥勒佛	高15cm;底长14cm;底宽11cm	242,000	浙江御承	2022-12-17
明宣德 铜鎏金药师佛	高32.3cm	1,667,500	中贸圣佳	2022-12-31
明宣德风格(1426—1435年) 药师佛像	高62cm	1,161,500	中贸圣佳	2023-01-01
14至15世纪 金刚手菩萨	高10.8cm	71,300	北京中汉	2022-12-09
15世纪 供养天人立柱	高26.5cm	21,850	中贸圣佳	2022-12-09
15世纪 金刚钩环	长(钩)13.5cm;直径(环)12.4cm	59,800	北京中汉	2022-12-09
15世纪 宝冠释迦牟尼佛像	高19cm	316,250	中贸圣佳	2023-01-01
15世纪 不动佛像	高24cm	178,250	中贸圣佳	2023-01-01
15世纪 合金黄铜嵌红铜镶银上乐金刚像	高14cm(不含座)	46,926	台北艺珍	2022-12-04
15世纪 金刚总持像	高28cm	920,000	中贸圣佳	2023-01-01
15世纪 金刚总持像	高22cm	102,350	中贸圣佳	2023-01-01

拍品名称	物品尺寸	成交价RMB	拍卖公司	拍卖日期
15世纪 上师像	高19cm	92,000	中贸圣佳	2023-01-01
15世纪 上师像	高18cm	51,750	中贸圣佳	2023-01-01
15世纪 无量寿佛像	高19cm	82,800	中贸圣佳	2023-01-01
15世纪 夏玛巴喀觉旺波像	高15cm	172,500	中贸圣佳	2023-01-01
明万历十七年(1589年) 释迦牟尼说法像	高35.7cm	3,220,000	北京中汉	2022-12-09
16世纪 佛母座	直径9.8cm	35,650	北京中汉	2022-12-09
16世纪 佛座	长16.2cm	69,000	北京中汉	2022-12-09
16世纪 金刚佛座	长16.2cm	52,900	北京中汉	2022-12-09
16世纪 宝冠	高26cm	149,500	中贸圣佳	2023-01-01
16世纪 大宝法王像	高11cm	36,800	中贸圣佳	2023-01-01
17世纪 哈香尊者像	高26cm	345,000	中贸圣佳	2023-01-01
17世纪 汉藏风格宗喀巴上师像	高18.5cm	40,250	朵云轩	2022-12-08
17世纪 龙萨宁波像	高11.5cm	46,000	中贸圣佳	2023-01-01
17世纪 财续佛母	高10.5cm	56,350	北京中汉	2022-12-09
明 阿弥陀佛接引像	高43cm	230,000	中贸圣佳	2023-01-01
明 阿弥陀佛接引像	高55cm	1,012,000	中贸圣佳	2023-01-01
明 阿弥陀佛像	高50cm	322,000	中贸圣佳	2023-01-01
明 渡海观音像	高17.5cm	115,000	中贸圣佳	2023-01-01
明 佛像	高6cm	36,800	北京中汉	2022-12-09
明 佛坐像	高(通高)11.5cm	43,700	北京中汉	2022-12-09
明 伽蓝菩萨像	高40.5cm	207,000	中贸圣佳	2023-01-01
明 供养童子	高7.2cm	36,800	北京中汉	2022-12-09
明 观音菩萨像	高108cm	862,500	中贸圣佳	2023-01-01
明 观音菩萨像	高27.5cm	368,000	中贸圣佳	2023-01-01
明 观音菩萨与善财童子、龙女像	高28cm	74,750	中贸圣佳	2023-01-01
明 净瓶观音像	高21cm	72,450	中贸圣佳	2023-01-01
明 净瓶观音像	佛高16cm;通高32cm	207,000	中贸圣佳	2023-01-01
明 魁星点斗像	高42cm	46,000	中贸圣佳	2023-01-01
明 男相观音	高19cm	437,000	北京中汉	2022-12-09
明 毗卢遮那佛像	高33.5cm	184,000	中贸圣佳	2023-01-01
明 善财童子像	高48.5cm	230,000	中贸圣佳	2023-01-01
明 狮吼观音像	高16.5cm	172,500	中贸圣佳	2023-01-01
明 释迦牟尼佛坐像	高68cm	28,750	朵云轩	2022-12-08
明 送子观音像	佛高36.5cm;通高38cm	184,000	中贸圣佳	2023-01-01
明 天王像一对	高24cm×2	264,500	中贸圣佳	2023-01-01
明 铜观音像	32cm×19cm×14cm;重4.6kg	10,428	台北艺珍	2022-12-04
明 铜鎏金板凳佛	20cm×8.5cm	28,750	荣宝斋(南京)	2022-12-08
明 铜鎏金关公坐像	通高32.8cm	609,367	香港福羲国际	2022-12-28
明 铜鎏金菩萨立像	高19cm(连座)	402,500	广东崇正	2022-12-25
明 铜鎏金韦陀菩萨站像	通高68cm	737,137	香港福羲国际	2022-12-28
明 铜罗汉像	高13.5cm	22,159	台北艺珍	2022-12-04
明 铜寿星龟鹤造像	高22cm	20,700	广东崇正	2022-12-25
明 铜文关公像	高38cm	18,249	台北艺珍	2022-12-04
明 文殊菩萨像	高36.5cm	379,500	中贸圣佳	2023-01-01
明 杨柳观音像	高43cm	437,000	中贸圣佳	2023-01-01
清早期 木胎大漆描金善财童子立像	高49.5cm	48,300	中国嘉德	2023-01-01
清早期 铜错银漆金观音像	高49cm	402,500	中贸圣佳	2022-12-26
清早期 韦陀立像	高35cm	25,300	北京中汉	2022-12-09
清康熙 阿弥陀佛像	高13.5cm	112,950	北京中汉	2022-12-09
清康熙 财宝天王像	高18cm	517,500	中贸圣佳	2023-01-01
清康熙 金刚总持像	高17cm	92,000	中贸圣佳	2023-01-01
清康熙 密集金刚像	高9.5cm	149,500	中贸圣佳	2023-01-01
清雍正 大日如来佛像	高33cm	1,380,000	中贸圣佳	2023-01-01
清雍正 无量寿佛像	高18cm	207,000	中贸圣佳	2023-01-01
清乾隆 持国天王像	高17.2cm	63,330	北京中汉	2022-12-09
清乾隆 七白伞盖佛母像	高17cm	138,000	中贸圣佳	2023-01-01
清乾隆 大黑天像	长13.7cm	27,600	北京中汉	2022-12-09
清乾隆 大红司命主像	高12.5cm	63,250	北京中汉	2022-12-09
清乾隆 佛坐像	高16cm	66,700	北京中汉	2022-12-09
清乾隆 黑财神座	直径10.4cm	14,950	北京中汉	2022-12-09
清乾隆 金刚总持双身像	高18cm	55,200	北京中汉	2022-12-09
清乾隆 莲花座	直径15.3cm	37,950	北京中汉	2022-12-09
清乾隆 骑马护法像	佛高16cm;通高21.5cm	63,250	北京中汉	2022-12-09
清乾隆 十一面观音像	高46.5cm	414,000	中贸圣佳	2023-01-01
清乾隆 双身大持金刚	高11.1cm	17,250	北京中汉	2022-12-09
清乾隆 铜鎏金上师坐像	高7.2cm;重141.4g	20,700	中国嘉德	2022-12-25
清乾隆 铜鎏金无量寿佛	高9.1cm	11,500	北京中汉	2022-12-09
清乾隆 文殊菩萨	高17.5cm	189,750	北京中汉	2022-12-09
清乾隆 无量寿佛	高36.5cm	805,000	北京中汉	2022-12-09
清乾隆 无量寿佛像	高18.5cm	43,700	中贸圣佳	2023-01-01
清乾隆 无量寿佛像(烧蓝莲花座)	高20cm	46,000	中贸圣佳	2023-01-01
清乾隆 自在观音	高16.4cm	44,850	北京中汉	2022-12-09
清乾隆 自在观音像	高18cm	368,000	中贸圣佳	2023-01-01
清乾隆 宗喀巴	高2.7cm	57,500	北京中汉	2022-12-09
清乾隆 宗喀巴像	高11cm	40,250	中贸圣佳	2023-01-01
清乾隆 宗喀巴像	高33cm	1,127,000	中贸圣佳	2023-01-01
18世纪 大成就者	高29.5cm	46,000	北京中汉	2022-12-09
18世纪 骷髅法杖	长40.5cm	138,000	北京中汉	2022-12-09
18世纪 汉藏风格大威德金刚	高19.5cm	82,800	朵云轩	2022-12-08

2022杂项拍卖成交汇总(续表)

(成交价RMB：1万元以上)

拍品名称	物品尺寸	成交价RMB	拍卖公司	拍卖日期
18世纪 黄财神像	高11cm	89,700	中贸圣佳	2023-01-01
18世纪 吉祥天母像	高18.5cm	138,000	中贸圣佳	2023-01-01
18世纪 铜鎏金黄财神	高33cm	69,000	广东崇正	2022-12-25
18世纪 无量寿佛像	高10.5cm	13,800	中贸圣佳	2023-01-01
清 骑麟送子香熏	高19cm	115,000	中贸圣佳	2023-01-01
清 释迦牟尼佛像	18.5cm×11cm	483,000	荣宝斋(南京)	2022-12-08
清 铜财神像	8cm×12cm	10,350	荣宝斋(南京)	2022-12-08
清 铜观音坐像	高12.2cm;高(通高)22.5cm	25,300	北京中汉	2022-12-09
清 铜鎏金八臂十一面观音像	通高38.8cm	1,769,130	香港福羲国际	2022-12-28
清 铜鎏金净土观音与明妃坐像	29cm×18cm×12cm	276,000	荣宝斋(南京)	2022-12-08
清 铜鎏金绿度母像	22cm×15cm×10cm	109,250	荣宝斋(南京)	2022-12-08
清 铜鎏金妙音佛母像	高15cm	16,100	北京中汉	2022-12-09
清 铜鎏金上师像	高10.5cm	17,250	广东崇正	2022-12-25
清 铜鎏金释迦牟尼像	高9.6cm	20,700	广东崇正	2022-12-25
清 铜鎏金无量寿佛	高40.5cm	27,600	北京中汉	2022-12-09
清 铜鎏金无量寿佛	通高18.8cm	373,483	香港福羲国际	2022-12-28
清 铜宗喀巴像	40cm×28cm	506,000	荣宝斋(南京)	2022-12-08
清 紫檀佛像	11cm×10cm×6cm	69,000	荣宝斋(南京)	2022-12-08
佛像	高32cm	50,583	荣宝斋(香港)	2022-11-26
青铜器观音坐像	高25cm	29,430	荣宝斋(香港)	2022-11-26
铜鎏金男相观音像	高11.9cm	26,070	台北艺珍	2022-12-04
铜鎏金菩萨造像	高57cm	367,880	荣宝斋(香港)	2022-11-26
铜鎏金长寿佛像	高25.7cm	156,423	台北艺珍	2022-12-04
银鎏金蕾丝白玉三圣佛龛	5.5cm×5.5cm×8cm	400,000	山东海纳	2022-11-19
文房用品				
明万历 剔红高士图笔	长22cm	20,700	华艺国际	2022-09-23
明 大漆雕花卉湖笔	长22.5cm	32,200	深圳富诺得	2022-10-06
明 剔彩花卉纹笔	长22.5cm	109,250	北京保利	2022-07-29
明 剔红穿花龙纹笔	长27cm	115,000	中国嘉德	2022-06-28
明 剔红雕漆题诗《庭园高士》图笔	长26cm	92,000	浙江佳宝	2022-03-13
明 剔红山水人物纹笔(一对)	长24.3cm;长24.1cm	48,300	中国嘉德	2022-06-28
明晚期 剔红人物故事图笔	长27.2cm	460,000	中贸圣佳	2022-07-25
清早期 白玉素工提笔	长30.3cm	287,500	华艺国际	2022-09-23
清早期 大漆嵌螺钿笔	长21cm	20,700	中国嘉德	2022-06-28
清乾隆 宫廷御用"万福攸同"彩漆各式毛笔(六件)	尺寸不一	40,250	北京保利	2022-07-16
清同治 漆雕洪福齐天纹笔	长29.5cm	23,000	华艺国际	2022-09-23
清晚期 百花不落地笔、笔帽(一套)	长22.4cm	25,300	北京中汉	2022-06-03
清 大漆嵌七彩螺钿湖笔	长28.5cm	34,500	深圳富诺得	2022-10-06
清 吕世宜自用红木抓笔	长19cm	11,500	华艺国际	2022-09-23
清 紫毫玉兰蕊二十支	尺寸不一	103,500	中贸圣佳	2022-07-12
民国 徐葆三 贝松泉 毛载亢等毛笔(三十四支)	尺寸不一	14,950	华艺国际	2022-09-23
民国 徐鸿宝铭宫岛上款仿汉居延毛笔	长23.5cm	36,800	西泠印社	2022-01-23
民国 紫砂印盒、毛笔(一组三件)	直径7cm	17,250	广东崇正	2022-08-11
梅景书屋定制毛笔七支	尺寸不一	18,400	西泠印社	2022-01-22
万宝龙 Great Characters Andy Warhol 限量版精钢及树脂圆珠笔,约2015年制		19,441	香港苏富比	2022-04-15
张大千定制 喜屋制"艺坛主盟"笔	30cm×2.5cm	115,000	中国嘉德	2022-06-26
张大千定制 玉川堂制"艺坛主盟"笔	23cm×1cm	36,800	中国嘉德	2022-06-26
张大千题赠王旦旦光绪御墨毛笔	尺寸不一	51,750	中贸圣佳	2022-12-31
17世纪 程尚文伉俪收藏 寿山石雕陶渊明像笔筒	高11.5cm	756,050	香港苏富比	2022-04-29
清早期 杨季初制五彩堆泥绘虚亭雨山图笔筒	高13cm;直径13cm	575,000	西泠印社	2022-01-22
清早期 紫檀葵花式大笔海	直径23.9cm;高19.8cm	322,000	北京中汉	2022-08-08
清乾隆 乾隆年制款紫泥炉钧釉根瘤形笔筒	高10cm;口径9.1cm	322,000	西泠印社	2022-08-20
清乾隆 剔红御制诗文笔筒	高13.5cm;直径8.1cm	805,000	中国嘉德	2022-12-26
清中期 官作玉澜堂制铜通景三醋图笔筒	高15cm;口径9cm;重882g	109,250	浙江佳宝	2022-03-13
清 杨季初款紫砂彩绘山水人物图笔筒	高13.5cm;直径15.5cm	69,000	保利厦门	2022-10-22
清 竹村主人款寿山石诗文笔筒	7.7cm×5.2cm×13cm	17,250	中国嘉德	2022-12-25
清 改琦款紫砂笔筒	直径16.6cm;高4cm	149,500	中贸圣佳	2022-07-25
清 黄杨木髹漆作东篱佳景图笔筒	口径10cm;高12.3cm	40,250	浙江佳宝	2022-03-13
清 铜鎏金亭园人物图笔筒	高15cm	138,000	华艺国际	2022-09-23
清 张辛刻、张廷济为六舟铭花梨木笔筒	径12.3cm×14.3cm	460,000	西泠印社	2022-08-19
清 紫砂堆塑山水诗文笔筒	直径16.4cm	10,350	中鸿信	2022-09-11

拍品名称	物品尺寸	成交价RMB	拍卖公司	拍卖日期
清 紫砂树桩笔筒	14cm×8cm	11,500	荣宝斋(南京)	2022-12-08
当代 曾浩 紫砂笔筒——2009.11	高14.5cm;直径16.3cm	10,350	中国嘉德	2022-12-25
当代 曾浩 紫砂笔筒——为他们造像	高11.8cm;直径11.4cm	10,350	中国嘉德	2022-12-25
当代 陈文波 紫砂笔筒——幸运	高10.7cm;直径20cm	11,500	中国嘉德	2022-12-25
当代 方力钧 紫砂笔筒——系列一(之六)	高24.3cm;直径25.8cm	23,000	中国嘉德	2022-12-25
当代 方力钧 紫砂笔筒——系列一(之三)	高24.5cm;直径25.7cm	43,700	中国嘉德	2022-12-25
当代 方力钧作紫砂笔筒——系列一(之五)	高20cm;直径19.8cm	23,000	中国嘉德	2022-12-25
当代 马六明紫砂笔筒——为无名山增加一米	高14.3cm;直径15.6cm	10,350	中国嘉德	2022-12-25
当代 毛旭辉 紫砂笔筒——圭山系列红树	高19.6cm;直径19.6cm	20,700	中国嘉德	2022-12-25
当代 岳敏君 紫砂笔筒——诺亚方舟	高24.1cm;直径25.5cm	80,500	中国嘉德	2022-12-25
当代 岳敏君 紫砂笔筒——三友图#1	高14.6cm;直径16.3cm	40,250	中国嘉德	2022-12-25
当代 岳敏君 紫砂笔筒——三友图#2	高14.6cm;直径16.3cm	34,500	中国嘉德	2022-12-25
当代 岳敏君 紫砂笔筒——三友图#3	高14.7cm;直径16.4cm	36,800	中国嘉德	2022-12-25
当代 岳敏君 紫砂笔筒——四友图#1	高14cm;直径16.4cm	32,200	中国嘉德	2022-12-25
当代 岳敏君 紫砂笔筒——阻击战	高24.5cm;直径26cm	69,000	中国嘉德	2022-12-25
当代 张晓刚 紫砂笔筒——血缘(大家庭系列)	高23cm;直径23.5cm	40,250	中国嘉德	2022-12-25
当代 赵能智 紫砂笔筒——人体系列	高14.4cm;直径15.3cm	11,500	中国嘉德	2022-12-25
当代 赵能智 紫砂笔筒——艺术家的朋友	高14.6cm;直径15cm	11,500	中国嘉德	2022-12-25
当代 周春芽 紫砂六方笔筒——桃花系列	高20.5cm;直径23.7cm	40,250	中国嘉德	2022-12-25
张勇 怀古 笔筒	高21cm×宽19.5cm	82,800	江苏观宇	2022-11-12
紫砂笔筒	高14.3cm	367,880	荣宝斋(香港)	2022-11-26
元 灵璧石笔架山	高10.5cm;长20.6cm	36,800	西泠印社	2022-08-21
元 铜山子	长9cm	253,000	华艺国际	2022-09-23
明 "奎壁堂"款寿山石山子式笔架	长20cm	25,300	中国嘉德	2022-12-25
明 山形石笔架	长15cm	34,500	北京保利	2022-07-29
明 水晶笔架山	宽16.5cm;高9.8cm	34,500	浙江佳宝	2022-03-13
明 铜雕狩猎纹五峰笔架	长21cm	149,500	华艺国际	2022-09-23
明 铜福山寿海笔山	9cm×2.9cm×6cm;重125.9g	17,250	中国嘉德	2022-12-25
明 铜山形笔架	高7.2cm;长16cm	109,250	西泠印社	2022-01-23
明 铜山形笔架	高5.1cm;长22.2cm	23,000	西泠印社	2022-08-21
明 铜十六峰山形笔架山	长15.6cm	23,000	华艺国际	2022-09-23
明 铜五峰笔架山	长13.3cm	23,000	华艺国际	2022-09-23
明 铜猿山笔架	长23cm	80,500	北京保利	2022-07-29
清早期 英石湖边小景笔山	长8.3cm	57,500	永乐拍卖	2022-07-25
清乾隆 炉钧笔架	高4.8cm;长13.8cm	17,250	广东崇正	2022-08-11
清乾隆 铜点金笔架	长25.4cm	414,000	中贸圣佳	2022-07-25
清中期 仿生红珊瑚形笔架	高10cm	42,550	中贸圣佳	2022-09-28
清中期 角雕天鸡笔架	长14cm	23,000	北京保利	2022-07-29
清晚期 孔雀石笔架山	15.5cm×4.5cm×8cm	28,750	中国嘉德	2022-12-25
清 黄花梨山形笔架	高6.8cm;长14cm	57,500	西泠印社	2022-01-23
清 黄杨木山峦形笔架	高4.7cm;长16cm	55,200	西泠印社	2022-08-21
清 寿山石福禄寿笔架	长18cm;厚4.3cm	10,350	广东崇正	2022-04-17
清 水晶雕山形笔架	高5.4cm;长11.7cm	23,000	西泠印社	2022-01-23
清 喜鹊登梅笔搁	21cm×6.6cm	186,134	台北艺珍	2022-08-14
清 英石笔架山子摆件	高6.9cm;长19cm	36,800	西泠印社	2022-08-21
清 紫檀笔床	长12.4cm W7cm	17,250	中贸圣佳	2022-06-06
清 紫檀笔搁	2cm×12.5cm×5cm	138,000	上海嘉禾	2022-01-01
当代 紫檀洛可可风格大挂笔架	长83cm;宽18cm;高88cm	207,000	中国嘉德	2022-06-26
高野侯铭寿山石雕山形笔架	156mm×55mm×57mm	10,350	西泠印社	2022-01-23
春秋 青铜水盉	高22cm	82,726	台北艺珍	2022-08-14
明宣德 掐丝珐琅缠枝莲纹水丞	高11cm	1,265,000	中国嘉德	2022-06-28
明晚期 宜钧天蓝釉模印八卦纹水盂	直径6.3cm	13,800	北京中汉	2022-08-08
清早期 黄花梨如意纹小水盂	高4.4cm	17,250	中贸圣佳	2022-07-12
清早期 水晶浮雕双螭龙纹水盂	高4.5cm	20,700	西泠印社	2022-08-21
清早期 铜童子抱缸水丞	长6cm	11,500	华艺国际	2022-09-23
清雍正 墨竹水盂	高9cm;口径6cm;底径8.5cm	368,000	浙江御承	2022-08-28
乾隆 掐丝珐琅水盂	直径9.8cm	23,000	上海嘉禾	2022-01-01
清乾隆 "御制文津阁诗"水晶水丞	直径6cm	115,000	北京保利	2022-07-16
清乾隆 琉璃水盂	高3.2cm;口径3.6cm;底径5cm	11,500	浙江御承	2022-08-28
清乾隆 玛瑙巧色喜鹊登梅水丞	长8.5cm	207,000	中贸圣佳	2022-07-26
清乾隆 玛瑙云纹水盂	长8cm	115,000	保利厦门	2022-10-22
清乾隆 松绿地套双色螭龙纹水盂	直径12.8cm	138,000	永乐拍卖	2022-07-25
清乾隆 铜鎏金缠枝莲纹水盂	高5cm	690,000	华艺国际	2022-07-29
清乾隆 外绿料洒金内松绿料水丞	高3.3cm;直径4.5cm	184,497	保利香港	2022-10-10
清道光 官模花鸟八棱水盂	7.5cm×5.5cm	115,000	中贸圣佳	2022-07-13
清 "松声池馆"款倭角水盂	宽9.3cm;高4cm	32,200	上海嘉禾	2022-01-01
清 白端螭龙纹水呈(带座)	14cm×11cm×4.5cm	18,400	广东崇正	2022-12-25
清 单色釉各式水盂(一组五件)	尺寸不一	11,500	西泠印社	2022-08-21
清 单色釉水丞(三件)	尺寸不一	13,800	中国嘉德	2022-06-02
清 翡翠雕螭龙纹水丞	通高10.5cm	147,427	香港福羲国际	2022-12-28
清 翡翠雕金蟾海棠形水盂	高2.2cm;水盂长9.2cm;宽7cm	13,800	西泠印社	2022-08-21
清 翡翠荷塘清趣水盂	高4.6cm;通径13.3cm	51,750	西泠印社	2022-08-21
清 翡翠镂雕凤鸟花卉纹桃形水盂	高6.4cm;长13.5cm	40,250	西泠印社	2022-08-21
清琥珀葫芦、佛手瓜水盂一对(带老座)	高7.5cm×2(连座)	36,800	广东崇正	2022-12-25
清 黄蜡"莲花石"水盂(带原座)	高12cm;长11cm	138,000	广东崇正	2022-12-25
清 玛瑙鹅衔穗水盂(带红木座)	高12.5cm(连座);长16.5cm	23,000	广东崇正	2022-12-25

2022杂项拍卖成交汇总（续表）

（成交价RMB：1万元以上）

拍品名称	物品尺寸	成交价RMB	拍卖公司	拍卖日期
清 南红玛瑙雕一束莲水盂	高4.3cm；长8.5cm	13,800	西泠印社	2022-08-21
清 南红雕三多纹水盂	高7.2cm	17,250	西泠印社	2022-08-21
清 水晶双蝠纹贝形水盂 带老铜勺	长7cm	10,350	广东崇正	2022-08-11
清 铜牛水盂	长11.5cm	13,602	罗芙奥	2022-12-03
清 铜嵌金龙耳水丞	直径3.6cm；高5cm	10,350	深圳富诺得	2022-10-06
清 宣德年制款三羊水盂	直径4.2cm；高3.2cm	25,300	中贸圣佳	2022-09-26
清 玉堂清玩款铜点金钵式水盂	高5cm；口径6cm；重374g	35,650	西泠印社	2022-08-21
清 竹雕松枝纹水盂（带原配座）	高6cm；长6.2cm；宽5cm	74,750	广东崇正	2022-04-17
清 竹雕松枝纹水盂（原配底）	高6cm	69,000	华艺国际	2022-01-01
清 紫檀菱形水盂	直径18.5cm	28,750	上海嘉禾	2022-01-01
清 紫檀水盂、墨床、笔添一组3件	尺寸不一	56,350	西泠印社	2022-08-14
民国"三清居士"款紫砂水丞	高5.5cm；直径6.5cm	57,500	保利厦门	2022-10-22
民国 端石卧象水丞	7cm×8cm×4.3cm	23,000	中国嘉德	2022-12-25
民国 竹笋形水盂	长14.3cm	10,350	中国嘉德	2022-06-07
近现代 唐云绘二甲传芦水呈	长12cm	34,500	华艺国际	2022-09-23
白瓷水丞	直径6.5cm	20,700	中国嘉德	2022-06-02
近代 林风眠制东篱高士水滴	宽16.6cm	34,500	中国嘉德	2022-06-28
日本江户时期 有田烧古伊万里七福神水指	直径14.6cm；高18.8cm	97,750	中贸圣佳	2022-08-13
明 铜错金银龟形砚滴	长9.8cm	109,250	中国嘉德	2022-12-27
明 铜鎏金瓠形水注	长8.9cm；高8.1cm	172,500	浙江佳宝	2022-03-13
明 铜鹿形砚滴	长12.8cm	34,500	北京中汉	2022-12-09
明 铜牛形必定如意水注	长10.5cm	13,800	广东崇正	2022-08-11
明 铜三足蟾水滴	长7cm	11,500	华艺国际	2022-09-23
明治时期 中川九世净益造南镣银瓢形水注	高21.7cm；长13.1cm	57,500	西泠印社	2022-01-22
清早期"陈鸣远"款茄子水注		368,000	中贸圣佳	2022-07-25
清中期 铜天鸡水洗	长9cm	23,000	北京荣宝	2022-07-24
清"万寿齐天"宜钧釉桃形水注	高8.4cm；长11.6cm；宽5cm	34,500	西泠印社	2022-01-22
清 沉香竹竹水注	长9.5cm	23,000	中鸿信	2022-09-11
清 宜钧釉葫芦形水丞	高12.5cm	23,000	中国嘉德	2022-05-31
明 铜落花流水鱼化龙笔山形砚滴	长16.8cm	11,500	中国嘉德	2022-05-29
清早期 宜钧荷叶形笔添	长11cm	57,500	北京大羿	2022-09-26
清早期 宜钧天蓝釉海棠形笔添（一对）	长9.3cm×2	46,000	北京保利	2022-07-28
海螺式笔添	宽8.2cm	66,074	纽约佳士得	2022-09-23
清乾隆 螺形笔添一组两件	长6.8cm；长11.1cm	20,700	中贸圣佳	2022-09-26
清中期 紫檀笔添	长16cm	13,800	广东崇正	2022-08-11
清 翡翠雕痕都斯坦风格羊首花瓣形笔添	高2.8cm；长1.4cm；宽2.5cm	20,700	西泠印社	2022-01-23
清 翡翠巧雕喜上眉梢笔添	带座长15.5cm	46,000	华艺国际	2022-01-23
清 乾隆年制款铜胎画珐琅荷塘清趣笔添	高2.5cm；长7.4cm；宽4.5cm	126,500	西泠印社	2022-01-23
清 青金石笔添	7cm×4cm×1.2cm	23,000	荣宝斋（南京）	2022-12-08
清 紫檀葫芦形笔添	长9.9cm；宽6.9cm	13,800	西泠印社	2022-01-23
清中 陶斋款青金石雕瓜瓞绵绵笔添	长6.6cm；宽4.5cm；高1.5cm；重104g	32,200	江苏汇中	2022-08-17
民国 唐云款"绿窗琴玩"西厢人物故事笔添（带天地盖）	2.6cm×6.5cm×3.8cm	32,200	广东崇正	2022-04-17
元 杨世福制满池娇菱口铜洗	直径51.8cm	1,265,000	中贸圣佳	2022-07-26
明 黄花梨笔洗	直径10cm	13,800	广东崇正	2022-08-11
明 窑变佛手形洗	长17cm	34,500	北京荣宝	2022-07-24
明 石雕童子笔洗	长17cm；宽11cm	368,000	深圳富诺得	2022-10-06
明 铜蚕纹双耳洗	高11.6cm；口径24cm	31,050	西泠印社	2022-01-22
明 宜钧四足海棠洗	长9.6cm	34,500	华艺国际	2022-09-23
明 珍珠灵璧洗	长26.4cm	345,000	中贸圣佳	2022-10-27
明末清初 宜钧天蓝釉海棠式洗	长9.7cm	37,950	北京中汉	2022-04-27
清早期 陈鸣远石榴桃洗		977,500	中贸圣佳	2022-07-25
清早期 玛瑙海棠形水	长20.7cm；宽15.7cm	195,500	中贸圣佳	2022-10-27
清早期 铜点金海棠洗	8.6cm×7cm×4cm	92,000	中贸圣佳	2022-07-25
清乾隆 花釉雕瓷水洗（附木座）	高8cm；宽18cm（含座）	27,480	台北艺珍	2022-03-06
清乾隆 活环耳夔龙洗	口径22.7cm	483,000	中贸圣佳	2023-01-01
清乾隆 水晶荷叶洗	7cm×4.4cm×4cm	25,300	中国嘉德	2022-12-25
清乾隆 铜鎏金洗	20.5cm×20cm×6.5cm	13,800	上海嘉禾	2022-01-01
清乾隆 宜钧天蓝釉葡萄纹三足洗	直径9.2cm	32,200	北京中汉	2022-08-08
清中期 景泰蓝掐丝珐琅缠枝莲纹洗	直径19.2cm；高6.4cm	23,575	中国嘉德	2022-08-06
清中期 掐丝珐琅花卉缠绕折沿洗	直径29.7cm	11,500	中国嘉德	2022-08-06
清同治 王炳荣制款子冈风格青花瓷笔洗	直径8cm	55,200	中贸圣佳	2022-08-13
清晚期 陈山农制井刻王成窑紫泥水洗	高5.3cm；长15.5cm	253,000	西泠印社	2022-01-22
清 冰种翡翠雕荷叶形洗	长14.5cm；宽9.2cm；高2.2cm	69,000	江苏汇中	2022-08-17
清 翡翠雕游龙灵芝纹如意洗	高6.8cm；长15cm；宽3cm	28,750	西泠印社	2022-01-23
清 翡翠荷叶螳螂洗	128mm×70mm×32mm	126,500	中国嘉德	2022-01-01
清 翡翠荷叶螳螂洗	长14.5cm	13,800	中国嘉德	2022-12-27
清 荷叶带皮浴洗	高6cm；宽9.5cm	25,300	上海嘉禾	2022-01-01
清 近仨刻诗文四方洗	长12cm；宽11.7cm；高2.6cm	25,300	华艺国际	2022-07-26
清 窑斋款灵芝随形水洗	带座高10.6cm	32,200	中贸圣佳	2022-08-13
清 龙尾山房水洗	长8cm	11,500	上海嘉禾	2022-01-01
清 双鱼水洗	长24.9cm；宽5.9cm；高2.3cm	322,000	中贸圣佳	2023-01-01
清 铜掐丝珐琅福寿双全"志远堂"沿沿洗	高7.5cm；直径18.5cm	29,900	广东崇正	2022-08-11
清 银制桃形洗	长26.2cm；高11.4cm；重774g	23,000	深圳富诺得	2022-10-06

拍品名称	物品尺寸	成交价RMB	拍卖公司	拍卖日期
清 竹雕荷叶洗	23cm×6.5cm	57,500	荣宝斋（南京）	2022-12-08
清 紫砂胎绿釉桃形洗	长12cm	17,250	中国嘉德	2022-09-29
清 紫砂桃形水洗	高6.7cm；通径14.3cm	155,250	西泠印社	2022-08-21
清末 曼生款双鱼洗	长16cm；高4cm	11,500	中贸圣佳	2022-07-25
汝釉洗	高2.6cm；直径14.5cm	28,750	西泠印社	2022-01-22
周彬 寿山芙蓉石鹅形笔洗	13cm×8cm×3.9cm	115,000	中贸圣佳	2023-01-01
清 邓渭款紫檀臂搁	22cm×7cm	28,750	荣宝斋（南京）	2022-12-08
近现代 江寒汀画 徐素白刻百花齐放留青臂搁	长31cm；宽11.2cm	92,000	中贸圣佳	2023-01-01
近现代 张北如婴戏图臂搁	长33.5cm	36,800	华艺国际	2022-09-23
近代 徐孝穆刻诗文竹臂搁	10.2cm×16.5cm	32,200	广东崇正	2022-08-21
近代 徐孝穆刻唐云上款听秋声虫罐及臂搁	直径8.3cm；高11cm；17.8cm×4.5cm	48,300	中国嘉德	2022-12-25
清乾隆 铜胎掐丝珐琅墨床	长5cm	92,000	保利厦门	2022-10-22
清中期 铜嵌银丝花卉纹墨床	长7.5cm	11,500	华艺国际	2022-09-23
清翠玉墨床	5cm×3.8cm×1cm	54,264	台北艺珍	2022-06-12
清 鸡油黄料书卷式墨床	高2.3cm；长7.4cm；宽3cm	32,200	西泠印社	2022-01-23
东周战国时期 铜错金银嵌宝虎噬鹿镇纸（一对）	直径6cm	512,795	香港苏富比	2022-10-09
汉 铜错金银虎形镇	6.5cm×7cm×4.6cm	159,536	香港苏富比	2022-10-09
汉代 铜鎏金卧羊镇	9.5cm×7cm	19,236	台北艺珍	2022-03-06
汉代 铜鎏金镶绿松石朱雀镇（一对）	2cm×3.2cm×2cm	10,992	台北艺珍	2022-03-06
元 骆驼镇	高5cm；长8cm	517,500	中贸圣佳	2022-07-27
元 铜镹胶童子镇纸	高11cm	69,000	华艺国际	2022-09-23
明 石叟款嵌银丝螭龙纹纸镇	长27.7cm；宽2.4cm；高3.2cm	103,500	中贸圣佳	2023-01-01
明 铜卧兽镇	长7.7cm；重221.2g	230,000	中国嘉德	2022-06-26
明 铜立狮镇	高5.5cm	69,000	中国嘉德	2022-06-26
明 铜刘海戏蟾纸镇	高7.5cm	11,500	华艺国际	2022-09-23
明 铜鎏金功名利禄纸镇	长9.5cm；重338.4g	25,300	中国嘉德	2022-12-25
明 铜鎏金蟾形镇	13cm×7.5cm×2.5cm；重333.1g	20,700	中国嘉德	2022-12-25
明 铜鹿形纸镇	高2.6cm	40,250	华艺国际	2022-09-23
明 铜瑞兽形纸镇（带老木座）	长5.5cm；宽4.5cm；重1628g	12,650	广东崇正	2022-04-17
明 铜卧兽形镇纸两件	长6cm	17,250	中贸圣佳	2022-09-26
明 铜犀牛望月纸镇	长7.5cm	46,000	华艺国际	2022-09-23
明 铜鸭镇	长7.5cm；重127.9g	17,250	中贸圣佳	2022-09-26
清早期 铜鎏金卧鹿纸镇	长7.8cm	48,300	中国嘉德	2022-05-29
清早期 铜童子牧牛纸镇	长5cm	25,300	北京保利	2022-07-29
清乾隆 铜雕书卷型纸镇	长7cm；重116g	115,000	保利厦门	2022-10-22
清中期"长春宫制"龙凤纹珐琅纸镇	112mm×74mm×34mm；重6459g	86,250	中国嘉德	2022-06-26
清中期 刘海戏金蟾镇纸	高4	16,675	中贸圣佳	2022-06-26
清中期 水晶刻竹纹镇尺	24.1cm×3.5cm×2.2cm	138,000	中国嘉德	2022-12-27
清晚期 吴大澂窗斋铭紫檀诗文纸镇	39.5cm×2.5cm×0.8cm	36,800	中国嘉德	2022-12-25
清 大明宣德年制款铜狮形镇	高6cm；长12.4cm；重114.1g	11,500	中贸圣佳	2022-08-21
清 红木镇纸（一对）	23.5cm×3.6cm×1.8cm×2	10,350	荣宝斋（南京）	2022-12-08
清 鹿形歙石镇纸	高3.5cm；长9.5cm	51,750	西泠印社	2022-01-23
清 水晶羊纸镇	长10.8cm	13,800	西泠印社	2022-01-23
清 田黄狮子镇纸	长4.5cm	402,500	华艺国际	2022-08-21
清 田菊雕款红木嵌金银丝花鸟纹镇纸	长19.5cm；宽3.4cm	28,750	西泠印社	2022-08-21
清 铜鎏金卧羊镇	直径长8cm；重420g	11,500	北京保利	2022-07-28
清 铜牛形镇纸	长6cm	33,350	广东崇正	2022-08-11
清 铜瑞兽镇纸	长6.7cm	18,400	广东崇正	2022-08-11
清 铜兽形纸镇	长7.5cm	13,800	中贸圣佳	2022-09-26
清 铜松枝形纸镇	长15.3cm	23,000	北京中汉	2022-12-09
清 铜飞熊醉酒镇纸	高6cm；长7.5cm	13,800	西泠印社	2022-01-23
清 铜象形镇纸 带座	长6.5cm	27,600	广东崇正	2022-08-11
清 王勋制竹黄山水人物纹纸镇	5.2cm×1.7cm×30.8cm	40,250	中国嘉德	2022-12-27
清 姚心义、寿工刻铜墨盒、镇纸（一套两件）	尺寸不一	57,500	西泠印社	2022-01-22
清 张廷济铭张辛刻紫檀镇尺	长41.8cm	89,700	北京保利	2022-07-29
清 紫檀赵之谦款镇纸（一对）	38.5cm×5.5cm×2	13,800	上海嘉禾	2022-01-01
清 紫檀竹节形镇纸	长25.5cm；宽3.5cm	17,250	西泠印社	2022-08-21
民国 贴竹黄浅刻花卉山水人物故事图诗文纸镇（一对）	30.3cm×4.7cm×2	13,800	中贸圣佳	2022-09-26
当代 镶瑾香雕饰镇纸成对	长33cm；宽3.5cm；高4cm	80,500	中国嘉德	2022-06-26
陈达铭铭巴林鸡血石镇纸	11cm×3.4cm×2.3cm	13,800	中国嘉德	2022-12-25
近代 吴承辉上款唐云画吴葍刻竹纹镇纸	长8cm；宽5cm；厚0.5cm	34,500	西泠印社	2022-08-21
铜羊镇	5.2cm×6.2cm×4cm	27,132	台北艺珍	2022-06-12
汉 错金银龙纹印泥盒	高9cm（wit盒 cover）	10,286	中国嘉德	2022-06-05
清乾隆 御制透明珐琅料圆印盒	直径6cm	1,242,082	佳士得	2022-05-30
清嘉庆 卢葵生大漆嵌百宝砚盒	长20cm；高6cm	460,000	深圳富诺得	2022-10-06
清 仿铜鎏金双龙戏珠印盒	直径8cm	14,950	北京保利	2022-07-17
清 祁阳石雕山水纹印盒	直径11.4cm；高4.2cm	57,500	深圳富诺得	2022-10-06
清 付秘书款紫檀文具盒	高2.5cm；长24.7cm；高0.95cm	13,800	西泠印社	2022-08-21
民国 北京两明斋制蚀刻山水铜墨盒	10.3cm×7.2cm×2.8cm	20,700	广东崇正	2022-08-11
张学良就职于中华民国陆海空军副司令纪念墨盒（一个）	直径8.3cm	74,750	中鸿信	2022-09-12
战国 铜述保之玺瓦钮官印	1.8cm×1.9cm×1.3cm	187,618	中国嘉德	2022-10-09

2022杂项拍卖成交汇总(续表)

(成交价RMB：1万元以上)

拍品名称	物品尺寸	成交价RMB	拍卖公司	拍卖日期
西汉 琉璃覆斗钮家君玺	2cm×1.9cm×1.4cm	684,256	中国嘉德	2022-10-09
清康熙至雍正初年/乾隆 乾隆帝御宝太狮少狮钮寿山石玺	7.8cm×7.8cm×10.7cm	131,437,904	香港苏富比	2022-04-29
清宣统 袁克文藏"无逸斋精鉴玺"田黄方章	3.5cm×3.5cm×5.2cm;重约158.5g	782,000	中鸿信	2022-09-11
清 皇帝之宝檀香木御玺	高12cm;宽10.9cm	437,000	上海嘉禾	2022-01-01
清 银龙钮"珣贵妃"款宝玺	高14.3cm×10.1cm×10.1cm	264,500	广东崇正	2022-08-11
王希伟2022年作虎福合玺小全套	81mm×56mm×95mm	958,000	北京嘉翰	2022-03-21
战国 铜巴蜀印(一组六件)	尺寸不一	198,655	中国嘉德	2022-10-09
战国 铜巴蜀印(一组三件)	尺寸不一	220,728	中国嘉德	2022-10-09
战国 铜巴蜀印(一组五件)	尺寸不一	187,618	中国嘉德	2022-10-09
战国 铜巴蜀印等(一组两件)	尺寸不一	121,400	中国嘉德	2022-10-09
战国 铜鼻钮官印	1.7cm×1.7cm×1.5cm	386,274	中国嘉德	2022-10-09
战国 铜鼻钮官印	2.8cm×3cm×1.1cm	331,092	中国嘉德	2022-10-09
战国 铜鼻钮印(一组四件)	尺寸不一	121,400	中国嘉德	2022-10-09
战国 铜鼻钮吉语印(一组八件)	最大的1.3cm×1.3cm×0.9cm	75,047	中国嘉德	2022-10-09
战国 铜鼻钮印(一组八件)	最大的1.3cm×1.3cm×0.9cm	309,019	中国嘉德	2022-10-09
战国 铜鼻钮印(一组九件)	最大的1.6cm×1.6cm×0.6cm	220,728	中国嘉德	2022-10-09
战国 铜鼻钮印(一组六件)	最大的1.1cm×1.1cm×1.1cm	143,473	中国嘉德	2022-10-09
战国 铜鼻钮印(一组十件)	最大的1.2cm×1.1cm×1.1cm	176,582	中国嘉德	2022-10-09
战国 铜鼻钮印印章	3.6cm×3.6cm×0.5cm	242,800	中国嘉德	2022-10-09
战国 铜官印(一组两件)	尺寸不一	198,655	中国嘉德	2022-10-09
战国 铜官印及私印(一组九件)	最大的1.1cm×1.1cm×0.6cm	86,083	中国嘉德	2022-10-09
战国 铜合阳鼻钮官印	1.5cm×1.5cm×1.2cm	198,655	中国嘉德	2022-10-09
战国 铜鼻钮印(一组八件)	最大的2cm×1.9cm×0.5cm	132,436	中国嘉德	2022-10-09
战国 铜吉语印(一组十五件)	最大的2cm×2cm×1.6cm	79,462	中国嘉德	2022-10-09
战国 铜青氏己寇鼻钮官印	1.7cm×1.7cm×1.4cm	97,120	中国嘉德	2022-10-09
战国 铜燧单鼻钮印	2.1cm×2cm×1.1cm	209,691	中国嘉德	2022-10-09
战国 铜武阳己寇鼻钮官印	1.8cm×1.8cm×1.6cm	110,364	中国嘉德	2022-10-09
战国 铜鼻形印(一组八件)	最约6.1cm×2.5cm×0.7cm	143,473	中国嘉德	2022-10-09
战国 铜柱钮印烙印	2.7cm×2.7cm×4.4cm	706,329	中国嘉德	2022-10-09
战国 铜柱钮鼻形印两面印	2.2cm×2.2cm×2.6cm	309,019	中国嘉德	2022-10-09
战国 铜左发弩鼻钮官印	1.7cm×1.5cm×1.6cm	121,400	中国嘉德	2022-10-09
战国至秦 铜鼻钮印(一组八件)	最约1.9cm×1.9cm×4.4cm	275,910	中国嘉德	2022-10-09
战国至秦 铜吉语印(一组十件)	最约2.3cm×2.3cm×1.1cm	68,425	中国嘉德	2022-10-09
秦 铜鼻钮印(一组八件)	最大的1.2cm×2cm×1cm	154,509	中国嘉德	2022-10-09
秦 铜鼻钮印(一组八件)	最大的1.4cm×2.3cm×1.6cm	110,364	中国嘉德	2022-10-09
秦 铜鼻钮印(一组八件)	最大的1.5cm×2cm×1.6cm	82,773	中国嘉德	2022-10-09
秦 铜鼻钮印(一组八件)	最大的1.6cm×1.6cm×1.6cm	82,773	中国嘉德	2022-10-09
秦 铜鼻钮印(一组八件)	最大的1.6cm×1.6cm×1.6cm	88,291	中国嘉德	2022-10-09
秦 铜鼻钮印(一组八件)	最大的2.4cm×1.4cm×1.6cm	132,436	中国嘉德	2022-10-09
秦 铜鼻钮印(一组八件)	最大的1.2cm×1.4cm×1.5cm	82,773	中国嘉德	2022-10-09
秦 铜鼻钮印(一组八件)	最大的1.4cm×1.4cm×1.6cm	132,436	中国嘉德	2022-10-09
秦 铜鼻钮印(一组八件)	最大的1.6cm×1.6cm×1.8cm	132,436	中国嘉德	2022-10-09
秦 铜鼻钮印(一组八件)	最大的1.6cm×1.4cm×1.6cm	110,364	中国嘉德	2022-10-09
秦 铜鼻钮印(一组十二件)	最大的1.4cm×1.4cm×1.5cm	121,400	中国嘉德	2022-10-09
秦 铜鼻钮印(一组十二件)	最大约2.1cm×1.2cm×1.4cm	220,728	中国嘉德	2022-10-09
秦 铜鼻钮印(一组十二件)	最大的1.6cm×1.6cm×1.2cm	110,364	中国嘉德	2022-10-09
秦 铜鼻钮印(一组十二件)	最大的2.4cm×1.4cm×1.1cm	110,364	中国嘉德	2022-10-09
秦 铜鼻钮印(一组十件)	最大的2cm×1.4cm×1.5cm	165,546	中国嘉德	2022-10-09
秦 铜鼻钮印(一组十件)	最大的1.6cm×1.6cm×1.2cm	110,364	中国嘉德	2022-10-09
秦 铜鼻钮印(一组十五件)	最大的1.4cm×2.3cm×1.5cm	264,873	中国嘉德	2022-10-09
秦 铜鼻钮印(一组十件)	最大约1.4cm×1.4cm×1.6cm	49,663	中国嘉德	2022-10-09
秦 铜鼻钮朱白文对印	尺寸不一	79,462	中国嘉德	2022-10-09
秦 铜鼻钮转筒印	2.4cm×1.2cm×3.9cm	60,700	中国嘉德	2022-10-09
秦 铜带钩印(一组三件)	尺寸不一	79,462	中国嘉德	2022-10-09
秦 铜合籽印	1.4cm×2.3cm×1.4cm	121,400	中国嘉德	2022-10-09
秦 铜及银鼻钮印(一组八件)	最大约2.4cm×1.5cm×1.7cm	220,728	中国嘉德	2022-10-09
秦 铜及银鼻钮印(一组十件)	最大约1.6cm×1.6cm×1.6cm	143,473	中国嘉德	2022-10-09
秦 铜吉语印(一组八件)	最大约1.7cm×2.6cm×1.5cm	209,691	中国嘉德	2022-10-09
秦 铜人物钮印	0.9cm×1cm×2.2cm	101,534	中国嘉德	2022-10-09
秦 铜私府官印(一组三件)	尺寸不一	121,400	中国嘉德	2022-10-09
秦 铜私宫印	2.3cm×1.1cm×1.4cm	52,974	中国嘉德	2022-10-09
秦 铜王印带钩印	14.9cm×4.7cm×4.5cm	90,498	中国嘉德	2022-10-09
秦 铜肖形印及吉语印(一组五件)	最约2.3cm×1.5cm×1.3cm	132,436	中国嘉德	2022-10-09
秦 铜印(一组八件)	最大的1.6cm×1.6cm×1.6cm	68,425	中国嘉德	2022-10-09
秦 铜印(一组七件)	最大约1.2cm×1.6cm×2.3cm	66,218	中国嘉德	2022-10-09
秦 铜印(一组十六件)	最大约2.2cm×1.2cm×1.4cm	331,092	中国嘉德	2022-10-09
秦 铜鱼形表尉印	1.9cm×2.4cm×1.5cm	882,912	中国嘉德	2022-10-09
西汉 铜鼻钮印及龟钮印(一组十三件)	最大约1.8cm×1.7cm×0.9cm	71,736	中国嘉德	2022-10-09
西汉 铜鼻钮印(一组二十件)	最大约1.4cm×1.4cm×0.9cm	104,845	中国嘉德	2022-10-09
西汉 铜鼻钮印(一组两件)	尺寸不一	1,655,460	中国嘉德	2022-10-09
西汉 铜鼻钮印(一组十件)	最大的1cm×1cm×0.8cm	57,389	中国嘉德	2022-10-09
西汉 铜穿戴两面印	2.6cm×2.6cm×2.9cm	66,218	中国嘉德	2022-10-09
西汉 铜马钮李萍私印	2.6cm×2.6cm×2.9cm	132,436	中国嘉德	2022-10-09
西汉 铜蛇钮王凤之印	2.5cm×2.5cm×1.7cm	794,620	中国嘉德	2022-10-09
西汉 银龟钮嵌玛瑙印及饰件	1.5cm×1.5cm×1.3cm	662,184	中国嘉德	2022-10-09
西汉 玉桥斗钮"曹宣居"印	1.9cm×1.9cm	185,411	佳士得	2022-11-29
西汉 玉桥形钮"美人印"方印	1.8cm×1.5cm	173,823	佳士得	2022-11-29
西汉 玉桥形钮"月黎"方印	1.8cm×1.8cm	162,235	佳士得	2022-11-29
西汉 玉桥形钮阴刻白鹿肖形印	1.8cm×1.6cm	208,587	佳士得	2022-11-29

拍品名称	物品尺寸	成交价RMB	拍卖公司	拍卖日期
东汉 铜带钩印(一组六件)	最大约7.7cm×3.3cm×1.7cm	121,400	中国嘉德	2022-10-09
东汉 铜吉语印(一组八件)	最大的1.6cm×1.9cm×0.6cm	55,182	中国嘉德	2022-10-09
东汉 铜兽钮套印	最大的1.6cm×1.6cm×1cm	41,938	中国嘉德	2022-10-09
东汉 铜驼钮汉叟仟长印	2.2cm×2.2cm×2.7cm	44,145	中国嘉德	2022-10-09
汉 铜瞥铜印	印4.5cm×长9cm;外环怀9cm	71,736	中国嘉德	2022-10-09
汉 铜穿钮两面印(一组六件)	最大的1.6cm×1.6cm×0.4cm	165,546	中国嘉德	2022-10-09
汉 铜穿钮三面印	1.8cm×1.7cm×0.6cm	38,627	中国嘉德	2022-10-09
汉 铜虎钮错重印	1.2cm×1.2cm×1.4cm	55,182	中国嘉德	2022-10-09
汉 铜及铜鎏金兽钮印(一组三件)		176,582	中国嘉德	2022-10-09
汉 铜瓦钮汉兽长印	2.3cm×2.3cm×2.9cm	82,773	中国嘉德	2022-10-09
汉 铜瓦钮官印(一组三件)		97,120	中国嘉德	2022-10-09
汉 铜瓦钮鸟虫篆印	1.1cm×1.1cm×1.1cm	38,627	中国嘉德	2022-10-09
新莽 铜龟钮万岁三老印	2.4cm×2.4cm×2.2cm	353,164	中国嘉德	2022-10-09
新莽 铜龟钮印	2.4cm×2.4cm×2.2cm	242,800	中国嘉德	2022-10-09
新莽 铜龟钮印	2.3cm×2.3cm×1.9cm	143,473	中国嘉德	2022-10-09
三国 铜驼钮魏率善羌邑长印	2.3cm×2.3cm×2.6cm	66,218	中国嘉德	2022-10-09
魏晋 铜龟钮关外侯印	2cm×2.2cm×2.4cm	57,389	中国嘉德	2022-10-09
十六国 铜鎏银龟钮印	2.7cm×2.5cm×3cm	463,528	中国嘉德	2022-10-09
南朝 铜龟钮右积弩将军印	2.6cm×2.2cm×3.3cm	187,618	中国嘉德	2022-10-09
南朝 铜鎏金龟钮官印	2.2cm×2.1cm×2.4cm	242,800	中国嘉德	2022-10-09
北朝 铜龟钮安陆太守印	3.1cm×3.1cm×3.6cm	551,820	中国嘉德	2022-10-09
唐 铜天雄军右冲山副兵马使朱记印	6.3cm×4.6cm×4.7cm	242,800	中国嘉德	2022-10-09
唐 铜乌飞道大军之印	6.3cm×6.7cm×4.6cm	441,456	中国嘉德	2022-10-09
五代 铜"立马弟四都记"印附印匣	密封5.9cm×4.8cm×2.2cm;箱10.8cm×11.2cm×2.1cm	1,434,732	中国嘉德	2022-10-09
北宋 铜长举院内纳粮朱记印	6.1cm×4.7cm×3.3cm	57,389	中国嘉德	2022-10-09
北宋、金 铜官印(一组两件)	尺寸不一	220,728	中国嘉德	2022-10-09
南宋 瓷龟钮印	4.8cm×4.9cm×3.5cm	573,892	中国嘉德	2022-10-09
宋 瓷及铜印(一组五件)	最大的5.5cm×7.4cm×3.2cm	88,291	中国嘉德	2022-10-09
辽 铜契丹大字官印	4.4cm×3.9cm×3.4cm	110,364	中国嘉德	2022-10-09
西夏 铜口监专印	6.2cm×2.9cm×2.4cm	176,582	中国嘉德	2022-10-09
西夏 铜首领印(一组五件)	最大的5.8cm×3cm	309,019	中国嘉德	2022-10-09
西夏 铜柱钮官印	5.9cm×5.7cm×2.6cm	88,291	中国嘉德	2022-10-09
西夏 铜柱钮官字朱文烙印	4.8cm×4.8cm×18.3cm	187,618	中国嘉德	2022-10-09
金 铜都统所坚字印	7cm×7cm×5.1cm	66,218	中国嘉德	2022-10-09
元 "五岳真形"铜道教铜章	长7.5cm;宽7.5cm	12,650	北京中汉	2022-09-29
元 铜忠信义兵百户印	6.3cm×6.3cm×6.6cm	49,663	中国嘉德	2022-10-09
明永乐 铜官印	高10cm;长9cm重1393g	172,500	广东崇正	2022-08-11
明 白玉红沁"飞云山房"闲章	高3.4cm;直径3.3cm	23,000	西泠印社	2022-01-23
明 陈球刻田黄石双螭钮章	2.6cm×2.2cm×4cm;重51.6g	805,000	西泠印社	2022-01-21
明 古兽钮铜印二方	尺寸不一	63,250	西泠印社	2022-01-21
明 李渔刻"一片冰心在玉壶"印章	高7.5cm	575,000	华艺国际	2022-09-23
明 玛瑙雕螭龙钮印	高2.3cm;长2.4cm;宽2.4cm	18,400	西泠印社	2022-08-21
明 "安昌侯家丞"狮印	高2cm;印面6.5cm×6.5cm	11,500	广东崇正	2022-12-25
明 铜骆驼诏"魏率善胡佰长"官印	2cm×2.3cm×2.3cm	43,700	广东崇正	2022-08-11
明 铜瑞兽钮道教印	高7cm;印面2.3cm	32,200	广东崇正	2022-08-11
明 兔钮"仲晦"印	长1.9cm;宽1.9cm;高2.5cm	43,700	中贸圣佳	2022-10-27
明 杙钮铜官印	7.8cm×7.8cm×5.4cm	23,000	西泠印社	2022-01-21
明至清 寿山石雕兽钮印	高3.5cm;长3.29cm;宽2.8cm	34,500	西泠印社	2022-01-23
明末清初 官庭兽钮印	6.7cm×9.5cm	897,000	上海嘉禾	2022-01-01
清初 田黄四面平方章	3cm×2.6cm×3.3cm;重约683g	322,000	中鸿信	2022-09-11
清初 漳浦工鬶刻兽钮章	2.7cm×2.7cm×4.5cm	11,500	朵云轩	2022-12-08
清康熙 董沧门刊田黄薄意方章	3cm×2.6cm×5.7cm;重约94.7g	517,500	中鸿信	2022-09-11
清康熙 汉禹刊临安府昌化朱砂石群螭祝寿方印	5.3cm×5.5cm×10.6cm	575,000	中鸿信	2022-09-11
清康熙 田黄太平景象钮章(39克)	高4.5cm;重39g	1,620,108	佳士得	2022-05-30
清乾隆 "伊秉绶"寿山牛角冻石诗文印章一套五方(原盒)	尺寸不一	92,000	保利厦门	2022-10-22
清乾隆 芙蓉六螭钮方章	6.25cm×6.25cm;高6.9cm	828,000	北京保利	2022-07-28
清乾隆 寿山黄芙蓉石御赏印	高3.7cm	63,250	北京保利	2022-07-16
清乾隆 寿山石雕海水云螭纹方印	6.6cm×3.5cm×4.7cm	437,000	中国嘉德	2022-06-27
清乾隆 田黄"垂霸"玺(39克)	高4.4cm,重39g	4,403,523	佳士得	2022-11-29
清乾隆 田黄"意在笔先"云龙钮印	3.4cm×2.1cm×6cm;重59g	7,245,000	北京保利	2022-07-28
清道光 李星沅用黄芙蓉螭钮方章	2.5cm×2.5cm×5cm	41,400	北京诚轩	2022-08-09
清中期 黄寿山刘墉"御赐清爱堂"印	2.7cm×3.2cm×5cm;重83g	391,000	北京保利	2022-07-29
清中期 黄山石雕童子洗象方章	高4.2cm	11,500	永乐拍卖	2022-07-25
清中期 寿山田黄石古兽钮印章	2.3cm×2.3cm×5.2cm;重58g	575,000	北京保利	2022-06-26
清中期 寿山田黄石云龙纹随形章	5cm×5cm×3.4cm;重136g	1,265,000	北京保利	2022-07-16
清中期 田黄薄意雕梅竹图椭圆印	长5cm	86,250	北京保利	2022-07-16
清中期 田黄兽钮印章	高11.3cm;重330g	28,750,000	深圳世浩	2022-01-17
清中期 赵之琛兽钮田黄章	高4.3cm;重46.6g	2,817,500	华艺国际	2022-09-23
清光绪 "皇太后御笔画赐寿"黄寿山印	高6.3cm	28,750	北京保利	2022-07-28
清光绪 寿山石章	高7cm;长6cm	230,000	保利厦门	2022-10-22
清 "画禅"博古凤鸟纹田黄印章	高2.5cm;宽1.9cm;重2.0cm	23,000	永乐拍卖	2022-07-25
清 "军持"鸡血石印章	长4.6cm	138,000	华艺国际	2022-09-23
清 "康熙二十有八年八礼副部进"铜官印	长5.5cm;宽2.5cm;高9.5cm	17,250	中贸圣佳	2022-08-14
清 "吴熙载印、略观大意"双面印	3.4cm×3.4cm×2.6cm	20,700	中贸圣佳	2022-07-12
清 1767年、1940年作 吴扬麒、单晓天、沈觉初刻寿山、昌化石章三方	尺寸不一	11,500	西泠印社	2022-01-21
清 1820年作 赵之琛刻昌化石对章	2.7cm×2.7cm×7.1cm×2	517,500	西泠印社	2022-01-21

2022杂项拍卖成交汇总(续表)

(成交价RMB: 1万元以上)

拍品名称	物品尺寸	成交价RMB	拍卖公司	拍卖日期
清 1828年作 吴廷康刻寿山白芙蓉石古兽钮对章	2.8cm×2.8cm×4.7cm×2	69,000	西泠印社	2022-01-21
清 1834年作 达受刻桥钮寿山芙蓉石明俭自用印	1.2cm×1.2cm×2.5cm	322,000	西泠印社	2022-01-21
清 1836年作 严坤刻马钮寿山芙蓉石吴荣光自用印	1.8cm×1.8cm×5.2cm	55,200	西泠印社	2022-01-21
清 1873年作 赵穆刻青田石章二方	尺寸不一	20,700	西泠印社	2022-01-21
清 1879年作 胡镢刻青田石吴伯滔自用印	2cm×2cm×2.4cm	218,500	西泠印社	2022-01-21
清 1881年作 吴昌硕刻寿山石吴酒自用印	1.2cm×0.8cm×2.5cm	230,000	西泠印社	2022-01-21
清 1882年作 钟以敬刻寿山、青田石章四方	尺寸不一	34,500	西泠印社	2022-01-21
清 1883年作 钟以敬刻寿山、青田石章二方	尺寸不一	28,750	西泠印社	2022-01-21
清 1884年作 钟以敬刻寿山石章二方	尺寸不一	23,000	西泠印社	2022-01-21
清 1885年作 钟以敬刻寿山石章三方	尺寸不一	34,500	西泠印社	2022-01-21
清 1887年作 符翕刻古兽钮竹根闲章	3.7cm×3.7cm×9.6cm	48,300	西泠印社	2022-01-21
清 1899年作黄士陵刻青田何长清自用印	1.1cm×1.1cm×3.2cm	149,500	西泠印社	2022-01-21
清 1899年作青田何长清自用印	1.9cm×1.2cm×3.4cm	161,000	西泠印社	2022-01-21
清 1902年作 钟以敬刻寿山石子母兽钮闲章	2.2cm×2.2cm×6cm	86,250	西泠印社	2022-01-21
清 1906年作 金城等寿山、青田石王清穆自用印三方	尺寸不一	57,500	西泠印社	2022-01-21
清 白田石蟠螭椭圆章	3.5cm×2.5cm×2.8cm;重35.1g	57,500	西泠印社	2022-08-19
清 白田石马钮章	4.3cm×2.8cm×3.7cm;重87.7g	345,000	西泠印社	2022-01-21
清 碧玺兽钮印章	高5cm;印面3cm×1.8cm	11,500	广东崇正	2022-12-25
清 昌化鸡血石印章	2.4cm×1.7cm×5.2cm	23,000	中国嘉德	2022-12-25
清 沉香"余庆堂"印章	高10cm;长5.5cm;重103.3g	17,250	广东崇正	2022-04-17
清 陈鸿寿刻青田石闲章	2.7cm×2.7cm×6.9cm	1,955,000	西泠印社	2022-08-19
清 陈鸿寿刻寿山芙蓉石古兽钮闲章	2.6cm×2.4cm×3.6cm	1,058,000	西泠印社	2022-01-21
清 陈鸿寿刻寿山石章	1.8cm×1.8cm×4cm	667,000	西泠印社	2022-01-21
清 陈曼生篆刻章	1.9cm×1.9cm×4.4cm	172,500	朵云轩	2022-12-08
清 陈祖望刻昌化石章	1.8cm×1.8cm×6.2cm	23,000	西泠印社	2022-01-21
清 邓石如款兽首水晶印	直径2.8cm×3.8cm;高7cm	71,500	浙江御承	2022-12-17
清 丁辅之刊薄意方章	高4.8cm;重约58.3g	94,300	中鸿信	2022-09-11
清 董洵、翁大年刻寿山石章二方	尺寸不一	43,700	西泠印社	2022-01-21
清 董洵刻青田石闲章	2.7cm×1.7cm×4.2cm	43,700	西泠印社	2022-01-21
清 翡翠印章	1.5cm×1.5cm×5.8cm	37,348	香港福羲国际	2022-12-28
清 芙蓉石子母兽印章一对	23cm×15cm×19cm×2	345,000	北京银座	2022-09-17
清 高日濬等刻寿山石章三方	尺寸不一	32,200	西泠印社	2022-01-21
清 高翔刻竹根印章	高4.6cm;长4cm;重2.5cm	55,200	西泠印社	2022-08-21
清 龚照瑗自用田黄石山水薄意章	2.8cm×2.5cm×4.8cm;重73g	920,000	西泠印社	2022-01-21
清 胡镢刻龙钮黄杨木王麟书自用印	3.3cm×3.3cm×5.4cm	253,000	西泠印社	2022-01-21
清 胡镢刻寿山石陈汉第自用印	1.4cm×1.1cm×2.3cm	63,250	西泠印社	2022-01-21
清 湖广石兽钮对章	5cm×5cm×8.8cm×2	17,250	中国嘉德	2022-12-25
清 黄士陵刻青田田欧阳耘自用印	1.5cm×1.5cm×3.7cm	460,000	西泠印社	2022-01-21
清 黄寿山石兽钮印章	2.3cm×1.7cm×6.9cm	36,800	中国嘉德	2022-12-25
清 黄杨木狮钮印章	高5.5cm	72,004	中国嘉德	2022-06-05
清 蒋光煦刻博山寿山石古兽钮章	1.7cm×1.7cm×2.7cm	109,250	西泠印社	2022-01-21
清 旧坑小田黄方章(9克)	1.3cm×1.3cm×1.8cm;重9g	97,750	朵云轩	2022-12-08
清 兰花蝴蝶薄意冻石章	高10cm	23,000	深圳富诺得	2022-10-06
清 老坑白玉芙蓉石章(两方)	尺寸不一	23,000	朵云轩	2022-12-08
清 李鸿章自用"仪斋老人"田黄印	长2.6cm	138,000	西泠印社	2022-12-27
清 林元珠雕狮钮三排章	1.9cm×1.9cm×6cm×3	92,000	朵云轩	2022-12-08
清 林元珠雕狮象钮对章	2.3cm×2.3cm×7cm×2	34,500	朵云轩	2022-12-08
清 龙纹寿山印章	高7.5cm;长5.5cm;宽5.5cm	86,250	浙江御承	2022-08-28
清 玛瑙鼻钮章	4.8cm×4.7cm×3.6cm	40,250	西泠印社	2022-08-19
清 南约玛瑙狮钮闲章	高5.6cm;宽1.2cm;宽2cm	112,500	西泠印社	2022-01-21
清 钱松刻青田石范守知自用印	1.8cm×1.7cm×3.4cm	552,000	西泠印社	2022-01-21
清 钱镜刊昌化石印章	2.8cm×1.3cm×5cm;重约4l.4g	57,500	中鸿信	2022-09-11
清 潜斋旧藏"惟斯"昌化鸡血石印	长6.3cm	34,500	西泠印社	2022-12-27
清 乔林刻寿山石闲章(一对)	5.5cm×5.5cm×7.2cm×2	57,500	西泠印社	2022-01-21
清 清白玉龙纹玉章	高4cm	32,200	上海嘉禾	2022-01-01
清 阮元刻寿山石闲章	2.6cm×2.6cm×5.8cm	17,250	西泠印社	2022-01-21
清 瑞兽钮"家承赐书"白芙蓉印	长4.7cm	34,500	西泠印社	2022-12-27
清 尚均款博古凤鸟芙蓉石印章	高7cm;长2.2cm;宽2.1cm	23,000	永乐拍卖	2022-07-25
清 尚均款田黄对章	4.5cm×2.4cm×2.4cm×2;重110g×2	3,220,000	荣宝斋(南京)	2022-12-08
清 尚均作寿山石胡人沉象钮章二方	1.2cm×1.2cm×6cm×2	115,000	西泠印社	2022-01-21
清 尚均作田黄石凤钮章	2.9cm×1.6cm×5.2cm;重255g	977,500	西泠印社	2022-01-21
清 狮钮铜印	长6cm;宽2.8cm;高7.9cm	40,250	中贸圣佳	2023-01-01
清 寿山白芙蓉石凤钮章	2cm×2cm×6cm	10,350	西泠印社	2022-01-21
清 寿山白芙蓉石古兽钮对章	2cm×2cm×6.2cm×2	63,250	西泠印社	2022-01-21
清 寿山白芙蓉石古兽钮章	3cm×1.8cm×5.5cm	46,000	西泠印社	2022-01-21
清 寿山芙蓉石螭龙穿环钮章	3.7cm×1.8cm×6.1cm	27,600	西泠印社	2022-01-21
清 寿山芙蓉石古兽钮章	3.2cm×3.2cm×7.2cm	37,950	西泠印社	2022-01-21
清 寿山芙蓉石古兽钮章	3cm×1.7cm×6.1cm	40,250	西泠印社	2022-08-19
清 寿山芙蓉石古兽钮对章	4.3cm×4.3cm×5.9cm×2	43,700	中国嘉德	2022-06-26
清 寿山芙蓉石素方章	2.7cm×2.7cm×3.7cm	18,400	西泠印社	2022-01-21
清寿山红花芙蓉石太狮少狮钮大方章	4.9cm×4.9cm×10.9cm	28,750	中国嘉德	2022-12-25
清 寿山将军洞芙蓉石胡人洗象钮章	2.7cm×2.7cm×5.4cm	23,000	中国嘉德	2022-12-25
清 寿山将军洞芙蓉石章二方	尺寸不一	13,800	西泠印社	2022-01-21
清 寿山石薄意山水云闲章及寿山海水龙纹闲章(一组两件)	尺寸不一	51,750	西泠印社	2022-08-21
清 寿山石等印章八方	尺寸不一	17,250	西泠印社	2022-01-21
清 寿山石雕骏马钮方章	高7.6cm	34,500	永乐拍卖	2022-07-25
清 寿山石雕双凤钮闲章	高8.5cm;长3.7cm;宽3.6cm	13,800	西泠印社	2022-08-21
清 寿山石木根沁瑞兽钮闲章	高5.6cm;长5cm;宽5cm	23,000	西泠印社	2022-08-21
清 寿山石佛手薄意章	2.1cm×2.1cm×5.6cm	57,500	西泠印社	2022-08-21
清 寿山石九螭闲章	3cm×3cm×7.5cm	36,800	西泠印社	2022-01-21
清 寿山石狮钮印(一对)	高9.6cm	13,035	台北艺珍	2022-12-04
清 寿山石狮钮印(一方)	高4.9cm	30,901	中国嘉德	2022-10-08
清 寿山石兽钮印	长5.4cm	40,250	中国嘉德	2022-05-29
清 寿山石兽钮印章	2.6cm×1.7cm×6.4cm	10,350	中国嘉德	2022-12-25
清 寿山石兽钮印章(一组三件)	尺寸不一	11,500	中国嘉德	2022-12-25
清 寿山石子母狮钮章	3.2cm×3.5cm×5.6cm	276,000	西泠印社	2022-01-21
清 寿山田黄石薄意随形章	高4.5cm;重43.7g	23,000	中国嘉德	2022-12-25
清 寿山田黄石方章	2.2cm×1.4cm×3.3cm;重26.8g	43,700	中国嘉德	2022-12-25
清 寿山田黄石兽钮椭圆章	3.3cm×1.7cm×3.2cm;重30g	345,000	中国嘉德	2022-06-26
清 寿山田黄石兽钮印章	2.2cm×1.7cm×3.4cm;重27.4g	63,250	中国嘉德	2022-12-25
清 寿山田黄石印章	1.3cm×1.4cm×4cm	17,250	北京荣宝	2022-07-24
清 寿山田黄石印章	2.8cm×1.5cm×2.2cm;重14.5g	28,750	中国嘉德	2022-06-26
清 寿山田黄石印章(两方)	重41.5g;重12.6g	34,500	浙江佳宝	2022-03-13
清 寿山醉天芙蓉石山水薄意章	2.5cm×2.6cm×6.6cm	34,500	西泠印社	2022-01-21
清 孙义钧刻古兽钮寿山石顾苑自用印	2.8cm×2.4cm×3.7cm	11,500	西泠印社	2022-01-21
清 田黄"尚均"款鱼化龙钮方章	2.5cm×2.3cm×2.2cm;重2.lg	92,000	广东崇正	2022-08-11
清 田黄意山水约"岂能尽如意"印章	3.8cm×3.3cm×3.4cm;重58.8g	46,000	广东崇正	2022-12-25
清 田黄凤钮印(94克)	(6.3cm)高,重94g	579,411	佳士得	2022-11-29
清 田黄麒麟钮章(47克)	宽3.4cm,重47g	637,352	佳士得	2022-11-29
清 田黄瑞兽钮方章	长2.5cm;宽2.5cm;高3.1cm	207,000	永乐拍卖	2022-07-25
清 田黄少狮太狮章	高5.6cm;长3.6cm;宽2.4cm	97,750	永乐拍卖	2022-07-25
清 田黄狮钮印(13克)	高2.4cm;重13g	162,010	佳士得	2022-11-29
清 田黄狮钮印章	长3.2cm;高3.2cm;宽2.5cm	195,500	深圳富诺得	2022-10-06
清 田黄石等印章(二方)	尺寸不一	69,000	西泠印社	2022-08-19
清 田黄石雕寿山福海纹印章	长1cm;宽1cm;高3.5cm;重22g	115,000	浙江佳宝	2022-03-13
清 田黄石方章	1.4cm×1.4cm×2cm;重22g	55,200	西泠印社	2022-01-21
清 田黄石古兽钮章	2cm×2cm×3.2cm;重24.4g	230,000	西泠印社	2022-01-21
清 田黄石古兽钮章	2.2cm×1.8cm×3.2cm;重16.6g	253,000	西泠印社	2022-01-21
清 田黄石鹿衔灵芝钮章	3.2cm×1.9cm×5.2cm;重48.9g	345,000	西泠印社	2022-01-21
清 田黄石山水薄意随形章(两方)	尺寸不一	23,000	广东崇正	2022-12-25
清 田黄石章	宽7cm×高5.7cm	138,000	上海嘉禾	2022-01-01
清 田黄石章(二方)	尺寸不一	32,200	西泠印社	2022-08-19
清 田黄石章(三方)	尺寸不一	23,000	广东崇正	2022-12-25
清 田黄兽钮印	高5cm	11,500	北京保利	2022-07-17
清 田黄素方章(61克)	2.1cm×2cm×5.6cm;重61克	805,000	朵云轩	2022-08-21
清 田黄随形山沁形印	高2.8cm;长3.4cm;宽5.5cm;重30.2g	86,250	西泠印社	2022-08-21
清 田黄银包金薄意长方章	高5.9cm;重约54.9g	172,500	中鸿信	2022-09-11
清 田黄竹节印章	高2.7cm	34,500	北京保利	2022-07-17
清 铜"统制之篆"印	10.5cm×6.5cm×6.4cm	34,500	广东崇正	2022-12-25
清 铜鼓式古语印	高4.2cm;长3.2cm;重2.6cm	25,300	西泠印社	2022-01-23
清 铜鎏金蟠龙钮班禅活佛法印	高8.5cm	48,300	上海嘉禾	2022-01-01
清 铜鎏金兽钮道教印	高6.3cm,直径5.3cm	20,700	广东崇正	2022-04-17
清 吴宝骥刻、跋寿山石古兽钮章二方	尺寸不一	43,700	西泠印社	2022-01-21
清 吴昌硕刻园丁自用印	2cm×2cm×4.5cm	172,500	朵云轩	2022-12-08
清 吴昌硕刻青田石杨岘自用闲章	2.1cm×2.2cm×4.6cm	747,500	西泠印社	2022-01-21
清 吴大澂刊胡光墉用田黄六面平方章	2.8cm×2.8cm×5.4cm;重约105g	448,500	中鸿信	2022-09-11
清 吴让之刻古兽钮寿山芙蓉石但明伦自用印	3.3cm×3.3cm×6.3cm	632,500	西泠印社	2022-01-21
清 吴让之刻寿山石闲章	1.9cm×1.6cm×3cm	63,250	西泠印社	2022-01-21
清 吴让之刻闲章	2.5cm×2.5cm×1.2cm	333,500	朵云轩	2022-12-08
清 吴咨刻煨石闲章	2.5cm×1.3cm×3.3cm	69,000	西泠印社	2022-01-21
清 徐三庚刻昌化鸡血石章	2.1cm×1cm×7.2cm	92,000	西泠印社	2022-01-21
清 徐三庚刻寿山石舒浩自用印	1.3cm×1.3cm×3.1cm	109,250	西泠印社	2022-01-21
清 徐三庚刻寿山石章	1.6cm×1.6cm×3.6cm	28,750	西泠印社	2022-08-19
清 徐三庚鹰钮广东绿石蔡鸿鉴自用印	4.4cm×4.4cm×8cm	218,500	西泠印社	2022-01-21
清 绪思款田黄章	5cm×2.4cm×1.8cm;重46g	287,500	荣宝斋(南京)	2022-12-08
清 严坤刻寿山芙蓉石吴荣光自用印	3.6cm×1.8cm×2.2cm	48,300	西泠印社	2022-01-21
清 阎士璘自用对章	3cm×3cm×9.6cm×2	11,500	朵云轩	2022-12-08
清 杨澥刻青田石闲章	1.6cm×1.2cm×3.5cm	63,250	西泠印社	2022-01-21
清 杨澥刻寿山石闲章	2.6cm×2.6cm×3.6cm	368,000	西泠印社	2022-01-21
清 杨玉璇作钮,寿山石胡人洗象钮章	3.3cm×3.3cm×6.9cm	86,250	西泠印社	2022-01-21
清 尤侗自用寿山牛角冻石镂空雕狮钮章三方	尺寸不一	345,000	西泠印社	2022-01-21
清 张窨用寿山灰田方章	高5cm;重约82.9g	46,000	中鸿信	2022-09-11
清 张熙款田黄印章	宽1.9cm	82,080	保利香港	2022-07-14
清 赵次闲刻寄馆印	2.3cm×2.3cm×3.8cm	28,750	朵云轩	2022-12-08
清 赵之琛刻寿山石闲章(三方)	尺寸不一	23,000	西泠印社	2022-08-19
清 赵叔孺刊伍廷芳自用田黄方章	高6.8cm;重约96.1g	57,500	中鸿信	2022-09-11
清 赵之琛刻昌化鸡血石章	1.6cm×0.8cm×4.5cm	109,250	西泠印社	2022-01-21
清 赵之琛刻青田石方鹭自用印	1.3cm×1.3cm×3.5cm	57,500	西泠印社	2022-01-21
清 赵之琛刻青田石高颂禾自用印	2.1cm×2.1cm×5.4cm	230,000	西泠印社	2022-01-21

2022杂项拍卖成交汇总(续表)

(成交价RMB: 1万元以上)

拍品名称	物品尺寸	成交价RMB	拍卖公司	拍卖日期
清 赵之琛刻寿山石章	2cm×1.6cm×2.4cm	241,500	西泠印社	2022-01-21
清 赵之谦刻寿山芙蓉石钱式自用印	1cm×1cm×2.5cm	805,000	西泠印社	2022-01-21
清 赵之谦刻寿山古兽印章	1cm×1cm×2.2cm	86,250	西泠印社	2022-01-21
清 钟以敬刻寿山、青田石章三方	尺寸不一	48,300	西泠印社	2022-01-21
清 钟以敬刻寿山、青田石章三方	尺寸不一	48,300	西泠印社	2022-01-21
清 周尚均薄意高士图随形方章	高7cm;重约107.7g	92,000	中鸿信	2022-09-11
清 周尚均款将军洞白芙蓉双螭龙纹闲章	高3cm;长4.8cm;宽2.8cm	13,800	西泠印社	2022-08-23
清 竹雕兽钮"抱朴含真"闲章	高5.6cm;长3.5cm;宽2.8cm	25,300	中贸圣佳	2022-06-06
清 竹雕兽钮印章	长4.3cm W2.3cm 高4.3cm	11,500	中贸圣佳	2022-06-06
清 竹根雕"处素"闲章	高3.9cm;长2.8cm;宽2.5cm	11,500	西泠印社	2022-01-23
清 紫泥印章	高2.5cm;印面7.9cm×7.9cm	17,250	广东崇正	2022-04-17
清末民初 童大年刻鸡血石印章一对	高6.1cm×2	55,182	中国嘉德	2022-10-08
清末民初 童大年刻鸡血石印章(一方)	高5.2cm	79,462	中鸿信	2022-09-11
民国 巴金自用印章(一组两件)	尺寸不一	13,800	中国嘉德	2022-06-26
民国 昌化鸡血石吴隐自用对章	1.3cm×1.3cm×4.8cm×2	11,500	中国嘉德	2022-12-25
民国 陈巨来、方介堪刻潘君诺自用印(一组四件)	尺寸不一	20,700	广东崇正	2022-08-11
民国 陈巨来刊薄义鸡血石章	高8.5cm	25,300	中鸿信	2022-09-11
民国 陈巨来刻牧斋印	2.7cm×2.7cm×4.8cm	138,000	朵云轩	2022-12-08
民国 方介堪刊寿山石狮钮章	2cm×2cm×4.3cm	17,250	西泠印社	2022-08-19
民国 方介堪刻潘君诺自用印(一组三件)	4.1cm×4.4cm×尺寸不一	17,250	广东崇正	2022-08-11
民国 翡翠印章	高12.5cm;宽5.5cm	23,000	上海嘉禾	2022-01-01
民国 广东陆军木印章	9cm×2cm	34,500	广东崇正	2022-12-25
民国 韩登安刻闲章	2.8cm×2.8cm×6.6cm	14,950	朵云轩	2022-12-08
民国 黄寿山薄意大章	高9cm×7.1cm×3.4cm	46,000	北京保利	2022-07-29
民国 鸡血石章料(一组)	尺寸不一	32,200	华艺国际	2022-09-23
民国 来楚生刻闲章	1.9cm×1.9cm×4.5cm	43,700	朵云轩	2022-12-08
民国 齐白石刻芙蓉石荷花钮印章	1.7cm×1.7cm×3.5cm	69,000	北京保利	2022-07-29
民国 齐白石为小鲁刊寿山朱砂石方章	4cm×4cm×6.5cm	11,500	中鸿信	2022-09-11
民国 齐白石为伊璠刊随形章	高6.8cm	17,250	中鸿信	2022-09-11
民国 寿山芙蓉石印章(一组三件)	尺寸不一	10,350	中国嘉德	2022-12-25
民国 寿山高山龙凤钮章	5cm×2.9cm×9cm	28,750	中国嘉德	2022-06-26
民国 寿山高山兽钮对章	2.7cm×2.7cm×6.3cm×2	13,800	中国嘉德	2022-06-26
民国 寿山高山石鱼钮随形章	5.2cm×3.7cm×8.1cm	10,350	中国嘉德	2022-12-25
民国 寿山牛角冻朱石兽钮对章	2.2cm×2.2cm×7.3cm×2	20,700	中国嘉德	2022-06-26
民国 寿山石降龙罗汉钮章	2cm×2cm×7.7cm	17,250	中国嘉德	2022-06-26
民国 寿山田黄石薄意方章	25mm×25mm×42mm;重21g	63,250	中国嘉德	2022-06-26
民国 桃花冻狮钮对章	2.7cm×2.2cm×5.1cm	57,500	朵云轩	2022-12-08
民国 田英双螭龙纹长方章	高4.5cm;重20.5g;印面1.5cm×1.5cm	20,700	广东崇正	2022-08-11
民国 田英竹节长方章	3.1cm×2.1cm×1.6cm;重21.3g	20,700	广东崇正	2022-08-11
民国 吴藏龛刻闲章	4.3cm×2.1cm×3.4cm	14,950	朵云轩	2022-12-08
民国 吴藏龛刻斋馆印	2.1cm×2.1cm×7.8cm	17,250	朵云轩	2022-12-08
民国 吴藏龛刻章(两方)	尺寸不一	11,500	朵云轩	2022-12-08
民国 吴昌硕刊田黄薄意方章	25mm×25mm×51mm;重约60.8g	230,000	中鸿信	2022-09-11
民国 吴昌硕铭王震上款紫檀刻诗文印规	直径7.2cm	103,500	西泠印社	2022-08-21
民国 易大厂刻徐世昌自用印	3.5cm×3.5cm×5.9cm	322,000	朵云轩	2022-12-08
民国 张钰承刻赠孙濂洲印	长8cm	253,000	中国嘉德	2022-12-27
民国 赵叔孺刻严载如自用印	2.2cm×2.2cm×5.2cm	287,500	西泠印社	2022-08-19
民国/近代 常云生篆刻寿山石印(六方)	高5.8cm	11,036	中国嘉德	2022-10-08
民国戊寅年(1937年) 王福庵刻黄芙蓉石夔龙纹博古钮陈夔龙用印	(5.8cm)高	115,882	佳士得	2022-11-29
现代 寿山石田黄石"夏日荷塘"	1.5cm×2.7cm×5.7cm	92,000	北京荣宝	2022-07-24
当代 陈飞来刻"本分天地之心"芙蓉石章	2cm×2cm×5.3cm	28,750	广东崇正	2022-08-11
当代 孟甫刻汪香文印章(一对)	5.8cm×1.7cm×1.7cm×2	36,800	广东崇正	2022-08-11
当代 齐白石刻"沧海楼"芙蓉石章	2.7cm×2.7cm×4.8cm	103,500	广东崇正	2022-08-11
当代 齐白石刻"惠一"青田石印章	3.5cm×3.5cm×4.5cm	109,250	广东崇正	2022-08-11
当代 齐白石刻"杨独任印"寿山印章	3.5cm×3.5cm×4.7cm	55,200	广东崇正	2022-08-11
当代 王福庵刻"高峰白云"芙蓉石章	2.7cm×2.7cm×3.4cm	20,700	广东崇正	2022-08-11
"丹"	1.1cm×1.1cm×3.1cm	13,800	中贸圣佳	2023-01-01
"松孤强"	1.7cm×1.4cm×3.1cm	40,250	中贸圣佳	2023-01-01
1859年作 钱松刻西泠许乃普自用印	2.4cm×2.4cm×5.7cm	644,000	西泠印社	2022-08-19
1911年作 厉良玉刻青田石黄奭自用印	3.4cm×3.4cm×6.9cm	11,500	西泠印社	2022-08-19
1911年作 王大炘刻寿山高山石古兽钮章	2.1cm×1.7cm×4.1cm	11,500	西泠印社	2022-08-19
1912年作 王大炘刻寿山石山水薄意章	高3cm	51,750	西泠印社	2022-08-19
1912年作 徐宗浩刻寿山芙蓉石螭钮对章	2.4cm×2.4cm×3.9cm;2.4cm×2.4cm×4cm	32,200	西泠印社	2022-08-19
1912年作 赵古泥刻寿山石荷花薄意章	2.9cm×1.9cm×6.6cm	43,700	西泠印社	2022-08-19
1913年作 徐新周刻印章	1.9cm×1.9cm×4.4cm	11,500	西泠印社	2022-08-19
1919年作 徐新周刻青田石唐熊自用对章	3.7cm×3.7cm×6.8cm×2	25,300	西泠印社	2022-08-19
1920年、1944年、1972年作 童大年、吴仲垌、寿石工、周慕谷、沈觉初等刻印章七方	尺寸不一	17,250	西泠印社	2022-01-21
1920年作 徐新周刻寿山石山水薄意章	3.1cm×3.1cm×6.5cm	11,500	西泠印社	2022-08-19
1921年作 吴藏龛刻、林清卿作寿山人物薄意对章	25mm×25mm×58mm×2	63,250	西泠印社	2022-08-19
1921年作 吴古泥刻寿山石孙祖同自用印	1.3cm×1.3cm×4.3cm	18,400	西泠印社	2022-08-19
1925年作 唐醉石刻古兽钮寿山石张海若自用印	2.5cm×2.6cm×3.1cm	28,750	西泠印社	2022-01-21
1928年、1965年作 韩登安刻青田石章二方	1.5cm×1.5cm×6.8cm;2.2cm×2.2cm×3.9cm	17,250	西泠印社	2022-01-21
1928年作 方介堪刻双面印"樵、肩苍"	0.8cm×0.8cm×3.7cm	23,000	中贸圣佳	2023-01-01
1928年作 唐醉石刻博古钮寿山石黄洁自用对章	2.3cm×2.3cm×5.9cm×2	115,000	西泠印社	2022-01-21
1928年作 王提刻古兽钮寿山石陈汉第自用闲章	1.9cm×1.9cm×5cm	195,500	西泠印社	2022-01-21
1930年作 赵古泥刻古兽钮寿山石谢公展自用印	3.8cm×1.9cm×7.8cm	80,500	西泠印社	2022-08-19
1930年作 赵叔孺刻昌化鸡血石章	2.3cm×1.2cm×3.1cm	126,500	西泠印社	2022-01-21
1930年作 钟刚中刻寿山、青田石张之英自用印二方	1.9cm×1.9cm×4.4cm;0.9cm×0.9cm×3.1cm	34,500	西泠印社	2022-01-21
1931年作 齐白石刻寿山石荷塘清趣闲章	2.7cm×2.7cm×7.6cm	149,500	西泠印社	2022-01-21
1931年作 钟刚中刻松鼠葡萄钮寿山石张之英自用印	2.9cm×2.9cm×5.3cm	34,500	西泠印社	2022-01-21
1932年作 齐白石刻寿山石汪申自用对章	2.8cm×2.8cm×5.4cm×2	310,500	西泠印社	2022-01-21
1932年作 钟刚中刻凤钮田黄石张之英自用印	2.4cm×1.6cm×5.3cm;重45.3g	368,000	西泠印社	2022-01-21
1933、1947年作 陶飞声等刻贺天健自用印十三方	尺寸不一	172,500	西泠印社	2022-01-21
1933年、1934年作 钟刚中刻寿山石张之英自用印二方	尺寸不一	40,250	西泠印社	2022-01-21
1933年、1935年作 邓尔雅、黄少农、叶墨卿刻寿山、青田石章三方	尺寸不一	17,250	西泠印社	2022-01-21
1935年作 童大年刻寿山石何秀峰自用印	2.3cm×2.3cm×5.1cm	17,250	西泠印社	2022-01-21
1935年作 王钊刻寿山石古兽钮章	2.9cm×2.9cm×6.8cm	13,800	西泠印社	2022-01-21
1935年作 王提刻寿山石古兽钮寿山芙蓉石陈夔龙自用印	3.6cm×3.6cm×8.1cm	264,500	西泠印社	2022-01-21
1935年作 王提刻寿山石古兽钮章	2.4cm×2.4cm×8.8cm	115,000	西泠印社	2022-01-21
1935年作 王提刻寿山石古兽钮章	1.4cm×1.4cm×4.4cm	40,250	西泠印社	2022-08-19
1935年作 朱其石刻寿山石张善孖自用印	1.4cm×1.4cm×4.4cm	52,900	西泠印社	2022-01-21
1936年作 邓尔雅刻寿山芙蓉石张之英自用印	2.9cm×2.9cm×6.4cm	40,250	西泠印社	2022-01-21
1936年作 方介堪刻青田石陈之佛自用闲章	2.5cm×2.5cm×7.2cm	74,750	西泠印社	2022-08-19
1936年作 王提刻寿山牀陵石刘承植自用印	2.3cm×2.3cm×6cm	161,000	西泠印社	2022-08-19
1936年作 王提刻寿山石何秀峰自用印	1.6cm×1.6cm×5.6cm	207,000	西泠印社	2022-01-21
1937年作 邓尔雅刻古兽钮寿山石张之英自用印二方	尺寸不一	28,750	西泠印社	2022-01-21
1937年作 邓散木刻寿山石章	2.9cm×2.9cm×7.2cm	34,500	西泠印社	2022-01-21
1937年作 钟刚中刻寿山石张之英自用印	3.1cm×2.2cm×4.7cm	36,800	西泠印社	2022-01-21
1937年作 周玉菁等刻贺天健自用印四方	尺寸不一	57,500	西泠印社	2022-08-19
1938年作 邓尔雅刻寿山石闲章	2.4cm×2.4cm×6cm	78,200	西泠印社	2022-08-19
1938年作 王提刻昌化石章	2cm×2cm×4.5cm	36,800	西泠印社	2022-01-21
1939年作 赵叔孺刻昌化鸡血石黄仲明自用对章	1.2cm×1.2cm×4.5cm×2	115,000	西泠印社	2022-01-21
1940年、1943年作 寿玺工、温廷宽、沙曼翁刻寿山石古兽、马钮章三方	尺寸不一	13,800	西泠印社	2022-01-21
1941年、1952年作 楼辛壶、冯康侯、顾青瑶刻寿山、青田石何秀峰自用印三方	尺寸不一	46,000	西泠印社	2022-08-19
1941年作 王提刻昌化石姚子才自用印	2.1cm×2.1cm×5.2cm	57,500	西泠印社	2022-08-19
1941年作 张祥凝刻寿山石马钮印章	1.7cm×1.7cm×5.2cm	17,250	西泠印社	2022-08-19
1942年作 王提刻寿山石洪崇安自用印	1.2cm×1.2cm×5.3cm	28,750	西泠印社	2022-01-21
1943年作 韩登安刻渔大钮青田石黄教良自用闲章	2.9cm×2.9cm×10.1cm	218,500	西泠印社	2022-01-21
1943年作 王提刻青田石闲章	2.2cm×1.9cm×3.9cm	299,000	西泠印社	2022-08-19
1944年作 邓散木刻青田石对章	1.7cm×1.7cm×3.7cm×2	20,700	西泠印社	2022-08-19
1944年作 邓散木刻青田石章三方	尺寸不一	17,250	西泠印社	2022-08-19
1944年作 吴朴刻寿山石任政自用闲章	2.5cm×1.1cm×4.5cm	25,300	西泠印社	2022-08-19
1945年、1971年、1973年作 王硕吾、童衍方、吴子建、陈茗屋等刻寿山、青田石张开勋自用印五方	尺寸不一	57,500	西泠印社	2022-01-21
1945年作 冯康侯刻子龙钮寿山白芙蓉石唐绍元自用印	2.3cm×2.3cm×6cm	63,250	西泠印社	2022-01-21
1945年作 王提刻青田石吴朝枢自用对章	2.5cm×2.5cm×3.6cm×2	155,250	西泠印社	2022-01-21
1945年作 王提刻青田石吴朝枢自用印	6.9cm×1.5cm×4.1cm	149,500	西泠印社	2022-01-21
1945年作 王提刻青田石吴朝枢自用印	3.8cm×1.1cm×7.9cm	115,000	西泠印社	2022-01-21
1945年作 王提刻寿山石陈夔龙自用闲章	1.2cm×1.2cm×4cm	55,200	西泠印社	2022-01-21
1946年作 高式熊刻寿山石古兽钮章	1.4cm×1.4cm×2.7cm	11,500	西泠印社	2022-08-19
1948年作 陈巨来刻田黄石薄属自用对章	1.4cm×1.4cm×5.3cm×2	299,000	西泠印社	2022-01-21
1950年作 方介堪刻田黄石简绍约自用印	1.2cm×1.2cm×5.5cm	43,700	西泠印社	2022-01-21
1950年作 冯康侯刻子母兽钮寿山石白芙蓉石唐绍元自用印	2.6cm×2.6cm×5.1cm	92,000	西泠印社	2022-01-21
1951年作 张祥凝刻寿山石张大千自用印	2.4cm×1.8cm×2.9cm	34,500	西泠印社	2022-08-19
1952年作 吴朴刻青田石魏滋康自用印	2.1cm×0.9cm×3.3cm	115,000	西泠印社	2022-08-19
1960年作 诸乐三刻田黄石自用印	2.4cm×2.4cm×4.9cm	11,500	西泠印社	2022-01-21
1962年作 钱瘦铁刻古兽钮寿山芙蓉石孙雪泥自用印	2.3cm×2.3cm×4cm	48,300	西泠印社	2022-01-21
1964年作 陈巨来刻寿山石猴纹闲章	2.2cm×2.2cm×6.9cm	71,300	西泠印社	2022-01-21
1964年作 方介堪刻青田石傅抱石自用对章	1.8cm×1.8cm×8.6cm×2	195,500	西泠印社	2022-01-21
1964年作 何秀峰等刻自用印九方	尺寸不一	46,000	西泠印社	2022-01-21
1965年作 陈半丁刻昌化鸡血石傅徐琮自用印对章	1.4cm×1.4cm×5.4cm×2	17,250	西泠印社	2022-01-21

2022杂项拍卖成交汇总(续表)

(成交价RMB：1万元以上)

拍品名称	物品尺寸	成交价RMB	拍卖公司	拍卖日期
1965年作 高络园、朱醉竹、郭若愚刻阮性山自用印四方	尺寸不一	11,500	西泠印社	2022-01-21
1966年、1977年、1981年、1982年作 陈仲芳刻青田石等闲章十三方	尺寸不一	43,700	西泠印社	2022-01-21
1967年作 钱君匋刻青田石陈巨来自用印	3.1cm×3.1cm×3.9cm	161,000	西泠印社	2022-01-21
1970年作 高络园刻青田石两面印	2.1cm×2.1cm×4.7cm	40,250	西泠印社	2022-08-19
1974年、1977年、1985年作 方介堪、来楚生等刻寿山、青田石赖少其自用印六方	尺寸不一	69,000	西泠印社	2022-01-21
1977年作 陆康等刻寿山、青田石赵丹自用印十四方	尺寸不一	11,500	西泠印社	2022-01-21
1981年作 钱君匋刻昌化石孙大光自用印	2.3cm×2.1cm×6.3cm	11,500	西泠印社	2022-01-21
1982年、1983年、1984年作 陈巨来、唐绣百等刻青田石蒙素心自用印四方	尺寸不一	34,500	西泠印社	2022-01-21
1983年作 韩天衡刻巴林鸡血石孙大光自用闲章	3.7cm×3.7cm×9.5cm	80,500	西泠印社	2022-01-21
1985年作 方去疾刻昌化鸡血石孙大光自用印	3cm×3cm×7.8cm	57,500	西泠印社	2022-01-21
1992年作 韩天衡刻巴林鸡血石闲章	2.5cm×2.5cm×8.1cm	57,500	西泠印社	2022-01-21
2016年作 高式熊刻老挝石松鼠南瓜闲章	3.3cm×3.4cm×7.3cm	17,250	西泠印社	
巴林鸡血石章	5.6cm×5.6cm×13.2cm	115,000	西泠印社	
贝思敏刻"苏东坡人生赏心十六乐事"青田石组印(一组十七件)	尺寸不一	28,750	中国嘉德	2022-06-26
贝思敏刻"鹤寿千岁以极其游"	4.9cm×3.1cm×3.5cm	11,500	中贸圣佳	2023-01-01
曾杲刻"曾想仗剑走天涯"银驼钮印章	33cm×32cm×33cm 重683g	63,250	中国嘉德	2022-12-25
曾杲刻"我本烟波一钓徒"银制钮印章	25cm×25cm×25cm 重904g	46,000	中国嘉德	2022-06-26
曾绍杰 1969年作 曾绍杰刻寿山石《仲林私印》及《山左喻氏》(两件一组)	6cm×1.5cm×1.5cm(每件)	65,289	罗芙奥	2022-12-03
昌化白玉地鸡血石章	2.9cm×2.9cm×10cm	138,000	西泠印社	
昌化大红袍鸡血石章	2.5cm×2.5cm×7.5cm	1,380,000	西泠印社	
昌化鸡血石大红袍方章	1.5cm×1.5cm×4.5cm	28,750	中贸圣佳	2023-01-01
昌化鸡血石对章	1.2cm×1.2cm×6.9cm×2	322,000	西泠印社	
昌化鸡血石对章	2.3cm×2.3cm×12.4cm×2	230,000	西泠印社	
昌化鸡血石对章	2.1cm×2cm×10.6cm×2	115,000	西泠印社	
昌化鸡血石方章	3cm×3cm×10cm	1,035,000	西泠印社	
昌化鸡血石方章	2.4cm×2.24cm×6.9cm	43,700	中贸圣佳	2023-01-01
昌化鸡血石方章	1.7cm×1.7cm×6.9cm	17,250	西泠印社	2022-06-26
昌化鸡血石方章	1.5cm×1.5cm×4cm	13,800	中国嘉德	2022-12-25
昌化鸡血石方章(一组三件)	尺寸不一	97,750	中国嘉德	2022-06-26
昌化鸡血石素方章	2.5cm×2.5cm×11.3cm	805,000	西泠印社	
昌化鸡血石素方章	2.3cm×2.3cm×8.1cm	230,000	西泠印社	
昌化鸡血石素方章	2.9cm×2.9cm×8.3cm	23,000	中国嘉德	2022-12-25
昌化鸡血石素方章(一组十件)	尺寸不一	17,250	中国嘉德	2022-12-25
昌化鸡血石印章(一组三件)		17,250	西泠印社	
昌化鸡血石章	1.8cm×1.8cm×7.7cm	230,000	西泠印社	2022-01-21
昌化鸡血石章	2cm×2cm×7.2cm	69,000	中国嘉德	2022-06-26
昌化鸡血石章	2.7cm×2.7cm×7.8cm	23,000	西泠印社	2022-01
昌化鸡血石章(二对)		23,000	西泠印社	
昌化鸡血素方章	1.7cm×1.7cm×4.5cm	13,800	朵云轩	2022-12-08
昌化刘关张鸡血石章	2.4cm×2.4cm×9.5cm	230,000	中国嘉德	2022-06-26
昌化牛角冻鸡血石方章	1.6cm×1.6cm×7.3cm	86,250	中国嘉德	2022-06-26
昌化牛角冻鸡血石章	1.3cm×1.3cm×7.2cm	23,000	中国嘉德	2022-06-26
昌化藕粉冻老坑鸡血石蟾印章	5cm×5cm×8cm 重402g	2,967,000	上海嘉禾	2022-11-20
昌化藕粉冻老坑鸡血龙凤印石	5.2cm×5.2cm×11cm 重688g	3,162,000	上海嘉禾	2022-11-20
昌化藕粉冻老坑鸡血石古兽印石	2.1cm×2.1cm×8cm 重80g	172,500	上海嘉禾	2022-11-20
昌化藕粉冻老坑鸡血石印石	2.5cm×2.5cm×7.3cm 重116g	322,000	上海嘉禾	2022-11-20
昌化藕粉冻老坑鸡血石印石	2.2cm×2.2cm×6.2cm 重67g	36,800	上海嘉禾	2022-11-20
昌化藕粉冻老坑鸡血石印石	2.3cm×2.3cm 重7.1g	138,000	上海嘉禾	2022-11-20
昌化藕粉冻老坑鸡血石印石	2.5cm×2.5cm×11cm 重166g	1,127,000	上海嘉禾	2022-11-20
昌化藕粉冻老坑鸡血石印石	2.5cm×2.5cm×10.6cm 重176g	552,000	上海嘉禾	2022-11-20
陈大羽刻"悠然见南山"寿山石印章	2.9cm×2.9cm×4.9cm	51,750	西泠印社	
陈巨来 印章"花间煮茗"	5.3cm×2cm×2cm	90,498	中国嘉德	2022-10-07
陈巨来 篆刻"应如是观"	4cm×1.7cm×4.8cm	13,800	北京荣宝	2022-07-24
陈巨来、寿石工等刻 寿山石、昌化鸡血石印章(一组三件)	尺寸不一	23,000	中国嘉德	2022-12-25
陈巨来刻"孟河世家"青田石章	1.8cm×1.8cm×4.6cm	34,500	中国嘉德	2022-06-26
陈巨来刻"花开又下春"寿山石章	2cm×1.5cm×4.4cm	34,500	中国嘉德	2022-12-12
陈巨来刻"有容堂"青田石印章	1.5cm×1.5cm×5.7cm	80,500	中国嘉德	
陈巨来刻 沈之淳用寿山石印	1cm×1cm×4.5cm	23,000	中国嘉德	2022-06-26
陈巨来刻 寿山石覆斗钮章	2.3cm×2.3cm×2cm	23,000	中国嘉德	
陈巨来刻"李方荣"	1.4cm×1.4cm×5.2cm	23,000	中贸圣佳	2023-01-01
陈巨来刻"双记阁"	3.9cm×1.6cm×3cm	46,000	中贸圣佳	2023-01-01
陈巨来刻青田石自用印闲章	2cm×2cm×6.8cm	67,200	浙江佳宝	2022-03-13
陈巨来刻寿山芙蓉石自用印闲章	3cm×1cm×4.5cm	82,800	浙江佳宝	2022-03-13
陈巨来为乐幻智刻自用印"乐幻智"	1.8cm×1.8cm×5cm	56,350	中国嘉德	
陈巨来为张淡秋刻"淡静堂"	2.9cm×2.9cm×6.4cm	333,500	中贸圣佳	2023-01-01
陈茗屋刻寿山石闲章	2.8cm×1.7cm×3.1cm	12,650	西泠印社	2022-08-19
陈茗屋刻寿山石闲章(二方)	尺寸不一	17,250	西泠印社	2022-08-19
陈少梅自用印六方	尺寸不一	172,500	中贸圣佳	2023-01-01
陈师曾 篆刻"新会梁启超印"	2.1cm×2.1cm×8cm	69,000	北京荣宝	2022-07-24
陈师曾刻广东绿石李瑞清自用印	2.8cm×2.1cm×4.9cm	172,500	西泠印社	2022-01-21
陈为新作 寿山芙蓉石古兽钮大方章	8cm×8cm×6.9cm	172,500	中国嘉德	2022-06-26
陈为新作 寿山旗降石双龙戏珠钮章	2.8cm×2.8cm×8cm	11,500	中国嘉德	2022-12-25
陈为新作寿山月尾紫石螭钮对章	3.2cm×3.2cm×7.5cm×2	115,000	中国嘉德	2022-06-26
陈为新作寿山红黄芙蓉石如意灵螭钮章	8cm×8cm×7cm	207,000	西泠印社	2022-01-21
陈寅恪 篆刻"印不愧于天"	2.8cm×2.4cm×5.1cm	13,800	北京荣宝	2022-07-24
陈豫钟款 寿山石印章	1.5cm×1.5cm×3.9cm	17,250	中国嘉德	2022-06-26
戴熙刻"久病疏顽不受医"	2cm×2cm×2.6cm	11,500	中贸圣佳	2023-01-01
单辔同自用印款	高17.4cm 高21.8cm 高2.1cm	20,700	中贸圣佳	2022-07-12
邓尔雅刻"渶水禺山印庐"昌化鸡血石印闲章	1.4cm×1.4cm×4.2cm	34,500	中国嘉德	2022-12-25
邓尔雅刻"之子于苗"寿山石章	1.4cm×1.4cm×3.1cm	17,250	中国嘉德	2022-06-26
邓尔雅刻古兽钮寿山芙蓉石唐绍仪自用印	3.2cm×1.4cm×5.2cm	40,250	西泠印社	2022-01-21
邓尔雅刻古兽钮寿山石张之英自用印二方	尺寸不一	57,500	西泠印社	2022-01-21
邓尔雅刻寿山石张之英自用闲章二方	尺寸不一	55,200	西泠印社	2022-01-21
邓尔雅刻寿山石张之英自用印二方	尺寸不一	40,250	西泠印社	2022-01-21
邓尔雅刻寿山石张之英自用印三方	尺寸不一	28,750	西泠印社	2022-01-21
邓散木刻"抱一"寿山石印章	3.4cm×2.1cm×9cm	17,250	中国嘉德	2022-12-25
邓散木刻"不沾名"寿山高山石兽印章	2.2cm×2.2cm×6.4cm	17,250	中国嘉德	2022-12-25
邓散木刻"不以为之"寿山石印章	2.9cm×2.9cm×6.1cm	17,250	中国嘉德	2022-12-25
邓散木刻"不自欺"青田石印章	1.8cm×1.5cm×5.6cm	11,500	中国嘉德	2022-12-25
邓散木刻"曾经沧海"寿山石兽钮印章	2.1cm×2.1cm×6.1cm	17,250	中国嘉德	2022-12-25
邓散木刻"淡泊明志"寿山石印章	2.7cm×2.7cm×7.8cm	32,200	中国嘉德	2022-12-25
邓散木刻"返璞归真"寿山石印章	2.7cm×2.7cm×7.8cm	32,200	中国嘉德	2022-12-25
邓散木刻"君暢居士"寿山石印章	1.6cm×1.6cm×7.1cm	10,350	中国嘉德	2022-06-26
邓散木刻"见素抱朴"寿山石博古印章	3.1cm×3.1cm×7.2cm	23,000	中国嘉德	2022-12-25
邓散木刻"梅花手段"寿山石印章	2.2cm×2.2cm×8.3cm	23,000	中国嘉德	2022-12-25
邓散木刻"梅花知己"寿山石印章	2.4cm×2.4cm×6.7cm	28,750	中国嘉德	2022-12-25
邓散木刻"平和"寿山石兽钮印章	2.5cm×2.5cm×6.8cm	20,700	中国嘉德	2022-12-25
邓散木刻"谦虚"寿山高山石印章	2.7cm×2.7cm×5.2cm	13,800	中国嘉德	2022-12-25
邓散木刻"寿如金石"青田石兽钮章	2.6cm×2.6cm×5.7cm	32,200	中国嘉德	2022-12-25
邓散木刻"天禅室"寿山石章	3.1cm×3.1cm×3.1cm	69,000	中国嘉德	2022-12-25
邓散木刻"天下太平"寿山石印章	3.5cm×3.5cm×4.1cm	23,000	中国嘉德	2022-12-25
邓散木刻"烟云供养"寿山石兽钮印章	2.4cm×0.9cm×8cm	20,700	中国嘉德	2022-12-25
邓散木刻"云起楼"寿山石兽钮印章	3cm×1.1cm×8.3cm	17,250	中国嘉德	2022-12-25
邓散木刻"左翁"金丝楠木印章	3.1cm×3cm×7.4cm	17,250	中国嘉德	2022-12-25
邓散木刻 寿山石对章	2.2cm×2.2cm×6.1cm×2	11,500	中国嘉德	2022-12-25
邓散木刻 唐俶用青田石印章	3.7cm×3.7cm×7.2cm	17,250	中国嘉德	2022-12-25
邓散木刻汪大铁用昌化鸡血石瓦印章	3.4cm×1cm×2.8cm	92,000	中国嘉德	2022-12-25
邓散木刻"黄其留"	1.3cm×1.3cm×2.1cm	11,500	中贸圣佳	2023-01-01
邓散木刻"邝一斋"	1.8cm×1.8cm×2.9cm	11,500	中贸圣佳	2023-01-01
丁二仲、陈祖望、何秋江等刻 寿山、青田石印章(一组四件)	尺寸不一	11,500	中国嘉德	
丁二仲刻"五十未仝老"青田石印章	2.1cm×2cm×4.4cm	28,750	中国嘉德	2022-12-25
丁二仲刻寿山芙蓉石山水薄意闲章	5cm×2.8cm×6.9cm	80,500	西泠印社	2022-08-19
丁同新刻巴林石兽钮佛像印	8.1cm×8.1cm×13.8cm	23,000	中国嘉德	2022-06-26
丁衍庸 自用印章七方	尺寸不一	345,623	香港苏富比	2022-04-30
方介堪刻"白山头云欲立"青田石印章		63,250	中国嘉德	2022-12-25
方介堪刻"百万工农齐踊跃"青田石印章	2.9cm×2.9cm×3.1cm	34,500	中国嘉德	2022-12-25
方介堪刻"博观"寿山石印章	2.6cm×1.7cm×4.1cm	36,800	中国嘉德	2022-12-25
方介堪刻"不似春光"青田石印章	2cm×2cm×8.1cm	28,750	中国嘉德	2022-12-25
方介堪刻"二十万年重人赣"青田石印章	2.4cm×2.4cm×6.5cm	43,700	中国嘉德	2022-12-25
方介堪刻"飞将军自重霄入"青田石印章	2.2cm×2.7cm×5.5cm	28,750	中国嘉德	2022-12-25
方介堪刻"分田分地真忙"青田石印章	2cm×2cm×8.1cm	103,500	中国嘉德	2022-12-25
方介堪刻"风烟滚滚来天半"青田石印章	2cm×2cm×8.1cm	34,500	中国嘉德	2022-12-25
方介堪刻"风云突变"青田石印章	2.5cm×2.5cm×4.4cm	32,200	中国嘉德	2022-12-25
方介堪刻"赣江风雪迷漫处"青田石印章	2.7cm×2.7cm×7分	16,000	中国嘉德	2022-12-25
方介堪刻"赣江芷江凤山谷"青田石印章	5.7cm×5.1cm	103,500	中国嘉德	
方介堪刻"赣水那边红一角"青田石印章	2.9cm×2.9cm×2.6cm	25,300	中国嘉德	
方介堪刻"国际悲歌歌一曲"青田石印章	2cm×2cm×8.1cm	23,000	中国嘉德	
方介堪刻"横扫千军如卷席"青田石印章	3.7cm×3.7cm×3.8cm	46,000	中国嘉德	
方介堪刻"唤起工农千百万"青田石印章	2.5cm×2.5cm×4.9cm	25,300	中国嘉德	
方介堪刻"今又重阳"青田石印章	1.8cm×1.8cm×7.2cm	32,200	中国嘉德	
方介堪刻"军威重于岳"青田石印章	1.8cm×1.8cm×7.2cm	20,700	中国嘉德	
方介堪刻"枯木朽株齐努力"青田石印章	2cm×2cm×8.1cm	32,200	中国嘉德	
方介堪刻"寥廓江天万里霜"青田石印章	5.4cm×2.8cm×4.6cm	51,750	中国嘉德	
方介堪刻"六月天兵征腐恶"青田石印章	2cm×2cm×8.2cm	25,300	中国嘉德	
方介堪刻"漫天皆白"青田石印章	2.5cm×2.5cm×2.4cm	25,300	中国嘉德	
方介堪刻"命令昨颁"青田石印章	1.7cm×1.7cm×8.1cm	28,750	中国嘉德	
方介堪刻"偏师借重黄公略"青田石印章	2.4cm×2.4cm×2.6cm	32,200	中国嘉德	
方介堪刻"七百里驱十五日"青田石印章	2.4cm×2.4cm×2.6cm	28,750	中国嘉德	
方介堪刻"齐声唤"青田石印章	3.8cm×2.1cm×5.5cm	36,800	中国嘉德	
方介堪刻"前头捉了张辉瓒"青田石印章	3.7cm×2.7cm×3cm	36,800	中国嘉德	
方介堪刻"枪林逼"青田石印章	2.5cm×2.5cm×2.4cm	34,500	中国嘉德	
方介堪刻"人生易老天难老"青田石印章	2.5cm×2.5cm×4.9cm	57,500	中国嘉德	
方介堪刻"洒向人间都是怨"青田石印章	2cm×2cm×8.1cm	25,300	中国嘉德	
方介堪刻"十万工农下吉安"青田石印章	3.2cm×3.2cm×2.7cm	20,700	中国嘉德	
方介堪刻"室有芝兰"寿山石印章	2.5cm×1.5cm×3.4cm	28,750	中国嘉德	
方介堪刻"收拾金瓯一片"青田石印章	2cm×2cm×8.1cm	28,750	中国嘉德	
方介堪刻"岁岁重阳"青田石印章	2cm×2cm×8.2cm	43,700	中国嘉德	2022-12-25

2022杂项拍卖成交汇总(续表)

(成交价RMB: 1万元以上)

拍品名称	物品尺寸	成交价RMB	拍卖公司	拍卖日期
方介堪刻"天兵怒气冲霄汉"青田石印章	2.7cm×2.7cm×2.8cm	28,750	中国嘉德	2022-12-25
方介堪刻"同心干"青田石人物印章	3.4cm×3.4cm×12.1cm	34,500	中国嘉德	2022-12-25
方介堪刻"万木霜天红烂漫"青田石印章	2.5cm×2.5cm×2.4cm	43,700	中国嘉德	2022-12-25
方介堪刻"万丈长缨要把鲲鹏缚"青田石印章	3.2cm×3.2cm×2.6cm	40,250	中国嘉德	2022-12-25
方介堪刻"雾满龙冈千嶂暗"青田石印章	4.7cm×4.7cm×5.8cm	51,750	中国嘉德	2022-12-25
方介堪刻"雪里行军情更迫"青田石印章	2.7cm×2.7cm×7.2cm	25,300	中国嘉德	2022-12-25
方介堪刻"一年一度秋风劲"青田石印章	2cm×2cm×8.1cm	32,200	中国嘉德	2022-12-25
方介堪刻"枕黄粱再观"青田石印章	2.2cm×2.2cm×8.2cm	69,000	中国嘉德	2022-12-25
方介堪刻"有人泣"青田石印章	1.5cm×1.5cm×6cm	17,250	中国嘉德	2022-12-25
方介堪刻"芸盒"寿山石兽钮印章	2.7cm×2.7cm×5.2cm	11,500	中国嘉德	2022-06-26
方介堪刻"战地黄花分外香"青田石印章	2.5cm×2.5cm×5.3cm	57,500	中国嘉德	2022-12-25
方介堪刻"直下龙岩上杭"青田石印章	2.2cm×2.2cm×4.4cm	63,250	中国嘉德	2022-12-25
方介堪刻 青田石词六首组印后记	10cm×4cm×0.6cm	28,750	中国嘉德	2022-12-25
方介堪刻 青田石两面印	2cm×2cm×8.1cm	57,500	中国嘉德	2022-12-25
方介堪刻 青田石两面印	2.5cm×2.5cm×4.4cm	40,250	中国嘉德	2022-12-25
方介堪刻 青田石两面印	4.7cm×4.7cm×3.6cm	46,000	中国嘉德	2022-12-25
方介堪刻 青田石两面印	4.7cm×4.7cm×5.8cm	51,750	中国嘉德	2022-12-25
方介堪刻 青田石印章	2.8cm×2.8cm×8cm	69,000	中国嘉德	2022-12-25
方介堪刻 青田封门青石闲章(一对)	1.8cm×1.8cm×6.8cm×2	207,000	西泠印社	2022-01-21
方介堪刻双面印章	2.6cm×2.6cm×9.4cm	48,300	中国嘉德	2023-01-01
方介堪刻鱼钮寿山石俞叔渊自用闲章	3.2cm×1.7cm×3.1cm	43,700	西泠印社	2022-01-21
方介堪款田黄印章	高2.2cm；重112.4g；重116g	138,000	中鸿信	2022-09-11
方去疾、高式熊等刻潘伯自用印(一组)	尺寸不一	92,000	中国嘉德	2022-12-12
方去疾刻田黄孙大光名自用印	2.2cm×2.5cm×7.8cm	34,500	西泠印社	2022-01-21
丰子恺 篆刻"特立独行"	3cm×2.9cm×6.1cm	32,200	北京荣宝	2022-07-24
封门青母子情趣章	5.8cm×3.5cm×8.9cm	11,500	朵云轩	2022-12-08
冯康侯1957年作刻寿山石方章"敦贲千诩"	高7.5cm	13,243	华艺国际	2022-11-27
冯康侯等刻寿山石印章(二方)	尺寸不一	11,500	朵云轩	2022-08-19
冯康侯博古钮钮章高山的张之洞训诲闲章	3.1cm×3.1cm×9.9cm×2	138,000	西泠印社	2022-08-19
冯康侯刻寿山醉芙蓉石五岳真形闲章	2.1cm×2.1cm×7.7cm	34,500	西泠印社	2022-08-19
冯治安锄田附原盒(一枚带木盒)	高5.5cm	17,250	中鸿信	2022-09-12
芙蓉太平有象方章	3.8cm×3.8cm×7cm	23,000	朵云轩	2022-12-08
芙蓉子母兽钮方章	3.6cm×3.6cm×7.2cm	20,700	朵云轩	2022-12-08
傅抱石 篆刻"怀真独远"	2.8cm×2.8cm×3.2cm	161,000	北京荣宝	2022-07-24
傅大卣刻 徐世章用青田石对章	3.1cm×3.1cm×3.5cm×2	23,000	中国嘉德	2022-12-25
龚心钊自用 寿山石醉芙蓉兽钮方章	2.5cm×2.5cm×7.2cm	46,000	中国嘉德	2023-01-01
郭懋介作寿山石荔枝冻石山水薄意对章	3.4cm×3.4cm×10.5cm×2	57,500	西泠印社	2022-01-21
郭祥忍 寿山坑头晶石双兔钮方章	3.4cm×3.4cm×4.8cm	207,000	中贸圣佳	2023-01-01
郭祥忍 寿山水洞高山石螭虎章	4.8cm×3cm×2.9cm	34,500	中贸圣佳	2023-01-01
郭祥忍雕水洞晶花马上封猴钮方章	3cm×3cm×6.6cm	92,000	朵云轩	2022-12-08
韩登安刻"仁者寿"	2cm×2cm×4.7cm	33,350	中贸圣佳	2023-01-01
韩登安刻"云如"	2.3cm×2.3cm×7cm	17,250	中贸圣佳	2023-01-01
韩天衡刻 高桥广峰用寿山石印章	2.9cm×1.4cm×5cm	43,700	中国嘉德	2022-12-25
韩天衡为任政刻自用印章"任政书印、乐此不疲"	尺寸不一	69,000	中贸圣佳	2023-01-01
何光速作 寿山芙蓉石阴刻鹌鹑图椭圆章	2.8cm×2.3cm×8cm	11,500	中国嘉德	2022-06-26
何维朴刻 唐醉石铭"诗境"寿山芙蓉石兽钮印章	2.8cm×2.8cm×4.4cm	23,000	中国嘉德	2022-12-25
何秀峰等刻寿山石章十方	尺寸不一	11,500	西泠印社	2022-01-21
何秀峰等自用印根、桃核等印章六方	尺寸不一	13,800	西泠印社	2022-01-21
和田籽料瑞兽钮章	3.3cm×1.8cm×7.2cm	138,000	上海朵禾	2022-01-01
红花芙蓉子母章方章	4.4cm×4.3cm×6.5cm	23,000	朵云轩	2022-12-08
胡匊邻刻"米青书舍"寿山芙蓉石兽钮印章	2.4cm×2.4cm×3.7cm	80,500	中国嘉德	2022-06-26
胡匊邻刻 青田石印章	3.3cm×3.3cm×9.3cm	310,500	中国嘉德	2022-06-26
胡匊邻刻 杨晋用寿山石印章	2.3cm×2.2cm×8cm	69,000	中国嘉德	2022-06-26
胡镢为陈汉第刻寿"颖川"	1.3cm×1.3cm×3.7cm	74,750	中贸圣佳	2023-01-01
黄杜陵薄意方章	3cm×2.4cm×5cm	11,500	朵云轩	2022-12-08
黄奇艮薄意椭圆章	4.8cm×3.4cm×4.8cm	17,250	朵云轩	2022-12-08
黄士陵刻"博士之章"	1.5cm×1.5cm×4cm	471,500	中国嘉德	2022-06-26
黄士陵刻"薰香室"寿山石羊钮印章	2.9cm×1.2cm×4.2cm	437,000	中国嘉德	2022-06-26
黄士陵刻"仁拳江七 季昭长年"寿山石博古钮方章	4.5cm×4.5cm×10.7cm×2	1,725,000	中国嘉德	2022-06-26
黄士陵刻"颖川"青田石印章	2.2cm×2.2cm×5.5cm	483,000	中国嘉德	2022-06-26
黄士陵刻"酌水励清"寿山石兽钮印章	2.4cm×0.7cm×6.2cm	149,500	中国嘉德	2022-06-26
黄汶洋古兽方章	3.8cm×3.8cm×5.5cm	43,700	朵云轩	2022-12-08
黄易刻"梅垞吟屋"寿田石印章	1.7cm×1.7cm×3.2cm	1,035,000	中国嘉德	2022-12-25
黄鹤(1798—1855年)二十四留印及印谱		1,035,000	中贸圣佳	2023-01-01
鸡血石小件(二十二方)	尺寸不一	23,000	中国嘉德	2022-06-01
鸡血石印材(二十二方)	尺寸不一	23,000	中国嘉德	2022-06-01
鸡血石印料(三件)	最大的高4.4cm	15,429	中国嘉德	2022-06-05
江户 山田常嘉作风神雷神堆金印绘印笼	高9cm	20,700	中贸圣佳	2022-09-28
江户 梶川作德川将军莳绘印笼	高8cm	44,850	中贸圣佳	2022-09-28
将军洞芙蓉兽钮方章	3.9cm×3.9cm×4.5cm	17,250	朵云轩	2022-12-08
酱油青田石螭龙钮章	2.8cm×2.8cm×2.3cm	21,850	朵云轩	2022-12-08
金城为沈曾植刻自用对章"姚埭老民、檐盦"	1.4cm×1.4cm×3.7cm	112,700	中贸圣佳	2023-01-01
金恩楠刻"从心所欲不逾矩"	2cm×2cm×4cm	17,250	中贸圣佳	2023-01-01
近代 白芙蓉"大富贵亦寿考"印章	高2.75cm；印面4.2cm×2cm	10,350	广东崇正	2022-12-25
近代 方介堪刻寿山石印(两方)	高7.8cm	22,072	中国嘉德	2022-10-08
近代 高山东门派马钮对章	3.6cm×3.6cm×11cm×2	11,500	朵云轩	2022-12-08
近代 顾景舟印钤	49cm×35cm	26,450	广东崇正	2022-12-25
近代 韩登安、叶璐渊、钱君匋刻潘君诺自用印(一组四件)	尺寸不一	17,250	广东崇正	2022-08-11
近代 齐白石"心内无尘"印章	高6.5cm；印面2.2cm×2.2cm	34,500	广东崇正	2022-12-25
近代 唐佩金刻叶景葵自用印	2.1cm×2.1cm×5.1cm	11,500	朵云轩	2022-12-08
近代 田黄蟠记扁章(29克)	2.6cm×1.3cm×4.3cm；重29g	43,700	朵云轩	2022-12-08
近代 田黄梅花薄意章(16.4克)	3.5cm×1.1cm×3cm；重16.4g	13,800	朵云轩	2022-12-08
近代 田黄随形闲章(17克)	2.6cm×1cm×3.1cm；重17g	11,500	朵云轩	2022-12-08
近代 吴让之款竹根雕随形闲章	高4.8cm；长4.4cm；宽4.1cm	34,500	西泠印社	2022-01-23
近代 醉石山农款水晶兽首印	直径3.4cm×3.8cm；高5.2cm	55,000	浙江御承	2022-12-17
近代1983年 陈巨来刻青田石寿字钮印(一对)	高7.2cm×2	55,182	中国嘉德	2022-10-08
旧藏 寿山石章料一组三件	高3.3—5.5cm	84,612	荣宝斋(香港)	2022-11-26
来楚生刻"才会糊涂"寿山石印章	2.5cm×2.4cm×4.1cm	172,500	中国嘉德	
来楚生刻"此中有真意,欲辩已忘言"青田石印章	2.9cm×2.9cm×5.8cm	368,000	中国嘉德	
来楚生刻"道在无不可"青田石印章	2.9cm×2.9cm×5.8cm	345,000	中国嘉德	
来楚生刻"宁少少许"青田石印章	2.9cm×2.9cm×4.3cm	230,000	中国嘉德	
来楚生刻"狗肖形印"	2.3cm×3cm×5.2cm	57,500	中贸圣佳	2023-01-01
来楚生刻"贵耳"	2.4cm×1.4cm×2.6cm	48,300	中贸圣佳	
来楚生刻"虎肖形印"	1.9cm×1.9cm×5.9cm	92,000	中贸圣佳	
来楚生刻"虺虺其雷"	2.1cm×2.1cm×4.6cm	138,000	中贸圣佳	
来楚生刻"近楼"	2.7cm×1.4cm×5.1cm	57,500	中贸圣佳	
来楚生刻青田石自用两面印	3.5cm×1.9cm×2.5cm	63,250	西泠印社	2022-01-21
李仲刻"乐此不疲"寿山高山石兽钮印章	3.5cm×3.5cm×12.6cm	28,750	西泠印社	2022-06-26
李昊刻寿山石胡人洗象钮闲章	2.9cm×2cm×10.3cm	25,300	西泠印社	2022-08-19
李逸之刻"骑鹿六臂观音像"	8.1cm×3.9cm×13.5cm	57,500	西泠印社	2023-01-01
李尹桑、邹梦禅、陶寿伯、孙三锡等刻 寿山石印章(一组五件)	尺寸不一	10,350	中国嘉德	2022-12-25
李尹桑刻 寿山芙蓉石印章	1.4cm×1.4cm×4.6cm	13,800	中国嘉德	2022-06-26
李渔刻"独对青山酒一尊、既爱诗画又好花"(两件相同)	4.2cm×4.2cm×8cm	69,000	中贸圣佳	2023-01-01
李渔刻"于此间得少佳趣"	3.9cm×1.3cm×3.4cm	57,500	中贸圣佳	2023-01-01
荔枝洞马钮方章	3.6cm×3.6cm×7.6cm	207,000	朵云轩	2022-12-08
荔枝洞狮钮方章	2.5cm×2cm×9.3cm	40,250	朵云轩	2022-12-08
荔枝洞兽钮方章	2.7cm×2.7cm×9.5cm	92,000	朵云轩	2022-12-08
荔枝洞兽钮扁章	4cm×1.6cm×5.2cm	17,250	朵云轩	2022-12-08
林宇云 寿山焓红石"双雄"方章	3.2cm×3.2cm×12.7cm	34,500	中贸圣佳	
林介侯为沈炳儒刻"沈巨头"	3.1cm×3.1cm×5.2cm	24,150	中贸圣佳	
林清卿 寿山坑头天蓝冻石"荷叶仙鹤"薄意方章	2.1cm×2.1cm×8.3cm	34,500	中贸圣佳	
林清卿 寿山田黄石薄意随形章	高7.4cm	149,500	中贸圣佳	
林清卿作 寿山高山石薄意方章	1.8cm×1.8cm×8.9cm	28,750	中国嘉德	2022-12-25
林清卿作 寿山石薄意印章	2.1cm×2.1cm×7.2cm	11,500	中国嘉德	2022-06-26
林清卿作 寿山田黄石海棠薄意章	1.6cm×1cm×8.3cm	43,700	西泠印社	2022-01-21
林清卿作寿山鹿目石山水薄意随形章	5.9cm×2.7cm×4.5cm	138,000	西泠印社	2023-01-01
林清卿作寿山鹿目田石梅竹双清薄意随形章	8.4cm×3.5cm×7cm	207,000	西泠印社	2023-01-01
林清卿作寿山善伯冻石海棠薄意章	2.3cm×2.3cm×4cm	158,700	西泠印社	2023-01-01
林荣基作寿山石双清罗汉薄意随形章	3.6cm×2.7cm×5.4cm	80,500	西泠印社	2023-01-01
林荣基作田黄石松下高士薄意随形章	4.5cm×2.8cm×3.5cm；重61.9g	103,500	西泠印社	2022-08-19
林文宝作寿山牛角冻石博古钮对章	2.4cm×2.4cm×10.3cm×2	57,500	西泠印社	2023-01-01
林文举雕香口九老遭意方章	3.7cm×3.7cm×25.5cm	897,000	朵云轩	2022-12-08
林则徐田黄石寿山狮钮印章(一对)	7.5cm×7.5cm×8.5cm×2	1,380,000	朵云轩	2022-12-09
林子白刻"挥毫愧无千日功"寿山石象钮印章	2.5cm×2.5cm×7.1cm	17,250	中国嘉德	2022-12-25
刘一闻刻"肝胆相照"巴林石印章	3.2cm×3.2cm×11.5cm	34,500	中国嘉德	2022-06-26
刘一闻刻"明潮畔"昌化石印章	3.2cm×3.2cm×10.5cm	17,250	中国嘉德	2022-06-26
刘一闻刻"人寿年丰"巴林石印章	3cm×3cm×7.6cm	34,500	中国嘉德	2022-06-26
刘玉林刻玉螭钮纽石旧之英自用对章	2.3cm×2.3cm×6.5cm×2	34,500	西泠印社	2022-01-21
陆树基、黄少牧、王尔度等刻 寿山石印章(一组八件)	尺寸不一	63,250	中国嘉德	2022-12-25
陆泰刻"张印、辅之"	1.8cm×1.8cm×3.5cm	11,500	中贸圣佳	2023-01-01
罗刚刻"否极泰来"寿山石三羊开泰钮印章	3.9cm×3.8cm×7.4cm	20,700	中国嘉德	2022-12-25
罗启程刻"千年一刹那"	4.3cm×2.6cm×5.8cm	23,000	中贸圣佳	2023-01-01
罗启程刻印章	4cm×3.9cm×3.7cm	20,700	朵云轩	2022-12-08
罗振玉、易大厂等刻 寿山石、青田石印章一组五件	尺寸不一	40,250	中国嘉德	2022-12-25
吕树英用寿山田黄石印章及松花绿石砚	尺寸不一	86,250	中国嘉德	2022-12-25
马公愚刻"人寿年丰"寿山石印章	2.5cm×2.5cm×4cm	23,000	中国嘉德	2022-12-25
茅大为刻"安且吉兮"寿山石印章	3.8cm×2.9cm×10.8cm	36,800	中国嘉德	2022-06-26
茅大为刻"舍得"印章	3.8cm×3.8cm×7cm	36,800	中国嘉德	2022-06-26
内蒙古鸡血素方章(两方)	尺寸不一	17,250	朵云轩	2022-12-08
倪成模刻田黄石云纹薄意随形章	4.8cm×2.7cm×4cm；重59.7g	44,850	西泠印社	2022-01-21
潘敏钟刻"燕子声声里,相思又一年"兽钮印章	6.8cm×6.7cm×7.8cm	97,750	中国嘉德	2022-12-25

拍品名称	物品尺寸	成交价RMB	拍卖公司	拍卖日期
潘敏钟刻 "一勤天下无难事" 兽钮印章	6.2cm×6.2cm×4.6cm	92,000	中国嘉德	2022-06-26
齐白石 甲子(1924年)作 刻寿山石"吾道何之"印章	高21cm	178,250	中鸿信	2022-09-11
齐白石 刻懋辛 桥钮寿山石印章	1.7cm×1.7cm×2.8cm	20,700	北京银座	2022-01-12
齐白石及J门人刻 青田石五面印	3.5cm×2.6cm×2.8cm	1,035,000	中国嘉德	2022-06-26
齐白石刻 "翰墨神仙" 青田石印章	2.4cm×2.4cm×4.1cm	230,000	中国嘉德	2022-12-25
齐白石刻 "前有古人" 青田石印章	2.9cm×2.9cm×5.9cm	161,000	中国嘉德	2022-12-25
齐白石刻 寿山石、昌化鸡血石印章(一组四件)	尺寸不一	287,500	中国嘉德	2022-12-25
齐白石刻 寿山石兽钮印章	2.8cm×2.8cm×4.5cm	43,700	中国嘉德	2022-12-25
齐白石刻 "敏夫"	2.3cm×2.3cm×4.4cm	97,750	中贸圣佳	2023-01-01
齐白石刻昌化鸡血石章	2.2cm×2.2cm×6.7cm	69,000	西泠印社	2022-01-21
齐白石刻酱油青田石何秀峰自用印	2.5cm×2.6cm×4.2cm	299,000	西泠印社	2022-01-21
齐白石刻青田石闲章	高36cm,长34cm,宽19cm	115,000	永乐拍卖	2022-07-25
齐白石刻三狮戏球钮寿山石周苓生自用印	3cm×3cm×9.7cm	115,000	西泠印社	2022-01-21
齐白石刻狮钮寿山石印印章	高6.8cm;长2.3cm;宽2.3cm	33,350	永乐拍卖	2022-07-25
齐白石刻寿山石王绍尊自用闲章	4.8cm×4.7cm×5.6cm	460,000	西泠印社	2022-01-21
齐白石刻寿山石章二方	尺寸不一	63,250	中国嘉德	2022-12-25
齐白石为冈村商石刻自用印 "商石"	2.3cm×2.3cm×4.8cm	166,750	中贸圣佳	2023-01-01
齐白石为西哲太郎刻 "杏庵小隐"	2.3cm×2.3cm×4.2cm	448,500	中贸圣佳	2023-01-01
齐白石为郑荣刻自用印 "郑荣印信"	2.3cm×2.3cm×6.7cm	92,000	中贸圣佳	2023-01-01
启功 篆刻心画	5.5cm×1cm×6cm	55,200	北京荣宝	2022-07-24
钱君匋刻寿山高山石孙大光自用闲章	2.5cm×2.5cm×6.1cm	25,300	中国嘉德	2022-12-25
钱君匋刻寿山石古兽钮闲章	2.7cm×3.6cm	40,250	西泠印社	2022-01-21
钱君匋刻寿山石双螭献财钮闲章	3cm×1.8cm×4.9cm	23,000	西泠印社	2022-08-19
钱叟铁为亚明刻自用印 "亚明之印"	1.7cm×1.7cm×6.9cm	11,500	中贸圣佳	2023-01-01
巧色芙蓉双螭钮大方章	4.3cm×4.3cm×9.5cm	11,500	朵云轩	2022-12-08
巧色荔枝洞瓜果钮方章	2.1cm×2.1cm×10.1cm	80,500	朵云轩	2022-12-08
青田石螭虎钮方章	3.7cm×3.7cm×5.5cm	33,350	中贸圣佳	2023-01-01
瑞兽妞印章(田黄)	高7.5cm;宽2.5cm×2.5cm;重86g	253,000	上海嘉禾	2022-01-01
沈皋刻 "得知千载上正赖古人书"		34,500	中贸圣佳	2023-01-01
沈悫刻双色寿山石子母兽钮章	3cm×2.9cm×5.1cm	23,000	西泠印社	2022-08-19
19世纪 寿山田黄山水亭台图印两方	高6.6cm	192,747	纽约佳士得	2022-03-25
十六国 铜驼钮部曲督印	2.5cm×2.5cm×3.2cm	176,582	中国嘉德	2022-10-09
十六国 银兽钮将兵都尉印	2.5cm×2.7cm×3.7cm	143,473	中国嘉德	2022-10-09
石癫作寿山芙蓉石双螭钮章	3.5cm×2.4cm×7cm	23,000	西泠印社	2022-01-21
石开刻 "长相依" 寿山芙蓉石兽钮印章	3.8cm×1.9cm×5.2cm	103,500	中国嘉德	2022-12-25
石双梁刻闲章	2.5cm×2.5cm×7cm	11,500	朵云轩	2022-12-08
石双梁刻闲章	3.6cm×2.7cm×6.5cm	11,500	朵云轩	2022-12-08
石秀庄 寿山黄荔枝石薄意方章	2.3cm×2.3cm×9.1cm	46,000	中国嘉德	2022-06-26
寿山白芙蓉石兽钮章(一组五十件)	尺寸不一	20,700	中国嘉德	2022-06-26
寿山白芙蓉石太师少狮钮章	3.9cm×3.9cm×6.2cm	51,750	中贸圣佳	2023-01-01
寿山白芙蓉石云龙纹方章	2.1cm×1.6cm×6.1cm	120,750	中贸圣佳	2023-01-01
寿山杜陵石荷塘清趣薄意对章	2.2cm×2.2cm×8.3cm×2	23,000	西泠印社	2022-01-21
寿山芙蓉、高山白古兽钮章二方	尺寸不一	11,500	中国嘉德	2022-06-26
寿山芙蓉石龟钮方章	3.2cm×3.2cm×5.1cm	23,000	中国嘉德	2022-06-26
寿山芙蓉石荷叶钮方章	4.7cm×4cm×6.3cm	25,300	中国嘉德	2022-06-26
寿山芙蓉石童子洗象钮方章	2.8cm×2.8cm×5.6cm	17,250	中国嘉德	2022-06-26
寿山坑头石古兽钮扁章	2.7cm×1.5cm×3cm	17,250	中贸圣佳	2023-01-01
寿山荔枝冻石古兽钮章	2.7cm×2.7cm×13cm	46,000	中国嘉德	2022-06-26
寿山马背石对章	2.3cm×2.3cm×7.6cm(两件相同)	11,500	中贸圣佳	2023-01-01
寿山丽种石钮章(一组二十五件)	尺寸不一	17,250	中国嘉德	2022-06-26
寿山丽种石兽钮章(一组一百件)	尺寸不一	28,750	中国嘉德	2022-06-26
寿山丽种石兽钮章(一组五十件)	尺寸不一	25,300	中国嘉德	2022-06-26
寿山丽种石套章(三十方)	尺寸不一	20,700	朵云轩	2022-12-08
寿山旗降石夔龙博古纹章	3.2cm×3.2cm×7.5cm	14,950	西泠印社	2022-01-21
寿山海棠薄意章	2.1cm×2.1cm×9.6cm	57,500	中贸圣佳	2023-01-01
寿山石鱼钮章	4.8cm×2.3cm×7cm	11,500	中国嘉德	2022-06-26
寿山石鱼钮章	2.1cm×2cm×6.4cm	11,500	中国嘉德	2022-06-26
寿山石章二十二方	尺寸不一	25,300	中国嘉德	2022-06-26
寿山石章二十二方	尺寸不一	11,500	西泠印社	2022-01-21
寿山石章二十二方	尺寸不一	23,000	西泠印社	2022-01-21
寿山石章二十方	尺寸不一	23,000	西泠印社	2022-01-21
寿山田黄石扁章	2cm×1.4cm×4.4cm	32,200	中贸圣佳	2023-01-01
寿山田黄石古兽钮章	3.5cm×3.5cm×2.6cm	230,000	中贸圣佳	2023-01-01
寿山田黄石古兽钮方章	2.6cm×1.3cm×3cm	40,250	中贸圣佳	2023-01-01
寿山田黄石兽钮方章	1.6cm×1.6cm×3.3cm;重186g	13,800	中国嘉德	2022-06-26
寿山田黄石素章	3cm×1.6cm	207,000	中贸圣佳	2023-01-01
寿山田黄石印章(一组两件)	尺寸不一	161,000	中贸圣佳	2022-12-25
寿山田黄石云纹方章	1.7cm×1.7cm×4.8cm	92,000	中贸圣佳	2023-01-01
寿山朱砂冻陈雕达摩过江印章	3cm×3cm×16cm	28,750	浙江佳宝	2022-03-13
寿石工刻 "聊园" 昌化鸡血石印章	2.6cm×1.3cm×3.8cm	17,250	中国嘉德	2022-12-25
寿石工刻青田石印章	2cm×2cm×5cm	10,350	浙江佳宝	2022-03-13
寿石工刻寿山石孙诵昭自用印	2.7cm×2.7cm×7.1cm	23,000	西泠印社	2022-08-19
水晶古兽钮方章	2.5cm×2.5cm×5.5cm	11,500	朵云轩	2022-12-08
水晶龙印	长7.2cm	11,500	中国嘉德	2022-06-01
苏建雄刻 "心知无事即长生"	3.5cm×2.8cm×3.2cm	11,500	中贸圣佳	2023-01-01
苏建雄刻闲章	3.7cm×3.6cm×4.5cm	17,250	朵云轩	2022-12-08
孙锡晋刻 陈观西用寿山石印章	1.2cm×1.2cm×3.4cm	51,750	中国嘉德	2022-06-26
台静农(左)1965年作 台静农刻《鲁男子》及《喻性根》(两件一组)	尺寸不一	136,020	罗芙奥	2022-12-03
台静农(左)1965年作 台静农刻《一花一世界》及《逸兴遄飞》(两件一组)	尺寸不一	462,468	罗芙奥	2022-12-03
台静农 1958年作 台静农刻寿山石《丽水精舍》	6cm×2.3cm×2.3cm	244,836	罗芙奥	2022-12-03
台静农 1961年作 台静农刻《志洁情芳》	10cm×4cm×4cm	870,528	罗芙奥	2022-12-03
谭锡瓒刻 寿山芙蓉石兽钮印章	2.8cm×2.8cm×4.8cm	23,000	中国嘉德	2022-12-25
谭锡瓒刻寿山芙蓉石夔龙钮章	2.9cm×1.3cm×6.9cm	11,500	西泠印社	2022-01-21
汤安刻古兽钮石山石何秀峰自用闲章	3.6cm×2.2cm×5.5cm	34,500	西泠印社	2022-01-21
唐醉石刻 "自信平生懒是真" 寿山石马钮章	2.1cm×2.1cm×4.9cm	63,250	中国嘉德	2022-12-25
唐醉石刻墨晶石对章	2.8cm×2.8cm×5.5cm×2	25,300	中国嘉德	2022-12-25
唐醉石刻寿山石印章	2.7cm×2.7cm×5.8cm	55,200	中国嘉德	2022-12-25
陶瑢刻寿山将军洞白芙蓉石陶湘自用印二方	尺寸不一	230,000	西泠印社	2022-01-21
天然正阳绿翡翠瑞兽印章	印章长度约52mm;宽度约17mm;高度约94mm	29,900	中国嘉德	2022-06-27
田黄石螭钮章	1.5cm×1.4cm×3.5cm;重16.8g	195,500	西泠印社	2022-01-21
田黄石梅竹双清薄意随形章	3.9cm×1.4cm×2.8cm;重19.7g	34,500	西泠印社	2022-08-19
田黄石山水薄意随形章	3.1cm×2cm×3.7cm;重27g	109,250	西泠印社	2022-08-19
田黄石松下高士薄意随形章	3.9cm×1.6cm×4.9cm;重43.5g	46,000	西泠印社	2022-08-19
田黄王中王十八尊者图薄意特大随形章(2071克)	11.5cm×7.5cm×17.5cm	3,220,000	朵云轩	2022-12-08
铜印(六枚)	尺寸不一	39,100	朵云轩	2022-08-08
童大年刻 "长寿" 寿山石印章	1.5cm×1.5cm×5.9cm	17,250	中国嘉德	2022-12-25
童大年刻 墨晶石对章	3.1cm×3.1cm×10.3cm×2	17,250	中国嘉德	2022-12-25
童大年刻寿山高山石印章	2.4cm×2.4cm×6cm	11,500	中国嘉德	2022-12-25
童大年刻寿山石印章	1.5cm×1.5cm×5cm	10,350	浙江佳宝	2022-03-13
童衍方刻昌化石八仙祝寿套印(一套八件)	尺寸不一	368,000	中国嘉德	2022-06-26
童衍方刻闲章	3.6cm×3.6cm×7.5cm	230,000	朵云轩	2022-12-08
婉容自用 寿山田黄石凤钮扁章	1.6cm×1.1cm×3.3cm	57,500	中贸圣佳	2023-01-01
万列平刻 "遥山晚翠到浦寒清" 寿山芙蓉石印章	2.7cm×2.7cm×6.2cm	13,800	中国嘉德	2022-06-26
万列平刻寿山石闲章	2.5cm×2.5cm×8.7cm	20,700	西泠印社	2022-01-21
汪黎特刻 "双雁楼藏" 寿山芙蓉石印章	2.9cm×1.9cm×7.5cm	32,200	中国嘉德	2022-06-26
汪黎特刻 寿石芙蓉石薄意印章	4.8cm×1.2cm×6.1cm	28,750	中国嘉德	2022-06-26
汪黎特刻闲章	2.5cm×2.1cm×7cm	23,000	朵云轩	2022-12-08
王大炘刻 "锡山人" 寿山石印章	3.2cm×1.7cm×8.1cm	43,700	中国嘉德	2022-12-25
王福庵刻 "俾尔多益" 寿山石人物钮印章	2.1cm×2.1cm×6cm	86,250	中国嘉德	2022-12-25
王福庵刻 "忍辱精进" 寿山石印章	2.2cm×2.2cm×6cm	92,000	中国嘉德	2022-12-25
王福庵刻 "生涯长在水云村" 寿山石印章	2.7cm×2.7cm×7.6cm	310,500	中国嘉德	2022-12-25
王福庵刻 "述德堂" 寿山石薄意印章	3.2cm×1.3cm×4.7cm	80,500	中国嘉德	2022-12-25
王福庵刻 顾城用青田石印章	1.1cm×1.1cm×2.6cm	11,500	中国嘉德	2022-12-25
王福庵刻寿山高山石印章	1.5cm×1.5cm×5.2cm	92,000	中国嘉德	2022-12-25
王福庵刻寿山石印章	1cm×0.6cm×2.8cm	11,500	中国嘉德	2022-12-25
王福庵、刘葂航刻 曾绍杰印	尺寸不一	25,300	中国嘉德	2022-06-26
王福庵刻 "瞿庵秘籍"	19cm×1.9cm×2.5cm	23,000	中贸圣佳	2023-01-01
王福庵刻 "诗梦"	2.1cm×2.1cm×5.8cm	23,000	中贸圣佳	2023-01-01
王个簃刻 "入蜀后作"	1.9cm×1.9cm×5.3cm	11,500	中贸圣佳	2023-01-01
王个簃刻寿山石古兽钮对章	1.4cm×1.4cm×5cm	20,700	西泠印社	2022-01-21
王希哲、刘友石等刻寿山、昌化鸡血石印五方	尺寸不一	26,450	西泠印社	2022-01-21
王云刻昌化鸡血石兽钮对章	1.6cm×1.6cm×5.1cm×2	55,200	中国嘉德	2022-12-25
王禔刻、林清卿作寿山石山水薄意随形章	3cm×1.1cm×4cm	43,700	西泠印社	2022-08-19
王禔刻昌化石闲章	1.3cm×1.3cm×5.5cm	28,750	西泠印社	2022-08-19
王禔刻寿山芙蓉石博古章	1.6cm×1.6cm×2.7cm	59,800	西泠印社	2022-08-19
王禔刻寿山石古兽钮章	2.4cm×2.4cm×4.6cm	34,500	西泠印社	2022-08-19
王禔刻寿山石古兽钮元溥自用印	1.7cm×1.7cm×5.2cm	46,000	西泠印社	2022-08-19
王壮为 1974年作 王壮为刻《愚斋》及《喻仲林印》(两件一组)	尺寸不一	76,171	罗芙奥	2022-12-03
魏植刻 青田石套印(一套五件)	4.5cm×4.5cm×4.5cm	368,000	中国嘉德	2022-12-25
文彭、濮森等篆各式印章(一组二十件)	尺寸不一	28,750	中国嘉德	2022-12-25
闻一多印章	高3.2cm	25,300	中鸿信	2022-09-12
吴昌硕刻 "迪纯盦" 寿山石印章	2.2cm×2.2cm×3cm	1,150,000	中国嘉德	2022-12-25
吴昌硕刻 顾麟士用昌化鸡血石印章	1.5cm×1.5cm×4.5cm	287,500	中国嘉德	2022-06-26
吴昌硕刻 "了庵"	1.6cm×1.6cm×3.7cm	103,500	中贸圣佳	2023-01-01
吴昌硕刻 "柳慕曾"	1.4cm×1.4cm×4cm	103,500	中贸圣佳	2023-01-01
吴昌硕刻 "希言自然"	1.8cm×1.8cm×2cm	218,500	中贸圣佳	2023-01-01
吴昌硕刻 "仲已"	1.3cm×1.3cm×2.6cm	103,500	中贸圣佳	2023-01-01
吴昌硕刻夔龙薄意昌化鸡血石杨沧自用印	1.8cm×1.3cm×5.9cm	264,500	西泠印社	2022-01-21
吴昌硕刻寿山石古兽钮章	2.4cm×1.5cm×4.5cm	69,000	西泠印社	2022-01-21
吴昌硕款寿山石、青田石印章(一组三件)	尺寸不一	40,250	中国嘉德	2022-12-25
吴昌硕为沈卫刻 "就里沈卫"	1.6cm×1.4cm×2.9cm	494,500	中贸圣佳	2023-01-01

2022杂项拍卖成交汇总(续表)

(成交价RMB：1万元以上)

拍品名称	物品尺寸	成交价RMB	拍卖公司	拍卖日期
吴昌硕为沈卫刻"淇泉偶得"	1.5cm×1.5cm×4.9cm	437,000	中贸圣佳	2023-01-01
吴湖帆刻青田石自用印	1.7cm×1.7cm×5.7cm	345,000	西泠印社	2022-01-21
吴朴刻寿山石古兽钮印章	2.8cm×1.5cm×5.8cm	17,250	西泠印社	2022-01-22
吴朴堂刻 "静听松风寒"	1.7cm×1.2cm×4cm	20,700	中国嘉德	2022-12-25
吴朴堂刻"钱氏真赏"寿山石印章	1.9cm×1.2cm×3.7cm	63,250	中国嘉德	2022-12-25
吴朴堂刻寿山石闲章	高5.5cm	12,343	中国嘉德	2022-06-05
吴让之、丁辅之等款 寿山石印章(一组五件)	尺寸不一	13,800	中国嘉德	2022-12-25
吴让之刻青田石六面印	4.4cm×4.4cm×4cm	7,820,000	中国嘉德	2022-06-26
吴子建刻"当下"寿山芙蓉石兽钮印章	2.7cm×2.4cm×6.4cm	63,250	中国嘉德	2022-12-25
吴子建刻"金石同寿"昌化鸡血石印章	3.6cm×1.5cm×5.4cm	115,000	中国嘉德	2022-12-25
徐三庚刻"下里巴人"青田石印章	1.8cm×1.8cm×5.2cm	149,500	中国嘉德	2022-12-25
徐三庚刻 阮静山用青田石两面印	2.8cm×2.8cm×5.8cm	207,000	中国嘉德	2022-12-25
徐三庚刻 章爰衔用寿山石风钮印章	2.5cm×2.5cm×6.1cm	109,250	中国嘉德	2022-12-25
徐新周刻 寿山石对章	3cm×3cm×5cm	36,800	中国嘉德	2022-12-25
徐新同刻伊立勋款自用印"伊立勋印"	尺寸不一	34,500	中贸圣佳	2023-01-01
雅安绿石对章	2cm×2cm×8.1cm×2	23,000	西泠印社	2022-01-22
雅安绿石素方章	1.8cm×1.8cm×8.3cm	20,700	中国嘉德	2022-06-26
雅安绿双狮钮方章	4cm×4cm×6.8cm	46,000	朵云轩	2022-12-08
杨千里刻"静观自得"寿山石薄意印章	3.4cm×1.1cm×4.9cm	28,750	中国嘉德	2022-12-25
姚仲达作 品种石瓢蛇共舞钮章(一组四件)	尺寸不一	34,500	中国嘉德	2022-06-26
叶潞渊刻 "气象万千人画中"寿山石兽钮印章	2.9cm×2.9cm×6.1cm	17,250	中国嘉德	
叶潞渊刻 周宝庭制钮寿山石兽钮印章	2.8cm×2.8cm×8.3cm	34,500	中国嘉德	
叶瑞渊刻"沈牡丹"	2cm×2cm×2.4cm	33,350	中贸圣佳	2023-01-01
易大厂为陈缶彰刻"华西阁"	2.4cm×2.4cm×6.8cm	103,500	中贸圣佳	2023-01-01
易大厂为陈缶彰刻"思无邪斋"	1.9cm×1.9cm×4.5cm	115,000	中贸圣佳	2023-01-01
殷赟飞刻"相好光明以自严"罗汉钮印章	3.3cm×3.3cm×6.3cm	20,700	中国嘉德	2022-12-25
银包金田黄印章	8.5cm×5.5cm	11,500	上海嘉禾	2022-01-01
印章	尺寸不一	17,250	广东小雅斋	2022-05-25
于非闇刻"虚心无想"寿山高山石兽钮印章	3.7cm×1.2cm×5.8cm	23,000	中国嘉德	2022-06-26
于硕为沈炳烜刻"就李沈髯"	1.4cm×1.4cm×3.3cm	19,550	中贸圣佳	2023-01-01
郁达夫刻"独索"寿山石印章	2.7cm×1.1cm×3.9cm	36,800	中国嘉德	2022-12-25
袁慧敏刻利章	3cm×3cm×7.8cm	57,500	朵云轩	2022-12-08
张大千(作) 田黄太师印	2.5cm×2.5cm×2.5cm	22,992	荣宝斋(香港)	2022-11-26
张寒月 刻"心菴居士"寿山石印章	2.2cm×2.2cm×6.7cm	11,500	中国嘉德	2022-12-25
张君华、张韶石收藏印章	尺寸不一cm×25	110,364	中国嘉德	2022-10-07
张铭刻六面印	3.2cm×3cm×3.2cm	46,000	朵云轩	2022-12-08
张少丞刻 寿山杜陵石博古钮对章	0.9cm×0.9cm×4.3cm×2	10,350	中国嘉德	2022-06-26
张伟刻"皆大欢喜"寿山石印章	2.9cm×2.9cm×12.2cm	11,500	中国嘉德	2022-12-25
张辛刻寿山芙蓉石印章	3.9cm×1.4cm×8.4cm	46,000	中国嘉德	2022-12-25
张越丞刻 寿山田黄石古兽钮扁章	3cm×1.9cm×3.5cm	34,500	中贸圣佳	2023-01-01
赵次闲为曹彰采刻自用对章"曹彰采印、子伯"	1.5cm×1.5cm×5.1cm×2	517,500	中贸圣佳	2023-01-01
赵古泥刻"潮阳陈氏渔春坚拓"	1.7cm×1.7cm×4.4cm	23,000	中贸圣佳	2023-01-01
赵古泥刻"公覆"	2.3cm×2.3cm×6.7cm	36,800	中贸圣佳	2023-01-01
赵叔孺刻 寿山石兽钮印章	2.2cm×2.2cm×6.1cm	40,250	中国嘉德	2022-12-25
赵叔孺刻寿山芙蓉石经亨沐自用印	1.2cm×1.2cm×2.9cm	138,000	中国嘉德	2022-12-25
钟心敬刻寿山石印章	2.6cm×1.4cm×3.2cm	11,500	中国嘉德	2022-12-25
钟心敬刻"郑海家藏"	2.3cm×2.3cm×5.7cm	52,900	中贸圣佳	2023-01-01
周鸿 寿山高山藏古石兽钮方章	3cm×3cm×4.8cm	17,250	中贸圣佳	2023-01-01
周闲铭 端石富贵平安砚及寿山石印章	尺寸不一	74,750	中国嘉德	2022-12-25
朱复戡刻"岭上白云"青田石印章	2.6cm×2.6cm×7.2cm	48,300	中国嘉德	2022-06-26
朱复戡刻青田石闲章	2.5cm×2.5cm×7.3cm	32,200	浙江佳宝	2022-03-13
竹叶青双螭钮方章	3.7cm×3.6cm×10.4cm	40,250	朵云轩	2022-12-08
祝遂之刻寿山芙蓉石佛子钮闲章	2.3cm×2.3cm×5.7cm	11,500	中国嘉德	2022-12-25
明万历 叶玄卿制青麟髓漱金墨	7.2cm×0.8cm×0.9cm;重16.7g	264,500	西泠印社	2022-01-22
明 程君房制天府御香墨	10cm×3.3cm×1.5cm;重41.2g	540,500	西泠印社	2022-01-22
明 大国香墨	4.8cm×4.4cm×1.2cm;重26.5g	23,000	西泠印社	2022-01-22
明 丁景耀、程伯祥制双螭图墨	径5.9cm;高2.5cm;重26.5g	23,000	西泠印社	2022-08-19
明 黄书一松石闲意墨	5.6cm×2.8cm×0.7cm;重11.4g	161,000	西泠印社	2022-01-22
明 经之墨、程家法墨、玄鲸柱墨(三方)	玄长13.5cm;程长19.5cm;鲸宽10cm	195,500	北京保利	2022-07-29
明 汪岂凡制翰墨林、佐此书香墨二锭	尺寸不一	126,500	西泠印社	2022-01-22
明 朱一涵制青麟髓墨	8.9cm×2.5cm×1cm;重26.8g	483,000	西泠印社	2022-01-22
明至清 程君房制款婴戏图墨	厚1.6cm;长15.4cm;宽6.7cm	34,500	西泠印社	2022-01-23
明末清初 程公瑜制金刚幢轮、李成龙进呈墨二锭	尺寸不一	63,250	西泠印社	2022-08-19
清初 程正路君子修之吉墨	径4.8cm×2cm;重22.7g	172,500	西泠印社	2022-01-22
清初 海屋图墨	径4cm×0.8cm;重14.7g	63,250	西泠印社	2022-08-19
清初 汪允卿制琴形墨	9.3cm×1.9cm×0.8cm;重18.1g	28,750	西泠印社	2022-01-22
清初 吴天章制镇尺墨二锭	13.7cm×1.3cm×1cm×2;每锭重21.6g	97,750	西泠印社	2022-01-22
清康熙 曹素功制青麟髓墨	6.8cm×2.6cm×0.9cm;重18g	40,250	西泠印社	2022-01-22

拍品名称	物品尺寸	成交价RMB	拍卖公司	拍卖日期
清康熙 双臣子款海屋筹墨	长9cm	59,800	华艺国际	2022-09-23
清康熙 汪时茂制太平有象墨	6.9cm×6cm×0.8cm;重39.4g	34,500	西泠印社	2022-08-19
清康熙 王丽文制铜雀瓦、镇尺形墨二锭	尺寸不一	92,000	西泠印社	2022-08-19
清康熙 吴天章梦笔生花墨	尺寸不一	23,000	华艺国际	2022-09-23
清康熙 吴天章制玉润珠圆墨	7.3cm×1.9cm×0.8cm;重15.2g	138,000	西泠印社	2022-01-22
清康熙 吴天章制知白守黑墨	4cm×2.5cm×0.7cm;重8.3g	43,700	西泠印社	2022-01-22
清康熙 吴天章制筑阳石、正色流馨等墨四锭	尺寸不一;重量不一	138,000	西泠印社	2022-08-19
清康熙五十二年(1713年) 曹素功制御书清爱堂墨(二锭)	1.3cm×0.8cm×7cm×2	126,500	华艺国际	2022-09-23
清康熙五十二年(1713年) 曹素功制御书清爱堂墨	长 7.2cm	32,200	中国嘉德	2022-05-29
清乾隆 陈汉弟藏御制宝翰凝香墨	8.5cm×3.5cm×0.8cm×4;每锭重32g	115,000	西泠印社	2022-01-22
清乾隆 曹素功制式好堂藏墨八锭	7cm×1.1cm×1cm×8;每锭重16g	126,500	西泠印社	2022-01-22
清乾隆 春华秋实墨	长18cm;宽8.7cm;厚2cm	230,000	中贸圣佳	2023-01-01
清乾隆 淳化阁朱墨	9.5cm×2.9cm×2.2cm;重18.8g	63,250	西泠印社	2022-08-19
清乾隆 黼黻昭文墨	长17.1cm;宽3.9cm;重21.5g	575,000	中贸圣佳	2022-07-25
清乾隆 董馥氏选烟墨八锭	7.8cm×2cm×0.7cm×8;每锭重16.2g	34,500	西泠印社	2022-01-22
清乾隆 敬胜斋法墨	5.9cm×1cm×0.7cm;重6.7g	28,750	西泠印社	2022-08-19
清乾隆 兰亭修禊御墨	15.3cm×8cm×1cm;重24.9g	207,000	西泠印社	2022-08-19
清乾隆 明皇试马图油烟墨	长23cm;宽16cm;厚2.5cm	20,700	浙江御承	2022-08-20
清乾隆 内殿轻煤御墨	8.1cm×2.3cm×0.8cm;重19.3g	71,300	西泠印社	2022-08-19
清乾隆 太平雨露墨(四锭)	长8.9cm	55,200	中国嘉德	2022-12-27
清乾隆 汤聘荆州龙山图贡墨二锭	10.3cm×2.4cm×1.2cm×2;每锭重38g	23,000	西泠印社	2022-01-22
清乾隆 御墨	18cm×8.5cm×2cm	230,000	华艺国际	2022-09-23
清乾隆 御墨纶阁	长12cm	207,000	华艺国际	2022-09-23
清乾隆 御题诗文款油烟墨	长17.6cm;宽4.8cm;厚1.7cm	103,500	浙江御承	2022-12-17
清乾隆 御制断桥残雪诗墨	8.5cm×3.2cm×1.5cm;重43.3g	21,850	西泠印社	2022-08-19
清乾隆 御制风纹墨	长8.6cm	43,700	中国嘉德	2022-05-29
清乾隆 御制唤鹦呼子谓事多墨一锭	长12cm	57,500	华艺国际	2022-09-23
清乾隆 御制文澜阁诗墨	14.2cm×6.2cm×1.3cm;重12.7g	46,000	西泠印社	2022-08-19
清乾隆 张大千旧藏清乾隆曹素功制清麟髓墨(二锭一盒)	长6.5cm	23,000	华艺国际	2022-09-23
清乾隆 众香国御墨	11cm×11cm×2cm;重22.3g	155,250	西泠印社	2022-08-19
清乾隆 朱砂墨 乐老堂墨等(三锭)	尺寸不一	23,000	西泠印社	2022-08-19
清嘉庆 汪节庵款福禄寿喜油烟墨	高6.5cm;长23cm;宽4.5cm	17,250	浙江御承	2022-08-28
清嘉庆 古墨八锭	尺寸不一	23,000	中国嘉德	2022-06-26
清嘉庆 蕉园书画墨十锭	6cm×1.1cm×0.8cm×10;每锭重8.2g	115,000	西泠印社	2022-01-22
清嘉庆 阮元贡新桥残雪墨	8.7cm×2.4cm×0.9cm;重29.6g	17,250	西泠印社	2022-01-22
清嘉庆 御赐清华励品二锭	7.2cm×1.9cm×0.8cm×2;每锭重8g	69,000	西泠印社	2022-01-22
清道光 道光二年安化陶氏校书之墨	长20.5cm;宽5.6cm	11,500	中贸圣佳	2022-07-12
清中期 光被四表墨(一套八方)	长9cm	218,500	中国嘉德	2022-05-29
清中期 瀛洲图墨(一套九方)	长6cm	13,800	中国嘉德	2022-05-29
清咸丰 曹云崖制八宝龙香剂墨二锭	6cm×1.4cm×0.7cm×2;每锭重8.3g	13,800	西泠印社	2022-08-19
清咸丰 赵宗建铁如意墨	12.5cm×3cm×1.4cm;重6.9g	40,250	西泠印社	2022-01-22
清同治 捷峰先生著书墨二锭	8cm×1.9cm×1.2cm×2;每锭重17.5g	25,300	西泠印社	2022-01-22
清同治 寿山中丞著书墨四锭	9.7cm×2.4cm×1.4cm×4;每锭重32.2g	57,500	西泠印社	2022-01-22
清同治 吴云二百兰亭斋墨	9.5cm×3cm×1.4cm;重25.7g	28,750	西泠印社	2022-01-22
清光绪 御赐雅均清才墨四锭	9.1cm×2.4cm×0.5cm×4;每锭重16g	17,250	西泠印社	2022-01-22
清光绪 知足斋藏烟墨一对	长12.5cm×2	11,500	中贸圣佳	2022-07-12
清晚期 苍松万古、龙翔凤舞墨(八方)	长10cm;长9.6cm	25,300	中国嘉德	2022-05-29
清晚期 楼河山庄墨(一套四方)	长7.9cm	13,800	中国嘉德	2022-05-29
清晚期 大富贵亦寿考墨(一套五方)	长9.5cm	25,300	中国嘉德	2022-05-29
清晚期 夔龙珠、椎贵谷等墨(五方)	尺寸不一	25,300	中国嘉德	2022-05-29
清晚期 十色集锦墨(一套十方)	尺寸不一	13,800	中国嘉德	2022-05-29
清晚期 十万杵、紫玉光等墨(六方)	长7.7cm;长7.5cm;长7cm	20,700	中国嘉德	2022-05-29
清晚期 天琛墨(一套八方)	长6.2cm	32,200	中国嘉德	2022-05-29
清 "乾隆年制"双龙戏珠御墨、长方山水楼阁纹墨三方	尺寸不一	11,500	中国嘉德	2022-06-28
清 八宝龙纹花青墨	4.8cm×4.4cm×1.2cm;重26.5g	26,450	西泠印社	2022-08-19
清 八宝龙纹朱砂墨	9cm×1.9cm×1.1cm;重8.8g	11,500	西泠印社	2022-08-19
清 八仙集锦墨	7.1cm×1.7cm×0.9cm×8;每锭重15g	51,750	西泠印社	2022-01-22
清 百子图墨	直径12.5cm	17,250	朵云轩	2022-12-08
清 冰水根书屋墨五锭	长11cm;宽2.5cm	48,300	朵云轩	2022-08-08
清 藏久方知、翰苑珍藏等墨四锭	尺寸不一	17,250	西泠印社	2022-08-19
清 曹素功制青琅玕馆墨二锭	6cm×1.1cm×0.8cm×2;每锭重8.5g	17,250	西泠印社	2022-08-19
清 曹素功制玉瑞墨(九锭一套)	5.7cm×2.7cm×1cm	13,800	华艺国际	2022-09-23

拍品名称	物品尺寸	成交价RMB	拍卖公司	拍卖日期
程正路翰墨林手卷墨	尺寸不一;重量不一	23,000	西泠印社	2022-01-22
清 仿程君房西岳华山图墨	14cm×7.6cm×1.6cm;重194g	28,750	西泠印社	2022-08-19
清 仿方于鲁九子墨二锭	10.4cm×3.4cm×1cm×2;每锭重39g	11,500	西泠印社	2022-08-19
清 敷文书院御诗墨	8.3cm×3.8cm×0.5cm;重55g	17,250	西泠印社	2022-08-19
清 高士品茗图圆珠朱墨	直径11.3cm 高2.4cm	11,500	中贸圣佳	2022-07-12
清 各类旧墨十六锭	尺寸不一	88,550	朵云轩	2022-08-08
清 各式墨(九方)	尺寸不一	46,000	中国嘉德	2022-12-27
清 各式文人墨十方	尺寸不一	28,750	中国嘉德	2022-12-27
清 各式文人墨十九方	尺寸不一	218,500	中国嘉德	2022-06-28
清 各式文人墨—组二十六方	尺寸不一	86,250	中国嘉德	2022-12-27
清 各式文人墨—组十方	尺寸不一	34,500	中国嘉德	2022-12-27
清 各式御墨六锭	尺寸不一	59,800	西泠印社	2022-01-22
清 耕织图墨(二锭)	尺寸不一	23,000	华艺国际	2022-09-23
清 古隃糜耕娱选烟(一盒)	长6.8cm	23,000	华艺国际	2022-09-23
清 卦墨、甲第连元、艺林珍赏等墨八锭	尺寸不一;重量不一	11,500	西泠印社	2022-08-19
清 光被四表墨八锭	9cm×2.2cm×1.2cm×8;每锭重34g	184,000	西泠印社	2022-08-19
清 翰苑清赏、五老图墨二套	尺寸不一;重量不一	32,200	西泠印社	2022-08-19
清 胡开文旧墨八锭	长8.5cm;宽2cm	13,800	朵云轩	2022-08-08
清 胡开文旧墨七锭	长8.5cm;宽2cm	10,350	朵云轩	2022-08-08
清 胡开文款墨(四方)	尺寸不一	10,350	中国嘉德	2022-05-29
清 胡开文制诗梦轩珍藏墨四锭	7.8cm×1.9cm×0.8cm×4;每锭重16.5g	13,800	西泠印社	2022-08-19
清 胡开文制渔樵耕读套墨四锭	7.9cm×2cm×0.8cm×4;每锭重17g	44,850	西泠印社	2022-01-22
清 胡魁章制漱金家藏墨二锭	6.1cm×2.1cm×0.6cm×2;每锭重7.5g	17,250	西泠印社	2022-08-19
清 胡兆开制"端石生辉"墨两方、詹成圭八世孙成龙制"万年芝"墨和云龙纹朱砂墨各一方	长8.3cm	64,011	中国嘉德	2022-10-08
清 胡子卿制棉花图诗墨两盒	单枚长11.5cm;宽3.7cm;厚1.1cm	345,000	中贸圣佳	2022-07-25
清 胡子卿制什锦图套墨	尺寸不一;重量不一	23,000	西泠印社	2022-08-19
清 胡子卿制滋兰树蕙之庐墨二锭	7.8cm×1.9cm×0.8cm×2;每锭重15.5g	23,000	西泠印社	2022-08-19
清 黄花梨墨盒	64.5cm×9.8cm×9.8cm	63,250	华艺国际	2022-09-23
清 黄山图墨	0.7cm×1.7cm×6.5cm×18	57,500	华艺国际	2022-09-23
清 各漆旧墨—组两笏	高28cm	32,200	中鸿信	2022-09-11
清 晋熙王鼎丞选烟墨四锭	长10cm;宽2.5cm	20,700	朵云轩	2022-08-08
清 精选拜疏箸经之墨、麻姑献寿墨二锭	尺寸不一	20,700	西泠印社	2022-01-22
清 旧墨八锭	尺寸不一	41,400	朵云轩	2022-12-08
清 旧墨九锭	尺寸不一	17,250	朵云轩	2022-12-08
清 旧墨两笏	尺寸不一	10,350	中鸿信	2022-09-11
清 旧墨六锭	尺寸不一	13,800	朵云轩	2022-12-08
清 旧墨十四锭	尺寸不一	17,250	朵云轩	2022-08-08
清 旧墨十一锭	尺寸不一	32,200	朵云轩	2022-08-08
清 旧墨四锭	长9.5cm;宽2.5cm	12,650	朵云轩	2022-12-08
清 旧墨—盒两笏	尺寸不一	40,250	中鸿信	2022-09-11
清 旧墨—组两笏附大漆描金盒	尺寸不一	23,000	中鸿信	2022-09-11
清 君子朋、玉堂宝翰墨二锭	尺寸不一	23,000	西泠印社	2022-01-22
清 龙德朱砂墨单笏	高15cm;直径5.9cm	32,200	广东崇正	2022-12-25
清 龙纹朱砂墨	8.7cm×1.9cm×1.3cm;重96g	23,000	西泠印社	2022-08-19
清 墨(十三锭)	尺寸不一	43,700	华艺国际	2022-09-23
清 千秋光墨八锭	5.8cm×1.3cm×0.7cm×8;每锭重8.3g	28,750	西泠印社	2022-01-22
清 山水诗文墨—提三笏	尺寸不一	36,800	中鸿信	2022-09-11
清 十二生肖油烟墨	直径14.5cm;厚3.5cm	11,500	浙江御承	2022-08-28
清 孙仲珊笔华轩馆书画墨四锭	7.8cm×2cm×0.8cm×4;重26.5g	29,900	西泠印社	2022-08-19
清 太素填词墨	11.2cm×1.5cm	25,300	荣宝斋(南京)	2022-12-08
清 万年红墨彩墨(五锭)	尺寸不一	11,500	华艺国际	2022-09-23
清 万年红贡墨	长10cm	11,500	华艺国际	2022-09-23
清 汪近圣云海钟灵墨(二锭—盒)	尺寸不一	23,000	华艺国际	2022-09-23
清 汪乾章制五百斤油墨八锭	8cm×2cm×0.8cm×8;每锭重15.5g	57,500	西泠印社	2022-08-19
清 文渊阁墨	长16.5cm	34,500	华艺国际	2022-09-23
清 文苑精华、天慧阁珍赏、槃礼室藏墨十五锭	尺寸不一;重量不一	20,700	西泠印社	2022-08-19
清 畾腾腾墨	长6.8cm	36,800	华艺国际	2022-09-23
清 徐世昌退耕堂墨等(五锭)	尺寸不一	25,300	华艺国际	2022-09-23
清 养性殿藏墨"御制咏墨诗"	直径10cm	19,550	北京荣宝	2022-07-24
清 仪府珍藏等五彩墨(八锭)	尺寸不一	21,850	华艺国际	2022-09-23
清 御制耕织图墨(一套)	10.5cm×3.5cm×1;7cm×2.5cm×46	40,250	北京荣宝	2022-07-24
清 御制墨	2.2cm×1cm×9.2cm×8	32,200	中国嘉德	2022-12-27
清 御制墨四方	尺寸不一	28,750	中国嘉德	2022-12-27
清 袁枚香林尚书吟诗墨	6.2cm×2.7cm×1cm;重223g	17,250	西泠印社	2022-01-22
清 圆明园八景图墨(八锭—盒)	长7cm	48,300	华艺国际	2022-09-23
清 朱砂墨	长8cm;宽4.2cm;厚1.3cm(单块)	24,200	浙江御承	2022-12-17
清 朱砂墨(一盒四枚)	单个长5cm;宽2.5cm;厚1cm	17,250	浙江御承	2022-08-28
清 朱砂墨二锭	长6.5cm;宽1.5cm	29,900	朵云轩	2022-08-08
清 朱砂墨锭	尺寸不一;重量不一	23,000	西泠印社	2022-01-22
清 朱砂云龙纹御墨	直径17cm	11,500	中鸿信	2022-09-11
清中、晚期夫子壁、三希堂等墨(七方)	尺寸不一	195,500	中国嘉德	2022-05-29
民国 百寿图墨十四锭	长13.5cm;宽3cm	17,250	朵云轩	2022-08-08
民国 骊龙珠三锭 —品富贵二锭 雪香阁二锭	尺寸不一	28,750	朵云轩	2022-08-08
民国 鸳鸯七志斋墨十锭	长13cm;宽3cm	28,750	朵云轩	2022-08-08
程君房百爵图墨	重184g	207,000	深圳世浩	2022-01-17
费加龙 2020年作《紫玉墨韵》	28mm×28mm	49,500	英国罗素	2022-01-17
胡开文制人物图墨(四锭)	重260g	207,000	深圳世浩	2022-01-17
旧墨四十七锭	尺寸不一;重量不一	28,750	西泠印社	2022-01-22
素功仿古墨	重62g	40,250	深圳世浩	2022-01-17
万宝龙 F. Scott Fitzgerald 限量版白金及树脂墨水笔, 约2002年制		23,761	香港苏富比	2022-04-15
万宝龙 Sir Henry Tate 限量版白金红漆制及镀铂金墨水笔, 约2006年制		34,562	香港苏富比	2022-04-15
左宗棠八宝奇古墨	重401g	115,000	深圳世浩	2022-01-17
清乾隆 角花笺纸—张	23.5cm×27cm	34,500	西泠印社	2022-08-19
清乾隆 角花笺纸—张	23.5cm×27cm	34,500	西泠印社	2022-08-19
清乾隆 刻花贡纸(四张)	长45cm	57,500	华艺国际	2022-09-23
清乾隆 御制明黄手绘龙纹腊笺纸	162cm×42.5cm	32,200	华艺国际	2022-09-23
清晚期 万亨和号五尺宣等12张		13,800	华艺国际	2022-09-23
清 澄心堂笺纸三张	49cm×37cm	17,250	中国嘉德	2022-09-29
民国 五色粉笺纸	68cm×47cm	46,000	华艺国际	2022-09-29
清/民国 荣宝斋、万亨和等四尺宣14张		28,750	华艺国际	2022-09-29
白色粗绢	2150cm×48cm	51,750	中贸圣佳	2022-07-27
白色粗绢	1200cm×98cm	11,500	中贸圣佳	2022-12-31
白色花绫	1020cm×90cm	25,300	中贸圣佳	2022-07-27
白色龙纹花绫	1030cm×90cm	34,500	中贸圣佳	2022-07-27
白色云纹花绫	1020cm×84cm	34,500	中贸圣佳	2022-07-27
淡黄色花绫	502cm×90cm	14,950	中贸圣佳	2022-07-27
粉底花卉纹蜡笺空白对联	34cm×166.5cm	20,700	中国嘉德	2022-12-13
各色老绫	尺寸不一	34,500	中贸圣佳	2022-07-27
红旗牌四尺宣纸	138cm×69cm	32,200	中贸圣佳	2022-07-27
红星牌尺八屏棉料单宣	234cm×53cm	18,400	中贸圣佳	2022-07-27
红星牌四尺二层夹宣	138cm×69cm	74,750	中贸圣佳	2022-07-27
红星牌四尺净皮绫宣	138cm×69cm	92,000	中贸圣佳	2022-07-27
红星牌四尺净皮罗纹龟纹	138cm×69cm	17,250	中贸圣佳	2022-07-27
红星牌四尺棉料单宣	138cm×69cm	86,250	中贸圣佳	2022-07-27
红星牌四尺棉料单宣	138cm×69cm	36,800	中贸圣佳	2022-07-27
红星牌四尺特净单宣	138cm×69cm	40,250	中贸圣佳	2022-07-27
花卉纹蜡笺空白四屏	37cm×166.5cm	28,750	中国嘉德	2022-12-13
黄地云龙纹寿字绢	58cm×164.5cm	25,300	中国嘉德	2022-12-13
黄地云龙纹寿字绢	164.5cm×58.5cm	69,000	中国嘉德	2022-06-27
黄色细绢	1050cm×48cm	10,350	中贸圣佳	2022-07-27
黄色云纹花绫	948cm×90cm	25,300	中贸圣佳	2022-07-27
极品画绢	高48cm	11,500	北京荣宝	2022-07-24
笺纸	尺寸不一	86,250	中贸圣佳	2022-07-27
六尺宣纸—组五刀	97cm×180cm	20,750	中国嘉德	2022-12-13
明花色瓜绫	1230cm×49cm	10,350	中贸圣佳	2022-12-31
明黄色龟背纹花绫	1002cm×90cm	10,350	中贸圣佳	2022-12-31
明黄色龙纹花绫	510cm×90cm	40,250	中贸圣佳	2022-07-27
明黄色石榴纹版绫	320cm×51cm	11,500	中贸圣佳	2022-07-27
明黄色万字纹花绫	86cm×1165cm	138,000	中贸圣佳	2022-07-27
明黄色万字纹花绫	1020cm×88cm	11,500	中贸圣佳	2022-12-31
明黄色小万字纹花绫	1900cm×69cm	11,500	中贸圣佳	2022-12-31
明黄色云凤纹花绫	1450cm×90cm	11,500	中贸圣佳	2022-12-31
明黄万字纹花绫	910cm×86cm	11,500	中贸圣佳	2022-12-31
秦宝牌便笺纸	29.5cm×21cm	23,000	中贸圣佳	2022-07-27
秦宝牌四尺净皮单宣	138cm×69cm	20,700	中贸圣佳	2022-07-27
秦宝牌四尺净皮绵连	138cm×69cm	18,400	中贸圣佳	2022-07-27
秦宝牌四尺棉料单宣	138cm×69cm	18,400	中贸圣佳	2022-07-27
秦宝牌四尺特净绵连	138cm×69cm	20,700	中贸圣佳	2022-07-27
唐 神兽形石砚	长17cm	82,773	中国嘉德	2022-10-08
宋 泓砚款太平铁钱纹长方抄手澄泥砚	23cm×13.8cm×4.4cm	34,500	中国嘉德	2022-12-13
元 铜双鱼砚	长16.4cm	23,000	华艺国际	2022-09-23
明 残碑砚	23cm×17.5cm×3cm	46,000	华艺国际	2022-09-23
明 曹学佺铭云纹端砚	18.6cm×13.7cm×2.8cm	115,000	朵云轩	2022-12-08
明 澄泥簸箕纹带盖砚(带红木盖)	15cm×12.7cm×3.5cm	11,500	广东崇正	2022-12-25
明 澄泥海八怪云纹圆砚	高2.15cm;直径20.7cm	13,800	广东崇正	2022-04-17
明 澄泥砚	26cm×24cm×3cm	13,800	广东崇正	2022-08-11
明 端石苍龙教子砚	长21cm	86,250	中国嘉德	2022-09-29
明 端石河图洛书砚	长26.5cm	20,700	中国嘉德	2022-09-29

2022杂项拍卖成交汇总(续表)

(成交价RMB:1万元以上)

拍品名称	物品尺寸	成交价RMB	拍卖公司	拍卖日期
明 端石十贤士像砚(带天地盖)	19.5cm×12.5cm×5.5cm	23,000	广东崇正	2022-12-25
明 端石宋坑马肝色文徵明、蒯光典铭文人砚	4.5cm×12.5cm×8cm	437,000	广东崇正	2022-08-11
明 端溪多福天来砚	长25.5cm;宽17.5cm;高4.8cm	517,500	中贸圣佳	2022-07-25
明 古期斋藏天然怀石砚	17.5cm×17.1cm×3.9cm	24,150	朵云轩	2022-12-08
明 河图洛书长方端砚	26.3cm×16.6cm×8.4cm	34,500	西泠印社	2022-01-22
明 黄釉窑刻诗文瓦当砚台(字为后刻)	长31cm	23,000	中贸圣佳	2022-08-13
明 李东阳铭歙砚	长18.4cm;宽8.3cm;高3.2cm	34,500	中贸圣佳	2023-01-01
明 龙纹随形高眼端砚	16.5cm×14.5cm×1.7cm	80,500	西泠印社	2022-08-19
明 吕道人制风字形澄泥砚	高24cm;长17.9cm;宽7.35cm	805,000	西泠印社	2022-01-23
明 尼山精气风字形澄泥砚	22.1cm×18.1cm×3cm	92,000	西泠印社	2022-08-19
明 兽首三足澄泥砚	高8.5cm;长15.5cm	54,050	西泠印社	2022-08-19
明 铜鎏金瑞兽纹暖砚	长26.3cm	34,500	中国嘉德	2022-05-29
明 王文禄铭长方歙砚	26.7cm×18×4.3cm	34,500	中贸圣佳	2022-08-13
明 温如玉、高凤翰铭随形端砚	17.3cm×15.1cm×2.3cm	460,000	西泠印社	2022-01-22
明 文嘉、曹学佺铭花卉纹罗汉坐禅图端砚	16cm×11.2cm×2.6cm	94,300	西泠印社	2022-08-19
明 鱼化龙歙砚	24.4cm×15.4cm×2.1cm	23,000	西泠印社	2022-08-19
明 云龙纹端砚	长10cm	17,250	华艺国际	2022-09-23
明 云龙纹随形端砚	21cm×20.5cm×4.2cm	94,300	西泠印社	2022-08-19
明末 大蟾铭纹八宝纹长方池端池砚	20.1cm×13.5cm×3.1cm	391,000	西泠印社	2022-01-23
明晚期 王铎铭长方形"松麓同春"端砚	16.5cm×10.7cm×3.1cm	2,070,000	中国嘉德	2022-06-26
清初 云龙纹随形端砚	长24cm	11,500	保利厦门	2022-10-22
清早期 丁晏款端石留皮竹节喜蛛砚	长29.5cm	20,700	中国嘉德	2022-09-29
清早期 荆溪蒋天佑制款澄泥圆形砚	直径23cm	32,200	江苏观字	2022-04-17
清康熙 宸翰款灵芝纹松花砚	高12cm;宽9.2cm	448,500	西泠印社	2022-08-21
清康熙 御铭赐孙勷竹节麒麟纹松花石砚	14.5cm×10cm×1.5cm	2,932,500	西泠印社	2022-01-22
清康熙 御铭赐张照祥云捧日纹松花石砚	16cm×10.8cm×1.8cm	632,500	西泠印社	2022-01-22
清康熙 御铭门字形松花石砚	12.8cm×7.9cm×1.8cm	517,500	西泠印社	2022-08-19
清康熙 御制松花诗文砚	长13.2cm	230,000	北京保利	2022-07-16
清康熙五十一年(1702年)高士奇款老坑端石福禄安澜池砚	长18.5cm	264,500	中国嘉德	2022-05-29
清雍正 "梁诗正"款紫檀砚	长19cm;宽12.5cm;厚3.5cm	13,800	浙江御承	2022-08-28
清雍正 松花石"五牛图"文房暖砚	高10cm;长14cm;宽14cm	74,750	浙江御承	2022-08-28
清雍正 松花石四季平安暖砚	高14cm;长16cm;宽16cm	172,500	浙江御承	2022-08-28
清雍正 松花石葫芦形砚	长13.5cm;高9.5cm	207,000	浙江佳宝	2022-03-13
清乾隆 "傅山"款松花石套砚	长28cm;宽21.5cm;厚4cm	69,000	浙江佳宝	2022-08-28
清乾隆 端石仿青铜"宜子孙"石渠方砚(带供匣)	高7.2cm;长14.5cm	483,000	广东崇正	2022-12-25
清乾隆 仿天禾成风字砚	长11.3cm;宽10cm;厚2.5cm	57,500	中贸圣佳	2022-07-25
清乾隆 高凤翰铭尼山石隐泉砚	长16cm;宽14.6cm	517,500	中贸圣佳	2023-01-01
清乾隆 金农孟氏铭砚	长14.3cm;宽10.3cm;高2.1cm	230,000	中贸圣佳	2022-07-25
清乾隆 楠文夫旧藏青田石镂雕双龙争珠砚	高5.8cm;长34cm;宽21cm	425,500	西泠印社	2022-01-23
清乾隆 乾隆御题诗文端砚(原配黄花梨嵌八宝盒)	长17cm;宽12cm;厚5cm	34,500	浙江御承	2022-08-28
清乾隆 兽面027钟形砚	长13cm	20,700	保利厦门	2022-10-22
清乾隆 英和铭"凤凰"端石日月砚	长20.6cm	299,000	北京保利	2022-07-29
清乾隆 玉古铜纹御制诗文石渠砚	高5.5cm;宽13.5cm;长13.5cm	25,300	北京中汉	2022-12-09
清乾隆 御铭仿汉石渠瓦砚	15cm×8.2cm×2.4cm	55,200	西泠印社	2022-08-19
清乾隆 御铭仿宋天兔朝元臼端砚	直径10.5cm	36,800	北京保利	2022-07-16
清乾隆 御铭仿宋端砚	长10.4cm×2.1cm	97,750	北京保利	2022-07-16
清乾隆 御铭石鼓端砚、歙砚(三方)	尺寸不一	32,200	北京保利	2022-07-16
清乾隆 御铭洮河石砚	16.1cm×11cm×2.2cm	57,500	西泠印社	2022-08-19
清乾隆 御题"仿唐八棱澄泥砚"	(10cm)直径	301,293	佳士得	2022-11-29
清乾隆 御制仿宋天兔朝元端砚配黄花梨盒	直径10.7cm;高3.3cm	184,000	浙江佳宝	2022-03-13
清乾隆 紫砂御题仿宋德寿殿犀纹砚连紫檀填金嵌白玉砚盒 韩登安刻黄寿山薄意高士泛舟图陈蘷龙印钮(30克)	Inkstone (14.3cm)长; (15.6cm)长,	463,528	佳士得	2022-11-29
清乾隆 紫檀漆金盒松花石琴形砚	长18cm	1,150,000	北京保利	2022-07-28
清乾隆至道光 白端海水五龙纹方砚(带原配紫檀盒)	17cm×12cm×2.8cm	402,500	广东崇正	2022-08-11
清嘉庆 澄泥"嘉庆年制"(带红木盒)	17.3cm×12.3cm×2.5cm	69,000	广东崇正	2022-08-11
清嘉庆 嘉庆御赏双螭眉纹歙砚	长16.5cm	230,000	北京保利	2022-08-11
清嘉庆 沈瑞琦铭端石竹节砚	23cm×18.2cm×5cm	12,650	广东崇正	2022-08-11
清道光十年(1830年)张廷济为王福田铭、王邊辰藏端石诗文长方砚	12.5cm×6.8cm	322,000	中国嘉德	2022-06-27
清中期 澄泥福寿砚	21cm×16cm×4cm	29,900	广东崇正	2022-12-25
清中期 端石瑶华道人铭玉佩纹砚	长14.7cm	43,700	中国嘉德	2022-06-28
清中期 端石叶式砚	21cm×18.2cm×1.4cm	32,200	广东崇正	2022-08-11
清中期 褐漆八宝盒漆砚	长20.5cm;宽7.35cm;高2.5cm	69,000	中贸圣佳	2022-10-27
清中期 卢生铭彩釉砚雕塑"三羊开泰"砚	长13cm	253,000	北京保利	2022-07-29
清中期 瞿子冶刻钟鼎文紫砂行匣砚	高28cm;长10.6cm;宽7.1cm	368,000	西泠印社	2022-08-19
清光绪 端石"清净经"铭文抄手十柱砚(带老木盒)	23cm×15cm×8.8cm	34,500	广东崇正	2022-08-11
清19世纪 紫檀嵌银丝饕餮纹砚	长12.4cm	259,217	佳士得	2022-05-30
清晚期 单色釉瓷水丞、洗、砚各一件	直径12.8cm;直径10.2cm;长8cm	20,700	中国嘉德	2022-09-28
清 "曾国藩"款蓬莱仙阁端砚(原配木盒)	长22cm;宽16cm;厚5cm	63,250	浙江御承	2022-08-28
清 "陈廷敬"款松花石诗文套砚	长17.5cm;宽11.5cm;厚3.5cm	23,000	浙江御承	2022-08-28
清 "陈元龙"款岁寒三友松花套砚	长16cm;宽10.5cm;厚3cm	23,000	浙江御承	2022-08-28
清 "程立山"款仙鹤献寿端砚	长14.5cm;宽12.5cm;厚3cm	13,800	浙江御承	2022-08-28
清 "改琦"款端砚	长23cm;宽15.5cm;厚2.8cm	34,500	浙江御承	2022-08-28
清 "胡长龄"款藏洪福齐天端砚	长25cm;宽16cm;厚3cm	40,250	浙江御承	2022-08-28
清 "黄云史"款端砚	高9cm;直径12.5cm	17,250	浙江御承	2022-08-28
清 "焦循"款喜上眉梢松花石套砚	长18cm;宽12cm;厚4.5cm	34,500	浙江御承	2022-08-28
清 "冷枚"款端砚	长23cm;宽16cm;厚4cm	13,800	浙江御承	2022-08-28
清 "梁国治"款如足常乐端砚	高10cm;直径13cm	28,750	浙江御承	2022-08-28
清 "梁诗正"款端石抄手砚	长25cm;宽16cm;厚4cm	25,300	浙江御承	2022-08-28
清 "林则徐"款柱形盖砚	高11cm;直径19cm	36,800	浙江御承	2022-08-28
清 "刘墉"款端石七弦琴砚	长23cm;宽13cm;厚4.5cm	51,750	浙江御承	2022-08-28
清 "马世俊"款乾坤太极图端砚	长24.5cm;高5cm;宽6cm	66,000	浙江御承	2022-12-17
清 "潘祖荫"款平安端砚	长23.5cm;高5cm;宽5cm	28,750	浙江御承	2022-08-28
清 "商衍鎏"款端砚	长30.5cm;宽20cm;厚4cm	33,000	浙江御承	2022-12-17
清 "商衍鎏"款诗文圆形盖砚	高11cm;直径15cm	46,000	浙江御承	2022-08-28
清 "汪绎"款如意端砚	长19.8cm;宽7.2cm;厚2.5cm	11,000	浙江御承	2022-12-17
清 "王天之"款包袱松花石套砚(海外回流)	长16cm;宽10.5cm;厚3cm	88,000	浙江御承	2022-12-17
清 "翁方纲"收藏"三希堂"松花套砚	长23cm;宽14cm;厚4.8cm	74,750	浙江御承	2022-12-17
清 "翁同龢"款满工端"三亭幽雅集图端砚	长20cm;宽13cm;厚5cm	69,000	浙江御承	2022-12-17
清 "吴越"款八方盖砚	高9cm;直径8.5cm;底径12cm	20,700	浙江御承	2022-12-17
清 "希福"款松花石圆砚	高10cm;直径21cm	74,750	浙江御承	2022-08-28
清 "徐世昌"款抄手砚	长20cm;宽12cm;厚4cm	23,000	浙江御承	2022-08-28
清 "杨泗孙"款麒麟送书松花石套砚	长19cm;宽7.5cm;厚6cm	23,000	浙江御承	2022-08-28
清 "张照"款翰墨清风端砚	长25cm;宽7.5cm;厚6cm	33,000	浙江御承	2022-12-17
清 "朱秋魁"款龙凤呈祥端砚	长23cm;宽16cm;厚4cm	43,700	浙江御承	2022-12-17
清 "庄选辰"款松花石套砚	直径15.2cm;厚3.3cm	44,000	浙江御承	2022-12-17
清 "庄有恭"款"张津铭"款梅花端砚	长28cm;宽24cm;厚5cm	28,750	浙江御承	2022-08-28
清 "庄有恭"款诗文四方砚	长15cm;宽13cm;厚4.5cm	11,500	浙江御承	2022-08-28
清 "左宗棠"款仿梅柱端砚	长26cm;宽12cm;厚4cm	80,500	浙江御承	2022-12-17
清 (沈氏砚林)影沈石友藏 阮砚坡雁砚	长15.2cm;宽10.9cm;高2.5cm	1,437,500	中贸圣佳	2022-07-25
清 八骏端砚	15.3cm×10cm×6cm	10,350	朵云轩	2022-12-08
清 巴慰祖铭龙纹澄泥砚	17.8cm×11.8cm×3.1cm	13,800	朵云轩	2022-12-08
清 白端博古图门式砚(带红木盒)	15cm×10.3cm×3cm	18,400	广东崇正	2022-08-11
清 白端马纹砚(带红木盒)	9.6cm×13.6cm×2cm	11,500	广东崇正	2022-08-11
清 白端吴鸿铭瓶形砚	10.5cm×14.6cm×3cm	14,950	广东崇正	2022-08-11
清 柏园款刻诗文四方端砚	高12cm;长10.4cm;宽10.4cm	32,200	西泠印社	2022-08-21
清 版东贯山藏、杨谦制仿古玉鞣纹长方澄池端砚	17.5cm×10.7cm×3.4cm	60,950	西泠印社	2022-08-19
清 冰玉道人老坑金线端砚	长18.4cm	132,436	中国嘉德	2022-10-08
清 苍龙教子长方端砚	21cm×12.4cm×7.4cm	103,500	西泠印社	2022-01-22
清 陈霖铭随形端砚	18.6cm×11.3cm×3.9cm	55,200	西泠印社	2022-08-19
清 陈豫钟款歙石抄手砚	长18cm;宽10.7cm;厚4.5cm	161,000	中贸圣佳	2023-01-01
清 程十髮款绘孺子牛图村形歙砚	砚高18cm;宽22cm;厚3cm	23,000	西泠印社	2022-01-23
清 澄泥龙瓶形砚	长9cm	18,400	华艺国际	2022-09-23
清 澄泥龙凤寿字纹盖砚	4cm×20cm	138,000	上海嘉禾	2022-01-01
清 澄泥竹编式砚(带锡盒)	15.5cm×10.7cm×2.5cm	11,500	广东崇正	2022-08-11
清 螭龙绿绿端	长9.7cm	18,400	华艺国际	2022-09-23
清 瓷古泉砚	14.5cm×11cm×2.3cm	11,500	广东崇正	2022-08-11
清 大清乾隆年制款嵌银丝卷草纹漆砂砚	高2.4cm;直径10.5cm	46,000	西泠印社	2022-08-21
清 大西洞二福天来砚	16.4cm×12.1cm×2.3cm	17,250	朵云轩	2022-12-08
清 大西洞凤凰纹砚	12.4cm×8cm×1.5cm	50,600	西泠印社	2022-01-22
清 大眼梅龙纹砚白双面端砚	高2cm;长15cm;宽9.9cm	20,700	西泠印社	2022-08-19
清 澹山房藏达摩面壁端砚	15.2cm×10.5cm×2cm	17,250	朵云轩	2022-01-22
清 道光二十年重修南屏净慈寺造钱砚	30.2cm×18.2cm×6.3cm	97,750	西泠印社	2022-01-22
清 杜文澜藏长方澄池大西洞端砚	18.5cm×12.4cm×2.3cm	138,000	西泠印社	2022-08-19
清 端石"西洞神品"山石纹砚	19.5cm×7.5cm×2.3cm	13,800	广东崇正	2022-04-17
清 端石抄手砚配黑檀盒	长19cm;宽13.5cm;高4.5cm	20,700	浙江佳宝	2022-03-13
清 端石朝阳凤池砚(带出版)	18cm×12cm×1.7cm	115,000	广东崇正	2022-08-11
清 端石螭龙砚	长14.5cm	13,800	中国嘉德	2022-09-29
清 端石雕莲叶砚	长13cm	46,000	中国嘉德	2022-09-29
清 端石高凤输款云龙纹砚(带红木盒)	18cm×16.2cm×4.3cm	17,250	广东崇正	2022-08-11
清 端石荷叶式砚(带红木盒)	13.8cm×12.5cm×2cm	20,700	广东崇正	2022-08-11
清 端石荷叶随形砚	长23cm	11,500	北京保利	2022-07-29
清 端石猴纹砚(带紫檀盒)	16.8cm×11cm×3cm	55,200	广东崇正	2022-04-17
清 端石花卉纹砚(带红木盒)	12.8cm×11.4cm×2.5cm	14,950	广东崇正	2022-12-25
清 端石夔龙纹门式砚(带红木盒)	15cm×10cm×3cm	11,500	广东崇正	2022-12-25
清 端石老坑黑叶蟹龙纹砚(带红木盒)	26.3cm×17.5cm×3cm	161,000	广东崇正	2022-12-25
清 端石老坑诗文云月砚	11cm×15cm×2cm	13,800	广东崇正	2022-04-17
清 端石荔枝纹砚(带紫檀盒)	16.5cm×11cm×3cm	40,250	广东崇正	2022-12-25
清 端石联壁瓶形砚	长14.5cm	10,350	中国嘉德	2022-09-29
清 端石芦雁图抄手砚(带癭木盒)	20cm×13.3cm×4.3cm	89,700	广东崇正	2022-08-11
清 端石猫式砚(带红木盒)	15.5cm×10cm×1.6cm	11,500	广东崇正	2022-12-25
清 端石门字砚(带原配紫檀装里盒)	17.5cm×11cm×3cm	23,000	广东崇正	2022-12-25
清 端石门式砚(带天地盖)	11cm×17cm×3.2cm	34,500	广东崇正	2022-12-25
清 端石铭文砚(带天地盖)	18cm×13.5cm×2.5cm	20,700	广东崇正	2022-12-25
清 端石琴形砚	长18cm	11,500	中国嘉德	2022-05-29
清 端石如意双全砚(带盒)	19cm×12cm×1.5cm	11,500	广东崇正	2022-12-25

拍品名称	物品尺寸	成交价RMB	拍卖公司	拍卖日期
清 端石山石纹砚（带老红木盒）	14cm×10cm×1.5cm	46,000	广东崇正	2022-08-11
清 端石桃形砚	长21.5cm；宽19cm；厚2.9cm	40,250	中贸圣佳	2022-07-25
清 端石卧鹿纹砚	17.1cm×10.6cm×3.2cm	13,800	广东崇正	2022-08-11
清 端石俞庵铭长方砚	27.8cm×22.2cm	92,000	北京保利	2022-07-29
清 端石云根砚	7cm×6cm×1cm	48,300	中国嘉德	2022-12-27
清 端石云鹤纹砚 带红木盒	14.8cm×6cm×1.5cm	20,700	广东崇正	2022-08-11
清 端石云龙纹砚（带红木盒）	20cm×15cm×3cm	17,250	广东崇正	2022-08-11
清 端石云龙纹砚（带老盒）	33.2cm×26cm×2.9cm	80,500	广东崇正	2022-08-11
清 端溪坑仔岩岩露映月砚	宽10.5cm	15,429	中国嘉德	2022-06-05
清 端溪夔龙纹长方砚	长24.5cm	12,343	中国嘉德	2022-06-05
清 端溪水岩 子石小鱼砚	宽10.6cm	10,286	中国嘉德	2022-06-05
清 多福竹节端砚	10.5cm×17.7cm×2.4cm	36,800	中国嘉德	2022-12-25
清 芳标铭书卷形端砚、长方砚各一方	尺寸不一	11,500	中国嘉德	2022-06-28
清 费源深临、翟恩琾藏长方圆池歙砚	13.9cm×9cm×3.4cm	17,250	西泠印社	2022-01-22
清 风字形砖砚	12.6cm×10.3cm×4.9cm	25,300	西泠印社	2022-01-22
清 凤字形紫砂砚	13.4cm×12.5cm×2.2cm	32,200	西泠印社	2022-08-19
清 凤鸟随形大端砚	32.7cm×20.4cm×2.3cm	11,500	朵云轩	2022-12-08
清 凤鸟随形端砚	37cm×20.9cm×4cm	46,000	西泠印社	2022-08-19
清 浮嶂山水高士随形端砚	长8cm；宽12.5cm；宽9.4cm	37,950	西泠印社	2022-08-19
清 傅栻为赵叔孺铭梁大同九年砖砚	18.1cm×16.1cm×1.2cm	161,000	西泠印社	2022-08-21
清 高凤翰铭夔龙纹澄泥八砚	21.1cm×13.6cm×4.2cm	345,000	朵云轩	2022-12-08
清 高野侯铭红木刻梅花砚盒及端砚（一组两件）	砚高4cm；长16.2cm；宽10.8cm	115,000	西泠印社	2022-01-23
清 顾二娘制簸箕纹澄泥砚	砚高13cm，直径8.4cm	40,250	西泠印社	2022-01-22
清 顾二娘作多子多福荔枝纹子石端砚	20.5cm×14.3cm×5cm	1,207,500	西泠印社	2022-01-22
清 顾颉刚款端石龙池浴日大砚	长24cm	17,250	中国嘉德	2022-09-29
清 顾嗣立铭松纹长方端砚	15cm×10.2cm×2.5cm	10,350	西泠印社	2022-08-19
清 瓜瓞绵绵随形端砚	15.3cm×11.2cm×2.2cm	57,500	西泠印社	2022-08-19
清 瓜瓞绵绵随形端砚	17.1cm×15.6cm×4.6cm	34,500	西泠印社	2022-08-19
清 瓜瓞绵绵长方端砚	16.1cm×10cm×2.4cm	34,500	西泠印社	2022-08-19
清 广玉铭澄池端砚	13.8cm×9.5cm×1.7cm	109,250	西泠印社	2022-08-19
清 郭则沄款端石竹叶砚	长13.8cm	10,350	中国嘉德	2022-09-29
清 海螺形仿生绿端砚	砚高5cm；长16cm；宽7.5cm	12,650	西泠印社	2022-01-23
清 海山仙馆款眦残石砚（带花梨天地盖）	12.2cm×15.7cm×4.1cm	14,950	广东崇正	2022-12-25
清 海上仙山白端砚	7.4cm×5.7cm×1.2cm	69,000	西泠印社	2022-01-22
清 海棠纹端砚	长15cm	11,500	华艺国际	2022-09-23
清 含山莲荷叶形端砚	22.1cm×16.6cm×2.5cm	28,750	西泠印社	2022-08-19
清 何传瑶藏长方门字池砚	17cm×11.2cm×3.1cm	13,800	西泠印社	2022-08-19
清 何杭铭长方石渠端砚	17.4cm×11cm×2.2cm	63,250	西泠印社	2022-08-19
清 荷塘清趣随形高眼端砚	27.8cm×21.7cm×4.9cm	34,500	西泠印社	2022-08-19
清 荷塘图随形端砚	20.2cm×15.4cm×2.2cm	23,000	西泠印社	2022-01-22
清 荷叶随形端砚	17.6cm×17.6cm×3.9cm	20,700	西泠印社	2022-01-22
清 荷叶形端砚	13.4cm×9.2cm×2.7cm	11,500	朵云轩	2022-12-08
清 荷叶形洮河石砚	砚高2.5cm；长22.5cm；宽15.5cm	27,600	西泠印社	2022-01-23
清 黑漆嵌螺钿漆砂砚	砚11.8cm×16.7cm×3.7cm	43,700	中国嘉德	2022-12-25
清 红丝石因灵鬼仿唐镜砚	直径3.8cm	63,250	华艺国际	2022-09-23
清 鸿儿铭云龙纹端砚	长18.3cm	10,350	华艺国际	2022-09-23
清 花鸟纹八棱形端砚	9.2cm×9.2cm×1.8cm	34,500	西泠印社	2022-08-19
清 华嵒款老坑白端砚	高1.4cm；长10cm；宽6.9cm	34,500	西泠印社	2022-08-21
清 黄鼠款端石云月砚	长12.2cm	10,350	中国嘉德	2022-09-29
清 黄锡庆款端石云鹤纹对砚	长15.5cm	20,700	中国嘉德	2022-05-29
清 黄易铭老龙瞵端砚	16.1cm×5.2cm×1.8cm	552,000	西泠印社	2022-01-22
清 纪晓岚铭百寿大端砚	32.7cm×24.6cm×3.5cm	172,500	朵云轩	2022-12-08
清 济之铭门字池长方双面端砚	19.7cm×12.9cm×3.3cm	28,750	西泠印社	2022-08-19
清 江芸阁铭青蜜献寿澄泥砚	22cm×14.6cm×3cm	40,250	西泠印社	2022-01-22
清 姜树、萧韶铭随形端砚	14.5cm×10.5cm×1.7cm	103,500	西泠印社	2022-08-19
清 蒋立镛铭范玑藏过云庐画砚	10.8cm×7.9cm×1.9cm	34,500	西泠印社	2022-01-22
清 蕉雨怡斗方砚	19.4cm×12.4cm×2.2cm	46,000	西泠印社	2022-08-21
清 蕉园珍藏勾连纹长方澄池端砚	16.4cm×11.1cm×1.9cm	32,200	西泠印社	2022-01-22
清 金农款砚	直径8.7cm	23,000	中鸿信	2022-09-11
清 金农款端池门字式端砚	长13.2cm	97,750	中国嘉德	2022-12-27
清 静亭作梅纹随形澄泥砚	19.5cm×16cm×5.4cm	10,350	西泠印社	2022-01-22
清 居廉款随形澄池端砚	6.9cm×6cm×0.9cm	13,800	西泠印社	2022-08-21
清 居易馆生人铭十八星大史端砚	20.7cm×12.1cm×7.9cm	103,500	西泠印社	2022-08-19
清 卷云纹澄泥砚	高1.9cm；长18cm；宽16cm	31,050	西泠印社	2022-08-21
清 康熙"宸翰"款松花砚	长18.5cm；宽9.5cm；厚5cm	99,000	浙江御承	2022-12-17
清 康熙宸翰款松花砚	砚高4cm×宽9.2cm	448,500	浙江御承	2022-12-17
清 康有为题洮砚砖端砚	19.5cm×15.5cm	55,200	上海嘉禾	2022-01-01
清 刻诗文随形端砚	高4.7cm；长22.5cm；宽7.5cm	20,700	西泠印社	2022-08-21
清 孔广陶刻砖汉砖大吉羊砚	长13cm；宽9.6cm；高5cm	52,900	中贸圣佳	2022-10-27
清 孔退谷铭紫石尼山石砚	15cm×12.5cm×5cm	34,500	西泠印社	2022-08-19
清 夔龙纹袋形端砚	径28.6cm×5.1cm	43,700	广东崇正	2022-08-11
清 夔龙纹洮池老坑端砚	长19cm	23,000	华艺国际	2022-09-23
清 兰亭图墨砚	长18.5cm	63,250	北京保利	2022-07-29
清 朗润款石卧牛歙砚	砚高1.8cm；长12cm；宽0.4cm	20,700	西泠印社	2022-01-22
清 老坑端石荔枝板式砚	长18cm	11,500	中国嘉德	2022-05-29
清 老坑圭形端砚等（两方）	尺寸不一	17,250	朵云轩	2022-12-08
清 老坑石云龙花满工平板端砚	24.4cm×17cm×2.3cm	11,500	朵云轩	2022-12-08
清 老坑石云纹端砚	长24cm；长19cm；宽12.3cm	16,100	西泠印社	2022-08-21

拍品名称	物品尺寸	成交价RMB	拍卖公司	拍卖日期
清 李充茂铭长方门字池端砚	15.4cm×9.8cm×2.5cm	32,200	西泠印社	2022-08-19
清 李馥藏，文徵明、沈灏、翁方纲等铭长方澄池端砚	32.4cm×26.7cm×6.5cm	34,500	西泠印社	2022-01-22
清 李茶款刻诗文随形红丝砚	高7.5cm；长21cm；宽15cm	63,250	西泠印社	2022-08-21
清 梁鼎芬藏老坑云纹端砚	17.5cm×11.8cm×1.7cm	78,200	华艺国际	2022-09-23
清 梁同书铭桐砚	12.1cm×8cm×1.2cm	97,750	西泠印社	2022-01-22
清 林熊光、石原西涯藏朱彝尊铭可耕可读澄泥砚	高22cm；长14cm；宽10.5cm	126,500	西泠印社	2022-08-21
清 灵璧石砚池水洗	高5.7cm；长13.2cm；宽7.5cm	23,000	西泠印社	2022-01-23
清 六舟自铭小绿天庵主人六舟手画砚，姚義民藏，高均儒铭，高行信篆，明企刻砚匣，吴朴堂刻王福庵题砚匣	18cm×15.7cm×3.2cm	2,990,000	西泠印社	2022-08-19
清 凤呈祥长方高眼端砚	20.9cm×13.7cm×2.5cm	17,250	西泠印社	2022-08-19
清 卢纹端砚	20cm×14cm×2.4cm	32,200	西泠印社	2022-08-19
清 卢葵生款漆砂砚	高1.7cm；长11.5cm；宽6.8cm	16,100	西泠印社	2022-08-19
清 卢葵生制花鸟纹圆形漆砂砚	径10.2cm×3.6cm	28,750	西泠印社	2022-08-19
清 卢葵生制漆郊嵌宝瓿犊情深砚	砚长15.5cm；宽9.6cm；高2cm	103,500	中贸圣佳	2023-01-01
清 卢葵生制牵牛雏鸡漆砂砚	14.8cm×9.8cm×1.7cm	69,000	朵云轩	2022-12-08
清 卢坤藏黄培芳铭长方平板端砚	22.5cm×15cm×2.2cm	51,750	西泠印社	2022-08-19
清 卢坤藏林召棠铭长方平板端砚	22.3cm×14.9cm×2.2cm	75,900	西泠印社	2022-08-19
清 鲁贵光绘井田砚	长11.5cm	11,500	华艺国际	2022-09-23
清 陆恭宗谷螭龙纹长方滴池对砚附版东贯山手拓螭龙回纹砚册	尺寸不一	805,000	西泠印社	2022-08-19
清 绿端螭纹端砚（带紫檀嵌母贝盒）	13.6cm×7cm×1.8cm	172,500	广东崇正	2022-04-17
清 马起凤铭吴志恭藏富贵未央砖砚	16.6cm×11.9cm×4.7cm	20,700	朵云轩	2022-12-08
清 马祝眉铭云龙纹端砚	13cm×12cm	40,250	上海嘉禾	2022-01-01
清 玛瑙雕带钩、砚台（一组两件）	尺寸不一	20,700	西泠印社	2022-01-23
清 玛瑙紫砂砚（一组四方）	尺寸不一	28,750	朵云轩	2022-12-08
清 猫形带眼端砚	12.3cm×10.3cm×4.3cm	17,250	朵云轩	2022-12-08
清 门字池长方端砚	16.3cm×11.4cm×4.3cm	55,200	西泠印社	2022-01-22
清 明善堂藏祥云九龙戏珠老坑端砚	长21.5cm；宽14.3cm；高39cm	184,000	中贸圣佳	2023-01-01
清 明珠出海端砚	23.7cm×14.7cm×2.9cm	55,200	西泠印社	2022-12-25
清 木盖嵌玉砚匣	21.5cm×13.8cm×6cm（砚台）	13,800	北京中汉	2022-09-29
清 灌樨子铭长方门字池端砚	12.5cm×10.6cm×3.7cm	17,250	西泠印社	2022-08-19
清 南村藏砚	长19cm	20,700	华艺国际	2022-09-23
清 潘仕成藏大西洞冰纹端砚	12.6cm×19.5cm×3cm	138,000	西泠印社	2022-08-19
清 潘振节铭许韵琴鸣结绳端砚	砚高1.8cm；长14.8cm；宽9.6cm	25,300	西泠印社	2022-08-19
清 蟠桃纹端砚	长15.5cm	26,450	华艺国际	2022-09-23
清 彭元瑞款端石火燎板式砚	长19cm	25,300	中国嘉德	2022-09-29
清 麒麟送子式长方端砚	17.9cm×12cm×2.8cm	40,250	西泠印社	2022-08-19
清 启寿款端石福禄无量寿尊者像砚	15.7cm×10cm×2.8cm	32,200	中国嘉德	2022-06-28
清 钱镜塘款端石山水楼阁图砚	长12.7cm	40,250	中国嘉德	2022-09-29
清 钱桢藏山水纹长方端砚	21.7cm×15cm×2.9cm	63,250	西泠印社	2022-01-22
清 乾隆 御题诗端砚	长22cm；宽15cm；厚3cm	24,200	浙江御承	2022-12-17
清 乾隆御铭仿宋德寿殿犀纹紫砂砚	砚高1.5cm；长15.5cm；宽9cm	109,250	西泠印社	2022-12-08
清 乾隆御铭仿宋德寿殿犀纹紫砂砚	高1.5cm；长15.5cm；宽9cm	40,250	西泠印社	2022-08-21
清 乾隆御铭石渠砚	12.8cm×12.7cm×6.8cm	230,000	朵云轩	2022-12-08
清 乾隆御铭石玉兔朝元图端砚	砚高2.6cm；直径18.3cm	55,200	西泠印社	2022-08-19
清 宝宝梅花纹漆砂圆砚	高2.6cm；直径10.3cm	17,250	西泠印社	2022-08-19
清 琴形端砚	19.6cm×11.1cm×3.2cm	23,000	西泠印社	2022-08-19
清 琴形端砚	长25cm	23,000	华艺国际	2022-09-23
清 清白传家白菜形端砚	16.2cm×14.1cm×2.8cm	36,800	西泠印社	2022-08-19
清 庆云之瑞云纹长方歙砚	16.9cm×11.3cm×2.2cm	48,300	西泠印社	2022-08-19
清 裙生铭囊括端砚	11.4cm×8.8cm×1.4cm	32,200	西泠印社	2022-01-22
清 阮元、钱大昕铭，谱砚斋藏缩刻汉李基初碑端砚	19.5cm×13cm×2.3cm	80,500	西泠印社	2022-01-22
清 阮元铭田字端砚	15.4cm×15cm×2.2cm	92,000	西泠印社	2022-01-22
清 阮元掌汉西岳华山碑砖砚	28.2cm×13.3cm×3.7cm	322,000	西泠印社	2022-01-22
清 善斋藏砚等（一组六方）	尺寸不一	25,300	朵云轩	2022-12-08
清 歙石八方御制诗"仿唐观象砚"	直径12.7cm	668,338	香港福羲国际	2022-12-28
清 歙石福山寿海纹砚（带红木盒）	17cm×11.6cm×2.1cm	17,250	广东崇正	2022-08-11
清 歙石高士赏荷凤纹砚	15cm×10.6cm×1.6cm	13,800	广东崇正	2022-04-17
清 歙石荷塘纹钟形砚	长21cm	17,250	中国嘉德	2022-08-19
清 歙石鱼化龙砚	长23.8cm	17,250	中国嘉德	2022-08-19
清 歙州青琅环金星河图石渠砚	宽12.9cm	15,429	中国嘉德	2022-06-05
清 沈石友、沈煦孙铭长方滴池高眼端砚	16.7cm×10.3cm×3.8cm	253,000	西泠印社	2022-08-21
清 盐支焯藏长方云月端砚	21cm×14.2cm×3.4cm	402,500	西泠印社	2022-08-19
清 石庵居士铭云纹随形端砚	9cm×4.9cm×1.8cm	17,250	中国嘉德	2022-08-19
清 双螭龙纹端砚	砚高4cm；宽12.5cm	34,500	西泠印社	2022-08-19
清 双龙纹瓦形端砚	16.5cm×12.8cm×2.2cm	23,000	西泠印社	2022-08-19
清 双龙戏珠端砚	21cm×14cm×3.4cm	13,800	西泠印社	2022-08-19
清 双鱼砚台	长9.8cm；宽6cm	17,250	上海嘉禾	2022-01-01
清 水晶蝉形砚	高1.3cm；长9.8cm；宽6cm	17,250	西泠印社	2022-08-19
清 水晶凤纹砚（带紫檀盒）	12.5cm×9.8cm×2.6cm	28,750	广东崇正	2022-12-25
清 水晶圆形砚	直径14.6cm；高3cm	64,400	广东崇正	2022-08-11
清 松邺铭随形澄池端砚	26.5cm×22.7cm×4.5cm	92,000	西泠印社	2022-08-19
清 松花石坑砚	长23.8cm	31,050	华艺国际	2022-09-23
清 松纹随形端砚	21.4cm×15.4cm×3cm	23,000	西泠印社	2022-08-19
清 宋牵 查慎行 冯敏昌 载熙铭宝砚堂藏一双青眼砚	长22.5cm；宽2.8cm	575,000	中贸圣佳	2022-10-27
清 随形福寿老坑端砚	13.4cm×11.4cm×1.8cm	17,250	西泠印社	2022-08-19

2022杂项拍卖成交汇总(续表)

(成交价RMB: 1万元以上)

拍品名称	物品尺寸	成交价RMB	拍卖公司	拍卖日期
清 随形蕉叶端砚	19.4cm×12cm×3.2cm	28,750	西泠印社	2022-08-19
清 随形仔石端砚	13.6cm×9.6cm×1.9cm	40,250	西泠印社	2022-08-19
清 随形竹节端砚	19cm×14.2cm×2.5cm	27,600	西泠印社	2022-01-22
清 孙星衍、赵魏铭和平原福长方端砚	14.1cm×8.3cm×2.2cm	138,000	西泠印社	2022-08-19
清 太平有象长方端砚	28.7cm×18.1cm×5cm	63,250	西泠印社	2022-08-19
清 唐铭随形仔石端砚	10.9cm×13.5cm×2.4cm	32,200	西泠印社	2022-01-22
清 陶斋款砖砚台(漆盒)	直径8cm	115,000	华艺国际	2022-09-23
清 铁山道人铭长方澄池高眼端砚	15.9cm×10.5cm×3.7cm	48,300	西泠印社	2022-08-19
清 兔纹口端砚	15.5cm×9cm×1.6cm	11,500	朵云轩	2022-12-08
清 瓦当砚	20cm×13cm×4.1cm	13,800	中国嘉德	2022-12-25
清 瓦形歙砚	20cm×15cm×2cm	32,200	中国嘉德	2022-01-22
清 瓦形竹篆端砚	7.2cm×12cm×1.2cm	11,500	西泠印社	2022-08-19
清 汪复庆作祥龙献瑞乳钉纹长方澄池歙砚	13.5cm×8.9cm×1.5cm	43,700	西泠印社	2022-08-19
清 嘉棠款端石云龙纹砚	长20.2cm	17,250	中国嘉德	2022-09-29
清 汪洵绿砖砚等(一组六方)	尺寸不一	57,500	朵云轩	2022-12-08
清 王鸿绪铭随形端砚	21.6cm×15.1cm×2.5cm	36,800	西泠印社	2022-01-22
清 王雪涛题刻瓜果砚	长11.5cm	26,450	华艺国际	2022-09-23
清 文点、华岩仿铭紫玉端砚	16.5cm×10.5cm×2.5cm	92,000	西泠印社	2022-08-19
清 翁方纲铭澄泥端调形端砚	12.6cm×8.8cm×1.9cm	23,000	朵云轩	2022-12-08
清 翁心存铭荷形砚	长11cm;宽8.8cm;厚度2cm	34,500	中贸圣佳	2023-01-01
清 吴昌硕款砚台	长18cm;宽6cm	25,300	深圳富诺得	2022-10-06
清 吴大澂款斧形端砚	18.7cm×16.4cm×2.1cm	126,500	西泠印社	2022-01-22
清 吴道镕款端长方砚	23cm×15.6cm×2.4cm	43,700	西泠印社	2022-01-22
清 吴式芬缩摹汉石经论语平板绿端砚附石莲庵藏磨拓本五种	17.7cm×11.7cm×2cm	172,500	西泠印社	2022-08-19
清 吴锡麒铭随形寿桃砚	12.8cm×8.7cm×2cm	34,500	西泠印社	2022-01-22
清 席振遂刻诗文瓜形砚	高21.9cm;长12cm;宽9.3cm	31,050	西泠印社	2022-08-21
清 萧礼容铭凤嘈藏云纹方形端砚	12cm×12cm×2cm	28,750	西泠印社	2022-01-22
清 小榭铭老坑端砚	高2cm;长14.7cm;宽9.5cm	43,700	西泠印社	2022-08-21
清 新月池鱼子纹圆形歙砚	径13.9cm×2.5cm	11,500	中国嘉德	2022-01-22
清 熊承显款姚虞琴藏妙华盒书画砚	20.5cm×11cm×3cm	57,500	西泠印社	2022-08-19
清 虚斋鉴云纹长方订字池端砚	15.8cm×10.5cm×2.2cm	28,750	西泠印社	2022-08-21
清 徐懋鋆永和九年砖砚	高3.9cm;长15cm;宽9.2cm	20,700	中国嘉德	2022-01-23
清 许均款洮河石螭龙砚	长17.2cm	11,500	中国嘉德	2022-08-19
清 薛雪铭随形端砚	15.4cm×12.7cm×2cm	89,700	西泠印社	2022-08-19
清 砚台两件	直径11.2cm;长28.8cm	10,350	中贸圣佳	2022-09-26
清 杨东明铭长方端砚	19.2cm×11.9cm×5.3cm	40,250	西泠印社	2022-08-19
清 杨文莹铭赤壁东坡砚	18.8cm×13cm×2cm	195,500	西泠印社	2022-08-19
清 杨祈孙、沈景修款,许增藏长方歙砚	18.3cm×11.7cm×2.8cm	207,000	西泠印社	2022-08-19
清 叶景葵款端石云月砚	长14.3cm	11,500	中国嘉德	2022-08-19
清 叶云坡款口端石澄池砚	长12cm	11,500	中国嘉德	2022-08-19
清 叶志诜款坑山水纹平板端砚	21.1cm×14.2cm×2.7cm	58,650	西泠印社	2022-08-19
清 一清铭胡照书随形端砚	22.8cm×17cm×4.6cm	28,750	西泠印社	2022-08-19
清 友泉款随形竹节端砚	11.1cm×12.6cm×2.6cm	23,000	西泠印社	2022-01-22
清 玉丁字砚原配红木盒	长8.2cm;宽5cm	29,210	华艺国际	2022-09-23
清 御题诗仿汉瓦砚配红木嵌玉砚盒	长15.4cm;宽8.1cm;T2cm	74,750	中贸圣佳	2022-09-26
清 元康四年砖砚	15.7cm×14cm×5.1cm	17,250	西泠印社	2022-08-19
清 袁枚款云纹长方澄池端砚	17.8cm×11.3cm×2.5cm	80,500	西泠印社	2022-08-19
清 袁桐款集金文诗谱端砚	砚高2cm;宽13.6cm;高9.4cm	69,000	西泠印社	2022-01-23
清 圆形达摩、方形金蟾端砚	直径8.9cm;高2.4cm; 14.8cm×10cm×2cm	11,500	中国嘉德	2022-12-25
清 云蝠纹随形端砚	15.7cm×15.7cm×2.2cm	17,250	朵云轩	2022-12-08
清 云龙纹高眼随形仔石端砚	16.9cm×12.3cm×4.7cm	43,700	西泠印社	2022-08-19
清 云纹平板端砚	17.8cm×12cm×2.1cm	41,400	西泠印社	2022-08-19
清 云纹仔石高眼端砚	27.2cm×18.5cm×4cm	46,000	西泠印社	2022-08-19
清 云纹仔石高眼端砚	12cm×11cm×4cm	36,800	西泠印社	2022-08-19
清 云纹长方澄池端砚	14.3cm×9.4cm×2cm	43,700	西泠印社	2022-08-19
清 仔石端砚	13.4cm×10.6cm×4cm	31,050	西泠印社	2022-08-19
清 张岛铭寒兔童金文端砚	20.2cm×13.5cm×2cm	172,500	中国嘉德	2022-12-27
清 张骞兄弟旧藏澄泥砚	长28cm;宽25cm;高4cm	276,000	中贸圣佳	2022-10-27
清 张启后款端石蕉叶砚	长17.2cm	13,800	中国嘉德	2022-08-19
清 张氏珍玩款紫檀嵌百宝砚	高1.4cm;长8.2cm;宽8.2cm	161,000	西泠印社	2022-08-21
清 张廷济、高垲铭朱英翠霭长方澄泥砚	12.3cm×6.2cm×1.6cm	74,750	西泠印社	2022-08-19
清 张廷济铭经幢残石砚	高5.5cm;长15.2cm;宽15.2cm	74,750	西泠印社	2022-08-19
清 张问陶铭 罗汉端砚	长16.8cm	18,400	华艺国际	2022-09-23
清 章钰款端石海大浴日大砚	长26.3cm	17,250	中国嘉德	2022-05-29
清 长方平板端砚	20.1cm×13cm×3.8cm	20,700	西泠印社	2022-08-19
清 长方平板端砚	22.7cm×15.2cm×3cm	20,700	西泠印社	2022-08-19
清 长方澄池井田端砚	15.1cm×12.4cm×1.6cm	10,350	西泠印社	2022-08-19
清 赵在田款山水图平板端砚	13.5cm×18.3cm×2.5cm	207,000	西泠印社	2022-08-19
清 正宜铭长方澄池田字端砚	15.6cm×12.2cm×2.4cm	74,750	西泠印社	2022-08-19
清 芷岩款云龙纹端砚	长16.5cm	12,650	华艺国际	2022-09-23
清 治亭款云纹辟雍砚	直径12.8cm	23,000	华艺国际	2022-08-19
清 钟形端砚	16.1cm×12cm×1.7cm	28,750	西泠印社	2022-08-19
清 周芷岩款山水如意澄池长方歙砚	10.3cm×8.1cm×1.4cm	34,500	西泠印社	2022-01-22
清 周芷岩仿啸月长方高眼端砚	8.3cm×5.7cm×1.1cm	977,500	西泠印社	2022-01-22
清 朱铭铭圆形端砚	径14.6cm×1.9cm	17,250	西泠印社	2022-08-19
清 朱琮铭款独钓寒江砚	22cm×16cm×3cm	23,000	朵云轩	2022-12-08
清 朱兆构、华逸邨铭阳湖石钵砚	16.1cm×10.6cm×1.9cm	32,200	西泠印社	2022-08-19
清 竹节形双喜端砚	13.1cm×8.5cm×1.6cm	17,250	西泠印社	2022-08-19
清 竹节形鸲鹆斑端砚	20.8cm×14.5cm×4.3cm	25,300	西泠印社	2022-08-19
清 坨款端砚配红木盒	长3.6cm;宽10cm;高4.2cm	34,500	浙江佳宝	2022-03-13
清 庄有恭铭夔龙纹长方澄池端砚	19.7cm×15.1cm×2.5cm	51,750	西泠印社	2022-01-22
清 拙盦人铭长方澄池端砚	14.5cm×9.4cm×2.6cm	13,800	西泠印社	2022-08-19
清 子玉铭竹节形绿豆沙澄泥砚	10.4cm×4.7cm×1.3cm	23,000	西泠印社	2022-01-22
清 紫檀盒蕉叶白澄池端砚	26.2cm×17.2cm×3.5cm	48,300	中国嘉德	2022-12-27
清 紫檀嵌银砚台	长11.3cm	23,000	广东崇正	2022-08-11
清末 陈光明墨砂砚台		23,000	中贸圣佳	2022-07-25
民国 "红树室" 款云纹端砚一对	11.2cm×17cm×2cm×2	57,500	中国嘉德	2022-12-27
民国 "章炳麟" 款端砚	长4cm;高2.9cm;厚7cm	138,000	浙江御承	2022-08-28
民国 陈端友制蚕桑澄泥砚	15.5cm×14cm×3.5cm	322,000	西泠印社	2022-01-22
民国 端石雕 "喜上眉梢" 砚	高39.5cm	11,500	中鸿信	2022-09-11
民国 端石高野侯刻 "张迁碑" 铭文砚(带老盒)	1.5cm×10.6cm×14cm	13,800	广东崇正	2022-08-11
民国 端石云纹 "南无阿弥陀佛" 砚(带红木盒)	9.2cm×6.3cm×1.3cm	20,700	广东崇正	2022-12-25
民国 傅增湘藏汉砖刻 "圉令赵君之碑" 铭文砚	28.5cm×13.4cm×3.5cm	43,700	广东崇正	2022-08-11
民国 胡小石款端石留皮云月砚	长16cm	25,300	中国嘉德	2022-09-29
民国 华世奎款端石太白醉酒大砚	长25cm	11,500	中国嘉德	2022-09-29
民国 李研吾旧藏 及 上款唐云画徐孝穆刻梅花砚	长10.5cm; 宽7.6cm	46,000	华艺国际	2022-09-23
民国 潘伯鹰铭老坑随形大端砚	21.3cm×21.7cm×2.6cm	32,200	朵云轩	2022-12-08
民国 童大年款端石一路连科砚	长11cm	11,500	中国嘉德	2022-05-29
民国 吴昌硕款管镜宝砚配红木圆盒	直径12.4cm;T2cm	13,800	中贸圣佳	2022-09-26
民国 行有恒堂款松花石贝池砚	长13.2cm	32,200	中国嘉德	2022-09-29
民国 王炳荣款 雕瓷砚台	直径17.5cm	11,500	中贸圣佳	2022-07-26
现代 陈佩秋题冯国文刻端砚(带紫檀盖盒)	宽9.8cm	20,572	中国嘉德	2022-06-05
"何焯" 款福寿双全套砚	砚盒长13.3cm; 宽13.2cm; 厚4.6cm	33,000	浙江御承	2022-12-17
"弘一" 款端砚	长19.8cm;宽14.2cm;厚4cm	22,000	浙江御承	2022-12-17
"汪如洋" 款松花石凤凰纹套砚	直径15.8cm;高6.5cm	60,500	浙江御承	2022-12-17
1970年作 曾绍杰刻寿山石《敦化轩》	2.8cm×3.5cm×1.5cm	59,848	罗芙奥	2022-12-03
1975年作 曾绍杰刻寿山石《花好月圆人寿》	8cm×2.5cm×2.5cm	119,697	罗芙奥	2022-12-03
曾绍杰刻田黄《喻仲林画》	3cm×2.7cm×1.1cm	54,408	罗芙奥	2022-12-03
邓散木铭端石书卷砚	14.9cm×10.5cm×2.2cm	10,350	中国嘉德	2022-01-22
端石仿河卵石文人砚(带天地盖)	13cm×17cm×4cm	20,700	广东崇正	2022-04-17
顿立夫 寿山石印章及铭端石砚	13.7cm×9cm×1.4cm; 1.9cm×1.9cm×3.7cm	13,800	中国嘉德	2022-06-26
范少江制端石大西洞老坑澄池砚	15.5cm×10.5cm×3cm	34,500	朵云轩	2022-12-08
方澄欣制鸭头绿山水砚	15.5cm×20.5cm×4cm	69,000	上海嘉禾	2022-01-01
高士奇款老坑端石福禄纹澄池砚	18.4cm×12.4cm×4.1cm	264,500	中贸圣佳	2023-01-01
花鸟纹随形端砚	27.5cm×18cm×6cm	51,750	西泠印社	2022-08-19
近代 "李盛铎" 款福寿双全端砚(台湾藏家提供)	长33cm;宽33cm;厚52cm	99,000	浙江御承	2022-12-17
近代 陈佩秋馨兰花博古砚	12cm×18.2cm×5cm	25,300	广东崇正	2022-08-11
近代 端石 "不爱红装爱武装" 砚(带红木盒)	15cm×11cm×2.2cm	11,500	广东崇正	2022-12-25
近代 老坑平板端砚	24cm×15.5cm×3cm	31,050	朵云轩	2022-12-08
近代 老坑随形平板大端砚	30.5cm×21.1cm×3.4cm	13,800	朵云轩	2022-12-08
近代 鱼化龙纹端砚等(五方)	尺寸不一	34,500	朵云轩	2022-12-08
旧藏 "汪士铉" 款端砚	长5.9cm;高31.5cm;厚2cm	66,000	浙江御承	2022-12-17
旧藏 老坑端石 "麒麟送书" 八方砚	直径13cm;宽厚3.5cm	33,000	浙江御承	2022-12-17
旧藏 李鸿章款 暗八仙纹松花石暖砚	直径15.5cm;高13.5cm	176,000	浙江御承	2022-12-17
旧藏 双龙戏珠端砚(海外回流)	长25.5cm;宽21.5cm;厚108cm	121,000	浙江御承	2022-12-17
夔龙纹随形端砚	24cm×19.5cm×4.9cm	34,500	西泠印社	2022-08-19
赖少其藏、唐云铭、徐孝穆刻长方小端砚	8.4cm×5.5cm×2cm	184,000	西泠印社	2022-08-11
李铁民制鸭头绿石渠砚	12.5cm×11.5cm×3.3cm	86,250	上海嘉禾	2022-01-01
卢保胜制 "商周遗韵" 砚	13cm×13cm×4cm	63,250	上海嘉禾	2022-01-01
陆俨少画、白书章刻随形端砚	16.1cm×14.3cm×3.7cm	287,500	西泠印社	2022-08-19
陆俨少绘、白书章刻随形端砚	28cm×25cm×11cm	345,000	西泠印社	2022-08-19
伦少国制松纹平板端砚	31cm×21cm×3.2cm	32,200	西泠印社	2022-08-19
苗小轩铭长方端砚	15.9cm×10.8cm×1.7cm	23,000	中国嘉德	2022-08-19
齐白石 铭谭王绍尊 "益寿有余" 端砚	18.2cm×18.2cm×6.5cm	1,150,000	北京银座	2022-08-19
石渠阁瓦砚	长15cm	176,198	纽约佳士得	2022-09-23
唐 豹斑石龟式盖砚	长11.5cm	112,436	纽约佳士得	2022-03-25
唐云画、白书章刻、徐孝穆刻立芝端砚	14cm×8.2cm×1.8cm	207,000	西泠印社	2022-08-19
唐云画、白书章铭、陈奇鏖蕉叶端砚	18.8cm×8.4cm×1.7cm	195,500	西泠印社	2022-08-19
唐云画、白书章作云松纹老坑端砚	23.8cm×16.8cm×2.7cm	575,000	西泠印社	2022-08-19
唐云画、徐孝穆刻瓜绞缠绵随形端砚	11.7cm×8.3cm×2cm	46,000	西泠印社	2022-08-19
唐醉石铭 端石金蟾砚	19cm×13cm×2.8cm	20,700	中国嘉德	2022-12-25
汪鸿铭 "江天月影新" 砚	19cm×13cm×3cm	59,800	中国嘉德	2022-12-25
汪鸿欣制 "一树梅花一放翁" 砚	35cm×19cm×4cm	66,700	上海嘉禾	2022-01-01
王福庵、凌夌池、贺天兰铭、黄肇豫、吴迪生刻万松兰亭砚	19.6cm×12.5cm×3.4cm	345,000	西泠印社	2022-08-19
王壮为1974年作 王壮为刻《清泉郡》	8cm×2cm×2cm	35,365	罗芙奥	2022-12-03

拍品名称	物品尺寸	成交价RMB	拍卖公司	拍卖日期
吴平(左)1967年作 吴平刻《喻鉢》及《神林》(两件一组)	63mm×15.5mm×15.5mm(每件)	24,483	罗芙奥	2022-12-03
薛佛影铭,张家民作鱼吞墨长方端砚	15.5cm×10.9cm×2.4cm	14,950	西泠印社	2022-01-22
严群 旧藏 葡萄纹端砚附红木盒	9cm×15cm	13,800	中国嘉德	2022-12-13
砚台型竹臂搁(毕世奎款)	直径17.3cm×9.5cm	17,250	上海嘉禾	2022-01-01
杨文莹铭 端石大溪洞砚原拓砚谱	18.8cm×13.3cm×3.4cm; 30.2cm×18cm	241,500	中国嘉德	2022-12-25
袁克文、谭天淇为吕海寰贺寿作无量寿佛平板端砚	10cm×5.3cm×1.6cm	414,000	西泠印社	2022-08-19
云蝠纹平板端砚	23cm×5.8cm×2.4cm	20,700	西泠印社	2022-01-22
云蝠纹双面端砚	22.2cm×14.8cm×1.7cm	36,800	西泠印社	2022-01-22
张景安制竹节形红丝石砚	径9.9cm×2.4cm	51,750	西泠印社	2022-08-19
郑通先铭龙池长方澄泥砚	22cm×13.6cm×3.2cm	17,250	西泠印社	2022-08-19
清早期 黄花梨文盘	口径35.7cm	356,500	中贸圣佳	2022-10-27
清早期 紫檀文房摆件	高14.9cm	345,000	中贸圣佳	2022-10-27
清"石叟"款铜嵌银文房器(一组)三件	尺寸不一	13,800	北京中汉	2022-04-27
清 黄花梨文房器一组7件	尺寸不一	57,500	中贸圣佳	2022-08-14
清 黄花梨文昌	高26cm;长42.5cm;宽27.9cm	23,000	西泠印社	2022-08-21
清 铜鎏金掐丝珐琅文具(五件套)	圆盒盒高6.5cm;直径7cm	34,500	广东崇正	2022-04-17

钱币

拍品名称	物品尺寸	成交价RMB	拍卖公司	拍卖日期
清 宝奉局光绪通宝官板四分机制方孔铜币	直径2cm	51,108	香港福羲国际	2022-12-28
光绪通宝背天下太平宫钱 大字版	直径47.8mm;重41.1g	437,721	哈布斯堡	2022-12-18
明 天启通宝背十一两	直径48.2mm;厚29mm	28,750	中国嘉德	2022-12-27
清咸丰通宝当百	直径5.4cm;重67.3g	1,293,269	哈布斯堡	2022-12-18
清 光绪通宝宝泉及宝源小平大样一组八十七枚		10,350	中国嘉德	2022-12-27
清 嘉庆通宝宝川小平母钱	直径24.4mm;厚1.1mm	40,250	中国嘉德	2022-12-27
清 嘉庆通宝宝源小平母钱	直径24.3mm;厚1.2mm	18,400	中国嘉德	2022-12-27
清 天下太平背八卦	直径41mm;厚2.1mm	17,250	中国嘉德	2022-12-27
清 咸丰通宝背宝福一百	直径72mm;厚8mm	71,300	中国嘉德	2022-12-27
清 咸丰通宝背宝德当五十	直径45.7mm;厚3.9mm	28,750	中国嘉德	2022-12-27
清 咸丰重宝背宝泉当五十	直径46.2mm;厚3.9mm	21,850	中国嘉德	2022-12-27
清 咸丰重宝背宝泉当五十	直径46.9mm;厚3.9mm	20,700	中国嘉德	2022-12-27
宋至清 历代古钱一组十四枚		23,000	中国嘉德	2022-12-27
元末·韩林儿 龙凤通宝折三	直径34.1mm;厚2.4mm	49,450	中国嘉德	2022-12-27
战国"百涅"大型锐角布	高71mm	115,000	永乐拍卖	2022-07-25
战国"平台十二铢"三孔布	高55mm	368,000	永乐拍卖	2022-07-25
战国"一少朱"圜钱	直径33.5mm	126,500	永乐拍卖	2022-07-25
战国 齐四字刀币	直径18.5cm	113,150	香港福羲国际	2022-04-17
战国时期齐"节墨之大刀"背"日"五字刀一枚	高186.7mm	92,000	北京诚轩	2022-08-12
新莽"一刀平五千"	高75.7mm	138,000	永乐拍卖	2022-07-25
三国·蜀 世平百钱	28.9mm×2.1mm	97,750	中国嘉德	2022-06-28
春秋"卢氏"斜肩弧足空首布		11,500	永乐拍卖	2022-07-25
春秋"三川釿"斜肩弧足空首布		32,200	永乐拍卖	2022-07-25
春秋"文"平肩弧足空首布		23,000	永乐拍卖	2022-07-25
春秋"武"平肩弧足空首布		10,350	永乐拍卖	2022-07-25
先秦 齐法化背中三字刀一枚		20,700	北京保利	2022-07-29
先秦 齐法化背中三字刀一枚		13,800	北京保利	2022-07-29
先秦"齐返邦长法化"背"上"(一枚)	长175mm	795,858	哈布斯堡	2022-12-18
新莽"货十"合背		34,500	永乐拍卖	2022-07-25
新莽"契刀五百"		20,700	永乐拍卖	2022-07-25
新莽"契刀五百"泥范		19,550	永乐拍卖	2022-07-25
新莽"一刀平五千"		34,500	永乐拍卖	2022-07-25
新莽 契刀五百一枚		10,925	北京保利	2022-07-29
新莽 契刀五百一枚		23,000	北京保利	2022-07-29
新莽时期"一刀平五千"金错刀一枚	高74.1mm;厚5mm	36,800	北京诚轩	2022-08-12
战国"賹之法化"背 五字刀		80,500	永乐拍卖	2022-07-25
战国"安邑半釿"圆肩桥裆布		12,650	永乐拍卖	2022-07-25
战国"安邑二釿"圆肩桥裆布		12,650	永乐拍卖	2022-07-25
战国"北兹釿"尖足布		17,250	永乐拍卖	2022-07-25
战国"共"字圜钱		28,750	永乐拍卖	2022-07-25
战国"离石"圆足布		33,350	永乐拍卖	2022-07-25
战国"梁充釿二十当寽"圆肩桥裆布		12,650	永乐拍卖	2022-07-25
战国"梁正尚百当寽"圆肩桥裆布		57,500	永乐拍卖	2022-07-25
战国"梁正尚百当寽"圆肩桥裆布		28,750	永乐拍卖	2022-07-25
战国"梁正尚百当寽"圆肩桥裆布		19,550	永乐拍卖	2022-07-25
战国"齐法化"背"上"三字刀		19,550	永乐拍卖	2022-07-25
战国"齐之法化"背"化"四字刀		32,200	永乐拍卖	2022-07-25
战国"同是"方足布		13,800	永乐拍卖	2022-07-25
战国"益四化、益六化"方孔钱		20,700	永乐拍卖	2022-07-25
战国"虞一釿"传形圆肩桥裆布		34,500	永乐拍卖	2022-07-25
战国"虞一釿"正书圆肩桥裆布		28,750	永乐拍卖	2022-07-25
战国 大型鬼脸钱		109,250	永乐拍卖	2022-07-25
战国 尖足布一组9枚		20,700	永乐拍卖	2022-07-25
战国 齐 半两	36.4mm×2.8mm	10,350	中国嘉德	2022-06-28
战国时期齐"安阳之大刀"背"卜"五字刀一枚	高185mm	80,500	北京诚轩	2022-08-12
战国时期齐"节墨之大刀"背"大昌"五字刀一枚	高188mm	80,500	北京诚轩	2022-08-12

拍品名称	物品尺寸	成交价RMB	拍卖公司	拍卖日期
战国时期齐"齐之大刀"背"上"四字刀一枚	高187mm	57,500	北京诚轩	2022-08-12
汉 王莽布币一组(10枚)	尺寸不一	358,309	香港福羲国际	2022-04-17
新莽 第布八百	53.4mm×2.5mm	230,000	中国嘉德	2022-06-28
新莽 中布六百	46.2mm×2.7mm	368,000	中国嘉德	2022-06-28
新莽 差布五百	44.2mm×2.1mm	97,750	中国嘉德	2022-06-28
新莽 差布五百	41.5mm×1.8mm	20,700	中国嘉德	2022-06-28
新莽 大布黄千	59.0mm	11,500	中国嘉德	2022-06-28
新莽 契刀五百	75.3mm×2.7mm	34,500	中国嘉德	2022-06-28
新莽 契刀五百	通高74mm	19,550	中国嘉德	2022-12-27
新莽 小布一百	35.7mm×2.2mm	17,250	中国嘉德	2022-06-28
新莽 小布一百	34.3mm×2.0mm	33,350	中国嘉德	2022-06-28
新莽 幺布二百	41.0mm×2.7mm	28,750	中国嘉德	2022-06-28
新莽 幺泉一十	17.1mm×2.1mm	26,450	中国嘉德	2022-06-28
新莽 幼泉二十	18.8mm×1.6mm	34,500	中国嘉德	2022-06-28
新莽 壮泉四十	23.0mm×1.9mm	126,500	中国嘉德	2022-06-28
唐"顺天元宝"背上月镇库大钱	直径40.8mm	253,000	永乐拍卖	2022-07-25
唐"乾封泉宝"背"天府"铜钱	直径41.8mm	276,000	永乐拍卖	2022-07-25
五代"大安一千"大字版大样铜品	直径60.3mm	667,000	永乐拍卖	2022-07-25
宋"强将"马钱		20,700	永乐拍卖	2022-07-25
唐"得壹元宝"背上月		13,800	永乐拍卖	2022-07-25
唐"得壹元宝"光背		34,500	永乐拍卖	2022-07-25
唐"开元通宝"背"五男二女"		63,250	永乐拍卖	2022-07-25
唐"顺天元宝"背上月		25,300	永乐拍卖	2022-07-25
唐"顺天元宝"背上月		10,925	永乐拍卖	2022-07-25
唐"天子建号"络殇古钱		55,200	北京保利	2022-07-29
唐乾封泉宝一枚		17,250	北京保利	2022-07-29
唐史思明 得壹元宝背上仰月	37.3mm×3.3mm	43,700	中国嘉德	2022-06-28
唐史思明 得壹元宝光背	36mm×2.5mm	23,000	中国嘉德	2022-06-28
唐史思明 顺天元宝背上仰月	36.5mm×3.2mm	10,580	中国嘉德	2022-06-28
唐代 开元通宝背十	42.5mm	35,650	华艺国际	2022-08-06
唐代"得壹元宝"背上月一枚	直径37.2mm	97,750	北京诚轩	2022-08-12
五代"乾亨通宝"小平		20,700	永乐拍卖	2022-07-25
五代"唐国通宝"篆书折十		34,500	永乐拍卖	2022-07-25
五代"唐国通宝"篆书折十		28,750	永乐拍卖	2022-07-25
五代"永安一百"铜品		115,000	永乐拍卖	2022-07-25
五代"永通泉货"		40,250	永乐拍卖	2022-07-25
五代"永通泉货"		23,000	永乐拍卖	2022-07-25
六朝"四灵图案"合背挂花	高52.1mm	161,000	永乐拍卖	2022-07-25
北宋"淳化元宝"供养钱三枚	宽2.3cm	1,284,978	纽约佳士得	2022-03-25
北宋"至和重宝"折三铁母	直径34.6mm	230,000	永乐拍卖	2022-07-25
南宋"临安府行用准叁伯(佰)文省"钱牌	高约66.4mm	943,000	永乐拍卖	2022-07-25
南宋"临安府行用"背"准贰伯(佰)文省"铜钱牌	通长62.4mm;厚2.2mm	368,000	中国嘉德	2022-12-27
辽庆庆元宝折十	直径41.1mm	425,500	西泠印社	2022-01-22
西夏"大安通宝"	直径25.4mm	299,000	北京诚轩	2022-08-12
元"至正之宝"背"吉权钞伍钱"一枚	直径80.5mm	230,000	北京诚轩	2022-08-12
金·伪齐 阜昌通宝篆书	30.1mm×2.0mm	89,700	中国嘉德	2022-06-28
北宋"崇宁通宝"大字高走通		55,200	永乐拍卖	2022-07-25
北宋"崇宁重宝"美制深字母钱		11,500	永乐拍卖	2022-07-25
北宋"大观通宝"合背		25,300	永乐拍卖	2022-07-25
北宋"靖康通宝"篆书小平		161,000	永乐拍卖	2022-07-25
北宋"绍圣通宝"铁母试铸		115,000	永乐拍卖	2022-07-25
北宋"绍圣通宝"小平楷书母钱		43,700	永乐拍卖	2022-07-25
北宋"宣和通宝"背"五"折三篆书试样钱		92,000	永乐拍卖	2022-07-25
北宋"宣和通宝"小平巨头宝		11,500	永乐拍卖	2022-07-25
北宋 宣和元宝 篆书小平		19,550	永乐拍卖	2022-07-25
北宋"元符通宝"行书母钱		32,200	永乐拍卖	2022-07-25
北宋"政和通宝"折三隶书铁母		34,500	永乐拍卖	2022-07-25
北宋"重和通宝"隶书小平		32,200	永乐拍卖	2022-07-25
北宋"重和通宝"篆书小平		23,000	永乐拍卖	2022-07-25
北宋太祖 宋元通宝背云托星	直径24.6mm;厚1.1mm	11,500	中国嘉德	2022-12-27
北宋靖康通宝折二真书	直径30.2mm	115,000	西泠印社	2022-01-21
北宋靖康通宝折二篆书	直径30.2mm	103,500	西泠印社	2022-01-21
北宋钦宗 靖康通宝真书、篆书小平铁钱一组两枚	23.8mm×2.6mm; 23.4mm×2.8mm	11,500	中国嘉德	2022-06-28
北宋熙宁元宝母钱	直径23.1mm	18,400	西泠印社	2022-08-19
金"泰和重宝"篆书折十		66,700	永乐拍卖	2022-07-25
金"泰和重宝"篆书折十		48,300	永乐拍卖	2022-07-25
金"泰和重宝"篆书折十		63,250	永乐拍卖	2022-07-25
金"泰和重宝"篆书折十		17,250	永乐拍卖	2022-07-25
金"泰和重宝"篆书折十		34,500	永乐拍卖	2022-07-25
金"泰和重宝"篆书折十		34,500	永乐拍卖	2022-07-25
金泰和重宝折十一枚		14,950	北京保利	2022-07-29
金·伪齐 阜昌通宝楷书	30mm×1.7mm	23,000	中国嘉德	2022-06-28
金·伪齐 阜昌通宝楷书	30.1mm×1.8mm	80,500	中国嘉德	2022-06-28
金·伪齐 阜昌重宝楷书	34.6mm×2.2mm	78,200	中国嘉德	2022-06-28
金代"泰和重宝"篆书折十一枚	直径45mm	26,450	北京诚轩	2022-08-12
辽"太平通宝"反书版		11,500	永乐拍卖	2022-07-25
南明钱币一册约46枚		14,950	北京保利	2022-07-29

2022杂项拍卖成交汇总(续表)

(成交价RMB:1万元以上)

拍品名称	物品尺寸	成交价RMB	拍卖公司	拍卖日期
南宋"淳祐通宝"当百		12,650	永乐拍卖	2022-07-25
南宋淳祐通宝当百一对	直径36.4~53.2mm	11,500	西泠印社	2022-08-19
南宋绍圣元宝铁母一枚	34.6mm	27,600	华艺国际	2022-08-06
宋 嘉定元宝折十光背一枚		23,000	北京保利	2022-07-29
宋 两宋制钱一组近一千四百枚		10,120	中国嘉德	2022-06-28
西夏"天庆宝钱"		13,800	永乐拍卖	2022-07-25
西夏"元德通宝"		36,800	永乐拍卖	2022-07-25
西夏 元德通宝隶书	直径24.6mm	43,700	西泠印社	2022-01-21
元"大德通宝"长宝版供养钱		17,250	永乐拍卖	2022-07-25
元"至元通宝"背巨星		10,925	永乐拍卖	2022-07-25
元"至元通宝"蒙文折二		21,850	永乐拍卖	2022-07-25
元 钱币一册约43枚		12,650	北京保利	2022-07-29
元 至正通宝背辰折二	29.5mm×1.6mm	10,580	中国嘉德	2022-06-28
元"至正之宝背"吉 权钞伍分"一枚	直径42.7mm	195,500	北京诚轩	2022-08-12
元大义通宝折二	直径27.8mm	11,500	西泠印社	2022-01-21
元天定通宝折二	直径28.7mm	11,500	天津国际	2022-01-21
元末"天佑通宝"背叁		14,950	永乐拍卖	2022-07-25
南明隆武通宝大钱	直径58.7mm	230,000	西泠印社	2022-01-21
清嘉庆通宝背天下太平鎏金宫钱	直径6.4cm	303,072	香港福羲国际	2022-08-20
清 咸丰元宝背当千背星月	直径60.5mm	235,750	华艺国际	2022-08-06
清 富寿康宁宫钱	54.7mm×9.0mm	437,000	中国嘉德	2022-06-28
清光绪通宝天下太平宫钱	直径46.8mm	287,500	西泠印社	2022-01-21
清军饷通行足纹武钱	直径22.4mm	770,500	西泠印社	2022-01-21
清康熙重宝宝泉龙凤大型花钱	直径58.5mm	230,000	西泠印社	2022-08-19
清顺治通宝、重宝花钱一组三枚	直径54~68.5mm	517,500	西泠印社	2022-08-19
清河治通宝宝苏小平特宽缘样钱	直径28.1mm	517,500	西泠印社	2022-01-21
清王亢元旧藏咸丰重宝当五十宽缘勾咸缶宝星月样钱	直径57.86mm	690,000	西泠印社	2022-01-21
清咸丰元宝宝巩当十	直径64mm	632,500	西泠印社	2022-01-21
清咸丰重宝宝折当百	直径69.6mm	1,092,500	西泠印社	2022-01-21
清雍正通宝宝苏小平宽缘样钱	直径29.7mm	345,000	西泠印社	2022-01-21
清宝泉局"咸丰元宝"当千样钱一枚	直径63.7mm	322,000	北京诚轩	2022-08-12
民国福建通宝五文	直径29mm	299,000	西泠印社	2022-01-21
民国二十五年(1936年)广东省造壹仙五羊图铜币		483,000	中国嘉德	2022-06-29
1898年"光绪通宝"背满文"宝武"机制方孔黄铜币试铸样币一枚		26,450	北京诚轩	2022-08-11
1899年奉天机器局造光绪通宝紫铜当十钱重二钱四分机制方孔铜币一枚		80,500	北京诚轩	2022-08-11
1899年奉天机器局造光绪通宝紫铜当十钱重二钱四分机制方孔铜币一枚		14,950	北京诚轩	2022-08-11
1900年"光绪通宝"背满文"宝蓟"机制方孔黄铜币二枚		69,000	北京诚轩	2022-08-11
1913年袁世凯像共和纪念十文铜币一枚		218,500	北京诚轩	2022-08-10
朝鲜"朝鲜通宝背"武天一"雕母		74,750	永乐拍卖	2022-07-25
历代钱币三本约197枚		14,950	北京保利	2022-07-29
历代钱币一本约57枚		32,200	北京保利	2022-07-29
历代钱币一本约58枚		13,800	北京保利	2022-07-29
历代钱币一本约60枚		25,300	北京保利	2022-07-29
明"崇祯通宝"背"工五"		12,650	永乐拍卖	2022-07-25
明"崇祯通宝"背监二		19,550	永乐拍卖	2022-07-25
明"洪武通宝"背济十		10,925	永乐拍卖	2022-07-25
明"洪武通宝"背五福		51,750	永乐拍卖	2022-07-25
明"嘉靖通宝"背二钱、三钱一组两枚		11,500	永乐拍卖	2022-07-25
明"隆庆通宝"		12,650	永乐拍卖	2022-07-25
明"天启通宝"十一两		13,800	永乐拍卖	2022-07-25
明"天启通宝"十一两试铸样钱		69,000	永乐拍卖	2022-07-25
明"天启通宝"折十光背		10,925	永乐拍卖	2022-07-25
明 崇祯通宝各钱局一组,老式装帧,东洋老藏家旧藏	尺寸不一	19,550	华艺国际	2022-08-06
明 洪武通宝背钱母一枚	23mm	14,950	华艺国际	2022-08-06
明 嘉定元宝折十一枚	50mm	40,250	华艺国际	2022-08-06
明 天启通宝折三	33.7mm	13,800	华艺国际	2022-08-06
明 大中通宝、洪武通宝等明钱一组二十二枚		55,200	中国嘉德	2022-06-28
明 飞黄浙沪马钱	35.2mm×1.7mm	12,650	中国嘉德	2022-06-28
明 天启通宝背府折十钱	46.5mm×2.6mm	46,000	中国嘉德	2022-06-28
明 天启通宝折十一两	47.6mm×2.7mm	29,900	中国嘉德	2022-06-28
明永历通宝背明钱一组八枚		51,750	中国嘉德	2022-06-28
明崇祯通宝折十光背	直径43.8mm	103,500	西泠印社	2022-01-21
明武通宝背"广"三	直径33.2mm	195,500	西泠印社	2022-01-21
明洪武通宝背十广	直径43.7mm	92,000	西泠印社	2022-01-21
明天启通宝背镇十	直径44.7mm	57,500	西泠印社	2022-01-21
明云炉嘉靖通宝一套三枚(雕母、母钱、钱坯)	尺寸不一	40,250	西泠印社	2022-01-21
明至民国 历代古钱一组二十三枚		23,000	中国嘉德	2022-06-28
明末"永昌通宝"折五		10,925	永乐拍卖	2022-07-25
明清初"兴朝通宝"背壹分一组五枚		10,350	永乐拍卖	2022-07-25
明末清初"裕民通宝"背浙一钱		36,800	永乐拍卖	2022-07-25
清"道光通宝"宝泉小平母钱		11,500	永乐拍卖	2022-07-25
清"道光通宝"宝陕小平部颁样		14,950	永乐拍卖	2022-07-25
清"道光通宝"宝源小平母钱		18,400	永乐拍卖	2022-07-25
清"道光通宝"宝源小平母钱		17,250	永乐拍卖	2022-07-25
清"道光通宝"宝泉小平母钱		17,250	永乐拍卖	2022-07-25
清"道光通宝"宝直小平部颁样		25,300	永乐拍卖	2022-07-25
清"嘉庆通宝"小平阴星母钱		13,800	永乐拍卖	2022-07-25
清"康熙通宝"宝泉罗汉刻花		14,950	永乐拍卖	2022-07-25
清"康熙通宝"宝泉母钱		40,250	永乐拍卖	2022-07-25
清"康熙通宝"背大清		25,300	永乐拍卖	2022-07-25
清"康熙通宝"满汉广大样		10,925	永乐拍卖	2022-07-25
清"康熙通宝"满汉广大样		10,925	永乐拍卖	2022-07-25
清"康熙通宝"满汉台宋体套子钱		10,925	永乐拍卖	2022-07-25
清"康熙通宝"满汉云母钱		80,500	永乐拍卖	2022-07-25
清"乾隆通宝"宝源小平鎏金样钱		103,500	永乐拍卖	2022-07-25
清"乾隆通宝"背龙凤图花钱		23,000	永乐拍卖	2022-07-25
清"乾隆通宝"山钱隆小平大样母钱		63,250	永乐拍卖	2022-07-25
清"乾隆通宝"背宝泉龙凤花钱		10,350	永乐拍卖	2022-07-25
清"乾隆重宝"背宝泉龙凤花钱		25,300	永乐拍卖	2022-07-25
清"顺治通宝"宝川局花钱		16,100	永乐拍卖	2022-07-25
清"顺治通宝"宝泉折二		32,200	永乐拍卖	2022-07-25
清"咸丰通宝"宝福当五红铜样钱		69,000	永乐拍卖	2022-07-25
清"咸丰通宝"宝广小平部颁母钱		24,150	永乐拍卖	2022-07-25
清"咸丰通宝"宝泉小平人东宝铁母		55,200	永乐拍卖	2022-07-25
清"咸丰通宝"宝泉小平珍宝铁母		40,250	永乐拍卖	2022-07-25
清"咸丰元宝"宝泉当百		40,250	永乐拍卖	2022-07-25
清"咸丰元宝"宝泉当百		46,000	永乐拍卖	2022-07-25
清"咸丰元宝"宝泉当千		109,250	永乐拍卖	2022-07-25
清"咸丰元宝"宝泉当百		57,500	永乐拍卖	2022-07-25
清"咸丰元宝"宝泉当千异书		80,500	永乐拍卖	2022-07-25
清"咸丰元宝"宝苏当五百缶宝		57,500	永乐拍卖	2022-07-25
清"咸丰元宝"宝泉星月当百		28,750	永乐拍卖	2022-07-25
清"咸丰元宝"宝苏当百		11,500	永乐拍卖	2022-07-25
清"咸丰元宝"宝苏当百		28,750	永乐拍卖	2022-07-25
清"咸丰元宝"宝苏当百边铸花(连弧纹)特大样		184,000	永乐拍卖	2022-07-25
清"咸丰元宝"宝苏当百大二元		57,500	永乐拍卖	2022-07-25
清"咸丰元宝"宝苏当百大满宫通宝		17,250	永乐拍卖	2022-07-25
清"咸丰元宝"宝苏当百大字		10,925	永乐拍卖	2022-07-25
清"咸丰元宝"宝苏当百断笔咸		51,750	永乐拍卖	2022-07-25
清"咸丰元宝"宝苏当百勾咸		10,925	永乐拍卖	2022-07-25
清"咸丰元宝"宝苏当百勾咸		11,500	永乐拍卖	2022-07-25
清"咸丰元宝"宝苏当百勾咸		19,550	永乐拍卖	2022-07-25
清"咸丰元宝"宝苏当百勾咸		17,250	永乐拍卖	2022-07-25
清"咸丰元宝"宝苏当百开裆元		11,500	永乐拍卖	2022-07-25
清"咸丰元宝"宝苏当百僧		33,350	永乐拍卖	2022-07-25
清"咸丰元宝"宝苏当百中字		11,500	永乐拍卖	2022-07-25
清"咸丰元宝"宝武当百中字		11,500	永乐拍卖	2022-07-25
清"咸丰元宝"宝源当百		46,000	永乐拍卖	2022-07-25
清"咸丰元宝"宝河当五十样钱		115,000	永乐拍卖	2022-07-25
清"咸丰重宝"宝蓟当十2枚		10,925	永乐拍卖	2022-07-25
清"咸丰重宝"宝泉当十铁母		32,200	永乐拍卖	2022-07-25
清"咸丰重宝"宝泉当五十		20,700	永乐拍卖	2022-07-25
清"咸丰重宝"宝苏当五十大样		19,550	永乐拍卖	2022-07-25
清"咸丰重宝"宝泉当五十异书大样		13,800	永乐拍卖	2022-07-25
清"咸丰重宝"宝苏当三十本		27,600	永乐拍卖	2022-07-25
清"咸丰重宝"宝苏当五十		12,650	永乐拍卖	2022-07-25
清"咸丰重宝"宝苏当五十部颁样钱		161,000	永乐拍卖	2022-07-25
清"咸丰重宝"宝苏当五十小头苏沁枚		57,500	永乐拍卖	2022-07-25
清"咸丰重宝"宝苏当五十小头苏宿室试样		126,500	永乐拍卖	2022-07-25
清"咸丰重宝"宝苏当五十样钱		172,500	永乐拍卖	2022-07-25
清"咸丰重宝"宝苏当五十长满文样钱		195,500	永乐拍卖	2022-07-25
清"咸丰重宝"宝泉当十母钱		34,500	永乐拍卖	2022-07-25
清"咸丰重宝"宝源当五十大样		17,250	永乐拍卖	2022-07-25
清"咸丰重宝"宝源当五十大样		17,250	永乐拍卖	2022-07-25
清"咸丰重宝"宝源当五十大样		43,700	永乐拍卖	2022-07-25
清"宣统通宝"母钱坯		21,850	永乐拍卖	2022-07-25
清"雍正通宝"背龙凤花钱		80,500	永乐拍卖	2022-07-25
清"雍正通宝"背龙凤花钱		16,100	永乐拍卖	2022-07-25
清"正德通宝"背双龙花钱		13,800	永乐拍卖	2022-07-25
清光绪通宝宝奉官板马小机制方孔铜币		34,500	中国嘉德	2022-06-29
清 莲生贵子背福在眼前刻花一枚,带老藏家原木盒	46mm	218,500	华艺国际	2022-08-06
清 钱币一本约31枚		27,600	北京保利	2022-07-29
清 钱币一本约46枚		11,500	北京保利	2022-07-29
清 钱币一本约50枚		10,350	北京保利	2022-07-29
清 钱币一本约59枚		17,250	北京保利	2022-07-29
清 钱币一本约59枚		32,200	北京保利	2022-07-29
清 钱币一本约74枚		28,750	北京保利	2022-07-29
清 钱币册31枚		20,700	北京保利	2022-07-29
清 钱币一册约108枚		18,400	北京保利	2022-07-29
清 咸丰元宝宝泉当千	60.3mm	172,500	华艺国际	2022-08-06
清 咸丰元宝宝泉当五百	57mm	79,350	华艺国际	2022-08-06

拍品名称	物品尺寸	成交价RMB	拍卖公司	拍卖日期	拍品名称	物品尺寸	成交价RMB	拍卖公司	拍卖日期
清 咸丰元宝宝源五百	57.2mm	72,450	华艺国际	2022-08-06	民国 孙中山像背帆船下三鸟金本位壹圆红铜样币	重26.8g	4,914,250	香港福羲国际	2022-12-28
清 咸丰元宝宝苏当百	直径61.5；重量过60	11,500	华艺国际	2022-08-06	民国二十一年孙中山像背帆船铜币	直径37mm；重38g	696,375	哈布斯堡	2022-12-18
清 咸丰元宝宝泉当百一枚		10,925	北京保利	2022-07-29	中华民国共和纪念十文袁世凯像铜圆		57,500	永乐拍卖	2022-12-18
清 咸丰重宝当五十	45mm	16,100	华艺国际	2022-08-06	宋 "福寿富贵"背荷花图样雕金质花钱	直径56.5mm，重13.8g	253,000	永乐拍卖	2022-07-25
清 咸丰重宝当五十母胚试样一枚	42mm	10,120	华艺国际	2022-08-06	宋 "长命富贵"手雕金质花钱	直径69.8mm，重35.8g	287,500	永乐拍卖	2022-07-25
清 雍正通宝宝云样钱	29.2mm	29,900	华艺国际	2022-08-06	辽 千秋万岁鎏金花钱	直径41.5mm；厚2.4mm	402,500	中国嘉德	2022-12-27
清 道光通宝背宝苏小平常平式试铸	28.8mm×1.6mm	11,500	中国嘉德	2022-06-28	辽 福德长寿背星月花钱	直径60.2mm	115,000	西泠印社	2022-01-21
清 光绪通宝背宝川小平母钱	23.2mm×1.3mm	19,550	中国嘉德	2022-06-28	明 张天师驱虎背八卦井栏花钱	80.8mm×2.4mm	207,000	中国嘉德	2022-06-28
清 光绪通宝背宝泉小平母钱、子钱一组两枚	23.5mm×1.5mm；23.1mm×1.4mm	46,000	中国嘉德	2022-06-28	清 "龙凤呈祥"背"麒麟送子"花钱母钱		253,000	永乐拍卖	2022-07-25
清 嘉庆通宝宝泉小平母钱	26.7mm×1.6mm	51,750	中国嘉德	2022-06-28	清 二十四福寿花钱	直径44mm	10,350	中贸圣佳	2022-07-12
清 嘉庆通宝背宝苏小平常平式试铸	29.6mm×1.4mm	18,400	中国嘉德	2022-06-28	清 康熙重宝背"宝泉"龙凤花钱	直径6.13cm	117,942	香港福羲国际	2022-12-28
清 嘉庆通宝背天下太平宫钱	35.7mm×2.0mm	66,700	中国嘉德	2022-06-28	清 五毒花钱	直径45mm	12,650	中贸圣佳	2022-07-12
清 乾隆、嘉庆、道光宝泉大样一组三枚	尺寸不一	12,650	中国嘉德	2022-06-28	清 状元及第背福禄八角形苏炉花钱	48.5mm×2.7mm	345,000	中国嘉德	2022-06-28
清 乾隆通宝背宝泉星月开炉钱	43.3mm×1.9mm	74,750	中国嘉德	2022-06-28	北朝 永安五男背四灵花钱	直径37.9mm；厚2.7mm	14,950	中国嘉德	2022-12-27
清 乾隆重宝背宝泉龙凤花钱	52.2mm×2.2mm	48,300	中国嘉德	2022-06-28	汉 "大泉五十"背"长乐未央 北斗七星"花钱		44,850	永乐拍卖	2022-07-25
清 同治通宝宝云部颁样钱	25.6mm×2.0mm	23,000	中国嘉德	2022-06-28	汉 "与天无极 宜子保孙"花钱		28,750	永乐拍卖	2022-07-25
清 咸丰元宝宝河当百	49.5mm×4.5mm	20,700	中国嘉德	2022-06-28	汉 五铢面星座背规矩文花钱	25.8mm×1.9mm	17,250	中国嘉德	2022-06-28
清 咸丰元宝宝泉当五百	直径58.7mm；厚4.5mm	51,750	中国嘉德	2022-12-27	金元 镂空龙凤图案花钱		10,350	中国嘉德	2022-06-28
清 咸丰元宝宝泉当百	直径62.3mm；厚5mm	13,800	中国嘉德	2022-12-27	辽 "双鱼"挂花钱		63,250	永乐拍卖	2022-07-25
清 咸丰元宝宝源当百	49.6mm×3.7mm	55,200	中国嘉德	2022-12-27	辽 上上大吉背刑刻北斗七星花钱	55.2mm×2.7mm	34,500	中国嘉德	2022-06-28
清 咸丰元宝宝源当百	直径49.7mm；厚3.6mm	23,000	中国嘉德	2022-12-27	辽 反书花钱	直径47.2mm	23,000	西泠印社	2022-01-21
清 咸丰元宝宝泉当千	62.6mm×4.4mm	172,500	中国嘉德	2022-12-27	辽金 长命富贵小型挂花钱	31mm×1.9mm	11,500	中国嘉德	2022-06-28
清 咸丰元宝宝苏当五百	直径54.6mm，厚4mm	46,000	中国嘉德	2022-12-27	明 "福寿康宁"光背花钱		63,250	永乐拍卖	2022-07-25
清 咸丰元宝宝直当百	直径47.7mm；厚4.5mm	80,500	中国嘉德	2022-12-27	明至清 龙凤呈祥寿字花钱	直径56.6mm	23,000	西泠印社	2022-01-21
清 咸丰元宝宝克勤郡王当百	直径49.6mm；厚4.1mm	34,500	中国嘉德	2022-12-27	清 "出行大吉"背"星月"花钱		17,250	永乐拍卖	2022-07-25
清 咸丰重宝背宝河当五十	45.8mm×4.8mm	19,550	中国嘉德	2022-06-28	清 "道光万年"背"大清一统"花钱		13,800	永乐拍卖	2022-07-25
清 咸丰重宝背宝泉当十大样	38.7mm×3.2mm	16,100	中国嘉德	2022-06-28	清 "发财利福"背堆金积玉花钱		13,800	永乐拍卖	2022-07-25
清 咸丰重宝背宝泉当十母钱	33.7mm×2.4mm	66,700	中国嘉德	2022-06-28	清 "封神"公背五福花钱		46,000	永乐拍卖	2022-07-25
清 咸丰重宝背宝苏当五十	54.6mm×2.9mm	27,600	中国嘉德	2022-06-28	清 "福绵长 同偕到老"花钱		14,950	永乐拍卖	2022-07-25
清 "太平天国"背"圣宝"宋体当百一枚	直径54.2mm	80,500	北京诚轩	2022-08-12	清 "福禄寿喜"背刘海戏金蟾挂花		43,700	永乐拍卖	2022-07-25
清宝桂当十合面钱	直径40mm	40,250	西泠印社	2022-01-21	清 "福寿康宁"背八卦图花钱		10,350	永乐拍卖	2022-07-25
清道光通宝宝泉母胚	直径24.1mm	10,350	西泠印社	2022-08-19	清 "福寿康宁"背琴棋书画花钱		12,650	永乐拍卖	2022-07-25
清道光通宝宝陕母钱	直径21.9mm	20,700	西泠印社	2022-08-19	清 "吉祥如意 富贵双全"花钱		21,850	永乐拍卖	2022-07-25
清道光通宝宝源母钱	直径22mm	12,650	西泠印社	2022-08-19	清 "君明臣良"背"丰年大有"京炉花钱		48,300	永乐拍卖	2022-07-25
清道光通宝背天下太平宫钱	直径35.3mm	17,250	西泠印社	2022-08-19	清 "连升三级"背刘海戏金蟾花钱		11,500	永乐拍卖	2022-07-25
清光绪通宝背大清银钱	直径19.2mm；重2.2g	11,500	西泠印社	2022-08-19	清 "连升三级"背一品当朝花钱		80,500	永乐拍卖	2022-07-25
清嘉庆通宝宝苏小平特宽缘样钱	直径29.5mm	23,000	西泠印社	2022-01-21	清 "连中三元 文星高照"花钱		20,700	永乐拍卖	2022-07-25
清军饷通行足纹壹钱	直径20.3mm	770,500	西泠印社	2022-01-21	清 "刘海戏金蟾"背五毒花钱		12,650	永乐拍卖	2022-07-25
清康熙通宝宝泉母钱	直径27.8mm	207,000	西泠印社	2022-01-21	清 "刘海戏金蟾"背五毒图花钱		13,800	永乐拍卖	2022-07-25
清康熙通宝罗汉大样一组七枚	直径27.1～27.3mm	34,500	西泠印社	2022-01-21	清 "陆位高升"背"二十届花钱		20,700	永乐拍卖	2022-07-25
清祺祥重宝宝源当十	直径34.7mm	218,500	西泠印社	2022-01-21	清 "平安吉庆"背福禄寿喜花钱		25,300	永乐拍卖	2022-07-25
清顺治通宝背上福（宝下日）	直径26.4mm	13,800	西泠印社	2022-08-19	清 "驱邪降福"背福在眼前万孔刻花钱		64,400	永乐拍卖	2022-07-25
清顺治通宝背上福、福一厘一对	直径25.7～26mm	46,000	西泠印社	2022-08-19	清 "驱邪降福"背五毒花钱		10,925	永乐拍卖	2022-07-25
清太平天国背圣宝当五十（楷书）	直径35.1mm	34,500	西泠印社	2022-08-19	清 "驱邪降福"背钟馗驱鬼花钱		32,200	永乐拍卖	2022-07-25
清天国圣宝	直径28mm	17,250	西泠印社	2022-08-19	清 "驱邪降福"背钟馗驱鬼花钱		23,000	永乐拍卖	2022-07-25
清咸丰通宝、重宝五十、二十一组三枚	直径46～57.7mm	40,250	西泠印社	2022-08-19	清 "驱邪辟恶"背五毒花钱		20,700	永乐拍卖	2022-07-25
清咸丰通宝宝福小平铁钱	直径28.2mm	57,500	西泠印社	2022-08-19	清 "驱邪辟恶"背五毒刻刻花钱		74,750	永乐拍卖	2022-07-25
清咸丰通宝福一百铁钱	直径70mm	57,500	西泠印社	2022-08-19	清 "山鬼太上老君杀鬼辟精"花钱		16,100	永乐拍卖	2022-07-25
清咸丰通宝宝苏小平特宽缘样钱	直径28.8mm	207,000	西泠印社	2022-08-19	清 "山鬼太上咒"背八卦花钱		57,500	永乐拍卖	2022-07-25
清咸丰元宝宝陕当五百	直径63.9mm	149,500	西泠印社	2022-08-19	清 "顺风大吉"背"一本万利"花钱		23,000	永乐拍卖	2022-07-25
清咸丰元宝宝勾咸	直径60.1mm	17,250	西泠印社	2022-08-19	清 "太平天国"背"圣宝"大花钱		172,500	永乐拍卖	2022-07-25
清咸丰元宝宝伊当五百	直径57.1mm	230,000	西泠印社	2022-08-19	清 "天下太平"背八卦图花钱		14,950	永乐拍卖	2022-07-25
清咸丰重宝宝福二十边计重红铜、青铜一对	直径44.5～47.1mm	41,400	西泠印社	2022-01-21	清 "天子万年"背"春王正月"京炉花钱		51,750	永乐拍卖	2022-07-25
清咸丰重宝宝福一百红铜	直径71.2mm	92,000	西泠印社	2022-01-21	清 "万年吉祥"背龙凤花钱		20,700	永乐拍卖	2022-07-25
清咸丰重宝宝福一百黄铜	直径69.2mm	92,000	西泠印社	2022-01-21	清 "五子登科"背走青图花钱		23,000	永乐拍卖	2022-07-25
清咸丰重宝宝泉当中母钱	直径33.4mm	34,500	西泠印社	2022-01-21	清 "五子登科"背状元及第花钱		28,750	永乐拍卖	2022-07-25
清咸丰重宝宝泉当当十试铸	直径35.8mm	13,800	西泠印社	2022-01-21	清 "喜生贵子"背婴戏图刻刻花钱		36,800	永乐拍卖	2022-07-25
清咸丰重宝宝源当五十样钱	直径55.3mm	69,000	西泠印社	2022-01-21	清 "先交后伏"背童爱无欺花钱		28,750	永乐拍卖	2022-07-25
清咸丰重宝宝源当十大样母钱	直径38.4mm	23,000	西泠印社	2022-01-21	清 "一本万利"背顺风大吉花钱		57,500	永乐拍卖	2022-07-25
清云南光绪宝云三钱六分小满龙一对	直径31mm	11,500	西泠印社	2022-01-21	清 "一品当朝"背"连升三级"花钱		20,700	永乐拍卖	2022-07-25
清正德通宝背福寿花卉花钱	直径46.1mm	92,000	西泠印社	2022-01-21	清 "鱼跃龙门"背满汉福花钱		25,300	永乐拍卖	2022-07-25
清周元通宝背龙凤花钱	直径62.8mm	17,250	西泠印社	2022-01-21	清 "长命富贵"背玉堂金满堂"花钱		23,000	永乐拍卖	2022-07-25
清宝河局"咸丰元宝"当百、宝昌局"咸丰重宝"当五十各一枚	直径50mm；51.7mm	10,350	北京诚轩	2022-08-12	清 "钟馗捉鬼"五福图花钱		32,200	中贸圣佳	2022-07-12
清宝泉局"乾隆通宝"小平大样母钱一枚	直径28.5mm	28,750	北京诚轩	2022-08-12	清 "状元及第"背福鹿花钱		28,750	永乐拍卖	2022-07-25
清宝泉局"乾隆通宝"小平钱一枚	直径23.6mm	32,200	北京诚轩	2022-08-12	清 "状元及第"背福禄花钱		25,300	永乐拍卖	2022-07-25
清宝泉局"咸丰元宝"当千一枚	直径61.1mm	92,000	北京诚轩	2022-08-12	清 "状元及第"背福禄花钱		13,800	永乐拍卖	2022-07-25
清宝泉局"咸丰元宝"当千一枚	直径61.3mm	89,700	北京诚轩	2022-08-12	清 "状元及第"背福禄花钱		20,700	永乐拍卖	2022-07-25
清宝泉局"咸丰元宝"当千一枚	直径62mm	58,650	北京诚轩	2022-08-12	清 "状元及第"背福禄刻刻人物花钱		51,750	永乐拍卖	2022-07-25
清宝源局"咸丰重宝"当五十样一枚	直径55mm	16,100	中国嘉德	2022-06-28	清 "状元宰相"背"岳降嵩生"花钱		28,750	永乐拍卖	2022-07-25
清至民国 咸丰制钱一组十九枚		27,600	中国嘉德	2022-06-28	清 风云际会龙虎斗圆孔花钱		51,750	永乐拍卖	2022-07-25
清乾隆通宝背天下太平隐起文宫钱	直径33mm	32,200	西泠印社	2022-01-21	清 龟龄鹤算连线背右月	45mm	52,900	华艺国际	2022-08-06
清乾隆重宝、通宝花钱一对	直径51.2～58.7mm	138,000	西泠印社	2022-08-19	清南无阿弥陀佛背六字真言花钱一枚	59.7mm	26,450	华艺国际	2022-08-06
清乾隆重宝、通宝龙凤花钱一对	直径52.4～53.8mm	138,000	西泠印社	2022-08-19	清辟邪降福背五毒苏炉大样花钱	48.1mm	14,950	华艺国际	2022-08-06
清云南"通宝段记 足色盐课"五两大三槽锭一枚		46,000	北京诚轩	2022-08-12	清山鬼雷公背八卦大样 花钱一枚	50.4mm	14,950	华艺国际	2022-08-06
"咸丰元宝"宝泉局星月当千	直径60.4mm	1,790,680	哈布斯堡	2022-12-18	清山鬼雷公背八卦文花钱		13,800	永乐拍卖	2022-07-25
民国 孙中山像半圆铜质样币	重6g	196,570	香港福羲国际	2022-12-28	清山鬼雷公背八卦文花钱		10,925	永乐拍卖	2022-07-25
					清山鬼雷公背八卦文花钱		14,950	永乐拍卖	2022-07-25
					清山鬼雷公背八卦文花钱		46,000	永乐拍卖	2022-07-25
					清十二生肖八卦花钱		12,650	永乐拍卖	2022-07-25

2022杂项拍卖成交汇总(续表)

(成交价RMB：1万元以上)

拍品名称	物品尺寸	成交价RMB	拍卖公司	拍卖日期
清 十二生肖背青天干地支大花钱		13,800	永乐拍卖	2022-07-25
清 天官赐福背指日高升花钱一枚	45mm	11,500	华艺国际	2022-08-06
清 长命富贵背福寿花钱一枚	47.8mm	49,450	华艺国际	2022-08-06
清 除邪辟鬼背钟馗浙炉花钱	直径41mm;厚3.4mm	115,000	中国嘉德	2022-12-27
清 川炉四君子竹子花钱	直径45.8mm;厚2.2mm	92,000	中国嘉德	2022-12-27
清 此符压怪背符文圆孔花钱	44.2mm×2.0mm	24,150	中国嘉德	2022-06-28
清 单龙背单凤苏炉圆孔花钱	45.1mm×1.8mm	33,350	中国嘉德	2022-06-28
清 二十四福寿苏炉花钱	直径48.3mm;厚2.4mm	18,400	中国嘉德	2022-12-27
清 二十四福寿圆孔花钱	45.2mm×2.0mm	14,950	中国嘉德	2022-06-28
清 福寿康宁背龙凤纹花钱	直径59.6mm;厚3.7mm	23,000	中国嘉德	2022-12-27
清 蝠在眼前连体五铢花钱	56.4mm×3.5mm	28,750	中国嘉德	2022-06-28
清 复起堂背梅花挂钱	54.6mm×2.4mm	16,100	中国嘉德	2022-06-28
清 吉祥如意背富贵双全川炉花钱	43.6mm×2.6mm	46,000	中国嘉德	2022-06-28
清 康熙重宝背宝泉龙凤花钱	直径60.2mm;厚3.6mm	63,250	中国嘉德	2022-12-27
清 连中三元背荣封五代浙炉花钱	40.4mm×2.2mm	24,150	中国嘉德	2022-06-28
清 龙凤呈祥背龙凤纹花钱	48mm×2.0mm	17,250	中国嘉德	2022-06-28
清 乾隆重宝背宝泉龙凤花钱	直径53.1mm;厚1.9mm	11,500	中国嘉德	2022-12-27
清 驱邪降福背五毒花钱	直径44.9mm;厚2.2mm	11,270	中国嘉德	2022-12-27
清 山鬼背八卦贵炉大型花钱	66.1mm×2.9mm	32,200	中国嘉德	2022-06-28
清 山鬼八卦苏炉方孔花钱	直径45.8mm;厚2.7mm	10,350	中国嘉德	2022-12-27
清 山鬼八卦苏炉方孔花钱	直径52.4mm;厚2.8mm	21,850	中国嘉德	2022-12-27
清 山鬼背八卦苏炉花钱	47.8mm×2.3mm	33,350	中国嘉德	2022-06-28
清 山鬼八卦苏炉圆孔花钱	直径49.9mm;厚2.9mm	20,700	中国嘉德	2022-12-27
清 山鬼八卦苏炉圆孔花钱	直径46.9mm;厚2.7mm	26,450	中国嘉德	2022-12-27
清 山鬼八卦苏炉圆孔花钱	直径49.1mm;厚2.7mm	19,550	中国嘉德	2022-12-27
清 山鬼背八卦湘炉花钱	45.2mm×2.7mm	23,000	中国嘉德	2022-06-28
清 山鬼背老目苏炉圆孔花钱	直径45.4mm;厚2.3mm	17,250	中国嘉德	2022-12-27
清 十二生肖背八卦花钱	45.2mm×2.1mm	27,600	中国嘉德	2022-06-28
清 十二生肖背天狗望月苏炉圆孔花钱	直径46.9mm;厚2.4mm	25,300	中国嘉德	2022-12-27
清 寿同日月背松柏桐椿浙炉花钱	39.2mm×1.8mm	24,150	中国嘉德	2022-06-28
清 双龙镂空花钱	56.9mm×3.4mm	13,800	中国嘉德	2022-06-28
清 顺风大满载而归背一帆风顺苏炉圆孔花钱	直径47.8mm;厚2.4mm	14,950	中国嘉德	2022-12-27
清 顺风大满载而归苏炉圆孔花钱	直径45.7mm;厚2.6mm	11,500	中国嘉德	2022-12-27
清 顺风大吉一本万利花钱	直径46.1mm;厚2.1mm	11,500	中国嘉德	2022-12-27
清 为善最乐读书便佳苏炉圆孔花钱	直径45.6mm;厚2.2mm	16,100	中国嘉德	2022-12-27
清 喜生贵子背五子婴戏苏炉方孔花钱	直径49.1mm;厚2.2mm	19,550	中国嘉德	2022-12-27
清 一团和气背刘海戏金蟾苏炉圆孔花钱	直径46.3mm;厚2.3mm	16,100	中国嘉德	2022-12-27
清 宜家宜室宜男多寿多福多庆背龙凤纹云炉花钱	67.9mm×3.3mm	51,750	中国嘉德	2022-06-28
清 早生贵子连中三元背和合二仙苏炉圆孔花钱	45.5mm×2.3mm	11,500	中国嘉德	2022-06-28
清 长命富贵背福寿花钱	45.0mm×2.6mm	12,650	中国嘉德	2022-06-28
清 招财进宝背黄金万两苏炉方孔花钱	直径51.8mm;厚3.3mm	36,800	中国嘉德	2022-12-27
清 招财进宝背黄金万两湘炉挂花钱	59.7mm×2.6mm	27,600	中国嘉德	2022-06-28
清 招财进宝背黄金万两苏炉圆孔花钱	直径45.2mm;厚2.2mm	11,500	中国嘉德	2022-12-27
清 指日高升背双龙大型花钱	直径59.6mm;厚3.6mm	12,650	中国嘉德	2022-12-27
清 诸神回避背官虎背神虎苏炉圆孔花钱	直径48.1mm;厚2.8mm	13,800	中国嘉德	2022-12-27
清 状元及第背福鹿苏炉方孔花钱	直径45.7mm;厚2.9mm	25,300	中国嘉德	2022-12-27
清 状元及第一品当朝背文星高照苏炉圆孔花钱	直径45.7mm;厚2.2mm	40,250	中国嘉德	2022-12-27
清 "山鬼雷公"背八卦文道教符咒驱邪降妖大型花钱	直径64.8mm	17,250	北京诚轩	2022-08-12
清福如东海考比南山花钱	直径30mm	57,500	西泠印社	2022-01-21
清福寿双全花钱	直径51.3mm	25,300	西泠印社	2022-01-21
清花钱一组三枚	直径41.3~45.2mm	57,500	西泠印社	2022-01-21
清刘海戏金蟾挂花	通长56.7mm	34,500	西泠印社	2022-08-19
清龙凤花钱	直径42.8mm	11,500	西泠印社	2022-08-19
清双鹿、琴棋书画等花钱一组五枚	直径41.6~66.3mm	23,000	西泠印社	2022-08-19
清苏炉背山鬼老君炼丹花钱	直径45.3mm	17,250	西泠印社	2022-08-19
清太上老君花钱	直径41.5mm	57,500	西泠印社	2022-01-21
清一本万利花钱	直径52.5mm	33,350	西泠印社	2022-08-19
清长发其祥爱天百禄花钱	直径28.6mm	23,000	西泠印社	2022-08-19
清长命富贵刘海戏金蟾花钱	直径44.9mm	57,500	西泠印社	2022-08-19
清状元及第背清福鹿花钱	直径502mm(不含钱挂饰)	34,500	西泠印社	2022-08-19
清状元及第、一品当朝花钱一对	直径45.5~51.4mm	20,700	西泠印社	2022-08-19
清状元及第天官赐福磬形挂花	通长66.3mm	230,000	西泠印社	2022-01-21
清 天干地支二十四节气背二十八星宿花钱一枚	直径53mm	20,700	北京诚轩	2022-08-12
清咏兰诗背兰花图花钱一枚	直径45.8mm	36,800	北京诚轩	2022-08-12
宋 "郎祈蛟焚吾告天"十二生肖花钱		66,700	永乐拍卖	2022-07-25
宋 "符咒文"十二生肖花钱		14,950	永乐拍卖	2022-07-25
宋 "福寿康宁"光背花钱		16,100	永乐拍卖	2022-07-25
宋 "龟鹤齐寿"十二生肖大花钱		69,000	永乐拍卖	2022-07-25
宋 "龟鹤齐寿"素背大型花钱		12,650	永乐拍卖	2022-07-25
宋 "龟鹤齐寿"素背大型花钱		21,850	永乐拍卖	2022-07-25
宋 "老子授经"十二生肖花钱		16,100	永乐拍卖	2022-07-25
宋 "老子授经"十二生肖花钱		36,800	永乐拍卖	2022-07-25
宋 "天师斩鬼"十二生肖花钱		28,750	永乐拍卖	2022-07-25
宋 "天师斩鬼"十二生肖花钱		40,250	永乐拍卖	2022-07-25
宋 "香花供养"生肖猴花钱		28,750	永乐拍卖	2022-07-25
宋 "香花供养"生肖马花钱		17,250	永乐拍卖	2022-07-25
宋 "张天师"十二生肖花钱		36,800	永乐拍卖	2022-07-25
宋 本命星官猴花钱		48,300	永乐拍卖	2022-07-25
宋 本命星官鸡花钱		28,750	永乐拍卖	2022-07-25
宋 龟鹤仙人图十二生肖花钱		10,925	永乐拍卖	2022-07-25
宋 龟鹤仙人图十二生肖花钱		63,250	永乐拍卖	2022-07-25
宋 老君炼丹背十二生肖花钱		55,200	永乐拍卖	2022-07-25
宋 人物故事大型花钱		34,500	永乐拍卖	2022-07-25
宋 二郎神降魔搜山花钱	42.9mm×2.3mm	20,700	中国嘉德	2022-06-28
宋 天师斩鬼背十二生肖花钱	61.0mm×2.4mm	40,250	中国嘉德	2022-06-28
宋代 薛兵莫当背除凶去央挂花一枚	尺寸不一	13,800	华艺国际	2022-08-06
宋代 秦叔宝订神背马花钱一枚	40mm	57,500	华艺国际	2022-08-06
五代 "永安五男"背凹出鎏金异形挂花		21,850	永乐拍卖	2022-07-25
元 "保命"十二生肖背双龙花钱		57,500	永乐拍卖	2022-07-25
元 "皇帝万岁"花钱		10,925	永乐拍卖	2022-07-25
元 神仙人物十二生肖花钱		74,750	永乐拍卖	2022-07-25
元 犀角图案花钱		43,700	永乐拍卖	2022-07-25
南宋 相五郎铭十分金二十五两金锭	通高6cm	2,751,980	香港福羲国际	2022-12-28
明靖嘉 嘉靖户部造足色金拾两金锭	重368g	2,828,760	香港福羲国际	2022-04-17
清 "三益王铺"十两金锭	重364.8g	471,460	香港福羲国际	2022-04-17
清天宝足赤金锭（二件）	重48g	47,146	香港福羲国际	2022-04-17
清 老凤祥十两金条	通长126.9mm;重315g	276,000	西泠印社	2022-01-21
民国 宝生银行壹两金锭	重37.5g	41,279	香港福羲国际	2022-12-28
民国 上海"聚兴正记""足赤十两金条"	重37.5g	207,000	香港福羲国际	2022-12-28
民国 省港壹两金锭	重37.5g	37,348	香港福羲国际	2022-12-28
民国 中央造币厂五两金条	通长70.8mm;重1572g	299,000	西泠印社	2022-01-21
清末至民国 金锭六件	长2.9cm	173,748	香港苏富比	2022-11-25
清末至民国 金锭四件	金条长26cm;元宝长23cm	81,082	香港苏富比	2022-11-25
1819~1828年日本文政小判金一枚		23,000	北京诚轩	2022-08-10
1859年日本安政小判金一枚		12,650	北京诚轩	2022-08-10
1860~1862年日本万延大判金一枚		115,000	北京诚轩	2022-08-10
1860~1867年日本万延大判金一枚		20,700	北京诚轩	2022-08-10
1949~1951年 台湾造币厂制人像布图五两金条		207,000	中国嘉德	2022-12-28
20世纪后叶 "泗利金钰""9999"壹两金锭		17,250	中国嘉德	2022-12-28
20世纪后叶 香港"宝生银行""九九黄金壹两"壹两金锭		19,550	中国嘉德	2022-12-28
20世纪后叶 香港"汇丰银行""利昌""千足黄金五两庄"五两金条		115,000	中国嘉德	2022-12-28
20世纪后叶 香港"汇丰银行""利昌""千足黄金一两庄"壹两金锭		18,400	中国嘉德	2022-12-28
20世纪"香港景福珠宝有限公司千足金壹两"金锭一枚		20,700	北京诚轩	2022-08-12
民国 澳门天盛金铺环形金锭一两	重37.4g	18,400	华艺国际	2022-08-06
民国 澳门天盛金铺环形金锭一两	重37.4g	17,250	华艺国际	2022-08-06
民国 澳门天盛金铺环形金锭一两	重37.5g	17,250	华艺国际	2022-08-06
民国 常州"宝成永记""同丰裕""上上加永"壹两金锭		28,750	中国嘉德	2022-12-28
民国 东莞,双喜吉语半两金锭两枚一组	重37.3g	17,250	华艺国际	2022-08-06
民国 东南亚贸易金锭一两	重37.1g	17,250	华艺国际	2022-08-06
民国 东南亚贸易金锭一两	重37.2g	17,250	华艺国际	2022-08-06
民国 东南亚贸易金锭一两	重37g	17,250	华艺国际	2022-08-06
民国 广东"享珍祥""加炼足金"一两金锭		24,150	中国嘉德	2022-06-29
民国 广东"东成 省值上 足金 金锭"壹两金锭		29,900	中国嘉德	2022-06-29
民国 广东"广州顺兴金行"壹两金锭		20,700	中国嘉德	2022-06-29
民国 广信祥、香港德昌，喜字吉语金锭四枚一组	重123.6g	55,200	华艺国际	2022-08-06
民国 广州广信金铺、水口宝兴金锭两枚一组	重56.2g	25,300	华艺国际	2022-08-06
民国 广州吉昌隆广信祥金锭两枚一组	重67.4g	32,200	华艺国际	2022-08-06
民国 广州吉昌隆一两金锭	重37.5g	17,250	华艺国际	2022-08-06
民国 广州金锭广信祥号金饼三枚	重67.2g	31,050	华艺国际	2022-08-06
民国 景福珠宝有限公司一两金锭	重37.3g	17,825	华艺国际	2022-08-06
民国 辽宁"沈阳鸿兴金锭""加炼赤金""茂"壹两金锭		23,000	中国嘉德	2022-12-28
民国 上海"大丰恒""囍"足赤金锭 半两金锭		20,700	中国嘉德	2022-12-28
民国 上海"中央造币厂条""成色976.0""0503"半两金锭		19,550	中国嘉德	2022-06-28
民国 上海赤练金条十两	重301g	138,000	华艺国际	2022-08-06
民国 石龙永兴半两金锭、双喜一两金锭两枚一组	重56.1g	29,325	华艺国际	2022-08-06
民国 台湾"台银""永泰 足赤""成色991"十两金条		189,750	中国嘉德	2022-12-28
民国 台湾基隆基山一两金锭	重37.6g	17,250	华艺国际	2022-08-06
民国 台湾金龙二两金锭	重5g	34,500	华艺国际	2022-08-06
民国 台银十两金锭	重313g	149,500	华艺国际	2022-08-06
民国 香港"德昌金铺金饼 香港文咸东街"半两金锭		14,950	中国嘉德	2022-06-29
民国 香港"德记十足金"壹两金条		20,700	中国嘉德	2022-06-29

拍品名称	物品尺寸	成交价RMB	拍卖公司	拍卖日期
民国 香港丽记金号五两金条	重187.2g	103,500	华艺国际	2022-08-06
民国 香港利昌金铺环形金锭一两	重37.5g	17,825	华艺国际	2022-08-06
民国 越南金狮牌十足金叶GBCA MS62	重6.81g	11,500	华艺国际	2022-08-06
民国 中山、广州金锭一两、半两、两枚一组	重56.3g	25,300	华艺国际	2022-08-06
民国 中央造币厂半两厂条	重15.5g	12,075	华艺国际	2022-08-06
民国 中央造币厂条半两厂条 PCGS MS61	重15.68g	49,450	华艺国际	2022-08-06
民国 中央造币厂条半两厂条 PCGS MS62	重15.65g	39,010	华艺国际	2022-08-06
民国 中央造币厂条半两厂条GBCA MS61	重15.5g	19,550	华艺国际	2022-08-06
民国 中央造币厂厂条一两厂条 PCGS MS62	重30.96g	59,800	华艺国际	2022-08-06
民国 中央造币厂厂条一两GBCA AU58	重31.8g	31,050	华艺国际	2022-08-06
民国 中央造币厂厂五两布面厂条 PCGS AU DETAILS	重156.1g	143,750	华艺国际	2022-08-06
民国布图壹两金锭	通长25.5mm;重31g	46,000	西泠印社	2022-01-21
民国布图壹两金锭	通长25.7mm;重32g	46,000	西泠印社	2022-01-21
民国江苏合净公会监炼壹两金条	通长26.3mm;重31g	42,550	西泠印社	2022-01-21
民国陕西宝鸡老宝华华足赤五两金条	通长55.8mm;重151.9g	138,000	西泠印社	2022-01-21
民国上海老大宝半两金条	通长23.1mm;重15.6g	23,000	西泠印社	2022-01-21
民国上海乾元永足赤壹两金条	通长27.1mm;重31.1g	63,250	西泠印社	2022-01-21
民国上海生源永足赤壹两金条	通长26.9mm;重31.3g	29,900	西泠印社	2022-01-21
民国上海永丰余福焰赤壹两金条	通长26.9mm;重31.2g	44,850	西泠印社	2022-01-21
民国天津鸿祥背合五两金条	通长62.7mm;重156.5g	195,500	西泠印社	2022-01-21
民国天津鸿源壹两金锭	通长20.7mm;重31.1g	31,050	西泠印社	2022-01-21
民国天津三义壹两金条	通长23.1mm;重31.2g	26,450	西泠印社	2022-01-21
民国天津文华加炼赤金五两金条	通长43.7mm;重156.2g	138,000	西泠印社	2022-01-21
民国天津文华加炼赤金五两金条	通长43.7mm;重156.2g	138,000	西泠印社	2022-08-19
民国中央造币厂布图半两金条	通长19.3mm;重15.5g	24,150	西泠印社	2022-01-21
民国中央造币厂条图壹两金锭	通长32.8mm;重91.3g	195,500	西泠印社	2022-01-21
民国中央造币厂布图壹两金条	通长26.8mm;重31g	33,350	西泠印社	2022-01-21
民国中央造币厂造壹两金锭	通长25.7mm;重32g	46,000	西泠印社	2022-01-21
民国三十四年 重庆中央造币厂铸厂徽布图三两厂条一枚		172,500	北京诚轩	2022-08-10
民国三十四年 重庆中央造币厂铸厂徽布图一两厂条一枚		57,500	北京诚轩	2022-08-10
民国时期"方天华 足赤 甲天"一两金锭		28,750	北京诚轩	2022-08-12
民国时期"宏升 足赤"一两金锭一枚		18,400	北京诚轩	2022-08-12
民国时期"鸿兴永 焰赤 99 壹两"金锭一枚		28,750	北京诚轩	2022-08-12
民国时期"青岛震华 十足赤"一两金锭		23,000	北京诚轩	2022-08-12
民国时期"天津物华 加炼 足赤"一两金锭一枚		23,000	北京诚轩	2022-08-12
民国时期上海中央造币厂铸厂厂徽布图半两厂条一枚		25,300	北京诚轩	2022-08-10
清末"陈一郎""十分金铁线巷"壹两金链		55,200	中国嘉德	2022-12-28
清"青岛震华 十足赤"款一两金锭		28,750	永乐拍卖	2022-07-25
清"青岛震华 十足赤"款一两金锭		32,200	永乐拍卖	2022-07-25
清"永丰余 足赤"款一两金锭		32,200	永乐拍卖	2022-07-25
清 上海"中央造币厂厂条 布图"壹两金条		17,250	中国嘉德	2022-06-29
清南元足金叶子	重33.7g	34,500	西泠印社	2022-01-21
清南元足金叶子	重38.5g	40,250	西泠印社	2022-01-21
宋"刘小五十分金"金牌		17,250	永乐拍卖	2022-07-25
现代 香港"宝生银行金锭 九九黄金壹两"壹两金锭		25,300	中国嘉德	2022-06-29
香港同治六年金锭半两一枚	重18.8g	14,950	华艺国际	
重庆厂半两金条条中国宝诚评级 65	重16.1g	13,225	华艺国际	2022-08-06
南宋 京销锭银武拾瓜两银锭		189,420	香港福羲国际	2022-08-20
元 蒙山课银 至正八年元字号五十两银锭	重1885.5g	494,500	华艺国际	2022-08-06
元 至正三年山泽所产炼成足色白银五十两银锭	重1940g	437,000	华艺国际	2022-08-06
明 十两京库银锭	重371g	88,456	香港福羲国际	2022-12-28
明"广东广州府倾解椒木军饷银壹锭重伍拾两正 银匠陈印"五十两银锭一枚	重1846.1g	414,000	北京诚轩	2022-08-12
明清浙江金华东阳县完银伍拾两正匠邓文银锭	重1840.3g	391,000	西泠印社	2022-01-21
辛未同治十年弥勒佛背双龙值念五金金牌, NGC UNC DETAILS		759,000	华艺国际	2022-08-07
清"万年县 光绪贰拾伍年伍月 长炉 伍拾两匠余顺"五十两方宝	重1873	483,000	永乐拍卖	
清聚锭号十两银锭	重372g	80,593	香港福羲国际	2022-12-28
清 伍拾两银锭（一锭）	重1868g	113,150	香港福羲国际	2022-04-17
清 江西光绪三十四年八月江西官银号五十两方宝 方宁评级AU 58	重1871g	460,000	华艺国际	2022-08-06
清 江西乾隆五十八年六月进贤县匠刘顺五十两方宝银锭	重1859.4g	402,500	华艺国际	2022-08-06
清 江苏"沛县 万春银炉 万春银炉"五十两银锭一枚	重1864.3g	678,500	北京诚轩	2022-08-12
清 江苏"十四年七月 丹阳县 孙节勋钱天丰"五十两银锭一枚	重1874.8g	425,500	北京诚轩	2022-08-12
清山东"光绪年月日 潍县 匠张造五"五十两银锭一枚	重1888.4g	402,500	北京诚轩	2022-08-12
清山东"聚泰炉 招财童子至 利市仙官来"五十两开炉吉语锭一枚	重1884.2g	483,000	北京诚轩	2022-08-12
1932年中华民国二十一年船洋三鸟版 PCGS AU DETAIL 42637492		63,250	华艺国际	2022-08-07
北宋"英州军资库 绍圣二年银三两 匠王平""三两银锭		34,500	永乐拍卖	2022-07-25
金代 尚食局二十五两银锭 宝泰85	11.5cm×7.2cm×2cm;重105g	172,500	华艺国际	2022-08-06
金元时期"花银"五两银锭一枚		40,250	北京诚轩	2022-08-12
民国四川"永裕银"双排戳记十两银锭		16,100	中国嘉德	2022-12-28
民国河南共和民国五十两银锭	重1875.78g	322,000	西泠印社	2022-01-21
民国 辽宁镇口王顺中华三年长记五十两银锭	重1946g	195,500	西泠印社	2022-01-21
民国云南戴天源号五两牌坊锭	通长56.3mm;重181.3g	20,700	西泠印社	2022-01-21
民国云南福兴民国年鉴五两牌坊锭	重192.3g	36,800	西泠印社	2022-01-21
民国云南库字五两牌坊锭	通长59.5mm;重172.5g	24,150	西泠印社	2022-01-21
民国时期内蒙古"民国年月日 西包镇 聚庸号"五十两银锭一枚		138,000	北京诚轩	2022-08-12
民国时期山东"中华民国 菏泽县 永昌银炉"十两钱粮小宝一枚		43,700	北京诚轩	2022-08-12
民国时期四川"复兴荣"单戳十两圆锭一枚		11,500	北京诚轩	2022-08-12
民国时期四川"民国三年"单戳十两圆锭一枚		20,700	北京诚轩	2022-08-12
民国时期四川"秀山县 金源造 陈和盛"三戳十两圆锭一枚		23,000	北京诚轩	2022-08-12
民国时期四川"盐源县 宝珍 盐源县"三戳十两圆锭一枚		11,500	北京诚轩	2022-08-12
民国时期新疆"民国乙丑 塔城 光华银炉"五十两银锭一枚		218,500	北京诚轩	2022-08-12
民国时期云南"福兴余记 汇兑纹银"五两牌坊锭一枚		14,950	北京诚轩	2022-08-12
民国时期直隶"益泰源十足色"十两银锭一枚		27,600	北京诚轩	2022-08-12
明"德阳县"五十两银锭		207,000	永乐拍卖	2022-07-25
明"李"字二两银锭		10,350	永乐拍卖	2022-07-25
明"两淮课 匠伍洪"十两银锭		43,700	永乐拍卖	2022-07-25
明"平安无事"十两束腰银锭		12,650	中国嘉德	2022-12-28
明"平安无事"十两银锭		18,400	永乐拍卖	2022-07-25
明"平安无事"五两船型锭		10,350	永乐拍卖	2022-07-25
明"金魁"十两银锭一枚		37,950	北京诚轩	2022-08-12
明崇祯十五年饷银五两	重177.6g	26,450	西泠印社	2022-01-21
明平安无事锭十两	重349.4g	46,000	西泠印社	2022-01-21
明素锭一对	总重296.7g×2	28,750	西泠印社	2022-01-21
明安徽"当涂县 伍拾两 刘崖 许口"银锭一枚		178,250	北京诚轩	2022-08-12
明江苏"吴江县金花 伍拾两现金"银锭一枚		138,000	北京诚轩	2022-08-12
明浙江"东阳县完银伍拾两正 匠邓文"银锭一枚		69,000	北京诚轩	2022-08-12
南宋"京销锭银记"六排戳记 十二两半银锭		46,000	中国嘉德	2022-12-28
南宋 二十五两京销锭银银锭一件		18,400	北京保利	2022-07-29
南宋"京销锭银 京销锭"六排戳一二两半银锭一枚		55,200	北京诚轩	2022-08-12
南宋"京销锭银 京销锭"六排戳十二两半银锭一枚		57,500	北京诚轩	2022-08-12
南宋广东"肇庆府银"十二两半银锭一枚		63,250	北京诚轩	2022-08-12
清"江西 林盛银局 同治年造 什足"五十两银锭		172,500	永乐拍卖	2022-07-25
清"匠高明 光绪三十一年"五十两银锭		138,000	永乐拍卖	2022-07-25
清"京都 天福记字号 民国年月日"五十两银锭		368,000	永乐拍卖	2022-07-25
清"万泰元记 汇兑纹银"五两牌坊锭		19,550	永乐拍卖	2022-07-25
清"新疆伊宁 玉银 王姓祥银局 民国壬戌年"五十两银锭		195,500	永乐拍卖	2022-07-25
清广西"成记"十两砝码银锭		14,950	中国嘉德	2022-12-28
清广西"祥珍"十两砝码银锭		21,850	中国嘉德	2022-06-29
清湖南"星垣 裕顺记"十两砝码银锭		43,700	中国嘉德	2022-06-29
清山东"贞赵炳"十两单倾银锭		11,270	中国嘉德	2022-12-28
清山西"鲜卢"五两银锭		115,000	永乐拍卖	2022-07-25
清陕西"壬子年""三原王成"五两银锭		14,950	中国嘉德	2022-06-29
清陕西"白水张玉"五两槽锭		18,400	中国嘉德	2022-06-29
清陕西"宝元张玉"五两槽锭		12,650	中国嘉德	2022-06-29
清陕西"丙辰下午盎屋""黄耀堂"五两银锭		10,350	中国嘉德	2022-06-29

2022杂项拍卖成交汇总（续表）

(成交价RMB：1万元以上)

拍品名称	物品尺寸	成交价RMB	拍卖公司	拍卖日期
清 陕西"扶风地丁"五两锭		16,100	中国嘉德	2022-06-29
清 陕西"周至黄云"五两槽锭		10,925	中国嘉德	2022-06-29
清 陕西"周至匡兴"五两槽锭		10,120	中国嘉德	2022-06-29
清 四川"乐至县盐课""宣统三年 兴隆号"十两银锭		36,800	中国嘉德	2022-06-29
清 四川"泸州"杨恒足""五十一 年地丁"十两银锭		57,500	中国嘉德	2022-06-29
清 四川"大竹县 匠恒足生 二十二 年地丁"十两银锭		69,000	永乐拍卖	2022-07-25
清 四川"富顺县 拾四年喻国良"十 两银锭		11,500	中国嘉德	2022-06-29
清 四川"光绪三十三年盐课""裕 亨同""江计商"十两银锭		149,500	中国嘉德	2022-12-28
清 四川"黄正顺纳付商"十两银锭		161,000	永乐拍卖	2022-07-25
清 四川"聚丰隆" 双排戳十两银锭		28,750	永乐拍卖	2022-07-25
清 四川"康定·兴康分金炉" 三排 戳十两银锭		57,500	永乐拍卖	2022-07-25
清 四川"乐厂 引厘 六年匠" 三排戳 十两银锭		21,850	永乐拍卖	2022-07-25
清 四川"荣县 匠恒足生 二十八年 地丁"十两银锭		46,000	永乐拍卖	2022-07-25
清 四川"雅州 顺治五年 地亩良 刘 晟"十两银锭		368,000	永乐拍卖	2022-07-25
清 云南"陈元昌号 汇号纹银 公估 童余周看"五两牌坊锭		10,580	中国嘉德	2022-06-29
清 云南"福兴庆江 汇号纹银 官公 估余看"五两牌坊锭		12,650	中国嘉德	2022-06-29
清 云南"李永盛号 公议纹银 公议 纹锭记"五两牌坊锭		13,800	中国嘉德	2022-06-29
清 云南"天源盛记 汇号纹银 公估 童余段看"五两牌坊锭		11,500	中国嘉德	2022-06-29
清 云南"同兴顺记 汇号纹银 公估 纹银顺"五两牌坊锭		26,450	中国嘉德	2022-06-29
清 云南"童福盛号 冬月纹银"公 估童看讫"五两牌坊银锭		11,500	中国嘉德	2022-06-29
清 云南"万泰杂记 汇号纹银 官公 估周陈童余看"五两牌坊锭		11,500	中国嘉德	2022-06-29
清 云南"周宝铨号""冬月纹银"五 两牌坊锭		10,350	中国嘉德	2022-12-28
清 浙江"鼎裕""溥""花押"五两 银锭		11,500	中国嘉德	2022-12-28
清 东北天利长滨江特别市三排戳 五十两银锭	重1935.5g	115,000	华艺国际	2022-08-06
清 贵州思州府单排戳十两银锭	重340.3g	20,700	华艺国际	2022-08-06
清 河南临颍县单排戳五两银锭 公 博 XF45	重168g	18,400	华艺国际	2022-08-06
清 黑龙江省庆丰银号五十两银锭 公博MS61	重1855.6g	172,500	华艺国际	2022-08-06
清 湖北荆沙双排戳五两银锭 公博 AU50	重175.1g	32,200	华艺国际	2022-08-06
清 江西恒足号三排戳十两银锭 公 博AU55	重379g	41,400	华艺国际	2022-08-06
清 四川义立双排戳十两银锭 公博 AU50	重318g	34,500	华艺国际	2022-08-06
清 朗贝勒府单戳十两银锭，带老藏 家木盒	重386.9g	14,950	华艺国际	2022-08-06
清 罗万洪 三排戳十两银锭 方乾 MS AU58	重357.1g	17,250	华艺国际	2022-08-06
清 内蒙古归化城万盛永五十两银 锭 方乾AU55	重1872g	138,000	华艺国际	2022-08-06
清 山东 单戳贞廷炳银锭 方乾 AU58	重380.7g	18,975	华艺国际	2022-08-06
清 山东口光绪年月五十两 公博MS63	重1859.3g	149,500	华艺国际	2022-08-06
清 山西祁县许叶翼 咸丰年月双排戳 五十两银锭，带收藏红木盒	重1859.2g	345,000	华艺国际	2022-08-06
清 陕西凤宝土厘五两银锭 公博MS60	重151.3g	115,000	华艺国际	2022-08-06
清 陕西酒泉公估五两银锭 公博MS60	重149.2g	103,500	华艺国际	2022-08-06
清 陕西渭南王兴单戳五两银锭	重102.6g	17,250	华艺国际	2022-08-06
清 陕西长安张斌五两银锭 中乾MS63	重170.7g	11,500	华艺国际	2022-08-06
清 陕西璧山吉星长三戳五两	重363.9g	13,800	华艺国际	2022-08-06
清 四川大邑县盐本 三排戳十两银 锭 方乾AU55	重368g	28,750	华艺国际	2022-08-06
清 四川福兴足色纹银十两银锭 公 博AU58+	重392g	13,800	华艺国际	2022-08-06
清 四川公记双排戳十两银锭 公博AU50	重559.5g	20,700	华艺国际	2022-08-06
清 四川公记双排戳十两银锭 公博MS61	重358.5g	20,700	华艺国际	2022-08-06
清 四川光绪二十九年 单排戳十两 银锭 大唐85	重357g	13,800	华艺国际	2022-08-06
清 四川汉源陈茂林 三排戳十两银 锭 方乾MS61	重330.5g	17,250	华艺国际	2022-08-06
清 四川汉源王宝兴 三排戳十两银 锭 公博MS61+	重331.2g	19,550	华艺国际	2022-08-06

拍品名称	物品尺寸	成交价RMB	拍卖公司	拍卖日期
清 四川汉源永兴祥三排戳十两银 锭 公博AU58	重338.5g	23,000	华艺国际	2022-08-06
清 四川黄义顺 后府府双排戳十两银锭	重368.2g	29,900	华艺国际	2022-08-06
清 四川庆顺源单戳十两银锭 公博 AU58+	重342.5g	23,000	华艺国际	2022-08-06
清 四川三兴银炉 单戳十两银锭 方乾AU55	重375.5g	13,800	华艺国际	2022-08-06
清 四川文利元双戳十两银锭 公 博AU50	重360.2g	23,000	华艺国际	2022-08-06
清 四川西京双排戳十两银锭 方乾 AU58	重368.9g	21,850	华艺国际	2022-08-06
清 四川雅州府双排戳十两银锭 方 乾AU53	重364.1g	21,275	华艺国际	2022-08-06
清 四川裕国通商单戳十两银锭 方乾AU58	重350.9g	11,500	华艺国际	2022-08-06
清 四川豫兴楼双排戳十两银锭 方 乾MS60	重343.6g	18,400	华艺国际	2022-08-06
清 四川忠信局双排戳十两银锭 方 乾AU55	重381.8g	17,250	华艺国际	2022-08-06
清 四川足色纹银双排戳十两银锭 方乾AU55	重411.2g	14,950	华艺国际	2022-08-06
清 宣统二年裕隆号四排戳五十两银锭	重1817.2g	138,000	华艺国际	2022-08-06
清 云南福源足银单戳十两银锭 公 博AU55	重348g	28,750	华艺国际	2022-08-06
清 云南康记川锭十两银锭 方乾AU53	重382.8g	10,120	华艺国际	2022-08-06
清 云南王裕宝三两银锭 方乾MS60	重105.9g	11,500	华艺国际	2022-08-06
清 浙江聚隆三戳五两银锭	重183.8g	43,700	华艺国际	2022-08-06
清 "福"字七钱吉语小锭一枚		16,100	北京诚轩	2022-08-12
清 "甘肃匠 蔺吉泰"五两槽锭一枚		10,925	北京诚轩	2022-08-12
清 "广泰"一两小圆锭 一枚		20,700	北京诚轩	2022-08-12
清 "湖北盐厘局薛永陞"五十两银锭一枚		103,500	北京诚轩	2022-08-12
清 "湖南 官钱局"十两砝码钱一枚		138,000	北京诚轩	2022-08-12
清 "华俄银行 库平伍钱"小银锭一枚		25,300	北京诚轩	2022-08-12
清 "吉林万顺长 吉林万顺长"五十 两大翘宝一枚		149,500	北京诚轩	2022-08-12
清 "山东盐课 李东裕"十两银锭一枚		80,500	北京诚轩	2022-08-12
清 "山东盐课 李金城"十两银锭一枚		155,250	北京诚轩	2022-08-12
清 "山东盐课 王大全"十两银锭一枚		115,000	北京诚轩	2022-08-12
清 "山西天顺银号 山西天顺银号" 五十两银锭一枚		218,500	北京诚轩	2022-08-12
清 "寿"字一两吉语小锭一枚		17,250	北京诚轩	2022-08-12
清 "囍"字半两吉语小锭一枚		12,650	北京诚轩	2022-08-12
清 "囍"字二两吉语小锭一枚		33,350	北京诚轩	2022-08-12
清 "囍"字一两吉语小锭一枚		17,250	北京诚轩	2022-08-12
清 "咸丰年月 咸丰年月"五十两银锭一枚		143,750	北京诚轩	2022-08-12
清 "元"十两银锭一枚		11,500	北京诚轩	2022-08-12
清 "张贤"三钱随形小银锭一枚		14,950	北京诚轩	2022-08-12
清江西赣关衡聚五两银锭	重202.6g	57,500	西泠印社	2022-01-21
清上海同源治记五十两银锭	重1831.8g	207,000	西泠印社	2022-01-21
清西北伦记银局五十两银锭	重1847.9g	322,000	西泠印社	2022-01-21
清喜字小银锭一对	总重47.9g×2	28,750	西泠印社	2022-01-21
清浙江德清拾贰两宝义茂五两银锭	重180.3g	92,000	西泠印社	2022-01-21
清浙江鄞县元年徐璋五两银锭	重187g	201,250	西泠印社	2022-01-21
清福建"六年五月 瓯宁县 李永昌"十两 圆锭一枚		51,750	北京诚轩	2022-08-12
清福建"十八年二月 盐课 谢德泉"十两 圆锭一枚		109,250	北京诚轩	2022-08-12
清福建"五十六年九月 晋江县 汪润铺" 十两圆锭一枚		230,000	北京诚轩	2022-08-12
清广东"光绪二十八年 武川县 二月 匠王天光"十两砝码锭一枚		18,400	北京诚轩	2022-08-12
清广西"成记 成冠"十两砝码锭一枚		12,650	北京诚轩	2022-08-12
清广西"诚记"五两砝码锭一枚		10,350	北京诚轩	2022-08-12
清广西"道光二十六年 三月日 苍梧县 江永泰"十两砝码锭一枚		115,000	北京诚轩	2022-08-12
清广西"道光三十年 五月日 梧州府 黄 致祥"十两砝码锭一枚		13,800	北京诚轩	2022-08-12
清广西"光绪十八年 正月日 梧州府 万 祥丰库银"十两砝码锭一枚		92,000	北京诚轩	2022-08-12
清广西"源珍 光绪十二年 光绪十二年 合记"十两砝码锭一枚		25,300	北京诚轩	2022-08-12
清贵州"刘洪泰 古州 刘洪泰"三戳十两 圆锭一枚		64,400	北京诚轩	2022-08-12
清贵州"湄潭县"单戳十两圆锭一枚		23,000	北京诚轩	2022-08-12
清河南"光绪年月 富顺银局"五十 两银锭一枚		138,000	北京诚轩	2022-08-12
清河南"修武县"五两腰锭一枚		13,800	北京诚轩	2022-08-12
清河南"宣统年月 商丘县忠义成"五十 两银锭一枚		115,000	北京诚轩	2022-08-12
清河南"永兴银炉 永兴银炉"五十两银锭 一枚		143,750	北京诚轩	2022-08-12

拍品名称	物品尺寸	成交价RMB	拍卖公司	拍卖日期
清湖北"大冶 永丰"五两圆锭一枚		40,250	北京诚轩	2022-08-12
清湖北"老河口 恒春东"双戳十两圆锭一枚		19,550	北京诚轩	2022-08-12
清湖北"圻水 潘太"五两圆锭一枚		57,500	北京诚轩	2022-08-12
清湖北"万兴splay"单戳十两圆锭一枚		19,550	北京诚轩	2022-08-12
清湖南"咸丰□年 二月 桃源县 龙甫德"五两银锭一枚		172,500	北京诚轩	2022-08-12
清湖南"星垣祥泰 星垣祥泰"五十两银锭一枚		184,000	北京诚轩	2022-08-12
清吉林"光绪年月□ 吴祥国 宽城天丰成"五十两大翅宝一枚		161,000	北京诚轩	2022-08-12
清吉林"光绪三十一年 宽城同顺成 匠高明"五十两大翅宝一枚		201,250	北京诚轩	2022-08-12
清吉林"光绪三十一年 宽城同顺成 匠高明"五十两大翅宝一枚		161,000	北京诚轩	2022-08-12
清吉林"光绪三十一年 宽城同顺成 匠高明"五十两大翅宝一枚		115,000	北京诚轩	2022-08-12
清吉林"光绪三十一年 宽城同顺成 匠高明"五十两大翅宝一枚		143,750	北京诚轩	2022-08-12
清江苏"道光三十年正月 金山县 王仁昌 李玉生"五十两银锭一枚		126,500	北京诚轩	2022-08-12
清江苏"上元县 足色纹银"双戳十两圆锭一枚		109,250	北京诚轩	2022-08-12
清江西"衡聚"一两半镜面小锭一枚		48,300	北京诚轩	2022-08-12
清江西"厚隆 厚隆"五两镜面锭一枚		11,500	北京诚轩	2022-08-12
清江西"泰来 泰来"十两镜面锭一枚		20,700	北京诚轩	2022-08-12
清辽宁"光绪年月 营口大盛亨"五十两大翅宝一枚		97,750	北京诚轩	2022-08-12
清民国时期直隶"丰泰永 公十足"十两银锭一枚		33,350	北京诚轩	2022-08-12
清末民初 无锡笔锭如意双喜新宝成二两吉语锭	重52.7g	11,500	西泠印社	2022-01-21
清末民初 云南五十两银锭一枚		195,500	北京诚轩	2022-08-12
清山东"德庆炉"五十两银锭一枚		143,750	北京诚轩	2022-08-12
清山东"德顺炉"五十两银锭一枚		132,250	北京诚轩	2022-08-12
清山东"德成炉"五十两银锭一枚		103,500	北京诚轩	2022-08-12
清山东"光绪年月 安丘县 同盛银炉"五十两银锭一枚		379,500	北京诚轩	2022-08-12
清山东"光绪年月 东海关 匠鲁协中"五十两银锭一枚		368,000	北京诚轩	2022-08-12
清山东"光绪年月 复合炉 光绪年月"十两钱粮小宝一枚		74,750	北京诚轩	2022-08-12
清山东"光绪年月 历城 光绪年月"十两钱粮小宝一枚		48,300	北京诚轩	2022-08-12
清山东"光绪年月 陵县 匠郭长山"八两钱粮小宝一枚		78,200	北京诚轩	2022-08-12
清山东"光绪年月 长山 顺昌银炉"十两钱粮小宝一枚		74,750	北京诚轩	2022-08-12
清山东"光绪年月 淄川县 匠王木"五十两银锭一枚		322,000	北京诚轩	2022-08-12
清山东"吉祥"五十两开炉吉语锭一枚		161,000	北京诚轩	2022-08-12
清山东"宣统年月 安丘县 同兴银炉"五十两银锭一枚		218,500	北京诚轩	2022-08-12
清山东"宣统年月 汶上县 匠马殿甲"五十两银锭一枚		448,500	北京诚轩	2022-08-12
清山东"元祥"五十两银锭一枚		201,250	北京诚轩	2022-08-12
清山东"元祥"五十两银锭一枚		253,000	北京诚轩	2022-08-12
清山西"晋泰银号 午天"五两腰锭一枚		19,550	北京诚轩	2022-08-12
清山西"晋泰银号 寅山"五两腰锭一枚		27,600	北京诚轩	2022-08-12
清山西"同治年月 归化城 李万春"五十两银锭一枚		155,250	北京诚轩	2022-08-12
清山西"咸丰年〇月 祁县 许时成"五十两银锭一枚		241,500	北京诚轩	2022-08-12
清山西"咸丰年正月 榆次县 天成公"五十两银锭一枚		218,500	北京诚轩	2022-08-12
清山西"咸丰元年四月 永济县 安泰"五十两银锭一枚		241,500	北京诚轩	2022-08-12
清山西"宣统□年祥月 太谷县 瑞泰生"五十两银锭一枚		172,500	北京诚轩	2022-08-12
清山西"宣统□年元月 太谷县 谦源胜"五十两银锭一枚		149,500	北京诚轩	2022-08-12
清山西"宣统年月 祁县 王琏"五十两吉语锭一枚		138,000	北京诚轩	2022-08-12
清陕西"宝玉 杨忠"四两槽锭一枚		13,800	北京诚轩	2022-08-12
清陕西"汉中付(府)厘金局"双戳四两锭一枚		34,500	北京诚轩	2022-08-12
清陕西"泾阳 万年"四两槽锭一枚		12,650	北京诚轩	2022-08-12
清陕西"岐山 李正"五两槽锭一枚		11,500	北京诚轩	2022-08-12
清陕西"三原 史王"四两槽锭一枚		10,350	北京诚轩	2022-08-12
清上海"光绪廿六年 萃泰 俄国道胜银行"五十两银锭一枚		161,000	北京诚轩	2022-08-12
清四川"德成荣"单戳十两圆锭一枚		19,550	北京诚轩	2022-08-12
清四川"德玉楼 德玉楼 德玉楼"三戳十两圆锭一枚		20,700	北京诚轩	2022-08-12
清四川"富顺县 地丁纹银"双戳十两圆锭一枚		59,800	北京诚轩	2022-08-12
清四川"光绪八年捐输 垫江县 匠裕盛"三戳十两圆锭一枚		48,300	北京诚轩	2022-08-12
清四川"光绪十九年盐课 裕亨同 江计商"三戳十两圆锭一枚		17,250	北京诚轩	2022-08-12
清四川"光绪廿三年富官引局 恒丰泰 大生厚"三戳十两圆锭一枚		19,550	北京诚轩	2022-08-12
清四川"光绪十八年 仁寿县 匠张恒益"三戳十两圆锭一枚		26,450	北京诚轩	2022-08-12
清四川"合州盐厘"单戳十两圆锭一枚		34,500	北京诚轩	2022-08-12
清四川"会理州"三两单槽锭一枚		80,500	北京诚轩	2022-08-12
清四川"嘉庆十四年 温江县"双戳十两圆锭一枚		46,000	北京诚轩	2022-08-12
清四川"夔关 罗寿先 三年十月"三戳四两圆锭一枚		184,000	北京诚轩	2022-08-12
清四川"利洪昌"单戳十两圆锭一枚		17,250	北京诚轩	2022-08-12
清四川"炉关茶课"单戳十两圆锭一枚		103,500	北京诚轩	2022-08-12
清四川"炉关茶课"单戳十两圆锭一枚		57,500	北京诚轩	2022-08-12
清四川"眉州 眉州"双戳十两圆锭一枚		34,500	北京诚轩	2022-08-12
清四川"日新局"单戳十两圆锭一枚		28,750	北京诚轩	2022-08-12
清四川"荣昌县 荣昌县"双戳十两圆锭一枚		13,800	北京诚轩	2022-08-12
清四川"十三年十一月 夔关 胡同兴福"四戳十两圆锭一枚		69,000	北京诚轩	2022-08-12
清四川"十足票银 白和森造 十足票银"三戳十两圆锭一枚		19,550	北京诚轩	2022-08-12
清四川"同盛公"单戳十两圆锭一枚		13,800	北京诚轩	2022-08-12
清四川"同兴和"单戳十两圆锭一枚		19,550	北京诚轩	2022-08-12
清四川"万县 万县"双戳十两圆锭一枚		19,550	北京诚轩	2022-08-12
清四川"喜 喜"双戳五两吉语锭一枚		36,800	北京诚轩	2022-08-12
清四川"新津县 纹银地丁"双戳十两圆锭一枚		46,000	北京诚轩	2022-08-12
清四川"兴泰局 资生元"双戳十两圆锭一枚		14,950	北京诚轩	2022-08-12
清四川"宣统茶课 灌县 协泰森"三戳十两圆锭一枚		55,200	北京诚轩	2022-08-12
清四川"宣统三年捐输 富顺县 周源义和"三戳十两圆锭一枚		17,250	北京诚轩	2022-08-12
清四川"益发禄"单戳十两圆锭一枚		13,800	北京诚轩	2022-08-12
清四川光绪"二十五年捐输 合江县 匠恒足生"三戳十两圆锭一枚		37,950	北京诚轩	2022-08-12
清四川光绪"三十一年津贴 富顺县 匠恒足生"三戳十两圆锭一枚		46,000	北京诚轩	2022-08-12
清云南"宝丰胡记 叁月纹银"五两记月牌坊锭一枚		10,350	北京诚轩	2022-08-12
清云南"宝铨□银"三两小三槽锭一枚		43,700	北京诚轩	2022-08-12
清云南"宝铨□银"三两小三槽锭一枚		86,250	北京诚轩	2022-08-12
清云南"陈宝生号 汇号纹银"五两牌坊锭一枚		14,950	北京诚轩	2022-08-12
清云南"陈宝生号 柒月纹银"五两记月牌坊锭一枚		11,500	北京诚轩	2022-08-12
清云南"陈元昌号 公议纹银"五两牌坊锭 一枚		28,750	北京诚轩	2022-08-12
清云南"陈元昌号 汇号纹银"五两牌坊锭一枚		23,000	北京诚轩	2022-08-12
清云南"陈元昌号 肆月纹银"五两记月牌坊锭一枚		11,500	北京诚轩	2022-08-12
清云南"陈元昌号 正月纹银"五两记月牌坊锭一枚		17,250	北京诚轩	2022-08-12
清云南"道光二十二年 课 道光二十二年"十两大长槽锭一枚		63,250	北京诚轩	2022-08-12
清云南"德义夏记 足色盐课"五两大三槽锭一枚		23,000	北京诚轩	2022-08-12
清云南"方永源号 汇号纹银"五两牌坊锭一枚		10,350	北京诚轩	2022-08-12
清云南"福宝正记"二两小三槽锭一枚		23,000	北京诚轩	2022-08-12
清云南"福兴庆记 汇号纹银"五两牌坊锭一枚		11,500	北京诚轩	2022-08-12
清云南"福兴庆记 汇号纹银"五两牌坊锭一枚		13,800	北京诚轩	2022-08-12
清云南"福兴庆记 汇号纹银"五两牌坊锭一枚		13,800	北京诚轩	2022-08-12
清云南"复盛字号"三两半小三槽锭一枚		64,400	北京诚轩	2022-08-12
清云南"光绪年分 恒泰字号"二两半小三槽锭一枚		32,200	北京诚轩	2022-08-12

2022杂项拍卖成交汇总（续表）

（成交价RMB：1万元以上）

拍品名称	物品尺寸	成交价RMB	拍卖公司	拍卖日期
清云南"光绪四年 宝铨字号"三两小三槽锭一枚		34,500	北京诚轩	2022-08-12
清云南"光绪五年 源盛字号"三两小三槽锭一枚		23,000	北京诚轩	2022-08-12
清云南"恒泰正记 汇号银"五两牌坊锭一枚		19,550	北京诚轩	2022-08-12
清云南"康镒兴号 叁月纹银"五两记月牌坊锭一枚		55,200	北京诚轩	2022-08-12
清云南"雷庆源号 汇号银"五两牌坊锭一枚		21,850	北京诚轩	2022-08-12
清云南"李源鑫号 叁月纹银"五两记月牌坊锭一枚		23,000	北京诚轩	2022-08-12
清云南"李源鑫号 叁月纹银"五两记月牌坊锭一枚		11,270	北京诚轩	2022-08-12
清云南"庆盛公记 汇号纹银"五两牌坊锭一枚		20,700	北京诚轩	2022-08-12
清云南"庆盛乾记 汇号纹银"五两牌坊锭一枚		32,200	北京诚轩	2022-08-12
清云南"荣生字号 汇号纹银"五两牌坊锭一枚		18,400	北京诚轩	2022-08-12
清云南"镕泰裕记 汇号纹银"五两牌坊锭一枚		13,800	北京诚轩	2022-08-12
清云南"佘庆盛号 汇号纹银"五两牌坊锭一枚		16,100	北京诚轩	2022-08-12
清云南"同昌公记 汇号纹银"五两牌坊锭一枚		13,800	北京诚轩	2022-08-12
清云南"同源盛记"二两小三槽锭一枚		17,250	北京诚轩	2022-08-12
清云南"章福盛号 汇号纹银"五两牌坊锭一枚		17,250	北京诚轩	2022-08-12
清云南"万盛公记 肆月纹银"五两记月牌坊锭一枚		34,500	北京诚轩	2022-08-12
清云南"万泰朵记 正月纹银"五两记月牌坊锭一枚		23,000	北京诚轩	2022-08-12
清云南"王永盛号 公议纹银"五两牌坊锭一枚		16,100	北京诚轩	2022-08-12
清云南"王仲"一两单槽锭一枚		10,350	北京诚轩	2022-08-12
清云南"嶍峨县 课 嶍峨县"十两大长槽锭一枚		207,000	北京诚轩	2022-08-12
清云南"辛亥肆月 宝铨汇纹"五两牌坊锭一枚		40,250	北京诚轩	2022-08-12
清云南"永川"单戳十两圆锭一枚		13,800	北京诚轩	2022-08-12
清云南"张同昌号 汇号纹银"五两牌坊锭一枚		14,950	北京诚轩	2022-08-12
清云南"赵州 赵州"五两双槽锭一枚		26,450	北京诚轩	2022-08-12
清云南"镇南州"一两半单槽锭一枚		12,650	北京诚轩	2022-08-12
清云南"正裕课锭"五两大三槽锭一枚		55,200	北京诚轩	2022-08-12
清云南"周新盛号 汇号纹银"五两牌坊锭一枚		16,100	北京诚轩	2022-08-12
清浙江"贰年 桐乡 振昌"五两圆锭一枚		51,750	北京诚轩	2022-08-12
清浙江"福 福 恒裕"五两圆锭一枚		74,750	北京诚轩	2022-08-12
清浙江"念九年 念九年 德顺"五两圆锭一枚		23,000	北京诚轩	2022-08-12
清浙江"念五年 开化 源泰"五两圆锭一枚		43,700	北京诚轩	2022-08-12
清直隶"德盛 十足色"十两银锭一枚		17,250	北京诚轩	2022-08-12
清直隶"复聚号 十足色"十两银锭一枚		26,450	北京诚轩	2022-08-12
清直隶"匠恒昌 十足色 三益"十两银锭一枚		29,900	北京诚轩	2022-08-12
清直隶"匠源丰 十足色"十两银锭一枚		52,900	北京诚轩	2022-08-12
清直隶"全聚厚 十足色"十两银锭一枚		28,750	北京诚轩	2022-08-12
宋"京销铤银 陈孙铺 郴州起发淳祐五年秋季纲银赴淮西总所缴纳重贰拾伍两"银锭		57,500	永乐拍卖	2022-07-25
宋"京销铤银 梁平"六排戳二十五两银铤		32,200	永乐拍卖	2022-07-25
宋"顺阳西街 庄王铺 十分金"一两金箔片		51,750	永乐拍卖	2022-07-25
宋代"蒋三郎记 蒋三郎记"十五两银铤一枚		11,500	北京诚轩	2022-08-12
唐代五十两船型银锭一枚		115,000	北京诚轩	2022-08-12
唐代五十两船型银锭一枚		86,250	北京诚轩	2022-08-12
元 葫芦形款五两银锭		20,700	永乐拍卖	2022-07-25
元"华"字款五两银锭		20,700	永乐拍卖	2022-07-25
元"华"字款五两银锭		21,850	永乐拍卖	2022-07-25
元"平安无事"二两银锭		10,350	永乐拍卖	2022-07-25
元"张永隆记"双排戳二两银锭		23,000	永乐拍卖	2022-07-25
元"张永隆记"双排戳二两银锭		25,300	永乐拍卖	2022-07-25
元 花银五两银锭 大唐	重145.2g	19,550	华艺国际	2022-08-06
元 京销银五两花银银铤	重145.1g	11,500	华艺国际	2022-08-06
元 元丝锭平安无事银铤	重110g	25,300	华艺国际	2022-08-06
元 刻字小锭（一对）	通长24.7—32.8mm；总重31.4g	13,800	西泠印社	2022-01-21
元平准库"花银 花银"十四两银锭一枚		46,000	北京诚轩	2022-08-12
1902年安徽省造光绪元宝方孔十文铜币试铸样币一枚		460,000	北京诚轩	2022-08-11
1906年丙午户部大清铜币中心"淮"二十文样币一枚		5,175,000	北京诚轩	2022-08-11
1906年丙午户部大清铜币中心"宁"黄铜五文一枚		575,000	北京诚轩	2022-08-11
1913年袁世凯像共和纪念十文铜币样币一枚		3,565,000	北京诚轩	2022-08-11
1914年中华民国共和纪念双旗嘉禾图"L.GIORGI"签字版十文铜币红铜样币一枚		540,500	北京诚轩	2022-08-10
1916年中华民国开国纪念二十文铜币样币一枚		989,000	北京诚轩	2022-08-10
1932年中华民国河南双旗嘉禾伍百文铜币样币一枚		1,207,500	北京诚轩	2022-08-11
民国二十五年广东省造五羊图壹仙铜币一枚		632,500	北京诚轩	2022-08-11
民国廿二年山东省造贰拾文铜币样币一枚		1,207,500	北京诚轩	2022-08-11
1901年江苏省造光绪元宝五文铜币一枚		25,300	北京诚轩	2022-08-11
1902年安徽省造光绪元宝二十文铜币一枚		55,200	北京诚轩	2022-08-11
1902年福建官局光绪元宝十文铜币一枚		51,750	北京诚轩	2022-08-11
1902年福建官局光绪元宝十文铜币一枚		43,700	北京诚轩	2022-08-11
1902年福建官局光绪元宝十文铜币一枚		57,500	北京诚轩	2022-08-11
1902年福建官局光绪元宝十文铜币一枚		13,800	北京诚轩	2022-08-11
1902年湖北省造光绪元宝当十铜币一枚		10,925	北京诚轩	2022-08-11
1902年湖北省造光绪元宝当十铜币一枚		24,150	北京诚轩	2022-08-11
1902年湖南省造光绪元宝当十铜元一枚		20,700	北京诚轩	2022-08-11
1903年癸卯奉天省造光绪元宝中心满文"宝奉"十文黄铜币一枚		20,700	北京诚轩	2022-08-11
1903年癸卯奉天省造光绪元宝中心满文"奉宝"廿文黄铜币一枚		11,500	北京诚轩	2022-08-11
1903年癸卯奉天省造光绪元宝中心满文"奉宝"十文黄铜币一枚		40,250	北京诚轩	2022-08-11
1903年癸卯奉天省造光绪元宝中心满文"奉宝"十文黄铜币一枚		13,800	北京诚轩	2022-08-11
1903年户部光绪元宝二十文铜币样币一枚		92,000	北京诚轩	2022-08-10
1903年户部光绪元宝十文铜币一枚		51,750	北京诚轩	2022-08-10
1903年户部光绪元宝五文铜币一枚		20,700	北京诚轩	2022-08-10
1903年江西省造光绪元宝十铜币一枚		36,800	北京诚轩	2022-08-11
1903年四川官局造光绪元宝二十文铜币一枚		57,500	北京诚轩	2022-08-11
1903年四川官局造光绪元宝二十文铜币一枚		57,500	北京诚轩	2022-08-11
1903年四川官局造光绪元宝十文铜币一枚		19,550	北京诚轩	2022-08-11
1903年四川官局造光绪元宝五文铜币一枚		37,950	北京诚轩	2022-08-11
1903年浙江省造光绪元宝当十黄铜币一枚		368,000	北京诚轩	2022-08-11
1903年浙江省造光绪元宝当十黄铜币一枚		63,250	北京诚轩	2022-08-11
1903年浙江省造光绪元宝当十黄铜币一枚		11,500	北京诚轩	2022-08-11
1903年浙江省造光绪元宝当十黄铜币一枚		14,950	北京诚轩	2022-08-11
1903年浙江省造光绪元宝当十铜币一枚		23,000	北京诚轩	2022-08-11
1903年浙江省造光绪元宝十铜币一枚		10,925	北京诚轩	2022-08-11
1904年甲辰奉天省造光绪元宝中心满文"奉宝"廿文黄铜币一枚		25,300	北京诚轩	2022-08-11
1904年甲辰奉天省造光绪元宝中心满文"奉宝"十文黄铜币一枚		21,850	北京诚轩	2022-08-11
1904年四川省造光绪元宝当二十黄铜币一枚		32,200	北京诚轩	2022-08-11
1904年四川省造光绪元宝当二十黄铜币一枚		10,925	北京诚轩	2022-08-11
1905年福建官局造光绪元宝闽关十文铜币样币一枚		184,000	北京诚轩	2022-08-11
1905年福建官局造光绪元宝闽关十文铜币一枚		172,500	北京诚轩	2022-08-11
1905年广西省造光绪元宝飞龙十文铜币样币一枚		207,000	北京诚轩	2022-08-11
1905年江苏省造光绪元宝五文黄铜币样币一枚		115,000	北京诚轩	2022-08-11
1905年清江光绪元宝十文铜币一枚		18,400	北京诚轩	2022-08-11
1905年乙巳奉天省造光绪元宝中心满文"奉宝"十文黄铜币一枚		12,650	北京诚轩	2022-08-11
1905年乙巳户部大清铜币二十文一枚		13,800	北京诚轩	2022-08-10
1905年乙巳江南省造光绪元宝十文铜币合面一枚		115,000	北京诚轩	2022-08-11
1906年丙午户部大清铜币中心"川"二十文一枚		26,450	北京诚轩	2022-08-11

拍品名称	物品尺寸	成交价RMB	拍卖公司	拍卖日期
1906年丙午户部大清铜币中心"川"十文一枚		20,700	北京诚轩	2022-08-11
1906年丙午户部大清铜币中心"川滇"二十文一枚		12,650	北京诚轩	2022-08-11
1906年丙午户部大清铜币中心"川滇"十文一枚		43,700	北京诚轩	2022-08-11
1906年丙午户部大清铜币中心"滇"十文一枚		11,500	北京诚轩	2022-08-11
1906年丙午户部大清铜币中心"滇"十文一枚		12,650	北京诚轩	2022-08-11
1906年丙午户部大清铜币中心"鄂"五文一枚		11,500	北京诚轩	2022-08-11
1906年丙午户部大清铜币中心"淮"十文一枚		20,700	北京诚轩	2022-08-11
1906年丙午户部大清铜币中心"闽"十文一枚		20,700	北京诚轩	2022-08-11
1906年丙午户部大清铜币中心"宁"十文一枚		11,500	北京诚轩	2022-08-11
1906年丙午户部大清铜币中心"苏"二十文一枚		69,000	北京诚轩	2022-08-11
1906年丙午户部大清铜币中心"苏"黄铜二文一枚		26,450	北京诚轩	2022-08-11
1906年丙午户部大清铜币中心"苏"黄铜五文一枚		28,750	北京诚轩	2022-08-11
1906年丙午户部大清铜币中心"苏"十文一枚		28,750	北京诚轩	2022-08-11
1906年丙午户部大清铜币中心"皖"二十文一枚		345,000	北京诚轩	2022-08-11
1906年丙午户部大清铜币中心"湘"十文一枚		20,700	北京诚轩	2022-08-11
1906年丙午户部大清铜币中心"湘"十文一枚		97,750	北京诚轩	2022-08-11
1906年丙午户部大清铜币中心"浙"二十文合背一枚		218,500	北京诚轩	2022-08-11
1906年丙午户部大清铜币中心"浙"二文一枚		12,650	北京诚轩	2022-08-11
1907年丁未大清铜币二文一枚		19,550	北京诚轩	2022-08-10
1908年光绪戊申中心"总"一文背二文部颁龙铜币样币一枚		195,500	北京诚轩	2022-08-10
1908年戊申光绪中心"总"、1908年戊申光绪中心"宁"、宣统三年大清铜币一文黄铜币各一枚		11,500	北京诚轩	2022-08-10
1908年戊申户部大清铜币中心"宁"十文一枚		16,100	北京诚轩	2022-08-11
1908年戊申户部大清铜币中心"粤"十文一枚		46,000	北京诚轩	2022-08-11
1908年戊申户部大清铜币中心"粤"十文一枚		43,700	北京诚轩	2022-08-11
1909年己酉大清铜币十文一枚		55,200	北京诚轩	2022-08-10
1909年己酉大清铜币中心"汴"五文样币一枚		253,000	北京诚轩	2022-08-11
1909年己酉大清铜币中心"奉"五文一枚		48,300	北京诚轩	2022-08-11
1909年己酉度支部大清铜币中心"川"二十文一枚		19,550	北京诚轩	2022-08-11
1909年己酉户部大清铜币中心"鄂"十文一枚		49,450	北京诚轩	2022-08-11
1912年福建铜币厂造中华元宝十文铜币一枚		27,600	北京诚轩	2022-08-11
1912年福建铜币厂造中华元宝十文铜币一枚		48,300	北京诚轩	2022-08-11
1912年中华民国开国纪念十文单面铜币一枚		13,800	北京诚轩	2022-08-10
1916年新疆喀造中华民国当红钱十文铜币一枚		28,750	北京诚轩	2022-08-11
1916年新疆喀造中华民国当红钱十文铜币一枚		23,000	北京诚轩	2022-08-11
1918年中华铜币左右"山西"双旗背嘉禾"壹枚"十文一枚		55,200	北京诚轩	2022-08-11
1919年云南省造唐继尧像纪念铜币黄铜五十文一枚		46,000	北京诚轩	2022-08-10
1920年河南中华民国中花双旗当五十铜元一枚		17,250	北京诚轩	2022-08-11
1924—1926年四川十文型马兰黄铜币一枚		40,250	北京诚轩	2022-08-11
1928年甘肃辅币"孔造"五文铜币机制母钱一枚		207,000	北京诚轩	2022-08-11
1928年陕西省造嘉禾双旗二分铜币一枚		18,400	北京诚轩	2022-08-11
1929年己巳新疆省城造中华民国背双旗当红钱二十文铜币一枚		18,400	北京诚轩	2022-08-11
1929年己巳新疆省城造中华民国背双旗当红钱十文铜币一枚		28,750	北京诚轩	2022-08-11
1929年西藏机制章嘎银币一枚		17,250	北京诚轩	2022-08-11

拍品名称	物品尺寸	成交价RMB	拍卖公司	拍卖日期
1929年西藏机制章嘎银币一枚		17,250	北京诚轩	2022-08-11
1929年西藏机制章嘎银币一枚		11,500	北京诚轩	2022-08-11
1929年西藏机制章嘎银币一枚		10,350	北京诚轩	2022-08-11
1929年西藏机制章嘎银币一枚		21,850	北京诚轩	2022-08-11
1932年中华苏维埃共和国五分铜币一枚		10,925	北京诚轩	2022-08-10
1932年中华苏维埃共和国五分铜币一枚		11,500	北京诚轩	2022-08-10
1934年川陕省苏维埃赤化全川二百文铜币一枚		37,950	北京诚轩	2022-08-10
1934年川陕省苏维埃全世界无产阶级联合起来五百文铜币		12,650	中国嘉德	2022-06-29
1934年川陕省苏维埃造五百文铜币一枚		13,800	北京诚轩	2022-08-10
1934年川陕省苏维埃五百文铜币一枚		14,950	北京诚轩	2022-08-10
1980年香港一毫铜币二百四十枚		13,800	北京诚轩	2022-08-11
1985年熊猫1元铜币 Ngc PF69		690,000	华艺国际	2022-08-06
丙午（1906年）"皖"字大清铜币二十文铜币		74,750	中国嘉德	2022-12-28
福建官局二十文铜币	尺寸不一	756,065	哈布斯堡	2022-12-18
己酉大清铜币"汴"五文	直径38mm；重6.6g	795,858	哈布斯堡	2022-12-18
民国二十一年三鸟船洋铜币一枚（参考品）		35,650	华艺国际	2022-08-07
民国苏维埃铜币、纸币一组十枚	纸币通长80～174mm；铜币直径17.1～34.9mm	28,750	西泠印社	2022-01-21
民国徐世昌像十文铜币	直径27.9mm	40,250	西泠印社	2022-01-21
民国二年军政府造四川铜币黄铜壹百文一枚		18,400	北京诚轩	2022-08-11
民国二年军政府造四川铜币黄铜壹百文一枚		10,120	北京诚轩	2022-08-11
民国二十八年党徽布图大"桂"字壹分铜币一枚		230,000	北京诚轩	2022-08-11
民国二十八年党徽布图小"桂"字壹分铜币一枚		66,700	北京诚轩	2022-08-11
民国二十八年云南党徽布图贰仙、壹仙黄铜币各一枚		11,500	北京诚轩	2022-08-11
民国二十年贵州省造当十铈币一枚		32,200	北京诚轩	2022-08-11
民国二十一年云南省造贰仙铜币一枚		59,800	北京诚轩	2022-08-11
民国二十一年云南省造伍仙铜币一枚		34,500	北京诚轩	2022-08-11
民国三十八年贵州省造"黔"字半分铜元一枚		115,000	北京诚轩	2022-08-11
民国十九年四川党徽梅花图贰分铜辅币试铸样币一枚		126,500	北京诚轩	2022-08-11
民国十九年四川省造中心"川"边铸一百文黄铜币一枚		23,000	北京诚轩	2022-08-11
民国十九年四川省造中心"川"边铸一百文黄铜币一枚		43,700	北京诚轩	2022-08-11
民国十年广西省造贰毫银币铜质样币一枚		43,700	北京诚轩	2022-08-11
民国十年广西省造壹毫银币铜质样币一枚		80,500	北京诚轩	2022-08-11
民国十七年（1928年）军工工友消费证贰分铜币		46,000	中国嘉德	2022-06-29
民国十七年甘肃孙中山像铜币一枚		103,500	北京诚轩	2022-08-11
民国十七年甘肃孙中山像铜币一枚		60,950	北京诚轩	2022-08-11
民国十五年四川省造"川"字背嘉禾五十文黄铜币一枚		16,100	北京诚轩	2022-08-11
民国十一年一月一日湖南省宪成立纪念当廿铜币一枚		14,950	北京诚轩	2022-08-11
民国十一年一月一日湖南省宪成立纪念当廿铜币一枚		26,450	北京诚轩	2022-08-11
民国时期四川二十文型马兰黄铜币一枚		40,250	北京诚轩	2022-08-11
民国时期四川二十文型马兰黄铜币一枚		34,500	北京诚轩	2022-08-11
民国时期四川省造中心"川"背嘉禾图十分铜币样币一枚		82,800	北京诚轩	2022-08-11
民国时期四川文型"青蚨飞去复飞来"马兰黄铜币一枚		103,500	北京诚轩	2022-08-11
民国时期四川十文型马兰黄铜币一枚		25,300	北京诚轩	2022-08-11
民国时期四川十文型马兰黄铜币一枚		13,800	北京诚轩	2022-08-11
民国时期四川十文型马兰黄铜币一枚		17,250	北京诚轩	2022-08-11
民国时期四川十文型马兰黄铜币一枚		26,450	北京诚轩	2022-08-11
民国时期四川十文型马兰黄铜币一枚		43,700	北京诚轩	2022-08-11
民国时期四川文型马兰铜币一枚		63,250	北京诚轩	2022-08-11
民国时期四川五文型马兰黄铜币一枚		115,000	北京诚轩	2022-08-11
民国时期四川五文型马兰黄铜币一枚		26,450	北京诚轩	2022-08-11
民国时期四川五文型马兰黄铜币一枚		28,750	北京诚轩	2022-08-11
民国时期四川五文型马兰黄铜币一枚		43,700	北京诚轩	2022-08-11
民国五年中心圆孔背嘉禾拾厘铜币一枚		18,400	北京诚轩	2022-08-10
民国元年军政府造四川铜币二十文一枚		18,400	北京诚轩	2022-08-11
民国元年军政府造四川铜币二十文一枚		20,700	北京诚轩	2022-08-11
民国元年军政府造四川铜币五文一枚		19,550	北京诚轩	2022-08-11
民国元年军政府造四川铜币五文一枚		10,925	北京诚轩	2022-08-11
民国元年军政府造四川铜币五文一枚		10,925	北京诚轩	2022-08-11
明铜币一组二十一枚	直径21.4～46.4mm	13,800	西泠印社	2022-01-21

2022杂项拍卖成交汇总(续表)

(成交价RMB:1万元以上)

拍品名称	物品尺寸	成交价RMB	拍卖公司	拍卖日期
清江南省造光绪元宝十文铜币背一枚		195,500	北京诚轩	2022-08-11
清江南省造水龙单面十文铜币一枚		10,350	北京诚轩	2022-08-11
清浙江省造光绪元宝当十白铜币合背一枚		207,000	北京诚轩	2022-08-11
清浙江省造光绪元宝当十黄铜币合背一枚		218,500	北京诚轩	2022-08-11
现代景福珠宝千足金壹两金元宝	通长30.7mm;重37.4g	33,350	西泠印社	2022-01-21
现代外国金、银、铜币一组十枚	直径21-40mm	36,800	西泠印社	2022-01-21
宣三大清铜币十文黄铜试铸样币		955,029	哈布斯堡	2022-12-18
宣统年造大清铜币一厘试铸样币一枚		172,500	北京诚轩	2022-08-10
宣统三年大清铜币二文样币一枚		184,000	北京诚轩	2022-08-11
宣统三年大清铜币十文一枚		14,950	北京诚轩	2022-08-11
宣统三年大清铜币十文一枚		40,250	北京诚轩	2022-08-11
宣统三年大清铜币十文样币一枚		299,000	北京诚轩	2022-08-11
中华民国共和纪念二十文铜币		126,500	中国嘉德	2022-12-28
中央造币厂布图单面铜币一枚,极美品		10,120	华艺国际	2022-08-07
1897年无纪年江南省造光绪元宝库平七钱二分银币一枚		4,485,000	北京保利	2022-07-29
1898年江南省造光绪元宝戊戌错置库平七钱二分 PCGS XF45		4,830,000	华艺国际	2022-08-07
1903年癸卯奉天省造光绪元宝库平七钱二分银币一枚		4,945,000	北京诚轩	2022-08-11
1903年癸卯奉天省造光绪元宝库平银一两银币样币一枚		46,575,000	北京诚轩	2022-08-11
1906年丙午户部大清银币"中"字壹两样币一枚		8,395,000	北京诚轩	2022-08-11
1908年戊申吉林省造光绪元宝中心满文库平七钱二分银币一枚		8,050,000	北京诚轩	2022-08-11
1914年袁世凯像共和纪念"冲天冠"版壹圆银币样币一枚		4,312,500	北京诚轩	2022-08-11
1923年曹锟戎装像宪法成立纪念银币 PCGS MS63+PL, PCGS唯一获得PL评分		3,450,000	华艺国际	2022-08-07
1929年中华民国十八年帆船壹圆样币 PCGS SP64		3,450,000	华艺国际	2022-08-07
清光绪二十九年户部光绪元宝库平一两银币样币一枚		23,000,000	北京诚轩	2022-08-11
清光绪三十年湖北省造大清银币库平一两一枚		4,715,000	北京诚轩	2022-08-11
清江南省庚子光绪元宝三钱六分银币	直径33cm;重138g	264,017	香港福羲国际	2022-04-17
19世纪 西班牙银币 每组(70枚)		32,200	四川灏瀚	2022-01-08
清宣统年造大清银币壹圆"$1"一枚		4,830,000	北京诚轩	2022-08-10
清 1903年奉天省造光绪元宝库平七钱二分银币	重26.8g	511,082	香港福羲国际	2022-12-28
清 大清银币壹圆"GIORGI"签字版试铸币(一枚)	直径39mm;重26.8g	754,336	香港福羲国际	2022-04-17
清 奉天机器局造圆银币	重26.7g	75,433	香港福羲国际	2022-04-17
清 光绪三十四年北洋造币	重26.8g	216,227	香港福羲国际	2022-12-28
清 光绪元宝库平七钱二分银币	重26.8g	393,140	香港福羲国际	2022-12-28
清 广东省造光绪元宝库平七钱二分银币样币	重26.8g	570,053	香港福羲国际	2022-12-28
清 湖北省造银币		28,413	香港福羲国际	2022-08-20
清 四川省造光绪像二分之一卢比银币	直径2.35cm	117,942	香港福羲国际	2022-12-28
清宣统三年壹圆银币		28,413	香港福羲国际	2022-12-28
清 宣统三年壹圆银币	重26.8g	47,176	香港福羲国际	2022-12-28
清广东省造库平壹两双又龙寿字银币	直径41.2mm;重34.4g	8,050,000	西泠印社	2022-01-21
清台湾"道光年铸 库平柒贰 足纹银饼"一枚		3,852,500	北京诚轩	2022-08-11
清1910年新疆饷银一两银币	重26.7g	393,140	香港福羲国际	2022-12-28
民国1916年袁世凯像洪宪纪元飞龙纪念银币	重26.8g	805,937	香港福羲国际	2022-12-28
民国十八年 孙中山像背嘉禾图贰角银币试铸样币 PCGS SP63		3,622,500	华艺国际	2022-08-07
清 孙中山像背帆船三鸟壹圆银币	重26.7g	245,712	香港福羲国际	2022-12-28
民国 袁世凯像"O"版壹圆银币	重26.8g	49,142	香港福羲国际	2022-12-28
民国 袁世凯像精发版壹圆银币(三枚)	直径3.9cm	196,570	香港福羲国际	2022-12-28
民国 袁世凯像壹圆银币	重26.6g	77,319	香港福羲国际	2022-04-17
民国袁世凯像共和、飞龙银币一对	直径39.1mm×2;重26.9g、重26.5g	3,795,000	西泠印社	2022-01-21
民国二十五年孙中山像背帆船壹圆银币样币大版马定祥旧藏 PCGS SP Genuine AU DETAILS		4,140,000	华艺国际	2022-08-07
民国三年袁世凯侧画像壹圆银币样币一枚		6,555,000	北京诚轩	2022-08-10
民国十二年造龙凤壹圆银币一枚		3,910,000	北京诚轩	2022-08-10
民国十年徐世昌像仁寿同登纪念银币金质样币一枚		4,082,500	北京诚轩	2022-08-10
"庚子年造"山东官银光绪元宝五钱臆造银币一枚		59,800	北京诚轩	2022-08-10
"庚子年造"山东官银光绪元宝一两臆造银币一枚		218,500	北京诚轩	2022-08-10
"光绪乙酉年造"光绪皇帝朝服像臆造银币一枚		161,000	北京诚轩	2022-08-10
"光绪乙酉年造"光绪皇帝朝服像臆造银币一枚		112,700	北京诚轩	2022-08-10
"洪宪纪元"袁世凯戎装骑马像背前门城楼图臆造银币一枚		230,000	北京诚轩	2022-08-10
"民国十七年"张作霖像背双旗大元帅纪念臆造银币一枚		345,000	北京诚轩	2022-08-10
"四川省造"慈禧像背卢比图案小型臆造银币一枚		48,300	北京诚轩	2022-08-10
"宣统年造"宣统皇帝像背云南水龙图臆造银币一枚		80,500	北京诚轩	2022-08-10
"浙江省造"慈禧像大型臆造银币一枚		155,250	北京诚轩	2022-08-10
"中华民国"吴佩孚纪念臆造银币一枚		115,000	北京诚轩	2022-08-10
"中华民国十四年造"李景林像背双旗五星图壹圆臆造纪念银币一枚		172,500	北京诚轩	2022-08-10
1794年西藏乾隆宝藏银币 PCGS MS62 鲍克旧藏		172,500	华艺国际	2022-08-07
1853年台湾"军饷 足纹通行 府库 六八足重"笔宝银饼一枚		460,000	北京诚轩	2022-08-11
1878年新疆叶尔羌光绪银钱五分、1893年喀什光绪圆圆钱、1907年喀什大清银币湘平伍钱各一枚		25,300	北京诚轩	2022-08-11
1882年光绪八年吉林机器官局监制厂平壹两臆造银币一枚		402,500	北京保利	2022-07-29
1889年喜敦版广东省造光绪元宝库平三钱六分五厘银样币一枚		3,047,500	北京诚轩	2022-08-11
1890年广东省造光绪元宝库平七分二厘银币一枚		12,650	北京诚轩	2022-08-11
1890年广东省造光绪元宝库平七钱二分银币一枚		18,400	北京诚轩	2022-08-11
1890年广东省造光绪元宝库平三分六厘银币一枚		63,250	北京诚轩	2022-08-11
1890年广东省造光绪元宝库平三钱六分银币一枚		13,800	北京保利	2022-07-29
1890年广东省造光绪元宝库平三钱六分银币一枚。五彩包浆		69,000	北京保利	2022-07-29
1890年喜敦版广东省造光绪元宝库平七钱二分银币一枚		437,000	北京诚轩	2022-08-10
1890年喜敦版广东省造光绪元宝库平三钱六分银币一枚		322,000	北京诚轩	2022-08-10
1890年喜敦版广东省造光绪元宝库平三钱六分银币一枚		80,500	北京诚轩	2022-08-10
1891年广东省造光绪元宝库平七钱二分银币(LM133)		94,300	中国嘉德	2022-06-29
1891年广东省造光绪元宝库平七钱二分银币(LM133)		21,850	中国嘉德	2022-06-29
1891年广东省造光绪元宝库平七钱二分银币(LM133B)		172,500	中国嘉德	2022-12-28
1891年广东省造光绪元宝库平一钱四分四厘银币(LM135)		57,500	中国嘉德	2022-06-29
1894年福建省造光绪元宝库平三分六厘银币一枚		34,500	北京诚轩	2022-08-11
1895、1899、1900、1902、1911、1930年(B)香港贸易银元"站洋"壹圆银币各一枚		19,550	北京诚轩	2022-08-10
1895年湖北省造光绪元宝库平七钱二分银币(LM182)		25,300	中国嘉德	2022-12-28
1895年湖北省造光绪元宝库平七钱二分银币(LM182)		17,250	中国嘉德	2022-12-28
1895年湖北省造光绪元宝库平七钱二分银币(LM182)		11,500	中国嘉德	2022-12-28
1895年湖北省造光绪元宝库平七钱二分银币一枚		230,000	北京保利	2022-07-29
1895年湖北省造光绪元宝库平七钱二分银币一枚		21,850	北京诚轩	2022-08-11
1895年湖北省造光绪元宝库平三钱六分银币一枚		33,350	北京诚轩	2022-08-11
1895年湖北省造光绪元宝库平一钱四分四厘银币一枚		20,700	北京诚轩	2022-08-11
1896年福建官局造光绪元宝库平一钱四分四厘银币 PCGS MS65		25,300	华艺国际	2022-08-07
1896年喀什光绪银圆伍钱银币一枚		16,100	北京诚轩	2022-08-11
1896年喀什光绪银圆伍钱银币一枚		16,100	北京诚轩	2022-08-11
1896年无纪年吉林省造光绪元宝库平七钱二分银币一枚		17,250	北京保利	2022-07-29
1896年西藏单水线章嘎银币试机样币一枚		16,100	北京诚轩	2022-08-11
1896年新疆光绪银圆伍钱银币一枚		14,950	北京诚轩	2022-08-11
1897年光绪二十三年北洋机器局造大清半角 PCGS MS64		140,300	华艺国际	2022-08-07

2022杂项拍卖成交汇总(续表)

(成交价RMB: 1万元以上)

拍品名称	物品尺寸	成交价RMB	拍卖公司	拍卖日期
1897年光绪二十三年北洋机器局造大清壹圆 PCGS VF30		46,000	华艺国际	2022-08-07
1897年安徽省造光绪元宝库平一钱四分四厘银币一枚		48,300	北京诚轩	2022-08-11
1897年光绪二十三年北洋机器局造壹圆银币一枚		69,000	北京保利	2022-07-29
1897年光绪二十三年北洋机器局造壹圆银币一枚		97,750	北京保利	2022-07-29
1898年光绪二十四年北洋机器局造大清壹圆 PCGS AU55		178,250	华艺国际	2022-08-07
1898年安徽省造戊戌光绪元宝七宝七钱二分银币 PCGS VF20		82,800	华艺国际	2022-08-07
1898年光绪二十四年安徽省造光绪元宝库平七钱二分 PCGS MS62		897,000	华艺国际	2022-08-07
1898年光绪二十四年安徽省造光绪元宝库平七钱二分银币一枚		667,000	北京保利	2022-07-29
1898年光绪二十四年安徽省造光绪元宝库平七钱二分银币一枚		40,250	北京保利	2022-07-29
1898年吉林省造光绪元宝库平三钱六分银币(LM511)		11,500	中国嘉德	2022-12-28
1898年吉林省造光绪元宝库平三钱六分银币(LM511)		10,350	中国嘉德	2022-12-28
1898年吉林省造光绪元宝库平三钱六分银币(LM517)		10,350	中国嘉德	2022-12-28
1898年江南省造光绪元宝戊戌库平七分二厘银币错置版 ANACS AU53		161,000	华艺国际	2022-08-07
1898年四川省造光绪元宝库平七钱二分银币(LM345)		149,500	中国嘉德	2022-06-29
1898年四川省造光绪元宝库平七钱二分银币(LM345)		14,950	中国嘉德	2022-06-29
1898年四川省造光绪元宝库平七钱二分银币(LM345)		11,500	中国嘉德	2022-06-29
1898年四川省造光绪元宝库平七钱二分银币(LM345)		16,100	中国嘉德	2022-06-29
1898年四川省造光绪元宝库平七钱二分银币(LM345)		17,250	中国嘉德	2022-06-29
1898年四川省造光绪元宝库平七钱二分银币(LM345)		34,500	中国嘉德	2022-06-29
1898年四川省造光绪元宝库平七钱二分银币(LM346)		29,900	中国嘉德	2022-06-29
1898年无纪年吉林省造光绪元宝库平七钱二分银币一枚		51,750	北京诚轩	2022-08-11
1898年无纪年吉林省造光绪元宝库平七钱二分银币一枚		72,450	北京诚轩	2022-08-11
1898年无纪年吉林省造光绪元宝库平七钱二分银币一枚		42,550	北京诚轩	2022-08-11
1898年无纪年吉林省造光绪元宝库平七钱二分银币一枚		32,200	北京诚轩	2022-08-11
1898年无纪年吉林省造光绪元宝库平三钱六分银币二枚		13,800	北京诚轩	2022-08-11
1898年无纪年吉林省造光绪元宝库平三钱六分银币一枚		23,000	北京诚轩	2022-08-11
1898年无纪年江南省造光绪元宝库平三分六厘银币一枚		48,300	北京诚轩	2022-08-10
1898年戊戌安徽省造光绪元宝库平七钱二分银币一枚		34,500	北京保利	2022-07-29
1898年戊戌江南省造、1890年喜敦版广东省造光绪元宝库平七钱二分银币各一枚		172,500	北京诚轩	2022-08-11
1898年戊戌江南省造光绪元宝"珍珠龙"版库平七钱二分银币一枚		552,000	北京诚轩	2022-08-11
1898年戊戌江南省造光绪元宝"珍珠龙"版库平七钱二分银币一枚		126,500	北京诚轩	2022-08-11
1898年戊戌江南省造光绪元宝库平七分二厘银币一枚		230,000	北京诚轩	2022-08-11
1898年戊戌江南省造光绪元宝库平七分二厘银币一枚		21,850	北京诚轩	2022-08-11
1898年戊戌江南省造光绪元宝库平七钱二分银币一枚		218,500	北京诚轩	2022-08-11
1898年戊戌江南省造光绪元宝库平七钱二分银币一枚		862,500	北京诚轩	2022-08-11
1898年戊戌江南省造光绪元宝库平七钱二分银币一枚		483,000	北京保利	2022-07-29
1898年戊戌江南省造光绪元宝库平七钱二分银币一枚		21,850	北京保利	2022-07-29
1898年戊戌江南省造光绪元宝库平七钱二分银币一枚		14,950	北京保利	2022-07-29
1898年戊戌江南省造光绪元宝库平七钱二分银币一枚		57,500	北京保利	2022-07-29
1899年北洋造二十五年光绪元宝库平七钱二分 PCGS MS62		379,500	华艺国际	2022-08-07
1899年光绪二十五年北洋造光绪元宝库平七钱二分银币一枚		126,500	北京保利	2022-07-29
1899年光绪二十五年北洋造光绪元宝库平七钱二分银币一枚		17,250	北京保利	2022-07-29
1899年光绪二十五年北洋造光绪元宝库平七钱二分银币一枚		12,650	北京保利	2022-07-29
1899年光绪二十五年奉天机器局造壹圆银币一枚		74,750	北京保利	2022-07-29
1899年湖南省造己亥光绪元宝库平七分二厘银币一枚		40,250	北京诚轩	2022-08-11
1899年己亥吉林省造光绪元宝库平七钱二分银币一枚		92,000	北京诚轩	2022-08-11
1899年己亥吉林省造光绪元宝库平一钱四分四厘银币一枚		25,300	北京诚轩	2022-08-10
1899年己亥江南省造光绪元宝库平七分二厘银币一枚		14,950	北京诚轩	2022-08-10
1899年己亥江南省造光绪元宝库平七钱二分银币一枚		391,000	北京诚轩	2022-08-11
1899年己亥江南省造光绪元宝库平一钱四分四厘银币一枚		18,400	北京诚轩	2022-08-11
1899年江南省造己亥光绪元宝库平七钱二分银币(LM222)		195,500	中国嘉德	2022-12-28
1899年无纪年吉林省造光绪元宝库平七分二厘银币一枚		16,100	北京诚轩	2022-08-10
1899年西藏单水线章嘎银币一枚		12,650	北京诚轩	2022-08-11
1899年浙江省造魏碑体光绪元宝库平三钱六分银币一枚		299,000	北京诚轩	2022-08-11
1900年北洋造光绪元宝库平七钱二分 PCGS AU53		345,000	华艺国际	2022-08-07
1900年庚子吉林省造光绪元宝中心花篮库平七钱二分银币一枚		172,500	北京诚轩	2022-08-10
1900年庚子吉林省造光绪元宝中心花篮库平七钱二分银币一枚		517,500	北京诚轩	2022-08-11
1900年庚子吉林省造光绪元宝中心花篮库平七钱二分银币一枚		287,500	北京诚轩	2022-08-11
1900年庚子吉林省造光绪元宝中心花篮库平三钱六分银币一枚		112,700	北京诚轩	2022-08-10
1900年庚子吉林省造光绪元宝中心花篮库平三钱六分银币一枚		20,700	北京诚轩	2022-08-11
1900年庚子吉林省造光绪元宝中心太极图库平七钱二分银币一枚		207,000	北京诚轩	2022-08-11
1900年庚子江南省造光绪元宝库平七钱二分银币一枚		552,000	北京诚轩	2022-08-11
1900年光绪二十六年北洋造光绪元宝库平七钱二分银币一枚		48,300	北京保利	2022-07-29
1900年江南省造光绪元宝庚子库平七钱二分 PCGS VF DETAILS		10,350	华艺国际	2022-08-07
1900年青岛胶州湾攻占纪念银章一枚		17,250	华艺国际	2022-08-07
1900年青岛胶州湾攻占纪念银章一枚		13,225	华艺国际	2022-08-07
1901—1908年四川省造光绪元宝库平七钱二分银币(LM345)		20,700	中国嘉德	2022-12-28
1901年(C)香港贸易银元"站洋"壹圆银币一枚		25,300	北京诚轩	2022-08-10
1901年江南省造光绪元宝辛丑库平七钱二分银币 PCGS AU55		103,500	华艺国际	2022-08-07
1901年江南省造光绪元宝辛丑库平一钱四分四厘银币 PCGS MS63		10,350	华艺国际	2022-08-07
1901年喀什噶尔回圆一钱一枚		16,100	北京诚轩	2022-08-11
1901年四川省造光绪元宝、1909年湖北省造宣统元宝库平七钱二分银币各一枚		17,250	北京诚轩	2022-08-11
1901年四川省造光绪元宝库平七钱二分 PCGS VF35,实物有背逆		10,925	华艺国际	2022-08-07
1901年四川省造光绪元宝库平七钱二分 PCGS XF40		20,700	华艺国际	2022-08-07
1901年四川省造光绪元宝库平七钱二分银币三枚		58,650	北京诚轩	2022-08-11
1901年四川省造光绪元宝库平七钱二分银币一枚		69,000	北京诚轩	2022-08-10
1901年四川省造光绪元宝库平七钱二分银币一枚		34,500	北京诚轩	2022-08-11
1901年四川省造光绪元宝库平七钱二分银币一枚		69,000	北京诚轩	2022-08-11
1901年四川省造光绪元宝库平七钱二分银币一枚		57,500	北京诚轩	2022-08-11
1901年四川省造光绪元宝库平七钱二分银币一枚		69,000	北京诚轩	2022-08-11
1901年四川省造光绪元宝库平七钱二分银币一枚		56,350	北京诚轩	2022-08-11
1901年四川省造光绪元宝库平七钱二分银币一枚		40,250	北京诚轩	2022-08-11

2022杂项拍卖成交汇总(续表)

(成交价RMB: 1万元以上)

拍品名称	物品尺寸	成交价RMB	拍卖公司	拍卖日期
1901年四川省造光绪元宝库平三分六厘银币一枚		55,200	北京诚轩	2022-08-11
1901年四川省造光绪元宝库平三分六厘银币一枚		59,800	北京诚轩	2022-08-11
1901年四川省造光绪元宝库平三钱六分 PCGS AU55		115,000	华艺国际	2022-08-07
1901年四川省造光绪元宝阔面龙版、1909年云南省造宣统元宝、1911年云南省造光绪元宝火珠下四圈版库平七钱二分银币各一枚		32,200	北京诚轩	2022-08-11
1901年辛丑吉林省造光绪元宝库平七钱二分银币一枚		19,550	北京诚轩	2022-08-11
1901年辛丑吉林省造光绪元宝库平三钱六分银币一枚		63,250	北京诚轩	2022-08-10
1901年辛丑吉林省造光绪元宝库平三钱六分银币一枚		46,000	北京诚轩	2022-08-11
1901年辛丑江南省造光绪元宝库平七分二厘银币一枚		26,450	北京诚轩	2022-08-11
1901年辛丑江南省造光绪元宝库平七钱二分银币一枚		201,250	北京诚轩	2022-08-10
1901年辛丑江南省造光绪元宝库平七钱二分银币一枚		460,000	北京保利	2022-07-29
1901年辛丑江南省造光绪元宝库平七钱二分银币一枚		80,500	北京诚轩	2022-08-11
1901年辛丑江南省造光绪元宝库平七钱二分银币一枚		69,000	北京诚轩	2022-08-11
1901年辛丑江南省造光绪元宝库平七钱二分银币一枚		64,400	北京诚轩	2022-08-11
1901年辛丑江南省造光绪元宝库平七钱二分银币一枚		18,400	北京诚轩	2022-08-11
1901年辛丑江南省造光绪元宝库平七钱二分银币一枚		18,400	北京保利	2022-07-29
1901年辛丑江南省造光绪元宝库平七钱二分银币一枚		18,400	北京保利	2022-07-29
1901年辛丑江南省造光绪元宝库平七钱二分银币一枚		86,250	北京保利	2022-07-29
1901年四川省造光绪元宝库平七钱二分 PCGS VF30		17,250	华艺国际	2022-08-07
1902—1911年四川省造光绪像银币(LM360)		24,150	中国嘉德	2022-12-28
1902—1911年四川省造第一期光绪像一卢比银币三枚		29,900	北京诚轩	2022-08-11
1902—1911年四川省造第一期光绪像一卢比银币一枚		16,100	北京诚轩	2022-08-11
1902—1911年四川省造第一期光绪像一卢比银币一枚		23,000	北京诚轩	2022-08-11
1902—1911年四川省造第一期光绪像一卢比银币一枚		21,850	北京诚轩	2022-08-11
1902—1911年四川省造第一期光绪像一卢比银币一枚		25,300	北京诚轩	2022-08-11
1902—1911年四川省造第一期光绪像一卢比银币一枚		47,150	北京诚轩	2022-08-11
1902—1911年四川省造第一期光绪像一卢比银币一枚		37,950	北京诚轩	2022-08-11
1902—1911年四川省造第一期光绪像一卢比银币一组十一枚		43,700	北京诚轩	2022-08-11
1902—1911年四川省造光绪像银币(LM358)		19,550	中国嘉德	2022-06-29
1902—1911年四川省造光绪像银币(LM358)		12,650	中国嘉德	2022-12-28
1902年福建官局造光绪元宝库平七分二厘银币一枚		13,800	北京诚轩	2022-08-10
1902年江南省造壬寅光绪元宝库平七钱二分银币(LM247)		13,800	中国嘉德	2022-12-28
1902年江南省造壬寅光绪元宝库平七钱二分银币两枚(LM248)		10,580	中国嘉德	2022-12-28
1902年壬寅吉林省造光绪元宝库平七钱二分银币一枚		195,500	北京诚轩	2022-08-11
1902年壬寅吉林省造光绪元宝库平三钱六分银币一枚		55,200	北京诚轩	2022-08-10
1902年壬寅江南省造光绪元宝库平七分二厘银币一枚		26,450	北京诚轩	2022-08-11
1902年壬寅江南省造光绪元宝库平七钱二分银币一枚		19,550	北京诚轩	2022-08-10
1902年壬寅江南省造光绪元宝库平七钱二分银币一枚		161,000	北京诚轩	2022-08-11
1902年四川省造光绪元宝库平三分六厘铜镀金试铸样币一枚		287,500	北京保利	2022-07-29
1902年浙江省造光绪元宝楷书库平七分二厘 PCGS SP67		1,012,000	华艺国际	2022-08-07
1902年浙江省造光绪元宝楷书库平三分六厘 PCGS SP67		943,000	华艺国际	2022-08-07

拍品名称	物品尺寸	成交价RMB	拍卖公司	拍卖日期
1902年浙江省造光绪元宝楷书库平一钱四分四厘 PCGS SP66		1,725,000	华艺国际	2022-08-07
1903年北洋造光绪元宝库平七钱二分 PCGS VF35		40,250	华艺国际	2022-08-07
1903年癸卯奉天省造光绪元宝库平七钱二分 PCGS AU55		690,000	华艺国际	2022-08-07
1903年癸卯奉天省造光绪元宝库平七钱二分银币一枚		460,000	北京诚轩	2022-08-11
1903年癸卯奉天省造光绪元宝库平七钱二分银币一枚		149,500	北京诚轩	2022-08-11
1903年癸卯奉天省造光绪元宝库平七钱二分银币一枚		138,000	北京诚轩	2022-08-11
1903年癸卯奉天省造光绪元宝库平七钱二分银币一枚		36,800	北京保利	2022-07-29
1903年癸卯奉天省造光绪元宝库平七钱二分银币一枚		55,200	北京保利	2022-07-29
1903年癸卯吉林省造光绪元宝库平七钱二分银币一枚		11,500	北京诚轩	2022-08-11
1903年癸卯吉林省造光绪元宝库平一钱四分四厘银币一枚		36,800	北京诚轩	2022-08-10
1903年癸卯江南省造光绪元宝库平七钱二分银币一枚		115,000	北京诚轩	2022-08-11
1903年癸卯江南省造光绪元宝库平七钱二分银币一枚		345,000	北京保利	2022-07-29
1903年癸卯江南省造光绪元宝库平七钱二分银币一枚		97,750	北京诚轩	2022-08-11
1903年癸卯江南省造光绪元宝库平一钱四分四厘银币一枚		41,400	北京诚轩	2022-08-10
1903年江南省造癸卯光绪元宝库平七钱二分银币(LM251)		14,950	中国嘉德	2022-12-28
1903年江南省造癸卯光绪元宝库平七钱二分银币(LM251)		36,800	中国嘉德	2022-12-28
1903年江西省造光绪元宝库平当十铜币一枚		86,250	北京诚轩	2022-08-11
1904—1912年四川省造光绪像1/2银币(LM361)		20,700	中国嘉德	2022-06-29
1904—1912年四川省造光绪像四分之一卢比银币一枚		138,000	北京诚轩	2022-08-10
1904—1912年四川省造光绪像四分之一卢比银币一枚		43,700	北京诚轩	2022-08-10
1904—1912年四川省造光绪像四分之一卢比银币一枚		34,500	北京诚轩	2022-08-11
1904—1912年四川省造光绪像四分之一卢比银币一枚		32,200	北京诚轩	2022-08-11
1904年光绪三十年湖北省造大清银币库平一两 PCGS AU DETAIL		345,000	华艺国际	2022-08-07
1904年迪化光绪银圆二钱一枚		12,650	北京诚轩	2022-08-11
1903年光绪二十九年北洋造光绪元宝库平七钱二分银币一枚		12,650	北京保利	2022-07-29
1904年湖北双龙小字版壹两银币 PCGS AU55		862,500	华艺国际	2022-08-07
1904年甲辰奉天省造光绪元宝库平一钱四分四厘银币一枚		19,550	北京诚轩	2022-08-11
1904年甲辰奉天省造光绪元宝库平一钱四分四厘银币一枚		11,500	北京保利	2022-07-29
1904年甲辰奉天省造光绪元宝库平一钱四分四厘银币一枚		23,000	北京保利	2022-07-29
1904年甲辰吉林省造光绪元宝库平七钱二分银币一枚		299,000	北京诚轩	2022-08-11
1904年甲辰吉林省造光绪元宝库平七钱二分银币一枚		34,500	北京保利	2022-07-29
1904年甲辰江南省造光绪元宝库平七钱二分银币二枚		34,500	北京诚轩	2022-08-11
1904年甲辰江南省造光绪元宝库平七钱二分银币一枚		172,500	北京保利	2022-07-29
1904年甲辰江南省造光绪元宝库平七钱二分银币一枚		103,500	北京保利	2022-07-29
1904年甲辰江南省造光绪元宝库平七钱二分银币一枚		80,500	北京诚轩	2022-08-11
1904年甲辰江南省造光绪元宝库平七钱二分银币一枚		57,500	北京诚轩	2022-08-11
1904年甲辰江南省造光绪元宝库平七钱二分银币一枚		37,950	北京诚轩	2022-08-11
1904年甲辰江南省造光绪元宝库平七钱二分银币一枚		17,250	北京诚轩	2022-08-11
1904年甲辰江南省造光绪元宝库平七钱二分银币一枚		19,550	北京诚轩	2022-08-11
1904年甲辰江南省造光绪元宝库平七钱二分银币一枚		86,250	北京诚轩	2022-08-11
1904年甲辰江南省造光绪元宝库平七钱二分银币一枚		63,250	北京诚轩	2022-08-11

拍品名称	物品尺寸	成交价RMB	拍卖公司	拍卖日期
1904年甲辰江南省造光绪元宝库平七钱二分银币一枚		20,700	北京保利	2022-07-29
1904年甲辰江南省造光绪元宝库平七钱二分银币一枚		18,400	北京保利	2022-07-29
1904年甲辰江南省造光绪元宝库平七钱二分银币一枚		18,400	北京保利	2022-07-29
1904年甲辰江南省造甲辰光绪元宝库平一钱四分四厘银币一枚		29,900	北京诚轩	2022-08-11
1904年江南省造甲辰光绪元宝库平七钱二分银币(LM257)		12,650	中国嘉德	2022-12-28
1904年江南省造甲辰光绪元宝库平七钱二分银币(LM257)		12,650	中国嘉德	2022-12-28
1904年江南省造甲辰光绪元宝库平七钱二分银币(LM257)		14,950	中国嘉德	2022-12-28
1904年江南省造甲辰光绪元宝库平七钱二分银币(LM257)		20,700	中国嘉德	2022-12-28
1904年江南省造甲辰光绪元宝库平七钱二分银币(LM257A)		12,650	中国嘉德	2022-12-28
1904年四川省造光绪帝像4/1卢比 PCGS AU53		51,750	华艺国际	2022-08-07
1905年北洋造光绪元宝库平一钱四分四厘 PCGS AU55		112,700	华艺国际	2022-08-07
1905年吉林省造乙巳光绪元宝库平七钱二分银币一枚		17,250	中国嘉德	2022-12-28
1905年江南省造乙巳光绪元宝库平七钱二分银币(LM262)		19,550	中国嘉德	2022-12-28
1905年江南省造乙巳光绪元宝库平七钱二分银币(LM262)		16,100	中国嘉德	2022-12-28
1905年喀什光绪元宝伍钱银币一枚		14,950	北京诚轩	2022-08-11
1905年喀什光绪元宝伍钱银币一枚		80,500	北京诚轩	2022-08-11
1905年喀什光绪元宝伍钱银币一枚		11,500	北京诚轩	2022-08-11
1905年乙巳吉林省造光绪元宝库平七钱二分银币一枚		212,750	北京诚轩	2022-08-11
1905年乙巳吉林省造光绪元宝库平七钱二分银币一枚		448,500	北京诚轩	2022-08-11
1905年乙巳吉林省造光绪元宝库平七钱二分银币一枚		36,800	北京保利	2022-07-29
1905年乙巳吉林省造光绪元宝库平三钱六分银币一枚		23,000	北京诚轩	2022-08-11
1905年乙巳吉林省造光绪元宝库平三钱六分银币一枚		23,000	北京诚轩	2022-08-11
1905年乙巳吉林省造光绪元宝库平一钱四分四厘银币一枚		28,750	北京诚轩	2022-08-10
1905年乙巳江南省造光绪元宝库平七分二厘银币一枚		19,550	北京诚轩	2022-08-11
1905年乙巳江南省造光绪元宝库平一钱四分四厘银币一枚		17,250	北京诚轩	2022-08-11
1905年乙巳江南省造光绪元宝库平一钱四分四厘银币一枚		34,500	北京诚轩	2022-08-10
1905年乙巳江南省造光绪元宝库平一钱四分四厘银币一枚		32,200	北京诚轩	2022-08-10
1906年大清银币"中"字贰钱银币 PCGS SP63		299,000	华艺国际	2022-08-07
1906年丙午户部大清银币"中"字贰钱样币一枚		437,000	北京诚轩	2022-08-10
1906年丙午户部大清银币"中"字贰钱样币一枚		322,000	北京诚轩	2022-08-10
1906年丙午户部大清银币"中"字伍钱样币一枚		1,552,500	北京诚轩	2022-08-10
1906年丙午户部大清银币"中"字伍钱样币一枚		805,000	北京诚轩	2022-08-10
1906年丙午户部大清银币"中"字伍钱样币一枚		1,265,000	北京保利	2022-08-10
1906年丙午户部大清银币"中"字壹钱样币一枚		414,000	北京诚轩	2022-08-10
1906年丙午户部大清银币"中"字壹钱样币一枚		253,000	北京诚轩	2022-08-10
1906年丙午吉林省造光绪元宝库平七钱二分银币一枚		92,000	北京保利	2022-07-29
1906年湖南阜南官局省平足纹壹两银饼一枚		138,000	北京诚轩	2022-08-11
1906年湖南阜南官局省平足纹壹两银饼一枚		75,900	北京诚轩	2022-08-11
1906年湖南官钱局造省平足纹壹两银饼一枚		207,000	北京诚轩	2022-08-11
1906年湖南官钱局造省平足纹壹两银饼一枚		86,250	北京诚轩	2022-08-11
1906年湖南官钱局造省平足纹壹两银饼一枚		82,800	北京诚轩	2022-08-11
1907年北洋造光绪元宝库平七钱二分 PCGS MS61		287,500	华艺国际	2022-08-07
1907年丁未大清银币壹圆样币一枚		1,495,000	北京诚轩	2022-08-10
1907年丁未大清银币壹圆样币一枚		333,500	北京诚轩	2022-08-10
1907年丁未吉林省造光绪元宝库平七分二厘二银币一枚		149,500	北京诚轩	2022-08-11
1907年丁未吉林省造光绪元宝库平一钱四分四厘银币一枚		23,000	北京诚轩	2022-08-10
1907年东三省造光绪元宝库平七分二厘银币一枚		63,250	北京保利	2022-07-29
1907年东三省造光绪元宝库平三钱六分银币(LM488)		126,500	中国嘉德	2022-12-28
1907年光绪三十三年北洋造光绪元宝库平七钱二分银币一枚		12,650	北京保利	2022-07-29
1907年光绪三十三年北洋造光绪元宝库平七钱二分银币一枚		10,925	北京保利	2022-07-29
1907年光绪三十三年北洋造光绪元宝库平七钱二分银币一枚		51,750	北京保利	2022-07-29
1907年光绪三十三年东三省造光绪元宝库平七钱二分银币一枚		437,000	北京保利	2022-07-29
1907年喀什大清银币湘平壹两一枚		368,000	北京诚轩	2022-08-11
1907年新疆省造饷银五钱银币一枚		25,300	北京保利	2022-07-29
1907年新疆饷银五钱银币一枚		80,500	北京诚轩	2022-08-10
1907年新疆饷银五钱银币一枚		43,700	北京诚轩	2022-08-11
1907年新疆饷银五钱银币一枚		12,650	北京诚轩	2022-08-11
1907年新疆饷银五钱银币一枚		18,400	北京诚轩	2022-08-11
1907年云南省造光绪元宝(老云南)库平七钱二分银币(LM418)		66,700	中国嘉德	2022-06-29
1907年云南省造光绪元宝(老云南)库平七钱二分银币(LM418)		43,700	中国嘉德	2022-06-29
1908年北洋造三十四年光绪元宝库平七钱二分 PCGS XF40		57,500	华艺国际	2022-08-07
1908年北洋造三十四年光绪元宝库平七钱二分 PCGS XF45		57,500	华艺国际	2022-08-07
1908年光绪三十四年北洋造光绪元宝库平七钱二分银币 PCGS MS64		230,000	华艺国际	2022-08-07
1908年光绪三十四年北洋造光绪元宝库平七钱二分银币一枚		32,200	北京保利	2022-07-29
1908年湖南长沙乾益字号省平足纹柒钱银饼一枚		57,500	北京诚轩	2022-08-11
1908年喀什造大清银币湘平五钱一枚		19,550	北京诚轩	2022-08-11
1908年戊申吉林省造光绪元宝中心花篮库平一钱四分四厘银币一枚		97,750	北京诚轩	2022-08-11
1908年云南省造光绪元宝(老云南)库平七钱二分银币(LM418)		25,300	中国嘉德	2022-12-28
1908年云南省造光绪元宝(老云南)库平七钱二分银币(LM418)		36,800	中国嘉德	2022-12-28
1908年云南省造光绪元宝(老云南)库平七钱二分银币(LM418)		20,700	中国嘉德	2022-12-28
1908年云南省造光绪元宝(老云南)库平三钱六分银币(LM419);1909年云南省造宣统元宝库平三钱六分银币(LM426)		13,800	中国嘉德	2022-12-28
1908年云南省造光绪元宝库平七钱二分老龙版银币一枚		126,500	北京保利	2022-07-29
1908年云南省造光绪元宝库平七钱二分银币一枚		115,000	北京诚轩	2022-08-11
1908年云南省造光绪元宝库平七钱二分银币一枚		66,700	北京诚轩	2022-08-11
1908年云南省造光绪元宝库平七钱二分银币一枚		23,000	北京诚轩	2022-08-11
1908年云南省造光绪元宝库平七钱二分银币一枚		28,750	北京诚轩	2022-08-11
1908年云南省造光绪元宝库平三钱六分银币一枚		51,750	北京诚轩	2022-08-11
1908年云南省造光绪元宝库平三钱六分银币一枚		63,250	北京诚轩	2022-08-11
1908年云南省造光绪元宝库平三钱六分银币一枚		16,100	北京诚轩	2022-08-11
1908年造币总厂光绪元宝库平七分二厘银币一枚		32,200	北京诚轩	2022-08-10
1908年造币总厂光绪元宝库平七分二厘银币一枚		63,250	北京诚轩	2022-08-10
1908年造币总厂光绪元宝库平七钱二分银币二枚		32,200	北京诚轩	2022-08-10
1908年造币总厂光绪元宝库平七钱二分银币一枚		517,500	北京诚轩	2022-08-10
1908年造币总厂光绪元宝库平七钱二分银币一枚		207,000	北京诚轩	2022-08-10
1908年造币总厂光绪元宝库平七钱二分银币一枚		253,000	北京诚轩	2022-08-10
1908年造币总厂光绪元宝库平七钱二分银币一枚		92,000	北京诚轩	2022-08-10

2022杂项拍卖成交汇总(续表)

(成交价RMB: 1万元以上)

拍品名称	物品尺寸	成交价RMB	拍卖公司	拍卖日期
1908年造币总厂光绪元宝库平七钱二分银币一枚		86,250	北京诚轩	2022-08-10
1908年造币总厂光绪元宝库平七钱二分银币一枚		71,300	北京诚轩	2022-08-10
1908年造币总厂光绪元宝库平七钱二分银币一枚		40,250	北京诚轩	2022-08-10
1908年造币总厂光绪元宝库平七钱二分银币一枚		17,250	北京诚轩	2022-08-10
1908年造币总厂光绪元宝库平七钱二分银币一枚		23,000	北京诚轩	2022-08-10
1908年造币总厂光绪元宝库平七钱二分银币一枚		25,300	北京保利	2022-07-29
1908年造币总厂光绪元宝库平七钱二分银币一枚		51,750	北京保利	2022-07-29
1908年造币总厂光绪元宝库平七钱二分银币一枚		51,750	北京保利	2022-07-29
1908年造币总厂光绪元宝库平七钱二分银币一枚		51,750	北京保利	2022-07-29
1908年造币总厂光绪元宝库平七钱二分银币一枚		24,150	北京保利	2022-07-29
1908年造币总厂光绪元宝库平七钱二分银币一枚		34,500	北京保利	2022-07-29
1908年造币总厂光绪元宝库平七钱二分银币一枚		18,400	北京保利	2022-07-29
1908年造币总厂光绪元宝库平七钱二分银币一枚		86,250	北京保利	2022-07-29
1908年造币总厂光绪元宝库平七钱二分银币一枚		20,700	北京保利	2022-07-29
1908年造币总厂光绪元宝库平七钱二分银币一枚		10,350	北京保利	2022-07-29
1908年造币总厂光绪元宝库平七钱二分银币一枚		32,200	北京保利	2022-07-29
1908年造币总厂光绪元宝库平七钱二分银币一枚		13,800	北京保利	2022-07-29
1908年造币总厂光绪元宝库平一钱四分四厘银币一枚		80,500	北京诚轩	2022-08-10
1908年造币总厂光绪元宝库平一钱四分四厘银币一枚		10,350	北京保利	2022-07-29
1908年造币总厂光绪元宝库平一钱四分四厘银币一枚		17,250	北京保利	2022-07-29
1908年造币总厂光绪元宝七钱二分银币(LM11)		28,750	中国嘉德	2022-06-29
1908年造币总厂光绪元宝七钱二分银币(LM11)		28,750	中国嘉德	2022-06-29
1908年造币总厂光绪元宝七钱二分银币(LM11)		36,800	中国嘉德	2022-06-29
1908年造币总厂光绪元宝七钱二分银币(LM11)		33,350	中国嘉德	2022-06-29
1908年造币总厂光绪元宝七钱二分银币(LM11)		29,900	中国嘉德	2022-06-29
1908年造币总厂光绪元宝七钱二分银币(LM11)		17,250	中国嘉德	2022-12-28
1908年造币总厂光绪元宝七钱二分银币(LM11)		14,950	中国嘉德	2022-12-28
1908年造币总厂光绪元宝七钱二分银币(LM11)		17,250	中国嘉德	2022-12-28
1908年造币总厂光绪元宝七钱二分银币(LM11)		11,500	中国嘉德	2022-12-28
1908年造币总厂光绪元宝七钱二分银币(LM11)		18,400	中国嘉德	2022-12-28
1908年造币总厂光绪元宝七钱二分银币(LM11)		71,300	中国嘉德	2022-12-28
1908年造币总厂光绪元宝七钱二分银币(LM11)		48,300	中国嘉德	2022-12-28
1908年造币总厂光绪元宝七钱二分银币(LM11)		57,500	中国嘉德	2022-12-28
1908年云南省造光绪元宝库平七钱二分 PCGS AU50 老龙		218,500	华艺国际	2022-08-07
1908年云南省造光绪元宝库平七钱二分 PCGS XF45		31,050	华艺国际	2022-08-07
1909年广东省造宣统元宝库平七钱二分银币(LM138)		11,270	中国嘉德	2022-06-29
1909年广东省造宣统元宝库平七钱二分银币(LM138)		11,500	中国嘉德	2022-06-29
1909年广东省造宣统元宝库平七钱二分银币(LM138)		32,200	中国嘉德	2022-06-29
1909年广东省造宣统元宝库平七钱二分银币一枚		40,250	北京诚轩	2022-08-11
1909年湖北省造宣统元宝库平七分二厘银币一枚		20,700	北京诚轩	2022-08-11

拍品名称	物品尺寸	成交价RMB	拍卖公司	拍卖日期
1909年湖北省造宣统元宝库平七钱二分银币(LM187)		24,150	中国嘉德	2022-06-29
1909年湖北省造宣统元宝库平七钱二分银币(LM187)		74,750	中国嘉德	2022-12-28
1909年湖北省造宣统元宝库平七钱二分银币(LM187)		13,800	中国嘉德	2022-12-28
1909年湖北省造宣统元宝库平七钱二分银币二枚		26,450	北京诚轩	2022-08-11
1909年湖北省造宣统元宝库平七钱二分银币二枚		28,750	北京诚轩	2022-08-11
1909年湖北省造宣统元宝库平七钱二分银币一枚		402,500	北京诚轩	2022-08-10
1909年湖北省造宣统元宝库平七钱二分银币一枚		26,450	北京诚轩	2022-08-11
1909年湖北省造宣统元宝库平七钱二分银币一枚		12,650	北京诚轩	2022-08-11
1909年湖北省造宣统元宝库平七钱二分银币一枚		16,100	北京诚轩	2022-08-11
1909年湖北省造宣统元宝库平七钱二分银币一枚		32,200	北京诚轩	2022-08-11
1909年湖北省造宣统元宝库平七钱二分银币一枚		25,300	北京诚轩	2022-08-11
1909年湖北省造宣统元宝库平七钱二分银币一枚		14,950	北京保利	2022-07-29
1909年四川省造宣统元宝库平七钱二分银币(LM352)		10,350	中国嘉德	2022-06-29
1909年四川省造宣统元宝库平七钱二分银币一枚		74,750	北京诚轩	2022-08-11
1909年西藏格桑章嘎银币一枚		10,350	北京诚轩	2022-08-11
1909年西藏桑康果木一两银币一枚		74,750	北京诚轩	2022-08-11
1909年西藏桑松果木一两银币 PCGS XF45		69,000	华艺国际	2022-08-07
1909年西藏宣统桑康果木一两银币一枚		18,400	北京诚轩	2022-08-11
1909年云南省造宣统元宝库平七钱二分银币(LM425)		11,500	中国嘉德	2022-06-29
1909年云南省造宣统元宝库平七钱二分银币(LM425)		23,000	中国嘉德	2022-12-28
1909年云南省造宣统元宝库平七钱二分银币一枚		253,000	北京诚轩	2022-08-11
1909年云南省造宣统元宝库平七钱二分银币一枚		126,500	北京诚轩	2022-08-11
1909年云南省造宣统元宝库平七钱二分银币一枚		218,500	北京诚轩	2022-08-11
1909年云南省造宣统元宝库平七钱二分银币一枚		115,000	北京诚轩	2022-08-11
1909年云南省造宣统元宝库平七钱二分银币一枚		69,000	北京诚轩	2022-08-11
1909年云南省造宣统元宝库平七钱二分银币一枚		60,950	北京诚轩	2022-08-11
1909年云南省造宣统元宝库平三钱六分银币一枚		23,000	北京诚轩	2022-08-10
1909年云南省造宣统元宝库平三钱六分银币一枚		26,450	北京诚轩	2022-08-11
1909年云南省造宣统元宝库平三钱六分银币一枚		57,500	北京诚轩	2022-08-11
1909年云南省造宣统元宝库平三钱六分银币一枚		28,750	北京诚轩	2022-08-11
1909年云南省造宣统元宝库平三钱六分银币一枚		28,750	北京诚轩	2022-08-11
1909年云南省造宣统元宝库平三钱六分银币一枚		12,650	北京诚轩	2022-08-11
1909年造币分厂宣统元宝中心阳"吉"库平一钱四分四厘银币一枚		20,700	北京诚轩	2022-08-10
1910年(回历1328年)新疆造饷银五钱银币		36,800	中国嘉德	2022-06-29
1910年(回历1328年)新疆造饷银一两(LM811)		287,500	中国嘉德	2022-06-29
1910年(回历1328年)新疆造饷银一两(LM811)		48,300	中国嘉德	2022-06-29
1910年(回历1328年)新疆造饷银一两(LM812)		20,700	中国嘉德	2022-06-29
1910年(回历1328年)新疆造饷银一两(LM812)		11,500	中国嘉德	2022-06-29
1910年大清银币伍角银币(1/2 Dol)(LM25)		207,000	中国嘉德	2022-12-28
1910年东三省宣统元宝库平一钱四分四厘银币一枚		18,400	北京诚轩	2022-08-11
1910年新疆饷银一两银币 裸币 极美品		46,000	华艺国际	2022-08-07
1910年新疆饷银一两银币一枚		747,500	北京诚轩	2022-08-10

2022杂项拍卖成交汇总(续表)

(成交价RMB: 1万元以上)

拍品名称	物品尺寸	成交价RMB	拍卖公司	拍卖日期
1910年新疆饷银一两银币一枚		379,500	北京诚轩	2022-08-11
1910年新疆饷银一两银币一枚		115,000	北京诚轩	2022-08-11
1910年新疆饷银一两银币一枚		20,700	北京诚轩	2022-08-11
1910年新疆饷银一两银币一枚		80,500	北京诚轩	2022-08-11
1910年新疆饷银一两银币一枚		11,500	北京保利	2022-07-29
1910年新疆饷银一两银币一枚		28,750	北京保利	2022-07-29
1910年宣统年造大清银币伍角一枚		46,000	北京保利	2022-07-29
1910年壹统站洋银币	直径3.9cm; 重26.9g	1,352,958	哈布斯堡	2022-12-18
1911—1915年云南省造光绪元宝库平三钱六分银币一枚		63,250	北京保利	2022-07-29
1911—1933年四川省造光绪像银币(LM359)		97,750	中国嘉德	2022-12-28
1911年江南省造宣统元宝库平七分二厘银币一枚		35,650	北京诚轩	2022-08-11
1911年江南省造宣统元宝库平一钱四分四厘银币(LM267)		13,800	中国嘉德	2022-06-29
1911年江南省造宣统元宝库平一钱四分四厘银币一枚		35,650	北京诚轩	2022-08-10
1911年喀什宣统元宝五钱银币一枚		11,500	北京诚轩	2022-08-11
1911年宣统三年大清银币贰角 PCGS XF45		163,300	华艺国际	2022-08-07
1911年宣统三年大清银币立龙贰角银币一枚		115,000	北京保利	2022-07-29
1911年宣统三年大清银币壹圆一枚		149,500	北京保利	2022-07-29
1911年宣统三年大清银币壹圆一枚		11,500	北京保利	2022-07-29
1911年宣统三年大清银币壹圆一枚		10,350	北京保利	2022-07-29
1911年云南省造光绪元宝(新云南无英文)库平七钱二分银币(LM421)		19,550	中国嘉德	2022-12-28
1911年云南省造光绪元宝(新云南无英文)库平七钱二分银币(LM421)		28,750	中国嘉德	2022-12-28
1911年云南省造光绪元宝库平七钱二分银币一枚		402,500	北京诚轩	2022-08-10
1911年云南省造光绪元宝库平七钱二分银币一枚		28,750	北京诚轩	2022-08-11
1911年云南省造光绪元宝库平七钱二分银币一枚		14,950	北京诚轩	2022-08-11
1911年云南省造光绪元宝库平七钱二分银币一枚		48,300	北京诚轩	2022-08-11
1911年云南省造光绪元宝库平七钱二分银币一枚		57,500	北京诚轩	2022-08-11
1911年云南省造光绪元宝库平七钱二分银币一枚		32,200	北京保利	2022-07-29
1911年云南省造光绪元宝库平七钱二分银币一枚		25,300	北京保利	2022-07-29
1911年云南省造光绪元宝库平三钱六分银币一枚		14,950	北京诚轩	2022-08-11
1911年云南省造光绪元宝库平一钱四分四厘银币一枚		12,650	北京诚轩	2022-08-10
1911年云南省造光绪元宝库平一钱四分四厘银币一枚		16,100	北京诚轩	2022-08-11
1911年站洋壹圆银币		10,580	中国嘉德	2022-12-28
1911年站洋壹圆银币一组三枚		10,120	中国嘉德	2022-12-28
1911年站洋壹圆银币一组三枚		10,925	中国嘉德	2022-12-28
1912年(B)香港贸易银元"站人"壹圆、民国三年袁世凯像中圆银币各一枚		27,600	北京诚轩	2022-08-11
1912年黎元洪像戴帽开国纪念壹圆银币一枚		460,000	北京保利	2022-07-29
1912年黎元洪像无帽版开国纪念壹圆银币 裸币		48,300	华艺国际	2022-08-07
1912年黎元像无帽开国纪念壹圆银币 PCGS AU55		149,500	华艺国际	2022-08-07
1912年黎元洪像无帽开国纪念壹圆银币 PCGS MS61		345,000	华艺国际	2022-08-07
1912年黎元洪像无帽开国纪念壹圆银币一枚		345,000	北京诚轩	2022-08-10
1912年黎元洪像无帽开国纪念壹圆银币一枚		460,000	北京诚轩	2022-08-10
1912年黎元像无帽开国纪念壹圆银币一枚		310,500	北京诚轩	2022-08-10
1912年黎元洪像无帽开国纪念壹圆银币一枚		442,750	北京诚轩	2022-08-10
1912年黎元洪像无帽开国纪念壹圆银币一枚		126,500	北京保利	2022-07-29
1912年黎元洪像无帽开国纪念壹圆银币一枚		71,300	北京诚轩	2022-08-10
1912年黎元像无帽开国纪念壹圆银币一枚		55,200	北京诚轩	2022-08-10
1912年黎元洪像无帽开国纪念壹圆银币一枚		28,750	北京保利	2022-07-29

拍品名称	物品尺寸	成交价RMB	拍卖公司	拍卖日期
1912年黎元洪像无帽开国纪念壹圆银币一枚		43,700	北京保利	2022-07-29
1912年民国元年军政府造四川银币壹圆一枚		23,000	北京保利	2022-07-29
1912年民国元年壬子新疆饷银一两银币一枚		46,000	北京保利	2022-07-29
1912年孙中山像开国纪念贰角银币金质样币一枚		161,000	北京诚轩	2022-08-10
1912年孙中山像开国纪念贰角银币一枚		63,250	北京诚轩	2022-08-10
1912年孙中山像开国纪念壹圆银币一枚		345,000	北京诚轩	2022-08-10
1912年孙中山像开国纪念壹圆银币一枚		155,250	北京诚轩	2022-08-10
1912年孙中山像开国纪念壹圆银币一枚		862,500	北京保利	2022-07-29
1912年孙中山像开国纪念壹圆银币一枚		414,000	北京保利	2022-07-29
1912年孙中山像开国纪念壹圆银币一枚		97,750	北京诚轩	2022-08-10
1913年东三省造宣统元宝库平一钱四分四厘银币一枚		28,750	北京诚轩	2022-08-11
1913年东三省造宣统元宝库平一钱四分四厘银币一枚		32,200	北京诚轩	2022-08-11
1913年东三省造宣统元宝库平一钱四分四厘银币一枚		23,000	北京诚轩	2022-08-11
1913年西藏雪阿果木五钱银币一枚		13,800	北京诚轩	2022-08-11
1914—1915年东三省造宣统元宝库平一钱四分四厘银币(LM497)三枚		10,925	中国嘉德	2022-06-29
1914—1921年民国三年、八年、十年袁世凯像壹圆银币一组二十九枚		35,650	北京保利	2022-07-29
1914年民国三年袁世凯像"甘肃"加字版壹圆银币一枚		287,500	北京保利	2022-07-29
1914年民国三年袁世凯像壹角银币一枚		11,500	北京保利	2022-07-29
1914年民国三年袁世凯像壹圆银币一枚		55,200	北京保利	2022-07-29
1914年民国三年袁世凯像壹圆银币一枚		69,000	北京保利	2022-07-29
1914年民国三年袁世凯像壹圆银币一枚		17,250	北京保利	2022-07-29
1914年民国三年袁世凯像壹圆银币一组二十枚		25,300	北京保利	2022-07-29
1914年民国三年袁世凯像壹圆银币一组二十枚		25,300	北京保利	2022-07-29
1914年民国三年袁世凯像壹圆银币一组二十枚		25,300	北京保利	2022-07-29
1914年民国三年袁世凯像壹圆银币一组二十枚		26,450	北京保利	2022-07-29
1914年民国三年袁世凯像壹圆银币一组二十枚		25,300	北京保利	2022-07-29
1914年民国三年袁世凯像壹圆银币一组二十枚		28,750	北京保利	2022-07-29
1914年民国三年袁世凯像壹圆银币一组二十枚		25,300	北京保利	2022-07-29
1914年民国三年袁世凯像壹圆银币一组二十一枚		12,650	北京保利	2022-07-29
1914年民国三年袁世凯像中圆银币一枚		17,250	北京保利	2022-07-29
1914年民国三年袁世凯像中圆银币一枚		25,300	北京保利	2022-07-29
1914年民国三年袁世凯像中圆银币一枚		23,000	北京保利	2022-07-29
1914年民国三年袁世凯像中圆银币一枚		21,850	北京保利	2022-07-29
1914年民国三年袁世凯像中圆银币一枚		23,000	北京保利	2022-07-29
1914年袁世凯像共和纪念"LGIORGI"签字版壹圆银币样币一枚		3,105,000	北京诚轩	2022-08-10
1914年袁世凯像共和纪念壹圆银币一枚		460,000	北京诚轩	2022-08-10
1914年袁世凯像共和纪念壹圆银币一枚		700,000	北京诚轩	2022-08-10
1914年袁世凯像共和纪念壹圆银币一枚		897,000	北京诚轩	2022-08-10
1914年袁世凯像共和纪念壹圆银币一枚		621,000	北京诚轩	2022-08-10
1914年袁世凯像共和纪念壹圆银币一枚		494,500	北京诚轩	2022-08-10
1914年袁世凯像共和纪念壹圆银币一枚		218,500	北京诚轩	2022-08-10
1914年袁世凯像共和纪念壹圆银币一枚		195,500	北京诚轩	2022-08-10
1914年袁世凯像共和纪念壹圆银币一枚		195,500	北京诚轩	2022-08-10
1914年袁世凯像共和纪念壹圆银币一枚		115,000	北京诚轩	2022-08-10
1914年袁世凯像共和纪念壹圆银币一枚		109,250	北京诚轩	2022-08-10
1914年袁世凯像共和纪念壹圆银币一枚		109,250	北京诚轩	2022-08-10
1914年袁世凯像共和纪念壹圆银币一枚		586,500	北京诚轩	2022-08-10
1914年袁世凯像共和纪念壹圆银币一枚		402,500	北京诚轩	2022-08-10
1914年袁世凯像共和纪念壹圆银币一枚		494,500	北京诚轩	2022-08-10
1914年袁世凯像共和纪念壹圆银币一枚		402,500	北京诚轩	2022-08-10
1914年中华民国三年贰角 PCGS MS63		26,450	华艺国际	2022-08-07
1914年中华民国三年袁像壹角 PCGS MS63		11,500	华艺国际	2022-08-07
1914年中华民国三年袁像壹圆 PCGS AU50, 刺眼头		10,350	华艺国际	2022-08-07
1914年中华民国三年袁像壹圆 PCGS AU53, 刺眼头		14,950	华艺国际	2022-08-07
1914年中华民国三年袁像壹圆 PCGS MS63		17,250	华艺国际	2022-08-07
1914年中华民国三年袁像壹圆 PCGS MS64		10,350	华艺国际	2022-08-07
1914年中华民国三年袁像壹圆 PCGS MS64		43,700	华艺国际	2022-08-07
1914年中华民国三年袁像壹圆 PCGS MS65		46,000	华艺国际	2022-08-07
1914年中华民国三年袁像壹圆 PCGS MS66		138,000	华艺国际	2022-08-07

2022杂项拍卖成交汇总(续表)

(成交价RMB: 1万元以上)

拍品名称	物品尺寸	成交价RMB	拍卖公司	拍卖日期
1914年中华民国三年袁像壹圆NGC MINT ERROR VF DETAILS		17,250	华艺国际	2022-08-07
1914年中华民国三年袁像中圆签字版试打银币一枚,极美品(戏铸)		57,500	华艺国际	2022-08-07
1914年中华民国三年中圆 PCGS MS63		184,000	华艺国际	2022-08-07
1914年中华民国三年中圆 PCGS MS63		109,250	华艺国际	2022-08-07
1914年袁世凯像共和纪念壹圆银币 PCGS AU55		230,000	华艺国际	2022-08-07
1914年中华民国三年中圆 PCGS MS65		851,000	华艺国际	2022-08-07
1915年西藏雪阿果木五钱银币一枚		12,650	北京诚轩	2022-08-11
1916年民国五年袁世凯像壹角银币一枚		80,500	北京保利	2022-07-29
1916年唐继尧侧面像拥护共和纪念库平三钱六分银币一枚		138,000	北京诚轩	2022-08-10
1916年唐继尧侧面像拥护共和纪念库平三钱六分银币一枚		143,750	北京诚轩	2022-08-10
1916年西藏雪阿果木五钱银币一枚		16,100	北京诚轩	2022-08-11
1916年西藏雪阿果木五钱银币一枚		23,000	北京诚轩	2022-08-11
1916年袁世凯像洪宪纪元"冲天冠"版飞龙纪念银币样币一枚		1,725,000	北京诚轩	2022-08-10
1916年袁世凯像中华帝国洪宪纪元飞龙纪念银币一枚		1,207,500	北京诚轩	2022-08-10
1916年袁世凯像中华帝国洪宪纪元飞龙纪念银币一枚		253,000	北京诚轩	2022-08-10
1916年袁世凯像中华帝国洪宪纪元飞龙纪念银币一枚		1,150,000	北京诚轩	2022-08-10
1916年袁世凯像中华帝国洪宪纪元飞龙纪念银币一枚		322,000	北京诚轩	2022-08-10
1916年袁世凯像中华帝国洪宪纪元飞龙纪念银币一枚		1,092,500	北京保利	2022-07-29
1916年袁世凯像中华帝国洪宪纪元飞龙纪念银币一枚		690,000	北京保利	2022-07-29
1916年袁世凯古装像丙辰纪念臆造银币		43,700	中国嘉德	2022-12-28
1917年民国六年迪化银圆局造壹两银币一枚		14,950	北京保利	2022-07-29
1918年唐继尧正面像拥护共和纪念库平三钱六分银币二枚		11,500	北京诚轩	2022-08-10
1918年唐继尧正面像拥护共和纪念库平三钱六分银币一枚		19,550	北京诚轩	2022-08-10
1918年唐继尧正面像拥护共和纪念库平三钱六分银币一枚		19,550	北京诚轩	2022-08-10
1918年唐继尧正面像拥护共和纪念库平三钱六分银币一枚		18,400	北京诚轩	2022-08-10
1918年唐继尧正面像拥护共和纪念库平三钱六分银币一枚		10,925	北京诚轩	2022-08-10
1918年唐继尧正面像拥护共和纪念库平三钱六分银币一枚		20,700	北京诚轩	2022-08-10
1918年西藏唐继尧正面像拥护共和纪念库平三钱六分银币一枚		16,100	北京诚轩	2022-08-10
1918年唐继尧正面像拥护共和纪念库平三钱六分银币一枚		55,200	北京诚轩	2022-08-10
1919年民国八年袁世凯像壹圆银币一枚		74,750	北京保利	2022-07-29
1919年民国八年袁世凯像壹圆银币一枚		32,200	北京保利	2022-07-29
1919年民国八年袁世凯像壹圆银币一组三枚		10,350	北京保利	2022-07-29
1920年广东省造中华民国九年贰毫银币 PCGS MS66		11,500	华艺国际	2022-08-07
1920年民国九年袁世凯像"鄂造"贰角银币一枚		97,750	北京保利	2022-07-29
1920年民国九年袁世凯像贰角银币一枚		184,000	北京保利	2022-07-29
1920年民国九年袁世凯像壹圆海南版银币一枚		14,950	北京保利	2022-07-29
1920年民国九年袁世凯像壹圆精发版银币一枚		16,100	北京保利	2022-07-29
1920年民国九年袁世凯像壹圆银币一枚		57,500	北京保利	2022-07-29
1920年民国九年袁世凯像壹圆银币一组二十枚		28,750	北京保利	2022-07-29
1920年民国九年袁世凯像壹圆银币一组九枚		12,650	北京保利	2022-07-29
1920年民国九年袁世凯像壹圆银币一组十五枚		18,400	北京保利	2022-07-29
1920年中华民国九年袁像壹圆 PCGS MS62		12,650	华艺国际	2022-08-07
1920年中华民国九年袁像壹圆百年银元 PCGS MS62		14,950	华艺国际	2022-08-07
1921年民国十年袁世凯像壹圆银币一枚		10,925	北京保利	2022-07-29
1921年民国十年袁世凯像壹圆银币一枚		23,000	北京保利	2022-07-29
1921年民国十年袁世凯像壹圆银币一枚		23,000	北京保利	2022-07-29
1921年民国十年袁世凯像壹圆银币一枚一组十四枚		18,400	北京保利	2022-07-29
1921年民国十年袁世凯像壹圆银币一组二十枚		25,300	北京保利	2022-07-29
1921年民国十年袁世凯像壹圆银币一组二十枚		25,300	北京保利	2022-07-29
1921年徐世昌文装纪念银币	直径3.9cm; 重26.8g	1,750,887	哈布斯堡	2022-12-18
1923年民国十二年造龙凤大字版壹圆银币 PCGS UNC DETAIL		414,000	华艺国际	2022-08-07
1923年曹锟戎装像宪法成立纪念银币 PCGS AU55		322,000	华艺国际	2022-08-07
1923年曹锟戎装像宪法成立纪念银币 PCGS MS62		1,012,000	华艺国际	2022-08-07
1923年曹锟戎装像宪法成立纪念银币一枚		1,782,500	北京诚轩	2022-08-10
1923年曹锟戎装像宪法成立纪念银币一枚		402,500	北京保利	2022-07-29
1923年曹锟戎装像宪法成立纪念银币 PCGS MS62		897,000	华艺国际	2022-08-07
1923年曹锟戎装像宪法成立纪念银币 裸币		83,950	华艺国际	2022-08-07
1923年曹锟文装像宪法成立纪念银币一枚		126,500	北京诚轩	2022-08-10
1923年曹锟文装像宪法成立纪念银币一枚		1,127,000	北京诚轩	2022-08-10
1923年曹锟文装像宪法成立纪念银币一枚		253,000	北京保利	2022-07-29
1923年福建银币厂造中华癸亥库平一钱四分四厘银币一枚		11,500	北京诚轩	2022-08-11
1923年民国十二年龙凤壹圆银币一枚		862,500	北京保利	2022-07-29
1923年中华癸亥福建银币厂造库平一钱四分四厘银币 PCGS MS66		18,400	华艺国际	2022-08-07
1924年段祺瑞像中华民国执政纪念银币 PCGS UNC DETAIL		322,000	华艺国际	2022-08-07
1924年段祺瑞像中华民国执政纪念银币一枚		414,000	北京诚轩	2022-08-10
1924年段祺瑞像中华民国执政纪念银币一枚		782,000	北京诚轩	2022-08-10
1924年段祺瑞像中华民国执政纪念银币一枚		94,300	北京诚轩	2022-08-10
1926年广西造币厂出入证银章一枚, NGC XF DETAIL		17,250	华艺国际	2022-08-07
1926年民国十五年龙凤壹角银币一枚		230,000	北京保利	2022-07-29
1927年孙中山像开国纪念、民国二十三年孙中山像背帆船壹圆银币各二枚		17,250	北京诚轩	2022-08-10
1927年孙中山像开国纪念壹圆银币四枚		43,700	北京诚轩	2022-08-10
1927年孙中山像开国纪念壹圆银币四枚		13,800	北京诚轩	2022-08-10
1927年孙中山像开国纪念壹圆银币一枚		31,050	北京诚轩	2022-08-10
1927年孙中山像开国纪念壹圆银币一枚		14,950	北京诚轩	2022-08-10
1927年孙中山像开国纪念壹圆银币一枚		14,950	北京诚轩	2022-08-10
1927年孙中山像开国纪念壹圆银币一枚		32,200	北京诚轩	2022-08-10
1927年孙中山像开国纪念壹圆银币一枚		11,500	北京诚轩	2022-08-10
1927年孙中山像开国纪念壹圆银币一枚		36,800	北京诚轩	2022-08-10
1927年孙中山像开国纪念壹圆银币一枚		13,800	北京诚轩	2022-08-10
1927年孙中山像开国纪念壹圆银币一枚		10,925	北京诚轩	2022-08-10
1927年孙中山像开国纪念壹圆银币一枚		16,100	北京诚轩	2022-08-10
1927年孙中山像开国纪念壹圆银币一枚		23,000	北京诚轩	2022-08-10
1927年孙中山像开国纪念壹圆银币一枚		16,100	北京诚轩	2022-08-10
1927年孙中山像开国纪念壹圆银币一枚		29,900	北京诚轩	2022-08-10
1927年孙中山像开国纪念壹圆银币一枚		13,800	北京诚轩	2022-08-10
1927年孙中山像开国纪念壹圆银币一组十五枚		12,650	北京保利	2022-07-29
1927年孙中山像总理纪念贰角银币一枚		51,750	北京保利	2022-07-29
1928年民国十七年贵州省政府造贵州银币壹圆汽车银币一枚		805,000	北京保利	2022-07-29
1929年(B)香港贸易银元"站洋"壹圆银币一枚		26,450	北京诚轩	2022-08-10
1929年(B)香港贸易银元"站洋"壹圆银币一枚		10,350	北京诚轩	2022-08-10
1929年美国版民国十八年孙中山像背三帆船壹元银币样币一枚		149,500	北京保利	2022-07-29
1929年民国十八年美国版孙中山像背三帆船壹元银币样币一枚		1,380,000	北京保利	2022-07-29
1929年民国十八年日本版孙中山像背三帆船壹元银币样币一枚		1,150,000	北京保利	2022-07-29
1929年民国十八年英国版孙中山像背三帆船壹元银币样币一枚		1,150,000	北京保利	2022-07-29
1930年(B)香港贸易银元"站洋"壹圆银币一枚		12,650	北京诚轩	2022-08-10
1931年中国苏维埃造列宁像背镰刀斧头壹圆银币 PCGS AU DETAIL (非臆造币评级孤品)		437,000	华艺国际	2022-08-07
1932年民国二十一年孙中山像背帆船三鸟壹圆银币 PCGS MS63		460,000	华艺国际	2022-08-07

拍品名称	物品尺寸	成交价RMB	拍卖公司	拍卖日期
1932年民国二十一年孙中山像背船三鸟壹圆银币 PCGS MS63+		460,000	华艺国际	2022-08-07
1932年民国二十一年孙中山像背帆船三鸟壹圆银币一枚		195,500	北京保利	2022-07-29
1932年民国二十一年孙中山像背帆船三鸟壹圆银币一枚		92,000	北京保利	2022-07-29
1933年民国二十二年孙中山像背帆船壹圆银币一枚		11,500	北京保利	2022-07-29
1933年西藏初版桑松果木三两银币一枚		19,550	北京诚轩	2022-08-11
1933年中华苏维埃共和国贰角铜币一枚		26,450	北京诚轩	2022-08-10
1934年民国二十三年孙中山像背帆船壹圆银币卷首、卷尾五彩一组二枚		13,800	北京保利	2022-07-29
1934年民国二十三年孙中山像背帆船壹圆银币一枚		120,750	北京保利	2022-07-29
1934年民国二十三年孙中山像背帆船壹圆银币一枚		18,400	北京保利	2022-07-29
1934年民国二十三年孙中山像背帆船壹圆银币一组十枚		13,800	北京保利	2022-07-29
1934年民国二十三年孙中山像背帆船壹圆银币一组五枚		11,500	北京保利	2022-07-29
1934年苏维埃共和国壹圆银币NGC XF DETAILS		74,750	华艺国际	2022-08-07
1934年中华民国二十二年船洋壹圆 PCGS MS63		39,100	华艺国际	2022-08-07
1934年中华苏维埃共和国川陕省币厂造壹圆银币 PCGS VF DETAIL		94,300	华艺国际	2022-08-07
1934年中华苏维埃共和国川陕省造币厂造壹圆银币一枚		2,185,000	北京诚轩	2022-08-10
1934年中华苏维埃共和国川陕省造币厂造壹圆银币一枚		1,437,500	北京诚轩	2022-08-10
1934年中华苏维埃共和国川陕省造币厂造壹圆银币一枚		690,000	北京诚轩	2022-08-10
1934年中华苏维埃共和国川陕省造币厂造壹圆银币一枚		218,500	北京保利	2022-07-29
1934年中华苏维埃共和国国家银行湘赣省分行银币辅币券伍分三枚		16,100	北京诚轩	2022-08-12
1943年云南富字一两正银银币(LM433)		36,800	中国嘉德	2022-12-28
1943年云南富字一两正银银币(LM433)		11,500	中国嘉德	2022-12-28
1943年云南省"大鹿头"正银一两银币一枚		920,000	北京诚轩	2022-08-11
1943年云南省"富"字半两正银银币 PCGS MS61		48,300	华艺国际	2022-08-07
1943年云南省"富"字半两正银银币一枚		59,800	北京诚轩	2022-08-10
1943年云南省"富"字半两正银银币一枚		40,250	北京诚轩	2022-08-11
1943年云南省"富"字一两、半两正银银币各一枚		19,550	北京诚轩	2022-08-11
1943年云南省"富"字一两正银银币 PCGS MS62		82,800	华艺国际	2022-08-07
1943年云南省"富"字一两正银银币一枚		59,800	北京诚轩	2022-08-11
1943年云南省"富"字一两正银银币一枚		80,500	北京诚轩	2022-08-11
1943年云南省"小鹿头"正银一两银币一枚		82,800	北京诚轩	2022-08-11
1943年云南省"小鹿头"正银一两银币一枚		13,700	北京诚轩	2022-08-11
1943年云南省"小鹿头"正银一两银币一枚		52,900	北京诚轩	2022-08-11
1949年贵州省造壹圆银币圆窗版 NGC AU DETAILS		1,207,500	华艺国际	2022-08-07
1949年新疆省造币厂一九四九壹圆银币 PCGS AU58+		43,700	华艺国际	2022-08-07
1949年新疆省造币厂铸壹圆银币一枚		80,500	北京诚轩	2022-08-10
1949年新疆省造币厂铸壹圆银币一枚		97,750	北京诚轩	2022-08-11
1949年新疆一九四九壹圆银币(双49版) PCGS AU55		483,000	华艺国际	2022-08-07
1983—1994年历史人物第1-10组银币大全60枚		276,000	北京保利	2022-07-29
1985年熊猫纪念银币一枚		11,500	北京诚轩	2022-08-11
1986年第十三届世界杯足球赛喷砂版纪念银币一枚		12,650	北京诚轩	2022-08-10
1994年中国-新加坡友好纪念银币一枚		36,800	北京诚轩	2022-08-10
1996年中国著名古典文学名著《三国演义》第二组-三英战吕布五盎司银币一枚		64,400	北京保利	2022-07-29
2002年中国熊猫金币发行二十周年1公斤银币		13,800	中国嘉德	2022-12-28
2005年熊猫一盎司金币、苏州市商业银行成立八周年一盎司银章各一枚		14,950	北京保利	2022-07-29
陈坚 童友明 赵橹 程超 童方 老中青三代5位熊猫币设计师联名限量版40周年纪念银章(大全套)	直径4cm	33,000	中藏艺盛	2022-08-17
船洋二十三年	直径39.3mm；重26.8g	1,591,716	哈布斯堡	2022-12-18
大清银币宣统三年长须龙金质样币	直径3.8cm；重37g	8,356,509	哈布斯堡	2022-12-18
道光二年(1822年)西藏道光宝藏一钱银币一枚		25,300	北京诚轩	2022-08-11
道光二年(1822年)西藏道光宝藏一钱银币一枚		23,000	北京诚轩	2022-08-11
道光二年(1822年)西藏道光宝藏一钱银币一枚		16,100	北京诚轩	2022-08-11
丁未(1907年)吉林省造光绪元宝库平七钱二分银币(LM567)		138,000	中国嘉德	2022-06-29
段祺瑞像中华民国执政纪念币	直径39mm；重27g	2,387,574	哈布斯堡	2022-12-18
光绪二十四年(1898年)安徽省造光绪元宝库平七钱二分银币		34,500	中国嘉德	2022-06-29
奉天省造光绪元宝库平七钱二分	直径39.84mm；重26.8g	2,984,467	哈布斯堡	2022-12-18
光绪、宣统元宝，广东省造(一组)	不一	3,979,290	哈布斯堡	2022-12-18
光绪朝服像背双龙旗"复碎纪念"臆造银币		92,000	北京诚轩	2022-08-10
光绪二十九年北洋造光绪元宝库平七钱二分银币一枚		253,000	北京诚轩	2022-08-11
光绪二十九年北洋造光绪元宝库平七钱二分银币一枚		31,050	北京诚轩	2022-08-11
光绪二十九年北洋造光绪元宝库平七钱二分银币一枚		36,800	北京诚轩	2022-08-11
光绪二十九年北洋造光绪元宝库平七钱二分银币一枚		16,100	北京诚轩	2022-08-11
光绪二十九年北洋造光绪元宝库平七钱二分银币一枚		32,200	北京诚轩	2022-08-11
光绪二十九年北洋造光绪元宝库平七钱二分银币一枚		86,250	北京诚轩	2022-08-11
光绪二十九年北洋造光绪元宝库平七钱二分银币一枚		19,550	北京诚轩	2022-08-11
光绪二十六年北洋造光绪元宝库平七钱二分银币一枚		253,000	北京诚轩	2022-08-11
光绪二十六年北洋造光绪元宝库平七钱二分银币一枚		241,500	北京诚轩	2022-08-11
光绪二十六年北洋造光绪元宝库平七钱二分银币一枚		529,000	北京诚轩	2022-08-11
光绪二十三年北洋机器局造壹圆银币一枚		1,035,000	北京诚轩	2022-08-11
光绪二十三年北洋机器局造壹圆银币一枚		27,600	北京诚轩	2022-08-11
光绪二十四年(1898年)北洋机器局造壹圆银币(LM449)		19,550	中国嘉德	2022-06-29
光绪二十四年安徽省造光绪元宝A.S.T.C.版库平七分二厘银币一枚		23,000	北京诚轩	2022-08-11
光绪二十四年安徽省造光绪元宝A.S.T.C.版库平七钱二分银币一枚		644,000	北京诚轩	2022-08-10
光绪二十四年安徽省造光绪元宝A.S.T.C.版库平七钱二分银币一枚		920,000	北京诚轩	2022-08-11
光绪二十四年安徽省造光绪元宝A.S.T.C.版库平七钱二分银币一枚		701,500	北京诚轩	2022-08-11
光绪二十四年安徽省造光绪元宝库平七钱二分银币一枚		1,782,500	北京诚轩	2022-08-11
光绪二十四年安徽省造光绪元宝库平七钱二分银币一枚		3,105,000	北京诚轩	2022-08-11
光绪二十四年安徽省造光绪元宝库平七钱二分银币一枚		391,000	北京诚轩	2022-08-11
光绪二十四年北洋机器局造壹圆银币一枚		356,500	北京诚轩	2022-08-11
光绪二十四年北洋机器局造壹圆银币一枚		1,207,500	北京诚轩	2022-08-11
光绪二十四年北洋机器局造壹圆银币一枚		28,750	北京诚轩	2022-08-11
光绪二十四年北洋机器局造壹圆银币一枚		37,950	北京诚轩	2022-08-11
光绪二十四年奉天机器局造五角银币一枚		1,840,000	北京诚轩	2022-08-11
光绪二十四年奉天机器局造壹圆银币一枚		368,000	北京诚轩	2022-08-10
光绪二十四年奉天机器局造壹圆银币一枚		356,500	北京诚轩	2022-08-11
光绪二十四年奉天机器局造壹圆银币一枚		195,500	北京诚轩	2022-08-11
光绪二十四年奉天机器局造壹圆银币一枚		138,000	北京诚轩	2022-08-11
光绪二十四年奉天机器局造壹圆银币一枚		782,000	北京诚轩	2022-08-11
光绪二十四年奉天机器局造壹圆银币一枚		92,000	北京诚轩	2022-08-11
光绪二十四年奉天省造二角银币一枚		34,500	北京诚轩	2022-08-11
光绪二十四年奉天省造二角银币一枚		19,550	北京诚轩	2022-08-11
光绪二十四年奉天省造二角银币一枚		11,500	北京诚轩	2022-08-11
光绪二十五年安徽省造光绪元宝库平三分六厘银币一枚		36,800	北京诚轩	2022-08-11
光绪二十五年北洋造光绪元宝库平七钱二分银币一枚		172,500	北京诚轩	2022-08-11

2022杂项拍卖成交汇总(续表)

(成交价RMB: 1万元以上)

拍品名称	物品尺寸	成交价RMB	拍卖公司	拍卖日期
光绪二十五年北洋造光绪元宝库平七钱二分银币一枚		207,000	北京诚轩	2022-08-11
光绪二十五年北洋造光绪元宝库平七钱二分银币一枚		14,950	北京诚轩	2022-08-11
光绪二十五年北洋造光绪元宝库平三分六厘、1903年癸卯江南省造光绪元宝无花版库平一钱四分四厘银币各一枚		17,250	北京诚轩	2022-08-11
光绪二十五年北洋造光绪元宝平三钱六分银币一枚		34,500	北京诚轩	2022-08-11
光绪三十年湖北省造大清银币库平一两一枚		1,725,000	北京诚轩	2022-08-10
光绪三十年湖北省造大清银币库平一两一枚		1,897,500	北京诚轩	2022-08-11
光绪三十年湖北省造大清银币库平一两一枚		2,472,500	北京诚轩	2022-08-11
光绪三十年湖北省造大清银币库平一两一枚		2,012,500	北京诚轩	2022-08-11
光绪三十三年北洋造光绪元宝库平七钱二分银币一枚		368,000	北京诚轩	2022-08-10
光绪三十三年北洋造光绪元宝库平七钱二分银币一枚		82,800	北京诚轩	2022-08-11
光绪三十三年北洋造光绪元宝库平七钱二分银币一枚		13,800	北京诚轩	2022-08-11
光绪三十三年东三省造光绪元宝库平七钱二分银币一枚		172,500	北京诚轩	2022-08-11
光绪三十三年东三省造光绪元宝库平七钱二分银币一枚		92,000	北京诚轩	2022-08-11
光绪三十三年东三省造光绪元宝库平三钱六分银币一枚		322,000	北京诚轩	2022-08-10
光绪三十三年东三省造光绪元宝库平三钱六分银币一枚		333,500	北京诚轩	2022-08-11
光绪三十四年北洋造光绪元宝库平七钱二分银币二枚		18,400	北京诚轩	2022-08-11
光绪三十四年北洋造光绪元宝库平七钱二分银币一枚		86,250	北京诚轩	2022-08-10
光绪三十四年北洋造光绪元宝库平七钱二分银币一枚		12,650	北京诚轩	2022-08-11
光绪三十四年北洋造光绪元宝库平七钱二分银币一枚		11,500	北京诚轩	2022-08-11
光绪三十四年北洋造光绪元宝库平七钱二分银币一枚		29,900	北京诚轩	2022-08-11
光绪三十四年北洋造光绪元宝库平七钱二分银币一枚		29,900	北京诚轩	2022-08-11
光绪三十四年北洋造光绪元宝库平七钱二分银币一枚		59,800	北京诚轩	2022-08-11
光绪三十四年北洋造光绪元宝库平七钱二分银币一枚		16,100	北京诚轩	2022-08-11
光绪三十四年北洋造光绪元宝库平七钱二分银币一枚		34,500	北京诚轩	2022-08-11
光绪三十四年北洋造光绪元宝库平七钱二分银币一枚		71,300	北京诚轩	2022-08-11
光绪三十四年北洋造光绪元宝库平七钱二分银币一枚		19,550	北京诚轩	2022-08-11
光绪三十四年北洋造光绪元宝库平七钱二分银币一枚		17,250	北京诚轩	2022-08-11
光绪三十四年北洋造光绪元宝库平七钱二分银币一枚		25,300	北京诚轩	2022-08-11
光绪三十四年北洋造光绪元宝库平七钱二分银币一枚		11,500	北京诚轩	2022-08-11
光绪三十四年北洋造光绪元宝库平七钱二分银币一枚		19,550	北京诚轩	2022-08-11
光绪三十五年北洋造光绪元宝库平七钱二分银币一枚		75,900	北京诚轩	2022-08-11
光绪三十四年北洋造光绪元宝库平七钱二分银币一枚		28,750	北京诚轩	2022-08-11
光绪三十四年北洋造光绪元宝库平七钱二分银币一枚		17,250	北京诚轩	2022-08-11
光绪三十四年北洋造光绪元宝库平七钱二分银币一枚		12,650	北京诚轩	2022-08-11
光绪三十四年北洋造光绪元宝库平七钱二分银币一枚		14,950	北京诚轩	2022-08-11
光绪三十四年北洋造光绪元宝库平七钱二分银币一枚		20,700	北京诚轩	2022-08-11
光绪三十四年北洋造光绪元宝库平七钱二分银币一枚		63,250	北京诚轩	2022-08-11
光绪三十四年北洋造光绪元宝库平七钱二分银币一枚		69,000	北京诚轩	2022-08-11
光绪三十四年北洋造光绪元宝库平七钱二分银币一枚		59,800	北京诚轩	2022-08-11
光绪三十四年北洋造光绪元宝库平七钱二分银币一枚		48,300	北京诚轩	2022-08-11
光绪三十四年北洋造光绪元宝库平七钱二分银币一枚		23,000	北京诚轩	2022-08-11
光绪三十四年北洋造光绪元宝库平七钱二分银币一枚		18,400	北京诚轩	2022-08-11
光绪三十四年北洋造光绪元宝库平七钱二分银币一枚		11,500	北京诚轩	2022-08-11
光绪三十一年北洋造光绪元宝库平一钱四分四厘银币一枚		63,250	北京诚轩	2022-08-11
广东省造库平壹两双龙寿字银币	直径41.2mm; 重34.4g	2,984,467	哈布斯堡	2022-12-18
癸卯(1903年)奉天省造光绪元宝库平七钱二分银币(LM483)		414,000	中国嘉德	2022-06-29
贵州省政府造七钱二分(壹圆)汽车银币	直径39mm; 重26.7g	2,387,574	哈布斯堡	2022-12-18
黄兴像背双旗壹圆臆造银币一枚		149,500	北京诚轩	2022-08-10
吉林机器官局监造厂平平两银币	直径38.2mm; 重27.g	1,989,645	哈布斯堡	2022-12-18
吉林省造光绪元宝库平七钱二分	直径38mm; 重27.g	1,691,198	哈布斯堡	2022-12-18
己亥(1899年)江南省造光绪元宝库平七钱二分银币(LM222)		40,250	中国嘉德	2022-06-29
嘉庆二十五年(1820年)西藏嘉庆宝藏一钱银币一枚		17,250	北京诚轩	2022-08-11
甲辰(1904年)江南省造光绪元宝库平七钱二分银币(LM257)		11,500	中国嘉德	2022-06-29
甲辰(1904年)江南省造光绪元宝库平七钱二分银币(LM257)		11,500	中国嘉德	2022-06-29
甲辰(1904年)江南省造光绪元宝库平七钱二分银币(LM257)		13,800	中国嘉德	2022-06-29
甲辰(1904年)江南省造光绪元宝库平七钱二分银币(LM257)		14,950	中国嘉德	2022-06-29
甲辰(1904年)江南省造光绪元宝库平七钱二分银币(LM257)		21,850	中国嘉德	2022-06-29
甲辰(1904年)江南省造光绪元宝库平七钱二分银币(LM257)		10,925	中国嘉德	2022-06-29
甲辰(1904年)江南省造光绪元宝库平七钱二分银币(LM257)		18,400	中国嘉德	2022-06-29
甲辰(1904年)江南省造光绪元宝库平七钱二分银币(LM257)		11,500	中国嘉德	2022-06-29
甲辰(1904年)江南省造光绪元宝库平七钱二分银币(LM257)		31,050	中国嘉德	2022-06-29
甲辰(1904年)江南省造光绪元宝库平七钱二分银币(LM257)		11,500	中国嘉德	2022-06-29
江南省造光绪元宝癸卯库平七钱二分		11,500	华艺国际	2022-08-07
江南省光绪元宝甲辰库平七钱二分		10,350	华艺国际	2022-08-07
江苏省造光绪元宝十文试铸样币	直径39.2mm; 重27.1g	557,100	哈布斯堡	2022-12-18
蒋介石像背布图半圆银币样币 pcgs sp 58		897,000	华艺国际	2022-08-07
陆军上将奉天都督赵背双旗纪念银章及日本章两枚一组		34,500	华艺国际	2022-08-07
民国二十九年蒋像中央造币厂桂林分厂二周年纪念银章一枚		23,000	华艺国际	2022-08-07
民国 唐继尧像当银币十元金币一枚		59,800	华艺国际	2022-08-07
民国 袁世凯像壹圆银币一组十枚		10,925	永乐拍卖	2022-07-25
民国 袁世凯像壹圆银币一组十枚		13,800	永乐拍卖	2022-07-25
民国 袁世凯像壹圆银币一组十枚		13,800	永乐拍卖	2022-07-25
民国 袁世凯像壹圆银币一组十枚		12,650	永乐拍卖	2022-07-25
民国 袁世凯像壹圆银币一组十三枚		17,250	永乐拍卖	2022-07-25
民国1932年鄂豫皖省苏维埃政府造壹圆银币	直径38.9mm	345,000	西泠印社	2022-01-21
民国八年袁世凯像竖点年版银币	直径38mm	920,000	西泠印社	2022-01-21
民国曹锟戎装像纪念小型银章	直径36.3mm	172,500	西泠印社	2022-01-21
民国曹锟戎装像纪念银章	直径32mm	184,000	西泠印社	2022-01-21
民国曹锟戎装像纪念银币	直径39.2mm	230,000	西泠印社	2022-01-21
民国段祺瑞执政和平纪念银币	直径38mm; 重26g	747,500	西泠印社	2022-01-21
民国二十二年、二十三年五彩孙中山像船洋银币一组十一枚	直径39mm	43,700	西泠印社	2022-01-21
民国二十二年孙中山像五彩船洋银币	直径39mm	26,450	西泠印社	2022-01-21
民国二十三年五彩、原光船洋银币一组五枚	直径39mm	18,400	西泠印社	2022-01-21
民国二十三年五彩、原光船洋银币一组五枚	直径39mm	17,250	西泠印社	2022-01-21
民国二十三年五彩、原光船洋银币一组五枚	直径39mm	14,950	西泠印社	2022-01-21
民国二十三年五彩、原光船洋银币一组五枚	直径39mm	16,100	西泠印社	2022-01-21
民国二十三年五彩、原光船洋银币一组五枚	直径39mm	16,100	西泠印社	2022-01-21
民国二十三年五彩、原光船洋银币一组五枚	直径39mm	13,800	西泠印社	2022-01-21
民国福字壹两银元宝	重量33.2g	11,500	西泠印社	2022-01-21
民国九年袁世凯像粗发银币	直径39mm	155,250	西泠印社	2022-01-21
民国九年袁世凯像银币一组六枚	直径39mm	16,100	西泠印社	2022-01-21
民国蒙古银币全套五枚	直径17.2—33.6mm	40,250	西泠印社	2022-01-21
民国民国二十三年孙中山像帆船银币	直径39mm	46,000	西泠印社	2022-01-21

2022杂项拍卖成交汇总（续表）

（成交价RMB：1万元以上）

拍品名称	物品尺寸	成交价RMB	拍卖公司	拍卖日期
民国民国十六年褚玉璞像背双旗周年纪念银章	通长43.1mm	322,000	西泠印社	2022-01-21
民国民国十六年孙中山陵墓壹圆银币	直径38.8mm；重27g	2,530,000	西泠印社	2022-01-21
民国三年、九年、十年袁世凯像银币银币一组五枚	直径39mm	10,350	西泠印社	2022-01-21
民国三年贰角、壹角银币一组七枚	直径18.6—22.7mm	29,900	西泠印社	2022-01-21
民国三年袁世凯像五彩原光中圆	直径31mm	230,000	西泠印社	2022-01-21
民国三年袁世凯像五彩原光中圆	直径31mm	97,750	西泠印社	2022-01-21
民国三年袁世凯像壹角银币	直径18.5mm	13,800	西泠印社	2022-01-21
民国三年袁世凯像银币	直径38mm	51,750	西泠印社	2022-01-21
民国三年袁世凯像银币	直径38mm	51,750	西泠印社	2022-01-21
民国三年袁世凯像银币福建版	直径39mm	11,500	西泠印社	2022-01-21
民国三年中圆一对	直径31mm	92,000	西泠印社	2022-01-21
民国三十八年贵州省造竹枝壹圆（方窗）	直径38.6mm	517,500	西泠印社	2022-01-21
民国十八年孙中山像三帆英国版样币	直径39.2mm	230,000	西泠印社	2022-01-21
民国孙中山开国纪念银币一组十枚	直径39mm	18,400	西泠印社	2022-01-21
民国唐继尧侧身像库平三钱六分双旗共和银币	直径32mm	161,000	西泠印社	2022-01-21
民国银币胚及材料一组七件	通长38—237mm	57,500	西泠印社	2022-01-21
民国银币一组六枚	直径39mm	12,650	西泠印社	2022-01-21
民国银币一组三枚	直径39mm	18,400	西泠印社	2022-01-21
民国银币一组十二枚	直径38—39mm	20,700	西泠印社	2022-01-21
民国银元八枚、纸币十三枚、嵌银丝百宝箱一对共二十三件	通长39—150mm	43,700	西泠印社	2022-01-21
民国银章两枚	通长28.7—52.6mm	25,300	西泠印社	2022-01-21
民国袁世凯像飞龙银币	直径39mm；重26.8g	1,725,000	西泠印社	2022-01-21
民国袁世凯像共和纪念银币	直径38.8mm	74,750	西泠印社	2022-01-21
民国八年（1919年）袁世凯像壹圆银币（LM76）		13,800	中国嘉德	2022-06-29
民国八年（1919年）袁世凯像壹圆银币（LM76）		12,650	中国嘉德	2022-06-29
民国八年（1919年）袁世凯像壹圆银币（LM76）		17,250	中国嘉德	2022-06-29
民国八年（1919年）袁世凯像壹圆银币（LM76）		13,800	中国嘉德	2022-12-28
民国八年（1919年）袁世凯像壹圆银币（LM76）		16,100	中国嘉德	2022-12-28
民国八年（1919年）袁世凯像壹圆银币（LM76）		19,550	中国嘉德	2022-12-28
民国八年（1919年）袁世凯像壹圆银币（LM76）		33,350	中国嘉德	2022-12-28
民国八年袁世凯像壹圆银币一枚		80,500	北京诚轩	2022-08-10
民国八年袁世凯像壹圆银币一枚		16,100	北京诚轩	2022-08-10
民国八年袁世凯像壹圆银币一枚		34,500	北京诚轩	2022-08-10
民国八年袁世凯像壹圆银币一枚		21,850	北京诚轩	2022-08-10
民国八年袁世凯像壹圆银币一枚		86,250	北京诚轩	2022-08-10
民国八年袁世凯像壹圆银币一枚		59,800	北京诚轩	2022-08-10
民国八年袁世凯像壹圆银币一枚		74,750	北京诚轩	2022-08-10
民国八年袁世凯像壹圆银币一枚		77,050	北京诚轩	2022-08-10
民国二十二年（1933年）（16-7藏），西藏地区政府造三两银币（LM659）		10,120	中国嘉德	2022-06-29
民国二十二年（1933年）孙中山像壹圆银币（LM109）		10,580	中国嘉德	2022-06-29
民国二十二年（1933年）孙中山像壹圆银币（LM109）		11,500	中国嘉德	2022-06-29
民国二十二年（1933年）孙中山像壹圆银币（LM109）		12,650	中国嘉德	2022-06-29
民国二十二年（1933年）孙中山像壹圆银币（LM109）		10,925	中国嘉德	2022-06-29
民国二十二年孙中山像背帆船壹圆银币一枚		48,300	北京诚轩	2022-08-10
民国二十二年孙中山像背帆船壹圆银币一枚		59,800	北京诚轩	2022-08-10
民国二十二年孙中山像背帆船壹圆银币一枚		43,700	北京诚轩	2022-08-10
民国二十二年孙中山像背帆船壹圆银币一枚		48,300	北京诚轩	2022-08-10
民国二十二年孙中山像背帆船壹圆银币一枚		40,250	北京诚轩	2022-08-10
民国二十二年孙中山像背帆船壹圆银币一枚		28,750	北京诚轩	2022-08-10
民国二十二年孙中山像背帆船壹圆银币一枚		23,000	北京诚轩	2022-08-10
民国二十二年孙中山像背帆船壹圆银币一枚		19,550	北京诚轩	2022-08-10
民国二十二年孙中山像背帆船壹圆银币一枚		16,100	北京诚轩	2022-08-10
民国二十二年孙中山像背帆船壹圆银币一枚		11,500	北京诚轩	2022-08-10
民国二十二年孙中山像背帆船壹圆银币一枚		12,650	北京诚轩	2022-08-10

拍品名称	物品尺寸	成交价RMB	拍卖公司	拍卖日期
民国二十二年孙中山像背帆船壹圆银币一枚		17,250	北京诚轩	2022-08-10
民国二十二年孙中山像背帆船壹圆银币一枚		51,750	北京诚轩	2022-08-10
民国二十二年孙中山像背帆船壹圆银币一枚		11,500	北京诚轩	2022-08-10
民国二十二年孙中山像背帆船壹圆银币一枚		48,300	北京诚轩	2022-08-10
民国二十三年（1934年）孙中山像壹圆银币（LM110）		23,000	中国嘉德	2022-06-29
民国二十三年孙中山像背帆船壹圆银币二枚		13,800	北京诚轩	2022-08-10
民国二十三年孙中山像背帆船壹圆银币二枚		32,200	北京诚轩	2022-08-10
民国二十三年孙中山像背帆船壹圆银币二枚		10,925	北京诚轩	2022-08-10
民国二十三年孙中山像背帆船壹圆银币二枚		11,500	北京诚轩	2022-08-10
民国二十三年孙中山像背帆船壹圆银币四枚		32,200	北京诚轩	2022-08-10
民国二十三年孙中山像背帆船壹圆银币一枚		20,700	北京诚轩	2022-08-10
民国二十三年孙中山像背帆船壹圆银币一枚		16,100	北京诚轩	2022-08-10
民国二十三年孙中山像背帆船壹圆银币一枚		41,400	北京诚轩	2022-08-10
民国二十三年孙中山像背帆船壹圆银币一枚		13,800	北京诚轩	2022-08-10
民国二十三年孙中山像背帆船壹圆银币一枚		34,500	北京诚轩	2022-08-10
民国二十三年孙中山像背帆船壹圆银币一枚		55,200	北京诚轩	2022-08-10
民国二十三年孙中山像背帆船壹圆银币一枚		18,400	北京诚轩	2022-08-10
民国二十三年孙中山像背帆船壹圆银币一枚		60,950	北京诚轩	2022-08-10
民国二十三年孙中山像背帆船壹圆银币一枚		11,500	北京诚轩	2022-08-10
民国二十三年孙中山像背帆船壹圆银币一枚		14,950	北京诚轩	2022-08-10
民国二十三年孙中山像背帆船壹圆银币一枚		11,500	北京诚轩	2022-08-10
民国二十三年孙中山像背帆船壹圆银币一枚		14,950	北京诚轩	2022-08-10
民国二十三年孙中山像背帆船壹圆银币一枚		10,925	北京诚轩	2022-08-10
民国二十五年孙中山像背帆船中圆小型银币样币一枚		1,035,000	北京诚轩	2022-08-10
民国二十一年（1932年）孙中山像三鸟壹圆银币（LM108）		78,200	中国嘉德	2022-06-29
民国二十一年（1932年）孙中山像三鸟壹圆银币（LM108）		59,800	中国嘉德	2022-06-29
民国二十一年（1932年）孙中山像三鸟壹圆银币（LM108）		92,000	中国嘉德	2022-06-29
民国二十一年孙中山像背帆船三鸟壹圆银币一枚		299,000	北京诚轩	2022-08-10
民国二十一年孙中山像背帆船三鸟壹圆银币一枚		586,500	北京诚轩	2022-08-10
民国二十一年孙中山像背帆船三鸟壹圆银币一枚		327,750	北京诚轩	2022-08-10
民国二十一年孙中山像背帆船三鸟壹圆银币一枚		391,000	北京诚轩	2022-08-10
民国二十一年孙中山像背帆船三鸟壹圆银币一枚		78,200	北京诚轩	2022-08-10
民国二十一年云南省造双旗半圆银币一枚		80,500	北京诚轩	2022-08-11
民国二十一年云南省造双旗贰角银币一枚		17,250	北京诚轩	2022-08-11
民国二十一年云南省造双旗贰角银币一枚		10,925	北京诚轩	2022-08-11
民国二十一年云南省造双旗贰角银币一枚		14,950	北京诚轩	2022-08-11
民国二十一年云南省造双旗贰角银币一枚		36,800	北京诚轩	2022-08-11
民国九年（1920年）袁世凯像壹圆银币（LM77）		12,650	中国嘉德	2022-12-28
民国九年（1920年）袁世凯像壹圆银币（LM77）		10,580	中国嘉德	2022-12-28
民国九年（1920年）袁世凯像壹圆银币（LM77）		10,350	中国嘉德	2022-12-28

2022杂项拍卖成交汇总(续表)

(成交价RMB：1万元以上)

拍品名称	物品尺寸	成交价RMB	拍卖公司	拍卖日期
民国九年(1920年)袁世凯像壹圆银币(LM77A)		40,250	中国嘉德	2022-12-28
民国九年、十年袁世凯像壹圆银币各一枚		20,700	北京诚轩	2022-08-10
民国九年袁世凯像"鄂造"贰角银币一枚		80,500	北京诚轩	2022-08-11
民国九年袁世凯像精发、粗发版壹圆银币各一枚		31,050	北京诚轩	2022-08-10
民国九年袁世凯像精发版、海南版壹圆银币各一枚		13,800	北京诚轩	2022-08-10
民国九年袁世凯像壹圆银币二枚		28,750	北京诚轩	2022-08-10
民国九年袁世凯像壹圆银币二枚		19,550	北京诚轩	2022-08-10
民国九年袁世凯像壹圆银币合面、合背各一枚		471,500	北京诚轩	2022-08-10
民国九年袁世凯像壹圆银币四枚		19,550	北京诚轩	2022-08-10
民国九年袁世凯像壹圆银币一枚		299,000	北京诚轩	2022-08-10
民国九年袁世凯像壹圆银币一枚		161,000	北京诚轩	2022-08-10
民国九年袁世凯像壹圆银币一枚		10,925	北京诚轩	2022-08-10
民国九年袁世凯像壹圆银币一枚		55,200	北京诚轩	2022-08-10
民国九年袁世凯像壹圆银币一枚		20,700	北京诚轩	2022-08-10
民国九年袁世凯像壹圆银币一枚		20,700	北京诚轩	2022-08-10
民国九年袁世凯像壹圆银币一枚		13,800	北京诚轩	2022-08-10
民国九年袁世凯像壹圆银币一枚		18,400	北京诚轩	2022-08-10
民国九年袁世凯像壹圆银币一枚		12,650	北京诚轩	2022-08-10
民国九年袁世凯像壹圆银币一枚		12,650	北京诚轩	2022-08-10
民国九年袁世凯像壹圆银币一枚		36,800	北京诚轩	2022-08-10
民国九年袁世凯像壹圆银币一枚		18,400	北京诚轩	2022-08-10
民国九年袁世凯像壹圆银币一枚		35,650	北京诚轩	2022-08-10
民国九年袁世凯像壹圆银币一枚		32,200	北京诚轩	2022-08-10
民国九年袁世凯像壹圆银币一枚		35,650	北京诚轩	2022-08-10
民国九年袁世凯像壹圆银币一枚		74,750	北京诚轩	2022-08-10
民国九年袁世凯像壹圆银币一枚		10,120	北京诚轩	2022-08-10
民国九年袁世凯像壹圆银币一枚		13,800	北京诚轩	2022-08-10
民国九年袁世凯像壹圆银币一枚		12,650	北京诚轩	2022-08-10
民国九年袁世凯像壹圆银币一枚		26,450	北京诚轩	2022-08-10
民国九年袁世凯像壹圆银币一枚		13,800	北京诚轩	2022-08-10
民国九年袁世凯像壹圆银币一枚		11,500	北京诚轩	2022-08-10
民国九年袁世凯像壹圆银币一枚		23,000	北京诚轩	2022-08-10
民国九年袁世凯像壹圆银币一枚		21,850	北京诚轩	2022-08-10
民国九年袁世凯像壹圆银币一枚		23,000	北京诚轩	2022-08-10
民国六年(1917年)新疆迪化银圆局造壹两银币(LM837)		12,650	中国嘉德	2022-12-28
民国六年、七年迪化银圆局造壹两银币各一枚		12,650	北京诚轩	2022-08-11
民国六年迪化银圆局造壹两银币一枚		69,000	北京诚轩	2022-08-10
民国六年迪化银圆局造壹两银币一枚		23,000	北京诚轩	2022-08-11
民国七年迪化银圆局造壹两银币一枚		74,750	北京诚轩	2022-08-11
民国三年(1914年)袁世凯像壹圆银币(LM63)		16,100	中国嘉德	2022-06-29
民国三年(1914年)袁世凯像壹圆银币(LM63)		10,925	中国嘉德	2022-06-29
民国三年(1914年)袁世凯像壹圆银币(LM63)		13,800	中国嘉德	2022-06-29
民国三年(1914年)袁世凯像壹圆银币(LM63)		19,550	中国嘉德	2022-06-29
民国三年(1914年)袁世凯像壹圆银币(LM63)		10,350	中国嘉德	2022-06-29
民国三年(1914年)袁世凯像壹圆银币(LM63)		57,500	中国嘉德	2022-12-28
民国三年(1914年)袁世凯像壹圆银币(LM63)		28,750	中国嘉德	2022-12-28
民国三年(1914年)袁世凯像壹圆银币(LM63)		34,500	中国嘉德	2022-12-28
民国三年(1914年)袁世凯像壹圆银币(LM63F)		80,500	中国嘉德	2022-06-29
民国三年(1914年)袁世凯像壹圆银币(LM63G)		20,700	中国嘉德	2022-12-28
民国三年(1914年)袁世凯像壹圆银币(LM63L)		21,850	中国嘉德	2022-12-28
民国三年(1914年)袁世凯像壹圆银币(LM63M)		10,925	中国嘉德	2022-12-28
民国三年(1914年)袁世凯像壹圆银币(LM63N)		18,400	中国嘉德	2022-12-28
民国三年(1914年)袁世凯像中圆银币(LM64)		32,200	中国嘉德	2022-12-28
民国三年、八年袁世凯像壹圆银币各一枚		21,850	北京诚轩	2022-08-10
民国三年、十年袁世凯像壹圆银币各一枚		13,800	北京诚轩	2022-08-10
民国三年、十年袁世凯像壹圆银币各一枚		13,800	北京诚轩	2022-08-10

拍品名称	物品尺寸	成交价RMB	拍卖公司	拍卖日期
民国三年军阀版袁世凯像壹圆银币四枚		17,250	北京诚轩	2022-08-10
民国三年袁大头	直径38.6mm;重26.6g	298,446	哈布斯堡	2022-12-18
民国三年袁世凯像"甘肃"加字壹圆银币一枚		184,000	北京诚轩	2022-08-11
民国三年袁世凯像贰角银币一枚		11,500	北京诚轩	2022-08-10
民国三年袁世凯像贰角银币一枚		24,150	北京诚轩	2022-08-10
民国三年袁世凯像贰角银币一枚		20,700	北京诚轩	2022-08-10
民国三年袁世凯像贰角银币一枚		26,450	北京诚轩	2022-08-10
民国三年袁世凯像贰角银币一枚		16,100	北京诚轩	2022-08-10
民国三年袁世凯像壹角银币一枚		44,850	北京诚轩	2022-08-10
民国三年袁世凯像壹角银币一枚		18,400	北京诚轩	2022-08-10
民国三年袁世凯像壹圆银币二枚		18,400	北京诚轩	2022-08-10
民国三年袁世凯像壹圆银币三枚,十年银币一枚,计四枚		28,750	北京诚轩	2022-08-10
民国三年袁世凯像壹圆银币四枚		25,300	北京诚轩	2022-08-10
民国三年袁世凯像壹圆银币一枚		115,000	北京诚轩	2022-08-10
民国三年袁世凯像壹圆银币一枚		109,250	北京诚轩	2022-08-10
民国三年袁世凯像壹圆银币一枚		103,500	北京诚轩	2022-08-10
民国三年袁世凯像壹圆银币一枚		109,250	北京诚轩	2022-08-10
民国三年袁世凯像壹圆银币一枚		212,750	北京诚轩	2022-08-10
民国三年袁世凯像壹圆银币一枚		460,000	北京诚轩	2022-08-10
民国三年袁世凯像壹圆银币一枚		60,950	北京诚轩	2022-08-10
民国三年袁世凯像壹圆银币一枚		92,000	北京诚轩	2022-08-10
民国三年袁世凯像壹圆银币一枚		13,800	北京诚轩	2022-08-10
民国三年袁世凯像壹圆银币一枚		43,700	北京诚轩	2022-08-10
民国三年袁世凯像壹圆银币一枚		97,750	北京诚轩	2022-08-10
民国三年袁世凯像壹圆银币一枚		17,250	北京诚轩	2022-08-10
民国三年袁世凯像壹圆银币一枚		10,350	北京诚轩	2022-08-10
民国三年袁世凯像壹圆银币一枚		17,250	北京诚轩	2022-08-10
民国三年袁世凯像壹圆银币一枚		20,700	北京诚轩	2022-08-10
民国三年袁世凯像壹圆银币一枚		55,200	北京诚轩	2022-08-10
民国三年袁世凯像壹圆银币一枚		19,550	北京诚轩	2022-08-10
民国三年袁世凯像壹圆银币一枚		11,500	北京诚轩	2022-08-10
民国三年袁世凯像壹圆银币一枚		17,250	北京诚轩	2022-08-10
民国三年袁世凯像壹圆银币一枚		20,700	北京诚轩	2022-08-10
民国三年袁世凯像壹圆银币一枚		16,100	北京诚轩	2022-08-10
民国三年袁世凯像壹圆银币一枚		14,950	北京诚轩	2022-08-10
民国三年袁世凯像壹圆银币一枚		10,350	北京诚轩	2022-08-10
民国三年袁世凯像壹圆银币一枚		10,350	北京诚轩	2022-08-10
民国三年袁世凯像壹圆银币一枚		19,550	北京诚轩	2022-08-10
民国三年袁世凯像壹圆银币一枚		21,850	北京诚轩	2022-08-10
民国三年袁世凯像壹圆银币一枚		26,450	北京诚轩	2022-08-10
民国三年袁世凯像壹圆银币一枚		44,850	北京诚轩	2022-08-10
民国三年袁世凯像壹圆银币一枚		21,850	北京诚轩	2022-08-10
民国三年袁世凯像壹圆银币一枚		16,100	北京诚轩	2022-08-10
民国三年袁世凯像壹圆银币一枚		14,950	北京诚轩	2022-08-10
民国三年袁世凯像壹圆银币一枚		19,550	北京诚轩	2022-08-10
民国三年袁世凯像壹圆银币一枚		13,800	北京诚轩	2022-08-10
民国三年袁世凯像壹圆银币一枚		34,500	北京诚轩	2022-08-10
民国三年袁世凯像壹圆银币一枚		14,950	北京诚轩	2022-08-10
民国三年袁世凯像壹圆银币一枚		21,850	北京诚轩	2022-08-10
民国三年袁世凯像壹圆银币一枚		18,400	北京诚轩	2022-08-10
民国三年袁世凯像壹圆银币一枚		24,150	北京诚轩	2022-08-10
民国三年袁世凯像壹圆银币一枚		18,400	北京诚轩	2022-08-10
民国三年袁世凯像壹圆银币一枚		19,550	北京诚轩	2022-08-10
民国三年袁世凯像壹圆银币一枚		34,500	北京诚轩	2022-08-10
民国三年袁世凯像壹圆银币一枚		23,000	北京诚轩	2022-08-10
民国三年袁世凯像壹圆银币一枚		34,500	北京诚轩	2022-08-10
民国三年袁世凯像壹圆银币一枚		25,300	北京诚轩	2022-08-10
民国三年袁世凯像壹圆银币一枚		28,750	北京诚轩	2022-08-10
民国三年袁世凯像壹圆银币一枚		10,925	北京诚轩	2022-08-10
民国三年袁世凯像壹圆银币一枚		12,650	北京诚轩	2022-08-10
民国三年袁世凯像壹圆银币一枚		20,700	北京诚轩	2022-08-10
民国三年袁世凯像壹圆银币一枚		36,800	北京诚轩	2022-08-10
民国三年袁世凯像壹圆银币一枚		31,050	北京诚轩	2022-08-10
民国三年袁世凯像壹圆银币一枚		25,300	北京诚轩	2022-08-10
民国三年袁世凯像壹圆银币一枚		26,450	北京诚轩	2022-08-10
民国三年袁世凯像壹圆银币一枚		26,450	北京诚轩	2022-08-10
民国三年袁世凯像壹圆银币一枚		21,850	北京诚轩	2022-08-10
民国三年袁世凯像壹圆银币一枚		94,300	北京诚轩	2022-08-10
民国三年袁世凯像壹圆银币一枚		13,800	北京诚轩	2022-08-10
民国三年袁世凯像壹圆银币一枚		10,925	北京诚轩	2022-08-10
民国三年袁世凯像壹圆银币一枚		63,250	北京诚轩	2022-08-10
民国三年袁世凯像壹圆银币一枚		14,950	北京诚轩	2022-08-10
民国三年袁世凯像壹圆银币一枚		11,500	北京诚轩	2022-08-10
民国三年袁世凯像壹圆银币一枚		57,500	北京诚轩	2022-08-10
民国三年袁世凯像壹圆银币一枚		713,000	北京诚轩	2022-08-10
民国三年袁世凯像中圆银币一枚		184,000	北京诚轩	2022-08-10
民国三年袁世凯像中圆银币一枚		80,500	北京诚轩	2022-08-10
民国三年袁世凯像中圆银币一枚		63,250	北京诚轩	2022-08-10
民国三年袁世凯像中圆银币一枚		26,450	北京诚轩	2022-08-10

拍品名称	物品尺寸	成交价RMB	拍卖公司	拍卖日期
民国三年袁世凯像中圆银币一枚		46,000	北京诚轩	2022-08-10
民国三年袁世凯像中圆银币一枚		49,450	北京诚轩	2022-08-10
民国三年袁世凯像中圆银币一枚		32,200	北京诚轩	2022-08-10
民国三年袁世凯像中圆银币一枚		36,800	北京诚轩	2022-08-10
民国三年袁世凯像中圆银币一枚		63,250	北京诚轩	2022-08-10
民国三年袁世凯像中圆银币一枚		40,250	北京诚轩	2022-08-10
民国三十八年(1949年)新疆省造币厂铸壹圆银币		13,800	中国嘉德	2022-12-28
民国三十八年(1949年)新疆省造币厂铸壹圆银币(LM842)		14,950	中国嘉德	2022-06-29
民国三十八年(1949年)新疆省造币厂铸壹圆银币(LM842)		11,500	中国嘉德	2022-12-28
民国三十八年贵州省造壹圆银币一枚		1,207,500	北京诚轩	2022-08-11
民国三十八年孙中山像背台湾省地图伍角银币样币一枚		126,500	北京诚轩	2022-08-11
民国三十八年新疆省造币厂铸壹圆银币一枚		109,250	北京诚轩	2022-08-10
民国三十八年新疆省造币厂铸壹圆银币一枚		115,000	北京诚轩	2022-08-11
民国三十八年新疆省造币厂铸壹圆银币一枚		101,200	北京诚轩	2022-08-11
民国三十八年新疆省造币厂铸壹圆银币一枚		212,750	北京诚轩	2022-08-11
民国三十八年新疆省造币厂铸壹圆银币一枚		103,500	北京诚轩	2022-08-11
民国三十八年新疆省造币厂铸壹圆银币一枚		12,650	北京诚轩	2022-08-11
民国三十八年新疆省造币厂铸壹圆银币一枚		18,400	北京诚轩	2022-08-11
民国三十八年新疆省造币厂铸壹圆银币一枚		86,250	北京诚轩	2022-08-11
民国三十八年云南省造背胜利堂贰角币一枚		28,750	北京诚轩	2022-08-11
民国十八年(1929年)孙中山像壹元(LM97)		112,700	中国嘉德	2022-12-28
民国十八年日本版孙中山像背三帆船壹元银币样币一枚		345,000	北京诚轩	2022-08-10
民国十八年意大利版孙中山像背三帆船壹元银币样币一枚		184,000	北京诚轩	2022-08-10
民国十二年造龙凤"麟麟图"壹圆银币	直径38.2mm;重27.4g	2,984,467	哈布斯堡	2022-12-18
民国十二年造龙凤壹圆银币一枚		2,530,000	北京诚轩	2022-08-10
民国十二年造龙凤壹圆银币一枚		2,587,500	北京诚轩	2022-08-10
民国十二年造龙凤壹圆银币一枚		759,000	北京诚轩	2022-08-10
民国十二年造龙凤壹圆银币一枚		460,000	北京诚轩	2022-08-10
民国十六年革命军北伐胜利纪念贰毫银币一枚		253,000	北京诚轩	2022-08-10
民国十六年革命军东路入闽纪念贰毫银币一枚 PCGS AU58		379,500	华艺国际	2022-08-07
民国十六年孙中山陵墓壹圆银币	直径38.8mm;重27g	3,979,290	哈布斯堡	2022-12-18
民国十六年造孙中山侧面像总理纪念贰角币样币一枚 PCGS SP62		230,000	华艺国际	2022-08-07
民国十六年造孙中山侧面像总理纪念贰角币样币一枚		230,000	北京诚轩	2022-08-10
民国十六年造孙中山侧面像总理纪念贰角币样币一枚		207,000	北京诚轩	2022-08-10
民国十六年造孙中山陵墓壹圆银币样币一枚		2,760,000	北京诚轩	2022-08-10
民国十六年造孙中山陵墓壹圆银币样币一枚		644,000	北京诚轩	2022-08-10
民国十年(1921年)徐世昌像"仁寿同登"纪念银币(LM804)		82,800	中国嘉德	2022-06-29
民国十年(1921年)袁世凯像壹圆银币(LM79)		19,550	中国嘉德	2022-06-29
民国十年(1921年)袁世凯像壹圆银币(LM79)		10,925	中国嘉德	2022-06-29
民国十年(1921年)袁世凯像壹圆银币(LM79)		43,700	中国嘉德	2022-12-28
民国十年徐世昌像仁寿同登纪念银币一枚		1,127,000	北京诚轩	2022-08-10
民国十年徐世昌像仁寿同登纪念银币一枚		2,185,000	北京诚轩	2022-08-10
民国十年袁世凯像壹圆银币二枚		11,500	北京诚轩	2022-08-10
民国十年袁世凯像壹圆银币三枚		10,350	北京诚轩	2022-08-10
民国十年袁世凯像壹圆银币四枚		27,600	北京诚轩	2022-08-10
民国十年袁世凯像壹圆银币一枚		126,500	北京诚轩	2022-08-10
民国十年袁世凯像壹圆银币一枚		43,700	北京诚轩	2022-08-10
民国十年袁世凯像壹圆银币一枚		19,550	北京诚轩	2022-08-10
民国十年袁世凯像壹圆银币一枚		97,750	北京诚轩	2022-08-10
民国十年袁世凯像壹圆银币一枚		19,550	北京诚轩	2022-08-10
民国十年袁世凯像壹圆银币一枚		21,850	北京诚轩	2022-08-10
民国十年袁世凯像壹圆银币一枚		59,800	北京诚轩	2022-08-10
民国十年袁世凯像壹圆银币一枚		47,150	北京诚轩	2022-08-10
民国十年袁世凯像壹圆银币一枚		28,750	北京诚轩	2022-08-10
民国十年袁世凯像壹圆银币一枚		34,500	北京诚轩	2022-08-10
民国十年袁世凯像壹圆银币一枚		41,400	北京诚轩	2022-08-10
民国十年袁世凯像壹圆银币一枚		20,700	北京诚轩	2022-08-10
民国十七年甘肃省造孙中山像壹圆银币一枚		218,500	北京诚轩	2022-08-11
民国十七年贵州省政府造贵州银币壹圆一枚		1,127,000	北京诚轩	2022-08-11
民国十七年贵州省政府造壹圆银币	直径39mm;重26.7g	1,890,162	哈布斯堡	2022-12-18
民国十四年西北银行元券伍圆一枚		13,800	北京诚轩	2022-08-12
民国十五年(1926年)龙凤贰角银币(LM82)		11,500	中国嘉德	2022-12-28
民国十五年龙凤贰角银币一枚		32,200	北京诚轩	2022-08-11
民国十五年龙凤贰角银币一枚		33,350	北京诚轩	2022-08-11
民国十五年龙凤贰角银币一枚		17,250	北京诚轩	2022-08-11
民国十五年龙凤壹角银币一枚		19,550	北京诚轩	2022-08-10
民国十五年龙凤壹角银币一枚		17,250	北京诚轩	2022-08-10
民国十一年广东省造壹毫银币一枚		11,500	北京诚轩	2022-08-11
民国十一年一月一日湖南省宪成立纪念壹圆币一枚		989,000	北京诚轩	2022-08-11
民国十一年一月一日湖南省宪成立纪念壹圆币一枚		149,500	北京诚轩	2022-08-10
民国时期四川五文型马兰银币一枚		172,500	北京诚轩	2022-08-11
民国时期银币一组三枚		23,000	北京诚轩	2022-08-10
民国银币一组八枚		19,550	北京诚轩	2022-08-10
民国元年(1912年)军政府造四川银币壹圆(LM366)		13,800	中国嘉德	2022-12-28
民国元年军政府造四川银币五角一枚		13,800	北京诚轩	2022-08-11
民国元年军政府造四川银币壹圆三枚		17,250	北京诚轩	2022-08-11
民国元年军政府造四川银币壹圆一枚		60,950	北京诚轩	2022-08-11
民国元年军政府造四川银币壹圆一枚		48,300	北京诚轩	2022-08-11
民国元年军政府造四川银币壹圆一枚		46,000	北京诚轩	2022-08-11
民国元年军政府造四川银币壹圆一枚		48,300	北京诚轩	2022-08-11
民国元年军政府造四川银币壹圆一枚		23,000	北京诚轩	2022-08-11
民国元年军政府造四川银币壹圆一枚		17,250	北京诚轩	2022-08-11
民国元年军政府造四川银币壹圆一枚		11,500	北京诚轩	2022-08-11
民国元年军政府造四川银币壹圆一枚		11,500	北京诚轩	2022-08-11
民国元年军政府造四川银币壹圆一枚		26,450	北京诚轩	2022-08-11
民国元年军政府造四川银币壹圆一枚		34,500	北京诚轩	2022-08-11
民国元年军政府造四川银币壹圆一枚		14,950	北京诚轩	2022-08-11
民国元年新疆饷银一两银币一枚		103,500	北京诚轩	2022-08-11
民国元年新疆饷银一两银币一枚		14,950	北京诚轩	2022-08-11
民国元年新疆饷银一两银币一枚		20,700	北京诚轩	2022-08-11
民国袁世凯像贰角银币一组四十枚		13,800	北京保利	2022-07-29
民国制贵州官炉黔宝半两银币一枚		25,300	华艺国际	2022-08-07
民国制贵州官炉黔宝半两银币一枚		20,700	华艺国际	2022-08-07
民国制贵州官炉黔宝一两银币一枚(阳刻版)		23,000	华艺国际	2022-08-07
民国制贵州官炉黔宝一两银币一枚(阴刻版)		25,300	华艺国际	2022-08-07
民国制贵州官炉银饼一枚		23,000	华艺国际	2022-08-07
明治二十九年(1896年)日本一圆银币一枚		78,200	北京诚轩	2022-08-10
明治二十七年(1894年)日本一圆银币一枚		46,000	北京诚轩	2022-08-10
乾隆五十八年(1793年)西藏乾隆宝藏一钱银币一枚		25,300	北京诚轩	2022-08-11
乾隆五十九年(1794年)西藏乾隆宝藏一钱银币一枚		18,400	北京诚轩	2022-08-11
乾隆五十九年(1794年)西藏乾隆宝藏一钱银币一枚		18,400	北京诚轩	2022-08-11
清 河北"十足色 万源号""才"十两元宝型银锭		25,300	中国嘉德	2022-06-29
清 湖北省造光绪元宝库平七钱二分银币		11,500	永乐拍卖	2022-07-25
清 山东"土药""协祥银炉"十两元宝型银锭		276,000	中国嘉德	2022-06-29
清 直隶"十足色""万聚号""蔚泰"十两元宝型银锭		20,700	中国嘉德	2022-06-29
清 直隶"十足色""聚增号""百川通"十两元宝型银锭		23,000	中国嘉德	2022-06-29
清 广东省造七钱二分银币一组三枚		25,300	中国嘉德	2022-12-28
清1911年大清银币壹圆深版龙	直径39mm	184,000	西泠印社	2022-01-21
清北洋造三十四年光绪元宝七钱二分银币	直径39mm	55,200	西泠印社	2022-01-21
清慈禧像银币全套四枚	尺寸不一	1,150,000	西泠印社	2022-01-21
清光绪二十三年北洋机器局造壹圆银币	直径39mm	92,000	西泠印社	2022-01-21
清光绪三十年湖北大清银币库平壹两小字版	直径41mm	402,500	西泠印社	2022-01-21
清江南造银币一组八枚	直径39mm	83,950	西泠印社	2022-01-21
清台湾军饷壹两背龙马臆造银币	直径44mm	218,500	西泠印社	2022-01-21
清宣统三年大清壹圆银币	直径39mm	66,700	西泠印社	2022-01-21
清宣统三年大清壹圆银币	直径39mm	28,750	西泠印社	2022-01-21

2022杂项拍卖成交汇总（续表）

（成交价RMB：1万元以上）

拍品名称	物品尺寸	成交价RMB	拍卖公司	拍卖日期	拍品名称	物品尺寸	成交价RMB	拍卖公司	拍卖日期
清银币一组二枚	直径39mm	51,750	西泠印社	2022-01-21	四川省造光绪像二分之一卢比臆造银币一枚		132,250	北京诚轩	2022-08-10
清银币一组六枚	直径39mm	39,100	西泠印社	2022-08-19	四川省造双旗嘉禾壹圆银币样币 PCGS SP62		1,725,000	华艺国际	2022-08-07
清银币一组四枚	直径39mm	18,400	西泠印社	2022-01-21	四川银币军政府造	直径39mm，重27.1g	1,989,645	哈布斯堡	2022-12-18
清光绪二十九年(1903年)北洋造光绪元宝库平七钱二分银币(LM462)		13,800	中国嘉德	2022-12-28	孙中山骑马像背中华民国开国纪念壹圆臆造银币一枚		172,500	北京诚轩	2022-08-10
清光绪二十九年(1903年)北洋造光绪元宝库平七钱二分银币(LM462)		11,500	中国嘉德	2022-12-28	戊申(1908年)吉林造光绪元宝(中心满文)库平三钱六分银币		1,437,500	永乐拍卖	2022-07-25
清光绪二十九年(1903年)北洋造光绪元宝库平七钱二分银币(LM462A)		24,150	中国嘉德	2022-12-28	戊戌(1898年)江南省造光绪元宝库平七钱二分银币(LM216)		13,800	中国嘉德	2022-06-29
清光绪二十六年(1900年)北洋造光绪元宝库平七钱二分银币(LM459)		46,000	中国嘉德	2022-12-28	西藏银币一组十五枚(无图)		34,500	北京诚轩	2022-08-11
清光绪二十四年(1898年)安徽省造库平七钱二分银币(LM204)		17,250	中国嘉德	2022-12-28	现代2008年第29届奥运会金、银币一组三枚	直径59~100mm	133,400	西泠印社	2022-01-21
清光绪二十四年(1898年)北洋机器局造壹圆银币(LM449)		16,100	中国嘉德	2022-12-28	现代古代名画、国画大师银币一组二枚	直径70~100mm	69,000	西泠印社	2022-01-21
清光绪二十四年(1898年)北洋机器局造壹圆银币(LM449)		18,400	中国嘉德	2022-12-28	现代熊猫银币一组四枚	直径68.2~78.5mm	17,250	西泠印社	2022-01-21
清光绪三十年(1904年)湖北省造大清银币库平一两(LM180)		402,500	中国嘉德	2022-06-29	现代英国银币一组八枚	直径16.2~38.6mm	69,000	西泠印社	2022-01-21
清光绪三十三年(1907年)北洋造光绪元宝库平七钱二分银币(LM464)		12,650	中国嘉德	2022-12-28	现代中央美院建校100周年、鲁面纹罍1公斤精制银币一组二枚	直径100mm	23,000	西泠印社	2022-01-21
清光绪三十三年(1907年)北洋造光绪元宝库平七钱二分银币(LM464)		21,850	中国嘉德	2022-12-28	辛丑(1901年)吉林省造光绪元宝库平三钱六分银币(LM538)		71,300	中国嘉德	2022-06-29
清光绪三十四年(1908年)北洋造光绪元宝库平七钱二分银币(LM464)		25,300	中国嘉德	2022-12-28	辛丑(1901年)江南省造光绪元宝库平七钱二分银币(LM244)		14,950	中国嘉德	2022-06-29
清光绪三十四年(1908年)北洋造光绪元宝库平七钱二分银币		24,150	中国嘉德	2022-12-28	辛丑(1901年)江南省造光绪元宝库平七钱二分银币(LM244)		10,580	中国嘉德	2022-06-29
清光绪三十四年(1908年)北洋造光绪元宝库平七钱二分银币(LM465)		17,250	中国嘉德	2022-06-29	辛丑(1901年)江南省造光绪元宝库平七钱二分银币(LM244)		43,700	中国嘉德	2022-06-29
清光绪三十四年(1908年)北洋造光绪元宝库平七钱二分银币(LM465)		33,350	中国嘉德	2022-12-28	新疆饷银一钱、银圆二钱臆造银币各一枚		12,650	北京诚轩	2022-08-10
清光绪三十四年(1908年)北洋造光绪元宝库平七钱二分银币(LM465)		17,250	中国嘉德	2022-12-28	宣统年造大清银币伍角"1/2DOL"一枚		218,500	北京诚轩	2022-08-10
清光绪三十四年(1908年)北洋造光绪元宝库平七钱二分银币(LM465)		20,700	中国嘉德	2022-12-28	宣统年造大清银币伍角"1/2DOL"一枚		230,000	北京诚轩	2022-08-10
清光绪三十四年(1908年)北洋造光绪元宝库平七钱二分银币(LM465)		253,000	中国嘉德	2022-12-28	宣统年造大清银币伍角"1/2DOL"一枚		667,000	北京诚轩	2022-08-10
清光绪三十四年(1908年)北洋造光绪元宝库平七钱二分银币(LM465)		16,100	中国嘉德	2022-12-28	宣统年造大清银币壹角"1/10DOL"一枚		184,000	北京诚轩	2022-08-10
清光绪三十四年(1908年)北洋造光绪元宝库平七钱二分银币(LM465)		20,700	中国嘉德	2022-12-28	宣统年造大清银币壹圆"$1"一枚		2,127,500	北京诚轩	2022-08-10
清光绪三十四年(1908年)北洋造光绪元宝库平七钱二分银币(LM465)		17,250	中国嘉德	2022-12-28	宣统三年(1911年)大清银币壹圆(LM37)		36,800	中国嘉德	2022-06-29
清光绪三十四年(1908年)北洋造光绪元宝库平七钱二分银币(LM465)		17,250	中国嘉德	2022-12-28	宣统三年(1911年)大清银币壹圆(LM37)		34,500	中国嘉德	2022-06-29
清光绪三十四年(1908年)北洋造光绪元宝库平七钱二分银币(LM465)		19,550	中国嘉德	2022-12-28	宣统三年(1911年)大清银币壹圆(LM37)		80,500	中国嘉德	2022-06-29
清光绪三十四年(1908年)北洋造光绪元宝库平七钱二分银币(LM465)		18,400	中国嘉德	2022-12-28	宣统三年(1911年)大清银币壹圆(LM37)		11,500	中国嘉德	2022-06-29
清光绪三十四年(1908年)北洋造光绪元宝库平七钱二分银币(LM465)		20,700	中国嘉德	2022-12-28	宣统三年(1911年)大清银币壹圆(LM37)		69,000	中国嘉德	2022-06-29
清光绪三十四年(1908年)北洋造光绪元宝库平七钱二分银币(LM465B)		36,800	中国嘉德	2022-12-28	宣统三年(1911年)大清银币壹圆(LM37)		40,250	中国嘉德	2022-12-28
清光绪三十四年(1908年)北洋造光绪元宝库平七钱二分银币(LM465C)		11,500	中国嘉德	2022-12-28	宣统三年(1911年)大清银币壹圆(LM37A)		46,000	中国嘉德	2022-12-28
清光绪三十四年(1908年)北洋造光绪元宝库平七钱二分银币(LM465C)		16,100	中国嘉德	2022-12-28	宣统三年(1911年)大清银币壹圆银币(LM37)		34,500	中国嘉德	2022-12-28
清及民国 银币一组12枚内含参考品		36,800	华艺国际	2022-08-07	宣统三年(1911年)大清银币壹圆银币(LM37)		36,800	中国嘉德	2022-12-28
清至民国银币一组八枚	直径39	13,800	西泠印社	2022-01-21	宣统三年(1911年)大清银币壹圆银币(LM37)		28,750	中国嘉德	2022-12-28
清至民国银币一组五枚	直径39—40mm	10,350	西泠印社	2022-01-21	宣统三年(1911年)大清银币壹圆银币(LM37)		230,000	中国嘉德	2022-12-28
清至民国银币一组五枚	直径39—40mm	10,350	西泠印社	2022-01-21	宣统三年(1911年)大清银币壹圆银币(LM37)		40,250	中国嘉德	2022-12-28
清至民国银毫一组四十二枚	直径15.5—31mm	23,000	西泠印社	2022-01-21	宣统三年(1911年)大清银币壹圆银币(LM37)		57,500	中国嘉德	2022-12-28
清末两江总督端方奖品银章及德国军事教官影像照片一套		10,925	华艺国际	2022-08-07	宣统三年(1911年)大清银币壹圆银币(LM37A)		10,350	中国嘉德	2022-12-28
清末民初云南"湖北省造 光绪元宝"五十两银锭一枚		218,500	北京诚轩	2022-08-12	宣统三年大清银币	直径37.9mm；重27g	3,581,361	哈布斯堡	2022-12-18
清台湾"道光年铸 库平柒贰 足纹银饼"一枚		103,500	北京诚轩	2022-08-11	宣统三年大清银币"长须龙"版	直径39mm；重26.8g	4,377,219	哈布斯堡	2022-12-18
壬寅(1902年)吉林省造光绪元宝库平三钱六分银币(LM543)		23,000	中国嘉德	2022-06-29	宣统三年大清银币壹角一枚		218,500	北京诚轩	2022-08-10
					宣统三年大清银币壹角一枚		115,000	北京诚轩	2022-08-10
壬寅(1902年)吉林省造光绪元宝库平三钱六分银币(LM543)		20,700	中国嘉德	2022-06-29	宣统三年大清银币壹角一枚		345,000	北京诚轩	2022-08-10
光绪三十四年(1908年)北洋造光绪元宝库平七钱二分银币		12,650	中国嘉德	2022-06-29	宣统三年大清银币壹角一枚		18,400	北京诚轩	2022-08-10
					宣统三年大清银币壹圆	直径39mm；重27g	3,979,290	哈布斯堡	2022-12-18
光绪三十四年(1908年)北洋造光绪元宝库平七钱二分银币(LM465)		20,700	中国嘉德	2022-06-29	宣统三年大清银币壹圆	直径39mm；重26.8g	2,984,467	哈布斯堡	2022-12-18
光绪三十四年(1908年)北洋造光绪元宝库平七钱二分银币(LM465)		33,350	中国嘉德	2022-06-29	宣统三年大清银币壹圆裸币		90,850	华艺国际	2022-08-07
					宣统三年大清银币壹圆一枚		138,000	北京诚轩	2022-08-10
					宣统三年大清银币壹圆一枚		195,500	北京诚轩	2022-08-10
					宣统三年大清银币壹圆一枚		57,500	北京诚轩	2022-08-10
					宣统三年大清银币壹圆一枚		18,400	北京诚轩	2022-08-10
					宣统三年大清银币壹圆一枚		19,550	北京诚轩	2022-08-10
					宣统三年大清银币壹圆一枚		28,750	北京诚轩	2022-08-10
					宣统三年大清银币壹圆一枚		34,500	北京诚轩	2022-08-10
					宣统三年大清银币壹圆一枚		16,100	北京诚轩	2022-08-10
上海壹两银币	直径3.9cm	2,984,467	哈布斯堡	2022-12-18	宣统三年大清银币壹圆一枚		13,800	北京诚轩	2022-08-10
上海壹两银币	直径3.9cm	2,984,467	哈布斯堡	2022-12-18	宣统三年大清银币壹圆一枚		23,000	北京诚轩	2022-08-10

拍品名称	物品尺寸	成交价RMB	拍卖公司	拍卖日期
宣统三年大清银币壹圆一枚		43,700	北京诚轩	2022-08-10
宣统三年大清银币壹圆一枚		49,450	北京诚轩	2022-08-10
宣统三年大清银币长须龙	直径37.8mm；重27g	3,581,361	哈布斯堡	2022-12-18
宣统三年奉天万国鼠疫研究会纪念银章		26,450	华艺国际	2022-08-07
银出正银一两	直径37mm；重26g	1,392,751	哈布斯堡	2022-12-18
英国贸易站洋币	直径3.9cm；重26.8g	1,890,162	哈布斯堡	2022-12-18
英国贸易站洋币	直径3.9cm；重26.9g	1,890,162	哈布斯堡	2022-12-18
英国贸易站洋币	直径3.9cm；重26.9g	1,949,852	哈布斯堡	2022-12-18
元 江苏扬州至元十四年庚子号行中书省五拾两背元宝银铤	重1846.5g	546,250	华艺国际	2022-08-06
元 平安无事元宝五两银铤	重145g	17,250	华艺国际	2022-08-06
元 平安无事元宝五两银铤 大唐	重133.6g	17,250	华艺国际	2022-08-06
云南省造光绪元宝	直径39mm；重27.1g	1,432,544	哈布斯堡	2022-12-18
造币总厂背北洋34年龙面银元一枚(戏铸)		69,000	华艺国际	2022-08-07
造币总厂光绪元宝库平七钱二分	直径39.8lmm重26.7g	3,979,290	哈布斯堡	2022-12-18
造币厂 光绪元宝七钱二分银币	直径38mm；重26.8g	1,034,615	哈布斯堡	2022-12-18
站洋银元	直径39mm；重27g	1,631,508	哈布斯堡	2022-12-18
张勋朝服像背双龙旗"复辟纪念"臆造银币一枚		74,750	北京诚轩	2022-08-10
漳州军饷足纹通行大型臆造银饼一枚		17,250	北京诚轩	2022-08-10
浙江省造光绪元宝库平七钱二分金质银币	直径3.9cm；重37.5g	4,974,112	哈布斯堡	2022-12-18
浙江省造光绪元宝库平三钱六分	直径38.2mm；重26.3g	1,392,751	哈布斯堡	2022-12-18
浙江省造光绪元宝库平一钱四分四厘	直径39mm；重26g	1,949,852	哈布斯堡	2022-12-18
中华苏维埃共和国壹圆银币	直径39mm；重26.8g	1,890,162	哈布斯堡	2022-12-18
1921年徐世昌中华民国十年九月仁寿同登纪念金币 PCGS SP62		4,082,500	华艺国际	2022-08-07
清 大清丙午金币龙面钦差北洋大臣商勋 附原盒		1,115,500	华艺国际	2022-08-07
清光绪丁未年造大清金币库平壹两	直径39mm	1,955,000	西泠印社	2022-01-21
民国十六年张作霖戎装像背龙凤黼黻图伍拾圆金币样币一枚		34,500,000	北京诚轩	2022-08-10
1820年拜占庭1希斯塔梅隆金币一枚，NGC AU DETAILS		11,500	华艺国际	2022-08-07
1915年美国印第安人头像十圆金币		11,500	中国嘉德	2022-06-29
1919年唐继尧像拥护共和纪念拾圆金币一枚		94,300	北京诚轩	2022-08-10
1919年唐继尧像拥护共和纪念拾圆金币一枚		74,750	北京诚轩	2022-08-10
1919年西藏金币		69,000	中国嘉德	2022-12-28
1920年唐继尧像拥护共和纪念伍圆金币一枚		299,000	北京诚轩	2022-08-10
1925年云南省造拾元金币(LM1059)		115,000	中国嘉德	2022-06-29
1930年 成都庆记天一福金号金币塔图壹两金章 PCGS MS62		402,500	华艺国际	2022-08-07
1932年伪满洲国"福"字金币 NGC UNC DETAIL		80,500	华艺国际	2022-08-07
1949年孙中山像背图足金一钱金币样币一枚		391,000	北京诚轩	2022-08-10
1949年孙中山像背图足金壹钱金币样币一枚		345,000	北京诚轩	2022-08-10
1987年熊猫精制金币一套五枚 PCGS PF69		28,750	华艺国际	2022-08-06
1988年龙年生肖5盎司金币一枚		90,850	北京保利	2022-07-29
1988年熊猫精制金币一套五枚 NGC PF69		28,750	华艺国际	2022-08-06
1989年熊猫精制金币一套五枚 NGC PF69		32,200	华艺国际	2022-08-06
1991年熊猫精制金币一套五枚 NGC PF69		41,400	华艺国际	2022-08-06
1994年观音菩萨纪念金币四枚全套		103,500	北京诚轩	2022-08-10
1995年乙亥猪年生肖纪念金币一枚		74,750	北京诚轩	2022-08-10
2000—2001年熊猫普制金币各一套		75,900	北京保利	2022-07-29
2000年熊猫普制一盎司金币一枚		17,250	北京保利	2022-07-29
2001—2004年1/10盎司金一组七枚		10,350	北京保利	2022-07-29
2001—2006年彩色生肖1/10盎司金币一组八枚		20,700	北京保利	2022-07-29
2001—2016年生肖1/10盎司金一组九枚		13,800	北京保利	2022-07-29
2001年熊猫1/20盎司金币一组二十枚		13,800	北京保利	2022-07-29
2001年中国石窟艺术·敦煌1/2盎司金币一枚		17,250	北京保利	2022-07-29
2002年、2006年、2010年普制熊猫金币各一套		89,700	北京保利	2022-07-29
2002年中国石窟艺术·龙门1/2盎司金币一枚		17,250	北京保利	2022-07-29
2003年熊猫普制金币全套五枚		32,200	北京保利	2022-07-29
2003年熊猫普制一盎司金币一枚		17,250	北京保利	2022-07-29
2003年熊猫普制一盎司金币一枚		14,950	北京保利	2022-07-29

拍品名称	物品尺寸	成交价RMB	拍卖公司	拍卖日期
2004年邓小平诞辰一百周年纪念金币一组三枚		25,300	北京保利	2022-07-29
2004年熊猫纪念金币一枚		14,375	北京诚轩	2022-08-10
2004年熊猫普制金币全套五枚		25,300	北京保利	2022-07-29
2004年熊猫普制金币全套五枚		25,300	北京保利	2022-07-29
2004年熊猫普制一盎司金币一枚		13,800	北京保利	2022-07-29
2004年中国工商银行成立二十周年熊猫加字1/4盎司金币一组四枚		11,500	北京保利	2022-07-29
2004年中国石窟艺术·麦积山1/2盎司金币一枚		13,800	北京保利	2022-07-29
2004年中国石窟艺术·麦积山1/2盎司金币一枚		13,800	北京保利	2022-07-29
2005年熊猫普制金币全套五枚		32,200	北京保利	2022-07-29
2005年熊猫普制金币全套五枚		32,200	北京保利	2022-07-29
2005年熊猫普制金币一组四枚		25,300	北京保利	2022-07-29
2007年熊猫普制金币全套五枚		25,300	北京保利	2022-07-29
2008年熊猫普制金币全套五枚		23,000	北京保利	2022-07-29
2008年熊猫普制金币全套五枚		23,000	北京保利	2022-07-29
2008年熊猫普制一盎司金币一枚		13,800	北京保利	2022-07-29
2009年熊猫普制金币全套五枚		23,000	北京保利	2022-07-29
2012年普制熊猫一盎司金币一枚		13,800	北京保利	2022-07-29
2014年马年彩色生肖5盎司金币一枚		63,250	北京保利	2022-07-29
大清金币丙午年库造壹两	直径39mm；重37.2g	5,968,935	哈布斯堡	2022-12-18
段祺瑞像中华民国执政纪念金币	直径3.9cm；重37.8g(2)	12,932,692	哈布斯堡	2022-12-18
古希腊马其顿王国腓力二世金币		46,000	中国嘉德	2022-12-28
古希腊马其顿王国亚历山大大帝金币		51,750	中国嘉德	2022-12-28
光绪丁未年大清金币一两样币	直径39cm；重37g	6,366,864	哈布斯堡	2022-12-18
光绪十四年贵州官炉鄂宝一两金币一枚(阳刻版)		287,500	华艺国际	2022-08-07
民国广州 梯云东路诚记昌银号20金币,中乾AU50		17,250	华艺国际	2022-08-07
纪念孙总理(康福)碧云寺纪念款金币一套含原盒子,胡汉民旧藏		34,500	华艺国际	2022-08-07
民国 "顺丰美公"立龙背嘉禾金币一枚		25,300	华艺国际	2022-08-10
民国八年袁世凯像贰拾圆金币	直径3.9cm；重26.7g	3,979,290	哈布斯堡	2022-12-18
民国八年袁世凯像拾圆金币	直径2.2cm；重8.8g	3,581,361	哈布斯堡	2022-12-18
民国三年袁世凯壹圆签字版金质样币	直径3.9cm；重34.9g	5,571,006	哈布斯堡	2022-12-18
民国三十八年嘉禾图贰钱伍分金圆金币黄铜质单面样币一枚		74,750	北京诚轩	2022-08-10
民国十年徐世昌像仁寿同登金币	直径3.9cm；重37g	6,963,757	哈布斯堡	2022-12-18
孙中山像背布图足金一钱金币样币		230,000	中国嘉德	2022-12-28
1992年白猿献寿图翌猴年金币	直径23mm；重8g	43,700	西泠印社	2022-01-21
1992年青铜器第(2)组共四枚金币	直径33mm	161,000	西泠印社	2022-01-21
1993年青铜器第(3)组共四枚金币	直径22—32mm	161,000	西泠印社	2022-01-21
袁世凯像"签字版"共和纪念金币	直径3.9cm；重37.8g	10,346,154	哈布斯堡	2022-12-18
1927年张作霖像背嘉禾金质纪念章 张作霖赠爾维钧 附原盒		4,772,500	华艺国际	2022-08-07
1936年张学良赠合金纪念章 PCGS MS63(评级冠军分)		1,840,000	华艺国际	2022-08-07
清 "天子万年介尔景福" 银质宫钱	直径5.6cm	13,800	北京保利	2022-07-16
清金 "天下太平" 宫钱	直径3.8cm	46,000	北京保利	2022-07-16
清 玉料 "福禄寿缩" 宫钱(三件)	尺寸不一	23,000	北京保利	2022-07-16
民国 1914年袁世凯像共和壹圆纪念币	重26.8g	570,053	香港福羲国际	2022-12-28
民国 黎元洪开国壹圆纪念币	直径3.9cm	169,725	香港福羲国际	2022-04-17
民国 黎元洪像开国纪念币		284,130	香港福羲国际	2022-08-30
民国 孙中山像开国纪念币	重26.6g	94,371	香港福羲国际	2022-12-28
民国 袁世凯像飞龙纪念币	重26.8g	330,022	香港福羲国际	2022-04-17
民国八年(1919年)黎元洪纪念金章(LM950)		3,910,000	中国嘉德	2022-06-29
民国十年徐世昌像仁寿同登无 "纪念币" 加刻英文姓名银币一枚		862,500	北京诚轩	2022-08-10
民国十年徐世昌像仁寿同登无 "纪念币" 银币一枚		2,357,500	北京诚轩	2022-08-10
"中华民国九年安庆造币厂造" 倪嗣冲像臆造银质纪念章一枚		86,250	北京诚轩	2022-08-10
1896年光绪、慈禧像纪念章一枚		218,500	北京诚轩	2022-08-10
1896年李鸿章像中堂驾临汉伯克镌刻敬献纪念章一枚		207,000	北京诚轩	2022-08-10
1896年李鸿章像中堂游汉伯克镌刻敬献纪念章一枚		253,000	北京诚轩	2022-08-10
1896年李鸿章像中堂驾游汉伯克镌刻敬献纪念章一枚		97,750	北京诚轩	2022-08-10
1902年天津郡统衙门铜质纪念章 NGC MS63,附原盒		402,500	华艺国际	2022-08-07
1912年黎元洪像(无帽)中华民国开国纪念币壹圆银币(LM45)		69,000	中国嘉德	2022-06-29
1912年黎元洪像(无帽)中华民国开国纪念币壹圆银币(LM45)		34,500	中国嘉德	2022-12-28
1912年黎元洪像(无帽)中华民国开国纪念币壹圆银币(LM45)		78,200	中国嘉德	2022-12-28

2022杂项拍卖成交汇总(续表)

(成交价RMB：1万元以上)

拍品名称	物品尺寸	成交价RMB	拍卖公司	拍卖日期
1912年孙中山像中华民国开国纪念币壹圆银币(LM48)		26,450	中国嘉德	2022-12-28
1912年中华民国开国纪念币下五星 PCGS AU DETAIL		43,700	华艺国际	2022-08-07
1914年袁世凯像共和纪念币壹圆银币 PCGS AU DETAIL		161,000	华艺国际	2022-08-07
1914年袁世凯像中华民国共和纪念币壹圆(LM858)		207,000	中国嘉德	2022-06-29
1914年袁世凯像中华民国共和纪念币壹圆(LM858)		126,500	中国嘉德	2022-12-28
1916年袁世凯像中华民国共和纪念币壹圆(LM858)		218,500	中国嘉德	2022-06-29
1916年袁世凯像中华民国共和纪念币壹圆(LM858)		414,000	中国嘉德	2022-06-29
1917年唐继尧像(正面)像拥护共和纪念币库平三钱六分银币(LM863)		17,250	中国嘉德	2022-06-29
1921年徐世昌中华民国十年九月仁寿同登纪念币 ANACS MS60		575,000	华艺国际	2022-08-07
1921年徐世昌中华民国十年九月仁寿同登纪念币 NGC AU DETAILS		552,000	华艺国际	2022-08-07
1924年段祺瑞像中华民国执政纪念币(LM865)		115,000	中国嘉德	2022-12-28
1927年孙中山像中华民国开国纪念币贰佰枚(LM49)		18,400	中国嘉德	2022-06-29
1943年蒋介石像背天坛图红铜质纪念章 PCGS MS63RB		69,000	华艺国际	2022-08-07
1943年开罗会议纪念章一枚		126,500	北京诚轩	2022-08-10
1943年开罗会议纪念章一枚		63,250	北京诚轩	2022-08-10
1943年开罗会议纪念章一枚		37,950	北京诚轩	2022-08-10
20世纪50年代初期苏维埃社会主义共和国联盟金质纪念章一枚		47,150	北京诚轩	2022-08-10
1954年第二届亚运会足球冠军纪念金章一枚		28,750	北京保利	2022-07-29
1956年中华人民共和国国务院赠友谊纪念章		10,925	中国嘉德	2022-12-28
1959年参加世界杯篮球赛纪念金章一枚		48,300	北京保利	2022-07-29
1979年中国造币公司·上海造币厂黄铜质纪念章、1994年中国印钞造币总公司铜币生产线投产纪念(I)黄铜镀金镀银双金属章各一枚		19,550	北京诚轩	2022-08-10
1984年中华人民共和国成立三十五周年流纪念币三枚全套二十二套		86,250	北京诚轩	2022-08-10
1984年中华人民共和国成立三十五周年流通纪念币三枚全套十套		78,200	北京诚轩	2022-08-10
1984年中华人民共和国成立三十五周年流通纪念币三枚全套十一套		28,750	北京诚轩	2022-08-10
1984年中华人民共和国成立三十五周年流通纪念币一组三十五枚		28,750	北京诚轩	2022-08-10
1985年新疆维吾尔自治区成立三十周年壹圆纪念币(精制)		20,700	中国嘉德	2022-12-28
1985年中国人民银行发行新疆维吾尔自治区成立30周年1元流通纪念币(样币)		24,150	中国嘉德	2022-06-29
1988年中国人民银行成立四十周年流通纪念币		36,800	北京诚轩	2022-08-10
1988年中国人民银行发行宁夏回族自治区成立三十周年1元流通纪念币(样币)		11,500	中国嘉德	2022-06-29
1988年中国人民银行发行宁夏回族自治区成立三十周年1元流通纪念币		11,500	中国嘉德	2022-06-29
1989年中国人民银行发行中华人民共和国成立四十周年壹圆流通纪念币(样币)		12,650	中国嘉德	2022-06-29
1989年中国人民银行发行中华人民共和国成立四十周年壹圆流通纪念币		14,950	中国嘉德	2022-06-29
1990年中国人民银行发行第十一届亚运会武术、射箭元流通纪念币(样币)各一枚		13,800	中国嘉德	2022-06-29
八年抗战胜利纪念章		14,950	华艺国际	2022-08-07
北洋曹锟大总统就任纪念铜质珐琅纪念章		17,250	华艺国际	2022-08-07
北洋总统徐世昌就任铜质珐琅纪念章		23,000	华艺国际	2022-08-07
曹锟宪法成立大型纪念章		70,150	华艺国际	2022-08-07
陈坚 童友明 赵檤 程超 童方 老中青三代5位熊猫币设计师联名限量版40周年纪念铜章(大全套)	直径4.5cm	22,500	中藏艺盛	
大清宣统三年三月奉天万国鼠疫研究会纪念章附研究照片一组		25,300	华艺国际	2022-08-07
代表团访美纪念胸章		12,075	华艺国际	2022-08-07
东三省巡阅使张、四省巡阅使曹赠银质珐琅纪念章		31,050	华艺国际	2022-08-07
洪宪元年湖南开国纪念币当十铜元一枚		92,000	北京诚轩	2022-08-11
回鹘文"王命准予通行"大钱		103,500	永乐拍卖	2022-07-25
历代钱币一组50枚		10,580	永乐拍卖	2022-07-25
历代钱币一组九百余枚		13,800	永乐拍卖	2022-07-25
陇南镇守使孔繁锦纪念章		13,800	华艺国际	2022-08-07
民国毕庶澄铜质珐琅纪念章		17,250	华艺国际	2022-08-07
民国 财政部中央造币厂桂林分厂纪念章一枚 初打		17,250	华艺国际	2022-08-07
民国 财政部中央造币厂桂林分厂纪念章一枚 初打		17,825	华艺国际	2022-08-07
民国二十八年中央造币厂桂林分厂制马相伯先生纪念章一枚		11,500	华艺国际	2022-08-07
民国二十六年交通银行金质纪念章		25,300	华艺国际	2022-08-07
民国 黎元洪戎装像背双旗"黎元洪赠·武汉纪念章"铁血十八星形赤铜镶金 镶珐琅章一枚		41,400	华艺国际	2022-08-07
民国 黎元洪戎装像背双旗"黎元洪赠·武汉纪念章"铁血十八星形赤铜镶珐琅勋章一枚		41,400	华艺国际	2022-08-07
民国1915年巴拿马博览会颁将梦麟纪念章	直径38.1mm	368,000	西泠印社	2022-01-21
民国1931年集美中学二十五组毕业纪念章	通长82mm(带链子)	13,800	西泠印社	2022-01-21
民国孙中山像开国纪念币(长头版)	直径39mm	115,000	西泠印社	2022-01-21
民国二十八年六月一日北京银楼定制银质纪念章一枚		43,700	北京诚轩	2022-08-10
民国二十八年五月财政部中央造币厂桂林分厂周年纪念章一枚		80,500	北京诚轩	2022-08-10
民国二十九年五月蒋介石像中央造币厂桂林分厂二周年"抗战必胜 建国必成"纪念章一枚		51,750	北京诚轩	2022-08-10
民国二十八年五月中央造币厂桂林分厂制赠桂林市成立纪念、陈市长丙南就职纪念章一枚		138,000	北京诚轩	2022-08-10
民国二十六年蒋委员长肖像背"民众努力还我山河"铜质纪念章一枚		276,000	北京诚轩	2022-08-10
民国二十六年五月蒋介石像全国手工艺品展览会纪念章一枚		12,650	北京诚轩	2022-08-10
民国十六年(1937年)庐山暑期训练团纪念章一枚		14,950	北京保利	2022-07-29
民国三十二年五月中央造币厂桂林分厂五周年纪念章一枚		57,500	北京诚轩	2022-08-10
民国三十二年五月中央造币厂桂林分厂五周年铜质纪念章一枚		101,200	北京诚轩	2022-08-10
民国十二年(1923年)曹锟宪法成立纪念章(LM958)		57,500	中国嘉德	2022-12-28
民国十三年(1924年)曹锟宪法成立纪念章(LM959)		299,000	中国嘉德	2022-06-29
民国十一年(1922年)湖南省宪成立纪念币壹圆银币(LM867)		195,500	中国嘉德	2022-06-29
明天下太平宫钱一枚	直径43mm	13,800	华艺国际	2022-08-06
清"天聪汗钱"满文折十		51,750	永乐拍卖	2022-07-25
清"天聪汗钱"满文折十		74,750	永乐拍卖	2022-07-25
清"天下太平"宫钱母钱		195,500	永乐拍卖	2022-07-25
清 美国商团访华纪念章 鎏金珐琅彩		23,000	华艺国际	2022-08-07
清 美国商团访华纪念章品(大型)鎏金珐琅彩 稀少		11,500	华艺国际	2022-08-07
清 咸丰大钱当五十、当百一组18枚		80,500	永乐拍卖	2022-07-25
清 咸丰大钱一组6枚		51,750	永乐拍卖	2022-07-25
清 龙凤呈祥宫钱	直径60.9mm	241,500	西泠印社	2022-01-21
宋"加官进禄"背十二生肖		10,925	永乐拍卖	2022-07-25
宋"桃源"马钱		12,650	永乐拍卖	2022-07-25
宋"乌骓"合背马钱		10,350	永乐拍卖	2022-07-25
天津造币厂羊年岁在己未铜质珐琅章		23,000	华艺国际	2022-08-07
现代 1999年十二生肖一盎司纪念币发行纪念1公斤银币	直径120mm	51,750	西泠印社	2022-01-21
现代 2003年羊年普通流通纪念币样币	直径25mm	43,700	西泠印社	2022-01-21
现代 2005年鸡年普通流通纪念币样币	直径25mm	51,750	西泠印社	2022-01-21
现代 2020年官方造币厂定制长城熊猫纪念币大全套27枚及模具一套	直径45mm	143,750	西泠印社	2022-01-21
张作霖文装像背双旗大元帅纪念币	直径38.5mm 重26.3g	3,581,361	哈布斯堡	2022-12-18
中华民国二十九年陈市长丙南就职纪念章一枚,中华民国光复纪念铜币一枚		19,550	华艺国际	2022-08-07
中华民国七年广东督军莫荣新护法纪念金质纪念章		55,200	华艺国际	2022-08-07
中华民国三十二年十月桂林展览会纪念章中央造币厂桂林分厂一枚		32,200	华艺国际	2022-08-07
1909年青岛大德国宝伍分精制镍币一枚		80,500	北京诚轩	2022-08-11
1909年青岛大德国宝壹角精制镍币一枚		57,500	北京诚轩	2022-08-11
20世纪70年代香港辅币一百二十五枚		11,500	北京诚轩	2022-08-10
20世纪80年长城壹圆硬币一组48枚		138,000	北京保利	2022-07-29

拍品名称	物品尺寸	成交价RMB	拍卖公司	拍卖日期
1982年中国人民银行发行精制流通硬币八枚套装		14,950	北京诚轩	2022-08-10
1982年中国人民银行发行精制流通硬币八枚套装		17,250	北京诚轩	2022-08-10
1983年中国人民银行发行精制流通硬币八枚套装		17,250	北京诚轩	2022-08-10
民国三年袁世凯像伍分铜镍合金质试铸样币一枚		379,500	北京诚轩	2022-08-10
民国三年袁世凯像伍分铜镍合金质样币一枚		460,000	北京诚轩	2022-08-10
民国时期福建马尾造币厂双面铁锚贰角型镍质代用币一枚		14,950	北京诚轩	2022-08-11
清、民国时期地方辅币一组十一枚		12,650	北京诚轩	2022-08-11
1969年第二版人民币铝质分币试铸样币1分、2分、5分各一枚		897,000	中国嘉德	2022-06-29
民国三十二年(1943年)孙中山像背布图半圆镍币试铸样币		172,500	中国嘉德	2022-06-29
民国三十二年(1943年)孙中山像背布图半圆镍币试铸样币		126,500	中国嘉德	2022-06-29
民国三十二年(1943年)孙中山像背布图半圆镍币试铸样币		69,000	中国嘉德	2022-06-29
民国二十九年(1940年)冀南银行滏西贰角		126,500	中国嘉德	2022-12-28
民国时期冀南银行伍角		126,500	中国嘉德	2022-12-28
(1932年)义县县商会壹角、贰角、伍角样票各一枚		10,925	中国嘉德	2022-12-28
1911年中华革命军筹饷局中华民国金币券壹拾圆一枚		46,000	北京诚轩	2022-08-12
1911年中华革命军筹饷局中华民国金币券壹拾圆一枚		40,250	北京诚轩	2022-08-12
1914年交通银行无地名贰角一枚		43,700	北京保利	2022-07-29
1918年中国银行哈尔滨壹角样票		11,500	中国嘉德	2022-12-28
1922年民国十一年农商银行壹圆乡村农民收割图一枚		126,500	北京保利	2022-07-29
1927年民国十六年交通银行美钞版伍圆山东地名票样一枚		40,250	北京保利	2022-07-29
1932年鄂豫皖省苏维埃银行壹圆		12,650	中国嘉德	2022-12-28
1932年浙江地方银行壹圆杭州地名一枚		63,250	北京保利	2022-07-29
1933年川陕省苏维埃政府工农银行叁串布币		26,450	中国嘉德	2022-06-29
1933年川陕省苏维埃政府工农银行叁串蓝色布币		34,500	中国嘉德	2022-06-29
1933年中华苏维埃共和国国家银行湘赣省分行贰角		17,250	中国嘉德	2022-06-29
1935年中华苏维埃共和国国家银行西北分行贰角布币		10,925	中国嘉德	2022-06-29
1937年民国二十六年四川省银行加盖中国农民银行国币券伍圆一枚		74,750	北京保利	2022-07-29
1939年冀南银行壹百圆蓝色牌坊图一枚		32,200	北京保利	2022-07-29
1940年民国二十九年中国银行美钞版贰拾伍圆		23,000	北京保利	2022-07-29
1941年江淮银行壹圆改抗币伍圆一枚		69,000	北京保利	2022-07-29
1941年民国三十年中国农民银行美钞版伍佰圆狮子号一枚		80,500	北京保利	2022-07-29
1941年陕甘宁边区银行拾圆山村树图一枚		287,500	北京保利	2022-07-29
1941年陕甘宁边区银行壹角一枚		31,730	北京保利	2022-07-29
1943年陕甘宁边区银行壹佰圆骆驼一枚		161,000	北京保利	2022-07-29
1945年东北银行伍拾圆辽东地名一枚		92,000	北京保利	2022-07-29
1948年第一版人民币贰拾圆驴子与火车一枚		40,250	北京保利	2022-07-29
1948年第一版人民币伍拾圆"驴子与矿车"一枚		195,500	北京诚轩	2022-08-12
1948年第一版人民币伍圆绵羊一枚		27,600	北京保利	2022-07-29
1948年第一版人民币壹佰圆"万寿山"样票一枚		48,300	北京诚轩	2022-08-12
1948年第一版人民币壹佰圆"万寿山"一枚		149,500	北京诚轩	2022-08-12
1948年第一版人民币壹仟圆耕地工厂一枚		80,500	北京保利	2022-07-29
1948年第一版人民币壹仟圆双马耕地狭长版七位数字号一枚		414,000	北京保利	2022-07-29
1948年东北银行地方流通券伍万圆一枚		20,700	北京保利	2022-07-29
1948年西北农民银行壹万圆宝塔图豹子号一枚		18,400	北京保利	2022-07-29
1948年长城银行晋察热辽流通券伍佰圆毛泽东像一枚		92,000	北京保利	2022-07-29
1948年中央银行美商保安金圆辅币券伍角一枚		10,925	北京诚轩	2022-08-12
1949年第一版人民币贰佰圆"炼钢"一枚		161,000	北京诚轩	2022-08-12
1949年第一版人民币贰佰圆"炼钢"一枚		12,650	北京诚轩	2022-08-12
1949年第一版人民币贰佰圆"排云殿"一枚		29,900	北京诚轩	2022-08-12
1949年第一版人民币贰佰圆割稻变体一枚		103,500	北京保利	2022-07-29
1949年第一版人民币贰佰圆炼钢单张样票一枚		115,000	北京保利	2022-07-29
1949年第一版人民币贰佰圆炼钢一枚		28,750	北京保利	2022-07-29
1949年第一版人民币贰佰圆长城一枚		86,250	北京保利	2022-07-29
1949年第一版人民币贰拾圆"推煤车"一枚		18,400	北京诚轩	2022-08-12
1949年第一版人民币贰拾圆打场一枚		42,550	北京保利	2022-07-29
1949年第一版人民币贰拾圆帆船与火车单张票样一枚		230,000	北京保利	2022-07-29
1949年第一版人民币贰拾圆蓝色六和塔一枚		115,000	北京保利	2022-07-29
1949年第一版人民币贰拾圆立交桥一枚		69,000	北京保利	2022-07-29
1949年第一版人民币贰拾圆立交桥一枚		21,850	北京保利	2022-07-29
1949年第一版人民币贰拾圆推煤车单张票样一枚		42,550	北京保利	2022-07-29
1949年第一版人民币拾圆"火车"样票一枚		18,400	北京诚轩	2022-08-12
1949年第一版人民币拾圆"锯木与耕地"一枚		59,800	北京诚轩	2022-08-12
1949年第一版人民币拾圆工农单张票样一枚		63,250	北京保利	2022-07-29
1949年第一版人民币拾圆工农英文水印豹子号一枚		40,250	北京保利	2022-07-29
1949年第一版人民币拾圆黄火车单张票样一枚		25,300	北京保利	2022-07-29
1949年第一版人民币伍仟圆拖拉机与工厂正反面票样对号一组		57,500	北京诚轩	2022-08-12
1949年第一版人民币伍佰圆"收割机"一枚		17,250	北京诚轩	2022-08-12
1949年第一版人民币伍佰圆"种地"一枚		120,750	北京诚轩	2022-08-12
1949年第一版人民币伍佰圆收割机狮子号连号二枚		218,500	北京保利	2022-07-29
1949年第一版人民币伍佰圆收割机一枚		264,500	北京保利	2022-07-29
1949年第一版人民币伍佰圆收割机一枚		55,200	北京保利	2022-07-29
1949年第一版人民币伍佰圆"拖拉机与工厂"正、反单面样票各一枚		28,750	北京诚轩	2022-08-12
1949年第一版人民币伍仟圆耕地一枚		460,000	北京保利	2022-07-29
1949年第一版人民币伍仟圆拖拉机与工厂一枚		46,000	北京保利	2022-07-29
1949年第一版人民币伍仟圆拖拉机与工厂一枚		12,650	北京保利	2022-07-29
1949年第一版人民币伍仟圆拖拉机与工厂一枚		11,500	北京保利	2022-07-29
1949年第一版人民币伍拾圆"工农"样票一枚		36,800	北京诚轩	2022-08-12
1949年第一版人民币伍拾圆"红火车"一枚		184,000	北京诚轩	2022-08-12
1949年第一版人民币伍拾圆"红火车"一枚		97,750	北京诚轩	2022-08-12
1949年第一版人民币伍拾圆"蓝火车"样票一枚		14,950	北京诚轩	2022-08-12
1949年第一版人民币伍拾圆"蓝火车"一枚		138,000	北京诚轩	2022-08-12
1949年第一版人民币伍拾圆"蓝火车"一枚		126,500	北京诚轩	2022-08-12
1949年第一版人民币伍拾圆"蓝火车"正、反单面样票各一枚		13,800	北京诚轩	2022-08-12
1949年第一版人民币伍拾圆"列车"一枚		26,450	北京诚轩	2022-08-12
1949年第一版人民币伍拾圆"列车"一枚		25,300	北京诚轩	2022-08-12
1949年第一版人民币伍拾圆"压路机"一枚		17,250	北京诚轩	2022-08-12
1949年第一版人民币伍拾圆红火车单张票样一枚		12,650	北京保利	2022-07-29
1949年第一版人民币伍拾圆蓝火车一枚		69,000	北京保利	2022-07-29
1949年第一版人民币伍拾圆铁路列车一枚		69,000	北京保利	2022-07-29
1949年第一版人民币伍拾圆铁路列车一枚		46,000	北京保利	2022-07-29
1949年第一版人民币伍拾圆铁路列车一枚		14,950	北京保利	2022-07-29
1949年第一版人民币伍拾圆压路机一枚		48,300	北京保利	2022-07-29
1949年第一版人民币伍拾圆"织布"一枚		13,800	北京诚轩	2022-08-12
1949年第一版人民币伍拾圆织布一枚		11,500	北京保利	2022-07-29
1949年第一版人民币壹佰圆"北海与角楼"蓝面一枚		207,000	北京诚轩	2022-08-12
1949年第一版人民币壹佰圆"北海与角楼"蓝面一枚		138,000	北京诚轩	2022-08-12

2022杂项拍卖成交汇总(续表)

(成交价RMB：1万元以上)

拍品名称	物品尺寸	成交价RMB	拍卖公司	拍卖日期
1949年第一版人民币壹佰圆"红轮船"一枚		184,000	北京诚轩	2022-08-12
1949年第一版人民币壹佰圆"驳运"一枚		32,200	北京诚轩	2022-08-12
1949年第一版人民币壹佰圆"驳运"一枚		16,100	北京诚轩	2022-08-12
1949年第一版人民币壹佰圆红轮船6位数版一枚		483,000	北京保利	2022-07-29
1949年第一版人民币壹佰圆红轮船签号八枚		32,200	北京保利	2022-07-29
1949年第一版人民币壹佰圆蓝北海一枚		43,700	北京保利	2022-07-29
1949年第一版人民币壹佰圆驳运一枚		34,500	北京保利	2022-07-29
1949年第一版人民币壹佰圆万寿山钻石水印一枚		149,500	北京保利	2022-07-29
1949年第一版人民币壹仟圆"秋收"一枚		16,100	北京诚轩	2022-08-12
1949年第一版人民币壹仟圆"三台拖拉机"一枚		18,400	北京诚轩	2022-08-12
1949年第一版人民币壹仟圆"运煤与耕田"一枚		26,450	北京诚轩	2022-08-12
1949年第一版人民币壹仟圆"运煤与耕田"一枚		10,120	北京诚轩	2022-08-12
1949年第一版人民币壹仟圆钱塘江一枚		74,750	北京保利	2022-07-29
1949年第一版人民币壹仟圆秋收西安版一枚		80,500	北京保利	2022-07-29
1949年第一版人民币壹仟圆三台拖拉机狮子号一枚		86,250	北京保利	2022-07-29
1949年第一版人民币壹仟圆运煤与耕田一枚		57,500	北京保利	2022-07-29
1949年第一版人民币壹仟圆运煤与耕田一枚		23,000	北京保利	2022-07-29
1949年第一版人民币壹万圆"军舰"一枚		10,580	北京诚轩	2022-08-12
1949年第一版人民币壹万圆"双马耕地"一枚		218,500	北京诚轩	2022-08-12
1949年第一版人民币壹万圆"双马耕地"一枚		207,000	北京诚轩	2022-08-12
1949年第一版人民币壹万圆双马耕地星水印补号券一枚		149,500	北京保利	2022-07-29
1949年第一版人民币壹万圆双马耕地一枚		149,500	北京保利	2022-07-29
1949年第一版人民币壹万圆双马耕地正反面票样对号一组		32,200	北京保利	2022-07-29
1949年第一版人民币壹圆"工厂"一枚		16,100	北京诚轩	2022-08-12
1949年第一版人民币壹圆"工厂"一枚		14,950	北京诚轩	2022-08-12
1949年滇黔桂边贸易流通券伍圆		43,700	中国嘉德	2022-12-28
1949年华中银行伍万圆本票		23,000	中国嘉德	2022-12-28
1949年中国人民银行发行第一版人民币壹万圆双马耕地		16,100	中国嘉德	
1950年第一版人民币伍万圆"收割机"一枚		322,000	北京诚轩	2022-08-12
1950年第一版人民币伍万圆大收割机正反面票样对号一组		21,850	北京保利	2022-07-29
1950年第一版人民币伍万圆新华门正反面票样对号一组		12,650	北京保利	2022-07-29
1951年第一版人民币伍仟圆蒙古包一枚		529,000	北京保利	2022-07-29
1951年第一版人民币壹仟圆"马饮水"正、反单面样票各一枚		184,000	北京诚轩	2022-08-12
1951年第一版人民币壹仟圆马饮水正反面票样对号一组		63,250	北京保利	2022-07-29
1953—1972年第二、三版人民币壹分至拾圆装帧册一册，内有纸币十枚		10,120	北京诚轩	2022-08-12
1953—1972年第二、三版人民币壹分至拾圆装帧册一册，内有纸币十枚(无图)		10,350	北京诚轩	2022-08-12
1953—1972年第二、三版人民币壹分至拾圆装帧册一册，内有纸币十枚(无图)		10,350	北京诚轩	2022-08-12
1953年第二版人民币贰圆二枚		13,800	北京诚轩	2022-08-12
1953年第二版人民币贰圆二枚连号		36,800	北京诚轩	2022-08-12
1953年第二版人民币贰圆二枚		28,750	北京诚轩	2022-08-12
1953年第二版人民币红壹圆三枚连号		34,500	北京诚轩	2022-08-12
1953年第二版人民币叁圆		20,700	中国嘉德	2022-06-29
1953年第二版人民币拾圆一枚		155,250	北京诚轩	2022-08-12
1953年第一版人民币伍仟圆渭河桥单张票样一枚		11,500	北京保利	2022-07-29
1953年中国人民银行发行第二版人民币红色壹圆		66,700	中国嘉德	2022-12-28
1956年第二版人民币黑壹圆二枚连号		12,650	北京诚轩	2022-08-12
1956年第二版人民币黄伍圆一枚		17,250	北京诚轩	2022-08-12
1960年第三版人民币红壹角一枚		11,270	北京诚轩	2022-08-12
1979年中国银行外汇兑换券伍拾圆、壹佰圆各一枚		13,800	北京诚轩	2022-08-12
1980年第四版人民币拾圆		12,650	中国嘉德	2022-06-29
1980年第四版人民币壹角、贰角、伍角、壹圆、贰圆、伍圆、拾圆连体钞八连张珍藏册一册		19,550	北京诚轩	2022-08-12
1980年第四版人民币壹角、贰角、伍角、壹圆、贰圆、伍圆、拾圆连体钞八连张珍藏册一册		19,550	北京诚轩	2022-08-12
1983年伍角二十枚		17,250	中国嘉德	2022-12-28
1990年中国人民银行发行第四版人民币伍拾圆		23,000	中国嘉德	2022-06-29
1990年中国人民银行发行第四版人民币伍拾圆		23,000	中国嘉德	2022-06-29
1993年中国人民银行融资券壹拾万圆、伍拾万圆各一枚		13,800	中国嘉德	2022-06-29
1999年庆祝中华人民共和国成立50周年纪念钞伍拾拾圆直三连一件		16,100	北京诚轩	2022-08-12
1999年庆祝中华人民共和国成立50周年纪念钞伍拾拾圆直三连一件		14,950	北京诚轩	2022-08-12
2000年世纪龙卡六件连号，内置1999年第五版人民币壹佰圆直三连六件		49,450	北京诚轩	2022-08-12
2000年迎接新世纪纪念钞双连连体,带原封套及证书		11,500	北京保利	2022-07-29
2000年迎接新世纪千禧龙年纪念钞壹佰圆直双十件连号		97,750	北京诚轩	2022-08-12
2000年迎接新世纪千禧龙年纪念钞壹佰圆直双连一件		17,250	北京诚轩	2022-08-12
2000年中国人民银行迎接新世纪纪念钞壹佰圆五枚连号		10,580	中国嘉德	2022-12-28
"大同元年"(1932年)大赉县商务接济券壹圆样票		16,100	中国嘉德	
"大同元年"(1932年)大赉县商务接济壹圆样票		14,950	中国嘉德	
"大同元年"(1932年)桦川同济粮栈汇券名下哈市洋注销票		13,800	中国嘉德	
"大同元年"(1932年)开通福元恒壹圆		10,350	中国嘉德	
"大同元年"(1932年)肇州县地方捐临时接济券当江钱伍百吊样票		18,400	中国嘉德	2022-12-28
"大同元年"(1932年)肇州县地方捐临时接济券当江钱伍仟吊注销票		11,500	中国嘉德	
"大同元年"(1932年)肇州县地方捐临时接济券当江钱当百吊注销票		13,800	中国嘉德	2022-12-28
"大同元年"(1932年)肇州县地方捐临时接济券当江钱壹仟吊注销票		13,800	中国嘉德	
第四版人民币一组二百四十五枚(无图)		10,350	北京诚轩	2022-08-12
第一版人民币正面样票一册十二枚		21,850	北京保利	2022-07-29
东北银行地方流通券纸币一组三枚		12,650	中国嘉德	2022-12-28
光绪三十三年(1907年)凤城西黄花甸福顺海拾吊		14,950	中国嘉德	2022-12-28
光绪三十四年(1908年)信义工商储蓄银行芜湖通用银圆壹圆		33,350	中国嘉德	2022-06-29
光绪三十四年(1908年)信义工商储蓄银行壹圆		32,200	中国嘉德	2022-12-28
光绪三十一年(1905年)奉天官银号银元票拾圆		82,800	中国嘉德	2022-12-28
癸酉年(1933年)饶河县商会增岁大洋伍圆		57,500	中国嘉德	2022-12-28
洪武大明通行宝钞壹贯	34.1cm×22cm	48,300	北京诚轩	2022-08-12
洪武大明通行宝钞壹贯	33.9cm×22.1cm	43,700	北京诚轩	2022-08-12
洪武年间大明通行宝钞壹贯		46,000	中国嘉德	2022-06-29
华中银行纸币一组十五枚		13,800	中国嘉德	2022-12-28
冀南银行纸币一组三枚		11,500	中国嘉德	2022-12-28
解放区纸币一组三枚		21,850	中国嘉德	2022-06-29
解放区纸币一组十一枚		23,000	北京保利	2022-07-29
晋察冀边区银行纸币一组五枚		24,150	中国嘉德	2022-12-28
民国河南豫泉官银钱局壹圆(带右根)	长1285mm;宽16mm	11,500	西泠印社	2022-01-21
民国 冀东银行壹圆纸币	长132mm;宽70mm	28,750	西泠印社	2022-01-21
民国江苏、浙江等银行纸币一组二十六枚	长50—219mm	13,800	西泠印社	2022-08-19
民国印度新金山中国汇理银行壹圆	长129mm;宽85mm	11,500	西泠印社	2022-01-21
民国纸币一组十枚	通长100—193mm	12,650	西泠印社	2022-01-21
民国纸币一组十枚	长100—193mm	12,650	西泠印社	2022-08-19
民国二年(1913年)奉天兴业总银行拾圆		10,925	中国嘉德	2022-12-28
民国二年(1913年)奉天兴业总银行伍圆		24,150	中国嘉德	2022-12-28
民国二十八年(1939年)、三十三年(1944年)冀南银行太行壹百圆各一枚		11,500	中国嘉德	2022-12-28
民国二十八年(1939年)冀南银行贰角伍分		11,500	中国嘉德	2022-12-28

拍品名称	物品尺寸	成交价RMB	拍卖公司	拍卖日期
民国二十八年（1939年）冀南银行贰圆四枚		10,120	中国嘉德	2022-12-28
民国二十八年（1939年）冀南银行叁圆、伍圆各一枚		10,580	中国嘉德	2022-12-28
民国二十八年（1939年）冀南银行太岳贰拾圆		11,500	中国嘉德	2022-12-28
民国二十八年（1939年）冀南银行太岳伍拾圆二枚		23,000	中国嘉德	2022-12-28
民国二十八年（1939年）冀南银行太岳壹百圆		21,850	中国嘉德	2022-12-28
民国二十八年(1939年)冀南银行伍圆		24,150	中国嘉德	2022-12-28
民国二十八年（1939年）晋察冀边区银行伍圆		13,800	中国嘉德	2022-12-28
民国二十二年（1933年）饶河县虎饶抚流通救济券叁圆		23,000	中国嘉德	2022-12-28
民国二十二年（1933年）饶河县虎饶抚流通救济券伍圆		51,750	中国嘉德	2022-12-28
民国二十二年（1933年）饶河县金融救济券贰圆		24,150	中国嘉德	2022-12-28
民国二十二年（1933年）饶河县金融救济券伍圆		26,450	中国嘉德	2022-12-28
民国二十二年（1933年）饶河县金融救济券壹角		21,850	中国嘉德	2022-12-28
民国二十九年（1940年）江苏省海门县兑换券贰角伍分		43,700	中国嘉德	2022-12-28
民国二十九年（1940年）江苏省海门县兑换券壹角		34,500	中国嘉德	2022-12-28
民国二十九年(1940年)鲁西银行伍角		11,500	中国嘉德	2022-12-28
民国二十九年(1940年)鲁西银行壹角		28,750	中国嘉德	2022-06-29
民国二十年（1931年）富锦金融救济券拾圆		94,300	中国嘉德	2022-12-28
民国二十年(1931年)大赉县地方饷捐代券叁圆样票		17,250	中国嘉德	2022-12-28
民国二十年(1931年)广东省银行大洋券海口壹圆样票		10,120	中国嘉德	2022-06-29
民国二十年(1931年)广东省银行毫券壹圆、伍圆、拾圆样票各一枚		21,850	中国嘉德	2022-06-29
民国二十年(1931年)海龙县地方金融临时救济流通券拾圆样票		29,900	中国嘉德	2022-12-28
民国二十年(1931年)海龙县地方金融临时救济流通券伍角样票		27,600	中国嘉德	2022-12-28
民国二十年(1931年)海龙县地方金融临时救济流通券伍圆样票		28,750	中国嘉德	2022-12-28
民国二十年(1931年)海龙县地方金融临时救济流通券壹圆样票		24,150	中国嘉德	2022-12-28
民国二十年(1931年)海龙县商会金融临时救济流通券法价大洋贰角样票		21,850	中国嘉德	2022-12-28
民国二十年(1931年)海龙县商会金融临时救济流通券法价大洋叁角样票		20,700	中国嘉德	2022-12-28
民国二十年(1931年)海龙县商会金融临时救济流通券法价大洋伍角样票		12,650	中国嘉德	2022-12-28
民国二十年(1931年)海龙县商会金融临时救济流通券法价大洋伍圆样票		24,150	中国嘉德	2022-12-28
民国二十年(1931年)海龙县商会金融临时救济流通券法价大洋拾圆样票		16,100	中国嘉德	2022-12-28
民国二十年(1931年)辉南县财政局临时接济警学存款券贰圆注销票		11,500	中国嘉德	2022-12-28
民国二十年(1931年)吉林榆树县财务处壹百吊样票		21,030	中国嘉德	2022-12-28
民国二十年(1931年)锦西县农商借款事务所支票凭票支现大洋壹圆		10,350	中国嘉德	2022-12-28
民国二十年(1931年)洮南德兴成丝房贰圆样票		16,100	中国嘉德	2022-12-28
民国二十年(1931年)中国银行天津伍圆样票		57,500	中国嘉德	2022-12-28
民国二十三年(1934年)中国农民银行壹圆单正、反样票各一枚		13,800	中国嘉德	2022-06-29
民国二十四年(1935年)中国农民银行壹圆、伍圆、拾圆单正、反样票各一枚		19,550	中国嘉德	2022-06-29
民国二十五年(1936年)中央银行壹圆"红牌坊"		82,800	中国嘉德	2022-06-29
民国二十一年(1932年)奉天突泉县峻峰涌大洋票伍圆注销票		16,100	中国嘉德	2022-12-28
民国二十一年(1932年)奉天突泉县峻峰涌小洋票壹圆		10,350	中国嘉德	2022-12-28
民国二十一年(1932年)密山县地方财务处流通券壹圆		14,950	中国嘉德	2022-12-28
民国二十一年(1932年)密山县地方金融流通券伍圆		24,150	中国嘉德	2022-12-28
民国二十一年(1932年)密山县地方金融流通券壹角		10,580	中国嘉德	2022-12-28

拍品名称	物品尺寸	成交价RMB	拍卖公司	拍卖日期
民国二十一年(1932年)同江县金融救济券拾圆		24,150	中国嘉德	2022-12-28
民国二十一年(1932年)同江县金融救济券伍角		16,100	中国嘉德	2022-12-28
民国改"大同元年"(1932年)奉天突泉县峻峰涌小洋票伍角		10,350	中国嘉德	2022-12-28
民国九年(1920年)东三省银行汇兑券哈尔滨伍圆、拾圆各一枚		13,800	中国嘉德	2022-12-28
民国九年(1920年)交通银行哈尔滨拾圆样票		23,000	中国嘉德	2022-12-28
民国九年(1920年)交通银行哈尔滨伍圆样票		12,650	中国嘉德	2022-12-28
民国九年(1920年)交通银行哈尔滨壹圆样票		10,580	中国嘉德	2022-12-28
民国六年(1917年)吉林永衡官银钱号汇兑执帖大洋壹圆样票		27,600	中国嘉德	2022-12-28
民国六年(1917年)吉林永衡官银钱号汇兑执帖小洋叁圆样票		21,850	中国嘉德	2022-12-28
民国六年(1917年)吉林永衡官银钱号汇兑执帖小洋壹圆样票		27,600	中国嘉德	2022-12-28
民国七年(1918年)吉林永衡官银钱号大洋拾圆二枚		33,350	中国嘉德	2022-12-28
民国七年(1918年)中国银行哈尔滨拾圆样票		41,400	中国嘉德	2022-12-28
民国七年(1918年)中国银行哈尔滨伍圆样票		12,650	中国嘉德	2022-12-28
民国七年(1918年)中国银行哈尔滨壹圆样票		20,700	中国嘉德	2022-12-28
民国七年中国银行美钞版国币券上海壹圆、伍圆、拾圆样票三枚全套		17,250	北京诚轩	2022-08-12
民国三年(1914年)交通银行北京伍拾圆、壹百圆样票各一枚		34,500	中国嘉德	2022-12-28
民国三年(1914年)殖边银行兑换券壹圆未完成票		13,800	中国嘉德	2022-06-29
民国三年(1914年)中国银行袁世凯像拾圆		36,800	中国嘉德	2022-06-29
民国三十八年(1949年)中国人民银行发行第一版人民币贰佰圆"排云殿""颐和园"样票各一枚		149,500	中国嘉德	2022-06-29
民国三十八年(1949年)中国人民银行发行第一版人民币贰佰圆"长城"样票一组二枚		33,350	中国嘉德	2022-06-29
民国三十八年(1949年)中国人民银行发行第一版人民币贰佰圆割稻单正、反样票		20,700	中国嘉德	2022-12-28
民国三十八年(1949年)中国人民银行发行第一版人民币贰拾圆"蓝六和桥""立交桥"单正反样票各一枚		97,750	中国嘉德	2022-06-29
民国三十八年(1949年)中国人民银行发行第一版人民币伍佰圆"农民小桥"		17,250	中国嘉德	2022-06-29
民国三十八年(1949年)中国人民银行发行第一版人民币伍拾圆"工农"		10,580	中国嘉德	2022-06-29
民国三十八年(1949年)中国人民银行发行第一版人民币伍拾圆"工农"单正、反样票各一枚		48,300	中国嘉德	2022-12-28
民国三十八年(1949年)中国人民银行发行第一版人民币拾圆"红火车"样票		32,200	中国嘉德	2022-06-29
民国三十八年(1949年)中国人民银行发行第一版人民币伍拾圆"蓝火车"单正、反样票各一枚		46,000	中国嘉德	2022-06-29
民国三十八年(1949年)中国人民银行发行第一版人民币伍拾圆"列车"一组四枚		23,000	中国嘉德	2022-06-29
民国三十八年(1949年)中国人民银行发行第一版人民币伍拾圆"铁路"样票一组二枚		71,300	中国嘉德	2022-06-29
民国三十八年(1949年)中国人民银行发行第一版人民币伍圆"织布"、拾圆"工农"、拾圆"火车"单正、反样票各一枚		66,700	中国嘉德	2022-06-29
民国三十八年(1949年)中国人民银行发行第一版人民币壹佰圆"红轮船"单正、反样票各一枚		63,250	中国嘉德	2022-06-29
民国三十八年(1949年)中国人民银行发行第一版人民币壹佰圆蓝色"北海与角楼"一组二枚同号		253,000	中国嘉德	2022-06-29
民国三十八年(1949年)中国人民银行发行第一版人民币壹佰圆棕色"北海与角楼"样票一组二枚连号		172,500	中国嘉德	2022-06-29
民国三十八年(1949年)中国人民银行发行第一版人民币壹仟圆秋收		40,250	中国嘉德	2022-12-28

2022杂项拍卖成交汇总(续表)

(成交价RMB：1万元以上)

拍品名称	物品尺寸	成交价RMB	拍卖公司	拍卖日期
民国三十八年(1949年)中国人民银行发行第一版人民币壹圆"工厂"单正、反样票各一枚		92,000	中国嘉德	2022-06-29
民国三十八年(1949年)中国人民银行发行第一版人民币壹圆工厂单正、反样票		46,000	中国嘉德	2022-12-28
民国三十八年(1949年)中国人民银行江西省分行临时流通券伍圆		14,950	中国嘉德	2022-12-28
民国三十二年(1943年)江淮银行苏中第三支行发行伍角		69,000	中国嘉德	2022-06-29
民国三十二年(1943年)江淮银行苏中第三支行发行伍角		17,250	中国嘉德	2022-06-29
民国三十二年(1943年)陕甘宁边区银行贰百圆样票		48,300	中国嘉德	2022-06-29
民国三十二年江淮银行江淮币蓝色帆船图壹角一枚		13,800	北京诚轩	2022-08-12
民国三十六年(1947年)北海银行山东贰百圆样票		26,450	中国嘉德	2022-06-29
民国三十六年(1947年)北海银行山东伍百圆样票		13,800	中国嘉德	2022-06-29
民国三十六年(1947年)北海银行山东伍百圆样票		11,270	中国嘉德	2022-06-29
民国三十六年(1947年)北海银行山东伍百圆一组三枚连号		19,550	中国嘉德	2022-06-29
民国三十六年(1947年)北海银行山东伍佰圆样票		13,800	中国嘉德	2022-06-29
民国三十六年(1947年)华中银行本票贰仟圆本票样票		115,000	中国嘉德	2022-06-29
民国三十六年(1947年)华中银行本票贰仟圆本票样票		71,300	中国嘉德	2022-06-29
民国三十六年(1947年)华中银行本票壹仟圆本票样票		94,300	中国嘉德	2022-06-29
民国三十六年(1947年)华中银行壹仟圆样票		39,100	中国嘉德	2022-06-29
民国三十六年(1947年)华中有银行壹仟圆三枚		19,550	中国嘉德	2022-12-28
民国三十年(1941年)冀南银行拾枚二张、贰拾枚四张		34,500	中国嘉德	2022-12-28
民国三十年(1941年)江淮银行苏中壹圆		29,900	中国嘉德	2022-06-29
民国三十年(1941年)江淮银行苏中壹圆改抗币伍圆		40,250	中国嘉德	2022-06-29
民国三十年(1941年)江淮银行苏中壹圆改抗币伍圆		14,950	中国嘉德	2022-06-29
民国三十年(1941年)江淮银行苏中壹圆一组二枚		19,550	中国嘉德	2022-06-29
民国三十年(1941年)交通银行重庆伍拾圆单正、反样票各一枚		10,350	中国嘉德	2022-06-29
民国三十年(1941年)交通银行重庆壹百圆单正、反样票各一枚		12,650	中国嘉德	2022-06-29
民国三十年(1941年)鲁西银行贰角伍分		24,150	中国嘉德	2022-06-29
民国三十年(1941年)陕甘宁边区银行伍圆单正、反样票各一枚		29,900	中国嘉德	2022-06-29
民国三十年(1941年)中国农民银行伍拾圆、壹佰圆、伍佰圆样票各一枚		86,250	中国嘉德	2022-06-29
民国三十年江淮银行国币券蓝色锯木插秧图壹圆一枚		26,450	北京诚轩	2022-08-12
民国三十七年(1948)至民国三十八年(1949年)中国人民银行发行第一版人民币贰拾圆"驴子与火车""帆船"样票各一枚		109,250	中国嘉德	2022-06-29
民国三十七年(1948)至民国三十八年(1949年)中国人民银行发行第一版人民币拾圆"锯木犁田"、拾圆"灌溉与矿井"、贰拾圆"推煤车"样票各一枚		101,200	中国嘉德	2022-06-29
民国三十七年(1948)至民国三十八年(1949年)中国人民银行发行第一版人民币壹佰圆"红工厂""工厂火车"样票各一枚		92,000	中国嘉德	2022-06-29
民国三十七年(1948)至民国三十八年(1949年)中国人民银行发行第一版人民币壹佰圆"万寿山"、蓝色"北海与角楼"、"耕地与工厂"样票各一枚		43,700	中国嘉德	2022-06-29
民国三十七年(1948年)北海银行贰仟圆样票		40,250	中国嘉德	2022-06-29
民国三十七年(1948年)北海银行贰仟圆样票		24,150	中国嘉德	2022-06-29
民国三十七年(1948年)北海银行贰仟圆一组二枚连号		57,500	中国嘉德	2022-06-29
民国三十七年(1948年)北海银行山东贰仟圆样票		18,400	中国嘉德	2022-06-29
民国三十七年(1948年)北海银行山东伍佰圆样票		21,850	中国嘉德	2022-06-29
民国三十七年(1948年)北海银行山东伍佰圆一组二枚连号		74,750	中国嘉德	2022-06-29
民国三十七年(1948年)北海银行山东壹仟圆一组三枚一枚		24,150	中国嘉德	2022-06-29
民国三十七年(1948年)北海银行伍百圆一组三枚连号		80,500	中国嘉德	2022-06-29
民国三十七年(1948年)东北银行地方流通券伍万圆		13,800	中国嘉德	2022-12-28
民国三十七年(1948年)关东银行壹圆、伍圆、拾圆各一枚		23,000	中国嘉德	2022-06-29
民国三十七年(1948年)华中银行贰仟圆		14,950	中国嘉德	2022-12-28
民国三十七年(1948年)华中银行贰仟圆四枚		14,950	中国嘉德	2022-12-28
民国三十七年(1948年)华中银行伍百圆样票		207,000	中国嘉德	2022-06-29
民国三十七年(1948年)冀南银行伍佰圆三枚		27,600	中国嘉德	2022-12-28
民国三十七年(1948年)中国人民银行发行第一版人民币伍拾圆"驴子与矿车"样票		40,250	中国嘉德	2022-06-29
民国三十七年(1948年)中国人民银行发行第一版人民币伍圆"绵羊"、"帆船"样票各一枚		184,000	中国嘉德	2022-06-29
民国三十七年(1948年)中国人民银行发行第一版人民币伍圆帆船		23,000	中国嘉德	2022-12-28
民国三十七年(1948年)中州农民银行拾圆		26,450	中国嘉德	2022-06-29
民国三十七年东北银行地方流通券伍万圆一枚		92,000	北京诚轩	2022-08-12
民国三十三年(1944年)、三十四年(1945年)冀南银行壹佰圆各一枚		17,250	中国嘉德	2022-12-28
民国三十三年(1944年)北海银行山东贰百圆样票一组二枚		43,700	中国嘉德	2022-06-29
民国三十三年(1944年)北海银行山东贰百圆一组二枚连号		12,650	中国嘉德	2022-06-29
民国三十三年(1944年)北海银行山东伍圆单正、反样票各一枚		28,750	中国嘉德	2022-06-29
民国三十三年(1944年)北海银行山东壹圆单正、反样票各一枚		28,750	中国嘉德	2022-06-29
民国三十三年(1944年)华中银行拾圆样票		17,250	中国嘉德	2022-06-29
民国三十三年(1944年)冀南银行贰拾圆		18,400	中国嘉德	2022-12-28
民国三十三年(1944年)江淮银行壹圆		29,900	中国嘉德	2022-06-29
民国三十三年(1944年)江淮银行壹圆		19,550	中国嘉德	2022-06-29
民国三十三年(1944年)中央银行壹百圆"绿翡翠"		10,580	中国嘉德	2022-06-29
民国三十三年江淮银行江淮币灌溉图壹圆样票一枚		47,150	北京诚轩	2022-08-12
民国三十四年(1945年)北海银行胶东贰拾圆样票		11,500	中国嘉德	2022-06-29
民国三十四年(1945年)北海银行山东贰百圆单正、反样票各一枚		12,650	中国嘉德	2022-06-29
民国三十四年(1945年)北海银行山东贰百圆单正、反样票各一枚		10,120	中国嘉德	2022-06-29
民国三十四年(1945年)北海银行山东贰百圆样票		11,270	中国嘉德	2022-06-29
民国三十四年(1945年)北海银行山东拾圆单正、反样票各一枚		23,000	中国嘉德	2022-06-29
民国三十四年(1945年)北海银行山东拾圆样票		13,800	中国嘉德	2022-06-29
民国三十四年(1945年)北海银行山东拾圆样票		12,650	中国嘉德	2022-06-29
民国三十四年(1945年)北海银行山东拾圆单正、反样票各一枚		20,700	中国嘉德	2022-06-29
民国三十四年(1945年)北海银行山东伍圆单正、反样票各一枚		14,950	中国嘉德	2022-06-29
民国三十四年(1945年)北海银行山东伍圆单正、反样票各一枚		12,650	中国嘉德	2022-06-29
民国三十四年(1945年)华中银行贰拾圆		57,500	中国嘉德	2022-12-28
民国三十四年（1945年）华中银行贰拾圆样票		43,700	中国嘉德	2022-06-29
民国三十四年(1945年)华中银行拾圆		36,800	中国嘉德	2022-06-29
民国三十四年(1945年)华中银行伍拾圆样票		36,800	中国嘉德	2022-06-29
民国三十四年(1945年)华中银行伍圆样票		26,450	中国嘉德	2022-06-29
民国三十四年(1945年)华中银行伍圆样票		17,250	中国嘉德	2022-06-29

拍品名称	物品尺寸	成交价RMB	拍卖公司	拍卖日期
民国三十四年（1945年）华中银行壹百圆样票		29,900	中国嘉德	2022-06-29
民国三十四年(1945年)冀南银行贰拾伍圆		11,500	中国嘉德	2022-12-28
民国三十四年(1945年)冀南银行平原拾圆		24,150	中国嘉德	2022-12-28
民国三十四年（1945年）冀南银行平原伍拾圆		17,250	中国嘉德	2022-12-28
民国三十四年（1945年）冀南银行太岳伍拾圆		19,550	中国嘉德	2022-12-28
民国三十四年（1945年）冀南银行太岳壹百圆		34,500	中国嘉德	2022-12-28
民国三十四年（1945年）冀南银行伍百圆七枚		12,650	中国嘉德	2022-12-28
民国三十四年(1945年)冀南银行伍圆		25,300	中国嘉德	2022-12-28
民国三十四年（1945年）江高宝兴流通券伍角		103,500	中国嘉德	2022-06-29
民国三十四年（1945年）晋察冀边区银行壹百圆		14,950	中国嘉德	2022-12-28
民国三十四年（1945年）晋察冀边区银行壹百圆二枚连号		14,950	中国嘉德	2022-12-28
民国三十四年（1945年）晋察冀边区银行壹百圆二枚连号		12,650	中国嘉德	2022-12-28
民国三十四年(1945年)陕甘宁边区贸易公司商业流通券伍圆样票		11,270	中国嘉德	2022-12-28
民国三十五年(1946年)北海银行山东贰拾伍圆单正、反样票各一枚		36,800	中国嘉德	2022-06-29
民国三十五年(1946年)北海银行山东壹百圆单正、反样票各一枚		20,700	中国嘉德	2022-06-29
民国三十五年(1946年)华中银行贰拾圆样票		34,500	中国嘉德	2022-06-29
民国三十五年(1946年)华中银行伍拾圆样票		26,450	中国嘉德	2022-06-29
民国三十五年(1946年)华中银行伍拾圆样票		19,550	中国嘉德	2022-06-29
民国三十五年(1946年)华中银行伍圆样票		23,000	中国嘉德	2022-06-29
民国三十五年（1946年）冀南银行伍佰圆二枚		24,150	中国嘉德	2022-12-28
民国三十五年（1946年）晋察冀边区银行壹仟圆		11,500	中国嘉德	2022-12-28
民国三十五年冀南银行冀钞伍百圆正、反单面样票各一枚		32,200	北京诚轩	2022-08-12
民国三十一年(1942年)冀南银行壹仟圆五枚		12,650	中国嘉德	2022-12-28
民国三十一年中国银行美钞版法币壹仟圆二枚连号		184,000	北京诚轩	2022-08-12
民国三十一年中国银行美钞版法币壹仟圆一枚		103,500	北京诚轩	2022-08-12
民国十八年（1929年）广西省银行壹圆、伍圆、拾圆样票各一枚		20,700	中国嘉德	2022-06-29
民国十二年（1923年）热河兴业银行平泉壹圆、开鲁伍圆各一枚		12,650	中国嘉德	2022-12-28
民国十六年（1927年）交通银行山东伍圆、拾圆样票各一枚		24,150	中国嘉德	2022-12-28
民国十六年(1927年)中南银行伍圆样票		13,800	中国嘉德	2022-06-29
民国十年(1921年)边业银行哈尔滨拾圆		11,500	中国嘉德	2022-12-28
民国十年(1921年)边业银行天津拾圆		82,800	中国嘉德	2022-12-28
民国十年(1921年)边业银行天津伍圆		69,000	中国嘉德	2022-12-28
民国十年(1921年)边业银行天津壹圆		48,300	中国嘉德	2022-12-28
民国十年(1921年)虎林县商会临时兑换券伍角		20,750	中国嘉德	2022-12-28
民国十年(1921年)吉林永衡官银钱号哈尔滨铜元拾枚		14,950	中国嘉德	2022-12-28
民国十年(1921年)中南银行壹圆样票		12,650	中国嘉德	2022-06-29
民国十七年(1928年)吉林永衡官帖官银钱号壹吊、贰吊、叁吊、伍吊、拾吊、伍拾吊、壹百吊各一枚		18,400	中国嘉德	2022-12-28
民国十七年吉林官银钱号永衡官帖拾吊一枚		48,300	北京诚轩	2022-08-12
民国十七年吉林官银钱号永衡官帖拾吊一枚		19,550	北京诚轩	2022-08-12
民国十四年(1925年)边业银行天津壹圆		24,150	中国嘉德	2022-06-29
民国十四年（1925年）黑龙江广信公司拾圆		82,800	中国嘉德	2022-12-28
民国十四年（1925年）黑龙江广信公司壹圆		78,200	中国嘉德	2022-12-28
民国十四年(1925年)四明银行上海拾圆		19,550	中国嘉德	2022-06-29
民国十五年(1926年)黑龙江广信公司拾圆样票		12,650	中国嘉德	2022-12-28
民国十五年(1926年)吉林永衡官银钱号大洋伍分、壹角、贰角、伍角各一枚		14,950	中国嘉德	2022-12-28
民国十一年河南银行加盖改作河南省银行国币伍圆一枚		18,400	北京诚轩	2022-08-12

拍品名称	物品尺寸	成交价RMB	拍卖公司	拍卖日期
民国时期北海银行胶东贰角一组三枚		43,700	中国嘉德	2022-06-29
民国时期北海银行胶东壹角一组二枚		11,500	中国嘉德	2022-06-29
民国时期虎林县商会临时货物流通券叁圆		31,050	中国嘉德	2022-12-28
民国时期华中银行纸币一组五枚		10,925	中国嘉德	2022-06-29
民国时期鲁西银行纸币一组五枚		11,500	中国嘉德	2022-06-29
民国时期闽西军民合作社流通券纸币一组十一枚		69,000	中国嘉德	2022-06-29
民国时期纸币一组二枚		36,800	中国嘉德	2022-06-29
民国时期纸币一组二枚		17,250	中国嘉德	2022-06-29
民国时期纸币一组二枚		13,800	中国嘉德	2022-06-29
民国时期纸币一组二种		28,750	中国嘉德	2022-06-29
民国时期纸币一组三枚		12,650	中国嘉德	2022-06-29
民国时期纸币一组三枚		11,500	中国嘉德	2022-06-29
民国时期纸币一组十枚		13,800	中国嘉德	2022-06-29
民国时期中国农民银行纸币一组十五枚		18,400	中国嘉德	2022-06-29
民国四年财政部平市官钱局铜元票贰拾枚一枚		10,350	北京诚轩	2022-08-12
民国五年（1916年）东三省官银号奉天拾圆		63,250	中国嘉德	2022-12-28
民国五年（1916年）东三省官银号奉天伍圆		89,700	中国嘉德	2022-12-28
民国五年（1916年）东三省官银号奉天壹圆		48,300	中国嘉德	2022-12-28
民国元年（1912年）陆军部发行军事用票壹圆		20,700	中国嘉德	2022-06-29
民国元年黄帝像中国银行兑换券壹圆一枚		20,700	北京诚轩	2022-08-12
清至民国（非美国）外国币一组三十八枚	直径15～37.5mm	11,500	西泠印社	2022-01-21
无年份（1927年）财政部军需汇兑局兑换券壹圆一枚		13,800	北京诚轩	2022-08-12
西藏银币（二张）		99,482	哈布斯堡	2022-12-18
咸丰八年大清宝钞伍仟文		34,500	中国嘉德	2022-12-28
咸丰八年大清宝钞拾仟文		57,500	中国嘉德	2022-12-28
咸丰七年大清宝钞百千文		109,250	中国嘉德	2022-12-28
咸丰七年大清宝钞贰仟文一枚		47,150	北京保利	2022-07-29
咸丰七年大清宝钞壹千文		13,800	中国嘉德	2022-12-28
咸丰三年户部官票拾两一枚		71,300	北京诚轩	2022-08-12
咸丰三年户部官票壹两一枚		43,700	北京诚轩	2022-08-12
咸丰四年大清宝钞贰千文一枚		25,300	北京诚轩	2022-08-12
咸丰四年大清宝钞壹千文一枚		23,000	北京诚轩	2022-08-12
咸丰四年大清宝钞壹千文一枚		20,700	北京诚轩	2022-08-12
咸丰四年大清宝钞贰仟文		78,200	中国嘉德	2022-12-28
咸丰四年大清宝钞壹千五百文		24,150	中国嘉德	2022-12-28
咸丰四年户部官票贰两一枚		60,950	北京诚轩	2022-08-12
咸丰五年户部官票叁两		80,500	中国嘉德	2022-12-28
咸丰五年大清宝钞伍佰文		14,950	中国嘉德	2022-12-28
咸丰五年户部官票伍两一枚		40,250	北京诚轩	2022-08-12
咸丰五年户部官票壹两两一枚		20,700	北京诚轩	2022-08-12
现代2000年迎接新世纪双龙二连体纪念钞	长165mm；宽160mm	17,250	西泠印社	2022-01-21
现代第二版、第三版人民币一组二十一枚	通长89～164mm	46,000	西泠印社	2022-01-21
现代第二版、第三版人民币一组十五枚		25,300	西泠印社	2022-01-21
现代第二版、第三版人民币纸币一组三千一百二十一枚		27,600	西泠印社	2022-01-21
现代第二版人民币一组十五枚	通长90～210mm	230,000	西泠印社	2022-01-21
现代第三版人民币背绿水印壹角连号两枚	通长105mm	74,750	西泠印社	2022-01-21
现代第三版人民币背绿壹角十连号	长105mm	52,900	西泠印社	2022-08-19
现代第三版人民币背绿壹角水印	长105mm	43,700	西泠印社	2022-08-19
现代第三版人民币枣红及背绿壹角连号一组三枚	长114mm；宽52mm	51,750	西泠印社	2022-01-21
现代第三版人民币枣红壹角、贰元车工一组四枚	通长114～135mm	17,250	西泠印社	2022-01-21
现代第一版、二版人民币一组九枚	通长95～140mm	43,700	西泠印社	2022-01-21
现代第一版人民币伍仟圆渭河桥	长140mm；宽75mm	138,000	西泠印社	2022-01-21
现代第一版人民币伍拾圆红火车正、背票样一对	长132mm；宽70mm	172,500	西泠印社	2022-01-21
现代第一版人民币一组三十七枚		195,500	西泠印社	2022-01-21
现代第一版人民币壹仟圆钱塘江大桥正、背票样一对	长133mm；宽69mm	13,800	西泠印社	2022-01-21
现代中国《辉煌70年》财富典藏纪念钞册	尺寸不一	32,200	西泠印社	2022-01-21
宣统元年（1909年）大清银行兑换券壹圆样票		48,300	中国嘉德	2022-12-28

2022杂项拍卖成交汇总（续表）

（成交价RMB：1万元以上）

拍品名称	物品尺寸	成交价RMB	拍卖公司	拍卖日期
宣统元年(1909年)东三省官银号拾角		86,250	中国嘉德	2022-12-28
宣统元年(1909年)李鸿章像大清银行兑换券壹圆单正、反样票		59,800	中国嘉德	2022-06-29
纸币一组四枚		10,580	中国嘉德	2022-12-28
"莱特兄弟"奥维尔·莱特 亲笔签名支票	57.5cm×47.5cm	20,700	中国嘉德	2022-06-26
J.P.摩根 亲笔签名股票	29cm×17.3cm	28,750	中国嘉德	2022-12-09
JP摩根 亲笔签名支票	20.7cm×27.1cm	92,000	中国嘉德	2022-06-26
爱迪生 亲笔签名股票	25.5cm×39.2cm;27.7cm×21.5cm	36,800	中国嘉德	2022-06-26
标准石油公司创始人约翰·洛克菲勒、亨利·弗拉格格勒、雅比斯·博斯特维克 亲笔签名股票	39.8cm×19.4cm	27,600	中国嘉德	2022-06-26
道琼斯 亲笔签名股票	43cm×35.5cm	75,900	中国嘉德	2022-06-26
范德比尔特二世 亲笔签名股票	框56.3cm×50cm	11,500	中国嘉德	2022-06-26
富国创始人威廉·法格 亲笔签名股票	40.5cm×61.5cm	31,050	中国嘉德	2022-06-26
利兰·斯坦福 亲笔签名股票	框72cm×46cm	103,500	中国嘉德	2022-12-09
罗斯柴尔德 亲笔签名股票	36cm×23.8cm	39,100	中国嘉德	2022-06-26
洛克菲勒 亲笔签名股票	40cm×19.6cm	52,900	中国嘉德	2022-06-26
美国商业巨头和知名实业家,标准石油公司的缔造者之一亨利·弗拉格勒亲笔签名股票	27.5cm×19.6cm	20,700	中国嘉德	2022-12-09
皮尔·杜邦 亲笔签名股票	18.6cm×29.2cm	12,650	中国嘉德	2022-06-26
清山东烟台顺泰号正兑券半壹圆	长141mm;宽84mm	17,250	西泠印社	2022-01-21
中华苏维埃共和国借谷票一组(两张)	7.5cm×10cm×2	13,800	中鸿信	2022-09-12
清二等第二双龙宝星勋章(带原盒)	直径8.1cm; 4.7cm	115,000	广东崇正	2022-08-11
清 御赐双龙星三等第一级金质勋章裹天宝款(第一版)大型珐琅彩含原盒绶带		324,300	华艺国际	2022-08-07
清"福州船政成功·大清御赐"金牌一枚		3,852,500	华艺国际	2022-08-07
1945年蒙古战斗红旗勋章一枚		51,750	北京诚轩	2022-08-10
1951年中国人民志愿军抗美援朝二等战斗英雄奖章一枚		32,200	北京诚轩	2022-08-10
碧云寺福寿铜质珐琅纪念勋章		13,800	华艺国际	2022-08-07
大清钦差大臣赏给功牌 大型(样章)		59,800	华艺国际	2022-08-07
大清钦差大臣赏给功牌银质奖章		49,450	华艺国际	2022-08-07
大清钦差大臣银质赏给功牌		34,500	华艺国际	2022-08-07
大清宣统三年四月钦差大臣东三省总督锡制制防疫纪念金质勋章及伍连德原版照片一张		86,250	华艺国际	2022-08-07
大清御赐三等第二级双龙宝星勋章过渡版		253,000	华艺国际	2022-08-07
大清御赐三等双龙宝星勋章		24,150	华艺国际	2022-08-07
大清御赐四等双龙宝星一枚带原盒,原绶带		115,000	华艺国际	2022-08-07
顾维钧任北洋外交部长获得北洋勋三位银质勋章		230,000	华艺国际	2022-08-07
国军空军陆海空勋章奖章挂图一组7张		11,500	华艺国际	2022-08-07
国民时期一等大绶云麾勋章正、副章一套		126,500	北京保利	2022-07-29
国民时期一等特种大绶宝鼎勋章正、副章一套		149,500	北京保利	2022-07-29
国民时期一等特种大绶云麾勋章正、副章一套		126,500	北京保利	2022-07-29
海陆空三军历代帽徽一组(十九枚)	尺寸不一	17,250	中鸿信	2022-09-12
黑龙江镇右安将军奖章鹿头,鎏金版		10,925	华艺国际	2022-08-07
胡汉民旧藏 孙中山先生安葬纪念 中华民国十八年三月十二日 大铜章		20,700	华艺国际	2022-08-07
抗战航空救国美金公债票及航空救国金章		23,000	华艺国际	2022-08-07
马益识家族旧藏礼服肩章及珐琅彩鎏金礼章,浮雕木具盒子一套含皮具箱子和法国时期家族信件照片等 保存极为完整,流传有序,来源可靠!敬请关注!		11,500	华艺国际	2022-08-07
民国 北洋政府二等文虎勋章		32,200	华艺国际	2022-08-07
民国 北洋政府二等文虎勋章		33,350	华艺国际	2022-08-07
民国 北洋政府二等文虎主章铜质珐琅勋章		33,350	华艺国际	2022-08-07
民国 北洋政府五等嘉禾勋章		13,800	华艺国际	2022-08-07
民国 北洋政府五等嘉禾勋章		17,250	华艺国际	2022-08-07
民国 国民政府大绶景星勋章一套		66,700	华艺国际	2022-08-07
民国国民政府襟绶宝星勋章原盒		28,750	华艺国际	2022-08-07
民国国民政府云麾勋章原盒		17,250	华艺国际	2022-08-07
民国海军部勋章		21,850	华艺国际	2022-08-07
民国 湖北督军萧耀南纪念金章及文献一组湖北造币厂厂长王连城用印岁一组		224,250	华艺国际	2022-08-07
民国 九年赤胆铜质珐琅勋章		13,800	华艺国际	2022-08-07
民国 九年武将军河南督军勋二位赵倜颁发银质奖章及奖牌执照一套		17,250	华艺国际	2022-08-07

拍品名称	物品尺寸	成交价RMB	拍卖公司	拍卖日期
民国 倪嗣冲像三等奖章		13,800	华艺国际	2022-08-07
民国 段祺瑞临时执政选举纪念铜质珐琅章		32,200	华艺国际	2022-08-07
民国北京政府五等宝光嘉禾勋章		12,650	中国嘉德	2022-12-28
民国时期北洋政府八等文虎勋章一枚		18,400	北京诚轩	2022-08-10
民国时期国民政府抗战胜利勋章一枚		86,250	北京保利	2022-07-29
民国时期河洞图勋章一枚		48,300	北京保利	2022-07-29
民国时期小型襟绶佩章一组12枚		69,000	北京保利	2022-07-29
民国时期一等荣誉复兴勋章一枚		20,700	北京保利	2022-07-29
民国时期中型襟绶佩章一组10枚		57,500	北京保利	2022-07-29
民国时期忠勤勋章一枚		32,200	北京保利	2022-07-29
清 (汉口各界)欢迎美国商团颁发的纪念襟章 稀少		13,800	华艺国际	2022-08-07
清 大清帝国立宪助章背北京宝华楼款		81,650	华艺国际	2022-08-07
清 大清立宪银质鎏金徽章 极美品少见		34,500	华艺国际	2022-08-07
清 二等第二双龙宝星勋章,带原盒		86,250	华艺国际	2022-08-07
清 二等第三双龙宝星勋章,带原盒		59,800	华艺国际	2022-08-07
清 光绪二十七年(北洋龙)银质功牌奖章带盒子		43,700	华艺国际	2022-08-07
清 汉口总商会发给美国商团访华金质章 背(辛)(同震)(慎)(足赤有)附原盒		59,800	华艺国际	2022-08-07
清 立宪运动"立宪万岁"双龙银鎏金almstar一章一枚		23,000	华艺国际	2022-08-07
清 宣统时期二等青龙勋章(罕见品)		189,750	华艺国际	2022-08-07
清 御赐三等双龙宝星勋章		33,350	华艺国际	2022-08-07
清 御赐三等双龙宝星勋章		32,200	华艺国际	2022-08-07
清 御赐三等一级双龙宝星勋章,带原盒(大版)		40,250	华艺国际	2022-08-07
清 大清钦差大臣赏给功牌单面金质样章(伯明翰厂代 铸,林国明收录),仅见孤品		166,750	华艺国际	2022-08-07
清大清钦差大臣赏给功牌一枚		172,500	北京诚轩	2022-08-10
清大清钦差大臣赏给功牌一枚		34,500	北京诚轩	2022-08-10
清光绪丙午年天津欢迎展览会钦差大臣		28,750	华艺国际	2022-08-07
清光绪丙午年天津欢迎展览会钦差大臣		24,150	华艺国际	2022-08-07
清光绪丙午年天津欢迎展览会钦差大臣奖牌奖章		28,750	华艺国际	2022-08-07
清光绪双龙星三等第三助章		24,150	中国嘉德	2022-12-28
清京师高等巡警学堂学习试验最优等生褒实奖徽章 招经珐琅彩工艺正中为双龙戏珠设计精美为清末新军制度警察高等学堂		13,800	华艺国际	2022-08-07
清末宣统时期二等黑龙勋章		34,500	华艺国际	2022-08-07
清农工商部制三等奖牌一枚		97,750	北京诚轩	2022-08-10
清农工商部制一等奖牌一枚		149,500	北京诚轩	2022-08-10
清宣统双龙宝星三等第三助章		20,700	中国嘉德	2022-12-28
清御赐双龙宝星一等三级助章		207,000	北京保利	2022-07-29
现代俄罗斯联邦友谊勋章套装	通长23—62mm	40,250	西泠印社	2022-01-21
现代南斯拉夫一级游击队勋章		48,300	西泠印社	2022-01-21
现代苏联列宁勋章一组四枚		43,700	西泠印社	2022-01-21
宣统三年郡王衔多罗贝勒载银质赏牌一枚		46,000	华艺国际	2022-08-07
1955年中华人民共和国二级解放勋章		31,050	中国嘉德	2022-06-29
援朝粤军第三军从军纪念金章一枚		57,500	华艺国际	2022-08-07
张学良赠广州军工训练团铜章		17,250	华艺国际	2022-08-07
长江巡阅使安徽督军倪公纪念银质珐琅奖章		17,250	华艺国际	2022-08-07
中华民国景星勋章附章一枚		10,350	华艺国际	2022-08-07
中华民国九年嘉禾奖章主章		34,500	华艺国际	2022-08-07
中央造币厂桂林分厂布图纪念铜章一枚		17,250	华艺国际	2022-08-07
明 香花供养铜摇钱树	高32.4cm	126,500	中贸圣佳	2022-07-12
大清宣统二年郡王衔多罗贝勒载涛赏牌及照片一张		35,650	华艺国际	2022-08-07
光绪二十八年江海关兵部火票一件		224,250	北京保利	2022-08-28
光绪二十二年(1896年)西藏定日等处军粮府		23,000	北京保利	2022-08-28
光绪三十年(1904年)兵部兵票一件		13,800	北京保利	2022-08-28
民国 船洋合背膨音造币一枚(趣味币)		40,250	华艺国际	2022-08-07
民国 (1)民国抗战时期,蒋宋美龄赠给美国志愿空军大队长欧尔德庆祝袭落敌机纪念"卫我领空"纯金盾牌一件珍贵	尺寸不一	101,200	华艺国际	2022-08-07
民国时期恒兴钱庄票及制钱用具一组共七枚		12,650	中国嘉德	2022-06-29
民国时期黎元洪像雕刻印样		11,500	中国嘉德	2022-12-28
民国时期钱庄票及钱庄戳一组共三十二枚		11,270	中国嘉德	2022-06-29
民国时期袁世凯像雕刻版印样		11,500	中国嘉德	2022-12-28
清 古钱礼盒一盒八枚	尺寸不一	28,750	华艺国际	2022-08-06

拍品名称	物品尺寸	成交价RMB	拍卖公司	拍卖日期
清峄岨团练执照牌	通长56.6mm	17,250	西泠印社	2022-01-21
清末民初钱庄、商铺用伍拾两(1877.7克)至壹分(0.24克)铜质砝码二十七枚大全套		19,550	北京诚轩	2022-08-12
民国时期"花好月圆"花卉图金锁		23,000	中国嘉德	2022-12-28
邮 品				
清 1897年红印花加盖暂作邮票小字4分一枚		377,168	香港福羲国际	2022-04-17
《百年老明信片里的中国女性》5框邮集一部共80贴片		40,250	北京保利	2022-08-28
《新中国初期康滇邮路》一框邮集共16贴片		28,750	北京保利	2022-08-29
《中国人民邮政航空邮票(第二组)的国际航空邮件贴用》一框邮集共16贴片		23,000	北京保利	2022-08-29
《中国人民邮政航空邮票(第一组)的国际航空邮件贴用》一框邮集共16贴片		66,700	北京保利	2022-08-29
○ 纪94(8-6)梅兰芳22分有齿邮票盖销二十枚		20,700	中国嘉德	2022-12-27
○ 纪94梅兰芳无齿邮票盖销八枚全		24,150	中国嘉德	2022-12-27
○ 纪94梅兰芳有齿邮票盖销四方连八全		19,550	中国嘉德	2022-12-27
○ 纪94梅兰芳有齿邮票五十枚全张八全		437,000	中国嘉德	2022-06-29
○ 纪94梅兰芳有齿邮票五十枚全张八全		598,000	中国嘉德	2022-06-29
○ 冀鲁豫誊写版临时邮票三枚全		19,550	中国嘉德	2022-12-27
○ 太岳加盖"暂作"改值邮票8元/3元六方连		18,400	中国嘉德	2022-12-27
○ 特44菊花邮票五十枚全张盖销十八全		172,500	中国嘉德	2022-12-27
○ 武都加盖"人民邮政(甘)"改值邮票300元/5分/2000元横双连		21,850	中国嘉德	2022-12-27
○ 盐阜区第二次有面值邮票红1角灰蓝一枚		14,950	中国嘉德	2022-12-27
★ 1949—1967年老纪特邮票大全套		264,500	中国嘉德	2022-06-29
★ 1953年黄军邮、紫军邮各一枚		24,150	中国嘉德	2022-06-29
★ T46-T159第一轮生肖邮票十二枚全		27,600	中国嘉德	2022-12-27
★ T46-T159第一轮生肖邮票十二枚全		59,800	中国嘉德	2022-06-29
★ 编号邮票大全套		10,350	中国嘉德	2022-12-27
★ 纪20(4-3)伟大"苏联"错体邮票一枚		18,400	中国嘉德	2022-12-27
★ 纪33、纪92古代科学家一、二组邮票四方连各一套		11,500	中国嘉德	2022-12-27
★ 纪94(8-4)10分梅兰芳有齿邮票五十枚全张		287,500	中国嘉德	2022-06-29
★ 纪94(8-7)30分梅兰芳有齿邮票五十枚全张		57,500	中国嘉德	2022-06-29
★ 纪94(8-7)梅兰芳30分有齿邮票五十枚全张		40,250	中国嘉德	2022-12-27
★ 纪94(8-8)50分梅兰芳有齿邮票五十枚全张		598,000	中国嘉德	2022-06-29
★ 纪94梅兰芳有齿邮票八方连八全		402,500	中国嘉德	2022-06-29
★ 纪94梅兰芳有齿邮票八枚全		23,000	中国嘉德	2022-12-27
★ 纪94梅兰芳有齿邮票八枚全		10,120	中国嘉德	2022-12-27
★ 纪94梅兰芳有齿邮票八枚全		18,400	中国嘉德	2022-12-27
★ 纪94梅兰芳有齿邮票六方连八全		368,000	中国嘉德	2022-06-29
★ 纪94梅兰芳有齿邮票四方连四件		27,600	中国嘉德	2022-12-27
★ 纪94梅兰芳有齿邮票一组十枚		12,650	中国嘉德	2022-12-27
★ 加盖"冀察热辽暂用"邮票横双连三全		11,500	中国嘉德	2022-12-27
★ 老纪特邮票四百七十余枚		24,150	中国嘉德	2022-06-29
★ 普旅1天安门图旅大贴用普通邮票30元横双连		28,750	中国嘉德	2022-12-27
★ 清宣统叁级邮票2分面值八十七枚		12,650	中国嘉德	2022-12-27
★ 日本版蟠龙邮票十二枚全		16,100	中国嘉德	2022-12-27
★ 山东邮政第三版毛泽东像灰蓝无齿10元二十方连		13,800	中国嘉德	2022-12-27
★ 山东邮政朱德像邮票1元有齿宋体一枚		18,400	中国嘉德	2022-12-27
★ 山东战邮朱德像邮票十枚		11,500	中国嘉德	2022-12-27
★ 陕南毛泽东像邮票点线齿5元横双连		25,300	中国嘉德	2022-12-27
★ 苏皖边区第二版火车图邮票2元横五连		25,300	中国嘉德	2022-12-27
★ 苏皖边区第一版毛泽东像无齿20分橘红"快"邮票三十枚全张		11,500	中国嘉德	2022-12-27
★ 苏中区第一版无面值邮票七枚		71,300	中国嘉德	2022-06-29
★ 苏中区无面值邮票七枚		34,500	中国嘉德	2022-12-27
★ 特38金鱼邮票直双连十二全		43,700	中国嘉德	2022-12-27
★ 特38金鱼邮票直双连十二全		36,800	中国嘉德	2022-12-27
★ 特40养路邮票四方连五全		23,000	中国嘉德	2022-12-27
★ 特44(18-13)菊花邮票五十枚全张		13,800	中国嘉德	2022-12-27
★ 特44(18-18)菊花邮票五十枚全张		11,500	中国嘉德	2022-12-27
★ 特44(18-6)菊花邮票五枚全张		31,050	中国嘉德	2022-12-27
★ 特44菊花邮票十八枚全		11,500	中国嘉德	2022-06-29
★ 特44菊花邮票十八枚全		16,100	中国嘉德	2022-06-29
★ 特44菊花邮票十八枚全		11,500	中国嘉德	2022-06-29
★ 特4广播体操版邮票四十枚全		10,925	中国嘉德	2022-06-29
★ 特56蝴蝶邮票二十枚全		10,120	中国嘉德	2022-06-29
★ 特60金丝猴无齿邮票三枚全		33,350	中国嘉德	2022-06-29
★ 特61牡丹邮票十四枚		97,750	中国嘉德	2022-06-29
★ 特61牡丹邮票十五枚全		11,500	中国嘉德	2022-12-27
★ 特74解放军邮票四方连八全		46,000	中国嘉德	2022-06-29
★ 皖中区"暂作五角"邮票双连		43,700	中国嘉德	2022-12-27
★ 文11题词邮票五十枚全张		23,000	中国嘉德	2022-06-29
★ 文12去安源邮票一枚		10,925	中国嘉德	2022-06-29
★ 文16钢琴伴唱红灯记邮票四方连二全		10,350	中国嘉德	2022-06-29
★ 文18保边疆邮票一百四十三枚		161,000	中国嘉德	2022-06-29
★ 文1连票十一枚全		59,800	中国嘉德	2022-06-29
★ 文1语录邮票十一枚全		17,250	中国嘉德	2022-06-29
★ 文2"军帽"邮票一枚		40,250	中国嘉德	2022-06-29
★ 文2"四海"邮票一枚		17,250	中国嘉德	2022-06-29
★ 文5"交响乐沙家浜"邮票二十八枚全张		36,800	中国嘉德	2022-06-29
★ 文5"娘子军"邮票六枚		10,580	中国嘉德	2022-06-29
★ 文6邮票六方连二全		51,750	中国嘉德	2022-06-29
★ 文7"才饮"邮票四方连		23,000	中国嘉德	2022-06-29
★ 文7"满江红"邮票三十五枚全张		14,950	中国嘉德	2022-12-27
★ 文7"茫茫"邮票四枚		17,250	中国嘉德	2022-06-29
★ 文7"西风"邮票四枚		24,150	中国嘉德	2022-06-29
★ 文7"钟山"邮票十方连		40,250	中国嘉德	2022-06-29
★ 文7"钟山"邮票四方连		11,500	中国嘉德	2022-06-29
★ 文8"金大海"邮票五十枚全张		26,450	中国嘉德	2022-06-29
★ 文字邮票大全套		172,500	中国嘉德	2022-06-29
★ 新中国纪特邮票一册		115,000	中国嘉德	2022-12-27
★ 新中国普、改、航、欠邮票大全套		46,000	中国嘉德	2022-12-27
★○ 解放区邮票一组一百零八枚		17,250	中国嘉德	2022-06-29
★○ 清及民国邮票一千六百余枚		74,750	中国嘉德	2022-12-27
★○ 文字邮票一百二十余枚		57,500	中国嘉德	2022-12-27
1865年上海工部大龙二分银灰色新票一枚		57,500	北京保利	2022-08-28
1865年上海工部大龙六分银棕色新票全张六枚		20,700	北京保利	2022-08-28
1877年万年有象图伍厘银有齿黑色样票横双连		534,750	北京保利	2022-08-28
1878年薄纸大龙伍分银试模无齿样票一枚		437,000	北京保利	2022-08-28
1878年薄纸大龙伍分银无齿样票横双连		230,000	北京保利	2022-08-28
1878年薄纸大龙新票全套八枚		29,900	北京保利	2022-08-28
1878年薄纸大龙壹分银无齿试版样票左上角四方连		92,000	北京保利	2022-08-28
1878年大龙薄纸无齿试模样票全套横双连		115,000	北京保利	2022-08-28
1878年大龙叁分银厚纸试模无齿样票横双连		46,000	北京保利	2022-08-28
1878年大龙无齿薄纸试版样票全套横双连		115,000	北京保利	2022-08-28
1879年镇江寄上海包裹封面,贴薄纸大龙叁分银一枚		69,000	北京保利	2022-08-28
1880年北京寄英国大龙封,贴薄纸大龙叁分银不规则方连带左右纸边,"模号1-6-11/23",销北京蓝色中文戳,北京邮关盖圆11000年12月2日戳,经上海中转贴法国35丁生一枚		317,500	北京保利	2022-08-28
1882年阔边大龙旧票全套横双连		28,750	北京保利	2022-08-28
1882年阔边大龙新票全套3枚		11,500	北京保利	2022-08-28
1882年阔边大龙新票全套3枚		11,500	北京保利	2022-08-28
1882年阔边大龙新票全套3枚		11,500	北京保利	2022-08-28
1882年阔边大龙新票全套3枚		11,500	北京保利	2022-08-28
1882年阔边大龙新票全套3枚		13,800	北京保利	2022-08-28
1883年北京寄俄国大型西式封		1,495,000	北京保利	2022-08-28
1883年厚纸光齿大龙壹分银新票直双连		172,500	北京保利	2022-08-28
1884年牛庄寄英国西式封,背面贴厚纸大龙叁分银横三连"模号18-6-23"		448,500	北京保利	2022-08-28
1885年厚纸毛齿大龙伍分银新票四方连		109,250	北京保利	2022-08-28
1885年厚纸毛齿大龙新票全套横双连		48,300	北京保利	2022-08-28
1885年厚纸毛齿大龙叁分银新票四方连		57,500	北京保利	2022-08-28
1885年小龙叁分银无齿双连样票		25,300	北京保利	2022-08-28
1893年北京寄天津小龙邮票大型红条封,正贴小龙3分银邮票二枚、5分银一枚		28,750	北京保利	2022-08-28
1894年上海寄北京报纸封包,贴小龙壹分银直双连		23,000	北京保利	2022-08-28
1894年天津寄丹麦小龙封,西式封背贴光齿小龙3分银直三连,计符大清邮政普通外洋平信邮资9分		11,500	北京保利	2022-08-28

2022杂项拍卖成交汇总(续表)

(成交价RMB：1万元以上)

拍品名称	物品尺寸	成交价RMB	拍卖公司	拍卖日期
1895年北京寄加拿大小龙封,西式封背贴小龙光齿3分银横双连		25,300	北京保利	2022-08-28
1897年初版慈寿加盖大字长距3角新票一枚		11,500	北京保利	2022-08-28
1897年初版慈寿加盖小字改值新票全套10枚		10,350	北京保利	2022-08-28
1897年慈寿莫伦道夫版新票一组11枚		13,800	北京保利	2022-08-28
1897年红印花加盖大字2分新票一枚		34,500	北京保利	2022-08-28
1897年红印花加盖大字4分新票一枚		16,100	北京保利	2022-08-28
1897年红印花加盖大字当壹圆旧票一枚		10,925	北京保利	2022-08-28
1897年红印花加盖大字当壹圆新票		62,100	北京保利	2022-08-29
1897年红印花加盖当壹分旧票一组11枚		11,500	北京保利	2022-08-28
1897年红印花加盖当壹分新票全格二十五枚		402,500	北京保利	2022-08-28
1897年红印花加盖小字2分新票四方连		34,500	北京保利	2022-08-28
1897年红印花加盖小字4分旧票一枚		287,500	北京保利	2022-08-28
1897年红印花小2分试盖印样横双连		172,500	北京保利	2022-08-28
1897年莫伦道夫版慈寿1分至6分新票四方连一组六件		34,500	北京保利	2022-08-28
1897年石印版蟠龙半分至10分新票前6枚共五组30枚		10,925	北京保利	2022-08-28
1897年石印蟠龙4分两格新票40枚		48,300	北京保利	2022-08-28
1897年再版慈寿24分银新票一枚		11,500	北京保利	2022-08-28
1897年再版慈寿新票全套9枚		57,500	北京保利	2022-08-28
1898年伦敦版有水印鲤鱼伍角新票横双连		12,650	北京保利	2022-08-28
1898年上海寄德国红印花封,西式封贴红印花大2分一枚,慈寿小字加盖改值8分一枚		17,250	北京保利	2022-08-28
1901—1910年伦敦版蟠龙新票一组16枚		12,650	北京保利	2022-08-28
1901年广西桂林寄龙州小型中式"吉羊"红色喜庆封,背贴伦敦版蟠龙1分直双连,计符邮资2分		10,350	北京保利	2022-08-28
1902—1910年伦敦版无水印飞雁贰圆新票四方连		23,000	北京保利	2022-08-28
1902年盖州寄山东黄县小型红条封,中文毛笔书写,贴伦敦版蟠龙1分一枚		10,925	北京保利	2022-08-28
1903年北团林子寄天津双挂号红条封,此封由黑龙江小地方发天津,正贴伦敦版蟠龙1分直三连		25,300	北京保利	2022-08-28
1903年盖州寄山东黄县红条挂号封,正贴蟠龙1分、5分各一枚,背贴蟠龙5分一枚,计邮资11分		13,800	北京保利	2022-08-28
1903年南通州寄德国封,小型西式封贴伦敦版蟠龙10分一枚		19,550	北京保利	2022-08-28
1903年浙江莫干山寄德国西式封,贴伦敦版蟠龙1分、4分、5分各一枚		16,100	北京保利	2022-08-28
1904年蟠龙加盖欠资新票全套四方连		18,400	北京保利	2022-08-28
1907年云南府奇浪亭县双挂号红条封,中式美术红条封,背贴蟠龙5分两枚、2分一枚,计符双挂号信函邮资12分		11,500	北京保利	2022-08-28
1908年甘肃固原寄山西挂号红条封,贴蟠龙5分、2分各一枚		17,250	北京保利	2022-08-28
1909年"大清国邮政"邮简北京实寄本埠		23,000	北京保利	2022-08-28
1909年广东汕头寄古竹挂号超重西式封,贴蟠龙2分4枚及5分一枚		13,800	北京保利	2022-08-28
1911年鲤鱼图2角西藏加盖8分新票双全格40枚		34,500	北京保利	2022-08-28
1911年伦敦版棕欠资20分新票一枚		10,350	北京保利	2022-08-28
1911年伦敦版欠资半分新票一枚		11,500	北京保利	2022-08-28
1912年蟠龙半分楷字加盖"中华民国"新票全格20枚		11,500	北京保利	2022-08-28
1912年蟠龙半分楷字加盖"中华民国"新票全格20枚		10,925	北京保利	2022-08-28
1912年蟠龙楷字加盖"中华民国"新票全套15枚		10,925	北京保利	2022-08-28
1912年蟠龙楷字加盖"中华民国"新票全套15枚		12,650	北京保利	2022-08-28
1912年蟠龙宋字加盖"中华民国"新票大全套22枚		10,350	北京保利	2022-08-28
1913年广东塘头厦寄美国挂号封,正贴伦敦版蟠龙7分两枚、2分三枚		25,300	北京保利	2022-08-28
1916年洪宪开国纪念加盖"限新省贴用"无齿样票全套三枚		161,000	北京保利	2022-08-28
1916年洪宪开国纪念加盖票样全套3枚		14,950	北京保利	2022-08-28
1916年开国纪念加盖"限新省贴"用样票全套3枚		12,650	北京保利	2022-08-28

拍品名称	物品尺寸	成交价RMB	拍卖公司	拍卖日期
1922—1933年北京二版帆船4分试印邮票一枚		17,250	北京保利	2022-08-28
1922年北京二版宫门试模样票一组4件		57,500	北京保利	2022-08-28
1923年北京二版宫门图壹圆、贰圆、伍圆贵州加盖"黔"省贴用旧票		27,600	北京保利	2022-08-28
1923年北京二版宫门图壹圆及伍圆广西加盖"桂"省贴用各一枚		32,200	北京保利	2022-08-28
1923年宪法纪念无齿全套样票4枚		57,500	北京保利	2022-08-28
1924年帆船4分邮资双片加盖"限新省发寄"寄迪化寄三都澳转巴黎		57,500	北京保利	2022-08-28
1927年第五版帆船6分邮资片加盖"限新省发寄"哈密寄德国		36,800	北京保利	2022-08-28
1928年第二版帆船1分邮片加盖"限新省发寄"英吉沙寄瑞典,片上加贴帆船2分、3分"限新省贴用"邮票各一枚		43,700	北京保利	2022-08-28
1928年第二版帆船4分邮片加盖"限新省发寄"焉耆寄迪化,片上加贴帆船4分邮票一枚		23,000	北京保利	2022-08-28
1928年第七版帆船2分邮资片加盖"限新省发寄"迪化寄瑞典,片上加贴帆船4分"限新省贴用"邮票一枚		25,300	北京保利	2022-08-28
1928年第五版帆船6分邮资双片之去片"限新省发寄"塔城寄天津		36,800	北京保利	2022-08-28
1929年第二版帆船1分邮资双片之去片加盖"限新省发寄"猩猩硖寄迪化		69,000	北京保利	2022-08-28
1929年第七版帆船2分邮资片加盖"限滇省发寄"云南蒙自欠资寄美国欠资		25,300	北京保利	2022-08-28
1930年北平傅斯年寄上海胡适检查封,红框封正贴北京二版帆船1分四枚		80,500	北京保利	2022-08-28
1930年第七版帆船1分邮资片加盖"限滇省发寄"云南府寄上海,片上加贴孙总理国葬纪念1分加盖"限滇省用"一枚		11,500	北京保利	2022-08-28
1930年第七版帆船2分邮资片天津寄上海		23,000	北京保利	2022-08-28
1930年第五版帆船4分邮资双片之回片加盖"限滇省发寄"云南府寄法国,片上加贴帆船3分加盖"限滇省贴用"邮票一枚		23,000	北京保利	2022-08-28
1933年第一版帆船4分邮资双片加盖"限新省发寄"迪化寄塔城		57,500	北京保利	2022-08-28
1934年第七版帆船1分邮资片加盖"限滇省发寄"昆明寄贵阳,片上加贴限滇省贴用烈士像半分、1分各一枚		23,000	北京保利	2022-08-28
1938年北平版烈士像3分上海加盖"限新省贴用"新票四方连		10,350	北京保利	2022-08-28
1941年共拯饥溺全套及小型张打孔存档样张一组		36,800	北京保利	2022-08-28
1945年林森纪念全套左半边二十方连带张号		16,100	北京保利	2022-08-28
1945年林森邮票手绘雕刻试模样票一组		28,750	北京保利	2022-08-28
1945年孙中山逝世20周年新票全套版张		16,100	北京保利	2022-08-28
1947年北平中央二版孙中山像限东北贴用22元薄纸无齿样票一枚		13,800	北京保利	2022-08-28
1947年上海大东二版孙中山像500万元母模样票一件		17,250	北京保利	2022-08-28
1947年孙中山像安徽加盖国币伍拾圆邮资片滁县寄南京		18,400	北京保利	2022-08-28
1947年孙中山像广东加盖国币伍拾圆邮资片广州寄本埠,片上加贴孙中山像国币改值邮票三枚		12,650	北京保利	2022-08-28
1947年孙中山像加盖国币伍拾圆邮资片集大全套约八十七件		46,000	北京保利	2022-08-28
1947年中山陵园1250元未发行试印样不同颜色一组3枚		23,000	北京保利	2022-08-28
1949—1954年纪1-30原版新票一组86枚		16,100	北京保利	2022-08-29
1949—1955年纪念邮戳封片集约127件		17,250	北京保利	2022-08-28
1949—1955年原版及再版旧票邮集共99枚不含东贴		21,850	北京保利	2022-08-29
1949—1955年原版及再版新票邮集共146枚不含东贴		21,850	北京保利	2022-08-29

拍品名称	物品尺寸	成交价RMB	拍卖公司	拍卖日期
1950年纪4开国纪念首日挂号封上海寄香港，封正贴"R NO.15614"挂号条，背贴纪4原版全套邮票4枚		32,200	北京保利	2022-08-29
1950年纪4开国纪念首日航空挂号大型寄封寄天津寄美国，正贴纪4原版全套4枚		161,000	北京保利	2022-08-29
1950年纪4开国纪念首日实寄封北京寄美国，贴纪4原版全套邮票4枚		16,100	北京保利	2022-08-29
1950年纪4开国纪念原版新票全套四方连		51,750	北京保利	2022-08-29
1950年纪4开国纪念原版新票全套四方连		40,250	北京保利	2022-08-29
1950年纪5保卫世界和平挂号首日封北京寄美国，中华人民共和国邮电部邮政总局封，贴纪5邮票3个两套及普1-300元、500元各一枚		86,250	北京保利	2022-08-29
1950年纪6东贴开国一周年纪念原版新票全套四方连		43,700	北京保利	2022-08-29
1950年纪6开国一周年纪念原版新票全套四方连		17,250	北京保利	2022-08-29
1950年纪6开国一周年纪念原版新票全套四方连		11,500	北京保利	2022-08-29
1950年纪6开国一周年首日封天津寄美国，贴纪6(5-3)大国旗800元双连及普1-1000元一枚		10,925	北京保利	2022-08-29
1950年临江寄上海"优军邮件"平快封，此封由27军79师工兵营二连战士寄上海，贴普东2邮票2500元三枚		10,925	北京保利	2022-08-29
1951—1955年特1-13原版新票一组100枚		14,950	北京保利	2022-08-29
1951年航空邮票第一组新票全套版张，共50套		13,800	北京保利	2022-08-29
1952年纪13和平解放西藏首日封上海寄美国，"近代邮刊"中式封，贴纪13原版全套邮票4枚及普1-10000元一枚		25,300	北京保利	2022-08-29
1952年纪16抗战胜利十五周年纪念首日封上海航空寄捷克，贴纪16邮票共4套		10,925	北京保利	2022-08-29
1952年特2土地改革上海寄美国航挂首日封，此封由著名集邮大家钟笑炉亲笔书写寄发，贴特2土改全套原版邮票4枚及(4-4)800元一枚		48,300	北京保利	2022-08-29
1952年特4体操原版新票全套40枚		10,925	北京保利	2022-08-29
1952年特4体操再版全套新票版张		12,650	北京保利	2022-08-29
1953年黄军邮、紫军邮新各一枚		12,650	中国嘉德	2022-12-28
1953年黄军邮800元新票六方连		12,650	北京保利	2022-08-29
1953年纪20伟大的苏联十月革命三十五周年纪念发行撤销新票全套4枚		92,000	北京保利	2022-08-29
1953年特5伟大的祖国建设首日封上海寄美国，"近代邮刊"中式封贴特5全套邮票4枚		13,800	北京保利	2022-08-29
1953年志愿军简实寄		11,500	北京保利	2022-08-29
1955年特13第一个五周年计划全套新票版张，共56套		34,500	北京保利	2022-08-29
1956年特13第一个五年计划首日第一封，贴特13(18-18)、(18-12)各8分一枚		55,200	北京保利	2022-08-30
1957年杭州寄个旧远地印刷品挂号封，贴特15天安门8分两枚		12,650	北京保利	2022-08-29
1957年纪41建军首日实寄香港封全套2件		13,800	北京保利	2022-08-29
1957年纪41解放军建军新票全套四方连		12,650	北京保利	2022-08-29
1959年纪61国际劳动节新票全套十方连		20,700	北京保利	2022-08-29
1959年纪71开国大典新票四方连，带下色标纸边		46,000	北京保利	2022-08-29
1959年纪72第一届全运会日首日封北京寄德国一套4件，分贴纪72全套邮票16枚		28,750	北京保利	2022-08-29
1960年特38金鱼全套新票全套四方连		57,500	北京保利	2022-08-29
1960年特38金鱼新票全套12枚		48,300	北京保利	2022-08-29
1960年特38金鱼新票全套12枚		17,250	北京保利	2022-08-29
1960年特44菊花新票全套四方连		218,500	北京保利	2022-08-29
1961年特46唐三彩新票全套四方连		10,925	北京保利	2022-08-29
1962年纪94梅兰芳舞台艺术无齿盖销全套四方连		276,000	北京保利	2022-08-29
1962年纪94梅兰芳舞台艺术无齿首日封一套2件，北京寄法国，其中低面值封加贴22分邮票一枚		92,000	北京保利	2022-08-29
1962年纪94梅兰芳舞台艺术无齿新票全套8枚		69,000	北京保利	2022-08-29

拍品名称	物品尺寸	成交价RMB	拍卖公司	拍卖日期
1962年纪94梅兰芳舞台艺术小型张新一枚		63,250	北京保利	2022-08-29
1962年纪94梅兰芳舞台艺术小型张新一枚		92,000	北京保利	2022-08-29
1962年纪94梅兰芳舞台艺术有齿新票全套8枚		31,050	北京保利	2022-08-29
1962年纪94梅兰芳舞台艺术有齿新票全套8枚		23,000	北京保利	2022-08-29
1962年纪94梅兰芳舞台艺术有齿新票全套8枚		34,500	北京保利	2022-08-29
1963年特54儿童无齿新票全套12枚		17,250	北京保利	2022-08-29
1963年特54儿童无齿新票全套四方连		16,100	北京保利	2022-08-29
1963年特56蝴蝶新票全套20枚		13,800	北京保利	2022-08-29
1963年特56蝴蝶新票全套20枚		13,800	北京保利	2022-08-29
1963年特57黄山新票全套16枚		32,200	北京保利	2022-08-29
1963年特60金丝猴无齿新票全套四方连		13,800	北京保利	2022-08-29
1964年特61牡丹新票全套15枚		18,400	北京保利	2022-08-29
1964年特61牡丹新票全套版张，共50套		1,322,500	北京保利	2022-08-29
1964年特61牡丹新票全套15枚		55,200	北京保利	2022-08-29
1964年特67石油工业新票全套5枚		17,250	北京保利	2022-08-29
1964年特68新安江水电站新票四方连		17,250	北京保利	2022-08-29
1965年纪116第二届全国运动会新票全套四方连		34,500	北京保利	2022-08-29
1965年纪116第二届运动会新票全套双连		23,000	北京保利	2022-08-29
1965年特73井冈山新票全套6枚		13,800	北京保利	2022-08-29
1967—1970年文字新票大全一部79枚		92,000	北京保利	2022-08-29
1967年特67石油工业新票全套5枚		18,400	北京保利	2022-08-29
1967年文红边语录横五连新票		10,925	北京保利	2022-08-29
1967年文4万寿无疆新票全套5枚		13,800	北京保利	2022-08-29
1967年文6世界人民新票全套2枚		32,200	北京保利	2022-08-29
1968年文12去安源新票一枚		55,200	北京保利	2022-08-29
1968年文5白毛女新票一枚		40,250	北京保利	2022-08-29
1968年文5交响乐新票双连		48,300	北京保利	2022-08-29
1968年文7大雨新票双连		32,200	北京保利	2022-08-29
1975年花卉图试机样票双连全套五件		10,350	北京保利	2022-08-29
1979年T41从小爱科学小型张新一枚		32,200	北京保利	2022-08-29
1979年T41从小爱科学小型张新一枚		10,350	北京保利	2022-08-29
1980—1992年第一轮生肖大全12枚		20,700	北京保利	2022-08-29
1980年J59中美小版新一对		18,400	北京保利	2022-08-29
1980年T46庚申猴新票四方连		43,700	北京保利	2022-08-29
1980年T46庚申猴新票一枚		11,500	北京保利	2022-08-29
1980年T46庚申猴新票一枚		10,925	北京保利	2022-08-29
1980年T46庚申猴新票一枚		10,925	北京保利	2022-08-29
1980年T46庚申猴新票一枚		10,925	北京保利	2022-08-29
1980年T46庚申年猴新票2枚		11,500	北京保利	2022-08-29
1980年T46庚申年猴新票四方连		33,350	北京保利	2022-08-29
1980年T46庚申年猴新票一枚		18,400	北京保利	2022-08-29
1980年T46庚申年猴新票一枚		10,350	北京保利	2022-08-29
C 1880年北京寄美国封		218,500	中国嘉德	2022-06-29
C 1890年镇江寄美国封		43,700	中国嘉德	2022-06-29
C 1901年贴英国"中国远征军"及"英国铁路管理局"邮票实寄封片四件		11,500	中国嘉德	2022-06-29
C 1913年西藏察木多寄成都封		12,650	中国嘉德	2022-12-27
C 1945年左右山东莒县寄天津封		218,500	中国嘉德	2022-12-27
C 1946年江苏宝应寄上海封		11,500	中国嘉德	2022-06-29
C 1947年河北邑县寄大津封		18,400	中国嘉德	2022-12-27
C 1949年山西孝义寄天津封		34,500	中国嘉德	2022-12-27
C 1950年上海本埠挂号封二件		18,400	中国嘉德	2022-12-27
C 1950年上海寄瑞士航空挂号大型封		11,500	中国嘉德	2022-06-29
C 1951年上海寄瑞士航空挂号大型封		16,100	中国嘉德	2022-06-29
C 1966年广州寄香港封		10,350	中国嘉德	2022-06-29
C 1967年文2北京寄日本航空印刷品封		310,500	中国嘉德	2022-06-29
C 1967年浙江诸暨寄瑞士航空封		23,000	中国嘉德	2022-12-27
C 1968年上海寄美国航空封		28,750	中国嘉德	2022-06-29
C 1968年西藏拉萨寄尼泊尔印刷品语录封		10,350	中国嘉德	2022-06-29
C 1971年广州寄香港挂号封四件		21,850	中国嘉德	2022-06-29
C 北京寄上海封封面		26,450	中国嘉德	2022-06-29
C 北京寄上海封封面		36,800	中国嘉德	2022-12-27
C 贴文4邮票实寄封五件		11,500	中国嘉德	2022-06-29
C 贴文7邮票实寄封十四件		12,650	中国嘉德	2022-06-29
C 贴文字票的实寄封五十八件		16,100	中国嘉德	2022-06-29
C 贴文字邮票实寄封六件		10,580	中国嘉德	2022-06-29
C 贴文字邮票实寄封五件		11,500	中国嘉德	2022-06-29
COL《新中国邮政日戳(1949—1957)》邮集一部八十页贴片		17,250	中国嘉德	2022-12-27
COL 各解放区邮票一组一百四十余枚		10,580	中国嘉德	2022-12-27
COL 纪特邮票一组六百五十余枚		21,850	中国嘉德	2022-06-29
COL 新中国普通邮票三千四百余枚		35,650	中国嘉德	2022-06-29

2022杂项拍卖成交汇总(续表)
(成交价RMB: 1万元以上)

拍品名称	物品尺寸	成交价RMB	拍卖公司	拍卖日期
FDC 1962年纪94梅兰芳有齿邮票中国集邮公司首日封二全		12,650	中国嘉德	2022-06-29
FDC 1967年文2邮票首日实寄封		82,800	中国嘉德	2022-06-29
FDC 2021年中国共产党成立100周年大型手绘封		241,500	中国嘉德	2022-06-29
FDC 日本邮趣协会纪104联合起来首日实寄封		23,000	中国嘉德	2022-06-29
M/S 特6IM牡丹小型张新一枚		17,250	中国嘉德	2022-12-27
PPC 清画图明信片十一件		12,650	中国嘉德	2022-12-27
PPC 辛亥革命历史图画明信片七十二枚		12,650	中国嘉德	2022-12-27
PR 纪122(3-2)鲁迅邮票画稿		13,800	中国嘉德	2022-12-27
PR 民国二十三年外交部收报雕刻版印样六枚		23,000	中国嘉德	
PR 文10邮票画稿		25,300	中国嘉德	
PS 1992年JP32中国友好观光年邮资明信片"大阿福"(未发行)一套		184,000	中国嘉德	2022-12-27
SB3辛酉年(鸡)小本票十五本		12,650	中国嘉德	
大龙壹分银无齿黑色样票一枚		253,000	北京保利	2022-08-28
德国客邮1899年斜盖"China"10芬尼邮资片江阴炮台寄德国		13,800	北京保利	
俄国作家列夫·托尔斯泰 亲笔签名明信片	8.7cm×13.6cm	78,200	中国嘉德	2022-06-26
法国客邮1897年和平女神图10分加盖"Chine"邮资片宁波寄苏格兰		13,800	北京保利	2022-08-28
法国客邮1900年和平女神图10分邮资片献县寄法国		10,350	北京保利	2022-08-28
帆船邮资单双片加盖"限新省发寄"万国邮盟总部伯恩(UPU)存档样片全套十件		16,100	北京保利	2022-08-28
庚申年(猴)六连邮票	2.6cm×3.1cm	94,292	香港福羲国际	2022-04-17
光绪二十年(1894年)台南寄浙江宁波镇海公文封		264,500	北京保利	2022-08-28
光绪三十年兵部兵票		23,000	中国嘉德	2022-12-27
汉口书信馆1897年加盖PPC新票2套		40,250	北京保利	
华北1949年汇兑印纸加盖"暂作邮票"小专集,含贴片8页		12,650	北京保利	
华北1949年热河圈场寄湖南双挂号改退封,贴建党二十八周年120元邮票一枚		11,500	北京保利	
华东区1946年东台寄南通快递挂号封,贴苏皖边区第一版火车图邮票1元有齿直双连		12,650	北京保利	
华东区1950年上海寄苏州快信调资首日封1封,贴华东区邮运图30元、进军图370元、三一版毛像2000元及100元各一枚		10,350	北京保利	2022-08-29
老记特盖套票一批约350枚		12,650	北京保利	
民国五色旗邮资明信片加盖SPECIMEN样票		11,500	北京保利	
清二次邮资片1902年湖北天门寄德国,加贴蟠龙1分、2分各一枚		19,550	北京保利	
清二次邮资双片1900年梧州寄德国来回实寄		115,000	北京保利	
清二次邮资双片1907年上海寄本埠总包发售		48,300	北京保利	
清二次邮资双片之回片1902年奥地利寄青岛,加贴奥地利10H邮票一枚		46,000	北京保利	
清二次邮资双片之正片1903年南宁寄上海		63,250	北京保利	
清三次邮资片1907年武昌寄德国,片上加贴蟠龙1分、2分邮票各一枚		34,500	北京保利	
清三次邮资片1907年重庆寄德国,片上加贴蟠龙1分、2分各一枚		17,250	北京保利	
清三次邮资片1908年上海寄埃及,片上加贴蟠龙1分、2分各一枚		57,500	北京保利	
清三次邮资片未使用一件		69,000	北京保利	
清三次邮资双片未使用一件		14,950	北京保利	
清三次邮资右折双片之正片1908年上海寄本埠第二版式		40,250	北京保利	
清四次邮资片1909年坡李庄寄德国,此片上加贴蟠龙2分一枚、半分两枚		69,000	北京保利	
清四次邮资片1912年江苏利国驿寄德国,加盖蟠龙加盖"楷体红字中华民国"邮票1分、2分各一枚		23,000	北京保利	
清四次邮资片1914年汉口挂号快递寄德国,贴帆船1分双连、3分及10分各一枚		48,300	北京保利	
清一次片1907年琼州寄德国挂号,加贴蟠龙10分、4分各一枚		28,750	北京保利	2022-08-28
清一次邮资片1898年杭州寄上海		207,000	北京保利	2022-08-28
清一次邮资片1898年牛庄寄上海		34,500	北京保利	2022-08-28
清一次邮资片1898年苏州寄汕头		20,700	北京保利	2022-08-28
清一次邮资片1899年芜湖寄德国,片上加贴蟠龙1分、2分各一枚		12,650	北京保利	2022-08-28
邵洵美 游欧从法国凡尔赛寄盛佩玉明信片	9cm×14cm	82,800	中贸圣佳	2022-10-27
邵洵美 游欧从法国凡尔赛寄盛佩玉明信片	9cm×14cm	82,800	中贸圣佳	2022-10-27
邵洵美 游欧从罗马寄盛佩玉明信片	9cm×14cm	82,800	中贸圣佳	2022-10-27
邵洵美 游欧从罗马寄盛佩玉明信片	9cm×14cm	82,800	中贸圣佳	2022-10-27
苏维埃邮政1932年工农图10分无齿旧票一枚		115,000	北京保利	2022-08-29
苏维埃邮政1932年工农图10分无齿新票一枚		57,500	北京保利	2022-08-29
苏维埃邮政1932年工农图10分有齿旧票一枚		172,500	北京保利	2022-08-29
苏维埃邮政1932年红军图1分新票一枚		23,000	北京保利	2022-08-29
苏维埃邮政1932年红军长征图30分新票一枚		172,500	北京保利	2022-08-29
苏维埃邮政1932年红军长征图8分新票一枚		138,000	北京保利	2022-08-29
苏维埃邮政1932年旗球图半分新票一枚		92,000	北京保利	2022-08-29
苏维埃邮政1932年欠资1分黄棕色新票一枚		11,500	北京保利	2022-08-29
苏维埃邮政1932年欠资1分黄棕色新票一枚		20,700	北京保利	2022-08-29
腾飞2000墨龙图邮票明信片	16.5cm×30.5cm×50	138,000	四川灏瀚	2022-01-08
王韬闰 国际和平艺术家邮票珍藏册	26.5cm×37.5cm	258,000	北京传世	2022-12-15
新中国各类邮票一册		14,950	中国嘉德	2022-12-28
新中国邮票混集一箱20余本		20,700	中国嘉德	2022-12-28
意大利客邮1917年北京加盖邮票片未使用一组6件		10,925	北京保利	2022-08-28
中华民国光复纪念邮票、中华民国共和纪念邮票各十二枚全新		12,650	中国嘉德	2022-12-28

古籍善本

拍品名称	物品尺寸	成交价RMB	拍卖公司	拍卖日期
清光绪九年上谕档	15.2cm×22.7cm	115,000	中国嘉德	2022-06-27
全招备录 六卷	12cm×23.3cm	13,800	中国嘉德	2022-06-27
性命双修万神圭旨 四集	18.5cm×24.5cm	23,000	中国嘉德	2022-06-27
阴符经三皇玉诀 二卷 灵棋经 不分卷 月波洞中记 二卷	尺寸不一	25,300	中国嘉德	2022-06-27
1929年作 陈金镛《中华布道史》手稿 镜心	32cm×23cm×12	58,650	朵云轩	2022-12-09
1930年作 罗常培 代表作《厦门音系》稿本	尺寸不一	299,000	保利厦门	2022-10-21
1953年作 康生 手抄《脉望馆校钞本古今杂剧》二百零八页 线装一册二百零八页	40cm×25.5cm×208	18,001,200	华艺国际	2022-12-09
1959年作 康生 1959年10月22日记 镜心	29.5cm×19.5cm	3,805,968	华艺国际	2022-05-29
阿英 罕见《小说闲谈》《小说三谈》著作稿本二种	18.5cm×13cm(大多数)	115,000	西泠印社	2022-08-20
爱因斯坦《相对论引力理论》重要手稿	27.8cm×21.5cm	575,000	中国嘉德	2022-12-09
巴甫洛夫 1913年2月12日作 有关为师之道及人生感悟的题词	10cm×6.5cm	43,700	西泠印社	2022-01-23
碑阳丛语	25.3cm×13.1cm	11,500	永乐拍卖	2022-07-25
北宋初写本 佛教论议文 手卷	28.5cm×260cm	1,782,500	华艺国际	2022-07-27
避讳小草二卷	18.3cm×26.2cm	25,300	中国嘉德	2022-05-28
菜谱六种	尺寸不一	10,350	中贸圣佳	2022-12-31
蔡楚生 袁牧之 夏公瑚 约1949至1965年作 有关电影《武训传》《南海潮》及新中国初期电影行业发展文献		51,750	西泠印社	2022-01-23
蔡元培 题赠瞿宣颖"民生古鉴"	215cm×275cm;27cm×203cm	74,750	中国嘉德	2022-06-27
蔡元培约1893至1937年作 批阅文稿等《蔡元培全集》出版底稿一批	A4大小(大多数)	112,700	西泠印社	2022-01-23
藏文佛经	尺寸不一	92,000	中贸圣佳	2022-07-27
藏同书题记卷十九(傅增湘稿本)	34.2cm×23cm	120,750	中贸圣佳	2022-12-31
常书鸿敦煌研究手稿一批		55,200	中贸圣佳	2022-12-31
巢白巢诗钞后集第四卷(清)郑珍著	26.2cm×17cm	20,700	中贸圣佳	2022-10-27
陈焕华诗稿	26.2cm×15.9cm	172,500	中贸圣佳	2022-07-27
陈兼于《兼于阁诗前集》《古今词录》二种	11cm×19.5cm	23,000	中国嘉德	2022-06-27
陈克明撰 王明校订《列子张湛注》手稿一组(六册)	25.5cm×18cm	34,500	中鸿信	2022-09-12
陈林斋 陈林斋手稿工作日记	尺寸不一	23,000	北京荣宝	2022-07-24
陈潭秋《中共第一次大会的回忆》重要出版底稿	27cm×19.5cm×7	86,250	西泠印社	2022-01-23
呈奏底稿	尺寸不一	13,800	中贸圣佳	2022-07-27
呈奏底稿	尺寸不一	13,800	中贸圣佳	2022-07-27

2022杂项拍卖成交汇总(续表)

(成交价RMB: 1万元以上)

拍品名称	物品尺寸	成交价RMB	拍卖公司	拍卖日期
程德全 撰书 满汉合璧上慈禧太后请安折(朱批一处)	9.5cm×21.5cm	13,800	中国嘉德	2022-06-27
程门雪拟处方	尺寸不一	48,300	中贸圣佳	2022-07-27
程千帆诗稿	27.7cm×20.3cm	20,700	中贸圣佳	2022-07-27
程砚秋鸳鸯冢剧本等	尺寸不一	28,750	中国嘉德	2022-05-28
耻无耻室诗稿词稿	25cm×14.4cm	32,200	中贸圣佳	2022-10-27
冲虚至德真经八卷(周一良题)	23cm×15.9cm	28,750	中贸圣佳	2022-07-27
崇礼 曾广汉 那桐 李昭炜 上光绪皇帝请安折(朱批一处)	9.5cm×21.5cm	13,800	中国嘉德	2022-06-27
崇陵妃冠寝做法简册	16.5cm×26.8cm	36,800	中国嘉德	2022-05-28
储皖峰《白居易新乐府》	20cm×29cm	23,000	西泠印社	2022-06-27
醇亲王奕譞 诗稿四页 镜片(二帧四挖)	尺寸不一	69,000	西泠印社	2022-01-22
慈禧皇太后、皇后、嫔妃分领绸缎等清单奏底	尺寸不一	51,750	中贸圣佳	2022-07-27
慈禧皇太后、皇后、嫔妃分领绸缎等清单奏底(贴红)	582cm×15cm	105,800	中贸圣佳	2022-07-27
慈禧皇太后万寿圣节礼仪清单四份	尺寸不一	28,750	中贸圣佳	2022-07-27
慈禧皇太后引导跟随等四份	尺寸不一	11,500	中贸圣佳	2022-07-27
慈禧七大寿皇上扎节安排清单等三份	尺寸不一	52,900	中贸圣佳	2022-07-27
大般若波罗蜜多经卷第二百廿二	25.5cm×837cm	34,500	西泠印社	2022-08-19
大般若波罗蜜多经卷第六	28.5cm×11.2cm	230,000	中贸圣佳	2022-10-27
大般若波罗蜜多经卷第四百二十三	860cm×25.5cm	20,700	中贸圣佳	2022-12-31
大般若经卷第三十六	980cm×26.5cm	32,200	中贸圣佳	2022-10-27
大明朝小志	29.7cm×21.5cm	59,800	中贸圣佳	2022-07-27
戴志昂《红楼梦观建筑稿》	尺寸不一	17,250	永乐拍卖	2022-07-25
道光二十五年(1845年)乙巳恩科二甲第五十四名姚宝铭殿试卷	12.5cm×44cm	287,500	中国嘉德	2022-12-13
邓尔雅 般若波罗蜜多心经 立轴	127cm×31cm	61,560	保利香港	2022-07-12
帝王经世图谱十卷	24.9cm×16.2cm	63,250	中贸圣佳	2022-12-31
东华录 十六卷 逆臣传一卷	29cm×18.5cm	57,500	永乐拍卖	2022-07-25
冬心先生续集	9cm×18.5cm	17,250	中国嘉德	2022-05-28
董宇宾"民无二王"古史今话手稿	27cm×62.5cm	32,200	华艺国际	2022-07-29
洞里道场礼节略节	63.5cm×18cm	47,150	中贸圣佳	2022-10-27
端方辑 壬寅消夏录存二卷	24.5cm×18cm	71,300	中贸圣佳	2022-12-31
二次革命时期秘密电报稿(十一份)	尺寸不一	13,800	中鸿信	2022-09-12
发微六壬秘籍	29.6cm×18cm	43,700	永乐拍卖	2022-07-25
法国文豪雨果诗稿	23.4cm×31.1cm	46,000	中国嘉德	2022-06-26
樊增祥《樊山公牍》稿本	线装本尺寸 23.5cm×16cm	109,250	西泠印社	2022-01-23
樊增祥 庚子事变时期作诗文集《五十麐斋稿本》册	35cm×25.5cm(册)	103,500	西泠印社	2022-08-20
范曾撰并书《我的心神向你》文稿(六页)	21cm×49cm	43,700	中鸿信	2022-09-12
冯恕写张公神道碑	35cm×18.5cm	23,000	中贸圣佳	2022-07-27
佛说阿弥陀经一卷(周叔弢钞印)	22.4cm×16cm	80,500	中贸圣佳	2022-07-27
佛说如来智印经	990cm×26cm	2,300,000	中贸圣佳	2022-07-27
妇儿科诀要、中国眼科研究等	28.5cm×18.2cm	13,800	永乐拍卖	2022-07-25
傅抱石《中国美术论丛》完整未刊稿本	25.5cm×17.5cm(册)	322,000	西泠印社	2022-01-23
傅钟 1981年作 回忆茅盾诗稿	26.5cm×19cm×3	69,000	西泠印社	2022-01-23
高吹万审定《中国见存图书总目》手校稿一批	尺寸不一	43,700	西泠印社	2022-08-19
高晖录《道德经》(周粥春秋·老子)镜心	58cm×2160cm	368,000	荣宝斋(南京)	2022-12-07
龚心钊编并批 四书八股集	12.3cm×8.5cm	69,000	中贸圣佳	2022-12-31
贡噶活佛 书 阿弥陀佛及六道金刚心咒二种 立轴	144cm×79cm	57,500	西泠印社	2022-01-23
故文真宝	30.8cm×20.3cm	69,000	永乐拍卖	2022-07-25
顾颉刚春秋"公矢鱼于棠"说跋	27.5cm×41cm	23,000	华艺国际	2022-07-29
顾颉刚厦门大学国学研究院周刊缘起手稿	35.5cm×27cm	23,000	华艺国际	2022-07-29
顾青瑶手稿	19.5cm×13cm	43,700	永乐拍卖	2022-07-25
蒯镂诗词稿	18.5cm×13cm	13,800	永乐拍卖	2022-07-25
关康已 撰 平夷录 六卷	16cm×25cm	40,250	中国嘉德	2022-12-13
关山月手稿《从大寨之行想起》	38cm×26cm	11,500	北京荣宝	2022-07-24
光绪帝祭祀道光皇帝仪式	77.5cm×15.1cm	11,500	中贸圣佳	2022-07-27
光绪帝为咸丰帝诞辰行礼清单等两份	尺寸不一	24,150	中贸圣佳	2022-07-27
郭沫若 1953至1990年作《屈原》相关此改稿及自拟简历		184,000	西泠印社	2022-01-23
郭沫若撰并书《向往莫斯科》原文手稿一组(五页)	18cm×25cm	471,500	中鸿信	2022-09-12
海日楼残墨	尺寸不一	230,000	华艺国际	2022-07-29
海日楼残墨沈曾植手稿	尺寸不一	32,200	中贸圣佳	2022-07-27
海日楼遗墨沈曾植手稿	26.4cm×11.3cm	32,200	中贸圣佳	2022-07-27
寒山子诗	30cm×20.5cm	28,750	中贸圣佳	2022-12-31
罕见四一二文献: 蔡元培手书并与于右任、邵力子三人联名签署呈报国民政府请求取消对高尔松(共产党员)、高尔柏通缉的提案文件(一张)	27cm×40cm	448,500	中鸿信	2022-09-12
汉碑残字	29.5cm×22cm	20,700	中贸圣佳	2022-10-27
汉石经残石集(周叔弢题赠周一良)	29.3cm×17.6cm	69,000	中贸圣佳	2022-07-27
(清)谢道承编汉魏碑刻纪存	25.7cm×16cm	43,700	中贸圣佳	2022-10-27
瀚海披沙	32cm×18cm	41,400	中贸圣佳	2022-12-31
何炳棣 1944、1945年作《短篇小说的真诠》等民国时期著作稿本三种	28cm×21.5cm×3(册)	69,000	西泠印社	2022-01-23
何香凝主办救济国难书画展览会签名簿(一册附《上海画报》何香凝救济国难书画展览会特刊一份)	15.5cm×22.5cm	287,500	中鸿信	2022-09-12
河东先生龙城录二卷(明钞明包背原装)	27cm×17.4cm	23,000	北京保利	2022-07-27
河南虞城至荥泽河堤段落丈尺总图	25cm×12.5cm	41,400	中贸圣佳	2022-10-27
弘一《律学发题文》手稿 镜心	29.5cm×19.5cm	207,000	中贸圣佳	2022-07-27
泓塘孙氏世谱、支谱	尺寸不一	34,500	永乐拍卖	2022-07-25
胡汝鼎著《联珠棋谱》稿本(一册)	21cm×13.5cm	11,500	永乐拍卖	2022-09-12
华阴山房集	30.5cm×18.7cm	80,500	永乐拍卖	2022-07-25
皇后、谨妃为慈禧皇太后祝寿礼仪等奏底	尺寸不一	43,700	中贸圣佳	2022-07-27
黄侃 1913年作 存世最早日记《癸丑日记》毛笔原稿	19.5cm×12.5cm	920,000	西泠印社	2022-01-23
黄遵宪稿本《人境庐诗草》《日本史》二种	26.7cm×15.4cm; 20.3cm×14.5cm	69,000	中贸圣佳	2022-12-31
绘图阳冥记	28cm×21cm	57,500	中贸圣佳	2022-12-31
季羡林《梦萦未名湖》手稿	25.5cm×19cm	10,350	永乐拍卖	2022-07-25
夹带	523cm×18cm	20,700	中贸圣佳	2022-07-27
姜东舒撰并书《姜东舒诗集》手稿(一册六十七页)	22cm×17cm	54,050	中鸿信	2022-09-12
姜亮夫 周绍良 等 上海古籍出版社敦煌学、《红楼梦》研究等稿本十六种	A3; A4(大多数)	115,000	西泠印社	2022-08-20
蒋宝龄等八家题观吴门周旭麻本《思判偶年二卷》(清)吴人周旭 撰	半框19cm×10.5cm; 开本26.5cm×16.8cm	322,000	西泠印社	2022-01-21
蒋衡临《褚珠兰亭序》	23.5cm×96cm	57,500	中贸圣佳	2022-08-19
金刚般若波罗蜜经	29.2cm×12.4cm	391,000	中贸圣佳	2022-07-27
京杭大运河纪略	368cm×23.5cm	36,800	中国嘉德	2022-05-28
旧写本 王振声过录批校 笠泽丛书 线装	27cm×18cm	140,300	华艺国际	2022-07-29
康生 手抄《苏子瞻风雪贬黄州》二十页 镜心	25.5cm×35.5cm×24	3,188,784	华艺国际	2022-07-29
孔传性倚云堂文稿	22cm×719cm	28,750	永乐拍卖	2022-07-25
孔继涵藏 墨长四卷	25.7cm×17.2cm	20,700	中贸圣佳	2022-12-31
乐斋随笔卷二	26.5cm×19.5cm	10,350	中贸圣佳	2022-12-31
黎简《重建元君古庙碑记》手稿二开 镜心	27cm×31.5cm×2	34,500	华艺国际	2022-09-24
黎良行 临黄庭经册页	21cm×10cm×14	82,291	华艺国际	2022-05-29
礼部为冬至令节礼仪奏事稿	尺寸不一	62,100	中贸圣佳	2022-07-27
宋 李季等纂《文苑英》华存十卷	28.7cm×17cm	74,750	中贸圣佳	2022-07-27
李凤书 编《中国药物学》	20cm×27.3cm	10,350	中国嘉德	2022-12-13
清 李光地奉敕撰《御纂周易折中》	26.4cm×17.3cm	46,000	中国嘉德	2022-05-28
李胥 篆书《金刚经》镜心	174cm×94cm	275,910	中国嘉德	2022-10-07
李棪 约1936年作 民国时期《东林党籍考》完整稿本	36cm×28cm(绝大多数)	69,000	西泠印社	2022-01-23
历代钟鼎金石篆范	29.3cm×17.5cm	74,750	永乐拍卖	2022-07-25
栗庐诗稿	18.5cm×11.2cm	10,350	中贸圣佳	2022-10-27
梁国治书《乙瑛碑》	30.5cm×19.8cm	105,800	中贸圣佳	2022-12-31
梁漱溟《文字学》	13cm×19cm	437,000	中国嘉德	
梁思成 东岳庙董替数种简图手稿 镜心	24cm×95cm×10	299,000	中鸿信	2022-09-12
梁思成 绘"山东曲阜孔庙大成殿"手稿镜心	62.5cm×41cm	48,300	中鸿信	2022-09-12
梁思成 林徽因 绘"北平故宫文渊阁"手稿 镜心	39cm×49cm	46,000	中鸿信	2022-09-12
梁思成 山西五台山佛光寺大殿建筑手稿 镜心	50cm×77cm	55,200	中鸿信	2022-09-12
梁诗书《旦贯斋涂说》稿本	27.8cm×18.8cm	31,050	中贸圣佳	2022-12-31
林语堂 约1938至1943年作 抗战时期有关重要著作出版并提及家族履历、捐款救国等的《写作日记》	16cm×10cm(册)	379,500	西泠印社	2022-01-23
临十七帖等	50cm×23.8cm	97,750	中国嘉德	2022-06-27
刘盼遂文稿	24.1cm×14.1cm	59,800	中贸圣佳	2022-10-27
刘少椿钞琴谱	28.5cm×20.5cm	71,300	中贸圣佳	2022-10-27
刘少椿钞琴谱	26.5cm×18.5cm	149,500	中贸圣佳	2022-10-27
刘少椿钞琴谱二种	26.6cm×19.3cm	149,500	中贸圣佳	2022-10-27
刘维城 东武刘氏诵芬集	37cm×22.5cm	69,000	北京荣宝	2022-07-24
刘墉 楷书《般若波罗蜜多心经》《遗殷浩书》册(三十二页) 册页	13cm×7.5cm×32	92,000	广东崇正	2022-12-24
刘曼华《金刚般若波罗蜜经》手卷	28cm×980cm	172,500	荣宝斋(南京)	2022-12-07
刘臻《笃谷书破邪论序》册页	30.4cm×18.5cm	23,000	北京荣宝	2022-07-24
龙榆生 1953年作 致朱恒蔚词稿及签赠《忍寒词》二种	25.5cm×19.5cm(词稿); 19.5cm×13cm(线装书)	23,000	西泠印社	2022-01-23
楼适夷 1943年作"孤岛"日记《工作·生活·情稿》未刊文稿	25.5cm×14.5cm(册)	74,750	西泠印社	2022-01-23
陆懋修《世补斋医书》六种三十三卷	14cm×24.2cm	17,250	中国嘉德	2022-05-28

2022杂项拍卖成交汇总(续表)

(成交价RMB:1万元以上)

拍品名称	物品尺寸	成交价RMB	拍卖公司	拍卖日期
罗希贤绘 上海民俗风情画一组(十幅)	67cm×46cm	23,000	中鸿信	2022-09-12
罗振玉 文诚公手批罗雪堂稿	25.5cm×31cm	23,000	华艺国际	2022-07-29
罗倬汉 约1928至1964年作 日记、杂文及藏书目稿本九册	24cm×14.5cm×6(册);23cm×15cm×3(册)	57,500	西泠印社	2022-01-23
骆秉章 奏为清军克复新宁县城及解垫江县城之围等事折(墨批一处)	9.5cm×21.5cm	32,200	中国嘉德	2022-12-13
吕思勉 约1946年作 为陈献夏母亲作传记文稿	20cm×15cm×8	74,750	西泠印社	2022-01-23
吕向同题《枇亭日记》	尺寸不一	43,700	中贸圣佳	2022-07-27
马成吉 小楷《金刚经》画心	3cm×5cm×18	86,000	北京传世	2022-12-15
马叙伦诗抄稿本原件(一册)	26cm×15.5cm	138,000	中鸿信	2022-09-12
满汉合璧三国志(存十六卷)	开本25cm×17.5cm	230,000	西泠印社	2022-08-19
满洲实录	半框26.5cm×15.5cm	41,400	上海驰翰	2022-02-19
民国《校注项氏历代名瓷图谱》校样本及郭葆昌手稿(民国)郭葆昌校		184,000	北京羿趣国际	2022-04-28
民国向写本 梁启超《中国图书大辞典 薄录之部》手稿 线装	38cm×26cm	2,932,500	华艺国际	2022-07-29
明孔雀铭文经	27.5cm×10.5cm	80,500	荣宝斋(南京)	2022-12-08
明白棉纸彩绘本《天文图注祥异赋》	开本30.5cm×17.5cm	172,500	西泠印社	2022-01-21
明弘治公文薄	开本29cm×17cm	40,250	西泠印社	2022-01-21
明内府泥金写经 册页	32cm×12cm×80	517,500	华艺国际	2022-09-23
鸣野山房书画记附小云巢金石目	24.9cm×15.9cm	110,400	中贸圣佳	2022-12-31
莫是龙 行书诗文稿	尺寸不一	287,500	中国嘉德	2022-06-27
《墨池编》二十卷《印典》八卷	27.7cm×17.5cm	46,000	永乐拍卖	2022-07-25
缪荃孙旧藏《乐府杂录》一卷	35.4cm×19.4cm	20,700	中贸圣佳	2022-12-31
(晋)郭象注《南华真经》十卷	30cm×19.6cm	241,500	中贸圣佳	2022-10-27
南宋安吉思溪法宝资福寺刻本《大般若波罗蜜多经卷》第三百二十一手卷	30cm×860cm	391,000	华艺国际	2022-07-29
庞薰琹 1980年作 代表作《中国历代装饰画研究》完整稿本	26cm×19cm×400(约)	92,000	西泠印社	2022-01-23
溥杰 批阅 清宫生活回忆文稿三册	26.5cm×19cm×3(册)	55,200	西泠印社	2022-01-23
溥儒 丁丑(1937年)作 临装休书《般若波罗蜜多心经》卷手卷	书法21.5cm×250cm	3,421,284	中国嘉德	2022-10-07
溥儒辑《毛诗经证》十二卷	16cm×24.5cm	11,500	中国嘉德	2022-12-13
溥儒释"君子有徽猷"手稿	42cm×36cm	25,300	中国嘉德	2022-12-13
启功 1976年作《论书绝句百首》批校本 册页(三十二开)	27cm×19cm×32	644,000	华艺国际	2022-07-29
启功 手稿及题签一批 镜心	尺寸不一	632,500	中贸圣佳	2022-07-27
启功撰并书《文徵明在翰林院受侮》文稿(两页)	19cm×26.5cm	17,250	中鸿信	2022-09-12
钱春撰《五行感应》存七卷	16.5cm×26cm	20,700	中国嘉德	2022-06-27
钱基博 代表作《近百年湖南学风》文稿册页(七十六页)	28cm×20.5cm×76	552,000	中国嘉德	2022-12-14
钱成《记事珠》手稿(五册) 册页	25cm×30cm×5	12,650,000	朵云轩	2022-12-08
钱仲联代表作《剑南诗稿校注》第八卷稿本	26cm×18.5cm×400(约)	43,700	西泠印社	2022-08-20
钱谦益《牧斋初学集》钱仲联注稿本	20cm×13cm×1500(约)	92,000	西泠印社	2022-08-20
(明)王应遴 等著《乾象图说四卷》	开本27.5cm×18cm	55,200	西泠印社	2022-01-21
枪谱	17.3cm×13.1cm	17,250	中贸圣佳	2022-07-27
《钦定石渠宝笈续编》淳化阁藏八卷	27cm×16.8cm	14,950	中贸圣佳	2022-12-31
钦命总理全国事务衙门清档	24.9cm×17.9cm	14,950	中贸圣佳	2022-12-31
清词家姓名爵里考	29.8cm×15.3cm	10,350	中贸圣佳	2022-07-27
清光绪二年(1876年)湖南巡抚王文韶奏折七通	开本21.5cm×19cm	115,000	西泠印社	2022-01-21
清光绪十八年壬辰科二甲第七名宗室宝熙殿试册	11.5cm×44cm	414,000	中国嘉德	2022-12-13
清 揭帖一组	尺寸不一	57,500	西泠印社	2022-01-21
清 两江运河纪略	424cm×23cm	86,250	中国嘉德	2022-12-13
清乾隆内府《甘珠尔》内护经板	22cm×73cm	46,000	北京中汉	2022-12-09
清顺治 鱼鳞册	37.5cm×29.4cm	46,000	中贸圣佳	2022-10-27
清太医院御医顾元灏为祺贵妃请脉脉案药方	18.5cm×20.5cm	11,500	中国嘉德	2022-05
清太医院御医顾元灏为祺贵妃请脉脉案药方	18.5cm×20.5cm	11,500	中国嘉德	2022-05
清太医院御医顾元灏为祺贵妃请脉脉案药方	18.5cm×20.5cm	11,500	中国嘉德	2022-05
清太医院御医顾元灏为祺贵妃请脉脉案药方	18.5cm×20.5cm	10,350	中国嘉德	2022-05
清太医院御医顾元灏为祺贵妃请脉脉案药方	18cm×21cm	10,350	中国嘉德	2022-12-13
清太医院御医顾元灏为婉贵妃请脉脉案药方	18.5cm×20.5cm	11,500	中国嘉德	2022-05
瞿宣颖《衰璞斋诗稿》	15.2cm×27cm	55,050	中国嘉德	2022-06-27
瞿宣颖《曾文正传》	20.5cm×29.5cm	34,500	中国嘉德	2022-06-27
瞿宣颖《大同游记》《大同云冈石窟》等手稿一组	尺寸不一	25,300	中国嘉德	2022-06-27
瞿宣颖《癸丑笔记》	16cm×28.5cm	46,000	中国嘉德	2022-06-27
瞿宣颖《过橿集》	15.2cm×27cm	57,500	中国嘉德	2022-06-27
瞿宣颖《双海棠阁诗钞》	18.3cm×22.7cm	46,000	中国嘉德	2022-06-27
瞿宣颖《辛亥年双海棠阁日记》	19.5cm×27.5cm	92,000	中国嘉德	2022-06-27
阙建华《心经》册页 画心	138cm×34cm	180,000	北京传世	2022-12-15
容庚 1933年作 行书容保民《护桂轩诗稿》一册 镜片	25cm×119cm	161,000	广东崇正	2022-12-25
容闳 1854年6月15日作 致耶鲁大学1854届同学毕业纪念题辞	25.5cm×19.5cm	184,000	西泠印社	2022-01-23
三代实录总目八卷	39cm×23cm	126,500	中贸圣佳	2022-12-31
商承祚稿本《契斋钵印考》(近代)	开本26.5cm×19cm	23,000	西泠印社	2022-01-21
上海中国画院陆俨少、钱瘦铁等资料一批	尺寸不一	69,000	北京荣宝	2022-07-24
沈曾植旧藏、马叙伦批校《圭美堂集》沈氏家钞本	28cm×20cm(册)	172,500	西泠印社	2022-01-23
沈曾植"地方佐治"一通	25cm×12.5cm	10,350	华艺国际	2022-07-29
沈曾植抄杜甫诗句	26.5cm×17cm	43,700	华艺国际	2022-07-29
沈曾植抄屈原《九歌·山鬼》句	25cm×17cm	32,200	华艺国际	2022-07-29
沈曾植记宋代律政文稿一通	24cm×25cm	51,750	华艺国际	2022-07-29
沈曾植录礼记词一通	24cm×25cm	20,700	华艺国际	2022-07-29
沈曾植手稿	16cm×20.5cm	89,700	华艺国际	2022-07-29
沈曾植手稿:述异记一通	26.5cm×33cm	36,800	华艺国际	2022-07-29
沈曾植手稿三通	尺寸不一	63,250	华艺国际	2022-07-29
沈曾植书法诗三首	44cm×39cm	101,200	华艺国际	2022-07-29
沈曾植碎金集	38.5cm×21.5cm	172,500	华艺国际	2022-07-29
沈曾植题饶燮操诗集手稿	27cm×39cm	172,500	华艺国际	2022-07-29
沈曾植文诚公遗稿:重阳独酌杯中酒一通三面	23.5cm×25cm	51,750	华艺国际	2022-07-29
沈曾植先文诚公写陶诗二首	尺寸不一	184,000	华艺国际	2022-07-29
沈曾植先文诚公遗墨	17cm×3.5cm	20,700	华艺国际	2022-07-29
沈曾植遗墨	24.5cm×32cm	48,300	华艺国际	2022-07-29
沈曾植原稿三份附封	25.5cm×31cm	460,000	华艺国际	2022-07-29
沈曾植月爱老人客话手稿	28cm×37.5cm	74,750	华艺国际	2022-07-29
沈曾植治荒手稿一通	24cm×14cm	34,500	华艺国际	2022-07-29
沈曾植诗词手稿	尺寸不一	29,900	中贸圣佳	2022-07-27
沈曾植诗词手稿	尺寸不一	29,900	中贸圣佳	2022-07-27
沈曾植手稿	28cm×9.2cm	23,000	华艺国际	2022-07-29
盛大士 论诗文稿	31cm×25.3cm	25,300	中国嘉德	2022-12-13
诗徵图谱 三卷	26.7cm×18.4cm	28,750	永乐拍卖	2022-07-25
施今墨拟处方	尺寸不一	11,500	中贸圣佳	2022-07-27
施今墨致赵仁宇信札	25.8cm×17.8cm	25,300	中贸圣佳	2022-07-27
收录林语琛 吴穆麟 吕大吉 福永光司手稿 世界宗教研究杂志稿本	尺寸不一	10,350	中贸圣佳	2022-12-31
霜杰斋诗	36cm×20cm	20,700	中贸圣佳	2022-12-31
松江府华亭县海塘全图	22.5cm×10.5cm	14,950	中贸圣佳	2022-10-27
宋《王文公文集》卷第十七第八页 宋人俭简权安节《问起居札》	版心20.6cm×15cm	3,220,000	永乐拍卖	2022-07-25
宋《王文公文集》卷第十七第二页 宋人俭简安节《覆问起居札》	版心20.6cm×15cm	4,255,000	永乐拍卖	2022-07-25
宋《王文公文集》卷第十七第九页 宋人俭简安节《乞示札》	版心20.6cm×15cm	3,220,000	永乐拍卖	2022-07-25
宋《王文公文集》卷第十七第六页 宋人俭简安节《具衔问起居札》	版心20.6cm×15cm	3,220,000	永乐拍卖	2022-07-25
宋《王文公文集》卷第十七第七页 宋人俭简向节《具衔问起居札》	版心20.6cm×15cm	3,220,000	永乐拍卖	2022-07-25
宋《王文公文集》卷第十七第十八页 宋人俭简吴巘《不忘札》	版心20.6cm×15cm	3,910,000	永乐拍卖	2022-07-25
宋《王文公文集》卷第十七第十九页	版心20.6cm×15cm	575,000	永乐拍卖	2022-07-25
宋《王文公文集》卷第十七第十七页 宋人俭简权安节《具衔判府札》	版心20.6cm×15cm	3,220,000	永乐拍卖	2022-07-25
宋《王文公文集》卷第十七第十三页 宋人俭简权安节《致判府札》	版心20.6cm×15cm	3,220,000	永乐拍卖	2022-07-25
宋《王文公文集》卷第十七第十四页 宋人俭简安节《谢恩札》	版心20.6cm×15cm	3,220,000	永乐拍卖	2022-07-25
宋《王文公文集》卷第十七第十页 宋人俭简安节《司盐诸事札》	版心20.6cm×15cm	3,220,000	永乐拍卖	2022-07-25
宋《王文公文集》卷第十七第十一页 宋人俭简安节《上覆札》	版心20.6cm×15cm	3,220,000	永乐拍卖	2022-07-25
宋《王文公文集》卷第十七第四页 宋人俭简向沟《不审札》	版心20.6cm×15cm	3,220,000	永乐拍卖	2022-07-25
宋《王文公文集》卷第十七第五页 宋人俭简向沟《致奉使札》	版心20.6cm×15cm	3,220,000	永乐拍卖	2022-07-25
宋《王文公文集》卷第十七第一页 宋人俭简向酒	版心20.6cm×15cm	1,035,000	永乐拍卖	2022-07-25
宋元撰并书《生死薪》原文手稿(一册)	27cm×19.5cm	21,850	中鸿信	2022-09-12
宋元撰并书《诗》原文手稿(一册)	27cm×19.5cm	21,850	中鸿信	2022-09-12
苏藩政要	22.6cm×11.7cm	10,350	中贸圣佳	2022-07-27
苏曼殊 楷书"般若波罗蜜多心经"立轴	35cm×49cm	57,500	中鸿信	2022-09-12

2022杂项拍卖成交汇总（续表）

（成交价RMB：1万元以上）

拍品名称	物品尺寸	成交价RMB	拍卖公司	拍卖日期
孙中山 大元帅令	21cm×33cm	299,000	中国嘉德	2022-06-27
泰戈尔《季风》诗歌手稿	17cm×14cm	97,750	西泠印社	2022-01-23
汤子坤 等拜撰 候铨儒学正堂雅轩先生及夫人六句晋四祝词十二屏	41cm×168cm	20,700	中国嘉德	2022-12-13
清 钱泳辑《唐赐铁券考》（庞泽銮旧藏）	30.2cm×18.2cm	34,500	中贸圣佳	2022-10-27
唐代 经卷		11,731	台北艺珍	2022-12-04
唐绍仪 批《更订中英拉萨条约折》	8.8cm×18.5cm	17,250	中国嘉德	2022-06-27
唐诗写样	24.5cm×14cm	12,650	中贸圣佳	2022-10-27
唐晏 撰《大愚堂经史札记》等	12.7cm×18cm;15cm×20.5cm	13,800	中国嘉德	2022-06-27
唐云斋《钗定全唐文》卷二至二十八	28.3cm×17.4cm	34,500	永乐拍卖	2022-07-25
清 端方编《匋斋藏石目》	27.6cm×16.9cm	43,700	中贸圣佳	2022-10-27
天津城南诗社唱和诗稿（赵元礼 徐宗浩 夏寿田等二十人）	尺寸不一	51,750	中贸圣佳	2022-10-27
田家英文稿（一册）	12.5cm×8.5cm	23,000	中鸿信	2022-09-12
汪逢春《医案存根》附票号	尺寸不一	25,300	中贸圣佳	2022-10-27
汪逢春拟处方	尺寸不一	63,250	中贸圣佳	2022-10-27
汪圻人物册	8cm×4.2cm	40,250	中贸圣佳	2022-10-27
汪绍楹、岑仲勉、赵守俨等校点《二十四史》原稿	尺寸不一	28,750	中贸圣佳	2022-10-27
王大隆题记、陈运彰旧藏《雪堂诗钞》等嘉定诸氏文献	半框18cm×12.5cm;开本26cm×16cm	49,450	西泠印社	2022-01-21
王敦化编《知见传本帖目》稿本	半框19.5cm×14.5cm;开本30cm×24cm	46,000	西泠印社	2022-01-21
王个簃《缶卢老人趣事》稿本及回忆吴昌硕、张大千文稿一批	尺寸不一	149,500	西泠印社	2022-01-23
王国维 陆宗舆 叶恭绰 致竹本多吉诗词稿四种	31.5cm×31cm;31.5cm×36.5cm;27cm×17cm×4	2,208,000	西泠印社	2022-08-20
王介平《心经》镜心	138cm×34.5cm	713,000	观古国际	2022-08-20
王闿运《东游宴集诗序》附题跋	引首28.5cm×82.5cm;第一段28.5cm×225.5cm;第二段2cm×225cm×12cm;跋23.5cm×60cm	379,500	北京保利	2022-07-27
王澎临帖集锦册	33.3cm×22.1cm	17,250	中贸圣佳	2022-07-27
王苣孙手书诗稿	尺寸不一	105,800	中贸圣佳	2022-10-27
王仁堪《殿试册》	11.5cm×44cm	51,750	中国嘉德	2022-05-28
王生香钞《琴谱》	27cm×19.6cm	25,300	中贸圣佳	2022-10-27
王世襄 1987年作 罕见《北京鸽哨》著作稿本	40cm×27.5cm（册）	109,250	西泠印社	2022-01-23
王世襄 1998、1999年作《鸽话二十则》等文稿十八种	约26.5cm×19cm×60	149,500	西泠印社	2022-01-23
王元化《清园论学集》稿本二种	尺寸不一	115,000	西泠印社	2022-08-20
王云泥金小楷《佛说无量寿经二卷》	开本24.5cm×15.8cm	34,500	西泠印社	2022-08-19
王云五 1969年10月24日作《中山学术文化基金会集刊》四集序完整文稿	26.5cm×21cm×3	11,500	西泠印社	2022-01-23
王云五 晚年《两年的苦斗》《苏轼的政治思想》等文稿约五十页	A4大小	80,500	西泠印社	2022-01-23
王振声手绘花鸟果蔬笺谱底稿	开本29cm×16cm	63,250	西泠印社	2022-01-21
王宗经 姚良奴《大般若波罗蜜多经》手卷	24.5cm×744cm	1,437,500	广东崇正	2022-12-24
卫仲乐旧藏 琵琶谱一批	尺寸不一	55,200	中贸圣佳	2022-12-31
魏石经室汉晋贞石文字（周叔弢题题）	23.8cm×28cm	402,500	中贸圣佳	2022-10-27
魏正始石经残字（周叔弢题赠周一良）	25.5cm×16.5cm	40,250	中贸圣佳	2022-10-27
温葆深 王懿荣 吴崎 题跋 清道光十五年乙未科海丰吴式芬第三场会试卷	11.5cm×29cm	345,000	中国嘉德	2022-12-13
文徵明1545年作 小楷离骚经 册页	经文18.5×9.8cm×9	8,331,984	华艺国际	2022-05-22
闻成军 心经四条屏 画心	35cm×138cm×4	68,000	北京泰世	2022-12-15
清 王锟撰《闻喜斋诗钞》四卷	17.2cm×12.3cm	28,750	中贸圣佳	2022-07-27
吴承仕《经籍旧音》稿		126,500	中贸圣佳	2022-07-27
吴德铦 1938—1943年写本 西南联大校友会副主席吴德铦就读西南联大期间日记《生命之缩影》册页	18cm×13cm×9	20,700	中鸿信	2022-09-12
吴湖帆 手稿册页 册页	31cm×20cm	6,670,000	中贸圣佳	2022-07-27
吴倩服《美人书》	28.5cm×18cm	345,000	华艺国际	2022-05-22
吴棠撰书上咸丰皇帝请安折（朱批一处）	9.5cm×21.5cm	20,700	中国嘉德	2022-06-27
吴湉重要诗稿《来鹭草堂随笔》及与朱孅二家行箧记事	开本27cm×17cm	552,000	西泠印社	2022-01-21
吴云书法钟鼎文字册	32cm×19.7cm	195,500	北京保利	2022-07-27
吴作人赴法国展览备名簿（一册）	30.5cm×28.5cm	69,000	中鸿信	2022-09-12
夏承焘 约1980年作《放翁词编年注》完整文稿	A4大小	57,500	西泠印社	2022-01-23
夏衍 悼金山同志手稿	21.5cm×15cm	11,500	中国嘉德	2022-12-13

拍品名称	物品尺寸	成交价RMB	拍卖公司	拍卖日期
夏衍撰并书《杂文随笔集》手稿（一批附信封一个）	尺寸不一	23,000	中鸿信	2022-09-12
贤劫经卷第五	55cm×30.5cm	18,400	中贸圣佳	2022-07-27
相台岳氏本孝经（周叔弢钤印）	42.5cm×26.1cm	69,000	中贸圣佳	2022-10-27
相台岳氏本孝经（周叔弢钤印）	32.2cm×21.2cm	138,000	中贸圣佳	2022-10-27
相台岳氏本孝经（周叔弢钤印）	36cm×24.7cm	74,750	中贸圣佳	2022-10-27
萧长华毛笔诗稿	86cm×25cm	25,300	中贸圣佳	2022-12-31
小园题画诗存	23cm×12.6cm	20,700	中贸圣佳	2022-10-27
孝经（周叔弢题赠周一良）	19.9cm×13.2cm	126,500	中贸圣佳	2022-10-27
谢国桢《从书考》稿本	41cm×27cm×62	97,750	西泠印社	2022-08-20
谢觉哉 1950年作《人生七十如赤子》《一样方法、两样结果》文稿二种	38cm×27cm×4	23,000	西泠印社	2022-01-23
谢觉哉 1957年9月7日作《社会主义民主的优越》长篇文稿	26cm×19cm×19	80,500	西泠印社	2022-01-23
谢晋勇 当代《心经》镜心	138cm×68cm	69,000	观古国际	2022-01-14
新刊全相成斋孝经直解（贾德纳赠周一良）	20.5cm×12.5cm	20,700	中贸圣佳	2022-10-27
徐宝善 金长福等人诗稿册页	31.4cm×17.6cm	43,700	中贸圣佳	2022-12-31
徐枋书 洞庭寒松赋（乐民甫跋）	22.5cm×23.2cm	48,300	北京保利	2022-07-27
许广平捐献鲁迅稿本抄本草目等	尺寸不一	11,500	中贸圣佳	2022-07-27
许姬传撰《梅兰芳年谱》及年谱资料调查表原稿（一批五十余页）	尺寸不一	11,500	中鸿信	2022-09-12
许谦撰《读书丛说》六卷	31.2cm×21.5cm	63,250	中贸圣佳	2022-10-27
严复 批点《古文辞类纂》十二册	31cm×18.5cm×12	4,485,000	朵云轩	2022-12-08
佘州山人题跋三卷附画跋	26.5cm×16.8cm	20,700	中贸圣佳	2022-12-31
杨通谊手稿诗稿等	尺寸不一	11,500	中贸圣佳	2022-07-27
杨杏佛 罕见寿宋子文生辰等诗稿三页	尺寸不一	253,000	西泠印社	2022-01-23
杨杏佛 胡明复祭文及墓志铭稿等二种	27.5cm×18.5cm;27cm×19cm	97,750	西泠印社	2022-01-23
杨杏佛 书自作《拳母珠儿歌》等二首	27cm×19cm;27.5cm×18cm	155,250	西泠印社	2022-01-23
杨杏佛 书自作诗词二种	27cm×17cm;23cm×17cm	97,750	西泠印社	2022-01-23
杨杏佛 有关蔡元培、郭有守及题画自作诗四种	尺寸不一	149,500	西泠印社	2022-01-23
杨杏佛 自作游西湖新旧诗等三种	27.5cm×21.5cm;27cm×19cm×2	264,500	西泠印社	2022-01-23
姚广孝平安南颂 册页	24cm×12.5cm	32,200	北京荣宝	2022-07-24
姚孟起手书《曹全碑》两种	20.5cm×18cm	11,500	中贸圣佳	2022-10-27
姚慰祖曹大铁递藏《绫рый瓶梅后集》存四卷	29cm×16.9cm	36,800	中贸圣佳	2022-12-31
姚文倩公书曹芝田墓志铭	31.2cm×19.5cm	89,700	中贸圣佳	2022-10-27
叶浅予 叶浅予《长江大桥和长江三峡》手稿	38cm×26cm	28,750	北京荣宝	2022-07-24
叶圣陶《艺苑炳日星》	26cm×36cm	25,300	中国嘉德	2022-06-27
医方出葭王崎庐先生手制方笺	26.5cm×19.5cm	92,000	中贸圣佳	2022-10-27
颐龄草堂药目等九种	尺寸不一	18,400	中贸圣佳	2022-10-27
乂理	20.7cm×13.2cm	23,000	永乐拍卖	2022-07-25
佚名临王羲之书帖	30.5cm×27.5cm	63,250	中国嘉德	2022-06-27
佚名 书人写经手卷	31.5cm×1118.6cm	10,570,809	香港苏富比	2022-04-27
佚名 写经 镜心	尺寸不一	34,500	保利厦门	2022-10-22
易大厂 致简经论信札及《南洋书画社碑记》手稿	28.5cm×18.7cm×2;26cm×21.5cm×5;18.3cm×8.8cm	69,000	中国嘉德	2022-12-25
奕劻 等 奏为将原驻大理府之迤西道格林腊蓥厅恤谕晋荫义事务折（朱批一处）	9.5cm×21.5cm	20,700	中国嘉德	2022-12-13
奕劻 等 奏为拟请另行简派大员前往合京（荷兰海牙）禁烟会会议折（朱批一处）	9.5cm×21.2cm	17,250	中国嘉德	2022-06-27
于右任 草书"般若波罗蜜心经"镜心	35cm×60.5cm	155,250	中鸿信	2022-09-11
于右任有关辛亥革命前密密回陕纪实传记手稿及于右任旧藏资料文献等一组（一批）	尺寸不一	644,000	中鸿信	2022-09-12
俞陛云 约1924至1940年作 致夏孙桐诗词稿二十八页（部分为俞平伯代笔）		126,500	西泠印社	2022-01-23
俞平伯 为父亲俞陛云代笔致夏孙桐自作词三页	25cm×15.5cm×3	74,750	西泠印社	2022-01-23
俞平伯致夏孙桐自作《换巢鸾凤·〈燕知草〉题词和梅溪》词稿	25cm×15.5cm	69,000	西泠印社	2022-01-23
袁牧之 陈波儿 等 约1946至1951年作 新中国早期电影相关信札及文稿	31cm×26.5cm 余尺寸不一	57,500	西泠印社	2022-01-23
约1986年作 高名潞 代表作《'85青年美术之潮》文稿	37.5cm×26cm×19	11,500	西泠印社	2022-01-22
恽寿平临宋僧书帖	21.2cm×19.2cm;21.8cm×19.2cm	115,000	中国嘉德	2022-12-13

2022杂项拍卖成交汇总(续表)

(成交价RMB: 1万元以上)

拍品名称	物品尺寸	成交价RMB	拍卖公司	拍卖日期
恽寿平题王石谷山水画作	28.2cm×24.7cm	230,000	中国嘉德	2022-12-13
藏克家日记本(一册)	17.5cm×13cm	23,000	中鸿信	2022-09-12
造办处月折用存略节等奏底三份	尺寸不一	21,850	中贸圣佳	2022-07-27
张大千1968年作瑞士奇峰行书诗	28.5cm×10cm	28,750	中贸圣佳	2022-12-31
张大千题 造像量度经香祖笔记等九种	尺寸不一	34,500	中贸圣佳	2022-12-31
清 张尔歧撰《周易说略》四卷	24.5cm×16.2cm	11,500	中贸圣佳	2022-07-27
张钫题关百益稿本《四子石砚斋砚谱三卷》	开本22cm×21.8cm	57,500	西泠印社	2022-08-19
张虹《寄传庵所藏古玉石器文字考》手稿	31cm×37cm	207,000	华艺国际	2022-07-29
张廷济 1803年作 三十五岁作《清仪阁古泉目》未刊完整稿本线装册(一册)	线装册 24.5cm×17.5cm	667,000	西泠印社	2022-01-22
张学良《不老歌》修改稿	28cm×21.5cm	48,300	中国嘉德	2022-06-27
章士钊 再版《疏〈黄帝魂〉》补充资料手稿	29cm×25.3cm	103,500	中国嘉德	2022-12-13
章钰 俞平伯 谢国桢 范景中 张兰思《柳如是遗集》稿本册	31.5cm×18cm(册)	1,955,000	西泠印社	2022-08-20
赵朴初行书七言诗(一张)	27cm×19cm	16,100	中鸿信	2022-09-12
赵绍琴拟处方	尺寸不一	36,800	中贸圣佳	2022-07-27
浙江文献《八千卷楼主人丁氏家书八通》	尺寸不一	11,500	西泠印社	2022-01-21
郑沚诗稿册页	35cm×25.2cm	18,400	中贸圣佳	2022-12-31
郑振铎《中国文学史》	尺寸不一	632,500	中国嘉德	2022-06-27
周易精钞本	24cm×15.5cm	69,000	北京保利	2022-07-27
周易像象述五卷	26.1cm×14.1cm	51,750	中贸圣佳	2022-12-31
周越然旧藏《大明万历己丑重刊改并五音集韵》十五卷	29.3cm×17.9cm	48,300	北京保利	2022-07-27
周作人 王古鲁 1931至1948年作 民国时期正中书局未刊文稿四种	25cm×19.5cm(大多数)	23,000	西泠印社	2022-01-23
朱赓 王士禛 等 内阁首辅期间 罕见密札手稿册 册页	25cm×17.5cm×2	1,207,500	西泠印社	2022-08-19
朱天梵1945年作 抗战胜利前夕自作诗词稿二十页	25.5cm×10cm×20	34,500	西泠印社	2022-01-23
朱希祖 1923年作 有关旅行西安和筹备国立西北大学的未刊稿本册	26.5cm×15cm(册)	241,500	西泠印社	2022-01-23
朱漪斋编 沈震初录 谢利恒校 孟河费绳甫曹嗣卿遗案	29.6cm×16.8cm	13,800	中贸圣佳	2022-12-31
主子等位用药底薄	14.3cm×19.5cm	63,250	中国嘉德	2022-05-28
著名藏学家李存礼义撰并书《今日的西藏》(两册附出版物)	尺寸不一	23,000	中鸿信	2022-09-12
总管内务府派办缎细清单	230cm×14.7cm	44,850	中贸圣佳	2022-07-27
总理各国事务衙门清档	21cm×26.5cm	46,000	中国嘉德	2022-12-13
左台吴氏宗谱	30.9cm×20.6cm	18,400	中贸圣佳	2022-12-31
《钦定武英殿聚珍版程式》等	12.5cm×19cm;12.5cm×18.5cm	69,000	中国嘉德	2022-06-27
《续资治通鉴》等	15.5cm×22cm;14.5cm×21.7cm	20,700	中国嘉德	2022-06-27
《元和郡县补志》等四种	尺寸不一	23,000	中国嘉德	2022-06-27
北京荣宝斋新记笺笺谱	21.5cm×31.5cm	17,250	中国嘉德	2022-06-27
读史漫录 十四卷	14cm×18.5cm	13,800	中国嘉德	2022-06-27
《华阳国志》十二卷	14.3cm×19.8cm	13,800	中国嘉德	2022-06-27
《荣县志》三十八卷 首一卷	14.5cm×20cm	11,500	中国嘉德	2022-06-27
四部丛刊三编附二十四史	尺寸不一	920,000	中国嘉德	2022-06-27
《太平寰宇记》二百卷目录二卷补阙二卷大清一统志本 不分卷	12.7cm×17.3cm	36,800	中国嘉德	2022-06-27
《天镜约》二卷	12cm×19cm	13,800	中国嘉德	2022-06-27
彝文《劝善经》	15cm×22.5cm	126,500	中国嘉德	2022-06-27
影印宋碛砂藏经	27cm×15.2cm	402,500	中国嘉德	2022-06-27
(明)戚继光撰《纪效新书》十八卷(六册)	23.5cm×15.5cm	11,500	中鸿信	2022-09-12
(清)胡元常审校《新校资治通鉴全书》(十函一百册)	29cm×17.5cm	74,750	中鸿信	2022-09-12
(清)黄丕烈撰《士礼居藏书题跋记》六卷 续编五卷(一夹板八册)	20cm×13cm	20,700	中鸿信	2022-09-12
(清)彭颐撰《重刊礼记约度》四卷(一函四厚册)	27cm×15cm	23,000	中鸿信	2022-09-12
(清)孙诒让辑《籀高述林》十卷(一函四册)	27cm×15cm	23,000	中鸿信	2022-09-12
(清)汪绂撰《戊笈谈兵》十卷首一卷(一夹板八册)	29cm×17cm	20,700	中鸿信	2022-09-12
(宋)马端临撰《文献通考》卷二百三十五八(一函一巨册)	32cm×19.5cm	23,000	中鸿信	2022-09-12
(宋)赵汝适著《侯鲭录》八卷(一函四册)	25cm×17cm	11,500	中鸿信	2022-09-12
(姚秦)鸠摩罗什 译 妙法莲华经 七卷	12cm×26.5cm	23,000	中国嘉德	2022-12-13
(元)释仲峰明本撰并书 (元)至大四年赵孟頫发愿请刻《金刚般若波罗蜜多经忏》经折装	28cm×90.5cm	437,000	华艺国际	2022-07-29
(元)永嘉书会才人编《白兔记》上下卷(一函二册)	23.5cm×16cm	17,250	中鸿信	2022-09-12
"大字本"《哈哈笑》《笑林广记》等笑话集五种(全5函 部分牛皮纸原装极初品)	尺寸不一	40,250	北京保利	2022-07-27
"大字本"《鲁迅全集》(全10函 部分牛皮纸原装极初品)	29.4cm×18cm	172,500	北京保利	2022-07-27
"大字本"《毛泽东选集》一至四册(全8函牛皮纸原装极初品)	30cm×19cm	79,350	北京保利	2022-07-27
"大字本"《史记》(全6函 部分牛皮纸原装极初品)	29cm×18.5cm	63,250	北京保利	2022-07-27
"大字本"《水浒传》及《第五才子书水浒传》二种(全4函、全10函 部分牛皮纸原装极初品)	28cm×18cm	138,000	北京保利	2022-07-27
"大字本"《中国文学史》(全14函牛皮纸原装极初品)	30cm×20cm	115,000	北京保利	2022-07-27
《茶经》《茶史》二种	尺寸不一	25,300	北京保利	2022-07-27
《春秋》卷第十一(一函一巨册)	35cm×23cm	23,000	中鸿信	2022-09-12
《春秋》卷第十二(一函一巨册)	35cm×23cm	23,000	中鸿信	2022-09-12
《春秋》卷第十一(一函一巨册)	35cm×23cm	23,000	中鸿信	2022-09-12
《对山书屋墨余录》《钝吟杂录》《苕溪渔隐丛话》等古籍八种	尺寸不一	10,350	北京保利	2022-07-27
《旧田项记》《菜根谭》《六朝文絜》等古籍六种	尺寸不一	13,800	北京保利	2022-07-27
《寄园寄所寄》《唐三体诗》《宋艳》等古籍五种	尺寸不一	17,250	北京保利	2022-07-27
《金刚经》《心经》《金刚证验赋》三种	33cm×22cm	32,200	北京荣宝	2022-07-24
《汤品》等	14cm×19.2cm; 14.2cm×19.5cm	55,200	中国嘉德	2022-12-13
《运甓记》上下卷(一函二册)	23.5cm×16cm	17,250	中鸿信	2022-09-12
《重修宣和博古图》卷二十六、二十八(一函一册)	23cm×15cm	13,800	中鸿信	2022-09-12
《重修宣和博古图》卷二十四、卷二十五(一函一册)	23cm×15cm	13,800	中鸿信	2022-09-12
1950年作 修复鞍山钢铁厂	43cm×30cm	51,750	中贸圣佳	2022-12-31
Les Grottes de Touen-houang(周一良题)	33cm×25.2cm	92,000	中贸圣佳	2022-10-27
爱新觉罗·岳端辑《寒瘦集》原本	27.8cm×17cm	80,500	北京荣宝	2022-07-24
安徽文献《游黄山杂诗》不分卷	半框 20.3cm×14.2cm; 开本 23.8cm×16.8cm	49,450	西泠印社	2022-01-21
(清)阮元辑 八砖吟馆刻烛集三卷	24.5cm×16.5cm	14,950	中贸圣佳	2022-07-24
巴县志二十三卷文征四卷	26.4cm×17cm	27,600	中贸圣佳	2022-10-27
(汉)班固撰 白虎通四卷	26.5cm×16.5cm	13,800	中贸圣佳	2022-10-27
白石道人歌曲六卷歌词一卷(周叔弢题)	17cm×9.5cm	184,000	中贸圣佳	2022-10-27
(宋)姜夔撰《姜白石诗词合集》白石诗集一卷词集一卷附诸家评论	26.4cm×16.2cm	12,650	中贸圣佳	2022-07-25
《白氏长庆集》七十一卷	25.3cm×16.2cm	69,000	永乐拍卖	2022-07-25
《白香山诗集长庆集》二十卷 后集十六卷年谱一卷目录一卷	28.7cm×17.8cm	55,200	永乐拍卖	2022-07-25
白云仙表等七种	尺寸不一	13,800	中国嘉德	2022-05-28
半洲诗集七卷	25.5cm×16cm	13,800	中贸圣佳	2022-12-31
宝占堂重摹考古图	29.5cm×18cm	195,500	北京荣宝	2022-07-24
宝绘录寓赏编二种	19.1cm×11.9cm	25,300	中贸圣佳	2022-12-31
宝颜堂秘籍等二种	11cm×16.5cm;11.5cm×15.5cm	10,350	中国嘉德	2022-05-28
北极真武立天上帝报恩除罪宝忏(一册)	28cm×12cm	12,650	中鸿信	2022-09-12
北京笺谱	32.7cm×21.6cm	17,250	北京保利	2022-07-27
北京名胜古迹与历代君王	35cm×28cm	23,000	北京荣宝	2022-07-24
北京荣宝斋新记诗笺谱	31.5cm×22.5cm	12,650	中贸圣佳	2022-10-27
北平笺谱	32.5cm×22.2cm	575,000	北京保利	2022-07-27
北齐书五十卷	29cm×18cm	109,250	永乐拍卖	2022-07-25
毕沅编《续资治通鉴》二百二十卷	15.5cm×22cm	23,000	中国嘉德	2022-12-13
敝帚(周一良题)	25cm×17.1cm	20,700	中贸圣佳	2022-10-27
卜永誉辑式古堂书画汇考六十卷	19.6cm×13cm	11,500	中贸圣佳	2022-12-31
炳南画谱	38cm×29cm	10,350	中贸圣佳	2022-10-27
蔡锷签中华民国云南军督都府令(一折)	26.5cm×66cm	17,250	中鸿信	2022-09-12
蔡邕 撰《汉蔡中郎集》存四卷	14cm×19.7cm	34,500	中国嘉德	2022-12-13
(汉)蔡邕撰《蔡中郎集》十卷 外集四卷外纪一卷传表一卷	26.7cm×16.4cm	23,000	中贸圣佳	2022-10-27
(元)潘昂霄撰《苍崖先生金石例》存卷七至八(赵伯苏旧藏)	28.5cm×17.3cm	97,750	中贸圣佳	2022-10-27
(清)刘海瀛辑(单刻本)苍玉洞宋人题名一卷	28.2cm×19.7cm	103,500	中贸圣佳	2022-10-27
(清)孙从添撰《藏书记要》一卷(叶德辉旧藏)	27cm×16.7cm	20,700	中贸圣佳	2022-10-27
藏书志稿本	24cm×14cm	57,500	北京荣宝	2022-07-24

拍品名称	物品尺寸	成交价RMB	拍卖公司	拍卖日期
《藏园居士六十自述》清代《殿试考略》《论语》三种(周叔弢题赠周一良)	尺寸不一	40,250	中贸圣佳	2022-10-27
曹大铁旧藏《复社姓氏录三卷》	30.5cm×19.4cm	14,950	中贸圣佳	2022-12-31
曹士珩撰《道元一气》	27cm×23cm	78,200	北京荣宝	2022-07-24
草窗韵语六稿	33.4cm×22.1cm	74,750	中贸圣佳	2022-12-31
草隶存六卷	34.1cm×24cm	10,350	中贸圣佳	2022-10-27
草木疏校正二卷	29.1cm×15.6cm	34,500	北京保利	2022-07-27
清查慎行撰《敬业堂诗集》存四十七卷	27.9cm×17.3cm	12,650	中贸圣佳	2022-10-27
曹燕绪、张演京藏《冲虚至德真经》八卷	28cm×17.2cm	161,000	永乐拍卖	2022-07-25
《昌黎先生集》四十卷 外集一卷 遗文一卷 集传一卷 韩集点勘四卷(周叔弢题)	26.7cm×16.5cm	74,750	中贸圣佳	2022-07-27
《昌黎先生集》四十卷遗文一卷传一卷(周叔弢题)	25.1cm×16.7cm	115,000	北京保利	2022-07-27
唱本数种	尺寸不一	55,200	中贸圣佳	2022-07-27
清陈鹤撰《明纪》六十卷	29.3cm×17.5cm	14,950	中贸圣佳	2022-12-31
陈梦雷 等编《古今图书集成》存二卷	14.8cm×21cm	57,500	中国嘉德	2022-12-13
陈梦雷 等编《钦定古今图书集成》存四卷	15cm×21.5cm	36,800	中国嘉德	2022-06-27
陈梦雷 等编《钦定古今图书集成》存四卷	14.5cm×21.3cm	43,700	中国嘉德	2022-12-13
陈梦雷 等编《钦定古今图书集成》卷一百六十	15cm×21.3cm	40,250	中国嘉德	2022-06-27
陈氏世传拳械谱等六种	尺寸不一	32,200	中贸圣佳	2022-12-31
陈氏中西回史日历二十卷(谭其骧题赠周一良邓懿夫妇)	30.2cm×21cm	13,800	中贸圣佳	2022-10-27
(清)王凤生 纂修 陈训慈题赠张慕骞《浙西水利全书不分卷》	半框20cm×13cm;开本29cm×17.5cm	34,500	西泠印社	2022-01-21
陈寅恪旧藏 胡汉民撰《不匮室津抄》八卷	32cm×21.5cm	13,800	中贸圣佳	2022-12-31
清陈用光撰《太乙舟文集》八卷	26.1cm×15.1cm	19,550	中贸圣佳	2022-07-27
陈则通 撰《春秋提纲》等三种	15cm×19.5cm	13,800	中国嘉德	2022-06-27
《晨风庐唱和诗续集》十二卷(周梦坡鹰送陆丹林本)	25cm×15cm	23,000	北京保利	2022-07-27
尺木堂《纲鉴易知录》九十二卷	24cm×15.5cm	10,350	永乐拍卖	2022-07-25
敕建弘慈广济寺志三卷	29.5cm×17.5cm	48,300	北京保利	2022-07-27
初学记三十卷(九州岛书屋初印本难得)	28.6cm×19cm	2,024,000	北京保利	2022-07-27
初学人物十八则	28.2cm×20cm	36,800	永乐拍卖	2022-07-25
清 储欣录 唐宋八大家全集	25.1cm×16.3cm	20,700	中贸圣佳	2022-07-27
楚辞补注十七卷	28.3cm×18.8cm	25,300	北京荣宝	2022-07-24
春秋公羊注疏二十八卷	12.5cm×19cm	25,300	中国嘉德	2022-05-28
春秋摘要不分卷	25.8cm×16.5cm	23,000	北京荣宝	2022-07-24
淳化阁帖考证十二卷	27.6cm×17cm	14,950	中贸圣佳	2022-08-14
(清)王澍撰 淳化秘阁法帖考正十二卷	26.7cm×16.3cm	28,750	中贸圣佳	2022-10-27
词律二十卷 补遗一卷(校样本)	27.7cm×17cm	29,900	中贸圣佳	2022-12-31
慈悲道场忏法	35.4cm×25.6cm	34,500	中贸圣佳	2022-07-27
(清)姚祖振撰 丛桂轩近隶五卷(邓之诚题)	25.5cm×15.5cm	20,700	中贸圣佳	2022-10-27
崔敬邕墓志双钩本(潘景郑旧藏)	26.6cm×16cm	10,350	中贸圣佳	2022-10-27
大般若波罗蜜多经卷第二百二十八(末附己卯至元年题记)	11cm×24.5cm	207,000	中国嘉德	2022-12-13
大般若波罗蜜多经卷第四百六	30.5cm×11.2cm	115,000	中贸圣佳	2022-12-31
大般若波罗蜜多经卷第四百四十九	30.2cm×11.3cm	322,000	中贸圣佳	2022-12-31
大悲心陀罗尼经一卷	23.2cm×8.7cm	43,700	中贸圣佳	2022-12-31
大藏经"宝"字卷	37.3cm×128cm	189,750	永乐拍卖	2022-07-25
大藏经"潜"字卷	37.2cm×127cm	195,500	永乐拍卖	2022-07-25
大村西崖编 中国名画集八册	36cm×25.5cm	16,000	北京荣宝	2022-07-24
大□□一卷	27cm×17cm	43,700	北京荣宝	2022-07-24
大方广佛华严经 存三卷	尺寸不一	69,000	中贸圣佳	2022-07-27
大方广佛华严经第六十二 (一册)	35cm×12cm	13,800	中鸿信	2022-09-12
大方广佛华严经卷第六	34.4cm×12.2cm	14,950	北京荣宝	2022-07-24
大方广佛华严经第三十四	33.5cm×12cm	10,350	北京荣宝	2022-07-24
大方广佛华严经卷第五十六	35.7cm×12.1cm	18,400	中贸圣佳	2022-12-31
大方广佛华严经世主妙严品	60cm×29.5cm	11,500	中贸圣佳	2022-12-31
大佛顶如来密因修正了义诸菩萨万行首楞严经要颂存七卷	25.5cm×16.2cm	20,700	中贸圣佳	2022-12-31
大光明藏等残页	尺寸不一	49,450	中贸圣佳	2022-12-31
大婚礼节	28.5cm×18.5cm	35,650	上海驰翰	2022-02-19
《大清畿辅先哲传》四十卷《列女传》六卷 续录一卷	29.5cm×17.5cm	55,200	永乐拍卖	2022-07-25
大清十朝皇帝圣训	19.8cm×13cm	51,750	中贸圣佳	2022-12-31
大萨遮尼干子受记经卷十	30.5cm×11.4cm	1,265,000	永乐拍卖	2022-07-25
大唐内典录	30cm×11.5cm	161,000	北京荣宝	2022-07-24
唐 刘肃撰 大唐新语十三卷	24.4cm×15.7cm	10,350	中贸圣佳	2022-12-31
大学衍义补一百六十卷卷首一卷	28cm×16.8cm	322,000	北京保利	2022-07-27
当代《古典家具研究》会刊手工油印本1-14期	26cm×19cm×13	34,500	中国嘉德	2022-06-26
道光十四年甲午科浙江乡试录(进呈御览本)	半框22cm×15cm;开本27.8cm×17.4cm	55,200	西泠印社	2022-01-21
地藏菩萨本愿经三卷	34.4cm×12.2cm	36,800	中贸圣佳	2022-07-27
地理点穴撼龙经地理合璧等三种	尺寸不一	10,350	中贸圣佳	2022-12-31
翟云升撰 焦氏易林校略 十六卷	11.5cm×16.3cm	13,800	中国嘉德	2022-12-13
帝京景物略	25cm×15.2cm	13,800	中贸圣佳	2022-12-31
丁丙辑 西泠五布衣遗著五种	24cm×15.1cm	11,500	中贸圣佳	2022-12-31
丁传靖辑 甲乙之际宫闺录 十卷	12cm×17.7cm	46,000	中国嘉德	2022-12-13
丁昌耀 百将图说二卷	25.5cm×15.2cm	34,500	中国嘉德	2022-12-13
丁馥良著 格物入门七卷	15.7cm×21cm	34,500	中国嘉德	2022-12-13
定邦安国全志四十卷	17.4cm×11.5cm	20,700	中贸圣佳	2022-10-27
东海徐陵编《玉台新咏笺注》十卷(一函六册)	23cm×15.5cm	51,750	中鸿信	2022-09-12
东莱先生音注唐鉴二十四卷	13.3cm×20cm	13,800	中国嘉德	2022-05-28
东莱先生音注唐鉴二十四卷	28.5cm×18.3cm	14,950	北京保利	2022-07-27
东林本末白龙山人题画诗等十一种	尺寸不一	26,450	中贸圣佳	2022-12-31
东坡先生全集 七十五卷	25.2cm×16cm	132,250	永乐拍卖	2022-07-25
东坡先生全集 七十五卷	26cm×17.5cm	48,300	永乐拍卖	2022-07-25
东塾读书记存十六卷(周一良批)	27.2cm×17.5cm	13,800	中贸圣佳	2022-10-27
冬暄草堂峨山十景等三十五种	尺寸不一	46,000	中贸圣佳	2022-12-31
董华钧重订 纯德汇编	28cm×17cm	28,750	北京荣宝	2022-07-24
董其昌撰画禅室随笔四卷	24cm×15cm	17,250	北京荣宝	2022-07-24
恒版挑花角花笺	23.5cm×27cm	103,500	北京荣宝	2022-07-24
清 窦容蘧集 忻州志六卷	24.5cm×15.8cm	17,250	中贸圣佳	2022-12-31
杜甫撰 杜工部集二十卷 诸家诗话一卷 唱酬题咏附录一卷	9.5cm×12.3cm	28,750	中国嘉德	2022-05-28
杜甫撰 张尔耆批 五家评杜工部集二十卷 首一卷	28.1cm×16.2cm	51,750	中贸圣佳	2022-07-27
杜工部集 二十卷	30cm×17cm	36,800	永乐拍卖	2022-07-25
唐杜甫撰 杜工部集二十卷 首一卷	17.6cm×11cm	14,950	中贸圣佳	2022-08-14
杜诗镜铨 二十六卷	28cm×17cm	23,000	永乐拍卖	2022-07-25
杜诗选 六卷	31.2cm×19cm	97,750	永乐拍卖	2022-07-25
端方 吴重熹 翁斌孙 朱彭寿 等 题跋 光绪朝科举题名录	37.5cm×32cm	138,000	中国嘉德	2022-12-13
敦煌残损三辑	33.3cm×22.5cm	27,600	中贸圣佳	2022-12-31
敦煌零拾 敦煌劫余录等五种(王重民 周一良题)	尺寸不一	20,700	中贸圣佳	2022-10-27
鄂尔泰 等辑 钦定礼记义疏 八十二卷 首一卷	14cm×18.2cm	23,000	中国嘉德	2022-06-27
二百兰亭斋收藏金石记四卷(清)吴云编(秦更年题陶湘苏继卿递藏)	28.5cm×18.2cm	207,000	中贸圣佳	2022-10-27
二程全书 遗书二十五卷 附录一卷 外书十二卷	29.4cm×16.5cm	115,000	北京保利	2022-07-27
二笺本困学纪闻二十卷	27.7cm×17.4cm	17,250	北京保利	2022-07-27
二曲集三十六卷	26.5cm×17cm	23,000	永乐拍卖	2022-07-25
法帖神品一卷 名画神品一卷	24.3cm×17cm	11,500	永乐拍卖	2022-07-25
(清)世宗胤禛撰 翻译名义集选一卷 教乘法数摘要十二卷	27cm×17cm	51,750	中贸圣佳	2022-10-27
梵文刻经	26cm×12cm	17,250	北京荣宝	2022-07-24
方若撰 校碑随笔 批校本	30.5cm×17cm	92,000	北京荣宝	2022-07-24
方铸撰 华胥赤子遗集 二十卷	12.8cm×20.5cm	11,500	中国嘉德	2022-06-27
防海辑要等四种	尺寸不一	23,000	中贸圣佳	2022-12-31
风璧言格 一卷	24.4cm×16.2cm	20,700	中贸圣佳	2022-07-27
风俗通义 十卷	25.5cm×14.3cm	11,500	永乐拍卖	2022-07-25
清 冯士塽撰 玩月草堂印存	25.9cm×15.4cm	32,200	中贸圣佳	2022-07-27
冯应榴辑 苏文忠诗合注 五十卷 首二卷 目录一卷	14.5cm×19cm	13,800	中国嘉德	2022-12-13
冯云鹏 冯云鹓 辑 金石索 十二卷	22cm×27cm	30,800	中国嘉德	2022-06-27
冯訚默撰 红雪词二卷 词录一卷	20cm×13.5cm	34,500	中国嘉德	2022-06-27
佛顶心陀罗尼经	19.5cm×240cm	69,000	北京荣宝	2022-07-24
佛母出生三法藏般若波罗蜜多经卷第十五	30.3cm×11.3cm	126,500	中贸圣佳	2022-12-31
佛说月上女经	33cm×24cm	28,750	北京荣宝	2022-07-24
服气去病图说	30.5cm×18.5cm	12,650	中贸圣佳	2022-10-27
(清)张甄陶撰 福善明微录二卷	30.8cm×16.4cm	20,700	中贸圣佳	2022-07-27
傅氏禹贡集解 二卷	25.8cm×16.5cm	29,900	永乐拍卖	2022-07-25
博增湘撰 双鉴楼善本书目四卷	29cm×17cm	13,800	中国嘉德	2022-07-27
陔馀丛考四十三卷(周一良题)	24.8cm×15.8cm	20,700	中贸圣佳	2022-10-27
溉堂集 二十八卷	25.8cm×15cm	17,250	永乐拍卖	2022-07-25
甘珠尔	72cm×22cm	552,000	北京荣宝	2022-07-24
甘珠尔大藏经	71cm×21.3cm	460,000	中贸圣佳	2022-12-31
纲鉴易知录等六种	尺寸不一	17,250	中贸圣佳	2022-05-28
皋鹤堂批评第一奇书金瓶梅一百回	15cm×19.3cm	48,300	中国嘉德	2022-12-13
高棅古诗正声	26cm	46,000	上海嘉禾	2022-01-01
高价编 皇明鸿献录卷九至十六卷	27.5cm×18.5cm	92,000	上海嘉禾	2022-01-01
高青邱诗集注十八卷附扣缶集一卷 凫藻集五卷	25.5cm×16cm	31,050	北京保利	2022-07-27
高上玉皇本行集经 存二卷 玉皇宥罪锡福宝忏 一卷	12.7cm×27.5cm	20,700	中国嘉德	2022-12-13
高诱注汉 淮南鸿烈解二十一卷	26.8cm×16.6cm	34,500	中贸圣佳	2022-07-27
(清)山阴金缕 辑 格言联璧不分卷	半框20cm×14.5cm;开本32.5cm×22cm	13,800	西泠印社	2022-01-21

2022杂项拍卖成交汇总(续表)

(成交价RMB: 1万元以上)

拍品名称	物品尺寸	成交价RMB	拍卖公司	拍卖日期
葛金烺撰 爱日吟庐书画录四卷补录一卷续录八卷别录四	29cm×17.5cm	11,500	中贸圣佳	2022-12-31
(清)孙承泽撰 庚子消夏记八卷	27cm×15.5cm	17,250	中贸圣佳	2022-12-31
(清)王源评 公谷不分卷	26.6cm×17.5cm	34,500	中贸圣佳	2022-10-27
古本大学辑解等二十三种	尺寸不一	13,800	中国嘉德	2022-05-28
古今图书集成	14cm×22cm	230,000	中国嘉德	2022-05-28
古今图书集成明伦汇编人事典第二十一卷	27.6cm×18.1cm	57,500	北京荣宝	2022-07-24
古微书三十八卷	28.5cm×18.2cm	32,200	北京荣宝	2022-07-24
古文辞类纂皇清经解等十一种	尺寸不一	20,700	中贸圣佳	2022-12-31
古文隽	28cm×16.5cm	172,500	北京荣宝	2022-07-24
古文苑注九卷(凌淦、陈履曾、俞栗庐递藏本)	29cm×18.2cm	36,800	北京保利	2022-07-27
古香斋鉴赏袖珍春明梦余录七十卷	16.9cm×10cm	20,700	北京保利	2022-07-27
古香斋鉴赏袖珍四书十九卷	14.7cm×10.1cm	43,700	中贸圣佳	2022-10-27
古逸丛书五种	尺寸不一	18,400	中贸圣佳	2022-12-31
故宫书画集	41.5cm×22.8cm	12,650	中贸圣佳	2022-12-31
故宫周刊合订本附《良友》杂志	尺寸不一	20,700	中贸圣佳	2022-07-27
顾从敬 陈继儒 选 校 类选笺释草堂诗余六卷	14cm×22.5cm	23,000	中国嘉德	2022-05-28
顾翰旧藏明小宛堂《玉台新咏》附民国徐乃昌覆刻本	27.3cm×17.3cm; 33cm×21.8cm	897,000	永乐拍卖	2022-07-25
顾嗣立 评 昌黎先生诗集注 十一卷 年谱一卷	13.7cm×17.2cm	23,000	中国嘉德	2022-12-13
顾嗣立 等删补 古香斋鉴赏袖珍施注苏诗四十二卷	15.5cm×10cm	32,200	中贸圣佳	2022-07-27
清 顾嗣立辑 元诗选二集	26.2cm×17.4cm	13,800	中贸圣佳	2022-07-27
顾嗣立校 郭宗泰跋 清 温飞卿诗集九卷	28.2cm×17cm	17,250	中贸圣佳	2022-07-27
顾文彬撰 过云楼书画记十卷	25.5cm×15cm	12,650	中贸圣佳	2022-12-31
顾炎武撰 亭林先生余集 一卷	14.5cm×18.5cm	17,250	中国嘉德	2022-12-13
南翔梁 顾野王撰 大广益会玉篇三十卷	25.6cm×16.7cm	34,500	中贸圣佳	2022-07-27
观世音菩萨慈容五十三现	39.4cm×33cm	92,000	北京荣宝	2022-07-24
观世音菩萨咒集刊	33cm×23cm	28,750	北京荣宝	2022-07-24
观音菩萨像木刻版画	28.5cm×70cm	36,800	中国嘉德	2022-12-13
广仓砚录簠斋吉金录录		13,800	中贸圣佳	2022-12-31
广陵唱和词	半框18.5cm×13.8cm; 开本25.4cm×16.5cm	80,500	西泠印社	2022-08-19
癸酉消夏诗一卷南苑唱和诗一卷(清)潘祖荫蒋骃撰(王文焘跋)	23.8cm×14.9cm	25,300	中贸圣佳	2022-10-27
郭茂倩辑 乐府诗集 一百卷目录二卷	13cm×18cm	32,200	中国嘉德	2022-06-27
宋 郭茂倩编 乐府诗集一百卷(宋)	25.6cm×16cm	12,650	中贸圣佳	2022-07-27
清 郭庆藩辑 庄子集释十卷	26.5cm×15.1cm	17,250	中贸圣佳	2022-07-27
郭氏传家易说十一卷	25.5cm×15.7cm	43,700	北京保利	2022-07-27
国朝及第徵祥录 北海题襟集等十三种	尺寸不一	28,750	中贸圣佳	2022-10-27
国朝耆献类征七百二十卷(存159册)	26.6cm×15.5cm	28,750	北京保利	2022-07-27
国朝学案小识十四卷首一卷 末一卷	27cm×16.3cm	11,500	永乐拍卖	2022-07-25
(清)吴骞辑 国山碑考一卷	29cm×17.5cm	13,800	中贸圣佳	2022-07-27
国语二十一卷补音叙录一卷(日本《国语》公序本祖本)	28.5cm×17.7cm	57,500	北京保利	2022-07-27
海宁王忠悫公遗书 观堂遗墨等七种	尺寸不一	13,800	中贸圣佳	2022-07-27
(清)吴东发著 海盐吴东发《石鼓读七卷》	半框18.5cm×14.8cm; 开本28.5cm×17.5cm	17,250	西泠印社	2022-01-21
韩文 四十卷 外集十卷 集传一卷 遗集一卷	30.4cm×17.2cm	32,200	永乐拍卖	2022-07-25
韩文公文抄十六卷	26.5cm×17.5cm	460,000	永乐拍卖	2022-07-25
唐 韩愈撰 昌黎先生集四十卷 外集十卷 遗文一卷 集传一卷	25.5cm×15.5cm	13,800	中贸圣佳	2022-07-27
寒云手写所藏宋本提要廿九种(周叔弢钤印)	35.4cm×18.2cm	86,250	中贸圣佳	2022-07-27
汉 司马迁撰 史记一百三十卷	27cm×19cm	51,750	上海驰翰	2022-02-19
汉 郑氏笺 唐孔颖达疏《礼记注疏》六十三卷	25.5cm×16cm	120,750	上海驰翰	2022-02-19
汉书评林存九十四卷	28.5cm×17.7cm	29,900	中贸圣佳	2022-07-27
汉武氏石室画像题字补考二卷(陆和九题赠张溥泉)	32.4cm×22.1cm	43,700	中贸圣佳	2022-10-27
(清)阮元编 汉延熹西岳华山碑考四卷(阮元刘喜海等递藏)	28.6cm×17.2cm	32,200	中贸圣佳	2022-07-27
汉艺文志考证 存卷四	32cm×19cm	23,000	中贸圣佳	2022-07-27
汉诸葛武侯全集三卷	26cm×16.4cm	24,150	中贸圣佳	2022-07-27
翰林院监本书《周易集解》(四库底本)	26.4cm×16.7cm	368,000	中贸圣佳	2022-10-27
合刻三先生醒滨文十卷	24.9cm×17.1cm	16,100	中贸圣佳	2022-12-31
清何焯撰 义门读书记五十八卷	25.3cm×16.5cm	14,950	中贸圣佳	2022-12-31
何大复先生集三十八卷 附录一卷(神田喜一郎旧藏)	23cm×14.5cm	20,700	北京保利	2022-07-27
清 和珅等修 大清一统志五百卷	19.9cm×13cm	14,950	中贸圣佳	2022-07-27
鹖冠子 三卷	25.8cm×16.6cm	11,500	永乐拍卖	2022-07-25

拍品名称	物品尺寸	成交价RMB	拍卖公司	拍卖日期
贺天健画 东坡全集	25.8cm×17.5cm	230,000	北京荣宝	2022-07-24
弘简录二百五十四卷	25.3cm×16cm	43,700	中贸圣佳	2022-12-31
红楼梦图	61.5cm×62cm	13,800	中国嘉德	2022-05-28
红楼梦图咏	30.2cm×21.2cm	10,350	中贸圣佳	2022-08-14
红雪楼清容外集 九种	30cm×18cm	34,500	永乐拍卖	2022-07-25
(近代)商承祚著 红印本《长沙古物闻见记二卷》	半框18.5cm×13cm; 开本32.5cm×19cm	36,800	西泠印社	2022-01-21
洪北江全集 二百二十二卷	29.6cm×17cm	69,000	永乐拍卖	2022-07-25
清 洪亮吉撰 乾隆府厅州县图志五十卷	29.2cm×17.2cm	20,700	中贸圣佳	2022-07-27
(宋)洪遵撰 洪氏集验方五卷	29.6cm×18.5cm	43,700	中贸圣佳	2022-10-27
洪武正韵十六卷	27.3cm×16.3cm	120,750	中贸圣佳	2022-12-31
侯官旧藏跋注本 覆宋本庄子注疏十卷(侯过批)	30.6cm×22cm	25,300	中贸圣佳	2022-12-31
胡林翼 严树森 辑 皇朝中外一统舆图三十一卷 首一卷	17.5cm×22.5cm	20,700	中国嘉德	2022-06-27
胡氏篆草不分卷	半框18cm×12cm; 开本25cm×15.5cm	69,000	西泠印社	2022-08-19
胡震亨 撰选文选十四卷	14.7cm×20.5cm	36,800	中国嘉德	2022-05-28
胡缵宗辑 秦汉文	25cm×15cm	36,800	北京荣宝	2022-07-24
花营锦阵	31cm×25.2cm	299,000	中贸圣佳	2022-10-27
花营锦阵	31cm×25cm	575,000	中贸圣佳	2022-07-27
华阳国志十二卷(周一良题)	24.1cm×15.5cm	23,000	中国嘉德	2022-05-28
(明)董其昌撰 画禅室随笔四卷	27.6cm×17.9cm	14,950	中贸圣佳	2022-12-31
画继补遗 练川名人画像等三种	尺寸不一	23,000	中贸圣佳	2022-12-31
画史汇传 澄怀堂书画目二种	尺寸不一	20,700	中贸圣佳	2022-07-27
(清)王概编 话雨楼碑帖目录四卷(朱善圻沈树镛递藏)	31.5cm×17.7cm	32,200	中贸圣佳	2022-10-27
怀白轩诗抄 十卷	24.5cm×15cm	11,500	永乐拍卖	2022-07-25
桓宽撰 盐铁论 十卷全 附考证一卷	26cm×15.2cm	36,800	北京荣宝	2022-07-24
明 皇甫中撰 明医指掌图前集五卷	26.8cm×16.6cm	59,800	中贸圣佳	2022-07-27
皇明十大家文选二十五卷	25.7cm×15.5cm	51,750	中贸圣佳	2022-07-27
清 黄宾虹等选编 美术丛书四集	19.5cm×12.7cm	34,500	中贸圣佳	2022-07-27
黄帝内经素问二十四卷 素问遗篇一卷 灵枢十二卷	24.1cm×15.4cm	10,350	中贸圣佳	2022-07-27
黄裳题跋 清远文木记不分卷	24.4cm×15cm	55,200	中贸圣佳	2022-07-27
宋 黄庭坚撰 宋黄文节公全集	29.9cm×18cm	19,550	中贸圣佳	2022-07-27
绘图西厢记等三种	尺寸不一	26,450	中贸圣佳	2022-12-31
惠麓酒民 编 洴澼百金方十四卷	14cm×19.5cm	17,250	中国嘉德	2022-12-13
集篆三十二体金刚经(灵隐寺道肩集篆)	33.5cm×14cm	460,000	中贸圣佳	2022-12-31
纪昀 评点 苏文忠公诗集五十卷	13cm×18cm	57,500	中国嘉德	2022-05-28
继吕氏家塾读诗记三卷(有跋)	26.5cm×16.8cm	25,300	北京保利	2022-07-27
剪发百谈初集	19.8cm×13.3cm	25,300	北京荣宝	2022-07-24
剪桐载笔 一卷	24.8cm×16.2cm	23,000	永乐拍卖	2022-07-25
江村销夏录故宫已佚书画目等	尺寸不一	17,250	中贸圣佳	2022-12-31
姜宸英 1673、1674年作《选诗类钞》未刊稿 册页(四册一百零六开)	30cm×17.5cm	2,415,000	中贸圣佳	2022-07-23
姜维大战司马师	48cm×33.5cm	34,500	中贸圣佳	2022-07-27
蒋兆兰著《青葵词》(一函两册)	28cm×16.5cm	20,700	中鸿信	2022-09-12
蒋之翘编 韩昌黎集存三十五卷 外集十卷 遗文一卷 集传一卷	23.5cm×15.5cm	34,500	北京荣宝	2022-07-24
蕉雨琴谱等四种(徐立荪篆赠刘少椿)	尺寸不一	25,300	中贸圣佳	2022-10-27
戒因缘经卷第十	30.6cm×11.3cm	460,000	中贸圣佳	2022-12-31
芥子园画传初集(存二至五)	26cm×15cm	57,500	中贸圣佳	2022-12-31
芥子园画传二集	25.5cm×16.2cm	529,000	中贸圣佳	2022-07-27
芥子园画传三集(存)	24cm×15.5cm	264,500	中贸圣佳	2022-07-27
芥子园画传三集翎毛花卉谱	26cm×15.2cm	51,750	中贸圣佳	2022-12-31
芥子园画谱 五集	25.8cm×17cm	28,750	永乐拍卖	2022-07-25
今文孝经一卷 御制孝经注一卷	37.4cm×23cm	17,250	北京保利	2022-07-27
金代贞元元年(1153年)耀州富平县刻《瑜伽师地论》卷第六十八	35cm×638cm	14,950,000	中贸圣佳	2022-07-23
金刚般若波罗蜜经	33cm×25cm	28,750	北京荣宝	2022-07-24
金刚般若波罗蜜经次诂等十种	尺寸不一	17,250	中国嘉德	2022-05-28
金光明最胜王经卷第八	32.8cm×10.4cm	632,500	中贸圣佳	2022-12-31
金瓶梅	20cm×13.5cm	34,500	北京荣宝	2022-07-24
金瓶梅词话	20.4cm×13.4cm	34,500	北京保利	2022-07-27
金瓶梅词话一百回	14cm×12.2cm	13,800	中国嘉德	2022-05-28
金瓶梅词话一百回	19.7cm×12.8cm	55,200	中贸圣佳	2022-07-27
金石萃编 一百六十卷 年谱二卷 目录六卷	24cm×15cm	92,000	永乐拍卖	2022-07-25
(清)吴玉搢撰 金石存十五卷(高凌霨旧藏)	30.2cm×18.3cm	51,750	中贸圣佳	2022-10-27
《金石契》《金石萃编》等九种	尺寸不一	27,600	中贸圣佳	2022-12-31
金石屑	30cm×18.8cm	10,350	中贸圣佳	2022-12-31
(清)李遇孙辑《金石学录》四卷,补一卷(徐乃昌苏继卿吴静安递藏)	26.3cm×16.8cm	34,500	中贸圣佳	2022-07-27
(清)刘喜海辑《金石苑》不分卷(崇恩旧藏)	29.6cm×19.5cm	126,500	中贸圣佳	2022-07-27
《金石苑》《郑斋藏器》二种	尺寸不一	23,000	中贸圣佳	2022-12-31

拍品名称	物品尺寸	成交价RMB	拍卖公司	拍卖日期
(清)钱泳撰《金涂铜塔考》一卷	27.8cm×17.6cm	17,250	中贸圣佳	2022-10-27
(明)郡穆撰 金薤琳琅二十卷补遗一卷(朱栻之衡湘南递藏)	27.6cm×17.5cm	28,750	中贸圣佳	2022-10-27
津逮秘书第十三集(名家题跋十种)	23.5cm×16cm	49,450	北京保利	2022-07-27
津逮秘书全十五集(周一良批)	19.7cm×13.2cm	86,250	中贸圣佳	2022-10-27
晋唐心印 智永千文等七种(郦承铨钤印并跋)	尺寸不一	17,250	中贸圣佳	2022-10-27
京本校正增广事联诗学大全 卷二十六	22cm×14.3cm	29,900	永乐拍卖	2022-07-25
精选名儒草堂诗余三卷	半框16cm×11.3cm;开本30cm×17.5cm	11,500	西泠印社	2022-01-21
景德镇陶录 古月轩瓷考	尺寸不一	11,500	中贸圣佳	2022-10-27
景岳全书六十四卷	25.4cm×16.3cm	32,200	中贸圣佳	2022-12-31
净土五经	33cm×22cm	28,750	北京荣宝	2022-07-24
鸠摩罗什译 观音菩萨三十二相普门品经 手卷	34.5cm×1500cm	34,500	北京荣宝	2022-07-24
(明)秦镤订 九经五十一卷 附三种四卷	24cm×13.2cm	126,500	中贸圣佳	2022-10-27
九僧诗一卷	28cm×17.5cm	109,250	中贸圣佳	2022-10-27
九僧诗一卷(周叔弢钤印)	31.8cm×20.4cm	120,750	中贸圣佳	2022-10-27
旧唐书二百卷校勘记六十六卷 逸文十二卷(周一良批)	28.5cm×18.2cm	74,750	中贸圣佳	2022-10-27
鹫尾顺敬 监修 菩提达摩嵩山史迹大观	37.5cm×27.5cm	20,700	北京荣宝	2022-07-24
居贞草堂汉晋石影 散氏盘铭等十三种	尺寸不一	13,800	中贸圣佳	2022-10-27
(清)徐釚撰 菊庄词一卷(钱太初旧藏)	27.7cm×16.8cm	13,800	中贸圣佳	2022-10-27
可惜无声	37cm×28cm	11,500	北京荣宝	2022-07-24
窦斋集古录二十六卷释文胜稿二卷	32.5cm×21.3cm	27,600	永乐拍卖	2022-07-25
孔从子 三卷	25cm×15.3cm	17,250	永乐拍卖	2022-07-25
孔圣家语图	33.2cm×24cm	51,750	永乐拍卖	2022-07-25
唐 孔颖达撰 宋椠 尚书正义二十卷解题一卷	29cm×20.5cm	10,350	中贸圣佳	2022-07-27
宋 寇准撰 黄裳跋 寇忠愍公诗集三卷	28.5cm×18.3cm	132,250	中贸圣佳	2022-10-27
枯木禅琴谱 诚一堂琴谱等七种(刘少椿旧藏)	尺寸不一	48,300	中贸圣佳	2022-10-27
唐 窥基述记 唯识述记抄秘蕴一百二十卷	23.5cm×14.9cm	40,250	中贸圣佳	2022-10-27
(清)闽县陈宝琛撰 蓝印本《沧趣楼诗集十卷附听水斋词一卷》	半框16cm×13.5cm;开本29cm×17.5cm	28,750	西泠印社	2022-01-21
(清)元和顾麟士撰 蓝印本《鹤庐画赟二卷 题画诗二卷》	半框16cm×11.5cm;开本26.5cm×14.3cm	17,250	西泠印社	2022-01-21
老子道德经 二卷	31.1cm×18.5cm	86,250	永乐拍卖	2022-07-25
老子道德真经 二卷 音译一卷	31.1cm×17.8cm	115,000	永乐拍卖	2022-07-25
乐府诗集	25.6cm×16.9cm	23,000	永乐拍卖	2022-07-25
清 雷浚辑 学古堂日记四十三种丛钞六卷	27.3cm×17cm	11,500	中贸圣佳	2022-10-27
类编标注文公先生经济文衡存二十八卷	27.3cm×15.6cm	17,250	中贸圣佳	2022-10-27
楞伽阿知识二卷	37.2cm×23.5cm	66,700	北京荣宝	2022-07-24
礼记集说大全三十卷	29.3cm×17.5cm	322,000	中贸圣佳	2022-12-31
礼记注疏六十三卷	12.5cm×17.7cm	36,800	中国嘉德	2022-05-28
李白诗选	25cm×16.1cm	40,250	北京荣宝	2022-07-24
李调元 辑 函海丛书	25.2cm×16.5cm	32,200	中贸圣佳	2022-12-31
(明)毕自昌订 李杜全集四十八卷	半框21.3cm×14cm;开本24cm×15.5cm	33,350	西泠印社	2022-01-21
李昉 等编 太平御览 存一百十五卷	13.5cm×19cm	28,750	中国嘉德	2022-06-27
李光地等编纂 御纂周易折中二十二卷卷首一卷	29.5cm×18.8cm	161,000	中贸圣佳	2022-12-31
李恒撰 新刊袖珍方大全四卷	23.2cm×13.4cm	230,000	中贸圣佳	2022-12-31
李鸿章 撰 李文忠公全集 六种一百六十五卷 首一卷	14.5cm×20.5cm	86,250	中国嘉德	2022-12-13
李诫 等编 营造法式三十六卷	16cm×19.5cm	28,750	中国嘉德	2022-12-13
李诫撰 营造法式三十四卷 看详一卷 附录一卷	32.5cm×22.5cm	161,000	中贸圣佳	2022-12-31
李梦阳撰 空同集卷五十七至六十	14cm×18.5cm	10,350	中国嘉德	2022-05-28
李攀龙撰 沧溟先生集 三十卷 附录一卷	15cm×19cm	48,300	中国嘉德	2022-06-27
清 李汝珍撰 绣像镜花缘二十卷一百回	16cm×11cm	12,650	中国嘉德	2022-06-27
唐 李善注 文选六十卷	28.1cm×16.5cm	18,400	中贸圣佳	2022-10-27
李氏五种合刊	26.8cm×16.5cm	10,350	中贸圣佳	2022-10-27
李文公集十八卷(周叔弢题)	28.3cm×17.6cm	92,000	中贸圣佳	2022-10-27
唐 李延寿撰 南史七十卷	25.9cm×16.2cm	31,050	中贸圣佳	2022-07-27
李义山集三卷(周叔弢批校)	20.3cm×13.4cm	218,500	中贸圣佳	2022-10-27
李兆洛 编绘 恒星赤道经纬度图 不分卷	31.5cm×31.7cm	36,800	中国嘉德	2022-06-27
(明)李贽撰 李卓吾点批世说新语补二十卷	27.4cm×17.1cm	63,250	中贸圣佳	2022-10-27
历朝名媛诗词十二卷	25.8cm×16.7cm	17,250	中贸圣佳	2022-12-31
历朝通鉴纪事本末	29.1cm×17.5cm	105,800	北京荣宝	2022-07-24
隶辨八卷	26.5cm×16.7cm	11,500	北京保利	2022-07-27
梁启超自题签名《中国魂》上下(两册)	19.5cm×13cm	17,250	中鸿信	2022-09-12
梁章矩撰 退庵金石书画跋二十卷	2.7cm×15cm	11,500	中贸圣佳	2022-12-31
两般秋雨庵随笔 说文通检 弘明集等什种	尺寸不一	25,300	中贸圣佳	2022-10-27
两浙金石志十八卷 补遗一卷	半框18.5cm×13cm;开本24cm×15cm	11,500	西泠印社	2022-08-19
辽诗话二卷	25.9cm×13.4cm	17,250	中贸圣佳	2022-12-31
聊斋志异新评 十六卷	17cm×12cm	18,400	永乐拍卖	2022-07-25
临春阁不分卷	26.8cm×16.9cm	28,750	中贸圣佳	2022-07-27
灵宝度人虚皇宝卷科仪	33cm×11cm	74,750	中贸圣佳	2022-10-27
凌烟阁功臣图	28.4cm×18cm	310,500	中贸圣佳	2022-07-27
明凌稚隆辑校 史记评林存一百卷	28.1cm×17.6cm	20,700	中贸圣佳	2022-10-27
聆风簃诗八卷词一卷	28.4cm×16.8cm	10,350	中贸圣佳	2022-10-27
刘宾客集(周叔弢钤印)	37cm×18cm	40,250	中贸圣佳	2022-10-27
刘辰翁 高崇兰 批点 编辑 集千家注杜工部诗集 二十卷 文集二卷 附录一卷	26.8cm×16.8cm	460,000	中国嘉德	2022-06-27
刘家干辑 嘉业堂金石丛书五种	29.1cm×19cm	11,500	中贸圣佳	2022-12-31
刘大杰题 倪云林先生诗集六卷附录一卷	26.8cm×17.6cm	43,700	中贸圣佳	2022-10-27
刘梦得文集(周叔弢钤印)	26.7cm×19cm	46,000	中贸圣佳	2022-10-27
刘师培撰 刘申叔遗书	19.7cm×13.3cm	10,350	中贸圣佳	2022-10-27
刘世珩 辑 聚学轩丛校零种	12cm×16cm	11,500	中国嘉德	2022-05-28
刘统勋 1773年作楷书《御制万寿圣节》诗册册页(七开)	21.5cm×25cm×7cm	437,000	中贸圣佳	2022-07-23
(清)金坛于鹏举辑 刘喜海批校《玉堂冲调集三十一卷》(存十八卷)	半框18.5cm×14cm;开本25cm×16.5cm	69,000	西泠印社	2022-01-21
刘义庆 世说新语上中下卷	14cm×20.8cm	48,300	中国嘉德	2022-06-27
柳宗元撰 储欣读 河东全集录	25.7cm×15.5cm	11,500	北京荣宝	2022-07-24
《六朝文絜》卷一至二(周一良题)	29.8cm×16.7cm	16,100	中贸圣佳	2022-10-27
六臣注文选存四卷	28.3cm×17.2cm	11,500	中贸圣佳	2022-10-27
六家文选存十五卷	27.5cm×18.3cm	20,700	中贸圣佳	2022-12-31
六书精蕴卷第六	31.8cm×18.8cm	11,500	中贸圣佳	2022-12-31
(清)毕弘述纂订 六书通十卷	30cm×19.8cm	48,300	中贸圣佳	2022-10-27
(元)舒天民述 六艺纲目二卷 附录二卷 札记一卷	30.2cm×18.2cm	10,350	中贸圣佳	2022-10-27
宋 龙眉子撰 金液还丹印证图一卷	33.5cm×13cm	63,250	中贸圣佳	2022-10-27
龙溪精舍丛书二十五种(周一良题)	28.7cm×17.8cm	55,200	中贸圣佳	2022-10-27
鲁迅全集二十卷附录一卷(纪念编号本第172号)	19cm×13.5cm	977,500	中贸圣佳	2022-10-27
陆佃 坤雅	29cm×18cm	575,000	北京荣宝	2022-07-24
陆佃撰 新刊坤雅二十卷	26.7cm×15.7cm	10,350	中贸圣佳	2022-10-27
陆恢、陆翔父子批校本《广艺舟双楫》	25cm×15cm	69,000	北京荣宝	2022-07-24
陆九渊撰 陆象山先生文集 三十六卷	13.5cm×19.3cm	13,800	中国嘉德	2022-12-13
陆时化编 越所见书画录六卷	29cm×17.4cm	17,250	中贸圣佳	2022-12-31
陆游撰 渭南文集五十卷	14.5cm×18.5cm	103,500	中国嘉德	2022-05-28
陆赟撰 清·王汝襄 张泰基校 唐陆宣公集二十二卷	半框18.5cm×13cm	82,800	上海驰翰	2022-02-19
路大荒批校 音学辨微一卷	26.9cm×17.9cm	32,200	中贸圣佳	2022-12-31
(清)顺德简朝芝述疏 论语集注补正述疏十卷首一卷	半框19.4cm×13.8cm;异止开本29cm×16cm	21,850	西泠印社	2022-01-21
罗振玉 考释 商承祚 类次 殷墟文字类编十四卷 检字一卷 殷墟文字待问编十三卷 殷墟书契考释一卷	13.2cm×17.5cm	13,800	中国嘉德	2022-12-13
罗振玉撰《辽居稿》(一函一册)	26cm×15.5cm	17,250	中鸿信	2022-09-12
萝轩变古笺	31.5cm×20.7cm	43,700	北京保利	2022-07-27
洛阳伽蓝记六卷(皮纸本)	26.9cm×18.7cm	18,400	北京保利	2022-07-27
吕坤《实政录七卷》	半框21cm×14cm;开本26.5cm×15.5cm	33,350	西泠印社	2022-08-19
明吕坤撰 疹科	26.5cm×15.5cm	10,350	中贸圣佳	2022-10-27
清 吕肃高修 长沙府志存三十八卷首一卷	28.1cm×18.2cm	13,800	中贸圣佳	2022-10-27
宋 吕祖谦撰 详注东莱先生左氏博议二十五卷(明嘉靖刻巾箱本)	19.1cm×11.2cm八册	10,350,000	中贸圣佳	2022-12-31
宋 吕祖谦撰 宋文鉴一百五十卷 目录三卷	28cm×17.4cm	13,800	中贸圣佳	2022-10-27
马端临 文献通考	31.5cm×19.3cm	12,650	北京荣宝	2022-07-24
马俊良 辑 龙威秘书存九集五十一册	18.3cm×11.2cm	18,400	中贸圣佳	2022-12-31
马培之批校伤寒论	24.5cm×15.5cm	17,250	中贸圣佳	2022-12-31
马培之批校外科正治全书	24cm×15.2cm	13,800	中贸圣佳	2022-12-31
马一浮 容筆祖旧藏《二曲集》四十六卷	27.5cm×16.5cm	26,450	永乐拍卖	2022-07-25
满文时宪书	半框23.5cm×17cm	28,750	上海驰翰	2022-02-19
清毛德琦重订 庐山志十五卷	26.3cm×15cm	17,250	中贸圣佳	2022-07-27

2022杂项拍卖成交汇总(续表)

(成交价RMB：1万元以上)

拍品名称	物品尺寸	成交价RMB	拍卖公司	拍卖日期
毛晋辑 王建诗	26.3cm×16.3cm	25,300	北京荣宝	2022-07-24
毛宗岗 评 四大奇书第一种十九卷百二十回 首一卷图一卷	14.5cm×19cm	25,300	中国嘉德	2022-12-13
冒襄《同人集十二卷》	半框17cm×13cm；开本27.5cm×15.3cm	63,250	西泠印社	2022-08-19
梅村诗集笺注十八卷	29.7cm×17.5cm	20,700	永乐拍卖	2022-07-25
梅村诗集笺注十八卷	25.2cm×15.2cm	11,500	永乐拍卖	2022-07-25
梅村诗集笺注十八卷	29.4cm×17.1cm	17,250	永乐拍卖	2022-07-25
梅村诗集笺注十八卷(唐公旧藏)	28.2cm×17.4cm	10,350	中贸圣佳	2022-10-27
美展特刊	26cm×38cm	13,800	中国嘉德	2022-12-13
戊年1258年《泉石润公禅师语录》和宋版《大慧普觉禅师语录》	22.5cm×14.5cm	9,200,000	北京荣宝	2022-07-24
孟浩然 撰 刘辰翁 李梦阳 评 孟浩然诗集 二卷	14.8cm×20.5cm	69,000	中国嘉德	2022-12-13
梦坡室藏砚旧云楼烟谱等四种	尺寸不一	17,250	中贸圣佳	2022-12-31
米元章 一卷	29cm×17.5cm	32,200	永乐拍卖	2022-07-25
秘书十种 秘戏图考 花营锦阵	30.2cm×21cm	20,700	中贸圣佳	2022-10-27
密韵楼七种	32cm×20.7cm	414,000	北京保利	2022-07-27
苗夔撰 毛诗叻订	29.5cm×17.5cm	10,350	北京荣宝	2022-07-24
妙法莲华经普现世音菩萨普门品	29.9cm×10.3cm	20,700	北京荣宝	2022-07-24
妙法莲华经七卷	9cm×20.5cm	13,800	中国嘉德	2022-05-30
妙法莲华经七卷	33.7cm×12.2cm	437,000	中贸圣佳	2022-12-31
妙法莲华经七卷	32.5cm×12.1cm	161,000	中贸圣佳	2022-12-31
妙法莲华经七卷	25.3cm×16.2cm	63,250	中贸圣佳	2022-12-31
民国 上虞罗振玉撰 永丰乡人甲稿一卷、乙稿二卷、丙稿四卷、丁稿一卷、杂著不分卷	27cm×15.5cm	12,650	上海驰翰	2022-02-19
民国 孙振麟编撰 当湖历代画人传九卷补遗一卷	半框16cm×10.5cm	20,700	上海驰翰	2022-02-19
(唐) 三藏法师玄奘译 民国成都佛学社旧藏碛砂藏本《阿毗达摩大毗婆沙论卷第一百四》	半框25cm×11.5cm；开本31cm×11.5cm	230,000	西泠印社	2022-01-21
(明)闵齐伋辑 闵刻套印《考工记二卷 檀弓一卷》	半框20.5cm×15cm；开本26.5cm×17.5cm；27cm×17.5cm	55,200	西泠印社	2022-01-21
名人花卉集锦	33.3cm×22.4cm	13,800	中贸圣佳	2022-10-27
(明)胡时化辑 名世文宗三十卷	28cm×17.3cm	63,250	中贸圣佳	2022-10-27
明 方子鲁撰 方氏墨谱	半框23.8cm×14.2cm	517,500	上海驰翰	2022-02-19
明 韩邦奇纂 韩苑洛文集二十二卷	27.5cm×17cm	31,050	上海驰翰	2022-02-19
明 昆山梁鱼辰著 江东白苎二卷	24.5cm×17cm	49,450	上海驰翰	2022-02-19
明 凌稚隆辑 李光缙增补史记评林一百三十卷	半框23cm×14cm	82,800	上海驰翰	2022-02-19
明 青田刘基撰 太师诚意伯刘文成公集二十卷	半框18.8cm×13.4cm	16,100	上海驰翰	2022-02-19
明 桐城赵钺撰 鹮林子五卷	30cm×18cm	13,800	上海驰翰	2022-02-19
明 薛已撰 吴管辑薛氏医按二十四种存八种二十五卷	28.5cm×18cm	14,950	上海驰翰	2022-02-19
明朝纪事本末 二本松藏版	25.5cm×18cm	20,700	上海嘉禾	2022-01-01
明 董文敏行书 李太白诗墨迹	33cm×22.2cm	10,350	永乐拍卖	2022-07-25
明刻本 文字会宝 线装	30cm×20cm	184,000	华艺国际	2022-07-29
明经注解刊	33cm×22cm	17,250	北京荣宝	2022-07-24
(清)沈德潜辑 明诗别裁集十二卷(赵诒琛旧藏)	28.2cm×16.8cm	17,250	中贸圣佳	2022-10-27
(明)华淑辑 明诗选十二卷(朱敬韬旧藏)	26.8cm×16.4cm	59,800	中贸圣佳	2022-10-27
明文钞(初编二编三编四编五编六编全)	26.8cm×17.2cm	31,050	北京保利	2022-07-27
摩诃僧祇律卷第三十五	30cm×11cm	345,000	中贸圣佳	2022-12-31
牡丹亭骨壮阁帖目等六种	尺寸不一	16,100	中贸圣佳	2022-12-31
纳兰揆叙撰 乐静堂集二卷 鸡肋集二卷	31.5cm×20cm	207,000	北京荣宝	2022-07-24
南宫县志 十六卷	26.7cm×16.7cm	34,500	永乐拍卖	2022-07-25
南华真经 十卷	30.5cm×22.2cm	34,500	永乐拍卖	2022-07-25
南华真经 十卷	28cm×17cm	287,500	永乐拍卖	2022-07-25
南宋碛砂藏《妙法莲华经科文句三》	30cm×594cm	40,250	北京荣宝	2022-07-24
南宋嘉定四年杭州净慈寺刻本 福井崇兰馆旧藏 宋刻孤本《嘉泰普灯录》存卷第二十七线装	24.3cm×16.5cm	2,300,000	华艺国际	2022-07-29
(清)刘有光编 宁州刘氏杂著五种	25.4cm×15.4cm	13,800	中贸圣佳	2022-12-31
佞宋词痕(吴湖帆题赠张大千)	28.3cm×17.3cm	25,300	北京荣宝	2022-07-24
欧阳先生文粹二十卷 遗粹十卷	25cm×17cm	207,000	北京荣宝	2022-07-24
欧阳修 徐无党 彭元瑞 撰 注 五代史记 七十四卷	15.2cm×21.5cm	28,750	中国嘉德	2022-06-27
欧阳修撰 欧阳文忠公全集一百五十三卷 附录五卷	30cm×19.5cm	36,800	中贸圣佳	2022-12-31
庞元济藏 虚斋名画录十六卷	26cm×16.5cm	10,350	中贸圣佳	2022-12-31
裴骃集解 刘宋 史记一百三十卷	30.8cm×19.8cm	16,100	中贸圣佳	2022-12-31
彭兆荪编 小谟觞馆集诗八卷 文集四卷 附录一卷	28cm×18.4cm	23,000	上海驰翰	2022-02-19
坤雅 二十卷	25.1cm×15.7cm	11,500	永乐拍卖	2022-07-25
坤雅二十卷	24cm×16cm	20,700	北京保利	2022-07-27
平定准部回部战图	56cm×38.5cm	103,500	中贸圣佳	2022-12-31
评注金玉缘石头记等十九种	尺寸不一	27,600	中贸圣佳	2022-12-31
埤雅集十六卷	30.5cm×18.4cm	57,500	北京保利	2022-07-27
破邪显証钥匙卷上	35cm×11.5cm	10,350	中贸圣佳	2022-07-27
清 浦起龙编 古文眉诠七十九卷	28.2cm×17.2cm	11,500	中贸圣佳	2022-07-27
普宁藏经 (五斤)	29.5cm×59.5cm	10,350	中鸿信	2022-09-12
曝书亭集笺注二十三卷词注七卷	23.9cm×15.7cm	10,350	中贸圣佳	2022-12-31
戚继光撰 纪效新书十八卷 首一卷	13.5cm×18.5cm	48,300	中国嘉德	2022-12-13
齐白石签名本《借山吟馆诗存》册页	27.3cm×17.7cm	69,000	北京荣宝	2022-07-24
齐白石签赠本《白石老人小册》册页	27.5cm×31.5cm	69,000	北京荣宝	2022-07-24
清 祁寯藻撰 □□亭集三十二卷 后集十三卷	24.7cm×15.9cm	26,450	中贸圣佳	2022-07-27
契斋古欢存	20cm×13.5cm	19,550	中贸圣佳	2022-07-27
碛砂藏《阿毗达摩大毗婆沙论卷第一百四十八》(静八)	31.1cm×694cm	97,750	北京保利	2022-07-27
千手观音	137cm×66cm	11,500	中贸圣佳	2022-12-31
前汉书一百卷	半框21.5cm×15cm	18,400	上海驰翰	2022-02-19
前汉书一百卷 后汉书一百二十卷	30cm×19cm	23,000	上海驰翰	2022-02-19
钱大昕撰 潜研堂诗集十卷 续集十卷	14cm×19cm	11,500	中国嘉德	2022-12-13
钱谦益注 杜工部集 批校本	25.5cm×16.3cm	46,000	北京荣宝	2022-07-24
钱旁注事类捷录存十三卷	25.2cm×15.3cm	11,500	中贸圣佳	2022-12-31
钦定宫中现行则例四卷	28.2cm×18cm	43,700	中贸圣佳	2022-12-31
清 秦耀曾纂辑 普陀山志二十卷 首一卷	25.7cm×17cm	17,250	中贸圣佳	2022-07-27
青浦县志三十卷 续志二十四卷	24cm×15.1cm	20,700	中贸圣佳	2022-07-27
清 明文传薪等七种	尺寸不一	10,925	中贸圣佳	2022-07-09
清 渔阳山人精华录十卷	25.5cm×15.8cm	14,950	中贸圣佳	2022-07-10
清 曹宗载选砯川诗钞二十卷词钞一卷 诗续钞十六卷 词续钞一卷	26.5cm×15.5cm	12,075	上海驰翰	2022-02-19
清高宗弘历辑 御选唐宋诗醇四十七卷	半框18.5cm×13cm	32,200	上海驰翰	2022-02-19
清 顾蔼吉撰 隶辨八卷	半框19cm×15cm	31,050	上海驰翰	2022-02-19
清 贯筑苏凤文编纂 广西全省舆地图说	37.5cm×20cm	10,350	上海驰翰	2022-02-19
清 桂林陈宏谋撰 培远堂手札节存三卷	26.5cm×16cm	14,950	上海驰翰	2022-02-19
清 李光地撰 御纂性理精义十二卷	半框22cm×15.5cm	195,500	上海驰翰	2022-02-19
清 梁章巨撰 称谓录三十二卷	半框18.5cm×12.5cm	14,950	上海驰翰	2022-02-19
清 龙继栋撰 钦定古今图书集成考证二十四卷	28.5cm×18cm	82,800	上海驰翰	2022-02-19
清 清河张揖撰 小方壶斋舆地丛钞附续编再续编	19.5cm×12cm	23,000	上海驰翰	2022-02-19
清 秋浦周馥玉山文集二卷	半框21cm×15cm	20,700	上海驰翰	2022-02-19
清 孙承泽撰 古香斋鉴赏袖珍春明梦余录七十卷	18cm×10.5cm	13,800	上海驰翰	2022-02-19
清 秀水朱文澜辑 古谣谚一百卷	25.5cm×15.5cm	23,000	上海驰翰	2022-02-19
清 杨守敬辑 水经注图	半框23cm×17cm	33,350	上海驰翰	2022-02-19
清 永康应宝时撰 直省释奠礼乐记六卷	29cm×18cm	16,100	上海驰翰	2022-02-19
清 元和惠栋笺 太上感应篇集传四卷	33cm×22cm	26,450	上海驰翰	2022-02-19
清 长洲章钰编 胡刻通鉴正文校宋记三十卷附录三卷	26cm×15.5cm	21,850	上海驰翰	2022-02-19
清 朱珔纂辑 重刊武经七书汇解七卷首一卷 末一卷	半框20.5cm×14cm	23,000	上海驰翰	2022-02-19
清 道光五年许氏 享金宝石斋朱墨套印本《六朝文絜》线装	29cm×16.5cm	115,000	华艺国际	2022-07-29
清宫珍宝颐美图	39.3cm×26.2cm	51,750	中贸圣佳	2022-07-27
清 光绪十四年迈宋书馆铜板印本 西清古鉴四卷附录二卷线装	42.2cm×26.5cm	218,500	华艺国际	2022-07-29
清海雪堂精写刻本 峤赤全集线装	29cm×16.5cm	69,000	华艺国际	2022-07-29
(清)钱塘袁通撰 清嘉庆写刻《捧月楼绮词八卷》	半框19.5cm×13.7cm；开本26.5cm×16.5cm	43,700	西泠印社	2022-01-21
清康熙画禅室随笔四卷	25.4cm×17.6cm	14,950	中贸圣佳	2022-07-10
清 刻本二十二种	尺寸不一	70,150	中贸圣佳	2022-12-31
清 刻本二十九种	尺寸不一	46,000	中贸圣佳	2022-12-31
清末民国 刻本二十二种	尺寸不一	36,800	中贸圣佳	2022-07-09
清末民国 四书味根录等六种	尺寸不一	12,650	中贸圣佳	2022-07-09
清乾隆 钦定国朝诗别裁集三十二卷	24.2cm×15.3cm	12,650	中贸圣佳	2022-12-31
清乾隆二十年(1755年) 水心文集二十九卷	27cm×15.6cm	25,300	中贸圣佳	2022-07-27
清乾隆壬午汪氏一鸥草堂精写刊本 黄山导线装	18cm×11.3cm	115,000	华艺国际	2022-07-29
清乾隆十七年(1752年) 感旧集十六卷	26.2cm×17.3cm	29,900	中贸圣佳	2022-07-10

拍品名称	物品尺寸	成交价RMB	拍卖公司	拍卖日期
清乾隆十三年刻本 汪氏鉴古斋墨数不分卷 线装	29.5cm×18cm	92,000	华艺国际	2022-07-29
清乾隆至道光 经韵楼丛书七种一百十二卷	28.2cm×17.8cm	63,250	中贸圣佳	2022-07-10
清史稿五百三十四卷(存10函100册)	30cm×18.2cm	18,400	北京保利	2022-07-27
清同治间写 直省释奠礼乐记六卷	28.5cm×17.8cm	18,400	中贸圣佳	2022-07-10
(宋)周邦彦撰 清真集二卷 集外词一卷	24.7cm×14.7cm	28,750	中贸圣佳	2022-10-27
求古精舍金石图四卷(陈经褚世镛苏继卿递藏)	30cm×18.3cm	20,700	中贸圣佳	2022-10-27
求恕斋丛书十三种(样书)	25cm×15.4cm	11,500	中贸圣佳	2022-10-27
曲园杂纂 俞楼杂纂	23.5cm×14.8cm	13,800	中贸圣佳	2022-07-27
屈原赋注附通释	32.6cm×21.1cm	86,250	中贸圣佳	2022-10-27
屈原赋注附通释(周叔弢钤印)	33.4cm×22cm	48,300	中贸圣佳	2022-10-27
瞿镛撰 铁琴铜剑楼藏书目录二十四卷	30cm×17.8cm	28,750	中国嘉德	2022-06-27
瞿镛撰 铁琴铜剑楼书目二十四卷	24.5cm×16cm	11,500	中贸圣佳	2022-12-31
全上古三代秦汉三国六朝文七百四十六卷	26cm×16.5cm	97,750	永乐拍卖	2022-07-25
全像华光天王传	28.1cm×17cm	34,500	中贸圣佳	2022-12-31
阙里文献考一百卷 首一卷 末一卷	25.3cm×16.5cm	21,850	永乐拍卖	2022-07-25
仁和吴氏双照楼景刊宋元本词	32.5cm×21.9cm	166,750	中贸圣佳	2022-12-31
清 任熊绘 列仙酒牌	27.2cm×13.5cm	138,000	中贸圣佳	2022-07-27
日本刻经	尺寸不一	74,750	北京保利	2022-07-27
荣宝斋画谱 勾勒花卉部分	32cm×42cm	46,000	北京荣宝	2022-07-24
荣宝斋制宋版诗笺	29cm×20.5cm	23,000	北京荣宝	2022-07-24
容斋随笔(续笔、三笔、四笔、五笔)(全5函 牛皮纸原装极初品)	29cm×18.5cm	80,500	北京保利	2022-07-27
如来不思议境界等三经合刻	33cm×22cm	28,750	北京荣宝	2022-07-24
阮元编 十三经注疏 四百六十卷	12.7cm×17cm	391,000	中国嘉德	2022-06-27
阮元编 宛委别藏	尺寸不一	32,200	中国嘉德	2022-05-28
三藏法师玄藏译 阿毗达摩大毗婆沙论 卷五十一至六十	33cm×13cm	80,500	北京荣宝	2022-07-24
三国志六十五卷(有题语，多钤印)	26cm×16.3cm	20,700	北京保利	2022-07-27
(清)敬斋辑 三合便览十二卷	27.5cm×17.4cm	51,750	中贸圣佳	2022-10-27
三经满益解	33cm×22cm	28,750	北京荣宝	2022-07-24
三十二体篆书金刚经	28.5cm×16cm	57,500	北京荣宝	2022-07-24
三希堂画宝	11.5cm×16.5cm	10,350	中国嘉德	2022-05-28
山阴 俞梦蕉撰 蕉轩摭录十二卷	18cm×12cm	10,350	中贸圣佳	2022-12-31
陕西金石志二十卷 补遗二卷 陕西艺文志七卷	29.5cm×17.5cm	17,250	永乐拍卖	2022-07-25
陕西金石志三十卷 补遗二卷 艺文志七卷	29cm×17.1cm	12,650	中贸圣佳	2022-07-27
清 善耆撰 肃忠亲王遗稿	23.5cm×15.4cm	18,400	中贸圣佳	2022-07-27
上方山志等十种	尺寸不一	36,800	中国嘉德	2022-05-28
上官周著 晚笑堂画传	15.3cm×22.3cm	11,500	中国嘉德	2022-05-28
上海艺苑真赏社珂罗版画册十九种	尺寸不一	10,350	中贸圣佳	2022-12-31
上谕内阁 一百五十九卷	27.5cm×16.5cm	40,250	上海嘉禾	2022-01-01
尚书不分卷	28cm×17cm	17,250	中贸圣佳	2022-12-31
尚书今古文注疏三十卷	25.3cm×16.3cm	105,800	中贸圣佳	2022-10-27
尚书题论等十五种	尺寸不一	13,800	中国嘉德	2022-05-28
陶湘辑 涉园墨萃十二种	29.7cm×18.1cm	230,000	中贸圣佳	2022-07-27
涉园所见宋版书影第一辑 第二辑(陶湘签赠吴眉孙)	33.4cm×21.7cm	17,250	中贸圣佳	2022-10-27
歙县志十六卷	26.2cm×15cm	14,950	中贸圣佳	2022-07-27
神州画报等三种	尺寸不一	17,250	中贸圣佳	2022-12-31
清 沈德潜撰 杜诗偶评四卷	27cm×17.6cm	59,000	中贸圣佳	2022-07-27
清 沈德潜纂 国朝诗别裁集三十六卷	25.6cm×15.8cm	17,250	中贸圣佳	2022-07-27
清 沈厚塽辑评 李义山诗集三卷	28.7cm×16.8cm	14,950	中贸圣佳	2022-07-27
沈义方辑 星平大成 七卷	12.5cm×18.5cm	10,350	中国嘉德	2022-06-27
梁 沈约撰 宋书存八十八卷	25.6cm×17.4cm	31,050	中贸圣佳	2022-07-27
沈之奇辑注 大清律集解附例三十卷	14.7cm×24cm	17,250	中国嘉德	2022-05-28
圣祖玄烨选 陈廷敬等辑注 御选唐诗	23cm×13.8cm	207,000	北京荣宝	2022-07-24
盛宏之 荆州记三卷(周一良题)	30.3cm×17.9cm	10,350	中贸圣佳	2022-10-27
盛明杂剧二集三十卷	32.8cm×22cm	43,700	北京保利	2022-07-27
清 师范纂 滇系四十卷	24cm×15cm	33,350	中贸圣佳	2022-07-27
诗词类古文集一组	尺寸不一	13,800	北京保利	2022-07-27
(清)薛嘉颖撰 诗经精华十卷首一卷	28.1cm×17.1cm	13,800	中贸圣佳	2022-10-27
诗说 二卷	27cm×15.7cm	23,000	永乐拍卖	2022-07-25
十经斋遗集五种七卷(周叔弢钤印)	32.3cm×20.8cm	82,800	中贸圣佳	2022-10-27
十七史十三经	24.5cm×16cm	230,000	北京荣宝	2022-07-24
十三经注疏佩文斋书画谱二种	尺寸不一	11,500	中贸圣佳	2022-12-31
十竹斋画谱	24.8cm×14.4cm	34,500	中贸圣佳	2022-10-27
十竹斋书画谱	30cm×16.4cm	51,750	中贸圣佳	2022-12-31
十竹斋书画谱十六卷	25.8cm×15.5cm	23,000	永乐拍卖	2022-07-25
(清)王森文撰 石门碑醳一卷(陈文田徐乃昌递藏)	24.5cm×15.2cm	32,200	中贸圣佳	2022-10-27
时髦百美图等一批	尺寸不一	20,700	中贸圣佳	2022-07-27
时事新编文学蒙求等二十三种	尺寸不一	56,350	中贸圣佳	2022-12-31
史记集解索引正义合刻一百三十卷	25cm×15.7cm	10,350	中贸圣佳	2022-12-31

拍品名称	物品尺寸	成交价RMB	拍卖公司	拍卖日期
史记评林一百三十卷	27.6cm×17.4cm	126,500	北京保利	2022-07-27
史记一百三十卷 方望溪评点史记四卷	11.5cm×15.5cm	86,250	中国嘉德	2022-05-28
(汉)司马迁撰 史记一百三十卷	26.4cm×16.5cm	299,000	中贸圣佳	2022-10-27
史记纂二十四卷	26cm×17cm	57,500	中贸圣佳	2022-12-31
史通通释 呻吟语选 吴地记三种	尺寸不一	13,800	中贸圣佳	2022-10-27
史通注存十七卷	26.2cm×16.4cm	10,350	中贸圣佳	2022-12-31
世说新语 古籀汇编等五种(周一良批)	20cm×13cm	17,250	中贸圣佳	2022-10-27
世说新语补二十卷 释名一卷(潘遵祁等旧藏)	29.4cm×17.4cm	437,000	北京保利	2022-07-27
世宗胤禛选 御选语录	25cm×17cm	230,000	北京荣宝	2022-07-24
事物异名录四十卷	23.8cm×15.1cm	21,850	北京保利	2022-07-27
清 释莲亭撰 萧鸣草一卷	23.3cm×14.2cm	49,450	中贸圣佳	2022-07-27
(清)毕沅撰 释名疏证八卷	半框19cm×14.8cm；开本28.5cm×17.5cm	11,500	西泠印社	2022-01-21
释延寿撰 宗镜录	37cm×12.5cm	69,000	北京荣宝	2022-07-24
释宗仰等编 频伽大藏	29cm×17.5cm	2,070,000	北京荣宝	2022-07-24
书画类文献十七种	尺寸不一	11,500	中贸圣佳	2022-12-31
书画书录解题 好古堂书画记等六种	尺寸不一	19,550	中贸圣佳	2022-12-31
述学(内篇三卷、外篇一卷、补遗一卷、别录一卷)(陈方恪题)	25.8cm×15.3cm	13,800	中贸圣佳	2022-10-27
双鉴楼善本书目四卷藏书续记二卷(傅增湘题赠孙楷第)	29.3cm×17.5cm	57,500	中贸圣佳	2022-10-27
(清)叶德辉撰 双梅景庵丛书	27.5cm×17.3cm	11,500	中贸圣佳	2022-10-27
水道提纲 郎潜纪闻等四种	尺寸不一	10,350	中贸圣佳	2022-10-27
说文解字十五卷	29.6cm×18.2cm	13,800	永乐拍卖	2022-07-25
说文解字十五卷(邓守瑕周一良批)	26.4cm×15.3cm	66,700	中贸圣佳	2022-10-27
司马光等撰 资治通鉴二百九十四卷 通鉴释文辨误十二卷	29.8cm×17cm	80,500	中贸圣佳	2022-12-31
宋 司马光撰 资治通鉴二百九十四卷	30cm×17.5cm	57,500	中贸圣佳	2022-07-27
(宋)司马光撰 司马温公文集八十二卷	27cm×16.8cm	92,000	中贸圣佳	2022-10-27
四部备要四部丛刊散本	19.3cm×13.2cm	23,000	中贸圣佳	2022-12-31
四六法海十二卷	24.5cm×15.5cm	17,250	上海驰翰	2022-02-19
四书正体十九卷 字音一卷	27.4cm×17.9cm	126,500	中贸圣佳	2022-10-27
宋 黄山谷撰 山谷诗集注(内集二十卷 外集注十七卷 别集注二卷)	半框22cm×18cm	120,750	上海驰翰	2022-02-19
宋 山阳徐积撰 节孝先生文集三十卷(语录一卷、附载一卷、事实一卷)	25cm×16.5cm	94,300	上海驰翰	2022-02-19
宋版道经	21.8cm×7.5cm	57,500	北京荣宝	2022-07-24
宋本钱杲之离骚集传	29.1cm×19.6cm	13,800	中贸圣佳	2022-10-27
宋伯仁编 吴湖帆签赠钱镜塘梅花喜神谱二卷	33.4cm×22.2cm	58,650	中贸圣佳	2022-12-31
宋词三百首(周叔弢题)	29.3cm×17.6cm	13,800	中贸圣佳	2022-10-27
宋大家欧阳文忠公文抄 三十二卷	26cm×17cm	23,000	永乐拍卖	2022-07-25
宋濂等编 元史 存卷一至四十二	30.5cm×17.5cm	32,200	北京荣宝	2022-07-24
宋荦撰 西坡类稿五十卷	14.3cm×18.5cm	25,300	中国嘉德	2022-05-28
宋名家词八十三卷(存六十二卷)	24cm×15cm	17,250	北京保利	2022-07-27
宋碛砂藏刊本 大威德陀罗尼经卷十三 经折装	30.3cm×11.3cm	529,000	华艺国际	2022-07-29
(清)海昌陈訏辑 宋十五家诗选	半框19cm×14.2cm；开本26cm×17cm	19,550	西泠印社	2022-01-21
宋史诗韵含英等二十二种	尺寸不一	39,100	中贸圣佳	2022-12-31
宋琐语 晋宋书故(徐郙旧藏 周一良题)	24.7cm×15.2cm	10,350	中贸圣佳	2022-10-27
(宋)王厚之辑 宋王复斋钟鼎款识一卷(吴熙载 陶北溟递藏)	45.2cm×26cm	247,250	中贸圣佳	2022-10-27
苏轼撰 东坡先生全集 存四十一卷	15cm×20cm	34,500	中国嘉德	2022-12-13
苏轼撰 宋大家苏文忠公文抄二十八卷 本传一卷	14cm×20.8cm	69,000	中国嘉德	2022-06-27
宋 苏轼撰 苏文忠公全集七十五卷	25.1cm×16.1cm	143,750	中贸圣佳	2022-07-27
宋 苏轼撰 苏长公文集存十九卷	26.3cm×16.3cm	10,350	中贸圣佳	2022-07-27
苏长公合作八卷 补遗二卷 附录一卷	27.5cm×17.7cm	299,000	北京保利	2022-07-27
隋书存八十卷	28.3cm×17.5cm	14,950	中贸圣佳	2022-12-31
隋书帝纪五卷 列传五十卷	31.6cm×18.2cm	230,000	中贸圣佳	2022-12-31
孙光宪撰 北梦琐言二十卷	25.1cm×16.5cm	11,500	中贸圣佳	2022-12-31
孙家鼐等纂 钦定书经图说五十卷	16cm×24cm	57,500	中国嘉德	2022-12-13
孙奇逢辑 理学宗传二十六卷	14cm×18.5cm	11,500	中国嘉德	2022-06-27
唐 孙思邈撰 千金翼方三十卷	29.5cm×18.1cm	34,500	中贸圣佳	2022-07-27
清 孙衣言评定 琉球诗录四卷	25.1cm×15.3cm	16,100	中贸圣佳	2022-07-27
孙岳颁等纂 佩文斋书画谱一百卷	24cm×15cm	41,400	中贸圣佳	2022-12-31
太上大圣朗灵上将护国妙经一卷	29.2cm×11.6cm	20,700	中贸圣佳	2022-12-31
太上洞玄灵宝玉篆度命血湖赦罪真经(两种)	29cm×12cm	20,700	中鸿信	2022-09-12
太上感应篇集传	33cm×22cm	69,000	北京荣宝	2022-07-24
汤漱玉辑 徐乃昌旧藏 玉台画史	27.5cm×17.8cm	11,500	北京荣宝	2022-07-24
汤右曾、王澍旧藏《二王帖》二卷	33.5cm×22.5cm	1,150,000	永乐拍卖	2022-07-25
唐 韩愈撰 昌黎先生集四十卷 外集十卷	半框20cm×13cm	72,450	上海驰翰	2022-02-19
唐 卢重元撰 列子卢重元注八卷	半框19cm×13.5cm	14,950	上海驰翰	2022-02-19

2022杂项拍卖成交汇总(续表)

(成交价RMB：1万元以上)

拍品名称	物品尺寸	成交价RMB	拍卖公司	拍卖日期
唐 释玄奘译 大般若波罗蜜多经第二百四十二卷	24.5cm×11cm	437,000	上海驰翰	2022-02-19
唐 秉钧辑 文房肆考图说八卷	12.5cm×18cm	23,000	中国嘉德	2022-06-27
唐 褚遂良临兰亭帖	45cm×28.2cm	10,350	中贸圣佳	2022-10-27
唐 冯承素临兰亭帖(郈承铨钤印并跋)	44.7cm×27.7cm	10,350	中贸圣佳	2022-10-27
唐 陆宣公翰苑集二十四卷 首一卷末一卷	25cm×15.5cm	13,800	永乐拍卖	2022-07-25
唐陆宣公集二十二卷(周叔弢钤印)	31.5cm×18.9cm	34,500	中贸圣佳	2022-10-27
清 唐明律合编三十卷	32cm×20.5cm	43,700	北京保利	2022-07-27
唐女郎鱼玄机诗(周叔弢钤印)	39.5cm×26.7cm	69,000	中贸圣佳	2022-10-27
唐女郎鱼玄机诗(周叔弢钤印)	37.5cm×26cm	89,700	中贸圣佳	2022-10-27
宋 唐慎微撰 经史证类大观本草三十一卷	30.2cm×20.4cm	78,200	中贸圣佳	2022-10-27
唐诗选六卷	24.9cm×15.8cm	18,400	中贸圣佳	2022-12-31
唐宋元明名画大观	54.5cm×45.5cm	11,500	北京荣宝	2022-07-27
唐文粹一百卷	28cm×17.2cm	69,000	永乐拍卖	2022-07-25
唐写本世说新书 原本玉篇残卷等四种(周叔弢题赠周一良)	36.9cm×24.8cm	40,250	中贸圣佳	2022-10-27
唐云藏《管子》二十四卷	29cm×17.5cm	32,200	永乐拍卖	2022-07-25
唐云藏《宋书》一百卷	31.3cm×18cm	448,500	永乐拍卖	2022-07-25
匋斋藏石目	27.5cm×17cm	57,500	北京荣宝	2022-07-24
(清)云亭山人编 桃花扇传奇二卷	23.6cm×15.1cm	13,800	中贸圣佳	2022-10-27
(清)吴廷康辑 桃溪雪二卷	26cm×16.6cm	11,500	中贸圣佳	2022-10-27
清陶潜撰 变雅堂遗集二十卷	26.2cm×16.7cm	10,350	中贸圣佳	2022-12-31
陶梁编辑 红豆树馆书画记八卷	28.3cm×17.5cm	10,350	中贸圣佳	2022-12-31
陶渊明集十卷	24.5cm×16.4cm	40,250	中贸圣佳	2022-12-31
天乐鸣空集	33cm×22cm	55,200	北京荣宝	2022-07-24
(清)永欣陈松编 天文算学纂要二十卷 首一卷(存十四卷)	半框20.5cm×15cm; 开本27cm×16.8cm	17,250	西泠印社	2022-01-21
天中记	25.7cm×16cm	74,750	永乐拍卖	2022-07-25
田雯 许修直 撰 旧藏 古欢堂集二十二卷	14.5cm×29.5cm	34,500	中国嘉德	2022-06-27
通俗编三十八卷(周一良批)	24.7cm×15.5cm	17,250	中国嘉德	2022-10-27
铜板四书旁训贯解	26.4cm×16.6cm	20,700	永乐拍卖	2022-07-27
铜鼓书堂遗稿三十二卷	28.5cm×18cm	32,200	北京保利	2022-07-27
外台秘要内经素问等二十种	尺寸不一	24,150	中贸圣佳	2022-12-31
完颜麟庆撰 鸿雪因缘图记 初集二集一	13cm×20cm	69,000	中国嘉德	2022-12-13
完颜麟庆撰 鸿雪因缘图记 三集六卷	13.5cm×18cm	115,000	中国嘉德	2022-06-27
晚邨先生八家古文精选八卷(缪荃孙丁福保递藏)	25.8cm×17cm	28,750	中贸圣佳	2022-10-27
万言肄雅	28cm×17.5cm	23,000	永乐拍卖	2022-07-25
汪立名编 白香山诗集 长庆集二十卷 后集十七卷 别集一卷 补遗二卷	27.9cm×17.5cm	34,500	中国嘉德	2022-12-31
清汪启淑辑 飞鸿堂印谱	26cm×15.4cm	20,700	中贸圣佳	2022-12-31
汪绍楹点校《世说新语》稿本附书籍价格抄奉一张	尺寸不一	23,000	中贸圣佳	2022-12-31
汪绍楹校《杜诗详注》	尺寸不一	10,350	中贸圣佳	2022-12-31
汪文柏辑 杜韩诗句集韵三卷	24.4cm×16cm	11,500	中贸圣佳	2022-12-31
汪应辰撰 文定集二十四卷	28cm×17.5cm	103,500	中贸圣佳	2022-12-31
王安石撰 茅坤批评 宋大家王文公文抄十六卷	14cm×20.5cm	11,500	中国嘉德	2022-12-13
宋 王安石撰 王临川全集一百卷 目录二卷	25.2cm×15.6cm	13,800	上海驰翰	2022-07-27
清 王昶辑 湖海诗传四十六卷	24cm×15.6cm	14,950	中贸圣佳	2022-07-27
宋 王偁撰 东都事略一百三十卷	28.1cm×17.4cm	10,350	中贸圣佳	2022-12-31
汉 王充撰 论衡三十卷	25.8cm×17.7cm	425,500	中贸圣佳	2022-12-31
清 王存善辑 寄青霞馆奕选八卷 续编八卷	30.3cm×27cm	78,200	中贸圣佳	2022-12-31
王奉常仿古山水册 王麓台仿宋元山水册等十六种	尺寸不一	11,500	中贸圣佳	2022-10-27
王奉常书画题跋庚子销夏记等九种	尺寸不一	18,400	中贸圣佳	2022-12-31
王概辑 芥子园画传初集五卷	15cm×22cm	40,250	中国嘉德	2022-06-27
王辂旧辑 词律二十卷	22.8cm×15.9cm	17,250	中贸圣佳	2022-12-31
王漠辑 全 汉魏丛书七十六种	26.3cm×16.8cm	86,250	中贸圣佳	2022-12-31
王圻 王思义 三才图绘器用卷	28.5cm×18cm	92,000	北京荣宝	2022-07-24
王圻 王思义撰 三才图会 存器用四卷	14cm×21cm	34,500	中国嘉德	2022-12-13
王士禛撰 渔洋续诗集十六卷	14cm×18.5cm	20,700	中国嘉德	2022-12-13
王士禛撰 渔洋山人文略十四卷	13.2cm×16.5cm	13,800	中国嘉德	2022-05-28
王士禛撰 新安二布衣诗八卷	26.2cm×17.2cm	74,750	中贸圣佳	2022-12-31
王士禛撰 渔洋山人精华录十卷	27.6cm×18.3cm	23,000	中贸圣佳	2022-12-31
王士禛撰 渔洋山人精华录十卷	26.1cm×17.1cm	34,500	中贸圣佳	2022-12-31
王世襄毛笔签名本《明式家具研究》一函二册		10,350		2023-01-01
王绶珊旧藏 百川丛书	32.7cm×21.5cm	40,250	中贸圣佳	2022-12-31
王澍撰 淳化秘阁法帖考证十卷 附二卷 淳化阁帖释文二卷	14.7cm×21.5cm	28,750	中国嘉德	2022-06-27
王先谦撰 东华录五百九十四卷	23cm×14.7cm	402,500	中贸圣佳	2022-12-31

拍品名称	物品尺寸	成交价RMB	拍卖公司	拍卖日期
王琰等撰 钦定春秋传说汇纂三十八卷 卷首二卷	26.7cm×17.8cm	25,300	中贸圣佳	2022-12-31
王逸 章句 楚辞十七卷 疑字直音补一卷	14cm×20.5cm	34,500	中国嘉德	2022-12-13
王应麟撰 践阼篇集解一卷	29.5cm×17cm	51,750	北京荣宝	2022-07-24
王应麟撰 践阼篇集解一卷	13.5cm×21.5cm	40,250	中国嘉德	2022-12-13
王右丞集二十八卷首末各一卷(周叔弢题)	28.8cm×18.6cm	379,500	中贸圣佳	2022-10-27
王渔洋遗书(存三十五种)	开本27cm×17cm	138,000	西泠印社	2022-08-19
王志坚辑 四六法海十二卷	14.2cm×21.3cm	10,350	中国嘉德	2022-05-28
王晫 张潮辑 檀几丛书	25.3cm×16.3cm	20,700	中贸圣佳	2022-12-31
韦谷辑 才调集十卷	24cm×18cm	11,500	中国嘉德	2022-06-27
卫杰编 蚕桑萃编存五卷	24.8cm×15.5cm	11,500	中贸圣佳	2022-12-31
魏 清河张揖撰 清高邮王念孙疏证 广雅疏证十卷	26cm×15.5cm	14,950	上海驰翰	2022-02-19
王齐 魏收撰 魏书存一百八卷	26.9cm×17cm	13,800	中贸圣佳	2022-07-27
魏峨撰 寄愉词	14cm×20.8cm	10,350	中国嘉德	2022-05-28
文昌大洞仙经图大全三卷	27.2cm×16.8cm	14,950	中贸圣佳	2022-12-31
文衡山先生三绝帖 李梅庵先生选临法帖等五种(郈承铨钤印并跋)	尺寸不一	13,800	中贸圣佳	2022-10-27
文史通义八卷 校雠通义三卷	27.5cm×18.4cm	13,800	中贸圣佳	2022-12-31
文始真经三卷	28.3cm×17.7cm	89,700	北京荣宝	2022-07-24
(明)毛晋编 文素松旧藏《周易举正三卷 元包经传五卷》	半框19cm×14.5cm; 开本27cm×17cm	20,700	西泠印社	2022-01-21
文天祥撰 宋文文山先生全集二十一卷	15cm×20.5cm	23,000	中国嘉德	2022-05-28
文献通考等三种	尺寸不一	11,500	中贸圣佳	2022-07-27
文献通考详二十四卷	24.3cm×15.4cm	13,800	永乐拍卖	2022-07-25
文献征存录十卷(附王晋卿札)	24.5cm×15.5cm	17,250	中贸圣佳	2022-10-27
文信国公集二十卷 首一卷(有批)	26cm×14.5cm	13,800	北京保利	2022-07-27
文选 六十卷	24.7cm×15.5cm	25,300	永乐拍卖	2022-07-25
明 吴郡张凤翼纂注 文选纂注十二卷	25.5cm×16.8cm	149,500	中贸圣佳	2022-12-31
翁方纲藏 苏斋丛书	14.5cm×21cm	23,000	中国嘉德	2022-06-27
翁同龢藏 前汉书一百卷	27.9cm×17.1cm	21,850	中贸圣佳	2022-07-27
无垢净光经自心印陀罗尼一卷	45cm×5.6cm	207,000	中贸圣佳	2022-12-31
吴昌硕书画谱	24.2cm×13.5cm	10,350	中贸圣佳	2022-12-13
明 吴瀚注 宋邵康节先生伊川击壤集十卷	25.4cm×16.3cm	10,350	中贸圣佳	2022-07-27
(清)沈德潜选 吴灏旧藏《重订唐诗别裁集二十卷》	半框17cm×13.5cm; 开本27cm×17.5cm	36,800	西泠印社	2022-01-21
吴湖帆批校《四印斋所刻词十一种》		460,000	中贸圣佳	2022-07-23
吴闿生撰 尚书正义	32cm×20.6cm	10,350	中贸圣佳	2022-12-31
吴骞藏《中州名贤文表》三十卷	27.5cm×17.5cm	57,500	永乐拍卖	2022-07-25
吴汝纶编 顾文彬 桐城吴先生尺牍五卷 补遗一卷 吴渝儿书一卷	25.3cm×17.8cm	18,400	中贸圣佳	2022-12-31
吴汝纶撰 桐城吴先生文集四卷	24.8cm×17.8cm	18,400	中贸圣佳	2022-12-31
吴汝纶撰 桐城吴先生评点唐诗鼓吹十六卷	29.3cm×17.4cm	36,800	中贸圣佳	2022-12-31
(明)乌程董斯汇编 吴兴备志三十二卷	半框18.5cm×13.5cm; 开本27.5cm×17cm	17,250	西泠印社	2022-01-21
清 吴翌凤录 宋金元诗选六卷	24.5cm×16cm	10,350	中贸圣佳	2022-07-27
吴友如先生画宝	35cm×19cm	28,750	北京荣宝	2022-07-24
吴中珩校 世说新语八卷	23.6cm×16.7cm	13,800	中贸圣佳	2022-12-31
明 琅琊 王士骕评 吴子	26.8cm×17.7cm	25,300	中贸圣佳	2022-12-31
五亩园小志墨咏合刻	26.2cm×14.5cm	11,500	中贸圣佳	2022-12-31
武林往哲遗著	26.2cm×15.9cm	41,400	中贸圣佳	2022-12-31
武悉姚题跋 说文解字十五卷	29cm×18cm	36,800	中贸圣佳	2022-12-31
西清续鉴乙编二十卷	25.3cm×15.2cm	18,400	中贸圣佳	2022-12-31
西清砚谱漆器图说等六种	尺寸不一	23,000	中贸圣佳	2022-12-31
夏莲居藏《鬘喜庐丛书》四种	34.7cm×21.2cm	48,300	永乐拍卖	2022-07-25
贤首诸乘法数十一卷	25cm×26.5cm	69,000	北京荣宝	2022-07-24
香笺 汉宫香方	27.2cm×17.2cm	18,400	永乐拍卖	2022-07-25
销夏录 江村书画目二种	尺寸不一	28,750	中贸圣佳	2022-12-31
(清)潘曾莹撰 小鸥波馆文钞二卷 骈体文钞一卷	29.5cm×17.5cm	23,000	中贸圣佳	2022-10-27
(清)潘曾莹撰 小鸥波馆文钞二卷 骈体文钞一卷(校样本)	30cm×18cm	23,000	中贸圣佳	2022-12-31
小檀栾室汇刻闺秀词六集	28cm×17.4cm	17,250	中贸圣佳	2022-12-31
校样本 西厢记	28cm×17cm	46,000	中贸圣佳	2022-12-31
谢道承 积学斋钞本 汉魏碑刻纪存	25.5cm×16cm	57,500	北京荣宝	2022-07-24
清 谢维嗜修 九华山志十卷 首一卷末一卷	26.2cm×15cm	46,000	中贸圣佳	2022-12-31
新北京画辑	29.5cm×23.8cm	13,800	中国嘉德	2022-12-13
新编事文类聚翰墨大全	25cm×15.3cm	57,500	永乐拍卖	2022-07-25
新雕皇朝类苑七十八卷	33.8cm×22.4cm	143,750	中贸圣佳	2022-12-31
新旧唐书互证二十卷(周一良题)	28.7cm×17.6cm	11,500	中贸圣佳	2022-10-27
新刊古列女传八卷	28.5cm×17.5cm	11,500	中贸圣佳	2022-12-31
新刻金瓶梅词话一百回附绘图	20.7cm×13.6cm	36,800	中贸圣佳	2022-07-27
新刻天花藏批评平山冷燕四卷二十回	17.5cm×11.5cm	11,500	中贸圣佳	2022-12-31

拍品名称	物品尺寸	成交价RMB	拍卖公司	拍卖日期
新刻张太岳先生诗文集四十七卷	30.3cm×16.7cm	23,000	中贸圣佳	2022-07-27
新纂门目五臣音注扬子法言十卷（黄钧、康生、齐焘铭递藏）	26.8cm×18cm	276,000	北京保利	2022-07-27
虚斋名画录十六卷	25.8cm×15cm	11,500	中贸圣佳	2022-07-27
清 徐鼎撰 毛诗名物图说九卷	28.4cm×17.4cm	13,800	中贸圣佳	2022-07-27
清 徐乾学 读礼通考一百二十卷 附秦蕙田辑 五礼通考二百六十二卷	27.7cm×17.5cm	103,500	中贸圣佳	2022-07-27
徐陵撰 怡府旧藏 赵元方题跋 南朝陈 玉台新咏十卷	30.4cm×18.7cm	575,000	中贸圣佳	2022-07-27
（明）顾从敬类选 钱允治 陈仁锡参订 乔入昌、吕贞白旧藏《类选笺释草堂诗余六卷 续选二卷 国朝诗余五卷》	半框23cm×14cm；开本27cm×16.5cm	23,000	西泠印社	2022-01-21
徐釚辑 本事诗十二卷	13.5cm×18.5cm	20,700	中国嘉德	2022-12-13
徐世昌撰 归云楼题画诗四卷	13cm×18.3cm	48,300	中国嘉德	2022-12-13
徐渭辑 古今振雅云笺	25.5cm×15.5cm	28,750	北京荣宝	2022-07-24
（明）徐渭撰 袁宏道评 徐文长文集三十卷（汪鱼亭旧藏）	25.2cm×16.3cm	46,000	中贸圣佳	2022-10-27
徐文长逸稿二十四卷（附文集、三集零种）	26.7cm×16.5cm	31,050	北京保利	2022-07-27
元 许名奎撰 劝忍百箴考注四卷	25.8cm×15cm	13,800	中贸圣佳	2022-07-27
汉 许慎撰 说文解字十五卷	28.5cm×17.6cm	23,000	中贸圣佳	2022-07-27
许氏宗谱	36cm×26.5cm	120,750	北京荣宝	2022-07-24
许胥臣 夏书禹贡广览上卷		11,500	北京荣宝	2022-07-24
（清）桂馥撰 续三十五举一卷（徐乃昌旧藏）	30.2cm×18cm	36,800	中贸圣佳	
选诗七卷诗人爵里一卷	26.8cm×18cm	402,500	中贸圣佳	
学源堂铜版四册	26.5cm×16.5cm	57,500	永乐拍卖	2022-07-25
学斋佔毕四卷（王晋卿赠周一良）	30cm×18.1cm	40,250	中贸圣佳	
（清）辽阳杨钟义撰 吴兴刘承幹校 雪桥诗话 初集十二卷 续集八卷 三集八卷 余集八卷	半框14cm×11cm；开本25.5cm×14.5cm	46,000	西泠印社	2022-01-21
荀悦 撰 前汉纪 三十卷	15cm×19.3cm	126,500	中国嘉德	2022-06-27
言如泗 编辑 解州全志	15.7cm×19cm	32,200	中国嘉德	2022-05-28
鹗林子五卷	29.8cm×17.7cm	20,700	北京保利	2022-07-27
扬雄撰 李轨注 扬子法言十三卷 音义一卷	17.3cm×20.5cm	10,350	中国嘉德	2022-12-13
扬雄撰 扬子太玄经十卷 太玄图一卷	26cm×16cm	23,000	北京荣宝	2022-07-24
扬州画舫录十八卷	26.5cm×15.5cm	11,500	北京保利	2022-07-27
扬子法言 存六卷	25cm×17cm	13,800	永乐拍卖	2022-07-25
杨恢基订正 五经图十二卷	15.5cm×22.5cm	13,800	中国嘉德	2022-05-28
杨柳青年画	114cm×62cm	14,950	中贸圣佳	2022-07-27
清 杨伦笺 杜诗镜诠二十卷 读书堂杜工部文集注解二卷	31.2cm×20cm	13,800	中贸圣佳	2022-07-27
杨守敬旧藏 汪廷珍跋 实事求是斋遗稿三卷 续集一卷	12.7cm×16.5cm	11,500	中国嘉德	2022-12-13
清 杨守敬编 楷法溯源十四卷	29.7cm×17.6cm	21,850	中贸圣佳	2022-07-27
杨宗稷撰 琴学丛书四十三卷	28cm×18cm	13,800	中贸圣佳	2022-12-31
（清）林佶编 秀峰文钞五十卷	25.5cm×16.5cm	63,250	中贸圣佳	2022-10-27
清 姚鼐辑 古文辞类纂七十四卷	23.6cm×14.5cm	13,800	中贸圣佳	2022-07-27
（清）张兆祥 等绘 姚彤浩题赠《百花诗笺谱》	开本29.5cm×18cm	23,000	西泠印社	2022-01-21
叶承桂辑 五湖渔庄图题词四卷	12.5cm×17.5cm	11,500	中国嘉德	2022-05-28
叶恭绰题 栩园词弃稿四卷	23.2cm×15.3cm	149,500	中贸圣佳	2022-12-31
（宋）邵雍撰 伊川击壤集二十卷	25.5cm×16.7cm	92,000	中贸圣佳	2022-10-27
遗山先生诗集 二十卷	28.9cm×18.1cm	28,750	永乐拍卖	2022-07-25
义州闺刀谱	27cm×15.5cm	13,800	中贸圣佳	2022-07-27
艺风堂金石文字目十八卷	28.3cm×17.8cm	23,000	中贸圣佳	2022-12-31
亦政堂重修宣和博古图录存十卷	30.3cm×18.6cm	10,350	永乐拍卖	2022-07-25
译 佛说慧印三昧经一卷 支谦	28.8cm×11.4cm	345,000	中贸圣佳	2022-07-27
音字五书三十四卷	28.5cm×18.1cm	13,800	永乐拍卖	2022-07-25
影旧钞本日本国见在书目	33.2cm×22.3cm	13,800	中贸圣佳	2022-07-27
影明本古今注（周一良题）	33.1cm×21.5cm	17,250	中贸圣佳	2022-07-27
影宋本北山录（周叔弢题赠周一良）	32cm×23.5cm	43,700	中贸圣佳	2022-07-27
影宋本东京梦华录	33cm×22cm	10,350	中贸圣佳	2022-07-27
影宋本方言（周叔弢题赠周一良）	32.6cm×21.6cm	36,800	中贸圣佳	2022-07-27
影宋本寒山子诗（周叔弢题赠周一良）	34.5cm×23.6cm	149,500	中贸圣佳	2022-07-27
影宋本梦溪笔谈二十六卷（周一良题）	30cm×17.8cm	86,250	中贸圣佳	2022-07-27
影宋书棚本宣和宫词附三家宫词（周叔弢钤印）	35.7cm×23.7cm	23,000	中贸圣佳	2022-07-27
影宋书棚本宣和宫词附三家宫词（周叔弢题）	35.2cm×23.4cm	23,000	中贸圣佳	2022-07-27
有正味斋集十六卷 骈文二十四卷 外集五卷 骈文笺注十六卷 补注一卷	尺寸不一	10,350	中贸圣佳	2022-07-27
于莲舍旧藏《唐诗艳逸品》附《唐诗四种》	30.4cm×16.5cm；29.5cm×18.2cm	897,000	永乐拍卖	2022-07-25
于阗 实叉难陀译 大方广佛华严经第三十九	35cm×12cm	20,700	北京荣宝	2022-07-24
俞平伯著《忆》（一册）	17cm×11.5cm	69,000	中鸿信	2022-09-12
俞樾撰 春在堂全书	11.7cm×16.5cm	97,750	中国嘉德	2022-06-27
俞震纂辑 古今医案按十卷	14.2cm×18.7cm	17,250	中国嘉德	2022-05-28
渔洋山人精华录笺注十二卷 年谱一卷 补注一卷	27.7cm×16.8cm	10,350	北京保利	2022-07-27
（宋）胡仔纂 渔隐丛话前集六十卷	28.7cm×17.2cm	13,800	中贸圣佳	2022-10-27
（宋）王应麟撰 玉海二百卷辞学指南四卷 附刻十三种	26cm×15.8cm	235,750	中贸圣佳	2022-10-27
玉篇广范大义等二十种	尺寸不一	40,250	中贸圣佳	2022-12-31
御制龙牌	41cm×12.5cm	12,650	北京荣宝	2022-07-24
御制落叶唱诗两册（清乾隆内府乌金拓本）1册页	29cm×15.5cm	460,000	中贸圣佳	2022-12-31
御纂医宗金鉴九十卷	16cm×11.3cm	23,000	中贸圣佳	2022-07-27
御纂周易折中二十二卷 首一卷	28.5cm×17.5cm	11,500	永乐拍卖	2022-07-25
（清）李光地等纂编 御纂周易折中二十二卷 首一卷	28.5cm×18.3cm	10,350	中贸圣佳	2022-07-27
渊鉴类函四百五十卷目录四册	25.4cm×16cm	94,300	中贸圣佳	2022-12-31
元 东江陈澔撰 礼记集说十卷	28cm×18cm	14,950	上海驰翰	2022-02-19
元 吴兴夏文彦编 图绘宝鉴八卷	28.5cm×17.5cm	20,700	上海驰翰	2022-02-19
元白诗笺证稿 唐写本陆法言切韵等五种（陈寅恪 周叔弢题）	尺寸不一	94,300	中贸圣佳	2022-10-27
元本礼书	21cm×33cm	10,350	中国嘉德	2022-12-13
元好问辑 唐诗鼓吹 满批校本	25cm×16cm	69,000	北京荣宝	2022-07-24
元和姓纂十卷（周一良题）	26.3cm×15.4cm	20,700	中贸圣佳	2022-07-27
袁宏道撰 袁中郎先生集	28cm×17.3cm	178,250	中贸圣佳	2022-07-27
袁枚选 随园三十种	10.3cm×13.5cm	43,700	中国嘉德	2022-05-28
（清）西泠徐裕馨著 袁枚女弟子徐裕撰《兰韫诗草四卷》	半框18cm×13cm；开本26cm×15.5cm	69,000	西泠印社	2022-01-21
袁昶 通鉴纪事本末	32.5cm×24cm	230,000	北京荣宝	2022-07-24
宋 袁枢辑 通鉴纪事本末二百三十九卷	28.2cm×17cm	51,750	中贸圣佳	2022-07-27
原版初印芥子园画谱	29.5cm×18.4cm	17,250	中贸圣佳	2022-12-31
月宜花四卷	24.4cm×18.4cm	23,000	北京保利	2022-07-27
悦心集四卷	25.6cm×15.9cm	28,750	中贸圣佳	2022-12-31
云庵杂著全集	25.6cm×16cm	20,700	中贸圣佳	2022-12-31
云南通志二百六十六卷	25cm×15.7cm	44,850	中贸圣佳	2022-12-31
允禄 等纂 钦定协纪辨方书三十六卷	14.3cm×20.5cm	28,750	中国嘉德	2022-12-13
葬经翼	25.1cm×16.7cm	34,500	中贸圣佳	2022-12-31
早期刻经江英	29.5cm×20.5cm	80,500	中贸圣佳	2022-12-31
早期刻经六种	31cm×11cm	34,500	北京荣宝	2022-07-24
增订音和谐（一函一册）	26cm×15.5cm	11,500	中鸿信	2022-09-12
增修互注礼部韵略五卷（元刻元印全帙）	28.5cm×17cm	805,000	北京保利	2022-07-27
战国策选不分卷	半框18.5cm×12cm；开本24cm×14cm	46,000	西泠印社	2022-01-21
清张承燮跗 益都县图志五十四卷	26.2cm×15.2cm	41,400	中贸圣佳	2022-07-27
张大千 题识 中国名画集	27cm×39cm	23,000	中国嘉德	2022-12-13
张大千画集 七集	22cm×29.5cm	13,800	中国嘉德	2022-12-13
张大千题 尔雅注疏 神策军碑等九种	尺寸不一	32,200	中贸圣佳	2022-07-27
张大千题 群芳拾睡 烂枯集等	尺寸不一	51,750	中贸圣佳	2022-07-27
张大千题 穰梨馆过眼录 存二十五卷 续录十六卷	23.6cm×14.8cm	74,750	中贸圣佳	2022-07-27
张大千题 水经注四十卷 山海经十八卷	24.8cm×15.7cm	109,250	中贸圣佳	2022-07-27
张大千题 四川汉画像选集 杜诗镜诠等四种	尺寸不一	24,150	中贸圣佳	2022-12-31
张大千题 云烟过眼录 春草堂丛书等四种	尺寸不一	40,250	中贸圣佳	2022-12-31
张大千题签 三礼图二十卷	26.5cm×18cm	41,400	中贸圣佳	2022-07-27
清张道绪评 文选十三种四十五卷	23.4cm×12.8cm	16,100	中贸圣佳	2022-07-27
清张惠言撰 仪礼图六卷	30.2cm×27.1cm	10,350	中贸圣佳	2022-07-27
张燧辰订 说说新语八卷补旧墨	26cm×17cm	26,450	中贸圣佳	2022-07-27
张燊 伯兰题跋 黄易隶书杂文册	7.2cm×21.2cm	195,500	中国嘉德	2022-06-27
张廷济撰 清仪阁题跋不分卷	24cm×15.1cm	13,800	中贸圣佳	2022-07-27
清张燕昌撰 重定金石契不分卷	26.5cm×16.8cm	10,350	中贸圣佳	2022-07-27
清 张英等纂 渊鉴类函四百五十卷目录四卷	23.8cm×14.9cm	103,500	中贸圣佳	2022-07-27
张玉书 陈廷敬等编 康熙字典十二集 字母等韵法一卷 备考一卷 补遗一卷	14cm×19.5cm	20,700	中国嘉德	2022-12-13
张玉书等纂存 佩文韵府一百零六卷 拾遗一百零六卷	24cm×15cm	14,950	中贸圣佳	2022-12-31
清张玉书纂 康熙字典十二集	27cm×16.6cm	13,800	中贸圣佳	2022-07-27
章氏遗书三十卷 外编二卷 附录一卷 补遗一卷	28.2cm×17.5cm	32,200	中贸圣佳	2022-10-27
长安县志等三种	尺寸不一	17,250	中贸圣佳	2022-07-27
长白麟庆纂 凝香室鸿雪因缘图记	29cm×17cm	12,650	中贸圣佳	2022-12-31
昭代名人尺牍续集二十四卷（周一良题）	25.8cm×14.8cm	11,500	中贸圣佳	2022-10-27
昭德先生郡斋读书志二十卷附志二卷	26.3cm×15.3cm	13,800	中贸圣佳	2022-10-27

2022杂项拍卖成交汇总(续表)

(成交价RMB：1万元以上)

拍品名称	物品尺寸	成交价RMB	拍卖公司	拍卖日期
(清)罗振玉撰 昭陵碑录三卷 附录一卷 附补并校记	30.4cm×17.8cm	34,500	中贸圣佳	2022-10-27
赵崇祚集 花间集	30.2cm×19cm	230,000	北京荣宝	2022-07-24
赵叔孺《二弩精舍印谱六卷》	半框15.5cm×10.5cm；开本25.8cm×14.8cm	115,000	西泠印社	2022-08-19
赵魏辑 竹崦盦金石目录 存四卷	14.2cm×18.7cm	23,000	中国嘉德	2022-12-13
赵一清录 水经注释四十卷 刊误十二卷 附录二卷	14.8cm×19.8cm	46,000	中国嘉德	2022-05-28
(清)钱塘凌祉媛撰 浙江文献《翠螺阁诗词稿五卷》	半框17cm×11cm；开本25.5cm×15cm	13,800	西泠印社	2022-01-21
(清)天都汪启淑撰 浙江文献《兰溪棹歌不分卷》	半框18cm×14.5cm；开本29cm×18cm	34,500	西泠印社	2022-01-21
(清)仁和邵葆辰辑 浙江文献周肇祥题跋《集杭谚诗不分卷》	半框12.3cm×9.5cm；开本25.5cm×15cm	13,800	西泠印社	2022-01-21
贞夫诗录五卷(江南著名水乡周庄珍贵史料)	25.5cm×15.2cm	32,200	北京保利	2022-07-27
正续名世文综十六卷	26.5cm×17cm	36,800	永乐拍卖	2022-07-25
郑文焯撰 大鹤山房全书	11.5cm×16.8cm	20,700	中国嘉德	2022-06-27
郑文焯跋 颜氏家训七卷附录一卷	25.4cm×15.9cm	201,250	中贸圣佳	2022-12-31
郑元庆 襟霞阁 辑 石藏 三百词谱六卷	14cm×18.5cm	103,500	中国嘉德	2022-06-27
郑振铎编 十竹斋笺谱	31cm×21cm	36,800	北京荣宝	2022-07-24
郑振铎书信集 黄宾虹古玺释文等三十二种	尺寸不一	71,300	中贸圣佳	2022-12-31
知白斋墨谱	32.5cm×21.2cm	14,950	中贸圣佳	2022-07-27
知不足斋丛书	18.5cm×11.5cm	23,000	中贸圣佳	2022-12-31
直省释奠礼乐六卷 首一卷	29cm×17.8cm	46,000	永乐拍卖	2022-07-25
摭古遗文二卷	26cm×16cm	89,700	北京荣宝	2022-07-24
治平通考会纂十卷	24cm×13.2cm	40,250	永乐拍卖	2022-07-25
中国画汇编(一册装一百幅)	31.5cm×22.6cm	43,700	中贸圣佳	2022-12-31
中国名画集 八卷	25.5cm×36cm	51,750	中国嘉德	2022-12-13
中庸或问	31.7cm×17.9cm	57,500	中贸圣佳	2022-07-27
中庸一卷 附中庸或问一卷	半框10.3cm×7.3cm	23,000	上海驰翰	2022-02-19
中庸章句大全不分卷	半框24cm×17cm	20,700	上海驰翰	2022-02-19
舟巢墨录等三种(存)	28.5cm×17.1cm	17,250	中贸圣佳	2022-07-27
(清)黄叔璥撰 中州金石考八卷(拜经楼旧藏)	28cm×17.9cm	51,750	中贸圣佳	2022-10-27
清 钟谦钧等辑 古经解汇函十六种	25.2cm×16cm	25,300	中贸圣佳	2022-12-31
清 钟谦钧等辑 小学汇函十四卷	24.9cm×15.6cm	17,250	中贸圣佳	2022-12-31
重刊宋本十三经注疏附校勘记	23cm×14.5cm	59,800	中贸圣佳	2022-07-27
重刊武经七书汇解七卷 首一卷 末一卷	27cm×17cm	25,300	北京保利	2022-07-27
重校元典章六十卷附新集、沈刻元典章校补十卷	半框18cm×14cm；开本28.5cm×17cm	82,800	西泠印社	2022-08-19
周礼汉读考六卷	25cm×15.8cm	17,250	北京保利	2022-07-27
周礼十二卷	32.7cm×21.4cm	14,950	中贸圣佳	2022-07-27
周礼疏五十卷	32.5cm×21.6cm	48,300	北京保利	2022-07-27
周密撰 浩然斋雅谈三卷作者	29cm×17cm	14,950	中贸圣佳	2022-12-31
周悫慎公全集(存)、太平广记二种(周一良题)	19.9cm×13.4cm	20,700	中贸圣佳	2022-10-27
周氏止庵词辨二卷 介存斋论词杂著一卷(周叔弢题赠周一良)	25.3cm×15.5cm	57,500	中贸圣佳	2022-10-27
周叔弢家族遗稿	57cm×48cm	74,750	中贸圣佳	2022-10-27
周昙咏史诗(附周叔弢书札)	31.9cm×18.6cm	48,300	中贸圣佳	2022-10-27
朱鹤龄著 重订李义山诗集笺注三卷 集外诗笺注一卷 诗话一卷	14cm×18.5cm	17,250	中国嘉德	2022-05-28
清 朱记荣辑 行素草堂金石丛书	24cm×15.3cm	33,350	中贸圣佳	2022-07-27
朱文端公手札遗像	26.1cm×15.4cm	43,700	中贸圣佳	2022-12-31
朱熹集传 监本诗经八卷	12.7cm×16.5cm	11,500	中国嘉德	2022-05-28
朱熹集注 中庸或问一卷	14.3cm×20cm	55,200	中国嘉德	2022-05-28
朱熹辑 楚辞八卷 附览二卷 辨证二卷 后语八卷	13.5cm×20.5cm	48,300	中贸圣佳	2022-07-27
朱熹撰 朱子集一百四卷目录二卷	14.5cm×20.3cm	34,500	中国嘉德	2022-12-13
朱熹撰 资治通鉴纲目存二卷	18.5cm×27.5cm	28,750	中贸圣佳	2022-07-27
朱熹本义 宋 周易四卷	29.3cm×18.5cm	57,500	中贸圣佳	2022-07-27
朱仙镇年画(黄冑赠勾群)	28cm×24cm	10,350	中贸圣佳	2022-07-27
朱孝臧辑 彊村丛书	26cm×15.2cm	57,500	北京荣宝	2022-07-24
朱彝尊撰 曝书亭集八十卷 笛渔小稿十卷	13.2cm×18.5cm	28,750	中国嘉德	2022-05-28
诸乐三印谱《希斋印存》	半框16.5cm×9.8cm；开本26.5cm×15.4cm	20,700	西泠印社	2022-08-19
诸以敦撰 熊氏后汉书年表校补 五卷 补遗一卷	12.8cm×17.5cm	23,000	中国嘉德	2022-12-13
(清)钱大昕撰 竹汀先生日记钞三卷(邹存淦朱遂翔递藏)	26.4cm×17.2cm	40,250	中贸圣佳	2022-10-27
注释评点占今名将传十七卷	26.3cm×16.2cm	517,500	中贸圣佳	2022-12-31
注心赋存卷一	26.3cm×16.3cm	63,250	中贸圣佳	2022-12-31
篆文春秋 一卷	15.7cm×22.5cm	63,250	中国嘉德	2022-12-13
篆文仪礼十七卷	15.7cm×22.5cm	172,500	中国嘉德	2022-12-13
篆文周易 十二卷	30.2cm×19cm	34,500	永乐拍卖	2022-07-25
篆文周易十二卷	30cm×18.9cm	43,700	中贸圣佳	2022-12-31
庄子撰 南华经	26cm×16.5cm	230,000	北京荣宝	2022-07-24
资治通鉴 二百九十四卷 释文辨误十二卷	27.3cm×17cm	391,000	永乐拍卖	2022-07-25
资治通鉴 续资治通鉴	27.5cm×17.2cm	60,950	中贸圣佳	2022-07-27
资治通鉴二百九十四卷目录三十卷续资治通鉴二百二十卷(周一良批)	19.7cm×12.7cm	57,500	中贸圣佳	2022-10-27
资治通鉴二百九十四卷释文辨误十二卷(周叔弢钤印)	28.8cm×18.1cm	483,000	中贸圣佳	2022-10-27
资治通鉴纲目发明 卷十六	26cm×15cm	51,750	永乐拍卖	2022-07-25
资治通鉴纲目正编五十九卷续编二十七卷	尺寸不一	51,750	中贸圣佳	2022-10-27
资治通鉴考异存二十五卷	29.6cm×18.8cm	17,250	中贸圣佳	2022-07-27
邹福保题《六朝文絜 四卷》	25.5cm×16cm	31,050	中贸圣佳	2022-12-31
邹守益 焦竑 续文章轨范百家批评注释	23.5cm×15cm	34,500	北京荣宝	2022-07-24
尊孔记等十一种	尺寸不一	11,500	中国嘉德	2022-05-28
左圭辑 百川学海零种	13.5cm×17cm	10,350	中国嘉德	2022-05-28
左丘明撰 宋庠补音 国语二十一卷 补音叙录一卷	半框23.5cm×14cm	23,000	上海驰翰	2022-02-19
北魏曹望憘造像座	66.5cm×129.5cm	97,750	中贸圣佳	2022-07-27
北魏李超墓志等南北朝墓志造像题记十种	15cm×28.5cm	25,300	中国嘉德	2022-06-27
北魏龙门造像二十品	尺寸不一	28,750	中国嘉德	2022-06-27
北魏郑文公上下碑摩崖	27.5cm×41.5cm	17,250	中国嘉德	2022-06-27
北魏郑文公下碑、郑道昭论经书诗摩崖整拓两种	尺寸不一	25,300	中国嘉德	2022-06-27
汉公卿神至上尊号碑并碑阴	19cm×30.5cm	17,250	中国嘉德	2022-06-27
汉祀三公山碑	19cm×32.5cm	25,300	中国嘉德	2022-06-27
汉嵩山三阙	23.5cm×38cm	23,000	中国嘉德	2022-06-27
汉张迁碑并碑额	22.3cm×33cm	11,500	中国嘉德	2022-06-27
晋太上玄元道德经帖	尺寸不一	17,250	中国嘉德	2022-06-27
清谷园摹古法帖 二十卷	22.5cm×34.5cm；13cm×30.5cm	23,000	中国嘉德	2022-06-27
清秋碧堂法帖 八卷	16.5cm×33.5cm	28,750	中国嘉德	2022-06-27
商周钟鼎彝器铭文拓	22cm×32cm	43,700	中国嘉德	2022-06-27
宋本十七帖 册页(十八开)	24.0cm×10.0cm×36	68,425	中国嘉德	2022-10-08
宋淳化阁帖	19.5cm×31cm	46,000	中国嘉德	2022-06-27
隋龙藏寺碑并额	16.5cm×31cm	17,250	中国嘉德	2022-06-27
唐阙佛龛碑并额	19cm×32.5cm	36,800	中国嘉德	2022-06-27
西周旅仲簋、仲南父壶甲等青铜器铭文拓一组	尺寸不一	25,300	中国嘉德	2022-06-27
周毛公鼎并铭文	79.5cm×162cm	287,500	中国嘉德	2022-06-27
朱拓北魏曹望憘造像座	61.7cm×118cm	195,500	中国嘉德	2022-06-27
《汉三老碑》朱拓本	125cm×62.5cm	62,100	西泠印社	2022-08-19
《杭郡印辑》《徐三庚印存》《吴让之印存》等印谱三种	开本22.7cm×12.5cm	34,500	西泠印社	2022-01-21
《金刚般若波罗蜜经》拓本	开本23cm×15.2cm	40,250	西泠印社	2022-01-21
《晋帝三临辟雍碑并碑阴》等历代碑刻拓片一组	尺寸不一	414,000	西泠印社	2022-08-19
《兰亭序》拓片手卷		13,800	中国嘉德	2022-09-30
《隋邓州舍利塔铭》朱拓本	123cm×65cm	23,000	西泠印社	2022-08-19
《隋首山栖岩道场舍利塔碑》等佛教拓本三种	尺寸不一	11,500	西泠印社	2022-01-21
《唐郭氏家庙碑》《唐等慈寺碑》二种	尺寸不一	11,500	西泠印社	2022-01-21
【端方旧藏善本】曹魏 李苔开通阁道刻石(潘崇伯造桥记)(费西蠡、张祖翼、王瓘、张之洞、杨守敬、邓邦述、金蓉镜、陈伯陶、汪树堂、李葆恂、褚德彝等名家题跋)	43.7cm×27.3cm	172,500	北京保利	2022-07-27
【端方旧藏善本】曹魏 魏公卿将军上尊号奏(张之洞、张祖翼、王瓘、俞廉三、郑孝肯、李葆恂、陈兆葵、陈伯陶、汪树堂等名家题跋)	43.7cm×27.3cm	678,500	北京保利	2022-07-27
【端方旧藏善本】汉 白石神君碑并额并阴(张之洞、张祖翼、王闿运、李葆恂等名家题跋)	43.7cm×27.3cm	460,000	北京保利	2022-07-27
【端方旧藏善本】汉 陈德碑并阴(张之洞、褚德彝、陈景周、王瓘、王闿运、杨守敬、李葆恂、张祖翼等名家题跋)(原石久亡)(黄小松旧藏本)	43.7cm×27.3cm	345,000	北京保利	2022-07-27
【端方旧藏善本】汉 金普照寺开堂疏碑(庄眉叔旧藏本)(庄眉叔、张之洞、张祖翼、萧崇勋、李继昌、周铖等名家题跋)	43.7cm×27.3cm	299,000	北京保利	2022-07-27
【端方旧藏善本】汉 晋石刻十三种(张之洞、褚德彝、史谦、金蓉镜、谢慎修、俞廉三、杨守敬、李葆恂、张祖翼等名家题跋)	43.7cm×27.3cm	529,000	北京保利	2022-07-27

拍品名称	物品尺寸	成交价RMB	拍卖公司	拍卖日期
【端方旧藏善本】汉 郎中郑伯坚碑并额并残石（张之洞、张祖翼、陈泉、郑孝胥、萧崇勋、章钰、李葆恂、邓嘉缜、邓邦述、王仁东等名家题跋）（全份拓）	43.7cm×27.3cm	218,500	北京保利	2022-07-27
【端方旧藏善本】汉 鲁相乙瑛请置百石卒史碑（张之洞、张祖翼、吴广霈、宋育仁、李葆恂、杨寿昌、褚德彝、诸可权等名家题跋）	43.7cm×27.3cm	333,500	北京保利	2022-07-27
【端方旧藏善本】汉 裴岑碑二种（张之洞、张祖翼、苏文悌、王闿运、萧崇勋、屠寄、李葆恂、金蓉镜、褚德彝、邓邦述、俞廉三等名家题跋）	43.7cm×27.3cm	172,500	北京保利	2022-07-27
【端方旧藏善本】汉 闻熹长韩仁铭二种（张之洞、王瓘、沈邦宪、萧崇勋、吴广霈、褚德彝、李葆恂、邓邦述、张祖翼等名家题跋）	43.7cm×27.3cm	402,500	北京保利	2022-07-27
【端方旧藏善本】汉 武氏石室画像题字（张之洞、张祖翼、大瓢斋主人、王瓘、瞿廷韶、李葆恂、宝熙等名家题跋）	43.7cm×27.3cm	425,500	北京保利	2022-07-27
【端方旧藏善本】汉 西狭颂并额并五瑞图题字（张之洞、张祖翼、杨守敬、褚德彝、李葆恂、俞廉三、震钧等名家题跋）	43.7cm×27.3cm	678,500	北京保利	2022-07-27
【端方旧藏善本】汉 熹平残石 孔谦碑 孔君墓碣 五凤刻石 鲁相瑛孔子庙碑（庄眉叔、张之洞、张祖翼、震钧、萧崇勋、李葆恂、陈兆葵等名家题跋）	43.7cm×27.3cm	161,000	北京保利	2022-07-27
【端方旧藏善本】汉 延光残碑（张之洞、张祖翼、褚德陶、屠寄、郑孝胥、王瓘、李葆恂、褚德彝、震钧等名家题跋）	43.7cm×27.3cm	207,000	北京保利	2022-07-27
【端方旧藏善本】汉 益州太守北海相景君铭并额并阴（张之洞、张祖翼、王瓘、郑孝胥、杨忠义、李葆恂、震钧等名家题跋）	43.7cm×27.3cm	230,000	北京保利	2022-07-27
【端方旧藏善本】汉 竹邑侯相张寿残碑（张之洞、张祖翼、郑孝胥、李葆恂、萧崇勋、杨忠义、邓邦述等名家题跋）	43.7cm×27.3cm	149,500	北京保利	2022-07-27
【端方旧藏善本】唐 唐修孔子庙碑（庄眉叔藏本）（庄眉叔、张之洞、李葆恂、杨守敬、张祖翼、震钧等名家题跋）	43.7cm×27.3cm	230,000	北京保利	2022-07-27
1932年作 谈月色 百寿印谱二十六开册页	14.5cm×10cm×26	172,500	华艺国际	2022-09-23
1944年作 葛昌楹 题晚清四印人刻印妙品	50cm×32cm	55,200	西泠印社	2022-01-21
埃及古王像拓本（端方题）	24.7cm×15.9cm	20,700	中贸圣佳	2022-07-27
白廉 篆刻 镜心	72cm×36cm	11,500	北京保利	2022-02-03
白石老人印存	开本31.5cm×15cm	46,000	北京保利	2022-01-21
白石印草	9.5cm×15.2cm	40,250	中国嘉德	2022-05-28
白云居米帖	27.7cm×13.8cm	13,800	中贸圣佳	2022-12-31
北宋拓《唐怀仁集王羲之书圣教序》（韩逢禧旧藏、杨续等七家题跋）	32cm×19cm	13,915,000	西泠印社	2022-01-21
北宋早期拓本 宋拓裱 《怀仁集王羲之书圣教序》（明晋府、莫文骅旧藏）	30cm×768cm	12,650,000	北京保利	2022-07-27
北魏薛凤规造像碑別	82.5cm×83.5cm	23,000	永乐拍卖	2022-07-25
北魏章寿康、徐前、陆恢、陆云佰递藏《刁遵墓志》	29cm×14.3cm	57,500	永乐拍卖	2022-07-25
北魏郑文公下碑	40.4cm×23.2cm	18,400	永乐拍卖	2022-07-25
北魏曹望憘造像	136cm×68cm	94,300	中贸圣佳	2022-12-31
北魏冯今华墓志等多种	尺寸不一	23,000	中贸圣佳	2022-12-31
北魏寇治演墓志等多种	23.5cm×14cm	19,550	中贸圣佳	2022-12-31
北魏龙门四种	29cm×16.9cm	48,300	中贸圣佳	2022-12-31
北魏龙门造像记七种	尺寸不一	14,950	北京银座	2022-09-17
北魏墓志十六种	尺寸不一	19,550	北京银座	2022-09-17
北魏石门铭	开本31.2cm×17.5cm	11,500	西泠印社	2022-01-21
北魏云峰山摩崖	31.5cm×18.5cm	80,500	中贸圣佳	2022-12-31
北魏张猛龙碑	25.6cm×15.5cm	17,250	中贸圣佳	2022-12-31
北魏张猛龙碑	32.2cm×19.2cm	11,500	中贸圣佳	2022-12-31
北魏郑文昭登大基山诗	20.8cm×13.5cm	10,350	中贸圣佳	2022-12-31
北魏郑文昭论经书诗	36.5cm×19.5cm	40,250	中贸圣佳	2022-12-31
北魏郑文昭云峰山小品	28.5cm×17.6cm	25,300	中贸圣佳	2022-12-31
北魏郑文公上、下碑	316cm×10cm; 196cm×338cm; 46cm×28cm	16,100	北京银座	2022-09-17
北魏郑文公下碑 清嘉道以后拓本	开本30.5cm×26.5cm	17,250	西泠印社	2022-01-21
碧玉版十三行（夏云题签题跋）	32.7cm×16.5cm	62,100	北京保利	2022-07-27
滨虹草堂藏古钵印、滨虹集印（黄宾虹题跋）	开本19.7cm×10.5cm	69,000	西泠印社	2022-01-21
渤海藏真帖	33cm×16.8cm	36,800	中贸圣佳	2022-12-31
蔡元培 吴宓 王国维 等题 瓦当拓片 立轴	68cm×26cm	13,800	朵云轩	2022-08-08
蔡哲夫 邓尔雅 题跋 汉阳嘉肠石题字拓	18cm×71.5cm	48,300	中国嘉德	2022-06-27
曹全碑	30.2cm×18.7cm	10,350	中贸圣佳	2022-07-27
曹全碑 武荣碑等	尺寸不一	16,100	中贸圣佳	2022-12-31
曹魏 曹真碑并阴	83cm×123cm×2	37,950	永乐拍卖	2022-07-25
曾国藩 莫友芝 题签 题跋 北齐郑述祖书天柱山铭 重登云峰山记	27cm×39.5cm	34,500	中国嘉德	2022-06-27
查季扬旧藏《北魏 张猛龙碑》	31cm×17.5cm	828,000	永乐拍卖	2022-07-25
查慎行重修香山寺记 朱拓墨拓各一件	207cm×61cm×6; 55cm×44cm×4	12,650	北京银座	2022-09-17
朝鲜王系历代御宝之影	115cm×32cm×8	48,300	中贸圣佳	2022-10-27
陈曾则题跋《宋 淳化阁帖》	27.5cm×17cm×10	195,500	永乐拍卖	2022-07-25
陈公子叔原父颇（吴廷康题）	27.2cm×16.5cm	10,350	中贸圣佳	2022-07-27
陈鸿寿 题识《北齐丁遵墓志》	15.5cm×29.5cm	17,250	中国嘉德	2022-07-27
陈侯午敦等金文小品十五品（柯昌泗、赵叔孺、邹安题识）	尺寸不一	69,000	西泠印社	2022-01-21
陈介祺旧藏金文拓片	29cm×20cm	55,200	中贸圣佳	2022-07-27
陈万里 题签 北周李元海兄弟七人造像并阴及两侧	69cm×140cm; 23cm×140cm	13,800	中国嘉德	2022-12-13
陈渭泉 拓本 汉三老碑	125cm×57cm	20,700	中贸圣佳	2022-12-31
陈运彰跋 松江本急就章	32.7cm×18cm	32,200	中贸圣佳	2022-12-31
陈子清藏吉金拓片	尺寸不一	333,500	永乐拍卖	2022-07-25
程松辑 篆法辩不分卷 云留草堂印谱不分卷	27.5cm×15.5cm	26,450	中贸圣佳	2022-12-31
程瑶田 杨守敬 周懋琦 王仪郑题跋 麓山寺碑	39.6cm×23.8cm	218,500	中贸圣佳	2022-12-31
褚德彝 邓实 题识 旧藏 六朝佛造像集	21.2cm×31.2cm	51,750	中国嘉德	2022-06-27
褚德彝、陈景陶鉴藏，孙伯绳题跋 苏东坡书《归去来兮辞》	开本32cm×17cm	19,550	西泠印社	2022-08-19
褚德彝旧藏《汉·三老讳字忌日记》	102.5cm×46cm	517,500	永乐拍卖	2022-07-25
磁州新出魏齐墓志八种（邓守瑕跋）	29.4cm×14.2cm	55,200	中贸圣佳	2022-10-27
爨宝子碑	38.5cm×22.5cm	17,250	北京荣宝	2022-07-24
爨龙颜碑	40.5cm×21cm	11,500	北京荣宝	2022-07-24
大康题天龙山北齐造像	85cm×35cm	28,750	中贸圣佳	2022-12-31
大盂鼎铭文拓片	37cm×36.5cm	63,250	西泠印社	2022-01-21
党晴梵旧藏《六朝墓志》百种	尺寸不一	1,012,000	永乐拍卖	2022-07-25
党晴梵旧藏金石杂拓屏	94cm×24.5cm	14,950	西泠印社	2022-01-21
党晴梵考释《金石文存集拓册》	开本37.5cm×28.5cm	51,750	西泠印社	2022-01-21
党晴梵题藏《汉巴郡太守樊敏碑》	碑164cm×116cm; 额55cm×45.5cm	11,500	西泠印社	2022-08-19
党晴梵题藏《汉郑固碑》	162cm×74cm	11,500	西泠印社	2022-08-19
邓散木 1934年作 草书临帖 立轴	127cm×32cm	92,000	中国嘉德	2022-06-26
邓斋印可	27.3cm×16.7cm	20,700	中国嘉德	2022-12-25
丁辅仁手拓《西周北伯尊》全形	81cm×37.5cm	23,000	西泠印社	2022-01-21
丁辅之辑《西泠八家印选》	29.5cm×13.5cm	195,500	中国嘉德	2022-06-27
丁汝昌 题建新环翠楼记拓片 立轴	题跋31cm×45cm; 画心125cm×46.5cm	57,500	中鸿信	2022-09-12
丁衍庸 印谱两本、画册三本、海报一张 书册	尺寸不一	26,676	保利香港	2022-07-12
鼎拓卷十二、十三	77.5cm×119.6cm	11,500	中贸圣佳	2022-12-31
东汉 曹娥碑	29.6cm×14.2cm	32,200	永乐拍卖	2022-07-25
东晋 爨宝子碑	160cm×57cm	18,400	中贸圣佳	2022-12-31
东魏 敬使君碑	176cm×12cm	12,650	中贸圣佳	2022-12-31
董其昌临柳公权兰亭诗拓本	开本31.8cm×18.7cm	34,500	西泠印社	2022-01-21
端方 题跋 秦石权全形并铭文拓	50.5cm×80cm; 题跋20.5cm×79.5cm	57,500	中国嘉德	2022-06-27
端方 题跋古埃及文字拓片 立轴	146cm×41.5cm	23,000	北京保利	2022-02-03
端方等题 汉延光弩机拓本 镜心	44cm×28.5cm	11,500	中国嘉德	2022-06-28
端方题藏古玺拓本	84cm×20cm	23,000	永乐拍卖	2022-07-25
端木蕻良藏《宫观碑志》一卷	28.8cm×17.5cm	29,900	永乐拍卖	2022-07-25
多宝塔碑帖、书谱释文、受禅表、汉中五品等	尺寸不一	16,100	中贸圣佳	2022-07-10
（清）赵之谦撰 二金蝶堂印稿	半框12cm×8.5cm; 开本21cm×13cm	36,800	西泠印社	2022-01-21
二弩精舍印谱六卷（民国）赵叔孺篆	半框14.8cm×9.8cm; 开本26cm×15cm	112,700	西泠印社	2022-01-21
二玄社原色法帖选（全）	34cm×30cm	29,900	北京保利	2022-07-27
樊敏碑（吴云题跋）、杨义公颂、高颐阙	尺寸不一	17,250	中贸圣佳	2022-12-31
范恩湷 旧藏 钟鼎铭文先秦泉范金石杂项拓册	24cm×36cm	28,750	中国嘉德	2022-06-27
方广强辑《方介堪印选》	32.5cm×22cm×8	36,800	中国嘉德	2022-12-25
飞鸿堂印谱 五集四十卷	26.1cm×15.9cm	23,000	永乐拍卖	2022-07-25
封龙山颂	39.5cm×22cm	13,800	北京保利	2022-07-27
冯康侯 原拓印谱十四册	每页24.3cm×14.2cm	324,021	香港苏富比	2022-04-30

2022杂项拍卖成交汇总(续表)

(成交价RMB：1万元以上)

拍品名称	物品尺寸	成交价RMB	拍卖公司	拍卖日期
冯云鹏 冯云鹓 辑 金石索十二卷 首一卷	22cm×26.7cm	43,700	中国嘉德	2022-12-13
缶庐印存	29.2cm×13.1cm	28,750	中贸圣佳	2022-10-27
佛顶尊圣陀罗尼经、大般涅槃经残石	尺寸不一	10,350	中贸圣佳	2022-12-31
甘氏小津逮楼旧藏《碧玉板洛神赋》	开本27.5cm×14cm	149,500	西泠印社	2022-08-19
高凤翰辑 高南阜研史四卷	30cm×25.5cm	63,250	中贸圣佳	2022-12-31
高凤翰 砚史	30.8cm×27.3cm	40,250	中贸圣佳	2022-12-31
高时敷藏拓 乐只室古器款识佛像卷	24.5cm×37cm	34,500	中国嘉德	2022-06-27
高时敷藏拓 乐只室古器款识铜镜卷	24.5cm×37cm	11,500	中国嘉德	2022-06-27
各种法帖	32.5cm×16.3cm	32,200	永乐拍卖	2022-07-25
各种字帖		28,750	深圳富诺得	2022-10-06
龚心铭题识、沈觉初旧藏六朝造像、古泉拓本	开本31.5cm×16.5cm; 28cm×15.5cm	40,250	西泠印社	2022-08-19
故宫藏渠《海月清辉》古琴拓片	136cm×53.5cm	34,500	中贸圣佳	2022-07-27
顾文锁旧藏《玉版十三行》	17.2cm×12.3cm	1,552,500	永乐拍卖	2022-07-25
郭炳堂手拓并题《西周事季良父壶盖》全形拓本	63.5cm×31.5cm	41,400	西泠印社	2022-01-21
虢季子白盘	72cm×38cm	20,700	中贸圣佳	2022-12-31
虢季子白盘铭拓本	53cm×32cm	25,300	西泠印社	2022-01-21
韩仁铭、孙夫人等四种	尺寸不一	10,350	中贸圣佳	2022-12-31
汉封龙山碑	31.5cm×17.2cm	33,350	永乐拍卖	2022-07-25
汉石门铭	198cm×177cm	18,400	永乐拍卖	2022-07-25
汉嵩山三阙	42.8cm×27cm	575,000	永乐拍卖	2022-07-25
汉西狭颂	41cm×23cm	575,000	永乐拍卖	2022-07-25
汉熹平石经	110cm×73.5cm; 109.5cm×117.5cm	66,700	永乐拍卖	2022-07-25
汉乙瑛碑	33.8cm×20.3cm	155,250	永乐拍卖	2022-07-25
汉大开通	248cm×120cm	28,750	北京保利	2022-07-27
汉乙瑛碑(周少白旧藏长跋)	36.3cm×19.2cm	32,200	北京保利	2022-07-27
汉安阳石刻五种	31.6cm×17cm	25,300	中贸圣佳	2022-12-31
汉碑威本(周季木周一良题)	33.3cm×20.6cm	25,300	中贸圣佳	2022-10-27
汉曹全碑	29.5cm×18cm	10,350	中贸圣佳	2022-12-31
汉大吉买山地记	24.3cm×13cm	23,000	中贸圣佳	2022-12-31
汉大吉买山地记	尺寸不一	18,400	中贸圣佳	2022-12-31
汉大开通摩崖("钜鹿"未泐)	113cm×250cm	94,300	中贸圣佳	2022-12-31
汉封龙山颂	34.5cm×18.7cm	13,800	中贸圣佳	2022-12-31
汉封龙山颂(初拓本)	156cm×89cm	55,200	中贸圣佳	2022-07-27
汉郙阁颂	32.6cm×23.8cm	10,350	中贸圣佳	2022-12-31
汉衡方碑	224cm×106cm	13,800	中贸圣佳	2022-12-31
汉孔宙碑(翁同龢藏)	31.5cm×19.4cm	258,750	中贸圣佳	2022-07-27
汉孔宙碑(张廷济旧藏)	27.9cm×17.4cm	17,250	中贸圣佳	2022-12-31
汉孔宙碑等五种	尺寸不一	17,250	中贸圣佳	2022-12-31
汉茂陵碑(刘喜海尹彭寿递藏)	34.5cm×22.3cm	247,250	中贸圣佳	2022-10-27
汉孟孝琚碑 水拓本鹤铭等七种(郦承铨钤印并跋)	尺寸不一	10,350	中贸圣佳	2022-10-27
汉裴岑纪功碑等	尺寸不一	20,700	中贸圣佳	2022-12-31
汉石门颂	31.5cm×19.5cm	10,350	中贸圣佳	2022-12-31
汉石门颂	37.9cm×22.2cm	23,000	中贸圣佳	2022-12-31
汉石门颂摩崖	19.5cm×31.5cm	10,350	中国嘉德	2022-12-13
汉史晨碑等	尺寸不一	34,500	中贸圣佳	2022-12-31
汉五凤刻石等四种	34cm×20cm	13,800	中贸圣佳	2022-12-31
汉武都太守残碑阴	37cm×35cm	10,350	中贸圣佳	2022-12-31
汉武梁祠	尺寸不一	20,700	中国嘉德	2022-05-28
汉武荣碑	93cm×69cm	17,250	中贸圣佳	2022-12-31
汉西狭颂	42cm×28cm	12,650	中贸圣佳	2022-12-31
汉西狭颂	34.7cm×18.9cm	14,950	中贸圣佳	2022-07-27
汉西狭颂(朱拓本)	30cm×19cm	39,100	中贸圣佳	2022-12-31
汉熹平石经残石	尺寸不一	20,700	中贸圣佳	2022-12-31
汉阳光残碑	132cm×56cm	14,950	中贸圣佳	2022-12-31
汉阳三老、校官等五种	尺寸不一	17,250	中贸圣佳	2022-12-31
汉杨淮表纪	195cm×63cm	29,900	北京银座	2022-09-17
汉杨叔恭碑	尺寸不一	10,350	中贸圣佳	2022-12-31
汉乙瑛碑	33.5cm×19cm	11,500	中贸圣佳	2022-12-31
汉乙瑛碑	35cm×18.7cm	17,250	中贸圣佳	2022-12-31
汉乙瑛碑两种	尺寸不一	13,800	中贸圣佳	2022-12-31
汉尹宙碑	33.6cm×18cm	161,000	中贸圣佳	2022-10-27
汉袁安碑	138cm×75cm	11,500	中贸圣佳	2022-12-31
汉袁安碑	138cm×250cm	28,750	中贸圣佳	2022-12-31
汉张迁碑	13.5cm×25.3cm	17,250	中国嘉德	2022-05-28
汉张迁碑	尺寸不一	20,700	中贸圣佳	2022-12-31
汉张迁碑并碑额	18.7cm×35.3cm	17,250	中国嘉德	2022-12-13
汉张迁碑并碑阴	92cm×64cm; 226cm×79.5cm	39,100	北京银座	2022-09-17
汉张迁碑阴、晋爨雍碑、宋鲁公新记等	尺寸不一	13,800	中贸圣佳	2022-07-27
阿煇罗振玉 题跋 汉史晨孔山师师颂帖	13.5cm×27.2cm	425,500	中国嘉德	2022-06-27
胡攫手拓并释文 张廷济灵璧石题诗	31cm×21.2cm	189,750	中贸圣佳	2022-12-31
黄宾虹 题跋武梁祠拓片 册页	尺寸不一	40,250	中贸圣佳	2022-07-12
黄宾虹 题跋武梁祠拓片 册页(八开)	17cm×5.5cm×8	57,500	中贸圣佳	2022-07-23
黄宾虹 题跋武梁祠拓片 册页(六开)	17cm×6cm×6	57,500	中贸圣佳	2022-07-23
黄宾虹 题跋武梁祠拓片 册页(七开)	尺寸不一	57,500	中贸圣佳	2022-07-23
黄嘌园、钱镜塘递藏 吴皇象急就章、集王兴福寺碑	3.5cm×12.8cm×19; 26cm×14.5cm×70	36,800	北京银座	2022-09-17
黄牧甫印胜	27cm×16.8cm×2	17,250	中国嘉德	2022-06-26
黄绍宪旧藏卢子枢题签《隋元公夫人姬氏墓志》	48cm×48cm	34,500	西泠印社	2022-08-19
黄士陵 题高爵全形拓 立轴	76cm×30.5cm	92,000	中国嘉德	2022-12-25
吉金铭文册	66cm×111cm	16,100	永乐拍卖	2022-07-25
集古印谱六卷	14.5cm×20.5cm	74,750	中国嘉德	2022-05-28
集拓五种	39cm×27cm	63,250	北京保利	2022-07-27
济宁汉碑	29.6cm×16.8cm	13,800	中贸圣佳	2022-12-31
寄畅园法帖	28.9cm×17.3cm	11,500	中贸圣佳	2022-12-31
嘉庆御制咏二十四气	28.3cm×13cm	17,250	中贸圣佳	2022-10-27
甲骨铭文旧拓六十六品		17,250	西泠印社	2022-12-31
(民国)简经纶篆刻 简经纶题赠鹤词长《琴斋印留初集》	半框14.7cm×8.7cm; 开本29.5cm×13.4cm	28,750	西泠印社	2022-01-21
绛帖	30.2cm×20cm	17,250	中贸圣佳	2022-12-31
(清)汪启淑辑 锦囊印林四卷	半框4.8cm×5.5cm; 开本10.5cm×16.5cm	69,000	西泠印社	2022-01-21
近代拓本 北山楼集古小品 线装	尺寸不一	115,000	华艺国际	2022-07-29
晋唐小楷十六种	32.5cm×17cm	63,250	中贸圣佳	2022-07-27
景教碑、宋广平碑、叶有道碑、龙角山庆唐观金箓斋颂		11,500	中贸圣佳	2022-12-31
景苏园法帖	30cm×18cm	23,000	中贸圣佳	2022-12-31
旧拓《兰亭集序》手卷		2,165,134	香港苏富比	2022-10-09
旧拓本 玄宝斋十三行精拓本 册页	21.5cm×13.5cm	437,000	华艺国际	2022-07-27
旧拓大秦景教流行中国碑 册页	27cm×13.5cm×37	11,500	广东崇正	2022-08-10
旧拓东海庙残碑(王秋湄跋) 册页	19.5cm×10.5cm×8	34,500	广东崇正	2022-08-10
旧拓衡方碑 旧拓卫景武公碑 册页(二本)	尺寸不一	28,750	广东崇正	2022-08-10
旧拓兰亭十种 (一册)	29cm×17cm	51,750	中鸿信	2022-09-12
旧拓灵飞经 玉兰堂残帖三种题跋三开 册页 (二本)	尺寸不一	32,200	广东崇正	2022-08-10
旧拓宋君道生墓志铭、隋苏孝慈墓志 册页 (二本)	尺寸不一	17,250	广东崇正	2022-08-10
旧拓王震《缶庐讲艺图》碑	 150cm×53cm	34,500	中国嘉德	2022-05-30
旧拓颜家庙碑 册页	26cm×16cm×74	17,250	广东崇正	2022-08-10
旧拓张满墓志 旧拓高黎墓志 旧拓仲恩那等世人造像记 册页 (三本)	尺寸不一	13,800	广东崇正	2022-08-10
旧拓张迁碑 册页	27cm×14cm×2	115,000	朵云轩	2022-12-09
开通褒斜道刻石	26.4cm×16.7cm	184,000	中贸圣佳	2022-12-31
康生 题自刻朱拓"老甸"砚	31cm×19cm	2,057,280	华艺国际	2022-05-29
柯逢时旧藏《唐等慈寺碑拓本》未刻跋本	242cm×115cm	310,500	西泠印社	2022-01-21
窊斋集古录二十六卷 释文胜稿二卷	32.5cm×21.3cm	34,500	永乐拍卖	2022-07-25
快雪堂法书	30cm×13cm	13,800	中贸圣佳	2022-07-27
快雪堂法书	34cm×16.5cm	32,200	北京保利	2022-07-27
来楚生篆刻八仙肖形印印屏(一组两件)扇面	58cm×21.2cm; 56.5cm×19.5cm	13,800	中国嘉德	2022-12-25
赖少其 印谱册 册页 印谱十九页跋四页(十九选四)	27.5cm×19.5cm×19	32,200	广东崇正	2022-07-27
兰亭八柱帖	30cm×17cm	69,000	中贸圣佳	2022-07-27
兰亭二种、刘智墓志	尺寸不一	11,500	中贸圣佳	2022-12-31
乐只室印谱	20.9cm×10.4cm	37,950	永乐拍卖	2022-07-25
礼器碑(陆姬水旧藏 陈运彰签题)	36.5cm×18.8cm	195,500	中贸圣佳	2022-12-31
李吴琪 题 汉仙人唐公房碑	30.3cm×20.1cm	46,000	中贸圣佳	2022-12-31
李瑞清 题跋 泰山石刻残字影印件	64.5cm×39.5cm	48,300	中国嘉德	2022-06-27
李泰来 题跋 古匋文字一百四十六品	13cm×19.5cm	11,500	中国嘉德	2022-12-13
李泰来手订《古匋文集拓》	开本19cm×13cm	10,350	西泠印社	2022-01-21
李尹桑题 旧拓扬州太守墓志铭 立轴	50.5cm×61cm; 题31cm×68cm	20,700	广东崇正	2022-08-10
李尹桑题跋《前秦广武将军颂》	123cm×84cm	63,250	西泠印社	2022-01-21
李宗颐 题跋 隋张通妻陶贵墓志 隋张通妻李氏墓志	34cm×34cm; 36cm×35.5cm; 39.5cm×39.5cm	32,200	中国嘉德	
梁章钜 题跋 唐颜家庙碑	32cm×18.5cm	13,800	中贸圣佳	2022-12-31
林霄题跋 唐颜卓卿甲子战碑拓片	尺寸不一	103,500	中贸圣佳	2022-06-27
凌卓英 题跋 宋爨龙颜碑	31.5cm×18.5cm	13,800	中贸圣佳	2022-12-31
刘大新题跋西周口口方鼎铭文	20.3cm×16cm; 16.8cm×12.7cm	10,350	永乐拍卖	2022-07-25
刘根造像碑	143cm×41cm	14,950	中贸圣佳	2022-12-31
刘铨福旧藏《汉曹全碑》	开本29cm×15cm	34,500	西泠印社	2022-01-21
刘师慎旧藏《隋董美人墓志》	34.8cm×17.8cm	1,035,000	永乐拍卖	2022-07-25
刘位坦旧藏《北魏 高贞碑》	33.2cm×16.7cm	109,250	永乐拍卖	2022-07-25
刘喜海 王绪祖旧藏 金文石刻印章杂拓	24cm×17.8cm	10,350	中国嘉德	2022-05-28
刘之泗题跋 陈介祺旧藏 汉瓦当拓本	173cm×28cm	20,700	永乐拍卖	2022-07-25
刘芷清 绘图并跋 汉乙瑛碑	19cm×33cm	23,000	中国嘉德	2022-06-27
六经图	29.5cm×57cm	11,500	中国嘉德	2022-12-13
六舟 拓赠 张廷济泉谱	20cm×12.7cm	13,800	北京保利	2022-07-27

2022杂项拍卖成交汇总（续表）

（成交价RMB：1万元以上）

拍品名称	物品尺寸	成交价RMB	拍卖公司	拍卖日期
龙门二十品	尺寸不一	23,000	中贸圣佳	2022-12-31
陆和九题签《北魏刁遵墓志》	开本30.5cm×15.8cm	23,000	西泠印社	2022-08-19
陆恢旧藏李葆恂题跋明拓《孔子庙碑》	开本25.2cm×15.2cm	184,000	西泠印社	2022-01-21
陆增祥《八琼室金石补正》	28.5cm×12.7cm	36,800	永乐拍卖	2022-07-25
陆增祥旧藏《释迦造像》	114cm×267cm	23,000	中国嘉德	2022-06-27
罗惇曼题秦权拓本	109cm×59.5cm	69,000	西泠印社	2022-08-19
罗振玉旧藏《北魏曹望憘造像》	134cm×65cm	101,200	西泠印社	2022-01-21
罗振玉旧藏《隋张通妻陶贵墓志》	39cm×39.5cm	805,000	永乐拍卖	2022-07-25
罗振玉题杨泗手拓《龙虎风云两面砚拓本》	123cm×30cm	55,350	西泠印社	2022-08-19
罗振玉题赠端方《道澄寺钟铭》	开本36cm×20cm	43,700	西泠印社	2022-01-21
麻姑仙坛记	7.5cm×16.2cm	11,500	中国嘉德	2022-05-28
马君武旧藏《汉龟兹左将军刘治关亭颂》	53cm×45.5cm	11,500	西泠印社	2022-01-21
马君武旧藏《孟孝琚碑》等汉魏碑刻拓片十四种	尺寸不一	66,700	西泠印社	2022-06-27
马君武旧藏魏晋南北朝隋唐碑刻造像拓本三十余品	尺寸不一	94,300	西泠印社	2022-01-21
马忠顺造浮图记或造像记	尺寸不一	36,800	西泠印社	2022-01-21
梅景书屋印存	26.2cm×14.7cm	36,800	中贸圣佳	2022-12-31
孟广均旧藏《西汉 莱子侯刻石》《东汉 石墙村刻石》	整幅83.5cm×64cm	89,700	永乐拍卖	2022-07-25
孟宪章旧藏《唐 文安县主墓志》	30.6cm×18.5cm	69,000	永乐拍卖	2022-07-25
米跋兰亭、小麻姑、十三行等晋唐法帖（钱维城、张问陶题跋）	35.8cm×18.5cm	39,100	北京保利	2022-07-27
妙法莲花经	26.1cm×13cm	18,400	中贸圣佳	2022-12-31
民国 集汉玉印蜕 成扇	51cm×17.5cm×2	23,000	中国嘉德	2022-12-25
民国 陈介祺古泉原拓六条屏		138,000	中国嘉德	2022-06-28
明白云居米帖两面石碑	94.5cm×29cm	109,250	广东崇正	2022-07-25
明 祝允明铭文石碑带座	高88cm(连座)	17,250	广东崇正	2022-07-25
明拓本 澄清堂帖三卷 经折装	37cm×21cm	264,500	华艺国际	2022-07-29
明拓本 李旦《顺陵碑》四册页（共二百九十三开）	23.5cm×15.2cm×293	2,376,158	佳士得	2022-05-28
明拓董其昌后赤壁赋	30cm×16cm	11,500	北京荣宝	2022-07-24
明万历间方氏美荫堂刻本 方氏墨谱 线装	32cm×19.5cm	724,500	华艺国际	2022-07-25
明万历三十八年长洲章藻字仲玉摹刊墨池堂法帖 经折装	28cm×14cm	402,500	华艺国际	2022-07-25
南北朝泰山经石峪字	22.6cm×13cm	20,700	永乐拍卖	2022-07-25
南朝宋爨龙颜碑	31.5cm×17cm	48,300	永乐拍卖	2022-07-25
南宋宋拓鼎帖	32cm×19cm	21,850	永乐拍卖	2022-07-25
辟砚	27cm×20cm	23,000	中贸圣佳	
溥儒 高时敷 题签藏拓 乐只室藏汉雁足镫三种	尺寸不一	23,000	中国嘉德	2022-06-27
戚叔玉 跋 北乡侯阳三老六种、汉残石等	34.5cm×19.5cm	13,800	中贸圣佳	2022-12-31
戚叔玉 谢伯旦 题签 旧藏《汉楚将等字画像》	109cm×75cm	17,250	永乐拍卖	2022-07-25
祁朝襄 题跋 元赵孟頫书黄庭经帖	15cm×30cm	17,250	中国嘉德	2022-06-27
启功旧藏《唐 皇甫诞碑》	30.6cm×17.9cm	575,000	永乐拍卖	2022-07-25
前秦广武将军碑二件 附碑阴一件	尺寸不一	13,800	北京银座	2022-09-17
(近代) 钱君匋篆《君匋印选》(限量本)	开本26.5cm×15cm	18,400	西泠印社	2022-01-21
(清) 歙县叶鞠裳 钱太初旧藏《说剑盦印存、印隼》	开本20.8cm×13cm	23,000	西泠印社	2022-01-21
钱泳题黄葆戉七研斋旧藏《曹娥碑》	开本29.5cm×14.5cm	36,800	西泠印社	2022-01-21
巧者述之拓片 手卷		10,350	中国嘉德	2022-09-30
秦淦 题签 翁方纲 邓时 题跋 汉礼器碑并碑阴及两侧	21.5cm×33cm	28,750	中国嘉德	2022-12-13
秦琅琊台刻石	71cm×68cm	20,700	中贸圣佳	2022-07-27
清 溥儒题拓片一册	长21cm	63,250	华艺国际	2022-09-23
清 傅绳勋、宋裵沅等人信札	尺寸不一	28,750	中贸圣佳	2022-07-09
清汉大三公山碑	34.5cm×18.5cm	28,865	中贸圣佳	2022-07-10
清汉延光残碑	133cm×60cm	28,750	中贸圣佳	2022-07-10
清 梁巙鹤铭	169cm×169cm	40,250	中贸圣佳	2022-07-10
清 唐颜家庙碑	23.5cm×18.7cm	20,700	中贸圣佳	2022-07-10
清 初拓三希堂法帖	24cm×15cm	11,500	永乐拍卖	2022-07-25
清绀雪斋墨刻	13cm×30.5cm	17,250	中国嘉德	2022-12-13
清华斋赵帖十二卷	开本26.3cm×13cm	11,500	西泠印社	2022-08-19
清纪文达公烟管拓	49.5cm×97cm	13,800	中贸圣佳	2022-07-25
清康熙初拓"沽水草堂"本 安刻书谱(启功题签) 册页	29.5cm×18cm	368,000	华艺国际	2022-07-25
清乾隆 御制国朝二十宝玺皇史宬本《宝谱》	38cm×31cm×2.6cm	7,344,489	香港苏富比	2022-04-29
清乾隆汪氏刊行 飞鸿堂印谱三集 本线装	29cm×17cm	713,000	华艺国际	2022-07-25
清乾隆御题棉花图	22.6cm×25cm	13,800	永乐拍卖	2022-07-25
清钦定重刻淳化阁帖十卷	17.5cm×31cm	322,000	中国嘉德	2022-12-13
清三希堂法帖 存三十卷	17.5cm×29.5cm	69,000	中国嘉德	2022-12-13
清拓本 大唐中兴颂碑拓片		32,200	中贸圣佳	2022-09-26
清拓 于敏中《御制生四季诗》册页（二十四开）	14.5×10cm×24	205,213	佳士得	2022-05-28
清晚期 北魏龙门二十品	尺寸不一	27,600	中贸圣佳	2022-07-10
清啸阁藏帖	29.9cm×14.1cm	17,250	中贸圣佳	2022-12-31
(明) 徐霞客辑 晴山堂法帖	开本29.4cm×13.7cm	69,000	西泠印社	2022-01-21
求古精舍金石图 四卷	30.8cm×19cm	23,000	永乐拍卖	2022-07-25
任政 叶恭绰 题签 题识 东汉北海相景君碑并碑阴及碑额	11.5cm×33.5cm	25,300	中国嘉德	2022-06-27
阮元 黄易 翁方纲 汤贻汾 程雪堂 吴让之 张廷济等鉴题 乾嘉间全角拓 建昭三年雁足灯 立轴	101cm×49cm	1,035,000	中贸圣佳	2022-07-23
阮元 翁方纲 咏古剑柄拓本 横披	121cm×39.5cm	322,000	西泠印社	2022-01-22
三希堂法帖	30cm×18cm	71,300	中贸圣佳	2022-12-31
三希堂法帖	尺寸不一	55,200	中贸圣佳	2022-12-31
散氏盘	39.5cm×37cm	10,350	中贸圣佳	2022-12-31
僧六舟 陈蟾桂 题识 秦诏版、西汉雁足灯、唐舍利塔题名拓等五种	尺寸不一	253,000	中国嘉德	2022-06-27
邵福瀛 端木蕻良 跋 晋兰亭序帖	15.5cm×32.5cm	36,800	中国嘉德	2022-06-27
沈曾植 题版 索靖月仪章	32.1cm×16.4cm	10,350	中贸圣佳	2022-12-31
沈曾植旧藏《北魏高贞碑》	开本24.5cm×13.8cm	13,800	西泠印社	2022-01-21
沈曾植旧藏《汉 石门颂》	31.6cm×19.7cm	460,000	永乐拍卖	2022-07-25
沈庆云题瓦当拓片册	31.7cm×18.8cm	20,700	中贸圣佳	2022-12-31
沈庆云题砖拓	33.5cm×33.5cm; 31.5cm×21cm	12,650	中贸圣佳	2022-12-31
沈树镛藏跋 汉三老讳字忌日记	60.7cm×131cm	149,500	中国嘉德	2022-06-27
沈文诚临兰亭序残本	27.5cm×14.3cm	40,250	北京保利	2022-07-27
沈兆霖、惠兆壬、杨澥等三家题跋《顾湘舟艺海楼所藏金石拓本册》	开本32.5cm×21.5cm	172,500	西泠印社	2022-01-
圣味增爵会士巴公之墓	101cm×67cm	32,200	中贸圣佳	2022-10-27
师沇美器铭本	22cm×17.5cm	16,100	中贸圣佳	2022-12-31
辻本史邑 旧藏 六朝墓志八种	尺寸不一	11,500	中国嘉德	2022-12-13
辻本史邑 旧藏 六朝造像记等九种	尺寸不一	28,750	中国嘉德	2022-12-13
辻本史邑 旧藏 隋舍利塔铭等九种	尺寸不一	34,500	中国嘉德	2022-12-13
辻本史邑 旧藏《汉 五凤刻石 汉莱子侯石 汉熹平残碑》	尺寸不一	17,250	中国嘉德	2022-12-13
石鼓文拓本全套	尺寸不一	57,500	西泠印社	2022-01-21
石鼓文一套十张	尺寸不一	64,400	北京银座	2022-09-17
寿石斋藏帖	29cm×14.1cm	20,700	中贸圣佳	2022-12-31
双玉钵斋汉灯集拓、十钟山房藏铜钟	尺寸不一	10,350	中贸圣佳	2022-12-31
双照楼 旧藏 壮陶阁帖 三十六卷	16.5cm×30cm	115,000	中国嘉德	2022-06-27
水牛山摩诃般若经	36.5cm×31.5cm	13,800	中国嘉德	2022-05-28
宋山河堰落成记	459cm×169cm	20,700	永乐拍卖	2022-07-25
宋人手写发愿经 钟鼎款识原器拓片（周一良孙鼎题）	27.5cm×30.5cm	11,500	中贸圣佳	2022-10-27
宋拓 褚临黄庭经(明) 册页(四开)	36cm×20cm×8	103,500	中贸圣佳	2022-07-23
宋拓定武兰亭五字未损本 册页	28.5cm×26cm×4	379,500	朵云轩	2022-12-09
宋拓楷帖四种	尺寸不一	25,300	中贸圣佳	2022-07-23
宋拓夏承碑(周一良题)	30.6cm×21.5cm	51,750	中贸圣佳	2022-10-27
宋小濂 张朝墉 旧藏并跋 隋元公夫人姬氏墓志残石拓	14.5cm×25.5cm	13,800	中国嘉德	2022-06-27
宋元祐党人列名碑拓本	开本28.5cm×17cm	11,500	西泠印社	2022-08-19
苏东坡雪浪石盆铭文	69.5cm×137cm	17,250	中贸圣佳	2022-05-28
苏若瑚题跋《汉延光残石》	101cm×49cm	25,300	中贸圣佳	2022-08-19
苏轼《宋宸奎阁碑铭》	33.3cm×17.7cm	10,350	中贸圣佳	2022-12-31
隋元公墓志	49.5cm×44.5cm	46,000	永乐拍卖	2022-07-25
隋龙华寺碑	47.5cm×36.5cm; 138cm×102cm	10,350	永乐拍卖	2022-07-25
隋贺若道碑	244cm×88cm	10,350	中贸圣佳	2022-12-31
隋刘猛进墓志铭	135cm×67cm	18,400	中贸圣佳	2022-12-31
隋龙藏寺碑	31.5cm×17.5cm	11,500	中贸圣佳	2022-12-31
孙宸旧藏北朝隋唐墓志拓本六十二种	尺寸不一	172,500	西泠印社	2022-01-21
孙汝枚藏《秦汉珍泉拓景》	29cm×18.2cm	23,000	永乐拍卖	2022-07-25
孙毓汶旧藏《怀仁集王圣教序》	23.9cm×14cm	43,700	永乐拍卖	2022-07-25
孙毓汶旧藏《隋龙藏寺碑》	开本33cm×17.5cm	34,500	西泠印社	2022-01-21
拓片 立轴	134cm×96cm	147,867	香港嘉乐	2022-04-16
泰山经石峪金刚经摩崖石刻拓本	47cm×49cm×230	80,500	西泠印社	2022-01-21
谈月色拓赠七孝壹《万岁延年老壹》	68cm×34.5cm	23,000	西泠印社	2022-01-21
谭钖钧蒲膜皮 等题跋 汉封龙山颂碑	19cm×30.5cm	28,750	中国嘉德	2022-12-13
唐昭仁寺碑	33.5cm×20.1cm	32,200	永乐拍卖	2022-07-25
唐道因法师碑	208cm×88cm	13,800	永乐拍卖	2022-07-25
唐多宝塔碑	31.7cm×18cm	10,350	永乐拍卖	2022-07-25
唐法琬法师碑	29.5cm×15.2cm	47,150	永乐拍卖	2022-07-25
唐圭峰禅师碑	31.6cm×18cm	48,300	永乐拍卖	2022-07-25
唐皇唐嵩岳少林寺碑	29.1cm×18.3cm	11,500	永乐拍卖	2022-07-25
唐李思训碑	34.9cm×19.5cm	46,000	永乐拍卖	2022-07-25
唐李阳冰般若台铭	46.9cm×32.4cm	13,800	永乐拍卖	2022-07-25
唐龙藏寺碑	208cm×92cm; 159cm×88cm	17,250	永乐拍卖	2022-07-25

2022杂项拍卖成交汇总(续表)

(成交价RMB: 1万元以上)

拍品名称	物品尺寸	成交价RMB	拍卖公司	拍卖日期
唐卢正道敕	207cm×117.5cm	51,750	永乐拍卖	2022-07-25
唐文安县主墓志	88.3cm×72.5cm	13,800	永乐拍卖	2022-07-25
唐文安县主墓志	26.9cm×14.7cm	11,500	永乐拍卖	2022-07-25
唐文安县主墓志	20.6cm×11.3cm	56,350	永乐拍卖	2022-07-25
唐徐礼堂题临圣教序	30.7cm×16.3cm	46,000	永乐拍卖	2022-07-25
唐伊阙佛龛碑	32.5cm×18cm	34,500	永乐拍卖	2022-07-25
唐张思道墓志	33.5cm×42cm	21,850	永乐拍卖	2022-07-25
唐昭仁寺碑	260cm×112cm	11,500	永乐拍卖	2022-07-25
唐八关斋会报德记	尺寸不一	11,500	中国圣佳	2022-12-31
唐褚遂良书雁塔圣教序	开本29cm×16.8cm	59,800	西泠印社	2022-01-21
唐褚遂良书雁塔圣教序记并额	75.5cm×185cm	17,250	中国嘉德	2022-12-13
唐大唐中兴颂	34.5cm×16.7cm	46,000	永乐拍卖	2022-07-25
唐道因法师碑	开本28.5cm×19.5cm	23,000	西泠印社	2022-01-21
唐房山云居寺石经	30.6cm×17.5cm	27,600	西泠印社	2022-01-21
唐房彦谦碑	35.5cm×18cm	23,000	中贸圣佳	2022-07-27
唐圭峰禅师碑	29.5cm×13.8cm	21,850	中贸圣佳	2022-07-27
唐圭峰禅师碑	28.4cm×15.4cm	11,500	中贸圣佳	2022-07-27
唐郭家庙碑	30.5cm×19.9cm	10,350	中贸圣佳	2022-07-27
唐怀仁集王书圣教序 南宋拓本 纸本	29.5cm×17.5cm	1,380,000	中贸圣佳	2022-07-23
唐纪泰山铭	尺寸不一	20,700	中贸圣佳	2022-07-27
唐纪泰山铭	39cm×23.2cm	57,500	中贸圣佳	2022-07-27
唐纪泰山铭摩崖	28cm×37cm	25,300	中国嘉德	2022-12-13
唐曹祠铭	28.8cm×15.8cm	18,400	中贸圣佳	2022-07-27
唐九成宫醴泉铭	30cm×17cm	11,500	中贸圣佳	2022-07-27
唐开成石经	尺寸不一	126,500	中国嘉德	2022-12-13
唐李阳冰书《般若台铭》	348.5cm×128.5cm	36,800	西泠印社	2022-01-21
唐契苾明碑	35cm×19.2cm	25,300	中贸圣佳	2022-07-27
唐阙特勤碑	32cm×29cm	41,400	中贸圣佳	2022-07-27
唐石台孝经等三种	尺寸不一	11,500	中贸圣佳	2022-12-31
唐孙过庭书佛教遗经帖	15cm×29.5cm	11,500	中国嘉德	2022-12-13
唐王知敬书金刚经碑(一册)	31cm×18cm	21,850	中鸿信	2022-09-12
唐无忧王寺碑等四种	尺寸不一	20,700	中贸圣佳	2022-12-31
唐襄阳张氏墓志铭十种	开本45cm×24.5cm	17,250	西泠印社	2022-01-21
唐玄秘塔碑	34.5cm×16cm	218,500	永乐拍卖	2022-07-25
唐玄秘塔碑并额	16.5cm×32cm	10,350	中国嘉德	2022-12-13
唐玄宗御书《唐 纪泰山铭》	尺寸不一	184,000	中贸圣佳	2022-07-27
唐颜氏家庙碑	开本34cm×21cm	20,700	西泠印社	2022-01-21
唐伊阙佛龛碑	37cm×23.5cm	31,050	中贸圣佳	2022-07-10
唐易州铁像碑	33cm×18.3cm	29,900	中贸圣佳	2022-12-31
唐殷夫人碑	29cm×15cm	17,250	中贸圣佳	2022-07-27
唐于孝显碑等四种	尺寸不一	11,500	中贸圣佳	2022-12-31
唐元次山碑	尺寸不一	11,500	中贸圣佳	2022-12-31
唐云、罗天云等题六朝文字	尺寸不一	20,700	中贸圣佳	2022-12-31
唐争坐位帖	36cm×18cm	11,500	中贸圣佳	2022-12-31
陶北溟跋汉富平侯张氏铜铫拓本	41cm×39cm; 28.5cm×42.5cm;	69,000	西泠印社	2022-01-21
天发神谶碑(刘淮年 翁斌孙递藏 吴郁生跋)	35.5cm×23.5cm	954,500	中贸圣佳	2022-07-27
天冠山诗等	尺寸不一	13,800	中贸圣佳	2022-12-31
淳化阁帖一套	27cm×18cm	16,100	北京保利	2022-07-27
桐乡发书铭旧藏《汉礼器碑》	开本33cm×19cm	28,750	西泠印社	2022-08-19
铜人腧穴针灸图经 中卷 卷轴	19cm×791cm; 21cm×882cm	11,500	北京荣宝	2022-07-24
退翁题签《唐兴福寺碑》	开本32cm×18.5cm	11,500	西泠印社	2022-01-21
瓦当文存四屏 立轴	122cm×32cm×4	17,250	广东崇正	2022-08-10
汪怀信等旧藏	121cm×38cm	32,200	浙江佳宝	2022-03-13
汪泰基旧藏《唐 王居士砖塔铭》	27.3cm×17.3cm	586,500	中贸圣佳	2022-07-27
王崇烈题跋 唐张敬因碑残石	62cm×107cm	51,750	北京银座	2022-09-17
王铎 拟山园帖	28.1cm×15.7cm	166,750	永乐拍卖	2022-07-25
王贵忱 行书题宋砖拓片 横披	22cm×96cm	25,300	广东崇正	2022-08-11
王鸿焘题跋端方旧藏《虢季子白盘铭》	题跋 25.5cm×31.5cm; 拓本46cm×29cm	43,700	西泠印社	2022-01-21
王基残碑、高湛等十四种	尺寸不一	16,100	中贸圣佳	2022-12-31
王继香旧藏《汉 嵩山三阙》	42cm×1148cm	287,500	永乐拍卖	2022-07-25
王母赵夫人墓志	102.5cm×32cm	17,250	中贸圣佳	2022-07-25
王世昭《唐 雁塔圣教序》	31.5cm×18.5cm	55,200	永乐拍卖	2022-07-25
王秀仁 毛公鼎拓片 立轴	135cm×69cm	11,500	中贸圣佳	2022-10-27
王绪祖旧藏《隋元公》《夫人姬氏》《唐汝南公主》	24.3cm×13.2cm	575,000	永乐拍卖	2022-07-25
王祖锡藏吉金拓片	尺寸不一	230,000	永乐拍卖	2022-07-25
韦少泉题跋跋世珩藏"大忽雷"拓本	137.5cm×67.5cm	598,000	永乐拍卖	2022-07-25
魏曹真残碑	75cm×99.5cm	10,350	永乐拍卖	2022-07-25
魏曹真碑并阴	开本29cm×16cm	10,350	西泠印社	2022-01-21
魏刘根造像并记及魏元羽、元兰墓志铭三种(钱立题藏)	27.1cm×14.8cm	25,300	北京保利	2022-07-27
魏龙门二十品	17.2cm×28.2cm	17,250	中国嘉德	2022-05-28
魏龙门二十品	尺寸不一	32,200	中国嘉德	2022-05-28
魏源 题跋 乾隆拓汉尹宙碑	37.5cm×20.2cm	32,200	中贸圣佳	2022-12-31
魏志选集	24.1cm×13.1cm	59,800	中贸圣佳	2022-12-31
温绍龄旧藏 梁瘗鹤铭	48cm×31cm	11,500	中贸圣佳	2022-07-27
文素松题跋跋湖南祁阳《浯溪三铭》等拓片一组	尺寸不一	28,750	西泠印社	2022-08-19
翁方纲题跋郑际唐旧藏《汉 曹全碑》	30cm×16.5cm	161,000	永乐拍卖	2022-07-25
翁同龢 双钩并批校 汉张迁碑并碑额及碑阴	17.5cm×31cm	109,250	中国嘉德	2022-06-27
翁同龢书跋《唐 九成宫醴泉铭》	28.7cm×17cm	109,250	永乐拍卖	2022-07-25
翁宗庆旧藏拓本、珂罗版资料21册页	尺寸不一	40,250	广东崇正	2022-08-10
吴伯滔藏拓片册	32.2cm×21cm	49,450	中国嘉德	2022-12-31
吴禅国山碑	168cm×264cm	17,250	中贸圣佳	2022-12-31
吴昌硕 篆书题汉砖商鼎拓	111cm×32cm	112,700	中鸿信	2022-09-11
吴昌硕刻赤乌七年砖砚、赤乌砖砚拓本并金心兰墨梅吴昌硕行书赠水野疏梅诗合卷 手卷	尺寸不一	3,680,000	中贸圣佳	2022-07-26
吴大澂 辑 窓斋集古录	18.5cm×24.5cm	13,800	中国嘉德	2022-12-31
吴大澂 题秦汉金石集拓四屏 镜心	131cm×34cm×4	575,000	中国嘉德	2022-12-14
吴大澂题识 晋刘韬墓志刻石	27cm×60.5cm	23,000	中国嘉德	2022-12-13
吴大澂题拓铜镜册	开本34cm×30.5cm	63,250	中贸圣佳	2022-08-19
吴大澂拓注 金石家器四册 立轴	177cm×44.5cm×4	4,715,000	华艺国际	2022-07-29
吴观岱旧藏 青铜全形拓博古图四屏	41.5cm×103.5cm	230,000	中贸圣佳	2022-06-27
吴朴堂手拓《水绘庵印存》	开本16cm×11.5cm	43,700	西泠印社	2022-08-19
吴让之印存	23.2cm×13.2cm	11,500	中贸圣佳	2022-10-27
吴式芬、刘鹗、吴乃琛递藏《武梁祠题榜字》	27.6cm×15.2cm	55,200	永乐拍卖	2022-07-25
吴天发神谶碑	38cm×24cm	59,800	中贸圣佳	2022-12-31
吴育跋 玉版十三行	30.5cm×16cm	253,000	北京荣宝	2022-07-24
吴越国钱镠投龙简(周作人题赠金性尧)	42.5cm×29.5cm	40,250	中贸圣佳	2022-07-27
吴云旧藏《北魏石门铭》	32.2cm×18.2cm	1,150,000	永乐拍卖	2022-07-25
吴中先贤五百像赞	29.5cm×14.5cm	32,200	中贸圣佳	2022-12-31
武劼斋 陈锡钧 题签 旧藏 曹魏孔羡碑并额	19cm×31.7cm	13,800	中国嘉德	2022-06-27
武慕姚旧藏《汉 武梁祠题榜》	34.5cm×22.4cm	345,000	永乐拍卖	2022-07-25
西魏巨始光造像碑	尺寸不一	10,350	中贸圣佳	2022-12-31
西周大盂鼎铭文未刻本	35.3cm×38.5cm	97,750	中贸圣佳	2022-12-31
西周大盂鼎拓片(夏原洲题)	169cm×83.5cm	34,500	北京保利	2022-07-27
西周晚期史颂簋铭文拓本	尺寸不一	34,500	西泠印社	2022-08-19
先秦猎碣文字拓本	开本33cm×18cm	48,300	西泠印社	2022-08-19
先秦石鼓文	62cm×55cm	25,300	中贸圣佳	2022-12-31
先秦石鼓文	尺寸不一	59,800	中贸圣佳	2022-12-31
小开通、玉盆等五种	尺寸不一	10,350	中贸圣佳	2022-12-31
谢谷旧藏《秦泰山刻石》二十九字本	137.5cm×35cm	2,070,000	永乐拍卖	2022-07-25
谢熙题签《汉石门颂》	开本33.5cm×20cm	20,700	中贸圣佳	2022-07-27
兴福寺碑	28.8cm×14cm	51,750	中贸圣佳	2022-08-14
徐乃昌、周梦坡等藏金文拓片七十八种	尺寸不一	103,500	西泠印社	2022-07-25
徐勺昌题签《唐颜真卿书李玄靖碑》	尺寸不一	29,900	西泠印社	2022-07-25
徐士恺 辑 观自得斋集缶庐印谱	11cm×16.3cm	28,750	中国嘉德	2022-05-28
徐无闻旧藏《汉·史晨碑》	170cm×84.5cm; 167cm×84.5cm	10,350	永乐拍卖	2022-07-25
许生叔藏 汉张迁碑	38.3cm×22.1cm	19,550	中贸圣佳	2022-12-31
颜鲁公丛帖等十五种	尺寸不一	11,500	中贸圣佳	2022-12-31
颜勤礼碑	尺寸不一	10,350	北京保利	2022-07-27
颜勤礼碑等六种	尺寸不一	20,700	中贸圣佳	2022-12-31
颜真卿 吴云 书 旧藏 大唐西京千福寺多宝佛塔感应碑	20cm×35cm	23,000	中国嘉德	2022-12-31
砚拓一批	尺寸不一	20,700	中贸圣佳	2022-12-31
杨季华 题识 周虢季子白盘铭文拓册	19.8cm×30.5cm	32,200	中国嘉德	2022-06-27
杨岘题跋四川雅安画像石 镜片	137cm×47cm	195,500	西泠印社	2022-07-25
姚觐元旧藏《毛公旅方鼎》等金文集拓册	开本28cm×19cm	14,950	西泠印社	2022-01-21
姚世钰等诸家题跋《汉郙阁颂》、《宋元祐党籍碑》二种	尺寸不一	11,500	西泠印社	2022-01-21
姚忠旧藏碑拓五种	尺寸不一	21,850	北京银座	2022-09-17
叶氏平安馆藏金石小品十种 卷轴	69cm×20cm	1,840,000	北京荣宝	2022-07-24
彝器全形及铭文拓本册	开本38.4cm×26.9cm	425,500	西泠印社	2022-08-19
尹宙碑、孔宙碑、澄清堂帖等十册	尺寸不一	23,000	中贸圣佳	2022-12-31
于孝显碑、于志甯碑、李思训碑	尺寸不一	14,950	中贸圣佳	2022-12-31
余清斋帖	29.7cm×15.3cm	13,800	中贸圣佳	2022-12-31
虞恭公碑、李靖碑等五种	尺寸不一	14,950	中贸圣佳	2022-12-31
御制五台山显通寺碑康熙碑拓	207cm×78cm	1,380,000	中鸿艺盛	2022-11-23
元道教碑	30cm×18.5cm	11,500	中贸圣佳	2022-12-31
元人思占斋兰亭 黄庭合刻	20.5cm×87cm	32,200	永乐拍卖	2022-07-25
原钤《丁衍庸印谱》	26cm×14cm	14,293	香港普艺	2022-06-04
岳琪 陈敷民 题跋 汉郭有道先生碑	18.5cm×29cm	17,250	中国嘉德	2022-12-13
岳小琴旧藏《北魏晖福寺碑》	开本29.3cm×18.5cm	32,200	西泠印社	2022-01-21
岳小琴旧藏《玉版十三行》	31.7cm×15.5cm	230,000	永乐拍卖	2022-07-25
云峰山全刻	35cm×21.2cm; 34.5cm×19cm	80,500	中国嘉德	2022-12-13

拍品名称	物品尺寸	成交价RMB	拍卖公司	拍卖日期
云峰诸山刻石一组	尺寸不一	18,400	北京银座	2022-09-17
运甓斋新获临淄汉封泥	29.8cm×17.7cm	98,900	永乐拍卖	2022-07-25
张大千题蔡哲夫藏晋砖拓本 册页(九开)	20cm×13cm	13,800	朵云轩	2022-08-08
张猛龙碑(王文韶藏)	33.6cm×18.5cm	13,800	中贸圣佳	2022-10-27
张鸿珂题跋 钟王三绝帖	26.5cm×11.5cm	32,200	中贸圣佳	2022-12-31
张廷济等铭、徐同柏旧藏砚台竹刻紫砂壶等文房集拓	开本30.5cm×18cm	632,500	西泠印社	2022-01-21
张廷济题赠《汉水平三年鹭鱼洗拓本》	29cm×30cm	25,300	西泠印社	2022-01-21
张熊 金石博古图四屏	36cm×165.5cm	17,250	中国嘉德	2022-12-13
张延礼旧藏《魏范式碑》等拓本一组	尺寸不一	20,700	西泠印社	2022-12-25
张永恺辑《来楚生安处楼印存》	26.4cm×15cm	13,800	中国嘉德	2022-12-25
张永恺辑《然犀室肖形印存》	28.2cm×20.1cm×2	17,250	中国嘉德	2022-12-25
张志鱼题跋《北魏晖福寺碑拓本》《温泉颂》等四种	尺寸不一	32,200	西泠印社	2022-12-25
张祖翼、李尹桑题 汉仓颉庙碑两侧 镜心	123.5cm×64cm	48,300	中国嘉德	2022-06-26
章士钊题 赠梦英大师诗碑	15cm×22.3cm	11,500	中国嘉德	2022-05-28
赵孔夫先生印谱	27.4cm×17.7cm	37,950	永乐拍卖	2022-07-25
赵世骏 殷寿彭 顾廷熙题跋 唐褚遂良书雁塔圣教序记	24cm×39.5cm	759,000	中国嘉德	2022-12-13
赵叔孺 题识 梁廋思美造释迦玉像题名记旧拓成扇	19.5cm×53cm	48,300	中国嘉德	2022-06-27
赵叔孺题跋《师酉敦二器全形拓》	136cm×72.5cm	207,000	西泠印社	2022-01-21
赵㧑叔印谱初集 二集	13.5cm×18.5cm	63,250	中国嘉德	2022-05-28
赵元礼跋 韩仁铭	31.7cm×15.4cm	11,500	中贸圣佳	2022-07-27
赵之谦 沈均初钤印 北魏刁遵墓志	78cm×66cm	11,500	中贸圣佳	2022-12-31
赵之谦印谱	19.5cm×13cm	31,050	永乐拍卖	2022-07-25
真赏斋帖三卷	31.7cm×15.7cm	13,800	北京保利	2022-07-27
郑文公下碑拓片	319cm×184cm	25,300	北京保利	2022-07-27
愙心室拓本(吴云旧藏)	26.4cm×16.2cm	25,300	中贸圣佳	2022-10-27
周庚旧藏《武梁祠画像》	29.8cm×16.5cm	126,500	永乐拍卖	2022-07-27
周受祺题跋"齐"字砖文拓本	49.2cm×35.7cm	10,350	永乐拍卖	2022-07-25
周树模旧藏《南朝梁 瘗鹤铭》	33.8cm×17.7cm	552,000	永乐拍卖	2022-07-25
周铁衡 篆 半聋楼印草	10cm×16.5cm	17,250	中国嘉德	2022-06-27
周退密题签《北魏 云峰山四品》	40.3cm×23.1cm	17,250	永乐拍卖	2022-12-13
周宣王石鼓铭砚拓四条屏	110cm×26.5cm	13,800	中贸圣佳	2022-12-31
朱简 辑 朱修能印品	26.2cm×16cm	299,000	西泠印社	2022-01-21
朱点钤旧藏 建筑构件拓片一组	尺寸不一	17,250	北京荣宝	2022-07-24
朱拓兰亭序	32.7cm×15.4cm	25,300	北京保利	2022-12-13
朱拓思古斋黄庭经、等慈寺碑等	尺寸不一	23,000	中贸圣佳	2022-12-31
朱彝铭旧藏童衍方题签《知止轩藏秦权等金文集锦》	开本39cm×37.5cm	207,000	西泠印社	2022-01-21
祝嘉题跋《晋爨宝子碑》	开本31.2cm×18.1cm	28,750	西泠印社	2022-09-12
壮陶阁帖	30cm×16cm	11,500	中贸圣佳	2022-12-31
缀遗斋彝器考 三十卷 卷首一卷	32.9cm×21.8cm	42,550	永乐拍卖	2022-07-25
滋蕙堂墨宝		17,250	中贸圣佳	2022-12-31
(清)曾恒德辑 滋蕙堂墨宝八卷	开本26cm×12cm	17,250	西泠印社	2022-01-21
邹安、蔡守、李尹桑等诸家题编《邺中藏兵器金石集拓册》	开本38.5cm×27cm	322,000	西泠印社	2022-01-21
邹寿祺 冯汝玠 题跋 周愙纹鼎	99.5cm×169.5cm	17,250	中国嘉德	2022-12-13
遵训阁重摹淳化法帖十卷	开本32cm×22cm	57,500	西泠印社	2022-01-21
"人间天使"奥黛丽·赫本 亲笔签名明信片	14.5cm×10cm	23,000	中国嘉德	2022-06-26
1864年作 居巢 书札 二面 镜框	22cm×12cm×2	23,000	华艺国际	2022-09-24
1979年作 李敖致王尚勤信札	38.4cm×26.5cm	29,900	中贸圣佳	2022-08-14
1986年 李敖致王尚勤信札	26.7cm×19.1cm	34,500	中贸圣佳	2022-08-14
1986年 李敖致王尚勤信札	26.7cm×19.1cm	43,700	中贸圣佳	2022-08-14
2015年 李敖、王尚勤信札	尺寸不一	10,925	中贸圣佳	2022-08-14
爱新觉罗·胤禛"湖北巡抚印务吴应棻参荆州知府邓士炯"镜心	23.5cm×158cm	215,460	保利香港	2022-07-12
爱新觉罗·永瑆 致谢墉信札一通两开 镜心	20.5cm×24.5cm×2	48,300	中贸圣佳	2022-12-31
爱因斯坦 1924年10月1日作 致妹妹玛雅的家书	14cm×9cm	69,000	西泠印社	2022-01-23
巴金 1962年作 致余思牧信札一通 镜心	26.4cm×18.3cm	69,000	北京诚轩	2022-08-08
巴金致吴青信札 (一通一页)	26cm×17.5cm	11,500	中鸿信	2022-09-12
百龄 信札一通一页 镜心	22cm×12cm	20,700	中贸圣佳	2022-12-31
百年风云——国际名人信札八通	尺寸不一	11,500	荣宝斋(南京)	2022-12-08
拜伦 1818年8月31日作 在威尼斯致友人信札	36cm×24cm	207,000	西泠印社	2022-01-23
毕沙罗 1891年作 致鲁斯罕见带速写的亲笔信	18cm×11.5cm	69,000	西泠印社	2022-01-23
冰心 启功 等书法、题签与信札七种	尺寸不一	57,500	西泠印社	2022-01-23
冰心 致巴金信札及巴金、冰心创作展览纪念封	尺寸不一	46,000	西泠印社	2022-01-23
勃拉姆斯 有关克拉拉·舒曼健康问题的晚年信札	17.5cm×11cm	69,000	西泠印社	2022-08-20
蔡楚生 1964年4月15、20日作 致莫福妹、方西有关删改《南海潮》镜头的信札三通	28.5cm×19.5cm×8 10.5cm×9cm	20,700	西泠印社	2022-01-23
蔡守,谈用色夫妇致黄仲琴信札一通	26.6cm×32.3cm	11,500	西泠印社	2022-08-19
蔡元培致张福运钢笔信札	26.2cm×16.9cm	32,200	中贸圣佳	2022-12-31
曹禺 1983年作 致胡叔和论个人行止以及曹禺研究的信札及文献一批	26.5cm×21cm×7	41,400	西泠印社	2022-01-23
曹禺毛笔信札	29.3cm×20cm	24,150	中贸圣佳	2022-07-27
岑春煊致袁世凯信札二页 镜心	23.5cm×12.6cm×2	13,800	北京保利	2022-07-27
曾国藩 1862年作 致李鸿章有关南京雨花台大战的重要信札 镜片(一帧二页)	22cm×16cm×2	552,000	西泠印社	2022-01-22
曾国藩 致李鸿章有关攻打太平军的重要信札 镜心(一帧二页)	20cm×16cm×2	368,000	西泠印社	2022-01-22
曾国藩 致李续宜信札 镜心(四页)	23cm×12.5cm×4	747,500	中国嘉德	2022-12-14
曾国藩 奏折	9.5cm×21.5cm	25,300	中国嘉德	2022-05-28
曾国藩 左宗棠 胡林翼 郭嵩焘 江忠源 罗泽南 王鑫 等 国朝中兴名臣有关剿捻及时局的信札册 册页(共三十六页)	尺寸不一(册页33cm×20cm)	678,500	西泠印社	2022-01-22
曾国荃 致曾纪梁信札 镜心(二通四页)	22.5cm×12.5cm×4	92,000	中国嘉德	2022-12-14
曾国荃 致李续宜信札 镜心(六页)	24cm×12.8cm×6	253,000	中国嘉德	2022-12-14
曾国荃 致李续宜信札 镜心(五页)	23cm×12cm×5	172,500	中国嘉德	2022-12-14
曾纪泽 1886年1月21日作 致法学家李利瓦伊罕见英文信	25cm×20cm	43,700	西泠印社	2022-01-23
曾纪泽 致金吴澜信札 镜心(二页)	23cm×12cm×2	103,500	中国嘉德	2022-12-14
曾熙致新闻报馆丁丝生信札	26cm×16.5cm	10,350	中贸圣佳	2022-12-31
查慎行 信札一通(四页)	24.5cm×10.5cm×2	55,200	中国嘉德	2022-06-28
查士标致女婿郊秩札一通一页 镜心	24cm×30cm	92,000	中贸圣佳	2022-12-31
查士标致女婿郊秩札一通一页 镜心	18.5cm×12.5cm	92,000	中贸圣佳	2022-12-31
查士标致外孙舆望札一通一页 镜心	23.5cm×11cm	92,000	中贸圣佳	2022-12-31
查士标致外孙舆望札一通一页 镜心	22.5cm×16.5cm	92,000	中贸圣佳	2022-12-31
柴可夫斯基1891年2月6日作 致经纪人有关赴美参加卡内基音乐厅落成首演的重要亲笔信	16.5cm×13cm	63,250	西泠印社	2022-01-23
陈宝琛《风岗忠贤刘氏族谱》序	12.5cm×22cm	25,300	中国嘉德	2022-12-13
陈诚·张群、何应钦等致刘廉克信札一批(二十六通二十六页附二十四封)	尺寸不一	28,750	中鸿信	2022-09-12
陈岱孙 致王柯尼论教学及学校编制等信札十六通	28cm×20.5cm×45	57,500	西泠印社	2022-08-20
陈独秀 致唐纵信札 镜心	24.5cm×18cm	11,500	中鸿信	2022-09-12
陈继儒 手札一页 镜片	22.5cm×19.5cm	57,500	江苏汇中	2022-08-17
陈继儒 有关董其昌与古砚的札记扇页	46cm×15.5cm	138,000	西泠印社	2022-01-23
陈巨来 胡蕴 陆丹林 等 约1937、1938年作 抗战期间致郑逸梅、高吹万信札 册页(共三十页)	34.5cm×22cm(册)	149,500	西泠印社	2022-01-23
陈巨来 为高络园书 贺寿帖 镜心	25cm×9cm	69,000	西泠印社	2022-01-23
陈遵道 1932年9月10日作 早年致何炳松信札	21cm×15cm;21cm×13cm	195,500	西泠印社	2022-01-23
陈铣 辛亥(1851年)作 丁巳(1857年)作 戊午(1858年)作 信札八则 册页	尺寸不一	74,750	中国嘉德	2022-06-01
陈寅恪致郑晓沧信札 (一通一页)	26cm×19cm	10,925	中鸿信	2022-09-12
陈寅恪致朱经农信札	19.8cm×28.3cm	92,000	中国嘉德	2022-12-13
陈用光致南宗信札册	33.5cm×20.2cm	115,000	北京保利	2022-12-14
陈子壮 伊秉绶 黎湘枝 等 陈文忠公三十四册 册页(共三十一页)	尺寸不一(册页32.5cm×18.5cm)	667,000	西泠印社	2022-01-22
传奇发明家特斯拉 亲笔签名信罕见	25.4cm×20.1cm	92,000	中国嘉德	2022-12-09
大清乾隆奏折文稿	17.5cm×548.5cm	19,550	永乐拍卖	2022-07-25
戴安娜与查尔斯 亲笔签名贺卡	框53cm×33cm	23,000	中国嘉德	2022-12-09
戴笠 信札一通三页 镜片	24cm×10.5cm×3	103,500	广东崇正	2022-08-11
戴笠致孔祥熙信札 (一通两页附封)	27.5cm×17.5cm×2	11,500	中鸿信	2022-09-12
丹麦作家安徒生 亲笔信函	20cm×11.8cm	29,900	中国嘉德	2022-12-09
当代 赵朴初信札	尺寸不一	17,250	中贸圣佳	2022-08-14
道光十年直隶总督邵成奏折		29,900	中国嘉德	2022-06-29
德沃夏克 1887年作 有关《D大调弥撒曲》的亲笔信	14cm×8.5cm	28,750	西泠印社	2022-01-23
邓芬致君牛先生通信集	尺寸不一	46,352	中国嘉德	2022-10-07
邓散木致单晓天信札	16cm×25.7cm	32,200	中国嘉德	2022-12-13
狄更斯1859年9月28日作 致大英博物馆馆长亲笔信	25cm×20cm	25,300	西泠印社	2022-01-23
清丁敬 蒋仁 黄易 奚冈 书札四通 散册页八开	尺寸不一	8,343,518	佳士得	2022-12-03
丁雄泉 信札(九件一组)	尺寸不一	40,770	罗芙奥	2022-06-04

2022杂项拍卖成交汇总(续表)

(成交价RMB:1万元以上)

拍品名称	物品尺寸	成交价RMB	拍卖公司	拍卖日期
丁衍庸 信札(十三件一组)	18×32cm(每件)	38,052	罗芙奥	2022-06-04
董必武 1950年作 致郑位三论国家建设的信札二通	尺寸不一	322,000	西泠印社	2022-01-23
明 董其昌 信札三通 散册页(六开)	23.5×9.8cm×6	205,213	佳士得	2022-05-28
董其昌 行书手札 镜心	20.5cm×31.5cm	28,750	中鸿信	2022-09-12
董其昌 致四子董祖京授业老师信札 镜片(二帧四页)	尺寸不一	368,000	西泠印社	2022-08-20
董桥 1997,1999年作 致王世襄有关文物鉴藏及文字交流的信札四通	29.5cm×21cm×4	46,000	西泠印社	2022-01-23
杜月笙 致顾祝同信札一通一页 信笺	27cm×20cm×2	172,500	上海嘉禾	2022-08-28
俄国作家屠格涅夫 亲笔信函	18.6cm×12cm	57,500	中国嘉德	2022-06-26
二等第一赤金龙宝星执照证书		48,300	华艺国际	2022-08-07
法国18世纪启蒙思想家、哲学家、教育学家、文学家让·雅克·卢梭 亲笔信函	25cm×19cm	34,500	中国嘉德	2022-12-09
樊增祥、黄濬致瞿鸿礼、瞿颖信札	12.7cm×22.2cm; 16.8cm×26cm	51,750	中国嘉德	2022-06-27
丰子恺 致马仰峰信札一通三页	23cm×13cm×3	253,000	广东崇正	2022-12-25
丰子恺致广洽法师亲笔手书挂号函件及收件回执一组共2页	30cm×21cm; 14.5cm×10cm	18,400	北京保利	2022-07-28
丰子恺致君实手札(一通一页)	27cm×19cm	17,250	中鸿信	2022-09-12
冯桂芬致疏影信札	尺寸不一	16,100	永乐拍卖	2022-07-25
傅抱石致宜生信札 镜心	26.5cm×18.7cm	195,500	荣宝斋(南京)	2022-12-07
傅抱石致宜生信札(一幅)	23cm×32cm	23,000	中鸿信	2022-09-12
傅增湘等有关北平自来水厂文献(袁克桓、龚心湛等手札)	尺寸不一	218,500	北京保利	2022-07-27
高凤翰 刘墉 张照 张敏 刘权之 李廷芳 王杰 等 信札诗稿册 册页(共四十一页)	尺寸不一(册页 30cm×19.5cm)	322,000	西泠印社	2022-01-22
高更 约1894年作 罕见亲笔信	17.5cm×13.5cm	253,000	西泠印社	2022-01-23
高凌霨 学堂按时交工示文呈折	9.5cm×20.2cm	23,000	中国嘉德	2022-05-28
高喆 行书札记 镜心	38cm×65cm	11,500	中国嘉德	2022-06-02
格林卡 有关修改代表作《D小调悲怆三重奏》的罕见信札	24.5cm×20.5cm	97,750	西泠印社	2022-08-20
龚心钊 张厚谷 柯昌泗 致黄伯川论金石古物鉴藏的信札一批		51,750	西泠印社	2022-08-20
购买定远、镇远舰相关情况奏底	25cm×10.5cm	23,000	北京荣宝	2022-07-24
顾拜旦 1928年4月25日作 致教育家有关编辑《奥林匹克评论》的亲笔信	27cm×20.5cm	23,000	西泠印社	2022-01-23
顾颉刚 1934年作 与商务印书馆往来信函	尺寸不一	51,750	西泠印社	2022-01-23
顾颉刚致黄淬伯信札	28.3cm×16.5cm	37,950	中贸圣佳	2022-07-27
顾颉刚致于鹤年信札	20.5cm×28.5cm	32,200	中国嘉德	2022-12-13
顾廷龙 马子云 王晋卿 等 有关为合众图书馆购买古籍碑帖往来信札一批	约A4大小(绝大多数);14cm×9cm×8(明信片)	57,500	西泠印社	
顾廷龙、赖少其、刘文西等人信札一批	尺寸不一	16,100	中贸圣佳	2022-07-27
顾文彬 致李续宜信札 镜心(三页)	24cm×11.5cm×3	149,500	中国嘉德	2022-12-14
官文 致李续宜信札 镜心(五页)	23cm×13cm×5	63,250	中国嘉德	2022-12-14
光绪甲辰年奏折		11,270	罗芙奥	2022-06-29
光绪年间奏折之副折		12,650	罗芙奥	2022-06-29
光绪年间奏折之副折		10,120	罗芙奥	2022-06-29
光绪年太子少保头品顶戴兵部尚书福建台湾巡抚部院兼管海关学政一等勇刘铭传亲笔批折		34,500	中国嘉德	2022-12-27
光绪三十三年奏折之副折		12,650	罗芙奥	2022-06-29
光绪十一年清宫紫禁城各宫殿安挂宫灯奏折		12,650	中国嘉德	
郭麟致陈希恕信札	22.7cm×12.6cm	11,500	中贸圣佳	2022-07-27
郭麟致陈希恕信札	23.7cm×13.1cm	10,350	中贸圣佳	2022-07-27
郭沫若 致民族研究所《杨图》西北小组信札	19cm×26.5cm	69,000	中国嘉德	2022-12-13
郭沫若致侯德邦信札	18.5cm×25.5cm	41,400	永乐拍卖	2022-07-25
郭沫若致沙孟海书札(一张)	32cm×21cm	57,500	中鸿信	2022-09-12
郭沫若致陶大镛信札	19.2cm×27.2cm	32,200	中国嘉德	2022-06-27
郭嵩焘致旭公信札	24.5cm×17.4cm	57,500	永乐拍卖	2022-07-25
韩世昌、侯瑞春、白云生致傅惜华、博芸子信札、戏单	尺寸不一	51,750	中贸圣佳	2022-07-27
韩素音 1980年作 致谢蔚明信札及《青山青》签赠本	32.5cm×19.5cm	17,250	西泠印社	2022-01-23
何焯 金祖静 等 康熙朝名贤手札 册页(三通)	尺寸不一	55,200	中国嘉德	2022-06-28
何绍基书札册	28.9cm×19cm	322,000	北京保利	2022-07-27
弘一 信札 镜心	26cm×16cm	46,000	荣宝斋(南京)	2022-12-07
弘一 致陈无我居士信札	29cm×20cm	207,000	中贸圣佳	2022-10-27
弘一 致李芳远信札一通一开 镜框	20.5cm×14cm	166,750	伯瀚拍卖	2022-08-27
弘一 致马冬涵信札 镜框	24cm×16cm×2	1,265,000	保利厦门	2022-10-21
弘一 致沈彬翰居士信札 信札	29cm×20cm	195,500	中贸圣佳	2022-10-27
胡安国(款) 信札 册页片	28.5cm×48cm	155,250	朵云轩	2022-12-09
胡风 有关文学争论的早年信札三通	26.5cm×19cm; 25cm×15cm; 22.5cm×10cm	287,500	西泠印社	2022-08-20
胡汉民 1913年4月20日作 致孙中山论宋教仁案及善后大借款的重要信札	26cm×14cm×4	126,500	西泠印社	2022-01-23
胡林翼 致李续宾、李续宜信札 镜心	24cm×34.5cm	51,750	中国嘉德	2022-12-14
胡林翼 致李续宾、李续宜信札 镜心	24cm×17.5cm	36,800	中国嘉德	2022-12-14
胡林翼 致李续宾、李续宜信札 镜心(二页)	23.5cm×12.5cm×2	86,250	中国嘉德	2022-12-14
胡林翼 致李续宾、李续宜信札 镜心(二页)	24cm×35cm×2	86,250	中国嘉德	2022-12-14
胡林翼 致李续宾、李续宜信札 镜心(六页)	24cm×12.5cm×6	103,500	中国嘉德	2022-12-14
胡林翼 致李续宾、李续宜信札 镜心(三页)	23.5cm×13cm×3	115,000	中国嘉德	2022-12-14
胡林翼 致李续宾、李续宜信札 镜心(三页)	23.5cm×12.5cm×3	63,250	中国嘉德	2022-12-14
胡林翼 致李续宾信札 镜心(二页)	23.5cm×11.5cm×2	115,000	中国嘉德	2022-12-14
胡林翼 致李续宾信札 镜心(二页)	24cm×11.5cm×2	46,000	中国嘉德	2022-12-14
胡林翼 致李续宾信札 镜心(三页)	23.5cm×12.5cm×3	40,250	中国嘉德	2022-12-14
胡林翼 致李续宾信札 镜心(三页)	23.5cm×12.5cm×3	80,500	中国嘉德	2022-12-14
胡林翼 致李续宾信札 镜心(三页)	23.5cm×12.5cm×3	74,750	中国嘉德	2022-12-14
胡林翼 致李续宾信札 镜心(四页)	23.5cm×12.5cm×4	92,000	中国嘉德	2022-12-14
胡林翼 致李续宾信札 镜心(四页)	23.5cm×12.5cm×4	74,750	中国嘉德	2022-12-14
胡林翼 致李续宾信札 镜心(四页)	24cm×12.5cm×4	92,000	中国嘉德	2022-12-14
胡林翼 致李续宜、舒保信札 镜心(三页)	23.5cm×12cm×3	63,250	中国嘉德	2022-12-14
胡林翼 致李续宜、舒保信札 镜心(三页)	23.5cm×17.5cm×3	172,500	中国嘉德	2022-12-14
胡林翼 致李续宜信札 镜心	24.5cm×34.5cm	43,700	中国嘉德	2022-12-14
胡林翼 致李续宜信札 镜心	24cm×35cm	46,000	中国嘉德	2022-12-14
胡林翼 致李续宜信札 镜心	24cm×35cm	46,000	中国嘉德	2022-12-14
胡林翼 致李续宜信札 镜心	24cm×34cm	34,500	中国嘉德	2022-12-14
胡林翼 致李续宜信札 镜心	24.5cm×35cm	32,200	中国嘉德	2022-12-14
胡林翼 致李续宜信札 镜心	24cm×34.5cm	40,250	中国嘉德	2022-12-14
胡林翼 致李续宜信札 镜心	24cm×12.5cm	34,500	中国嘉德	2022-12-14
胡林翼 致李续宜信札 镜心	24.5cm×35cm	48,300	中国嘉德	2022-12-14
胡林翼 致李续宜信札 镜心	24cm×33cm	48,300	中国嘉德	2022-12-14
胡林翼 致李续宜信札 镜心(二页)	24cm×12cm×2	46,000	中国嘉德	2022-12-14
胡林翼 致李续宜信札 镜心(二页)	24cm×34cm×2	80,500	中国嘉德	2022-12-14
胡林翼 致李续宜信札 镜心(二页)	24cm×35cm×2	46,000	中国嘉德	2022-12-14
胡林翼 致李续宜信札 镜心(二页)	24.5cm×34.5cm×2	69,000	中国嘉德	2022-12-14
胡林翼 致李续宜信札 镜心(二页)	24cm×35cm×2	69,000	中国嘉德	2022-12-14
胡林翼 致李续宜信札 镜心(二页)	24cm×13cm×2	34,500	中国嘉德	2022-12-14
胡林翼 致李续宜信札 镜心(二页)	23.5cm×12.5cm×2	43,700	中国嘉德	2022-12-14
胡林翼 致李续宜信札 镜心(二页)	23.5cm×12.5cm×2	86,250	中国嘉德	2022-12-14
胡林翼 致李续宜信札 镜心(二页)	23.5cm×12.5cm×2	40,250	中国嘉德	2022-12-14
胡林翼 致李续宜信札 镜心(七页)	23.5cm×12.5cm×7	195,500	中国嘉德	2022-12-14
胡林翼 致李续宜信札 镜心(三页)	23.5cm×12.5cm×3	69,000	中国嘉德	2022-12-14
胡林翼 致李续宜信札 镜心(三页)	24cm×34cm×3	138,000	中国嘉德	2022-12-14
胡林翼 致李续宜信札 镜心(五页)	23.5cm×12.5cm×5	115,000	中国嘉德	2022-12-14
胡林翼 致李续宜信札 镜心(五页)	24cm×12.5cm×5	138,000	中国嘉德	2022-12-14
胡林翼 致陶澍信札 镜心(三通六页)	尺寸不一	80,500	中国嘉德	2022-12-14
胡适 1910年作 致许怡荪论困难处境及谋求出路的早年信札	13.5cm×9cm	138,000	西泠印社	2022-01-23
胡适 1910年作 致许怡荪有关出洋话别的重要信札	13.5cm×9.5cm	97,750	西泠印社	2022-01-23
胡适 等 1926年作 致上海妇女会信札二通	26cm×18cm×2; 20.5cm×12cm	189,750	西泠印社	2022-01-23
胡适 赵朴初 何香凝 郑天锡 曾约农 等 致伯初、致远先生信札及照片一套	尺寸不一	309,019	中国嘉德	2022-10-07
胡适致胡近仁信札(一通五页)	24.5cm×15.5cm	74,750	中鸿信	2022-09-12
胡适致宇萍书札(一通两页)	26cm×15cm×2	57,500	中鸿信	2022-09-12
湖北铁道协会致黎元洪大总统请愿书		71,300	中国嘉德	2022-06-29
淮安刘肃曾公札	30.3cm×18cm	345,000	北京保利	2022-07-27
黄宾虹 1944年作 致女弟子朱砚因信札	30cm×18cm	149,500	西泠印社	2022-01-23
黄宾虹 行书"画论"手札 镜心	34cm×43cm	43,700	中鸿信	2022-09-11
黄宾虹致朱砚英信札一通两页	26.5cm×10cm×2	195,500	广东崇正	2022-12-25
黄宾虹致吴仲纲行书信札	18.4cm×30.3cm	109,250	中国嘉德	2022-12-25
黄士陵致丘洁桐信札	24.7cm×12.6cm×2	103,500	中国嘉德	2022-06-26
黄士陵致丘洁桐信札	24.5cm×13cm×2	28,750	中国嘉德	2022-06-26

拍品名称	物品尺寸	成交价RMB	拍卖公司	拍卖日期
黄炎培 1949年作 致徐采丞、冷遹等信札一通 镜心	17.5cm×21cm	11,500	北京诚轩	2022-08-08
黄胄 1973年作 致郭竟仁信札 镜心	25.5cm×103.5cm	43,700	中国嘉德	2022-12-13
黄胄 致方济众札 镜心	33cm×36cm	17,250	广东崇正	2022-08-11
黄胄 致景喜礼 镜片	47cm×52cm	18,400	广东崇正	2022-08-11
黄胄致竟仁信札 (一通一页附封)	30cm×94cm	43,700	中鸿信	2022-09-12
黄胄致赵洋滨信札	46.5cm×34cm	20,700	中国嘉德	2022-05-28
黄胄致赵洋滨信札	43.5cm×33.5cm	40,250	中国嘉德	2022-05-28
黄佐 1629年作 制笔用墨帖札 镜心	22.5cm×9cm	46,000	中贸圣佳	2022-07-23
霍金 亲笔签名书	19.8cm×13cm×2.5cm	34,500	中国嘉德	2022-12-09
嘉庆帝 题估直隶省北运河岁修工程需用银两等事宜 镜心	26cm×378.5cm	184,497	保利香港	2022-10-12
蒋经国、蒋纬国、陈大庆、林初耀、彭孟缉、高魁元致钱大钧信札一组15通17页,附原信封14枚	尺寸不一	19,550	北京保利	2022-07-28
蒋经国致唐纵信札 (一通两页)	24.5cm×17cm×2	11,500	中鸿信	2022-09-12
蒋经国致王升毛笔信札一通一页	27.5cm×20.5cm	12,650	北京保利	2022-07-28
蒋经国致王升毛笔信札一通一页	27cm×12cm	19,550	北京保利	2022-07-28
蒋经国致王升毛笔信札一通一页,附原信封	封26cm×10cm;28cm×12cm	25,300	北京保利	2022-07-28
蒋经国致王升毛笔信札一通一页,附原信封	封22cm×10cm;27cm×12cm	19,550	北京保利	2022-07-28
蒋经国致王升毛笔信札一通一页,附原信封	26.5cm×17cm;封28cm×12cm	40,250	北京保利	2022-07-28
蒋经国致王升毛笔信札一通两页,附原信封	封24.5cm×11.5cm;30cm×21cm×2页	43,700	北京保利	2022-07-28
蒋经国致王升毛笔信札一通一页,附原信封	30cm×21cm×3页;封23cm×11.5cm	74,750	北京保利	2022-07-28
蒋廷黻、熊式辉、顾翊群、黎寰等致陶孟和书札及陶孟和手札 (一批)	尺寸不一	20,700	中鸿信	2022-09-12
蒋纬国致唐纵信札 (一通一页)	25.5cm×18cm	11,500	中鸿信	2022-09-12
金农 致石卿札一通一页 立轴	23cm×26cm	310,500	中贸圣佳	2022-12-31
金农致为筠谷、丙南札 达受夜瞿中浴札 张塨致翁方纲札 王晋芳、盛百二、张塨、赵秉冲、杨梦符、牛坤等致桂馥札刘湄致方朋札	尺寸不一	920,000	北京保利	2022-02-03
金庸 查良鉴 有关《射雕英雄传》及胡适等信札三通		34,500	西泠印社	2022-01-23
居里夫人 1920年4月21日作 致巴黎大学校长提及巴黎科学院的信札	17cm×12.5cm	138,000	西泠印社	2022-01-23
康生 章草信札 镜心	22cm×14cm	57,500	北京银座	2022-01-12
康生 致查卓西信札 镜心	30cm×21cm	308,592	华艺国际	2022-05-29
康生 致儿子张子石信札 镜心	27.5cm×20cm×2	822,912	华艺国际	2022-05-29
康有为 1906年11月15日作 致梁启勋、谭良等论宪政、保皇会改革及筹办制铁厂的重要长信	17cm×26cm×5;17cm×22cm	517,500	广东崇正	2022-05-28
康有为 晚年致赵炳麟论教化及山西政事的长信	尺寸不一	207,000	西泠印社	2022-01-23
康有为 致梁启勋、汤铭三等有关美墨投资及华侨捐赠的重要长信	22.5cm×18cm×3;18cm×11cm	161,000	西泠印社	2022-08-20
柯罗 1858年10月9日作 致其学生拉维耶尔亲笔信	21cm×13.5cm	32,200	西泠印社	2022-01-23
克里克 1980年9月28日作 阐释堕胎问题的亲笔信	27.5cm×18.5cm	74,750	西泠印社	2022-01-23
赖际熙 陈昭常 翁斌孙 等 清粤籍名人手札册页 (二十八页)	尺寸不一	172,500	中国嘉德	2022-06-28
赖少其 信札 镜心	27cm×21cm×1	11,036	华艺国际	2022-11-27
赖少其致朱泽福同志信札 镜心	30cm×20cm×4	63,250	华艺国际	2022-09-24
黎锦熙致人瑞信札	28cm×17.5cm	19,550	永乐拍卖	2022-07-25
李慈铭信札一通	29.5cm×17cm	18,400	中贸圣佳	2022-12-31
李达 1954年、1959年1月30日作 致焦菊隐等信札二通	28cm×20cm;26.5cm×19cm	63,250	西泠印社	2022-01-23
李翰章致左宗棠一札 镜心	24cm×13.8cm×6	32,200	北京保利	2022-07-27
李鸿裔书札册	31cm×20.6cm	109,250	北京保利	2022-07-27
李鸿章 信札 册页	22.5cm×12.5cm	345,000	北京银座	2022-01-12
李鸿章上表笔页1册	27cm×19cm	20,700	北京银座	2022-01-12
李可染 题词"刘文西新作"	10cm×29.2cm	51,750	中国嘉德	2022-12-13
李克农 致徐强论历史问题的信札二通	27cm×21cm;26.5cm×19.5cm	172,500	西泠印社	2022-08-20
李苦禅 行书致王炳龙手札	39cm×42.5cm	17,250	中鸿信	2022-09-11
李苦禅致吴效安信札	19.5cm×27cm	17,250	中国嘉德	2022-12-13
李流芳 致郑允端 用自制笺纸书秋爽帖 镜片	27cm×19.5cm	414,000	西泠印社	2022-08-20
李四光 许璋 夫妇 与 蔡元培夫妇毛笔贺年卡及蔡元培批示	23cm×15cm;11cm×8cm	63,250	西泠印社	2022-01-23
李元度 信札一通 镜心 (三页)	23.6cm×12cm×3	46,000	中国嘉德	2022-12-14
李宪堂 致石泉札 镜心	26cm×57cm	11,500	西泠印社	2022-06-02
厉鹗《百字令》词稿致"明中"信札	尺寸不一	69,000	北京保利	2022-07-27
廉泉 手迹两通 立轴	27.0cm×17.5cm×2	55,182	中国嘉德	2022-10-08
梁鼎芬 何曼庵旧藏梁鼎芬信札	尺寸不一	56,350	华艺国际	2022-07-29

拍品名称	物品尺寸	成交价RMB	拍卖公司	拍卖日期
梁鼎芬 梁鼎芬信札四通五纸	尺寸不一	40,250	华艺国际	2022-07-29
梁启超 北伐时致蒋介石、张作霖等论共御外侮的重要信札	44cm×30cm×2	161,000	西泠印社	2022-08-20
梁启超致梁启勋书	23cm×13cm	36,800	永乐拍卖	2022-07-25
梁启超致梁启勋书	25cm×15.5cm	36,800	永乐拍卖	2022-07-25
梁启超致梁启勋书	26cm×17cm	32,200	永乐拍卖	2022-07-25
梁启超致梁启勋书	23cm×13cm	34,500	永乐拍卖	2022-07-25
梁启超致梁启勋书	26cm×16cm	32,200	永乐拍卖	2022-07-25
梁启超致梁启勋书	25cm×15cm	36,800	永乐拍卖	2022-07-25
梁启超致梁启勋书	25cm×15cm	44,850	永乐拍卖	2022-07-25
梁启超致梁启勋书	23cm×13cm	35,650	永乐拍卖	2022-07-25
梁启超致梁启勋书	25.5cm×16cm	40,250	永乐拍卖	2022-07-25
梁启超致梁启勋书	27cm×15.5cm	37,950	永乐拍卖	2022-07-25
梁漱溟 梁漱溟致王星贤信札	13cm×19cm;14cm×20.5cm	63,250	中国嘉德	2022-06-27
清 梁同书 翁方纲 许兆椿等 国朝名人尺牍 册页 (十七开)	尺寸不一	425,500	中贸圣佳	2022-12-31
梁同书 致俌之札一通一页 镜心	27cm×14cm	32,200	中贸圣佳	2022-12-31
梁同书 致吴修尺牍两通 六开	various sizes	46,686	香港苏富比	2022-04-27
梁同书 致小海札一通一页 镜心	27cm×14cm	32,200	中贸圣佳	2022-12-31
梁同书信札	尺寸不一	48,300	北京保利	2022-07-27
梁启钜 信札	23cm×12cm×2	78,200	朵云轩	2022-12-09
廖寿恒、谢元福、李光久、章高元等致蒋兆奎信札	尺寸不一	92,000	中国嘉德	2022-06-27
林语堂 1945至1959年作 致幺女林相如含手绘游艇简笔画的家书三通	14.5cm×10cm×2;13.5cm×8.5cm	66,700	西泠印社	2022-01-23
林语堂 1957至1964年作 致霍尔泽夫妇罕见藏书英文及著作签名长札		57,500	西泠印社	2022-01-23
林语堂 1958年7月28日作 首件摄影肖像照 暨致林相如家书	14.5cm×10cm	97,750	西泠印社	2022-01-23
林语堂 1961至1963年作 游历欧洲期间致人家书	15cm×10.5cm×3;14cm×10cm	46,000	西泠印社	2022-01-23
林语堂 夏丏尊 王云五 何炳松 等 1929至1956年作 有关《宇宙风》及抗战贡献等合同、证书文献一批	尺寸不一	132,250	西泠印社	2022-01-23
林语堂 约1966年9月19日、1969年9月11日作 致廖翠凤、林如斯有关编纂《当代汉英词典》及参加布鲁塞尔"世界笔会"的家书二通	尺寸不一	34,500	西泠印社	2022-01-23
林则徐 致章高钜信札	23cm×13cm×3	207,000	朵云轩	2022-12-09
刘果 木斋公刘果致王士祯手札 手卷	引首18.5cm×35cm;正文18.5cm×63.5cm;后跋18.5cm×77cm	115,000	北京荣宝	2022-07-24
刘海粟 致蒋彝札 不连框	24cm×50.3cm	24,401	香港苏富比	2022-08-01
刘海粟致沙孟海信札 (一通一页)	19cm×31cm	10,350	中鸿信	2022-09-12
刘坤一致 江人镜信札 镜心 (六页)	23cm×12cm×6	115,000	中国嘉德	2022-12-14
刘坤一致 江人镜信札 镜心 (四页)	23cm×12cm×4	126,500	中国嘉德	2022-12-14
刘铭传信札一通	23cm×12.5cm	115,000	中贸圣佳	2022-12-31
刘清扬 朱湄筠 约1925、1930年作 致章士钊、朱光沐信札二通	25cm×20cm;23cm×15.5cm×3	43,700	西泠印社	2022-01-23
刘墉 书札十三通手卷		253,000	中国嘉德	2022-06-28
刘墉 文清公楷书送王秀才文 卷轴	引首21.5cm×61cm;正文21.5cm×54.5cm;跋21.5cm×27.5cm	138,000	北京荣宝	2022-07-24
刘墉 致实光甾信札册 册页 (共十二页)	尺寸不一	207,000	西泠印社	2022-01-22
刘墉、王文治等诗札册	尺寸不一	26,450	北京保利	2022-07-27
柳亚子 1950年12月1日作 致梅龚彬有关民革改组的重要长信	27.5cm×17cm×6	103,500	西泠印社	2022-01-22
陆澹安 校读《墨子》手稿 赵蕴安致陆澹安信札一通一页 朱 朱大可致陆澹安信札一通一页 沈禹钟致陆澹安信札一通一页 平襟亚致陆澹安信札一通一页 手卷	尺寸不一	66,700	上海嘉禾	2022-08-28
陆润庠致泰绶章信札	12.8cm×22.8cm	23,000	中国嘉德	2022-12-13
陆小曼 信札一通两页 册页	23cm×14cm	25,300	保利厦门	2022-10-21
陆心源 致夏霞论《千甓亭古砖图释》及次子登第的信札二通	尺寸不一	92,000	西泠印社	2022-08-20
罗振玉 罗福成 罗福颐 父子 致黄伯川论金石书画收藏、题跋的信札五通	尺寸不一	57,500	西泠印社	2022-08-20
罗振玉 行书信札	12.9cm×23.1cm	28,750	中国嘉德	2022-12-15
骆秉章 奏折	9.5cm×21.5cm	66,700	中国嘉德	2022-05-28
吕佩芬、吕凤岐等信札册页	25.2cm×12.7cm	10,350	中贸圣佳	2022-07-27
马连良致傅增华信札一通	28cm×18cm	59,800	中贸圣佳	2022-12-31
马一浮 致寿毅成信函	25cm×16cm	63,250	朵云轩	2022-12-09
马一浮 致寿毅成信函	43cm×62cm	138,000	朵云轩	2022-12-09
马一浮 致萧仲劼有关莫干山避暑的信札 镜片	43.5cm×30cm	138,000	西泠印社	2022-01-23

2022杂项拍卖成交汇总(续表)

(成交价RMB：1万元以上)

拍品名称	物品尺寸	成交价RMB	拍卖公司	拍卖日期
马益识在修建福州船政时期用的原稿设计图纸一组		51,750	华艺国际	2022-08-07
马寅初1957年7月3日作 致陆钦范有关中国人口问题的重要信札	29.5cm×18.5cm	322,000	西泠印社	2022-01-23
马宗霍旧藏聘书及公函一组	尺寸不一	25,300	中国嘉德	2022-06-27
马宗霍与友人往来书信	尺寸不一	28,750	中国嘉德	2022-06-27
毛怀 顾纯 许乃普 叶绍楏 黄爕照 严乔年 乾嘉学者信札六通 镜片(共十五页)		43,700	西泠印社	2022-08-20
茅盾 阿英 等 1953至1956年作《宋明平话选》相关通信及文稿一批		287,500	西泠印社	2022-01-23
茅盾 致冯至等有关引荐黄贤俊的信札	26.5cm×19cm	115,000	西泠印社	2022-01-23
茅盾 致外文出版社图编部信札	13.5cm×19.2cm	55,200	中国嘉德	2022-05-28
茅元铭 徐迪惠 严士镦 应让 等 致芸浦诗札册 镜片(二十八页)	尺寸不一(册页)33cm×28.5cm	51,750	西泠印社	2022-01-23
梅兰芳1922年12月29日作 致伍宪子有关第一次赴港演出的信札	24.5cm×17.5cm	48,300	西泠印社	2022-01-23
梅兰芳致傅惜华信札一通	28cm×18cm	74,750	中贸圣佳	2022-12-31
梅兰芳致傅芸子信札一通	28cm×18cm	78,200	中贸圣佳	2022-12-31
梅兰芳致齐如山信札一通	25cm×16cm	172,500	中贸圣佳	2022-12-31
梅兰芳致齐如山信札一通	27cm×16cm	92,000	中贸圣佳	2022-12-31
美国总统尼克松 辞职信	18.5cm×12cm	73,600	中国嘉德	2022-12-09
民国九年继尧信札一通三页		28,750	中国嘉德	2022-06-29
民国三十七年(1948年)胡适致朱家骅亲笔签名信札1通4页	28cm×17.5cm×4页	32,200	北京保利	2022-07-28
民国十五年(1926年)蒋梦麟亲笔签名呈文,附《北京大学生一览表》1册	28cm×20.5cm	11,500	北京保利	2022-07-28
民国时期爱国名士拟写《取消二十一条管见》呈折		19,550	中国嘉德	2022-05-28
民国元年(1912年)《北洋法政专门学校第一班别科毕业生名册》第1卷	31.5cm×22cm	23,000	北京保利	2022-07-28
闵沄 信札册(三十三选十八) 册页三十三开;散页一开	尺寸不一	28,750	广东崇正	2022-12-24
明 泰昌元年(1620年) 恩封工部都水清吏司郎中宁镳父母诰命 手卷	30cm×90cm	80,500	中国嘉德	2022-06-26
明 天顺三年(1459年) 恩封保定府同知李逵父母五彩诰命 手卷	30cm×216cm	207,000	中国嘉德	2022-06-26
明 万历六年(1578年)四月 恩封兵科右给事中郎四维父母敕命 手卷	30cm×215cm	126,500	中国嘉德	2022-06-26
明 万历四十七年(1619年) 恩封工部都水清吏司主事宁镳父母敕命 手卷	31cm×146cm	74,750	中国嘉德	2022-06-26
明清藏书家尺牍	33.4cm×22.6cm	11,500	中贸圣佳	2022-10-27
明清画苑尺牍	33cm×22cm	11,500	中贸圣佳	2022-10-27
莫奈 1923年9月22日作 晚年有关疾治疗及辨色能力退化的信札	20cm×12.5cm	57,500	西泠印社	2022-01-23
莫友芝、端方、杜文澜等清名人手札册	34.2cm×18.7cm	189,750	中贸圣佳	2022-12-13
缪荃孙致刘世珩信札	21cm×11.5cm	17,250	西泠印社	2022-01-21
拿破仑 1798年8月21日作 有关阿布基尔海战的军事签名信	32cm×24cm	34,500	西泠印社	2022-01-23
拿破仑 亲笔签名信函	23.3cm×18.1cm	47,150	中国嘉德	2022-12-09
南怀瑾钢笔信札	32cm×22cm	20,700	中贸圣佳	2022-12-31
倪瓒 赵俶 朱篚 虞堪书札一通 镜心	26cm×42cm	40,250	中鸿信	2022-09-12
聂缉槼致桐翁仁兄信札	12.5cm×22.8cm	17,250	中国嘉德	2022-12-13
聂其杰、聂其炜、聂其德、聂其煐致瞿宣颖夫妇信札	尺寸不一	28,750	中国嘉德	2022-12-13
潘龄皋 信札一通四页 册页	23cm×12.5cm×4	10,350	保利厦门	2022-10-21
潘祖荫 梁鼎芬 等致潘钟瑞等信札 册页(共十八页)	尺寸不一	713,000	中国嘉德	2022-06-27
潘祖荫 致赵之谦、胡澍信札册 册页(共三十二页)		437,000	西泠印社	2022-01-23
彭玉麟 桂中兴 致金吴澜信札 镜心(六页)	23cm×12cm×6	126,500	中国嘉德	2022-12-14
彭玉麟 太平天国运动时期信札卷 手卷		230,000	中国嘉德	2022-12-14
彭玉麟 致曾国荃信札 镜心(十二页)	24.7cm×12.7cm×12	115,000	中国嘉德	2022-12-14
彭玉麟 致何杕信札 镜心(三页)	尺寸不一	55,200	中国嘉德	2022-12-14
彭玉麟 致李续宾、杨岳斌信札 镜心(三页)	24cm×12cm×3	57,500	中国嘉德	2022-12-14
彭玉麟 致李续宾信札 镜心	24.5cm×13cm	25,300	中国嘉德	2022-12-14
彭玉麟 致李续宾信札 镜心(八页)	24cm×12cm×8	115,000	中国嘉德	2022-12-14
彭玉麟 致李续宾信札 镜心(二页)	23.5cm×13cm×2	34,500	中国嘉德	2022-12-14
彭玉麟 致李续宾信札 镜心(七页)	24cm×12cm×7	97,750	中国嘉德	2022-12-14
彭玉麟 致李续宾信札 镜心(四页)	23.5cm×12.5cm×4	48,300	中国嘉德	2022-12-14
彭玉麟 致李续宾信札 镜心(五页)	23.5cm×12.5cm×5	218,500	中国嘉德	2022-12-14
彭玉麟 致李续宜信札 镜心(二页)	24cm×17.5cm;24cm×6.7cm	40,250	中国嘉德	2022-12-14
彭玉麟 致李续宜信札 镜心(三页)	尺寸不一	46,000	中国嘉德	2022-12-14
彭玉麟 致李续宜信札 镜心(三页)	23cm×11cm×3	46,000	中国嘉德	2022-12-14
彭玉麟 致刘坤一信札 镜心(二页)	25cm×17.5cm×2	51,750	中国嘉德	2022-12-14
彭真 1946年11月21日作 民国时期致陈波儿有关东北电影改造工作的重要信札	26cm×19cm×5	69,000	西泠印社	2022-01-23
蒲华 等 约1870至1878年 致蒋其章诗词信札册 册页(共四十六页)	30cm×19cm(册页)	161,000	西泠印社	2022-01-23
溥侗致傅惜华、傅芸之、钱君匋信札	尺寸不一	115,000	中贸圣佳	2022-07-27
溥心畬 陈曾寿 致何敦仁信札六通 册页(四开、八幅)		115,000	北京诚轩	2022-08-08
溥心畬致何敦仁信札一通 镜心(二帧)	27.5cm×17.8cm×2	46,000	北京诚轩	2022-08-08
溥心畬致何敦仁信札一通 镜心(三帧)	28.8cm×19.6cm×3	69,000	北京诚轩	2022-08-08
齐白石 1921—1934年间作 致伊藤为雄信札二十六通二十八纸(附实寄封二枚、明信片三枚) 镜心	尺寸不一	7,935,000	开拍国际	2022-01-07
蓍英信札	12.5cm×22.8cm	10,350	中国嘉德	2022-12-13
启功1991年作 致李战信札一通五页	信札27.5cm×18.5cm;信封8.5cm×18.5cm	138,000	北京银座	2022-01-12
启功 1991年作 致李战信札(一通五页) 镜框	28cm×19cm×5	483,000	北京荣宝	2022-07-24
启功致刘先生信札一通	26.5cm×18.8cm	34,500	北京荣宝	2022-07-24
启功致汪慎生书札	25.3cm×15.2cm×2	20,700	中贸圣佳	2022-12-31
启功与文学古籍刊行社往来信札	尺寸不一	63,250	中国嘉德	2022-12-13
钱沣 成亲王 信札二通 镜片(二帧三页)	23cm×12cm×2;31cm×24.5cm	74,750	西泠印社	2022-01-22
钱君匋 致郑逸梅、吴平等有关出版《赵之谦书画集》的信札十二通	A4大小(绝大多数)	23,000	西泠印社	2022-01-23
钱穆致王升毛笔信札一通两页,附原信封	封20cm×10.5cm;29.5cm×20.5cm×2页	63,250	北京保利	2022-07-28
钱泰吉 致濮阳芳信札	51.5cm×20.9cm	69,000	西泠印社	2022-01-21
钱玄同 1919年9月20日作 五四运动当年致夏宇众信札	27.5cm×17cm	103,500	西泠印社	2022-01-21
钱载 黎简 戴衢亨 等 陶其慄上款书札册 册页(三十六页)	尺寸不一(册页)31cm×16.5cm	207,000	西泠印社	2022-01-22
清 曾国藩及诸家 八贤手札 册页四十开	尺寸不一;每片叶子约22.5cm×9.3cm×40	753,234	佳士得	2022-12-03
清 道光十四年(1834年)十月十九日 恩封云南楚雄府知府裴罌父母诰命手卷	32.5cm×232cm	63,250	中国嘉德	2022-06-26
清 道光元年(1821年)拾贰月十二日 恩封候选知府裴聰父母五彩诰命手卷	31cm×238cm	57,500	中国嘉德	2022-06-26
清 嘉庆二十二年(1817年)十二月十三日 恩封捐职州同邑邀祖父母敕命手卷	31cm×123cm	48,300	中国嘉德	2022-06-26
清 康熙六年(1667年)十一月廿六日 恩封平南王下拖沙喇哈番李芳超父母诰命手卷	31cm×260cm	92,000	中国嘉德	2022-06-26
清 康熙十七年(1678年) 恩封吏部文选清吏司主事于涟曾祖父母五彩诰命手卷	30cm×306cm	195,500	中国嘉德	2022-06-26
清 乾隆二年(1737年)十二月初五日 恩封守卫舒常及其妻五彩诰命手卷	30cm×241cm	126,500	中国嘉德	2022-06-26
清 乾隆三十六年(1771年)十一月廿五日 恩封山东东昌营把总吴见龙祖父母敕命手卷	31cm×136cm	69,000	中国嘉德	2022-06-26
清 乾隆十六年(1751年)十一月廿五日 恩封广东高州府石城知县王振统祖父母及父母敕命(两件)手卷	31cm×235cm×2	103,500	中国嘉德	2022-06-26
清 乾隆十六年(1751年)十一月廿五日 恩封盛京工部员外郎明福及其妻五彩诰命手卷	30cm×235cm	138,000	中国嘉德	2022-06-26
清 乾隆十六年(1751年)十一月廿五日 恩封掌浙江道监察御史李文驹及其妻诰命手卷	30cm×241cm	138,000	中国嘉德	2022-06-26
清 乾隆五十年恩封祖诚德继妻觉罗氏为夫人诰命	框169cm×16.5cm;芯130cm×11.8cm	28,750	中贸圣佳	2022-09-26
清 顺治八年(1651年) 恩封平南王下牛录章京李仲科父母五彩诰命手卷	30cm×237cm	103,500	中国嘉德	2022-06-26
清 通草画明信片四帧带原信封	8.8cm×5.1cm×4	20,700	广东崇正	2022-12-25
清 咸丰十一年(1861年)十二月初八日 恩封兵部武库司主事李树南叔父母诰命手卷	32.5cm×231cm	69,000	中国嘉德	2022-06-26
清 宣统二年陆军部讲武堂旗营学员毕业(特大)		218,500	华艺国际	2022-08-07

拍品名称	物品尺寸	成交价RMB	拍卖公司	拍卖日期
清 雍正元年(1723年)八月十三日恩封山西汾州府介休县训导程辙父母敕命 手卷	30cm×135cm	97,750	中国嘉德	2022-06-26
清 光绪二十八年(1902年) 工部钱法定奏折一件	127cm×29cm	20,700	中国嘉德	2022-06-28
清 光绪二十二年(1896年)及二十四年运铜报清册二册	305mm×200mm；295mm×202mm	18,400	中国嘉德	2022-12-27
清 乾隆八年(1743年)宝桂局有关呈递样钱奏折一件	790mm×245mm	24,150	中国嘉德	2022-12-27
清 光绪二十四年(1898年)"户部"致"工部钱法堂"咨呈一件	71cm×25cm	25,300	中国嘉德	2022-12-27
清 道光十四年河南怀庆府温县知县周銮潢之祖父诰命 手卷	32cm×190cm	14,950	上海驰翰	2022-02-19
清 道光十四年千总山西代州繁峙县赵永年及妻六品敕命 手卷	33cm×279cm	103,500	上海驰翰	2022-02-19
清 道光十五年太原镇标左营把总山西吕梁市文水县赵有光之父、母、继母敕命 手卷	30.5cm×252cm	92,000	上海驰翰	2022-02-19
清光绪年间崇厚呈慈禧、光绪帝请安折一组2件,含朱批	20.5cm×8.5cm×2件	82,800	北京保利	2022-07-28
清光绪年间奏折之副折		12,650	中国嘉德	2022-06-29
清光绪三十年载泽等人奏折	11cm×26.5cm	13,800	中国嘉德	2022-05-28
清光绪三十四年同知衔刘鸿名祖父母诰命 手卷	31cm×206cm	51,750	上海驰翰	2022-02-19
清光绪十三年四川把标中营尽先把总郑海春之祖父诰命 手卷	29cm×208cm	10,350	上海驰翰	2022-02-19
清嘉庆二十四年河南陈留县知县赵锦堂之祖父母、父母七品敕命 (二幅) 手卷	30.5cm×187.5cm×2	166,750	中国嘉德	2022-06-27
清嘉庆二十五年仓场侍郎加二级和桂曾祖父母一品诰命 手卷	30cm×490cm	345,000	中国嘉德	2022-07-28
清嘉庆二十五年曹振镛等联名呈嘉庆帝题本,含朱批	368cm×25cm	57,500	北京保利	2022-07-28
清嘉庆十八年(1813年) 恩封云骑尉世袭诰命 手卷	31.5cm×412cm	138,000	中国嘉德	2022-06-27
清嘉庆十四年陕西直隶州郿州学正步步之父母八品敕命 手卷	30.5cm×183cm	51,750	上海驰翰	2022-02-19
清康熙二十年十二月二十四日五彩黄绫诰命		92,000	中国嘉德	2022-12-27
清康熙二十四年(1685年) 五色织锦诰命	(481.2cm)长	208,587	佳士得	2022-11-29
清内务府禀文	尺寸不一	10,350	中国嘉德	2022-05-28
清乾隆 内府所藏"白螺法器"朱批宫廷档	长27cm	34,500	北京保利	2022-07-16
清乾隆二年山东文登营左哨把总烟台蓬莱赵尚仁及父母敕命 (二幅) 手卷	30cm×179cm×2	120,750	上海驰翰	2022-02-19
清乾隆十五年六月十九日喀尔吉善呈乾隆帝奏折,含朱批	126cm×21cm	46,000	北京保利	2022-07-28
清乾隆五十年捐职郡司张于巆之母、前母、两位继母诰命 手卷	30.5cm×320cm	92,000	上海驰翰	2022-02-19
清上谕奏定各府现任教职官册	265cm×25cm	18,400	北京保利	2022-07-28
清同治 和硕肃亲王谢恩折含同治帝朱批	长21.5cm×9.5cm	17,250	北京保利	2022-07-29
清同治十二年五色圣旨卷	31cm×165cm	112,700	中鸿信	2022-09-12
清同治四年兵部差官杨家云之胞兄杨际春 傅季四品诰命 手卷	31.5cm×239cm	51,750	上海驰翰	2022-02-19
清同治四年奏折封	10.5cm×24cm；10.3cm×25.5cm	17,250	中国嘉德	2022-07-28
清同治五年福建海坛镇总兵鞠耀乾奏折		24,150	中国嘉德	2022-12-27
清咸丰 和硕恭亲王请安折含咸丰帝朱批	长21.5cm×9.5cm	25,300	北京保利	2022-07-29
清咸丰十年 同治四年六品衔山西稷山知县安徽池凤翔之父母敕命及诰命 (二幅) 手卷	32cm×152cm；31cm×208cm	161,000	上海驰翰	2022-02-19
清咸丰五年捐职卫千总衔陶龙德六品敕命 镜片	33cm×159cm	25,300	上海驰翰	2022-02-19
清宣统 诰命龛盒及圣旨一卷	长37.2cm；宽19cm；卷长164cm；宽30.4cm	13,800	中贸圣佳	2022-09-26
清雍正十三年十二月十三日总督广东、广西等处地方军务兼理粮饷兵部右侍郎兼督察院右副都御史世扎雍庆广大臣鄂弥达上奏题本		21,850	中国嘉德	2022-12-27
清御医殓文斌呈端康皇贵太妃药方	18cm×21cm	12,650	北京保利	2022-07-28
丘逢甲 汤寿潜 徐琪 梁鼎芬 桂坫 等致黄景棠信札册页(六十四页)	尺寸不一(册页)32.5cm×17.5cm	207,000	西泠印社	2022-01-23
裘曰修 姚缔虞 信札二通 镜片(二帧二页)	40.5cm×18cm；32cm×23cm	46,000	西泠印社	2022-01-22
瞿宣颖、聂其璞夫妇往来家书	尺寸不一	126,500	中国嘉德	2022-12-13
瞿宣颖、聂其璞亲族信札一组	尺寸不一	63,250	中国嘉德	2022-12-13

拍品名称	物品尺寸	成交价RMB	拍卖公司	拍卖日期
瞿宣颖致妻子聂其璞家书	尺寸不一	97,750	中国嘉德	2022-12-13
萨迎阿 祁寯藻 等 清人信札册页(二十四开选刊十二开)	23cm×11.5cm×47	63,250	中国嘉德	2022-12-14
三等第一金双龙宝星执照证书		80,500	华艺国际	2022-08-07
沙孟海 1967至1970年作 有关蒋介石的罕见传记文稿	尺寸不一	103,500	西泠印社	2022-01-23
沙孟海致宋朗信札四通四页 镜片	尺寸不一	17,250	广东崇正	2022-08-11
邵裴子致郑晓沧信札 (一通一页)	30cm×22cm	16,100	中鸿信	2022-09-12
邵章元 苏善成 黎之涵 书法尺牍三页 镜片	尺寸不一	11,500	江苏汇中	2022-08-17
邵淘美 "读书随笔"日记一则	16cm×11cm×2	63,250	中贸圣佳	2022-10-27
邵淘美 泰戈尔名著《四章书》完整译稿	30cm×23cm×79	149,500	中贸圣佳	2022-10-27
沈曾植 "孝弟之至"札	25.5cm×23cm	20,700	华艺国际	2022-07-29
沈曾植残墨附札	17.5cm×75cm	184,000	华艺国际	2022-07-29
沈曾植人事札	21.5cm×12cm	59,800	华艺国际	2022-07-29
沈曾植十七帖审校二份	尺寸不一	207,000	华艺国际	2022-07-29
沈曾植手札一通	30.5cm×16cm	25,300	华艺国际	2022-07-29
沈曾植信二札		460,000	华艺国际	2022-07-29
沈曾植皖北公学手札三通	尺寸不一	34,500	华艺国际	2022-07-29
沈曾植文成公遗墨绘地图条例等	尺寸不一	230,000	华艺国际	2022-07-29
沈曾植信札一通一页	25cm×15.5cm	32,200	华艺国际	2022-07-29
沈曾植致尚书大人信札	22.5cm×12cm	57,500	华艺国际	2022-07-29
沈曾植手稿信封	20.5cm×9.3cm	23,000	中贸圣佳	2022-07-27
沈曾植题"大云书库"及通信一封	尺寸不一	166,750	中贸圣佳	2022-07-27
沈曾植致中丞大人信札	24cm×10cm	43,700	中贸圣佳	2022-07-27
沈从文 1973年2月5日作 致李昌鄂有关工艺美术"古为今用"的长信	25cm×16.5cm×4	138,000	西泠印社	2022-01-23
沈鹏 致方去疾信札一通四页 镜心	28.5cm×17.5cm×4	11,500	保利厦门	2022-10-21
沈荃 信札二通 镜片(一帧二页)	26.5cm×11cm×2	40,250	西泠印社	2022-01-22
沈尹默先生自作词稿(一册七页)	28cm×17.5cm×7	40,250	中鸿信	2022-09-12
盛钥玉 致秦瘦鸥信札, 忆邵洵美文章	尺寸不—cm×4	17,250	中贸圣佳	2022-10-27
盛宣怀 1892至1894年作 有关甲午海战和洋务运动的信稿明件	25.5cm×15cm(册)；余尺寸不一	621,000	西泠印社	2022-01-23
石涛 致退翁札一通一页 镜心	29cm×14cm	989,000	中贸圣佳	2022-12-31
石涛 致亦翁札一通两页轴立轴	22cm×26cm	828,000	中贸圣佳	2022-12-31
史敦俨 寄客英札一通两页 镜心	18.5cm×18cm×2	20,700	中贸圣佳	2022-12-31
司徒雷登、卜舫济、张同书致瞿宣颖信札	尺寸不一	149,500	中国嘉德	2022-06-27
司徒乔有关出版《司徒乔新疆写生选集》信札 (两通两页)	尺寸不一	10,350	中鸿信	2022-09-12
司徒乔有关出版《司徒乔新疆写生选集》信札 (一通两页)	25cm×18cm	11,500	中鸿信	2022-09-12
司徒乔有关出版《司徒乔新疆写生选集》信札 (一通三页)	尺寸不一	13,800	中鸿信	2022-09-12
司徒乔有关出版《司徒乔新疆写生选集》信札 (一通两页)	25cm×17.5cm	10,350	中鸿信	2022-09-12
司徒乔撰并书 有关出版《司徒乔新疆写生选集》信札 (一通一页附新美术出版社编辑部复函一通一页)	25cm×17.5cm	11,500	中鸿信	2022-09-12
四川总督骆秉章奏折 (一册)	21cm×83cm	32,200	中鸿信	2022-09-12
宋伯鲁 信札三通 信札	尺寸不一	10,350	中贸圣佳	2022-10-27
宋荦 宋炌 宋炌 宋口 宋吉金 宋韦金 等 宋氏全家信札卷手卷	尺寸不一	920,000	西泠印社	2022-08-20
宋美龄 梁实队 工云五 董作宾 黄君璧 等 致于右任、叶公超等信札诗稿一批	A4(大多数)	264,500	西泠印社	2022-01-23
宋家龄致唐纵信札 (一通一页)	28cm×21cm	11,500	中鸿信	2022-09-12
孙楷第致傅惜华信札四通	尺寸不一	28,750	中贸圣佳	2022-12-31
孙文 1913至1921年作 致古贺廉造信札		356,500	西泠印社	2022-01-23
孙文 行书书札 镜心	25cm×39cm	28,750	中鸿信	2022-09-12
孙文 致盛宣怀信札	27.5cm×17.5cm×2	178,250	朵云轩	2022-12-09
孙文 致盛宣怀信札	27.5cm×17.5cm	115,000	朵云轩	2022-12-09
太虚 行书 二通二页	尺寸不一	115,000	朵云轩	2022-12-08
谈国楣致友朋书信册	尺寸不一	138,000	中国嘉德	2022-06-27
谭延闿 致何成濬信札册 册页(10通31页)	尺寸不一	368,000	中国嘉德	2022-12-14
汤觉顿致梁启勋书	25cm×15cm	28,750	永乐拍卖	2022-07-25
汤觉顿致梁启勋书	23cm×12.5cm	25,300	永乐拍卖	2022-07-25
汤寿潜致桐峰大弟信札	12cm×24cm	46,000	中国嘉德	2022-12-13
唐俊 邵洛羊 王伯敏 等 1972至1988年作 致裴社常有关黄宾虹等信札三十二通	A4×44；21cm×13.5cm×3	25,300	西泠印社	2022-01-23
陶孟和致王世杰、段书贻信札一通两页,附原信封	29cm×20cm×2页；封22cm×11cm	23,000	北京保利	2022-07-28
陶澍 致穆彰阿信札 镜心(三页)	22.7cm×12.8cm×3	230,000	中国嘉德	2022-12-14
同治四年湖南巡抚恽世临奏折		13,800	中国嘉德	2022-06-29
汪鸣銮、叶廷管等致刘涤贺信札	尺寸不一	48,300	中国嘉德	2022-06-27

2022杂项拍卖成交汇总（续表）

（成交价RMB：1万元以上）

拍品名称	物品尺寸	成交价RMB	拍卖公司	拍卖日期
汪士铎信札一通 镜心（一帧二页）	20.5cm×11.5cm；20cm×11.5cm	40,250	西泠印社	2022-01-22
汪怡修 致张静江信札	29.5cm×20cm×4	92,000	朵云轩	2022-12-09
王步青 刘统勋 蒋溥 宋荦 陈梦雷等致王谐 刘墉 王嵩 蒋宗海 钱沣斯等十八人精装书札册册页（二十四开）	尺寸不一	640,111	中国嘉德	2022-10-08
王国维 致何金寿 陈作霖 汪端 施恩树等诗稿题识	27cm×17cm（册）；余尺寸不一	69,000	西泠印社	2022-01-23
王国维（1896年）作 致罗振玉信札 镜心（一通）	30cm×15cm	48,300	中鸿信	2022-09-12
王国维 河井仙郎致山田孝雄致寄封及诗存	尺寸不一	63,250	中国嘉德	2022-12-13
王国维 致山田灯发即寄诗寄封	8cm×21cm	299,000	中国嘉德	2022-06-27
王国维 致王国维 镜心（四页）	尺寸不一	126,500	西泠印社	2022-01-21
王先谦 信札 册页（二十六开） 五十六页	24cm×24cm×28	322,000	中国嘉德	2022-12-14
王懿荣 致方若信札 镜心	23cm×31cm	43,700	中贸圣佳	2022-12-14
王懿荣 行书信札	尺寸不一	120,750	中贸圣佳	2022-12-31
王懿荣 行书信札	10.6cm×23cm	86,250	中国嘉德	2022-12-25
翰光先生致杨岘信札	12.5cm×23cm	13,800	中国嘉德	2022-12-13
文彭 文从简 致文东恒先生手札一册手卷 致黄士王子手札手卷 致文东恒信札手卷（二十八页）	30cm×110cm	2,565,000	保利香港	2022-07-12
文氏一门 致文东恒先生手札一册手卷（二十八页）	28cm×156.5cm	2,872,800	保利香港	2022-07-12
文徵明 致王宠书札（西题问司信札一通 册页	30cm×23cm	71,300	中鸿信	2022-09-12
翁同龢 1790年作 致法云武手札信札等 行草长篇赠诗手卷	22.5cm×19cm	253,000	中国嘉德	2022-06-28
翁方纲 致王友良款款 信札	本幅31.5cm×41cm；题识31.5cm×55cm	517,500	中贸圣佳	2022-07-23
翁方纲 过年札记册 册页	31cm×37cm×14	552,000	中贸圣佳	2022-12-31
翁同龢 致沈仲复信札一通一页 五页	尺寸不一	43,700	朵云轩	2022-08-08
翁同龢 丁日昌 吴长庆 孙毓汶 潘祖荫等 致刘秉芬尺牍册册页（二十八页）	尺寸不一	264,500	广东崇正	2022-08-10
翁同龢 等信札	12.1cm×24.6cm	13,800	北京保利	2022-07-27
翁同龢 致刘松	尺寸不一	36,800	中贸圣佳	2022-07-27
吴承仕 邓之诚 叶德辉 谢国桢 赵元任等 致谢刚主维有关书信及文稿一册	25cm×125mm×3	69,000	西泠印社	2022-08-20
吴大澂 致陈介祺信札一通三页 镜心	24.5cm×145mm×2	115,000	中贸圣佳	2022-08-27
吴大澂 致王懿荣信札一通两页 镜心	23cm×125mm×3	46,000	中贸圣佳	2022-12-25
吴大澂 致王懿荣信札一通两页 镜心	23cm×125mm×3	46,000	中贸圣佳	2022-10-08
吴恭墓碑石录诗 存	27.1cm×155cm	20,700	中贸圣佳	2022-07-27
吴抵伍致王国维信札	23cm×122m×3（页）	14,950	西泠印社	2022-08-19
吴让之 致张廷竹行书札	23cm×229cm	46,000	中国嘉德	2022-12-25
吴大徵 黄林致谭松信札	13cm×29cm；19cm×27.5cm	20,700	伯瀚拍卖	2022-06-27
吴重熹 真帆致传信札	13.3cm×25.5cm	11,500	中国嘉德	2022-12-13
吴藕溪致周济札	20cm×12cm×2	28,750	中国嘉德	2022-12-31
西门期印名家毛笔墨词（西冷留展）斜印页图册	18cm×23cm×10开	23,000	北京保利	2022-07-28
咸丰年两广总督叶名琛 广东巡 抚柏贵奏折信折及刘绪情密手写"闱邪公家折"各一件	21.5cm×34cm×2	23,000	中国嘉德	2022-06-29
咸丰年两广总督叶名琛 广东巡 抚柏贵奏折信折	308cm×21cm×2	26,450	中国嘉德	2022-06-29
咸丰五年两广总督叶名琛 广东巡 抚柏贵奏折信折广厂泰折亅密折	29.5cm×16cm×2；29.5cm×34.2m	71,300	中国嘉德	2022-06-29
咸丰五年两广总督叶名琛 广东巡 抚柏贵奏名琛亅密折	28cm×17.8cm×16cm	31,050	中鸿信	2022-09-12
小罗苇札	21cm×57.5cm	12,650	中鸿信	2022-10-27
谢宪盎致岳云信札（七页）	26cm×19cm	11,500	中贸圣佳	2022-09-12

拍品名称	物品尺寸	成交价RMB	拍卖公司	拍卖日期
谢无量 马一浮 致曾赤霞信札长卷手卷	30.5cm×535.5cm	920,000	中贸圣佳	2022-12-31
谢无量 写陈雪缃致佐来书札 等三页 镜片	25cm×17cm	34,500	广东崇正	2022-08-11
谢稚柳致张大经诒札 镜片	24cm×33.5cm	28,750	广东崇正	2022-12-25
徐邦达 朱澹清 1996，1990年作 致谢明明信札三通及《从三条等读诗 "三希"墨迹》文稿 信笺 文稿	尺寸不一	92,000	西泠印社	2022-01-23
徐悲鸿 1953年作 致周扬场信札一通 一纸 镜心	28cm×18?m	3,220,000	开哲国际	2022-01-07
徐悲鸿致张安治信札 镜心	26.5cm×20cm	74,750	荣宝斋（南京）	2022-12-07
徐甜致罗丰梁敬心	12.5cm×23.5cm	32,200	中国嘉德	2022-12-13
徐松之致小佐名前举信札	12cm×23cm	17,250	中国嘉德	2022-12-13
明庚篪致山田孝封 册页镜片	24.8cm×30.5cm	378,025	佳士得	2022-05-28
徐之谦 郁达夫 张恨铄 邵洵美等 许 广平诸友情作 与邵阳大通信封诗心	尺寸不一	1,795,500	保利香港	2022-07-12
许廉庐 致宋明信札五通 一页镜心	尺寸不一	11,500	广东崇正	2022-08-11
许璆 张鸿阿 鹮觐 沈景修 杨之宝 等信札 手卷	尺寸不一	103,500	广东崇正	2022-12-24
宣统元年来彭 那桐 世续 梁敦 彦 联芳 邹嘉来印各奏折	9.5cm×21.5cm	21,850	中国嘉德	2022-05-28
殷敘 崇厚诗安折	26.5cm×18cm	18,400	中国嘉德	2022-05-28
荀慧生致传雪子信札一通	26.5cm×18cm	59,800	中贸圣佳	2022-12-31
严复 1920年11月旧作 致严璩记日 问及首次见到长杨"的信各	25.5cm×16.5cm×2	69,000	中贸圣佳	2022-12-31
严复 等方行书札	15.3cm×24.5cm	207,000	西泠印社	2022-08-20
严复 为尚书馆工程行经纪"等事致潘藩笹信札	59cm×17.5cm	230,000	中国嘉德	2022-12-13
严复 为尚书馆茡等及抵船财货事致 廉藩笹信札	9.7cm×22.7cm	460,000	中国嘉德	2022-12-13
严复 为尚书馆芽事事致 潘藩笹信札	15cm×24.7cm	230,000	中国嘉德	2022-12-13
严复 致问司信札	13cm×23cm	48,300	中国嘉德	2022-06-27
严复 为尚书馆兄廉与工程宦官廉 事致潘藩笹信札	13.5cm×23.5cm	161,000	中国嘉德	2022-06-27
严复 为尚书馆工程屋事致廉事致廉 藩笹信札	16.7cm×25.5cm	391,000	中国嘉德	2022-06-27
严复 致问司信札	12.3cm×22.5cm	460,000	中国嘉德	2022-06-27
严复 致问司信札	12.7cm×23cm	322,000	中国嘉德	2022-06-27
严复 致问司信札	12.5cm×22.7cm	207,000	中国嘉德	2022-06-27
严复 致问司信札	40.5cm×17.5cm	253,000	中国嘉德	2022-06-27
严复 为尚书馆联职事王王坤事致致 廉藩笹信札	16.8cm×25.5cm	172,500	中国嘉德	2022-06-27
严复 为重修尚书届届财货事致致潘 藩笹信札	14.8cm×24.7cm	287,500	中国嘉德	2022-06-27
严复 致问司信札	12cm×17.5cm	86,250	中国嘉德	2022-06-27
严复 致问司信札	33.5cm×25m	57,500	中国嘉德	2022-06-27
严复 致问司信札	17cm×25m	920,000	中国嘉德	2022-06-27
严复 致问司信札	46.5cm×17.5m	230,000	中国嘉德	2022-06-27
沈 林之铭 徐用铭 孙弥弥 信札 四通 镜片（二帧五页）	13.7cm×8.8cm	32,200	西泠印社	2022-01-22
杨圆森 信札 册页（共三十四页）	尺寸不一（册页 28cm×20.5m）	51,750	西泠印社	2022-01-22
杨圆波 致白信诗札一通 镜心	尺寸不一（册页 117cm×21.5m）	126,500	中国嘉德	2022-12-14
杨圆波致柳以礼信札	12.3cm×23.3cm；12.5cm×24.2m	32,200	中国嘉德	2022-12-13
杨树达 杨岘达致财政经济出版社 信札	18cm×24.5cm	17,250	中国嘉德	2022-06-27
杨岘信札札	26.5cm×49.7cm	264,500	北京保利	2022-07-27
小枢书札	16.5cm×27.2cm	11,500	保利厦门	2022-05-28
洋务运动主要负责人之一 沈葆芬 致奏稿（一折）	22.5cm×40cm	10,350	中鸿信	2022-09-12
叶公绰 吴忱城 王世杰 手札五通 镜心	尺寸不一	40,250	中鸿信	2022-09-12
叶华年 1949年作 致张德门信札 一通 镜心（二帧）	308cm×21cm×2	18,400	北京诚轩	2022-08-08
叶茶秋 潘秋彩 信札一通 册页	29.5cm×16cm×2	11,500	保利厦门	2022-10-21
叶关矛致罗等稿信札	29.5cm×34.2m	17,250	中国嘉德	2022-12-13
叶圣陶 1976年作 答吴王如时箭镜心及 信札	28cm×17.8cm×16cm（信纸）1.9.8m×16cm（实寄封）	31,050	北京诚轩	2022-08-08
叶圣陶 1977年8月17日作 致金棡 页 叶圣陶信札一通一页信札	25cm×17cm×3	34,500	西泠印社	2022-01-23
叶圣陶 致王学馆信札十七通十一 信札	26cm×18cm；25cm×17cm；余尺寸 不一	448,500	上海嘉禾	2022-11-20
毛笔信札				

2022杂项拍卖成交汇总(续表)

(成交价RMB：1万元以上)

拍品名称	物品尺寸	成交价RMB	拍卖公司	拍卖日期
伊秉绶 借读书册札一通一页 镜心	25cm×9.5cm	207,000	中贸圣佳	2022-12-31
清 伊秉绶与叶云谷手札 册页二十一开	尺寸不一，每开约24cm×19cm×21	1,969,997	佳士得	2022-12-03
伊秉绶 致"松谷"二札 镜片	24.7cm×11.5cm×2	287,500	中国嘉德	2022-06-28
佚名 乾隆十六年诰命 手卷	34cm×330cm	23,000	保利厦门	2022-10-02
佚名 书札 镜心	尺寸不一	55,200	中鸿信	2022-09-12
佚名 熙宁二年诰年	33cm×78cm	25,300	中鸿信	2022-09-12
易大厂 行书信札	26.5cm×17cm×2	11,500	中国嘉德	2022-12-25
易大厂《南洋书画社碑记》及致简经纶信札	尺寸不一	112,700	华艺国际	2022-07-29
尹达致丁山信札及郭沫若手札 (两通三页)	26cm×19cm	36,800	中鸿信	2022-09-12
雍正四年太子太保文渊阁大学士户部尚书张廷玉等十四名官员联名上奏题本		138,000	中国嘉德	2022-06-29
友明致瞿宣颖信札		40,250	中国嘉德	2022-12-13
余光中 1981、1984年作 致屈大原有关诗歌及行止的信札、明信片四种	尺寸不一	46,000	西泠印社	2022-01-23
俞平伯 致夏孙桐有关请教作词的信札	25cm×15.5cm	23,000	西泠印社	2022-01-23
俞平伯致傅惜华信札三通	尺寸不一	82,800	中贸圣佳	2022-12-31
俞樾 致汪鸣鉴信札 镜片 (二帧)	25cm×17cm×2	40,250	西泠印社	2022-08-20
俞振飞 邵瑞彭致傅惜华傅芸子信札一批	尺寸不一	103,500	中贸圣佳	2022-12-31
郁达夫 行书致"易君左手札"一通 镜心	15cm×23cm	40,250	中鸿信	2022-09-12
郁达夫致王映霞信札 (一通两页)	26cm×17.5cm	253,000	中鸿信	2022-09-12
袁昶书札(张赛上款等)		86,250	北京保利	2022-07-27
袁克文 致龚心钊有关编撰《世界古金货陶录》的信札	26cm×16.5cm×2	218,500	西泠印社	2022-01-23
袁克文 致龚心钊有关出让周楚王玺、宋瓷的信札	26cm×16.5cm×2	195,500	西泠印社	2022-01-23
袁克文 致龚心钊有关古罗马金币的信札	26.5cm×23cm	161,000	西泠印社	2022-01-23
袁克文 致龚心钊有关古物鉴藏的最早信札	26cm×16.5cm×3	230,000	西泠印社	2022-01-23
袁克文 致龚心钊有关汉武帝白金币及古玺的信札	26cm×16.5cm	161,000	西泠印社	2022-01-23
袁克文 致龚心钊有关梁王金玺及向西方出售古董的信札	29.5cm×23cm	218,500	西泠印社	2022-01-23
袁克文 致钱芥尘有关女演员金慧君的信札	22cm×17cm	184,000	西泠印社	2022-08-20
袁隆平 及何康、李馨有关《杂交水稻》创刊及国际交流的信札二通	26cm×19cm×5	57,500	西泠印社	2022-01-23
袁枚 致高景藩札一通一页 镜心	20.5cm×13.5cm	207,000	中贸圣佳	2022-12-31
袁世凯 姜桂题 熊希龄 赵倜 靳云鹏 等1912年至1933年作 有关洪宪帝制及北洋政局的重要文献一批	尺寸不一	322,000	西泠印社	2022-01-23
袁世凯、王懿荣 信札二通 册页	24cm×13cm×2	20,700	保利厦门	2022-10-21
袁世凯奏折附名刺	尺寸不一	43,700	中贸圣佳	2022-07-27
袁守谦致唐纵信札 (一通一页)	18cm×25.5cm	11,500	中鸿信	2022-09-12
恽日初、恽寿平 恽氏父子书札 书札十八通三十五册	尺寸不一	3,908,832	华艺国际	2022-05-29
张爱玲 1976年1月28日作 致黄俊东有关自选集《张看》出版的重要信札	21.5cm×14cm	839,500	西泠印社	2022-01-23
张爱玲致邝文美信札	信130cm×16.7cm; 封8.9cm×16cm	264,500	北京保利	2022-07-27
张爱玲致岳枫信札	17.8cm×23cm	483,000	中国嘉德	2022-06-27
张爱玲致宋淇夫妇信札	27cm×19.7cm	115,000	永乐拍卖	2022-07-25
张百熙致端方信札	24.6cm×11.9cm	12,650	中贸圣佳	2022-07-27
张大千 1967年11月20日作 致王济远有关举办画展及游美信札	71cm×24cm	201,250	西泠印社	2022-01-23
张大千 冯超然 吴待秋 等 时贤手札册 (两册)	39cm×26cm×2	322,000	中贸圣佳	2022-10-27
张大千 镜框 致任家诚信札 未装裱	34.8cm×67cm	91,806	香港苏富比	2022-04-30
张大千 致泉斋装裱大风堂藏信札清单手卷	尺寸不一	161,000	中国嘉德	2022-06-27
张大千、黄杰等赠于枝鼎书法一组 共3幅,附于枝鼎书法3幅及个人证书及资料一组	尺寸不一	40,250	北京保利	2022-07-28
张大千亲笔签赠王升夫人《大千居士画所罗门雅歌十二帧》画册	41cm×45cm	21,850	北京保利	2022-07-28
张大千致晏济元信札 (一通一页附信封)	21cm×9cm	10,350	中鸿信	2022-09-12
张季直与兄退翁书札	引首22.5cm×28cm;第一段22.5cm×48cm;跋22.5cm×65.5cm	43,700	北京保利	2022-07-27
张灵 书札 镜心	25cm×10cm×2	63,250	中鸿信	2022-09-12
张穆致任慕靖信札	13.7cm×23.2cm	46,000	中国嘉德	2022-06-27
张其锽致瞿宣颖信札	尺寸不一	74,750	中国嘉德	2022-06-27
张其锽致瞿宣颖信札	39.5cm×21cm; 17cm×25.5cm	28,750	中国嘉德	2022-12-13
张群致唐纵信札 (一通两页)	27.5cm×19.5cm	11,500	中鸿信	2022-09-12
张廷济 1837年作 致少吕札一通两页 镜心	22.5cm×12.5cm×2	46,000	中贸圣佳	2022-12-31
张廷济 庚子(1840年)作 行书信札二通 镜心	23cm×16cm; 23cm×9cm	17,250	中国嘉德	2022-09-27
张问陶信札	尺寸不一	32,200	中贸圣佳	2022-07-27
张学良 题赠蒋夫人书籍及致陶鹏飞张闾娱夫妇信札	10.5cm×15cm; 7.5cm×21.7cm	34,500	中国嘉德	2022-12-13
张学良 致陶鹏飞、张闾娱信札	26.5cm×19.2cm	25,300	中国嘉德	2022-06-27
张学良致陶鹏飞、张闾娱信札	19.2cm×26.5cm	28,750	中国嘉德	2022-06-27
张学良对陶鹏飞张闾娱夫妇信札	13cm×19cm	46,000	中国嘉德	2022-12-13
张预 杭州崇文书院、敷文书院、学源堂课卷	尺寸不一	57,500	西泠印社	2022-08-20
张元济、黄炎培致瞿宣颖信札	14.7cm×25.5cm; 15cm×25.2cm	57,500	中国嘉德	2022-06-27
张元济、梁鼎芬、端方、冯煦等信札	尺寸不一	115,000	北京保利	2022-07-27
张兆栋 请安折	9.5cm×21.5cm	10,350	中国嘉德	2022-05-28
张之洞政府工作电报尺牍一册 镜心	尺寸不一	161,000	中鸿信	2022-09-12
张之洞 奏折	9.3cm×21.8cm	36,800	中国嘉德	2022-05-28
张之洞批报稿	23cm×11cm	20,700	永乐拍卖	2022-07-25
张之洞书札(杨熊祥等题跋)	76.5cm×25cm	126,500	北京保利	2022-07-27
张之洞奏稿 (一折)	22.5cm×115cm	32,200	中鸿信	2022-09-12
张中行致启功信札	19cm×26.3cm	20,700	中国嘉德	2022-12-13
章炳麟 章士钊 信札卷 镜心	尺寸不一	149,500	中国嘉德	2022-12-14
章士钊 行书致"许广平手札"一通 镜心	22cm×12cm	34,500	中鸿信	2022-09-12
章士钊 致曹聚仁信札	19cm×25.8cm	25,300	中国嘉德	2022-05-28
章士钊 致殷德贞、慧贞信札三通四纸 镜心	28cm×143cm	48,300	中国嘉德	2022-12-14
章士钊 致殷德贞信札二通三纸 镜心(三页)	27cm×17cm×3	57,500	中国嘉德	2022-12-14
章士钊 致殷德贞信札一通三纸 镜心(三页)	28cm×17cm×3	51,750	中国嘉德	2022-12-14
章士钊 致殷德贞信札一通一页 镜心	30.5cm×178cm	34,500	中国嘉德	2022-12-14
章士钊致慧贞三嫂信札	9.2cm×26.5cm	17,250	中国嘉德	2022-12-13
章太炎 1932年作 致冯玉祥信札一通 镜心(三帧)	25cm×15cm×3	97,750	北京诚轩	2022-08-12
章太炎致松平领事札	26.5cm×24cm	112,700	华艺国际	2022-07-29
赵景深书札	尺寸不一	10,350	中贸圣佳	2022-08-12
赵九章信札一通两页	28cm×20cm	10,350	北京保利	2022-07-28
赵南星 论盲察政务等奏议卷 手卷	尺寸不一	103,500	中贸圣佳	2022-10-27
赵朴初行书信札六通		195,500	朵云轩	2022-12-08
赵少昂 致翠琴夫人信札四通四页 镜心	34cm×24cm×4	23,000	华艺国际	2022-09-24
赵之谦(款) 信札册 册页	尺寸不一cm×17	109,250	中国嘉德	2022-06-01
赵之谦 刻手帖及时事札 镜心	23cm×51.5cm	414,000	中贸圣佳	2022-07-23
赵执信 信札卷 手卷	150cm×18cm	92,000	西泠印社	2022-01-22
郑任伦 揭帖	12cm×24cm	13,800	中国嘉德	2022-05-28
郑文焯毛笔信札	23.2cm×12.8cm	17,250	中贸圣佳	2022-07-27
郑颖荪致傅惜华	尺寸不一	78,200	中贸圣佳	2022-12-31
周庆云致邹寿祺(适庐)信札	27cm×17.5cm	17,250	中贸圣佳	2022-12-31
周升桓 信札一通 镜片(一帧二页)	20cm×18.5cm; 18.5cm×14.5cm	23,000	西泠印社	2022-01-22
周一良上款信札资料一批	尺寸不一	10,350	中贸圣佳	2022-10-27
周作人 1935年11月2日作 致田中庆太郎论钱玄同及译著比校的信札	27.5cm×15cm	126,500	西泠印社	2022-01-23
周作人 1935年1月6日作 致田中庆太郎有关为钱玄同代购中村不折著作的信札	27cm×15.5cm	155,250	西泠印社	2022-01-23
周作人 1935年3月4日作 致田中庆太郎有关钱玄同及论学的信札	25.5cm×15cm	126,500	西泠印社	2022-01-23
周作人 1941、1942年作 致田中庆太郎有关购书的信札二通	27.5cm×17.5cm; 27.5cm×18cm	149,500	西泠印社	2022-01-23
周作人 1941年5月6日作 抗战中致田中庆太郎有关郭沫若及访日归来的诗札	28cm×18.5cm×2	161,000	西泠印社	2022-01-23
周作人 约1938至1940年作 致田中庆太郎有关元旦被刺的重要信札三通	尺寸不一	425,500	西泠印社	2022-01-23
周作人 致桥川时雄论新文学运动代表性女作家的重要信札	25.5cm×16.5cm	149,500	西泠印社	2022-08-20
周作人 致田中庆太郎有关周建人及《顺天时报》的信札	25.5cm×17cm×2	80,500	西泠印社	2022-08-20
周作人致陈梦熊信札	32.5cm×16.5cm	138,000	中国嘉德	2022-12-13
周作人致郑子瑜书札	26cm×16cm	126,500	中贸圣佳	2022-10-27
周作人致郑子瑜信札	26cm×18.5cm	126,500	中贸圣佳	2022-10-27
朱昆田 米汉雯 等 信札三通 镜片(二帧三页)	尺寸不一	80,500	西泠印社	2022-01-22
朱龙湛 顾毓琇等致杨通谊 荣漱仁信札	尺寸不一	13,800	中贸圣佳	2022-07-27

2022杂项拍卖成交汇总(续表)

(成交价RMB：1万元以上)

拍品名称	物品尺寸	成交价RMB	拍卖公司	拍卖日期
朱彝尊 阎咏(阎若璩之子) 陈瑚 有关雍正及《尚书古文疏证》等的重要信札三通 镜片	尺寸不一	138,000	西泠印社	2022-01-22
朱益藩书札	23cm×12.5cm	13,800	北京保利	2022-07-27
朱之瑜 与安之尺牍 立轴	25.5cm×14cm	126,500	中贸圣佳	2022-12-31
祝枝山 查昇(款)等书札	尺寸不一	63,250	北京保利	2022-07-27
庄同生 李楠 信札二通 镜片(四帧四页)	尺寸不一	34,500	西泠印社	2022-01-22
自由女神作者巴托尔迪 亲笔信函	13.8cm×8.6cm; 8cm×15.5cm	11,500	中国嘉德	2022-06-26
邹韬奋 刘麟生 龚铖 陈樾 等 有关中华职业教育社及西湖博览会的信札册册页(共十二页)	32.5cm×21cm(册页)	80,500	西泠印社	2022-01-23
左宗棠 吴大澂 吴曜 卫荣光 潘霨 等致胡雪岩信札 十通十七开册	23cm×12.5cm×34	1,134,075	香港苏富比	2022-04-30
左宗植 致劳崇光信札二通 镜心(四页)	22.5cm×12.5cm×4	25,300	中国嘉德	2022-12-14
《茶与壶杂志》全69册	28.5cm×21.3cm	43,700	中贸圣佳	2023-01-01
《壶中天地(1—54期)》全51册	29cm×21cm	43,700	中贸圣佳	2023-01-01
《上海抗战照相集》摄影画册(一册)	19cm×13cm	23,000	中鸿信	2022-09-12
《天地方圆》全27册	29cm×21cm	40,250	中贸圣佳	2023-01-01
《文史通义》伪装本《新民主主义论》毛泽东(一册)	18cm×12cm	103,500	中鸿信	2022-09-12
《中国民众与国际工人》国际工人代表团及其演说(一册)	19cm×13cm	63,250	中鸿信	2022-09-12
《紫玉金砂》杂志全92册(含创刊号)	29.5cm×21cm	43,700	中贸圣佳	2023-01-01
1920—2021年作 伦敦苏富比、佳士得瓷器工艺品拍卖图录	尺寸不一	25,300	中国嘉德	2022-09-30
1924—1943年日本山中商会著《东方艺术图录》四十三册		23,000	北京羿趣国际	2022-03-25
1943年 仇氏抗希斋珍藏明景德镇窑部留真(吴湖帆题签)	33cm×40cm	920,000	北京保利	2022-07-28
1967年 第二届全国美术展览会油画水彩素描选集前言(刘海粟手稿)	37.5cm×26cm	32,200	中贸圣佳	2022-12-31
1971—2021年作 苏富比、佳士得专场拍卖图录六十二册	尺寸不一	17,250	中国嘉德	2022-09-30
1974—1994年 苏富比拍卖图录四十册		13,800	中国嘉德	2022-06-01
1977—2019年作 香港苏富比、佳士得瓷器工艺品拍卖图录六十二册		28,750	中国嘉德	2022-06-01
1978—2012年作 纽约苏富比、佳士得瓷器工艺品拍卖图录五十三册		28,750	中国嘉德	2022-06-01
1979—2011年 苏富比、佳士得拍卖图录五十八册		20,700	中国嘉德	2022-06-01
1982—2014年 佳士得拍卖图录二十七册		23,000	中国嘉德	2022-06-01
1985—2010年作《中国文物世界》一百二十九册	29cm×21cm	17,250	中国嘉德	2022-06-01
1986—2018年 Eskenazi, Marchant等拍卖图录五十五册		28,750	中国嘉德	2022-06-01
1989—2015年 佳士得拍卖图录二十九册		10,350	中国嘉德	2022-06-01
1992—2021年 苏富比、佳士得专场拍卖图录七十二册		28,750	中国嘉德	2022-06-01
1996—2019年 苏富比拍卖图录二十九册		25,300	中国嘉德	2022-06-01
1996—2021年作《古董拍卖年鉴》一套二十六册	23.5cm×17cm	20,700	中国嘉德	2022-09-30
1998—2014年 英国古董商Ben Janssens、心雅斋等图录五十八册		17,250	中国嘉德	2022-09-30
2011—2014年作 苏富比玫茵堂专场拍卖图录一套八册	30.5cm×23.7cm	11,500	中国嘉德	2022-09-30
20世纪 日本《尚美资料》十二编		18,400	中贸圣佳	2022-09-26
奥利弗·戈德史密斯诗集	20.7cm×15.5cm	17,250	北京保利	2022-07-27
20世纪80年代 郭沫若、于右任、沈尹默、来楚生、高二适、林散之等书法集15册	尺寸不一	11,500	华艺国际	
邦汉斯中国古董工艺品拍卖图录106册	尺寸不一	36,800	保利厦门	2022-10-22
博物馆和私人收藏图录 34册	尺寸不一	17,250	保利厦门	2022-10-22
陈独秀等创办《新青年》1-6卷(六册)	24cm×17cm	36,800	中鸿信	2022-09-12
城乡互助物资交流 镜心	35cm×29cm	69,000	北京荣宝	2022-07-24
大英博物馆藏中国花卉及动物画集 限量400套	56cm×44cm	10,350	北京保利	2022-07-27
大英帝国藏拉斐尔、鲁本斯等大师巨幅版画集	56cm×43cm	23,000	北京保利	2022-07-27
20世纪装饰艺术手工上色版画集	46cm×33cm	20,700	北京保利	2022-07-27
《故宫文物旬刊》等文物参考资料365册	尺寸不一	17,250	保利厦门	2022-10-22
馆藏德国各个时期经典铁制艺术	35cm×26cm	28,750	北京保利	2022-07-27
广东国画研究会及林风眠、关山月、黎雄才画集15册	尺寸不一	12,650	华艺国际	2022-09-23
胡崇贤摄影选集(张大千题赠梁实秋)	37.7cm×26.3cm	36,800	中贸圣佳	2022-12-31
黄峰编《抗战时代—第八路军行军记2》(一册)	19cm×13cm	10,350	中鸿信	2022-09-12
黄胄版画 人畜两旺 镜心	24cm×33.5cm	18,400	北京荣宝	2022-07-24
佳士得、苏富比中国瓷器艺术品拍卖图录200册(含私人收藏专场)	尺寸不一	59,800	保利厦门	2022-10-22
佳士得拍卖书册(三百六十本)		48,837	台北艺珍	2022-06-12
金刚葫芦娃画稿	29.6cm×21.2cm	20,700	中贸圣佳	2022-07-27
军属光荣 镜心	54cm×36cm	115,000	北京荣宝	2022-07-24
林语堂原版著作与题字(共47本)	尺寸不一	684,256	中国嘉德	2022-10-07
陆小曼签赠唐瑛《圣经》(一册)	28cm×18.5cm	24,150	中鸿信	2022-09-12
陆徵祥 1934年作 签赠顾维钧自著善本	22cm×15cm	23,000	西泠印社	2022-01-23
路易十三至第一帝国时期的铁艺制品	44.5cm×32.5cm	34,500	北京保利	2022-07-27
罗汉院双塔图(梁思成)	137cm×68.5cm	155,250	北京保利	2022-07-27
马和马术版画集	28cm×21cm	11,500	北京保利	2022-07-27
马克思幼女埃莉诺旧藏《共产主义宣言》1848年荷兰海牙版	23.5cm×14cm(册)	46,000	西泠印社	2022-01-23
民国 仇焱之藏书一批	尺寸不一	402,500	中贸圣佳	2022-07-26
名人书画集等	尺寸不一	13,800	中国嘉德	2022-05-28
拍卖图录与古董商图录(一组)		92,765	保利厦门	2022-10-07
齐白石画册八本		41,400	北京银座	2022-09-16
山川均著 施存统译《资本制度浅说》(一册)	19cm×13cm	57,500	中鸿信	2022-09-12
邵飘萍 罕见签赠林众可代表作《实际应用新闻学》	19.5cm×12.5cm(册)	149,500	西泠印社	2022-01-23
苏富比(118本)/佳士得(79本)瓷杂拍卖图录		20,681	台北艺珍	2022-08-14
苏富比、佳士得瓷器艺术品拍卖图录三十二册		10,350	北京羿趣国际	2022-03-26
苏富比、佳士得拍卖图录		678,500	中贸圣佳	2022-08-13
苏富比拍卖书册(二百五十九本)		48,837	台北艺珍	2022-06-12
陶说·东方陶瓷艺术巨幅版画集(限量版)	57cm×43cm	51,750	北京保利	2022-07-27
团结互助好生产连环画原稿	20cm×25.2cm	11,500	中贸圣佳	2022-10-21
王明签赠苏联儿童文学作家尼古拉·尼古拉耶维奇·诺索夫样书(一册)	20cm×13cm	48,300	中鸿信	2022-09-12
王世襄 复写本陈旸音乐百科全书	26cm×20cm	28,750	中贸圣佳	2022-07-13
王世襄毛笔签名本《明式家具研究》一函二册		13,800	中贸圣佳	2022-07-25
王伊维撰 瞿秋白校 郭范仑科著《新社会观》(一册)	17.8cm×13cm	63,250	中鸿信	2022-09-12
限量精装《玛丽·乔治藏鼻烟壶系列》七卷	尺寸不一	28,750	保利厦门	2022-10-22
新年画选集	28.5cm×20cm	92,000	北京荣宝	2022-07-24
新年画选集	25cm×34cm	69,000	北京荣宝	2022-07-24
新年画选集	24cm×33.5cm	92,000	北京荣宝	2022-07-24
徐咏平编《台儿庄之捷》(一册)	18cm×12.5cm	19,550	中鸿信	2022-09-12
英国风景画大师透视作品版画集	38cm×28cm	11,500	北京保利	2022-07-27
英国皇室古堡生活版画集	35cm×29.5cm	46,000	北京保利	2022-07-27
张大千画册二十七本		109,250	北京银座	2022-09-16
张仃版画 新中国的儿童 镜心	24cm×33.5cm	11,500	北京荣宝	2022-07-24
中国服饰版画集	36cm×27.5cm	17,250	北京保利	2022-07-27
中国书画杂志名家题字原稿	尺寸不一	437,000	北京银座	2022-09-16
《大革命写真画1—14集》精装上下册(两册)	23cm×15cm	46,000	中鸿信	2022-09-12
19世纪40年代 中国买办肖像银版照片	银版8cm×7cm; 外径15.5cm×12cm	575,000	中贸圣佳	2022-07-27
19世纪70年代 邦菲尔斯工作室雅典等地古迹照片(18张)	小17cm×24cm; 大19.5cm×26cm	23,000	中贸圣佳	2022-07-27
19世纪80年代至20世纪初 阿芳、裕勋龄等 慈禧肖像及清末香港地区大幅照片(20张)	小15cm×20.5cm; 大22cm×28cm	34,500	中贸圣佳	2022-07-27
19世纪80年代 法国各地照片(28张)	小19.5cm×12cm; 大20.5cm×13.5cm	12,650	中贸圣佳	2022-07-27
19世纪80年代 罗马名胜照片(12张)	小17cm×24cm; 大19.5cm×26cm	11,500	中贸圣佳	2022-07-27
1885年 乌克兰哈尔科夫照片相册(30张)	21cm×26.5cm	34,500	中贸圣佳	2022-07-27
19世纪90年代至20世纪初 清末流失海外中国古董文物相册十册(646张)	小8.5cm×5cm; 大22cm×28cm	632,500	中贸圣佳	2022-12-31
19世纪90年代 刘永福肖像	24cm×18cm	11,500	中贸圣佳	2022-12-31
19世纪90年代天津英租界雪景(6张)	21cm×27cm	19,550	中贸圣佳	2022-07-27
19世纪90年代 伊斯坦布尔全景八联张(8张)	20cm×27cm	34,500	中贸圣佳	2022-07-27
1900年 荫昌站像	30cm×20cm	17,250	中贸圣佳	2022-07-27

2022杂项拍卖成交汇总（续表）

（成交价RMB：1万元以上）

拍品名称	物品尺寸	成交价RMB	拍卖公司	拍卖日期
20世纪初 德占青岛港口、铁路相册及《德华汇报》散页(52张)	小9.5cm×7cm；大15cm×21.5cm	23,000	中贸圣佳	2022-12-31
20世纪初 清末德军山东青岛、崂山等地活动影集(53张)	小8cm×11cm；大10cm×15cm	17,250	中贸圣佳	2022-07-27
20世纪初 清末驻中国英国高阶军官相册(119张)及私人物品	小8cm×10.5cm；大14cm×20.5cm	40,250	中贸圣佳	2022-12-31
1901年 李鸿章葬礼大幅玻璃底片(7张)	25cm×30.5cm	184,000	中贸圣佳	2022-12-31
1905年 施肇曾在黄河大桥落成庆功宴上合影	21.5cm×29.5cm	17,250	中贸圣佳	2022-07-27
1906年作 马克·吐温签名照	13cm×8cm	36,800	中贸圣佳	2022-12-31
1907年作 谢耀华清末广州将军府署内景照片(14张)	10cm×14cm	17,250	中贸圣佳	2022-07-27
1908年 慈禧葬礼大幅照片(26张)	21cm×27cm	207,000	中贸圣佳	2022-07-27
1909—1910年 德军海军军人服役相册(57张)	小9cm×14cm；大17cm×22.5cm	46,000	中贸圣佳	2022-12-31
1909—1911年 比利时农学家Henri Antoine Homblé广西桂林访学相册(192张)	6cm×10cm	36,800	中贸圣佳	2022-12-31
1909—1917年《惊鸿艳影》	25cm×18.5cm	57,500	中贸圣佳	2022-12-31
20世纪初 王正廷家族影集(41张)	小4.5cm×3.5cm；大14cm×20.5cm	12,650	中贸圣佳	2022-12-31
20世纪初 大幅雷峰塔近景	69cm×41cm	34,500	中贸圣佳	2022-12-31
20世纪初 云冈石窟大幅原版照片散页(111张)	21cm×27cm	172,500	中贸圣佳	2022-12-31
1911年作 伍廷芳签赠照	17cm×11.5cm	36,800	中贸圣佳	2022-12-31
1912年 大方伯照相馆浙江西湖景二册(98张)	小10cm×14cm；大14cm×20cm	115,000	中贸圣佳	2022-12-31
1913年 隆裕太后太和门内灵堂照片	21cm×27cm	21,850	中贸圣佳	2022-12-31
1917年作 法国公议局赠布吉瑞天津水灾官方纪念影集(14张)	小16.5cm×13.5cm；大22.5cm×33.2cm	46,000	中贸圣佳	2022-12-31
1919年作 哈里斯&尤因照相馆《巴黎和会》影集	42.5cm×30.5cm	105,800	中贸圣佳	2022-12-31
1919年作 青年程砚秋	6.5cm×13.5cm	13,800	中贸圣佳	2022-12-31
20世纪20—30年代 民国嘉兴、黄山等地私人相册(275张)	小8cm×5.5cm；大19.5cm×25.5cm	80,500	中贸圣佳	2022-12-31
20世纪20—30年代 民国上海国际女子大学相册(102张)	小2cm×1.5cm；大16cm×11cm	46,000	中贸圣佳	2022-12-31
20世纪20—40年代 沈阳火车站建造相册等宝隆建筑公司资料集(181张)	小6cm×4cm；大24.5cm×31cm	115,000	中贸圣佳	2022-12-31
20世纪20年代民国本溪湖全景(长卷)	19cm×131cm	20,700	中贸圣佳	2022-07-27
20世纪20年代民国公主岭全景(长卷)	23cm×265cm	20,700	中贸圣佳	2022-07-27
20世纪20年代民国新京全景(长卷)	19.3cm×267cm	20,700	中贸圣佳	2022-07-27
20世纪20年代民国营口全景(长卷)	24cm×239cm	20,700	中贸圣佳	2022-07-27
20世纪20年代 民国云南地区风景民俗艺术摄影(17张)	20cm×25cm	17,250	中贸圣佳	2022-07-27
20世纪20年代 容龄公主签名照	29cm×18.5cm	43,700	中贸圣佳	2022-12-31
20世纪20年代 上海传教图片局五册运动玻璃幻灯片(65张)	8cm×10cm	17,250	中贸圣佳	2022-12-31
20世纪20年代 协和医学院医生Edwin Robert Wheeler北京生活相册(125张)	小4cm×6.5cm；大19.5cm×26cm	34,500	中贸圣佳	2022-12-31
1923年 容芳照相馆"云南王"唐继尧签名照	26.5cm×20.5cm	34,500	中贸圣佳	2022-07-27
1925年 上海新艺美术社《中国模特儿》	15cm×27cm	11,500	中贸圣佳	2022-12-31
1926年 瑞典实业家赖格雷利藏瑞典国王储来华访问北京、山西等地精美相册(524张照片、25张明信片、44张名片、15件菜单等)	小10.5cm×6.5cm；大18.5cm×42.5cm	632,500	中贸圣佳	2022-07-27
1926年 天光照相馆楼庭章自述诗文小照	9.5cm×13cm	13,800	中贸圣佳	2022-12-31
1928—1929年 北京光社《北平光社年鉴》(上下卷)	26.5cm×18.5cm	49,450	中贸圣佳	2022-12-31
1928年 "五三惨案"后青岛地区重要事件底片(27张)	小6.5cm×5cm；大7cm×11.5cm	17,250	中贸圣佳	2022-07-27
1928年 程砚秋《梅妃》戏装照	30.5cm×23cm	32,200	中贸圣佳	2022-12-31
1928年 褚民谊签赠照	27cm×16.5cm	17,250	中贸圣佳	2022-12-31
20世纪30—60年代 民国故宫古物研究所主任钱桐家族相册(415张)	小3cm×4cm；大15cm×25.5cm	34,500	中贸圣佳	2022-07-27
20世纪30—80年代 中国照相等中国网球泰斗潘家震的一生(照片1111张、底片805张)	小2.5cm×3.5cm；大15cm×20cm	28,750	中贸圣佳	2022-07-27
20世纪30—80年代 作家葛祖兰影集(129张)	小4cm×3cm；大20cm×15cm	17,250	中贸圣佳	2022-07-27
20世纪30—40年代 "自由飞舞的一粒沙"沙飞摄影生涯原作照片(69张)	小4.5cm×11cm；大10.5cm×15.5cm	517,500	中贸圣佳	2022-12-31
20世纪30—40年代 杨虎城、孙蔚如、赵寿山等第三十八军西北地区影像(87张)	小7.5cm×16cm；大21.5cm×27cm	276,000	中贸圣佳	2022-12-31

拍品名称	物品尺寸	成交价RMB	拍卖公司	拍卖日期
20世纪30—40年代 尹志陶藏余绍宋、朱献文等民国文人照片一组(30张)	小3cm×5cm；大14.5cm×19.5cm	23,000	中贸圣佳	2022-12-31
20世纪30—40年代 周仲眉旧藏《静山集锦》及陆小曼、邵洵美等签名《嘉宾云集册》十件	小15.5cm×20cm；大26.5cm×38.5cm	23,000	中贸圣佳	2022-12-31
20世纪30年代《中国电影女明星照相集》(3册)	30cm×23cm	69,000	中贸圣佳	2022-12-31
20世纪30年代 北平国立艺专与杭州国立艺专学生在湖南、重庆等地照片(76张)	小3cm×4.5cm；大12cm×16.5cm	81,650	中贸圣佳	2022-07-27
20世纪30年代 比利时王室旧藏珍珠古董店中国文物图录相册(70张)	22.5cm×16cm	92,000	中贸圣佳	2022-07-27
20世纪30年代 胡蝶、胡珊、阮玲玉、梁赛珍等民国影星照片(12张)	12.5cm×7.5cm	11,500	中贸圣佳	2022-12-31
20世纪30年代 黄柳霜照片明信片(40张)	14cm×9cm	55,200	中贸圣佳	2022-07-27
20世纪30年代 梁赛珍口香糖广告照	15.5cm×11cm	28,750	中贸圣佳	2022-12-31
20世纪30年代 南京美伦照相馆程砚秋肖像照	13.5cm×8.5cm	13,800	中贸圣佳	2022-12-31
20世纪30—40年代 荣新照相馆民国摄制历代器物珍宝照(65张)	小14.5cm×9.5cm；大20cm×14.5cm	17,250	中贸圣佳	2022-12-31
20世纪30年代 王开照相馆"报业大亨"史量才签名照	21cm×16cm	23,000	中贸圣佳	2022-12-31
20世纪30年代 颐和园谐趣园手工上色全景(长卷)	16cm×123cm	34,500	中贸圣佳	2022-12-31
20世纪30年代 中国纺织建设公司春节同乐合影(长卷)	25cm×127cm	11,500	中贸圣佳	2022-12-31
20世纪30年代 著名诗人夏敬观私人相册(95张)	小3.5cm×4cm；大16cm×11cm	17,250	中贸圣佳	2022-12-31
1930年 梅兰芳赴美演出《汾河湾》剧照	25.5cm×20.5cm	25,300	中贸圣佳	2022-12-31
1931年 杜氏家祠落成招待北平艺员摄影(长卷)	24cm×103cm	172,500	中贸圣佳	2022-12-31
1932&1934年 中华医学会第一、二届大会全体会员合影(2张)	小31.5cm×41.5cm；大20cm×76.5cm	57,500	中贸圣佳	2022-07-27
1932—1952年 民国时期各地银行业合影(17张)	小10.5cm×14cm；大26.5cm×25.5cm	57,500	中贸圣佳	2022-07-27
1932年 梅兰芳与黄金荣等天蟾舞台合影	22.5cm×26.5cm	20,700	中贸圣佳	2022-07-27
1934年 影星陈燕燕上色照	14cm×9.5cm	29,900	中贸圣佳	2022-07-27
1934年 "新女性"阮玲玉	15cm×10cm	23,000	中贸圣佳	2022-07-27
1934年 常书鸿致刘海粟信札二封及中国现代美术展览照片(15张)	小8.5cm×6cm；大12cm×17.5cm	23,000	中贸圣佳	2022-12-31
1934年 阮玲玉签名照	14cm×9.5cm	63,250	中贸圣佳	2022-07-27
1934年 王宠惠与胡汉民合影签赠照	20.5cm×14cm	17,250	中贸圣佳	2022-12-31
1935年 著名画家沈逸千订婚照	14cm×19cm	11,500	中贸圣佳	2022-07-27
1936年《梅兰芳戏装锦集》(签名本)	30cm×23cm	23,000	中贸圣佳	2022-07-27
1936年 沪江照相馆"小阮玲玉"民国影星顾梅琳大幅肖像照	30cm×25cm	57,500	中贸圣佳	2022-07-27
1936年 李根源题章太炎遗像照片	27.5cm×19cm	11,500	西泠印社	2022-01-23
1938—1940年 民国名伶赠陈子雄戏装照(11张)	小11.7cm×7.6cm；大16.7cm×11.5cm	28,750	中贸圣佳	2022-07-27
1939年 民国女星袁美云头号粉丝收藏相册及日记一组(照片37张)	小6cm×4.5cm；大15cm×10.5cm	92,000	中贸圣佳	2022-07-27
20世纪40代"贾女"·周璇签名照	21cm×17cm	10,350	中贸圣佳	2022-07-27
20世纪40年代 国际照相馆"金嗓子"周璇肖像照	25cm×20cm	11,500	中贸圣佳	2022-07-27
1941年 寿星照相馆晋剧名伶丁果仙生日合影	21cm×27cm	13,800	中贸圣佳	2022-07-27
1942年 徐悲鸿、吴作人等国立中央大学师生合影	11.5cm×17.5cm	17,250	中贸圣佳	2022-07-27
1945年 胜利之吻双签名	35.5cm×27.5cm	11,500	中贸圣佳	2022-07-27
1945年 孝感日军第三九联队投降典礼(14张)	11cm×15cm	34,500	中贸圣佳	2022-07-27
1945年 爷台山战役与美军观察团(42张)	9cm×11.5cm	34,500	中贸圣佳	2022-07-27
1945年 抗战胜利后遣返日俘与日侨摄影(10张)	7.5cm×11.5cm	13,800	中贸圣佳	2022-12-31
1949年 四大名旦	13cm×17.5cm	46,000	中贸圣佳	2022-12-31
20世纪50—60年代 人民公社照片一组(73张)	小10cm×7cm；大8cm×11.5cm	11,500	中贸圣佳	2022-12-31
20世纪50—60年代 上海四川北路第一小学生活相册(965张)	小3cm×2cm；大11cm×15.5cm	11,500	中贸圣佳	2022-12-31
20世纪50—80年代 汪菊渊藏照片、底片及手稿一组(照片1047张、底片51张、地图97张)	小5cm×5cm；大25cm×72cm	115,000	中贸圣佳	2022-12-31
20世纪50年代 奥黛丽·赫本签名照	24.5cm×19.5cm	27,600	中贸圣佳	2022-07-27
1952年 解放军画报社调查美国在中朝进行细菌战的照片(16张)	小4.5cm×10.5cm；大7.5cm×10.5cm	17,250	中贸圣佳	2022-07-27

2022杂项拍卖成交汇总(续表)

(成交价RMB:1万元以上)

拍品名称	物品尺寸	成交价RMB	拍卖公司	拍卖日期
20世纪60—80年代《杜十娘》《青年刘前承》等电影剧照(8642张)	小8.5cm×12.5cm; 大13cm×15cm	57,500	中贸圣佳	2022-12-31
20世纪60年代 毛主席在微笑	50cm×39.5cm	11,500	中贸圣佳	2022-07-27
20世纪60年代 宋美龄签名照	16cm×12cm	25,300	中贸圣佳	2022-07-27
1963年 奥黛丽·赫本《窈窕淑女》签名照	25cm×20cm	17,250	中贸圣佳	2022-07-27
20世纪70年代 安迪·沃霍尔肖像照片及《安迪·沃霍尔在中国》(签名本)	照片25.5cm×20.5cm;画册37.5cm×26.5cm	10,350	中贸圣佳	2022-07-27
1976年 国丧(353张)	小6cm×8cm; 大16cm×23.5cm	552,000	中贸圣佳	2022-07-27
1981年 麦积奇峰秀(109张)	小8.5cm×11cm; 大12.5cm×9cm	23,000	中贸圣佳	2022-07-27
1996年 新秀科比扣篮签名照	25cm×20cm	18,400	中贸圣佳	2022-07-27
21世纪"世界拳王"泰森巨幅签名照	40.5cm×50.5cm	13,800	中贸圣佳	2022-07-27
1989年 艾略特·厄威特 伞跳	28cm×35.5cm	82,800	中贸圣佳	2022-07-27
20世纪20年代 爱伦·凯特琳 京巴狗	28cm×22cm	20,700	中贸圣佳	2022-12-31
1926年 安德烈·柯特兹 讽刺舞者	19.3cm×24cm	89,700	中贸圣佳	2022-07-27
1983年 安塞尔·亚当斯 第一次中国展览原作(7张)	25.5cm×20cm	57,500	中贸圣佳	2022-07-27
1924年 奥古斯特·桑德 画像	25cm×18cm	13,800	中贸圣佳	2022-07-27
20世纪30年代 蔡仁二抱 收帆	28cm×22cm	14,950	中贸圣佳	2022-07-27
1860年 查尔斯·杜宾 鸟瞰北京	8.5cm×11cm	32,200	中贸圣佳	2022-07-27
20世纪20年代 陈永霖 牛	23cm×34cm	48,300	中贸圣佳	2022-07-27
20世纪30年代 陈传霖 风景摄影一组(12张)	小9cm×11.5cm; 大8.5cm×13.5cm	11,500	中贸圣佳	2022-07-27
20世纪30年代 陈万里 日暮征帆	16cm×21cm	23,000	中贸圣佳	2022-12-31
1965年 陈正青、齐观山等 第九届全国摄影展览片册(365张)	小3cm×4.5cm; 大6cm×8cm	34,500	中贸圣佳	2022-07-27
20世纪30年代 程知呕 长城/毛驴(2张)	小12.5cm×18.5cm; 大21.5cm×16cm	11,500	中贸圣佳	2022-07-27
崇善寺旧照片册	29.5cm×22.5cm	18,400	中贸圣佳	2022-08-14
瓷器及其他艺术品老照片共约350张	尺寸不一	32,200	西泠印社	2022-01-22
大清御赐三等第一双龙宝星带框带相片雷博宁先生旧藏		20,700	华艺国际	2022-08-07
滇越铁路影集	30cm×24cm	43,700	中国嘉德	2022-12-13
19世纪60年代 丁摩尔兄弟 清末父子合影安布罗法照片	12cm×9.5cm	11,500	中贸圣佳	2022-12-31
19世纪60年代 丁摩尔兄弟 清末男子站像安布罗法照片	8.5cm×7cm	18,400	中贸圣佳	2022-12-31
19世纪70年代 杜修贤等 彩色染印法制作外交"握手瞬间"大幅照片(48张)	小8.5cm×29.5cm; 大41cm×58.5cm	276,000	中贸圣佳	2022-07-27
19世纪70—90年代 方苏雅、大卫·格里菲斯等 晚清碎影(77张)	小22cm×18.5cm; 大29cm×23cm	218,500	中贸圣佳	2022-07-27
1930年 傅秉常 花瓶	27cm×19.5cm	13,800	中贸圣佳	2022-07-27
1930年 甘乃光 晒网	20cm×25cm	13,800	中贸圣佳	2022-12-31
顾维钧五国外长会议中国代表团合影		11,500	华艺国际	2022-08-07
顾维钧原版签名相片一张		11,500	华艺国际	2022-08-07
广舆总图	34cm×30cm	80,500	中贸圣佳	2022-12-31
1930年 郭锡麒 普陀山	26.5cm×38cm	11,500	中贸圣佳	2022-07-27
1930年 郭锡麒 云中宝塔	25.5cm×35.5cm	28,750	中贸圣佳	2022-07-27
1933年 郭锡麒《南京影集》	24.5cm×18.5寸	13,800	中贸圣佳	2022-07-27
1924年 哈里斯·朱厄尔 上海、汉口、蒙古等地中国旅行上色相册(32张)	小22cm×15cm; 大22.5cm×33cm	310,500	中贸圣佳	2022-07-27
1920年 汉茨·冯·佩克哈默 乐琴师	48.5cm×29.5cm	25,300	中贸圣佳	2022-07-27
杭州西湖全景照片	102cm×25.5cm	63,250	中国嘉德	2022-12-13
1951年 何宗昌 深秋古塔	35.5cm×27.5cm	26,450	中贸圣佳	2022-07-27
1952年 何宗嘉 新生	29.5cm×37cm	20,700	中贸圣佳	2022-07-27
1930年 赫达·莫里逊《北平风景》盒装(12张)	11cm×15.5cm	34,500	中贸圣佳	2022-07-27
1930年 赫达·莫里逊《北平人》盒装(20张)	11.5cm×10cm	31,050	中贸圣佳	2022-07-27
1954年 侯波 毛主席在火车上	49cm×39.5cm	25,300	中贸圣佳	2022-07-27
1957年 侯波 毛主席在北京接见青年团代表	50cm×40cm	11,500	中贸圣佳	2022-07-27
1930年 胡伯翔 浣女/秋晓	小26.5cm×20cm; 大29cm×24cm	63,250	中贸圣佳	2022-12-31
胡崇贤摄 蒋介石、宋美龄肖像照一组(两张)	19.5cm×14cm×2	17,250	中鸿信	2022-09-12
胡汉民出访考察苏联照片		41,400	华艺国际	2022-08-07
1930年 胡君磊 复兴公园	25cm×30.5cm	17,250	中贸圣佳	2022-12-31
胡适致少谷兄书札及照片(两张)	照片48cm×39.5cm; 信26.5cm×19cm	46,000	中鸿信	2022-09-12
湖南省立第一师范学校第八班合影(四排右二为毛泽东)(一帧)	13cm×19cm	11,500	中鸿信	2022-09-12
1860—1890年 华芳照相馆、弥尔顿·米勒等 晚清中国与中国人(50张)	小17cm×22cm; 大23cm×29.5cm	161,000	中贸圣佳	2022-07-27
1930年 怀特兄弟《美哉中华》(签名本)	27cm×22.5cm	11,500	中贸圣佳	2022-07-27
1934—1935年 黄廉卓 民国复旦大学西北考察团摄影集(1331张)	小4cm×3cm; 大14.5cm×10cm	28,750	中贸圣佳	2022-07-27
1930年 黄宜民 孤帆远影	29.5cm×24.5cm	17,250	中贸圣佳	2022-07-27
1930年 黄仲长 嘉定汇龙潭魁星阁	21.5cm×28cm	17,250	中贸圣佳	2022-12-31
1953年 吉恩·科恩曼 玛丽莲·梦露《绅士爱美人》剧照	35.5cm×28cm	21,850	中贸圣佳	2022-07-27
甲子(1984年)作 张群 致丁中江诗稿与照片 镜框	31cm×39.5cm; 12cm×16.5cm×4	11,500	上海驰翰	2022-02-19
1930年 金石声 家族旧藏艺术摄影相册(53张)	小4.5cm×6cm; 大20cm×25cm	80,500	中贸圣佳	2022-07-27
1937年 金石声 自摄像	15.5cm×12.5cm	51,750	中贸圣佳	2022-12-31
1940年 金石声 静物	23.7cm×17.8cm	34,500	中贸圣佳	2022-07-27
京城内外全图、京师城内首善全图、京城内外首善全图、新式御览铜板杭州西湖四十八景竺名山全图	尺寸不一	25,300	中贸圣佳	2022-12-31
经典体育照片一组(十二帧)	尺寸不一	23,000	中鸿信	2022-09-12
康有为 题赠梁启勋《南海先生诗集》及梁氏家族旧照三帧	36.5cm×25cm; 27.5cm×20cm; 14cm×9.5cm; 12cm×9cm	55,200	西泠印社	2022-08-20
1920年 科克 穿越三峡(15张)	15.5cm×10.5cm	17,250	中贸圣佳	2022-07-27
坤舆全图	153cm×52cm	92,000	北京荣宝	2022-07-24
1939年 郎静山 古刹扫尘	38cm×28cm	25,300	中贸圣佳	2022-12-31
1941年 郎静山 雁荡鸣春	34cm×24.5cm	29,900	中贸圣佳	2022-07-27
1961年 郎静山 静山与大千	20cm×15cm	69,000	中贸圣佳	2022-07-27
1962年 郎静山 孤亭绝嶂	30cm×41cm	63,250	中贸圣佳	2022-07-27
老照片及荣氏家族相册	尺寸不一	20,700	中贸圣佳	2022-12-31
1949年 雷树萱 建国前夕上海军民联合大游行底片(85张)	小6cm×4cm; 大6cm×8cm	74,750	中贸圣佳	2022-12-31
1942年 雷烨 熊熊篝火	51.5cm×40cm	138,000	中贸圣佳	2022-07-27
1961年 李进 毛主席是我们心中红太阳巨幅彩色上色照片(2张)	小56cm×50.5cm; 大60cm×51cm	218,500	中贸圣佳	2022-07-27
1960年 李作智 建国初佛光寺、云冈石窟等山西地区考察影集(155张)	10.5cm×8cm	18,400	中贸圣佳	2022-07-27
1877年 理查德·拉皮尔《新兴国家铁路概览兼谈中国首条铁路》(含8张照片)	25cm×19cm	46,000	中贸圣佳	2022-07-27
1886年 梁时泰 海军事务帮办大臣善庆执火枪照/街景	小22cm×27.5cm; 大23.5cm×27.5cm	11,500	中贸圣佳	2022-07-27
1888年 梁时泰 醇亲王奕譞与他的随从合影/十三殿神道	小20cm×24cm; 大21cm×28cm	23,000	中贸圣佳	2022-07-27
林语堂与朱少屏签名合影	14cm×8.5cm	74,750	西泠印社	2022-01-23
1930年 林泽苍 旅行摄影小样相册(200张)	小4.5cm×6cm; 大6cm×6cm	23,000	中贸圣佳	2022-12-31
1930年 林泽苍 雪中佛香阁	29cm×20cm	17,250	中贸圣佳	2022-07-27
1930年 刘半农 夕阳残照	28cm×35cm	115,000	中贸圣佳	2022-07-27
1930—1960年 刘旭沧 艺术摄影佳作(77张)	小7cm×9.5cm; 大12cm×17cm	207,000	中贸圣佳	2022-07-27
1930年 刘旭沧 静物(2张)	24cm×28.5cm	34,500	中贸圣佳	2022-07-27
1950年 刘旭沧 静物、风景、人像艺术摄影(44张)	小6.5cm×6.5cm; 大30cm×25.5cm	46,000	中贸圣佳	2022-07-27
刘埔书法照片册	尺寸不一	14,950	中贸圣佳	2022-07-27
龙门石窟影集	25.5cm×33cm	11,500	中国嘉德	2022-12-13
1938年 卢施福等《雷雨》《日出》等话剧演出照(144张)	小5cm×3.5cm; 大11cm×15cm	34,500	中贸圣佳	2022-07-27
1952年 罗伯特·杜瓦诺作 毕加索面包	24cm×30cm	59,800	中贸圣佳	2022-07-27
1935年 骆伯年 图案摄影(2张)	11cm×11cm	23,000	中贸圣佳	2022-12-31
1896年 马克斯·普里斯特 李鸿章与俾斯麦合影(附版画2张)	21cm×14.5cm	20,700	中贸圣佳	2022-12-31
1962年 马连良"海瑞罢官"剧照题字	29cm×23cm	55,200	中国嘉德	2022-05-30
1946年 玛格丽特·伯克·怀特 斋里的甘地	28cm×35.5cm	80,500	中贸圣佳	2022-07-27
1940年 曼·雷 雕塑	30.5cm×23.5cm	11,500	中贸圣佳	2022-07-27
1926年 梅尔·拉沃伊 北伐前蒋介石与方鼎英在黄埔军校合影	24cm×19cm	17,250	中贸圣佳	2022-07-27
1926年 梅尔·拉沃伊 蒋介石与爱马	24.5cm×19cm	34,500	中贸圣佳	2022-12-31
梅兰芳 纪玉良 等 1941年作、1954年作 题赠著名演员崔正盐龄照片三帧	尺寸不一	43,700	中国嘉德	2022-05-30
民国 梁影成青年照片	长14cm 宽9cm	56,350	中贸圣佳	2022-08-14
民国 伍亭芳签名照	长16cm 宽21cm	10,925	中贸圣佳	2022-08-14
民国 袁克文照片一张	长20cm 宽27cm	25,300	中贸圣佳	2022-08-14
民国 张学良国原版照片	长29cm 宽24cm	310,500	中贸圣佳	2022-08-14
1914年 袁世凯天安门阅兵纪念相册(23张)	8cm×5.5cm	57,500	中贸圣佳	2022-07-27

2022杂项拍卖成交汇总(续表)

成交价RMB：1万元以上

拍品名称	物品尺寸	成交价RMB	拍卖公司	拍卖日期
20世纪20年代 莫文·西尔伯斯坦 吹喇叭的少女	33cm×25.5cm	19,550	中贸圣佳	2022-12-31
1904年 帕克兄弟 爱迪生签名照	21.5cm×16.5cm	11,500	中贸圣佳	2022-12-31
1950年10月11日 潘汉年 致蔡楚生、陈曼云夫妇签赠照	6cm×4.5cm	43,700	西泠印社	2022-01-23
1902年 皮埃尔·洛蒂《北京最后的日子》(10张)	小13cm×8cm；大9.10cm×14cm	11,500	中贸圣佳	2022-12-31
1952年 溥儒 李墨云[现代]夫妇致女弟子葛民钧签名照二帧	尺寸不一	115,000	西泠印社	2022-01-23
1966年 钱嗣杰 毛主席在天安门城楼	34cm×50.5cm	17,250	中贸圣佳	2022-07-27
1966年 钱嗣杰 毛主席在中共八届全会讲话	38cm×42.5cm	11,500	中贸圣佳	2022-07-27
1950年 乔治·赫里尔 黄柳霜	50.5cm×40.5cm	17,250	中贸圣佳	2022-12-31
2010年 山本昌男 代表作品集	照片12cm×8.5cm	23,000	中贸圣佳	2022-07-27
少数民族照片一组(六十一帧)	尺寸不一	17,250	中鸿信	2022-09-12
1930年 邵卧云 余园一角	25cm×18cm	11,500	中贸圣佳	2022-12-31
1930年 邵洵美 江南水乡艺术摄影相册(56张)	小3cm×4cm；大9cm×12.5cm	34,500	中贸圣佳	2022-12-31
1930年 舒新城 西湖小景	29cm×16.5cm	11,500	中贸圣佳	2022-07-27
1930年 舒新城 远眺西湖	14.5cm×21.3cm	17,250	中贸圣佳	2022-07-27
1900年 水津芳雄等 两宫回銮等清末北京、保定、廊坊等地记事影集(101张)	小6.5cm×9.5cm；大18cm×23.5cm	25,300	中贸圣佳	2022-07-27
1920年 斯文·赫定 骑马的贵妇与儿童	20.5cm×26.5cm	11,500	中贸圣佳	2022-12-31
1949年 汤姆·凯利 天鹅绒上的梦露	50cm×39.5cm	54,050	中贸圣佳	2022-07-27
1910—1920年 唐纳德·曼尼 "风景如画"中国各地区画意摄影原作(70张)	小10cm×13.5cm；大12cm×17.5cm	115,000	中贸圣佳	2022-12-31
1927年 陶冷月 黄山	25.5cm×18cm	17,250	中贸圣佳	2022-12-31
1930年 陶冷月 翠盖佳人临水立	31cm×20.5cm	23,000	中贸圣佳	2022-12-31
1930年 陶冷月 鹦鹉	21.5cm×16cm	35,650	中贸圣佳	2022-12-31
王大同赴西藏写生时期拍摄藏族人民写真原版银盐照片一组(二百三十八张)	尺寸不一	105,800	中鸿信	2022-09-12
1950年 王君华 黄山风景(20张)	9.5cm×15cm	17,250	中贸圣佳	2022-07-27
1952年 维利·罗尼 巴黎小男孩	30cm×40cm	115,000	中贸圣佳	2022-07-27
1930年 魏南昌 健美	17.5cm×25.5cm	17,250	中贸圣佳	2022-07-27
1930年 魏南昌 千树雪	30cm×22.5cm	17,250	中贸圣佳	2022-12-31
1974—1978年 翁乃强等 70年代北京摄影艺术展览样片8册(750张)	小2.5cm×3.5cm；大10cm×13.5cm	40,250	中贸圣佳	2022-07-27
1930年 吴似兰 烟台风景	23.5cm×30.5cm	17,250	中贸圣佳	2022-07-27
1947年 吴寅伯 筏	34.5cm×25.5cm	51,750	中贸圣佳	2022-12-31
1930—1970年 吴印咸 摄影代表作、底片、文稿、出版物(215张照片、164张底片、8份文稿、3册出版)	小2cm×3cm；大29.5cm×25cm	345,000	中贸圣佳	2022-07-27
1930年 吴印咸 泥沙俱下	14cm×22cm	11,500	中贸圣佳	2022-12-31
1939年 吴印咸 白求恩大夫	58cm×45cm	126,500	中贸圣佳	2022-07-27
1942年 吴印咸 延安文艺座谈会合影	10cm×28.5cm	29,900	中贸圣佳	2022-07-27
吴印咸摄《毛主席肖像》《朱德肖像》等原版蛋白照片一组(两帧)	尺寸不一	11,500	中鸿信	2022-09-12
1930年 吴中行 美女/雪/竹(3张)	小22.5cm×16cm；大23cm×28.7cm	20,700	中贸圣佳	2022-07-27
1932年 吴中行 雄鸡—唱天下白	21cm×29cm	66,700	中贸圣佳	2022-07-27
夏献纶编 台湾舆图	31cm×18cm	46,000	北京荣宝	2022-07-24
1882—1884年 谢满绿 镜头下的清末民乡影集(486张)	11.5cm×16.5cm	1,150,000	中贸圣佳	2022-07-27
20世纪70—80年代 新华社代中国重大历史事件以及人民生活新闻原照(8805张)	小7.5cm×14.5cm；大25.5cm×30.5cm	115,000	中贸圣佳	2022-07-27
1930年 徐绿芙 小货轮/云树	21cm×26.3cm	17,250	中贸圣佳	2022-07-27
1941—1942年 徐肖冰、周从初等 延安生活散记(6张)	小20cm×29cm；大30cm×22.5cm	86,250	中贸圣佳	2022-07-27
1950年 薛子江作 青菜与鲜蛋	19.5cm×19.5cm	17,250	中贸圣佳	2022-12-31
荀慧生收学生夏正芳于首都与来宾摄影留念(一帧)	27cm×49cm	69,000	中鸿信	2022-09-12
清 杨守敬编 历代舆地沿革险要图	39.4cm×23.5cm	13,800	中贸圣佳	2022-07-27
1963年 姚经才 刘少奇手上色标准照片	19cm×14cm	17,250	中贸圣佳	2022-12-31
1937年 叶六如 冷月孤鸢	27.5cm×19.5cm	20,700	中贸圣佳	2022-12-31
于右任 题赠王观渔照片	39.5cm×29cm	11,500	中国嘉德	2022-12-13
1935年 张大千 题婉君照片 镜心	33cm×42.5cm	28,750	北京银座	2022-09-16
张大千 黄汉雯摄影	30.5cm×49cm	23,000	上海嘉禾	2022-01-01
张大千题赠黄一亚签名照	39.5cm×33cm	40,250	中国嘉德	2022-06-27
张大千题赠照片 镜心	26cm×22cm	97,750	中国嘉德	2022-06-27
1934年 张景瑞 嘚啾	22.5cm×16cm	41,400	中贸圣佳	2022-07-27
1930年 赵澄 傲骨	24.5cm×29cm	11,500	中贸圣佳	2022-07-27
1930年 赵澄 清白传家	17.5cm×16cm	23,000	中贸圣佳	2022-07-27
1966年 赵羡藻 青山	40cm×50.5cm	25,300	中贸圣佳	2022-07-27
1957年 郑君里 长跑 中国电影工作者联谊会成立大会合影	52.5cm×17.5cm	92,000	西泠印社	2022-01-23
1954年8月25日 周翔宇致富兰克林与英国工党代表团合影签名照	20cm×15cm(照片)	506,000	西泠印社	2022-01-23
20世纪30年代 庄学本 亭亭玉立	21.5cm×29.5cm	17,250	中贸圣佳	2022-12-31
1926年 卓别林 签赠大幅礼服照	33.5cm×24.5cm	23,000	西泠印社	2022-01-23
"I LOVE YOU"——复仇者联盟群星签名无限手套海报	34cm×26.5cm	57,500	西泠印社	2022-01-22
《醒狮》1—52号(全)(五十二份)	36.5cm×25.5cm	89,700	中鸿信	2022-09-12
1962年百花齐放挂历	42.5cm×29.8cm	69,000	北京荣宝	2022-07-24
1967年四尺单宣	69cm×138cm	25,300	中国嘉德	2022-05-28
1976年四尺单宣	69cm×138cm	11,500	中国嘉德	2022-05-28
1977年五尺单宣	84cm×153cm	11,500	中国嘉德	2022-05-28
20世纪70年代红旗牌五尺二层、三层贡纸	84cm×153cm	25,300	中国嘉德	2022-05-28
20世纪70年代六尺单宣	97cm×180cm	13,800	中国嘉德	2022-05-28
20世纪80年代四尺单宣	69cm×138cm	20,700	中国嘉德	2022-05-28
北京荣宝斋煮硾宣等	尺寸不一	17,250	中国嘉德	2022-05-28
北平荣宝斋诗笺谱下	19.5cm×32cm	13,800	中国嘉德	2022-05-28
电影海报《珠江泪》(一张)	106cm×78cm	21,850	中鸿信	2022-09-12
飞天 镜心	66cm×104cm	20,700	北京荣宝	2022-07-24
高振霄旧藏对联纸一组	尺寸不一	27,600	西泠印社	2022-08-19
空白册子、散页	尺寸不一	28,750	中贸圣佳	2022-07-27
力士香皂广告(电影明星胡蝶)(一张)	109cm×79cm	13,800	中鸿信	2022-09-12
清乾隆 角花笺(四张一套)	23.5cm×27cm	92,000	华艺国际	2022-09-23
荣宝斋木版水印雕版一组	尺寸不一	23,000	北京荣宝	2022-07-24
太平御览 存二卷	27.7cm×18cm	13,800	永乐拍卖	2022-07-25
同仁堂雕版及药单	尺寸不一	26,450	中贸圣佳	2022-07-27
文革宣传画一组(七张)	76cm×54cm	13,800	中鸿信	2022-09-12
宣传标语一套(三十二张)	尺寸不一	34,500	中贸圣佳	2022-07-27
朱丝格纸	58.3cm×48cm	11,500	中国嘉德	2022-05-28
著名经典月份牌宏兴鹧鸪菜药品广告画《七情不惑图》(一幅)	76cm×53cm	25,300	中鸿信	2022-09-12
《十三经性理参赞》《反身录》书板五十五块(正反面刊刻)	18cm×26cm	115,000	北京保利	2022-07-27
成童画报	28.5cm×17.5cm	18,400	中贸圣佳	2022-07-27
大闹报	21.8cm×14.7cm	11,500	中贸圣佳	2022-07-27
殿试卷 "地产宝画惟玉"	30cm×11.5cm	28,750	永乐拍卖	2022-07-25
殿试卷 "礼亲邦国"	44.2cm×11.3cm	17,250	永乐拍卖	2022-07-25
殿试卷 "闻政治甚繁也"	44.1cm×11.3cm	40,250	永乐拍卖	2022-07-25
敦煌第112窟《反弹琵琶舞》	44.7cm×55cm	834,274	香港贞观	2022-06-18
敦煌第217窟《弧旋舞》	49cm×58.5cm	493,754	香港贞观	2022-06-18
敦煌第220窟《维摩诘大士》	58.5cm×48.5cm	834,274	香港贞观	2022-06-18
敦煌第249窟《菩萨》	62cm×40.5cm	578,884	香港贞观	2022-06-18
敦煌第285窟《东西方美人》	48.5cm×54cm	493,754	香港贞观	2022-06-18
敦煌第321窟《飞天》	59cm×42cm	408,624	香港贞观	2022-06-18
敦煌第407窟《三兔藻井》	96cm×96cm	408,624	香港贞观	2022-06-18
敦煌第57窟《美人菩萨》	57cm×45.5cm	834,274	香港贞观	2022-06-18
敦煌第3窟《千手千眼观世音菩萨》	156.5cm×170cm	1,345,054	香港贞观	2022-06-18
林徽因 陈寅恪等国立清华大学借书法课程表	尺寸不一	28,750	中贸圣佳	2022-07-27
龙牌	115cm×41cm	18,400	中贸圣佳	2022-12-31
陆军中将苏锡麟勋章及执照一组(两件)	尺寸不一	51,750	中鸿信	2022-09-12
民国 冯先铭民国"国立北平故宫博物院"聘书	长26cm 宽17cm	17,250	中贸圣佳	2022-08-14
清 铜活字(一盒)	尺寸不一	20,700	广东崇正	2022-12-25
清 上谕殿试卷性理名山此	23cm×11.3cm	23,000	中贸圣佳	2022-12-31
沈曾植关于考试录取、财政政策事宜的手稿	尺寸不一	41,400	中贸圣佳	2022-07-27
通草画	尺寸不一	92,000	中国嘉德	2022-05-28
汪绍楹照片、准考证、学费收据等一批	尺寸不一	17,250	中贸圣佳	2022-07-27
武昌起义电报原稿	尺寸不一	184,000	中贸圣佳	2022-07-27
乡试墨卷	30cm×13.8cm	74,750	永乐拍卖	2022-07-25
张学良 手书晚年食谱	13cm×19cm	28,750	中国嘉德	2022-12-13
佳酿				
"新铁盖" 贵州茅台酒二瓶		126,500	中贸圣佳	2022-07-24
[绝版罕见]1970年、1973年贵州茅台酒"带飘带"葵花	重1025g	207,000	上海嘉禾	2022-01-01
[绝版罕见]1978年贵州茅台酒 葵花 三大革命	重1026g	132,250	上海嘉禾	2022-01-01
[绝版罕见]1985年、1986年贵州茅台酒 五星 黑酱	重1006g、953g	218,500	上海嘉禾	2022-01-01
[绝版罕见]1986年贵州茅台酒 五星 金字铁盖 原箱		874,000	上海嘉禾	2022-01-01
[绝版罕见]1987年3月20日 贵州茅台酒 五星 金字铁盖(大背标)	重952g	80,500	上海嘉禾	2022-01-01
[品味佳酿]1988年贵州茅台酒 五星 铁盖	重960g、987g	80,500	上海嘉禾	2022-01-01
[品味佳酿]1990年贵州茅台酒 五星 铁盖	重995g、967g	69,000	上海嘉禾	2022-01-01

2022杂项拍卖成交汇总（续表）

（成交价RMB：1万元以上）

拍品名称	物品尺寸	成交价RMB	拍卖公司	拍卖日期
【品味佳酿】1992年贵州茅台酒 飞天 铁盖	重985g、963g	57,500	上海嘉禾	2022-01-01
【品味佳酿】1992年贵州茅台酒 飞天 铁盖 珍品	重1007g、1014g	63,250	上海嘉禾	2022-01-01
【品味佳酿】1994年贵州茅台酒 飞天 铁盖	重987g、966g	69,000	上海嘉禾	2022-01-01
【品味佳酿】1996年贵州茅台酒 飞天 铁盖	重935g、959g	57,500	上海嘉禾	2022-01-01
【品味佳酿】1998年贵州茅台酒（三十年份酒）	重1095g、1113g	48,300	上海嘉禾	2022-01-01
【品味佳酿】1999年贵州茅台酒 飞天	重947g、938g	28,750	上海嘉禾	2022-01-01
【品味佳酿】2000年贵州茅台酒 飞天		74,750	上海嘉禾	2022-01-01
【品味佳酿】2000年贵州茅台酒 飞天	重950g、952g	28,750	上海嘉禾	2022-01-01
【品味佳酿】2001年贵州茅台酒 五星	尺寸不一	69,000	上海嘉禾	2022-01-01
【品味佳酿】2002年贵州茅台酒	尺寸不一	55,200	上海嘉禾	2022-01-01
【品味佳酿】20世纪80年代 贵州茅台酒 大方印珍品 铁盖	重1009g	55,200	上海嘉禾	2022-01-01
【品味佳酿】20世纪80年代中期 贵州茅台酒 飞天 铁盖	重985g、976g	69,000	上海嘉禾	2022-01-01
【世纪组合】贵州茅台酒（1980、1990、2000、2010、2020年）	重1018g、982g、960g、947g、956g	92,000	上海嘉禾	2022-01-01
【收藏珍品】1985 1986年贵州茅台酒 五星 黑酱 全棉纸	重970g	115,000	上海嘉禾	2022-01-01
【收藏珍品】1986年12月29日 贵州茅台酒 五星 金字铁盖	重970g、950g	161,000	上海嘉禾	2022-01-01
【收藏珍品】1987年贵州茅台酒 飞天 铁盖	尺寸不一	448,500	上海嘉禾	2022-01-01
【收藏珍品】1991年贵州茅台酒 五星 铁盖	尺寸不一	207,000	上海嘉禾	2022-01-01
【收藏珍品】1999年贵州茅台酒 国庆50周年盛典纪念酒	重1079g	69,000	上海嘉禾	2022-01-01
【收藏珍品】2005年贵州茅台酒 五星 红釉陈酿	重975g	103,500	上海嘉禾	2022-01-01
【收藏珍品】2006年、2007年贵州茅台酒 蓝瓶 带酒杯	重955g、952g	34,500	上海嘉禾	2022-01-01
【收藏珍品】20世纪70年代 贵州茅台酒 葵花（带飘带）	重1024g	109,250	上海嘉禾	2022-01-01
【送礼佳品】1979年2月21日 贵州茅台酒 五星 三大革命	重1062g	86,250	上海嘉禾	2022-01-01
【送礼佳品】1987年贵州茅台酒 五星 铁盖	重995g、992g	97,750	上海嘉禾	2022-01-01
【送礼佳品】20世纪80年代 贵州茅台酒 1704珍品	重972g	63,250	上海嘉禾	2022-01-01
【铁盖大全套】1986年、1996年贵州茅台酒 五星 铁盖	尺寸不一	437,000	上海嘉禾	2022-01-01
【无冕之王】1971年贵州茅台酒 五星 三大革命	重965g	253,000	上海嘉禾	2022-01-01
【无冕之王】1983年贵州茅台酒 大飞天 黄酱	重962g	207,000	上海嘉禾	2022-01-01
【无冕之王】1984年8月2日 贵州茅台酒 五星 黄酱	重950g	149,500	上海嘉禾	2022-01-01
【小酌美酒】20世纪80年代 贵州茅台酒 小飞天	重718g、654g、688g、620g	69,000	上海嘉禾	2022-01-01
【小酌美酒】20世纪90年代初期 贵州茅台酒 小飞天		235,750	上海嘉禾	2022-01-01
【增值藏品】1980年、1982年贵州茅台酒 五星 三大革命 全棉纸	尺寸不一	368,000	上海嘉禾	2022-01-01
【增值藏品】1983年、1985年贵州茅台酒 五星 地方国营（全棉纸）	尺寸不一	368,000	上海嘉禾	2022-01-01
【增值藏品】1983年贵州茅台酒 五星 黄酱	重1051g	172,500	上海嘉禾	2022-01-01
【增值藏品】1987年贵州茅台酒 五星 铁盖	尺寸不一	253,000	上海嘉禾	2022-01-01
【增值藏品】20世纪70年代 贵州茅台酒 大飞天	重1065g、1042g	115,000	上海嘉禾	2022-01-01
【增值收藏佳品】1996年、2000年贵州茅台酒 各20瓶		1,322,500	上海嘉禾	2022-01-01
【增值送礼藏品】2014年、2021年贵州茅台 生肖纪念酒（马年 羊年 猴年 鸡年 鼠年 狗年 猪年）	尺寸不一	92,000	上海嘉禾	2022-01-01
【增值送礼藏品】1980年、1989年贵州茅台酒 五星 红木礼盒	尺寸不一	494,500	上海嘉禾	2022-01-01
【增值送礼藏品】1981年、1986年贵州茅台酒 五星（三大革命）红木礼盒	尺寸不一	345,000	上海嘉禾	2022-01-01
【增值送礼藏品】1983年、1986年贵州茅台酒 五星 地方国营	尺寸不一	230,000	上海嘉禾	2022-01-01
【增值送礼藏品】1987年、1996年贵州茅台酒 五星 红木礼盒	尺寸不一	345,000	上海嘉禾	2022-01-01
【增值送礼藏品】贵州茅台酒 红木礼盒	尺寸不一	138,000	上海嘉禾	2022-01-01
【尊贵珍藏】1985年贵州茅台酒 五星 黑酱	重971g	109,250	上海嘉禾	2022-01-01
【尊贵珍藏】1988年贵州茅台酒 珍品 原箱 稀少		155,250	上海嘉禾	2022-01-01
【尊贵珍藏】1991年、1993年贵州茅台酒 珍品 铁盖		207,000	上海嘉禾	2022-01-01
【尊贵珍藏】1995年贵州茅台酒 五星 铁盖	尺寸不一	287,500	上海嘉禾	2022-01-01
【尊贵珍藏】1997年贵州茅台酒 五星 原箱		218,500	上海嘉禾	2022-01-01
【尊贵珍藏】1998年贵州茅台酒 五星 原箱		218,500	上海嘉禾	2022-01-01
【尊贵珍藏】2000年贵州茅台酒 飞天 原箱		253,000	上海嘉禾	2022-01-01
【尊贵珍藏】2006年贵州茅台酒 飞天 大白皮 原箱		172,500	上海嘉禾	2022-01-01
【尊贵珍藏】2013年贵州茅台酒 原箱		161,000	上海嘉禾	2022-01-01
【尊贵珍藏】20世纪80年代 贵州茅台酒 大飞天	重1039g、1092g	80,500	上海嘉禾	2022-01-01
1989年产铁盖珍品茅台酒 6瓶	500ml/瓶	218,500	中国嘉德	2022-06-26
1989年产五星牌铁盖茅台酒 6瓶	500ml/瓶	218,500	中国嘉德	2022-06-26
1957年产外销金轮牌贵州茅台酒（绿美人）1瓶		1,092,500	中贸圣佳	2022-07-24
1958年金轮贵州茅台酒（全棉纸绿美人）1瓶	约540ml	1,276,500	西泠印社	2022-01-21
1959年贵州茅台酒（土陶瓶）1瓶	约540ml	1,380,000	西泠印社	2022-01-21
1960年产金轮牌贵州茅台酒（土陶瓶）1瓶		862,500	中贸圣佳	2022-07-24
1966年产飞天牌全棉纸茅台酒1瓶	540ml	575,000	中国嘉德	2022-12-26
1971年产金轮牌贵州茅台酒（土陶瓶）1瓶		437,000	中贸圣佳	2022-07-24
1972年产金轮牌贵州茅台酒1瓶		253,000	中贸圣佳	2022-07-24
1972年产五星牌茅台酒1瓶	540ml	276,000	中国嘉德	2022-06-26
1973年产全棉纸葵花牌茅台酒（小瓶装270毫升）1瓶	270ml	149,500	中国嘉德	2022-06-26
1975年1月15日 贵州茅台酒 五星 三大革命	重1081g	195,500	上海嘉禾	2022-01-01
1976年4月3日 贵州茅台酒 五星 三大革命	重1063g	126,500	上海嘉禾	2022-01-01
1976年产飞天牌贵州茅台酒（大飞天）1瓶		172,500	中贸圣佳	2022-07-24
1977年贵州茅台酒 五星 三大革命	重990g	92,000	上海嘉禾	2022-01-01
1977年产金轮牌贵州茅台酒（三大革命）1瓶		126,500	中贸圣佳	2022-07-24
1978年贵州茅台酒 五星 三大革命	重1036g	80,500	上海嘉禾	2022-01-01
1978年产金轮牌贵州茅台酒（三大革命）1瓶		115,000	中贸圣佳	2022-07-24
1978年产葵花牌贵州茅台酒（三大葵花）1瓶		195,500	中贸圣佳	2022-07-24
1978年产葵花牌茅台酒 1瓶	540ml	218,500	中国嘉德	2022-12-26
1978年产五星牌棉纸贵州茅台酒		92,000	北京荣宝	2022-07-24
1979年产金轮牌贵州茅台酒（三大革命）1瓶		109,250	中贸圣佳	2022-07-24
1979年产五星牌茅台酒 1瓶	540ml	126,500	中国嘉德	2022-06-26
1979年产五星牌茅台酒 1瓶	540ml	92,000	中国嘉德	2022-12-26
1979年五星牌地方国营贵州茅台酒1瓶		57,500	中贸圣佳	2022-07-24
1979年贵州茅台酒（棉纸三大革命）		86,250	北京保利	2022-07-27
1980—1982 金轮牌贵州茅台酒（三大革命）		47,481	香港苏富比	2022-10-04
1980—1982 年产金轮牌贵州茅台酒（三大革命）		54,264	香港苏富比	2022-10-04
1980—1982年产飞天牌贵州茅台酒（大飞天）6瓶		218,500	中贸圣佳	2022-07-24
1980—1982年产飞天牌贵州茅台酒（大飞天）6瓶		230,000	中贸圣佳	2022-07-24
1980—1982年产金轮牌贵州茅台酒（三大革命）4瓶		264,500	中贸圣佳	2022-07-24
1980—1982年产金轮牌贵州茅台酒（三大革命）6瓶		322,000	中贸圣佳	2022-10-04
1980—1982年产金轮牌贵州茅台酒（三大革命）4瓶		195,500	中贸圣佳	2022-10-04
1980—1982年产金轮牌贵州茅台酒（三大革命）2瓶		115,000	中贸圣佳	2022-07-24

拍品名称	物品尺寸	成交价RMB	拍卖公司	拍卖日期
1980—1982年产金轮牌贵州茅台酒(三大革命)6瓶		345,000	中贸圣佳	2022-07-24
1980—1982年产金轮牌贵州茅台酒(三大革命)4瓶		207,000	中贸圣佳	2022-07-24
1980—1982年金轮内销贵州茅台酒(三大革命)		402,500	永乐拍卖	2022-07-26
1980—1986年产飞天牌贵州茅台酒(半斤装)20瓶		201,250	中贸圣佳	2022-10-26
1980—1989年产五星牌贵州茅台酒10瓶		437,000	中贸圣佳	
1980—1989年产五星牌贵州茅台酒10瓶		437,000	中贸圣佳	
1980年贵州茅台酒 五星 三大革命	重1044g、1021g	109,250	上海嘉禾	2022-01-01
1980—2021贵州茅台酒垂直年份组合		1,035,000	永乐拍卖	2022-07-26
1980年产金轮牌贵州茅台酒(三大革命)2瓶		120,750	中贸圣佳	2022-10-26
1980年产金轮牌贵州茅台酒(三大革命)2瓶		120,750	中贸圣佳	2022-07-24
1981—1985年飞天牌茅台酒		86,822	保利香港	2022-10-11
1981年 金轮牌三大革命茅台酒		54,264	保利香港	2022-10-11
1981年贵州茅台酒(大飞天)		46,000	保利厦门	2022-10-21
1981年产金轮牌贵州茅台酒(三大革命)		79,135	香港苏富比	2022-10-04
1981年产金轮牌贵州茅台酒(三大革命)2瓶		101,200	中贸圣佳	2022-10-26
1981年产金轮牌贵州茅台酒(三大革命)2瓶		112,700	中贸圣佳	2022-07-24
1981年贵州茅台酒 五星 三大革命	重1006g、990g	103,500	上海嘉禾	2022-01-01
1982—1986年 金轮牌地方国营茅台酒		45,581	保利香港	2022-10-11
1982年五星牌贵州茅台酒(黄酱)		310,500	北京保利	2022-07-27
1982年9月9日 贵州茅台酒 五星 三大革命(同日期)	重1043g、1036g	115,000	上海嘉禾	2022-01-01
1982年产金轮牌贵州茅台酒(三大革命)		79,135	香港苏富比	2022-10-04
1982年产金轮牌贵州茅台酒(三大革命)2瓶		101,200	中贸圣佳	2022-10-26
1982年产金轮牌贵州茅台酒(三大革命)二瓶		103,500	中贸圣佳	2022-07-24
1982年产五星牌茅台酒 2瓶	540ml/瓶	126,500	中国嘉德	2022-06-26
1982年产五星牌茅台酒 2瓶	540ml/瓶	126,500	中国嘉德	2022-12-26
1982年贵州茅台酒 五星 三大革命	重1028g、1010g	101,200	上海嘉禾	2022-01-01
1983—1985年产飞天牌贵州茅台酒(大飞天)6瓶		212,750	中贸圣佳	2022-10-26
1983—1985年产飞天牌贵州茅台酒(大飞天)6瓶		207,000	中贸圣佳	2022-07-24
1983—1985年产飞天牌贵州茅台酒(大飞天)一箱12瓶		782,000	中贸圣佳	2022-07-24
1983—1986年 金轮牌贵州茅台酒(地方国营)		56,525	香港苏富比	2022-10-04
1983—1986年 金轮牌全棉纸特供黑酱茅台酒		75,969	保利香港	2022-10-11
1983—1986年五星牌内销贵州茅台酒(地方国营)		540,500	北京保利	2022-07-27
1983—1986年产五星牌贵州茅台酒(地方国营)12瓶		529,000	中贸圣佳	2022-10-26
1983—1986年产五星牌贵州茅台酒(地方国营)12瓶		506,000	中贸圣佳	2022-07-24
1983—1986年产五星牌贵州茅台酒(地方国营)8瓶		322,000	中贸圣佳	2022-10-26
1983—1986年产五星牌贵州茅台酒(地方国营)8瓶		322,000	中贸圣佳	2022-07-24
1983—1986年产五星牌贵州茅台酒(地方国营)12瓶		598,000	中贸圣佳	2022-07-24
1983—1986年产五星牌贵州茅台酒(地方国营)12瓶		483,000	中贸圣佳	2022-07-24
1983年贵州茅台酒 五星 地方国营	重1056g、1060g	97,750	上海嘉禾	2022-01-01
1983年贵州茅台酒 五星 地方国营 全棉纸	重1041g、1055g	115,000	上海嘉禾	2022-01-01
1983年产(原箱)五星牌黄酱贵州茅台酒8瓶	540ml/瓶	2,875,000	中国嘉德	2022-06-26
1983年产金轮牌贵州茅台酒(三大革命)		62,178	香港苏富比	2022-10-04
1983年产五星牌地方国营茅台酒 2瓶	540ml/瓶	149,500	中国嘉德	2022-06-26
1983年产五星牌贵州茅台酒(地方国营)2瓶		85,100	中贸圣佳	2022-10-26
1983年产五星牌贵州茅台酒(地方国营)2瓶		97,750	中贸圣佳	2022-07-24
1983年产五星牌全棉纸地方国营茅台酒 2瓶	540ml/瓶	138,000	中国嘉德	2022-12-26
1983年五星牌内销贵州茅台酒(地方国营)		638,250	永乐拍卖	2022-07-26
1984、1985、1986年产五星牌黑酱茅台酒(各一瓶)3瓶	540ml/瓶	379,500	中国嘉德	2022-06-26
1984—1986年五星牌贵州茅台酒(小地方国营棉纸)		172,500	北京保利	2022-07-27
1984年产全棉纸五星牌地方国营茅台酒 6瓶	540ml/瓶	379,500	中国嘉德	2022-06-26
1984年产五星牌地方国营茅台酒 4瓶	540ml/瓶	195,500	中国嘉德	2022-12-26
1984年产五星牌贵州茅台酒(地方国营)4瓶		166,750	中贸圣佳	2022-10-26
1984年产五星牌贵州茅台酒(地方国营)4瓶		161,000	中贸圣佳	2022-07-24
1984年产五星牌黄酱茅台酒 1瓶	540ml	264,500	中国嘉德	2022-06-26
1984年产原箱飞天牌黄酱茅台酒 12瓶(1箱×12瓶)	540ml/瓶	4,025,000	中国嘉德	2022-12-26
1984年产原箱全棉纸地方国营茅台酒(小瓶装270毫升)20瓶	270ml/瓶	1,035,000	中国嘉德	2022-06-26
1984年五星牌内销贵州茅台酒(地方国营)		1,265,000	永乐拍卖	2022-07-26
1985—1986年产飞天牌贵州茅台酒(铁盖)1盒2瓶		110,400	中贸圣佳	2022-10-26
1985—1986年产五星牌黑酱贵州茅台酒 2瓶		195,500	中贸圣佳	2022-10-24
1985—1986年产五星牌黑酱贵州茅台酒 2瓶		253,000	中贸圣佳	2022-10-24
1985—1986年产五星牌黑酱贵州茅台酒2瓶		230,000	中贸圣佳	2022-07-24
1985—1989年产飞天牌贵州茅台酒(铁盖)12瓶		391,000	中贸圣佳	2022-10-24
1985—1989年产飞天牌贵州茅台酒(铁盖)12瓶		402,500	中贸圣佳	2022-07-24
1985年飞天牌茅台酒		71,628	保利香港	2022-10-11
1985年贵州茅台酒 五星 地方国营	重1082g、1048g	80,500	上海嘉禾	2022-01-01
1985年产飞天牌贵州茅台酒(塑盖飞天)12瓶		391,000	中贸圣佳	2022-10-26
1985年产飞天牌贵州茅台酒(塑盖飞天)12瓶		402,500	中贸圣佳	2022-07-24
1985年产全棉纸五星牌地方国营茅台酒 2瓶	540ml/瓶	149,500	中国嘉德	2022-06-26
1985年产五星牌地方国营茅台酒 2瓶	540ml/瓶	115,000	中国嘉德	2022-12-26
1985年产五星牌贵州茅台酒(地方国营)2瓶		85,100	中贸圣佳	2022-10-26
1985年产五星牌贵州茅台酒(地方国营)2瓶		86,250	中贸圣佳	2022-07-24
1985年产五星牌黑酱茅台酒 1瓶	540ml/瓶	149,500	中国嘉德	2022-06-26
1985年产原箱飞天牌茅台酒 12瓶(1箱×12瓶)	540ml/瓶	862,500	中国嘉德	2022-06-26
1985年五星牌内销贵州茅台酒(地方营)		931,500	永乐拍卖	2022-07-26
1986—1987年贵州茅台酒(一七〇四铁盖)		402,500	西泠印社	2022-01-21
1986—1993年 茅台酒小容量组合(铁盖)		86,822	保利香港	2022-10-11
1986—1996年产飞天牌铁盖茅台酒(各一瓶)11瓶	500ml/瓶	437,000	中国嘉德	2022-06-26
1986—1996年产铁盖珍品茅台酒套装11瓶	500ml/瓶	471,500	中国嘉德	2022-06-26
1986—1996年产五星牌铁盖茅台酒(各一瓶)11瓶	500ml/瓶	402,500	中国嘉德	2022-06-26
1986年贵州茅台酒 五星 地方国营	重1056g、1071g	92,000	上海嘉禾	2022-01-01
1986年贵州茅台酒 五星 黑酱	重976g	103,500	上海嘉禾	2022-01-01
1986年12月26号 贵州茅台酒 五星 金字铁盖 原箱		747,500	上海嘉禾	2022-11-20
1986年产飞天牌铁盖茅台酒套装11瓶	500ml/瓶	437,000	中国嘉德	2022-12-26
1986—1996年产铁盖珍品茅台酒套装11瓶	500ml/瓶	425,500	中国嘉德	2022-12-26
1986—1996年产五星牌铁盖茅台酒套装11瓶	500ml/瓶	391,000	中国嘉德	2022-12-26
1986年产全棉纸五星牌地方国营茅台酒 6瓶	540ml/瓶	414,000	中国嘉德	2022-06-26
1986年产铁盖珍品茅台酒 2瓶	500ml/瓶	138,000	中国嘉德	2022-06-26

2022杂项拍卖成交汇总(续表)

成交价RMB：1万元以上

拍品名称	物品尺寸	成交价RMB	拍卖公司	拍卖日期	拍品名称	物品尺寸	成交价RMB	拍卖公司	拍卖日期
1986年产铁盖珍品茅台酒 2瓶	500ml/瓶	138,000	中国嘉德	2022-12-26	1989年产五星牌铁盖茅台酒 4瓶	500ml/瓶	195,500	中国嘉德	2022-12-26
1986年产五星牌贵州茅台酒(地方国营)4瓶		166,750	中贸圣佳	2022-10-26	1989年产珍品贵州茅台酒(曲印)4瓶		132,250	中贸圣佳	2022-10-26
1986年产五星牌贵州茅台酒(地方国营)4瓶		161,000	中贸圣佳	2022-07-24	1989年产珍品贵州茅台酒（曲印）4瓶		138,000	中贸圣佳	2022-07-24
1986年产五星牌贵州茅台酒(铁盖)3瓶		172,500	中贸圣佳	2022-07-24	1989年贵州茅台酒(铁盖)		207,000	西泠印社	2022-01-21
1986年产五星牌黑酱茅台酒 2瓶	540ml/瓶	230,000	中国嘉德	2022-06-26	1989年贵州茅台酒(铁盖)		207,000	西泠印社	2022-08-19
1986年产五星牌全棉纸地方国营茅台酒 6瓶	540ml/瓶	402,500	中国嘉德	2022-12-26	1990—1992年产飞天牌铁盖贵州茅台酒		230,000	北京荣宝	2022-07-24
1986年产原箱五星牌贵州茅台酒(地方国营)一箱12瓶		943,000	中贸圣佳	2022-07-24	1990—1996年产飞天牌铁盖茅台酒(各一瓶)7瓶	500ml/瓶	207,000	中国嘉德	2022-06-26
1986年产珍品贵州茅台酒(一七〇四)2瓶		126,500	中贸圣佳	2022-04-26	1990—1996年产五星牌铁盖茅台酒(各一瓶)7瓶	500ml/瓶	287,500	中国嘉德	2022-06-26
1986年产珍品贵州茅台酒(一七〇四)2瓶		126,500	中贸圣佳	2022-07-24	1990—1996年产珍品铁盖茅台酒(各一瓶)7瓶	500ml/瓶	184,000	中国嘉德	2022-06-26
1986年贵州茅台酒(一七〇四珍品铁盖)		126,500	北京保利	2022-07-27	1990年产飞天铁盖茅台酒 6瓶	500ml/瓶	207,000	中国嘉德	2022-12-26
1986年五星牌内销贵州茅台酒(地方国营)		621,000	永乐拍卖	2022-07-26	1990年产铁盖珍品茅台酒 6瓶	500ml/瓶	218,500	中国嘉德	2022-06-26
1987—1989年产五星牌贵州茅台酒(铁盖)3瓶		115,000	中贸圣佳	2022-10-26	1990年产铁盖珍品茅台酒 6瓶	500ml/瓶	218,500	中国嘉德	2022-12-26
1987—1989年五星牌贵州茅台酒(铁盖)		272,550	永乐拍卖	2022-07-26	1990年产五星牌贵州茅台酒(铁盖)6瓶		166,750	中贸圣佳	2022-10-26
1987—1996年产五星牌贵州茅台酒10瓶		299,000	中贸圣佳	2022-10-26	1990年产五星牌贵州茅台酒(铁盖)6瓶		195,500	中贸圣佳	2022-07-24
1987—1996年产五星牌贵州茅台酒铁盖10瓶		299,000	中贸圣佳	2022-07-24	1990年产五星牌铁盖贵州茅台酒		74,750	中鸿信	2022-09-12
1987—1996年产珍品贵州茅台酒10瓶		345,000	中贸圣佳	2022-07-24	1990年产五星牌铁盖茅台酒 6瓶	500ml/瓶	218,500	中国嘉德	2022-06-26
1987—1996年贵州茅台酒(铁盖)		419,750	北京保利	2022-07-27	1990年产五星牌铁盖茅台酒 6瓶	500ml/瓶	253,000	中国嘉德	2022-12-26
1987年铁盖贵州茅台酒(经典铁盖收藏)	尺寸不一	632,500	上海嘉禾	2022-11-20	1990年贵州茅台酒(铁盖)		230,000	西泠印社	2022-01-21
1987年产飞天牌铁盖茅台酒 4瓶	500ml/瓶	207,000	中国嘉德	2022-12-26	1990年贵州茅台酒(铁盖)		184,000	西泠印社	2022-08-19
1987年产飞天牌铁盖茅台酒 6瓶	500ml/瓶	276,000	中国嘉德	2022-06-26	1991—1992年飞天牌及五星牌茅台酒(铁盖)		151,939	保利香港	2022-10-11
1987年产五星牌贵州茅台酒(铁盖)6瓶		218,500	中贸圣佳	2022-10-26	1991—1992年飞天牌及五星牌茅台酒(铁盖)		151,939	保利香港	2022-10-11
1987年产五星牌贵州茅台酒(铁盖)6瓶		230,000	中贸圣佳	2022-07-24	1991—1992年产飞天/五星牌贵州茅台酒(铁盖)12瓶		322,000	中贸圣佳	2022-10-26
1987年产五星牌铁盖贵州茅台酒		80,500	中鸿信	2022-09-12	1991—1992年贵州茅台酒(铁盖)		747,500	永乐拍卖	2022-07-26
1987年产五星牌铁盖贵州茅台酒		253,000	北京荣宝	2022-07-24	1991—1993年产五星牌铁盖茅台酒(各两瓶)6瓶	500ml/瓶	184,000	中国嘉德	2022-06-26
1987年产五星牌铁盖茅台酒 4瓶	500ml/瓶	218,500	中国嘉德	2022-12-26	1991—1996年产飞天牌贵州茅台酒(铁盖)18瓶		299,000	中贸圣佳	2022-10-26
1987年产五星牌铁盖茅台酒 6瓶	500ml/瓶	264,500	中国嘉德	2022-06-26	1991—1996年产飞天牌珍品铁盖贵州茅台酒		862,500	北京荣宝	2022-07-24
1987年贵州茅台酒(金字铁盖)		86,250	西泠印社	2022-01-21	1991年贵州茅台酒 五星 铁盖	重972g、970g	74,750	上海嘉禾	2022-01-01
1988—1993年产铁盖茅台酒(小瓶装200毫升)100瓶	200ml/瓶	1,437,500	中国嘉德	2022-06-26	1991年珍品贵州茅台酒		402,500	永乐拍卖	2022-07-26
					1991年珍品贵州茅台酒		253,000	北京保利	2022-07-27
1988年产飞天牌陈年贵州茅台酒		67,830	香港苏富比	2022-10-04	1991年产飞天铁盖茅台酒 12瓶	500ml/瓶	368,000	中国嘉德	2022-06-26
1988年产飞天牌铁盖茅台酒 4瓶	500ml/瓶	218,500	中国嘉德	2022-12-26	1991年产飞天铁盖茅台酒 6瓶	500ml/瓶	195,500	中国嘉德	2022-12-26
1988年产飞天牌铁盖茅台酒 6瓶	500ml/瓶	322,000	中国嘉德	2022-06-26	1991年产铁盖珍品茅台酒 12瓶	500ml/瓶	414,000	中国嘉德	2022-06-26
1988年产铁盖珍品茅台酒 4瓶	500ml/瓶	172,500	中国嘉德	2022-06-26					
1988年产铁盖珍品茅台酒 4瓶	500ml/瓶	195,500	中国嘉德	2022-12-26	1991年产铁盖珍品茅台酒 6瓶	500ml/瓶	207,000	中国嘉德	2022-12-26
1988年产五星牌贵州茅台酒(铁盖)6瓶		218,500	中贸圣佳	2022-10-26	1991年产五星牌铁盖茅台酒 12瓶	500ml/瓶	402,500	中国嘉德	2022-06-26
1988年产五星牌贵州茅台酒(铁盖)6瓶		230,000	中贸圣佳	2022-07-24	1991年产五星牌铁盖茅台酒 6瓶	500ml/瓶	253,000	中国嘉德	2022-12-26
1988年产五星牌铁盖贵州茅台酒		80,500	中鸿信	2022-09-12	1991年产原箱飞天牌铁盖茅台酒 12瓶(1箱×12瓶)	500ml/瓶	575,000	中国嘉德	2022-06-26
1988年产五星牌铁盖茅台酒 4瓶	500ml/瓶	218,500	中国嘉德	2022-12-26	1991年产珍品贵州茅台酒(铁盖)6瓶		172,500	中贸圣佳	2022-10-26
1988年产五星牌铁盖茅台酒 6瓶	500ml/瓶	287,500	中国嘉德	2022-06-26	1991年产珍品贵州茅台酒(铁盖)6瓶		195,500	中贸圣佳	2022-07-24
					1991年贵州茅台酒(铁盖)		115,000	西泠印社	2022-01-21
1988年产原箱五星牌铁盖茅台酒 12瓶(1箱×12瓶)	500ml/瓶	690,000	中国嘉德	2022-06-26	1991年贵州茅台酒(铁盖)		115,000	西泠印社	2022-08-19
1988年产原箱珍品贵州茅台酒(方印)一箱6瓶		460,000	中贸圣佳	2022-07-24	1992年珍品贵州茅台酒		381,800	永乐拍卖	2022-07-26
1988年产珍品贵州茅台酒(方印)2瓶		97,750	中贸圣佳	2022-07-24	1992—1993年产飞天牌铁盖茅台酒100瓶	375ml/瓶	2,300,000	中国嘉德	2022-12-26
1989年贵州茅台酒 五星 铁盖	重981g、989g	80,500	上海嘉禾	2022-01-01	1992年产飞天牌铁盖茅台酒 12瓶	500ml/瓶	379,500	中国嘉德	2022-06-26
1989年产飞天牌铁盖茅台酒 4瓶	500ml/瓶	207,000	中国嘉德	2022-12-26	1992年产飞天牌铁盖茅台酒 6瓶	500ml/瓶	207,000	中国嘉德	2022-12-26
1989年产飞天牌铁盖茅台酒 6瓶	500ml/瓶	253,000	中国嘉德	2022-06-26	1992年产铁盖珍品茅台酒 12瓶	500ml/瓶	471,500	中国嘉德	2022-06-26
1989年产铁盖珍品茅台酒 4瓶	500ml/瓶	184,000	中国嘉德	2022-12-26	1992年产铁盖珍品茅台酒 6瓶	500ml/瓶	195,500	中国嘉德	2022-12-26
1989年产五星牌贵州茅台酒(铁盖)6瓶		218,500	中贸圣佳	2022-10-26	1992年产五星牌铁盖茅台酒 12瓶	500ml/瓶	402,500	中国嘉德	2022-06-26
1989年产五星牌贵州茅台酒(铁盖)6瓶		207,000	中贸圣佳	2022-07-24	1992年产五星牌铁盖茅台酒 6瓶	500ml/瓶	253,000	中国嘉德	2022-12-26

拍品名称	物品尺寸	成交价RMB	拍卖公司	拍卖日期
1992年产原箱飞天牌铁盖茅台酒12瓶(1箱×12瓶)	500ml/瓶	575,000	中国嘉德	2022-06-26
1992年产原箱铁盖珍品茅台酒6瓶(1箱×6瓶)	500ml/瓶	195,500	中国嘉德	2022-12-26
1992年产原箱五星牌贵州茅台酒(铁盖)一箱12瓶		552,000	中贸圣佳	2022-07-24
1992年五星牌铁盖茅台酒12瓶(1箱×12瓶)	500ml/瓶	586,500	中国嘉德	2022-06-26
1992年产珍品贵州茅台酒(铁盖)6瓶		166,750	中贸圣佳	2022-10-26
1992年产珍品贵州茅台酒(铁盖)6瓶		184,000	中贸圣佳	2022-07-24
1992年贵州茅台酒(铁盖)		239,200	北京保利	2022-07-27
1993年贵州茅台酒 五星 铁盖	重969g、955g	57,500	上海嘉禾	2022-01-01
1993年珍品贵州茅台酒		2,300,000	永乐拍卖	2022-07-26
1993年产飞天/五星牌贵州茅台酒(铁盖)12瓶		310,500	中贸圣佳	2022-10-26
1993年产飞天/五星牌贵州茅台酒(铁盖)12瓶		322,000	中贸圣佳	2022-07-24
1993年产飞天牌铁盖茅台酒12瓶	500ml/瓶	402,500	中国嘉德	2022-06-26
1993年产飞天牌铁盖茅台酒6瓶	500ml/瓶	207,000	中国嘉德	2022-12-26
1993年产汉帝茅台酒1瓶	500ml	1,150,000	中国嘉德	2022-12-26
1993年产铁盖珍品茅台酒12瓶	500ml/瓶	402,500	中国嘉德	2022-06-26
1993年产铁盖珍品茅台酒6瓶	500ml/瓶	195,500	中国嘉德	2022-12-26
1993年产五星牌铁盖茅台酒12瓶	500ml/瓶	379,500	中国嘉德	2022-06-26
1993年产五星牌铁盖茅台酒6瓶	500ml/瓶	253,000	中国嘉德	2022-12-26
1993年产原箱飞天牌铁盖茅台酒12瓶(1箱×12瓶)	500ml/瓶	529,000	中国嘉德	2022-06-26
1993年产原箱飞天牌铁盖茅台酒(小瓶装375毫升)12瓶(1箱×12瓶)	375ml/瓶	345,000	中国嘉德	2022-06-26
1993年产原箱珍品贵州茅台酒(铁盖)一箱6瓶		253,000	中贸圣佳	2022-07-24
1993年产珍品贵州茅台酒(铁盖)6瓶		166,750	中贸圣佳	2022-10-26
1993年产珍品贵州茅台酒(铁盖)6瓶		172,500	中贸圣佳	2022-07-24
1993年贵州茅台酒(铁盖珍品)		63,250	西泠印社	2022-01-21
1994—1995年产飞天、五星牌铁盖贵州茅台酒		115,000	中鸿信	2022-09-12
1994—1996年产五星牌铁盖茅台酒(各两瓶)6瓶	500ml/瓶	172,500	中国嘉德	2022-12-26
1994年珍品贵州茅台酒		370,300	永乐拍卖	2022-07-26
1994年产飞天牌铁盖茅台酒12瓶	500ml/瓶	368,000	中国嘉德	2022-06-26
1994年产飞天牌铁盖茅台酒6瓶	500ml/瓶	195,500	中国嘉德	2022-12-26
1994年产铁盖珍品茅台酒12瓶	500ml/瓶	402,500	中国嘉德	2022-06-26
1994年产铁盖珍品茅台酒6瓶	500ml/瓶	184,000	中国嘉德	2022-12-26
1994年产五星牌贵州茅台酒(铁盖)12瓶		310,500	中贸圣佳	2022-10-26
1994年产五星牌贵州茅台酒(铁盖)12瓶		322,000	中贸圣佳	2022-07-24
1994年产五星牌铁盖茅台酒12瓶	500ml/瓶	402,500	中国嘉德	2022-06-26
1994年产五星牌铁盖茅台酒6瓶	500ml/瓶	241,500	中国嘉德	2022-12-26
1994年产原箱飞天牌贵州茅台酒(铁盖)一箱12瓶		529,000	中贸圣佳	2022-07-24
1994年产原箱飞天牌铁盖茅台酒12瓶(1箱×12瓶)	500ml/瓶	517,500	中国嘉德	2022-06-26
1994年产原箱飞天牌铁盖茅台酒12瓶(1箱×12瓶)	500ml/瓶	529,000	中国嘉德	2022-12-26
1994年产原箱飞天牌铁盖茅台酒12瓶(1箱×12瓶)	500ml/瓶	471,500	中国嘉德	2022-12-26
1994年产原箱铁盖珍品茅台酒6瓶(1箱×6瓶)	500ml/瓶	253,000	中国嘉德	2022-12-26
1994年产珍品贵州茅台酒(铁盖)6瓶		166,750	中贸圣佳	2022-10-26
1994年产珍品贵州茅台酒(铁盖)6瓶		172,500	中贸圣佳	2022-07-24
1995年飞天牌茅台酒(珍品铁盖)		173,644	保利香港	2022-10-11
1995年贵州茅台酒 珍品	重928g、915g、941g、945g	115,000	上海嘉禾	2022-01-01
1995年珍品贵州茅台酒		363,400	永乐拍卖	2022-07-26
1995年9月27日 贵州茅台酒 飞天/铁盖(同日期)	重963g、975g	63,250	上海嘉禾	2022-01-01

拍品名称	物品尺寸	成交价RMB	拍卖公司	拍卖日期
1995年产飞天牌珍品贵州茅台酒(原箱)		192,185	香港苏富比	2022-10-04
1995年产飞天/五星牌贵州茅台酒(铁盖)12瓶		310,500	中贸圣佳	2022-10-26
1995年产飞天/五星牌贵州茅台酒(铁盖)12瓶		322,000	中贸圣佳	2022-07-24
1995年产飞天牌铁盖茅台酒12瓶	500ml/瓶	402,500	中国嘉德	2022-06-26
1995年产飞天牌铁盖茅台酒6瓶		207,000	中国嘉德	2022-12-26
1995年产铁盖珍品茅台酒12瓶	500ml/瓶	402,500	中国嘉德	2022-06-26
1995年产铁盖珍品茅台酒6瓶	500ml/瓶	195,500	中国嘉德	2022-12-26
1995年产五星牌铁盖茅台酒6瓶	500ml/瓶	230,000	中国嘉德	2022-12-26
1995年产原箱飞天牌铁盖茅台酒12瓶(1箱×12瓶)	500ml/瓶	517,500	中国嘉德	2022-06-26
1995年产原箱五星牌贵州茅台酒(铁盖)一箱12瓶		529,000	中贸圣佳	2022-07-24
1995年产原箱五星牌铁盖茅台酒12瓶(1箱×12瓶)	500ml/瓶	471,500	中贸圣佳	2022-07-24
1995年产原箱珍品贵州茅台酒(铁盖)一箱6瓶		253,000	中贸圣佳	2022-07-24
1995年产珍品贵州茅台酒(铁盖)6瓶		161,000	中贸圣佳	2022-10-26
1995年产珍品贵州茅台酒(铁盖)6瓶		172,500	中贸圣佳	2022-07-24
1995年贵州茅台酒(铁盖)		1,021,200	永乐拍卖	2022-07-26
1995年贵州茅台酒(铁盖珍品)		63,250	西泠印社	2022-01-21
1996—2005年产飞天牌贵州茅台酒		1,035,000	北京荣宝	2022-07-24
1996年贵州茅台酒白皮珍品 原箱		184,000	上海嘉禾	2022-01-01
1996年贵州茅台酒 飞天、五星 白皮	重993g、970g	32,200	上海嘉禾	2022-01-01
1996年贵州茅台酒 珍品 白皮	尺寸不一	115,000	上海嘉禾	2022-01-01
1996年珍品贵州茅台酒(铁盖)		218,500	永乐拍卖	2022-07-26
1996—2000年贵州茅台酒		1,092,500	上海嘉禾	2022-11-20
1996年产飞天牌贵州茅台酒		18,088	香港苏富比	2022-10-04
1996年产飞天牌贵州茅台酒(铁盖)12瓶		310,500	中贸圣佳	2022-10-26
1996年产飞天牌贵州茅台酒(铁盖)12瓶		322,000	中贸圣佳	2022-07-24
1996年产飞天牌铁盖茅台酒12瓶	500ml/瓶	379,500	中国嘉德	2022-06-26
1996年产飞天牌铁盖茅台酒6瓶	500ml/瓶	207,000	中国嘉德	2022-12-26
1996年产贵州茅台酒(塑盖)12瓶		184,000	中贸圣佳	2022-10-26
1996年产贵州茅台酒(塑盖)12瓶		184,000	中贸圣佳	2022-07-24
1996年产铁盖珍品茅台酒12瓶	500ml/瓶	437,000	中国嘉德	2022-06-26
1996年产铁盖珍品茅台酒6瓶	500ml/瓶	195,500	中国嘉德	2022-12-26
1996年产五星牌铁盖茅台酒12瓶	500ml/瓶	540,500	中国嘉德	2022-06-26
1996年产五星牌铁盖茅台酒6瓶	500ml/瓶	230,000	中国嘉德	2022-12-26
1996年产原箱飞天牌贵州茅台酒(铁盖)一箱12瓶		517,500	中贸圣佳	2022-07-24
1996年产原箱飞天牌铁盖茅台酒12瓶(1箱×12瓶)	500ml/瓶	644,000	中国嘉德	2022-06-26
1996年产原箱飞天牌铁盖茅台酒12瓶(1箱×12瓶)	500ml/瓶	437,000	中国嘉德	2022-12-26
1996年产原箱铁盖珍品茅台酒6瓶(1箱×6瓶)	500ml/瓶	356,500	中国嘉德	2022-06-26
1996年产原箱铁盖珍品茅台酒6瓶(1箱×6瓶)	500ml/瓶	207,000	中国嘉德	2022-12-26
1996年产原箱五星牌贵州茅台酒(铁盖)1箱12瓶		471,500	中贸圣佳	2022-10-26
1996年产原箱五星牌贵州茅台酒(铁盖)		517,500	中贸圣佳	2022-07-24
1996年产珍品贵州茅台酒(塑盖)6瓶		96,600	中贸圣佳	2022-07-24
1996年产珍品贵州茅台酒(铁盖)6瓶		161,000	中贸圣佳	2022-07-24
1996年产珍品贵州茅台酒(铁盖)6瓶		172,500	中贸圣佳	2022-07-24
1996年产珍品贵州茅台酒(铁盖/塑盖)6瓶		138,000	中贸圣佳	2022-07-24
1996年贵州茅台酒(铁盖)		408,250	永乐拍卖	2022-07-26
1997—1999年产珍品贵州茅台酒15瓶		207,000	中贸圣佳	2022-10-26
1997—1999年产珍品贵州茅台酒15瓶		207,000	中贸圣佳	2022-07-24
1997年飞天牌珍品茅台		97,675	保利香港	2022-10-11
1997年五星牌茅台酒		86,822	保利香港	2022-10-11

2022杂项拍卖成交汇总(续表)

(成交价RMB:1万元以上)

拍品名称	物品尺寸	成交价RMB	拍卖公司	拍卖日期
1997年贵州茅台酒 飞天	重942g、968g	25,300	上海嘉禾	2022-01-01
1997年产飞天牌茅台酒 12瓶	500ml/瓶	161,000	中国嘉德	2022-06-26
1997年飞天牌珍品贵州茅台酒		34,500	中鸿信	2022-09-12
1997年产五星牌贵州茅台酒 12瓶		161,000	中贸圣佳	2022-07-24
1997年产五星牌贵州茅台酒12瓶		172,500	中贸圣佳	2022-07-24
1997年产五星牌茅台酒 12瓶	500ml/瓶	161,000	中国嘉德	2022-06-26
1997年产原箱纪念香港回归茅台酒12瓶(1箱×12瓶)	500ml/瓶	1,495,000	中国嘉德	2022-12-26
1997年产原箱五星牌贵州茅台酒一箱12瓶		253,000	中贸圣佳	2022-07-24
1997年产原箱珍品贵州茅台酒一箱6瓶		138,000	中贸圣佳	2022-07-24
1997年贵州茅台酒		172,500	西泠印社	2022-01-21
1997年贵州茅台酒		299,000	永乐拍卖	2022-07-26
1997年贵州茅台酒(原箱)		345,000	北京保利	2022-07-27
1997年贵州茅台酒(纸盒珍品原箱)		138,000	西泠印社	2022-01-21
1997年五星牌贵州茅台酒(原箱)		303,600	北京保利	2022-02-03
1998—1999年产飞天牌珍品贵州茅台酒		64,400	中鸿信	2022-09-12
1998—2002年产五十年年份贵州茅台酒5瓶		207,000	中贸圣佳	2022-07-24
1998年贵州茅台酒 飞天	重987g、968g	32,200	上海嘉禾	2022-01-01
1998年、1999年产原箱飞天牌贵州茅台酒(各一箱)24瓶(2箱×12瓶)	500ml/瓶	322,000	中国嘉德	2022-12-26
1998年飞天牌贵州茅台酒 12瓶		149,500	中贸圣佳	2022-10-26
1998年产飞天牌贵州茅台酒12瓶		172,500	中贸圣佳	2022-07-24
1998年飞天牌茅台酒 12瓶	500ml/瓶	149,500	中贸圣佳	2022-07-24
1998年产五星牌茅台酒 12瓶	500ml/瓶	149,500	中国嘉德	2022-06-26
1998年产原箱飞天牌贵州茅台酒一箱12瓶		232,300	中贸圣佳	2022-07-24
1998年产原箱飞天牌铁盖茅台酒(小瓶装375毫升)12瓶(1箱×12瓶)	375ml/瓶	230,000	中国嘉德	2022-06-26
1998年产原箱珍品茅台酒(木盒装)12瓶(2箱×6瓶)	500ml/瓶	161,000	中国嘉德	2022-06-26
1998年飞天牌贵州茅台酒(原箱)		290,950	北京保利	2022-02-03
1998年贵州茅台酒		86,250	西泠印社	2022-01-21
1998年贵州茅台酒		172,500	西泠印社	2022-01-21
1998年贵州茅台酒		287,500	永乐拍卖	2022-07-26
1998年贵州茅台酒(五十年陈酿)		55,200	西泠印社	2022-01-21
1999—2003年产三十年年份贵州茅台酒5瓶		115,000	中贸圣佳	2022-07-24
1999—2003年产十五年年份贵州茅台酒5瓶		82,800	中贸圣佳	2022-07-24
1999年贵州茅台酒(五十年年份酒)	重1093g、1100g	86,250	上海嘉禾	2022-01-01
1999—2004年 茅台陈年酒(15)六瓶组合		126,500	保利厦门	2022-10-21
1999年产50周年纪念贵州茅台酒(大木雕/50年)1瓶		333,500	中贸圣佳	2022-10-26
1999年产50周年纪念贵州茅台酒(大木雕/50年)		368,000	中贸圣佳	2022-07-24
1999年产50周年纪念贵州茅台酒(小庆典)一箱6瓶		379,500	中贸圣佳	2022-10-26
1999年产50周年纪念贵州茅台酒(小庆典)一箱6瓶		402,500	中贸圣佳	2022-07-24
1999年产飞天牌"世博会唯一指定白酒"贵州茅台酒(43度)		55,200	北京荣宝	2022-07-24
1999年产飞天牌茅台酒 12瓶	500ml/瓶	103,500	中国嘉德	2022-06-26
1999年产贵州茅台酒 12瓶		143,750	中贸圣佳	2022-07-24
1999年产贵州茅台酒12瓶		161,000	中贸圣佳	2022-07-24
1999年产五星牌茅台酒 12瓶	500ml/瓶	109,250	中国嘉德	2022-06-26
1999年产原箱飞天牌贵州茅台酒一箱12瓶		232,300	中贸圣佳	2022-07-24
1999年产原箱珍品贵州茅台酒(铁盖375ml)一箱6瓶		109,250	中贸圣佳	2022-07-24
1999年贵州茅台酒		172,500	西泠印社	2022-01-21
1999年贵州茅台酒		287,500	永乐拍卖	2022-07-26
1999年贵州茅台酒		299,000	北京保利	2022-07-27
1999年贵州茅台酒(原箱)		299,000	北京保利	2022-07-27
1999年 茅台陈年酒(15)		115,000	北京保利	2022-07-27
1999年五星牌贵州茅台酒(原箱)		265,650	北京保利	2022-02-03
2000—2002年飞天牌 茅台酒		70,543	保利香港	2022-10-11
2000—2009年产贵州茅台酒10瓶		82,800	中贸圣佳	2022-07-24
2000年贵州茅台酒白皮珍品 原箱		138,000	上海嘉禾	2022-01-01
2000年贵州茅台酒珍品 白皮	尺寸不一	74,750	上海嘉禾	2022-01-01
2000年贵州茅台酒(外销版)		20,700	保利厦门	2022-10-21
2000年贵州茅台酒(外销版)		41,400	保利厦门	2022-10-21
2000年贵州茅台酒(外销版)		82,800	保利厦门	2022-10-21
2000年 五星茅台酒		2,645,000	上海嘉禾	2022-01-01
2000年 原箱 贵州茅台酒(千禧年原箱茅台)	尺寸不一	2,185,000	上海嘉禾	2022-11-20
2000年产贵州茅台酒12瓶		126,500	中贸圣佳	2022-07-24
2000年产新世纪珍藏白龙贵州茅台酒		287,500	北京荣宝	2022-07-24
2000年产原箱飞天牌贵州茅台酒一箱12瓶		207,000	中贸圣佳	2022-07-24
2000年产原箱飞天牌贵州茅台酒 60瓶(5箱×12瓶)	500ml/瓶	1,150,000	中国嘉德	2022-06-26
2000年产原箱珍品茅台酒(木盒装)6瓶(1箱×6瓶)	500ml/瓶	103,500	中国嘉德	2022-06-26
2000年产原箱珍品茅台酒(纸盒装)12瓶(2箱×6瓶)	500ml/瓶	172,500	中国嘉德	2022-06-26
2000年产珍品贵州茅台酒6瓶		74,750	中贸圣佳	2022-07-24
2000年产珍品铁盖茅台酒(小瓶装375毫升)6瓶	375ml/瓶	92,000	中国嘉德	2022-06-26
2000年贵州茅台酒		204,700	永乐拍卖	2022-07-26
2000年贵州茅台酒		1,437,500	永乐拍卖	2022-07-26
2000年贵州茅台酒		143,750	北京保利	2022-07-27
2000年贵州茅台酒(原箱)		207,000	西泠印社	2022-01-21
2001—2011年 茅台陈年酒(50)六瓶组合		255,300	永乐拍卖	2022-07-26
2001年、2002年产原箱飞天牌茅台酒(各一箱)24瓶(2箱×12瓶)	500ml/瓶	230,000	中国嘉德	2022-12-26
2001年、2008年贵州茅台酒		51,750	西泠印社	2022-01-21
2001年产飞天牌茅台酒荣获国际金奖八十六周年暨国酒茅辉煌五十年纪念贵州茅台酒		55,200	北京荣宝	2022-07-24
2001年产飞天牌珍品铁盖贵州茅台酒		92,000	北京荣宝	2022-07-24
2001年产贵州茅台酒12瓶		109,250	中贸圣佳	2022-07-24
2001年产原箱三十年年份贵州茅台酒一箱6瓶		161,000	中贸圣佳	2022-07-24
2001年产原箱五十年年份贵州茅台酒一箱6瓶		322,000	中贸圣佳	2022-07-24
2001年贵州茅台酒		69,000	西泠印社	2022-01-21
2001年贵州茅台酒("三大事件"纪念酒)(原箱)		434,700	永乐拍卖	2022-07-26
2001年贵州茅台酒(事件纪念酒)(原箱)		460,000	永乐拍卖	2022-07-26
2001年贵州茅台酒(事件纪念酒)(原箱)		460,000	永乐拍卖	2022-07-26
2001年贵州茅台酒(事件纪念酒)(原箱)		460,000	永乐拍卖	2022-07-26
2002年飞天牌纸盒珍品茅台酒(1原箱6瓶)		92,248	保利香港	2022-10-11
2002年产飞天牌珍品贵州茅台酒		22,610	香港苏富比	2022-10-04
2002年产贵州茅台酒12瓶		109,250	中贸圣佳	2022-07-24
2002年产礼盒装飞天牌贵州茅台酒五盒20瓶		86,250	中贸圣佳	2022-07-24
2002年产五星牌世纪经典黑龙贵州茅台酒		230,000	北京荣宝	2022-07-24
2002年产原箱三十年年份茅台酒 6瓶(1箱×6瓶)	500ml/瓶	172,500	中国嘉德	2022-12-26
2002年产原箱珍品贵州茅台酒一箱6瓶		86,250	中贸圣佳	2022-07-24
2002年贵州茅台酒		63,250	西泠印社	2022-01-21
2002年贵州茅台酒		115,000	西泠印社	2022-01-21
2002年贵州茅台酒		281,750	北京保利	2022-02-03
2002年贵州茅台酒		218,500	永乐拍卖	2022-07-26
2003—2005年产五星牌贵州茅台酒		230,000	北京保利	2022-02-03
2003—2016年产特殊全系列茅台酒14瓶	500ml/瓶	517,500	中国嘉德	2022-06-26
2003年飞天牌茅台酒		70,543	保利香港	2022-10-11
2003年贵州茅台酒	重918g、913g	28,750	上海嘉禾	2022-01-01
2003年产飞天牌出口贵州茅台酒		41,400	中鸿信	2022-09-12
2003年产飞天牌珍品贵州茅台酒		52,900	中鸿信	2022-09-12
2003年产贵州茅台酒		97,750	中贸圣佳	2022-07-24
2003年产刘剑锋升学定制原箱铁盖茅台酒 12瓶/(1箱×12瓶)	500ml/瓶	345,000	中国嘉德	2022-06-26
2003年产刘剑锋升学定制原箱铁盖茅台酒 12瓶(1箱×12瓶)	500ml/瓶	345,000	中国嘉德	2022-06-26
2003年产刘剑锋升学定制原箱铁盖茅台酒 12瓶(1箱×12瓶)	500ml/瓶	345,000	中国嘉德	2022-06-26
2003年产刘剑锋升学定制原箱铁盖茅台酒 24瓶(2箱×12瓶)	500ml/瓶	575,000	中国嘉德	2022-06-26
2003年产特殊贵州茅台酒2瓶		109,250	中贸圣佳	2022-07-24
2003年特殊贵州茅台酒一箱12瓶		713,000	中贸圣佳	2022-07-24
2003年产原箱江苏南通 通州建市十周年(五十年年份)纪念茅台酒 6瓶(1箱×6瓶)	500ml/瓶	230,000	中国嘉德	2022-06-26

拍品名称	物品尺寸	成交价RMB	拍卖公司	拍卖日期
2003年产原箱三十年年份茅台酒 6瓶(1箱×6瓶)	500ml/瓶	172,500	中国嘉德	2022-12-26
2003年产原箱特殊茅台酒 12瓶(1箱×12瓶)	500ml/瓶	690,000	中国嘉德	2022-06-26
2003年产原箱五星牌贵州茅台酒二箱24瓶		230,000	中贸圣佳	2022-07-24
2003年产原箱珍品茅台酒(小瓶装375ml) 12瓶(2箱×6瓶)	375ml/瓶	97,750	中国嘉德	2022-06-26
2003年产专卖店贵州茅台酒 30瓶		207,000	中贸圣佳	2022-07-24
2003年 飞天牌贵州茅台酒(原箱)		151,800	北京保利	2022-02-03
2003年贵州茅台酒		216,200	永乐拍卖	2022-07-26
2003年贵州茅台酒(五十年陈酿原箱)		287,500	西泠印社	2022-01-21
2003年贵州茅台酒(原箱)		126,500	西泠印社	2022-01-21
2003年贵州茅台酒(原箱)		247,250	永乐拍卖	2022-07-26
2004—2007年 飞天牌 茅台酒		43,411	保利香港	2022-10-11
2004年飞天牌纸盒珍品茅台酒(1原箱6瓶)		71,628	保利香港	2022-10-11
2004年飞天牌纸盒珍品茅台酒(1原箱6瓶)		81,396	保利香港	2022-10-11
2004年产五星牌贵州茅台酒——人民大会堂特供陈酿		29,393	香港苏富比	2022-10-04
2004年产陈年贵州茅台酒15年		126,500	北京荣宝	2022-07-24
2004年飞天牌贵州茅台酒		46,000	中鸿信	2022-09-12
2004年飞天牌贵州茅台酒		103,500	中鸿信	2022-09-12
2004年产飞天牌贵州茅台酒(公斤装)6瓶		97,750	中贸圣佳	2022-07-24
2004年产飞天牌珍品贵州茅台酒		51,750	北京荣宝	2022-07-24
2004年产贵州茅台酒12瓶		94,300	中贸圣佳	2022-07-24
2004年产原箱珍品茅台酒(小瓶装375ml) 12瓶(2箱×6瓶)	375ml/瓶	92,000	中国嘉德	2022-06-26
2004年产专卖店贵州茅台酒12瓶		86,250	中贸圣佳	2022-07-24
2004年贵州茅台酒		209,300	永乐拍卖	2022-07-24
2004年贵州茅台酒(原箱)		235,750	永乐拍卖	2022-07-24
2005、2006、2007年产1680茅台酒(大瓶装1680ml)各一瓶 3瓶	1680ml/瓶	149,500	中国嘉德	2022-06-26
2005—2008年产1680ml贵州茅台酒4瓶		126,500	中贸圣佳	2022-07-24
2005年飞天牌纸盒珍品茅台酒(1原箱6瓶)		65,116	保利香港	2022-10-11
2005年贵州茅台酒飞天白皮(原箱)		138,000	上海嘉禾	2022-01-01
2005年产飞天牌贵州茅台酒		14,697	香港苏富比	2022-10-04
2005年产飞天牌贵州茅台酒		22,610	香港苏富比	2022-10-04
2005年产1915年荣获巴拿马博览会金奖90周年纪念贵州茅台酒		51,750	北京荣宝	2022-07-24
2005年产飞天牌贵州茅台酒(公斤装)6瓶		86,250	中贸圣佳	2022-07-24
2005年产贵州茅台酒12瓶		86,250	中贸圣佳	2022-07-24
2005年产原箱飞天牌贵州茅台酒二箱24瓶		195,500	中贸圣佳	2022-07-24
2005年产原箱三十年年份贵州茅台酒一箱6瓶		126,500	中贸圣佳	2022-07-24
2005年产原箱特殊茅台酒 12瓶(1箱×12瓶)	500ml/瓶	471,500	中国嘉德	2022-06-26
2005年贵州茅台酒		92,000	西泠印社	2022-01-21
2005年贵州茅台酒(飞天原箱)		46,000	北京保利	2022-07-27
2005年贵州茅台酒(原箱)		220,800	永乐拍卖	2022-07-26
2005年贵州茅台酒(原箱)12瓶	500ml/瓶	155,250	北京保利	2022-02-03
2005年 茅台陈年酒(15)		943,000	永乐拍卖	2022-07-26
2006、2008、2011、2012年 豪华装金色茅台酒		32,558	保利香港	2022-10-11
2006—2007年产特殊陈酿贵州茅台酒5瓶		195,500	中贸圣佳	2022-07-24
2006年产贵州茅台酒12瓶		86,250	中贸圣佳	2022-07-24
2006年产原箱金奖纪念茅台酒 6瓶(1箱×6瓶)	500ml/瓶	63,250	中国嘉德	2022-12-26
2006年产原箱特殊陈酿茅台酒 6瓶(1箱×6瓶)	500ml/瓶	287,500	中国嘉德	2022-06-26
2006年产原箱特殊陈酿茅台酒 6瓶(1箱×6瓶)	500ml/瓶	207,000	中国嘉德	2022-06-26
2006年产原箱五十年年份贵州茅台酒一箱6瓶		253,000	中贸圣佳	2022-07-24
2006年产专卖店贵州茅台酒12瓶		82,800	中贸圣佳	2022-07-24
2006年贵州茅台酒		51,750	西泠印社	2022-01-21
2006年贵州茅台酒		181,700	永乐拍卖	2022-07-26
2006年贵州茅台酒(RMDHT陈酿)		71,300	永乐拍卖	2022-07-26
2006年贵州茅台酒(原箱)		147,200	北京保利	2022-02-03
2006年贵州茅台酒(原箱)		204,700	永乐拍卖	2022-07-26
2006年贵州茅台酒(原箱)		1,035,000	永乐拍卖	2022-07-26

拍品名称	物品尺寸	成交价RMB	拍卖公司	拍卖日期
2006年 茅台陈年酒(15)		322,000	永乐拍卖	2022-07-26
2006年 茅台陈年酒(15)		1,173,000	永乐拍卖	2022-07-26
2006年 茅台陈年酒(30)		730,250	永乐拍卖	2022-07-26
2006年 茅台陈年酒(50)		776,250	永乐拍卖	2022-07-26
2006年 茅台年份酒(50)		920,000	永乐拍卖	2022-07-26
2007年产陈年15年贵州茅台酒		69,000	中鸿信	2022-09-12
2007年产飞天牌贵州茅台酒(公斤装)6瓶		82,800	中贸圣佳	2022-07-24
2007年产贵州茅台酒12瓶		74,750	中贸圣佳	2022-07-24
2007年产原箱飞天牌贵州茅台酒五箱60瓶		437,000	中贸圣佳	2022-07-24
2007年产原箱特殊陈酿茅台酒 6瓶(1箱×6瓶)	500ml/瓶	287,500	中国嘉德	2022-06-26
2007年贵州茅台酒		179,400	北京保利	2022-02-03
2007年贵州茅台酒		161,000	永乐拍卖	2022-07-26
2007年贵州茅台酒(特别定制大头)		57,500	北京保利	2022-07-27
2007年贵州茅台酒(原箱)		138,000	西泠印社	2022-01-21
2007年贵州茅台酒(原箱)		132,250	北京保利	2022-02-03
2007年贵州茅台酒(原箱)		184,000	永乐拍卖	2022-07-26
2007年贵州茅台酒(原箱)		1,127,000	永乐拍卖	2022-07-26
2008年 "50年" 贵州茅台酒(年份酒)		26,450	保利厦门	2022-10-21
2008年飞天牌茅台酒(1原箱12瓶)		108,528	保利香港	2022-10-11
2008年贵州茅台酒(HQBDZG)		13,800	保利厦门	2022-10-21
2008年产贵宾特制贵州茅台酒二箱12瓶		322,000	中贸圣佳	2022-07-24
2008年产贵宾特制贵州茅台酒一盒2瓶		109,250	中贸圣佳	2022-07-24
2008年产贵州茅台酒 12瓶		74,750	中贸圣佳	2022-07-24
2008年产国酒茅台香港之友协会专用茅台酒(蓝芽)		45,220	香港苏富比	2022-10-04
2008年产茅台王子酒		23,000	中鸿信	2022-09-12
2008年产原箱飞天牌贵州茅台酒五箱60瓶		368,000	中贸圣佳	2022-07-24
2008年产原箱飞天牌茅台酒 60瓶(5箱×12瓶)	500ml/瓶	345,000	中国嘉德	2022-12-26
2008年产原箱高尔夫礼品茅台酒 6盒/500ml+90ml(2箱×3盒)		109,250	中国嘉德	2022-12-26
2008年产原箱金奖纪念茅台酒 12瓶(2箱×6瓶)	500ml/瓶	126,500	中国嘉德	2022-06-26
2008年产原箱金奖纪念茅台酒 12瓶(2箱×6瓶)	500ml/瓶	115,000	中国嘉德	2022-12-26
2008年产原箱十五年年份贵州茅台酒二箱12瓶		112,700	中贸圣佳	2022-07-24
2008年产原箱暑期特殊茅台酒 12瓶(1箱×12瓶)	500ml/瓶	126,500	中国嘉德	2022-12-26
2008年产原箱特殊陈酿茅台酒 6瓶(1箱×6瓶)	500ml/瓶	230,000	中国嘉德	2022-06-26
2008年产原箱特殊陈酿茅台酒 6瓶(1箱×6瓶)	500ml/瓶	161,000	中国嘉德	2022-12-26
2008年产原箱特殊茅台酒 12瓶(1箱×12瓶)	500ml/瓶	230,000	中国嘉德	2022-06-26
2008年产原箱特殊茅台酒 12瓶(1箱×12瓶)	500ml/瓶	207,000	中国嘉德	2022-12-26
2008年贵州茅台酒		149,500	永乐拍卖	2022-07-26
2008年贵州茅台酒(原箱)		172,500	西泠印社	2022-01-21
2008年贵州茅台酒(原箱)		124,200	北京保利	2022-02-03
2008年贵州茅台酒(原箱)		170,200	永乐拍卖	2022-07-26
2008年贵州茅台酒(原箱)		1,035,000	永乐拍卖	2022-07-26
2009年贵州茅台酒		78,200	保利厦门	2022-07-26
2009年 茅台南京军区(原箱)	尺寸不一	80,500	上海嘉禾	2022-11-20
2009年6月18日 贵州茅台酒 "飞天" 原箱(同码2箱)		149,500	上海嘉禾	2022-01-01
2009年产 贵州茅台酒——庆祝新中国成立60周年纪念		36,176	香港苏富比	2022-10-04
2009年产飞天牌贵州茅台酒		12,436	香港苏富比	2022-10-04
2009年产五星牌精装贵州茅台酒		16,958	香港苏富比	2022-10-04
2009年产五星牌精装贵州茅台酒		16,958	香港苏富比	2022-10-04
2009年产飞天牌贵州茅台酒		207,000	中鸿信	2022-09-12
2009年产飞天牌贵州茅台酒		51,750	中鸿信	2022-09-12
2009年产贵州茅台酒 30瓶		161,000	中贸圣佳	2022-07-24
2009年产满天星1680ml贵州茅台酒		34,500	中鸿信	2022-09-12
2009年产茅台王子酒(酱门经典)		17,250	中鸿信	2022-09-12
2009年产特殊茅台酒 60瓶(10箱×6瓶)		460,000	中国嘉德	2022-06-26
2009年产原箱飞天牌贵州茅台酒五箱60瓶		322,000	中贸圣佳	2022-07-24

2022杂项拍卖成交汇总(续表)

(成交价RMB:1万元以上)

拍品名称	物品尺寸	成交价RMB	拍卖公司	拍卖日期
2009年产原箱纪念祖国六十华诞茅台酒 2箱(2箱×1瓶)	600ml/瓶	218,500	中国嘉德	2022-12-26
2009年产原箱敬贺祖国六十华诞茅台酒(50年)二箱2瓶		109,250	中贸圣佳	2022-07-24
2009年产原箱卡慕茅台酒(小瓶装375ml)24瓶(2箱×12瓶)	375ml/瓶	103,500	中国嘉德	2022-06-26
2009年产原箱特殊50周年珍藏茅台酒 6瓶(1箱×6瓶)	750ml/瓶	448,500	中国嘉德	2022-06-26
2009年产原箱特殊陈酿茅台酒 6瓶(1箱×6瓶)	500ml/瓶	172,500	中国嘉德	2022-06-26
2009年产原箱特殊纪念茅台酒 15瓶(5箱×3瓶)	500ml/瓶	253,000	中国嘉德	2022-06-26
2009年产原箱特殊茅台酒 12瓶(1箱×12瓶)	500ml/瓶	195,500	中国嘉德	2022-06-26
2009年产原箱特殊茅台酒 24瓶(2箱×12瓶)	500ml/瓶	483,000	中国嘉德	2022-06-26
2009年贵州茅台酒		483,000	西泠印社	2022-01-21
2009年贵州茅台酒		138,000	永乐拍卖	2022-07-26
2009年贵州茅台酒(原箱)		322,000	西泠印社	2022-01-21
2009年贵州茅台酒(原箱)		112,700	北京保利	2022-02-03
2009年贵州茅台酒(原箱)		149,500	永乐拍卖	2022-07-26
2009年原箱特殊茅台酒 5箱(5箱×1瓶)	600ml/瓶	230,000	中国嘉德	2022-06-26
2010年贵州茅台酒"飞天"(世博会唯一指定酒)原箱		161,000	上海嘉禾	2022-01-01
2010年贵州茅台酒(贵宾)原箱		74,750	上海嘉禾	2022-01-01
2010年贵州茅台酒(世博喜临)原箱		74,750	上海嘉禾	2022-01-01
2010—2021年贵州茅台酒十二瓶组合		64,400	北京保利	2022-02-03
2010年产飞天牌公斤贵州茅台酒(43度)		32,200	中鸿信	2022-09-12
2010年产特殊茅台酒 30瓶(5箱×6瓶)	500ml/瓶	172,500	中国嘉德	2022-06-26
2010年产五星牌生肖特殊纪念贵州茅台酒(珍藏版)二箱		345,000	北京荣宝	2022-07-24
2010年产原箱贵宾茅台酒 30瓶(5箱×6瓶)	500ml/瓶	379,500	中国嘉德	2022-06-26
2010年产原箱特殊陈酿茅台酒 6瓶(1箱×6瓶)	500ml/瓶	161,000	中国嘉德	2022-06-26
2010年产原箱特殊茅台酒 12瓶(1箱×12瓶)	500ml/瓶	195,500	中国嘉德	2022-06-26
2010年产原箱特殊茅台酒 12瓶(1箱×12瓶)	500ml/瓶	207,000	中国嘉德	2022-06-26
2010年产原箱特殊茅台酒 12瓶(1箱×12瓶)	500ml/瓶	184,000	中国嘉德	2022-12-26
2010年贵州茅台酒		146,050	北京保利	2022-02-03
2010年贵州茅台酒(国酒书画院)		57,500	西泠印社	2022-01-21
2010年贵州茅台酒(友谊使者)		80,500	西泠印社	2022-01-21
2010年贵州茅台酒(原箱)		98,900	北京保利	2022-02-03
2010年贵州茅台酒(原箱)		172,500	永乐拍卖	2022-07-26
2010年贵州茅台上海世博特别版		21,480	香港苏富比	2022-10-04
2011年飞天牌贵州茅台酒(1原箱12瓶)		82,481	保利香港	2022-10-11
2011年80年茅台酒		206,203	保利香港	2022-10-11
2011年飞天牌贵州茅台酒(50ml双支装,60瓶组合)		46,000	北京保利	2022-02-03
2011年50年贵州茅台酒(一箱)	500ml×6	253,000	荣宝斋(南京)	2022-12-08
2011年产飞天牌贵州茅台酒(原箱)		67,830	香港苏富比	2022-10-04
2011年产飞天牌贵州茅台酒(原箱)		62,178	香港苏富比	2022-10-04
2011年产飞天牌贵州茅台酒(原箱)		73,483	香港苏富比	2022-10-04
2011年产飞天牌贵州茅台酒		29,393	香港苏富比	2022-10-04
2011年产飞天牌贵州茅台酒		36,176	香港苏富比	2022-10-04
2011年产飞天牌高尔夫会员酒贵州茅台酒		92,000	北京荣宝	2022-07-24
2011年产金质纪念贵州茅台酒		63,250	中鸿信	2022-09-12
2011年产金奖纪念贵州茅台酒(五箱)		345,000	北京荣宝	2022-07-24
2011年产特殊茅台酒 60瓶(5箱×12瓶)	500ml/瓶	345,000	中国嘉德	2022-06-26
2011年产铁路特殊茅台酒 12瓶(1箱×12瓶)	500ml/瓶	92,000	中国嘉德	2022-06-26
2011年产原箱特殊陈酿茅台酒 12瓶(2箱×6瓶)	500ml/瓶	253,000	中国嘉德	2022-06-26
2011年产原箱特殊陈酿茅台酒 6瓶(1箱×6瓶)	500ml/瓶	92,000	中国嘉德	2022-12-26
2011年产原箱特殊茅台酒 12瓶(1箱×12瓶)	500ml/瓶	195,500	中国嘉德	2022-06-26
2011年产原箱特殊茅台酒 12瓶(1箱×12瓶)	500ml/瓶	207,000	中国嘉德	2022-06-26
2011年产原箱特殊茅台酒 12瓶(1箱×12瓶)	500ml/瓶	172,500	中国嘉德	2022-12-26
2011年产原箱特殊茅台酒 24瓶(2箱×12瓶)	500ml/瓶	368,000	中国嘉德	2022-06-26
2011年贵州茅台"光辉历程"套装		67,830	香港苏富比	2022-10-04
2011年贵州茅台酒		230,000	西泠印社	2022-01-21
2011年贵州茅台酒		184,000	永乐拍卖	2022-07-26
2011年贵州茅台酒"光辉历程"		74,750	西泠印社	2022-01-21
2011年贵州茅台酒(特别陈酿)		74,750	北京保利	2022-07-27
2011年贵州茅台酒(特别陈酿原箱)		172,500	北京保利	2022-07-27
2011年贵州茅台酒(原箱)		123,050	永乐拍卖	2022-07-26
2011年茅台陈年酒(15)		287,500	永乐拍卖	2022-07-26
2011年茅台陈年酒(30)		621,000	永乐拍卖	2022-07-26
2011年茅台陈年酒(50)		1,221,300	永乐拍卖	2022-07-26
2012年贵州茅台酒		63,250	保利厦门	2022-10-21
2012年贵州茅台酒(五星)	重936g、928g	28,750	上海嘉禾	2022-01-01
2012年贵州茅台酒(茅台专卖店版)		13,800	保利厦门	2022-10-21
2012年贵州茅台酒(中国体育代表团庆功酒)丰礼盒		10,695	保利厦门	2022-10-21
2012年贵州茅台酒(中国体育代表团庆功酒)四瓶组合		207,000	保利厦门	2022-10-21
2012年、2015年产原箱特殊陈酿贵州茅台酒二箱12瓶		287,500	中贸圣佳	2022-07-24
2012年珍品贵州茅台酒(大号木漆)		46,000	永乐拍卖	2022-07-26
2012年产世博纪念贵州茅台酒		57,500	北京荣宝	2022-07-24
2012年产原箱成龙特制陈酿茅台酒 12瓶(2箱×6瓶)	500ml/瓶	172,500	中国嘉德	2022-12-26
2012年产原箱孔子纪念茅台酒 30瓶(5箱×6瓶)	500ml/瓶	184,000	中国嘉德	2022-06-26
2012年产原箱特殊陈酿贵州茅台酒 一箱6瓶		115,000	中贸圣佳	2022-07-24
2012年产原箱特殊陈酿茅台酒 12瓶(2箱×6瓶)	500ml/瓶	299,000	中国嘉德	2022-06-26
2012年产原箱特殊陈酿茅台酒 12瓶(2箱×6瓶)	500ml/瓶	310,500	中国嘉德	2022-12-26
2012年产原箱特殊陈酿茅台酒 6瓶(1箱×6瓶)	500ml/瓶	92,000	中国嘉德	2022-12-26
2012年贵州定制茅台酒		197,800	北京保利	2022-07-27
2012年贵州定制茅台酒		552,000	北京保利	2022-07-27
2012年贵州茅台酒		230,000	西泠印社	2022-01-21
2012年贵州茅台酒		92,000	西泠印社	2022-01-21
2012年贵州茅台酒		10,350	北京保利	2022-02-03
2012年贵州茅台酒		189,750	北京保利	2022-02-03
2012年贵州茅台酒		149,500	永乐拍卖	2022-07-26
2012年贵州茅台酒		62,100	北京保利	2022-07-27
2012年贵州茅台酒(成龙特制陈酿原箱)		126,500	西泠印社	2022-01-21
2012年贵州茅台酒(原箱)		3,041,750	永乐拍卖	2022-07-26
2012年贵州茅台酒(中国体育代表团纪念酒 庆功)(原箱)		69,000	永乐拍卖	2022-07-26
2012年贵州茅台酒(中国体育代表团纪念酒 铜牌)(原箱)		184,000	永乐拍卖	2022-07-26
2012年贵州茅台酒(中国体育代表团纪念酒 银牌)(原箱)		209,300	永乐拍卖	2022-07-26
2012年贵州茅台酒(中国体育代表团纪念酒)		207,000	永乐拍卖	2022-07-26
2012年贵州茅台酒四瓶组合		204,700	北京保利	2022-02-03
2012年茅台陈年酒(50)		1,150,000	永乐拍卖	2022-07-26
2013及2018年50年茅台酒		84,651	保利香港	2022-10-11
2013年飞天牌茅台酒(2原箱共24瓶)		141,086	保利香港	2022-10-11
2013年贵州茅台酒		56,350	保利厦门	2022-10-21
2013年贵州茅台酒(原箱)		57,500	保利厦门	2022-10-21
2013年产飞天牌贵州茅台酒(原箱)		96,093	香港苏富比	2022-10-04
2013年产飞天牌贵州茅台酒		103,500	中鸿信	2022-09-12
2013年产飞天牌贵州茅台酒		69,000	中鸿信	2022-09-12
2013年产飞天牌贵州茅台酒(绿色)一箱6瓶		86,250	中贸圣佳	2022-07-24
2013年产国酒茅台香港之友协会专用茅台酒(紫砂)		169,575	香港苏富比	2022-10-04
2013年产特殊茅台酒 120瓶(20箱×6瓶)	500ml/瓶	2,760,000	中国嘉德	2022-06-26
2013年产原箱飞天牌特殊纪念贵州茅台酒		97,750	北京荣宝	2022-07-24
2013年产原封箱特殊纪念贵州茅台酒		230,000	北京荣宝	2022-07-24
2013年产原箱VA茅台酒 30瓶(5箱×6瓶)	500ml/瓶	172,500	中国嘉德	2022-06-26

拍品名称	物品尺寸	成交价RMB	拍卖公司	拍卖日期
2013年产原箱飞天牌茅台酒 60瓶(5箱×12瓶)	500ml/瓶	161,000	中国嘉德	2022-12-26
2013年产原箱精品茅台酒 60瓶(10箱×6瓶)	500ml/瓶	575,000	中国嘉德	2022-06-26
2013年产原箱特殊陈酿茅台酒 12瓶(2箱×6瓶)	500ml/瓶	287,500	中国嘉德	2022-06-26
2013年产原箱特殊陈酿茅台酒 12瓶(2箱×6瓶)	500ml/瓶	287,500	中国嘉德	2022-06-26
2013年产原箱特殊陈酿茅台酒 12瓶(2箱×6瓶)	500ml/瓶	322,000	中国嘉德	2022-06-26
2013年产原箱特殊陈酿茅台酒 12瓶(2箱×6瓶)	500ml/瓶	161,000	中国嘉德	2022-12-26
2013年产原箱特殊贵州茅台酒二箱12瓶		138,000	中贸圣佳	2022-07-24
2013年产原箱特殊贵州茅台酒三箱18瓶		207,000	中贸圣佳	2022-07-24
2013年产原箱特殊贵州茅台酒一箱12瓶		149,500	中贸圣佳	2022-07-24
2013年产原箱特殊茅台酒 60瓶(5箱×12瓶)	500ml/瓶	747,500	中国嘉德	2022-06-26
2013年产原箱特殊茅台酒 60瓶(5箱×12瓶)	500ml/瓶	690,000	中国嘉德	2022-12-26
2013年产原箱特殊茅台酒(半吨)1062瓶(151箱×6瓶/13箱×12瓶)	500ml/瓶	11,500,000	中国嘉德	2022-12-26
2013年贵州茅台酒		287,500	西泠印社	2022-01-21
2013年贵州茅台酒		92,000	西泠印社	2022-01-21
2013年贵州茅台酒		133,400	永乐拍卖	2022-07-26
2013年贵州茅台酒(精品原箱)		126,500	北京保利	2022-02-03
2013年贵州茅台酒(GY)		897,000	永乐拍卖	2022-07-26
2013年贵州茅台酒(GY)		575,000	永乐拍卖	2022-07-26
2013年贵州茅台酒(QGZXYH原箱)		115,000	西泠印社	2022-01-21
2013年贵州茅台酒(精品原箱)		1,265,000	永乐拍卖	2022-07-26
2013年贵州茅台酒(精品原箱)		115,000	北京保利	2022-07-27
2013年贵州茅台酒(原箱)		107,525	北京保利	2022-02-03
2013年贵州茅台酒(原箱)		202,400	北京保利	2022-02-03
2013年贵州茅台酒(原箱)		109,250	永乐拍卖	2022-07-26
2013年贵州茅台酒(原箱)		759,000	永乐拍卖	2022-07-26
2013年茅台陈年酒(15)		287,500	永乐拍卖	2022-07-26
2014—2022年贵州茅台酒(生肖纪念酒)九瓶组合		103,500	北京保利	2022-07-27
2014—2022年贵州茅台酒生肖纪念酒九瓶组合		109,250	永乐拍卖	2022-07-26
2014—2022年贵州茅台酒生肖纪念酒九瓶组合		92,000	保利厦门	2022-10-21
2014年产飞天牌德力西电气庆典纪念贵州茅台酒		34,500	中鸿信	2022-09-12
2014年产飞天牌特殊纪念贵州茅台酒		92,000	北京荣宝	2022-07-24
2014年产国酒茅台香港之友协会专用茅台酒(蓝茅)		33,915	香港苏富比	2022-10-04
2014年产国酒茅台香港之友协会专用茅台酒(蓝茅)		33,915	香港苏富比	2022-10-04
2014年产特殊纪念贵州茅台酒		184,000	北京荣宝	2022-07-24
2014年产原箱十五年年份贵州茅台酒二箱12瓶		97,750	中贸圣佳	2022-07-24
2014年产原箱特殊陈酿茅台酒 12瓶(2箱×6瓶)	500ml/瓶	264,500	中国嘉德	2022-06-26
2014年产原箱特殊陈酿茅台酒 12瓶(2箱×6瓶)	500ml/瓶	322,000	中国嘉德	2022-12-26
2014年产原箱特殊贵州茅台酒二箱12瓶		161,000	中贸圣佳	2022-07-24
2014年产原箱特殊茅台酒 12瓶(1箱×12瓶)	500ml/瓶	184,000	中国嘉德	2022-06-26
2014年产原箱特殊茅台酒 12瓶(1箱×12瓶)	500ml/瓶	115,000	中国嘉德	2022-12-26
2014年产珍藏版圆梦中国贵州茅台酒		63,250	中鸿信	2022-09-12
2014年贵州茅台酒		140,300	永乐拍卖	2022-07-26
2014年贵州茅台酒		57,500	北京保利	2022-07-27
2014年贵州茅台酒(八一慰问原箱)		253,000	西泠印社	2022-01-21
2014年贵州茅台酒(原箱)		690,000	永乐拍卖	2022-07-26
2014年茅台陈年酒(80)		253,000	永乐拍卖	2022-07-26
2015及2018年贵州茅台酒		17,250	西泠印社	2022-01-21
2015年贵州茅台酒(国家书画院)		10,350	保利厦门	2022-10-21
2015年产特殊纪念贵州茅台酒六瓶		161,000	中贸圣佳	2022-07-24
2015年产原箱特殊陈酿茅台酒 2瓶(1箱×2瓶)	2500ml/瓶	402,500	中国嘉德	2022-12-26
2015年产原箱特殊陈酿茅台酒 30瓶(5箱×6瓶)	500ml/瓶	759,000	中国嘉德	2022-06-26
2015年产原箱特殊陈酿茅台酒 30瓶(5箱×6瓶)	500ml/瓶	736,000	中国嘉德	2022-12-26
2015年产原箱特殊陈酿茅台酒(大瓶装2.5L) 2瓶	2500ml/瓶	460,000	中国嘉德	2022-06-26

拍品名称	物品尺寸	成交价RMB	拍卖公司	拍卖日期
2015年贵州茅台酒		108,100	北京保利	2022-02-03
2015年贵州茅台酒		141,450	永乐拍卖	2022-07-26
2015年贵州茅台酒(2.5L装羊年生肖)		184,000	西泠印社	2022-01-21
2015年贵州茅台酒(贵州地区特需)		40,250	西泠印社	2022-01-21
2015年贵州茅台酒(纪念中国人民抗日战争暨世界反法西斯战争胜利70周年)		11,500	北京保利	2022-02-03
2015年贵州茅台酒(原箱)		437,000	西泠印社	2022-01-21
2016年贵州茅台酒(原箱)		54,050	保利厦门	2022-10-21
2016年产飞天牌贵州茅台酒		92,000	中鸿信	2022-09-12
2016年产飞天牌贵州茅台酒(金)		40,250	中鸿信	2022-09-12
2016年产飞天牌礼宾贵州茅台酒		63,250	中鸿信	2022-09-12
2016年产飞天牌特殊纪念贵州茅台酒		80,500	北京荣宝	2022-07-24
2016年产特殊茅台酒 60瓶(10箱×6瓶)	500ml/瓶	322,000	中国嘉德	2022-06-26
2016年产原箱巴拿马金奖百年纪念茅台酒 1瓶	5000ml	55,200	中国嘉德	2022-12-26
2016年产原箱丙申港区特制猴年生肖茅台酒 30瓶(5箱×6瓶)	500ml/瓶	218,500	中国嘉德	2022-06-26
2016年产原箱黄瓷瓶贵州茅台酒一箱6瓶		57,500	中贸圣佳	2022-07-24
2016年产原箱金桂叶茅台酒(大瓶装2.5L) 2瓶(1箱×2瓶)	2500ml/瓶	92,000	中国嘉德	2022-06-26
2016年产原箱特殊陈酿茅台酒 12瓶(2箱×6瓶)	500ml/瓶	299,000	中国嘉德	2022-06-26
2016年产原箱特殊陈酿茅台酒 30瓶(5箱×6瓶)	500ml/瓶	690,000	中国嘉德	2022-06-26
2016年贵州茅台酒		57,500	永乐拍卖	2022-07-26
2016年贵州茅台酒		805,000	永乐拍卖	2022-07-26
2016年贵州茅台酒(JINGXI HOTEL)		201,250	永乐拍卖	2022-07-26
2016年贵州茅台酒(八一陈酿原箱)		287,500	西泠印社	2022-01-21
2016年贵州茅台酒(红鼎)		51,750	西泠印社	2022-01-21
2016年贵州茅台酒(原箱)		49,450	永乐拍卖	2022-07-26
2016年贵州茅台酒(原箱)		51,750	北京保利	2022-07-27
2016年贵州茅台酒(中国体育代表团纪念酒 庆功)(原箱)		43,700	永乐拍卖	2022-07-26
2017年贵州茅台酒(茅台日纪念)		11,500	保利厦门	2022-10-21
2017年国酒茅台香港之友协会专用茅台酒(紫茅)		35,814	保利香港	2022-10-11
2017年产飞天牌贵州茅台酒(红色)二箱12瓶		161,000	中贸圣佳	2022-07-24
2017年产飞天牌特殊纪念贵州茅台酒		115,000	北京荣宝	2022-07-24
2017年产国酒茅台香港之友协会专用茅台酒(紫茅)(1 BT50)		12,436	香港苏富比	2022-10-04
2017年产国酒茅台香港之友协会专用茅台酒(紫茅)		24,871	香港苏富比	2022-10-04
2017年产金龙珍品贵州茅台酒二箱12瓶		109,250	中贸圣佳	2022-07-24
2017年产五十年贵州茅台酒		29,393	香港苏富比	2022-10-04
2017年产原箱"茅台陈酿"茅台酒 30瓶(5箱×6瓶)	500ml/瓶	253,000	中国嘉德	2022-12-26
2017年产原箱巴拿马金奖百年纪念茅台酒 1瓶	5000ml	51,750	中国嘉德	2022-12-26
2017年产原箱丁酉鸡年生肖茅台酒 30瓶(5箱×6瓶)	500ml/瓶	161,000	中国嘉德	2022-06-26
2017年产原箱匠心茅台酒 12瓶(2箱×6瓶)	500ml/瓶	138,000	中国嘉德	2022-12-26
2017年产原箱金字陈酿茅台酒 30瓶(5箱×6瓶)	500ml/瓶	402,500	中国嘉德	2022-06-26
2017年产原箱金字陈酿茅台酒 30瓶(5箱×6瓶)	500ml/瓶	322,000	中国嘉德	2022-12-26
2017年产原箱暑期茅台酒 30瓶(5箱×6瓶)	500ml/瓶	230,000	中国嘉德	2022-06-26
2017年产原箱暑期茅台酒 30瓶(5箱×6瓶)	500ml/瓶	230,000	中国嘉德	2022-12-26
2017年产原箱特殊贵州茅台酒二箱24瓶		207,000	中贸圣佳	2022-07-24
2017年产原箱特殊纪念茅台酒(大瓶装5L) 1瓶	5000ml	138,000	中国嘉德	2022-06-26
2017年贵州茅台酒		54,050	永乐拍卖	2022-07-26
2017年贵州茅台酒(金字陈酿原箱)		113,850	北京保利	2022-02-03
2017年贵州茅台酒(TANG酿)		13,225	北京保利	2022-02-03
2017年贵州茅台酒(丁酉鸡年)(原箱)		34,500	永乐拍卖	2022-07-26
2017年贵州茅台酒(丁酉鸡年375ml×2)(原箱)		34,500	永乐拍卖	2022-07-26

2022杂项拍卖成交汇总(续表)

（成交价RMB：1万元以上）

拍品名称	物品尺寸	成交价RMB	拍卖公司	拍卖日期	拍品名称	物品尺寸	成交价RMB	拍卖公司	拍卖日期
2017年贵州茅台酒（国酒之父）		32,200	西泠印社	2022-01-21	2020年产原箱金字陈酿茅台酒 90瓶(15箱×6瓶)	500ml/瓶	805,000	中国嘉德	2022-12-26
2017年贵州茅台酒（金字陈酿原箱）		115,000	西泠印社	2022-01-21	2020年产原箱暑期茅台酒 120瓶(20箱×6瓶)	500ml/瓶	690,000	中国嘉德	2022-06-26
2017年贵州茅台酒（梅兰竹菊）		43,700	西泠印社	2022-01-21	2020年产原箱暑期茅台酒 90瓶(15箱×6瓶)	500ml/瓶	460,000	中国嘉德	2022-12-26
2018—2019年贵州茅台酒（走进系列375ml×6）（原箱×6）		213,900	永乐拍卖	2022-07-26	2020年贵州茅台酒（金字陈酿原箱）		158,125	北京保利	2022-02-03
2018年 戊戌狗年生肖纪念酒(1原箱6瓶)		34,728	保利香港	2022-10-11	2020年贵州茅台酒（庚子鼠年）（原箱）		33,350	永乐拍卖	2022-07-26
2018年产飞天牌贵州茅台酒狗年生肖		10,740	香港苏富比	2022-10-04	2020年贵州茅台酒（庚子鼠年）（原箱）		32,200	北京保利	2022-07-27
2018年产飞天牌百年金奖辉煌贵州茅台酒		64,400	中鸿信	2022-09-12	2020年贵州茅台酒（原箱）		109,250	永乐拍卖	2022-07-26
2018年产飞天牌走进澳洲贵州茅台酒		37,950	中鸿信	2022-09-12	2021—2022年产原封箱陈年贵州茅台酒15年（十箱）		506,000	北京荣宝	2022-07-24
2018年产五十年贵州茅台酒		31,654	香港苏富比	2022-10-04	2021年贵州茅台酒3L装		33,350	保利厦门	2022-10-21
2018年产五星牌国酒贵州茅台文化研究会庆功酒贵州茅台酒（三箱）		149,500	北京荣宝	2022-07-24	2021年飞天牌贵州茅台酒6L		69,000	北京保利	2022-07-27
2018年产原箱金字陈酿茅台酒 30瓶（5箱×6瓶）	500ml/瓶	322,000	中国嘉德	2022-12-26	2021年珍品贵州茅台酒		39,100	北京保利	2022-07-27
2018年产原箱暑期茅台酒 30瓶（5箱×6瓶）	500ml/瓶	195,500	中国嘉德	2022-06-26	2021年产飞天牌5L装贵州茅台酒荣获巴拿马国际金奖100周年纪念（四箱）		287,500	北京荣宝	2022-07-24
2018年产原箱暑期茅台酒 30瓶（5箱×6瓶）	500ml/瓶	184,000	中国嘉德	2022-12-26	2021年产原封箱同日期、批次飞天牌精品贵州茅台酒（二十箱）		598,000	北京荣宝	2022-07-24
2018年产原箱特殊茅台酒 12瓶(1箱×12瓶)	500ml/瓶	69,000	中国嘉德	2022-06-26	2021年产原箱陈酿贵州茅台酒五箱30瓶		207,000	中贸圣佳	2022-07-24
2018年产原箱戊戌狗年生肖茅台酒 30瓶（5箱×6瓶）	500ml/瓶	149,500	中国嘉德	2022-06-26	2021年产原箱飞天牌贵州茅台酒（金色）五箱30瓶		149,500	中贸圣佳	2022-07-24
2018年贵州茅台酒		52,900	永乐拍卖	2022-07-26	2021年产原箱飞天牌贵州茅台酒（蓝色）五箱30瓶		149,500	中贸圣佳	2022-07-24
2018年贵州茅台酒（阿尔巴尼亚财长专享原箱）		92,000	西泠印社	2022-01-21	2021年产原箱飞天牌贵州茅台酒（玫瑰金色）五箱30瓶		149,500	中贸圣佳	2022-07-24
2018年贵州茅台酒（茅台文化研究会庆功酒）（原箱）		40,250	永乐拍卖	2022-07-26	2021年产原箱飞天牌贵州茅台酒（四色梅瓶）四箱24瓶		115,000	中贸圣佳	2022-07-24
2018年贵州茅台酒（暑期原箱）		126,500	北京保利	2022-07-27	2021年产原箱金桂叶贵州茅台酒一箱2瓶		71,300	中贸圣佳	2022-07-24
2018年贵州茅台酒（原箱）		126,500	永乐拍卖	2022-07-26	2021年产原箱辛丑牛年生肖茅台酒30瓶（5箱×6瓶）	500ml/瓶	161,000	中国嘉德	2022-06-26
2018年贵州茅台酒（中国龙）		126,500	北京保利	2022-07-27	2021年贵州茅台酒（精品）		27,600	北京保利	2022-07-27
2018年贵州茅台酒（走进澳洲）		57,500	西泠印社	2022-01-21	2021年贵州茅台酒（九庆）		43,700	北京保利	2022-02-03
2018年贵州茅台酒（走进非洲）		57,500	西泠印社	2022-01-21	2021年贵州茅台酒（香溢五洲原箱）		120,750	北京保利	2022-07-27
2019年贵州茅台酒（精品）		37,950	保利厦门	2022-10-21	2021年贵州茅台酒（辛丑牛年）（原箱）		31,050	永乐拍卖	2022-07-26
2019年贵州茅台酒（香港友好协进会30周年纪念）		10,350	保利厦门	2022-10-21	2021年贵州茅台酒（辛丑牛年）1.5L		25,300	永乐拍卖	2022-07-26
2019年贵州茅台酒（走进系列）750ml四瓶组合		44,850	保利厦门	2022-10-21	2021年贵州茅台酒（辛丑牛年）2.5L		40,250	永乐拍卖	2022-07-26
2019年产飞天牌贵州茅台酒（原箱）		39,568	香港苏富比	2022-10-04	2021年贵州茅台酒（炫彩中国）（原箱×4）		138,000	永乐拍卖	2022-07-26
2019年产□□□景泰蓝国之器度土豪金（原封箱6瓶同一日期）		34,500	中鸿信	2022-09-12	2021年贵州茅台酒（燕京八景）		78,200	永乐拍卖	2022-07-26
2019年产70周年纪念贵州茅台酒（50年）1瓶		161,000	中贸圣佳	2022-07-24	2021年贵州茅台酒200ml		20,700	永乐拍卖	2022-07-26
2019年产飞天牌定制尊享贵州茅台酒		29,900	中鸿信	2022-09-12	2021年贵州茅台酒3L		40,250	永乐拍卖	2022-07-26
2019年产飞天牌免税贵州茅台酒（小批量勾兑，法国卡慕独家经销）		48,300	中鸿信	2022-09-12	2022年贵州茅台酒（九庆）（原箱）		391,000	永乐拍卖	2022-07-26
2019年产国台酒·中华龙（全球限量499套）		230,000	北京荣宝	2022-07-24	2022年贵州茅台酒（九庆）（原箱）		1,897,500	永乐拍卖	2022-07-26
2019年产国台酒·中华龙（全球限量499套，小批量勾兑）		287,500	中鸿信	2022-09-12	2022年贵州茅台酒(壬寅虎年)（原箱）		29,900	永乐拍卖	2022-07-26
2019年产五星猪生肖贵州茅台酒		32,200	中鸿信	2022-09-12	2022年贵州茅台酒(壬寅虎年)（原箱）		28,750	北京保利	2022-07-27
2019年产飞天牌贵州茅台酒（走进系列）四箱24瓶		207,000	中贸圣佳	2022-07-24	20世纪80年代初期 飞天牌贵州茅台酒（外销版）		106,950	保利厦门	2022-10-21
2019年产原箱金字陈酿茅台酒 30瓶（5箱×6瓶）	500ml/瓶	322,000	中国嘉德	2022-12-26	20世纪80年代初期飞天牌外销贵州茅台酒		1,081,000	永乐拍卖	2022-07-26
2019年产原箱金字陈酿茅台酒 60瓶（10箱×6瓶）	500ml/瓶	690,000	中国嘉德	2022-06-26	20世纪80年代中期飞天牌外销贵州茅台酒		598,000	永乐拍卖	2022-07-26
2019年贵州茅台酒		126,500	西泠印社	2022-01-21	20世纪90年代飞天牌贵州茅台酒（铁盖）200ml		86,250	永乐拍卖	2022-07-26
2019年贵州茅台酒		51,750	永乐拍卖	2022-07-26	20世纪60年代飞天牌贵州茅台酒（绿签陈年）1瓶		460,000	中贸圣佳	2022-07-24
2019年贵州茅台酒（金字陈酿原箱）		164,450	北京保利	2022-02-03	20世纪70年代贵州茅台酒（五星，三大革命）	重1019g、1045g	74,750	上海嘉禾	2022-01-01
2019年贵州茅台酒（1949-10-01—2019-10-01）（50年）		287,500	北京保利	2022-07-27	20世纪70年代产飞天牌贵州茅台酒（大飞天）3瓶		161,000	中贸圣佳	2022-07-24
2019年贵州茅台酒（陈酿原箱）		51,750	北京保利	2022-07-27	20世纪70年代初期产葵花牌贵州茅台酒（大葵花）2瓶		782,000	中贸圣佳	2022-07-24
2019年贵州茅台酒（新铁盖）		552,000	西泠印社	2022-01-21	20世纪70年代初期产葵花牌贵州茅台酒（大葵花）1瓶		253,000	中贸圣佳	2022-07-24
2019年贵州茅台酒（原箱）		28,750	北京保利	2022-02-03	20世纪70年代贵州茅台酒（葵花牌）		241,500	北京保利	2022-07-27
2019年贵州茅台酒（原箱）		46,000	永乐拍卖	2022-07-26	20世纪70年代贵州茅台酒（三大革命）		82,800	北京保利	2022-07-27
2019年贵州茅台酒（走进系列，750ml×4）（原箱）		258,750	永乐拍卖	2022-07-26	20世纪80年代贵州茅台酒（大飞天）	尺寸不一	230,000	上海嘉禾	2022-01-01
2019年贵州茅台酒375ml		46,000	永乐拍卖	2022-07-26	20世纪80年代贵州茅台酒（大飞天）	尺寸不一	195,500	上海嘉禾	2022-01-01
2020年产飞天牌贵州茅台酒（原箱）		39,568	香港苏富比	2022-10-04	20世纪80年代贵州茅台酒（珍品压陈年、铁盖）	重941g	80,500	上海嘉禾	2022-01-01
2020年产原箱金字陈酿贵州茅台酒二箱12瓶		115,000	中贸圣佳	2022-07-24	20世纪80年代茅台酒三大革命（80年代早期）	重1024g、976g	69,000	上海嘉禾	2022-11-20
2020年产原箱金字陈酿茅台酒 120瓶（20箱×6瓶）	500ml/瓶	1,150,000	中国嘉德	2022-06-26	20世纪80年代全棉纸茅台地方国营（1983—1986年）	重1055g、1091g	69,000	上海嘉禾	2022-11-20
					20世纪80年代铁盖茅台(1988年4瓶, 1989年2瓶)	尺寸不一	184,000	上海嘉禾	2022-11-20

拍品名称	物品尺寸	成交价RMB	拍卖公司	拍卖日期
20世纪80年代产飞天牌双层盒塑盖贵州茅台酒		115,000	北京荣宝	2022-07-24
20世纪80年代产飞天牌珍品一七〇四贵州茅台酒		138,000	北京荣宝	2022-07-24
20世纪80年代产双层盒飞天牌塑盖贵州茅台酒(马来西亚回流)		69,000	中鸿信	2022-09-12
20世纪80年代产双层盒飞天牌塑盖贵州茅台酒(马来西亚回流)		80,500	中鸿信	2022-09-12
20世纪80年代产五星牌棉纸地方国营贵州茅台酒		103,500	中鸿信	2022-09-12
20世纪80年代产五星牌棉纸地方国营贵州茅台酒		172,500	北京荣宝	2022-07-24
20世纪80年代产五星牌三大革命棉纸地方国营贵州茅台酒		80,500	中鸿信	2022-09-12
20世纪80年代产原箱飞天牌贵州茅台酒(铁盖)二箱24瓶		552,000	中贸圣佳	2022-07-24
20世纪80年代初期产葵花牌贵州茅台酒(小葵花)四瓶		138,000	中贸圣佳	2022-10-26
20世纪80年代初期产葵花牌贵州茅台酒(小葵花)四瓶		149,500	中贸圣佳	2022-07-24
20世纪80年代贵州茅台酒(大飞天)		32,200	西泠印社	2022-01-21
20世纪80年代贵州茅台酒(黑酱)		120,175	北京保利	2022-02-03
20世纪80年代贵州茅台酒(黑酱)		115,000	北京保利	2022-07-27
20世纪80年代产贵州茅台酒(全棉纸地方国营)		241,500	北京保利	2022-07-27
20世纪90年代红皮铁盖茅台(1994年5瓶,1995年1瓶)	尺寸不一	138,000	上海嘉禾	2022-11-20
20世纪90年代红皮铁盖珍品茅台(1995年3瓶,1993年1瓶)	重927g、963g、940g、950g	80,500	上海嘉禾	2022-11-20
20世纪80年代产飞天牌陈年茅台酒2瓶	500ml/瓶	92,000	中国嘉德	2022-06-26
20世纪80年代产飞天牌黄酱茅台酒1瓶	540ml	287,500	中国嘉德	2022-06-26
20世纪80年代产飞天牌茅台酒60瓶	540ml/瓶	2,530,000	中国嘉德	2022-12-26
20世纪80年代产五星牌黑酱茅台酒60瓶	540ml/瓶	6,842,500	中国嘉德	2022-12-26
大飞天贵州茅台酒		42,959	香港苏富比	2022-10-04
贵州茅台酒(1949-10-01—2019-10-01)		25,300	北京保利	2022-02-03
贵州茅台酒(七彩)		80,500	永乐拍卖	2022-07-26
贵州茅台酒26瓶(跨世纪陈年茅台大全套)		1,840,000	上海嘉禾	2022-11-20
贵州茅台酒生肖纪念酒八瓶组合		103,500	北京保利	2022-02-03
金轮牌贵州茅台酒(地方国营)		33,915	香港苏富比	2022-10-04
金轮牌贵州茅台酒(地方国营)(铁盖)		36,176	香港苏富比	2022-10-04
经典铁盖收藏:1991年铁盖贵州茅台酒;1993年铁盖贵州茅台酒;1994年铁盖贵州茅台酒;1995年铁盖贵州茅台酒;1996年铁盖贵州茅台酒	尺寸不一	724,500	上海嘉禾	2022-11-20
茅台大全套(1980—2009年):1980—1989年贵州茅台酒红木礼盒;1990—1999年贵州茅台酒红木礼盒;2000—2009年贵州茅台酒红木礼盒	尺寸不一	805,000	上海嘉禾	2022-11-20
20世纪70年代产葵花牌茅台酒(小瓶装270ml)6瓶	270ml/瓶	253,000	中国嘉德	2022-06-26
约1980年贵州茅台酒(三大革命)		63,250	西泠印社	2022-01-21
【茅五会】1987年贵州茅台酒、1987年五粮液	重980g、888g	55,200	上海嘉禾	2022-01-01
【茅五组合】1992年茅台、1992年五粮液(萝卜瓶)	重950g、822g	34,500	上海嘉禾	2022-01-01
1999年五粮液(原箱)12瓶	500ml/瓶	43,700	西泠印社	2022-01-21
2003年产五粮液(烤标)		17,250	中鸿信	2022-09-12
2009年五粮液(中央军委办公厅专供)		13,800	保利厦门	2022-10-21
2011年产五粮液液		17,250	中鸿信	2022-09-12
2015年产五粮液1618(白瓷瓶)		13,800	中鸿信	2022-09-12
2015年产五粮液十年		13,800	中鸿信	2022-09-12
1987年汾酒(原箱)24瓶	500ml/瓶	86,250	西泠印社	2022-01-21
1993年汾酒(原箱)		55,200	西泠印社	2022-01-21
1994年产琵琶瓷汾酒(二箱)		80,500	北京荣宝	2022-07-24
1994年产山西汾酒		34,500	中鸿信	2022-09-12
20世纪80—90年代产山西汾酒(琵琶瓶)		17,250	中鸿信	2022-09-12
20世纪80年代产出口装施可富牌泸州老窖大曲酒(二箱)		138,000	北京荣宝	2022-07-24
1980年董酒(红城牌火炬重)1瓶	约500ml	74,750	西泠印社	2022-01-21
1978年郎酒(朗泉牌三大革命)		184,000	西泠印社	2022-01-21
1980年玻璃郎酒(朗泉牌)		138,000	西泠印社	2022-01-21

拍品名称	物品尺寸	成交价RMB	拍卖公司	拍卖日期
1983—1985年郎酒(朗泉牌)		46,000	西泠印社	2022-01-21
1983—1985年郎酒(朗泉牌)		48,300	西泠印社	2022-08-19
1994年产原箱燕岭春特制酒(酱香)		43,700	中鸿信	2022-09-12
1997年产原箱北京龙凤二锅头		16,100	中鸿信	2022-09-12
1998年产沱牌曲酒特制珍品(五十年陈酿)6瓶	750ml/瓶	13,800	中鸿信	2022-09-12
1999年产酒鬼酒"无上妙品"		23,000	中鸿信	2022-09-12
2002年产郎酒二十年陈酿(文房四宝)4瓶	500ml/瓶	69,000	中鸿信	2022-09-12
2006—2007年产红星二锅头(出口装)		26,450	中鸿信	2022-09-12
2010年产陈年习酒(6年)		43,700	中鸿信	2022-09-12
2010年产陈年珍品习酒(9年)		34,500	中鸿信	2022-09-12
2010年产红花郎十五年陈酿——礼品装,天宝洞藏(原封箱同一日期批次)		28,750	中鸿信	2022-09-12
2011年产青花郎二十年陈酿——天宝洞藏(原封箱同一日期批次)		28,750	中鸿信	2022-09-12
20世纪80年代北京三白		32,200	西泠印社	2022-01-21
20世纪80年代菊花白酒		28,750	西泠印社	2022-01-21
20世纪80年代菊花白酒(全棉纸)		32,200	西泠印社	2022-01-21
20世纪80年代莲花白酒		28,750	西泠印社	2022-01-21
20世纪80年代莲花白酒		28,750	西泠印社	2022-01-21
内参2013		34,500	保利厦门	2022-10-21
"一九八八年酿造"古越龙山绍兴花雕酒(散花)		40,250	中鸿信	2022-09-12
"一九九六年酿造"古越龙山绍兴花雕酒(招财进宝)		18,400	中鸿信	2022-09-12
1986年酿造古越龙山绍兴花雕酒(曲水流觞 兰亭序)		23,000	北京荣宝	2022-07-24
1996年产古越龙山珍品绍兴花雕酒(湘云图案)		28,750	中鸿信	2022-09-12
1996年产原箱出口装竹叶青酒		11,500	中鸿信	2022-09-12
1999年产古越龙山专用绍兴花雕酒(奔月图案)		23,000	中鸿信	2022-09-12
2000年产古越龙山珍品绍兴花雕酒(六种图案)		20,700	中鸿信	2022-09-12
2000年初产古越龙山绍兴花雕酒(寿星)		46,000	北京荣宝	2022-07-24
20世纪70年代产出口装塔牌绍兴加饭酒6坛	1625ml/坛	115,000	北京荣宝	2022-07-24
20世纪80—90年代产出口装塔牌绍兴花雕酒(西厢记)		57,500	北京荣宝	2022-07-24
20世纪80年代产小盖竹叶青8瓶	500ml/瓶	13,800	中鸿信	2022-09-12
20世纪80年代沈永和牌咸亨酒店定制绍兴花雕酒(献寿)		34,500	北京荣宝	2022-07-24
20世纪90年代古越龙山绍兴花雕酒(天女散花、嫦娥奔月)1坛	50斤	46,000	中鸿信	2022-09-12
20世纪90年代产山西特产海眼井牌陈醋(山西酿醋第一村)2箱40瓶	450ml/瓶	13,800	北京荣宝	2022-07-24
20世纪90年代古越龙山绍兴花雕酒(天女散花、嫦娥奔月)		43,700	中鸿信	2022-09-12
1996年酿造古越龙山绍兴花雕酒(招财进宝)		13,800	北京荣宝	2022-07-24
约2000年产古越龙山绍兴花雕酒(兰亭、东湖、吼山、柯岩)		23,000	北京荣宝	2022-07-24
1855梅多克列级名庄大全套2007年份		92,000	北京保利	2022-07-28
1855梅多克列级名庄大全套2007年份61瓶750ml		172,500	中国嘉德	2022-06-26
1936年麦卡伦		108,100	北京保利	2022-02-03
1937年麦卡伦		108,100	北京保利	2022-02-03
1938年麦卡伦		108,100	北京保利	2022-02-03
1939年麦卡伦		108,100	北京保利	2022-02-03
1946年麦卡伦		230,000	北京保利	2022-02-03
1963—2018年格兰利威特单一麦芽威士忌		46,000	西泠印社	2022-08-19
1966—2008年朗摩41年雪莉单桶威士忌		36,800	西泠印社	2022-01-21
1968—1994年麦卡伦25年雪莉桶单一麦芽威士忌		48,300	西泠印社	2022-01-21
1968年麦卡伦25年		69,000	北京保利	2022-02-03
1969年蒸馏波摩雪莉桶单一麦芽威士忌		40,250	西泠印社	2022-01-21
1970—1986年拉弗格samaroli独立装瓶单一麦芽威士忌		115,000	西泠印社	2022-01-21
1970年尊尼获加150周年纪念调和威士忌		17,250	西泠印社	2022-01-21
1971—2009、1978—1998年麦卡伦斯佩默系列雪莉桶威士忌		46,000	西泠印社	2022-01-21
1971年高原骑士(中文)		57,500	北京保利	2022-07-28
1975—1999年阿贝23年雪莉单桶威士忌		43,700	西泠印社	2022-01-21

2022杂项拍卖成交汇总（续表）

（成交价RMB：1万元以上）

拍品名称	物品尺寸	成交价RMB	拍卖公司	拍卖日期
1975年麦卡伦25年		60,375	北京保利	2022-02-03
1977年麦卡伦18年		43,700	北京保利	2022-07-28
1979—2019年布纳哈本艺术家系列40年雪莉单桶威士忌		17,250	西泠印社	2022-08-19
1979年麦卡伦18年		45,425	北京保利	2022-02-03
20世纪80年代木盒山崎12年金狮单一麦芽威士忌		115,000	永乐拍卖	2022-07-26
20世纪80年代轻井泽海洋礼盒装（一组）		11,500	永乐拍卖	2022-07-26
20世纪80年麦卡伦18年		40,250	北京保利	2022-02-03
1981—2011年麦卡伦30年单一麦芽威士忌		23,000	西泠印社	2022-01-21
1981—2013年轻井泽32年初填雪莉单桶威士忌		92,000	西泠印社	2022-01-21
1981—2014年轻井泽烟火标33年雪莉桶威士忌		92,000	西泠印社	2022-01-21
1981年蒸馏轻井泽锦瑟年华35年单桶威士忌		575,000	西泠印社	2022-01-21
1982年麦卡伦18年		37,950	北京保利	2022-07-28
1984/1994/1989年首版双狮/金花标山崎12/白州12/响17		28,750	保利厦门	2022-10-21
1985—2015年轻井泽"侍"30年波本单桶威士忌		86,250	西泠印社	2022-01-21
1985—2015年轻井泽"侍"30年雪莉单桶威士忌		80,500	西泠印社	2022-01-21
1986—2016年驹之岳30年单一麦芽威士忌		97,750	西泠印社	2022-01-21
1986年麦卡伦18年		44,850	北京保利	2022-07-28
1987年余市蒸馏所20年贮藏单一麦芽威士忌		46,000	西泠印社	2022-01-21
1988拉菲古堡大瓶装(3L)1988年份2支1500ml		46,000	中国嘉德	2022-06-26
1990—2021年麦卡伦30年雪莉单桶威士忌		17,250	西泠印社	2022-01-21
1990年 响17年 首版		14,950	保利厦门	2022-10-21
1994—2005、1999—2012年白州业主桶单桶威士忌		55,200	西泠印社	2022-01-21
1994—2010年山崎业主桶单桶威士忌		46,000	西泠印社	2022-01-21
1996年山崎12年赤绘蛸唐草"寿"纹/白州12年染付宝尽"福"纹有田烧		23,000	保利厦门	2022-10-21
1996年麦卡伦18年		13,800	北京保利	2022-07-28
2000—2018年轻井泽"花鸟绘系列"雪莉单桶威士忌		184,000	西泠印社	2022-01-21
2000年山崎金花顶竹礼盒12年纯麦威士忌3支700ml		20,700	中国嘉德	2022-12-25
2003年轻井泽阪神优胜纪念31—12年威士忌		17,250	西泠印社	2022-01-21
2005年响17年金赏受赏版调和威士忌		17,250	西泠印社	2022-01-21
2021年伦敦威士忌展限量套组		20,700	保利厦门	2022-10-21
20世纪50—60年代人头马白头路易十三千邑2色地1支	700ml	23,000	中国嘉德	2022-12-25
20世纪60年代轩尼诗Extra		14,108	保利香港	2022-10-11
20世纪70年代人头马路易十三		14,108	保利香港	2022-10-11
20世纪80、90年代三得利音乐系列威士忌		43,700	西泠印社	2022-01-21
20世纪80年代至21世纪初三得利十二生肖陶瓷瓶贺岁限定		23,000	保利厦门	2022-01-21
20世纪80年代波摩21年高尔夫俱乐部限定水晶瓶威士忌		43,700	西泠印社	2022-01-21
20世纪80年代金标BIG "T" 汤马丁苏格兰调和威士忌(全铜八音盒骑士套装) 1支	760ml	13,800	中国嘉德	2022-06-27
20世纪80年代木盒山崎双狮标金花12年纯麦威士忌4支700ml		41,400	中国嘉德	2022-12-25
20世纪80年代三得利阿洛雅仿橡木桶陶瓷瓶纯麦威士忌		17,250	西泠印社	2022-01-21
20世纪80年代三乐轻井泽GLORIA OCEAN金&银船形威士忌礼盒2支300ml		11,500	中国嘉德	2022-06-27
20世纪90年代至21世纪初山崎10年/白州10年 樽出原酒		25,300	保利厦门	2022-01-21
20世纪90年代山崎12年金花标"竹纹"有田烧		11,500	保利厦门	2022-01-21
20世纪90年代麦卡伦12年公斤装雪莉桶单一麦芽威士忌		20,700	西泠印社	2022-01-21
20世纪90年代麦卡伦7年		18,449	保利香港	2022-10-11
20世纪90年代木盒山崎金花12年纯麦威士忌3支700ml		25,300	中国嘉德	2022-12-25
20世纪90年代轻井泽12年100%麦芽威士忌		43,700	西泠印社	2022-01-21
20世纪90年代轻井泽15年100%麦芽威士忌		25,300	西泠印社	2022-01-21
20世纪90年代三得利白州"寿"文筒形瓶有田烧威士忌		32,200	西泠印社	2022-01-21
20世纪90年代三得利山崎、白州"福""寿"有田烧威士忌		36,800	西泠印社	2022-01-21
20世纪90年代山崎12年"竹文"有田烧单一麦芽威士忌		46,000	西泠印社	2022-01-21
20世纪90年代山崎金花标18年纯麦威士忌		28,750	西泠印社	2022-01-21
1983年山崎金瓶"建厂60周年纪念"单一麦芽威士忌		34,500	西泠印社	2022-01-21
A.D.RATTRAY 格兰斯巴20年1997精选单桶单一麦芽威士忌4支 700ml		16,100	中国嘉德	2022-12-25
A.D.RATTRAY 格兰陶彻斯2009精选单桶单一麦芽威士忌(牛年限定) 6支700ml		11,500	中国嘉德	2022-12-25
ARCHIVES装瓶:邮票标动物系列苏格兰威士忌(各一支) 7支500ml		11,500	中国嘉德	2022-12-25
BLACK ADDER装瓶: 布纳哈本1979 32年艾雷岛单一麦芽威士忌		11,500	永乐拍卖	2022-07-26
DRC 拉塔希 干红1990 3瓶	1500ml/瓶	514,320	华艺国际	2022-05-29
DRC 拉塔希 干红1999 3瓶	1500ml/瓶	354,880	华艺国际	2022-05-29
DRC 拉塔希 干红2002		169,725	华艺国际	2022-05-29
DRC 罗曼尼·康帝 干红1999		298,305	华艺国际	2022-05-29
DRC 罗曼尼·康帝 干红1999 1瓶	1500ml	298,305	华艺国际	2022-05-29
MCC装瓶: 麦卡伦1990单桶		20,700	永乐拍卖	2022-07-26
Moon Import北不列颠1964 10周年限定单一谷物威士忌1支		13,800	中贸圣佳	2023-01-01
Moon Import布纳哈本1964高原骑士、1975单一麦芽威士忌 2支		40,250	中贸圣佳	2023-01-01
Moon Import塔木岭15年米尔顿达夫、1974单一麦芽威士忌 2支		40,250	中贸圣佳	2023-01-01
MOYET1930单一年份干邑白兰地		17,250	西泠印社	2022-08-19
OCC6 唐培里侬香槟P2香槟2002		18,515	华艺国际	2022-05-29
OWC1 奥那尼亚马塞多干红1998		16,458	华艺国际	2022-05-29
OWC1 拉菲庄园红 干红2005		36,002	华艺国际	2022-05-29
OWC1 罗基德木桐(前名: 武当王酒庄) 干红2000		153,267	华艺国际	2022-05-29
OWC1 罗基德木桐(前名: 武当王酒庄) 干红2000		153,267	华艺国际	2022-05-29
OWC1 夏伯帝隐士单一园 干红葡萄酒2012		29,830	华艺国际	2022-05-29
OWC12 柏翠庄园红 干红1982 12支	750ml/支	720,048	华艺国际	2022-05-29
OWC3 露蔻娅豪威尔山赤霞珠干红葡萄酒 干红2014		18,515	华艺国际	2022-05-29
OWC6 里鹏庄园红 干红2000 12瓶	750ml/瓶	432,028	华艺国际	2022-05-29
SAKASHO黄金、铂金、海洋海豚瓶XO法国白兰地 3支 500ml		13,800	中国嘉德	2022-06-27
SAMAROLI 格兰威特1980 克莱嘉赫1983 单一麦芽威士忌2支		17,250	中贸圣佳	2023-01-01
Samaroli限量版套装 6支		13,800	中贸圣佳	2022-07-24
SAMAROLI装桶单一麦芽威士忌 6支		20,700	中贸圣佳	2023-01-01
SESTANTE装瓶: 波特艾伦1980 21年艾雷岛单一麦芽威士忌 1支700ml		11,500	中国嘉德	2022-06-27
THAT BOUTIQUE-Y装瓶: 亚伯乐23年、林克伍德26年单一麦芽威士忌2支500ml		11,500	中国嘉德	2022-06-27
TWA装瓶: LIQUID SUN系列卡尔里拉30年艾雷岛、格兰塔雷特32年高地单一麦芽威士忌(各一支)		17,250	永乐拍卖	2022-07-26
阿贝11年、15年单桶单一麦芽威士忌2支		32,200	中贸圣佳	2023-01-01
阿贝 Ardbeg 1993年单桶 一桶(约235bls)		5,175,000	中贸圣佳	2023-01-01
阿贝15年单桶单一麦芽威士忌1支		20,700	中贸圣佳	2022-10-26
阿曼·卢梭父子酒园洛奇特级园干红2014年份 6支750ml		75,900	中国嘉德	2022-06-26
阿曼·卢梭父子酒园圣雅克一级园2012年份 6支750ml		101,200	中国嘉德	2022-06-26
阿曼·卢梭酒庄香贝坦贝兹特级园红葡萄酒2007年份 6支750ml		161,000	中国嘉德	2022-12-26
阿曼杰夫酒庄博西热夫雷香贝丹一级园干红2018年份 12支750ml		10,925	中国嘉德	2022-12-26
阿曼杰夫酒庄美丝香贝丹特级园干红2019年份 12支750ml		25,300	中国嘉德	2022-06-26
阿曼杰夫酒庄美丝香贝丹特级园红葡萄酒2019年份 6支750ml		12,650	中国嘉德	2022-12-26

(成交价RMB：1万元以上)

拍品名称	物品尺寸	成交价RMB	拍卖公司	拍卖日期
阿诺恩特酒庄默尔索村干白2018年份 3支750ml		17,250	中国嘉德	2022-06-26
阿诺恩特酒庄普里尼-蒙哈榭一级园香阁干白2018年份 2支750ml		34,500	中国嘉德	2022-06-26
埃伦港1974年		10,310	保利香港	2022-10-11
艾伯乐 A' BUNADH 52 雪莉桶高地单一麦芽威士忌 6支 700ml		20,700	中国嘉德	2022-06-27
艾德多尔10年 松浦浩之		14,108	保利香港	2022-10-11
爱诗图古堡1999年份大支装(3L)		11,500	永乐拍卖	2022-07-26
爱诗图古堡2017年份 36支750ml		43,700	中国嘉德	2022-06-26
奥比昂古堡2006年份		15,640	永乐拍卖	2022-07-26
奥比昂古堡副牌干白2018年份		15,180	永乐拍卖	2022-07-26
奥比康庄园白 干白2000		18,515	华艺国际	2022-05-29
奥比康庄园白 干白2001		12,343	华艺国际	2022-05-29
奥比康庄园红 干红1989		36,002	华艺国际	2022-05-29
奥纳亚红葡萄酒 2019年份 12支750ml		16,100	中国嘉德	2022-12-26
奥纳亚红葡萄酒大瓶装(6L) 2017年份 1支6000ml		17,250	中国嘉德	2022-12-26
奥松古堡2012年份		44,850	永乐拍卖	2022-07-26
奥松古堡2014年份		44,160	永乐拍卖	2022-07-26
奥维那(波内玛尔特级园) 干红2011		90,520	华艺国际	2022-05-29
巴宝莉 1968 单一麦芽威士忌 1支		10,350	中贸圣佳	2023-01-01
巴布莱尔 38年 限量 #2851		28,750	北京保利	2022-07-28
巴布莱尔1969年高地单一麦芽威士忌 1支750ml		10,350	中国嘉德	2022-06-27
巴布莱尔1996年、2001年、2006年高地单一麦芽威士忌(各一支) 3支700ml		11,500	中国嘉德	2022-06-27
巴顿古堡2000年份 12支750ml		23,000	中国嘉德	2022-12-26
巴赫酒庄波玛爱贝诺一级园红葡萄酒2017年份 12支750ml		13,800	中国嘉德	2022-12-26
巴赫酒庄玻玛香璃一级园干红2012年份 12支750ml		12,650	中国嘉德	2022-06-26
巴黎之花美丽时光白中白香槟1982年份 4支750ml		51,750	中国嘉德	2022-06-26
巴黎之花美丽时光白中白香槟1985年份 6支750ml		66,700	中国嘉德	2022-06-26
巴黎之花美丽时光白中白香槟1996年份 6支750ml		41,400	中国嘉德	2022-06-26
巴黎之花美丽时光白中白香槟大瓶装(3L) 2000年份 2支3000ml		82,800	中国嘉德	2022-12-26
巴黎之花美丽时光香槟限量版套装2004、2005年份 6支750ml		40,250	中国嘉德	2022-06-26
巴罗洛侯爵酒庄老年份干红套装1957、1966、1968、1980年份(各1支) 4支750ml		26,450	中国嘉德	2022-12-26
白波摩1964 43年艾雷岛单一麦芽威士忌 1支 700ml		161,000	中国嘉德	2022-06-27
白马 副牌 2013		11,500	保利厦门	2022-10-21
白马古堡2010年份		95,220	永乐拍卖	2022-07-26
白州、山崎、知多蒸馏所限定单一麦芽威士忌 3支		41,400	中贸圣佳	2022-10-26
白州苏格兰麦芽威士忌协会120.7单一麦芽威士忌 1支		33,350	中贸圣佳	2023-01-01
白州雪莉		16,100	保利厦门	2022-10-21
白州12年1997染付蛸唐草寅筒形瓶单一麦芽威士忌 1支		20,700	中贸圣佳	2022-07-24
白州12年单一麦芽威士忌 10支700ml		28,750	中国嘉德	2022-12-25
白州18年单一麦芽威士忌 2支700ml		13,800	中国嘉德	2022-06-27
白州18年单一麦芽威士忌 6支700ml		40,250	中国嘉德	2022-12-25
白州1981西班牙橡木雪莉单桶单一麦芽威士忌 1支		92,000	中贸圣佳	2023-01-01
白州25年		57,500	北京保利	2022-07-28
白州25年经典收藏限定版单一纯麦威士忌 1支700ml		55,200	中国嘉德	2022-06-27
百富12年、15年、25年单桶套组		16,100	保利厦门	2022-10-21
百富1401桶第四批次		14,950	北京保利	2022-07-28
百富1401桶第四批次		13,800	北京保利	2022-07-28
百富12年、14年、15年、17年、21年、25年单一麦芽威士忌 6支700ml		20,700	中国嘉德	2022-12-25
百富1937 50年首版纯麦苏格兰威士忌 1支	750ml	356,500	中国嘉德	2022-06-27
百富1937 50年首版纯麦苏格兰威士忌 1支	750ml	345,000	中国嘉德	2022-12-25

拍品名称	物品尺寸	成交价RMB	拍卖公司	拍卖日期
百富25年单一麦芽苏格兰威士忌 1支	700ml	11,500	中国嘉德	2022-06-27
百富30年单一麦芽苏格兰威士忌 1支	700ml	23,000	中国嘉德	2022-12-25
百富创始人甄选10年、艾雷岛17年单一麦芽威士忌 1支1000ml 2支700ml		11,500	中国嘉德	2022-06-27
柏翠酒庄1992年份		96,600	北京保利	2022-07-28
柏翠酒庄2007年份		92,000	北京保利	2022-07-28
柏翠酒庄2017年份 2支750ml		110,400	中国嘉德	2022-06-26
柏翠酒庄2018年份 2支750ml		184,000	中国嘉德	2022-06-26
柏翠酒庄2018年份 6支750ml		172,500	中国嘉德	2022-12-26
柏翠酒庄大瓶装(1.5L) 2014年份 6支	1500ml/支	437,000	中国嘉德	2022-06-26
柏翠酒庄大瓶装(1.5L) 2017年份 6支	1500ml/支	253,000	中国嘉德	2022-12-26
柏翠酒庄大瓶装(3L) 2015年份 1支	3000ml	448,500	中国嘉德	2022-06-26
柏翠酒庄大瓶装(3L) 2015年份 1支	3000ml	89,700	中国嘉德	2022-12-26
柏翠之花堡2016年份 12支750ml		32,200	中国嘉德	2022-12-26
柏菲古堡1985年份 12支750ml		31,050	中国嘉德	2022-12-26
柏菲古堡2000年份 3支750ml		23,000	中国嘉德	2022-06-26
柏菲古堡2012年份 12支750ml		40,250	中国嘉德	2022-12-26
柏菲古堡2012年份 24支750ml		89,700	中国嘉德	2022-06-26
柏诺玛爵酒庄高登-查理曼特级园干白2019年份 9支750ml		64,400	中国嘉德	2022-06-26
柏诺玛爵酒庄特级园套装2015、2017、2018年份(各2支) 6支750ml		34,500	中国嘉德	2022-06-26
邦德酒庄4块田套装2017年份(各1支) 4支750ml		40,250	中国嘉德	2022-12-26
邦德酒庄风土组合2017年份(3支装) 3支750ml		26,450	中国嘉德	2022-06-26
邦德酒庄干红套装2018年份(12支装) 12支750ml		101,200	中国嘉德	2022-06-26
邦德酒庄干红套装2018年份(5支装) 5支750ml		47,150	中国嘉德	2022-06-26
宝嘉龙古堡1985年份		33,120	永乐拍卖	2022-07-26
宝嘉龙古堡1985年份 12支750ml		46,000	中国嘉德	2022-06-26
宝嘉龙古堡1986年份 12支750ml		32,200	中国嘉德	2022-06-26
宝嘉龙古堡1999年份 6支750ml		13,800	中国嘉德	2022-12-26
宝嘉龙古堡2000年份		47,725	永乐拍卖	2022-07-26
宝嘉龙古堡2016年份 12支750ml		24,150	中国嘉德	2022-12-26
宝禄爵丘吉尔爵士特酿香槟2012年份 6支750ml		25,300	中国嘉德	2022-06-26
北港布里金1970年、格兰艾宾22年科尔本1972年、格兰卡丹1974年、克拉格摩尔1974年、洛克杜17年、提安尼涅克1975年		27,132	保利香港	2022-10-11
贝瑞兄弟装瓶:格兰维特1974 37年单一麦芽威士忌		10,120	永乐拍卖	2022-07-26
贝塔娜庄园武若一级酒园皮尔勒独占园干红2014年份 12支750ml		13,800	中国嘉德	2022-06-26
贝塔娜庄园香贝丹特级园红葡萄酒2018年份 12支750ml		23,000	中国嘉德	2022-12-26
贝塔娜庄园夜圣乔治一级酒园穆尔格园干红2016年份 12支750ml		11,500	中国嘉德	2022-06-26
本坊迈尔斯28年 WWA金奖调和麦芽威士忌 1支		19,550	中贸圣佳	2023-01-01
本利林2021年圣诞限定重雪莉桶单一麦芽威士忌(原箱)		23,000	永乐拍卖	2022-07-26
本利亚克 1994 OB 25年重雪莉单桶单一麦芽威士忌 3支		11,500	中贸圣佳	2023-01-01
本利亚克1980 38年雪莉单桶单一麦芽威士忌 2支		17,250	中贸圣佳	2023-01-01
本利亚克1980 38年高地单一麦芽威士忌 2支700ml		20,700	中国嘉德	2022-06-27
本利亚克1980 38年雪莉单桶单一麦芽威士忌		18,400	永乐拍卖	2022-07-26
本利亚克雪莉桶1994—2020单桶单一麦芽威士忌原箱(共6箱36瓶)		230,000	永乐拍卖	2022-07-26
本利亚克雪莉桶1998—2016单桶单一麦芽威士忌原箱(共6箱36瓶)		115,000	永乐拍卖	2022-07-26
碧昂仙蒂陈酿布鲁诺干红葡萄酒2004年份 6支750ml		27,600	中国嘉德	2022-06-26
碧莎酒庄依瑟索特级园干红2012年份 4支	750ml/支	287,500	中国嘉德	2022-06-26
碧尚男爵古堡1996年份		33,350	永乐拍卖	2022-07-26
碧尚男爵古堡2003年份		26,910	永乐拍卖	2022-07-26
碧尚男爵古堡2008年份		24,610	永乐拍卖	2022-07-26
碧尚男爵古堡2010年份		41,400	永乐拍卖	2022-07-26
碧尚男爵古堡2015年份 12支750ml		19,550	中国嘉德	2022-12-26

2022杂项拍卖成交汇总(续表)

(成交价RMB: 1万元以上)

拍品名称	物品尺寸	成交价RMB	拍卖公司	拍卖日期
碧尚女爵古堡大瓶装(1.5L)1995年份 6支1500ml		35,650	中国嘉德	2022-12-26
波摩15年1988格拉斯哥花园节		11,500	保利厦门	2022-10-21
波摩1971 34年单一麦芽威士忌1支		49,450	中贸圣佳	2023-01-01
波摩1973 25年kingsbury装瓶单一麦芽威士忌1支		36,800	中贸圣佳	2023-01-01
波摩1984纪念版		11,500	北京保利	2022-07-28
波摩40年1970		36,800	保利厦门	2022-10-21
波摩15年LAIMRIG艾雷岛单一麦芽威士忌 3支700ml		18,400	中国嘉德	2022-06-27
波摩15年艾雷岛单一麦芽威士忌(共三箱)18支1000ml		11,500	中国嘉德	2022-12-25
波摩17年单一麦芽威士忌3支		18,400	中贸圣佳	2022-07-24
波摩18年艾雷岛单一麦芽威士忌(共两箱)12支700ml		23,000	中国嘉德	2022-12-25
波摩18年艾雷岛单一麦芽威士忌(共十二支)12支700ml		40,250	中国嘉德	2022-06-27
波摩1957单一麦芽威士忌1支		86,250	中贸圣佳	2022-07-24
波摩1966 50年艾雷岛单一麦芽威士忌1支	700ml	379,500	中国嘉德	2022-06-27
波摩1968 32年艾雷岛单一麦芽威士忌1支700ml		46,000	中国嘉德	2022-06-27
波摩1968单一麦芽威士忌1支		51,750	中贸圣佳	2022-07-24
波摩1973 43年艾雷岛单一麦芽苏格兰威士忌		63,250	永乐拍卖	2022-07-26
波摩1973 43年艾雷岛单一麦芽威士忌1支700ml		78,200	中国嘉德	2022-06-27
波摩1980单一麦芽威士忌1支		13,800	中贸圣佳	2022-07-24
波摩1984年		14,108	保利香港	2022-10-11
波摩1990单一麦芽威士忌1支		14,950	中贸圣佳	2022-07-24
波摩30年海龙王单一麦芽威士忌1支		34,500	中贸圣佳	2022-07-24
波摩传奇 8年单一麦芽威士忌4支		17,250	中贸圣佳	2022-07-24
波摩海鸥标 LEGEND/MARINER 单一麦芽威士忌4支		17,250	中贸圣佳	2023-01-01
波摩海鸥标 SURF 单一麦芽威士忌5支		21,850	中贸圣佳	2022-07-24
波摩海鸥标12、15、17艾雷岛单一麦芽威士忌(各一支) 2支700ml 1支750ml		14,950	中国嘉德	2022-06-27
波摩海鸥标风味桶单一麦芽威士忌3支		19,550	中贸圣佳	2022-07-24
波摩老版海鸥1974 21年艾雷岛单一麦芽苏格兰威士忌1支700ml		23,000	中国嘉德	2022-06-27
波摩老版海鸥25年艾雷岛单一麦芽苏格兰威士忌1支750ml		18,400	中国嘉德	2022-06-27
波摩镭射金标海鸥SURF艾雷岛单一麦芽威士忌4支1000ml		10,350	中国嘉德	2022-12-25
波摩桶强15年单一麦芽威士忌3支		17,250	中贸圣佳	2022-07-24
波摩月光瓷瓶、海龙王瓷瓶艾雷岛单一麦芽威士忌(各一支) 3支750ml		46,000	中国嘉德	2022-12-25
波特艾伦1975 23年圣弗利选桶单一麦芽威士忌1支		20,700	中贸圣佳	2023-01-01
波特艾伦24年1978年度限量第2版		26,450	保利厦门	2022-10-21
波特艾伦34年1978年度限量第13版		32,200	保利厦门	2022-10-21
波特艾伦1975单一麦芽威士忌1支		20,700	中贸圣佳	2022-10-26
波特艾伦1976单一麦芽威士忌1支		26,450	中贸圣佳	2022-07-24
波特艾伦1978单一麦芽威士忌1支		28,750	中贸圣佳	2022-07-24
波特艾伦1979单一麦芽威士忌1支		71,300	中贸圣佳	2023-01-01
波特艾伦1982 19年艾雷岛、帝王1989 11年斯佩塞单一麦芽威士忌2支700ml		17,250	中国嘉德	2022-06-27
波特艾伦1983单一麦芽威士忌1支		34,500	中贸圣佳	2022-07-24
波特艾伦1983单一麦芽威士忌1支		34,500	中贸圣佳	2022-07-24
波特艾伦40年单一麦芽威士忌		86,250	永乐拍卖	2022-07-26
波特艾伦单一麦芽威士忌17支		632,500	中贸圣佳	2023-01-01
伯恩济贫院"马赫苏珊肖德龙"珍酿干红2018年份		13,800	永乐拍卖	2022-07-26
伯恩济贫院"马赫苏珊肖德龙"珍酿干红2018年份		13,800	永乐拍卖	2022-07-26
伯恩济贫院伯恩一级园"布鲁内"珍酿干红2015年份		36,800	永乐拍卖	2022-07-26
伯恩济贫院伯恩一级园"肖德龙"珍酿干红2015年份		33,350	永乐拍卖	2022-07-26
伯恩济贫院布衣飞仙"弗朗柏萨德"珍酿干白2015年份		30,475	永乐拍卖	2022-07-26
伯恩济贫院布衣飞仙"弗朗柏萨德"珍酿干白2015年份		14,490	永乐拍卖	2022-07-26
伯恩济贫院布衣飞仙"弗朗柏萨德"珍酿干白2015年份		11,500	永乐拍卖	2022-07-26
伯恩济贫院布衣飞仙"弗朗柏萨德"珍酿干白2015年份		11,500	永乐拍卖	2022-07-26
伯恩济贫院布衣飞仙"弗朗柏萨德"珍酿干白2018年份		13,225	永乐拍卖	2022-07-26
伯恩济贫院布衣飞仙"弗朗柏萨德"珍酿干白2018年份		13,225	永乐拍卖	2022-07-26
伯恩济贫院科通特级园"佩斯特博士"珍酿干白2018年份		14,375	永乐拍卖	2022-07-26
伯恩济贫院科通特级园"佩斯特博士"珍酿干白2018年份		14,375	永乐拍卖	2022-07-26
伯恩济贫院科通特级园"佩斯特博士"珍酿干红2015年份		32,200	永乐拍卖	2022-07-26
伯恩济贫院科通特级园"佩斯特博士"珍酿干红2018年份		16,675	永乐拍卖	2022-07-26
伯恩济贫院默尔索"夏姆巴德隆雷"珍酿干白2018年份		16,675	永乐拍卖	2022-07-26
伯恩济贫院沃内-桑特诺"高文"珍酿干红2017年份		11,500	永乐拍卖	2022-07-26
铂赫桃红年份香槟 1998		57,500	永乐拍卖	2022-07-26
布赫哈本1969单一麦芽威士忌1支		29,900	中贸圣佳	2022-10-26
布赫拉迪1990 27年艾雷岛单一麦芽威士忌1支700ml		10,350	中国嘉德	2022-06-27
布赫拉迪1990 27年艾雷岛单一麦芽威士忌2支700ml		11,500	中国嘉德	2022-12-25
布赫拉迪风云单一麦芽威士忌4支		34,500	中贸圣佳	2022-07-24
布赫拉迪风云系列一套单一麦芽威士忌		57,500	永乐拍卖	2022-07-26
布朗拉26年1981单桶		17,250	保利厦门	2022-10-21
布朗拉34年单一麦芽威士忌1支		28,750	中贸圣佳	2022-07-24
布朗拉37年单一麦芽苏格兰威士忌		36,800	北京保利	2022-07-28
布纳哈本35年1965橡木桶No.7159		28,750	北京保利	2022-07-28
布纳哈本25年艾雷岛单一麦芽苏格兰威士忌1支	700ml	10,350	中国嘉德	2022-06-27
布瓦洛酒庄沃尔奈村凯乐瑞一级园干红2019年份 12支750ml		10,350	中国嘉德	2022-06-26
川中岛之战&忠臣藏 慕赫/本利林单桶套组		28,750	保利厦门	2022-10-21
达摩1968		143,750	北京保利	2022-02-03
达摩45年		143,750	北京保利	2022-02-03
大宝庄园大瓶装(6L)2017年份 2支6000ml		12,650	中国嘉德	2022-12-26
大鼻子情圣林一峰选桶单一麦芽苏格兰威士忌系列 9支700ml		23,000	中国嘉德	2022-06-27
大德园独占特级园干红2017年份 5支750ml		43,700	中国嘉德	2022-06-26
大德园独占特级园干红大瓶装(1.5L)2006年份 2支1500ml		32,200	中国嘉德	2022-06-26
大摩40年单一麦芽威士忌1支		63,250	中贸圣佳	2022-07-24
大摩40年单一麦芽威士忌1支		55,200	中贸圣佳	2023-01-01
大摩50年单一麦芽威士忌		46,000	北京保利	2022-02-03
大摩星座1980单一麦芽威士忌1支		57,500	中贸圣佳	2022-07-24
大摩星座1990 21年单一麦芽威士忌1支		32,200	中贸圣佳	2023-01-01
大摩星座1990单一麦芽威士忌1支		32,200	中贸圣佳	2022-07-24
大摩勇气高地单一麦芽苏格兰威士忌6支700ml		36,800	中国嘉德	2022-06-27
"大圣"0款大师选桶罗曼湖集团单桶套装4支		27,600	中贸圣佳	2022-07-24
单一麦芽布赫拉迪1968橡木桶No.2326 #122		11,500	北京保利	2022-07-28
单一麦芽俱乐部装瓶: 艾伦20年纪念常玉50周年诞辰单一麦芽威士忌1支700ml		11,500	中国嘉德	2022-06-27
道格拉斯·梁: 童年回忆系列一套 6支700ml		25,300	中国嘉德	2022-06-27
道格拉斯·梁装瓶: 童年回忆系列全套(共7支)		23,000	永乐拍卖	2022-07-26
德乐梦香槟大瓶装(3L)3支3000ml		16,100	中国嘉德	2022-06-27
邓肯·泰勒装瓶: 布纳哈本1991 22年单一麦芽苏格兰威士忌6支700ml		20,700	中国嘉德	2022-06-27
邓肯·泰勒装瓶: 格兰威特1981 30年高地单一麦芽威士忌1支		10,350	中国嘉德	2022-06-27
邓肯·泰勒装瓶: 麦卡伦30年		51,750	北京保利	2022-07-28

拍品名称	物品尺寸	成交价RMB	拍卖公司	拍卖日期
邓肯·泰勒装瓶：斯佩塞桶强1984 27年单一麦芽苏格兰威士忌2支700ml		13,800	中国嘉德	2022-06-27
邓肯·泰勒装瓶：麦卡伦1990年单桶		10,350	永乐拍卖	2022-07-26
滴金古堡1989年份12支750ml		52,900	中国嘉德	2022-06-26
滴金古堡1989年份6支750ml		26,450	中国嘉德	2022-12-26
滴金古堡2019年份12支750ml		44,850	中国嘉德	2022-12-26
滴金酒庄 贵妇甜白1996		27,591	华艺国际	2022-11-27
滴金 贵妇甜白1997		13,372	华艺国际	2022-05-29
滴金庄园 贵妇甜白1996		25,716	华艺国际	2022-05-29
滴龙1962年雅文邑白兰地1支700ml		13,800	中国嘉德	2022-06-27
迪恩装瓶：格兰多纳1975 34年单一麦芽苏格兰威士忌1支700ml		17,250	中国嘉德	2022-06-27
帝国HOLD5号1995年斯佩塞单一麦芽威士忌6支700ml		17,250	中国嘉德	2022-12-25
帝亚吉欧：权游系列单一麦芽威士忌套装（共8支）		18,400	永乐拍卖	2022-07-26
帝亚吉欧RMS稀有麦芽系列格兰艾宾1975 26年桶强单一麦芽苏格兰威士忌1支700ml		10,350	中国嘉德	2022-06-27
独醒者典藏系列40/39/38/37/35/33/30/29年朗姆酒8支700ml		57,500	中国嘉德	2022-06-27
独醒者千禧系列1996年/1998年/1999年/2000年/2001年/2002年/2005年朗姆酒7支700ml		25,300	中国嘉德	2022-06-27
独醒者千禧系列朗姆酒（各一支）7支700ml		20,700	中国嘉德	2022-12-25
杜哈·米隆古堡2018年份60支750ml		54,050	中国嘉德	2022-06-26
杜哈·米隆古堡2003年份12支750ml		14,950	中国嘉德	2022-12-26
杜哈·米隆古堡2016年份36支750ml		31,050	中国嘉德	2022-12-26
杜嘉酒庄洛奇特级园红葡萄酒2019年份3支750ml		34,500	中国嘉德	2022-06-26
杜卡酒庄"夏姆香贝丹"特级园干红2017年份		34,500	永乐拍卖	2022-07-26
杜卡酒庄"小教堂香贝丹"特级园干红2017年份		57,500	永乐拍卖	2022-07-26
杜克洛波尔多精选9支套装2018年份9支750ml		108,100	中国嘉德	2022-06-26
杜克洛波尔多精选9支套装2018年份9支750ml		86,250	中国嘉德	2022-06-26
多米娜庄园2018年份12支750ml		32,200	中国嘉德	2022-06-26
菲利普帕卡雷酒庄精选套装2017、2018年份（各6支）18支750ml		71,300	中国嘉德	2022-06-26
傅里叶酒庄纪奥香贝丹特级园红葡萄酒2017年份3支750ml		34,500	中国嘉德	2022-06-26
喝玛兰PX雪莉桶尊酿桶强单一纯麦威士忌套装2支500ml		25,300	中国嘉德	2022-12-25
高登&麦克菲尔装瓶：格兰冠1955 56年单一麦芽威士忌		64,400	永乐拍卖	2022-07-26
高登&麦克菲尔装瓶：格兰冠1956 59年单一麦芽威士忌		78,200	永乐拍卖	2022-07-26
高登&麦克菲尔装瓶：格兰冠1960 62年乔治百年纪念限量版		92,000	永乐拍卖	2022-07-26
高登&麦克菲尔装瓶：格兰冠1972 43年单一麦芽威士忌（共2支）		92,000	永乐拍卖	2022-07-26
高登&麦克菲尔装瓶：朗摩1968 50年单一麦芽威士忌		78,200	永乐拍卖	2022-07-26
高登&麦克菲尔装瓶：斯佩默麦卡伦1950 56年单一麦芽威士忌		112,700	永乐拍卖	2022-07-26
高登&麦克菲尔装瓶：斯佩默麦卡伦1966 48年、1966 49年单一麦芽威士忌（共2支）		92,000	永乐拍卖	2022-07-26
高登&麦克菲尔：林克伍德1938 45年高地纯麦威士忌（共2支）		115,000	北京保利	2022-02-03
高登&麦克菲尔私人珍藏：林克伍德1956年单一麦芽威士忌1支	700ml	460,000	北京保利	2022-02-03
高登&麦克菲尔装瓶：阿贝1973年艾雷岛单一麦芽威士忌1支700ml		23,000	中国嘉德	2022-12-25
高登&麦克菲尔装瓶：阿贝1975单一麦芽威士忌		17,250	永乐拍卖	2022-07-26
高登&麦克菲尔装瓶：本利林1968 12年高地单一麦芽威士忌1支	750ml	32,200	中国嘉德	2022-12-25
高登&麦克菲尔装瓶：格兰尔尔滨1965单一麦芽威士忌		13,800	永乐拍卖	2022-07-26

拍品名称	物品尺寸	成交价RMB	拍卖公司	拍卖日期
高登&麦克菲尔装瓶：格兰冠1960单一麦芽威士忌1支	700ml	34,500	中国嘉德	2022-06-27
高登&麦克菲尔装瓶：格兰冠1962年高地单一麦芽威士忌1支	700ml	20,700	中国嘉德	2022-06-27
高登&麦克菲尔装瓶：格兰冠20世纪50年代套装1950、1951、1952、1953、1954、1955年单一麦芽威士忌（各一支）		368,000	北京保利	2022-02-03
高登&麦克菲尔装瓶：格兰威特1966年单一麦芽苏格兰威士忌		23,000	北京保利	2022-02-03
高登&麦克菲尔装瓶：格兰乌尼1976年高地单一麦芽威士忌2支700ml		17,250	中国嘉德	2022-12-25
高登&麦克菲尔装瓶：鉴赏家系列欧本1961 20年单一麦芽苏格兰威士忌1支	750ml	11,500	中国嘉德	2022-06-27
高登&麦克菲尔装瓶：鉴赏家之选本利林1968年斯佩塞单一麦芽威士忌1支	750ml	12,650	中国嘉德	2022-06-27
高登&麦克菲尔装瓶：鉴赏家之选本利亚克1976年斯佩塞单一麦芽威士忌1支	700ml	10,350	中国嘉德	2022-06-27
高登&麦克菲尔装瓶：鉴赏家之选格兰洛奇1977年高地单一麦芽威士忌1支	700ml	10,350	中国嘉德	2022-06-27
高登&麦克菲尔装瓶：科尔本1972年斯佩塞单一麦芽威士忌1支	700ml	10,350	中国嘉德	2022-12-25
高登&麦克菲尔装瓶：朗摩1961年双胞胎桶单一麦芽威士忌（各一支）2支700ml		287,500	中国嘉德	2022-12-25
高登&麦克菲尔装瓶：林克伍德、慕赫25年斯佩塞单一麦芽威士忌（各一支）		11,500	北京保利	2022-07-28
高登&麦克菲尔装瓶：林克伍德、慕赫25年斯佩塞单一麦芽威士忌（各一支）2支700ml		13,800	中国嘉德	2022-12-25
高登&麦克菲尔装瓶：麦克菲尔1940 50年高地单一麦芽威士忌1支	750ml	51,750	中国嘉德	2022-12-25
高登&麦克菲尔装瓶：摩特拉克1962 54年单一麦芽威士忌		69,000	北京保利	2022-02-03
高登&麦克菲尔装瓶：莫斯托维1979年斯佩塞单一麦芽威士忌1支	700ml	11,500	中国嘉德	2022-06-27
高登&麦克菲尔装瓶：慕赫1961年单一麦芽苏格兰威士忌		103,500	北京保利	2022-02-03
高登&麦克菲尔装瓶：斯佩默麦卡伦1950年单一麦芽威士忌		92,000	永乐拍卖	2022-07-26
高登&麦克菲尔装瓶：斯佩默麦卡伦1985年单一麦芽苏格兰威士忌1支	700ml	17,250	中国嘉德	2022-06-27
高登&麦克菲尔装瓶：斯佩默麦卡伦1999年单一麦芽威士忌2支700ml		13,800	中国嘉德	2022-06-27
高登&麦克菲尔装瓶：斯佩默麦卡伦十二星座全套威士忌（各一支）12支700ml		115,000	中国嘉德	2022-12-25
高登&麦克菲尔1969年		83,950	北京保利	2022-07-28
高登&麦克菲尔30/40/50年垂直年份单一麦芽威士忌		43,700	西泠印社	2022-01-21
高原骑士25、30、40年单一麦芽威士忌（共3支）		48,300	永乐拍卖	2022-07-26
高原骑士维京战士系列限量珍藏单一纯麦威士忌1支	700ml	46,000	中国嘉德	2022-06-27
格拉斯哥装瓶：世界龙3支装大套盒单一麦芽威士忌		14,950	永乐拍卖	2022-07-26
格兰丹尼装瓶：欧特班1996年单一麦芽苏格兰威士忌12支700ml		34,500	中国嘉德	2022-06-27
格兰德弗伦30年高地单一麦芽威士忌1支750ml		11,500	中国嘉德	2022-06-27
格兰帝1991 30年"冈仁波齐"珍藏版单一麦芽威士忌		36,800	永乐拍卖	2022-07-26
格兰帝1999年再注波本桶		1,322,500	永乐拍卖	2022-07-26
格兰帝2013整桶单一麦芽威士忌		299,000	中贸圣佳	2022-07-24
格兰帝30年单一麦芽威士忌		28,750	永乐拍卖	2022-07-26
格兰帝诗经系列单一麦芽苏格兰威士忌4支700ml		10,350	中国嘉德	2022-06-27
格兰帝诗经系列单一麦芽苏格兰威士忌5支700ml		11,500	中国嘉德	2022-12-25

2022杂项拍卖成交汇总（续表）

（成交价RMB：1万元以上）

拍品名称	物品尺寸	成交价RMB	拍卖公司	拍卖日期
格兰多纳1992/1993/1995/2005/2008年高地单一麦芽威士忌5支700ml		28,750	中国嘉德	2022-06-27
格兰多纳2003年台湾纪念版单桶原箱套装（共四套）		23,000	北京保利	2022-02-03
格兰多纳限定版礼盒12年/21年/23年高地单一麦芽威士忌（各一支）3支700ml		17,250	中国嘉德	2022-12-25
格兰菲迪1939 50年单一麦芽苏格兰威士忌1支700ml		253,000	中国嘉德	2022-12-25
格兰菲迪1961 35年珍稀单一麦芽苏格兰威士忌1支	700ml	48,300	中国嘉德	2022-06-27
格兰菲迪1963 35年珍稀单一麦芽苏格兰威士忌1支	700ml	42,550	中国嘉德	2022-06-27
格兰菲迪冰风暴21年、璀璨22年、23年单一麦芽苏格兰威士忌（各一支）3支700ml		12,650	中国嘉德	2022-12-25
格兰盖瑞1984 37年高地单一麦芽威士忌1支	700ml	11,500	中国嘉德	2022-06-27
格兰哥尼30年1986单桶		27,600	保利厦门	2022-10-21
格兰哥尼1973 30年高地单一麦芽威士忌1支	700ml	20,700	中国嘉德	2022-06-27
格兰冠1949年单一麦芽苏格兰威士忌		460,000	北京保利	2022-02-03
格兰冠1956单一麦芽威士忌1支		89,700	中贸圣佳	2022-07-24
格兰冠1956单一麦芽威士忌1支		82,800	中贸圣佳	2022-10-26
格兰花格1992—1997单桶 万马奔腾套组		40,250	保利厦门	2022-10-21
格兰花格40年单一麦芽苏格兰威士忌（红盒版）		23,000	中国嘉德	2022-12-25
格兰花格40年"梅兰竹菊松枫"六君子礼盒		74,750	保利厦门	2022-10-21
格兰花格家族桶 北条司限定套组		11,500	保利厦门	2022-10-21
格兰花格1978 22年千禧年纪念单一麦芽威士忌1支	700ml	13,800	中国嘉德	2022-06-27
格兰花格1988 32年高地单一麦芽苏格兰威士忌1支	700ml	13,800	中国嘉德	2022-06-27
格兰花格2001、2002年单桶单一麦芽威士忌原箱（共28箱 共56箱336瓶）		1,380,000	永乐拍卖	2022-07-26
格兰花格20年、21年、1990高地单一麦芽威士忌（各一支）3支700ml		17,250	中国嘉德	2022-12-25
格兰花格21年、25年、30年单一麦芽威士忌（各一支）3支700ml		23,000	中国嘉德	2022-06-27
格兰花格30年单一麦芽苏格兰威士忌（共十二箱）36支700ml		276,000	中国嘉德	2022-12-25
格兰花格40年		12,650	北京保利	2022-07-28
格兰花格50年单一麦芽威士忌		41,400	永乐拍卖	2022-07-26
格兰花格家族桶1954—1996年套组		1,058,000	保利厦门	2022-10-21
格兰花格家族桶1956年、汀斯图2000年高地单一麦芽威士忌（各一支）2支700ml		34,500	中国嘉德	2022-06-27
格兰花格家族桶1960年高地单一麦芽威士忌1支700ml		43,700	中国嘉德	2022-06-27
格兰花格家族桶1977—2000单一麦芽威士忌24支		287,500	中贸圣佳	2022-07-24
格兰花格家族桶1986、1989年高地单桶麦芽威士忌（各一支）2支700ml		23,000	中国嘉德	2022-06-27
格兰花格家族桶1989年、1993年、1997年高地单一麦芽威士忌（各一支）3支700ml		32,200	中国嘉德	2022-06-27
格兰花格家族桶系列1992年高地单一麦芽威士忌36支700ml		184,000	中国嘉德	2022-06-27
格兰花格家族雪莉桶1993/1997高地单一麦芽威士忌（各一支）2支700ml		17,250	中国嘉德	2022-12-25
格兰花格梅兰竹菊限量套装40年高地单一麦芽威士忌（各一支）4支700ml		63,250	中国嘉德	2022-12-25
格兰花格周年麒麟纪念版一套3支700ml		13,800	中国嘉德	2022-06-27
格兰杰私藏系列单一麦芽威士忌11支		40,250	中贸圣佳	2023-01-01
格兰杰私藏系列单一麦芽威士忌11支		37,950	中贸圣佳	2022-10-26
格兰杰私藏系列高地单一麦芽威士忌套装（各一支）9支700ml		32,200	中国嘉德	2022-12-25
格兰卡登15年、菲特肯12年单一麦芽苏格兰威士忌；OSOKYE单一麦芽法国威士忌2支700ml+1支500ml		10,350	中国嘉德	2022-06-27
格兰凯斯孔雀标1967单一麦芽威士忌1支		20,700	中贸圣佳	2023-01-01
格兰路思1976年斯佩塞单一麦芽威士忌1支	700ml	18,400	中国嘉德	2022-06-27
格兰路思1984年斯佩塞单一麦芽威士忌1支	700ml	10,350	中国嘉德	2022-06-27
格兰路思1995年斯佩塞单一麦芽威士忌礼盒（共二十四套）24支700ml+24支100ml		57,500	中国嘉德	2022-06-27
格兰路思1995年斯佩塞单一麦芽威士忌礼盒（共六套）6支700ml、6支100ml		10,350	中国嘉德	2022-12-25
格兰路思1976 39年单一麦芽威士忌1支		17,250	中贸圣佳	2023-01-01
格兰路思1968年单桶单一麦芽威士忌		69,000	永乐拍卖	2022-07-26
格兰路思1995年单一麦芽威士忌（原箱）		34,500	永乐拍卖	2022-07-26
格兰纳里奇10年1—7版		23,000	保利厦门	2022-10-21
格兰纳里奇43年单一麦芽威士忌1支		34,500	中贸圣佳	2023-01-01
格兰纳里奇10年桶强斯佩塞单一麦芽威士忌96支50ml		80,500	中国嘉德	2022-06-27
格兰塔1972年高地单一麦芽威士忌1支	700ml	11,500	中国嘉德	2022-06-27
格兰塔1988 25年单桶单一麦芽威士忌1支	700ml	13,800	中国嘉德	2022-06-27
格兰威特1979 39年水晶瓶单一麦芽威士忌1支		33,350	中贸圣佳	2023-01-01
格兰威特25年 1977 "银禧·伊丽莎白女王登基25周年庆典纪念"		13,800	保利厦门	2022-10-21
格兰威特1940单一麦芽威士忌1支		57,500	中贸圣佳	2022-07-24
格兰威特1967单一麦芽威士忌1支		23,000	中贸圣佳	2023-01-01
格兰威特1967单一麦芽威士忌1支		37,950	中贸圣佳	2022-10-26
格兰威特21年单桶桶强单一麦芽威士忌		40,250	永乐拍卖	2022-07-26
格兰威特39年1979水晶瓶单一麦芽威士忌1支		59,800	中贸圣佳	2022-10-26
格兰威特狮子标套装（共14支）		529,000	北京保利	2022-02-03
格兰威特狮子标套装（共14支）		517,500	永乐拍卖	2022-07-26
宫城峡10年单一麦芽威士忌 2支700ml		13,800	中国嘉德	2022-06-27
宫城峡15年单一麦芽威士忌3支		28,750	中贸圣佳	2022-07-24
宫城峡1987雪莉单桶单一麦芽威士忌1支		33,350	中贸圣佳	2023-01-01
宫城峡1989雪莉单桶单一麦芽威士忌1支		33,350	中贸圣佳	2023-01-01
鼓浪屿单桶套组		11,500	保利厦门	2022-10-21
哈兰酒庄干红2016年份 3支750ml		69,000	中国嘉德	2022-06-26
哈兰酒庄干红2017年份 3支750ml		52,900	中国嘉德	2022-06-26
哈兰酒庄干红2018年份 3支750ml		47,150	中国嘉德	2022-06-26
哈兰酒庄干红套装2016+2017+2018年份（各3支）共9支750ml		195,500	中国嘉德	2022-06-26
韩熙载夜宴图（一套共七支）		55,200	永乐拍卖	2022-07-26
黑牛40年桶强苏格兰调和威士忌1支700ml		13,800	中国嘉德	2022-06-27
亨利吉罗阿尔贡香槟2012年份大瓶装(1.5L) 2支1500ml		28,750	中国嘉德	2022-06-26
亨利吉罗橡木桶系列香槟 1995年份+MV16 大瓶装(1.5L) 共3支 1支750ml+2支1500ml		21,850	中国嘉德	2022-06-26
亨利吉罗橡木桶系列香槟 MV16 大瓶装(3L) 2支3000ml		18,400	中国嘉德	2022-06-26
侯伯王古堡2002年份		57,500	北京保利	2022-07-28
侯伯王古堡2003年份		64,400	北京保利	2022-07-28
侯伯王古堡2007年份		51,750	北京保利	2022-07-28
侯伯王古堡2008年份 12支750ml		54,050	中国嘉德	2022-12-26
侯伯王古堡2009年份 12支750ml		161,000	中国嘉德	2022-06-26
侯伯王古堡2009年份 6支750ml		66,700	中国嘉德	2022-12-26
侯伯王古堡2011年份		55,200	北京保利	2022-07-28
侯伯王古堡2011年份 18支750ml		78,200	中国嘉德	2022-06-26
侯伯王古堡2015年份 12支750ml		69,000	中国嘉德	2022-06-26
侯伯王古堡2016年份		78,200	北京保利	2022-07-28
侯伯王古堡2016年份 12支750ml		75,900	中国嘉德	2022-06-26
侯伯王古堡白葡萄酒2005年份（酒庄直出）6支750ml		138,000	中国嘉德	2022-12-26
侯伯王古堡白葡萄酒2006年份（酒庄直出）6支750ml		138,000	中国嘉德	2022-12-26
侯伯王古堡白葡萄酒2010年份（酒庄直出）6支750ml		138,000	中国嘉德	2022-12-26
侯伯王古堡白葡萄酒2019年份（酒庄直出）6支750ml		74,750	中国嘉德	2022-12-26
侯伯王古堡副牌酒2016年份 12支750ml		16,100	中国嘉德	2022-12-26

拍品名称	物品尺寸	成交价RMB	拍卖公司	拍卖日期
侯伯王古堡干白2018年份 6支750ml		62,100	中国嘉德	2022-06-26
厚岸寒露、雨水各2支		13,800	中贸圣佳	2022-10-26
厚岸寒露、雨水调和威士忌 4支		12,650	中贸圣佳	2022-07-24
虎啸庄园特级园精选干红套装2018年份(各3支) 12支750ml		29,900	中国嘉德	2022-06-26
花堡酒庄 干红1990		121,400	华艺国际	2022-11-27
花堡酒庄 干红1990		118,293	华艺国际	2022-05-29
花堡酒庄2008年份(酒庄直出) 6支750ml		71,300	中国嘉德	2022-12-26
皇家格兰乌尼51年单一麦芽威士忌		195,500	永乐拍卖	2022-07-26
皇家格兰乌尼51年单一麦芽威士忌 1支		207,000	中贸圣佳	2023-01-01
活灵魂2019年份 18支750ml		32,200	中国嘉德	2022-06-26
吉佳乐世家阿布斯城堡干红大瓶装(1.5L)2017年份 6支1500ml		11,500	中国嘉德	2022-05-26
吉佳乐世家土耳其褐色山丘露迪山麓干红2017年份 6支750ml		17,250	中国嘉德	2022-06-26
家族珍藏格兰格拉索1973年高地单一麦芽威士忌 1支700ml		11,500	中国嘉德	2022-06-27
嘉科萨巴巴拉斯高珍藏红牌1990		22,072	华艺国际	2022-11-27
嘉雅芭芭罗斯大瓶装(1.5L)干红葡萄酒 2017年份 12支1500ml		42,550	中国嘉德	2022-12-26
嘉雅芭芭罗斯干红大瓶装(1.5L)2018年份 12支1500ml		41,400	中国嘉德	2022-12-26
嘉雅达尔玛吉果园朗格山赤霞珠干红2013年份 6支750ml		26,450	中国嘉德	2022-12-26
嘉雅思波斯果园内比奥罗干红大瓶装(1.5L)2013年份 6支1500ml		41,400	中国嘉德	2022-12-26
嘉雅苏里蒂丁红葡萄酒大瓶装(1.5L)2015年份 6支1500ml		59,800	中国嘉德	2022-06-26
驹之岳27年SHIMAJI单桶单一麦芽威士忌 1支		51,750	中贸圣佳	2023-01-01
驹之岳29年信浓屋大龙单桶单一麦芽威士忌 1支		66,700	中贸圣佳	2023-01-01
驹之岳30年蝴蝶单桶单一麦芽威士忌 1支		66,700	中贸圣佳	2023-01-01
驹之岳30年桶强单一麦芽威士忌 1支		29,900	中贸圣佳	2023-01-01
绝响50年 1套两瓶	700ml/瓶	1,437,500	北京保利	2022-07-28
卡布瑞酒窖熊之舞红葡萄酒2016年份 6支750ml		21,850	中国嘉德	2022-06-26
卡尔拉1990 30年艾雷岛单一麦芽威士忌雪茄礼盒		11,500	北京保利	2022-07-28
卡尔里拉25年艾雷岛单一麦芽威士忌 3支700ml		17,250	中国嘉德	2022-06-27
卡曼达蕾雅		86,250	北京保利	2022-07-28
卡曼达蕾雅		74,750	北京保利	2022-07-28
卡侬古堡2005年份 12支750ml		20,700	中国嘉德	2022-12-26
凯德汉装瓶：麦卡伦-格兰威特桶强1989 30年斯佩塞单一麦芽威士忌 1支700ml		13,800	中国嘉德	2022-06-27
凯隆世家古堡2015年份 24支750ml		33,350	中国嘉德	2022-06-26
凯隆世家古堡大瓶装(1.5L)1905年份 12支1500ml		54,050	中国嘉德	2022-12-26
康法摩尔1977 36年桶强单一麦芽威士忌 1支	700ml	23,000	中国嘉德	2022-06-27
康法摩尔34年1984—2019苏格兰单一麦芽威士忌 1支700ml		34,500	中国嘉德	2022-12-25
科奇·杜里酒庄莫尔索干白2016年份 3支750ml		37,950	中国嘉德	2022-12-26
克拉·米隆堡(双人舞)1982年份 12支750ml		17,250	中国嘉德	2022-12-26
克拉·米隆堡(双人舞)大瓶装(1.5L)1983年份 6支1500ml		11,500	中国嘉德	2022-12-26
克莱蒙教皇古堡2009年份 24支		52,900	中国嘉德	2022-06-26
克莱蒙教皇古堡白葡萄酒2017年份 12支750ml		16,100	中国嘉德	2022-06-26
克莱蒙教皇之魂虎年标红葡萄酒2019年份 60支750ml		41,400	中国嘉德	2022-12-26
克莱蒙教堂古堡2009年份 12支750ml		26,450	中国嘉德	2022-06-26
克里奈古堡大瓶装(3L)1992年份 3支3000ml		10,925	中国嘉德	2022-12-26
克里尼利基26年 1990 COD		20,700	保利厦门	2022-10-21
克里尼利基12年单一麦芽威士忌 1支		12,650	中贸圣佳	2023-01-01
克里尼利基24年		19,535	保利香港	2022-10-11

拍品名称	物品尺寸	成交价RMB	拍卖公司	拍卖日期
库伯之选珍稀风味桶世纪之选单一麦芽威士忌(各一支) 12支700ml		17,250	中国嘉德	2022-12-25
库克年份香槟1988年份 6支750ml		80,500	中国嘉德	2022-12-26
库克年份香槟2004年份 4支750ml		44,850	中国嘉德	2022-12-26
库克桃红香槟25版 6支750ml		23,000	中国嘉德	2022-06-26
库克套装(164+2008) 4支750ml		21,850	中国嘉德	2022-06-26
库克套装(164+2008) 香槟 2支750ml		13,225	中国嘉德	2022-12-26
库克香槟2006年份 6支750ml		37,950	中国嘉德	2022-06-26
拉菲古堡1971年 2支750ml		23,000	中国嘉德	2022-12-26
拉菲古堡1982年 12支	750ml/支	644,000	中国嘉德	2022-12-26
拉菲古堡1982年 6支	750ml/支	425,500	中国嘉德	2022-06-26
拉菲古堡1985年份		51,750	北京保利	2022-07-28
拉菲古堡1988年份		57,500	北京保利	2022-07-28
拉菲古堡1989年份		51,750	北京保利	2022-07-28
拉菲古堡1992年份 6支750ml		57,500	中国嘉德	2022-06-26
拉菲古堡2000年份		92,000	北京保利	2022-07-28
拉菲古堡2003年份 6支750ml		80,500	中国嘉德	2022-12-26
拉菲古堡2005年份		57,500	北京保利	2022-07-28
拉菲古堡2005年份 12支750ml		115,000	中国嘉德	2022-06-26
拉菲古堡2007年份		51,750	北京保利	2022-07-28
拉菲古堡2008年份 12支750ml		126,500	中国嘉德	2022-06-26
拉菲古堡2008年份 12支750ml		126,500	中国嘉德	2022-12-26
拉菲古堡2009年份 12支750ml		166,750	中国嘉德	2022-06-26
拉菲古堡2009年份 12支750ml		126,500	中国嘉德	2022-12-26
拉菲古堡2010年份 12支750ml		138,000	中国嘉德	2022-12-26
拉菲古堡2011年份		97,750	北京保利	2022-07-28
拉菲古堡2012年份 12支750ml		87,400	中国嘉德	2022-06-26
拉菲古堡2014年份		97,750	北京保利	2022-07-28
拉菲古堡2014年份 12支750ml		85,100	中国嘉德	2022-06-26
拉菲古堡2014年份大支装(1.5L)		74,520	永乐拍卖	2022-07-28
拉菲古堡2016年份		103,500	北京保利	2022-07-28
拉菲古堡2016年份 12支750ml		108,100	中国嘉德	2022-12-26
拉菲古堡2018年份		105,800	北京保利	2022-07-28
拉菲古堡2018年份 12支750ml		149,500	中国嘉德	2022-06-26
拉菲古堡2018年份 12支750ml		138,000	中国嘉德	2022-12-26
拉菲古堡2018年份 24支750ml		195,500	中国嘉德	2022-12-26
拉菲古堡2019年份 24支750ml		138,000	中国嘉德	2022-12-26
拉菲古堡2019年份 36支750ml		253,000	中国嘉德	2022-06-26
拉菲古堡大瓶装(1.5L)1989年份 3支1500ml		59,800	中国嘉德	2022-06-26
拉菲古堡大瓶装(1.5L)1982年份 1支1500ml		218,500	中国嘉德	2022-06-26
拉菲古堡大瓶装(1.5L)1988年份 6支1500ml		132,250	中国嘉德	2022-06-26
拉菲古堡大瓶装(1.5L)2005年份 1支1500ml		34,500	中国嘉德	2022-12-26
拉菲古堡大瓶装(1.5L)2018年份 6支1500ml		161,000	中国嘉德	2022-06-26
拉菲古堡大瓶装(3L)2007年份 1支3000ml		34,500	中国嘉德	2022-12-26
拉菲古堡大瓶装(3L)2014年份 1支3000ml		57,500	中国嘉德	2022-06-26
拉菲古堡大瓶装(3L)2014年份 1支3000ml		28,750	中国嘉德	2022-12-26
拉菲古堡大瓶装(5L)1990年份 1支5000ml		98,900	中国嘉德	2022-12-26
拉菲古堡大瓶装(6L)2005年份 1支6000ml		105,800	中国嘉德	2022-12-26
拉菲古堡限量珍藏套装1995、2002、2005、2008、2012、2016年份(各1支) 6支750ml		71,300	中国嘉德	2022-12-26
拉菲珍宝(小拉菲)2019年份 60支750ml		172,500	中国嘉德	2022-06-26
拉菲珍宝(小拉菲)大瓶装(3L)2017年份 2支3000ml		23,000	中国嘉德	2022-06-26
拉菲珍宝(小拉菲)大瓶装(6L)2017年份 1支6000ml		33,350	中国嘉德	2022-06-26
拉菲珍宝(小拉菲)干红2015年份 30支750ml		105,800	中国嘉德	2022-06-26
拉弗格18年绿桶		11,500	保利厦门	2022-10-21
拉弗格30年首版单一麦芽威士忌 1支		16,100	中贸圣佳	2023-01-01
拉弗格10年、25年、28年艾雷岛单一麦芽威士忌(各一支) 1支750ml 3支		13,800	中国嘉德	2022-06-27
拉弗格10年桶强单一麦芽威士忌 13支		50,600	中贸圣佳	2022-07-24
拉弗格10年桶强单一麦芽威士忌 13支		49,450	中贸圣佳	2022-10-26

2022杂项拍卖成交汇总(续表)

(成交价RMB：1万元以上)

拍品名称	物品尺寸	成交价RMB	拍卖公司	拍卖日期
拉弗格1998 22年单一麦芽苏格兰威士忌2支700ml		25,300	中国嘉德	2022-06-27
拉弗格25年书册限定版艾雷岛单一麦芽威士忌1支700ml		11,500	中国嘉德	2022-06-27
拉图堡垒2015		13,800	保利厦门	2022-10-21
拉图堡垒(拉图副牌)2012年份 24支750ml		55,200	中国嘉德	2022-12-26
拉图堡垒(拉图副牌)2012年份 36支750ml		94,300	中国嘉德	2022-06-26
拉图堡垒(拉图副牌)2015年份 12支750ml		29,900	中国嘉德	2022-06-26
拉图波亚克2016年份 60支750ml		66,700	中国嘉德	2022-06-26
拉图城堡1984年份		36,800	北京保利	2022-07-28
拉图城堡1999年份		36,800	北京保利	2022-07-28
拉图城堡2005年份		51,750	北京保利	2022-07-28
拉图城堡2012年份		57,500	北京保利	2022-07-28
拉图城堡2013年份		51,750	北京保利	2022-07-28
拉图古堡1998年份 12支750ml		89,700	中国嘉德	2022-12-26
拉图古堡2003年份		151,800	永乐拍卖	2022-07-26
拉图古堡2005年份 12支750ml		149,500	中国嘉德	2022-06-26
拉图古堡2005年份 12支750ml		126,500	中国嘉德	2022-12-26
拉图古堡2006年份		97,980	永乐拍卖	2022-07-26
拉图古堡2006年份 18支750ml		92,000	中国嘉德	2022-06-26
拉图古堡2008年份 18支750ml		92,000	中国嘉德	2022-06-26
拉图古堡2009年份 6支750ml		82,800	中国嘉德	2022-12-26
拉图古堡2011年份 12支750ml		89,700	中国嘉德	2022-12-26
拉图古堡2012年份 18支750ml		94,300	中国嘉德	2022-06-26
拉图古堡大瓶装(1.5L)2012年份 2支1500ml		64,400	中国嘉德	2022-06-26
拉图古堡大瓶装(3L)2008年份 1支	3000ml	26,450	中国嘉德	2022-12-26
拉图庄园红 干红1982		74,062	华艺国际	2022-05-29
莱斯古堡甜白葡萄酒2019年份 12支750ml		12,650	中国嘉德	2022-12-26
兰颂黑牌天然型香槟大瓶装(6L)2支6000ml		17,250	中国嘉德	2022-06-26
兰颂年份精选香槟大瓶装(1.5L)1997年份 3支1500ml		10,925	中国嘉德	2022-06-26
朗风酒庄伯恩"维杭士"一级园干红2015年份		12,650	永乐拍卖	2022-07-26
朗风酒庄沃内干红2015年份		11,500	永乐拍卖	2022-07-26
朗摩1966 41年单一麦芽威士忌1支		33,350	中贸圣佳	2023-01-01
朗日古堡2015年份 24支750ml		12,650	中国嘉德	2022-06-26
劳伦彭寿酒庄高登-查理曼特级园干白2018年份 6支750ml		23,000	中国嘉德	2022-06-26
老年份林克伍德水晶瓶25年、40年、45年(各一支)		218,500	北京保利	2022-02-03
老酋长单一麦芽系列苏格兰威士忌一组 15支700ml		57,500	中国嘉德	2022-06-27
老塞丹庄园2002年份 12支750ml		27,600	中国嘉德	2022-12-26
乐桦致敬2000年份		40,250	北京保利	2022-07-28
乐加维林23年 1995 COD		14,950	保利厦门	2022-10-21
乐加维林21年桶强、布罗拉30年单一麦芽苏格兰威士忌(各一支) 2支700ml		36,800	中国嘉德	2022-06-27
乐加维林37年艾雷岛单一麦芽威士忌1支	700ml	34,500	中国嘉德	2022-06-27
乐加维林星标大师桶1991-27年桶强单一麦芽威士忌1支	700ml	13,800	中国嘉德	2022-06-27
乐凯力1974 40年单一谷物苏格兰威士忌 4支700ml		13,800	中国嘉德	2022-12-25
乐凯力1974 40年单一谷物威士忌 4支700ml		17,250	中国嘉德	2022-06-27
乐王吉古堡2005年份 6支750ml		11,500	中国嘉德	2022-06-26
乐王吉古堡2013年份 18支750ml		23,000	中国嘉德	2022-06-26
勒弗莱酒庄(双鸡)骑士蒙哈榭特级园白葡萄酒2018年份 2支750ml		46,000	中国嘉德	2022-12-26
勒弗莱酒庄默尔索一级园苏乐德安园干白2019年份 12支750ml		85,100	中国嘉德	2022-06-26
勒弗莱酒庄普里尼蒙哈榭一级园福拉提耶干白2019年份 12支750ml		138,000	中国嘉德	2022-06-26
勒弗莱酒庄普里尼蒙哈榭一级园克拉瓦永干白2019年份 12支750ml		105,800	中国嘉德	2022-06-26
勒弗莱酒庄普里尼蒙哈榭一级园普塞勒干白大瓶装(1.5L)2017年份 3支1500ml		80,500	中国嘉德	2022-06-26
勒桦酒庄波玛维诺干红2015年份 2支750ml		149,500	中国嘉德	2022-12-26
勒桦酒庄伏旧特级园红葡萄酒2011年份 2支	750ml/支	230,000	中国嘉德	2022-12-26
勒桦酒庄罗曼尼-圣-维望特级园红葡萄酒2007年份 2支750ml		253,000	中国嘉德	2022-12-26
勒桦酒庄维尼奥波玛一级园干红2000年份 3支750ml		172,500	中国嘉德	2022-12-26
勒桦酒庄香波慕西尼福雷米尔干红2015年份 1支	750ml	85,100	中国嘉德	2022-12-26
勒桦酒庄夜圣乔治拉维尔干红2000年份 3支750ml		207,000	中国嘉德	2022-06-26
勒桦酒庄夜圣乔治一级园宝黛园干红2000年份 2支750ml		126,500	中国嘉德	2022-06-26
勒桦夏山-蒙哈榭一级园干白1982年份 12支	750ml/支	253,000	中国嘉德	2022-06-26
勒桦哲维瑞-香贝丹贡柏特一级园干红2011年份 1支	750ml	74,750	中国嘉德	2022-12-26
雷穆父子"香贝丹"特级园干红1967年份		16,100	永乐拍卖	2022-07-26
雷穆父子波玛干红1969年份		16,675	永乐拍卖	2022-07-26
雷穆父子香波穆西尼"夏姆"一级园干红1969年份		49,450	永乐拍卖	2022-07-26
林克伍德18年、格兰洛西18年斯佩塞单一麦芽威士忌(各一支) 2支700ml		11,500	中国嘉德	2022-06-27
林肯伍德1973单一麦芽威士忌1支		40,250	中贸圣佳	2022-07-24
林肯伍德1973单一麦芽威士忌1支		40,250	中贸圣佳	2022-10-26
龙船古堡1955年份 2支750ml		11,500	中国嘉德	2022-12-26
龙船古堡2010年份 24支750ml		39,100	中国嘉德	2022-06-26
龙船古堡2018年份 18支750ml		18,400	中国嘉德	2022-06-26
龙船古堡大瓶装(1.5L)2018年份 12支1500ml		25,300	中国嘉德	2022-12-26
龙船古堡大瓶装(6L)2017年份 1支6000ml		10,350	中国嘉德	2022-12-26
龙船古堡大瓶装(6L)2018年份 1支6000ml		12,650	中国嘉德	2022-06-26
龙亭2019典藏年份珍藏品丽珠整桶(300支)一桶300支750ml(每桶含酒液225L)		230,000	中国嘉德	2022-12-26
鲁臣歌茜古堡1983年份大支装(3L)		15,180	永乐拍卖	2022-07-26
鲁臣世家古堡2006年份 12支750ml		11,500	中国嘉德	2022-12-26
路易王妃水晶珍藏香槟2006年份 2支750ml+1支1500ml		20,700	中国嘉德	2022-12-26
路易王妃水晶珍藏香槟2012+2013年份(各1支) 2支750ml		10,925	中国嘉德	2022-12-26
路易王妃水晶珍藏香槟2014年份 2支750ml		12,650	中国嘉德	2022-12-26
路易亚都巴塔蒙哈榭特级园干白2019年份 6支750ml		17,250	中国嘉德	2022-12-26
路易亚都博马尔特级园干红2019年份 6支750ml		13,800	中国嘉德	2022-06-26
路易亚都博纳一级园乌苏勒园干红2017年份 12支750ml		12,650	中国嘉德	2022-06-26
路易亚都大依瑟索特级园干红2017年份 6支750ml		11,500	中国嘉德	2022-12-26
路易亚都洛奇特级园干红2013年份 12支750ml		17,250	中国嘉德	2022-12-26
路易亚都蒙哈榭特级园干白2019年份 6支750ml		33,350	中国嘉德	2022-06-26
路易亚都圣德尼特级园干红2011年份 12支750ml		23,000	中国嘉德	2022-12-26
路易亚都香贝丹贝日特级园干红2016年份 6支750ml		13,800	中国嘉德	2022-12-26
路易亚都哲维瑞香贝丹一级园圣雅克园干红2014年份 24支750ml		27,600	中国嘉德	2022-12-26
罗曼湖2000年、格兰帝2000年单一麦芽威士忌 2支		19,550	中贸圣佳	2023-01-01
罗曼湖2008整桶单一麦芽威士忌		402,500	中贸圣佳	2022-07-24
罗曼湖2011年初填苏玳桶		339,250	永乐拍卖	2022-07-26
罗曼湖50年单一麦芽威士忌1支		218,500	中贸圣佳	2023-01-01
罗曼湖高尔夫系列单一麦芽威士忌 3支		17,250	中贸圣佳	2023-01-01
罗曼湖格兰帝时光循迹系列单一麦芽威士忌 40支		345,000	中贸圣佳	2022-07-24
罗曼湖四大天王单一麦芽威士忌 4支		31,050	中贸圣佳	2022-07-24
罗曼尼·康帝大依瑟索特级园2006年份 2支750ml		73,600	中国嘉德	2022-06-26
罗曼尼·康帝大依瑟索特级园2014年份		75,900	北京保利	2022-07-28
罗曼尼·康帝大依瑟索特级园2017年份 3支750ml		149,500	中国嘉德	2022-06-26
罗曼尼·康帝酒庄大依瑟索干红1995年份 2支750ml		126,500	中国嘉德	2022-12-26

拍品名称	物品尺寸	成交价RMB	拍卖公司	拍卖日期
罗曼尼·康帝酒庄大依瑟索特级园干红2005		44,145	华艺国际	2022-11-27
罗曼尼·康帝酒庄精选套装1997年份8支750ml		885,500	中国嘉德	2022-12-26
罗曼尼·康帝酒庄科通特级园干红2017年份1支	750ml	44,850	中国嘉德	2022-12-26
罗曼尼·康帝酒庄拉塔希特级园干红1990		132,436	华艺国际	2022-11-27
罗曼尼·康帝酒庄拉塔希特级园干红1999		242,800	华艺国际	2022-11-27
罗曼尼·康帝酒庄拉塔希特级园干红2002		132,436	华艺国际	2022-11-27
罗曼尼·康帝酒庄里奇堡特级园干红2005		57,389	华艺国际	2022-11-27
罗曼尼·康帝酒庄罗曼尼·康帝特级园2007年份1支	750ml	264,500	中国嘉德	2022-12-26
罗曼尼·康帝酒庄罗曼尼·康帝特级园干红1999		275,910	华艺国际	2022-11-27
罗曼尼·康帝酒庄蒙哈榭特级园干白2003		121,400	华艺国际	2022-11-27
罗曼尼·康帝酒庄踏雪特级园2006年份1支750ml		59,800	中国嘉德	2022-12-26
罗曼尼·康帝里奇堡特级园1992年份6支	750ml/支	460,000	中国嘉德	2022-06-26
罗曼尼·康帝圣维旺特级园2011年份1支750ml		48,300	中国嘉德	2022-06-26
罗曼尼·康帝踏雪特级园1998年份6支	750ml/支	759,000	中国嘉德	2022-06-26
罗曼尼·康帝踏雪特级园2009年份2支750ml		333,500	中国嘉德	2022-06-26
罗曼尼·康帝踏雪特级园2014年份2支750ml		161,000	中国嘉德	2022-06-26
罗曼尼·康帝踏雪特级园2014年份6支750ml		621,000	中国嘉德	2022-06-26
罗曼尼·康帝踏雪特级园2016年份		63,250	北京保利	2022-07-28
罗曼尼·康帝踏雪特级园2017年份		149,500	北京保利	2022-07-28
罗曼尼·康帝特级园（康帝、李奇堡、依瑟索）套装2012年份		276,000	北京保利	2022-07-28
罗曼尼·康帝特级园套装2017年份12支	750ml/支	1,564,000	中国嘉德	2022-06-26
罗曼尼·康帝依瑟索特级园2017年份3支750ml		138,000	中国嘉德	2022-06-26
罗曼尼·康帝2008年份臻品收藏套装（共15支）		1,184,500	永乐拍卖	2022-07-26
罗曼尼·康帝2014年份臻品收藏套装（共5支）		626,750	永乐拍卖	2022-07-26
罗曼尼·康帝酒庄"大依瑟索"特级园干红2007年份		77,050	永乐拍卖	2022-07-26
罗曼尼·康帝酒庄"大依瑟索"特级园干红2009年份		94,300	永乐拍卖	2022-07-26
罗曼尼·康帝酒庄"大依瑟索"特级园干红2014年份		86,250	永乐拍卖	2022-07-26
罗曼尼·康帝酒庄"李奇堡"特级园干红2009年份		143,750	永乐拍卖	2022-07-26
罗曼尼·康帝酒庄"李奇堡"特级园干红2011年份		115,000	永乐拍卖	2022-07-26
罗曼尼·康帝酒庄"罗曼尼·康帝"特级园干红1973年份（水位良好）		144,900	永乐拍卖	2022-07-26
罗曼尼·康帝酒庄"罗曼尼圣维望"特级园干红1996年份		55,200	永乐拍卖	2022-07-26
罗曼尼·康帝酒庄"罗曼尼圣维望"特级园干红2007年份（两支连号）		193,200	永乐拍卖	2022-07-26
罗曼尼·康帝酒庄"罗曼尼圣维望"特级园干红2009年份		569,250	永乐拍卖	2022-07-26
罗曼尼·康帝酒庄踏雪特级园干红1999年份		108,100	永乐拍卖	2022-07-26
罗曼尼·康帝酒庄踏雪特级园干红2006年份12支	750ml/支	977,500	永乐拍卖	2022-07-26
罗曼尼·康帝酒庄踏雪特级园干红2014年份		155,250	永乐拍卖	2022-07-26
罗斯班克1981 25年单一麦芽威士忌1支		24,150	中贸圣佳	2023-01-01
罗斯班克21年单一麦芽威士忌1支		23,000	中贸圣佳	2022-10-26
罗斯班克21年玫瑰第三版单一麦芽威士忌1支		28,750	中贸圣佳	2023-01-01
罗斯班克29/30/31年单一麦芽威士忌3支		109,250	中贸圣佳	2023-01-01

拍品名称	物品尺寸	成交价RMB	拍卖公司	拍卖日期
罗斯班克30年单一麦芽威士忌1支		23,000	中贸圣佳	2022-07-24
马赛帝诺2019年份12支750ml		39,100	中国嘉德	2022-06-26
马赛多2013年份3支750ml		26,450	中国嘉德	2022-06-26
马赛多2018年份12支750ml		71,300	中国嘉德	2022-12-26
玛朵酒庄夏山–蒙哈榭一级园干白"玛朵酒庄独占园"2018年份12支750ml		12,650	中国嘉德	2022-12-26
玛歌白亭2018年份12支750ml		32,200	中国嘉德	2022-06-26
玛歌古堡1982年份6支750ml		69,000	中国嘉德	2022-06-26
玛歌古堡1985年份12支750ml		75,900	中国嘉德	2022-06-26
玛歌古堡1988年份12支750ml		59,800	中国嘉德	2022-06-26
玛歌古堡1993年份		66,700	北京保利	2022-07-28
玛歌古堡1998年份		50,025	永乐拍卖	2022-07-26
玛歌古堡2000年份12支750ml		138,000	中国嘉德	2022-06-26
玛歌古堡2000年份4支750ml		47,150	中国嘉德	2022-12-26
玛歌古堡2001年份		59,800	北京保利	2022-07-28
玛歌古堡2002年份12支750ml		55,200	中国嘉德	2022-06-26
玛歌古堡2006年份		94,990	永乐拍卖	2022-07-26
玛歌古堡2006年份		57,500	北京保利	2022-07-28
玛歌古堡2007年份12支750ml		48,300	中国嘉德	2022-06-26
玛歌古堡2008年份12支750ml		66,700	中国嘉德	2022-12-26
玛歌古堡2012年份12支750ml		73,600	中国嘉德	2022-06-26
玛歌古堡2016年份		78,200	北京保利	2022-07-28
玛歌古堡2018年份		90,850	北京保利	2022-07-28
玛歌古堡大瓶装（1.5L）2007年份6支1500ml		62,100	中国嘉德	2022-12-26
玛歌古堡大瓶装（1.5L）2011年份12支1500ml		126,500	中国嘉德	2022-12-26
玛歌古堡大瓶装（1.5L）2015年份3支1500ml		149,500	中国嘉德	2022-06-26
玛歌古堡大瓶装（1.5L）2018年份6支1500ml		69,000	中国嘉德	2022-12-26
玛歌古堡虎年套装1986+1998+2010年份3支750ml		31,050	中国嘉德	2022-06-26
玛歌红亭2017		13,800	保利厦门	2022-10-21
玛希庄园马兹诺经典红葡萄酒大瓶装（1.5L）2006年份6支1500ml		25,300	中国嘉德	2022-06-26
麦卡伦14年 2017卓越单桶		32,200	保利厦门	2022-10-21
麦卡伦18年1971		37,950	保利厦门	2022-10-21
麦卡伦18年1986		17,250	保利厦门	2022-10-21
麦卡伦18年1991		13,800	保利厦门	2022-10-21
麦卡伦18年1995		12,650	保利厦门	2022-10-21
麦卡伦18年 三桶（原箱）		37,950	保利厦门	2022-10-21
麦卡伦1947 单一麦芽威士忌1支		71,300	中贸圣佳	2023-01-01
麦卡伦1964 单一麦芽威士忌1支		46,000	中贸圣佳	2023-01-01
麦卡伦1965 18年单一麦芽威士忌1支		46,000	中贸圣佳	2023-01-01
麦卡伦1971 18年单一麦芽威士忌1支		40,250	中贸圣佳	2023-01-01
麦卡伦1972 18年单一麦芽威士忌1支		39,100	中贸圣佳	2023-01-01
麦卡伦1972单一麦芽威士忌1支		47,150	中贸圣佳	2022-07-24
麦卡伦1973 18年单一麦芽威士忌1支		36,800	中贸圣佳	2023-01-01
麦卡伦1974 18年单一麦芽威士忌1支		36,800	中贸圣佳	2023-01-01
麦卡伦1976 18年单一麦芽威士忌1支		34,500	中贸圣佳	2023-01-01
麦卡伦1977 18年单一麦芽威士忌1支		34,500	中贸圣佳	2023-01-01
麦卡伦1980 18年单一麦芽威士忌1支		29,900	中贸圣佳	2023-01-01
麦卡伦1985 18年单一麦芽威士忌2支		51,750	中贸圣佳	2023-01-01
麦卡伦25年 1968 Anniversary Malt		40,250	保利厦门	2022-10-21
麦卡伦25年 1977 "银禧·伊丽莎白女王登基25周年庆典纪念"		46,000	保利厦门	2022-10-21
麦卡伦25年 Anniversary Malt		34,500	保利厦门	2022-10-21
麦卡伦25年 黑腰带		24,150	保利厦门	2022-10-21
麦卡伦25年 周年纪念		32,558	保利香港	2022-10-11
麦卡伦30年 1950 GM 红丝带		98,900	保利厦门	2022-10-21
麦卡伦30年 蓝标单一麦芽威士忌1支		82,800	中贸圣佳	2023-01-01
麦卡伦35年 1968单桶		28,750	保利厦门	2022-10-21
麦卡伦36年 1969单桶		28,750	保利厦门	2022-10-21
麦卡伦42年 1971 Speymalt		34,500	保利厦门	2022-10-21
麦卡伦 Edition No.1-6		32,200	保利厦门	2022-10-21
麦卡伦 Folio 5 档案系列		12,650	保利厦门	2022-10-21
麦卡伦复刻（一套）		149,500	保利厦门	2022-10-21
麦卡伦珍稀1949		368,000	保利厦门	2022-10-21

2022杂项拍卖成交汇总(续表)

(成交价RMB：1万元以上)

拍品名称	物品尺寸	成交价RMB	拍卖公司	拍卖日期
麦卡伦 珍稀1950		345,000	保利厦门	2022-10-21
麦卡伦格兰威特1949 50年水晶瓶纯麦威士忌1支750ml		218,500	中国嘉德	2022-06-27
麦卡伦(2018—2021)18年雪莉桶单一麦芽威士忌(各一支) 4支700ml		25,300	中国嘉德	2022-12-25
麦卡伦10年桶强单一麦芽威士忌 1支		32,200	中贸圣佳	2022-07-24
麦卡伦12年(20世纪90年代)		11,500	北京保利	2022-07-28
麦卡伦12年苏格兰威士忌协会单一麦芽威士忌 5支		34,500	中贸圣佳	2022-06-27
麦卡伦1824美丽桶系列一套(共四支) 4支700ml		46,000	中国嘉德	2022-06-27
麦卡伦1824系列奥斯库鲁首版高地单一麦芽威士忌1支	700ml	23,000	中国嘉德	2022-06-27
麦卡伦1824系列精神庄园高地单一麦芽威士忌 3支700ml		40,250	中国嘉德	2022-06-27
麦卡伦1824系列蓝标庄园高地单一麦芽威士忌 3支700ml		23,000	中国嘉德	2022-06-27
麦卡伦1851复刻版单一麦芽威士忌1支		11,500	中贸圣佳	2022-07-24
麦卡伦1861复刻版单一麦芽威士忌1支		13,800	中贸圣佳	2022-07-24
麦卡伦18年 1972		32,558	保利香港	2022-10-11
麦卡伦18年 1978		30,387	保利香港	2022-10-11
麦卡伦18年 1979 Gran Reserva		36,899	保利香港	2022-10-11
麦卡伦18年 1979单一麦芽威士忌1支		69,000	中贸圣佳	2022-07-24
麦卡伦1937 40年单一麦芽苏格兰威士忌1支600ml		74,750	中国嘉德	2022-12-25
麦卡伦1940 红丝带40年手写标单一麦芽威士忌1支		195,500	中贸圣佳	2023-01-01
麦卡伦1946 52年高地单一麦芽威士忌1支750ml		172,500	中国嘉德	2022-06-27
麦卡伦1948/1961年皇室婚礼纪念版单一麦芽威士忌1支750ml		195,500	中国嘉德	2022-06-27
麦卡伦1949—2000千禧50年单一麦芽威士忌1支700ml		586,500	中国嘉德	2022-06-27
麦卡伦1952 25年单一麦芽苏格兰威士忌1支600ml		51,750	中国嘉德	2022-12-25
麦卡伦1957年高地单一麦芽苏格兰威士忌1支750ml		126,500	中国嘉德	2022-06-27
麦卡伦1965年25年水晶瓶单一麦芽威士忌1支		92,000	中贸圣佳	2023-01-01
麦卡伦1966 25年高地单一麦芽威士忌1支700ml		103,500	中国嘉德	2022-06-27
麦卡伦1967 53年单桶彼得布莱克爵士纪念系列1支		598,000	永乐拍卖	2022-07-26
麦卡伦1970 25年高地单一麦芽威士忌1支	750ml	103,500	中国嘉德	2022-06-27
麦卡伦1971 25年周年纪念版单一麦芽威士忌1支		51,750	中贸圣佳	2023-01-01
麦卡伦1971 25年高地单一麦芽威士忌1支	700ml	115,000	中国嘉德	2022-06-27
麦卡伦1974 18年高地单一麦芽威士忌水晶杯礼盒1支	700ml	39,100	中国嘉德	2022-12-25
麦卡伦1974 25年高地单一麦芽威士忌1支	700ml	103,500	中国嘉德	2022-06-27
麦卡伦1980 18年高地单一麦芽威士忌		23,000	永乐拍卖	2022-07-26
麦卡伦1988 28年单桶单一麦芽威士忌		25,300	永乐拍卖	2022-07-26
麦卡伦1988圣弗利1.5L单一麦芽威士忌		23,000	中贸圣佳	2022-07-24
麦卡伦1990雪莉单桶单一麦芽威士忌1支	750ml	20,700	中国嘉德	2022-06-27
麦卡伦1990雪莉单桶单一麦芽威士忌1支	750ml	13,800	中国嘉德	2022-06-27
麦卡伦1992—2004典雅12年雪莉桶单一麦芽威士忌(400支)(原箱 部分周转箱)	1000ml/支	3,105,000	永乐拍卖	2022-07-26
麦卡伦1997版18年高地单一麦芽苏格兰威士忌12支700ml		115,000	中国嘉德	2022-12-25
麦卡伦2017 ESC卓越单桶系列 6支		287,500	中贸圣佳	2023-01-01
麦卡伦22年 Silver Seal		11,500	保利厦门	2022-10-21
麦卡伦25年蓝带单一麦芽威士忌 1支		39,100	中贸圣佳	2023-01-01
麦卡伦25年周年纪念版 1971单一麦芽威士忌1支		48,300	中贸圣佳	2022-07-24

拍品名称	物品尺寸	成交价RMB	拍卖公司	拍卖日期
麦卡伦25年周年纪念版1971单一麦芽威士忌1支		49,450	中贸圣佳	2022-10-26
麦卡伦30年虎年生肖纪念版		89,700	北京保利	2022-07-28
麦卡伦30年蓝标单一麦芽威士忌 1支		79,350	中贸圣佳	2022-10-26
麦卡伦30年雪莉桶高地单一麦芽威士忌1支750ml		69,000	中国嘉德	2022-06-27
麦卡伦33年 高登&麦克菲尔装瓶		43,411	保利香港	2022-10-11
麦卡伦37年 高登&麦克菲尔装瓶		47,752	保利香港	2022-10-11
麦卡伦40年耀红珍藏单一麦芽威士忌1支		264,500	中贸圣佳	2023-01-01
麦卡伦7年桶匠单一麦芽威士忌 2支		25,300	中贸圣佳	2022-07-24
麦卡伦Edition No.1—6		32,558	保利香港	2022-10-11
麦卡伦EDITION系列NO.3高地单一麦芽威士忌 3支700ml		11,500	中国嘉德	2022-12-25
麦卡伦N6		34,500	北京保利	2022-07-28
麦卡伦SIX PILLARS系列55年高地单一麦芽威士忌1支	700ml	989,000	中国嘉德	2022-06-27
麦卡伦波普大师单一麦芽威士忌 1支		28,750	中贸圣佳	2022-07-24
麦卡伦波普大师珍藏系列高地单一麦芽苏格兰威士忌1支	700ml	46,000	中国嘉德	2022-06-27
麦卡伦传奇之初系列首部曲 70年单一麦芽威士忌1支	700ml	977,500	中贸圣佳	2023-01-01
麦卡伦档案系列2		65,116	保利香港	2022-10-11
麦卡伦档案系列4		43,411	保利香港	2022-10-11
麦卡伦档案系列5		21,705	保利香港	2022-10-11
麦卡伦档案系列6		17,364	保利香港	2022-10-11
麦卡伦典雅1990年高地单一麦芽威士忌 2支1000ml		63,250	中国嘉德	2022-06-27
麦卡伦-格兰威特25年单一麦芽威士忌1支		55,200	中贸圣佳	2022-07-24
麦卡伦黄金三桶10年/12年/15年/17年/18年/21年高地单一麦芽威士忌(各一支) 6支700ml		34,500	中国嘉德	2022-12-25
麦卡伦黄金三桶30年单一麦芽威士忌1支		32,200	中贸圣佳	2023-01-01
麦卡伦精粹 2017—2021(原箱)		241,500	保利厦门	2022-10-21
麦卡伦精神家园27年单一麦芽威士忌		23,000	永乐拍卖	2022-07-26
麦卡伦蓝钻双桶30年高地单一麦芽威士忌 3支700ml		126,500	中国嘉德	2022-12-25
麦卡伦旅行组单一麦芽威士忌(各一支)		92,000	北京保利	2022-02-03
麦卡伦年代系列		34,728	保利香港	2022-10-11
麦卡伦年度限量版1—6号单一麦芽威士忌12支		55,200	中贸圣佳	2022-07-24
麦卡伦年度限量系列威士忌NO.1—NO.6 6支700ml		40,250	中国嘉德	2022-12-25
麦卡伦摄影大师艾önder特·欧维特版本		15,193	保利香港	2022-10-11
麦卡伦探索系列: LUMINA、QUEST高地单一麦芽威士忌(各一支) 2支700ml		25,300	中国嘉德	2022-06-27
麦卡伦小丑限量版1961年高地单一麦芽威士忌1支		172,500	中国嘉德	2022-06-27
麦卡伦雪莉桶18年高地单一麦芽苏格兰威士忌 8支700ml		43,700	中国嘉德	2022-06-27
麦卡伦珍稀系列1950 52年高地单一麦芽威士忌1支700ml		586,500	中国嘉德	2022-06-27
麦卡伦珍稀系列1952 49年高地单一麦芽威士忌1支700ml		575,000	中国嘉德	2022-06-27
麦卡伦珍稀系列1966 35年高地单一麦芽威士忌1支700ml		540,500	中国嘉德	2022-06-27
麦卡伦珍稀系列1971 30年高地单一麦芽威士忌1支700ml		425,500	中国嘉德	2022-06-27
麦卡伦珍稀系列1976 29年高地单一麦芽威士忌1支700ml		402,500	中国嘉德	2022-06-27
麦卡伦甄选1946 52年高地单一麦芽威士忌1支700ml		253,000	中国嘉德	2022-06-27
麦卡伦臻味可可高地单一麦芽苏格兰威士忌9支700ml		20,700	中国嘉德	2022-12-25
麦卡伦臻味可可高地单一麦芽威士忌 3支700ml		55,200	中国嘉德	2022-06-27
麦卡伦庄园10年桶强单一麦芽威士忌 1支		32,200	中贸圣佳	2022-07-24
麦卡伦庄园版1972 18年高地单一麦芽威士忌1支	750ml	40,250	中国嘉德	2022-12-25
麦卡伦紫钻1979 18年高地单一麦芽威士忌1支	700ml	63,250	中国嘉德	2022-06-27

2022杂项拍卖成交汇总（续表）
（成交价RMB：1万元以上）

拍品名称	物品尺寸	成交价RMB	拍卖公司	拍卖日期
麦卡伦紫钻1980 18年高地单一麦芽威士忌1支	700ml	48,300	中国嘉德	2022-06-27
麦克·雷奥斯鲁克1994 25年单一麦芽苏格兰威士忌 12支700ml		34,500	中国嘉德	2022-06-27
麦克·雷檀都1998 21年单一麦芽苏格兰威士忌 6支700ml		17,250	中国嘉德	2022-06-27
麦克菲尔水晶瓶1937 50年单一麦芽威士忌1支750ml		80,500	中国嘉德	2022-06-27
曼洛克摩30年 1990 COD		14,950	保利厦门	2022-10-21
玫瑰山古堡2005年份 12支750ml		24,150	中国嘉德	2022-12-26
美露香轻井泽贮藏15年百分百麦芽威士忌1支	700ml	13,800	中国嘉德	2022-06-27
美露香轻井泽贮藏15年百分百麦芽威士忌礼盒装		11,500	永乐拍卖	2022-07-26
美讯堡干白2014年份 6支750ml		46,000	中国嘉德	2022-06-27
门多萨主教·皇家宪章白兰地 2支700ml		11,500	中国嘉德	2022-06-27
蒙哈榭特级园干白套装2018+2019年份（各3支）6支750ml		51,750	中国嘉德	2022-06-27
蒙梅森大德园独占特级园干红2008年份 6支750ml		64,400	中国嘉德	2022-06-27
蒙梅森大德园独占特级园干红2009年份 6支750ml		73,600	中国嘉德	2022-06-27
弥尔顿达夫印第安脸谱2009年单一麦芽苏格兰威士忌 2支700ml		13,800	中国嘉德	2022-06-27
米切尔·诺莱沃恩罗曼尼一级酒园美蒙特园红葡萄酒2019年份12支750ml		12,650	中国嘉德	2022-12-26
米切尔·诺莱沃恩罗曼尼一级酒园美蒙特园干红2019年份 12支750ml		13,800	中国嘉德	2022-06-26
米切尔·诺莱依瑟索特级园红葡萄酒2019年份 6支750ml		14,950	中国嘉德	2022-12-26
莫高金豹高级XO法国干邑白兰地 1支1000ml		10,350	中国嘉德	2022-06-27
莫罗酒园莎布利克罗特级园白葡萄酒2020年份 12支750ml		11,500	中国嘉德	2022-12-26
木桐副牌2015		20,700	保利厦门	2022-10-21
木桐古堡1985年份		31,050	北京保利	2022-07-28
木桐古堡1986年份 6支750ml		71,300	中国嘉德	2022-12-26
木桐古堡1987年份		34,500	北京保利	2022-07-28
木桐古堡1988年份		34,500	北京保利	2022-07-28
木桐古堡1990年份		37,950	北京保利	2022-07-28
木桐古堡1994年份		69,000	北京保利	2022-07-28
木桐古堡1996年份		80,500	北京保利	2022-07-28
木桐古堡1997年份 12支750ml		71,300	中国嘉德	2022-06-26
木桐古堡2001年份		17,250	永乐拍卖	2022-07-26
木桐古堡2008年份 12支750ml		78,200	中国嘉德	2022-12-26
木桐古堡2010年份		143,750	永乐拍卖	2022-07-26
木桐古堡2011年份		86,940	永乐拍卖	2022-07-26
木桐古堡2011年份大支装(1.5L)		86,940	永乐拍卖	2022-07-26
木桐古堡2012年份 12支750ml		78,200	中国嘉德	2022-12-26
木桐古堡2014年份		57,500	北京保利	2022-07-28
木桐古堡2018年份		97,750	北京保利	2022-07-28
木桐古堡2018年份 12支750ml		92,000	中国嘉德	2022-12-26
木桐古堡垂直年份套装2007—2018年份（各1支）12支750ml		80,500	中国嘉德	2022-12-26
木桐古堡垂直套装1993—1998年份 6支750ml		39,100	中国嘉德	2022-06-26
木桐古堡大瓶装(1.5L)2006年份 3支1500ml		80,500	中国嘉德	2022-06-26
木桐古堡大瓶装(1.5L)2008年份 6支1500ml		82,800	中国嘉德	2022-12-26
木桐古堡大瓶装(1.5L)2018年份 3支1500ml		69,000	中国嘉德	2022-06-26
木桐古堡干红1989年份 12支750ml		66,700	中国嘉德	2022-06-26
木桐古堡干红1980年份 6支750ml		32,200	中国嘉德	2022-06-26
木桐古堡干红1982年份 12支750ml		115,000	中国嘉德	2022-06-26
木桐古堡干红1985年份 12支750ml		60,950	中国嘉德	2022-06-26
木桐古堡干红1988年份 12支750ml		62,000	中国嘉德	2022-06-26
木桐古堡干红1990年份 6支750ml		35,650	中国嘉德	2022-06-26
木桐古堡干红1994年份 6支750ml		34,500	中国嘉德	2022-06-26
木桐古堡干红1995年份 12支750ml		66,700	中国嘉德	2022-06-26
木桐古堡干红1996年份 6支750ml		87,400	中国嘉德	2022-06-26
木桐古堡干红1998年份 12支750ml		71,300	中国嘉德	2022-06-26
木桐古堡干红1999年份 12支750ml		66,700	中国嘉德	2022-06-26
木桐古堡干红2000年份 2支750ml		40,250	中国嘉德	2022-06-26
木桐古堡干红2005年份 12支750ml		115,000	中国嘉德	2022-06-26
木桐古堡干红2008年份 12支750ml		92,000	中国嘉德	2022-06-26
木桐古堡干红2009年份 12支750ml		108,100	中国嘉德	2022-06-26

拍品名称	物品尺寸	成交价RMB	拍卖公司	拍卖日期
木桐古堡干红2010年份 6支750ml		59,800	中国嘉德	2022-06-26
木桐古堡干红2015年份 12支750ml		98,900	中国嘉德	2022-06-26
木桐古堡干红2016年份 12支750ml		94,300	中国嘉德	2022-06-26
木桐古堡干红2018年份 12支750ml		75,900	中国嘉德	2022-06-26
木桐古堡套装1991—1996年份		43,700	北京保利	2022-07-28
木桐古堡银翼白葡萄酒2018年份 24支750ml		36,800	中国嘉德	2022-12-26
慕赫25年 1977 "银禧·伊丽莎白女王登基25周年庆典纪念"		13,800	保利厦门	2022-10-21
慕赫32年 2004SR		16,100	保利厦门	2022-10-21
慕赫16年单一麦芽苏格兰威士忌（共2箱）		10,350	中国嘉德	2022-12-25
男爵古堡2015年份 24支750ml		34,500	中国嘉德	2022-06-26
尼卡70周年调酒师套装 6支		16,100	中贸圣佳	2023-01-01
欧肯特轩1965 31年低地单一麦芽威士忌1支		17,250	中国嘉德	2022-12-25
帕图斯之花古堡1995年份 6支750ml		17,250	中国嘉德	2022-06-26
庞特·卡奈古堡2009年 12支750ml		33,350	中国嘉德	2022-12-26
庞特·卡奈古堡2009年份 24支750ml		64,400	中国嘉德	2022-06-26
庞特·卡奈古堡2010年 12支750ml		26,450	中国嘉德	2022-12-26
庞特·卡内古堡2012年份大支装(3L)		11,270	永乐拍卖	2022-07-26
彭寿酒庄高登-查理曼特级园干白大瓶装(1.5L)2018年份 4支1500ml		34,500	中国嘉德	2022-06-26
彭寿酒庄武若园特级园老藤干红2018年份 6支750ml		34,500	中国嘉德	2022-12-26
皮埃尔-伊夫林莫雷巴塔蒙哈榭特级园白葡萄酒2017年份 3支750ml		39,100	中国嘉德	2022-12-26
皮埃尔-伊夫林莫雷默尔索查姆一级园白葡萄酒2017年份 6支750ml		24,150	中国嘉德	2022-12-26
皮耶侯奇（菜刀酒庄）夜圣乔治"科维"一级园干红2018年份		52,900	永乐拍卖	2022-07-26
皮耶侯奇酒庄套装2009+2018年份 4支750ml		47,150	中国嘉德	2022-06-26
乔治·鲁米耶 蜜思妮干红1999 1瓶	1500ml	308,592	华艺国际	2022-05-29
轻井泽（万箭齐发）（三瓶）		517,500	北京保利	2022-02-03
轻井泽（羽生三匠魂）（三瓶）		115,000	北京保利	2022-02-03
轻井泽16年单一麦芽威士忌1支	700ml	55,200	中国嘉德	2022-06-27
轻井泽1963 50年单桶麦芽威士忌1支	700ml	1,150,000	中国嘉德	2022-06-27
轻井泽1965单一麦芽威士忌		402,500	北京保利	2022-02-03
轻井泽1965单一麦芽威士忌1支	700ml	828,000	中国嘉德	2022-06-27
轻井泽1999—2000金屋藏娇系列套装（各一支）5支180ml		184,000	中国嘉德	2022-06-27
轻井泽25种大麦酿制百分百麦芽威士忌1支	720ml	10,350	中国嘉德	2022-06-27
轻井泽35年雪景		155,250	北京保利	2022-02-03
轻井泽ASAMA1999/2000单一麦芽威士忌 2支700ml		86,250	中国嘉德	2022-06-27
轻井泽BAR SHOW调酒师1999—2000单一麦芽威士忌1支	700ml	55,200	中国嘉德	2022-06-27
轻井泽LMDW艺术标1999年单一麦芽威士忌1支	700ml	63,250	中国嘉德	2022-12-25
轻井泽单圈标1981年#2634单一麦芽威士忌1支	700ml	92,000	中国嘉德	2022-12-25
轻井泽单圈标1981年#7925单一麦芽威士忌1支	700ml	92,000	中国嘉德	2022-12-25
轻井泽单圈标1983年#7524单一麦芽威士忌1支	700ml	115,000	中国嘉德	2022-12-25
轻井泽单圈标1984年#2563单一麦芽威士忌1支	700ml	115,000	中国嘉德	2022-12-25
轻井泽繁花艺伎1999 18年 864号		46,000	永乐拍卖	2022-07-26
轻井泽繁花艺伎1999 18年 866号		46,000	永乐拍卖	2022-07-26
轻井泽繁花之都艺伎系列套装（共8支）		437,000	永乐拍卖	2022-07-26
轻井泽富岳三十六景第一、二、三、四景（神奈川里冲浪·东都浅草本愿寺·相州七里滨·山下白雨）威士忌		207,000	永乐拍卖	2022-07-26
轻井泽富岳三十六景"身延川里不二"单一麦芽威士忌		36,800	永乐拍卖	2022-07-26
轻井泽花鸟绘系列2000 单桶麦芽威士忌套装（各一支）4支700ml		184,000	中国嘉德	2022-12-25
轻井泽花鸟绘系列2000年单桶麦芽威士忌套装（各一支）		172,500	北京保利	2022-02-03
轻井泽花鸟绘系列2000年单桶麦芽威士忌套装（各一支）		149,500	永乐拍卖	2022-07-26
轻井泽能1981 31年单一麦芽威士忌1支	700ml	161,000	中国嘉德	2022-06-27

2022杂项拍卖成交汇总(续表)

(成交价RMB：1万元以上)

拍品名称	物品尺寸	成交价RMB	拍卖公司	拍卖日期
轻井泽三十六景第五景"东海道金谷"单一麦芽威士忌1支	700ml	34,500	中国嘉德	2022-12-25
轻井泽三十六景最后一景"凯风快晴"单一麦芽威士忌2支700ml		92,000	中国嘉德	2022-12-25
轻井泽三味线艺伎单一麦芽威士忌		46,000	永乐拍卖	2022-07-26
轻井泽四季春&秋		132,250	永乐拍卖	2022-07-26
轻井泽协会原酒132.1—132.6单一麦芽威士忌		299,000	永乐拍卖	2022-07-26
轻井泽"旭日东升"2000年单一麦芽威士忌		57,500	永乐拍卖	2022-07-26
轻井泽"一生悬命"五十年		287,500	北京保利	2022-02-03
轻井泽艺伎1970年&1971年单一麦芽威士忌(各一支)	700ml/支	1,213,250	永乐拍卖	2022-07-26
轻井泽艺伎1990单一麦芽威士忌		69,000	北京保利	2022-02-03
轻井泽艺伎1990单一麦芽威士忌1支700ml		161,000	中国嘉德	2022-06-27
轻井泽艺伎1999单一麦芽威士忌		46,000	北京保利	2022-02-03
轻井泽艺伎1999单一麦芽威士忌1支700ml		138,000	中国嘉德	2022-06-27
轻井泽原厂旧标版1981单一麦芽威士忌1支700ml		161,000	中国嘉德	2022-06-27
轻井泽岳亭春信浮世绘系列《七福神布袋》艺伎		46,000	永乐拍卖	2022-07-26
轻井泽长期贮藏原酒31-15年单一麦芽威士忌3支700ml		46,000	中国嘉德	2022-06-27
轻井泽12年1999/2000"调酒师"东京国际展会Bar Show		71,300	保利厦门	2022-10-21
轻井泽1960 40年单一麦芽威士忌1支		276,000	中贸圣佳	2023-01-01
轻井泽1981 35年"尽新吉原夜樱之光景"		126,500	保利厦门	2022-10-21
轻井泽1981 35年"三曲娘重忠"		126,500	保利厦门	2022-10-21
轻井泽1983 31年白武士一番装瓶单桶单一麦芽威士忌一支		276,000	中贸圣佳	2023-01-01
轻井泽1988 19年 WHISKY FAIR装瓶1支		59,800	中贸圣佳	2023-01-01
轻井泽1998 12年官方装瓶单桶单一麦芽威士忌1支		33,350	中贸圣佳	2023-01-01
轻井泽31年1973年圈标		103,500	保利厦门	2022-10-21
轻井泽50年 1965 "LMDW 60周年纪念"		517,500	保利厦门	2022-10-21
轻井泽Karuizawa Aqua of Life 命之水(白) 50 Year Old Cask #538 59.2 abv 1969 (1 BT70)		339,150	香港苏富比	2022-10-04
轻井泽 Karuizawa Aqua of Life 命之水(黑) 50 Year Old Cask #6223 57.9 abv 1968 (1 BT70)		367,413	香港苏富比	2022-10-04
轻井泽 红艺伎套组 EID		425,500	保利厦门	2022-10-21
轻井泽 能 混桶1支		79,350	中贸圣佳	2022-10-26
轻井泽 浅间山 1999/2000 单一麦芽威士忌1支		16,100	中贸圣佳	2023-01-01
轻井泽 羽生东京BARSHOW2013单一麦芽威士忌2支		82,800	中贸圣佳	2023-01-01
轻井泽(黑白命之水)50年		1,069,500	北京保利	2022-07-28
轻井泽"富岳三十六景"系列全套(36 BT70)		1,243,550	香港苏富比	2022-10-04
轻井泽"艺伎"系列 Karuizawa Pearl Geisha Set (2 BT70)		542,640	香港苏富比	2022-10-04
轻井泽15年、17年单一麦芽威士忌2支		41,400	中贸圣佳	2022-07-24
轻井泽1960—2000单一麦芽威士忌1支		276,000	中贸圣佳	2023-01-01
轻井泽1968		287,500	北京保利	2022-07-28
轻井泽1968 42年一番装瓶单桶单一麦芽威士忌1支		264,500	中贸圣佳	2023-01-01
轻井泽1969 42年一番装瓶单桶单一麦芽威士忌1支		235,750	中贸圣佳	2023-01-01
轻井泽1970 42年一番装瓶单桶单一麦芽威士忌1支		241,500	中贸圣佳	2023-01-01
轻井泽1972 36年MMA金牌一番装瓶单桶单一麦芽威士忌1支		126,500	中贸圣佳	2023-01-01
轻井泽1975 35年MMA金牌一番装瓶单桶单一麦芽威士忌1支		161,000	中贸圣佳	2023-01-01
轻井泽1981 30年一番装瓶单桶单一麦芽威士忌1支		89,700	中贸圣佳	2023-01-01
轻井泽1981 一番装瓶单桶单一麦芽威士忌1支		138,000	中贸圣佳	2023-01-01
轻井泽1981 33年LMDW艺术家系列单桶单一麦芽威士忌1支		101,200	中贸圣佳	2023-01-01
轻井泽1982单一麦芽威士忌1支		86,250	中贸圣佳	2022-07-24
轻井泽1983单一麦芽威士忌1支		80,500	中贸圣佳	2022-07-24
轻井泽1984 27年一番装瓶单桶单一麦芽威士忌1支		92,000	中贸圣佳	2023-01-01
轻井泽1984 27年一番装瓶单桶单一麦芽威士忌1支		74,750	中贸圣佳	2023-01-01
轻井泽1984单一麦芽威士忌1支		78,200	中贸圣佳	2022-07-24
轻井泽1984单一麦芽威士忌1支		74,750	中贸圣佳	2022-07-24
轻井泽1994樽出原酒单一麦芽威士忌1支		36,800	中贸圣佳	2022-07-24
轻井泽1996 16年回忆系列单桶单一麦芽威士忌1支		48,300	中贸圣佳	2023-01-01
轻井泽1999浅间山单一麦芽威士忌1支		36,800	中贸圣佳	2022-07-24
轻井泽2000单一麦芽威士忌1支		34,500	中贸圣佳	2022-07-24
轻井泽2000鲤鱼单一麦芽威士忌1支		34,500	中贸圣佳	2022-07-24
轻井泽25年黄艺伎单一麦芽威士忌1支		86,250	中贸圣佳	2023-01-01
轻井泽31年 一番标 1支		143,750	中贸圣佳	2022-10-26
轻井泽32年 能#6719		141,086	保利香港	2022-10-11
轻井泽33年1981单一麦芽威士忌1支		105,800	中贸圣佳	2022-10-26
轻井泽34年1980单一麦芽威士忌1支		120,750	中贸圣佳	2022-07-24
轻井泽36景(第五景)威士忌		43,700	北京保利	2022-07-28
轻井泽40年调和威士忌1支		41,400	中贸圣佳	2022-10-26
轻井泽50年 1965 #8636		303,878	保利香港	2022-10-11
轻井泽调酒师单一麦芽威士忌4支		632,500	中贸圣佳	2022-07-24
轻井泽繁华之都套装		414,000	北京保利	2022-07-28
轻井泽富岳三十六景第九景"尾州不二见原"威士忌		26,046	保利香港	2022-10-11
轻井泽富岳三十六景第三十六景"凯风快晴"雪莉桶强威士忌		34,500	西泠印社	2022-01-21
轻井泽海浪(一套3支)		471,500	北京保利	2022-07-28
轻井泽海浪典藏系列雪莉单桶威士忌		322,000	西泠印社	2022-01-21
轻井泽花鸟第四版1支		37,950	中贸圣佳	2022-10-26
轻井泽黄艺伎 25年1支		81,650	中贸圣佳	2022-10-26
轻井泽 能 兰陵王单一麦芽威士忌1支	700ml/支	391,000	中贸圣佳	2023-01-01
轻井泽 能19年		20,700	北京保利	2022-07-28
轻井泽 能27年		89,700	北京保利	2022-07-28
轻井泽 能31年		138,000	北京保利	2022-07-28
轻井泽 圈标35年 6736 1支		166,750	中贸圣佳	2022-10-26
轻井泽 圈标42年 6177 1支		230,000	中贸圣佳	2022-10-26
轻井泽 圈标42年 8183 1支		218,500	中贸圣佳	2022-10-26
轻井泽五色艺伎单一麦芽威士忌5支		241,500	中贸圣佳	2023-01-01
轻井泽小方瓶8/10/12/15年 4支		71,300	中贸圣佳	2022-10-26
轻井泽小方瓶8/10/12/15年单一麦芽威士忌4支		74,750	中贸圣佳	2023-01-01
轻井泽烟火标34年1支		110,400	中贸圣佳	2022-10-26
轻井泽"一生悬命"1975 40年单一麦芽威士忌1支		218,500	中贸圣佳	2023-01-01
轻井泽艺伎布袋(2000—2016)		48,300	北京保利	2022-07-28
轻井泽艺伎法国版33年		133,400	北京保利	2022-07-28
轻井泽艺伎三味线(1999—2016)		55,200	北京保利	2022-07-28
倾酌"消失的酒庄"系列调和威士忌一套(各一支)7支700ml		10,350	中国嘉德	2022-12-25
人头马特优香槟拿破仑干邑白兰地(各一支)2支700ml		11,500	中国嘉德	2022-06-27
任重《九龙闹海》联名波摩1988 30年单一麦芽威士忌1支700ml		36,800	中国嘉德	2022-06-27
任重联名格格兰高22年单一麦芽威士忌		11,500	永乐拍卖	2022-07-26
"日本丸"业主单桶山崎、白州、余市单一麦芽威士忌4支		345,000	中贸圣佳	2023-01-01
"如果世界没有苏格兰"系列单一麦芽威士忌(各一支)5支700ml		51,750	中国嘉德	2022-06-27
萨隆公爵VSOP白兰地 12支700ml		32,200	中国嘉德	2022-06-27
塞芬父子"夏姆香贝丹"特级园干红2018年份		18,400	永乐拍卖	2022-07-26
赛奎农"暗夜枪声"西拉干红2006年份1支	750ml	33,350	中国嘉德	2022-06-26
赛奎农酒庄追针歌海娜干红2012	750ml	14,950	中国嘉德	2022-12-26
赛奎农"另一只手"西拉干红1995年份 4支750ml		59,800	中国嘉德	2022-06-26
赛奎农十一忏悔园歌海娜干红2010年份1支	750ml	14,950	中国嘉德	2022-12-26

2022杂项拍卖成交汇总（续表）

（成交价RMB：1万元以上）

拍品名称	物品尺寸	成交价RMB	拍卖公司	拍卖日期
三得利"寿"兔年、虎年限定版老牌调和威士忌（各一支）4支700ml		13,800	中国嘉德	2022-12-25
三得利1969—1980年酒杯礼盒调和威士忌4支760ml+1支720ml		11,500	中国嘉德	2022-06-27
三得利2000千禧年纪念版纯麦威士忌2支700ml		23,000	中国嘉德	2022-12-25
三得利虎年瓷瓶调和威士忌3支		10,350	中贸圣佳	2022-10-26
三得利洛雅生肖调和威士忌5支		10,350	中贸圣佳	2023-01-01
三得利牛年生肖1985年/1997年/2009年/2021年纪念版调和威士忌（各一支）1支700ml+3支600ml		11,500	中国嘉德	2022-12-25
三得利千禧限定金花标威士忌白兰地2支		10,350	中贸圣佳	2023-01-01
三得利山崎21年世纪珍藏单一纯麦威士忌1支	500ml	46,000	中国嘉德	2022-06-27
三得利生肖瓷瓶调和威士忌5支		16,100	中贸圣佳	2022-07-24
三得利兔年、马年、羊年限定版调和威士忌2支760ml+4支750ml		13,800	中国嘉德	2022-12-25
三得利响红酒桶调和威士忌（共2支）		11,500	北京保利	2022-07-28
三得利响红酒桶调和威士忌2支700ml		11,500	中国嘉德	2022-06-27
三得利有田烧调和威士忌1支		12,650	中贸圣佳	2022-10-26
三得利有田烧调和威士忌1支		11,500	中贸圣佳	2022-07-24
三得利直火蒸馏1981年纯麦威士忌3支750ml		23,000	中国嘉德	2022-06-27
三乐轻井泽黑色威士忌2支720ml		13,800	中国嘉德	2022-06-27
三乐轻井泽帆船调和威士忌5支		11,500	中贸圣佳	2022-07-24
桑雅干红2009年份36支750ml		36,800	中国嘉德	2022-12-26
瑟洛斯酒庄桃红香槟6支750ml		43,700	中国嘉德	2022-12-26
沙龙特酿S梅尼尔白中白香槟2002年份2支750ml		26,450	中国嘉德	2022-12-26
沙龙特酿S梅尼尔白中白香槟2006年份6支750ml		75,900	中国嘉德	2022-06-26
沙龙特酿S梅尼尔白中白香槟2007年份4支750ml		62,100	中国嘉德	2022-06-26
沙龙特酿S梅尼尔白中白香槟2012年份6支750ml		66,700	中国嘉德	2022-06-26
沙龙特酿S梅尼尔白中白香槟大瓶装（1.5L）2007年份1支1500ml		40,250	中国嘉德	2022-12-26
沙龙特酿S梅尼尔白中白香槟大瓶装（1.5L）2012年份1支1500ml		24,150	中国嘉德	2022-06-26
沙龙香槟梦幻套装2008年份6支750ml+1支1500ml		138,000	中国嘉德	2022-06-26
山崎16年1994"东京文华东方酒店"业主桶		40,250	保利厦门	2022-10-21
山崎18年20世纪90年代金花标		23,000	保利厦门	2022-10-21
山崎1999东京BARSHOW2012限定单一麦芽威士忌1支		27,600	中贸圣佳	2023-01-01
山崎2011雪莉桶单一麦芽威士忌1支		37,950	中贸圣佳	2023-01-01
山崎2014水楢桶单一麦芽威士忌1支		42,550	中贸圣佳	2023-01-01
山崎The Yamazaki 35 Year Old 43.0 abv NV（1 BT70）		904,400	香港苏富比	2022-10-04
山崎、白州、响2021限量版威士忌4支		40,250	中贸圣佳	2022-07-24
山崎、白州、知多蒸馏所限定单一麦芽威士忌3支		40,250	中贸圣佳	2022-07-24
山崎、白州25年限定版单一麦芽威士忌3支		155,250	西泠印社	2022-01-21
山崎/白州金花标"秘藏"套组		34,500	保利厦门	2022-10-21
山崎"谜"推理家协会单一麦芽威士忌1支		20,700	中贸圣佳	2022-07-24
山崎10年绿标金花标单一麦芽威士忌2支		17,250	中贸圣佳	2022-07-24
山崎12年单一麦芽威士忌12支700ml+12支750ml		86,250	中国嘉德	2022-06-27
山崎12年单一麦芽威士忌20支700ml		57,500	中国嘉德	2022-12-25
山崎12年金花标单一麦芽威士忌6支		26,450	中贸圣佳	2023-01-01
山崎12年双狮标1L装单一麦芽威士忌1支		19,550	中贸圣佳	2022-07-24
山崎12年双狮标1L装单一麦芽威士忌1支		19,550	中贸圣佳	2022-10-26
山崎18/白州18/响21年机场限定		33,350	保利厦门	2022-10-21

拍品名称	物品尺寸	成交价RMB	拍卖公司	拍卖日期
山崎18年、白州18年单一麦芽、竹鹤17年纯麦威士忌（各一支）3支700ml		20,700	中国嘉德	2022-12-25
山崎18年单一麦芽威士忌		17,250	西泠印社	2022-01-21
山崎18年单一麦芽威士忌3支		29,900	中贸圣佳	2023-01-01
山崎18年单一麦芽威士忌10支700ml		103,500	中国嘉德	2022-12-25
山崎18年单一麦芽威士忌4支700ml		97,750	中国嘉德	2022-06-27
山崎18年机场版单一麦芽威士忌2支700ml		13,800	中国嘉德	2022-12-25
山崎18年金花标、响21年金花标威士忌2支		43,700	中贸圣佳	2022-07-24
山崎18年金花标、响21年金花标威士忌2支		26,450	中贸圣佳	2022-10-26
山崎18年水楢木单一麦芽威士忌1支		92,000	中贸圣佳	2022-10-26
山崎18年水楢桶单一麦芽威士忌1支	700ml	86,250	中国嘉德	2022-06-27
山崎18年水楢桶单一麦芽威士忌1支		74,750	中贸圣佳	2023-01-01
山崎1983年雪莉桶单一纯麦威士忌1支	700ml	161,000	中国嘉德	2022-06-27
山崎1986年雪莉桶单一纯麦威士忌1支	700ml	149,500	中国嘉德	2022-06-27
山崎1986水楢业主桶单一麦芽威士忌1支	700ml	241,500	中贸圣佳	2023-01-01
山崎1999限量版单桶单一麦芽威士忌1支		26,450	中贸圣佳	2022-10-26
山崎2014—2017酒厂限定版单一麦芽威士忌4支		44,850	中贸圣佳	2022-07-24
山崎2014—2017年度限量单一麦芽威士忌		57,500	西泠印社	2022-08-19
山崎2014—2017年限量单一麦芽威士忌		36,800	西泠印社	2022-08-19
山崎2014—2017限量版单一麦芽威士忌（各一支）4支700ml		74,750	中国嘉德	2022-06-27
山崎2015年限量版单一麦芽威士忌		23,000	北京保利	2022-02-03
山崎2015年限量版单一麦芽威士忌3支700ml		69,000	中国嘉德	2022-06-27
山崎2016年限量版单一麦芽威士忌		23,000	北京保利	2022-02-03
山崎2017年限量版单一麦芽威士忌3支700ml		63,250	中国嘉德	2022-06-27
山崎2020风味桶单一麦芽威士忌4支		52,900	中贸圣佳	2022-10-26
山崎2020风味桶单一麦芽威士忌4支		48,300	中贸圣佳	2023-01-01
山崎2020风味桶限量版单一麦芽威士忌（各一支）4支700ml		92,000	中国嘉德	2022-06-27
山崎2021水楢单一麦芽威士忌6支		39,100	中贸圣佳	2023-01-01
山崎2021水楢木单一麦芽威士忌6支		34,500	中贸圣佳	2022-10-26
山崎2022风味桶限量版单一麦芽威士忌（各一支）4支700ml		40,250	中国嘉德	2022-12-25
山崎25年单一麦芽威士忌1支	700ml	172,500	中国嘉德	2022-06-27
山崎25年单一麦芽威士忌2支		201,250	中贸圣佳	2022-07-24
山崎25年单一麦芽威士忌1支		86,250	中贸圣佳	2023-01-01
山崎25年机场版		106,950	北京保利	2022-07-28
山崎60周年金瓶1983单一麦芽威士忌1支		64,400	中贸圣佳	2022-10-26
山崎60周年金瓶1983单一麦芽威士忌1支		48,300	中贸圣佳	2023-01-01
山崎20世纪80年代初版12年双狮标纯麦威士忌1支760ml		17,250	中国嘉德	2022-06-27
山崎Age Unknow单一麦芽威士忌1支		172,500	中贸圣佳	2022-07-24
山崎风味桶2020单一麦芽威士忌4支		57,500	中贸圣佳	2022-07-24
山崎金花版12年单一麦芽威士忌2支750ml		23,000	中国嘉德	2022-06-27
山崎金花顶25年单一麦芽威士忌1支	700ml	115,000	中国嘉德	2022-12-25
山崎私人桶1984年单一麦芽威士忌1支	700ml	195,500	中国嘉德	2022-06-27
山崎私人选桶1997单一麦芽威士忌		28,750	中贸圣佳	2022-07-24
山崎限量2021水楢桶单一麦芽威士忌3支700ml		46,000	中国嘉德	2022-06-27
山崎业主桶1989单一麦芽威士忌1支		48,300	中贸圣佳	2023-01-01

2022杂项拍卖成交汇总(续表)

(成交价RMB:1万元以上)

拍品名称	物品尺寸	成交价RMB	拍卖公司	拍卖日期
山崎业主桶1994 单一麦芽威士忌 1支		31,050	中贸圣佳	2023-01-01
山崎业主桶1997 苏格兰威士忌研究中心选桶单一麦芽威士忌1支		46,000	中贸圣佳	2023-01-01
山崎蒸馏所山名俱乐部50周年纪念单一麦芽威士忌 2支700ml		63,250	中国嘉德	2022-06-27
圣弗力波特艾伦1978单一麦芽威士忌1支		28,750	中贸圣佳	2022-07-24
圣弗力装瓶:阿儿1979 40年单一麦芽威士忌		172,500	北京保利	2022-02-03
圣弗力装瓶:本利林圣诞树2010年斯佩塞单一麦芽威士忌12支700ml		23,000	中国嘉德	2022-12-25
圣弗力装瓶:大摩1992 27年高地单一麦芽威士忌 2支700ml		13,800	中国嘉德	2022-06-27
圣弗力装瓶:罗班克1974单桶单一麦芽威士忌		17,250	永乐拍卖	2022-07-26
圣弗力装瓶:欧特班2000 20年、格兰冠1995 25年斯佩塞单一麦芽威士忌(各一支) 2支700ml		17,250	中国嘉德	2022-06-27
圣圭托西施佳雅干红1985		75,047	华艺国际	2022-11-27
圣圭托西施佳雅干红1985		75,047	华艺国际	2022-11-27
圣圭托西施佳雅 干红1985		144,009	华艺国际	2022-05-29
圣圭托西施佳雅 干红1985		144,009	华艺国际	2022-05-29
圣玛德莲19年 1979 珍惜麦芽		11,500	北京保利	2022-07-28
圣玛德莲19年 1979 珍惜麦芽		11,500	北京保利	2022-07-28
诗密拉菲特庄园2009年份 12支750ml		34,500	中国嘉德	2022-06-26
史蒂芬劳·尼治皇家雄鹰干红大瓶装(1.5L)2012年份 2支1500ml		14,950	中国嘉德	2022-06-26
史蒂芬劳·尼治皇家鹰翼干白2020年份 18支750ml		24,150	中国嘉德	2022-06-26
首席装瓶:格兰冠1991 24年桶强单一麦芽苏格兰威士忌12支700ml		40,250	中国嘉德	2022-06-27
首席装瓶:斯佩塞1992-21年桶强单一麦芽威士忌 6支700ml		17,250	中国嘉德	2022-06-27
思福酒园TD9梅洛赤霞珠混酿干红2018年份 12支750ml		11,500	中国嘉德	2022-06-26
思福酒园山山边精选赤霞珠干红葡萄酒2017年份 12支750ml		27,600	中国嘉德	2022-06-26
斯佩默麦卡伦1970及1980 高登·麦克菲尔装瓶单一麦芽威士忌 2支		66,700	中贸圣佳	2023-01-01
斯佩塞25年 夏茧		11,500	保利厦门	2022-10-21
斯佩塞麦卡伦威士忌1950		99,327	华艺国际	2022-11-27
斯佩塞麦卡伦威士忌1972		30,901	华艺国际	2022-11-27
苏格兰北极之星装瓶:麦卡伦1987年高地单一麦芽威士忌1支	750ml	20,700	中国嘉德	2022-06-27
苏格兰麦芽威士忌协会装瓶:波摩单一麦芽苏格兰威士忌(各一支) 3支700ml		10,350	中国嘉德	2022-12-25
苏格兰麦芽威士忌协会装瓶:格兰花格1997 20年单一麦芽苏格兰威士忌1支	700ml	10,350	中国嘉德	2022-06-27
苏格兰麦芽威士忌协会装瓶:克拉格摩尔1985 29年单一麦芽苏格兰威士忌1支	700ml	10,350	中国嘉德	2022-06-27
苏格兰麦芽威士忌协会装瓶:轻井泽单一麦芽威士忌(各一支) 6支700ml		310,500	中国嘉德	2022-06-27
苏格兰麦芽威士忌协会装瓶单一麦芽威士忌(各一支) 7支700ml		11,500	中国嘉德	2022-12-25
苏格兰麦芽威士忌协会装瓶稀有限量调和威士忌(各一支) 3支700ml		11,500	中国嘉德	2022-12-25
苏格兰威士忌协会单一麦芽威士忌12支		28,750	中贸圣佳	2022-07-24
苏拉亚红葡萄酒2018年份 6支750ml		14,950	中国嘉德	2022-06-26
苏拉亚红葡萄酒大瓶装(6L)2003年份 1支	6000ml	23,000	中国嘉德	2022-12-26
索德拉干红葡萄酒2014		26,744	华艺国际	2022-05-29
塔木岭千禧年2000单一麦芽威士忌 6支700ml		17,250	中国嘉德	2022-12-25
泰莱老年份茶色波特酒1896年份 1支750ml		34,500	中国嘉德	2022-06-26
泰斯卡25年 1975 #2218		10,350	北京保利	2022-07-28
泰斯卡39年 1979 COD		37,950	保利厦门	2022-10-21
泰斯卡41年 1978 酒窖系列 No.2		27,600	保利厦门	2022-10-21

拍品名称	物品尺寸	成交价RMB	拍卖公司	拍卖日期
泰斯卡25年单一麦芽威士忌 3支700ml		17,250	中国嘉德	2022-12-25
泰斯卡43年单一麦芽威士忌1支		32,200	中贸圣佳	2022-07-24
泰斯卡黑标套装1947、1953、1954、1958、1958单一麦芽苏格兰威士忌(各一支)		230,000	北京保利	2022-02-03
汤马丁40年		17,250	保利厦门	2022-10-21
汤马丁1988—2014 OB 26年珍稀雪莉桶单桶 3支		18,400	中贸圣佳	2023-01-01
汤马丁2000年葡萄酒桶高地单一麦芽威士忌 6支700ml		23,000	中国嘉德	2022-06-27
汤马丁2006—2020 OB曼萨尼亚雪莉桶单一麦芽威士忌原箱 6支		13,800	中贸圣佳	2023-01-01
汤马丁百年纪念 30年水晶瓶单一麦芽威士忌1支		16,100	中贸圣佳	2023-01-01
汤马丁50年1967单一麦芽威士忌 1支		69,000	中贸圣佳	2022-07-24
唐培里侬香槟P2套装2000+2003年份 15支750ml		69,000	中国嘉德	2022-06-26
唐培里侬香槟尼–克拉维兹限量版套装2006+2008年份 2支750ml+1支1500ml		41,400	中国嘉德	2022-06-26
特朗蒙多庄园1998年份 12支750ml		14,950	中国嘉德	2022-12-26
婷芭克费德里卡米勒甄选雷司令甜白葡萄酒2000年份 12支750ml		29,900	中国嘉德	2022-06-26
托名多尔50年1968单一麦芽威士忌 1支		39,100	中贸圣佳	2022-10-26
威士忌白州10年、12年金花标单一麦芽 2支		11,500	中贸圣佳	2022-07-24
威士忌波摩风暴系列1—6版全套单一麦芽 6支		28,750	中贸圣佳	2022-07-24
威士忌东方命斯佩塞1975 40年单一麦芽威士忌 1支		13,800	中贸圣佳	2022-07-24
威士忌高原骑士1988圣弗利1.5L单一麦芽		17,250	中贸圣佳	2022-07-24
威士忌卡尔里拉1989圣弗利1.5L单一麦芽		17,250	中贸圣佳	2022-07-24
威士忌山崎私人选桶"创"1994单一麦芽 1支		69,000	中贸圣佳	2022-07-24
威士忌世家艺术家协作系列第三版单一麦芽威士忌全套 7支700ml		24,150	中国嘉德	2022-06-27
威士忌余市10, 12, 15, 20年单一麦芽 4支		51,750	中贸圣佳	2022-07-24
武戈伯爵酒庄慕西尼特级园干白套装1990+1991+2019年份(各1支) 3支750ml		78,200	中国嘉德	2022-06-26
武戈伯爵酒庄慕西尼特级园老藤干红2005年份 2支750ml		78,200	中国嘉德	2022-06-26
武戈伯爵酒庄慕西尼特级园老藤干红2019年份 12支750ml		172,500	中国嘉德	2022-06-26
武戈伯爵酒庄慕西尼特级园老藤干红2019年份 6支750ml		87,400	中国嘉德	2022-06-26
武戈伯爵酒庄慕西尼特级园老藤干红套装2008+2009年份(各2支) 4支750ml		66,700	中国嘉德	2022-06-26
武戈伯爵酒庄慕西尼特级园老藤干红套装2010+2011年份(各2支) 4支750ml		66,700	中国嘉德	2022-06-26
仙台城峡伊达政宗纪念威士忌 8支700ml		34,500	中国嘉德	2022-06-27
响"人间国宝三代德田八十吉·碧阳耀彩瓶"35年调和威士忌1支	700ml	690,000	中国嘉德	2022-12-25
响17年调和威士忌 5支		28,750	中贸圣佳	2022-07-24
响17年金标金花		69,000	永乐拍卖	2022-07-26
响21年调和、山崎/白州18年单一麦威士忌		32,200	西泠印社	2022-01-21
响21年调和威士忌 (共2支)		20,700	北京保利	2022-07-28
响21年调和威士忌 5支		40,250	中贸圣佳	2022-07-24
响21年调和威士忌 2支700ml		23,000	中国嘉德	2022-12-25
响21年调和威士忌 12支700ml		80,500	中国嘉德	2022-12-25
响21年花鸟风月系列调和威士忌(共2支)		16,100	永乐拍卖	2022-07-26
响21年花鸟风月系列调和威士忌(共2支)		11,500	永乐拍卖	2022-07-26
响21年花鸟风月系列调和威士忌 2支700ml		23,000	中国嘉德	2022-06-27

拍品名称	物品尺寸	成交价RMB	拍卖公司	拍卖日期
响21年花鸟风月系列调和威士忌 12支700ml		80,500	中国嘉德	2022-12-25
响21年花鸟风月系列调和威士忌 4支700ml		32,200	中国嘉德	2022-12-25
响30年（老版金色盒）		94,300	北京保利	2022-07-28
响30年本土授赏版调和威士忌 1支	700ml	97,750	中国嘉德	2022-06-27
响30年调和威士忌 1支	700ml	69,000	中国嘉德	2022-06-27
响30年调和威士忌 1支		48,300	中贸圣佳	2022-07-24
响30年限量版水晶玻璃瓶威士忌		55,200	西泠印社	2022-01-21
响Harmony"百花流水"威士忌		32,200	西泠印社	2022-01-21
响"百花流水"调和威士忌 2支		24,150	中贸圣佳	2022-07-24
响大师精选樱花限量版调和威士忌（共2支）		11,500	北京保利	2022-07-28
响大师精选樱花限量版调和威士忌 2支700ml		20,700	中国嘉德	2022-06-27
响大师精选樱花限量版调和威士忌 6支700ml		34,500	中国嘉德	2022-12-25
响大师精选樱花限量版调和威士忌 14支700ml		63,250	中国嘉德	2022-12-25
响大师精选樱花限量版调和威士忌，山崎限量2021水楢桶单一麦芽威士忌（各6支）12支700ml		115,000	中国嘉德	2022-06-27
响大师精选樱花限量版调和威士忌原箱12支700ml		92,000	中国嘉德	2022-06-27
响和风醇韵日本调和威士忌共原箱12支700ml		40,250	中国嘉德	2022-12-25
响和风醇韵限定版百花流水调和威士忌 3支700ml		20,700	中国嘉德	2022-12-25
响金花老版调和威士忌 2支700ml		17,250	中国嘉德	2022-06-27
响17年调和威士忌 5支		31,050	中贸圣佳	2022-10-26
响17年调和威士忌 5支		20,700	中贸圣佳	2023-01-01
响21年调和威士忌 3支		20,700	中贸圣佳	2023-01-01
响30年调和威士忌 1支		40,250	中贸圣佳	2023-01-01
响30年花鸟限定礼盒威士忌 1支		49,450	中贸圣佳	2022-12-25
响百花流水调和威士忌 2支		23,000	中贸圣佳	2022-10-26
响百花流水调和威士忌 2支		18,400	中贸圣佳	2023-01-01
响金花标调和威士忌 4支		20,700	中贸圣佳	2023-01-01
小磨坊30年虎年限定单一麦芽威士忌		120,750	永乐拍卖	2022-07-26
小木桐古堡2015年份 12支750ml		36,800	中国嘉德	
小木桐古堡2018年份 12支750ml		36,800	中国嘉德	
啸鹰酒庄干红大瓶装(1.5L)2004年份 1支	1500ml	172,500	中国嘉德	2022-12-26
啸鹰酒庄长相思干白2010年份 1支750ml		69,000	中国嘉德	
雄狮古堡1988年份套装 6支1500ml、12支750ml		78,200	中国嘉德	2022-12-26
雄狮古堡1994年份 12支750ml		24,150	中国嘉德	
雄狮古堡1995年份		50,600	永乐拍卖	2022-07-26
雄狮古堡1996年份		61,410	永乐拍卖	2022-07-26
雄狮古堡1999年份		32,200	永乐拍卖	2022-07-26
雄狮古堡2001年份 12支750ml		28,750	中国嘉德	2022-12-26
雄狮古堡2001年份大支装(3L)		16,100	永乐拍卖	2022-07-26
雄狮古堡2013年份		21,620	永乐拍卖	2022-07-26
休伯特涅尔酒庄香波穆西尼"宝德"一级园干红2018年份		10,925	永乐拍卖	2022-07-26
轩尼诗12斤		281,750	北京保利	2022-02-03
轩尼诗1995年KENZO定制长斧干邑（各一支）		17,250	永乐拍卖	2022-07-26
轩尼诗皇禧白兰地 1支		13,800	中贸圣佳	2023-01-01
雅克赛洛斯Lieux-dits 系列6瓶套组起泡酒		36,002	华艺国际	2022-05-29
雅克森特酿743号香槟大瓶装(1.5L) 6支1500ml		11,500	中国嘉德	2022-12-26
亚伯乐阿布纳桶强高地单一麦芽威士忌（共三箱）		13,800	中国嘉德	2022-12-26
一号乐章2012年份 6支750ml		25,300	中国嘉德	2022-06-26
一号乐章2016年份		41,400	北京保利	2022-07-28
一号乐章2018年份		63,250	北京保利	2022-07-28
一号乐章2018年份 18支750ml		62,100	中国嘉德	2022-06-26
一号乐章大瓶装(1.5L)2016年份 3支1500ml		26,450	中国嘉德	2022-06-26
伊曼纽尔·鲁热酒庄沃恩罗曼尼一级园巴即园干红2012年份 9支	750ml/支	310,500	中国嘉德	
伊曼纽尔·鲁热依瑟索特级园红葡萄酒2006年份 6支750ml		75,900	中国嘉德	2022-12-26
伊知郎精选轻井泽1994单一麦芽威士忌 1支		25,300	中贸圣佳	2023-01-01

拍品名称	物品尺寸	成交价RMB	拍卖公司	拍卖日期
伊知郎麦芽精选水楢桶强调和麦芽威士忌 1支		44,850	中贸圣佳	2023-01-01
艺术家团体联名版单一麦芽威士忌 12支		27,600	中贸圣佳	2022-07-24
余市12年酒厂限定版雪莉桶单一麦芽威士忌 2支500ml		13,800	中国嘉德	2022-06-27
余市2009单桶单一麦芽威士忌 1支		16,100	中贸圣佳	2022-07-24
余市20年		27,600	北京保利	2022-07-28
余市20年单一麦芽威士忌 2支700ml		69,000	中国嘉德	2022-06-27
余市宫城峡限定原酒全套		11,500	永乐拍卖	2022-07-26
羽生1991 19年单一麦芽威士忌 1支		25,300	中贸圣佳	2023-01-01
羽生2000 山一三河屋1号单一麦芽威士忌 1支		44,850	中贸圣佳	2023-01-01
羽生 23年桶强单一麦芽威士忌 1支		55,200	中贸圣佳	2023-01-01
羽生/秩父游戏系列单一麦芽威士忌 8支		575,000	中贸圣佳	2023-01-01
羽生+秩父一番装瓶水楢桶日本纯麦威士忌 1支		33,350	中贸圣佳	2023-01-01
羽生1986 22年单一麦芽威士忌 1支		57,500	中贸圣佳	2023-01-01
羽生1991 一番标水楢桶单一麦芽威士忌 1支		36,800	中贸圣佳	2023-01-01
羽生2000年红橡木猪头桶单一麦芽威士忌 1支		34,500	中贸圣佳	2023-01-01
羽生SHIMAJI 1986、2000/秩父SHIMAJI 2012、2014 单一麦芽威士忌 4支		195,500	中贸圣佳	2023-01-01
羽生东京BARSHOW2012 秩父四分之一桶单一麦芽威士忌 1支		39,100	中贸圣佳	2023-01-01
羽生能10年 一番标 #6066 单一麦芽威士忌 1支		36,800	中贸圣佳	2023-01-01
羽生扑克牌方片10单一麦芽威士忌 1支		75,900	中贸圣佳	2022-10-26
羽生扑克牌大小王一套单一麦芽威士忌（各一支）	700ml/支	517,500	中国嘉德	2022-12-25
羽生扑克牌方片8 1991单一麦芽威士忌 1支		112,700	中贸圣佳	2023-01-01
羽生扑克牌方片K 1988单一麦芽威士忌 1支		149,500	中贸圣佳	2023-01-01
羽生扑克牌黑桃7 1990单一麦芽威士忌 1支		109,250	中贸圣佳	2023-01-01
羽生扑克牌黑桃K 1986单一麦芽威士忌 1支		161,000	中贸圣佳	2023-01-01
羽生扑克牌黑桃Q 1990单一麦芽威士忌 1支		126,500	中贸圣佳	2023-01-01
羽生扑克牌黑桃Q单一麦芽威士忌 1支		143,750	中贸圣佳	2022-07-24
羽生扑克牌梅花A 2000单一麦芽威士忌 1支		149,500	中贸圣佳	2023-01-01
羽生扑克牌梅花A单一麦芽威士忌 1支		155,250	中贸圣佳	2022-07-24
羽生水楢桶单一麦芽威士忌 1支		74,750	中贸圣佳	2022-07-24
羽生苏格兰麦芽威士忌协会装瓶1918 单一麦芽威士忌 1支		47,150	中贸圣佳	2023-01-01
约翰·米尔罗装瓶：布纳哈本1990 25年艾雷岛单一麦芽威士忌 6支700ml		23,000	中国嘉德	2022-12-25
约瑟夫·菲尔普斯酒园勋章大瓶装(1.5L)2015年份 3支1500ml		11,500	中国嘉德	2022-12-26
约瑟夫·菲尔普斯酒园勋章大瓶装(1.5L)2014年份 6支1500ml		20,700	中国嘉德	2022-12-26
云顶1964年卡登汉装瓶金封单一麦芽威士忌 1支		52,900	中贸圣佳	2023-01-01
云顶36年 1970		48,300	保利厦门	2022-10-21
云顶8年 20世纪80年代日本限定		17,250	保利厦门	2022-10-21
云顶12年黑瓷瓶单一麦芽威士忌 2支		11,500	中贸圣佳	2022-07-24
云顶15年邮票标单一麦芽威士忌 1支		16,100	中贸圣佳	2022-10-26
云顶15年邮票标单一麦芽威士忌 1支		11,500	中贸圣佳	2023-01-01
云顶1919 50年首版坎贝尔镇纯麦威士忌 1支	700ml	540,500	中国嘉德	2022-06-27
云顶1973单一麦芽威士忌 1支		36,800	中贸圣佳	2022-07-24
云顶21年千禧纪念版单一麦芽威士忌 1支		35,650	中贸圣佳	2022-07-24
云顶20世纪80年代8年单一麦芽威士忌 2支		10,350	中贸圣佳	2022-07-24

2022杂项拍卖成交汇总(续表)

(成交价RMB: 1万元以上)

拍品名称	物品尺寸	成交价RMB	拍卖公司	拍卖日期
云顶20世纪80年代8年单一麦芽威士忌2支		10,350	中贸圣佳	2022-10-26
云顶千禧礼盒 25年/30年/35年/40年/45年/50年威士忌 一套6支		184,000	中贸圣佳	2023-01-01
云顶千禧年30年单一麦芽威士忌		48,300	西泠印社	2022-01-21
鹧鸪酒庄夜圣乔治一级园特雷斯布兰奇干红2018年份 12支750ml		12,650	中国嘉德	2022-06-26
鹧鸪酒庄夜圣乔治一级园鹧鸪八号杰作干红2019年份 12支750ml		12,650	中国嘉德	2022-06-26
鹧鸪酒庄夜圣乔治一级园鹧鸪八号杰作红葡萄酒2017年份 12支750ml		12,650	中国嘉德	2022-12-26
真理酒庄真理套装2016年份 3支750ml		34,500	中国嘉德	2022-06-26
芝华士25年水晶瓶调和威士忌1支		10,350	中贸圣佳	2022-07-24
芝华士25年水晶瓶调和威士忌1支		10,350	中贸圣佳	2022-10-26
秩父 2009 sushi+soul艺伎单桶单一麦芽威士忌1支		27,600	中贸圣佳	2023-01-01
秩父 苏格兰麦芽威士忌协会130.3,130.5 单一麦芽威士忌2支		32,200	中贸圣佳	2023-01-01
秩父2018旅行限量版单一麦芽威士忌1支		11,500	中贸圣佳	2022-07-24
秩父福标LMDW、羽生BARSHOW 2019年单一麦芽威士忌(各1支)		46,000	永乐拍卖	2022-07-26
秩父金叶水楢桶、红叶红酒桶纯麦威士忌(各2支) 4支700ml		17,250	中国嘉德	2022-12-25
秩父食源探访单一麦芽威士忌 4支		44,850	中贸圣佳	2022-10-26
竹鹤17年纯麦威士忌 2支700ml		13,800	中国嘉德	2022-06-26
钻石之味香槟 12支750ml		37,950	中国嘉德	2022-06-26
尊尼获加 蓝牌桶通北京、上海尊邸限量版3L		17,250	保利厦门	2022-10-21
1987年向阳牌出口装参花大曲酒(原箱)		55,200	西泠印社	2022-01-21
1993年产北京同仁堂内供参茸药酒(非卖品)		138,000	中鸿信	2022-09-12
1993年产北京同仁堂特殊参茸药酒(非卖品) 12瓶	500ml/瓶	172,500	北京荣宝	2022-07-24
1994年产北京同仁堂"琼浆高级秘酒"		86,250	中鸿信	
1995年同仁堂出口装护骨药酒(原箱)		149,500	西泠印社	2022-08-19
1995年同仁堂旅游装护骨药酒(原箱) 24瓶	323ml/瓶	126,500	西泠印社	2022-01-21
1997、1998年同仁堂塞隆风湿酒(原箱)		34,500	西泠印社	
1997、1998年同仁堂塞隆风湿酒(原箱)		36,800	西泠印社	2022-08-19
1998年产北京同仁堂出口美国"护骨酒"(大瓶装)		69,000	中鸿信	2022-09-12
1998年产北京同仁堂出口美国护骨酒(大瓶装)		69,000	北京荣宝	2022-07-24
1999年产北京同仁堂参茸药酒(非卖品)		115,000	中鸿信	2022-09-12
1999年产原封箱北京同仁堂"塞隆风湿酒"		13,800	中鸿信	
1999年同仁堂出口装护骨药酒(原箱)		74,750	西泠印社	2022-01-21
1999同仁堂琼浆酒(原箱)		69,000	西泠印社	2022-01-21
1999同仁堂琼浆酒(原箱)		80,500	西泠印社	2022-08-19
2000年产北京同仁堂"精制五加皮酒"		17,250	中鸿信	2022-09-12
2000年产北京同仁堂"如意长生酒"		20,700	中鸿信	
2000年产北京同仁堂"如意长生酒"(大瓶装)		23,000	中鸿信	2022-09-12
2000年产北京同仁堂骨刺消痛液		17,250	中鸿信	2022-09-12
2000年产北京同仁堂骨刺消痛液(三箱)		34,500	北京荣宝	2022-07-24
2000年同仁堂十全大补酒		13,800	西泠印社	
2000年同仁堂五加皮酒(原箱)		34,500	西泠印社	2022-01-21
2001年产出口装北京同仁堂"国公酒"		46,000	中鸿信	2022-09-12
2001年产出口装北京同仁堂国公酒		46,000	北京荣宝	2022-07-24
2003年产北京同仁堂出口美国"皇牌护骨酒"(大瓶装)		57,500	中鸿信	2022-09-12
2003年产北京同仁堂出口美国皇牌护脚酒(大瓶装)		57,500	北京荣宝	2022-07-24
2004年同仁堂出口装护骨药酒(原箱)		34,500	西泠印社	2022-01-21
2021年产原封箱荣宝斋350周年纪念酒(1672—2022)"首发编码(1—30)"五箱		103,500	北京荣宝	2022-07-24
20世纪80年代产出口装鹿头牌北京灵芝补酒 24瓶	500ml/瓶	92,000	北京荣宝	2022-07-24
20世纪80年代出口装李时珍牌万灵筋骨酒		82,800	北京荣宝	2022-07-24
20世纪70—80年代产北京同仁堂出口装李时珍牌参茸药酒		63,250	北京荣宝	2022-07-24
20世纪80—90年代产出口装鹭江牌"卫元药酒"		17,250	中鸿信	2022-09-12
20世纪80—90年代产出口装鹭江卫元药酒(五箱)		46,000	北京荣宝	2022-07-24
20世纪80年代产北京同仁堂出口装李时珍牌国公酒		57,500	北京荣宝	2022-07-24
20世纪80年代产出口装鹿头牌"北京灵芝补酒"		46,000	中鸿信	2022-09-12
20世纪80年代产红梅牌"李时珍特质十全大补酒"		17,250	中鸿信	2022-09-12
20世纪80年代同仁堂李时珍牌日本回流参茸药酒 12瓶	647ml/瓶	115,000	西泠印社	2022-01-21
20世纪90年代产北京同仁堂老庄养生酒(非卖品)		23,000	北京荣宝	2022-07-24
20世纪90年代产出口装"至宝三鞭酒"(马来西亚回流)		23,000	中鸿信	2022-09-12
20世纪90年代产出口装天津名酒金星牌玫瑰露酒		13,800	北京荣宝	2022-07-24
20世纪90年代产出口装天津名酒金星牌五加皮酒		23,000	北京荣宝	2022-07-24
20世纪90年代产出口装雪山牌"参茸多鞭酒"(含有冬虫夏草)		57,500	中鸿信	2022-09-12
20世纪90年代产出口装雪山牌"鹿尾巴补酒"		23,000	中鸿信	2022-09-12
20世纪90年代产出口装雪山牌"雪蛤大补酒"		23,000	中鸿信	2022-09-12
20世纪90年代产出口装雪山牌参茸多鞭酒(三箱)		69,000	北京荣宝	2022-07-24
20世纪90年代产出口装雪山牌雪蛤大补酒(二箱)		46,000	北京荣宝	2022-07-24
20世纪90年代产出口装中亚牌至宝三鞭酒		23,000	北京荣宝	2022-07-24
20世纪90年代产天津名酒玫瑰露酒(回流)		11,500	中鸿信	2022-09-12
20世纪90年代产天津名酒金星牌"五加皮酒"(海外回流)		18,400	中鸿信	2022-09-12
20世纪90年代中期产北京同仁堂十全大补酒		23,000	北京荣宝	2022-07-24
阿贝1815		75,969	保利香港	2022-10-11
麦卡伦档案系列1		113,954	保利香港	2022-10-11
轻井泽1980年金武士		97,675	保利香港	2022-10-11
轻井泽30年 能 #2030		97,675	保利香港	2022-10-11
约1995年产北京同仁堂"老庄养生酒"(非卖品)		23,000	中鸿信	2022-09-12
约2000年产北京同仁堂"参茸药酒"(大瓶装)		23,000	中鸿信	2022-09-12
约2000年产北京同仁堂参茸药酒(珍品陈酿)大瓶装		57,500	北京荣宝	2022-07-24

茗 茶

拍品名称	物品尺寸	成交价RMB	拍卖公司	拍卖日期
江户明治 初代龟文堂造枣形"铺首衔环"青皮铁壶	高21.1cm;长16cm	287,500	西泠印社	2022-01-22
明治时期 大锡罐	高22.3cm;长18.5cm	34,500	西泠印社	2022-01-22
明治时期 管口土器式铁壶	高18.7cm;长16.1cm	115,000	西泠印社	2022-01-22
明治时期 龙文堂七代安之介造丸形铁壶	高19.8cm;长15cm	402,500	西泠印社	2022-01-22
明治时期 云色堂美之助造丸形铁壶	高14.7cm;长12cm	66,700	西泠印社	2022-01-22
清道光 朱石梅·四方锡杯	长8.8cm;宽6.3cm;高4cm	63,250	中贸圣佳	2022-07-25
清错罐、锡茶托、茶则一组三件	尺寸不一	17,250	西泠印社	2022-01-22
民国"回龙阁陈永高老店"锡质茶叶罐及茶托(一组)	尺寸不一	11,500	西泠印社	2022-01-22
民国百年宋聘号1片		1,610,000	中贸圣佳	2023-01-01
民国 不知名号级茶		287,500	中贸圣佳	2023-01-01
民国同昌号1筒		2,070,000	中贸圣佳	2023-01-01
号级茶 可以兴茶砖1砖		862,500	中国嘉德	2022-12-27
号级茶 龙马同庆号圆茶		517,500	中国嘉德	2022-12-27
号级茶 双狮同庆号圆茶1片	重344.5g(带玻璃纸)	1,667,500	中国嘉德	2022-06-28
号级茶 同昌号·黄文兴圆茶		690,000	中国嘉德	2022-06-28
号级茶 同昌号·黄文兴圆茶		287,500	中国嘉德	2022-12-27
号级茶 同兴号·向质卿圆茶1片	重321.3g(带玻璃纸)	1,472,000	中国嘉德	2022-06-28
印级茶 大红印圆茶		552,500	中国嘉德	2022-12-27
印级茶 大红印圆茶1片	重328.8g(带玻璃纸)	920,000	中国嘉德	2022-06-28
印级茶 大字绿印		437,000	中国嘉德	2022-12-27

2022杂项拍卖成交汇总(续表)

(成交价RMB：1万元以上)

拍品名称	物品尺寸	成交价RMB	拍卖公司	拍卖日期
印级茶 大字绿印圆茶		632,500	中国嘉德	2022-06-28
印级茶 红印铁饼		402,500	中国嘉德	2022-12-27
印级茶 蓝印铁饼		414,000	中国嘉德	2022-12-27
印级茶 无纸红印		345,000	中国嘉德	2022-12-27
印级茶 无纸红印圆茶		402,500	中国嘉德	2022-06-28
印级茶 无纸印级茶		345,000	中国嘉德	2022-06-28
印级茶 蓝印甲乙级		172,500	中国嘉德	2022-12-27
印级茶 无纸红印		287,500	中国嘉德	2022-12-27
08—09、11—14、17—18、20年 "陈香甘露" 青饼套装(450克/片)		103,500	中国嘉德	2022-12-27
20世纪40年代 福禄贡茶		195,500	中国嘉德	2022-12-27
20世纪50年代 大字绿印青饼		434,112	保利香港	2022-10-11
20世纪50年代 蓝印铁饼(荧光绿)		437,000	江苏观宇	2022-11-12
20世纪50年代 蓝印铁饼青饼		412,406	保利香港	2022-10-11
1955年 云南省茶业公司普洱茶样		25,300	北京保利	2022-07-27
1957年 西康省茶叶公司柯罗牌金尖散块		37,984	保利香港	2022-10-11
1957年 云南省茶业公司普洱茶样		25,300	北京保利	2022-07-27
20世纪60年代末至70年代 老生砖		115,000	中国嘉德	2022-12-27
1961年 云南省茶业公司普洱茶样品茶罐		28,750	北京保利	2022-02-03
20世纪70年代 7581砖(无纸)		25,300	中贸圣佳	2023-01-01
20世纪70年代 七子贡饼 6片		667,000	中贸圣佳	2023-01-01
20世纪70年代 广云贡圆茶		115,000	中国嘉德	2022-06-28
20世纪70年代 利兴隆砖		25,300	江苏观宇	2022-11-12
20世纪70年代 绿字八中黄印		287,500	江苏观宇	2022-11-12
20世纪70年代 绿字黄印青饼		92,000	中国嘉德	2022-12-27
20世纪70年代 窄版边销砖		28,750	江苏观宇	2022-11-12
20世纪70年代 中茶牌简体字茶饼(标准版)		69,000	中国嘉德	2022-12-27
20世纪70年代末 79景谷砖		55,200	中国嘉德	2022-12-27
20世纪70年代末 普洱熟饼(熟茶) 7饼	357g/饼	1,265,000	中鸿信	2022-09-12
1979年 景谷7581砖		126,500	中贸圣佳	2022-07-25
20世纪80年代 73青青饼		57,500	中国嘉德	2022-06-28
20世纪80年代 八八青饼块(7542配方)		48,837	保利香港	2022-10-11
20世纪80年代 薄纸8582		48,300	江苏观宇	2022-11-12
20世纪80年代 薄纸8582青饼		151,939	保利香港	2022-10-11
20世纪80年代 福鼎贡眉		32,558	保利香港	2022-10-11
20世纪80年代 福鼎贡眉		41,240	保利香港	2022-10-11
20世纪80年代 广东大沱		11,500	江苏观宇	2022-11-12
20世纪80年代 厚纸7542青饼		517,500	中国嘉德	2022-12-27
20世纪80年代 厚纸7542青饼		162,792	保利香港	2022-10-11
20世纪80年代 厚纸7542青饼		36,800	中国嘉德	2022-12-27
20世纪80年代 厚纸8582(特厚)		149,500	江苏观宇	2022-11-12
20世纪80年代 厚纸8582大叶青饼		207,000	中国嘉德	2022-12-27
20世纪80年代 厚纸8582青饼 1筒7片	重2475g(带竹壳)	1,495,000	中国嘉德	2022-06-28
20世纪80年代 厚纸8582青饼(大叶青)		184,000	中国嘉德	2022-06-28
20世纪80年代 厚纸8582青饼(大叶青)		345,000	中国嘉德	2022-12-27
20世纪80年代 金针白莲		17,250	江苏观宇	2022-11-12
20世纪80年代 商检8582青饼		632,500	中国嘉德	2022-12-27
20世纪80年代 雪印青饼		115,000	中国嘉德	2022-06-28
20世纪80年代末 八八青7542(带周渝先生签字)		57,500	中国嘉德	2022-12-27
20世纪80年代末 八八青饼		517,500	中国嘉德	2022-06-28
20世纪80年代末 八八青饼		138,000	中国嘉德	2022-12-27
20世纪80年代末 八八青饼		230,000	中国嘉德	2022-12-27
20世纪80年代末 八八青饼 1筒7片	重2360g(带竹壳)	1,437,500	中国嘉德	2022-06-28
20世纪80年代末 八八青饼 1筒7片	重2395g(带竹壳)	920,000	中国嘉德	2022-06-28
20世纪80年代末 八八青同期7542		34,500	中国嘉德	2022-12-27
20世纪80年代末 八八青同期7542青饼		23,000	中国嘉德	2022-06-28
20世纪80年代末 油光纸宽版江城砖		28,750	江苏观宇	2022-11-12
20世纪80年代末至90年代初 八八青同期7542		747,500	中国嘉德	2022-12-27
1980年 易武麻黑散料(生茶)	重5000g	575,000	中鸿信	2022-09-12
20世纪80至90年代 福鼎贡眉组合		47,752	保利香港	2022-10-11
1984年 雪印青饼(A)1筒		1,380,000	中贸圣佳	2023-01-01
1985年 梅纪陈年铁观音		17,250	保利厦门	2022-10-21
1985年 红丝带普洱(生茶)		69,000	中鸿信	2022-09-12
1989年 第一批八八青饼		506,000	中贸圣佳	2023-01-01
1989年 薄纸8582		506,000	中贸圣佳	2023-01-01
1989年 薄纸8582(干仓)		690,000	中贸圣佳	2023-01-01
1990年 第一批88青同批8592熟饼		13,800	中贸圣佳	2023-01-01
1990年 薄纸7542青饼		287,500	中贸圣佳	2023-01-01
20世纪90年代 凤凰普洱熟沱茶		10,852	保利香港	2022-10-11
20世纪90年代 福鼎贡眉		15,193	保利香港	2022-10-11
20世纪90年代 福鼎牡丹		29,302	保利香港	2022-10-11
20世纪90年代 下关8653青饼		57,500	中国嘉德	2022-12-27
20世纪90年代 下关繁体字8653青饼		115,000	中国嘉德	2022-06-28
20世纪90年代初手工晒青远年七子饼		17,250	江苏观宇	2022-11-12
20世纪90年代中后期8582青饼		28,750	中国嘉德	2022-12-27
20世纪90年代中期 8582青饼		69,000	中国嘉德	2022-06-28

拍品名称	物品尺寸	成交价RMB	拍卖公司	拍卖日期
20世纪90年代左右 老六堡一筐(带原筐)		103,500	中国嘉德	2022-06-28
1991年 纯干仓老寿眉		34,500	中贸圣佳	2023-01-01
1992年 商检甲级沱		46,000	中贸圣佳	2023-01-01
1992年 下关熟砖		10,852	保利香港	2022-10-11
1992年 红丝带(生茶)		184,000	中鸿信	2022-09-12
1993年 93青饼		172,500	中国嘉德	2022-06-28
1993年 出口一级水仙		57,500	保利厦门	2022-10-21
1993年 老班章		32,200	保利厦门	2022-10-21
1993年 中茶黄印(生茶)		126,500	中鸿信	2022-09-12
1994年 94事业青圆茶(熟茶)		13,800	中国嘉德	2022-06-28
1994年 凤凰单枞		460,000	保利厦门	2022-10-21
1994年 凤凰单枞 600盒	40g/盒	690,000	保利厦门	2022-10-21
1994年 业字圆茶(7572配方)(熟)		37,984	保利香港	2022-10-11
1994年 樟香散料(熟茶)		172,500	中鸿信	2022-09-12
1995年 8582青饼		184,000	中国嘉德	2022-12-27
1995年 8582大叶青		184,000	中贸圣佳	2023-01-01
1995年 8582大叶青		207,000	中贸圣佳	2022-07-25
1996年 "真淳雅" 号圆茶		690,000	中国嘉德	2022-12-27
1996年 "真淳雅" 号圆茶 & 2019年 "易武纯"青饼	400g/片	149,500	中国嘉德	2022-12-27
1996年 "真淳雅" 号圆茶 & 2019年 "易武纯"青饼	400g/片	55,200	中国嘉德	2022-12-27
1996年 "真淳雅" 号圆茶 & 2019年 "易武纯"青饼	400g/片	69,000	中国嘉德	2022-12-27
1996年 下关销法熟沱		19,535	保利香港	2022-10-11
1996年 易武"真淳雅"圆茶		264,500	中国嘉德	2022-06-28
1996年 "真淳雅" 号圆茶 & 2019年 "易武纯"青饼	400g/片	287,500	中国嘉德	2022-12-27
1996年 紫大益台湾拆纸		103,500	中贸圣佳	2022-07-25
1997年 7542青饼		32,558	保利香港	2022-10-11
1997年 93小票版水蓝印青饼		57,500	中国嘉德	2022-06-28
1997年 水蓝印青饼		287,500	中贸圣佳	2023-01-01
1997年 水蓝印青饼		218,500	中国嘉德	2022-06-28
1997年 水蓝印青饼(繁体厂版)		172,500	中国嘉德	2022-12-27
1997年 建峰茶行上等白775丹		34,500	保利厦门	2022-10-21
1997年 建峰茶庄上等寿眉		34,500	保利厦门	2022-10-21
1997年 水蓝印青饼		115,000	中国嘉德	2022-12-27
1997年 第一批水蓝印(细字)		86,250	中贸圣佳	2022-07-25
1997年 德兰错版原版(生茶)		184,000	中鸿信	2022-09-12
1998年 出口白茶 一级寿眉		13,800	保利厦门	2022-10-21
1998年 勐海茶厂 7542(红丝带)		34,500	保利厦门	2022-10-21
1998年 7582青饼		57,500	中贸圣佳	2022-07-25
1998年 千年老树万顺号(生茶)		36,800	中鸿信	2022-09-12
1998年 易武宋聘号砖(生茶)		138,000	中鸿信	2022-09-12
1999—2001年 白棉纸销台饼精选系列套装		126,500	中国嘉德	2022-06-28
1999年 傣文青		40,250	中贸圣佳	2023-01-01
1999年 易昌号		80,500	中贸圣佳	2023-01-01
1999年 傣文青饼		57,500	中国嘉德	2022-06-28
1999年 黄大益老树圆茶青饼		17,250	中国嘉德	2022-06-28
1999年 绿大树青饼		207,000	中国嘉德	2022-06-28
1999年 首批特厚草纸蓝黑票99绿大树青饼		172,500	中国嘉德	2022-06-28
1999年 易昌号青饼·正品		130,233	保利香港	2022-10-11
2000年 陈广和堂易武大树茶砖(落水洞)		80,750	江苏观宇	2022-11-12
2000年 出口北美白茶 一级寿眉		40,250	保利厦门	2022-10-21
2000年 大益勐海傣文甲级生沱		46,000	江苏观宇	2022-11-12
2000年 昆明砖7581		13,800	江苏观宇	2022-11-12
2000年 勐海茶厂建厂60周年纪念饼(第00001号—00007号)		48,300	中国嘉德	2022-06-28
2000年 易昌号青饼·精品		75,969	保利香港	2022-10-11
2000年 易昌号		13,800	中贸圣佳	2022-07-25
2000年 大红印青饼(生茶)		126,500	中鸿信	2022-09-12
2000年 红丝带小金瓜		115,000	中鸿信	2022-09-12
2000年 易武橙印(生茶)		287,500	中鸿信	2022-09-12
2000年 易武正山野生茶(生茶)		207,000	中鸿信	2022-09-12
2001年 老树圆茶		17,250	中贸圣佳	2023-01-01
2001年 班章有机生态茶公章饼(熟茶)		172,500	中国嘉德	2022-06-28
2001年 班章有机生态茶		43,700	北京保利	2022-02-03
2001年 公章饼 班章有机生态茶		86,250	北京保利	2022-02-03
2001年 简体云		66,700	北京保利	2022-02-03
2001年 商检饼7542(生茶)14饼	357g/饼	920,000	中鸿信	2022-09-12
2002年 象山青饼		11,500	中贸圣佳	2023-01-01
2002年 班章精品大白菜青饼		345,000	中国嘉德	2022-12-27
2002年 班章精品大白菜青饼		690,000	中国嘉德	2022-06-28
2002年 福鼎白毫银针		37,984	保利香港	2022-10-11
2002年 福鼎一级白牡丹(原箱)		108,528	保利香港	2022-10-11
2002年 六大茶山公司成立纪念饼		92,000	中国嘉德	2022-06-28

2022杂项拍卖成交汇总(续表)

(成交价RMB：1万元以上)

拍品名称	物品尺寸	成交价RMB	拍卖公司	拍卖日期
2002年大益甲级沱		17,250	北京保利	2022-07-27
2002年特制班章大白菜		632,500	北京保利	2022-07-27
2002年特制精品班章大白菜 散块		57,500	北京保利	2022-02-03
2002年易昌号极品		25,300	北京保利	2022-02-03
2002年易昌号极品		32,200	北京保利	2022-07-27
2002年易麻黑圆茶		32,200	北京保利	2022-02-03
2003年301大2易武正山野生茶特级品(绿大树)		460,000	中国嘉德	2022-06-28
2003年301易武乔木老树饼(400g版)		322,000	中国嘉德	2022-06-28
2003年301易武乔木老树饼(400g版)		109,250	中国嘉德	2022-12-27
2003年302批次7222青饼		287,500	中国嘉德	2022-06-28
2003年 二星班章大白菜青饼		92,000	中国嘉德	2022-06-28
2003年 纪念饼		46,000	中国嘉德	2022-06-28
2003年 四星孔雀青饼		149,500	中国嘉德	2022-06-28
2003年 象明野生茶		25,300	中国嘉德	2022-06-28
2003年 中茶勐海班章野生茶(熟茶500g)		34,500	中国嘉德	2022-06-28
2003年早春木青饼		34,500	中贸圣佳	2022-07-25
2003年班章正山古树茶		59,800	北京保利	2022-02-03
2003年班章正山古树茶		59,800	北京保利	2022-02-03
2003年鼎兴沱(生茶)		287,500	中鸿信	2022-09-12
2003年六大茶山班章野生茶		40,250	北京保利	2022-07-27
2003年帕沙古树茶(生茶)		57,500	中鸿信	2022-09-12
2003年五星孔雀班章生态茶、2003年五星孔雀白茶1筒7片	重2800g	2,990,000	北京保利	2022-07-27
2003年西双版纳成立50周年傣文纪念饼(熟茶)84饼	357g/饼	460,000	中鸿信	2022-09-12
2003年易武正山昌达号(生茶)42饼	400g/饼	1,035,000	中鸿信	2022-09-12
2004—2015年生肖饼套装(首套生肖饼，各九片)		63,250	中国嘉德	2022-06-28
2004年401班章珍藏乔木生态青沱(250g)		230,000	中国嘉德	2022-06-28
2004年401班章珍藏青沱		172,500	中国嘉德	2022-12-27
2004年 红大益7542青饼		230,000	中国嘉德	2022-12-27
2004年 六六红印礼盒装(带溯源)		74,750	中国嘉德	2022-12-27
2004年中国土产畜产进出口55周年纪念系列		80,500	中国嘉德	2022-06-28
2004年班章古树茶王青砖(生茶)		43,700	中鸿信	2022-09-12
2004年茶王青饼班章大白菜		207,000	北京保利	2022-07-27
2004年景迈茶王何仕华监制(生茶)14饼	357g/饼	632,500	中鸿信	2022-09-12
2004年老班章大树原生态马头饼(生茶)		103,500	中鸿信	2022-09-12
2004年南糯古树茶(生茶)7饼	400g/饼	690,000	中鸿信	2022-09-12
2004年兴海茶厂老树圆茶青饼(生茶)		138,000	中鸿信	2022-09-12
2004年易昌圆茶王霞饼(生茶)		172,500	中鸿信	2022-09-12
2005年 501易武正山乔木古树茶(400g)		115,000	中国嘉德	2022-06-28
2005年 班章老树茶王珍藏品(熟茶)		28,750	中国嘉德	2022-06-28
2005年 陈广和堂易武茶王茶砖(刮风寨)		23,000	江苏观宇	2022-11-12
2005年 大益501批次7542白布条		36,800	中国嘉德	2022-12-27
2005年中茶云茶历程饼(熟茶)		63,250	中国嘉德	2022-06-28
2005年·大公鸡一整原件		460,000	中贸圣佳	2022-07-25
2005年冰岛老寨(生茶)		126,500	中鸿信	2022-09-12
2005年荒野银针(礼盒装)		17,250	北京保利	2022-07-27
2005年景迈螃蟹脚散料		115,000	中鸿信	2022-09-12
2005年勐海孔雀青饼		287,500	北京保利	2022-07-27
2006年 601班章有机青饼		437,000	中国嘉德	2022-06-28
2006年班章古树人民币同号收藏版		172,500	中国嘉德	2022-06-28
2006年 大益601布朗孔雀青饼(200g版)		437,000	中国嘉德	2022-06-28
2006年 大益601金色韵象青饼(366g版)		138,000	中国嘉德	2022-06-28
2006年 大益601金色韵象青饼(666g版)		80,500	中国嘉德	2022-12-27
2006年 大益601圣菩提缘青饼(1kg)		74,750	中国嘉德	2022-12-27
2006年 大益602布朗孔雀青饼(400g)		172,500	中国嘉德	2022-12-27
2006年 大益韵象礼茶		149,500	中国嘉德	2022-06-28
2006年 福鼎白毫银针		59,690	保利香港	2022-10-11
2006年华联熟砖		10,852	保利香港	2022-10-11
2006年邓时海福禄贡号圆茶(生茶)		92,000	中鸿信	2022-09-12
2006年 横断山普洱古树茶熟茶砖(熟茶)		138,000	中鸿信	2022-09-12
2006年龙园号勐海云南贡饼(生茶)		57,500	中鸿信	2022-09-12
2006年绿孔雀		28,750	北京保利	2022-07-27
2006年思普源(生茶)		345,000	中鸿信	2022-09-12
2007年陈广和堂易武茶王(茶王树)		51,750	江苏观宇	2022-11-12
2007年南峤铁饼(生茶)		287,500	中鸿信	2022-09-12
2008—2018年"五谷丰收"封藏装(400g/片)		55,200	中国嘉德	2022-12-27
2008年 "古韵探春" "五谷丰收"青饼(400g/片，各一筒)		115,000	中国嘉德	2022-12-27
2008年 "我爱您"青饼(400g/片)		287,500	中国嘉德	2022-12-27
2008年昔归古树茶散料(生茶)		126,500	中鸿信	2022-09-12
2010年醒悟古树普洱茶(典藏版)		207,000	上海嘉禾	2022-11-20
2010年梓瑞砖(熟茶)		103,500	中鸿信	2022-09-12
2011年 "长安第一砖"青砖(450g/砖)		69,000	中国嘉德	2022-12-27
2011年 101金大益青饼		138,000	中国嘉德	2022-06-28
2011年 俊昌号精选山头青饼(各一提)		57,500	中国嘉德	2022-06-28
2012年"四大茶王"青饼套装(125g/片)两套		46,000	中国嘉德	2022-12-27
2012年 "四大茶王"青饼套装(380g生茶4片+357g熟茶1片/套)两套		161,000	中国嘉德	2022-12-27
2012年 大益201高山韵象		23,000	保利厦门	2022-10-21
2012年 三境·禅境(系列首批)		184,000	中国嘉德	2022-06-28
2012年 三境·秘境(系列首批)		230,000	中国嘉德	2022-06-28
2012年 三境·意境(系列首批)		184,000	中国嘉德	2022-06-28
2013年 "千载之遇"青饼(500g/片)		172,500	中国嘉德	2022-12-27
2013年 贺开庄园成立纪念饼		287,500	中国嘉德	2022-12-27
2013年 阮殿蓉藏班盆古树(系列首批)		253,000	中国嘉德	2022-06-28
2014年 "问鼎茶王"、2018年"问鼎茶王"(500g/片)各一筒		218,500	中国嘉德	2022-12-27
2014年 "冰岛古树(纯料)"青饼(400g/片)		109,250	中国嘉德	2022-12-27
2015年 "红印铁饼"、2016年"蓝印铁饼"、2019年"黄印铁饼"(450g/片)各1筒		69,000	中国嘉德	2022-12-27
2015年 母树紫娟(生茶)		172,500	中鸿信	2022-09-12
2016年 "冰美人"青饼(400g/片)		46,000	中国嘉德	2022-12-27
2016年班盆古树金花砖(生茶)		287,500	中鸿信	2022-09-12
2017年 "大国鼎元"青饼(500g/片)		74,750	中国嘉德	2022-12-27
2017年醒悟古树普洱茶(典藏版)		115,000	上海嘉禾	2022-11-20
2018年陈升号 王者珍藏(单株)班章古树青饼		11,500	保利厦门	2022-10-21
2018年老班章古树茶		34,500	北京保利	2022-02-03
2019年 "白莺山2800岁二嘎子茶王树"青饼(500g/片)		103,500	中国嘉德	2022-12-27
2019年 "千年等候"青饼(400g/片)		48,300	中国嘉德	2022-12-27
2019年 陈广和堂同哥的十棵树 2020年 陈广和堂同哥的十棵树 2021年 陈广和堂同哥的十棵树 2022年 陈广和堂同哥的十棵树		86,250	江苏观宇	2022-11-12
2020年 "八八方砖"(88g/砖)		20,700	中国嘉德	2022-12-27
2020年 "观沧海"大饼(400g)及小饼(200g)套装		74,750	中国嘉德	2022-12-27
2020年 "1300岁白莺山猛库茶王"青饼(680g/片)		23,000	中国嘉德	2022-12-27
2020年 "王之印记"青饼(680g+50g/套)两套		32,200	中国嘉德	2022-12-27
2021年 "观沧海"(400g)、2020年"观沧海"(200g)套装		48,300	中国嘉德	2022-12-27
2021年 "国义红印"青饼(400g/片)		17,250	中国嘉德	2022-12-27
2021年 "王之印记"青饼(680g+50g/套)两套		32,200	中国嘉德	2022-12-27
2022年 "王之印记"青饼(680g+50g/套)两套		34,500	中国嘉德	2022-12-27
2022年 陈广和堂智同手制薄荷糖 2022年 陈广和堂智同手制老班章 2022年 陈广和堂智同手制哆依树 2022年 陈广和堂智同手制曼箐河 2022年 陈广和堂智同手制凤凰高杆 2022年 陈广和堂智同手制国保密境		138,000	江苏观宇	2022-11-12
2022年、2021年、2020年"王之印记"青饼(680g+50g/套)各一套		43,700	中国嘉德	2022-12-27
20世纪50年代大红印 1片		805,000	中贸圣佳	2023-01-01
20世纪50年代天信号		86,250	中贸圣佳	2023-01-01
20世纪50年代天信号		207,000	中贸圣佳	2023-01-01
20世纪60年代大叶青散茶		23,000	中贸圣佳	2023-01-01
20世纪70年代7452		23,000	中贸圣佳	2023-01-01
20世纪70年代黄印同期美术字内飞7542 1筒		1,380,000	中贸圣佳	2023-01-01

拍品名称	物品尺寸	成交价RMB	拍卖公司	拍卖日期
20世纪70年代简铁+73青（各1片）		43,700	中贸圣佳	2023-01-01
20世纪70年代万字散茶		20,700	中贸圣佳	2023-01-01
20世纪70年代五朵金花外销7581砖(B)		19,550	中贸圣佳	2023-01-01
20世纪80年代8582		391,000	中贸圣佳	2023-01-01
20世纪80年代8582商检青饼1桶		1,265,000	中贸圣佳	2023-01-01
20世纪80年代8653		276,000	中贸圣佳	2023-01-01
20世纪80年代8653（茶庄签字）		74,750	中贸圣佳	2023-01-01
20世纪80年代八八青饼		184,000	中贸圣佳	2023-01-01
20世纪80年代厚纸8592		46,000	中贸圣佳	2023-01-01
20世纪80年代天字熟饼8592		74,750	中贸圣佳	2023-01-01
20世纪90年代梧州茶厂三鹤六堡茶5268三菱		17,250	中贸圣佳	2023-01-01
20世纪90年代梧州茶厂三鹤六堡茶5268一件		34,500	中贸圣佳	2023-01-01
2700年树龄野生古树茶（生茶）		46,000	中鸿信	2022-09-12
20世纪40年代纯干仓六安		207,000	上海嘉禾	2022-11-20
20世纪50年代陈祁红茶（二）		207,000	上海嘉禾	2022-11-20
20世纪50年代陈祁红茶（一）		207,000	上海嘉禾	2022-11-20
20世纪50年代大红印圆茶		920,000	保利厦门	2022-10-21
20世纪50年代 龙德记象唛牌素馨香茶		11,500	保利厦门	2022-10-21
20世纪50年代英美茶庄超等水仙		11,500	保利厦门	2022-10-21
20世纪50年代宋聘号茶庄		80,500	中贸圣佳	2022-07-25
20世纪50年代天信号		201,250	中贸圣佳	2022-07-25
20世纪60年代末期至70年代初期老白茶		13,800	北京保利	2022-07-27
20世纪60年代末期至70年代初期老白茶（袋泡茶）		40,250	北京保利	2022-07-27
20世纪60年代末期武夷岩茶 南洋回流		63,250	北京保利	2022-07-27
20世纪60年代末铁罗汉 南洋回流		63,250	北京保利	2022-07-27
20世纪70年代鸿秦昌青饼		26,450	中贸圣佳	2022-07-25
20世纪70年代五朵金花外销砖		18,400	中贸圣佳	2022-07-25
20世纪70年代73青三饼		138,000	中贸圣佳	2022-07-25
20世纪70年代73砖		184,000	中贸圣佳	2022-07-25
20世纪80年代老白茶		32,200	保利厦门	2022-10-21
20世纪80年代梅记铁观音龙团		32,200	保利厦门	2022-10-21
20世纪80年代初中国外销盒装普洱		23,000	中贸圣佳	2022-07-25
20世纪80年代厚纸7542		218,500	中贸圣佳	2022-07-25
20世纪80年代厚纸8582（港仓）		115,000	中贸圣佳	2022-07-25
20世纪80年代商检8582		1,092,500	中贸圣佳	2022-07-25
20世纪80年代雪印青饼		172,500	中贸圣佳	2022-07-25
20世纪80年代薄纸8582青饼		483,000	中贸圣佳	2022-07-25
20世纪90年代老白茶		20,700	保利厦门	2022-10-21
20世纪90年代武夷山市茶叶总厂四大名枞 （一组）		25,300	保利厦门	2022-10-21
20世纪90年代薄纸7542青饼		264,500	中贸圣佳	2022-07-25
20世纪90年代橙中绿青饼		86,250	中贸圣佳	2022-07-25
八八青饼		1,161,500	北京保利	2022-02-03
八八青饼		575,000	北京保利	2022-02-03
八八青饼散块		32,200	保利厦门	2022-10-21
八八青饼（1889—1891年）		483,000	北京保利	2022-02-03
八八青7542		138,000	北京保利	2022-02-03
八八青饼散块		29,900	北京保利	2022-07-27
20世纪80年代7542		207,000	北京保利	2022-02-03
20世纪80年代8582 散块		57,500	北京保利	2022-02-03
20世纪80年代8582青饼散块		32,200	北京保利	2022-07-27
20世纪80年代8653（无纸）		97,750	北京保利	2022-02-03
20世纪80年代8653（无纸）		103,500	北京保利	2022-02-03
20世纪80年代八八青饼 散块		69,000	北京保利	2022-02-03
20世纪80年代牡丹		20,700	北京保利	2022-07-27
20世纪80年代薄纸8592熟饼		103,500	北京保利	2022-02-03
20世纪80年代标准版8582		184,000	北京保利	2022-02-03
20世纪80年代参香砖		28,750	北京保利	2022-02-03
20世纪80年代参香砖		28,750	北京保利	2022-07-27
20世纪80年代春蕊		34,500	北京保利	2022-07-27
20世纪80年代广云贡饼		25,300	北京保利	2022-07-27
20世纪80年代广云贡饼		63,250	北京保利	2022-07-27
20世纪80年代8582青饼		1,115,500	北京保利	2022-07-27
20世纪80年代厚纸8582青饼		517,500	北京保利	2022-07-27
20世纪80年代老白茶		32,200	北京保利	2022-02-03
20世纪80年代老白茶		20,700	北京保利	2022-02-03
20世纪80年代老白茶		34,500	北京保利	2022-02-03
20世纪80年代商检8592		138,000	北京保利	2022-02-03
20世纪80年代商检熟饼		138,000	北京保利	2022-02-03
20世纪80年代水仙 南洋回流		28,750	北京保利	2022-07-27
20世纪80年代天字饼		74,750	北京保利	2022-02-03
20世纪80年代天字饼		66,700	北京保利	2022-07-27
20世纪80年代下关8653		181,700	北京保利	2022-02-03
20世纪80年代下关8653		184,000	北京保利	2022-07-27
20世纪80年代下关黑标商检沱		28,750	北京保利	2022-07-27
20世纪80年代下关销法沱		23,000	北京保利	2022-07-27
20世纪80年代销法沱	重250g	23,000	北京保利	2022-07-27
20世纪80年代新会老树陈皮		74,750	北京保利	2022-02-03
20世纪80年代早期中茶牌铁饼		57,500	北京保利	2022-02-03
百年同昌号青饼·黄锦堂散块		173,644	保利香港	2022-10-11
百年同昌号青饼·黄锦堂散块		238,761	保利香港	2022-10-11
百年宋聘号散块		69,000	北京保利	2022-02-03
大红袍		36,800	北京保利	2022-02-03
大益 2000年珍藏班章大白菜		437,000	北京保利	2022-02-03
大益 2002年特制精品班章大白菜 1筒共7片	重约2500g	759,000	北京保利	2022-02-03
大益 2003年易武大×2		299,000	北京保利	2022-02-03
大益 2003年紫云号		32,200	北京保利	2022-02-03
大益 2005年布朗孔雀饼		74,750	北京保利	2022-02-03
2002年勐海茶厂春尖青饼（生茶）		20,700	西泠印社	2022-01-22
2002年紫大益青饼（生茶）		28,750	西泠印社	2022-01-22
2009年前后炭焙牡丹王及白毫银针		23,000	西泠印社	2022-01-22
2000年蝴蝶牌武夷肉桂		13,800	西泠印社	2022-01-22
2006年荒野牡丹铁饼		13,800	西泠印社	2022-01-22
2007年普洱"云山古茶"（生茶）		276,000	西泠印社	2022-01-22
2003年福鼎老厂老银针		25,300	西泠印社	2022-01-22
2004年勐海茶厂大益牌7542青饼（生茶）		25,300	西泠印社	2022-01-22
2001年至2003年向阳花窖寿眉约回流原箱共五十盒		115,000	西泠印社	2022-01-22
20世纪80及90年代奇峰茶庄白毛猴茶一罐、20世纪80及90年代海堤牌铁罗汉五盒		25,300	西泠印社	2022-01-22
20世纪80年代陈年老茶一组		20,700	西泠印社	2022-01-22
20世纪80年代红绿皇帝老白牡丹		23,000	西泠印社	2022-01-22
20世纪80年代勐海茶厂"八八"青饼（生茶）		414,000	西泠印社	2022-01-22
20世纪80年代勐海茶厂7532雪印青饼（生茶）		161,000	西泠印社	2022-01-22
20世纪80年代勐海茶厂8582大叶青饼（生茶）		391,000	西泠印社	2022-01-22
20世纪80年代勐海茶厂8582青饼（生茶）		32,200	西泠印社	2022-01-22
20世纪80年代勐海茶厂8592熟饼（熟茶）		51,750	西泠印社	2022-01-22
20世纪80年代勐海茶厂厚纸7542青饼（生茶）		115,000	西泠印社	2022-01-22
20世纪80年代勐海茶厂紫天熟饼（熟茶）		36,800	西泠印社	2022-01-22
20世纪80年代下关茶厂8653青饼		51,750	西泠印社	2022-01-22
20世纪80年代源崇美双龙正白毛猴茶		23,000	西泠印社	2022-01-22
20世纪80年代中茶牌老六安		43,700	西泠印社	2022-01-22
20世纪80年代及21世纪初六堡茶共四盒		11,500	西泠印社	2022-01-22
20世纪80年代末勐海茶厂"八八"青饼（生茶）		32,200	西泠印社	2022-01-22
20世纪20年代 同庆号茶庄龙马同庆号圆茶	重302g	3,450,000	上海嘉禾	2022-11-20
20世纪90年代陈德华首批武夷正岩高枞水仙砖		36,800	西泠印社	2022-01-22
20世纪90年代海堤牌大红袍		18,400	西泠印社	2022-01-22
20世纪90年代海堤牌老枞水仙		20,700	西泠印社	2022-01-22
20世纪90年代金龙牌白毫寿眉		20,700	西泠印社	2022-01-22
20世纪90年代金龙牌白毫寿眉		37,950	西泠印社	2022-01-22
20世纪90年代老白茶组合		27,600	西泠印社	2022-01-22
20世纪90年代祁红茶		18,400	西泠印社	2022-01-22
20世纪90年代原箱福字白毛寿眉		59,800	西泠印社	2022-01-22
20世纪90年代中国土产畜产进出口总公司极品肉桂、老枞水仙及山雀牌正岩水仙		11,500	西泠印社	2022-01-22
20世纪60年代陈年老寿眉茶		78,200	西泠印社	2022-01-22
20世纪60年代陈年老寿眉茶		25,300	西泠印社	2022-01-22
20世纪60年代勐海茶厂小黄印青饼（生茶）		253,000	西泠印社	2022-01-22
20世纪70年代73厚砖（熟茶）		207,000	西泠印社	2022-01-22
20世纪70年代纯干仓八中六安茶		86,250	西泠印社	2022-01-22
20世纪70年代勐海茶厂大蓝印青饼（生茶）		103,500	西泠印社	2022-01-22
20世纪70年代天马老陈皮		43,700	西泠印社	2022-01-22

2022杂项拍卖成交汇总(续表)

(成交价RMB: 1万元以上)

拍品名称	物品尺寸	成交价RMB	拍卖公司	拍卖日期
20世纪50年代美术字铁饼(生茶)一片	重325.4g	632,500	西泠印社	2022-01-22
20世纪50年代普洱龙珠茶		23,000	西泠印社	2022-01-22
20世纪50年代柱泉茶庄老六安		43,700	西泠印社	2022-01-22
20世纪50至60年代龙德记素馨花茶		20,700	西泠印社	2022-01-22
九八绿大树		287,500	北京保利	2022-02-03
九八绿大树		264,500	北京保利	2022-07-27
九八年易武顺时兴		32,200	北京保利	2022-07-27
九八年易武顺时兴		57,500	北京保利	2022-02-03
九二方砖		69,000	北京保利	2022-02-03
九二方砖(11月)		57,500	北京保利	2022-07-27
九二方砖(1月)		74,750	北京保利	2022-07-27
九二方砖(早期)		184,000	北京保利	2022-02-03
九二年春芽		20,700	北京保利	2022-07-27
九二青饼		281,750	北京保利	2022-02-03
九九绿大树		287,500	北京保利	2022-02-03
九九年宋精		184,000	北京保利	2022-02-03
九九年易昌号宋精(无纸)		28,750	北京保利	2022-02-03
九六年下关红印沱		17,250	北京保利	2022-07-27
九七水蓝印 纯干仓		281,750	北京保利	2022-07-27
九七水蓝印 散块		28,750	北京保利	2022-07-27
九七水蓝印 自然仓		172,500	北京保利	2022-07-27
九七水蓝印(台湾纯干仓)		388,700	北京保利	2022-02-03
九七水蓝印青饼		368,000	北京保利	2022-02-03
九七水蓝印散块		34,500	北京保利	2022-02-03
九三年老班章		57,500	北京保利	2022-02-03
九三年老班章		32,200	北京保利	2022-07-27
九三年下关红标商检甲级沱		28,750	北京保利	2022-02-03
20世纪90年代白毫银针王		28,750	北京保利	2022-02-03
20世纪90年代白毫银针王		34,500	北京保利	2022-07-27
20世纪90年代橙印		59,800	北京保利	2022-07-27
20世纪90年代初期春蕊		34,500	北京保利	2022-07-27
20世纪90年代福鼎寿眉		34,500	北京保利	2022-02-03
20世纪90年代海湾绿印野生饼		25,300	北京保利	2022-07-27
20世纪90年代老白茶		28,750	北京保利	2022-07-27
20世纪90年代老白茶牡丹		25,300	北京保利	2022-02-03
20世纪90年代镭射砖		25,300	北京保利	2022-07-27
20世纪90年代勐海8582青饼		97,750	北京保利	2022-07-27
20世纪90年代勐海黄印散块		21,850	北京保利	2022-07-27
20世纪90年代老寿眉(礼盒装)		17,250	北京保利	2022-07-27
20世纪90年代末期下关8653		55,200	北京保利	2022-02-03
20世纪90年代牡丹茶王		29,900	北京保利	2022-02-03
20世纪90年代牡丹茶王		29,900	北京保利	2022-07-27
20世纪90年代青饼		172,500	北京保利	2022-07-27
20世纪90年代省公司红丝带圆茶		39,100	北京保利	2022-07-27
20世纪90年代宋聘圆茶		27,600	北京保利	2022-02-03
20世纪90年代小黄印		92,000	北京保利	2022-02-03
20世纪90年代新会老树陈皮		28,750	北京保利	2022-07-27
20世纪90年代易武顺时兴		36,800	北京保利	2022-07-27
20世纪90年代易武顺时兴		69,000	北京保利	2022-07-27
20世纪90年代珍藏老白茶		28,750	北京保利	2022-02-03
20世纪90年代珍藏老白茶		26,450	北京保利	2022-07-27
20世纪90年代真淳雅		241,500	北京保利	2022-02-03
20世纪90年代真淳雅		241,500	北京保利	2022-02-03
20世纪90年代正岩大红袍		10,350	北京保利	2022-07-27
九四年凤凰沱		25,300	北京保利	2022-02-03
九四年凤凰沱		25,300	北京保利	2022-07-27
九一方砖		63,250	北京保利	2022-02-03
20世纪60年代景东茶砖		80,500	北京保利	2022-07-27
20世纪60年代景东普洱茶砖		80,500	北京保利	2022-02-03
20世纪60年代景谷茶砖		80,500	北京保利	2022-07-27
20世纪60年代景谷普洱茶砖		80,500	北京保利	2022-02-03
20世纪60年代昆铁		230,000	北京保利	2022-07-27
20世纪60年代昆铁		414,000	北京保利	2022-02-03
20世纪60年代廖福茶号		11,500	北京保利	2022-07-27
20世纪60年代廖福散茶		36,800	北京保利	2022-02-03
20世纪60年代芒市普洱茶砖		57,500	北京保利	2022-07-27
20世纪60年代勐海普洱茶砖		103,500	北京保利	2022-07-27
20世纪60年代勐海普洱茶砖		103,500	北京保利	2022-02-03
20世纪60年代下关茶砖		103,500	北京保利	2022-07-27
20世纪60年代下关普洱茶砖		103,500	北京保利	2022-02-03
勐海散块		59,800	北京保利	2022-07-27
民国老白茶		17,250	西泠印社	2022-01-22
七三青饼		155,250	北京保利	2022-02-03
20世纪70年代7542		207,000	北京保利	2022-07-27
20世纪70年代初黄字简印		253,000	北京保利	2022-07-27
20世纪70年代初期芒市茶砖		57,500	北京保利	2022-07-27
20世纪70年代初期勐海散块		32,200	北京保利	2022-07-27
20世纪70年代福鼎寿眉		55,200	北京保利	2022-07-27
20世纪70年代老白茶		43,700	北京保利	2022-02-03
20世纪70年代老白茶		43,700	北京保利	2022-07-27
20世纪70年代水蓝印		66,700	北京保利	2022-07-27
20世纪70年代下关三角红标商检沱		34,500	北京保利	2022-07-27
20世纪70年代雪印青饼		207,000	北京保利	2022-02-03
20世纪70年代早期黄印		253,000	北京保利	2022-02-03
四十二年陈台湾冻顶乌龙(二)		713,000	上海嘉禾	2022-11-20
四十二年陈台湾冻顶乌龙(一)	重9kg—10kg	713,000	上海嘉禾	2022-11-20
20世纪50年代大红印		115,000	北京保利	2022-07-27
20世纪50年代大红印品鉴装		115,000	北京保利	2022-07-27
20世纪50年代红印散茶		80,500	北京保利	2022-02-03
20世纪50年代蓝印散茶		40,250	北京保利	2022-02-03
20世纪50年代绿印圆茶		414,000	北京保利	2022-02-03
20世纪50年代无печ红印		195,500	北京保利	2022-07-27
醒悟百样山头古树茶(105个山头珍藏版)		563,500	上海嘉禾	2022-11-20
雪印青饼		345,000	北京保利	2022-07-27
1998年出口版高级寿眉		36,800	西泠印社	2022-01-22
1998年勐海茶厂紫大益青饼(生茶)	四片单片净重351.2g、339.6g、333.9g、315.8g	28,750	西泠印社	2022-08-20
1992年勐海茶厂7542青饼(生茶)		63,250	西泠印社	2022-01-22
1999年勐海茶厂销台青饼(生茶)		32,200	西泠印社	2022-01-22
1999年易昌号青饼(生茶)		36,800	西泠印社	2022-01-22
1999年原装原箱赵大炎监制特级老枞水仙	一箱共二十四罐 250g×24罐(净重)	19,550	西泠印社	2022-08-20
1990年勐海茶厂7542青饼(生茶)		74,750	西泠印社	2022-01-22
1996年吕礼臻签名版真淳雅号(生茶)		161,000	西泠印社	2022-01-22
1996年勐海茶厂橙中橙青饼(生茶)		46,000	西泠印社	2022-01-22
1996年勐海茶厂橙中绿青饼(生茶)		25,300	西泠印社	2022-01-22
1996年勐海茶厂大黄印青饼(生茶)		36,800	西泠印社	2022-01-22
1994年武夷山市茶叶总厂老枞水仙	1000g×4罐(净重)	55,200	西泠印社	2022-08-20
早期八八青饼		977,500	北京保利	2022-02-03
早期下关八三泡饼		172,500	北京保利	2022-02-03

乐器

拍品名称	物品尺寸	成交价RMB	拍卖公司	拍卖日期
1676年制 弗兰切斯科·鲁杰里款意大利古典小提琴	长59.5cm；宽20cm；侧面宽4cm	34,500	西泠印社	2022-01-23
1770年制 詹纳罗·加利亚诺款意大利古典小提琴	长59.5cm；宽20cm；侧面宽4cm	33,350	西泠印社	2022-01-23
卡洛·白贡齐风格意大利古典小提琴	长59.5cm；宽20cm；侧面宽4cm	20,700	西泠印社	2022-08-21
马蒂亚斯·阿尔巴尼风格意大利古典小提琴	长59.6cm；宽20cm；侧面宽4cm	11,500	西泠印社	2022-08-21
美国施坦威钢琴		920,000	永乐拍卖	2022-07-26

音响

拍品名称	物品尺寸	成交价RMB	拍卖公司	拍卖日期
1897年制 瑞士斯特拉(STELLA)胡桃木铁质唱机	长81cm；宽46cm；高178cm	149,500	西泠印社	2022-08-21
1940年制 英国"主人的声音"狗牌柚木柜式留声机	长53cm；宽58cm；高110cm	46,000	西泠印社	2022-08-21
19世纪制 瑞士单轴人偶饰八音盒	长70cm；宽38cm；高35cm	172,500	西泠印社	2022-01-23
19世纪制 瑞士人偶饰八曲八音盒	长58cm；宽28cm；高25cm	138,000	西泠印社	2022-08-21

尚品

拍品名称	物品尺寸	成交价RMB	拍卖公司	拍卖日期
5P粉色EPSOM小牛皮18厘米迷你CONSTANCE包附钯金配件	18cm×15cm×5cm	129,608	佳士得	2022-05-23
5P粉色EPSOM小牛皮18厘米迷你CONSTANCE包附钯金配件	18cm×15cm×5cm	115,882	佳士得	2022-11-26
5P粉色EPSOM小牛皮20厘米迷你凯莉包二代附钯金配件	20cm×14cm×6cm	194,412	佳士得	2022-05-23
Cavalcadour 图纹 Toile de Camp 帆布及黑色 Swift 小牛皮32厘米 Sellier 外缝凯莉包，配镀钯金属件，2017年	32cm×23cm×10.5cm	140,409	香港苏富比	2022-04-15
DAMIER AZUR首饰盒	17cm×17cm×17cm	18,361	佳士得	2022-05-23
DAMIER COURRIER储物箱	101cm×50cm×53cm	185,411	佳士得	2022-11-26
DAMIER直立式衣物收藏箱	55cm×114cm×52cm	347,646	佳士得	2022-11-26
Epi皮革歌舞伎印花Monogram帆布Twist手袋，配金色金属件，2017年	23cm×17cm×9cm	14,040	香港苏富比	2022-04-15
FIFA世界杯足球收藏箱	65cm×139cm×57cm	345,623	佳士得	2022-05-23

拍品名称	物品尺寸	成交价RMB	拍卖公司	拍卖日期
Louis Vuitton COURRIER LOZINE 110限定鸡尾酒旅行箱	110cm×48cm×55cm	1,150,000	北京保利	2022-07-28
LOUIS VUITTON 路易威登旅行箱	长81cm;深52cm;连座高47cm;箱子高29cm	69,000	保利厦门	2022-10-21
MONOGRAM COURRIER储物箱	85cm×55cm×5lcm	162,010	佳士得	2022-05-23
MONOGRAM珠宝盒	31cm×20cm×21cm	54,003	佳士得	2022-05-23
Mousse慕斯灰色鸵鸟皮30厘米柏金包,配镀钯金属配件,2014年	30cm×22cm×16cm	151,210	香港苏富比	2022-04-15
PETIT H限量版波罗地海蓝色CLÉMENCE小牛皮及帆布滚轮BOLIDE包附钯金配件	45cm×66cm×24cm	81,117	佳士得	2022-11-26
PETIT H限量版天然色VACHE HUNTER牛皮、雾面波尔多酒红色及金盏花黄色鳄鱼皮ROBOT包附黑色PVD配件	12cm×12cm×12cm;直径长17cm	280,818	佳士得	2022-05-23
Rose Azalee 粉红色Clemence牛皮18厘米柏金Picotin Lock包,配镀钯金属件,2017年	18cm×19cm×13.5cm	25,921	香港苏富比	2022-04-15
Rose Azalee 粉红色Epsom小牛皮Jige Elan手拿包,2017年	29cm×15cm×2cm	18,361	香港苏富比	2022-04-15
Rose D'Ete 夏日粉红色Swift小牛皮25厘米Retourne内缝凯莉包,配镀钯金属件,2020年	25cm×19cm×9cm	172,811	香港苏富比	2022-04-15
Rose Sakura樱花粉红色Swift小牛皮25厘米柏金包,配镀钯金属件,2021年	25cm×20cm×13cm	432,028	香港苏富比	2022-04-15
Rose Scheherazade 桃紫色尼罗河鳄鱼皮25厘米Sellier外缝凯莉包,配镀钯金属件,2019年	25cm×19cm×9cm	518,434	香港苏富比	2022-04-15
Rose Tyrien 桃红色鸵鸟皮23厘米Constance包,配镀钯金属件,2020年	23cm×15cm×5cm	151,210	香港苏富比	2022-04-15
SAINT-LOUIS 2021 FOLIA系列浅棕色木及铜材质便携式水晶灯 (一组两件)	29cm×15.5cm(每件)	32,832	保利香港	2022-07-11
SAINT-LOUIS 2021 FOLIA系列棕色木及铜材质便携式水晶灯	29cm×15.5cm	15,390	保利香港	2022-07-11
So Black 黑色Swift小牛皮拼Milo小羊皮Pegase Rodeo 小马造型挂饰,2021年	7.5cm×10cm×1.5cm	14,040	香港苏富比	2022-04-15
SUPREME联名限量版红色EPI皮革45厘米KEEPALL BANDOULIÈRE包附银色配件	45cm×27cm×20cm	40,558	佳士得	2022-11-26
SUPREME联名限量版红色及白色EPI皮革45厘米KEEPALL包附银色金属配件	45cm×27cm×20cm	30,242	佳士得	2022-05-23
SUPREME限量版弹珠机	71cm×192cm×132cm	185,411	佳士得	2022-11-26
SUPREME限量版红色及白色EPI皮革CHRISTOPHER背包附银色金属配件	34cm×13cm×47cm	44,035	佳士得	2022-11-26
SUPREME限量版红色及白色MONOGRAM MALLE COURRIER 90储物箱附银色配件	90cm×51cm×50cm	463,528	佳士得	2022-11-26
SUPREME限量版红色及白色MONOGRAM滑板收藏箱附银色配件	86cm×21cm×26cm	301,293	佳士得	2022-11-26
TSCHABALALA SELF设计限量版彩色拼接牛皮ARTYCAPUCINES包附雾面蜥蜴皮口盖	31.5cm×20cm×11cm	25,921	佳士得	2022-05-23
Vanille香草白色亚光鳄鱼皮24厘米Constance包,配镀金金属件,2016年	24cm×15cm×7cm	140,409	香港苏富比	2022-04-15
Violine紫罗兰色鸵鸟皮30厘米柏金包,配镀金金属件,2010年	30cm×22cm×16cm	183,612	香港苏富比	2022-04-15
VIRGIL ABLOH设计限量版黄色网眼刺绣图案MONOGRAM 50厘米KEEPALL BANDOULIÈRE旅行袋附银色配件	50cm×29cm×23cm	17,382	佳士得	2022-11-26
VIRGIL ABLOH设计限量版绘画MONOGRAM MALLE COURRIER 110储物箱附黑色配件	110cm×51cm×55cm	579,411	佳士得	2022-11-26
爱马仕 2004 牛仔蓝色EPSOM牛皮30厘米柏金包附银色金属配件	30cm×20cm×15cm	71,820	保利香港	2022-07-11
爱马仕 2004 朱古力色SWIFT牛皮迷你GARDEN PARTY包附银色金属配件	24cm×16cm×9cm	20,520	保利香港	2022-07-11
爱马仕 2005 限量版黑色BOX牛皮及帆布32厘米KELLY LAKIS包附银色金属配件(未附锁头及钥匙)	32cm×23cm×11cm	184,680	保利香港	2022-07-11

拍品名称	物品尺寸	成交价RMB	拍卖公司	拍卖日期
爱马仕 2005 限量版黑色及橙色BOX牛皮35厘米柏金包附银色金属配件(未附锁头及钥匙)	35cm×25cm×18cm	71,820	保利香港	2022-07-11
爱马仕 2007 焦糖色EPSOM牛皮35厘米柏金包附银色金属配件(未附挂件及钥匙)	35cm×25cm×18cm	54,264	保利香港	2022-10-11
爱马仕 2007 咖啡色SWIFT牛皮及橄榄绿色帆布28厘米内缝凯莉包附银色金属配件	28cm×21cm×11cm	97,470	保利香港	2022-07-11
爱马仕 2007 咖啡色SWIFT牛皮及橄榄绿色帆布30厘米柏金包附银色金属配件	30cm×20cm×15cm	112,860	保利香港	2022-07-11
爱马仕 2008 鸵褐色CLEMENCE牛皮30厘米柏金包附银色金属配件	30cm×20cm×15cm	66,690	保利香港	2022-07-11
爱马仕 2009 白色CLEMENCE牛皮30厘米LINDY包附银色金属配件	30cm×20cm×15cm	35,910	保利香港	2022-07-11
爱马仕 2009 白色SWIFT牛皮及橄榄绿色帆布30厘米柏金包附银色金属配件	30cm×20cm×15cm	143,640	保利香港	2022-07-11
爱马仕 2009 金色SWIFT牛皮25厘米柏金包附银色金属配件	25cm×18cm×13cm	82,080	保利香港	2022-07-11
爱马仕 2009 羊毛白色TOGO牛皮32厘米内缝凯莉包附金色金属配件	32cm×23cm×11cm	61,560	保利香港	2022-07-11
爱马仕 2010 大象灰色CLEMENCE牛皮35厘米柏金包附银色金属配件	35cm×25cm×18cm	65,116	保利香港	2022-10-11
爱马仕 2010 那不勒斯黄色EVERCOLOR牛皮及米色帆布31厘米BOLIDE包附银色金属配件	31cm×24cm×12cm	13,800	北京保利	2022-07-28
爱马仕 2011 金色SWIFT牛皮28厘米内缝凯莉包附金色金属配件(未附锁头钥匙)	28cm×18cm×10cm	76,950	保利香港	2022-07-11
爱马仕 2011 限量版伊斯米尔蓝及白色CLEMENCE牛皮35厘米柏金包附银色金属配件	35cm×25cm×18cm	58,482	保利香港	2022-07-11
爱马仕 2011 三文鱼色TOGO牛皮35厘米柏金包附金色金属配件	35cm×25cm×18cm	69,000	北京保利	2022-07-28
爱马仕 2012 仔仔蓝色SWIFT牛皮KELLY DANSE包附银色金属配件	21cm×17cm×7cm	71,820	保利香港	2022-07-11
爱马仕 2012 特别定制紫罗兰色及樱花粉色EPSOM牛皮35厘米柏金包附金色金属配件	35cm×25cm×18cm	57,500	北京保利	2022-07-28
爱马仕 2013 宝石蓝色SWIFT牛皮20厘米TOOLBOX包附银色金属配件	20cm×21cm×15cm	30,780	保利香港	2022-07-11
爱马仕 2013 橘红色TOGO牛皮27厘米DEPECHES公事包附银色金属配件	27cm×21cm×5cm	14,108	保利香港	2022-10-11
爱马仕 2014 天堂蓝色CLEMENCE牛皮35厘米柏金包附金色金属配件	35cm×25cm×18cm	61,560	保利香港	2022-10-11
爱马仕 2014 雾面火焰橙色鳄鱼皮KELLY皮夹附银色金属配件	20cm×11cm×2cm	32,558	保利香港	2022-10-11
爱马仕 2014 亮面黑色尼罗鳄鱼皮28厘米凯莉包附金色金属配件	28cm×21cm×11cm	402,500	北京保利	2022-07-28
爱马仕 2014 糖果粉色EPSOM牛皮28厘米凯莉包附金色金属配件	28cm×21cm×11cm	109,250	北京保利	2022-07-28
爱马仕 2014 特别定制限量款黑色BOX牛皮30厘米CONSTANCE CARTABLE附银色及黑色珐琅金属配件	23cm×30cm×8cm	92,000	北京保利	2022-07-28
爱马仕 2014 特别定制樱花粉色糖果粉色及紫罗兰色山羊皮马蹄印30厘米柏金包附银色金属配件	30cm×20cm×15cm	161,000	北京保利	2022-07-28
爱马仕 2015 大象灰色CLEMENCE牛皮22厘米PICOTIN包附银色金属配件	22cm×22cm×17cm	16,416	保利香港	2022-07-11
爱马仕 2015 大象灰色CLEMENCE牛皮30厘米GARDEN PARTY包附银色金属配件	30cm×20cm×14cm	20,520	保利香港	2022-07-11
爱马仕 2015 亮面黑色POROSUS鳄鱼皮30厘米柏金包附金色金属配件	30cm×20cm×15cm	217,056	保利香港	2022-10-11
爱马仕 2015 奶昔白色CLEMENCE牛皮25厘米HALZAN包附银色金属配件	25cm×17cm×8cm	30,780	保利香港	2022-07-11
爱马仕 2015 珊瑚蓝色SWIFT牛皮20厘米TOOLBOX包附银色金属配件	20cm×21cm×15cm	27,132	保利香港	2022-10-11
爱马仕 2015 限量版雾面勃艮第酒红色POROSUS鳄鱼皮、爱马仕红色及宝石蓝色SWIFT牛皮30厘米GHILLIES柏金包附金色金属配件	30cm×20cm×15cm	249,614	保利香港	2022-10-11
爱马仕 2015 亮面伊兹密尔蓝色尼罗鳄鱼皮30厘米柏金包附金色金属配件	30cm×20cm×15cm	253,000	北京保利	2022-07-28

2022杂项拍卖成交汇总(续表)

(成交价RMB: 1万元以上)

拍品名称	物品尺寸	成交价RMB	拍卖公司	拍卖日期
爱马仕 2015 特别定制鹅蛋黄色及奶昔粉色EPSOM牛皮30厘米柏金包附金色金属配件	30cm×20cm×15cm	109,250	北京保利	2022-07-28
爱马仕 2016 彩蓝色TOGO牛皮31厘米HALZAN包附银色金属配件	31cm×20cm×10cm	30,780	保利香港	2022-07-11
爱马仕 2016 罕有天然马鞍牛皮28厘米外缝凯莉包附银色金属配件	28cm×21cm×11cm	135,660	保利香港	2022-10-11
爱马仕 2016 红宝石色SWIFT牛皮KELLY POCHETTE 附金色金属配件	22cm×13cm×7cm	51,300	保利香港	2022-10-11
爱马仕 2016 亮面紫水晶色短吻鳄鱼皮BEARN皮夹附金色金属配件	17.5cm×9cm×2cm	15,193	保利香港	2022-10-11
爱马仕 2016 波尔多酒红色BOX 18厘米迷你CONSTANCE包附银色金属配件	15cm×18cm×5cm	80,500	北京保利	2022-07-28
爱马仕 2016 橙色EVERCOLOR牛皮20厘米TOOLBOX包附金色金属配件	20cm×23cm×15cm	25,300	北京保利	2022-07-28
爱马仕 2016 午夜蓝色EPSOM牛皮35厘米柏金包附金色金属配件	35cm×25cm×18cm	89,700	北京保利	2022-07-28
爱马仕 2017 彩蓝色TOGO牛皮28厘米内缝凯莉包附金色金属配件	28cm×21cm×11cm	82,080	保利香港	2022-07-11
爱马仕 2017 唇膏粉色CHEVRE山羊皮迷你手枪包附银色金属配件	17cm×13cm×5cm	38,988	保利香港	2022-07-11
爱马仕 2017 唇膏粉色SWIFT牛皮19厘米CONSTANCE包附银色金属配件	19cm×15cm×4cm	71,820	保利香港	2022-07-11
爱马仕 2017 亮面黑色鳄鱼皮CONSTANCE ELAN包附银色金属配件	25cm×15cm×3cm	307,800	保利香港	2022-07-11
爱马仕 2017 米克诺斯蓝色鸵鸟皮30厘米柏金包附银色金属配件	30cm×20cm×15cm	143,640	保利香港	2022-07-11
爱马仕 2017 米克诺斯蓝色鸵鸟皮30厘米柏金包附银色金属配件	30cm×20cm×15cm	141,086	保利香港	2022-10-11
爱马仕 2017 丝绒绿色EPSOM牛皮25厘米外缝凯莉包附金色金属配件	25cm×18cm×10cm	133,380	保利香港	2022-07-11
爱马仕 2017 黑色山羊皮CDC MEDRO手拿包附银色金属配件	23cm×11cm×5cm	28,750	北京保利	2022-07-28
爱马仕 2018 蓝紫色TOGO牛皮25厘米内缝凯莉包附银色金属配件	25cm×18cm×10cm	102,600	保利香港	2022-07-11
爱马仕 2018 糖果粉色鸵鸟皮25厘米外缝凯莉包 附银色金属配件	25cm×18cm×10cm	164,160	保利香港	2022-07-11
爱马仕 2018 锡器灰色TOGO牛皮KELLY ADO肩包附金色金属配件	20cm×22cm×7cm	65,116	保利香港	2022-10-11
爱马仕 2018 新唇膏粉色EVERCOLOR小牛皮迷你ROULIS包附银色金属配件	18cm×15cm×6cm	37,984	保利香港	2022-10-11
爱马仕 2018 亮面深海蓝色尼罗鳄鱼皮25厘米柏金包附金色金属配件	25cm×19cm×13cm	437,000	北京保利	2022-07-28
爱马仕 2018 糖果红色CLEMENCE牛皮26厘米LINDY包附银色金属配件	26cm×18cm×13cm	51,750	北京保利	2022-07-28
爱马仕 2018 特别定制银灰色及唇膏粉色EPSOM牛皮25厘米柏金包附金色拉丝金属配件	25cm×19cm×13cm	186,300	北京保利	2022-07-28
爱马仕 2019 BRULEE色SOMBRERO牛皮28厘米外缝凯莉包附金色金属配件	28cm×21cm×11cm	97,470	保利香港	2022-07-11
爱马仕 2019 黑色TOGO牛皮KELLY ADO肩包附金色金属配件	20cm×22cm×7cm	70,543	保利香港	2022-10-11
爱马仕 2019 特别定制唇膏粉色及风衣灰色EPSOM牛皮25厘米外缝凯莉包附金色金属配件	25cm×18cm×10cm	164,160	保利香港	2022-07-11
爱马仕 2019 特别定制雾面黑色及国旗红色短吻鳄鱼皮25厘米柏金包附雾面金色金属配件	25cm×20cm×13cm	488,376	保利香港	2022-10-11
爱马仕 2019 雾面金盏花黄色尼罗鳄鱼皮26厘米LINDY包附银色金属配件	26cm×21cm×15cm	130,233	保利香港	2022-10-11
爱马仕 2019 法拉利红色BOX牛皮25厘米凯莉包附银色金属配件	25cm×18cm×10cm	138,000	北京保利	2022-07-28
爱马仕 2019 黑色TOGO牛皮40厘米柏金包附金色金属配件	40cm×32cm×20cm	103,500	北京保利	2022-07-28
爱马仕 2019 琥珀黄色SWIFT牛皮25厘米凯莉包附金色金属配件	25cm×19cm×13cm	138,000	北京保利	2022-07-28
爱马仕 2019 亮面玫瑰粉色鳄鱼18厘米迷你CONSTANCE包附金色金属配件	18cm×15cm×5cm	195,500	北京保利	2022-07-28
爱马仕 2019 亮面深海蓝色鳄鱼MINI KELLY II包附金色金属配件	20cm×12cm×6cm	207,000	北京保利	2022-07-28
爱马仕 2019 玛萨拉茶色SWFIT牛皮25厘米柏金包附银色金属配件	25cm×19cm×13cm	132,250	北京保利	2022-07-28
爱马仕 2019 雾面孔雀蓝色鳄鱼30厘米柏金包附银色金属配件	30cm×20cm×15cm	287,500	北京保利	2022-07-28
爱马仕 2019 限量版普鲁士蓝色、电光蓝色TOGO牛皮及SWIFT牛皮50厘米ENDLESS ROAD"无尽之路"HAC柏金包附银色金属配件	50cm×43cm×25cm	276,000	北京保利	2022-07-28
爱马仕 2019 心跳红色JONATHAN牛皮25厘米柏金包附金色金属配件	25cm×19cm×13cm	138,000	北京保利	2022-07-28
爱马仕 2020 靛蓝色EVERCOLOR牛皮迷你24/24包附银色金属配件	21cm×16.5cm×11cm	66,690	保利香港	2022-07-11
爱马仕 2020 罕见雾面白色喜马拉雅鳄鱼皮25厘米柏金包附银色金属配件	25cm×18cm×13cm	1,692,900	保利香港	2022-07-11
爱马仕 2020 罕见雾面白色喜马拉雅鳄鱼皮25厘米内缝凯莉包附银色金属配件	25cm×18cm×10cm	1,641,600	保利香港	2022-07-11
爱马仕 2020 罕见雾面白色喜马拉雅尼罗鳄鱼皮25厘米柏金包附银色金属配件	25cm×18cm×13cm	1,736,448	保利香港	2022-10-11
爱马仕 2020 金色EPSOM牛皮25厘米外缝凯莉包附金色金属配件	25cm×18cm×10cm	153,900	保利香港	2022-07-11
爱马仕 2020 金色SWIFT牛皮KELLY POCHETTE手拿包附金色金属配件	22cm×13cm×7cm	130,233	保利香港	2022-10-11
爱马仕 2020 金色SWIFT牛皮ODYSSEE地球仪附精铜配件	直径44cm	59,690	保利香港	2022-10-11
爱马仕 2020 金色TOGO牛皮25厘米内缝凯莉包附银色金属配件	25cm×18cm×10cm	143,640	保利香港	2022-10-11
爱马仕 2020 雾面巴梭绿色短吻鳄鱼皮CINHETIC TO GO包附精铜配件	18cm×12cm×2cm	75,969	保利香港	2022-10-11
爱马仕 2020 限量版爱心红色、极致粉色及坦桑尼亚蓝色EPSOM牛皮CASAQUE迷你凯莉包二代附银色金属配件	20cm×12cm×6cm	205,200	保利香港	2022-07-11
爱马仕 2020 限量版黑色VEAU MONSIEUR牛皮19厘米CONSTANCE包附蜥蜴皮及银色金属配件	19cm×15cm×4cm	102,600	保利香港	2022-07-11
爱马仕 2020 限量版黑色VEAU MONSIEUR牛皮19厘米CONSTANCE包附蜥蜴皮及银色金属配件	19cm×15cm×4cm	97,675	保利香港	2022-10-11
爱马仕 2020—2021 皮带一组三条附搭扣	长87cm、90cm、58~105cm	15,390	保利香港	2022-07-11
爱马仕 2020 BARENIA NATURAL马鞍牛皮30厘米柏金包附金色金属配件	30cm×20cm×15cm	109,250	北京保利	2022-07-28
爱马仕 2020 红色SWIFT牛皮25厘米柏金包附金色金属配件	25cm×19cm×13cm	74,750	北京保利	2022-07-28
爱马仕 2020 薄荷绿色CLEMENCE牛皮26厘米LINDY包附银色金属配件	26cm×21cm×15cm	71,300	北京保利	2022-07-28
爱马仕 2020 佛罗里达蓝色TOGO牛皮25厘米柏金包附金色金属配件	25cm×18cm×10cm	126,500	北京保利	2022-07-28
爱马仕 2020 海葵紫色SWIFT牛皮迷你LINDY包附银色金属配件	17cm×14cm×9cm	66,700	北京保利	2022-07-28
爱马仕 2020 罕见原色蜥蜴皮24厘米CONSTANCE包附银色金属配件	24cm×18cm×9cm	322,000	北京保利	2022-07-28
爱马仕 2020 黑色牛皮及羊毛毡PICOTIN18厘米菜篮子包附银色金属配件	18cm×22cm×17cm	25,300	北京保利	2022-07-28
爱马仕 2020 金色EPSOM牛皮25厘米外缝柏金包附银色金属配件	25cm×19cm×13cm	195,500	北京保利	2022-07-28
爱马仕 2020 泰坦蓝绿色鸵鸟皮25厘米凯莉包附金色金属配件	25cm×18cm×10cm	264,500	北京保利	2022-07-28
爱马仕 2020 陶瓷粉色鸵鸟皮PICOTIN18厘米菜篮子包附银色金属配件	18cm×22cm×17cm	55,200	北京保利	2022-07-28
爱马仕 2020 天青蓝色鸵鸟皮KELLY POCHETTE手提包附金色金属配件	22cm×13cm×7cm	207,000	北京保利	2022-07-28
爱马仕 2020 雾面香草色鳄鱼皮25厘米柏金包附金色金属配件	25cm×19cm×13cm	552,000	北京保利	2022-07-28
爱马仕 2020 限量版心跳红色BARENIA牛皮及藤条PICNIC MINI KELLY包附银色金色金属配件	20cm×12cm×6cm	402,500	北京保利	2022-07-28

拍品名称	物品尺寸	成交价RMB	拍卖公司	拍卖日期
爱马仕 2020 心跳红色SWIFT牛皮拼帆布28厘米凯莉包附银色金属配件	28cm×21cm×11cm	126,500	北京保利	2022-07-28
爱马仕 2020 胭脂色EVERCOLOR牛皮CONSTANCE SLIM皮夹/腰包附金色金属配件	12.5cm×10cm	25,300	北京保利	2022-07-28
爱马仕 2020 樱花粉色EPSOM牛皮30厘米柏金包附银色金属配件	30cm×20cm×15cm	166,750	北京保利	2022-07-28
爱马仕 2020 珍珠灰色CLEMENCE牛皮30厘米LINDY包附银色金属配件	30cm×21cm×15cm	63,250	北京保利	2022-07-28
爱马仕 2020 砖红色CLMENCE牛皮迷你EVELYN斜挎包附银色金属配件	16cm×19cm×3cm	11,500	北京保利	2022-07-28
爱马仕 2021 18K玫瑰金及钻石H D'ANCRE 戒指 & 18K金及钻石CHAINE D'ANCRE ENCHAINEE手链 & 18K金及钻石CHAINE D'ANCRE ENCHAINEE项链	戒指尺寸6;手链长19cm;项链长49cm	26,046	保利香港	2022-10-11
爱马仕 2021 5P粉色EPSOM牛皮19厘米CONSTANCE包附银色金属配件	19cm×15cm×4cm	102,600	保利香港	2022-07-11
爱马仕 2021 NEOBAIN收纳包（一组五件）	328cm×20cm;221cm×15cm	11,286	保利香港	2022-10-11
爱马仕 2021 SWIFT牛皮RODEO小马挂饰（一组四件）		12,312	保利香港	2022-10-11
爱马仕 2021 SWIFT牛皮RODEO小马挂饰（一组四件）		14,108	保利香港	2022-10-11
爱马仕 2021 不锈钢餐具（一组二十件）		10,260	保利香港	2022-10-11
爱马仕 2021 大象灰色CLEMENCE牛皮迷你EVELYNE包附金色金属配件	17cm×19cm×5.5cm	22,572	保利香港	2022-07-11
爱马仕 2021 大象灰色EPSOM牛皮CONSTANCE LONG TO GO皮夹附金色金属配件	20.5cm×13cm×2cm	69,768	保利香港	2022-07-11
爱马仕 2021 大象灰色SWIFT牛皮及鹿皮26厘米LINDY包附银色金属配件	26cm×21cm×15cm	56,430	保利香港	2022-07-11
爱马仕 2021 帆布BRIDE A BRAC手提包 & 漆木K-BOX纸巾盒两个 & 漆木多用途饰物盒		12,312	保利香港	2022-10-11
爱马仕 2021 粉紫色SWIFT牛皮25厘米内缝凯莉包附银色金属配件	25cm×18cm×10cm	174,420	保利香港	2022-07-11
爱马仕 2021 罕见深棕色BARENIA FAUBOURG马鞍牛皮30厘米柏金包附金色金属配件	30cm×20cm×15cm	153,900	保利香港	2022-07-11
爱马仕 2021 黑色MADAME牛皮25厘米外缝柏金包附银色金属配件	25cm×18cm×13cm	143,640	保利香港	2022-07-11
爱马仕 2021 黑色鳄鱼皮及SWIFT牛皮迷你TOUCH LINDY包附金色金属配件	17cm×14cm×9cm	92,340	保利香港	2022-07-11
爱马仕 2021 黑色帆布及HUNTER牛皮HERBAG背包附银色金属配件	29cm×37cm×11.5cm	23,876	保利香港	2022-10-11
爱马仕 2021 火焰红色、坦桑尼亚蓝色、那不勒斯黄巴、薄荷绿也TADELAKTH牛皮及CHEVRE羊皮KELLY DOLL挂饰附银色金属配件	7cm×5.5cm×3cm	43,092	保利香港	2022-10-11
爱马仕 2021 克什米尔羊绒披肩（一组两条）	每条140cm×140cm	11,938	保利香港	2022-10-11
爱马仕 2021 亮面黑色鳄鱼皮迷你凯莉包二代附银色金属配件	20cm×12cm×6cm	461,700	保利香港	2022-07-11
爱马仕 2021 马鞍红色SWIFT牛皮KELLY DANSE包附金色金属配件	21cm×17cm×7cm	108,528	保利香港	2022-10-11
爱马仕 2021 马赛克蓝色SWIFT牛皮19厘米CONSTANCE包附金色金属配件	19cm×15cm×4cm	71,820	保利香港	2022-07-11
爱马仕 2021 木质SAMARCANDE西洋棋（一套）	44cm×44cm	13,338	保利香港	2022-10-11
爱马仕 2021 奶昔白色TOGO牛皮25厘米内缝凯莉包附银色金属配件	25cm×18cm×10cm	174,420	保利香港	2022-07-11
爱马仕 2021 牛皮挂饰（一组四件）		10,852	保利香港	2022-10-11
爱马仕 2021 牛油果绿色EPSOM牛皮28厘米外缝凯莉包附银色金属配件	28cm×21cm×11cm	153,900	保利香港	2022-07-11
爱马仕 2021 丝质TWILLY丝巾（一组四条）		19,535	保利香港	2022-10-11
爱马仕 2021 丝质丝巾（一组四条）	70cm×70cm;90cm×90cm（A）	65,116	保利香港	2022-10-11

拍品名称	物品尺寸	成交价RMB	拍卖公司	拍卖日期
爱马仕 2021 丝质丝巾（一组五条）	每条90cm×90cm	10,260	保利香港	2022-07-11
爱马仕 2021 特别定制奶油白及风衣灰色EPSOM牛皮迷你凯莉包二代附金色金属配件	20cm×12cm×6cm	189,810	保利香港	2022-07-11
爱马仕 2021 天蓝色EPSOM牛皮迷你凯莉包二代附金色金属配件	20cm×12cm×6cm	174,420	保利香港	2022-07-11
爱马仕 2021 雾面亮桃红色鳄鱼皮25厘米柏金包附银色金属配件	25cm×19cm×14cm	379,620	保利香港	2022-07-11
爱马仕 2021 限量版电光蓝色、宝石白及黑色EPSOM牛皮25厘米外缝凯莉包附银色金属配件	25cm×18cm×10cm	164,160	保利香港	2022-07-11
爱马仕 2021 限量版黑色SWIFT牛皮25厘米PADDED凯莉包附金色金属配件	25cm×18cm×10cm	205,200	保利香港	2022-07-11
爱马仕 2021 限量版雾面陀褐色鳄鱼皮及TOGO牛皮25厘米TOUCH BIRKIN包附金色金属配件	25cm×18cm×13cm	307,800	保利香港	2022-07-11
爱马仕 2021限量版鞍红色SWIFT小牛皮及柳条25厘米PICNIC柏金包附银色金属配件	25cm×20cm×13cm	542,640	保利香港	2022-10-11
爱马仕 2021 限量版奶油白色SWIFT牛皮25厘米内缝 IN & OUT凯莉包附银色金属配件	25cm×18cm×10cm	194,940	保利香港	2022-07-11
爱马仕 2021 限量版奶油白色帆布及SWIFT牛皮18厘米CARGO PICOTIN包附银色金属配件	18cm×20cm×13cm	35,910	保利香港	2022-10-11
爱马仕 2021 限量版奶油白色帆布及SWIFT牛皮25厘米CARGO柏金包附银色金属配件	25cm×20cm×13cm	307,800	保利香港	2022-10-11
爱马仕 2021 限量版雾面、亮面卢梭绿色及黑色鳄鱼皮28厘米外缝凯莉包附银色金属配件	28cm×21cm×11cm	564,300	保利香港	2022-10-11
爱马仕 2021 限量版芝麻色、大象灰色及靛蓝色EPSOM牛皮28厘米外缝CASAQUE凯莉包附银色金属配件	28cm×21cm×11cm	153,900	保利香港	2022-10-11
爱马仕 2021 限量版芝麻色、大象灰色及靛蓝色EPSOM牛皮CASAQUE迷你凯莉包二代附银色金属配件	20cm×12cm×6cm	225,720	保利香港	2022-10-11
爱马仕 2021 限量版芝麻色帆布及SWIFT牛皮25厘米CARGO柏金包附银色金属配件	25cm×20cm×13cm	338,580	保利香港	2022-10-11
爱马仕 2021 限量版芝麻色帆布及SWIFT牛皮25厘米CARGO柏金包附银色金属配件	25cm×20cm×13cm	303,878	保利香港	2022-10-11
爱马仕 2021 小鸡黄色CLEMENCE牛皮迷你EVELYNE包附银色金属配件	17cm×19cm×5.5cm	28,728	保利香港	2022-07-11
爱马仕 2021 亚麻蓝色EVERCOLOR小牛皮28厘米内缝凯莉包附金色金属配件	28cm×21cm×11cm	108,528	保利香港	2022-10-11
爱马仕 2021 羊毛及克什米尔羊绒靠垫一组两件 & 羊毛及克什米尔羊绒毯	羊绒毯102cm×137cm	13,338	保利香港	2022-10-11
爱马仕 2021 樱花粉色SWIFT牛皮KELLY POCHETTE包附银色金属配件	22cm×13cm×7cm	174,420	保利香港	2022-07-11
爱马仕 2021 珍珠灰色CHEVER羊皮ROULIS SLIM皮夹附玫瑰金色金属配件	12.7cm×10.7cm×3cm	20,520	保利香港	2022-07-11
爱马仕 2021 薄荷绿色CLEMENCE牛皮迷你LINDY包附银色金属配件	17cm×14cm×9cm	69,000	北京保利	2022-07-28
爱马仕 2021 薄荷绿色及内拼博斯普鲁斯绿色EVERCOLOR牛皮CONSTANCE SLIM皮夹/腰包附金色金属配件	12cm×10cm×3cm	26,450	北京保利	2022-07-28
爱马仕 2021 宝石蓝色蜥蜴皮迷你CONSTANCE包附银色金属配件	15cm×18cm×5cm	195,500	北京保利	2022-07-28
爱马仕 2021 大象灰色EPSOM牛皮25厘米凯莉包附银色金属配件	25cm×18cm×10cm	201,250	北京保利	2022-07-28
爱马仕 2021 大象灰色EPSOM牛皮MINI KELLY II包附银色金属配件	12cm×20cm×6cm	184,000	北京保利	2022-07-28

2022杂项拍卖成交汇总(续表)

(成交价RMB: 1万元以上)

拍品名称	物品尺寸	成交价RMB	拍卖公司	拍卖日期	拍品名称	物品尺寸	成交价RMB	拍卖公司	拍卖日期
爱马仕 2021 大象灰色TOGO牛皮25厘米柏金包附金色金属配件	25cm×19cm×13cm	138,000	北京保利	2022-07-28	爱马仕 2021 限量版法国蓝色帆布及SWIFT牛皮35厘米CARGO柏金包附银色金属配件	35cm×25cm×18cm	287,500	北京保利	2022-07-28
爱马仕 2021 稻草色鸵鸟皮25厘米柏金包附金色金属配件	25cm×19cm×13cm	299,000	北京保利	2022-07-28	爱马仕 2021 限量版奶油白色SWIFT牛皮25厘米IN AND OUT彩绘凯莉包附银色金属配件	25cm×18cm×10cm	287,500	北京保利	2022-07-28
爱马仕 2021 法国蓝色EVERCOLOR牛皮迷你24/24包附银色金属配件	29cm×18cm×15cm	55,200	北京保利	2022-07-28	爱马仕 2021 限量版奶油白色帆布及SWIFT牛皮35厘米CARGO柏金包附银色金属配件	35cm×25cm×18cm	287,500	北京保利	2022-07-28
爱马仕 2021 法国蓝色SWIFT牛皮KELLY POCHETTE手提包附银色金属配件	22cm×13cm×7cm	126,500	北京保利	2022-07-28	爱马仕 2021 限量款卡普辛橙色PEGASUS POP帆布及自然色VACHE HUNTER牛皮31厘米HERBAG ZIP包附银色金属配件	31cm×25cm×10cm	25,300	北京保利	2022-07-28
爱马仕 2021 枫叶棕色及内拼铜金色TOGO牛皮25厘米柏金包附银色金属配件	25cm×19cm×13cm	115,000	北京保利	2022-07-28	爱马仕 2021 限量款雾面博斯普鲁斯绿色鳄鱼皮及TOGO牛皮25厘米TOUCH柏金包附金色金属配件	25cm×19cm×13cm	230,000	北京保利	2022-07-28
爱马仕 2021 佛罗里达蓝色EVERCOLOR牛皮ROULIS SLIM皮夹/腰包附银色金属配件	13cm×11cm×3cm	25,300	北京保利	2022-07-28	爱马仕 2021 小鸡黄色及内拼奶昔白色CLEMENCE牛皮迷你LINDY包附银色金属配件	17cm×14cm×9cm	89,700	北京保利	2022-07-28
爱马仕 2021 黑色EPSOM牛皮25厘米外缝柏金色金属配件	25cm×19cm×13cm	161,000	北京保利	2022-07-28	爱马仕 2021 珍珠灰色SWIFT皮18厘米迷你CONSTANCE包附金色金属配件	18cm×15cm×5cm	109,250	北京保利	2022-07-28
爱马仕 2021 黑色山羊皮迷你VERROU链条包附金色金属配件	17cm×12cm×4cm	51,750	北京保利	2022-07-28	爱马仕 2021 珍珠灰色鸵鸟皮KELLY POCHETTE手提包附金色金属配件	22cm×13cm×7cm	218,500	北京保利	2022-07-28
爱马仕 2021 金色CLEMENCE牛皮迷你LINDY包附金色金属配件	17cm×14cm×9cm	80,500	北京保利	2022-07-28	爱马仕 2021 芝麻色帆布及SWIFT牛皮18厘米PICOTIN CARGO包附银色金属配件	18cm×20cm×13cm	32,200	北京保利	2022-07-28
爱马仕 2021 金色牛皮及帆布拼皮40厘米HAC柏金包附银色金属配件	40cm×36cm×22cm	103,500	北京保利	2022-07-28	爱马仕 2022 冰川白色TOGO牛皮25厘米柏金包附金色金属配件	25cm×18cm×13cm	162,792	保利香港	2022-10-11
爱马仕 2021 锦葵紫色CLEMENCE牛皮26厘米LINDY包附银色金属配件	26cm×21cm×15cm	80,500	北京保利	2022-07-28	爱马仕 2022 冰川白色TOGO牛皮25厘米内缝凯莉包附金色金属配件	25cm×18cm×10cm	173,644	保利香港	2022-10-11
爱马仕 2021 栗子色牛皮及麂皮25厘米柏金包附淡金扣金属配件	25cm×19cm×13cm	184,000	北京保利	2022-07-28	爱马仕 2022 大象灰色CHEVRE山羊皮GETA包附金色金属配件	21.5cm×13cm×5cm	49,248	保利香港	2022-07-11
爱马仕 2021 玛萨拉茶色18厘米PICOTIN菜篮子附金色金属配件	18cm×22cm×17cm	32,200	北京保利	2022-07-28	爱马仕 2022 大象灰色EPSOM牛皮CONSTANCE LONG TO GO皮夹附金色金属配件	20.5cm×13cm×2cm	62,946	保利香港	2022-10-11
爱马仕 2021 玫瑰樱花粉色SWIFT牛皮迷你LINDY包附银色金属配件	17cm×14cm×9cm	92,000	北京保利	2022-07-28	爱马仕 2022 粉紫色SWIFT牛皮25厘米柏金包附玫瑰金色金属配件	25cm×18cm×13cm	162,792	保利香港	2022-10-11
爱马仕 2021 墨西哥粉色及内拼心跳红EVERCOLOR牛皮迷你24/24包附银色金属配件	21cm×16cm×11cm	63,250	北京保利	2022-07-28	爱马仕 2022 罕见棕色BARENIA FAUBOURG马鞍牛皮25厘米内缝凯莉包附银色金属配件	25cm×18cm×10cm	184,680	保利香港	2022-07-11
爱马仕 2021 奶昔白色TOGO牛皮25厘米凯莉包附金色金属配件	25cm×18cm×10cm	207,000	北京保利	2022-07-28	爱马仕 2022 黑色CLEMENCE牛皮MINI LINDY包附金色金属配件	17cm×14cm×9cm	82,080	保利香港	2022-10-11
爱马仕 2021 奶昔白色及冰川白色内拼金色EVERCOLOR牛皮29厘米24/24包附银色金属配件	29cm×27cm×14cm	55,200	北京保利	2022-07-28	爱马仕 2022 火焰橙色CLEMENCE牛皮MINI LINDY包附银色金属配件	17cm×14cm×9cm	59,690	保利香港	2022-10-11
爱马仕 2021 奶昔粉色EPSOM牛皮KELLY TO GO皮夹附银色金属配件	20cm×12cm×2cm	46,000	北京保利	2022-07-28	爱马仕 2022 积雨云灰色EPSOM牛皮25厘米外缝凯莉包附金色金属配件	25cm×18cm×10cm	194,940	保利香港	2022-07-11
爱马仕 2021 奶油白色鸵鸟皮MINI KELLY II包附金色金属配件	12cm×20cm×10cm	253,000	北京保利	2022-07-28	爱马仕 2022 金色EVERCOLOR牛皮迷你24/24包附银色金属配件	21cm×16.5cm×11cm	75,969	保利香港	2022-10-11
爱马仕 2021 牛油果绿色EPSOM牛皮CONSTANCE TO GO包附仙人掌绿色、裸沙色鳄鱼皮及原色蜥蜴皮三拼金属配件	20cm×13cm×2cm	63,250	北京保利	2022-07-28	爱马仕 2022 马萨拉茶色TOGO牛皮25厘米柏金包附金色金属配件	25cm×19cm×13cm	153,900	保利香港	2022-07-11
爱马仕 2021 圣杯蓝色CLEMENCE牛皮迷你LINDY包附银色金属配件	17cm×14cm×9cm	78,200	北京保利	2022-07-28	爱马仕 2022 奶油白色EPSOM牛皮迷你凯莉包二代附银色金属配件	20cm×12cm×6cm	205,200	保利香港	2022-07-11
爱马仕 2021 水妖蓝色牛皮及帆布拼皮40厘米HAC柏金包附银色金属配件	40cm×36cm×22cm	86,250	北京保利	2022-07-28	爱马仕 2022 圣杯蓝色CLEMENCE牛皮22厘米PICOTIN包附银色金属配件	22cm×22cm×17cm	35,910	保利香港	2022-07-11
爱马仕 2021 特别定制奶昔白及金色EPSOM皮MINI KELLY II包附银色金属配件	20cm×12cm×6cm	218,500	北京保利	2022-07-28	爱马仕 2022 圣杯蓝色CLEMENCE牛皮迷你LINDY包附金色金属配件	17cm×14cm×9cm	92,340	保利香港	2022-07-11
爱马仕 2021 午夜蓝色TOGO牛皮40厘米HAC柏金包附银色金属配件	40cm×36cm×22cm	74,750	北京保利	2022-07-28	爱马仕 2022 雾面黑色短吻鳄鱼皮25厘米内缝凯莉包附金色金属配件	25cm×18cm×10cm	531,787	保利香港	2022-10-11
爱马仕 2021 午夜蓝及黑色EPSOM牛皮MINI KELLY II包附金色金属配件	20cm×12cm×6cm	189,750	北京保利	2022-07-28	爱马仕 2022 雾面极致粉色鳄鱼皮迷你凯莉包二代附银色金属配件	20cm×12cm×6cm	297,540	保利香港	2022-07-11
爱马仕 2021 雾面嫩芽绿色鳄鱼皮迷你CONSTANCE包附银色金属配件	15cm×18cm×5cm	253,000	北京保利	2022-07-28	爱马仕 2022 雾面蓝宝石色鳄鱼皮25厘米柏金包附金色金属配件	25cm×18cm×13cm	441,180	保利香港	2022-07-11
爱马仕 2021 限量版饼干色SWIFT牛皮25厘米IN AND OUT彩绘柏金包附银色金属配件	25cm×19cm×13cm	230,000	北京保利	2022-07-28					

拍品名称	物品尺寸	成交价RMB	拍卖公司	拍卖日期
爱马仕 2022 限量版粉紫色、古铜色及白色SWIFT牛皮14厘米LUCKY DAISY PICOTIN包附银色金属配件	14cm×10cm×12cm	30,387	保利香港	2022-10-11
爱马仕 2022 限量版黑色、靛蓝色、马萨拉茶色、大象灰色及金色SWIFT牛皮30厘米COLORMATIC柏金包附银色金属配件	30cm×20cm×15cm	195,350	保利香港	2022-10-11
爱马仕 2022 限量版黑色帆布及SWIFT小牛皮25厘米CARGO柏金包附银色金属配件	25cm×18cm×13cm	271,320	保利香港	2022-10-11
爱马仕 2022 羊毛白色鸵鸟皮迷你LINDY包附银色金属配件	17cm×14cm×9cm	108,528	保利香港	2022-10-11
爱马仕 2022 羊毛及克什米尔Avalon Jump' H羊绒毯 & 羊毛及克什米尔Avalon Jump' H羊绒靠枕 (两个)	每个50cm×50cm(靠枕); 140cm×180cm(毯子)	15,193	保利香港	2022-10-11
爱马仕 2022 大象灰色CLEMENCE牛皮30厘米GARDEN PARTY包附银色金属配件	30cm×21cm×14cm	40,250	北京保利	2022-07-28
爱马仕 2022 大象灰色EVERCOLOR牛皮29厘米24/24包附金色金属配件	29cm×18cm×15cm	69,000	北京保利	2022-07-28
爱马仕 2022 海军蓝色帆布及黑色SWIFT牛皮18厘米PICOTIN CARGO包附银色金属配件	18cm×20cm×15cm	28,750	北京保利	2022-07-28
爱马仕 2022 黑色EPSOM牛皮28厘米凯莉包附金色金属配件	28cm×21cm×11cm	172,500	北京保利	2022-07-28
爱马仕 2022 黑色鳄鱼皮及SWIFT牛皮迷你TOUCH LINDY包附金色金属配件	17cm×14cm×9cm	103,500	北京保利	2022-07-28
爱马仕 2022 黑色及白色鸵鸟皮MINI KELLY II包附银色金属配件	12cm×20cm×10cm	253,000	北京保利	2022-07-28
爱马仕 2022 自然色VACHE HUNTER牛皮及帆布HEN BIAIS挎包	27cm×8.5cm×24cm	20,700	北京保利	2022-07-28
爱马仕 黑色及金色金属配件KELLY腰带 & 金色及金色金属配件KELLY腰带	长95cm; 长100cm	13,800	北京保利	2022-07-28
爱马仕 丝质丝巾 (一组六条)	每条90cm×90cm	11,500	北京保利	2022-07-28
爱马仕 丝质丝巾 (一组六条)	每条90cm×90cm	19,550	北京保利	2022-07-28
爱马仕 丝质丝巾 (一组六条)	每条90cm×90cm	16,100	北京保利	2022-07-28
爱马仕 丝质丝巾 (一组六条)	每条90cm×90cm	17,250	北京保利	2022-07-28
爱马仕 锡银灰及黑色双面H扣腰带 & 黑色及棕色双面H扣腰带 (一套两件)	长95cm; 长100cm	11,500	北京保利	2022-07-28
爱马仕 竹子绿色Togo小牛皮30厘米柏金包,配镀钯金属件,2017年	30cm×22cm×16cm	91,806	香港苏富比	2022-04-15
爱马仕 唇膏粉色SWIFT牛皮25厘米柏金包附银色金属配件	25cm×19cm×13cm	138,000	北京保利	2022-02-03
爱马仕 黑色EPSOM牛皮28厘米外缝凯莉包附金色金属配件	28cm×21cm×11cm	178,250	北京保利	2022-02-03
爱马仕 黑色TOGO牛皮30厘米柏金包附金色金属配件	30cm×20cm×15cm	172,500	北京保利	2022-02-03
爱马仕 黑色蜥蜴皮25厘米柏金包附金色金属配件	25cm×19cm×13cm	322,000	北京保利	2022-02-03
爱马仕 黑色蜥蜴皮30厘米柏金包附金色金属配件	30cm×20cm×15cm	345,000	北京保利	2022-02-03
爱马仕 灰绿色TOGO牛皮25厘米内缝凯莉包附银色金属配件	25cm×19cm×13cm	138,000	北京保利	2022-02-03
爱马仕 金色BARENIA马鞍皮35厘米2424包附金色金属配件	35cm×25cm×15cm	46,000	北京保利	2022-02-03
爱马仕 亮面海水色短嘴鳄鱼皮迷你19厘米CONSTANCE包附银色金属配件	15cm×19cm×5cm	184,000	北京保利	2022-02-03
爱马仕 亮面黑色POROSUS鳄鱼皮28厘米外缝凯莉包附金色金属配件	28cm×21cm×11cm	230,000	北京保利	2022-02-03
爱马仕 亮面酒红色短嘴鳄鱼皮24厘米CONSTANCE包附金色金属配件	24cm×18cm×9cm	230,000	北京保利	2022-02-03
爱马仕 柠檬黄EVERCOLOR小牛皮20厘米2002包附银色金属配件	20cm×19cm×5cm	25,300	北京保利	2022-02-03
爱马仕 特别定制限量款雾霾蓝色、帝王绿色及芝麻金色三色拼EPSOM牛皮MINI KELLY II包附银色金属配件	20cm×12cm×6cm	207,000	北京保利	2022-02-03
爱马仕 限量版薄荷绿色SWIFT牛皮25厘米SHADOW柏金包	25cm×20cm×13cm	316,250	北京保利	2022-02-03
爱马仕 限量版饼干色SWIFT牛皮25厘米IN AND OUT彩绘柏金包附银色金属配件	25cm×19cm×13cm	345,000	北京保利	2022-02-03

拍品名称	物品尺寸	成交价RMB	拍卖公司	拍卖日期
爱马仕 限量版奶油白色SWIFT牛皮25厘米IN AND OUT彩绘凯莉包附银色金属配件	25cm×18cm×10cm	299,000	北京保利	2022-02-03
爱马仕 樱花粉色EPSOM牛皮30厘米柏金包附银色金属配件	30cm×20cm×15cm	138,000	北京保利	2022-02-03
爱马仕 正红色鸵鸟皮KELLY POCHETTE手提包附银色金属配件	22cm×13cm×7cm	161,000	北京保利	2022-02-03
爱马仕 Hermès EPSOM皮MINI KELLY2代手提包	20cm×12cm×6cm	115,000	西泠印社	2022-01-23
爱马仕Hermès 黑色epsom皮Kelly25手提包	25cm×19.5cm×9.5cm	184,000	西泠印社	2022-01-23
爱马仕Hermès 黑金GM外缝birkin25手提包	25cm×21.5cm×14cm	184,000	西泠印社	2022-01-23
爱马仕Hermès 绿色swift皮birkin25 shaDOW手提包	25cm×20cm×13cm	345,000	西泠印社	2022-01-23
爱马仕Hermès 天方夜谭紫 KELLY32手提包	32.5cm×24cm×12cm	299,000	西泠印社	2022-01-23
爱马仕Hermès 雾霾蓝EPSOM皮MINI KELLY2代手提包	20cm×12cm×6cm	184,000	西泠印社	2022-01-23
爱马仕PICOTIN 18手袋		32,200	永乐拍卖	2022-07-26
爱马仕PICOTIN 18手袋		33,350	永乐拍卖	2022-07-26
爱马仕PICOTIN 22手袋		28,750	永乐拍卖	2022-07-26
爱马仕爱心红色Epsom小牛皮25厘米Sellier外缝凯莉包,配镀金金属件,2019年		136,972	香港苏富比	2022-10-13
爱马仕暗红色Clemence牛皮26厘米Lindy包,配镀金金属件,2017年		45,657	香港苏富比	2022-10-13
爱马仕白色亚光尼罗鳄皮25厘米喜马拉雅Retourné内缝凯莉包,配镀钯金属件,2021年		1,712,151	香港苏富比	2022-10-13
爱马仕白色亚光尼罗鳄皮30厘米喜马拉雅柏金包,配镀钯金属件,2020年		1,084,362	香港苏富比	2022-10-13
爱马仕北方蓝色Swift小牛皮迷你20厘米Lindy包,配镀金金属件,2020年		68,486	香港苏富比	2022-10-13
爱马仕冰川白色拼杏橙色Clemence牛皮25厘米定制马蹄印记外缝柏金包,配雾面镀金金属件,2020年		171,215	香港苏富比	2022-10-13
爱马仕饼干色Clemence牛皮26厘米Lindy包,配镀金金属件,2021年		79,900	香港苏富比	2022-10-13
爱马仕铂金25手袋		218,500	永乐拍卖	2022-07-26
爱马仕唇膏粉色拼南瓜橙色Clemence牛皮40厘米定制马蹄印记柏金包,配雾面镀钯金属件,2012年		74,193	香港苏富比	2022-10-13
爱马仕大象灰色Clemence牛皮29厘米Evelyne III包,配镀钯金属件,2021年		31,960	香港苏富比	2022-10-13
爱马仕大象灰色Epsom小牛皮Constance Slim,配镀钯金属件,2021年		29,677	香港苏富比	2022-10-13
爱马仕电光蓝色Swift小牛皮凯莉手拿包,配镀金金属件,2018年		97,022	香港苏富比	2022-10-13
爱马仕电光蓝色及石墨灰色Clemence牛皮45厘米DOUBLE SENS包,2013年		12,556	香港苏富比	2022-10-13
爱马仕鳄鱼皮凯莉钱夹		59,800	永乐拍卖	2022-07-26
爱马仕法国蓝巴色Swift小牛皮拼帆布25厘米柏金包,配镀钯金属件,2022年		205,458	香港苏富比	2022-10-13
爱马仕法拉利红色亮面尼罗鳄皮Jige Elan手拿包,2006年		45,657	香港苏富比	2022-10-13
爱马仕粉笔白色拼杜鹃粉色Epsom小牛皮25厘米Sellier外缝凯莉包,具爱马仕定制马蹄印,配镀金金属件,2022年		216,872	香港苏富比	2022-10-13
爱马仕风衣灰色Togo小牛皮25厘米柏金包,配镀钯金属件,2017年		136,972	香港苏富比	2022-10-13
爱马仕佛里达蓝色Epsom小牛皮18厘米Constance包,配短吻鳄皮拼蜥蜴皮镀钯金属件,2021年		114,143	香港苏富比	2022-10-13
爱马仕钴蓝色Togo小牛皮35厘米柏金包,配镀钯金属件,2018年		79,900	香港苏富比	2022-10-13
爱马仕海水蓝色亮面Porosus湾鳄皮35厘米Sellier外缝凯莉包,配镀钯金属件,2013年		296,773	香港苏富比	2022-10-13
爱马仕海水蓝色亮面Porosus湾鳄皮Kelly Cut手拿包,配镀金金属件,2015年		136,972	香港苏富比	2022-10-13
爱马仕黑加仑紫色拼石榴红色Clemence牛皮22厘米Halzan包,配镀钯金属件,2022年		43,374	香港苏富比	2022-10-13

2022杂项拍卖成交汇总(续表)

(成交价RMB：1万元以上)

拍品名称	物品尺寸	成交价RMB	拍卖公司	拍卖日期	拍品名称	物品尺寸	成交价RMB	拍卖公司	拍卖日期
爱马仕黑色Box小牛皮32厘米 Sellier外缝凯莉包，配镀金金属件，1993年	32cm×23cm×10.5cm	86,405	香港苏富比	2022-04-15	爱马仕皇家蓝色鸵鸟皮18厘米迷你Roulis包，配镀钯金属件，2018年		68,486	香港苏富比	2022-10-13
爱马仕黑色Tadelakt小牛皮迷你Kelly Twilly凯莉包造型吊饰，配镀金金属件，2022年		18,263	香港苏富比	2022-10-13	爱马仕灰绿色Evercolor小牛皮25厘米凯莉Depeches手拿包，配镀钯金属件，2020年		36,526	香港苏富比	2022-10-13
爱马仕黑色Box小牛皮35厘米柏金包，配Guilloche雕刻饰纹金属件，2014年		114,143	香港苏富比	2022-10-13	爱马仕积雨云灰色Clemence牛皮迷你20厘米Lindy包，配镀金金属件，2022年		97,022	香港苏富比	2022-10-13
爱马仕黑色Calf Box小牛皮28厘米Sellier外缝凯莉包，配镀金金属件，1983年及宝石蓝色SWIFT小牛皮背带，2017年		97,022	香港苏富比	2022-10-13	爱马仕积雨云灰色Epsom小牛皮Kelly To Go长钱包，配镀钯金属件，2022年		45,657	香港苏富比	2022-10-13
爱马仕黑色Chèvre Vermillion32厘米Sellier外缝凯莉包，配镀金金属件，1999年		74,193	香港苏富比	2022-10-13	爱马仕金棕色Box小牛皮32厘米Sellier外缝凯莉包，配镀金金属件，2002年		79,900	香港苏富比	2022-10-13
爱马仕黑色Clemence牛皮16厘米Evelyne II包，配镀钯金属件，2022年		21,687	香港苏富比	2022-10-13	爱马仕金棕色Clemence牛皮31厘米Halzan包，配镀金金属件，2019年		27,394	香港苏富比	2022-10-13
爱马仕黑色Clemence牛皮29厘米Evelyne III包，配镀金金属件，2022年		22,829	香港苏富比	2022-10-13	爱马仕金棕色Clemence牛皮Picotin Lock18厘米手挽包，配镀金金属件，2022年		36,526	香港苏富比	2022-10-13
爱马仕黑色Clemence牛皮迷你20厘米Lindy包，配镀钯金属件，2019年		68,486	香港苏富比	2022-10-13	爱马仕金棕色Epsom小牛皮20厘米迷你凯莉包二代，配镀金金属件，2022年		205,458	香港苏富比	2022-10-13
爱马仕黑色Epsom小牛皮25厘米Sellier外缝凯莉包，配镀钯金属件，2014年		136,972	香港苏富比	2022-10-13	爱马仕金棕色Epsom小牛皮25厘米外缝凯莉包，配镀金金属件，2020年		182,629	香港苏富比	2022-10-13
爱马仕黑色Epsom小牛皮Constance长钱包，配镀钯金属件，2018年		34,243	香港苏富比	2022-10-13	爱马仕金棕色Togo小牛皮30厘米金包，配镀钯金属件，2022年		136,972	香港苏富比	2022-10-13
爱马仕黑色Swift小牛皮拼米色帆布28厘米Sellier外缝凯莉包，配镀金金属件，2021年		148,386	香港苏富比	2022-10-13	爱马仕锦葵紫色Swift小牛皮凯莉手拿包，配镀钯金属件，2021年		136,972	香港苏富比	2022-10-13
爱马仕黑色Togo小牛皮25厘米柏金包，配镀金金属件，2019年		136,972	香港苏富比	2022-10-13	爱马仕经典橘色Veau Doblis猄皮25厘米凯莉包，配雾面镀金金属件，2005年		57,072	香港苏富比	2022-10-13
爱马仕黑色Togo小牛皮35厘米柏金包，配镀金金属件，2017年		91,315	香港苏富比	2022-10-13	爱马仕经典橘色亚光短吻鳄皮Bearn钱包，配镀钯金属件，2014年		19,404	香港苏富比	2022-10-13
爱马仕黑色Togo小牛皮Picotin Lock 18厘米手挽包，配镀金金属件，2021年		29,677	香港苏富比	2022-10-13	爱马仕卡其色Vache Hunter牛皮拼仙人掌绿色帆布31厘米Herbag Zip手袋，配镀钯金属件，2019年; Verso双色小钱包，2019年		13,697	香港苏富比	2022-10-13
爱马仕黑色Togo小牛皮拼浅褐色Toile Militaire帆布物料30厘米花园包，配镀钯金属件，2017年		18,263	香港苏富比	2022-10-13	爱马仕凯莉28手袋		95,450	永乐拍卖	2022-07-26
爱马仕黑色Vache Hunter牛皮拼H Berline帆布31厘米Herbag Zip手袋，配镀钯金属件，2018年		17,122	香港苏富比	2022-10-13	爱马仕蓝灰色Epsom小牛皮25厘米Bolide包，配镀金金属件，2022年		57,072	香港苏富比	2022-10-13
					爱马仕蓝灰色Togo小牛皮30厘米柏金包，配镀金金属件，2012年		79,900	香港苏富比	2022-10-13
爱马仕黑色亮面短吻鳄皮Constance长钱包，配夜空蓝色珐琅及镀钯金属件，2017年		54,789	香港苏富比	2022-10-13	爱马仕玫瑰茶色Swift小牛皮35厘米柏金包，配镀金金属件，2008年		54,789	香港苏富比	2022-10-13
					爱马仕墨绿灰色Togo牛皮25厘米柏金包，配镀金金属件，2022年		182,629	香港苏富比	2022-10-13
爱马仕黑色亮面湾鳄皮25厘米Sellier外缝柏金包，配镀钯金属件，2021年		570,717	香港苏富比	2022-10-13	爱马仕墨水蓝色亮面湾鳄皮30厘米柏金包，配镀金金属件，2015年		296,773	香港苏富比	2022-10-13
爱马仕黑色亮面蜥蜴皮迷你Twilly Kelly挂饰，配镀金金属件，2022年		51,365	香港苏富比	2022-10-13	爱马仕木兰粉色Evercolor小牛皮20厘米2002包，配镀金金属件，2018年		34,243	香港苏富比	2022-10-13
爱马仕红色Evercalf小牛皮32厘米Sellier外缝Waffle凯莉包，配镀钯金属件，2003年	32cm×23cm×10cm	118,807	香港苏富比	2022-04-15	爱马仕奶茶色Epsom小牛皮18厘米Constance包，配镀金金属件，2022年		102,729	香港苏富比	2022-10-13
爱马仕红色及Rose Azalee杜鹃粉色Sombrero小牛皮及Clemence牛皮30厘米柏金包，配镀金金属件，2019年	30cm×22cm×16cm	172,811	香港苏富比	2022-04-15	爱马仕奶茶色Epsom小牛皮Constance Slim，配奶油白色珐琅及镀钯金属件，2022年		29,677	香港苏富比	2022-10-13
爱马仕红色Vache Hunter牛皮拼帆布拼31厘米Herbag Zip手袋，配镀钯金属件，2019年		18,263	香港苏富比	2022-10-13	爱马仕奶茶色拼锦葵粉紫色Epsom小牛皮Verso双色Kelly To Go长钱包，配镀金金属件，2022年		47,940	香港苏富比	2022-10-13
爱马仕红色Vache Liegee牛皮30厘米柏金包，配镀金金属件，2008年		57,072	香港苏富比	2022-10-13	爱马仕奶油白色Chèvrel山羊皮迷你Bolide1923手袋，配镀金金属件，2021年		68,486	香港苏富比	2022-10-13
爱马仕红色Veau Monsieur牛皮18厘米Constance包，配镀金金属件，2019年		97,022	香港苏富比	2022-10-13	爱马仕奶油白色Clemence牛皮16厘米Evelyne II包，配镀钯金属件，2022年		21,687	香港苏富比	2022-10-13
					爱马仕奶油白色Epsom小牛皮28厘米Sellier外缝凯莉包，配镀金金属件，2022年		159,801	香港苏富比	2022-10-13
爱马仕红石榴红色Clemence牛皮迷你20厘米Lindy包，配镀钯金属件，2021年		62,779	香港苏富比	2022-10-13	爱马仕柠檬黄色鸵鸟皮迷你20厘米Lindy包，配镀钯金属件，2020年		114,143	香港苏富比	2022-10-13
爱马仕红棕色Chèvrel山羊皮20厘米迷你凯莉包二代，配镀钯金属件，2022年		228,287	香港苏富比	2022-10-13	爱马仕牛油果绿色Evercolour小牛皮26厘米Lindy包，配镀钯金属件，2020年		68,486	香港苏富比	2022-10-13

拍品名称	物品尺寸	成交价RMB	拍卖公司	拍卖日期
爱马仕牛仔蓝色鸵鸟皮31厘米1923 Bolide包, 配镀钯金金属件, 2001年		57,072	香港苏富比	2022-10-13
爱马仕普莱顿蓝色Clemence牛皮35厘米柏金包, 配镀钯金金属件, 2006年		68,486	香港苏富比	2022-10-13
爱马仕浅褐色Barenia Faubourg皮革25厘米柏金包, 配镀金金属件, 2022年		216,872	香港苏富比	2022-10-13
爱马仕浅褐色Barenia Faubourg皮革拼帆布35厘米柏金包, 配镀钯金金属件, 2009年		85,608	香港苏富比	2022-10-13
爱马仕青柠色Epsom小牛皮35厘米柏金包, 配镀钯金金属件, 2013年		74,193	香港苏富比	2022-10-13
爱马仕青柠色Swift小牛皮凯莉手拿包, 配镀钯金金属件, 2022年		108,436	香港苏富比	2022-10-13
爱马仕青铜绿色Clemence牛皮35厘米柏金包, 配镀钯金金属件, 2011年		68,486	香港苏富比	2022-10-13
爱马仕圣杯浅蓝色Clemence牛皮20厘米迷你Lindy包, 配镀金金属件, 2022年		85,608	香港苏富比	2022-10-13
爱马仕太妃糖色Togo小牛皮31厘米Bolide包, 配镀金金属件, 2017年		39,950	香港苏富比	2022-10-13
爱马仕糖衣粉红色Swift小牛皮35厘米Kelly Flat包, 配镀钯金金属件, 2007年		45,657	香港苏富比	2022-10-13
爱马仕糖衣果仁粉色Epsom小牛皮Kelly To Go长钱包, 配镀钯金金属件, 2020年		43,374	香港苏富比	2022-10-13
爱马仕桃紫色亮面短吻鳄皮24厘米Constance包, 配镀金金属件, 2017年		171,215	香港苏富比	2022-10-13
爱马仕桃紫色亮面尼罗鳄皮25厘米Sellier外缝凯莉包, 配镀钯金金属件, 2019年		399,502	香港苏富比	2022-10-13
爱马仕特别定制锡灰色拼金棕色Regate小牛皮R.M.S.手提箱, 配铝和钢金属件, 2022年		74,193	香港苏富比	2022-10-13
爱马仕天竺葵红色亚光短吻鳄皮18厘米Constance包, 配镀钯金金属件, 2013年		114,143	香港苏富比	2022-10-13
爱马仕维罗纳绿色亚光尼罗鳄皮28厘米Retourne内缝凯莉包, 配镀金金属件, 2014年		342,430	香港苏富比	2022-10-13
爱马仕锡灰色Togo小牛皮30厘米柏金包, 配镀金金属件, 2013年	30cm×22cm×16cm	91,806	香港苏富比	2022-04-15
爱马仕锡灰色Epsom小牛皮28厘米Sellier外缝凯莉包, 配镀钯金金属件, 2015年		102,729	香港苏富比	2022-10-13
爱马仕洞湖蓝Swift小牛皮25厘米柏金包, 配镀钯金金属件, 2015年		114,143	香港苏富比	2022-10-13
爱马仕鲜紫色亮面短吻鳄皮迷你凯莉手拿包, 配镀钯金金属件, 2013年		182,629	香港苏富比	2022-10-13
爱马仕限量版波尔多酒红色Sombrero小牛皮拼火焰红色Epsom小牛皮及Bleu Brighton海军蓝色Clemence牛皮28厘米Sellier外缝Kellygraphie Lettre E凯莉包, 配镀钯金金属件, 2017年		136,972	香港苏富比	2022-10-13
爱马仕限量版淡棕色Swift小牛皮拼监绿色帆布35厘米Retourne内缝凯莉包, 配雾面镀钯金金属件, 2014年		74,193	香港苏富比	2022-10-13
爱马仕限量版海水蓝色、黑色、奶茶色及金色拼大象灰色Swift小牛皮30厘米Colormatic柏金包, 配镀钯金金属件, 2022年		296,773	香港苏富比	2022-10-13
爱马仕限量版黑色Box小牛皮拼帆布40厘米Cargo HAC柏金包, 配镀钯金金属件, 2021年		296,773	香港苏富比	2022-10-13
爱马仕限量版黑色Swift小牛皮拼帆布18厘米Cargo Picotin Lock包, 配镀钯金金属件, 2021年		39,950	香港苏富比	2022-10-13
爱马仕限量版奶茶色Swift小牛皮Lucky Daisy14厘米迷你Picotin Lock包, 配镀钯金金属件, 2022年		43,374	香港苏富比	2022-10-13
爱马仕限量版奶油白色Swift小牛皮25厘米Retourne内缝In & Out凯莉包, 配镀钯金金属件, 2021年		205,458	香港苏富比	2022-10-13
爱马仕限量版奶油白色Swift小牛皮Lucky Daisy14厘米迷你Picotin Lock包, 配镀钯金金属件, 2022年		39,950	香港苏富比	2022-10-13
爱马仕限量版奶油白色Swift小牛皮拼帆布25厘米Birkin Cargo柏金包, 配镀钯金金属件, 2021年		273,944	香港苏富比	2022-10-13
爱马仕限量版奶油白色及奶茶色拼积雨云灰色Epsom小牛皮25厘米外缝三色凯莉包, 配镀钯金金属件, 2022年		182,629	香港苏富比	2022-10-13
爱马仕限量版牛油果绿色Epsom小牛皮Constance To Go长钱包, 配仙人掌绿色及裸沙色短吻鳄皮拼蜥蜴皮镀金金属件, 2021年		57,072	香港苏富比	2022-10-13
爱马仕限量版浅褐色Barenia Faubourg皮革拼编织柳条20厘米迷你野餐凯莉包, 配镀钯金金属件, 2021年		456,574	香港苏富比	2022-10-13
爱马仕限量版青柠色、糖衣果仁粉色及芝麻色拼红土色Epsom牛皮35厘米Sellier外缝Sunrise彩虹柏金包, 配镀钯金金属件, 2020年		148,386	香港苏富比	2022-10-13
爱马仕限量版沙金色拼芝麻色Swift小牛皮拼帆布25厘米Birkin Cargo柏金包, 配镀钯金金属件, 2021年		251,115	香港苏富比	2022-10-13
爱马仕限量版天然Hunter牛皮拼Ecru帆布Brides de Gala31厘米Retourne内缝Herbag Zip手袋, 配镀钯金金属件, 2022年		27,394	香港苏富比	2022-10-13
爱马仕限量版杏桃色Epsom小牛皮拼砖红色及火橙色Chèvre山羊皮28厘米Sellier外缝Kellygraphie Lettre R凯莉包, 配镀钯金金属件, 2018年		148,386	香港苏富比	2022-10-13
爱马仕限量版伊兹密尔蓝色拼宝石蓝色Clemence小牛皮Verso双色30厘米Lindy包, 配镀钯金金属件, 2014年		39,950	香港苏富比	2022-10-13
爱马仕限量版珍珠灰及白色Clemence小牛皮拼Sanguine红色蜥蜴皮35厘米Club柏金包, 配镀钯金金属件, 2011年		114,143	香港苏富比	2022-10-13
爱马仕限量版芝麻色Swift小牛皮拼帆布18厘米Cargo Picotin Lock包, 配镀钯金金属件, 2022年		29,677	香港苏富比	2022-10-13
爱马仕限量版自然沙色Chamonix小牛皮拼Vibrato32厘米外缝凯莉包, 配镀金金属件, 2001年		136,972	香港苏富比	2022-10-13
爱马仕鸭蓝色亮面湾鳄皮30厘米柏金包, 配镀金金属件, 2017年		273,944	香港苏富比	2022-10-13
爱马仕鸭头绿色亮面短吻鳄皮迷你18厘米Roulis包, 配淡金色Permabrass金属件, 2020年		136,972	香港苏富比	2022-10-13
爱马仕鸭子蓝色鸵鸟皮30厘米柏金包, 配镀金金属件, 2020年		136,972	香港苏富比	2022-10-13
爱马仕夜空蓝色Clemence牛皮26厘米Lindy包, 配镀金金属件, 2020年		74,193	香港苏富比	2022-10-13
爱马仕一套两个Constance Slim, 2022年		51,365	香港苏富比	2022-10-13
爱马什一套两个Bearn钱包		17,122	香港苏富比	2022-10-13
爱马什一套两枚GriGri Rodeo PM手袋造型挂饰		10,273	香港苏富比	2022-10-13
爱马什一套三件柠檬黄色拼琥珀色美利奴羊毛和羊绒、Avalon Jump'H系列毯子和枕头		15,980	香港苏富比	2022-10-13
爱马什一套三枚GriGri Rodeo PM及Pegase Rodeo PM飞马造型挂饰		17,122	香港苏富比	2022-10-13
爱马什一套三枚Pegase Rodeo PM飞马造型挂饰		20,546	香港苏富比	2022-10-13
爱马什一套三枚造型挂饰及一套两枚Clic H手镯		12,556	香港苏富比	2022-10-13
爱马什一组三件: 两个钱包及一条真丝混纺彩色方巾		18,263	香港苏富比	2022-10-13
爱马什一组三枚Pegase Rodeo PM飞马造型挂饰, 2021年		19,404	香港苏富比	2022-10-13
爱马仕伊兹密尔蓝色Tadelakt小牛皮迷你Kelly Twilly挂饰, 配镀金金属件, 2021年		22,829	香港苏富比	2022-10-13
爱马仕樱花粉红色Chèvre山羊皮18厘米Constance包, 配镀钯金金属件, 2021年		125,558	香港苏富比	2022-10-13
爱马仕樱花粉红色Clemence牛皮革Picotin Lock18厘米手挽包, 配镀钯金金属件, 2022年		34,243	香港苏富比	2022-10-13

2022杂项拍卖成交汇总(续表)

(成交价RMB: 1万元以上)

拍品名称	物品尺寸	成交价RMB	拍卖公司	拍卖日期
爱马仕珍珠灰色Evercolor小牛皮拼杏色Veau Doblis麂皮Retourne内缝35厘米凯莉包,配浅金色金属件,2014年		85,608	香港苏富比	2022-10-13
爱马仕珍珠灰色拼牛皮纸色亚光短吻鳄皮20厘米迷你凯莉包二代,具爱马仕定制马蹄印,配镀金金属件,2021年		1,369,721	香港苏富比	2022-10-13
爱马仕芝麻色Swift小牛皮拼帆布28厘米外缝凯莉包,配镀钯金属件,2021年		125,558	香港苏富比	2022-10-13
爱马仕紫玫色Togo小牛皮30厘米柏金包,配镀钯金属件,2017年		79,900	香港苏富比	2022-10-13
爱马仕祖母绿色亮光尼罗鳄鱼皮30厘米柏金包,配镀金金属件,2017年		273,944	香港苏富比	2022-10-13
爱马仕红色SWIFT小牛皮25分公内缝凯莉包附黄金配件	25cm×19cm×9cm	104,293	佳士得	2022-11-26
白色18厘米Picotin Lock包,配镀金金属件,2019年	18cm×19cm×13.5cm	32,402	香港苏富比	2022-04-15
白色Epsom小牛皮25厘米Retourne内缝凯莉包,配镀钯金属件,2016年	25cm×19cm×9cm	97,206	香港苏富比	2022-04-15
白色拼珍珠灰Swift小牛皮Ghillies牛津花边35厘米凯莉包,配镀钯金属件,2012年	35cm×24cm×12cm	75,605	香港苏富比	2022-04-15
白色亮光尼罗鳄鱼皮30厘米喜马拉雅柏金包,配镀钯金属件,2014年	30cm×22cm×16cm	1,404,093	香港苏富比	2022-04-15
斑鸠灰色Togo小牛皮35厘米柏金包,配镀钯金属件,2009年	35cm×25cm×18cm	70,204	香港苏富比	2022-04-15
斑鸠灰色鳄鱼皮Compact Bearn钱包,配镀钯金属件,2018年	10cm×12cm×1.5cm	21,601	香港苏富比	2022-04-15
薄荷绿色SWIFT小牛皮18厘米迷你CONSTANCE包附黄金配件	18cm×15cm×5cm	98,499	佳士得	2022-11-26
宝石红Swift小牛皮24厘米Constance包,配镀钯金属件,2011年	24cm×15cm×5cm	70,204	香港苏富比	2022-04-15
宝石蓝色EPSOM小牛皮25厘米外缝凯莉包附黄金配件	25cm×19cm×9cm	162,235	佳士得	2022-11-26
宝石蓝蜥蜴皮Constance Slim钱包,配镀钯金属件,2021年	12.4cm×10.2cm×3cm	37,802	香港苏富比	2022-04-15
波尔多红及爱马仕红Swift小牛皮29厘米24/24包,配镀金金属件,2019年	29cm×27cm×14cm	48,603	香港苏富比	2022-04-15
彩虹日落Epsom小牛皮30厘米Bolide手袋,配镀钯金属件,2020年	20cm×11cm×6.5cm	21,601	香港苏富比	2022-04-15
彩虹日落Epsom小牛皮30厘米Bolide手袋,配镀钯金属件,2009年	30cm×24cm×12cm	86,405	香港苏富比	2022-04-15
彩虹色Epsom小牛皮30厘米Bolide手袋,配镀钯金属件,2021年	30cm×24cm×12cm	81,005	香港苏富比	2022-04-15
草绿色Epsom小牛皮28厘米Sellier外缝凯莉包,配镀钯金属件,2020年	28cm×22cm×10cm	129,608	香港苏富比	2022-04-15
赤铁红色Tadelakt小牛皮Kelly Doll包吊饰,配镀钯金属件,2021年	6.6cm×5.5cm×2.7cm	54,003	香港苏富比	2022-04-15
唇膏粉色CHÈVRE山羊皮17厘米迷你VERROU CHAÎNE包附镀钯金配件	17cm×12cm×4cm	51,843	佳士得	2022-11-26
大象灰Epsom小牛皮28厘米Sellier外缝凯莉包,配镀钯金属件,2015年	28cm×20cm×10cm	102,606	香港苏富比	2022-04-15
大象灰Swift小牛皮25厘米影子柏金包,2021年	25cm×19cm×13cm	345,623	香港苏富比	2022-04-15
大象灰Swift小牛皮迷你Lindy包,配镀钯金属件,2021年	19.5cm×12.5cm×9.5cm	86,405	香港苏富比	2022-04-15
大象灰色EPSOM小牛皮30厘米外缝柏金包附黄金配件	30cm×22cm×15cm	231,764	佳士得	2022-11-26
帝王绿色EPSOM小牛皮20厘米迷你凯莉包二代附黄金配件	20cm×14cm×6cm	172,811	佳士得	2022-05-23
靛蓝色EPSOM小牛皮28厘米外缝凯莉包附黄金配件	28cm×20cm×10cm	150,646	佳士得	2022-11-26
定制款MONOGRAM餐具收藏箱	61cm×112.5cm×53.5cm	237,615	佳士得	2022-05-23
定制款STOKOWSKI MONOGRAM折叠式书桌旅行箱	40cm×94cm×45cm	324,021	佳士得	2022-05-23
杜鹃粉色CHÈVRE山羊皮17厘米迷你VERROU STRAP包附镀钯金配件	17cm×12cm×4cm	40,558	佳士得	2022-11-26
杜鹃粉色EVERCOLOR小牛皮KELLY DANSE包附镀钯金配件	21cm×17cm×7cm	97,206	佳士得	2022-05-23
杜鹃粉色SWIFT小牛皮25厘米内缝凯莉包附黄金配件	25cm×19cm×9cm	118,807	佳士得	2022-05-23
杜鹃红色亚光鳄鱼皮25厘米柏金包,配镀钯金属件,2019年	25cm×20cm×13cm	410,427	香港苏富比	2022-04-15
鳄鱼皮箱	90cm×55cm×53cm	69,000	保利厦门	2022-10-21
翡翠绿色EPSOM小牛皮20厘米迷你凯莉包附黄金配件	20cm×14cm×6cm	139,058	佳士得	2022-11-26
粉笔白色Epsom小牛皮35厘米Bolide Relax手袋,配镀钯金属件,2015年	35cm×28cm×15cm	32,402	香港苏富比	2022-04-15
粉笔白色Togo小牛皮25厘米柏金包,配镀玫瑰金金属件,2021年	25cm×20cm×13cm	194,412	香港苏富比	2022-04-15
粉笔白色鳄鱼皮Rodeo Touch吊饰	7.5cm×10cm×1.5cm	21,601	香港苏富比	2022-04-15
粉笔白色拼电光蓝色Epsom小牛皮25厘米Retourne内缝凯莉包,具爱马仕定制马蹄印,配雾面镀钯金属件,2018年	25cm×19cm×9cm	129,608	香港苏富比	2022-04-15
粉笔白色拼风衣灰Epsom小牛皮20厘米迷你凯莉包二代,具爱马仕定制马蹄印,配淡金色Permabrass金属件,2021年	20cm×16cm×10cm	259,217	香港苏富比	2022-04-15
粉色菱格纹小羊皮经典双层口盖包附淡金色配件	24cm×14cm×6cm	46,352	佳士得	2022-11-26
风暴蓝色EPSOM小牛皮25厘米BOLIDE1923包附黄金配件	25cm×29cm×10.5cm	52,146	佳士得	2022-11-26
芙烈达蓝色EVERCOLOR小牛皮28厘米内缝凯莉包附黄金配件	28cm×20cm×10cm	237,615	佳士得	2022-05-23
干邑色鸵鸟皮40厘米White Bus手袋,2000年	40cm×28cm×14cm	45,363	香港苏富比	2022-04-15
钻蓝色鸵鸟皮28厘米外缝凯莉包附钯金配件	28cm×20cm×10cm	139,058	佳士得	2022-11-26
海军蓝色Box小牛皮32厘米凯莉包,配镀钯金属件,2011年	32cm×22cm×16cm	70,204	香港苏富比	2022-04-15
海葵紫色DOBLIS麂皮KELLY CUT包附钯金配件	30cm×13cm×3cm	75,323	佳士得	2022-11-26
海葵紫色MAURICE及SWIFT小牛皮29厘米24/24包附黄金配件	29cm×24cm×14cm	55,623	佳士得	2022-11-26
海水蓝Epsom小牛皮30厘米柏金包,配镀钯金属件,2008年	30cm×22cm×16cm	64,804	香港苏富比	2022-04-15
海水蓝丝绒拼黑色Swift小牛皮24厘米Constance III包,配镀金金属件,2021年	24cm×18cm×7cm	151,210	香港苏富比	2022-04-15
海水蓝亚光鳄鱼皮32厘米凯莉包,配镀钯金属件,2013年	32cm×23cm×10.5cm	237,615	香港苏富比	2022-04-15
海洋蓝、海军蓝及宝石蓝Veau Doblis猄皮拼Swift小牛皮23厘米Roulis包,配镀钯金属件,2016年	23cm×21cm×7cm	41,042	香港苏富比	2022-04-15
海洋蓝色DOBLIS麂皮17厘米迷你VERROU包附钯金配件	17cm×12cm×4cm	46,352	佳士得	2022-11-26
罕见MONOGRAM圣诞装饰品收藏箱	50cm×80cm×50cm	347,646	佳士得	2022-11-26
罕见黄褐色BARÉNIA小牛皮及沼泽橡木22厘米木制凯莉包附钯金配件	22cm×19cm×8.5cm	1,296,086	佳士得	2022-05-23
罕见黄褐色BARÉNIA小牛皮及沼泽橡木22厘米木制凯莉包附钯金配件	22cm×19cm×8.5cm	753,234	佳士得	2022-11-26
罕见特别定制雾面白色喜马拉雅尼罗鳄鱼皮CONSTANCE ÉLAN包附钯金配件	25cm×13cm×7cm	811,175	佳士得	2022-11-26
罕见雾面白色喜马拉雅尼罗鳄鱼皮24厘米CONSTANCE包附钯金配件	24cm×19cm×7cm	702,046	佳士得	2022-05-23
罕见雾面白色喜马拉雅尼罗鳄鱼皮25厘米柏金包附钯金配件	25cm×19cm×14cm	1,512,100	佳士得	2022-05-23
罕见雾面白色喜马拉雅尼罗鳄鱼皮25厘米内缝凯莉包附钯金配件	25cm×19cm×9cm	1,404,093	佳士得	2022-05-23
罕见雾面白色喜马拉雅尼罗鳄鱼皮25厘米内缝凯莉包附钯金配件	25cm×19cm×9cm	1,506,468	佳士得	2022-11-26
罕见雾面白色喜马拉雅尼罗鳄鱼皮28厘米PLUME包附钯金配件	28cm×20cm×10cm	237,615	佳士得	2022-05-23
罕见雾面白色喜马拉雅尼罗鳄鱼皮25厘米柏金包附钯金配件	25cm×19cm×14cm	1,506,468	佳士得	2022-11-26
罕见雾面白色喜马拉雅尼罗鳄鱼皮30厘米柏金包附钯金配件	30cm×22cm×15cm	927,057	佳士得	2022-11-26

拍品名称	物品尺寸	成交价RMB	拍卖公司	拍卖日期
罕见雾面海军蓝色鳄鱼皮，深蓝色MADAME，橙色SWIFT，靛蓝色、深渊蓝色SOMBRERO及粉笔白色EPSOM牛皮20厘米外缝FAUBOURG柏金包附钯金配件	20cm×16cm×11cm	1,080,072	佳士得	2022-05-23
罕见雾面黄褐色BARÉNIA鳄鱼皮30厘米柏金包附钯金配件	30cm×22cm×15cm	702,046	佳士得	2022-05-23
罕见雾面水泥灰色鳄鱼皮，白色TOGO、SWIFT及SOMBRERO小牛皮，橙色及奶昔白色SWIFT小牛皮及雾霾蓝色CHÈVRE山羊皮20厘米外缝FAUBOURG柏金包附钯金配件	20cm×16cm×11cm	2,317,644	佳士得	2022-11-26
黑色Box小牛皮20厘米迷你凯莉包二代，配镀钯金属件，2018年	20cm×12cm×6cm	205,213	香港苏富比	2022-04-15
黑色Epsom小牛皮Kelly To Go长钱包，配镀钯金属件，2021年	20cm×1.5cm×11.5cm	59,403	香港苏富比	2022-04-15
黑色Swift小牛皮拼帆布35厘米Birkin Fray柏金包，2021年	35cm×25cm×17cm	194,412	香港苏富比	2022-04-15
黑色Tadelakt小牛皮Mangeoire Play水桶包，配镀金金属件，2020年	15cm×19.5cm	59,403	香港苏富比	2022-04-15
黑色Tadelakt小牛皮迷你Kelly Twilly凯莉包造型吊饰，配镀钯金属件，2021年	6.5cm×5.5cm×2.3cm	30,242	香港苏富比	2022-04-15
黑色Ardennes小牛皮32厘米Sellier外缝凯莉包，配镀金金属件，2001年	32cm×23cm×10cm	70,204	香港苏富比	2022-04-15
黑色BOX CALF小牛皮及蓝色帆布30厘米POTAMOS柏金包附钯金配件	30cm×22cm×15cm	110,088	佳士得	2022-11-26
黑色CALF BOX小牛皮34厘米KELLY DÉPÊCHES公文包附黄金配件	34cm×26cm×7.5cm	129,608	佳士得	2022-05-23
黑色Clemence牛皮22厘米Picotin Lock包，配镀金金属件，2021年	22cm×23cm×18cm	30,242	香港苏富比	2022-04-15
黑色Clemence牛皮29厘米Evelyne III包，配镀金金属件，2022年	29cm×30cm×10cm	28,081	香港苏富比	2022-04-15
黑色Clemence牛皮31厘米Halzan手袋，配镀钯金属件，2017年	31cm×20cm×10cm	28,081	香港苏富比	2022-04-15
黑色Epsom小牛皮28厘米Sellier外缝凯莉包，配镀金金属件，2016年	28cm×22cm×10cm	102,606	香港苏富比	2022-04-15
黑色Epsom小牛皮Constance Slim钱包，配镀金金属件，2021年	12.4cm×10.2cm×3cm	28,081	香港苏富比	2022-04-15
黑色EPSOM小牛皮CONSTANCE TO GO包附钯金配件	21cm×12cm×2cm	45,363	佳士得	2022-05-23
黑色EPSOM小牛皮KELLY TO GO包附钯金配件	20cm×12cm×2cm	41,042	佳士得	2022-05-23
黑色EPSOM小牛皮微型迷你柏金包附钯金配件	15cm×9cm×3cm	173,823	佳士得	2022-11-26
黑色SWIFT小牛皮KELLY CUT包附黄金配件	30cm×13cm×3cm	69,529	佳士得	2022-11-26
黑色SWIFT小牛皮KELLY DANSE包附黄金配件	21cm×17cm×7cm	118,807	佳士得	2022-05-23
黑色SWIFT小牛皮KELLY POCHETTE包附黄金配件	22cm×13cm×6cm	115,882	佳士得	2022-11-26
黑色TOGO小牛皮25厘米柏金包附玫瑰金配件	25cm×19cm×14cm	151,210	佳士得	2022-05-23
黑色Togo小牛皮30厘米柏金包，配镀钯金属件，2012年	30cm×22cm×16cm	91,806	香港苏富比	2022-04-15
黑色Togo小牛皮32厘米Retourne内缝凯莉包，配镀金金属件，2012年	32cm×23cm×10.5cm	81,005	香港苏富比	2022-04-15
黑色鳄鱼皮拼小羊皮手套，配镀钯手套夹		15,121	香港苏富比	2022-04-15
黑色亮面鳄鱼皮18厘米迷你Constance包，配镀玫瑰金金属件，2017年	18cm×14.5cm×4cm	216,014	香港苏富比	2022-04-15
黑色菱格纹Caviar牛皮CC Filigree小号化妆箱，配金色金属件，2019年	13cm×17cm×7cm	21,601	香港苏富比	2022-04-15
黑色菱格纹小羊皮化妆箱，配金色金属件，2021年	16cm×10cm×7.5cm	21,601	香港苏富比	2022-04-15
黑色鸵鸟皮Kelly Danse凯莉包，配金色金属件，2021年	17cm×22cm×7cm	205,213	香港苏富比	2022-04-15
黑色小牛皮大号2.55手袋，配镀金金属件，2012年	32cm×10cm×20cm	30,242	香港苏富比	2022-04-15
黑色亚光Porosus湾鳄鱼皮35厘米柏金包，配镀钯金属件，2003年	35cm×25cm×18cm	216,014	香港苏富比	2022-04-15
黑色亚光鳄鱼皮25厘米Retourné内缝凯莉包，具马仕定制马蹄印，配镀钯金属件，2019年	25cm×19cm×9cm	432,028	香港苏富比	2022-04-15
红木HELIOS皮革麻将组	43cm×10cm×43cm	81,005	佳士得	2022-05-23
红色Evercolor小牛皮25厘米Sellier外缝Halzan包，配镀金金属件，2021年	25cm×17cm×8cm	37,802	香港苏富比	2022-04-15
湖水绿色鳄鱼皮20厘米迷你凯莉包二代附黄金配件	20cm×14cm×6cm	405,587	佳士得	2022-11-26
琥珀黄拼泻湖蓝Epsom小牛皮Constance Compact钱包，配镀钯金属件，2018年	13cm×11.5cm×2.5cm	15,121	香港苏富比	2022-04-15
琥珀黄色CLÉMENCE小牛皮19厘米迷你LINDY包附黄金配件	19cm×12cm×9cm	75,323	佳士得	2022-11-26
琥珀黄色EPSOM小牛皮20厘米迷你凯莉包二代附黄金配件	20cm×14cm×6cm	172,811	佳士得	2022-05-23
琥珀黄色EPSOM小牛皮24厘米CONSTANCE包附黄金配件	24cm×19cm×7cm	81,005	佳士得	2022-05-23
花瓣粉色EPSOM小牛皮28厘米外缝凯莉包附黄金配件	28cm×20cm×10cm	140,409	佳士得	2022-05-23
灰绿色EPSOM小牛皮25厘米外缝柏金包附黄金配件	25cm×19cm×14cm	150,646	佳士得	2022-11-26
积雨云灰色EPSOM小牛皮25厘米外缝柏金包附黄金配件	25cm×19cm×14cm	173,823	佳士得	2022-11-26
积雨云灰色TOGO小牛皮25厘米凯莉包附黄金配件	25cm×19cm×9cm	139,058	佳士得	2022-11-26
渐变色蜥蜴皮拼海水蓝亚光鳄鱼皮18厘米迷你Roulis包，配镀钯金属件，2018年	18cm×15cm×6cm	102,606	香港苏富比	2022-04-15
金莲花色SWIFT小牛皮KELLY POCHETTE包附钯金配件	22cm×13cm×6cm	97,206	佳士得	2022-05-23
金属银色拼古铜色山羊皮25厘米柏金包，配镀钯金属件，2005年	25cm×20cm×13cm	918,061	香港苏富比	2022-04-15
金棕色Barenia Faubourg小牛皮30厘米柏金包，配镀金金属件，2021年	30cm×22cm×16cm	259,217	香港苏富比	2022-04-15
金棕色Epsom小牛皮Clic16钱包，配镀钯金属件，2021年	16cm×14cm×2cm	32,402	香港苏富比	2022-04-15
金棕色Epsom小牛皮Kelly To Go长钱包，配镀金金属件，2021年	20cm×1.5cm×11.5cm	51,843	香港苏富比	2022-04-15
金棕色Epsom小牛皮35厘米Sellier外缝柏金包，配镀金金属件，2020年	35cm×29cm×18cm	280,818	香港苏富比	2022-04-15
金棕色COURCHEVAL小牛皮35厘米外缝凯莉包附黄金配件	35cm×25cm×13cm	45,363	佳士得	2022-05-23
金棕色EPSOM小牛皮21厘米MOSAÏQUE AU 24包附精铜配件	21cm×20.5cm×2cm	44,035	佳士得	2022-11-26
金棕色EPSOM小牛皮24厘米CONSTANCE包附黄金配件	24cm×19cm×7cm	104,293	佳士得	2022-11-26
金棕色EPSOM小牛皮25厘米外缝柏金包附钯金配件	25cm×19cm×14cm	162,235	佳士得	2022-11-26
金棕色EPSOM小牛皮25厘米外缝凯莉包附黄金配件	25cm×19cm×9cm	162,235	佳士得	2022-11-26
金棕色EVERCOLOR小牛皮KELLY DANSE包附黄金配件	21cm×17cm×7cm	92,705	佳士得	2022-11-26
金棕色TAURILLON小牛皮HARNAIS床头灯	19cm×39cm×19cm	41,042	佳士得	2022-05-23
锦葵紫色CLÉMENCE小牛皮19厘米迷你LINDY包附钯金配件	19cm×12cm×9cm	75,323	佳士得	2022-11-26

2022杂项拍卖成交汇总(续表)

(成交价RMB：1万元以上)

拍品名称	物品尺寸	成交价RMB	拍卖公司	拍卖日期
锦葵紫色SWIFT小牛皮25厘米柏金包附玫瑰金配件	25cm×19cm×14cm	173,823	佳士得	2022-11-26
锦葵紫色SWIFT小牛皮KELLY CUT包附钯金配件	30cm×13cm×3cm	69,529	佳士得	2022-11-26
经典MONOGRAM帆布24厘米COFFRET TRESOR珠宝盒附铜配件	24cm×13cm×16.5cm	32,447	佳士得	2022-11-26
经典橘色Gulliver小牛皮Quelle Idole Kelly Doll包, 2009年	15cm×12cm×6cm	453,630	香港苏富比	2022-04-15
经典橘色Veau Doblis猄皮25厘米凯莉包, 配雾面镀金金属件, 2005年	25cm×19cm×9cm	81,005	香港苏富比	2022-04-15
九重葛红色EPSOM小牛皮35厘米柏金包附钯金配件	35cm×25cm×18cm	91,806	佳士得	2022-05-23
橘色Swift小牛皮15厘米迷你凯莉包, 配镀钯金金属件, 2011年	15cm×9cm×3cm	108,007	香港苏富比	2022-04-15
橘色39厘米Herbag Zip手袋, 配镀钯金属件, 2015年	39cm×32cm×14cm	12,960	香港苏富比	2022-04-15
卡萨克红色EPSOM小牛皮24厘米CONSTANCE包附黄金配件	24cm×19cm×7cm	81,005	佳士得	2022-11-26
卡萨克红色EPSOM小牛皮32厘米外缝凯莉包附黄金配件	32cm×23cm×10cm	129,608	佳士得	2022-11-26
莱姆黄色CLÉMENCE小牛皮19厘米迷你LINDY包附钯金配件	19cm×12cm×9cm	129,608	佳士得	2022-05-23
莱姆黄色EPSOM小牛皮35厘米柏金包附钯金配件	35cm×25cm×18cm	48,670	佳士得	2022-11-26
莱姆黄色EPSOM小牛皮28厘米外缝凯莉包附黄金配件	28cm×20cm×10cm	86,911	佳士得	2022-11-26
莱姆黄色SWIFT小牛皮KELLY POCHETTE包附黄金配件	22cm×13cm×4cm	104,293	佳士得	2022-11-26
蓝宝石色EPSOM小牛皮30厘米柏金包附黄金配件	30cm×22cm×15cm	115,882	佳士得	2022-11-26
蓝宝石色SWIFT小牛皮KELLY POCHETTE包附黄金配件	22cm×13cm×4cm	108,007	佳士得	2022-11-26
蓝色Swift小牛皮Dogon钱包及三个流苏吊饰	20cm×10.5cm×2cm	11,880	香港苏富比	2022-04-15
蓝色、红色及白色斜纹软呢垂盖手袋, 配银色金属件, 2015—2016年	32cm×25cm×14cm	23,761	香港苏富比	2022-04-15
蓝色及棕色MONOGRAM 50厘米KEEPALL BANDOULIÈRE包附银色配件	50cm×29cm×23cm	18,541	佳士得	2022-11-26
蓝色菱格纹小羊皮垂盖手袋, 配金色金属件, 2019年	23cm×14cm×6.5cm	45,363	香港苏富比	2022-04-15
蓝色牛仔布及小牛皮中号Gabrielle Hobo包, 配三色金属件, 2018年	28cm×20cm×9cm	28,081	香港苏富比	2022-04-15
亮面斑鸠灰色尼罗蜥蜴皮17厘米迷你VERROU CHAÎNE包附精铜配件	17cm×12cm×4cm	102,606	佳士得	2022-05-23
亮面宝石蓝色鳄鱼皮25厘米外缝凯莉包附黄金配件	25cm×19cm×9cm	347,646	佳士得	2022-05-23
亮面勃艮第河红色POROSUS湾鳄皮30厘米柏金包附黄金配件	30cm×22cm×15cm	216,014	佳士得	2022-05-23
亮面草坪绿色尼罗鳄鱼皮28厘米外缝凯莉包附钯金配件	28cm×20cm×10cm	254,940	佳士得	2022-05-23
亮面海军蓝尼罗鳄鱼皮28厘米外缝凯莉包附黄金配件	28cm×20cm×10cm	405,587	佳士得	2022-11-26
亮面海蓝色尼罗鳄鱼皮CONSTANCE ÉLAN包附钯金配件	25cm×13cm×7cm	173,823	佳士得	2022-11-26
亮面黑加仑色POROSUS湾鳄皮25厘米柏金包附黄金配件	25cm×19cm×14cm	405,587	佳士得	2022-05-23
亮面黑加仑色鳄鱼皮20厘米迷你凯莉包二代附黄金配件	20cm×14cm×6cm	648,043	佳士得	2022-05-23
亮面黑色鳄鱼皮24厘米CONSTANCE包附玫瑰金配件	24cm×19cm×7cm	172,811	佳士得	2022-05-23
亮面黑色鳄鱼皮25厘米外缝凯莉包附黄金配件	25cm×19cm×9cm	702,046	佳士得	2022-05-23
亮面黑色尼罗鳄鱼皮25厘米SELLIER凯莉包附黄金配件	25cm×19cm×9cm	405,587	佳士得	2022-11-26
亮面黑色尼罗蜥蜴皮25厘米柏金包附钯金配件	25cm×19cm×14cm	194,412	佳士得	2022-05-23
亮面黑色蜥蜴皮迷你KELLY TWILLY凯莉包挂饰附金色金属配件	6.5cm×cm5.5cm×2cm	46,170	保利香港	2022-07-11
亮面茴香绿色尼罗鳄鱼皮30厘米柏金包附钯金配件	30cm×22cm×15cm	345,623	佳士得	2022-05-23
亮面火红色POROSUS湾鳄皮20厘米迷你凯莉包附黄金配件	20cm×18cm×4cm	604,840	佳士得	2022-05-23
亮面极致粉色鳄鱼皮20厘米迷你凯莉包二代附钯金配件	20cm×14cm×6cm	347,646	佳士得	2022-11-26
亮面渐变色SALVATOR蜥蜴皮18厘米迷你CONSTANCE包附黄金配件	18cm×15cm×5cm	259,217	佳士得	2022-11-26
亮面渐变色SALVATOR蜥蜴皮18厘米迷你CONSTANCE包附黄金配件	18cm×15cm×5cm	185,411	佳士得	2022-11-26

拍品名称	物品尺寸	成交价RMB	拍卖公司	拍卖日期
亮面渐变色SALVATOR蜥蜴皮及深绿色17厘米迷你拼色MOSAÏQUE包附黄金配件	17cm×16cm×6cm	91,806	佳士得	2022-05-23
亮面酒红色鳄鱼皮18厘米迷你CONSTANCE包附钯金配件	18cm×15cm×5cm	139,058	佳士得	2022-11-26
亮面宝蓝石色尼罗蜥蜴皮KELLY POCHETTE包附钯金配件	22cm×13cm×6cm	162,235	佳士得	2022-11-26
亮面米黄色湾鳄皮35厘米柏金包附黄金配件	35cm×25cm×18cm	208,587	佳士得	2022-11-26
亮面深灰色尼罗鳄蜴皮18厘米迷你CONSTANCE包附钯金配件	18cm×15cm×5cm	196,999	佳士得	2022-11-26
亮面深绿色鳄鱼皮18厘米迷你CONSTANCE包附钯金配件	18cm×15cm×5cm	183,612	佳士得	2022-05-23
亮面深渊蓝色porosus湾鳄皮32厘米外缝凯莉包附钯金配件	32cm×23cm×10cm	194,412	佳士得	2022-05-23
亮面天方夜谭粉色鳄鱼皮18厘米迷你CONSTANCE包附玫瑰金配件	18cm×15cm×5cm	127,470	佳士得	2022-11-26
亮面仙人掌绿色鳄鱼皮24厘米CONSTANCE包附黄金配件	24cm×19cm×7cm	172,811	佳士得	2022-05-23
亮面羊皮纸色尼罗蜥蜴皮20厘米外缝迷你SHOULDER凯莉包附黄金配件	20cm×16cm×9cm	127,470	佳士得	2022-05-23
亮面紫罗兰色尼罗蜥蜴皮25厘米柏金包附钯金配件	25cm×19cm×14cm	280,818	佳士得	2022-05-23
亮面紫玫瑰色尼罗鳄鱼皮25厘米外缝凯莉包附黄金配件	25cm×19cm×9cm	345,623	佳士得	2022-05-23
亮面祖母绿色尼罗鳄鱼皮30厘米柏金包附黄金配件	30cm×22cm×15cm	280,818	佳士得	2022-05-23
硫黄色Epsom小牛皮35厘米柏金包, 配镀钯金属件, 2012年	35cm×25cm×18cm	70,204	香港苏富比	2022-04-15
路易斯威登2021帆布印花PETIT SAC PLAT包	14cm×17cm×5cm	10,260	保利香港	2022-07-11
路易威登Monogram帆布Nano Speedy, 配金色金属件, 2022年		10,844	香港苏富比	2022-10-13
路易威登限量版Dark Monogram Ink帆布Upside Down50厘米Keepall Bandoulière旅行袋, 配粉红色金属件, 2018年		18,263	香港苏富比	2022-10-13
路易威登限量版Jeff Koons Masters Rubens50厘米Keepall Bandoulière旅行袋, 配蓝色金属件, 2017年		19,404	香港苏富比	2022-10-13
麻绳灰色CHÈVRE山羊皮20厘米迷你SHOULDER凯莉包附钯金配件	20cm×16cm×9cm	151,210	佳士得	2022-05-23
麻绳灰色CLÉMENCE小牛皮19厘米迷你LINDY包附钯金配件	19cm×12cm×9cm	86,405	佳士得	2022-05-23
麻绳灰色EPSOM小牛皮18厘米迷你CONSTANCE包附玫瑰金配件	18cm×15cm×5cm	129,608	佳士得	2022-05-23
麻绳灰色EPSOM小牛皮20厘米迷你凯莉包二代附黄金配件	20cm×14cm×6cm	162,010	佳士得	2022-05-23
麻绳灰色TOGO小牛皮25厘米柏金包附黄金配件	25cm×19cm×14cm	194,412	佳士得	2022-11-26
摩洛哥马赛克蓝及玛瑙蓝Swift小牛皮Quelle Idole Kelly Doll包, 配镀钯金属件, 2019年	16cm×12cm×7cm	518,434	香港苏富比	2022-04-15
墨水蓝亮面Porosus湾鳄鱼皮30厘米柏金包, 配镀金金属件, 2015年	30cm×22cm×16cm	280,818	香港苏富比	2022-04-15
牡丹红色Togo小牛皮25厘米凯莉包, 配镀钯金属件, 2015年	25cm×18cm×9cm	108,007	香港苏富比	2022-04-15
木兰粉色EPSOM小牛皮20厘米迷你凯莉包二代附黄金配件	20cm×14cm×6cm	108,007	佳士得	2022-05-23
奶茶色EPSOM小牛皮20分公迷你凯莉包二代附黄金配件	20cm×14cm×6cm	196,999	佳士得	2022-11-26
奶茶色TOGO小牛皮25厘米柏金包附黄金配件	25cm×19cm×14cm	185,411	佳士得	2022-11-26
奶茶色TOGO小牛皮25厘米内缝凯莉包附黄金配件	25cm×19cm×9cm	185,411	佳士得	2022-11-26
奶昔白色EPSOM小牛皮27厘米BOLIDE包附黄金配件	27cm×20cm×10cm	63,735	佳士得	2022-11-26
奶昔白色SWIFT小牛皮26厘米LINDY包附钯金配件	26cm×18cm×14cm	54,003	佳士得	2022-05-23
奶油白色Clemence牛皮迷你Amazon Evelyne TPM肩背包, 配镀金金属件, 2021年	16cm×17.8cm×5cm	30,242	香港苏富比	2022-04-15
奶油白色Swift小牛皮25厘米 Retourne内缝In & Out凯莉包, 配镀钯金属件, 2021年	25cm×19cm×9cm	237,615	香港苏富比	2022-04-15
奶油白色CHÈVRE山羊皮GETA包附钯金配件	21.5cm×13cm×5cm	48,670	佳士得	2022-11-26
奶油白色SWIFT小牛皮25厘米内缝凯莉包附钯金配件	25cm×19cm×9cm	127,470	佳士得	2022-11-26

拍品名称	物品尺寸	成交价RMB	拍卖公司	拍卖日期
奶油白色SWIFT小牛皮KELLY CUT包附黄金配件	30cm×13cm×3cm	91,806	佳士得	2022-05-23
奶油白色SWIFT小牛皮KELLY POCHETTE包附黄金配件	22cm×13cm×6cm	151,210	佳士得	2022-05-23
奶油白色拼金棕色Epsom小牛皮20厘米迷你凯莉包二代,具爱马仕定制马蹄印,镀淡金金属件,2021年	20cm×12cm×6cm	259,217	香港苏富比	2022-04-15
奶油白色拼金棕色Evercolor小牛皮25厘米Retourne内缝凯莉包,具爱马仕定制马蹄印,配淡金色Permabrass金属件,2019年	25cm×19cm×9cm	205,213	香港苏富比	2022-04-15
奶油白色山羊皮Geta肩背包,配镀钯金属件,2021年	20cm×15cm×7cm	51,843	香港苏富比	2022-04-15
奶油白色山羊皮迷你Bolide1923手袋,配镀钯金属件,2021年	18cm×13.5cm×7.5cm	70,204	香港苏富比	2022-04-15
奶油白色鸵鸟皮19厘米迷你LINDY包附黄金配件	19cm×12cm×9cm	118,807	佳士得	2022-05-23
嫩芽黄色CHÈVRE山羊皮18厘米迷你CONSTANCE包附钯金配件	18cm×15cm×5cm	108,007	佳士得	2022-11-26
嫩芽色山羊皮18厘米Constance包,配镀金金属件,2021年	18cm×14.5cm×4cm	108,007	香港苏富比	2022-04-15
嫩芽色山羊皮迷你Bolide1923手袋,配镀金金属件,2021年	18cm×13.5cm×7.5cm	54,003	香港苏富比	2022-04-15
黏土灰拼大象灰Swift小牛皮Ghillies牛津花边35厘米凯莉包,配镀钯金属件,2012年	35cm×24cm×12cm	91,806	香港苏富比	2022-04-15
牛油果绿色EPSOM小牛皮25厘米外缝凯莉包附黄金配件	25cm×19cm×9cm	259,217	佳士得	2022-05-23
牛油果绿色SWIFT小牛皮18厘米迷你ROULIS包附精钢配件	18cm×15cm×6cm	63,735	佳士得	2022-11-26
泡泡粉色鸵鸟皮CONSTANCE TO GO包附钯金配件	21cm×12cm×2cm	104,293	佳士得	2022-11-26
泡泡糖粉色鸵鸟皮19厘米迷你LINDY包附钯金配件	19cm×12cm×9cm	139,058	佳士得	2022-11-26
葡萄紫色TOGO小牛皮40厘米柏金包附钯金配件	40cm×32cm×20cm	59,403	佳士得	2022-05-23
普鲁士蓝Clemence牛皮30厘米柏金包,配镀钯金属件,2010年	30cm×22cm×16cm	70,204	香港苏富比	2022-04-15
浅蓝色Clemence牛皮18厘米Picotin Lock包,配镀钯金属件,2021年	18cm×18cm×13cm	37,802	香港苏富比	2022-04-15
青柠色Swift小牛皮30厘米柏金包,配镀钯金属件,2011年	30cm×22cm×16cm	75,605	香港苏富比	2022-04-15
桑给巴尔海岛蓝Evercolor小牛皮Constance to Go长钱包,配镀钯金金属件,2021年	20.5cm×13cm×3cm	51,843	香港苏富比	2022-04-15
珊瑚蓝色EPSOM小牛皮30厘米柏金包附黄金配件	30cm×22cm×15cm	110,088	佳士得	2022-11-26
珊瑚蓝色SWIFT小牛皮19厘米迷你LINDY附黄金配件	19cm×12cm×9cm	75,323	佳士得	2022-11-26
深灰色亮面尼罗河鳄鱼皮Jige Elan手拿包,2013年	29cm×14.5cm×2.5cm	54,003	香港苏富比	2022-04-15
深蓝、黑色Casaque及红色Epsom小牛皮20厘米迷你凯莉包二代,配镀金金属件,2021年	20cm×16cm×10cm	194,412	香港苏富比	2022-04-15
深蓝Swift小牛皮拼渐变色蜥蜴皮Jige Elan手拿包,2018年	29cm×15cm×2cm	28,081	香港苏富比	2022-04-15
深蓝色CLÉMENCE小牛皮26分公LINDY包附黄金配件	26cm×18cm×14cm	63,735	佳士得	2022-11-26
深蓝色SWIFT小牛皮KELLY POCHETTE包附黄金配件	22cm×13cm×6cm	104,293	佳士得	2022-11-26
深蓝色TOGO小牛皮50厘米VOYAGE HAC包附钯金配件	50cm×41cm×26cm	57,941	佳士得	2022-11-26
深绿色Togo小牛皮30厘米柏金包,配镀金金属件,2012年	30cm×22cm×16cm	118,807	香港苏富比	2022-04-15
深邃蓝色EVERCOLOR小牛皮KELLY DANSE包附钯金配件	21cm×17cm×7cm	98,499	佳士得	2022-11-26
深蓝色山羊皮20厘米迷你凯莉包二代,配镀钯金金属件,2021年	20cm×16cm×10cm	183,612	香港苏富比	2022-04-15
圣杯蓝色CLÉMENCE小牛皮28厘米内缝凯莉包附黄金配件	28cm×20cm×10cm	104,293	佳士得	2022-11-26
圣路易制作手工水晶及黑木FOLIA便携式座灯	15.4cm×29cm	21,601	佳士得	2022-05-23
圣路易制作手工水晶及黑木FOLIA便携式座灯	15.4cm×29cm	18,541	佳士得	2022-11-26
石墨色小牛皮拼鳄鱼皮Petit H机器人造型手袋,配淡金色Permabrass及镀钯金属件,2019年	12cm×12cm×12cm	216,014	香港苏富比	2022-04-15
时装表演系列MÉTIERS D'ART巴黎-纽约工坊系列金色鳄鱼皮纹迷你经典双层口盖包附金色配件	20cm×12cm×6cm	75,323	佳士得	2022-11-26
时装表演系列黑色合成树脂及水晶火箭晚宴包	11cm×14cm×11cm	129,608	佳士得	2022-05-23
时装表演系列黑色合成树脂猫头鹰晚宴包附金色配件	16.5cm×16.5cm×4.5cm	108,007	佳士得	2022-05-23
鼠尾草灰绿色Clemence牛皮25厘米Halzan手袋,配镀金金属件,2021年	25cm×17cm×7.9cm	48,603	香港苏富比	2022-04-15
鼠尾草灰绿色Togo小牛皮25厘米柏金包,配镀金金属件,2021年	25cm×20cm×13cm	194,412	香港苏富比	2022-04-15
树莓红色拼芝麻色Swift小牛皮In-The-Loop腰包,配镀钯金属件,2021年	19cm×13cm×4cm	34,562	香港苏富比	2022-04-15
树莓红色山羊皮18厘米Constance包,配镀钯金属件,2021年	18cm×15cm×4cm	108,007	香港苏富比	2022-04-15
水泥灰色TOGO小牛皮25厘米柏金包附钯金配件	25cm×19cm×14cm	150,646	佳士得	2022-11-26
水泥灰色鸵鸟皮20厘米迷你凯莉二代附黄金配件	20cm×14cm×6cm	278,117	佳士得	2022-11-26
松柏绿Togo小牛皮28厘米Retourne内缝凯莉包,配镀金金属件,2019年	28cm×22cm×10cm	108,007	香港苏富比	2022-04-15
太阳黄色Clemence牛皮40厘米HAC包,配镀金金属件,2009年	40cm×40cm×23cm	108,007	香港苏富比	2022-04-15
糖果粉色OSTRICH鸵鸟皮28厘米外缝凯莉包附钯金配件	28cm×20cm×10cm	162,010	佳士得	2022-05-23
桃粉色鸵鸟皮24厘米CONSTANCE包附钯金配件	24cm×19cm×7cm	98,499	佳士得	2022-11-26
陶土色鸵鸟皮28厘米外缝凯莉包附黄金配件	28cm×20cm×10cm	139,058	佳士得	2022-11-26
陶土色鸵鸟皮30厘米柏金包附钯金配件	30cm×22cm×15cm	172,811	佳士得	2022-05-23
特别定制DAMIER日式茶道收藏箱	710cm×660cm×240cm	521,469	佳士得	2022-11-26
特别定制MONOGRAM腕表收藏箱	55cm×114cm×55cm	518,434	佳士得	2022-11-26
特别定制爱心红色及迷魂绿色EPSOM小牛皮28厘米外缝凯莉包附黄金配件	28cm×20cm×10cm	129,608	佳士得	2022-11-26
特别定制白色及风衣灰色EVERCOLOR小牛皮28厘米内缝凯莉包附精钢配件	28cm×20cm×10cm	127,470	佳士得	2022-11-26
特别定制白色及黑色EPSOM小牛皮25厘米外缝凯莉包附雾面黄金配件	25cm×19cm×9cm	185,411	佳士得	2022-11-26
特别定制电光蓝及孔雀蓝EPSOM小牛皮24厘米CONSTANCE附玫瑰金配件	24cm×19cm×7cm	81,117	佳士得	2022-11-26
特别定制电光蓝色及靛蓝色CHÈVRE山羊皮20厘米迷你凯莉包二代附黄金配件		139,058	佳士得	2022-11-26
特别定制靛蓝色及孔雀绿色EPSOM小牛皮,缇香绿色CHÈVRE山羊皮28厘米KELLYGRAPHIE LETTRE N凯莉包附钯金配件	28cm×20cm×10cm	196,999	佳士得	2022-11-26
特别定制杜鹃粉色EPSOM小牛皮CONSTANCE ELAN包附钯金配件	23cm×13cm×7cm	69,529	佳士得	2022-11-26
特别定制风衣灰色及电光蓝色EPSOM小牛皮28厘米外缝凯莉包附雾面黄金配件	28cm×20cm×10cm	183,612	佳士得	2022-05-23
特别定制海葵紫色及电光蓝色TOGO小牛皮30厘米柏金包附雾面黄金配件	30cm×22cm×15cm	118,807	佳士得	2022-11-26
特别定制海葵紫色及靛蓝色EPSOM牛皮25厘米外缝凯莉包附雾面钯金配件	25cm×19cm×9cm	140,409	佳士得	2022-05-23
特别定制黑色及白色CLÉMENCE小牛皮45厘米SHOULDER柏金包附钯金配件	45cm×28cm×19cm	81,117	佳士得	2022-11-26
特别定制黑色及奶昔白色EPSOM小牛皮25厘米外缝凯莉包附精钢配件	25cm×19cm×9cm	162,235	佳士得	2022-11-26
特别定制黑色及奶油白色EPSOM小牛皮25厘米外缝凯柏金包附雾面黄金配件	25cm×19cm×14cm	231,764	佳士得	2022-11-26
特别定制花瓣粉色、小鸡黄色及芙烈达添柏绿色EPSOM小牛皮30厘米柏金包附雾面钯金配件	30cm×22cm×15cm	231,764	佳士得	2022-11-26
特别定制金黄色及唇育粉色EPSOM小牛皮25厘米柏金包附雾面黄金配件	25cm×19cm×14cm	127,470	佳士得	2022-11-26

2022杂项拍卖成交汇总(续表)

(成交价RMB：1万元以上)

拍品名称	物品尺寸	成交价RMB	拍卖公司	拍卖日期
特别定制金棕色及琥珀黄色EPSOM小牛皮18厘米迷你CONSTANCE包附精铜配件	18cm×15cm×5cm	140,409	佳士得	2022-05-23
特别定制卡萨克红色及珍珠灰色30厘米CHÈVRE山羊皮柏金包附雾面钯金配件	30cm×22cm×15cm	81,117	佳士得	2022-11-26
特别定制亮面琥珀黄色及裸沙色鳄鱼皮25厘米外缝柏金包附雾面黄金配件	25cm×19cm×9cm	777,651	佳士得	2022-05-23
特别定制亮面渐变色SALVATOR蜥蜴皮微型迷你CONSTANCE包附钯金配件	13cm×10cm×3cm	324,021	佳士得	2022-05-23
特别定制玛瑙灰色及鸢尾花蓝色鸵鸟皮25厘米柏金包附雾面黄金配件	25cm×19cm×14cm	259,217	佳士得	2022-05-23
特别定制奶昔白及金黄色EPSOM小牛皮20厘米迷你凯莉包二代附精铜配件	20cm×14cm×6cm	216,014	佳士得	2022-05-23
特别定制奶油白色及风衣灰色EPSOM小牛皮20厘米迷你凯莉包二代附黄金配件	20cm×14cm×6cm	216,014	佳士得	2022-05-23
特别定制奶油白色及风衣灰色EPSOM小牛皮30厘米柏金包附精铜配件	30cm×22cm×15cm	194,412	佳士得	2022-05-23
特别定制奶油白色及灰棕色EPSOM小牛皮20厘米迷你凯莉包二代附黄金配件	20cm×14cm×6cm	196,999	佳士得	2022-11-26
特别定制帕尔玛紫色及阿兹提克蓝色CHÈVRE山羊皮28厘米内缝凯莉包附钯金配件	28cm×20cm×10cm	140,409	佳士得	2022-05-23
特别定制水蓝色及孔雀蓝色CHÈVRE山羊皮25厘米外缝凯莉包附雾面黄金配件	25cm×19cm×9cm	115,882	佳士得	2022-11-26
特别定制水泥灰色及大象灰色鸵鸟皮20厘米迷你凯莉包二代附精铜配件	20cm×14cm×6cm	231,764	佳士得	2022-11-26
特别定制提香绿色及维洛纳绿色鸵鸟皮28厘米外缝凯莉包附精铜配件	28cm×20cm×10cm	185,411	佳士得	2022-11-26
特别定制雾面柏树绿色及黑色鳄鱼皮25厘米内缝凯莉包附黄金配件	25cm×19cm×9cm	432,028	佳士得	2022-05-23
特别定制雾面黑色鳄鱼皮及鲜红色SWIFT小牛皮QUELLE IDOLE包附钯金配件	15cm×12cm×6cm	1,404,093	佳士得	2022-05-23
特别定制雾面金盏花黄色及珍珠灰色鳄鱼皮25厘米内缝凯莉包附雾面黄金配件	25cm×19cm×9cm	486,705	佳士得	2022-11-26
特别定制雾面孔雀石绿色及斑鸠灰色鳄鱼皮25厘米内缝凯莉包附精铜配件	25cm×19cm×9cm	324,470	佳士得	2022-11-26
特别定制雾面珍珠灰色及黑色鳄鱼皮20厘米迷你凯莉包二代附黄金配件	20cm×14cm×6cm	648,043	佳士得	2022-11-26
特别定制雾面珍珠灰色及黑色鳄鱼皮25厘米内缝凯莉包附雾面黄金配件	25cm×19cm×9cm	637,352	佳士得	2022-11-26
特别定制雾面珍珠灰色及石墨色鳄鱼皮30厘米柏金包附雾面钯金配件	30cm×22cm×15cm	486,705	佳士得	2022-11-26
特别定制锡器灰色及珍珠灰色CLÉMENCE小牛皮30厘米柏金包附雾面钯金配件	30cm×22cm×15cm	151,210	佳士得	2022-05-23
特别定制锡器灰色、黑色及斑鸠灰色CLÉMENCE小牛皮40厘米柏金包附钯金配件	40cm×32cm×20cm	81,117	佳士得	2022-05-23
特别定制野餐天文望远镜收藏箱，由MR. PATRICK LOUIS VUITTON和私人收藏家共同设计	99cm×47cm×71cm	345,623	佳士得	2022-05-23
特别定制樱花粉色、花瓣粉色及5P粉色CHÈVRE山羊皮30厘米柏金包附黄金配件	30cm×22cm×15cm	151,210	佳士得	2022-05-23
特别定制樱花粉色及珍珠灰色CHÈVRE山羊皮28厘米外缝凯莉包附雾面黄金配件	28cm×20cm×10cm	183,612	佳士得	2022-05-23
特别定制珍珠灰色及海葵紫色CHÈVRE山羊皮25厘米柏金包附雾面钯金配件	25cm×19cm×14cm	231,764	佳士得	2022-11-26
特别定制珍珠灰色及金莲花色CHÈVRE山羊皮20厘米迷你凯莉包二代附精铜配件	20cm×14cm×6cm	150,646	佳士得	2022-11-26
特别定制芝麻色及莱姆黄色SWIFT小牛皮KELLY POCHETTE包附精铜配件	22cm×13cm×6cm	129,608	佳士得	2022-05-23
提香绿色鸵鸟皮30厘米柏金包，配镀金金属件，2020年	30cm×22cm×16cm	216,014	香港苏富比	2022-04-15
天方夜谭粉色尼罗鳄鱼皮25厘米柏金包附黄金配件	25cm×19cm×14cm	378,025	佳士得	2022-05-23
天空蓝色EPSOM小牛皮20厘米迷你凯莉包二代附黄金配件	20cm×14cm×6cm	162,235	佳士得	2022-11-26
天然母牛皮35厘米柏金包附黄金配件	35cm×25cm×18cm	86,405	佳士得	2022-05-23
天然色TAURILLON小牛皮及柳条PASSFOLIA野餐篮子	篮子50cm×30cm；甜点盘直径27cm	46,352	佳士得	2022-11-26
天然沙滩色BUTLER小牛皮20厘米迷你凯莉包附黄金配件	20cm×14cm×6cm	226,815	佳士得	2022-05-23
铁灰色EPSOM小牛皮28厘米外缝凯莉包附黄金配件	28cm×20cm×10cm	115,882	佳士得	2022-11-26
威玛尔米色EVERCOLOR小牛皮及大象灰色SWIFT小牛皮迷你24/24包附黄金配件	21cm×16cm×10.5cm	63,735	佳士得	2022-05-23
威玛尔米色EVERCOLOR小牛皮及麻绳灰色SWIFT小牛皮迷你24/24包附黄金配件	21cm×16cm×10.5cm	81,005	佳士得	2022-05-23
午夜蓝色TOGO小牛皮30厘米柏金包附黄金配件	30cm×22cm×15cm	150,646	佳士得	2022-11-26
雾蓝色Epsom小牛皮20厘米迷你凯莉包二代，配镀钯金属件，2021年	20cm×12cm×6cm	216,014	香港苏富比	2022-04-15
雾霾蓝色SWIFT小牛皮KELLY POCHETTE包附钯金配件	22cm×13cm×6cm	110,088	佳士得	2022-11-26
雾面冰川白色EPSOM小牛皮20厘米迷你凯莉包二代附钯金配件		486,032	佳士得	2022-05-23
雾面波尔多酒红色鳄鱼皮30厘米柏金包附黄金配件	30cm×22cm×15cm	421,228	佳士得	2022-05-23
雾面黑色POROSUS湾鳄鱼皮30厘米柏金包附黄金配件	30cm×22cm×15cm	324,021	佳士得	2022-05-23
雾面黑色鳄鱼皮20厘米迷你凯莉包二代附黄金配件	20cm×14cm×6cm	378,025	佳士得	2022-05-23
雾面灰色鳄鱼皮30 MONTAIGNE包附金色配件	24cm×17cm×8cm	69,529	佳士得	2022-11-26
雾面姜饼色鳄鱼皮18厘米迷你ROULIS包附精铜配件	18cm×15cm×6cm	108,007	佳士得	2022-05-23
雾面金盏花黄色鳄鱼皮32厘米内缝凯莉包附钯金配件	32cm×23cm×10cm	302,420	佳士得	2022-05-23
雾面九重葛红色鳄鱼皮22厘米KELLY ADO包附钯金配件	22cm×22cm×10cm	205,213	佳士得	2022-05-23
雾面九重葛红色鳄鱼皮35厘米柏金包附黄金配件	35cm×25cm×18cm	237,615	佳士得	2022-05-23
雾面琉璃蓝色鳄鱼皮25厘米内缝凯莉包附黄金配件	25cm×19cm×9cm	382,411	佳士得	2022-11-26
雾面嫩芽黄色鳄鱼皮20厘米迷你凯莉包二代附黄金配件	20cm×14cm×6cm	324,021	佳士得	2022-05-23
雾面水绿色鳄鱼皮20厘米迷你凯莉包二代附黄金配件	20cm×14cm×6cm	518,434	佳士得	2022-05-23
雾面水泥灰色鳄鱼皮18厘米迷你CONSTANCE包附黄金配件	18cm×15cm×6cm	278,117	佳士得	2022-11-26
雾面驼色鳄鱼皮中码LADY DIOR包附金色及水晶配件	24cm×21cm×12cm	75,605	佳士得	2022-05-23
雾面香草色鳄鱼皮25厘米柏金包附黄金配件	25cm×19cm×14cm	463,528	佳士得	2022-11-26
雾面荧光粉色鳄鱼皮25厘米柏金包附黄金配件	25cm×19cm×14cm	378,025	佳士得	2022-05-23
雾面紫水晶色鳄鱼皮18厘米迷你CONSTANCE包附黄金配件	18cm×15cm×5cm	237,615	佳士得	2022-05-23
西红柿红色Swift小牛皮25厘米柏金包，配镀钯金属件，2016年	25cm×20cm×13cm	97,206	香港苏富比	2022-04-15
锡灰色Epsom小牛皮28厘米Sellier外缝凯莉包，配镀金金属件，2018年	28cm×19cm×20cm	172,811	香港苏富比	2022-04-15
锡器灰色EVERCOLOR小牛皮KELLY DANSE包附黄金配件	21cm×17cm×7cm	151,210	佳士得	2022-05-23
锡器灰色TOGO及SWIFT小牛皮29厘米24/24附钯金配件	29cm×24cm×14cm	64,804	佳士得	2022-05-23
锡器灰色TOGO小牛皮28厘米内缝凯莉包附黄金配件	28cm×20cm×10cm	115,882	佳士得	2022-11-26
锡器灰色TOGO小牛皮40厘米柏金包附黄金配件	40cm×32cm×20cm	129,608	佳士得	2022-05-23
潟湖蓝Clemence牛皮18厘米Picotin Lock包，配镀钯金属件，2016年	18cm×19cm×13.5cm	17,281	香港苏富比	2022-04-15
潟湖蓝Togo小牛皮25厘米柏金包，配镀钯金属件，2015年	25cm×20cm×13cm	162,010	香港苏富比	2022-04-15

2022杂项拍卖成交汇总(续表)

(成交价RMB: 1万元以上)

拍品名称	物品尺寸	成交价RMB	拍卖公司	拍卖日期
潟湖蓝Togo小牛皮35厘米柏金包,配镀金金属件,2015年	35cm×25cm×18cm	81,005	香港苏富比	2022-04-15
限量版Clemence牛皮30厘米Arlequin柏金包,配镀钯金金属件,2013年	30cm×22cm×16cm	91,806	香港苏富比	2022-04-15
限量版CAVALCADOUR图案TOILE DE CAMP帆布及黑色SWIFT小牛皮32厘米外缝莉莉包附钯金配件	32cm×23cm×10cm	140,409	佳士得	2022-05-23
限量版Menthe薄荷绿Swift小牛皮Circuit 24 Faubourg印花迷你Roulis包,配镀钯金属件,2021年	18cm×15cm×6cm	81,005	香港苏富比	2022-04-15
限量版Rose Azalee粉红色Swift小牛皮Marble Silk印花24厘米Constance包,配镀钯金金属件,2021年	24cm×19cm×4cm	162,010	香港苏富比	2022-04-15
限量版爱马仕红色及乌木色SWIFT小牛皮QUELLE IDOLE包附钯金配件	15cm×12cm×6cm	259,217	佳士得	2022-05-23
限量版爱心红色、极致粉色及尚西巴岛蓝色EPSOM小牛皮20厘米迷你CASAQUE凯莉包二代附钯金配件	20cm×14cm×6cm	324,021	佳士得	2022-05-23
限量版爱心红色、极致粉色及尚西巴岛蓝色EPSOM小牛皮30厘米外缝柏金包附钯金配件	30cm×22cm×15cm	172,811	佳士得	2022-05-23
限量版爱心红色、芙烈达蓝色及爱马仕红色SWIFT小牛皮18厘米EPERON D'OR ROULIS包附精铜配件	18cm×15cm×6cm	63,735	佳士得	2022-11-26
限量版爱心红色、极致粉色及圣西巴岛蓝色EPSOM小牛皮20厘米迷你凯莉包二代附钯金配件	20cm×14cm×6cm	185,411	佳士得	2022-11-26
限量版白色SWIFT小牛皮及柳条迷你PICNIC凯莉包附钯金配件	18.5cm×13.5cm×7cm	440,352	佳士得	2022-11-26
限量版柏树绿色SWIFT小牛皮及亮面黑色鳄鱼皮TOUCH QUELLE IDLOE包附钯金配件	15cm×12cm×6cm	463,528	佳士得	2022-11-26
限量版薄荷绿色SWIFT小牛皮及柳条25厘米PICNIC柏金包附钯金配件	25cm×19cm×14cm	463,528	佳士得	2022-11-26
限量版北方蓝色SWIFT小牛皮及柳条迷你PICNIC凯莉包附钯金配件	18.5cm×13.5cm×7cm	918,061	佳士得	2022-05-23
限量版饼干色SWIFT小牛皮25厘米IN & OUT柏金包附钯金配件	25cm×19cm×14cm	205,213	佳士得	2022-05-23
限量版橙色及乌木色SWIFT小牛皮QUELLE IDOLE包附钯金配件	15cm×12cm×7cm	289,705	佳士得	2022-05-23
限量版赤铁红色SWIFT小牛皮24厘米MARBLE LOCK CONSTANCE包附珐琅及钯金配件	24cm×19cm×7cm	75,323	佳士得	2022-11-26
限量版大象灰色SWIFT小牛皮25厘米SHADOW柏金包附钯金配件	25cm×19cm×14cm	196,999	佳士得	2022-11-26
限量版单宁帆布及黑色EVERCALF小牛皮35厘米GHILLIES柏金包附雾面钯金配件	35cm×25cm×18cm	140,409	佳士得	2022-05-23
限量版靛蓝色、黑色及芙烈达蓝色EPSOM小牛皮30厘米外缝CASAQUE柏金包附黄金配件	30cm×22cm×15cm	196,999	佳士得	2022-11-26
限量版靛蓝色、黑色及石榴红色EPSOM小牛皮20厘米迷你凯莉包二代附黄金配件	20cm×14cm×6cm	220,176	佳士得	2022-11-26
限量版朴瑞粉色及芝麻色CLEMENCE小牛皮18厘米CASAQUE PICOTIN LOCK包附钯金配件	18cm×18cm×14cm	23,176	佳士得	2022-11-26
限量版芙烈达蓝色、宝石蓝色及马鞍红色EPSOM小牛皮30厘米彩虹BOLIDE 1923包附钯金配件	30cm×25cm×12cm	69,529	佳士得	2022-11-26
限量版覆盆子色SWIFT小牛皮及柳条25厘米PICNIC柏金包附钯金配件	25cm×19cm×14cm	648,043	佳士得	2022-05-23
限量版格纹帆布及芝麻色SWIFT小牛皮28厘米外缝凯莉包附钯金配件	28cm×20cm×10cm	173,823	佳士得	2022-11-26
限量版海军蓝色帆布及黑色EVERCOLOR小牛皮40厘米CARGO HAC柏金包附钯金配件	40cm×43cm×25cm	173,823	佳士得	2022-11-26
限量版黑色CALF BOX小牛皮35厘米SO BLACK内缝凯莉包附黑色PVD配件	35cm×25cm×13cm	208,587	佳士得	2022-11-26
限量版黑色MONSIEUR小牛皮UN POINT SUR DEUX 28厘米外缝凯莉包附钯金配件	28cm×20cm×10cm	345,623	佳士得	2022-11-26
限量版黑色SWIFT小牛皮18厘米迷你CONSTANCE包附彩色珐琅配件	18cm×15cm×5cm	118,807	佳士得	2022-05-23
限量版黑色SWIFT小牛皮24厘米MARBLE LOCK CONSTANCE包附珐琅及钯金配件	24cm×19cm×7cm	92,705	佳士得	2022-11-26
限量版黑色SWIFT小牛皮25厘米外缝PADDED凯莉包附黄金配件	25cm×19cm×9cm	162,235	佳士得	2022-11-26
限量版黑色SWIFT小牛皮35厘米SHADOW柏金包附钯金配件	35cm×25cm×18cm	150,646	佳士得	2022-11-26
限量版黑色SWIFT小牛皮及BERLINE帆布32厘米外缝莉莉包附钯金配件	32cm×23cm×10cm	118,807	佳士得	2022-05-23
限量版黑色SWIFT小牛皮及TOILE H BERLINE帆布24厘米CONSTANCE包附钯金配件	24cm×19cm×7cm	97,206	佳士得	2022-05-23
限量版黑色SWIFT小牛皮及TWILL H帆布35厘米FRAY FRAY柏金包附钯金配件	35cm×25cm×18cm	140,409	佳士得	2022-05-23
限量版黑色TOGO小牛皮40厘米WESTERN HAC包附钯金配件	40cm×36cm×24cm	115,882	佳士得	2022-11-26
限量版黑色TOGO小牛皮45厘米CHIMERES DRAGON BOLIDE1923包附钯金配件	45cm×38cm×24cm	104,293	佳士得	2022-11-26
限量版黑色帆布及SWIFT小牛皮25厘米CARGO柏金包附钯金配件	25cm×19cm×14cm	378,025	佳士得	2022-05-23
限量版黑色帆布及SWIFT小牛皮25厘米CARGO柏金包附钯金配件	25cm×19cm×14cm	301,293	佳士得	2022-11-26
限量版黑色及巧克力色GULLIVER小牛皮QUELLE IDOLE包附钯金配件	15cm×12cm×6cm	302,420	佳士得	2022-05-23
限量版金莲花色SWIFT小牛皮及丝质20厘米"天堂午憩"2002包附钯金配件	20cm×19cm×6cm	44,035	佳士得	2022-11-26
限量版金棕色DOBLIS麂皮及SWIFT小牛皮26厘米GRIZZLY LINDY包附黄金配件	26cm×18cm×14cm	57,941	佳士得	2022-11-26
限量版金棕色EPSOM牛皮、金莲花色CHÈVRE山羊皮及爱马仕红色SOMBRERO小牛皮28厘米KELLYGRAPHIE LETTRE H凯莉包附钯金配件	28cm×20cm×10cm	162,235	佳士得	2022-11-26
限量版金棕色SWIFT小牛皮25厘米SHADOW柏金包附钯金配件	25cm×19cm×14cm	324,021	佳士得	2022-05-23
限量版金棕色SWIFT小牛皮25厘米SHADOW柏金包附钯金配件	25cm×19cm×14cm	208,587	佳士得	2022-11-26
限量版金棕色TOGO及SWIFT小牛皮30厘米3 IN 1柏金包附钯金配件	30cm×22cm×15cm	220,176	佳士得	2022-11-26
限量版金棕色TOGO小牛皮45厘米SHARK BOLIDE包附钯金配件	45cm×36cm×25cm	86,911	佳士得	2022-11-26
限量版金棕色及乌木色鳄鱼皮QUELLE IDOLE包附钯金配件	15cm×12cm×6cm	869,116	佳士得	2022-05-23
限量版孔雀蓝色及薄荷绿色EPSOM小牛皮24厘米拼色CONSTANCE包附珐琅配件	24cm×19cm×7cm	86,405	佳士得	2022-05-23
限量版辣椒红色VEAU DOBLIS麂皮及凯黄色SWIFT小牛皮24厘米CONSTANCE包附钯金配件	24cm×19cm×7cm	75,605	佳士得	2022-05-23
限量版莱姆黄色SWIFT小牛皮及丝质20厘米"天堂午憩"2002包附钯金配件	20cm×19cm×5cm	48,670	佳士得	2022-11-26
限量版蓝宝石色、法国蓝色及黑色三色EPSOM小牛皮25厘米外缝凯莉包附钯金配件	25cm×19cm×9cm	162,235	佳士得	2022-11-26
限量版蓝宝石色SWIFT小牛皮25厘米外缝PADDED凯莉包附钯金配件	25cm×19cm×9cm	162,235	佳士得	2022-11-26
限量版蓝宝石色及内面海鸥灰色NOVILLO小牛皮25厘米拼色柏金包附黄金配件	25cm×19cm×14cm	172,811	佳士得	2022-05-23
限量版蓝色、黑色、奶茶色、大象灰色及金棕色SWIFT小牛皮30厘米COLORMATIC柏金包附钯金配件	30cm×22cm×15cm	301,293	佳士得	2022-11-26
限量版亮面博斯海峡绿色尼罗鳄鱼皮及TOGO小牛皮25厘米TOUCH柏金包附钯金配件	25cm×19cm×14cm	302,420	佳士得	2022-05-23
限量版亮面法国蓝色尼罗鳄蜴皮及TOGO小牛皮25厘米TOUCH柏金包附精铜配件	25cm×19cm×14cm	150,646	佳士得	2022-11-26
限量版亮面海军蓝色鳄鱼皮18厘米迷你CONSTANCE包附亮面渐变色SALVATOR蜥蜴皮及钯金配件	18cm×15cm×5cm	278,117	佳士得	2022-11-26

2022杂项拍卖成交汇总(续表)

(成交价RMB：1万元以上)

拍品名称	物品尺寸	成交价RMB	拍卖公司	拍卖日期
限量版亮面黑色尼罗鳄鱼皮及NOVILLO小牛皮25厘米TOUCH柏金包附玫瑰金配件	25cm×19cm×14cm	259,217	佳士得	2022-05-23
限量版亮面黑色尼罗鳄鱼皮及NOVILLO小牛皮30厘米TOUCH柏金包附玫瑰金配件	30cm×22cm×15cm	183,612	佳士得	2022-05-23
限量版亮面黑色尼罗蜥蜴皮及TOGO小牛皮25厘米TOUCH内缝凯莉包附黄金配件	25cm×19cm×9cm	172,811	佳士得	2022-05-23
限量版亮面鲁索绿色、博斯海峡绿色及紫玫瑰色鳄鱼皮24厘米CONSTANCE包附钯金配件	24cm×19cm×7cm	259,217	佳士得	2022-05-23
限量版亮面马鞍红色鳄鱼皮及TOGO小牛皮25厘米TOUCH柏金包附精铜配件	25cm×19cm×14cm	220,176	佳士得	2022-11-26
限量版亮面仙人掌绿色尼罗鳄鱼皮及竹绿色TOGO小牛皮25厘米TOUCH柏金包附钯金配件	25cm×19cm×14cm	185,411	佳士得	2022-11-26
限量版鲁索绿色POROSUS湾鳄鱼30厘米外缝柏金包附黄金配件	30cm×22cm×15cm	432,028	佳士得	2022-05-23
限量版卵石灰、珍珠灰及白色Veau Doblis麂皮、Swift小牛皮、Clemence牛皮及麂皮Ghillies牛津边边Retourne内缝32厘米凯莉包，配镀钯金属件，2015年	32cm×23cm×10cm	129,608	香港苏富比	2022-04-15
限量版墨水蓝色CLÉMENCE小牛皮及暗蓝色SOMBRERO小牛皮30厘米柏金包附黄金配件	30cm×22cm×15cm	86,911	佳士得	2022-11-26
限量版墨水蓝色SWIFT小牛皮、北方蓝色及金啡色EPSOM牛皮30厘米TRESSAGE柏金包附钯金配件	30cm×22cm×15cm	92,705	佳士得	2022-11-26
限量版墨水蓝色及波尔多红色TOGO小牛皮35厘米OFFICIER柏金包附钯金配件	35cm×25cm×18cm	98,499	佳士得	2022-11-26
限量版墨西哥粉色SWIFT小牛皮及大理石纹丝质24厘米CONSTANCE包附钯金配件	24cm×19cm×7cm	104,293	佳士得	2022-11-26
限量版木兰粉色EPSOM小牛皮22厘米TRESSAGE DE CUIR PICOTIN LOCK包附钯金配件	22cm×22cm×18cm	45,363	佳士得	2022-05-23
限量版那不勒斯黄色、水泥灰色CHÈVRE山羊皮20厘米拼色迷你凯莉包二代附钯金配件	20cm×14cm×6cm	127,470	佳士得	2022-11-26
限量版那不勒斯黄色SWIFT小牛皮及柳条迷你PICNIC凯莉包附钯金配件	18.5cm×13.5cm×7cm	347,646	佳士得	2022-05-23
限量版奶昔白色TOGO小牛皮、爱马仕红色SOMBRERO小牛皮、浅黄褐色BARÉNIA小牛皮、黑色及奶昔白色SWIFT小牛皮28厘米内缝KELLY AU GALOP包附钯金配件	28cm×20cm×10cm	127,470	佳士得	2022-11-26
限量版奶油白色、绿色及白色SWIFT小牛皮微型迷你LUCKY DAISY PICOTIN LOCK包附钯金配件	14cm×12.5cm×10cm	34,764	佳士得	2022-11-26
限量版奶油白色SWIFT小牛皮25厘米SHADOW柏金包附钯金配件	25cm×19cm×14cm	302,420	佳士得	2022-11-26
限量版奶油白色SWIFT小牛皮25厘米均缝IN & OUT凯莉包附钯金配件	25cm×19cm×9cm	208,587	佳士得	2022-11-26
限量版奶油白色SWIFT小牛皮25厘米IN & OUT25厘米均缝凯莉包附钯金配件	25cm×19cm×14cm	453,630	佳士得	2022-05-23
限量版奶油白色帆布及SWIFT小牛皮25厘米CARGO柏金包附钯金配件	25cm×19cm×14cm	324,021	佳士得	2022-05-23
限量版奶油白色帆布及SWIFT小牛皮25厘米CARGO柏金包附钯金配件	25cm×19cm×14cm	231,764	佳士得	2022-05-23
限量版奶油白色及芝麻色SWIFT小牛皮19厘米拼色迷你LINDY包附钯金配件	19cm×12cm×9cm	81,117	佳士得	2022-11-26
限量版黏土色SWIFT小牛皮及TOILE BERLINE帆布35厘米GHILLIES内缝凯莉包附钯金配件	35cm×25cm×13cm	91,806	佳士得	2022-05-23
限量版糖果粉色EPSOM小牛皮微型迷你凯莉包附钯金配件	15cm×10cm×8cm	75,323	佳士得	2022-11-26
限量版天然色BARÉNIA小牛皮35厘米PICNIC凯莉包附钯金配件	35cm×25cm×13cm	196,999	佳士得	2022-11-26
限量版天然色BARÉNIA小牛皮及柳条PICNIC BOLIDE包附钯金配件	24cm×25.5cm×11cm	104,293	佳士得	2022-11-26
限量版雾霾蓝色、帝王绿色及金棕色EPSOM小牛皮20厘米迷你凯莉包二代附钯金配件	20cm×14cm×6cm	237,615	佳士得	2022-05-23
限量版雾霾蓝色、翡翠绿色及金棕色EPSOM小牛皮20厘米迷你凯莉包二代附钯金配件	20cm×14cm×6cm	208,587	佳士得	2022-11-26
限量版雾霾蓝色SWIFT小牛皮及柳条迷你PICNIC凯莉包附钯金配件	18.5cm×13.5cm×7cm	540,036	佳士得	2022-05-23
限量版雾面海军蓝色鳄鱼皮及蓝宝石色NOVILLO小牛皮30厘米TOUCH柏金包附玫瑰金配件	30cm×22cm×15cm	216,014	佳士得	2022-05-23
限量版雾面黑色鳄鱼皮、SWIFT及CALF BOX小牛皮及内面爱马仕红色拼色32厘米GHILLIES内缝凯莉包附黄金配件	32cm×23cm×10cm	486,032	佳士得	2022-05-23
限量版雾面黑色鳄鱼皮及SWIFT小牛皮19厘米迷你LINDY TOUCH包附黄金配件	19cm×12cm×9cm	97,206	佳士得	2022-05-23
限量版夏日粉色及内面砖橙色CHÈVRE山羊皮拼色20厘米迷你凯莉包二代附钯金配件	20cm×14cm×6cm	150,646	佳士得	2022-11-26
限量版杏桃色、玛瑙蓝色、木兰粉红色及卡萨克红色EPSOM小牛皮30厘米彩虹BOLIDE 1923包附钯金配件	30cm×25cm×12cm	69,529	佳士得	2022-11-26
限量版一组四件迷你手袋附黑色菱格纹小羊皮礼物箱	尺寸不一	173,823	佳士得	2022-11-26
限量版银色小牛皮拼Goyardine帆布迷你Saigon手袋，配银色金属件，2020年	20cm×15cm×7.5cm	45,363	香港苏富比	2022-04-15
限量版芝麻色、麻绳灰色及靛蓝色EPSOM小牛皮20厘米迷你CASAQUE凯莉包二代附钯金配件	20cm×14cm×6cm	172,811	佳士得	2022-05-23
限量版芝麻色、大象灰色及靛蓝色EPSOM小牛皮30厘米外缝CASAQUE柏金包附钯金配件	30cm×22cm×15cm	150,646	佳士得	2022-11-26
限量版芝麻色SWIFT小牛皮及TWILL H帆布35厘米FRAY FRAY柏金包附钯金配件	35cm×25cm×18cm	140,409	佳士得	2022-05-23
限量版芝麻色SWIFT小牛皮及沙漠色帆布18厘米PICOTIN LOCK POCKETS包附钯金配件	18cm×18cm×14cm	43,202	佳士得	2022-05-23
限量版芝麻色及莱姆绿色SWIFT小牛皮19厘米迷你LINDY包附钯金配件	19cm×12cm×9cm	75,605	佳士得	2022-05-23
香港SOGO百货2010年限量版爱马仕橙色及太阳黄色SWIFT小牛皮QUELLE IDOLE包附钯金配件	15cm×12cm×6cm	302,420	佳士得	2022-05-23
香奈儿2019限量版黑色小牛皮"ALL ABOUT CHAINS"腰包附金色金属配件	30.5cm×15cm×7.5cm	49,248	保利香港	2022-07-11
香奈儿woc腰包，黑色30开牛皮	12.5cm×9.5cm×3.5cm	18,400	北京保利	2022-02-03
香奈儿MINI CF小金球羊皮链条手袋		40,250	永乐拍卖	2022-07-26
香奈儿白色菱格纹Caviar牛皮极迷你提把垂盖手袋，配淡金色金属件，2021—2022年		34,243	香港苏富比	2022-10-13
香奈儿白色菱格纹小羊皮19厘米盖手袋，配金色金属件，2019年		34,243	香港苏富比	2022-10-13
香奈儿粉红色菱格纹小羊皮迷你提把垂盖手袋，配淡金色金属件，2022年		34,243	香港苏富比	2022-10-13
香奈儿黑色Perfect Edge垂盖手袋，2013—2014年	31cm×18cm×6cm	21,601	香港苏富比	2022-04-15
香奈儿黑色菱格纹平织布迷你垂盖腰包，配金色金属件，2020年		12,556	香港苏富比	2022-10-13
香奈儿黑色菱格纹小羊皮Diana垂盖手袋，配金色金属件，1991—1994年		27,394	香港苏富比	2022-10-13
香奈儿黑色菱格纹小羊皮迷你方形垂盖手袋，配金色金属件，2022年		22,829	香港苏富比	2022-10-13
香奈儿黑色菱格纹小羊皮迷你提把垂盖手袋，配淡金色金属件，2022年		36,526	香港苏富比	2022-10-13
香奈儿黄色菱格纹小羊皮迷你化妆箱，配仿旧镀金色金属件，2020年		17,122	香港苏富比	2022-10-13

拍品名称	物品尺寸	成交价RMB	拍卖公司	拍卖日期
香奈儿灰色菱格纹小羊皮迷你化妆箱,配淡金色金属件,2022年		19,404	香港苏富比	2022-10-13
香奈儿渐变粉红拼红色蟒蛇皮盖手袋,配银色金属件,2015—2016年		27,394	香港苏富比	2022-10-13
香奈儿浅粉红色菱格纹Caviar小牛皮化妆箱,配金色金属件,2022年		19,404	香港苏富比	2022-10-13
小鸡黄色Epsom小牛皮Constance Long To Go长钱包,配镀金色金属件,2021年	20.5cm×13cm×2cm	70,204	香港苏富比	2022-04-15
小鸡黄色Togo小牛皮25厘米柏金包,配镀金色金属件,2021年	25cm×20cm×13cm	194,412	香港苏富比	2022-04-15
心红色及森林紫色Epsom小牛皮24厘米Constance包,配镀钯金属件,2019年	24cm×15cm×5cm	140,409	香港苏富比	2022-04-15
杏仁绿色EPSOM小牛皮18厘米迷你CONSTANCE包附黄金配件	18cm×15cm×5cm	110,088	佳士得	2022-11-26
杏仁绿色EPSOM小牛皮20厘米迷你凯莉包二代附黄金配件	20cm×14cm×6cm	216,014	佳士得	2022-05-23
亚光灰色梧桐木拼大象灰小牛皮筹码箱	32.5cm×23.5cm×7.5cm	45,363	香港苏富比	2022-04-15
亚麻蓝色Clemence牛皮35厘米柏金包,配镀钯金属件,2013年	35cm×25cm×18cm	86,405	香港苏富比	2022-04-15
夜空蓝色Clemence牛皮26厘米Lindy包,配镀金色金属件,2017年	26cm×18cm×13cm	54,003	香港苏富比	2022-04-15
一套两个吊饰		10,800	香港苏富比	2022-04-15
一套两枚Rodeo Pegase造型挂饰,2021年		15,121	香港苏富比	2022-04-15
一套两枚Rodeo Pegase造型挂饰		17,281	香港苏富比	2022-04-15
一套两枚Rodeo Pegase造型挂饰		15,121	香港苏富比	2022-04-15
一套两枚Rodeo Pegase造型挂饰,2021年		14,040	香港苏富比	2022-04-15
一套七枚皮革手袋挂饰		17,281	香港苏富比	2022-04-15
一套三枚Rodeo/小马造型挂饰,2017年		11,880	香港苏富比	2022-04-15
一套四件迷你Tutti Frutti零钱包,配镀钯金属件,2016年	约9cm×7cm	12,960	香港苏富比	2022-04-15
一套四枚漆面Curiosite凯莉包造型挂饰,2021年	2.8cm×3cm×.07cm	28,081	香港苏富比	2022-04-15
一组两个Constance Compact钱包	13cm×12cm×2.5cm	25,921	香港苏富比	2022-04-15
一组两件: 大象灰色EPSOM小牛皮25厘米柏金包附镀钯金配件及真丝TWILLY	尺寸不一	208,587	佳士得	2022-11-26
一组两件: 黑色CALF BOX小牛皮25厘米外缝凯莉包附黄金配件及小码飞马RODÉO挂饰	尺寸不一	208,587	佳士得	2022-11-26
一组两件: 积雨云灰色EVERCOLOR小牛皮迷你BOLIDE 1923包附钯金配件及真丝TWILLY	尺寸不一	52,146	佳士得	2022-11-26
一组两件: 亮面黑色鳄鱼皮凯莉皮夹附钯金配件及雾面黑色鳄鱼皮KELLY TWILLY挂饰附黄金配件	尺寸不一	75,323	佳士得	2022-11-26
一组两件: 天然沙滩色BUTLER小牛皮25厘米外缝凯莉包附钯金配件及天然沙滩色TADELAKT小牛皮KELLY DOLL挂饰附黄金配件	尺寸不一	200,507	佳士得	2022-11-26
一组两件: 橙色SWIFT小牛皮微型迷你BOLIDE包附钯金配件及莱姆黄色EPSOM小牛皮微型迷你凯莉包附钯金配件	尺寸不一	129,608	佳士得	2022-05-23
一组两件: 黑色CALF BOX小牛皮25厘米外缝凯莉包附黄金配件及小码飞马RODÉO挂饰	凯莉包25cm×19cm×9cm; 飞马8.5cm×7cm	259,217	佳士得	2022-05-23
一组两件: 午夜蓝色CLÉMENCE小牛皮22厘米PICOTIN LOCK包附黄金配件及电光蓝色TADELAKT小牛皮KELLY DOLL挂饰附黄金配件	尺寸不一	64,804	佳士得	2022-05-23
一组两件: 锡器灰色TOGO小牛皮25厘米内缝凯莉包附钯金配件及电光蓝色TADELAKT小牛皮KELLY DOLL挂饰附钯金配件	尺寸不一	205,213	佳士得	2022-05-23
一组两件: 限量版麻绳灰色,栗子色及饼干色EPSOM小牛皮25厘米外缝凯莉包附钯金配件及小码飞马RODÉO TOUCH挂饰	凯莉包25cm×19cm×9cm; 飞马8.5cm×7cm	259,217	佳士得	2022-05-23
一组两条140厘米克什米尔与真丝混纺彩色方巾	140cm×140cm	10,800	香港苏富比	2022-04-15
一组三件: 黑色TADELAKT小牛皮KELLY TWILLY挂饰附黄金配件、樱花粉色TADELAKT小牛皮KELLY TWILLY挂饰附钯金配件及麻绳灰色TADELAKT小牛皮KELLY TWILLY挂饰附黄金配件	6.5cm×5cm×2cm	64,804	佳士得	2022-05-23
一组十八件: RODÉO挂饰	GM11cm×9.5cm; MM12cm×10.5cm; PM7cm×5.5cm	97,206	佳士得	2022-05-23
一组十二件: 全套六件KELLYGRAPHIE字母系列28厘米凯莉包及六件LETTRE AU CARRÉ字母系列手袋挂饰	凯莉包28cm×20cm×10cm	648,043	佳士得	2022-05-23
一组四件: 电光蓝色TADELAKT小牛皮KELLY DOLL挂饰附黄金配件、赤铁红色TADELAKT小牛皮KELLY DOLL挂饰附黄金配件、金棕色TADELAKT小牛皮KELLY TWILLY挂饰附黄金配件及芝麻色MILO小羊皮及手织MERINOS羊毛BUDY挂饰	尺寸不一	86,911	佳士得	2022-11-26
樱花粉红色CHÈVRE山羊皮20厘米迷你凯莉包配钯金配件	20cm×14cm×6cm	196,999	佳士得	2022-11-26
樱花粉色SWIFT小牛皮18厘米迷你ROULIS包附钯金配件	18cm×15cm×6cm	40,558	佳士得	2022-05-23
樱花粉色SWIFT小牛皮25厘米柏金包附黄金配件	25cm×19cm×14cm	172,811	佳士得	2022-05-23
樱花粉色SWIFT小牛皮KELLY POCHETTE包附钯金配件	22cm×13cm×6cm	140,409	佳士得	2022-05-23
樱花粉色SWIFT小牛皮KELLY POCHETTE包附钯金配件	22cm×13cm×6cm	139,058	佳士得	2022-11-26
鸢尾花蓝色山羊皮30厘米柏金包,具爱马仕定制马蹄印,配镀钯金属件,2011年	30cm×22cm×16cm	97,206	香港苏富比	2022-04-15
鸢尾花蓝色鸵鸟皮KELLY POCHETTE包附钯金配件	22cm×13cm×6cm	162,010	佳士得	2022-05-23
斋普尔粉色Epsom小牛皮25厘米凯莉包,配镀金金属件,2016年	25cm×19cm×9cm	102,606	香港苏富比	2022-04-15
珍罕亮面黑色POROSUS湾鳄皮KELLY CUT附18K白金及钻石配件	30cm×13cm×3cm; 镶129颗钻石,总重4.817克拉	324,021	佳士得	2022-05-23
珍罕雾面白色喜马拉雅尼罗鳄鱼皮凯莉包带	宽18mm	110,088	佳士得	2022-11-26
珍珠灰Tadelakt小牛皮35厘米Sellier外缝凯莉包,配镀钯Guilloche雕刻饰纹金属件,2013年	35cm×24cm×12cm	97,206	香港苏富比	2022-04-15
珍珠灰Togo小牛皮25厘米柏金包,配镀金色金属件,2021年	25cm×20cm×13cm	183,612	香港苏富比	2022-04-15
珍珠灰色TOGO小牛皮25厘米柏金包附钯金配件	25cm×19cm×14cm	127,470	佳士得	2022-11-26
珍珠灰色TOGO小牛皮25厘米柏金包附钯金配件	25cm×19cm×14cm	216,014	佳士得	2022-11-26
珍珠灰色鸵鸟皮25厘米柏金包附黄金配件	25cm×19cm×14cm	220,176	佳士得	2022-11-26
珍珠灰色鸵鸟皮KELLY DANSE包附黄金配件	21cm×17cm×7cm	185,411	佳士得	2022-11-26
珍珠灰色驼马匙斗25厘米外缝凯莉包附黄金配件	28cm×20cm×10cm	378,025	佳士得	2022-05-23
芝麻色MAURICE小牛皮及砖橙色SWIFT小牛皮29厘米24/24包附黄金配件	29cm×24cm×14cm	64,804	佳士得	2022-05-23
芝麻色拼沙金色Swift小牛皮拼帆布18厘米Cargo Picotin包,配镀钯金属件,2021年	18cm×19cm×14cm	37,802	香港苏富比	2022-04-15
古中古爱马仕凯莉32手袋		50,600	永乐拍卖	2022-07-26
朱迪思·雷柏金链银色水晶手包		92,000	永乐拍卖	2022-07-26
竹绿色CLÉMENCE小牛皮19厘米迷你LINDY包附钯金配件	19cm×12cm×9cm	75,323	佳士得	2022-11-26
竹子绿色Clemence牛皮迷你Lindy包,配镀钯金属件,2021年	19.5cm×12.5cm×9.5cm	64,804	香港苏富比	2022-04-15
竹子绿色Togo小牛皮32厘米Retourne内缝凯莉包,配镀钯金属件,2014年	32cm×23cm×10.5cm	70,204	香港苏富比	2022-04-15
砖红色Clemence牛皮28厘米Retourné内缝凯莉包,配镀金色金属件,2020年	28cm×22cm×10cm	102,606	香港苏富比	2022-04-15
紫红色鸵鸟皮20厘米迷你凯莉包二代,配镀钯金属件,2021年	20cm×16cm×10cm	259,217	香港苏富比	2022-04-15

2022杂项拍卖成交汇总（续表）

（成交价RMB：1万元以上）

拍品名称	物品尺寸	成交价RMB	拍卖公司	拍卖日期
紫红色鸵鸟皮20厘米迷你凯莉二代附黄金配件	20cm×14cm×6cm	302,420	佳士得	2022-05-23
紫玫瑰色鸵鸟皮25厘米外缝凯莉包附钯金配件	25cm×19cm×9cm	208,587	佳士得	2022-11-26
紫藤色GRIZZLY麂皮及奶油白色SWIFT小牛皮25厘米柏金包附钯金配件	25cm×19cm×14cm	254,940	佳士得	2022-11-26
棕色Clemence牛皮26厘米Lindy包,配镀金金属件,2021年	26cm×18cm×13cm	97,206	香港苏富比	2022-04-15
棕色Swift小牛皮凯莉手拿包,配镀金金属件,2010年	22cm×14cm×7.5cm	129,608	香港苏富比	2022-04-15
中成药				
20世纪50年代新会陈皮	重666g	195,350	保利香港	2022-10-11
20世纪50年代新会陈皮		43,411	保利香港	2022-10-11
1950年化州橘红七爪		98,900	中鸿信	2022-09-11
1950年化州橘红七爪		97,750	中鸿信	2022-09-11
1950年化州橘红七爪		98,900	中鸿信	2022-09-11
1950年化州橘红七爪		97,750	中鸿信	2022-09-11
1980—1993年同仁堂李时珍出口装乌鸡白凤丸		32,200	西泠印社	2022-01-21
1987年同仁堂抗老延年丸防衰益寿丸（原箱）		149,500	西泠印社	2022-01-21
1987年同仁堂抗老延年丸防衰益寿丸（原）		149,500	西泠印社	2022-08-19
1989年同仁堂出口装李时珍牛黄清心丸		74,750	西泠印社	2022-01-21
1989年韵味陈皮		29,900	中鸿信	2022-09-11
20世纪90年代新会陈皮		19,535	保利香港	2022-10-11
1991年天津长城牌出口装海马丸2盒	12瓶/盒	143,750	西泠印社	2022-08-19
1991年同仁堂李时珍牌出口装消栓再造丸（原箱）		86,250	西泠印社	2022-01-21
1993年北京东升药厂牛黄降压丸（原箱）		218,500	西泠印社	2022-08-19
1993年北京东升药厂牛黄降压丸（原箱）100盒	10丸/盒	218,500	西泠印社	2022-08-19
1993年同仁堂出口装李时珍牌参茸卫生丸		103,500	西泠印社	2022-01-21
1993年同仁堂大活络丹		32,200	西泠印社	2022-01-21
1993年同仁堂苏合香丸（原箱）50盒	10丸/盒	149,500	西泠印社	2022-01-21
1994—1996年同仁堂牛黄清心丸		40,250	西泠印社	2022-01-21
1994年北京东升药厂牛黄降压丸（原箱）		207,000	西泠印社	2022-01-21
1995年同仁堂锦盒装牛黄清心丸（原箱）		207,000	西泠印社	2022-01-21
2000年新会陈皮		34,500	中鸿信	2022-09-11
2015—2021年九仙尊霍山米斛枫斗100g（一级）		25,300	中鸿信	2022-09-11
2015—2021年九仙尊霍山米斛枫斗50g（一级）		12,650	中鸿信	2022-09-11
2021年生产天下泽雨野生霍山石斛（15年）		18,400	中鸿信	2022-09-11
2021年生产天下泽雨野生霍山石斛（15年）		17,250	中鸿信	2022-09-11
2021年御品膏方典藏款——石斛草本膏		11,500	中鸿信	2022-09-11
20世纪80年代陈皮（1981年麻包香港回流）		17,250	中贸圣佳	2023-01-01
20世纪80年代达仁堂牛黄降压丸		25,300	西泠印社	2022-01-21
20世纪80年代精装出口至宝三鞭丸（浓缩丸）		34,500	西泠印社	2022-01-21
20世纪80年代精装出口至宝三鞭丸		138,000	西泠印社	2022-01-21
20世纪80年代南京同仁堂出口装锦盒乌鸡白凤丸		28,750	西泠印社	2022-01-21
20世纪80年代天津达仁堂牛黄清心丸		57,500	西泠印社	2022-01-21
20世纪80年代天津长城牌出口装牛黄清心丸50盒	10丸/盒	345,000	西泠印社	2022-01-21
20世纪80年代同仁堂人参再造丸		20,700	西泠印社	2022-01-21
1990年同仁堂出口装李时珍牛黄解毒片		34,500	西泠印社	2022-01-21
20世纪80年代新会老树陈皮		74,750	北京保利	2022-07-27
代赭石标本（现代）		23,000	中鸿信	2022-09-11
20世纪80年代新会东甲艺陈皮		34,500	西泠印社	2022-01-22
20世纪60年代新会老陈皮		48,300	西泠印社	2022-01-22
蜂房（现代）		92,000	中鸿信	2022-09-11
葛根（现代）	长160cm；宽120cm；高62cm	115,000	中鸿信	2022-09-11

拍品名称	物品尺寸	成交价RMB	拍卖公司	拍卖日期
广东新会极品陈皮	尺寸不一	69,000	中贸圣佳	2022-07-27
寒水石标本（现代）		11,500	中鸿信	2022-09-11
黑虎丹		29,900	中鸿信	2022-09-11
20世纪90年代新会老树陈皮	尺寸不一	28,750	北京保利	2022-07-27
雷允上珍珠丸、戊己丸	尺寸不一	16,100	中贸圣佳	2022-07-27
20世纪60年代新会老树陈皮		92,000	北京保利	2022-07-27
秘制急救丸等	尺寸不一	18,400	中贸圣佳	2022-07-27
20世纪70年代新会老树陈皮		78,200	北京保利	2022-07-27
麝香龟板		17,250	中贸圣佳	2022-07-27
四十年陈龄巴基斯坦鳘鱼公肚		34,728	保利香港	2022-10-11
20世纪50年代新会老树陈皮		138,000	北京保利	2022-07-27
朱砂陈皮同济堂药丸等中药八种	尺寸不一	11,500	中贸圣佳	2022-07-27
滋补品				
1987—1989年产山东东阿阿胶		55,200	北京荣宝	2022-07-24
1988年产山东东阿阿胶		20,700	中鸿信	2022-09-12
1988年东阿阿胶		25,300	西泠印社	2022-01-21
1989年产北京同仁堂"鹿角胶"		23,000	西泠印社	2022-01-21
1989年同仁堂鹿角胶（原箱）80盒	250g/盒	368,000	西泠印社	2022-01-21
1990—1995年产山东东阿阿胶		57,500	北京荣宝	2022-07-24
1990年精装出口福牌阿胶		40,250	西泠印社	2022-01-21
1991—1993年产山东东阿阿胶		23,000	中鸿信	2022-09-12
1998—2000年产山东东阿阿胶		69,000	北京荣宝	2022-07-24
2000年产山东东阿阿胶		17,250	中鸿信	2022-09-11
2003年东阿阿胶——出口阿胶		11,500	中鸿信	2022-09-11
2005年东阿阿胶——出口阿胶		23,000	中鸿信	2022-09-11
2008年东阿阿胶——九朝贡胶		46,000	中鸿信	2022-09-11
2008年东阿阿胶——九朝贡胶（嫁妆款）		46,000	中鸿信	2022-09-11
2009年东阿阿胶——九朝贡胶		46,000	中鸿信	2022-09-11
2010年东阿阿胶——红盒阿胶		10,925	中鸿信	2022-09-11
2010年东阿阿胶——九朝贡胶		46,000	中鸿信	2022-09-11
2011年东阿阿胶——九朝贡胶		69,000	中鸿信	2022-09-11
2012年东阿阿胶——红盒阿胶		18,400	中鸿信	2022-09-11
2012年东阿阿胶——九朝贡胶		69,000	中鸿信	2022-09-11
2017年东阿阿胶——九朝贡胶		59,800	中鸿信	2022-09-11
20世纪70年代出口装李时珍牌珍品阿胶20盒	300g/盒	230,000	西泠印社	2022-01-21
20世纪80年代北京同仁堂永盛合牌阿胶		28,750	北京荣宝	2022-07-24
20世纪80年代出口装李时珍牌珍品阿胶		97,750	西泠印社	2022-01-21
东阿贡胶	尺寸不一	17,250	中贸圣佳	2022-07-27
2007年皇封参红参（铁盒）		18,400	中鸿信	2022-09-11
2009年红参礼盒（黄色）		12,650	中鸿信	2022-09-11
2009年红参礼盒（黄色）		12,650	中鸿信	2022-09-11
2009年红参礼盒（蓝色）		17,250	中鸿信	2022-09-11
2021年太安堂50版企检野山参		11,500	中鸿信	2022-09-11
2021年太安堂60版国检二等野山参		13,800	中鸿信	2022-09-11
2021年太安堂80版国检一等野山参		20,700	中鸿信	2022-09-11
百年野山参——干参（参龄150年以上）1支		3,450,000	中鸿信	2022-09-11
北平复泰参茸店拣选连老山参	尺寸不一	69,000	中贸圣佳	2022-07-27
边条老参（参龄12年）		782,000	中鸿信	2022-09-11
巨制边条红参（参龄12年）		667,000	中鸿信	2022-09-11
美国野生西洋参（参龄50年）		506,000	中鸿信	2022-09-11
宁古塔老山参须	尺寸不一	19,550	中贸圣佳	2022-07-27
溯源林下鲜山参（参龄25年）		31,050	中鸿信	2022-09-11
特级优质野山参（参龄30年以上）		218,500	中鸿信	2022-09-11
特级优质野山参（参龄30年以上）		460,000	中鸿信	2022-09-11
野山参（参龄110年）		1,127,000	中鸿信	2022-09-11
野山参（参龄120年）		1,127,000	中鸿信	2022-09-11
野生人参（百年）1盒	重22.3g	2,507,000	中鸿信	2022-09-11
约20年巨大鳘鱼胶		184,000	西泠印社	2022-01-21
约25—30年巨大鳘鱼胶		138,000	西泠印社	2022-01-21
约25—30年巨大鳘鱼胶1个	重约1065g	299,000	西泠印社	2022-08-19
四十年陈龄巴基斯坦鳘鱼公肚		34,728	保利香港	2022-10-11
四十年陈龄巴基斯坦鳘鱼公肚		37,984	保利香港	2022-10-11
四十年陈龄巴基斯坦鳘鱼公肚		43,411	保利香港	2022-10-11
四十年陈龄巴基斯坦鳘鱼公肚		43,411	保利香港	2022-10-11
四十年陈龄巴基斯坦鳘鱼公肚		54,264	保利香港	2022-10-11
2019年天马燕窝臻品		75,900	中鸿信	2022-09-11
2019年天马燕窝臻品1盒	80g/盒	75,900	中鸿信	2022-09-11
2019年生产同仁堂冬虫夏草（等级：一公斤1800条）	重200g	103,500	中鸿信	2022-09-11
海产品				
日本网鲍 二头二十年：1罐(41只)	重约5930g	207,000	保利厦门	2022-10-11
日本网鲍 六头		115,000	保利厦门	2022-10-11
摄影器材				
现代 德国"康泰时"单反相机(蔡司镜头 原厂 使用说明书F1.4/35MM)	16cm×10.5cm×10cm	12,650	中贸圣佳	2022-07-27

2022杂项拍卖成交汇总(续表)

(成交价RMB: 1万元以上)

拍品名称	物品尺寸	成交价RMB	拍卖公司	拍卖日期
现代 德国"林好夫"技术型折叠4×5相机	44cm×18cm×30cm	25,300	中贸圣佳	2022-07-27
现代 柯达公司制美军用70毫米胶片照相机(原包装铁箱三个镜头)	45cm×36cm×15cm	11,500	中贸圣佳	2022-07-27
19世纪90年代 法国PLANOX牌桃花芯木制立体观片器	高141cm	32,200	中贸圣佳	2022-12-31
1896年 法国"BELLIENI"牌玻璃干板相机	21cm×19cm×12cm	11,500	中贸圣佳	2022-07-27
1940—1942年 徕卡250记者专用限量款相机	19.5cm×7cm×5.5cm	86,250	中贸圣佳	2022-07-27
1954—1966年 徕卡M-3型F3.5/35广角相机(原配测光表、广角取景器)	14cm×10cm×7cm	17,250	中贸圣佳	2022-12-31
1957年 哈苏500C机身及三个镜头(原配铝箱+原配遮光罩)	47cm×36cm×17cm	17,250	中贸圣佳	2022-12-31
20世纪60—80年代 禄莱SL66相机及4个镜头(5件)	17.5cm×11cm×10cm	23,000	中贸圣佳	2022-12-31
1966—1976年 徕卡MDa相机	13.5cm×7.5cm×3cm	11,500	中贸圣佳	2022-07-27
1967—1975年 徕卡M-4型照相机(原皮套,广角、标准、望远三个镜头,F2/35mm,F2/50mm,F2/90mm)	14cm×8.5cm×3.8cm	46,000	中贸圣佳	2022-12-31
1970—1994年 哈苏500C/M、2000FC机身及三个镜头(原配箱机身+手柄若干)	44cm×35cm×18cm	37,950	中贸圣佳	2022-12-31
20世纪70—90年代 哈苏500C/M机身、500ET/M机身(三个镜头、备用后背、铝箱、西德原配直视取景器一个)	46cm×36cm×15cm	36,800	中贸圣佳	2022-12-31
20世纪70年代 林好夫特艺老相机(F5.6/150mm镜头、三个片盒)	26cm×26cm×14cm	10,350	中贸圣佳	2022-12-31
20世纪70年代 林好夫特艺四五型相机一套(5件)	20cm×17cm×11cm	17,250	中贸圣佳	2022-12-31
1980—1982年 哈苏 SWC/M 6×6 广角相机(原配遮光罩+外拍包)	21cm×15cm×16cm	23,000	中贸圣佳	2022-12-31
1982年 哈苏500EL/M太空20周年纪念版(F4/180mm头)	23cm×14cm×9cm	32,200	中贸圣佳	2022-12-31
1983年 日本富士全景相机G617(F8/105mm头)	38cm×27cm×20cm	28,750	中贸圣佳	2022-12-31
1985年 哈苏2000FC/M摄影术发明100周年黑金纪念版	18.5cm×10cm×9cm	34,500	中贸圣佳	2022-12-31
1986—1987年 禄莱35白金限量款相机(原包装礼盒+证书)	10cm×7cm×5cm	21,850	中贸圣佳	2022-12-31
1989年 徕卡M6铂金水蛇皮"纪念摄影术发明150周年&徕卡创立75周年特制"豪华限量款相机	21cm×16cm×11cm	80,500	中贸圣佳	2022-12-31
1996年 徕卡M-6包金蜥蜴皮文莱苏丹生日定制款相机(1996年6月15日原包装盒)	22cm×16.5cm×11.5cm	161,000	中贸圣佳	2022-12-31
2003年 徕卡MP爱马仕限量款相机(原包装礼盒)	14cm×8cm×4cm	172,500	中贸圣佳	2022-12-31
2004年 徕卡"ALACARTE"M7定制款(皮带1节、镜头2个)	14cm×8cm×3cm	86,250	中贸圣佳	2022-12-31
阿尔帕 ALPA标识,型号IQ150		172,500	北京保利	2022-07-28
徕卡 LEICA标识,型号M9,机身编号3975200		57,500	北京保利	2022-07-28
徕卡相机		457,700	荣宝斋(南京)	2022-12-08
徕卡相机		230,000	荣宝斋(南京)	2022-12-08
徕卡相机		172,500	荣宝斋(南京)	2022-12-08
徕卡相机(白金)		342,700	荣宝斋(南京)	2022-12-08
兵器				
15世纪 西藏铁错银银配剑	长51.3cm	20,856	台北艺珍	2022-12-04
清中期 紫檀刀鞘及铜鼓	刀鞘长22.7cm; 铜鼓直径8.8cm	28,750	北京保利	2022-07-29
刀(两把)	长101cm; 长94cm	13,800	中国嘉德	2022-06-01
剑(两把)	长114cm; 长103cm	11,500	中国嘉德	2022-06-01
日制海军军官军刀附"大同元年"建国功劳章(两把)	尺寸不一	34,500	中鸿信	2022-09-12
腰刀	长93cm	11,500	中国嘉德	2022-06-01
其他工艺品				
明黄丝带配鎏金金属嵌宝带扣及带环	长10.2cm	246,678	纽约佳士得	2022-09-23
清火绘黑虫葫芦	高10cm	20,700	中贸圣佳	2022-08-14
清 王世襄旧藏拂尘	长53cm	46,000	中贸圣佳	2022-07-13
清 御制镂空龙纹马具	长42cm	35,650	中贸圣佳	2022-08-14
现代 世界足球先生克里斯蒂亚诺·罗纳尔多亲笔签名球衣	74cm×53cm	11,500	中贸圣佳	2022-07-27
现代 西班牙巴塞罗那俱乐部队员亲笔签名球衣	76cm×53cm	13,800	中贸圣佳	2022-07-27
现代 西班牙皇家马德里足球队全体队员亲笔签名球衣	75cm×56cm	10,350	中贸圣佳	2022-07-27
"NBA巨星"迈克尔·乔丹(Michael Jordan)亲笔签名篮球,附证书	直径21cm	25,300	北京保利	2022-07-28
"NBA巨星"迈克尔·乔丹(Michael Jordan)亲笔签名芝加哥公牛队球衣,附证书	82cm×61cm	36,800	北京保利	2022-07-28
"股神"巴菲特亲笔签名杂志	框60.8cm×46cm	78,200	中国嘉德	2022-12-09
"世界足球先生"克里斯蒂亚诺·罗纳尔多(Cristiano Ronaldo)亲笔签名球衣,附证书	77cm×82cm	12,650	北京保利	2022-07-27
《复仇者联盟4: 终局之战》小罗伯特·唐尼、克里斯·埃文斯、克里斯·海姆斯沃斯、马克·鲁法洛、斯嘉丽·约翰逊、杰瑞米·雷纳、保罗·路德、布丽·拉尔森、唐·钱德尔、凯伦·吉兰、乔什·布洛林亲笔签名海报	29.5cm×20cm	26,450	中国嘉德	2022-12-09
卡内基音乐厅落成八十五周年纪念演出限量黑胶唱片	35cm×35cm	26,450	中国嘉德	2022-12-09
1985年AJ1元年黑红"禁穿"配色		32,200	北京保利	2022-02-03
1986—1987赛季 Fleer系列 迈克尔·乔丹(Michael Jordan)新秀球星卡, BGS评级8.5分	8.8cm×6.3cm	92,000	北京保利	2022-07-28
1996—1997赛季 Upper Deck Authentic SPX系列 迈克尔·乔丹(Michael Jordan)签字球星卡, BGS评级鉴定	8.8cm×6.3cm	34,500	北京保利	2022-07-28
1996—1997赛季 Upper Deck Authentic SPx系列 迈克尔·乔丹(Michael Jordan)签字球星卡,附Upper Deck证书	8.8cm×6.3cm	46,000	北京保利	2022-07-28
1997—1998赛季skybox出品premium系列乔丹球星卡	8.5cm×6cm	35,650	中国嘉德	2022-06-26
1999—2000赛季 Upper Deck MVP系列 迈克尔·乔丹(Michael Jordan)印签球星卡,限量1张, BGS评级9.5分	8.8cm×6.3cm	32,200	北京保利	2022-07-28
2001—2002赛季 Upper Deck Hardcourt 系列 科比·布莱恩特(Kobe Bryant)地板实物签字球星卡	8.8cm×6.3cm	17,250	北京保利	2022-07-28
2003—2004赛季 Upper Deck Exquisite Collection系列 朱利叶斯·欧文(Julius Erving)Patch签字球星卡,限量100张	8.8cm×6.3cm	11,500	北京保利	2022-07-28
2003—2004赛季 Upper Deck Ultimate Collection系列 姚明(Yao Ming)签字球星卡,限量11张,PSA评级墨迹10分	8.8cm×6.3cm	48,300	北京保利	2022-07-28
2004—2005赛季 Upper Deck Hardcourt 系列 科比·布莱恩特(Kobe Bryant)签字球星卡, BGS评级8分、墨迹10分	8.8cm×6.3cm	28,750	北京保利	2022-07-28
2004—2005赛季 Upper Deck Trilogy 系列 姚明(Yao Ming)、特雷西·麦克格雷迪(Tracy McGrady)双人签字卡,限量25张	8.8cm×6.3cm	13,800	北京保利	2022-07-28
2005—2006赛季 Upper Deck SP Signature系列 勒布朗·詹姆斯(LeBron James)铭文签字球星卡,限量50张,PSA评级墨迹9分	8.8cm×6.3cm	74,750	北京保利	2022-07-28
2006—2007赛季 Upper Deck Exquisite Collection系列 科比·布莱恩特(Kobe Bryant)Patch实物球星卡,限量10张	8.8cm×6.3cm	17,250	北京保利	2022-07-28
2006—2007赛季 Upper Deck Sweet Shot系列 勒布朗·詹姆斯(LeBron James)球皮签字球星卡, BGS评级8.5分、墨迹10分	8.8cm×6.3cm	32,200	北京保利	2022-07-28
2006—2007赛季 Upper Deck Ultimate Collection系列 迈克尔·乔丹(Michael Jordan)签字球星卡	8.8cm×6.3cm	69,000	北京保利	2022-07-28
2006—2007赛季科比限量版亲笔签名球星卡(15/25)	8.9cm×6.4cm	23,000	中国嘉德	2022-06-26
2007—2008赛季 Upper Deck Exquisite Collection系列 凯文·杜兰特(Kevin Durant)新秀Patch签字球星卡,限量50张,BGS评级9分、墨迹10分	8.8cm×6.3cm	218,500	北京保利	2022-07-28

2022杂项拍卖成交汇总(续表)

(成交价RMB：1万元以上)

拍品名称	物品尺寸	成交价RMB	拍卖公司	拍卖日期
2007—2008赛季 Upper Deck Exquisite Collection系列 科比·布莱恩特(Kobe Bryant)球衣签字球星卡，限量10张	8.8cm×6.3cm	86,250	北京保利	2022-07-28
2008—2009赛季 Upper Deck Exquisite Collection系列 拉塞尔·维斯布鲁克(Russell Westbrook)新秀Patch签字球星卡，限量25张	8.8cm×6.3cm	10,925	北京保利	2022-07-28
2008—2009赛季 Upper Deck Premier系列 迈克尔·乔丹(Michael Jordan)签字球星卡，限量25张，PSA评级墨迹9分	8.8cm×6.3cm	63,250	北京保利	2022-07-28
2008—2009赛季 Upper Deck Ultimate Collection系列 凯文·加内特(Kevin Garnett)Patch签字球星卡，限量5张，PSA评级墨迹9分	8.8cm×6.3cm	23,000	北京保利	2022-07-28
2008北京奥运火炬	长72cm	138,000	中国嘉德	2022-06-26
2008年北京奥运会火炬	长72cm	36,800	中国嘉德	2022-12-09
2009—2010赛季 Panini Absolute Memorabilia系列 史蒂芬·库里(Stephen Curry)新秀球衣球皮签字球星卡，限量499张	8.8cm×6.3cm	19,550	北京保利	2022-07-28
2009—2010赛季 Panini National Treasures系列 科比·布莱恩特(Kobe Bryant)Patch签字球星卡，限量10张，BGS评级9.5分，墨迹10分	8.8cm×6.3cm	92,000	北京保利	2022-07-28
2009—2010赛季 Press Pass Fusion系列 史蒂芬·库里(Stephen Curry)新秀签字球星卡，限量100张	8.8cm×6.3cm	14,950	北京保利	2022-07-28
2009—2010赛季 Upper Deck Exquisite Collection系列 德里克·罗斯(Derrick Rose)Patch签字球星卡，限量20张	8.8cm×6.3cm	17,250	北京保利	2022-07-28
2009—2010赛季 Upper Deck Exquisite Collection系列 凯文·加内特(Kevin Garnett)Patch签字球星卡，限量15张	8.8cm×6.3cm	13,800	北京保利	2022-07-28
2009—2010赛季 Upper Deck Exquisite Collection系列 拉里·伯德(Larry Bird)Patch签字球星卡，限量12张，BGS评级8.5分，墨迹10分	8.8cm×6.3cm	19,550	北京保利	2022-07-28
2009—2010赛季 Upper Deck Exquisite Collection系列 魔术师约翰逊(Magic Johnson)Patch签字球星卡，限量16张	8.8cm×6.3cm	25,300	北京保利	2022-07-28
2009—2010赛季 Upper Deck Exquisite Collection系列 魔术师约翰逊(Magic Johnson)Patch签字球星卡，限量31张	8.8cm×6.3cm	16,100	北京保利	2022-07-28
2010—2011赛季 Panini Gold Standard系列 科比·布莱恩特(Kobe Bryant)Patch签字球星卡，限量24张	8.8cm×6.3cm	52,900	北京保利	2022-07-28
2010—2011赛季 Panini Gold Standard系列 科比·布莱恩特(Kobe Bryant)签字球星卡，限量49张	8.8cm×6.3cm	18,400	北京保利	2022-07-28
2010—2011赛季 Panini Gold Standard系列 科比·布莱恩特(Kobe Bryant)签字球星卡，限量49张	8.8cm×6.3cm	16,100	北京保利	2022-07-28
2010—2011赛季 Panini Threads系列 科比·布莱恩特(Kobe Bryant)球衣形状签字球星卡	8.8cm×6.3cm	16,100	北京保利	2022-07-28
2010—2011赛季库里亲笔签名限量版球星卡	8.9cm×6.4cm	34,500	中国嘉德	2022-06-26
2010年PANINI油画系列科比·布莱恩特签名卡一张		23,000	北京诚轩	2022-08-12
2011—2012赛季 UD 大学木盒系列 詹姆斯 圣玛丽冠军戒指签字，限量99张，BGS评级8分/签字墨迹10分	6.4cm×8.9cm	16,100	中国嘉德	2022-12-09
2011—2012赛季 Upper Deck SP Authentic系列 迈克尔·乔丹(Michael Jordan)签字球星卡，限量40张，BGS评级9分，墨迹10分	8.8cm×6.3cm	28,750	北京保利	2022-07-28
2011年PANINI金砖系列科比·布莱恩特签名卡一张		17,250	北京诚轩	2022-08-12
2012—2013赛季 Panini Limited系列 科比·布莱恩特(Kobe Bryant)签字球星卡，限量99张	8.8cm×6.3cm	19,550	北京保利	2022-07-28
2012—2013赛季 Panini Preferred系列 史蒂芬·库里(Stephen Curry)签字球星卡，限量10张	8.8cm×6.3cm	10,350	北京保利	2022-07-28
2012—2013赛季 Upper Deck Exquisite Collection系列 迈克尔·乔丹(Michael Jordan)、魔术师约翰逊(Magic Johnson)、拉里·伯德(Larry Bird)三人签字球星卡，限量10张	8.8cm×6.3cm	74,750	北京保利	2022-07-28
2013—2014赛季 Panini Court Kings系列 科比·布莱恩特(Kobe Bryant)球衣签字球星卡，限量75张	8.8cm×6.3cm	13,800	北京保利	2022-07-28
2013—2014赛季 Panini Immaculate Collection系列 卡尔·马龙(Karl Malone)Patch签字球星卡，限量1张	8.8cm×6.3cm	57,500	北京保利	2022-07-28
2013—2014赛季 Panini Immaculate Collection系列 凯文·杜兰特(Kevin Durant)Patch签字球星卡，限量25张	8.8cm×6.3cm	14,950	北京保利	2022-07-28
2013—2014赛季 Panini Spectra系列 凯文·杜兰特(Kevin Durant)黑折Patch签字球星卡，限量1张	8.8cm×6.3cm	23,000	北京保利	2022-07-28
2013—2014赛季 Panini Spectra系列 特雷西·麦克格雷迪(Tracy McGrady)黑折Patch签字球星卡，限量1张	8.8cm×6.3cm	17,250	北京保利	2022-07-28
2013—2014赛季 Upper Deck All-Time Greats系列 迈克尔·乔丹(Michael Jordan)签字球星卡，限量45张	8.8cm×6.3cm	18,400	北京保利	2022-07-28
2013—2014赛季 Upper Deck Exquisite Collection系列 迈克尔·乔丹(Michael Jordan)球鞋实物签字球星卡，限量35张	8.8cm×6.3cm	32,200	北京保利	2022-07-28
2013—2014赛季 Upper Deck Goodwin Champions系列 勒布朗·詹姆斯(LeBron James)签字球星卡，BGS评级9.5分，墨迹10分	8.8cm×6.3cm	25,300	北京保利	2022-07-28
2013—2014赛季 Upper Deck SP Authentic系列 迈克尔·乔丹(Michael Jordan)签字球星卡，限量1张，BGS评级9分，墨迹10分	8.8cm×6.3cm	80,500	北京保利	2022-07-28
2014—2015赛季 Panini Eminence系列 凯文·杜兰特(Kevin Durant)Patch签字球星卡，限量10张	8.8cm×6.3cm	10,350	北京保利	2022-07-28
2014—2015赛季 Panini Eminence系列 科比·布莱恩特(Kobe Bryant)总冠军Tag铭文签字球星卡，限量2张	8.8cm×6.3cm	4,082,500	北京保利	2022-07-28
2014—2015赛季 Panini Eminence系列 斯科蒂·皮蓬(Scottie Pippen)Patch签字球星卡，限量5张	8.8cm×6.3cm	14,950	北京保利	2022-07-28
2014—2015赛季 Panini Eminence系列 斯科蒂·皮蓬(Scottie Pippen)金块实物签字球星卡，限量1张	8.8cm×6.3cm	23,000	北京保利	2022-07-28
2014—2015赛季 Panini Immaculate Collection系列 科比·布莱恩特(Kobe Bryant)Patch签字球星卡，限量75张	8.8cm×6.3cm	25,300	北京保利	2022-07-28
2014—2015赛季 Panini Noir系列 扬尼斯·安特托昆博(Giannis Antetokoumpo)Patch签字球星卡，限量25张	8.8cm×6.3cm	17,250	北京保利	2022-07-28
2014—2015赛季 Panini Preferred Crown Royale系列 科怀·莱昂纳德(Kawhi Leonard)Patch签字球星卡，限量15张	8.8cm×6.3cm	18,400	北京保利	2022-07-28
2015—2016赛季 Panini Court Kings系列 科比·布莱恩特(Kobe Bryant)签字球星卡，限量40张	8.8cm×6.3cm	23,000	北京保利	2022-07-28
2015—2016赛季 Panini Flawless系列 史蒂芬·库里(Stephen Curry)签字球星卡，限量25张	8.8cm×6.3cm	11,500	北京保利	2022-07-28
2015—2016赛季 Panini Immaculate Collection系列 凯文·杜兰特(Kevin Durant)Patch签字球星卡，限量10张	8.8cm×6.3cm	13,800	北京保利	2022-07-28
2015—2016赛季 Panini Immaculate Collection系列 文斯·卡特(Vince Carter)、特雷西·麦克格雷迪(Tracy McGrady)双人签字卡，限量25张，BGS评级8分，墨迹10分	8.8cm×6.3cm	20,700	北京保利	2022-07-28
2015—2016赛季 Panini National Treasures系列 科比·布莱恩特(Kobe Bryant)Logoman球衣实物球星卡，限量3张	8.8cm×6.3cm	1,173,000	北京保利	2022-07-28

2022杂项拍卖成交汇总(续表)

(成交价RMB：1万元以上)

拍品名称	物品尺寸	成交价RMB	拍卖公司	拍卖日期
2015—2016赛季 Panini National Treasures系列 尼古拉·约基奇(Nikola Jokic)新秀签字球星卡，限量99张、BGS评级9分、墨迹9分	8.8cm×6.3cm	57,500	北京保利	2022-07-28
2015—2016赛季 Panini Preferred Crown Royale系列 凯文·杜兰特(Kevin Durant)Patch签字球星卡，限量25张	8.8cm×6.3cm	13,800	北京保利	2022-07-28
2015—2016赛季 Panini Preferred系列 科比·布莱恩特(Kobe Bryant)签字球星卡，限量25张	8.8cm×6.3cm	19,550	北京保利	2022-07-28
2015—2016赛季 Panini Preferred系列 勒布朗·詹姆斯(LeBron James)总决赛Patch球星卡，限量25张	8.8cm×13cm	21,850	北京保利	2022-07-28
2015—2016赛季 Panini Replay系列 史蒂芬·库里(Stephen Curry)签字新秀年球星卡，限量5张	8.8cm×6.3cm	10,350	北京保利	2022-07-28
2015—2016赛季 Panini Replay系列 史蒂芬·库里(Stephen Curry)签字新秀年球星卡，限量5张	8.8cm×6.3cm	16,100	北京保利	2022-07-28
2015—2016赛季 Panini Spectra系列 科比·布莱恩特(Kobe Bryant)Patch签字球星卡，限量25张	8.8cm×6.3cm	25,300	北京保利	2022-07-28
2015年PANINI油画系列科比·布莱恩特签名卡一张		36,800	北京诚轩	2022-08-12
2016—2017赛季 Panini Gold Standard系列 科比·布莱恩特(Kobe Bryant)签字球星卡，限量25张	8.8cm×6.3cm	11,500	北京保利	2022-07-28
2016—2017赛季 Panini Impeccable系列 阿伦·艾弗森(Allen Iverson)签字球星卡，限量60张	8.8cm×6.3cm	28,750	北京保利	2022-07-28
2016—2017赛季 Panini Limited系列 科比·布莱恩特(Kobe Bryant)、凯文·杜兰特(Kevin Durant)、凯利·欧文(Kyrie Irving)三人签字球星卡，限量1张	8.8cm×6.3cm	69,000	北京保利	2022-07-28
2016—2017赛季 Panini National Treasures系列 史蒂芬·库里(Stephen Curry)签字球星卡，限量5张	8.8cm×6.3cm	25,300	北京保利	2022-07-28
2016—2017赛季 Panini Prizm系列 科比签名球星卡，BGS评级9分、签字墨迹10分	6.4cm×8.9cm	11,500	中国嘉德	2022-12-09
2017—2018赛季 Panini Absolute系列 科比·布莱恩特(Kobe Bryant)签字球星卡，限量15张	8.8cm×6.3cm	17,250	北京保利	2022-07-28
2017—2018赛季 Panini Court Kings系列 科比·布莱恩特(Kobe Bryant)球衣签字球星卡，限量99张	8.8cm×6.3cm	12,650	北京保利	2022-07-28
2017—2018赛季 Panini Crown Royale系列 科比·布莱恩特(Kobe Bryant)球衣签字球星卡，限量25张，BGS评级9分、墨迹10分	8.8cm×6.3cm	46,000	北京保利	2022-07-28
2017—2018赛季 Panini Donruss Optic系列 科比·布莱恩特(Kobe Bryant)金折球星卡，限量10张，SGC评级10分	8.8cm×6.3cm	23,000	北京保利	2022-07-28
2017—2018赛季 Panini Flawless系列 多诺万·米切尔(Donvan Mitchell)新秀Patch签字球星卡，限量1张	8.8cm×6.3cm	55,200	北京保利	2022-07-28
2017—2018赛季 Panini Flawless系列 以赛亚·托马斯(Isaiah Thomas)Logoman球衣实物签字球星卡，限量1张	8.8cm×6.3cm	32,200	北京保利	2022-07-28
2017—2018赛季 Panini Immaculate Collection系列 文斯·卡特(Vince Carter)Tag实物签字球星卡，限量1张	8.8cm×6.3cm	11,500	北京保利	2022-07-28
2017—2018赛季 Panini Noir系列 科比·布莱恩特(Kobe Bryant)签字球星卡，限量125张	8.8cm×6.3cm	69,000	北京保利	2022-07-28
2017—2018赛季 Panini Opulence系列 科比·布莱恩特(Kobe Bryant)签字球星卡，限量15张	8.8cm×6.3cm	23,000	北京保利	2022-07-28
2017—2018赛季 Panini Opulence系列 科比·布莱恩特(Kobe Bryant)签字球星卡，限量35张	8.8cm×6.3cm	18,400	北京保利	2022-07-28
2017—2018赛季 Panini Revolution系列 勒布朗·詹姆斯(LeBron James)银河折射球星卡，BGS评级9.5分	8.8cm×6.3cm	23,000	北京保利	2022-07-28
2017—2018赛季 Upper Deck Goodwin Champions系列 迈克尔·乔丹(Michael Jordan)签字球星卡，BGS评级9.5分、墨迹10分	8.8cm×6.3cm	36,800	北京保利	2022-07-28
2017年PANINI革命系列科比·布莱恩特签名卡一张		17,250	北京诚轩	2022-08-12
2018—2019赛季 Panini Contenders Optic系列 卢卡·东契奇(Luka Doncic)蓝折新秀签字球星卡，限量99张	8.8cm×6.3cm	36,800	北京保利	2022-07-28
2018—2019赛季 Panini Contenders系列 特雷·杨(Trae Young)新秀签字球星卡，BGS评级9.5分、墨迹10分	8.8cm×6.3cm	11,500	北京保利	2022-07-28
2018—2019赛季 Panini Court Kings系列 科比·布莱恩特(Kobe Bryant)签字球星卡，限量49张	8.8cm×6.3cm	28,750	北京保利	2022-07-28
2018—2019赛季 Panini Immaculate Collection系列 史蒂芬·库里(Stephen Curry)Patch签字球星卡，限量30张	8.8cm×6.3cm	32,200	北京保利	2022-07-28
2018—2019赛季 Panini Prizm系列 卢卡·东契奇(Luka Doncic)银折新秀球星卡，PSA评级10分	8.8cm×6.3cm	23,000	北京保利	2022-07-28
2019—2020赛季 Panini Contenders Optic系列 史蒂芬·库里(Stephen Curry)红折签字球星卡，限量25张，PSA评级9分	8.8cm×6.3cm	18,400	北京保利	2022-07-28
2019—2020赛季 Panini Contenders Optic系列 史蒂芬·库里(Stephen Curry)金折签字球星卡，限量10张，PSA评级8分	8.8cm×6.3cm	32,200	北京保利	2022-07-28
2019—2020赛季 Panini Crown Royale系列 科比·布莱恩特(Kobe Bryant)Kaboom球星卡	8.8cm×6.3cm	18,400	北京保利	2022-07-28
2019—2020赛季 Panini Eminence系列 查尔斯·巴克利(Charles Barkley)Patch签字球星卡，限量1张	8.8cm×6.3cm	16,100	北京保利	2022-07-28
2019—2020赛季 Panini Opulence系列 史蒂芬·库里(Stephen Curry)签字球星卡，限量5张	8.8cm×6.3cm	16,100	北京保利	2022-07-28
2019—2020赛季 Upper Deck Goodwin Champions系列 卢卡·东契奇(Luka Doncic)球鞋实物签字球星卡	8.8cm×6.3cm	23,000	北京保利	2022-07-28
2020—2021赛季 Panini Contenders Optic系列 安东尼·爱德华兹(Anthony Edwards)金折新秀签字变化版球星卡，限量10张	8.8cm×6.3cm	46,000	北京保利	2022-07-28
2020—2021赛季 Panini Contenders Optic系列 安东尼·爱德华兹(Anthony Edwards)金折新秀签字球星卡，限量10张	8.8cm×6.3cm	50,600	北京保利	2022-07-28
2020—2021赛季 Panini Crown Royale系列 德克·诺维茨基(Dirk Nowitzki)Patch签字球星卡，限量12张	8.8cm×6.3cm	36,800	北京保利	2022-07-28
2020—2021赛季 Panini Immaculate Collection系列 特雷·琼斯(Tre Jones)、德文·瓦塞尔(Devin Vassell)双人新秀Logoman实物签字球星卡，限量1张	8.8cm×6.3cm	39,100	北京保利	2022-07-28
2020—2021赛季 Panini National Treasures系列 拉梅洛·鲍尔(Lamelo Ball)新秀Patch签字球星卡，限量49张	8.8cm×6.3cm	46,000	北京保利	2022-07-28
2020—2021赛季 Panini National Treasures系列 史蒂芬·库里(Stephen Curry)球衣签字球星卡，限量25张	8.8cm×6.3cm	21,850	北京保利	2022-07-28
2020—2021赛季 Panini Noir系列 卢卡·东契奇(Luka Doncic)签字球星卡，限量49张	8.8cm×6.3cm	19,550	北京保利	2022-07-28
2020—2021赛季 Panini One&One系列 比尔·拉塞尔(Bill Russell)签字球星卡，限量10张	8.8cm×6.3cm	11,500	北京保利	2022-07-28
2020—2021赛季 Panini One&One系列 拉梅洛·鲍尔(Lamelo Ball)新秀Downtown球星卡	8.8cm×6.3cm	17,250	北京保利	2022-07-28
2020—2021赛季 Panini One&One系列 勒布朗·詹姆斯(LeBron James)Downtown球星卡	8.8cm×6.3cm	20,700	北京保利	2022-07-28
2020—2021赛季 Panini One&One系列 史蒂芬·库里(Stephen Curry)Downtown球星卡	8.8cm×6.3cm	20,700	北京保利	2022-07-28
2020—2021赛季 Panini Prizm系列 勒布朗·詹姆斯(LeBron James)金折球星卡，限量10张，BGS评级9分	8.8cm×6.3cm	816,500	北京保利	2022-07-28

2022杂项拍卖成交汇总(续表)

(成交价RMB: 1万元以上)

拍品名称	物品尺寸	成交价RMB	拍卖公司	拍卖日期
2020—2021赛季 Panini Spectra系列勒布朗·詹姆斯(LeBron James)折射球星卡,限量1张	8.8cm×6.3cm	25,300	北京保利	2022-07-28
2020年PANINI KOBE BRYANT CAREER HIGHLIGHTS GOLD SNAKESKIN系列科比·布莱恩特冠军金折特卡六张全套		57,500	北京诚轩	2022-08-12
2022年北京冬奥会火炬	长81cm	49,450	中国嘉德	2022-12-09
AJ 11		80,500	北京保利	2022-02-03
AJ 12		80,500	北京保利	2022-02-03
ASPREY 铜鎏金母贝及碧玉沙漏	尺寸约为18.0cm×18.0cm×30.0cm	20,700	北京保利	2022-07-28
C罗亲笔签名球衣	74cm×70cm	31,050	中国嘉德	2022-06-26
Kobe 1比赛用鞋		40,250	北京保利	2022-02-03
LOUISVUITTON x NBA联名 篮球		13,800	北京保利	2022-07-28
NBA20世纪80年代巨星球卡 (一组共五张)		287,500	北京保利	2022-07-28
NBA球星科比亲笔签名篮球	直径24.6cm	23,000	中国嘉德	2022-12-09
NBA球星科比亲笔签名球鞋	一双32cm	57,500	中国嘉德	2022-12-09
NBA球星科比亲笔签名球衣	框79cm×105.5cm	71,300	中国嘉德	2022-12-09
NBA球星科比亲笔签名限量签名篮球(33/50)	直径24.6cm	71,300	中国嘉德	2022-12-09
NBA球星科比、乔丹、詹姆斯三人亲笔签名球衣	尺寸不一	230,000	中国嘉德	2022-12-09
NBA球星库里亲笔签名照片及签名球衣	衣76cm×56.5cm;照片19.8cm×25cm	14,950	中国嘉德	2022-12-09
NBA球星乔丹亲笔签名限量版迷你高尔夫球杆包(48/123)	52cm×31cm×14.5cm	13,800	中国嘉德	2022-12-09
NIKE AIR FORCE 1 HIGH ACW主理人亲版签		25,300	保利厦门	2022-10-21
NIKE AIR FORCE 1 LOW 狗年限定套装		11,500	保利厦门	2022-10-21
NIKE BLAZER 牛奶盒设计师亲签		28,750	保利厦门	2022-10-21
NIKE DUNK LOW 巴黎限定		575,000	保利厦门	2022-10-21
NIKE DUNK LOW 东京限定		126,500	保利厦门	2022-10-21
NIKE DUNK LOW 伦敦限定		138,000	保利厦门	2022-10-21
NIKE DUNK LOW 纽约限定		230,000	保利厦门	2022-10-21
ROYAL 铜鎏金沙漏时计配浮动红色宝石、绿色宝石、蓝色宝石 (一组三只)	高度约为15.5cm	149,500	北京保利	2022-07-28
ROYAL铜鎏金红宝石时计沙漏		32,200	永乐拍卖	2022-07-26
WILSONXDIGIWAY亲签联名篮球套装 DIGIWAY亲签 WILSON X DIGIWAY by WHYSTOP "致胜之境"联名系列篮球套装		120,750	北京保利	2022-07-28
Zoom Kobe 2比赛用鞋		57,500	北京保利	2022-02-03
Zoom Kobe 7		25,300	北京保利	2022-02-03
Zoom Kobe 7训练用鞋		32,200	北京保利	2022-02-03
巴菲特亲笔签名人物模型	17.5cm×6.5cm	149,500	中国嘉德	2022-06-26
巴黎圣日耳曼队全体球员亲笔签名球衣	框87cm×75cm	16,100	中国嘉德	2022-06-26
巴塞罗那队全体队员亲笔签名球衣	框115cm×106cm	46,000	中国嘉德	2022-06-26
百达翡丽 一套螺丝起子及腕表工具,约2015年制		75,605	香港苏富比	2022-04-15
百达翡丽 一套三件皮制旅行袋子,约2020年制		10,272	香港苏富比	2022-10-10
戴比尔斯 精致,镀金沙漏时计,备浮动钻石,年份约2000	直径70mm;高150mm	46,170	保利香港	2022-07-11
戴比尔斯 铜镀金配浮动钻石沙漏	尺寸约为7cm×15cm	34,500	北京保利	2022-02-03
戴比尔斯 铜镀金配浮动钻石沙漏	尺寸约为7cm×15cm	63,250	北京保利	2022-07-28
戴比尔斯(DE BEERS) 千禧年限量版钻石沙漏	直径7cm;高15cm	36,800	西泠印社	2022-08-21
丹尼尔·克雷格、肖恩·康纳利、皮尔斯·布鲁斯南、提摩西·道尔顿、罗杰·摩尔、乔治·拉扎贝亲笔签名邦德五十周年海报	44cm×22.8cm	36,800	中国嘉德	2022-12-09
第一圣马山(冈仁波齐)	27cm×21cm×24cm	20,700	上海嘉禾	2022-01-01
蒂姆·罗宾森亲笔签名《肖申克的救赎》经典剧照	35cm×27cm	11,500	中国嘉德	2022-12-09
富兰克林(Franklin Mint)限量款国际象棋套组	棋盘长56cm;宽49cm;高8.3cm	28,750	西泠印社	2022-08-21
富兰克林 皇家中式风格跳棋	尺寸约为42cm×42cm×13cm	103,500	北京保利	2022-02-03
官帽、朝珠各一件	直径34cm;长80cm	11,500	中国嘉德	2022-06-01
皇家 精致,镀金沙漏时计,备浮动红宝石,年份约2000,附原厂表盒	直径70mm;高150mm	38,988	保利香港	2022-07-11
皇家地理协会 铜质手动上弦地球仪	尺寸约为22.5cm×22.5cm×27cm	36,800	北京保利	2022-07-28
皇马球队全体球员签名球衣	73.5cm×86.5cm	17,250	中国嘉德	2022-06-26
科比亲笔签名篮球	直径24.6cm	41,400	中国嘉德	2022-06-26
科比亲笔签名球衣	84.5cm×66cm	71,300	中国嘉德	2022-06-26
科比、奥尼尔限量亲笔签名(40/125)	40.2cm×50.1cm	26,450	中国嘉德	2022-06-26
科比等湖人队队员亲笔签名球衣	24.6cm	19,550	中国嘉德	2022-06-26
科比限量版亲笔签名篮球(34/50)	94cm×66cm	94,300	中国嘉德	2022-06-26
克里斯蒂亚诺·罗纳尔多CRISTIANO RONALDO 2002—2003 PANINI FUTEBOL PORTUGAL STICKER 贴纸		299,000	北京保利	2022-07-28
勒布朗·詹姆斯限量版 亲笔签名球衣(47/123)	89.5cm×64cm	46,000	中国嘉德	2022-06-26
雷米·马丁·路易十三世 水晶白兰地醒酒器		11,500	北京保利	2022-02-03
利物浦队全体队员亲笔签名球衣	框113cm×105cm	20,700	中国嘉德	2022-06-26
林语堂 林语堂珍藏自用烟斗 (两个)	尺寸不一	24,280	中国嘉德	2022-10-07
刘国梁、孔令辉、马龙等国家乒乓球队队员亲笔签名球衣	66cm×61cm	16,100	中国嘉德	2022-06-26
麦迪亲笔签名球衣	100.5cm×78cm	10,120	中国嘉德	2022-06-26
曼彻斯特城队全体队员亲笔签名球衣	框112cm×106cm	12,650	中国嘉德	2022-06-26
梅西限量版亲笔签名球衣(13/25)	74.2cm×76cm	47,150	中国嘉德	2022-06-26
民国时期西藏银腰带一条	长86cm;宽20cm	51,750	北京诚轩	2022-08-11
诺维斯基限量版亲笔签名球衣(10/111)	87cm×52.5cm	11,500	中国嘉德	2022-06-26
帕瓦罗蒂、多明戈、卡雷拉斯亲笔签名小提琴	60cm×21cm	94,300	中国嘉德	2022-12-09
瓶安	30cm×20cm	138,000	上海嘉禾	2022-01-01
乔丹限量版亲笔签名球鞋(2/23)		92,000	中国嘉德	2022-06-26
圣路易限量版水晶及实木FOLIA便携式座灯		13,697	香港苏富比	2022-10-13
19世纪制 法国鎏金卷叶纹饰巧纳长柄眼镜	长14.5cm;展开11cm×2.8cm;重约30.79g	43,700	西泠印社	2022-08-21
世界足球先生路易斯·菲戈亲笔签名球衣	75cm×90.5cm	28,750	中国嘉德	2022-12-09
世界足坛巨星梅西阿根廷队复古亲笔签名球衣	75.5cm×86.5cm	52,900	中国嘉德	2022-12-09
世界足坛巨星梅西巴萨672球纪念版主场亲笔签名球衣	76cm×88.5cm	29,900	中国嘉德	2022-12-09
世界足坛巨星梅西亲笔签名球鞋	32cm	11,500	中国嘉德	2022-12-09
鼠	29.5cm×19.5cm	32,200	上海嘉禾	2022-01-01
水庆霞等中国女足队员亲笔签名球衣	75cm×83cm	10,120	中国嘉德	2022-06-26
丝带一组	尺寸不一	13,800	中贸圣佳	2022-12-31
戴比尔斯 铜镀金配浮动钻石沙漏		80,500	中国嘉德	2022-12-15
西班牙巴塞罗那俱乐部全体队员亲笔签名球衣	75.5cm×91cm	28,750	中国嘉德	2022-12-09
亚力格鲁·伯尔提1989—1991年作地图	259cm×585cm	61,441,912	纽约苏富比	2022-11-17
一套八件打火机,约2000年制		41,042	香港苏富比	2022-04-15
英国斯诺克运动员亨德利亲笔签名球杆	杆长146cm	12,650	中国嘉德	2022-12-09
尤文图斯队全体队员亲笔签名球衣	框115cm×100cm	26,450	中国嘉德	2022-12-09
约翰·列侬、保罗·麦卡特尼亲笔签名《披头士乐队》月刊第三本	21cm×15.2cm	184,000	中国嘉德	2022-12-09
中国女排郎平、朱婷等队员亲笔签名排球	直径21.3cm	17,250	中国嘉德	2022-06-26
足坛巨星C罗亲笔签名17-18赛季皇马欧洲杯决赛球衣	69.5cm×74cm	69,000	中国嘉德	2022-12-09
足坛巨星C罗亲签名球衣	74cm×84cm	12,650	中国嘉德	2022-12-09
足坛巨星迭戈·马拉多纳亲笔签名球衣	77.5cm×95cm	28,750	中国嘉德	2022-12-09